Dieses ungewöhnlich interessante
Geschichtsbuch schenkte mir Barbara
während meines Aufenthaltes im
Altonaer Krankenhaus als Folge meines
Hörsturzes vom 17. Mai 1988

Otto Hintze

Otto Hintze

Die Hohenzollern und ihr Werk 1415–1915

Reprint der Originalausgabe von 1915
Mit einem Geleitwort von Prof. Dr. W. Knopp, Berlin und
einem Vorwort von Prof. Dr. Dr. h.c. W. Hubatsch, Bonn

Verlag Paul Parey · Hamburg und Berlin

CIP-Kurztitelaufnahme der Deutschen Bibliothek

Hintze, Otto:
Die Hohenzollern und ihr Werk : 1415–1915/
Otto Hintze. Mit e. Vorwort von W. Hubatsch u.
W. Knopp. – Nachdr. d. Ausg. Berlin, Parey, 1915. –
Hamburg; Berlin : Parey, 1987.
ISBN 3-490-33515-5

 Anschriften: Spitalerstraße 12, D–2000 Hamburg 1; Lindenstraße 44–47, D–1000 Berlin 61. Printed in Germany by Rasch Druckerei und Verlag GmbH & Co. KG, D-4550 Bramsche. Umschlaggestaltung: Jan Buchholz und Reni Hinsch, Hamburg.

ISBN 3-490-33515-5

begonnen im Altonaer Krankenhaus im Juni 1988

Geleitwort

In einem Akt bürokratischen Perfektionismus wurde der preußische Staat, der als ein politisch handlungsfähiges Wesen längst vergangen war, durch ein Gesetz des Alliierten Kontrollrates vom 25. Februar 1947 auch formell für aufgelöst erklärt. Die Gesetzgebung der Siegermächte erfüllte damit, wie die Präambel des Gesetzes deutlich macht, eine Art ideologischen Übersolls: zu lange war Preußen vor allem den westlichen Gegnern Deutschlands als Wurzel allen Übels erschienen. Der Auslöschung des einst so mächtigen Staates folgte in beiden Teilen Deutschlands für mehr als zwei Jahrzehnte eine Ächtung seines historischen Andenkens. Mochten auch Fachgelehrte an preußischen Themen nicht vorbeikommen, so spielte die Erinnerung an Preußen und die Auseinandersetzung mit ihm in der breiteren Öffentlichkeit keine Rolle, von einzelnen Herolden wie Joachim Schoeps und einzelnen Kreisen abgesehen.

Schon der inzwischen leider viel zu früh verstorbene Bonner Historiker Walther Hubatsch konnte indessen in seiner Vorbemerkung zu dem 1979 veranstalteten Nachdruck des Werkes von Otto Hintze darauf hinweisen, daß sich vom Ende der siebziger Jahre ab das öffentliche Interesse an Preußen und seiner Geschichte in Deutschland wieder belebt hat. Dieses Interesse schlug sich in Veröffentlichungen aller Art ebenso nieder wie in Funk und Fernsehen, und in der Berliner Preußen-Ausstellung von 1981 erreichte es seinen ersten Höhepunkt – man konnte von einer förmlichen Preußen-Welle sprechen. Wiedererwachtes Interesse an der eigenen Geschichte überhaupt war die tragende Grundströmung dieser Welle. Die Deutschen, deren politische Lebensform Anfang der siebziger Jahre für die voraussehbare Zukunft festgeschrieben wurde, suchten nach historischer Orientierung, um sich auf die jetzt entstandene Lage einrichten zu können, aber auch, um Perspektiven für ihre friedliche Überwindung auszuloten. Bei solcher Suche mußte unweigerlich Preußen in das Blickfeld rücken, der größte, dynamischste und wirkungsreichste unter den historischen deutschen Staaten, ein Staat zumal, dessen Territorium sich über beide heutigen deutschen Staaten erstreckte, und dessen Geschichte daher folgerichtig eine der geistigen Klammern bildet, die beide deutschen Staaten verbinden und in die Zukunft weisen.

Nichts belegt dies besser als die lebhafte und fruchtbare Konkurrenz, in die Geschichtsschreibung und Medien beider deutscher Staaten bei der Auseinandersetzung mit dem ihnen gemeinsamen preußischen Erbe inzwischen eingetreten sind. Letzter Höhepunkt dieser Konkurrenz waren die beiderseitigen Bemühungen um das Andenken Friedrichs des Großen im Jahre 1986, dem Jahr seines 200. Todestages am 17. August. 1987 wird mit den 750-Jahrfeiern in beiden Teilen Berlins eine weitere Gelegenheit bringen, sich mit preußischer Geschichte zu beschäftigen, denn der Weg der alten brandenburgischen und preußischen Residenz zur Reichshauptstadt und Metropole war entscheidend bestimmt durch den politischen Aufstieg Brandenburgs und vor allem Preußens, so daß man die

Geschichte der Stadt ohne die Geschichte des sie tragenden und prägenden Landes gar nicht sinnvoll betrachten kann.

Daß die Verlagsbuchhandlung Paul Parey sich gerade in diesem Berliner Jubiläumsjahr 1987 zu einem erneuten Nachdruck des Werkes von Otto Hintze entschließt, ist überaus erfreulich. Der Entschluß belegt, wie intensiv das Interesse an Preußen weiterhin ist, und der Nachdruck wird seinerseits kräftig dazu beitragen, dieses Interesse noch weiter zu beleben. Denn die Arbeit Otto Hintzes über die Hohenzollern und ihr Werk von 1915, äußerlich einem dynastischen Jubiläum gewidmet, ist ein lebendiges Zeugnis dafür, wie qualitätsvolle Geschichtsschreibung über die Umstände ihrer Entstehung hinaus Rang und Gewicht behält. Dieser Rang und dieses Gewicht werden auch dadurch nicht berührt, daß der Autor, wie er selbst bekennt, für Preußen (und damit für Deutschland) das politische System der Militärmonarchie für passender hielt als das der parlamentarischen Demokratie, so wie sie sich in der Bundesrepublik Deutschland seit 1949 endgültig durchgesetzt hat. Das wissenschaftliche Urteil Otto Hintzes war viel zu unbestechlich, als daß es durch solche zeitgebundene politische Grundhaltung insgesamt gefärbt oder voreingenommen worden wäre. Die Nähe zum damals noch prallen Reichtum der Quellen, der ausgeprägte Blick für soziale Strukturen und Entwicklungen, aber auch das Gefühl für die Einflußmacht von Persönlichkeiten auf Geschichtsabläufe, alles das macht die Lektüre von Hintzes Werk auch heute noch zu einem Genuß und zu hohem Gewinn.

Berlin, den 9. April 1987

Prof. Dr. Werner Knopp
Präsident der Stiftung Preußischer Kulturbesitz

Vorwort

Am Ende der siebziger Jahre des 20. Jahrhunderts zeichnet sich – nicht nur im deutschsprachigen Schrifttum – ein plötzlich erwachtes lebhaftes Interesse für die Geschichte des Staates Preußen ab, dessen Vergangenheit in mehr oder weniger kompilierter, distanzierter oder engagierter Form dargeboten wird – als Mythos oder auch ohne Mythos und ohne Legende, was keineswegs ausschließt, daß darin, und nicht einmal versteckt, neue Legenden aufgebaut werden.

Alle diese Versuche haben nicht das erreichen wollen und können, was vor mehr als zwei Generationszeitaltern in erschöpfender, umfassender, der Bedeutung und Vielfalt des Gegenstandes angemessener, zusammenhängender Darstellung von einem einzigen Historiker als eine noch heute weithin gültige Arbeit vorgelegt worden ist. Eine Anzahl besonderer Bedingungen mußte zusammentreffen, um dem Verfasser die Gestaltung und Vollendung eines solchen Werkes zu ermöglichen.

Otto Hintze, geboren am 27. August 1861 in der Kreisstadt Pyritz im Regierungsbezirk Stettin, hatte nach humanistischer Gymnasialbildung die Universitäten Greifswald und Berlin besucht. In der aufblühenden preußischen und Reichshauptstadt, deren Universität gerade damals einen ungeahnten Aufschwung erlebte, hat Hintze fortan seine wissenschaftliche Heimat gefunden. Er zählte zu dem engeren Schülerkreis des großen Historikers Johann Gustav Droysen, der ihm „die sittliche Idee des Preußentums zu verkörpern schien“ (Hartung) und dem er sich innerlich unbedingt, in der wissenschaftlichen Zielsetzung mit kritischem Abstand zugehörig fühlte. Eine enge Verbindung ging Hintze mit dem Nationalökonomen Gustav Schmoller ein, der ihn seit 1888 zunehmend in die umfangreiche Aktenveröffentlichung zur preußischen Wirtschafts- und Verwaltungsgeschichte des 18. Jahrhunderts, der „Acta Borussica“ als einem einzigartigen Denkmal der Behördenleistung hineinzog. 22 Forscherjahre hat Hintze damit zugebracht, ein großer Teil der Bände wurde von ihm bearbeitet oder doch maßgeblich gestaltet. Seit 1897 gab er die „Forschungen zur brandenburgischen und preußischen Geschichte“ heraus – die einzige den Gesamtstaat Preußen umfassende wissenschaftliche Zeitschrift. Von 1913 bis 1923 war Hintze Professor an der Universität Berlin, Mitglied der Akademie der Wissenschaften. Am 25. April 1940 ist er in Berlin verstorben.

Als im Jahre 1915 der endgültigen Übertragung der Mark Brandenburg und der Kurwürde an den Burggrafen Friedrich von Hohenzollern vor 500 Jahren als des Beginns einer zusammenhängenden brandenburgisch-preußischen Territorialentwicklung öffentlich in einer Festschrift gedacht werden sollte, war Otto Hintze darauf längst vorbereitet. Es ist bemerkenswert, was er aus dem Auftrag, der sich noch im Titel niederschlägt, gemacht hat. Der notwendigen Anknüpfung an den Jubiläumszweck mit der Vorstellung des Hohenzollernhauses und mit einem

Bericht über die Tätigkeit der Nürnberger Burggrafen wird auf dreißig Seiten Genüge getan. Dann wendet sich Hintze der Erzählung dessen zu, was im zeitgenössischen Stil „Vaterländische Geschichte" genannt wurde. Aber auch hier setzt Hintze bemerkenswerte Akzente. Die breite Vorstellung der Mark Brandenburg als Ausgangsbasis für eine künftige Entwicklung begnügt sich nicht mit dem unerläßlichen historischen Abriß, bringt vielmehr eine auf die besonderen sozialen Bedingungen dieser Landschaft bezogene Schilderung von Verfassung und Verwaltung, die in einem bisher nicht üblichen Grade die weit entrückt scheinenden Menschen und Gegebenheiten dem Leser plötzlich ungemein nahebringen und ihn unmittelbar ansprechen kann. Dies ist ein charakteristischer Zug, der das ganze Werk hindurch sichtbar bleibt und die Berichte aus fernen Zeiten lebendig nachempfinden läßt. Menschliches Glück und Leid, nicht vereinzelt, sondern eingebunden in eine zunehmend größere und die gemeinsamen Schicksale mittragende und letztlich auch bewältigende Gemeinschaft unter stets wechselnden Bedingungen der Epochen – das ist es, was uns bei Hintze so stark anrührt. Zudem hat dieses Werk eine Dichte des Berichts und der Informationen, fußend auf größter Quellennähe, wie sie kein Forscher mehr erreichen kann. Drei starke Bände gesammelter Abhandlungen, zuerst 1941 bis 1943 von Fritz Hartung, nochmals 1962 bis 1967 von Gerhard Oestreich herausgegeben, zeigen an, aus welchen jahrzehntelangen Vorarbeiten und Begleituntersuchungen Hintze für sein darstellendes Werk schöpfen konnte. Die wesentlichen Grundzüge der preußischen Geschichte treten in abgewogener Reife und in verantwortungsbewußter Aussage hervor. Sie sind zudem in ihrer Anordnung so übersichtlich, daß dieses Werk durchaus auch die zusätzlichen Aufgaben eines Hand- und Nachschlagebuches erfüllen kann.

Unter allen Historikern Preußens ist Hintze bis heute der einzige gewesen, der eine zusammenhängende, exakte, aus den Quellenbeständen gearbeitete und daher zeitlich überdauernde Aussage über die geschichtlichen Ereignisse Brandenburg-Preußens sowie deren Einordnung in allgemeine Zusammenhänge und Abläufe angestrebt und in einem höchstmöglichen Grade verwirklicht hat. Der umfassende Blick hat Hintze vor Einseitigkeiten bewahrt und damals bereits die ausschließlich innenpolitische Ausrichtung der stark theoretisierenden sozial- und wirtschaftsgeschichtlichen Schule überwinden lassen.

Den Titel des Buches bedingte der Anlaß seines Erscheinens; dessen Inhalt jedoch hat in keiner Weise der dynastischen Legende Vorschub geleistet. Den wenigsten der heutigen Leser wird der dargestellte Raum noch als „Vaterland" in eigentlicher Wortbedeutung nahestehen; in weiterem Sinne freilich ist Preußen in seiner gesamten Erstreckung dem deutschen Leben in allen seinen Landschaften so innig verbunden, daß es mit mannigfachen Zeugnissen seiner Existenz auch noch in unsere Zeit hineinwirkt. Somit ist es nicht zuletzt sein zeitloser Charakter, der die erneute Auflage dieses bedeutenden Werkes in unseren Tagen rechtfertigt.

Bonn, am 18. Januar 1979 Prof. Dr. Dr. h.c. Walther Hubatsch

Die Hohenzollern und ihr Werk

Fünfhundert Jahre vaterländischer Geschichte

von

Otto Hintze

Fünfte Auflage
(Fünftes Zehntausend)

Verlag von Paul Parey in Berlin
SW 11, Hedemannstraße 10 u. 11
1915.

Vorwort.

Die Veranlassung zu diesem Buche ist durch das bevorstehende Hohenzollern-jubiläum gegeben. Es sind jetzt 500 Jahre, daß die Hohenzollern in der Mark Brandenburg und im Preußischen Staate regieren. Am 30. April 1415 erhielt der Burggraf Friedrich von Nürnberg, der seit 1412 als oberster Hauptmann und Verweser in der Mark Brandenburg waltete, durch eine Urkunde von König Sigmund die Markgrafschaft samt der Kurwürde übertragen und wurde damit erst zum wirklichen Landesherrn; und am 21. Oktober desselben Jahres empfing er in Berlin die feierliche Erbhuldigung der märkischen Landstände. Infolge der Zeitumstände ist der letztere Tag für die Feier dieses Jahres bestimmt worden.

Der Verfasser hat geglaubt, sich der an ihn ergangenen Aufforderung, zu dieser Erinnerungsfeier eine kurze preußische Geschichte in einem Bande zu schreiben, nicht entziehen zu sollen, obwohl ihm die Schwierigkeit, zugleich den wissenschaftlichen Anforderungen und den Ansprüchen eines weiteren Leserkreises gerecht zu werden, nicht verborgen war und im Fortschritt der Arbeit sich oft als fast unüberwindlich zu erweisen schien. Leichter und auch befriedigender wäre es wohl gewesen, den Gegenstand in 3—4 Bänden, statt in einem, zu behandeln, oder, bei der gebotenen Beschränkung auf einen Band, sich in allgemeinen historisch-politischen Betrachtungen zu ergehen, die das Tatsächliche mehr nur andeuten oder voraussetzen, als wirklich erzählen. Dem Verfasser schien es indessen nützlicher, den Versuch zu machen, soweit es der Raum gestatten wollte, Erzählung und Betrachtung miteinander zu verknüpfen, um nicht den Leser zu zwingen, sich über das Tatsächliche noch anderswo zu unterrichten. Daß er dabei bemüht gewesen ist, sich in möglichst enger Fühlung mit den Quellen zu halten, wird hoffentlich auch ohne Noten zu spüren sein; der Kundige weiß, in welchem Maße und mit welchen Beschränkungen dies bei der Ausdehnung des Gegenstandes und bei der Art und Masse des Quellenstoffes überhaupt möglich ist. Der Gedanke, fortlaufende Nachweisungen quellenkritischer und bibliographischer Art beizufügen, wie es etwa in dem vierten Bande von Kosers Friedrichbiographie in vorbildlicher Weise geschehen ist, mußte aufgegeben werden, weil der Rahmen des Bandes dadurch gesprengt worden wäre. Der Verfasser hofft indessen, daß das Buch auch so beim Fachstudium mit Nutzen gebraucht werden kann; an Quellen- und Literaturnachweisen mangelt es ja für die preußische und deutsche Geschichte nicht.

Das Werk war schon im Satz und zum großen Teil auch im Druck vollendet, als der Krieg ausbrach. Der Verfasser hat sich nicht veranlaßt gesehen, mit Rücksicht auf die veränderten Zeitverhältnisse irgend etwas daran zu verändern. Nur im Schlußwort mußte auf die Ereignisse der Gegenwart Rücksicht genommen werden.

In ernster, schwerer Zeit geht nun das Buch in die Welt hinaus. Der Staat und das Fürstengeschlecht, von dem es redet, kämpft um sein Dasein in einem Kriege, wie ihn schwerer, gewaltiger, großartiger die Weltgeschichte bisher nicht gesehen hat. Die politische Eigenart unseres Volkes, die straffe militärisch-monarchische Zucht, die Preußen und Deutschland allein befähigt hat, in der Mitte des europäischen Festlandes, umdrängt von starken und oft mißgünstigen Nachbarn, sich ein selbständiges Dasein zu erringen und dem deutschen Namen Achtung in der Welt zu verschaffen — dieser politische Charakter, der die Frucht eines langen historischen Erziehungsprozesses darstellt, ist in dem Kampf der Geister, der heute über den Schlachtfeldern geführt wird, namentlich in einer massenhaften aber eintönigen englischen Literatur zum Gegenstand einer so giftigen und haßerfüllten Anfeindung und Verleumdung gemacht worden, daß uns dadurch erst recht die Augen geöffnet worden sind zur Erkenntnis der Bedeutung, die dem preußischen und deutschen Wesen und dem Werke der Hohenzollern in der Weltgeschichte und in dem Völkerleben der Gegenwart zukommt.

Ein englischer Schriftsteller hat wohl gemeint, die preußische Geschichte sei unendlich langweilig, weil darin so viel von Kriegen und so wenig von Revolutionen die Rede sei. Wir verzichten gern auf den pikanten Reiz, welchen der englische Autor an unserer Geschichte vermißt. Ein denkender Kopf wird mehr Befriedigung dabei empfinden, sich klar zu machen, wie unsere inneren Zustände in Verfassung und Verwaltung geworden sind, und warum sie so und nicht anders werden mußten. Jedes Volk muß sich vernünftigerweise mit der inneren Struktur seines Staatswesens den äußeren Bedingungen seiner politischen Existenz anpassen. England in seiner insularen Sicherheit kann unter gewöhnlichen Umständen mit einem sehr geringen Maß von Staatszwang auskommen und hat daher die parlamentarische Regierungsform ausgebildet, die fälschlicher Weise für das allgemeingiltige Schema der Regierung eines freien modernen Volkes überhaupt ausgegeben worden ist. Wir dagegen haben bei unserer gefährdeten Mittellage zwischen den stärksten Mächten des Kontinents eine andere Art von Regierungsverfassung nötig gehabt, eben die monarchisch-militärische, die in der Hauptsache ein Werk der Hohenzollern ist, und die der Unverstand und die Böswilligkeit unserer Gegner, unterstützt durch den demokratischen Fanatismus in allen Ländern, als eine Gefahr für die Welt, als etwas schlechthin Böses und der Zerstörung Würdiges verleumdet und brandmarkt. Allerdings erleben wir die Genugtuung, daß der „Militarismus", den man bei uns ausrotten will, vielmehr auch seinen prinzipiellen Gegnern allmählich anfängt, im Lichte einer bittern, aber vielleicht unvermeidlichen Notwendigkeit zu erscheinen.

Bei dieser Lage der Dinge mag es heute besonders nötig sein, das Werk der Hohenzollern, so wie es ist, der Welt vor Augen zu stellen. Das geschieht hier in einer schlichten, leidenschaftslosen Darstellung. Es ist keine Apologie, die hier geboten wird, sondern eine einfache Geschichtserzählung. Es ist auch kein Panegyrikus, trotz des festlichen Anlasses, sondern ein Buch, das vor allem nach wissenschaftlicher Wahrhaftigkeit strebt. Wir hoffen, daß auch in der Erregung der Gegenwart der Sinn für die vorurteilslose Betrachtung der Vergangenheit nicht verloren gegangen ist; er wird auch dazu helfen, die großen Dinge, die wir erleben, recht zu verstehen und in guten und schlimmen Tagen mit dem Glauben an die Zukunft unseres Volkes und unseres Vaterlandes auch die Treue gegen das angestammte Herrscherhaus zu stärken, das jetzt ein halbes Jahrtausend hindurch mit seinen Schicksalen verbunden ist.

Berlin, den 27. Juli 1915.

Otto Hintze.

Inhaltsverzeichnis.

I. Das Haus Hohenzollern . . . . 1—30

Die Hohenzollern und der preußische Staat . . . . 1—2

Der Urstamm und die Vorfahren des preußischen Königshauses . . . 2—9

Genealogische Fabeleien und Wissenschaft 2—4. Zollern und Abenberg 5—6. Die ältesten Zollerngrafen 7. Zollern und Burkardinger 8—9.

Genealogische Ausblicke . . . . 9—18

Die verschiedenen Linien des Hohenzollernhauses 10—11. Familienverbindungen 11—14. Die Ahnen Kaiser Wilhelms II. 14—18.

Die Burggrafen von Nürnberg . . . . 18—30

Die Burggrafschaft Nürnberg 18—20. Die Burggrafen von Nürnberg im 12. und 13. Jahrhundert 20—21. Burggraf Friedrich III. 21—22. Friedrich IV. 22—23. Johann II. 23. Die „weiße Frau" 23 f. Friedrich V. 24—25. Teilung der Lande 25 f. Johann III. und Friedrich VI. 26—27. Friedrich VI. im Dienst König Sigmunds 27—29, oberster Hauptmann und Verweser der Mark Brandenburg 29—30.

II. Die Mark Brandenburg vor den Hohenzollern . . . . 31—69

Askanier — Wittelsbacher — Luxemburger . . . . 31—50

Die ostelbische Kolonisation im 12. und 13. Jahrhundert 31—34. Albrecht der Bär und die Anfänge der Besiedelung der Mark Brandenburg 34—37, Ausdehnung der Mark unter den Nachfolgern Albrechts 37—39. Ausbau des Landes durch Kolonisation 39—41. Erbfolge und Teilungen im askanischen Hause 41 f. Machtstellung der Askanier unter Johann I. und Otto III., Otto IV. 42—44. Waldemar im Kampf mit seinen Gegnern 44—45. Erlöschen des askanischen Hauses 45. Die Wittelsbacher 45—47. Karl IV. 47. Sigmund und Jobst von Mähren, die Quitzows 47—49. Die Übertragung der Mark an Friedrich von Nürnberg 49 f.

Verfassung und Verwaltung . . . . 50—69

Grundlagen der ländlichen Verfassung 50—52. Ritter und Bauern 52—54. Grundherrschaft und Gutswirtschaft 55—56. Markgräfliche Gewalt 56—57. Hof- und Landesverwaltung 58—60. Gerichtsverfassung 60 f. Entstehung selbständiger Lokalgewalten 61—62. Die Städte 62—65. Verfall der markgräflichen Rechte 65 f. Die Bedeverträge 66—68. Entstehung der landständischen Verfassung 68—69.

III. Die Wiederherstellung des brandenburgischen Landesstaats durch die Hohenzollern (1412—1499) . . . . 70—106

Die allgemeine Lage im 15. Jahrhundert 70—72.

Kurfürst Friedrich I. (1415—1440) . . . . 22—84

Friedrich als Landeshauptmann und Verweser im Kampf für die Herstellung des Landfriedens 72—74. Das Konstanzer Konzil und die Übertragung der Kur 74—75. Huldigung in der Mark (21. Oktober 1415) 76. Kämpfe im Reich und in der Mark 76—78. Zerwürfnis mit König Sigmund 78—80. Mißerfolg in der Mark, Aussöhnung mit Sigmund 80. Die Hussitenkriege und der Ausgang Friedrichs I. 80—82. Charakter und Bedeutung Friedrichs I. 82—83. Seine Söhne und die Erbteilung 83 f.

Kurfürst Friedrich II. (1440—1470) . . . . 84—92

Charakteristik 84—85. Doppelziel seiner Regierung 85 f. Verhältnis zum Adel 86. Beseitigung der Selbstherrlichkeit von Berlin und Cölln 86—87. Gewinnung des landesherrlichen Kirchenregiments, Einschränkung der geistlichen Gerichtsbarkeit 87—89. Hofgericht und Kammergericht, Kanzlei, Finanzwirtschaft 89. Revindikationsbestrebungen, deutsches Bewußtsein 90—91. Mißlingen der pommerschen Unternehmung und Abdankung 91—92.

Albrecht Achilles (Kurfürst 1470—1486) . . . . 92—102

Charakteristik 92—93. Fränkische Politik und Stellung im Reich 93—96. Der Streit um Pommern und um Glogau 96—98. Märkische Landesangelegenheiten 98—100. Die letzten Lebensjahre, die Finanzwirtschaft 100—101. Dispositio Achillea 101—102.

Kurfürst Johann (1486—1499) . . . . 102—106

Selbstbeschränkung in der auswärtigen Politik 102—103. Sorge für die Befriedung des Landes 103—104. Bierziese 104—105. Innere Zustände 105 f. Der Beiname Cicero 106.

IV. Das Jahrhundert der Reformation (1499—1598) . . . . . 107—147

Renaissance und Reformation in ihrer Bedeutung für die Mark Brandenburg 107—108. Wirtschaftlich-soziale Veränderungen: Geldwert, Gutswirtschaft 108—111. Geist des Territorialstaats 111—112. Landständische Verfassung, Steuer- und Schuldenverwaltung 112—114. Das römische Recht 114—115.

Kurfürst Joachim I. (1499—1535) . . . . 115—122

Charakteristik 115 f. Unterdrückung des Raubrittertums 116. Hochmeister Albrecht von Brandenburg 117. Kardinal Albrecht, Erzbischof von Magdeburg und Mainz 117—119. Die Kaiserwahl des Jahres 1519 119 bis 120. Joachim I. und Kardinal Albrecht in der Frage der Reformation 120—122.

Kurfürst Joachim II. (1535—1571) und Hans von Küstrin (1530—1571) 123—133

Charakteristik der beiden Brüder 123—124. Einführung der Reformation in der Neumark und in der Kurmark, Ausgang des Kardinals Albrecht 125. Die brandenburgische Politik und der schmalkaldische Krieg 126 bis 128. Die Hohenzollern und Moritz von Sachsen 129. Albrecht Alcibiades 129—130. Die magdeburgische und die preußische Frage 130—131. Ausgang Joachims II. und Johanns von Küstrin; der Streit über den Oderhandel mit Pommern 131—133.

Kurfürst Johann Georg (1571—1598) . . . . 133—141

Persönlichkeit und Regierungsweise 133—135. Gutes Einvernehmen mit Kursachsen 135. Der Oderstreit 136—137. Die Gegenreformation und der westeuropäische Calvinismus 137—138. Das Torgauer Bündnis und seine Auflösung 138—139. Die preußisch-jülichsche Heirat 139. Der Streit um das Straßburger Bistum, die magdeburgische Frage, die Nachfolge in Jülich 140—141.

Hof- und Landesverwaltung im 16. Jahrhundert . . . . 141—147

Hofordnung 142—143. Kanzler und Räte, die kurfürstliche Kammer 143. Fürstliche und ständische Verwaltung 144—146. Landtage 146 f. Stockung im öffentlichen Leben 147.

V. Die neuen Erwerbungen und der Dreißigjährige Krieg (1598 bis 1648) . . . . 148—187

Allgemeiner Charakter des Zeitalters von 1598—1648 148—149. Luthertum und Calvinismus 149—150.

Kurfürst Joachim Friedrich (1598—1608) . . . . 150—157

Das Testament Johann Georgs und der Geraer Hausvertrag 150—152. Ständische Verhandlungen und auswärtige Politik 152—153. Tod Georg Friedrichs von Ansbach († 1603), Onolzbacher Vergleich 153. Der Geheime Rat 154—155. Aufschwung und Kleinmut in der auswärtigen Haltung: Familienverbindung mit der Pfalz und Erwerbung der Vormundschaft in Preußen 155—157.

Kurfürst Johann Sigismund (1608—1619) . . . . 157—165

Charakteristik 157 f. Die Frage der Jülichschen Sukzession 158—160. Der Übertritt zum reformierten Bekenntnis 161. Friede von Xanten 161 f. Stellung zur Union 162. Die preußische Anwartschaft 163—164. Bedeutung der Regierung, Toleranzpolitik 164—165.

Kurfürst Georg Wilhelm (1619—1640) . . . . 166—177

Die schwedische Heirat 166. Brandenburg zwischen den streitenden Mächten 166—167. Die siebenbürgische Heirat 168. Einquartierungen in Brandenburg seit 1626 168. Schwartzenberg und der Anschluß an den Kaiser 169—170. Das Restitutionsedikt 170. Eingreifen Gustav Adolfs 170—171. Georg Wilhelm und Gustav Adolf 171—174. Der Prager Friede 174. Brandenburgs Anschluß 175. Rüstungen gegen Schweden 176. Schwartzenbergs Diktatur und der Ausgang Georg Wilhelms 176 bis 177.

Kurfürst Friedrich Wilhelm (bis zum Westfälischen Frieden 1640—1648) 177—187

Persönlichkeit und Anfänge Friedrich Wilhelms 177—180. Schwartzenbergs Tod, Markgraf Ernst, Statthalter in der Mark 181—182. Der Kurfürst in der Mark, Burgsdorff, Verhandlungen mit Schweden, Werbung von 1644 182—183. Der schwedische Heiratsplan, Luise Henriette 184. Die Friedensverhandlungen und die pommersche Frage 184—185. Der Westfälische Friede 186. Kriegsschäden und wirtschaftliche Sorgen 187.

VI. Die Begründung des brandenburgisch-preußischen Gesamtstaates (1648—1688) . . . . 188—254

Die Erhebung Brandenburgs zu einer selbständigen Macht (1648—1660) 188—202

Allgemeine Lage 188—189. Die Unternehmung gegen Jülich 189. Sturz Burgsdorffs, Waldeck, der politische Umschwung von 1653 189 bis 191. Waldecks Unionspläne 191—192. Der schwedisch-polnische Krieg 192. Der Königsberger Vertrag 193. Vertrag von Marienburg, Schlacht bei Warschau 194. Vertrag von Labiau 195. Vertrag von Wehlau 196. Kaiserwahl von 1658 (Leopold I.) 197. „Gedenke, daß du ein Teutscher bist" 198. Der Kampf um Pommern und der Friede von Oliva 198—200. Wandlungen in der Persönlichkeit des Kurfürsten, Bedeutung der ostpreußischen Souveränität 200—202.

Der Aufbau des Gesamtstaates (1648—1688) . . . . 202—221

Großstaatsbildung und Absolutismus 202—204. Der Kampf mit den Ständen in politischer und sozialer Bedeutung 204 f. Auseinandersetzung mit den Ständen in der Kurmark 205—207. Die Akzise 207—209. Auseinandersetzung mit den Ständen in Cleve-Mark 209—211. Kampf mit den Ständen in Ostpreußen, Schöppenmeister Roth, Oberst von Kalckstein 211—216. Steuerwesen in Ostpreußen 216—217. Magdeburg 217—218. Entstehung einer zentralisierten Verwaltungsorganisation 218—220. Anfänge des brandenburgisch-preußischen Heerwesens 220—221.

Im Kampf mit Ludwig XIV. . . . . 222—238

Brandenburgische Politik von 1660—1672 222—225. Die Krisis von 1672: Bündnis mit den Niederlanden 224—226. Kriegführung 1672—1673

226—227. Friede von Vossem 228. Wiedereintritt in den Krieg 229 bis 230. Der Feldzug am Rhein und der Einfall der Schweden 230—231. Die Schlacht bei Fehrbellin 232—234. Die Eroberung von Schwedisch-Pommern 235—236. Der ostpreußische Winterfeldzug (1678—1679) 236 bis 237. Friede von St. Germain 238.

Im Bunde mit Ludwig XIV. . . . . 238—244

Bündnisse mit Frankreich 239 ff. Brandenburg und die Reunionen Ludwigs XIV. 239—241. Die Krisis von 1683 241—243. Abwendung Brandenburgs von Frankreich 243—244.

Seemachtspläne . . . . 244—247

Die Umkehr der brandenburgischen Politik und der Ausgang des Großen Kurfürsten (1684—1688) . . . . 247—254

Bündnis mit den Niederlanden 248. Das Potsdamer Edikt 248. Bündnis mit dem Kaiser 249—250. Verbindung mit Wilhelm III. von England 250. Die Testamente des Großen Kurfürsten 250—251. Der Kurprinz und der Schwiebuser Revers 251—252. Würdigung der Persönlichkeit und der Regierung des Großen Kurfürsten 252—254.

VII. Die Erwerbung der Königskrone und der Ausbau des militärischen Großstaats (1688—1740) . . . . 255—320

Staat und Hof des ersten Königs . . . . 255—272

Allgemeiner Charakter des Zeitraums von 1688—1740 255—256. Die Testamentsfrage 256 f. Danckelmans Staatsleitung und Sturz 257 bis 259. Knyphausen und die Domänenverwaltung 260 f. Rückgabe von Schwiebus 261. Die Erwerbung der Königskrone 260—264. Königskrone und Staatseinheit 264 f. Kolbe von Wartenberg, Wittgenstein und die Entartung der Finanzverwaltung 265 f. Plan der Vererbpachtung der Domänen 266. Sturz Wittgensteins und Wartenbergs 267. Sozietät der Wissenschaften 268. Pietismus und Naturrecht 268—269. Universität Halle 269—270. Kunstbestrebungen, Andreas Schlüter 270—272.

Im spanischen Erbfolgekriege und im nordischen Kriege . . . . . . 272—280

Der spanische Erbfolgekrieg und die Frage der oranischen Erbschaft 272 bis 274. Einwirkungen des nordischen Krieges 275. Regierungsantritt und erste politische Schritte Friedrich Wilhelms I. 276 f. Bündnis mit Rußland, Krieg gegen Schweden 277 ff. Die Erwerbung von Stettin und der Ausgang des nordischen Krieges 278—280.

Der Militär- und Beamtenstaat Friedrich Wilhelms I. . . . . . . 280—306

Allgemeine Ansicht 280—282. Die Armee: das Offizierkorps 282—283. Der Mannschaftsersatz und das Kantonsystem 283—286. Verpflegung des Heeres, Exerzitium 286 f. Kammer- und Kommissariatsbehörden, Domänen- und Steuerverwaltung 287—289. Begründung des Generaldirektoriums und der Kriegs- und Domänenkammern 289—291. Die Oberrechenkammer 292. Die Landräte 292. Reform der Stadtverfassung 293 f. Der Steuerrat 294. Die Kabinettsregierung 294—295. Resultate der Domänenverwaltung 295. Grundsteuerreformen, Generalhufenschoß 295—296. Lehnskanon 296 f. Kontribution und Nebenlasten 297 f. Akzise 298. Staatshaushalt und Hofstaatskasse, Tresor 298 f. Konservation der Bauern 299. Innere Kolonisation 299 f. Getreidehandel 300. Wollausfuhrverbot 300 f. Tuchmacherei 301. Reform des Zunftwesens 301—303. Versuche zur Justizreform 303 f. Kirchen- und Schulpolitik 304—306.

Die auswärtige Politik von 1720—1740 und der Ausgang Friedrich Wilhelms I. . . . . 306—320

Bündnisse von Herrenhausen (1725), Wusterhausen (1726), Berlin (1728) 306—308. Die bergische Frage 308. Politische Krisis von 1730 309. Kronprinz Friedrich 309 f. Der Plan der englischen Doppelheirat 310 f. Hothams Sendung 311 f. Der Fluchtversuch und die Bestrafung des

Kronprinzen 312 f. Die braunschweigische Heirat 313. Zusammenkunft mit dem Kaiser zu Prag 1732 314. Der polnische Thronfolgekrieg 314 f. Ausgang der bergischen Angelegenheit 315—316. Charakteristik Friedrich Wilhelms I., seine Regierungstendenzen und seine Bedeutung für den preußischen Staat 316—320.

VIII. Die Erhebung Preußens zur Großmacht (1740—1786) . . . 321—401

Der Regierungsantritt Friedrichs II. und die beiden ersten schlesischen Kriege . . . . 321—340

Regierungsantritt Friedrichs II. 321—323. Besitzergreifung in Schlesien 323—325. Der erste schlesische Krieg: Mollwitz 326—327. Das Bündnis mit Frankreich 327 f. Die Abkunft von Klein-Schnellendorf 329. Die Schlacht von Chotusitz 330. Friede von Breslau und Berlin 331. Plan der Reichsunion 332. Wiedereintritt in den Krieg 333. Nachfolge in Ostfriesland 334. Zweiter schlesischer Krieg 334 ff. Der böhmische Feldzug 1744 334 f. Schlacht von Hohenfriedeberg 334—337. Schlacht von Soor 337 f. Schlacht von Kesselsdorf 338 f. Dresdener Friede 339. Staatsmoral 339 f. Das Schicksal 340.

Friedenszeit von 1746—1756 . . . . 340—358

Der Aachener Friede 340. Die Krisis von 1749 341 f. Spannung mit England 342. Trois Lettres au Public (1753) 342 f. Der Philosoph von Sanssouci 343 f. Voltaire 344. Histoire de mon Temps 344. Ausbau der Staatsverwaltung 344—346. Erneuerte Instruktion für das Generaldirektorium 346. Einrichtung der Verwaltung in Schlesien 347—348, in Ostfriesland 348—349. Die Justizreform des Großkanzlers Cocceji 349—352. Die Wirtschaftspolitik 352 ff. Ackerbau, innere Kolonisation, Meliorationen 352 f. Industrialisierungspolitik 353. Statistik 353 f. Oderhandelspolitik 354 f. Kampfmaßregeln gegen Sachsen und Österreich 355. Handelskompagnien 356. Keine Kriegsflotte 356. Ausbildung des Heeres 356—358.

Der siebenjährige Krieg . . . . 358—380

Weltpolitischer Hintergrund 358. Die Westminsterkonvention 359. Diplomatische Verhandlungen und militärische Rüstungen 1756 359—362. Das Problem 362. Friedrichs Einbruch in Sachsen und der Zusammenschluß der Koalition 362—364. Die Umwälzung der Allianzen 364. Geheime Instruktion für Finckenstein 364 f. Der Feldzug von 1757 365 f. Schlacht von Prag 365 f. Schlacht von Kolin 366 f. Prinz August Wilhelm entfernt 367. Roßbach 367 f. Leuthen 368. Großjägerndorf 368 f. Subsidienvertrag mit England 369. Feldzug von 1758 369 f. Zorndorf 369 f. Hochkirch 370. Krefeld 370. Papst Klemens XIII. 370 f. Feldzug von 1759 371 ff. Kay und Kunersdorf 371. Friedrich nach der Schlacht 371 f. Dresden und Maxen 372. Minden 372. Friedensverhandlungen 1759 373. Feldzug von 1760 373 f. Landeshut, Liegnitz 373. Die Feinde in Berlin 373 f. Torgau 374. Umschwung in England 375. Feldzug von 1761 375 f. Lager von Bunzelwitz, Verlust von Schweidnitz 375. Hoffnung auf Türken und Tataren 376. Umschwung in Rußland 376 f. Verzicht auf die englischen Subsidien, Münzverschlechterung 377. Feldzug von 1762: Burkersdorf, Rückeroberung von Schweidnitz, Freiberg 378. Separatfriede Englands 379. Friede von Hubertusburg 379 f.

Retablissement und Wirtschaftspolitik seit 1763 . . . . 380—387

Wiederherstellung der Provinzen 380 f. Wirtschaftspolitische Neuerungen: Bank, Monopoleinrichtungen 381—383. Akzise- und Zollregie 383 f. Maßregeln der Wohlfahrtspflege 384 f. Innere Kolonisation 385. Gutsherrlich-bäuerliche Verhältnisse 385 f. Landwirtschaft und Industrie, Getreidehandelspolitik 386 f.

Die Erwerbung Westpreußens und die Handelspolitik . . . . . . 387—392

Bündnis mit Rußland 387 f. Die Teilung Polens 1772 388 f. Verwaltung und Kulturpflege in Westpreußen 389—391. Landschulwesen 391. Handelspolitik 391 f. System der Durchfuhrzölle, polnischer

Handelsvertrag 391. Handelsvertrag mit den Vereinigten Staaten von Amerika 1785 391 f. Die Handelsbilanz und der Sinn der friderizianischen Wirtschaftspolitik 392.

Der bayerische Erbfolgekrieg und der Fürstenbund . . . . 392—395

Zusammenkünfte mit Josef II. 392 f. Das bayerische Tauschprojekt, der Krieg und der Friede von Teschen 393. Fürstenbundpläne 393 f. Josef II. und Katharina II., Ainali-Kawak (1784) 394. Begründung des deutschen Fürstenbundes 394 f. Dessen Bedeutung 395.

Die Carmersche Justizreform. Der alte Fritz . . . . 395—401

Prozeßsache des Müllers Arnold 396. Entlassung Fürsts, Berufung Carmers, Prozeßreform 396 f. Vorbereitung des Allgemeinen Landrechts 397. Ständische Gesellschaftsgliederung und aufgeklärter Absolutismus 397—400. Geistiges Leben in Preußen 400 f. Der alte Fritz 401.

IX. Umsturz und Wiederaufbau (1786—1840) . . . . 402—515

Charakter des Zeitalters von 1786—1840 402—405.

Innere Zustände und Regierungstendenzen unter Friedrich Wilhelm II. 405—413

Die Mätresse 405 f. Wöllner und Bischoffwerder 406—407. Veränderungen in der inneren Verwaltung 408 f. Kunst und Wissenschaft 409 f. Das Allgemeine Landrecht 410 f. Das Religionsedikt 411 f. Die Juden 412 f.

Politik und Krieg unter Friedrich Wilhelm II. . . . . 413—423

Graf Hertzberg 413 f. Niederländischer Feldzug (1787) 414. Bündnis mit England (1788) 414 f. Konvention von Reichenbach 415 f. Erwerbung von Ansbach und Bayreuth (1792) 416. Das Bündnis mit Österreich (1791) 416 f. Die Campagne in Frankreich 417 f. Die zweite Teilung Polens 418 f. Krieg in Frankreich, Aufstand in Südpreußen, Friede von Basel (1795) 420—422. Dritte Teilung Polens 422. Nürnberg 422 f. Tod Friedrich Wilhelms II. 423.

Die Anfänge Friedrich Wilhelms III. und der Zusammenbruch . . . 423—442

Friedrich Wilhelm III. und Königin Luise 423. Das Kabinett des Königs 424 f. Friedenspolitik und Reformtendenzen 425 ff. Die Finanzkommission von 1798 426 f. Bauernbefreiung auf den Domänen 427 f. Struensee und der Merkantilismus 428. Auswärtige Politik von 1795 bis 1803 428—429. Verträge von Potsdam (1804), Schönbrunn (1805), Paris (1806) 429—431. Der Ursprung des Krieges von 1806 431—433. Jena und Auerstedt 433 f. Verhandlungen über Frieden und Waffenstillstand 434 f. Osterode 436. Stein und Hardenberg gegen die Kabinettsregierung 436 f. Steins Entlassung 437. Fortführung des Krieges: Eylau; engeres Verhältnis mit Rußland 438—439. Bündnis von Bartenstein, Hardenberg Premierminister 440. Schlacht bei Friedland 440. Friede von Tilsit und Konvention von Königsberg 440—442.

Die Reformen und die Vorbereitung der Erhebung . . . . 442—469

Steins zweites Ministerium; Persönlichkeit und Reformideen 442—446. Die Männer der Reform, die beiden Kommissionen 446—447. Steins Erhebungsplan 447—448. Die Pariser Konvention 448 f. Steins zweite Entlassung 449 f. Sein Werk 450 ff. Die Bauernbefreiung 450—452. Aufhebung des Zunftzwanges 452. Reformen in der Heeresverfassung 452—454. Die Frage der allgemeinen Wehrpflicht 455. Die Städteordnung 456—457. Die Verwaltungsreform und das Ministerium Dohna-Altenstein 457—459. Die politische Krisis von 1809 459 f. Begründung der Universität Berlin 460 f. Finanz- und Ministerkrisis von 1810, Hardenberg Staatskanzler 461. Tod der Königin Luise 461 f. Hardenbergs Reformpläne und Reformversuche (1810—1812) 462—465. Die politische Krisis von 1811 und das französische Bündnis von 1812 466 f. Der König und die Kriegspartei 467. Der Rückzug der großen Armee und die Konvention von Tauroggen 468 f.

Die Befreiungskriege (1813—1815) . . . . 469—489

Yorck und Stein in Königsberg 469. Die Erhebung Ostpreußens 470. Der König in Breslau, Bruch mit Napoleon 470—471. Bedeutung der Erhebung von 1813 471 f. Allgemeine Wehrpflicht, Landwehr 472. Opfermut 472 f. Landsturm 473 f. Religiös-sittliche Erhebung 474. Anfänge des Befreiungskampfes 474—475. Großgörschen und Bautzen 476. Waffenstillstand, Schweden und Österreich 477. Der Herbstfeldzug 477 ff. Katzbach, Dresden, Kulm, Großbeeren, Dennewitz 478—479. Die Schlacht von Leipzig und ihre Folgen 479—481. Der Feldzug in Frankreich 1814 481—484. Der erste Pariser Frieden und der Wiener Kongreß 484—486. Der Streit um Sachsen 486. Der Feldzug von 1815 486 ff. Belle-Alliance 487 f. Der zweite Pariser Frieden 488. Wiener Kongreßakte und deutsche Bundesakte 488 f.

Abschluß der Reformen und Stillstand (1815—1840) . . . . . . 489—515

Die Restauration und die Heilige Allianz 489 f. Metternich und sein reaktionärer Einfluß 490 f. Wiederaufbau des preußischen Staates und Verwaltungsreformen 492 f. Kirchliche Union 493. Das Wehrgesetz und die Gegner der allgemeinen Wehrpflicht 493—495. Regulierung der gutsherrlich-bäuerlichen Verhältnisse 495 f. Das Zollgesetz von 1818 496. Aufhebung der Akzise, Steuerreform von 1820 496 f. Regelung des Staatshaushalts 497. Die Verfassungsfrage 497 f. Die Karlsbader Beschlüsse und die Ministerkrisis von 1819 498—500. Die Wiener Schlußakte 500. Scheitern des Verfassungsplanes, Sieg der Reaktion 500—501. Demagogenverfolgungen 501—502. Die polnische Frage 503. Der Deutsche Bund und die Reaktion 503—505. Politische Literatur 505. Preußen und Deutschland 506 f. Der Zollverein 507—509. Münzwesen, Eisenbahnbau 509. Preußens Anteil am geistigen Leben Deutschlands 509 ff. Rauch, Schinkel 509—511. Berliner Akademie 511. Die Wissenschaft 512. Kirchliches Leben 512 f. Der Kölner Kirchenstreit 513. Schulwesen 514. Ausgang und Würdigung Friedrich Wilhelms III. 514—515.

X. Der Verfassungsstaat und die deutsche Frage (1840—1859) . . 516—564

Verfassungsexperimente (1840—1847) . . . . 516—527

Persönlichkeit und Regierungsabsichten Friedrich Wilhelms IV. 516—518. Seine Ratgeber 518—519. Die ersten Regierungshandlungen 519. Haltung gegenüber Katholiken und Polen 519—520. Die politische Krisis von 1840 520—521. Die Verfassungsfrage 521. Die Vereinigten Ausschüsse 522. Die Opposition in der politischen Literatur 522—523. Verfassungspläne des Königs 523. Das Februarpatent von 1847 und der erste Vereinigte Landtag 524—526. Politische Erregung im Lande, wirtschaftlich-soziale Mißstände 526—527.

Die Revolution (1848—1849) . . . . 527—546

Polenprozeß (1847) 527 f. Sonderbundskrieg und Neufchâtel 528. Die deutsche Frage, die Vertrauensmänner 528—529. Bewilligung der Konstitution durch Friedrich Wilhelm IV. 529 f. Der 18. und 19. März 1848 530—532. Der Umritt des Königs, die Märzverheißungen 533 f. Das liberale Ministerium 534. Die deutsche Nationalversammlung 534 f. Der Aufstand in Posen 535. Der Krieg um Schleswig-Holstein, der Waffenstillstand von Malmö, Aufstand in Frankfurt a. M. 536 f. Die Berliner Nationalversammlung und die Regierung 537—540. Der monarchische Umschwung und die Oktroyierung der Verfassung 540—541. Die Verfassung vom 6. Dezember 1848, liberale Gesetzgebung 541 f. Der Kampf um die deutsche Verfassung in Frankfurt a. M. 542—545. Ablehnung der deutschen Kaiserkrone durch Friedrich Wilhelm IV. 545 bis 546. Revolutionäre Bewegungen 546.

Der preußische Unionsversuch und die Wiederherstellung des Deutschen Bundes . . . . 547—557

Das neue Wahlgesetz und die revidierte Verfassung in Preußen 547 bis 548. Gemäßigt-liberale Regierungstendenzen des Ministeriums Manteuffel bis 1850 548—549. Der Unionsversuch Preußens und der

Konflikt mit Österreich 549—551. Projekt einer Vergrößerung Preußens abgewiesen 551 f. Verwicklung der deutschen Frage mit der schleswig-holsteinschen und kurhessischen 552—553. Kaiser Nikolaus von Rußland als Schiedsrichter 553. Der Kronrat vom 1. und 2. November 554. Die Punktation von Olmütz 555 f. Erwerbungen Friedrich Wilhelms IV. 556 f. Zollverein, Bundestag 557.

Die inneren Zustände Preußens seit 1850 und der Ausgang Friedrich Wilhelms IV. 558—564

Die Reaktion 558. Verfassung des Ministeriums 558 f. Das Herrenhaus 559. Polizeimaßregeln 559 f. Kirche und Schule 560. Kunst und Wissenschaft 560—562. Der Krimkrieg und die Neuenburger Frage 562 f. Erkrankung des Königs, Stellvertretung, Regentschaft 563 f. Das politische Testament Friedrich Wilhelms IV. und seine Vernichtung durch Wilhelm II. 564.

XI. Die Begründung des Deutschen Reiches (1859—1871) . . . 565—650

Die neue Ära und die Heeresreform . . . . 565—570

Persönlichkeit des Prinzregenten 565 f. Das neue Ministerium 566. Haltung in dem italienischen Kriege von 1859 566 f. Der deutsche Nationalverein 567. Die Heeresreform und der Widerstand des Abgeordnetenhauses 568—570.

Die deutsche Frage und die Krisis im Zollverein . . . . 570—573

Bundeskriegsverfassung 570. Mittelstaatliches Reformprogramm 570. Badener Fürstentag 571. Verhandlungen wegen der Bundesreform 571 bis 572. Der französische Handelsvertrag von 1862 und die Krisis im Zollverein 572 f.

Der Verfassungskonflikt und das Ministerium Bismarck . . . . . 573—577

Die Krönung Wilhelms I. 573. Die Fortschrittspartei und ihr Widerstand gegen die Heeresreform 573 f. Das Ausscheiden der liberalen Minister und die Berufung Bismarcks 574—576. Die Regierung ohne Etatsgesetz 576 f.

Der Frankfurter Fürstentag und die Herstellung des Einvernehmens mit Österreich . . . . 577—580

Das Beustsche Reformprojekt 577. Gastein und Baden-Baden 578. Die Frankfurter Beschlüsse und die Ministerkonferenz zu Nürnberg, Bismarck und Rechberg 579 f.

Die polnische und die schleswig-holsteinsche Frage . . . . 580—584

Preußen und Rußland 1863 580 f. Das dänische Märzpatent von 1863 und seine Folgen 581. Der Erbprinz von Augustenburg 581 f. Bismarcks Pläne 582 f. Zusammengehen Preußens und Österreichs 583 f.

Der Verfassungskonflikt auf dem Höhepunkt . . . . 584—587

Widerstände am Hofe 584. Festigkeit der Regierung 585. Zusammenstöße der Minister mit dem Präsidium des Abgeordnetenhauses 585 f. Die Preßverordnung 586. Die Neuwahlen 586. Ablehnung eines Kredits für den Krieg gegen Dänemark 587.

Der dänische Krieg . . . . 587—594

Streitkräfte und Kriegspläne 587 f. Rückzug der Dänen vom Danewerk 588 f. Erstürmung der Düppeler Schanzen 589. Londoner Konferenz 590. Der Erbprinz von Augustenburg und die preußischen Garantieforderungen 590—591. Die Unterredung Bismarcks mit dem Erbprinzen am 1. Juni 592. Abbruch der Verhandlungen 592 f. Der letzte Abschnitt des Krieges, die Eroberung von Alsen 593. Friedensschluß 593 f.

Die Konvention von Gastein und der Bruch mit Österreich . . . . 594—607

Zollvereinsverhandlungen, Rechbergs Entlassung 594 f. Fortdauer des Konflikts in Preußen 595. Entfremdung zwischen Preußen und Österreich wegen dessen Haltung gegen den Augustenburger 595 f. Kronrat vom 21. Juli 596. Systemwechsel in Österreich, Vorschlag des Grafen

Blome, Konvention von Gastein 597. Bismarck in Biarritz 597 f. Weitere Reibungen mit Österreich in Schleswig-Holstein 598. Bismarck und der König vor der Frage eines Krieges mit Österreich 598—600. Verschlechterung des Verhältnisses zu Österreich 600 f. Bündnis mit Italien 601. Der Antrag Preußens auf Berufung eines deutschen Parlaments, das allgemeine Wahlrecht 601—602. Mißtrauen in der öffentlichen Meinung 602 f. Verhandlungen mit Österreich 603 f. Die Krisis auf dem Höhepunkt 604 f. Die Gablenzsche Verhandlung 605. Napoleons Kongreß- und Kompensationspläne 605 f. Verhandlungen am Bundestage, die Abstimmung vom 14. Juni 606 f.

Der Krieg von 1866 . . . . 607—615
Vorbereitungen 607. Bewältigung der norddeutschen Gegner 607 f. Kriegspläne und Einmarschkämpfe 608 f. Königgrätz 609—610. Vormarsch auf Wien 610 f. Feldzug der Mainarmee 611. Politische Lage und diplomatische Verhandlungen nach Königgrätz 612—614. Konflikt von Nikolsburg 614. Abschluß des Präliminarfriedens 615.

Die Begründung des Norddeutschen Bundes . . . . 615—625
Der Prager Friede 615—616. Beendigung des Verfassungskonflikts in Preußen 616—618. Friedensschlüsse und Bündnisse mit den süddeutschen Staaten, Annexionen 618—619. Der Norddeutsche Bund 619—620. Die Luxemburger Frage 620—621. Entstehung und Bedeutung der Verfassung des Norddeutschen Bundes 621—624. Bundespläne des Fürsten Chlodwig Hohenlohe 624 f. Zollbundesrat und Zollparlament 625.

Der deutsch-französische Krieg und die Begründung des Reiches . . . 625—650
Verhandlungen über einen Dreibund zwischen Frankreich, Österreich und Italien 625—627. Haltung der preußischen Regierung 627 f. Die spanische Thronkandidatur des Prinzen von Hohenzollern und ihr Scheitern 628—630. Die französische Herausforderung und die Vorgänge in Ems (9.—14. Juli 1870) 630—632. Die Emser Depesche vom 13. Juli 632 bis 633. Der Ausbruch des Krieges 634. Die politische und militärische Lage 634—636. Die Einmarschkämpfe 636 f. Die Schlachten um Metz 637—638. Belagerung von Metz 638 f. Katastrophe von Sedan 639 f. Der zweite Teil des Krieges 640 f. Die Einschließung von Paris, Frage der Beschießung 641 f. Das Aufgebot der Volksheere in Frankreich 642. Der Fall von Metz 642 f. Paris und die Entsatzversuche 643—645. Kapitulation von Paris 646. Verhandlungen über die Begründung des Deutschen Reiches 646—648. Die Kaiserproklamation in Versailles 648—649. Der Frankfurter Friede 650.

XII. Im neuen Reich (1871—1888) . . . . 651—676
Die auswärtige Politik seit 1871 651 ff. Die Krisis von 1875 652 f. Der Berliner Kongreß 653. Die Entstehung des Dreibundes 653—655. Der Rückversicherungsvertrag mit Rußland 655. Kolonialpolitik 655 f. Die Krisis von 1887 656 f. Der Ausbau der Reichsverfassung 657 bis 659. Gründerzeit und Krach 659. Preußische Verwaltungsreform, Ausbau der Selbstverwaltung 659—660. Entstehung des Kulturkampfes 661 f. Der Kulturkampf bis 1878 662—664. Der Kampf gegen die Sozialdemokratie 664 f. Die Vorbereitung des wirtschaftspolitischen Umschwunges von 1878 665—667. Die Steuer- und Wirtschaftsreform 667 bis 669. Sozialistengesetz 669. Abbruch des Kulturkampfes 669 f. Bedeutung des Umschwunges seit 1878 670. Die sozialpolitische Gesetzgebung 670 f. Innere Kolonisation und Polenpolitik 671. Septennat Kartell 671 f. Die neue Verwaltungsorganisation in Preußen 672 f. Kulturbestrebungen 673 f. Persönlichkeit Kaiser Wilhelms 675. Seine Größe 675 f.

Schlußwort . . . . 676—685
Kaiser Friedrich III. 676 f. Kaiser Wilhelm II. 677 f. Weltpolitik und Streben nach Erhaltung des Friedens 678—680. Innere Friedensarbeit, insonderheit Sozialpolitik 680—681. Militärische Rüstung 681—682. Flottenpolitik 682. Konstellation der Mächte seit 1890 682 f. Der konzentrische Druck auf Deutschland 683 f. Anscheinende Entspannung 684. Der Weltkrieg und unsere Hoffnungen 684 f.

Personenverzeichnis . . . . 686—704

I.

Das Haus Hohenzollern.

Die Hohenzollern und der preußische Staat.

Der preußische Staat ist eine Schöpfung der Hohenzollern. Weder sein Gebiet, noch seine Bevölkerung bilden an sich eine natürliche Einheit. Seine Bestandteile, lauter ehemals selbständige Landschaften, lagen noch im 18. Jahrhundert unverbunden oder nur lose zusammenhängend in vier oder fünf größeren oder kleineren Gruppen über das nördliche Deutschland verstreut, von der Maas bis an die Memel und von der Ost- und Nordsee bis zu der deutschen Mittelgebirgszone reichend; und die Bevölkerungen dieser Ländergebiete standen zunächst, trotz der gemeinsamen niederdeutschen Stammesart, zum Teil einander recht fremd und spröde gegenüber. Der große Gegensatz zwischen dem Westen und dem Osten, der, in der ländlichen Verfassung wurzelnd, das ganze wirtschaftlich-soziale Leben des deutschen Nordens zu beiden Seiten der Elbe unterscheidend charakterisiert und beherrscht, stand einer innerlichen Verschmelzung der nahe verwandten Stammesgruppen noch mehr im Wege als die konfessionelle Spaltung, die auch hier ihre verhängnisvolle Rolle gespielt hat, wenn auch andererseits gerade in dem überwiegend protestantischen Charakter dieser Landschaften eine wichtige Klammer der Einheit gegeben war. Erst durch die großen Erwerbungen des 19. Jahrhunderts hat das Staatsgebiet einen leidlich geschlossenen Zusammenhang gewonnen, und erst die gemeinsame Geschichte von zwei Jahrhunderten hat Kurmärker und Preußen, Rheinländer und Pommern, Westfalen und Schlesier an ein gemeinsames Volks- und Staatsgefühl gewöhnt, das heute seine starke Unterlage, aber zugleich auch seinen Rivalen in dem neu erwachten allgemein-deutschen Volksbewußtsein findet.

Die Mark Brandenburg kann zwar als das eigentliche Kernland der hohenzollernschen Staatsbildung betrachtet werden, und in mancher Hinsicht kann man ihr dabei das alte preußische Ordensland an die Seite stellen; aber nicht aus der Natur dieser Landschaften und ihrer Bewohner entsprang jener Ausdehnungstrieb, der den preußischen Staat geschaffen hat, sondern aus dem dynastischen Ehrgeiz des Fürstenhauses, das mit wechselndem Glück und Verdienst, aber im ganzen doch mit ungewöhnlichem politischen Geschick und Erfolg fünf Jahrhunderte lang daran gearbeitet hat, auf norddeutschem Boden eine Machtbildung aufzurichten, die so stark geworden ist, daß daran in unsern Tagen das deutsche Volk den Halt und die Grundlage für die Wiederherstellung seiner staatlichen Einheit zu finden vermocht hat. Den Gesamtnamen, der heute im Schwange ist, und dessen Gebrauch in dieser allgemeinen Bedeutung kaum über das 19. Jahrhundert zurückreicht, hat der hohenzollernschen Staatsbildung freilich das alte Ordensland Preußen gegeben; und es mag auch sein, daß die schwarz-weißen Landesfarben auf die Farbe von Mantel und Kreuz der Ordensritter zurückdeuten, obwohl daneben der von altersher im Zollernhause gebräuchliche von Silber und Schwarz gevierte Wappenschild die Möglichkeit einer Anknüpfung darbietet; — aber die Hauptsache ist doch, daß die Verbindung des Ordenslandes mit der Mark Brandenburg und den übrigen Ländern der Preußischen Monarchie lediglich auf den dynastischen Ansprüchen und Interessen des Hohenzollernhauses beruht.

Aus diesen Erwägungen heraus beginnen wir unsere Darstellung nicht mit den Anfängen brandenburgischer oder preußischer Landesgeschichte, sondern mit Betrachtungen über den Ursprung und die genealogischen Zusammenhänge des Fürstenhauses der Hohenzollern, das Brandenburg und Preußen und all die andern Landschaften erst zu einem Staatswesen vereinigt und so den preußischen Staat recht eigentlich geschaffen hat. Die Wiege dieses Fürstenhauses hat nicht auf preußischem, sondern auf süddeutschem Boden gestanden. Von der schwäbischen und fränkischen Heimat her, „vom Fels zum Meer" fortschreitend hat es, etwa 400 Jahre nach seinem ersten geschichtlichen Auftreten, den schicksalsvollen Weg gefunden zu der Stätte seiner welthistorischen Wirksamkeit, die in diesen Tagen das fünfte Jahrhundert ihrer Geschichte erfüllt hat.

Der Urstamm und die Vorfahren des preußischen Königshauses.

Der Ursprung und die älteste Geschichte des preußischen Königshauses sind wie bei den meisten großen Dynastien, die in sehr hohes Alter zurückreichen, in tiefes Dunkel gehüllt, das nur von spärlichen Lichtblicken durchbrochen wird; sie sind infolgedessen vielfach Gegenstand haltloser genealogischer Phantasien gewesen, die ja so gern ihre Arabesken um die Stammbäume fürstlicher Häuser ranken, aber auch ein Gegenstand für wissenschaftliche Vermutungen und Streitfragen, die noch bis in die Gegenwart hineinreichen und an denen wir hier nicht vorübergehen dürfen; es wird sich dabei nicht vermeiden lassen, einen etwas längeren Blick in die Werkstatt der gelehrten Forschung zu tun, als es sonst in diesen Blättern geschehen kann und soll.

Von einer wirklichen gelehrten Forschung kann auf diesem Gebiet allerdings erst seit der Mitte des 19. Jahrhunderts die Rede sein; was davor liegt, ist phantastische und oft ganz willkürliche Fabelei, hervorgegangen aus der menschlich-natürlichen Neigung, die Anfänge großer Herrscherhäuser in ein möglichst hohes Alter und zu Ahnen heraufzuführen, die dem jeweiligen Bedürfnis des Zeitalters nach Heldenverehrung entsprechen; aber eben deshalb sind diese Fabeln doch auch nicht ohne Interesse. In dem Zeitalter der Renaissance, wo die Beziehungen deutscher Kaiser und Fürsten zu Italien noch nicht abgebrochen waren und nach der ideellen Seite hin um so höher bewertet wurden, je weniger sie in der politischen Wirklichkeit noch zu bedeuten hatten, gefiel man sich in der Verknüpfung des hohenzollernschen Hauses mit dem römischen Grafengeschlecht der Colonna, das seinen fabelhaften Ursprung bis zu den Camillern zurückführen wollte. Auf dem Konstanzer Konzil, wo 1417 der erste hohenzollernsche Kurfürst von Brandenburg die feierliche Belehnung empfangen hatte, war dem eben gewählten Papst Martin V., der aus dem Hause der

Grafen von Colonna stammte, die Ähnlichkeit des hohenzollernschen Wappens, das ein auf dem Helm aufrechtstehendes Szepter zeigt, mit seinem eigenen, das eine Säule darstellt, aufgefallen, und er war in kritikloser Leichtfertigkeit geneigt, daraus kurzerhand auf eine Geschlechtsverwandtschaft der beiden Häuser zu schließen; in einem Briefe an den König von Polen, der kurz vorher (1421) seine Tochter Hedwig mit einem Sohne des brandenburgischen Kurfürsten verlobt hatte — eine Verbindung, an der der Papst ein politisches Wohlgefallen fand —, ging er sogar so weit, die Verwandtschaft der Häuser Hohenzollern und Colonna als eine alte Überlieferung zu bezeichnen. Diese Fabel schlug feste Wurzeln, namentlich auch bei den Hohenzollern selbst; und als Kurfürst Albrecht Achilles auf einer italienischen Reise von einem zu der Colonnaschen Sippe gehörigen Grafen von Colalto als Geschlechtsverwandter begrüßt und in den Schlössern der Familie herumgeführt worden war, schrieb er an seinen Bruder Friedrich II. einen merkwürdigen Brief (vom 28. April 1466), in dem er den Ursprung seines Hauses über das alte Rom hinaus bis nach Troja verfolgt. Von Troja nach Rom, von Rom nach Deutschland — durch zweimalige Vertreibung vom Schicksal auf den Schauplatz geführt, wo das Haus zu fürstlicher Macht und Ehre heranwuchs —: das war eine genealogische Vorstellung, wie sie der Phantasie und dem Geschmack jener Zeit entsprach. Aber der Geschmack wechselte und die Phantasie suchte andere Wege. Schon im 16. Jahrhundert, wo in den Kreisen der deutschen Humanisten eine Vorliebe für das deutsche Altertum aufkam, wollte der gelehrte, aber in der Genealogie ganz skrupellose Sponheimer Abt Tritheim, der als Gast am Hofe Joachims I. geweilt hat, den Ursprung der hohenzollernschen Familie auf einen alten Frankenkönig Guntram zurückführen, der auch der Stammvater der Habsburger und der Zähringer sein sollte; und der kaiserliche Hofhistoriograph Johann Herold Basilius, den der Graf Karl I. von Hohenzollern 1560 beauftragt hatte, den wahren Ursprung seines Hauses zu erforschen, erfand in Ermangelung brauchbarer Überlieferung kurzweg einen Grafen Thassilo von Zollern, der mit den Welfen verwandt sein und am Hofe Karls des Großen gelebt haben sollte, und der nun zum Ahnherrn der Hohenzollern und Habsburger wie der Colonna und Colalto gemacht wurde. Aber erst in der zweiten Hälfte des 17. Jahrhunderts, wo die germanisierende Richtung in Geschichte und Genealogie vollends zum Durchbruch kam, hat dieser Stammbaum, namentlich durch so weitverbreitete Bücher wie Rentschs „Brandenburgischer Cedernhain" und Hübners „Genealogische Tafeln" eine ziemlich allgemeine Anerkennung gefunden, und kein Geringerer als Friedrich der Große, der sich im übrigen recht wegwerfend über das Handwerk der Genealogen äußert, hat in seinen Denkwürdigkeiten des Hauses Brandenburg den Grafen Thassilo als historisch beglaubigten Urahn des hohenzollernschen Hauses anerkannt — eine Vorstellung, die damals übrigens alle Geschichtsbücher beherrschte und sich bis in die Mitte des 19. Jahrhunderts erhalten hat.

Einen wissenschaftlich festen Grund und Boden erhielten die genealogischen Studien über das Hohenzollernhaus erst durch die „Hohenzollernschen Forschungen", die 1847 von Graf Stillfried und Dr. Märcker herausgegeben wurden — mit Förderung und Unterstützung König Friedrich Wilhelms IV., der für hausgeschichtliche Fragen ein ganz besonderes Interesse besaß. Graf Rudolf von Stillfried-Rattonitz war Oberzeremonienmeister und später auch

Direktor des Königlichen Hausarchivs. Er hatte auf Reisen seit langen Jahren eine große Zahl von Urkunden gesammelt, die eine sichere Unterlage für die Forschung gewährten; Alexander von Humboldt hat ihn wohl scherzend den Kolumbus von Hohenzollern genannt. Sein Mitarbeiter, Dr. Traugott Märcker, später Archivar am Königlichen Hausarchiv, brachte die nötige historische Gelehrsamkeit und die kritisch-methodische Schulung hinzu; er hat die eigentliche Arbeit in Forschung und Darstellung geleistet. Es blieb aber bei dem ersten Bande dieser „Forschungen", der den Urstamm und die schwäbische Linie der Hohenzollern behandelt, die man damals für die ältere hielt; ein zweiter Band, der die fränkische Linie der Burggrafen von Nürnberg umfassen sollte, ist nicht erschienen und auch in der Bearbeitung nicht über die ersten Anfänge hinausgekommen. Die Ursache lag vornehmlich darin, daß die beiden Herausgeber zunächst die Ausgabe einer großen Urkundensammlung in Angriff genommen hatten, die unter dem Titel: „Monumenta Zollerana" seit 1852 in sieben stattlichen Quartbänden erschienen ist, wozu dann noch im Jahre 1900 in einem achten Bande allerhand Ergänzungen und Nachträge gekommen sind. Graf Stillfried hat dann noch für sich allein eine Sammlung der Altertümer und Kunstdenkmäler des Hauses Hohenzollern herausgegeben, in der Gedächtnisbilder, Grabinschriften und andere für genealogische Fragen sehr wichtige Materialien der Forschung zugänglich gemacht wurden. Das meiste davon stammte aus dem Kloster Heilsbronn bei Ansbach, der alten Begräbnisstätte der Burggrafen von Nürnberg, das nun auch nach Stillfrieds Vorgang Gegenstand eingehender gelehrter Forschungen wurde. Inzwischen hatte der Berliner Archivdirektor Riedel, derselbe, der sich auch sonst so bedeutende Verdienste um die brandenburgisch-preußische Geschichtsforschung erworben hat, die älteste Geschichte der Hohenzollern in zwei grundlegenden Werken behandelt, von denen das eine, „Die Ahnherren des Preußischen Königshauses" (1854), unter anderm im Gegensatz gegen die bis dahin geltende Ansicht dartat, daß nicht die schwäbische, sondern die fränkische Linie der Hohenzollern, also die brandenburgisch-preußische, die ältere ist. In der „Geschichte des Preußischen Königshauses" (1861) führte dann Riedel seine Untersuchungen über die fränkische Linie bis zum Jahre 1415, wo die Verpflanzung nach Brandenburg stattfand. Die Ergebnisse dieses Werkes kamen aber mehr der Geschichte als der Genealogie zugute; einen vollständigen und gesicherten Stammbaum hatte man damals noch nicht; man wurde erst allmählich inne, wie schwierig und langwierig die Arbeit war, die zur Aufstellung eines solchen gehörte. Die Stammtafel des Gesamthauses, die Graf Stillfried im Jahre 1868 allein, ohne die Mitarbeit Märckers, herausgab, war ein ganz mißlungenes Werk, das auch von Märcker öffentlich kritisiert wurde; obwohl sie sich als auf authentischen Quellen beruhend bezeichnete, war daran, wie ein späterer Kritiker gesagt hat, so gut wie nichts authentisch. Hier war eine Aufgabe, deren Lösung noch der Zukunft vorbehalten blieb. Sie ist erst vor kurzem erfolgt in einem monumentalen Werk, der 1905 erschienenen Genealogie des Gesamthauses Hohenzollern, die von den Hausarchivaren der beiden hohenzollernschen Linien (Großmann, Berner, Schuster, Zingerle) mit musterhafter Gründlichkeit und strengster kritischer Besonnenheit bearbeitet worden ist. Hier sind auch die Streitfragen, über die neuerdings, namentlich seit den 80er Jahren bis in die Gegenwart hinein, lebhaft diskutiert worden ist, zu einer vorläufigen Entscheidung gebracht worden. Es sind vornehmlich zwei Fragen, deren Besprechung uns am besten in die älteste Geschichte des Hohenzollernhauses einführen wird. Die eine betrifft die Herkunft der Burggrafen von Nürnberg, die andere den zollernschen Urstamm.

Bei der ersten handelt es sich um keine geringere Frage als die, ob die Kurfürsten von Brandenburg und die Könige von Preußen wirklich, wie man seit 500 Jahren glaubt, Hohenzollern sind, das heißt: ob der erste Burggraf von Nürnberg aus diesem Hause, der wahrscheinlich im Jahre 1200 gestorben ist und bis zu dem ein ununterbrochener und gut beglaubigter genealog'scher Zusammenhang hinaufreicht, — ob dieser Burggraf Friedrich I. wirklich, wie man annimmt, von dem seit dem 11. Jahrhundert historisch bezeugten schwäbischen Geschlecht der Grafen von Zollern abstammt oder nicht. Daß dieser genealogische Zusammenhang besteht, ist eine alte Überlieferung im Hause der Burggrafen von Nürnberg, die schon vor der Verpflanzung nach Brandenburg, schon im 14. Jahrhundert nachzuweisen ist; und sie ist auch, soviel man weiß, niemals auf Zweifel gestoßen, bis seit der Mitte des 18. Jahrhunderts in den Kreisen fränkischer Gelehrter, namentlich auch der Plassenburger Archivare, die Ansicht auftauchte, daß die Burggrafen von Nürnberg nicht aus dem schwäbischen Geschlecht der Zollern, sondern vielmehr aus dem fränkischen der Grafen von Abenberg stammten, deren Stammburg neben dem gleichnamigen Städtchen im Ansbachischen nicht weit von Schwabach liegt. Berufene und unberufene Genealogen aus diesen Gegenden haben dann im 19. Jahrhundert, als die fränkischen Lande in bayerischen Besitz übergegangen waren, zum Teil in scharfer Antipathie gegen Preußen, jedenfalls in geflissentlichem Gegensatz gegen die dort herrschende Auffassung, zugleich auch im Sinne fränkischer Stammesrivalität gegenüber den schwäbischen Ansprüchen, die Frage behandelt und sind zu dem Ergebnis gelangt, daß Blut und Name des Zollernstammes nur durch weibliche Mitglieder in das Haus der Burggrafen von Nürnberg gebracht sein könnten, daß es aber in männlicher Linie von jenem alten Grafen Babo von Abenberg abstamme, von dem ein Chronist die Merkwürdigkeit berichtet, daß er 30 Söhne und 8 Töchter gezeugt habe.

Eine gewisse Grundlage besaß dieses von politischen Leidenschaften und von unkritischem Dilettantismus vielfach beeinflußte Hypothesengebäude in der urkundlich bezeugten Tatsache, daß allerdings die Burggrafen von Nürnberg im 13. Jahrhundert sich im Besitz der Güter und des Grafentitels der Abenberger befinden und daß die meisten von ihnen auch in dem alten abenbergischen Familienkloster Heilsbronn begraben sind; weiterhin auch in dem zufälligen Umstand, daß der erste Burggraf dieses Hauses, Friedrich I., niemals ausdrücklich als Graf von Zollern bezeichnet wird. Ebensowenig freilich erscheint er als Graf von Abenberg; ja er kann mit einem gleichzeitig auftretenden Grafen dieses Namens unmöglich ein und dieselbe Person gewesen sein, weil beide einmal zusammen als Zeugen in einer Urkunde genannt sind. Ferner wird der Sohn dieses Burggrafen Friedrich, Konrad I., ausdrücklich zugleich als Graf von Zollern bezeichnet; die Bezeichnung Graf von Abenberg aber findet sich erst bei dessen Sohn Friedrich (III.). Besonders interessant in dieser Hinsicht ist das Siegel einer Urkunde vom 1. Mai 1246 (Mon. Zoll. II, 48), auf dem der Vater, Konrad, als Burggraf von Nürnberg und Graf von Zollern, der Sohn,

Friedrich, gleichfalls als Burggraf von Nürnberg und Graf von Abenberg bezeichnet wird. Das Rätsel löst sich auf eine sehr einfache Weise, wenn man annimmt, daß eben dieser Burggraf Konrad I. die Erbtochter des aussterbenden Abenberger Grafengeschlechts geheiratet hat, und daß Güter und Titel dieser Familie dann als mütterliches Erbteil an seinen Sohn übergegangen sind. Dieser Annahme stand bisher freilich die Überlieferung im Wege, daß Burggraf Konrad I. mit Clementia von Habsburg, einer Schwester, wie man annahm, des Kaisers Rudolf I., verheiratet gewesen sei. Aber eine neuerdings angestellte kritische Prüfung dieser alten Überlieferung hat das überraschende Resultat ergeben, daß sie lediglich auf einem 600jährigen Irrtum beruht, nämlich auf dem Versehen eines Schreibers, der bei einer Duplikatausfertigung statt matris clementis, matris Clemente schrieb, was dann als Name aufgefaßt wurde und woran alles weitere durch bloße Kombination sich knüpfte. Eine Clementia von Habsburg als Gemahlin Konrads I. existiert also nicht; wir kennen den Namen und die Familie der Mutter des Burggrafen Friedrich III. nicht, aber nichts hindert uns, anzunehmen, daß sie eben die abenbergsche Erbtochter gewesen ist, durch welche dann die Güter und der Name der Familie auf die Nachkommen übergegangen sind, ohne daß sie aufhörten Zollern zu sein.

Entscheidend aber vollends für die Frage der Abstammung der Burggrafen von Nürnberg ist eine seit 1852 wieder bekanntgewordene und erst neuerdings in ihrer ganzen Bedeutung gewürdigte alte Genealogie, die uns ein glücklicher Zufall aufbewahrt hat. Sie steht in einem Kodex der Gießener Universitätsbibliothek, in dem die historischen Werke des Bischofs Otto von Freising samt einigen andern aus Freising stammenden Stücken enthalten sind. Das Ganze ist eine Abschrift nach alten Vorlagen, angefertigt im 15. Jahrhundert durch Erasmus Sayn von Freising. Diese Genealogie, die auch in den Monumenta Germaniae historica (SS. XXIV, 78) veröffentlicht ist, führt den Stammbaum des Burggrafen Friedrich I. von Nürnberg, der als staufischer Parteigenosse und vielleicht auch im Zusammenhang mit einer damals geplanten Familienverbindung für die Freisinger Kreise von Interesse sein mochte, durch drei Generationen zurück, bis zu dem Grafen Burkard von Zollern, von dem gleich noch die Rede sein wird. Die Abschrift beruht allem Anschein nach auf einer alten Vorlage, wohl noch des 12. Jahrhunderts; daß sie später erst aus irgendwelchen Anlässen hergestellt worden sei, erscheint als ausgeschlossen. So haben wir hier auch ein ausdrückliches unverwerfliches Zeugnis für den genealogischen Zusammenhang der Burggrafen von Nürnberg mit dem schwäbischen Hause der Grafen von Zollern, an dem nun weiter kein Zweifel gestattet sein dürfte; und die alte Überlieferung, die seit Jahrhunderten in der Zollernburg am Rande der Rauhen Alb den Stammsitz unseres Königs- und Kaiserhauses gesehen hat, ist in ihrer Glaubwürdigkeit unanfechtbar bestätigt.

Diese Stammburg, die unter Friedrich Wilhelm IV. mit großer Pracht, aber leider ohne Rücksicht auf die Erhaltung der alten baulichen Anlagen, restauriert oder eigentlich vielmehr neu aufgebaut worden ist, geht in ein hohes Alter zurück. Sie dürfte aber schwerlich älter sein als das 11. Jahrhundert; jedenfalls kam damals erst die Gewohnheit der deutschen Adelsfamilien auf, sich nach einer Burg zu benennen, und auch der Name der Zollern läßt sich nicht über dies Jahrhundert zurückverfolgen. Übrigens ist die Namensform „Hohenzollern" für Burg und Geschlecht verhältnismäßig jungen Ursprungs; die ältere, historisch beglaubigte Form lautet kurzweg: Zollern; und der Name dürfte nach der wahrscheinlichsten Erklärung, wie so viele andere in jenen Gegenden, aus einer lateinischen Benennung, mons solarius, abzuleiten sein, die von den Römern — wahrscheinlich mit Anknüpfung an einen altgermanischen Sonnenkult — dieser Stätte beigelegt worden sein mag.

Die älteste als echt beglaubigte Nachricht, die wir von Angehörigen des zollernschen Hauses besitzen, ist eine kurze Notiz in den Annalen Bertholds, des Fortsetzers Hermanns von Reichenau (Monumenta Germaniae historica, Script. V, 272), wo es zum Jahre 1061 heißt: Burchardus et Wezil de Zolorin occiduntur. Diese beiden Männer aus dem Geschlecht der Zollern sind damals also im Kampfe gefallen. Über ihre Persönlichkeit und auch über das zwischen ihnen bestehende Verwandtschaftsverhältnis ist nichts bekannt; nur scheint Burkhard derselbe zu sein, der in der Saynschen Genealogie als Burchardus comes de Zolre an der Spitze der Ahnenreihe des Burggrafen Friedrich I. von Nürnberg steht. Der Name seiner Gemahlin ist unbekannt. Sein Sohn ist Friedrich I., genannt Maute, Graf von Zollern, der von 1085 bis 1115 erwähnt wird und von dem nicht viel mehr bekannt ist, als daß er zugleich als erster seines Hauses die Schirmvogtei über das Kloster Alpirsbach in Schwaben innehatte, das von einem seiner Geschlechtsvettern, Adalbert von Zollern aus der früh erloschenen Linie Haigerloch, 1094 in Gemeinschaft mit anderen Herren gestiftet worden war, und daß seine Gemahlin Udilhild von Urach aus dem Hause Fürstenberg war. Unter seinen 10 Kindern ist der älteste Sohn Friedrich II., dessen Gemahlin wieder unbekannt ist (erwähnt 1125—1145); von einem jüngeren Sohn, namens Burkhard, stammte die Linie der Grafen von Zollern-Hohenberg ab, die 1486 erloschen ist und in der die Namen Burkhard, Albert, auch Rudolf besonders häufig wiederkehren. Als Söhne Friedrichs II. sind wahrscheinlich anzusehen (die Saynsche Genealogie ist in diesem Punkte durch die neueren Forschungen im einzelnen etwas berichtigt worden): Graf Berthold, der bald nach 1194 gestorben sein muß und nur eine Tochter hinterlassen hat, und Graf Friedrich, der dritte des Namens, der erste Burggraf von Nürnberg und als solcher Friedrich I. genannt. Dieser ist es, der die Familie von Schwaben nach Franken verpflanzt hat, wobei er aber den schwäbischen Besitz noch selbst in der Hand behielt. Als Burggraf von Nürnberg wird er zuerst im Jahre 1192 erwähnt. Er war vermählt mit Sophie, der Erbtochter des Grafen Konrad II. von Raabs, der zugleich Burggräf von Nürnberg war († 1191). Von dem Geschlecht der Grafen von Raabs ist also die Burggrafschaft Nürnberg an das Haus der Hohenzollern gekommen und jahrhundertelang bei ihm geblieben, während die eigentlichen Raabsschen Erbgüter, die in Österreich lagen, später an die Babenberger verkauft worden sind. Der Burggraf Friedrich I. scheint im Jahre 1200 oder kurz nachher gestorben zu sein und hat noch nicht in Heilsbronn, sondern im St. Ägidienkloster zu Nürnberg seine Grabstätte gefunden. Er ist der gemeinsame Ahnherr der beiden heute noch blühenden Zweige des hohenzollernschen Hauses, der Könige von Preußen und der Fürsten von Hohenzollern; von seinem ältesten Sohn Konrad I., dem Burggrafen von Nürnberg, der vermutlich die abenbergische Erbtochter zur Gemahlin hatte, stammt das preußische Königshaus ab; von seinem zweiten Sohne Friedrich IV., der die schwäbischen Güter mit der Stammburg erhielt, die jüngere fürstliche Linie. Er wird übrigens 1210 und 1214 auch noch als Burggraf von Nürnberg erwähnt und führt daher als solcher auch zuweilen die Bezeichnung Friedrich II.

Das ist der Urstamm des Hauses Hohenzollern bis zu der Spaltung in die beiden heut noch blühenden Hauptlinien. Die ältere, die der Burggrafen von Nürnberg, werden wir später noch weiter zu verfolgen haben. Hier müssen wir uns zunächst erst noch der Frage zuwenden, ob man den Hohenzollernstamm vielleicht noch über jene beiden im Jahre 1061 gefallenen Mitglieder hinaus in eine fernere Vorzeit verfolgen kann. Ein sehr bemerkenswerter und wissenschaftlich wohlbegründeter Versuch dazu ist neuerdings von schwäbischen Forschern gemacht worden, und kein Name ist in diesem Zusammenhang mit größerem Recht zu nennen, als der des Tübinger Professors Dr. Ludwig Schmid, der ein langes Forscherleben dieser Aufgabe gewidmet hat, angeregt und unterstützt durch den Fürsten Karl Anton von Hohenzollern und seinen Sohn und Nachfolger, den Fürsten Leopold. Schmid griff die Vermutung eines badischen Archivars namens Leichtlen auf, der 1831 den Stamm der Hohenzollern auf das alte schwäbische Herzogsgeschlecht der Burkardinger hatte zurückführen wollen, eine Vermutung, der auch Märcker und Riedel sich nicht entgegengestellt hatten. Schmid hat diese Ansicht wissenschaftlich zu begründen, aber leider auch zum Dogma zu erheben versucht. Er begann damit in seiner Geschichte der Grafen von Zollern-Hohenberg, die 1862 erschien; und nachdem dann die Studien von Baumann über die schwäbische Gau- und Grafschaftsverfassung (1879) neue fruchtbare Gesichtspunkte für genealogische Forschungen eröffnet hatten, schrieb er 1884—1888 „Die älteste Geschichte des erlauchten Gesamthauses der Hohenzollern" in drei Bänden, von denen der erste den Urstamm, der zweite das 11. und 12. Jahrhundert, der dritte die oben bereits besprochene abenbergische Frage behandelt, die hier natürlich auch im Sinne der schwäbischen Abstammung der Burggrafen von Nürnberg entschieden wird, was in die Diskussion darüber maßgebend eingegriffen hat. Das Hauptthema Schmids aber ist die Abstammung der Hohenzollern von den Burkardingern, die er unwiderleglich bewiesen zu haben glaubte. Noch kurz vor seinem Tode veröffentlichte der 87jährige Gelehrte 1897 eine Schrift, die er als seinen „Schwanengesang" bezeichnete und deren charakteristischer Titel lautet: „Beleuchtung und schließliche Erledigung der bis dahin noch schwebenden Frage von der Burkardinger Abkunft der Hohenzollern".

Die Burkardinger stammen von den Markgrafen von Rätien ab, als deren Ahnherr der zur Zeit Karls des Großen lebende Hunfried bezeichnet werden kann, so daß man sie auch Hunfriedinger nennen könnte. Ein Markgraf Burkhard von Rätien kam im Jahre 911 um, als er den Versuch machte, die herzogliche Gewalt in Schwaben zu gewinnen; sein Bruder Adalbert war Graf des Thur- und des Scherragaues, von denen der erstere auf schweizerischem, der andere auf schwäbischem Gebiet liegt; dieser Adalbert wird von Schmid und seinen Anhängern als der Ahnherr der Hohenzollern betrachtet. Die Burkardinger haben bekanntlich später die Herzogsgewalt in Schwaben wirklich gewonnen; der letzte Herzog aus diesem Hause, Burkhard II., ist aber schon 973 gestorben, und von da bis zum Tode des Burkhard von Zollern (1061) klafft eine fast hundertjährige Lücke. Schmid und seine Anhänger wollen sie ausfüllen, indem sie als Zwischenglied zwischen Burkardinger und Zollern die stammverwandten Grafen von Nellenburg einschieben, deren Verwandtschaft mit beiden Geschlechtern aber freilich auch wieder nur auf Vermutung beruht. Da der Zollernname vor dem 11. Jahrhundert noch fehlt, so muß man natürlich zu anderen Kriterien greifen, um die Verwandtschaft zu beweisen. Als solche bieten sich der Güterbesitz und die Eigennamen dar. Schmid glaubt nachweisen zu können, daß bedeutende Teile des Gebietes der Burkardinger später im Besitze der Zollern sind, namentlich der Scherragau, den er in der späteren Grafschaft Hohenberg wiedererkennen will. Hier greifen die Studien Baumanns und seiner Nachfolger über die schwäbische Gau- und Grafschaftsverfassung anregend und fördernd ein. Es handelt sich um die Frage, ob man Gau und Grafschaft für diese schwäbischen Gebiete in der Hauptsache gleichsetzen darf, so daß sie feste, durch die Jahrhunderte gleichbleibende Größen darstellen, oder ob nicht vielmehr, wofür doch manche Anzeichen vorliegen, auch hier größere Gaue aus politischen oder Verwaltungsrücksichten in mehrere Grafschaften geteilt worden sind. Das erste behaupten Schmid und seine Anhänger, das andere ihre Gegner. Ferner kommt es darauf an, ob, wie von Schmid behauptet wird, die Erblichkeit in den Grafschaften hier schon so früh eingetreten ist, daß dadurch die Brücke vom 10. bis zum 11. Jahrhundert geschlagen würde. Diese Fragen sind doch nicht mit der Sicherheit zu entscheiden, wie Schmid noch tun zu können glaubte; und auch wenn sie es wären, könnte man immer noch an einen Übergang der Güter durch die weibliche Hand denken. Hier setzt nun freilich das andere Argument Schmids ein, das, kurz gefaßt, darin besteht, daß die Gleichheit der häufig wiederkehrenden Namen Burkhard und Adalbert bei den Burkardingern und den Zollern für den Zusammenhang und die Stammesverwandtschaft der beiden Häuser sprechen soll. Nun ist es freilich richtig, daß gewisse Eigennamen charakteristisch für einzelne Geschlechter sind, und daß namentlich im Hause der Grafen von Zollern-Hohenberg die Namen Burkard und Adalbert sich in den ersten Generationen auffällig oft wiederholen. Aber einerseits läßt sich die Beschränkung eines Namens wie Burkard auf ein bestimmtes Geschlecht doch nicht nachweisen, wenn man nicht die Grenzen der Beobachtung willkürlich verengt; andererseits finden sich bei den Zollern auch Namen, die nicht von den Burkardingern stammen können, wie z. B. Rudolf. Ein überzeugender Beweis läßt sich eben weder auf die eine noch auf die andere Weise führen; es handelt sich nur um eine Vermutung und um den Grad der Wahrscheinlichkeit, die sie für sich hat. Unmöglich ist die Abstammung der Zollern von dem alten schwäbischen Herzogsgeschlecht keineswegs, und die wissenschaftlich begründete Vermutung Schmids ist von den genealogischen Phantasien früherer Zeiten himmelweit verschieden; aber bewiesen ist sie nicht, und darin hat der hochverdiente Forscher geirrt, daß er glaubte, einen wirklich zwingenden Beweis geführt zu haben. Die nüchterne genealogische Forschung wird bei der Tatsache stehen bleiben müssen, daß die Zollern als ein schwäbisches Grafenhaus seit der Mitte des 11. Jahrhunderts glaubhaft bezeugt sind; und sehr treffend ist das Wort, das Kaiser Friedrich einmal zu einem der Forscher sagte, der ihm dies Ergebnis seiner Studien vorlegte: „Das ist auch genug."

Genealogische Ausblicke.

An diese Erörterungen über den Ursprung des hohenzollernschen Hauses wollen wir hier gleich noch einige genealogische Betrachtungen knüpfen, die die verwandtschaftlichen Zusammenhänge des Fürstenhauses im ganzen zum Gegenstand haben. Wir folgen zunächst dem Stammbaum und den Verzweigungen des hohenzollernschen Geschlechts, die er zeigt.

Von dem alten selbständigen Zweige der Grafen von Zollern-Hohenberg, die seit 1125 erwähnt werden, ist oben schon kurz die Rede gewesen; es mag genügen, hier zu bemerken, daß dieser Zweig, in dem die Namen Burkard und Albrecht sehr häufig vorkommen, 1486 erloschen ist.

Auch von der Trennung der fränkischen und der schwäbischen Linie des Haupthauses ist schon gelegentlich gesprochen worden; wir wollen zunächst die jüngere schwäbische Linie verfolgen. Die Linie der Grafen von Zollern, die sich später (seit dem 13. Jahrh.) auch Hohenzollern nennen, beginnt mit Friedrich IV., der 1204 in der Teilung mit seinem älteren Bruder Konrad den Hauptteil der schwäbischen Besitzungen mit der Stammburg erhielt. Es verdient hervorgehoben zu werden, daß er sich seit 1248 ebenso wie die fränkische Linie eines Siegels bediente, das statt des alten Nürnberger Löwen den schwarz-weiß quadrierten Schild des hohenzollernschen Gesamthauses zeigt. Eine jüngere Linie dieses Hauses stellen die Grafen von Zollern-Schalksburg dar, die etwa um 1266 erscheinen und 1408 im Mannesstamm erloschen sind.

Karl I. Graf von Zollern-Hohenzollern teilte 1575 den Gesamtbesitz des Hauses unter seine drei Söhne: Eitelfriedrich IV. erhielt Hechingen, Karl II. Sigmaringen, Christoph Haigerloch. Sie sind die Stifter der drei danach benannten Linien geworden, deren Besitz heute wieder vereinigt ist. Am frühesten erlosch die Linie Haigerloch, 1634. Von dieser hatte sich noch wieder eine Nebenlinie in Schlesien abgezweigt (mit dem Sitze in Königsberg bei Schweidnitz); sie war aber schon 1622 wieder erloschen.

Unter den Grafen von Hohenzollern-Hechingen, die zum Teil im Reichsdienst hohe Stellen bekleideten, wie Johann Georg († 1623), Präsident des Reichskammergerichts zu Speyer und Präsident des kaiserlichen Reichshofrats, und die, wie eben dieser, auch schon zum Teil persönlich mit der Reichsfürstenwürde ausgezeichnet waren, ragt besonders hervor Friedrich Wilhelm, des heiligen römischen Reichs Generalfeldmarschall (1726), der von Kaiser Leopold I. die Ausdehnung der Reichsfürstenwürde auf alle Mitglieder des Hauses und ihre Nachkommen auswirkte (1692) und mit dem brandenburgischen Hause ein Pactum gentilicium schloß, auf Grund dessen das fürstliche Haus fortan wieder, wie schon in seinem Anfang, den Titel und das Wappen der Burggrafen von Nürnberg führte. Der letzte Sproß dieser Linie, Fürst Friedrich Wilhelm Konstantin, entsagte zusammen mit dem Vertreter der Sigmaringer Linie, Karl Anton, durch Staatsvertrag vom 7. Dezember 1849 der Regierung zugunsten der Krone Preußens. Seit 1850 führten beide Linien auf Grund einer königlichen Ordre den Titel „Hoheit"; dem Fürsten Karl Anton von Sigmaringen, der 1858—1862 Präsident des preußischen Staatsministeriums war, wurde für sich und seine Nachkommen 1861 der Titel „Königliche Hoheit" zugestanden. Nach dem Tode des letzten Hechinger Fürsten vereinigte er wieder den ganzen Hausbesitz der schwäbischen Linie in seiner Hand und nahm den einfachen Titel „Fürst von Hohenzollern" an. Er starb 1885; sein Nachfolger wurde Fürst Leopold, der einstmals zur spanischen Thronkandidatur in Aussicht genommene Prinz, dem 1905 sein Sohn, Fürst Wilhelm, gefolgt ist. Der jüngere Sohn des Fürsten Karl Anton, Prinz Karl, wurde 1866 Fürst, 1881 König von Rumänien; nach seinem kinderlosen Tode (1914) hat der Thronfolger Ferdinand, ein jüngerer Sohn des Fürsten Leopold, die Regierung angetreten.

Die Mitglieder der älteren Hauptlinie werden uns in der folgenden Darstellung als Burggrafen von Nürnberg und namentlich dann als brandenburgisch-preußische Regenten zu beschäftigen haben; hier wollen wir nur die Abzweigungen von dieser Hauptlinie ins Auge fassen.

Auf Grund der von Kurfürst Albrecht Achilles verfügten Teilung folgten seine beiden jüngeren Söhne Friedrich und Sigmund als Markgrafen in den fränkischen Besitzungen des Hauses, der erste in Ansbach, der zweite in Bayreuth. Nachdem dann aber Sigmund ohne männliche Erben 1495 verstorben war, fiel der ganze fränkische Besitz an den Markgrafen Friedrich („den Älteren"); er ist der Stammvater der beiden älteren markgräflichen Linien Ansbach und Bayreuth, die sich in Markgraf Georg Friedrich, dem Kurator in Ostpreußen und Herzog von Jägerndorf, wieder vereinigten, um dann mit seinem Tode (1603) im Mannesstamm zu erlöschen.

Einer der Söhne Friedrichs des Älteren, Albrecht, war 1511 zum Hochmeister des Deutschen Ordens gewählt worden und wurde 1525 durch die Säkularisation des Ordenslandes der erste Herzog in Preußen. Er ist der Stifter der preußischen Linie der Hohenzollern, die aber schon mit seinem geisteskranken Sohn Albrecht Friedrich im Mannesstamm ausgestorben ist (1618).

Die jüngeren Linien Ansbach und Bayreuth sind auf Grund der Vereinbarungen im Geraer Hausvertrag (1599) und in dem Vertrage von Onolzbach (1603) zur Regierung gelangt; ihre Stifter sind die beiden ältesten Söhne des Kurfürsten Johann Georg aus seiner dritten Ehe, die Markgrafen Christian und Joachim Ernst, von denen der erste in Bayreuth, der andere in Ansbach nachfolgte. Die Bayreuther Linie ist mit dem Tode des Markgrafen Friedrich Christian 1769 im Mannesstamm erloschen; der Markgraf von Ansbach, Christian Friedrich Karl Alexander, vereinigte die beiden Lande wieder unter seiner Regierung; er verzichtete aber zugunsten der Krone Preußens in einem Vertrage von 1791, lange vor seinem Tode, der erst im Jahre 1806 eingetreten ist.

Keine eigentliche Landeshoheit war mit zwei andern Abzweigungen von dem brandenburgischen Hause verbunden, indem zwei jüngere Söhne des Großen Kurfürsten aus seiner zweiten Ehe mit Dorothea von Holstein, Markgraf Philipp Wilhelm und Markgraf Albrecht Friedrich, mit Land und Leuten in Schwedt und in der Johanniterballei Sonnenburg ausgestattet wurden. Ein Sohn des ersten Markgrafen von Schwedt, Friedrich Wilhelm († 1771), hat Friedrich dem Großen durch allerlei Unordnungen mehrfach Anlaß zu scharfem Eingreifen in seine Herrschaft gegeben; mit dessen Sohn Friedrich Heinrich ist die Linie 1788 erloschen. Aus der Sonnenburger Linie, die ebenfalls das 18. Jahrhundert nicht überdauert hat, sind zwei Söhne des Stifters in den beiden ersten schlesischen Kriegen gefallen: Markgraf Friedrich bei Mollwitz und Markgraf Friedrich Wilhelm 1744 vor Prag.

Die Familienverbindungen der Hohenzollern, die sich anfänglich auf die Kreise des hohen Adels deutscher Nation beschränken, denen das Haus selbst entstammte, reichen schon früh, schon seit der meranschen Heirat (1248) in die höhere Sphäre des Reichsfürstenstandes hinein, denen auch die Hohenzollern selbst bald zugezählt wurden. An die zahlreichen Verbindungen mit den Fürstenberg,

Hohenlohe, Leiningen, Öttingen, Ortenberg, Salm, Sayn, Solms, Zimmern — reihen sich solche mit den Fürstenhäusern von Anhalt und Sachsen, von Braunschweig und Oldenburg, von Hessen und Nassau, von Holstein und Mecklenburg, von Pfalz, Baden, Bayern, Württemberg usw. Es gibt wohl kein deutsches Fürstenhaus, das nicht mit den Hohenzollern in mehr oder weniger vielfältigen verwandtschaftlichen Beziehungen steht, wenn auch naturgemäß die Konfession hier seit dem 16. Jahrhundert eine doch nicht unübersteigbare Schranke gezogen hat. Die jüngeren Söhne, die nicht mit Land und Leuten ausgestattet werden konnten, traten in der katholischen Zeit in der Regel in den geistlichen Stand ein und wurden Bischöfe oder Deutsch-Ordensritter; nicht allen freilich gelang es dabei, zu einer so großen Stellung emporzusteigen, wie sie der Kardinal und Kurfürst Albrecht, der Bruder des Kurfürsten Joachim I., als Erzbischof von Mainz und Magdeburg einnahm, der vielgerühmte Gönner der Humanisten, oder der Hochmeister Albrecht, der sich dann zum Herzog in Preußen machen ließ. Die Töchter wurden bei der Verheiratung grundsätzlich nicht mit Land und Leuten, sondern mit Geld ausgestattet und mußten auf die Erbfolge ausdrücklich verzichten. Dagegen ist die Heiratspolitik in dem Zollernhause selbst, namentlich im 16. Jahrhundert, oft von dem Bestreben geleitet gewesen, mit der Hand einer Fürstentochter aus ansehnlichem Hause zugleich Sukzessionsansprüche zu gewinnen, die zum Teil später auch zur Erfüllung gelangt sind. An männlichen Erben hat es in den Hauptlinien niemals gefehlt. Der Kinderreichtum mancher Ehen in diesem Hause ist außerordentlich groß. An der Spitze steht der Sigmaringer Graf Karl II. († 1606), der mit zwei Frauen 25 Kinder erzeugte; sein Enkel Meinrad I. († 1681) hatte 19 Kinder von einer Frau; es war eine geborene Gräfin Törring-Seefeld. Aber auch in der brandenburgischen Linie hatte Kurfürst Johann Georg aus seinen drei Ehen 23 Kinder, von denen allerdings mehrere in früher Jugend verstorben sind, wie denn überhaupt in der älteren Zeit mit der großen Zahl der Geburten auch eine uns heute sehr groß erscheinende Kindersterblichkeit Hand in Hand ging. Von den 14 Kindern des Königs Friedrich Wilhelm I. und seiner Gemahlin Sophie Dorothea von Hannover sind 10 zu ihren Jahren gekommen; das elfte in der Gesamtzahl, Prinz August Wilhelm, ist der Stammvater der späteren preußischen Könige geworden. Die hohenzollernsche Dynastie ist eine der dauerhaftesten in der europäischen Geschichte; sie gleicht darin der capetingischen. Von welcher Bedeutung das für die Festigung der monarchischen Staatsordnung und für die Begründung einer politischen Einheit in Land und Volk ist, zeigt ein Vergleich zwischen Frankreich und Preußen einerseits und dem alten Deutschen Reiche anderseits. Wären die Dynastien der Sachsen, Salier und Staufer so langlebig gewesen wie die der Capetinger in Frankreich oder später die der Hohenzollern in Brandenburg-Preußen, so wäre das Deutsche Reich schwerlich in eine solche Auflösung geraten, wie sie seit dem 13. Jahrhundert eingetreten ist, wenn auch die Gründe dafür zum Teil auf anderem Gebiet und tiefer liegen.

An der Schicksalsrolle des deutschen Hochadels, einen so großen Teil der Throne Europas mit seinen Mitgliedern zu besetzen, hat auch das Gesamthaus Hohenzollern seinen Anteil, der sich freilich auf den schon erwähnten Fall des Königs von Rumänien beschränkt. Auch die Zahl der brandenburgischen und preußischen Fürstentöchter, die auf fremden, außerdeutschen Thronen gesessen haben, ist nicht sehr groß; weitaus die Mehrzahl ist an deutsche Fürsten verheiratet worden, wie auch die Männer des Zollernhauses mit Vorliebe Frauen aus deutschen Fürstenhäusern zur Ehe genommen haben. Auf den dänischen Thron gelangte schon im Jahre 1445 die brandenburgische Prinzessin Dorothea, Tochter Johanns des Alchymisten, durch die Vermählung mit König Christoph III.; nach dessen frühem Tode († 1448) ist sie auch die Gemahlin seines Nachfolgers auf dem Throne, des ersten dänischen Oldenburgers, König Christians I., geworden. Ein Sohn dieses Paares, der Herzog Friedrich von Schleswig-Holstein-Gottorp, nachmals König Friedrich I. von Dänemark, war in seiner ersten Ehe wiederum mit einer brandenburgischen Prinzessin vermählt, Markgräfin Anna, Tochter des Kurfürsten Johann. Sie ist schon vor der Erhebung ihres Gemahls auf den dänischen Königsthron verstorben, 1514, aber sie ist die Mutter eines dänischen Königs geworden: Christians III. Eine zweite dänische Königin aus dem brandenburgischen Hause war die Markgräfin Katharina, Tochter des Kurfürsten Joachim Friedrich, die mit König Christian IV. vermählt war; beide Königinnen liegen in der alten Grabeskirche des dänischen Königshauses, dem Dom von Roeskilde, begraben. Eine Tochter Johann Sigismunds, ebenfalls Katharina mit Namen, war in erster Ehe mit dem Fürsten Bethlen Gabor von Siebenbürgen verheiratet (seit 1626); eine andere Tochter desselben Kurfürsten, Marie Eleonore, vermählte sich 1620 mit Gustav Adolf König von Schweden; der frühe Tod des innigst geliebten Gemahls auf dem Schlachtfelde von Lützen hat sie in eine unheilbare Melancholie versenkt († 1655). Eine andere schwedische Königin aus dem Hohenzollernhause ist Luise Ulrike, die Schwester Friedrichs des Großen, die Gemahlin des Gottorpers, Königs Adolf Friedrich († 1782). Beide Königinnen sind in der Riddarholmskirche zu Stockholm beigesetzt, „wo Schwedens Ehre schlummert unterm Marmor". In das niederländische Haus Oranien heirateten ebenfalls zwei Töchter des preußischen Königshauses, beide mit dem Namen Wilhelmine; die eine war die Tochter des Prinzen August Wilhelm, die Schwester König Friedrich Wilhelms II., vermählt mit dem Prinzen Wilhelm V. von Nassau-Oranien, dem späteren Erbstatthalter der Niederlande; die Rücksicht auf ihre Person spielt eine Rolle in dem Feldzug ihres königlichen Bruders nach den Niederlanden zur Wiederherstellung der von einer feindlichen Partei unter französischer Einwirkung vertriebenen Oranier († 1806); die andere war die Tochter des Königs Friedrich Wilhelm II., vermählt mit dem Erbprinzen Wilhelm Friedrich, der 1815 unter dem Namen Wilhelm I. König der Niederlande geworden ist. Auf dem russischen Kaiserthron saß als Gemahlin Nikolaus I. die preußische Prinzessin Charlotte, Tochter König Friedrich Wilhelms III., als russische Kaiserin (sie war zur griechisch-katholischen Kirche übergetreten) Alexandra Feodorowna genannt. Eine Tochter des Kaisers Friedrich, also eine Schwester unseres Kaisers, ist bekanntlich die Gemahlin des Königs Konstantin von Griechenland; auch sie hat das griechisch-orthodoxe Bekenntnis angenommen.

Von fremden außerdeutschen Königstöchtern, die mit brandenburgisch-preußischen Herrschern ein Ehebündnis geschlossen haben, erwähnen wir die dänische Gemahlin des Kurfürsten Joachim I. (Elisabeth, Tochter des Königs Hans von Dänemark, † 1555), ferner die zweite, polnische Gemahlin des Kurfürsten Joachim II. (Hedwig, Tochter des Jagellonenkönigs Sigismund I., † 1573); eine andere jagellonische Prinzessin, eine Tochter König Kasimirs II., war mit

Friedrich dem Älteren von Ansbach-Bayreuth vermählt gewesen und ist die Mutter Albrechts, des ersten Herzogs von Preußen, geworden. Der Vater der hannoverschen Gemahlin des Königs Friedrich Wilhelm I. (Sophie Dorothea) ist erst lange nach der Vermählung seiner Tochter König von England geworden (Georg I.); die erste königliche Prinzessin von England, die sich nach Preußen verheiratet hat, ist Victoria, die Gemahlin des späteren Kaisers Friedrich, die bekanntlich aber von beiden Seiten aus deutschem Blute stammt. Der großen Mehrzahl nach stammen also die Gemahlinnen der brandenburgischen und preußischen Herrscher aus deutschen Fürstenhäusern, seit der Reformation aus protestantischen. Ein besonderer Fall war die Vermählung des Kronprinzen Friedrich Wilhelm (IV.) mit der katholischen bayerischen Königstochter Elisabeth (1823), die erst nach Jahren zum evangelischen Bekenntnis übergetreten ist.

Will man sich nun eine Vorstellung machen von der Art und Mannigfaltigkeit der Blutmischung in unserm Herrscherhause, so tut man am besten, einer Ahnentafel zu folgen, wie sie vor kurzem (1911) der Freiherr Axel Albrecht von Maltzahn herausgegeben hat unter dem Titel: „Die 4096 Ahnen Seiner Majestät des Deutschen Kaisers, Königs von Preußen, Wilhelm II.“ Dieses Werk, das trotz mancher von Fachgenealogen gerügter Mängel und Unvollkommenheiten immerhin eine ganz brauchbare Grundlage für unsere Betrachtungen darbietet, führt die Reihe der Ahnen bis zur zwölften Generation herauf, also bis ins 16. Jahrhundert hinein. Die Zahl 4096 bezieht sich nur auf die oberste Reihe der Ahnentafel — das ist eben die zwölfte Generation —; sie ist theoretisch errechnet, ebenso wie die Zahl der sämtlichen auf den Tafeln dieses Werkes als Vorfahren des Kaisers durch alle Generationen hindurch aufgeführten Personen, die 8190 beträgt. Tatsächlich schrumpfen aber diese Zahlen außerordentlich stark zusammen infolge der jedem Genealogen wohlbekannten Erscheinung, die man als „Ahnenverlust“ zu bezeichnen pflegt und die darin besteht, daß in den höheren Generationen, etwa von der fünften ab, dieselben Namen sich vielfach wiederholen, infolge der auf dieser Stufe zwischen verschiedenen Gliedern der Ahnenreihe vorhandenen engen Verwandtschaft. So schrumpft jene Zahl von 8190 tatsächlich zusammen auf 1549 Personen, die als Vorfahren unseres Kaisers bis auf die zwölfte Generation vorkommen; der Ahnenverlust beträgt also 6641 Personen. Es ist nun natürlich von Bedeutung, festzustellen, wer von diesen Personen am häufigsten vorkommt; wir entnehmen der Einleitung des Freiherrn von Maltzahn zu seinem großen Tafelwerk auch darüber einige Angaben: „An der Spitze steht Graf Joachim Ernst von Anhalt († 1586), der nicht weniger als 70 mal als Ahn des Kaisers erscheint, und zwar 33 mal mit seiner ersten Gemahlin Gräfin Agnes von Barby und 37 mal mit seiner zweiten Gemahlin Herzogin Eleonore von Württemberg. Es folgen Landgraf Philipp der Großmütige von Hessen und Gemahlin Herzogin Christine von Sachsen, welche 65 mal vorkommen. Markgräfin Margarete von Brandenburg, Tochter des Kurfürsten Joachim I., ist 63 mal vertreten, und zwar 5 mal mit ihrem ersten Gemahl, Herzog Georg I. von Pommern und 58 mal mit ihrem zweiten Gemahl Grafen Johann IV. von Anhalt. Es schließen sich an Graf Friedrich Magnus zu Solms-Laubach und Gemahlin Gräfin Agnes von Wied 61 mal, Kurfürst Johann Georg von Brandenburg 58 mal (davon 9 mal mit seiner ersten Gemahlin Herzogin Sophie von Liegnitz, 21 mal mit der zweiten Gemahlin Markgräfin

Sabine von Brandenburg-Bayreuth und 28 mal mit der dritten Gemahlin Gräfin Elisabeth von Anhalt), König Christian III. von Dänemark nebst Gemahlin Dorothea von Sachsen-Lauenburg 57 mal, Graf Wilhelm der Reiche von Nassau nebst Gemahlin Gräfin Juliane von Stolberg 56 mal usw." Wie man sieht, lauter Angehörige des deutschen Fürstenstandes und hohen Adels. Freiherr v. Maltzahn hat ferner festgestellt, daß unter den Ahnen des Kaisers am stärksten das Haus Wettin vertreten ist, mit 70 verschiedenen Mitgliedern; es folgen die Häuser Brandenburg-Preußen und Holstein mit je 64, Braunschweig mit 53, Nassau mit 40, Wittelsbach und Solms mit je 39, Mecklenburg mit 35, Anhalt und Hohenlohe mit je 27, Reuß und Limpurg mit je 22, Mansfeld mit 21, Baden und Salm mit je 20 verschiedenen Mitgliedern.

Auch in das habsburgische Kaiserhaus reicht die Ahnenreihe der Hohenzollernkaiser hinein, wenn auch die neuere Kritik jene alte Überlieferung von der Ehe der beiden burggräflichen Brüder Konrad I. und Friedrich II. mit Clementia und Elisabeth von Habsburg als Fabel beiseite geschoben hat. Unzweifelhaft ist Kaiser Ferdinand I. einer der Ahnherrn des hohenzollernschen Kaiserhauses durch seine Tochter Marie († 1583), die mit dem Herzog Wilhelm von Jülich-Cleve-Berg vermählt war und die Mutter jener Marie Eleonore geworden ist, die den letzten preußischen Herzog Albrecht Friedrich zum Gemahl hatte; die Verwandtschaft ist außerdem noch durch die Häuser Pfalz-Zweibrücken, Sachsen-Gotha, Braunschweig-Bevern und Anhalt-Zerbst vermittelt, so daß Kaiser Ferdinand I. 5 mal unter den Ahnen unseres Kaisers erscheint. Gerade durch einige der deutschen Fürstenhäuser, deren Mitglieder am häufigsten unter den Ahnen der Hohenzollernkaiser erscheinen, führt nun auch ein genealogischer Zusammenhang in verschiedene ausländische Dynastien hinüber. So durch die Holsteiner und Oldenburger nach Dänemark und Rußland, durch die Braunschweiger nach Großbritannien.

Daß König Christian III. von Dänemark († 1559) eine in der Ahnenreihe unseres Kaisers mit am stärksten vertretene Persönlichkeit ist, wurde bereits erwähnt; aber auch Christian I. († 1481), Friedrich I. († 1533), Friedrich II. († 1588), Christian IV. († 1648), Friedrich III. († 1670) sind mehr oder minder häufig darin vertreten. Von den schwedischen Königen erscheint am häufigsten der berühmte Stifter der Wasadynastie, König Gustav I. († 1560), dessen Töchter nach Mecklenburg, Ostfriesland, Baden verheiratet waren; aber auch sein Sohn Karl IX. († 1611), ferner die Zweibrücker Karl X. Gustav († 1660) und Karl XI. († 1697) befinden sich unter den Ahnen unseres Kaisers. Von den alten polnischen Königen ist der Jagellone Kasimir II. († 1492) mehrmals vertreten. Mit dem russischen Kaiserhofe wird eine allerdings nur einmalige Verbindung hergestellt durch die Kaiserin Augusta, deren Mutter Maria Pawlowna bekanntlich eine Tochter des Kaisers Paul I. war. Von Paul geht die Ahnenreihe über dessen Vater Peter III. und dessen Mutter, die Kaiserin Anna, bis auf Peter den Großen und die Vorfahren des Hauses Romanow zurück — ein mehr interessanter als genealogisch bedeutsamer Zusammenhang. Wichtiger ist die Verwandtschaft mit dem hannoverschen Königshause von England, die durch die Prinzeß Victoria, Kaiser Friedrichs Gemahlin, und früher schon durch Sophie Dorothea, die Gemahlin Friedrich Wilhelms I., Tochter König Georgs I., vermittelt ist. Die drei ersten George des englisch-hannoverschen Hauses sowie die Königin Victoria sind dadurch zu Ahnen unseres Kaisers geworden. Aber wie das Haus Hannover selbst, so hängt auch das Hohenzollernhaus zugleich mit dem Hause Stuart zusammen: Jakob I. zählt mit zu den Ahnen unseres Kaisers durch seine Tochter Elisabeth, die an Friedrich V., Kurfürsten von der Pfalz, vermählt und Mutter jener Sophie von der Pfalz war, die in das hannoversche Haus heiratete, Mutter der preußischen Königin Sophie Charlotte, Großmutter der Königin Sophie Dorothea wurde. Weist die Abstammung Jakobs I. väterlicherseits durch Lord Darnley auf die jüngere Linie des Hauses Stuart zurück, so führt sie mütterlicherseits über Maria Stuart zu König Jakob V. von Schottland und dessen Vorfahren auf dem Thron; Jakob V. ist aber zugleich auch von Mutterseite mit den französischen Valois verwandt. Seine Mutter Margarete Tudor war die Schwester König Heinrichs VIII. von England, die Tochter Heinrichs VII., des Begründers der Tudordynastie; und dessen Großmutter war die Witwe des Königs Heinrich V. von England, die durch Shakespeares Darstellung so bekannt gewordene Katharina, die in zweiter Ehe den Owen Tudor geheiratet hatte. Sie selbst aber war eine Tochter Karls VI., also eine Valois, und durch den Stifter dieser Linie, Karl von Valois, den Sohn Philipps III., mit dem älteren capetingischen Hause verwandt. Von besonderem Interesse ist der Zusammenhang mit dem Hause Nassau-Oranien, durch den auch edelstes französisches Blut dem Zollernstamme zugeführt worden ist. Der große Oranier, Wilhelm der Schweigsame, der 1584 zu Delft von Mörderhand fiel, ist nicht weniger als 13 mal unter den Ahnen unseres Kaisers vertreten, und zwar 10 mal mit seiner dritten Gemahlin Charlotte, Tochter des Herzogs von Montpensier, und 3 mal mit seiner vierten Gemahlin Luise, Tochter des berühmten Admirals von Coligny, des Opfers der Bartholomäusnacht von 1572. In diesem Verwandtschaftskreise bekundet sich in recht verhängnisvoller Weise die damalige politische Bedeutung des reformierten Bekenntnisses, als dessen heroische Vorkämpfer diese beiden Männer, Wilhelm von Oranien und der Admiral von Coligny, den Märtyrertod gefunden haben. Die Mutter der Luise von Coligny, das von C. F. Meyer so heroisch gezeichnete „Weib des Admirals“, war eine Montmorency, Charlotte de Laval († 1568); und auch der Admiral selbst, Coligny-Chatillon, stammte durch seine Mutter aus diesem stolzen, uralten und vielleicht vornehmsten Adelsgeschlecht Frankreichs, dessen Vorfahren also auch mit unter die Ahnen unseres Kaiserhauses zu rechnen sind.

Höchst bedeutend ist auf der andern Seite die Ahnenreihe, die sich an Wilhelms dritte Gemahlin Charlotte von Montpensier knüpft. Das Haus der Herzöge von Montpensier (1608 im Mannesstamm erloschen) stellt eine jüngere Linie des französischen Königshauses dar: es war begründet von einem Nachkommen Ludwigs des Heiligen, der auch den Namen Ludwig führte († 1520) und die Erbtochter eines Grafen von Montpensier heiratete, der gleichfalls ein Nachkomme des heiligen Ludwig war. Durch diesen Zusammenhang kommt also auch wieder Hugo Capet, der Stifter des altfranzösischen Königshauses, unter die Ahnen unseres Kaisers.

Die oranische Abstammung der Hohenzollern wird nicht bloß durch Luise Henriette vermittelt, die Gemahlin des Großen Kurfürsten und Tochter des Prinzen Friedrich Heinrich von Oranien († 1667), die eine Enkelin des großen Oraniers und seiner vierten Gemahlin Luise von Coligny war; auch der Große Kurfürst selbst, ihr Gemahl, stammte aus oranischem Blut: seine Mutter, Elisabeth

Charlotte von der Pfalz, war eine Tochter der mit dem Kurfürsten Friedrich IV. von der Pfalz vermählten Prinzessin Luise Juliane von Oranien, und diese wieder entstammte der dritten Ehe des großen Oraniers Wilhelms I. mit Charlotte von Montpensier. Auf dieselbe Ahnenreihe führt auch die mütterliche Abstammung der Königinnen Sophie Charlotte, Gemahlin König Friedrichs I., und Sophie Dorothea, Gemahlin König Friedrich Wilhelms I., zurück. Die Prinzessin Sophie von der Pfalz, die Tochter des unglücklichen böhmischen Winterkönigs Friedrichs V. von der Pfalz, eines Sohnes der Oranierin Luise Juliane, war die Mutter der einen und die Großmutter der andern (mütterlicherseits). Verstärkt wird diese Blutmischung noch durch die Abstammung der Kaiserin Augusta von demselben Verwandtschaftskreis der Häuser Oranien, Coligny, Montpensier. Die Kaiserin Augusta stammte ebenso wie ihr Gemahl aus den beiden Ehen des Oraniers Wilhelms I., also auch aus den Häusern Montpensier und Coligny, und durch diese von den Capetingern und den Montmorency. Vermittelt wird diese Abstammung durch zwei Fürstenpaare, deren weiblicher Teil aus dem hohenzollernschen Hause selbst stammt: es sind zwei Töchter Friedrich Wilhelms I., die Prinzessinnen Philippine Charlotte und Sophie von Preußen, von denen die eine mit dem Herzog Karl I. von Braunschweig-Wolfenbüttel, die andere mit dem Markgrafen Friedrich Wilhelm von Brandenburg-Schwedt vermählt war. Das erste dieser Paare stellt die mütterlichen Großeltern des Großherzogs Karl August von Weimar, das andere die des Kaisers Paul I. von Rußland dar. Es wiederholt sich hier aber nicht bloß das Abstammungsverhältnis, wie es für Friedrich Wilhelm I. gilt, sondern der eine der beiden genannten Fürsten hat noch besondere genealogische Beziehungen zu dem oranischen Hause. Der Markgraf Friedrich Wilhelm von Brandenburg-Schwedt, der übrigens auch noch ein Enkel des Großen Kurfürsten war, hatte zum Großvater mütterlicherseits den Fürsten Johann Georg II. von Anhalt-Dessau, der mit einer Tochter des Prinzen Friedrich Heinrich von Oranien, Henriette Katharina, vermählt war.

Kaiser Friedrich hatte also von Vater- und Mutterseite manchen Tropfen oranischen Blutes in den Adern; aber auch seine Gemahlin, die englische Prinzessin Victoria, steht in einem genealogischen Zusammenhang mit diesem Hause. Sie stammt väterlicherseits von einer Prinzessin Charlotte Amalie von Hessen-Philippsthal († 1801) ab, unter deren Ahnen sich dreimal der große Oranier Wilhelm I. mit seiner dritten Gemahlin, der Herzogin von Montpensier, findet, was also zugleich auf den capetingischen Ursprung zurückweist, der für die Kaiserin Friedrich außerdem auch noch durch ihre mütterliche Abstammung auf anderm Wege sich ergibt.

Von besonderem Interesse ist es noch, die Ahnenreihen zu verfolgen, die sich aus der Abstammung unseres Königshauses von dem habsburgischen Kaiser Ferdinand I. ergeben. Dessen Großmutter väterlicherseits, Maria von Burgund, Tochter Karls des Kühnen, führt auf die Valois und damit wiederum auf die Capetinger zurück. Die mütterlichen Großeltern Kaiser Ferdinands, die „katholischen Könige“ Ferdinand von Aragonien und Isabella von Kastilien, haben die Herrscher der ältesten christlichen Königreiche der Pyrenäenhalbinsel aus dem 8. Jahrhundert zu ihren Ahnen. Beide stammen mütterlicherseits von Johann von Lancaster, einem Sohn König Eduards III. von England, und durch diesen und seine Vorfahren aus dem Hause Anjou-Plantagenet von Wilhelm dem Eroberer und den alten Normannenherzögen bis zu dem Wikinger Rollo ab, der auch unter den Ahnen der Eleonore von Poitou, Gemahlin Heinrichs II. von England, sich findet. Ferdinand der Katholische stammte durch seinen Großvater mütterlicherseits von dem deutschen König Alfons X. von Kastilien ab († 1284); dessen Mutter war Beatrix die Jüngere von Staufen, die Tochter Philipps von Schwaben, die Enkelin Friedrichs I. und seiner Gemahlin Beatrix von Burgund. Von den Staufern führt die Ahnenreihe über die Stammutter Agnes, Tochter Heinrichs IV., auf die salischen Kaiser und ihre Vorfahren, und von diesen durch Liutgarde, die Gemahlin Konrads des Roten von Lothringen, Tochter Ottos des Großen und der Edith von England, auf die sächsischen Brunonen, die Billunger und Herzog Widukind von Sachsen, andererseits auf Alfred den Großen und dessen Vorfahren, die alten angelsächsischen Könige von Wessex, von Ecbert bis hinauf zu Cerdic (6. Jahrhundert).

Alfred der Große stammte durch seine Mutter Judith, eine Tochter Karls des Kahlen, von Karl dem Großen ab. Auf dieselbe Abstammung führt auch der Zusammenhang mit Hugo Capet, dessen Urgroßmutter Adelheid eine Tochter Ludwigs des Frommen war; auch der Staufer Friedrich Barbarossa, der ja ebenfalls zu den Ahnen unseres Kaisers gehört, stammte durch Agnes von Poitiers, die Gemahlin Kaiser Heinrichs III., über Otto Wilhelm von Burgund und Nevers († 1027), Adalbert, König von Italien († 966), Lothar II. und Lothar I. von Ludwig dem Frommen und Karl dem Großen ab. Die Gemahlin Friedrichs I., Beatrix von Burgund, die mit ihm unter den Ahnen unseres Königshauses erscheint, führt durch Rainald, den Bruder der Agnes von Poitiers, auf denselben Stamm zurück.

Der Zusammenhang des Blutes zwischen unserem Königshause und diesen entfernten Geschlechtern stellt in dem unübersehbar mannigfaltigen genealogischen Gewebe der Jahrhunderte zwar nur ein paar einzelne Fäden dar, aber er ist, obwohl wenig bekannt, doch zweifellos vorhanden; und die Phantasie unserer historisch interessierten Zeitgenossen wird gern bei der Vorstellung verweilen, daß alle die großen und glänzenden Gestalten der alten deutschen, ja europäischen Geschichte bis auf Karl den Großen und über ihn hinaus zu den Ahnen unseres Kaisers gehören.

Die Burggrafen von Nürnberg.

Umfang und Bedeutung der Amtsgewalt, die die Burggrafen von Nürnberg zu der Zeit ausübten, wo das Amt in die Hände der Hohenzollern kam, d. h. zu Ende des 12. Jahrhunderts, läßt sich nicht mehr feststellen. Wahrscheinlich waren die Burggrafen anfänglich nicht nur die Hüter der alten kaiserlichen Burg auf dem Nürnberg, sondern auch die Vertreter der obrigkeitlichen Gewalt über die Stadt und das sie umgebende Landgebiet gewesen, aber ihre Befugnisse waren schon früh namentlich durch die mächtig aufstrebende Gemeinde der Reichsstadt bedeutend eingeschränkt worden. Zu der Zeit, wo wir Genaueres über die Gerechtsame und Zuständigkeiten der Burggrafen von Nürnberg erfahren (1273), hatten sie mit der alten Reichsburg selbst nichts mehr zu tun; diese war in Hut und Besitz der Reichsstadt Nürnberg übergegangen, die sie für den Kaiser zu verwahren hatte. Die Burggrafen besaßen aber eine andere Burg in der Stadt, die nachmals von den Bürgern durch eine Mauer von dem eigentlichen Stadtbereich abgetrennt wurde; ein Rechtsstreit, der darüber entstand, ist 1376 dahin vertragen worden, daß die Burggrafen sich diese Absperrung gegen eine Geldzahlung von 5000 Gulden gefallen ließen. Sie hatten ferner die Hut über das Stadttor, das ihrer Burg benachbart war (das Vestnertor); ein Beamter des Burggrafen führte im Stadtgericht neben dem Stadtschultheißen den Vorsitz und empfing für seinen Herrn zwei Drittel der Gerichtsgefälle, was auf eine alte obrigkeitliche Stellung des Burggrafen gegenüber der Stadt zurückweist, die sich im übrigen bereits verloren hatte. Damit hängt auch wohl zusammen, daß der Burggraf auf der Lorenzseite der Stadt von jeder Schmiedewerkstatt einen Schilling, von den Bauplätzen auch Grundzins empfing, daß ihm Schnitterdienste und Waldnutzungen an Wildbret und Waldbäumen in den zur Stadt gehörigen Waldungen zustanden und dergleichen mehr — Gerechtsame, auf welche die Burggrafen seit 1386 in mehrfachen Verträgen mit der Stadt Verzicht geleistet haben. Die Burg selbst ist 1420 von den Bayern in einer Fehde mit dem ersten brandenburgischen Markgrafen erstürmt und verbrannt worden; heute ist nur noch die Burgkapelle und ein Mauerrest davon übrig. Im Jahre 1427 in einem Kaufvertrag mit der Stadt hat Friedrich I. die Burg samt ihrem Zubehör grundherrschaftlicher Rechte gegen eine Geldsumme ganz aufgegeben, und im Jahre 1432 wurde auch das letzte dem Burggrafen zustehende städtische Grundstück der Gemeinde überlassen, so daß seitdem die Burggrafen im Mauerring der Stadt überhaupt keinen Besitz mehr hatten. Doch behielt sich Friedrich I. 1427 die Hälfte des vor dem Spitaler Tor gelegenen Fleckens Gostenhof sowie die Jagd und das Geleit im Reichswalde vor, über den er auch eine Art von Landeshoheit beanspruchte.

Die Burggrafschaft zu Nürnberg war seit dem 13. Jahrhundert, wie andere vornehme Reichsämter, auf dem Wege, sich in eine landesherrliche Fürstenstellung umzuwandeln. Diesem allgemeinen verfassungsgeschichtlichen Vorgang standen allerdings hier besondere Schwierigkeiten entgegen, da es sich nicht um einen mehr oder minder geschlossenen Amtsbezirk handelte, an den die Entstehung eines territorialen Fürstentums hätte anknüpfen können, sondern nur um eine ziemlich unbestimmte Amtsgewalt, die der Ausstattung mit einem kompakten Landgebiet entbehrte. Das zerstückelte Reichsgut wurde hier von der kaiserlichen Gewalt zäher festgehalten wie in manchen anderen Teilen des Reiches, namentlich auch in Norddeutschland. Unter Kaiser Albrecht I. kam es zur Einrichtung einer Reichslandvogtei in Nürnberg, die den Übergang von Reichsgut in den Besitz von Herren und Städten aufgehalten hat; sie war aber nicht an die Burggrafen, sondern an andere vornehme Herren der Umgebung, wie die Grafen von Hohenlohe und von Oettingen verliehen und ist schließlich 1360 von der Stadt Nürnberg erworben worden. Dagegen waren die Burggrafen im Lehnsbesitz des kaiserlichen Landgerichts zu Nürnberg, das wohl die alte gräfliche Gerichtsbarkeit darstellt, die mit ihrem Amt verbunden war. Dieses kaiserliche Landgericht übte in erster Linie eine lokale Gerichtsbarkeit in der Umgebung von Nürnberg aus, beanspruchte aber später, ähnlich wie die westfälischen Freigerichte und andere kaiserliche Landgerichte, grundsätzlich eine Zuständigkeit über das ganze Reich hin, bis nach Sachsen, Schwaben und an den Rhein, was freilich tatsächlich ohne erhebliche Bedeutung blieb. In dieser Gewalt wurzelte der Anspruch der Burggrafen auf eine Landeshoheit in den fränkischen Gebieten, namentlich auch in der Umgebung von Nürnberg — ein Anspruch, der aber von der Stadt scharf und nicht ohne Erfolg bestritten wurde. Der Reichswald bei Nürnberg, der für die Hohenzollern von besonderer Bedeutung war, weil er zwischen den beiden Hälften ihrer Besitzungen in Franken lag, blieb in dieser Hinsicht besonders strittig. Das Reichsforstmeisteramt in diesem Walde war im 14. Jahrhundert von der Nürnberger Patrizierfamilie Stromer erworben worden, die davon den Namen „Waldstromer" führte, und war von dieser auf die Stadt Nürnberg übergegangen; auf Grund davon übten die Nürnberger ziemlich ungehindert obrigkeitliche Rechte in dem Reichswalde aus.

Da den Burggrafen von Nürnberg die Grundlage eines kompakten Amtsbezirks fehlte, so waren sie bei dem Streben nach einem fürstenmäßigen Landgebiet darauf angewiesen, ihren Besitz auf jede mögliche Weise auf Grund der verschiedensten, meist privatrechtlichen Erwerbstitel zu vergrößern. Das Landgebiet, das sie zusammenbrachten, beruhte auf der stückweis fortschreitenden Erwerbung vieler verschiedenartiger, kleinerer oder größerer Bestandteile, die teils ursprüngliches Reichsgut, teils und vornehmlich Besitz von anderen gräflichen oder fürstlichen Landesherren oder auch von geistlichen Stiftern oder von reichsritterschaftlichen Familien gewesen waren. Lehen, Vogteibefugnisse, Allodien wechseln miteinander ab; die Erwerbsarten sind überaus mannigfaltig: Verleihungen durch den Kaiser, Verpfändungen, die nicht wieder eingelöst werden, Erbschaften, Kaufgeschäfte fügen ein Stück des Territorialbesitzes nach dem andern hinzu; seit dem Fall der Staufer erscheinen die Burggrafen von Nürnberg als das mächtigste Haus in Franken neben den Bischöfen von Würzburg und Bamberg, in beständiger Spannung und häufigen Reibungen mit der machtvoll aufstrebenden Reichsstadt Nürnberg.

Der erste Zollerngraf, den wir als Burggrafen von Nürnberg finden, Friedrich I., scheint zu dieser Stellung gelangt zu sein durch die kaiserliche Gunst, die sich sein Haus infolge des Anschlusses an die Staufer seit deren Thronbesteigung erworben hatte, zugleich aber auch durch die Heirat mit der Erbtochter der Grafen von Raabs, die bis dahin im Besitze der Burggrafschaft gewesen waren. Graf Konrad II. von Raabs, Burggraf von Nürnberg, starb 1191, und im Jahre 1192 finden wir Friedrich I. als seinen Nachfolger. Die Raabsschen Erbgüter, die seine Gemahlin Sophia ihm zubrachte, lagen zum größten Teil in Österreich; das Hauptstück bildete die Grafschaft Raabs im Lande unter der Enns. Diese wurde schon 1218 von den Söhnen Friedrichs an Leopold IV. von Österreich verkauft, der übrige österreichische Streubesitz zu Lehen ausgetan. Offenbar war es dem Hause um Abrundung und Verstärkung der fränkischen Besitzungen in erster Linie zu tun.

Friedrich I. scheint um 1200 gestorben zu sein; sein Sohn und Nachfolger war Konrad I., der zuerst mit seinem jüngeren Bruder Friedrich II. zusammen als Burggraf von Nürnberg auftritt, dann aber durch die Teilung von 1204 sich mit diesem in der oben schon angegebenen Weise auseinandergesetzt hat, so daß Friedrich der Stifter der schwäbischen, Konrad aber der der fränkischen Linie des Hauses wurde. Dieser Konrad I. ist es, der vermutlich durch Heirat mit der Erbtochter des eben damals aussterbenden Grafenhauses von Abenberg die reichen Besitzungen dieses Geschlechts, die — noch ohne Ansbach selbst, aber mit der Kadolzburg bei Fürth — den Kern des späteren Fürstentums Ansbach bilden, für sein Haus erworben hat. Er hat selbst noch nicht den Titel eines Grafen von Abenberg geführt, liegt aber im Kloster Heilsbronn begraben, das eine Stiftung der Abenberger war und nun auch die Ruhestätte der hohenzollernschen Burggrafen wurde. Die beiden Brüder waren 1214 unter den ersten Anhängern, die der junge Staufer Friedrich II. in Deutschland fand. Der Burggraf Konrad tritt im Reiche besonders hervor als einer der Räte, die dem jungen König Heinrich von seinem Vater, dem Kaiser Friedrich II., gesetzt worden waren; an dessen Empörung scheint er aber keinen Anteil gehabt zu haben, vielmehr wurde er nach dem Sturz des Kaisersohnes und nach der Niederwerfung des diesem verbündeten babenbergischen Herzogs Friedrichs des Streitbaren von Österreich mit der Statthalterschaft in dem unterworfenen Lande betraut (1225). Später, in dem Konflikt mit der Kirche, verließ er die Sache des gebannten Kaisers Friedrich II. und stand auf seiten der Gegenkönige Heinrich Raspe und Wilhelm von Holland; doch ist er später wieder zur staufischen Partei zurückgetreten und gehörte zu den Anhängern Konrads IV. und Konradins; um 1260 ist er gestorben.

Sein Sohn Friedrich III., der schon neben dem Vater als Burggraf von Nürnberg erscheint, hat eine besondere Bedeutung für die Geschichte des Hauses. Er war zweimal vermählt, einmal mit Elisabeth, einer der Töchter des Herzogs Otto von Meran, das zweitemal mit einer Tochter des Herzogs von Sachsen aus dem Hause Anhalt. Die erste Gemahlin brachte abermals dem Zollernhause einen reichen Zuwachs an fränkischem Landbesitz. Die Herzöge von Meran aus dem Hause der Grafen von Andechs waren ein uraltes bayerisches Adelsgeschlecht, mit den Staufern und den Wittelsbachern verwandt; den Herzogstitel führten sie nicht von dem Tiroler Ort, sondern von ihren kroatisch-dalmatinischen Besitzungen. Sie nahmen eine bedeutende territoriale Stellung ein: von Dalmatien bis nach Burgund lagen ihre Güter und Herrschaften zerstreut; aber im Frankenlande war der Mittelpunkt ihres Besitzes und ihrer Interessen; die Plassenburg bei Kulmbach war ihr Hauptwohnsitz, und im Kloster Langheim befand sich die Erbgruft des Geschlechts. Herzog Otto II., der 1248 starb, war der letzte männliche Sproß dieses Geschlechts; verschiedene Töchter beerbten ihn. Elisabeth, die mit dem Burggrafen Friedrich III. vermählt war, erhielt bei der Erbteilung ein Gebiet, dessen Mittelpunkt Bayreuth war, dazu Hof im Fichtelgebirge, das die Burggrafen aber zunächst als Lehen an die Reichsvögte von Weida (die spätere fürstliche Familie Reuß von Plauen) austaten und das erst 1373 unter ihre unmittelbare Herrschaft gekommen ist. Hatte die abenbergsche Erbschaft den Grund zu dem späteren Fürstentum Ansbach gelegt, so legte die meranische Erbschaft den Grund zu dem späteren Fürstentum Bayreuth; nur fehlten davon noch bedeutende Teile, die eine Schwester Elisabeths (Beatrix) damals (1248) dem Hause der Grafen von Orlamünde zubrachte: vor allem Kulmbach mit der Plassenburg, Himmelkron, Goldkronach und andere Orte; dieser Teil des Bayreuther Fürstentums ist von den Burggrafen erst 1341 durch Vertrag mit dem letzten Grafen von Orlamünde erworben worden.

Friedrich III. nahm schon eine hervorragende Stellung im Reich ein. Er ist der erste unter den Burggrafen, der die später im Hause traditionell gewordene Rolle als „Königsmacher" spielt. Er hat, obwohl nicht selbst zu den bevorzugten Wählern gehörig, im Jahre 1273 die Wahl der Kurfürsten auf Rudolf von Habsburg gelenkt und dem Gewählten dann die erste Nachricht davon gebracht. Die Belohnung für diesen Dienst war der große Lehnbrief von 1273, aus dem wir den Umfang der Befugnisse und Gerechtsame der Nürnberger Burggrafschaft kennen lernen; die Erbfolge wurde darin — wie übrigens schon von früheren Kaisern geschehen war — auch auf die weibliche Linie ausgedehnt. Im Jahre 1281 wurde dasselbe Privileg noch einmal in der feierlichen Form einer Goldenen Bulle ausgefertigt. Inzwischen hatte der Burggraf dem neuen König wirksame Hilfe gegen seinen Widersacher König Ottokar von Böhmen geleistet, der seinen eigenen Besitzungen ein bedrohlicher Nachbar geworden war; in der Schlacht auf dem Marchfeld (26. August 1278) hatte er die Sturmfahne des Reiches zum Sieg über den Böhmenkönig dem kaiserlichen Heere vorangetragen. Der Siegespreis waren die freigewordenen Lehen Österreich, Steiermark, Krain, mit denen der Kaiser nun seine Söhne Albrecht und Rudolf belehnte; es ist die Grundlage zu der Hausmacht des habsburgischen Hauses. Auch hierbei hat der Burggraf Friedrich seinem kaiserlichen Freunde hilfreiche Hand geleistet: er war es, der die für diese Regierungshandlung notwendigen Willebriefe der Kurfürsten durch kluge und geschickte Verhandlungen zu beschaffen wußte. Außer jenem Privilegium trug der Burggraf als kaiserlichen Dank einige kleinere Landbelehnungen und eine größere Summe Geldes (1000 Mark Silber) davon, die zum Erwerb neuer Besitzungen diente. Noch auf seiner letzten Reise nach Speyer ließ sich Kaiser Rudolf von dem Burggrafen begleiten; niemand von den Fürsten hat ihn nach den Worten der Reimchronik Ottokars von Horneck aufrichtiger betrauert.

Aber nicht dem habsburgischen Hause, sondern dem Kaisertum an sich widmeten die Burggrafen ihre Dienste und ihre Anhänglichkeit. Als nach Rudolfs Tode die Königswahl seines Sohnes Albrecht gescheitert war, trat Burggraf Friedrich mit dem neugewählten König Adolf von Nassau in eine nahe Familienverbindung, indem er eine seiner Töchter mit dem Sohne des Königs vermählte. Sein Sohn Friedrich IV. hielt dann wieder mit König Albrecht zusammen und übernahm die Führung des königlichen Heeres in dem meißnischen Kriege. Er half auch dem Nachfolger Albrechts, dem Lützelburger Heinrich VII., bei seinen Kämpfen in Böhmen sowie bei seinem Romzuge. In dem Streit der beiden Gegenkönige, nach der zwiespältigen Wahl des Jahres 1314, nahm er von Anfang an Partei für Ludwig von Bayern; er entschied durch einen Angriff aus dem Hinterhalt die Schlacht von Mühldorf (28. September 1322); und einem seiner Leute gelang es, den Gegenkönig Friedrich gefangen zu nehmen, der dann sein Schwert dem Burggrafen übergab. Mehrere kleine Belehnungen und die Verleihung des Bergregals, das namentlich im Fichtelgebirge von Bedeutung war, bekundeten den Dank des Kaisers, der den Burggrafen einmal als den Retter des Reiches (salvator imperii) begrüßt hat. Weiterhin (1328) sehen wir den Burggrafen Friedrich in der Bestallung als „Heimlicher und Secretarius" des Kaisers, — ein Titel, der damals an Klang und Bedeutung dem heutigen eines Ministers oder Staatssekretärs entsprach —; in dieser Eigenschaft hat Friedrich auch als Generalvikar des Reiches in Tuscien gewaltet an des Kaisers Statt. Friedrich IV. hat von 1300 bis 1332 regiert; ihm war ein Bruder, Johann I. vorangegangen, der aber nur drei Jahre hindurch (1297—1300) die Herrschaft geführt hat. Eine feste Erbordnung im Sinne des Erstgeburtsrechts bestand damals in dem Hause der Burggrafen von Nürnberg noch keineswegs; und auch die Söhne Friedrichs IV. haben wieder (wie es schon früher vorgekommen war) gemeinschaftlich die Regierung geführt. Allerdings galt in solchem Falle dem Reiche gegenüber nur einer, der älteste, als der verantwortliche Träger der Pflichten und Rechte des Burggrafentums. Die drei Söhne Friedrichs IV. waren: Johann II., Konrad II. und Albrecht. Konrad II. ist früh gestorben, ohne männliche Erben zu hinterlassen (1334); als der jüngere Bruder Albrecht zu seinen Jahren gekommen war, schloß Johann II. im Jahre 1341 mit ihm einen Hausvertrag, auf Grund dessen dem jüngeren Bruder ohne eine eigentliche Teilung des Territoriums eine besondere Herrschaftssphäre angewiesen wurde. Es wurde dabei festgesetzt, daß von solchen abgesonderten Besitzungen nichts veräußert werden durfte ohne die Zustimmung des Familien-Oberhauptes, dem dabei auch ein Vorkaufsrecht gewahrt wurde.

Johann II. (1332—1357) hat die guten Beziehungen zu Ludwig dem Bayern fortgesetzt. Er ist von ihm 1345 zum Pfleger und Hauptmann in der Mark Brandenburg bestellt worden, wo Markgraf Ludwig der Ältere, des Kaisers Sohn, die Kurwürde innehatte; es ist die erste Berührung der Burggrafen von Nürnberg mit der Mark und insofern der Erinnerung wohl wert, wenn diese Stellung auch nur von kurzer Dauer gewesen ist. Die Wahl Karls IV. zum Gegenkönig veränderte die politische Lage, und die Burggrafen ließen sich durch die hohen Anerbietungen des Luxemburgers, der ihnen 14 000 Mark Silber bot, zu seiner Partei herüberziehen. Aber nach dem Tode Kaiser Ludwigs trübten sich ihre Beziehungen zu dem Luxemburger wieder, und im Jahre 1349 finden wir sie auf seiten des Gegenkönigs Günther von Schwarzburg; im Jahre 1350 gab es sogar einen Moment, wo Karl IV. sich anschickte, im Bunde mit dem Kurfürsten von der Pfalz die Burggrafen mit Krieg zu überziehen; aber der Zwist wurde vertragen, ohne daß es zu Feindseligkeiten kam, und im Jahre 1351 schlossen die Burggrafen mit Karl IV. und dem Pfälzer einen „ewigen Bund" samt einer Erbeinung, bei der der kluge Luxemburger zum erstenmal die Erwerbung der Burggrafschaft für seine Hausmacht ins Auge gefaßt hat — ein Plan, den er noch später durch Familienverbindungen weiter verfolgte. Seit dieser Zeit sind die Burggrafen in guten Beziehungen mit Kaiser Karl IV. geblieben, nicht nur Johann und sein Bruder, sondern auch noch die nächste Generation.

Johann II. führt in der chronikalischen Überlieferung den Beinamen conquaestor, der Erwerber. Es wird berichtet, daß unter ihm der Ertrag der Bergwerke im Fichtelgebirge (wo auch Gold gewonnen wurde) sich sehr gehoben habe. Er hat 1331 die Stadt Ansbach und die Dornburg erworben; 1347 sind ihm durch Karl IV. die Schlüsselbergschen Lehen übertragen worden, die zusammen mit einigen anderen Ländereien den fränkischen Besitz sehr günstig abrundeten; vor allem aber ist ihm die Erwerbung der Orlamündeschen Besitzungen gelungen, von denen Kulmbach auf Grund eines Pfandgeschäftes noch bei Lebzeiten des letzten Grafen Otto und seiner Gemahlin Kunigunde erworben wurde, die Herrschaft Plassenburg aber samt Zubehör auf Grund eines Erbvertrages von 1338 nach dem bald darauf erfolgten Absterben der beiden kinderlosen Gatten.

Um die in einer spärlichen Überlieferung verdämmernde Gestalt dieser letzten Gräfin von Orlamünde hat eine düstere Sage ihren Schleier gewoben. Sie ist die „weiße Frau", die in den Schlössern der Hohenzollern erscheint, um den bevorstehenden Tod eines Familiengliedes oder sonstiges Unheil anzuzeigen. Von Liebe zu dem jüngsten der damaligen burggräflichen Brüder, Albrecht dem

Schönen, betört, soll die verwitwete Kunigunde ihre beiden Kinder haben töten lassen, weil sie aus einer zweideutigen Redewendung des von ihr geliebten Mannes die Wahnvorstellung geschöpft habe, daß diese „vier Augen“ einer Vermählung mit ihm im Wege ständen. Darum hat sie im Grabe keine Ruhe finden können und rächt sich aus verschmähter Liebe an dem Hause ihres Geliebten. Diese Geschichte, die einem bekannten Gedicht aus „Des Knaben Wunderhorn“ zugrunde liegt, hat gar nichts von einem historischen Kern an sich; von einem Verhältnis der Gräfin mit dem Burggrafen Albrecht ist gar nichts bekannt; er war übrigens seit 1348 mit einer Gräfin von Henneberg verheiratet und Vater von vier Kindern. Von der Gräfin Kunigunde aber wissen wir nur, daß sie, kinderlos, wie sie war, nach dem Tode ihres Gemahls den Schleier der Zisterzienserinnen genommen hat und in dem Kloster Himmelkron bei Kulmbach gestorben und begraben ist. Ihr dort erhaltener Grabstein, der sie in dem Gewande der „weißen Frauen“ des Zisterzienserordens zeigt, wird den Anlaß zu der ganzen Legende gegeben haben, die sich in ähnlicher Form in vielen europäischen Fürstenschlössern, so in Paris und Parma, in Stockholm und Kopenhagen, in Darmstadt, Karlsruhe und Cleve wiederholt. Es ist eine von den wandernden Schloßsagen. Ursprünglich an der orlamündischen Plassenburg haftend, die in den Besitz der Hohenzollern überging, ist sie mit diesen in die Mark Brandenburg und in das Schloß zu Cölln an der Spree übergesiedelt, wo der Spuk — trotz mancher inzwischen entlarvter Mystifikationen — seine Gläubigen gefunden hat bis in die hellen Zeiten des 19. Jahrhunderts hinein.

Friedrich V., der Sohn Johanns II., hat bei Antritt seiner Regierung im Jahre 1357 den Hausvertrag mit seinem noch lebenden Oheim Albrecht erneuert, so daß dieser zunächst noch neben ihm bis zu seinem Tode 1361 als Burggraf erscheint; dann hat er allein regiert bis 1397, wo er die Regierung niederlegte; im folgenden Jahr ist er gestorben. Im Kloster Heilsbronn, wo er begraben liegt, zeigt ihn eine lebensgroße Statue in seiner äußeren Erscheinung. Er war ein tüchtiger und besonnener Regent; die unfruchtbaren Ritterfahrten seines Oheims Albrecht, die von den Sängern gepriesen wurden, waren nicht seine Sache; er war friedliebend, aber zäh und nachdrücklich in der Verfolgung seiner Interessen. Seine Kenntnis der Geschäfte war ungewöhnlich groß; man sagte, daß er imstande war, wichtige Urkunden selbst zu entwerfen. Auch hat er einen wesentlichen Teil seiner Tätigkeit dem Reichsdienst gewidmet. Im Jahre 1362 finden wir ihn als Reichshauptmann an der Spitze des Landfriedensbundes in Franken; im Jahr darauf als Reichslandvogt im Elsaß; später, 1371, als Reichslandvogt in Oberschwaben. Aus der engen Verbindung mit Kaiser Karl IV. hat auch er manche Vorteile für sein Haus gezogen; der sichtbarste und nachhaltigste bestand in dem großen, unter goldener Bulle ausgefertigten Privilegium von 1363, das in aller Form den Burggrafen von Nürnberg und sein Haus als ein edles Glied des Reiches (nobile membrum sacri imperii) und von altersher dem Reichsfürstenstande angehörig erklärte und ihm Vorrechte zuwies, wie sie einige Jahre vorher (1356) den Kurfürsten zugestanden worden waren, namentlich den ungestörten Besitz des Bergregals und die ausschließliche Gerichtshoheit in seinen Landen, so daß deren Eingesessene nicht vor auswärtige Gerichte, auch nicht vor die des Reiches, geladen werden konnten, es sei denn im Falle der Rechtsverweigerung durch den Landesherrn. („Privilegium de non evocando.“) Die Anerkennung des Reichsfürstenstandes durch diese Urkunde steht allerdings in merkwürdigem Gegensatz zu der Tatsache, daß sich die Reichskanzlei nur sehr langsam daran gewöhnt hat, dem Burggrafen die ihm danach zukommende Titulatur zu geben, so daß es fast den Anschein hat, als sei diese Standeserhöhung nicht sowohl durch kaiserlichen Willensakt, als vielmehr durch Gewohnheitsrecht bewirkt worden, und zwar in der Weise, daß die höheren Standestitel eher in den niederen Kreisen und in Privaturkunden, als in der Reichskanzlei gebraucht wurden. Erst im Jahre 1381 wird der Burggraf in einer Kaiserurkunde ausdrücklich als Reichsfürst bezeichnet und erst seit 1385, also 22 Jahre nach dem Privileg, ist dies ausnahmslos der Fall. Mit der Anerkennung des Reichsfürstenstandes hängt es wohl zusammen, daß der Burggraf Friedrich V. neben dem schwarz-weiß quadrierten Zollernschild wieder das alte burggräfliche Löwenwappen führte. Von seiner engen Verbindung mit Karl IV. legt die Tatsache Zeugnis ab, daß er zwei seiner Töchter mit den Söhnen des Kaisers, Wenzel und Sigmund, verlobte (Elisabeth und Katharina, 1361 und 1368). Dabei lag allerdings die Absicht der Luxemburger auf die burggräfliche Erbschaft zugrunde, da Friedrich V. bis dahin nur Töchter geboren waren. Die Verlobungen sind später, als die Erbaussichten der Töchter nach der Geburt von zwei Brüdern verschwanden, wieder zurückgegangen; die ältere Schwester heiratete dann den Pfalzgrafen Ruprecht, den späteren König; die jüngere ging ins Kloster. Eine andere von den Töchtern Friedrichs war mit dem Herzog Albrecht III. von Österreich, eine vierte mit dem Landgrafen Hermann „dem Gelehrten“ von Hessen vermählt. Von den spät geborenen Söhnen hat der älteste, Johann, eine Tochter des Kaisers Karl IV., Margarete, geheiratet. Diese Verbindungen mit dem luxemburgischen, dem pfälzischen, dem österreichischen Hause sind natürlich auch von Einfluß auf die politische Haltung der Burggrafen in den Wirren des Reiches gewesen. Zunächst standen sie auf seiten Wenzels; an der Aufrichtung des allgemeinen Landfriedens zu Eger hat auch der Burggraf Friedrich V. tätigen Anteil gehabt. Kurz vorher war auch er in den großen Krieg zwischen den Städten und den Territorialfürsten verwickelt gewesen. Nach der schlimmen Niederlage der schwäbischen Städte bei Döffingen (1388) versuchte die Stadt Nürnberg einen Vorstoß gegen die burggräfliche Machtstellung; er wurde zurückgewiesen, allerdings nicht mit so durchschlagendem Erfolg, wie ihn Graf Eberhard von Württemberg in Schwaben und Pfalzgraf Ruprecht am Rhein errangen.

Die Territorialmacht der Burggrafen hat sich unter der Regierung Friedrichs V. in der Gestalt abgerundet und befestigt, die sie dann in der Hauptsache später behalten hat. Sie zerfiel in zwei gesonderte Gebiete: im Südwesten das Land zu Franken oder unter dem Gebirge mit der Stadt Ansbach (Onolzbach), nach der es später gewöhnlich genannt wurde, und der bei Fürth gelegenen, häufig als Residenz gebrauchten Kadolzburg, die zu den ältesten Bestandteilen des zollernschen Besitzes in Franken gehörte — ein wenig abgerundetes, mit vielen fremden, fürstlichen oder städtischen Enklaven durchsetztes Gebiet; und im Nordosten das Land auf dem Gebirge, mit der späteren Hauptstadt Bayreuth, Kulmbach und der Plassenburg; auch Hof mit dem Vogtland gehörte dazu: es sind die Gebiete des Frankenwaldes und des Fichtelgebirges, die damals durch ihre nicht unergiebigen Bergwerke einen besonderen Wert besaßen.

Diese beiden Fürstentümer sind nun durch die Teilung, die Friedrich V. zwischen seinen beiden Söhnen Johann und Friedrich verfügt hat (19. Mai 1385), in der nächsten Generation voneinander getrennt worden; der ältere, Johann III., erhielt die wertvollere Hälfte, Bayreuth; der jüngere, Friedrich VI., das weniger einträgliche Ansbach; das Kaiserliche Landgericht, die Burg zu Nürnberg und die Bergwerke blieben aber von der Teilung ausgeschlossen. Es läßt sich nicht verkennen, daß durch diese Teilung die im Vergleich mit anderen Fürstenhäusern ohnehin nur mäßige Macht des burggräflichen Hauses noch vermindert wurde, zumal beide Brüder sich nicht in einer glänzenden finanziellen Lage befanden, sondern eine unter der väterlichen Regierung angehäufte Schuldenlast gemeinsam zu tragen hatten, so daß wir 1404 einmal davon hören, daß die Kleinodien des Hauses (darunter auch wohl die kostbare Helmzier des Brackenhauptes, die Friedrich IV. 1317 von Leutold von Regensberg gekauft hatte) eine Zeitlang in den Händen der Juden gewesen waren. Die Burggrafen von Nürnberg blieben noch immer halb Reichsbeamte, halb Territorialfürsten. Die Kleinheit und mangelnde Geschlossenheit ihres Territoriums zwang sie, im Anschluß an den Kaiser ihre Hausinteressen zu verfolgen, zumal die Nachbarschaft der bayerischen Herzöge beständig einen starken Druck auf ihre territoriale Stellung in Franken ausübte.

Kurz vor der Abdankung des Vaters (1397) hatten die beiden Brüder den Türkenfeldzug von 1396 und die blutige und unglückliche Schlacht von Nikopolis mitgemacht, aus der sie mit genauer Not entkommen waren. Beide standen, nachdem sie die Regierung angetreten hatten, anfangs auf seiten König Wenzels; namentlich Johann war unter den vertrauten Räten seines königlichen Schwagers; aber auch Friedrich war anfänglich in seinem Dienst für die Herstellung des Landfriedens in Franken tätig, als königlicher Hauptmann. Dann aber trennten sich die politischen Wege der Brüder, merkwürdigerweise, ohne daß sie selbst einander feindlich gegenübertraten. Friedrich stellte sich auf die Seite des pfälzischen Schwagers Ruprecht; er war mit den vier rheinischen Kurfürsten am 20. August 1400 zu Lahnstein an der Absetzung Wenzels beteiligt, während ebendort Johann die Sache seines Schwagers, des Königs, führte. Friedrich zog dann mit dem unter seiner Mitwirkung gewählten König Ruprecht auch nach Italien und erlitt mit diesem vor Brescia eine Niederlage, die auch ihm persönlich viel Schaden und Verlust brachte; aber Ruprecht behauptete sich, und auch der Burggraf Johann schwenkte, ohne einen vollständigen Frontwechsel vorzunehmen, in das Lager des neuen Königs ab, nachdem verschiedene Vermittlungsversuche gescheitert waren. Johann war ohne Söhne. Die Zukunft des Hauses beruhte auf dem jüngeren Bruder Friedrich, der erst verhältnismäßig spät sich zur Ehe entschloß und sich 1401 mit der „schönen Else" von Bayern-Landshut vermählte, der Tochter des Herzogs Friedrich, deren Mutter eine Visconti war. Er hat an ihr eine vortreffliche Lebensgefährtin gewonnen, die ihm vier Söhne geboren hat und nicht nur durch ihre vielberufene Schönheit, sondern auch durch Klugheit und entschlossenes Wesen sich auszeichnete; die Schattenseite bei dieser Ehe war, daß sie den Burggrafen in die schweren und hartnäckigen Familienhändel des bayerischen Hauses verwickelte, die ihm noch jahrzehntelang das Leben sauer machen sollten.

In der Verbindung mit König Ruprecht hat aber der Burggraf Friedrich auf die Dauer nicht die Befriedigung seiner Wünsche und die Förderung seiner

Interessen gefunden, die er erwartet hatte. Namentlich sein Handel mit der Reichsstadt Rotenburg, die sich gegen den burggräflichen Einfluß wehrte, nahm durch das Eingreifen des Königs (1408) einen sehr unbefriedigenden Ausgang. Der Feldzug gegen die Stadt und namentlich eine wochenlange Belagerung hatte dem Burggrafen große Kosten verursacht; und der Friede, den schließlich der König diktierte, brachte zwar der Stadt eine kleine Demütigung, ihm selbst aber gar keinen Gewinn. Die finanziellen Schwierigkeiten Friedrichs sind durch diese unfruchtbare und kostspielige Unternehmung stark gesteigert worden. Er mußte zu dem Auskunftsmittel greifen, von seinen fränkischen Untertanen eine Vermögenssteuer — 10 vom Hundert des Ertrags — zu fordern, die ihm auch gezahlt wurde und zwar unter Beteiligung der geistlichen Stifter, die zum Teil erhebliche Summen beitrugen. Indessen war damit noch nicht allen Schwierigkeiten abgeholfen und wiederholen ließ sich das Mittel nicht gut; wir hören, daß Friedrich schon den Gedanken erwogen habe, seine selbständige Hofhaltung aufzugeben und an den Hof seines Bruders nach Kulmbach überzusiedeln — für den damals 37jährigen, verheirateten Fürsten, der schon Vater von zwei Kindern war, jedenfalls ein schwerer Entschluß. Eben in dieser Zeit scheinen die Anträge König Sigmunds von Ungarn an ihn gelangt zu sein, der ihn (wie der Burggraf selbst in einem seiner Briefe an den Herzog von Bayern bezeugt) in seinen Dienst zu ziehen wünschte. Als Schwager Johanns III. stand Sigmund mit den beiden burggräflichen Brüdern längst in nahen Beziehungen, und den Burggrafen Friedrich hatte er wohl von Nikopolis her noch in bester Erinnerung. Einer der burggräflichen Diener, Ludwig von Eyb, erzählt in seinen (allerdings erst später aufgezeichneten) Denkwürdigkeiten: Damals sei ein Ritter vom ungarischen Hofe König Sigmunds, Herr Ehrenfried von Seckendorff, an den Kulmbacher Hof gekommen; der habe geraten, man solle den Burggrafen Friedrich, der doch gesund und stracken Leibes und von gutem Verstande sei, an den Hof des Königs Sigmund ziehen lassen; daheim, am Hofe seines Bruders, würde er doch bloß ein Hasenjäger werden. Vielleicht hat dieser Ritter im Auftrage Sigmunds gesprochen. Jedenfalls wurde sein Rat befolgt: Friedrich trat 1409 gegen ein Jahrgehalt von 4000 Gulden in König Sigmunds Dienst, indem er seine Familie samt Land und Leuten der Obhut seines Schwagers, des Königs Ruprecht, befahl. Ein solches Dienstverhältnis bedeutete damals und auch noch viel später auch bei fürstlichen Personen keine Standesminderung. Für Friedrich war es nicht bloß ein Mittel, seinen Finanzen aufzuhelfen, sondern zugleich auch eine Gelegenheit zur Betätigung seiner ungewöhnlichen politischen Kräfte und Fähigkeiten, die in den engen Verhältnissen seines kleinen Fürstentums keine geeignete Beschäftigung fanden. Zunächst waren es ungarische Kämpfe und Regierungssorgen, um die es sich an dem Hofe zu Stuhlweißenburg und Ofen handelte; aber ein günstiges Geschick fügte es, daß bald deutsche Reichsangelegenheiten für Sigmund und den Burggrafen in den Vordergrund ihrer politischen Interessen traten; damit beginnt die große Laufbahn Friedrichs.

Am 19. Mai 1410 starb König Ruprecht, und der alte Wunsch Sigmunds, die Krone des Reiches zu tragen, lebte sofort wieder auf. Burggraf Friedrich übernahm die schwierige Aufgabe, diesem Wunsche die Erfüllung zu verschaffen, und er hat sie mit großem politischem Geschick gelöst. Die Parteilage im Reiche war nicht günstig. König Wenzel von Böhmen, Sigmunds Bruder, hielt immer noch den Anspruch fest, der rechtmäßige römische König zu sein, und auf seiner Seite standen der Kurfürst von Sachsen und Markgraf Jobst von Mähren, der luxemburgische Vetter, der auf Grund eines Pfandgeschäfts mit Sigmund in den Besitz der Mark Brandenburg gekommen war und sich natürlich auch für berechtigt hielt, die Kurstimme als Erzkämmerer des Reiches zu führen. Die anderen Kurfürsten waren durch das kirchliche Schisma in starken Gegensatz zu einander gebracht. Die Erzbischöfe von Mainz und Köln standen mit aller Entschiedenheit auf der Seite des die Autorität des Pisaner Konzils repräsentierenden Papstes Johann XXIII. und wiesen jedes Zusammenwirken mit den beiden andern rheinischen Kurfürsten, dem Erzbischof von Trier und dem Pfalzgrafen, die Anhänger Gregors XII. waren, hartnäckig von der Hand; sie wünschten bei Gelegenheit der Königswahl vor allem eine Schlichtung des Schismas im Sinne ihrer Partei herbeizuführen. Dem Burggrafen fiel zunächst die Aufgabe zu, auf einer Reise nach Deutschland die Stimmung der Wähler zu erkunden und die vorbereitenden Schritte für eine Wahl Sigmunds zu tun. Für die Aufwendungen, die er dabei machen mußte, hielt ihn Sigmund schadlos durch die Anweisung einer Summe von 20 000 Gulden, die auf ungarische Besitzungen verschrieben wurde. Die Verhandlungen, die dann mit den Abgesandten der rheinischen Kurfürsten geführt wurden, lagen gleichfalls in Friedrichs Hand. Sigmund stand eigentlich auch auf seiten des Papstes Johann XXIII., aber er wollte gern die Stimmen der sämtlichen vier rheinischen Kurfürsten für sich gewinnen und eine endgültige Entscheidung in der Frage des Schismas noch vermeiden, während Mainz und Köln unerschütterlich an der Bedingung festhielten, daß Sigmund die Bestätigung seiner Wahl bei Johann XXIII. und nur bei diesem allein nachsuchen müsse. Da die Anhänger Gregors XII. nicht so viel verlangten, so schloß der Burggraf am 5. und 6. August zu Ofen mit den Abgesandten dieser Partei ab, während die andern sich nach Mähren begaben und dem Markgrafen Jobst die Thronkandidatur anboten, der sie auch annahm, nachdem er sich mit seinem Vetter, dem König Wenzel, dahin auseinandergesetzt hatte, daß er diesen als älteren römischen König anerkennen und ihm die Erwerbung der Kaiserkrone überlassen wolle. Eine Vereinigung mit den Gregorianern war also nicht geglückt, und die Partei Sigmunds schritt nun allein zur Wahl. Der Burggraf von Nürnberg, der dabei sowohl als Abgesandter des Königs von Ungarn wie als bevollmächtigter Vertreter der brandenburgischen Kurstimme auftrat (die Sigmund trotz der Übertragung der Mark an Jobst für sich in Anspruch nahm), wußte sich mit seinem Gefolge den Eintritt in die Wahlstadt Frankfurt zu verschaffen und gab bei der Wahlhandlung, die am 20. September 1410 auf dem Kirchhofe hinter dem Chor der infolge Interdikts geschlossenen Bartholomäuskirche stattfand, neben dem Erzbischof von Trier und dem Pfalzgrafen die brandenburgische Wahlstimme für Sigmund ab, während die Gegner sich fernhielten und so auch die Gelegenheit versäumten, die Zulässigkeit der Vertretung zu beanstanden. Der Burggraf erklärte darauf sofort auf Grund einer mitgebrachten Ermächtigung die Annahme der Wahl im Namen Sigmunds, und damit betrachtete dieser sich als rechtmäßig gewählten römischen König. Am 1. Oktober wählten dann die Erzbischöfe von Mainz und Köln mit den Vertretern Wenzels und Jobsts für Böhmen und Brandenburg den Markgrafen Jobst zum römischen König. Die beiden Gewählten standen noch in Unterhandlungen mit Wenzel, als Markgraf Jobst am 17. Januar 1411 eines plötzlichen Todes starb. Jetzt zeigte Sigmund auch öffentlich in einem Rundschreiben den Reichsständen an, daß er die auf ihn gefallene Wahl annehme und setzte sich nach längeren Verhandlungen mit Wenzel dahin auseinander, daß dieser ihm die Regierung des Reiches überließ, während Sigmund versprach, bei seinen Lebzeiten nicht nach der Kaiserkrone streben, sondern zu deren Erlangung ihm selbst behilflich sein zu wollen. Die Erzbischöfe von Mainz und Köln gaben jetzt den Widerstand gegen Sigmund auf; aber sie bestanden darauf, am 21. Juli 1411 noch einmal eine förmliche Wahl vorzunehmen, bei der nun alle Kurfürsten — außer Trier und Pfalz, die fernblieben — ihre Stimmen auf Sigmund vereinigten. Die brandenburgische Stimme führte dabei im Auftrage Sigmunds der Burggraf Johann III. von Nürnberg. Sigmund ließ sich dieses Vorgehen gefallen, obwohl er immer den ersten Wahlakt als den entscheidenden betrachtet und die Jahre seiner Regierung nach diesem gezählt hat. Die päpstliche Approbation hat er nicht nachgesucht, weder bei Johann XXIII. noch bei Gregor XII.; der letztere hat sie ihm unaufgefordert erteilt, während auch Johann in dieser Hinsicht keinen Einspruch wagte.

Es war ein großer Erfolg, den Sigmund vor allem der Klugheit und Tatkraft seines Rates, des Burggrafen, verdankte. Seiner Art entsprach es, solche Verdienste mit großartiger Freigebigkeit zu belohnen. Der Lohn für den Burggrafen war die Übertragung der Regentschaft in der Mark Brandenburg, die durch den Tod des kinderlosen Jobst von Mähren wieder an Sigmund gefallen war. Durch eine Urkunde, die am 8. Juli 1411 zu Ofen ausgefertigt worden ist, bestellt König Sigmund „den hochgeborenen Friedrich Burggrafen von Nürnberg, unsern lieben Oheim und Fürsten" wegen seiner Verdienste um den König und das römische Reich, sowie wegen seiner Einsicht, Kraft und Tüchtigkeit, die eine Besserung des Landes für die Zukunft erhoffen lassen, zum obersten Hauptmann und Verweser der Mark Brandenburg mit allen Regierungsrechten eines Markgrafen, ausgenommen allein die markgräfliche Kur- und Erzkämmererwürde, die dem Hause Luxemburg noch vorbehalten bleibt. Es ist indessen keine bloße Beamtenbestellung; denn ein Recht auf diese Stellung als Verweser und oberster Hauptmann steht auf Grund der Urkunde nicht allein dem Burggrafen persönlich, sondern auch seinen Erben zu; und die Zurückziehung der Bestellung ist nur dann statthaft, wenn vorher von Sigmund oder seinen Rechtsnachfolgern dem Burggrafen oder dessen Erben die Summe von 100 000 ungarischen Goldgulden bar ausbezahlt worden ist. An diese Bestimmung hat sich bei den märkischen Chronisten des 16. Jahrhunderts und lange bei der späteren Geschichtsschreibung die irrtümliche Auffassung geknüpft, als handle es sich hier um ein Pfandgeschäft, als sei diese Summe von 100 000 Gulden als ein Darlehn zu betrachten, das der Burggraf dem König vorgestreckt und für das er bei dessen Zahlungsunfähigkeit sich die Mark Brandenburg als Pfand habe verschreiben lassen. Diese Legende ist durch Riedels urkundliche Forschungen beseitigt worden. Es ist keine Spur von einem solchen Darlehn zu entdecken, und die uns bekannte Finanzlage des Burggrafen schließt es völlig aus, sich ihn als den Besitzer und Verleiher großer Geldmittel zu denken. Außerdem sprechen auch die Urkunden König Sigmunds selbst, namentlich das Patent vom 11. Juli, durch das den Ständen und Einwohnern der Mark die Bestellung Friedrichs zum obersten Hauptmann und Verweser bekanntgemacht wird, ganz deutlich aus, was es mit dieser Summe für eine Bewandtnis hat. „Da wir aber selbst wissen — so heißt es da, in der leicht modernisierten Form, in der Riedel die Urkunde mitteilt —, daß die Nutzungen, Zinsen und Renten der vorgenannten Mark, welche der Landesherrschaft angehören, durch mancherlei Anfechtungen, Kriege und Pfandverleihungen so klein sind, daß er diese Verwesung und Hauptmannschaft und was dazu erforderlich ist, ohne unsere besondere Hilfe nicht führen kann, es wenigstens unbillig sein würde, sollte er außer seiner Arbeit auch noch von seinem Vermögen bei dieser Verwaltung etwas zusetzen: so haben wir ihm deshalb versprochen und zugesagt, ihm zu geben und zu bezahlen hunderttausend gute rote ungarische Gulden, auf dieser Verwesung und Hauptmannschaft zu haben, wie das alles in solchen unsern Briefen näher enthalten ist, die wir ihm besonders darüber gegeben..." Dadurch wird also diese Summe gleichsam als das Betriebskapital bezeichnet für die kostspielige Unternehmung einer Wiederherstellung und Befriedung der Mark. Sie wurde dem Burggrafen nicht wirklich ausbezahlt, weil es dem König selbst an baren Geldmitteln fehlte; aber, indem die Zurücknahme der Verweserbestallung für ihn und seine Erben von der vorherigen Bezahlung dieser Summe abhängig gemacht wurde, erfuhr der Kredit des Burggrafen eine Stärkung, die ihm ermöglichte, selbst die Mittel flüssig zu machen, deren es zur Lösung der ihm gestellten Aufgabe bedurfte. Übrigens ist diese Summe sehr bald (18. Dezember 1411) noch um die Hälfte (50 000 Gulden) erhöht worden bei Gelegenheit der Verlobung des ältesten Sohnes des Burggrafen, des damals 7 jährigen Johann, mit der in demselben kindlichen Alter stehenden Tochter des Herzogs von Sachsen, Barbara, die später auch wirklich seine Frau geworden ist. Sigmund, der zwei alte Gegner dadurch vereinigte und nun auch den sächsischen Herzog für seine Interessen gewann, hat diese Summe in der Form einer Mitgift für die Tochter des Herzogs dem burggräflichen Hause zuwenden wollen; sie wurde unter denselben Formen verschrieben wie jene 100 000 Gulden und diente mit zur Versicherung des Besitzes der Verweserschaft für das burggräfliche Haus. Auch hier kann von einem Darlehn keine Rede sein.

Die Bestellung Friedrichs zum Verweser der Mark erscheint danach weder als ein Pfandgeschäft, noch als eine bloße Beamtenbestellung; es war ein Akt von ganz eigener Art, der am besten verständlich wird durch die von Riedel aufgestellte Vermutung, daß es sich wohl von Anfang an um die Absicht Sigmunds gehandelt habe, dem Burggrafen und seinen Erben die volle landesherrliche Gewalt über die Mark samt der damit zusammenhängenden Kurwürde zu übertragen, und daß diese Absicht nur deshalb nicht sogleich im ganzen Umfange verwirklicht worden sei, weil Sigmund Rücksicht auf seinen Bruder Wenzel zu nehmen hatte, der nicht geneigt sein mochte, die ihm und seinem Hause auf Grund der Union zwischen der Mark Brandenburg und Böhmen zustehenden Rechte auf das Land und die Kurstimme zugunsten eines Fürsten preiszugeben, der einst so tätigen Anteil an seiner Absetzung gehabt hatte. Es ist gewiß kein Zufall, daß die Bestellung des Burggrafen (8. Juli) so nahe zusammenfällt mit der Zustimmung Wenzels zu Sigmunds Königswahl, die am 9. Juli ausgefertigt ist. Die Übertragung der Regentschaft erfolgte also in einer Form, die dem Burggrafen begründete Hoffnung gab, dereinst als wirklicher Landesherr in der Mark Brandenburg zu walten.

II.

Die Mark Brandenburg vor den Hohenzollern.

Askanier — Wittelsbacher — Luxemburger.

Die Mark Brandenburg ist aus einem jener zu Schutz und Trutz gerüsteten Grenzgebiete des Reiches hervorgewachsen, die seit der Zeit Karls des Großen an der Elbe und Saale gegen die benachbarten slawischen Völker eingerichtet worden waren. Im Zeitalter der sächsischen Kaiser unterschied man elbaufwärts die Billungische Mark, die Nordmark des Markgrafen Gero, die Ostmark, die man später Mark Lausitz nannte, die Marken Meißen, Zeitz, Merseburg. Die Nordmark deckt sich in der Hauptsache mit der späteren Mark Brandenburg. Ihre Basis waren die linkselbischen altdeutschen Gaue, auf die im 11. und 12. Jahrhundert der Name der Nordmark eingeschränkt war und die man später Altmark nannte. Von diesem Gebiet hatte frühe schon Krieg, Handel und Mission in die wendischen Nachbarlande hinübergegriffen. Unter Otto dem Großen waren schon in Havelberg und Brandenburg Bistümer eingerichtet worden, die unter dem 968 gegründeten Erzbistum Magdeburg standen; aber der große Wendenaufstand von 983 hatte die Anfänge christlicher und deutscher Kultur in dem ostelbischen Gebiete wieder vernichtet; eine dauerhafte staatliche Gründung ist hier erst im 12. Jahrhundert entstanden, zu der Zeit, wo die große koloniale Bewegung in Gang kam, die ein neues Deutschland jenseit der Elbe geschaffen hat, und der nicht nur die Mark Brandenburg selbst, sondern auch alle übrigen Ostprovinzen des späteren preußischen Staates ihren deutschen Charakter und die Grundlagen ihres wirtschaftlichen und staatlichen Lebens verdanken.

Diese umfassende Besiedlung slawischer Gebiete im Osten der Elbe ist vielleicht die stärkste und gesundeste Leistung der deutschen Volkskraft im Mittelalter, dauerhafter jedenfalls in ihren Resultaten und ersprießlicher für die Zukunft der Nation, als die gleichzeitigen Weltherrschaftsbestrebungen der Kaiserpolitik. Die auf Ausdehnung an der Grenze gerichteten fürstlichen Gewalten haben bei diesem großen Werke die Führung übernommen; es kam ihnen auf die Nutzbarmachung neuerworbener kulturloser Gebiete an. Die Bekehrung der Heiden zum Christentum geht selbstverständlich Hand in Hand mit der Kolonisation und begleitet Schritt für Schritt die Erweiterung des Machtbereichs der politischen Gewalten, geht ihnen auch wohl voraus und bricht die Bahn. Aber zugrunde liegt doch in der Hauptsache der gesunde natürliche Ausdehnungstrieb einer kräftigen Rasse, für die der Nahrungsspielraum im alten Mutterlande zu eng geworden war. Die ritterlichen Dienstmannschaften, die während des langen Bürgerkrieges im Reich zur Zeit Heinrichs IV. und Heinrichs V. sich stark vermehrt hatten, drängen mit dem Anbruch friedlicherer Zeiten nach außen, über die Grenzen hinaus, und dem Ritter und Priester folgt auf dem Fuße der bäuerliche Ansiedler, dem die Hauptarbeit bei diesem Kulturwerke zugefallen ist. Stellenweis haben wohl elementare Unglücksfälle die bäuerliche Bevölkerung des alten Mutterlandes in Bewegung gebracht, wie die großen Sturmfluten an der Nordseeküste, die im 12. und 13. Jahrhundert viel fruchtbares Land verschlungen haben; aber auch ohne solche außerordentlichen Naturereignisse läßt sich die massenhafte Auswanderung in das Kolonialgebiet erklären aus dem Gesamtzustande der damaligen bäuerlichen Kultur im Mutterlande. Die Epoche der großen Rodungen, die von Zeit zu Zeit neues Ackerland für die anwachsende Bevölkerung geschaffen hatten, war zu Ende; der Ausbau des Landes war im wesentlichen vollendet; der Boden war im großen und ganzen verteilt und — soweit es damals tunlich erschien — in Kultur genommen; neues Land für den Bevölkerungsüberschuß stand nicht mehr zur Verfügung. Unbeschränkte Teilbarkeit der Höfe war nach der bäuerlichen Verfassung in den meisten Teilen Norddeutschlands, namentlich den niedersächsischen, nicht üblich. Eine Menge von jüngeren Söhnen blieb daher unversorgt und mußte sich in abhängiger Lage, in grundherrlicher Botmäßigkeit ihr Brot erwerben. Dazu kamen in den grundherrlichen Gebieten des deutschen Nordwestens wichtige Veränderungen im Wirtschaftsbetrieb, die zahlreiche Hörige freisetzten und sie zwangen, sich ein anderes Unterkommen zu suchen. Die alte Fronhofsverfassung, bei der abhängige Laten auf grundherrlichen Hufen angesetzt waren mit der Verpflichtung, bei der Bewirtschaftung des Herrengutes Dienste zu leisten, löste sich an vielen Stellen seit dem 12. Jahrhundert auf. Der Grundherr fand die Eigenwirtschaft auf dem Fronhof und die Landausstattung der hörigen Bauern nicht mehr vorteilhaft; er schlug eine Anzahl von Latenhufen mit dem alten Fronhof zusammen zu einem größeren Gute, das er dem Meier, seinem bisherigen Wirtschaftsbeamten auf dem Fronhof, gegen höheren Zins in Pacht gab; der Meier aber wirtschaftete nun mit freiem Gesinde statt mit angesessenen Hörigen (Laten). Die Laten wurden dabei persönlich frei, aber sie verloren auch ihre Hufe; sie wurden „abgemeiert" und mußten sehen, sich anderswo ein Unterkommen zu suchen. Aus diesen Kreisen werden großenteils die bäuerlichen Auswanderer gekommen sein, die den Osten der Elbe besiedelt haben.

Dort war Land in Hülle und Fülle vorhanden, und die geistlichen und weltlichen Machthaber, die erobernd oder sonst Land erwerbend in das Gebiet der Slawen vorgedrungen waren, kamen bald zu der Erkenntnis, daß in diesem dünn bevölkerten, nur oberflächlich angebauten Lande vor allem Menschenkräfte nötig seien, um durch Kultivierung des Bodens den Landerwerbungen erst wirtschaftlichen Wert zu verleihen und damit die Möglichkeit zu finanziellem Ertrag zu schaffen. Charakteristisch für ihr Verfahren ist, was der Priester Helmold zu Bosau bei Eutin im 12. Jahrhundert über das Ansiedlungswerk unter dem Grafen Adolf II. von Schauenburg im östlichen Holstein erzählte, das um das Jahr 1139 begonnen wurde. In seiner „Slawenchronik" heißt es: Der Graf habe Boten gesandt in alle Lande, nach Flandern und Holland, nach Utrecht, Westfalen und Friesland: **wer Land haben wolle, solle zu ihm nach Wagrien** (Ostholstein) **kommen: da würden sie sehr gutes Land erhalten, voller**

Fische und Wild, mit guter Weide und geräumigem Ackerboden. Darauf habe sich dann eine unzählige Menge Menschen aus allen jenen Ländern aufgemacht und seien zum Grafen von Holstein gezogen, um das gelobte Land in Besitz zu nehmen. Ähnlich wird es allerorten gewesen sein, wo die Kolonisation ins Werk gesetzt wurde. Es war nicht Elend und Verzweiflung, was diese Auswandererscharen über die Elbgrenze führte, sondern der Drang nach eigenem Landbesitz, nach einer selbständigen wirtschaftlichen Existenz, nach einem reicheren, freieren Leben, als es in der zu eng gewordenen Heimat ihnen möglich war. Bis weit nach Polen und Ungarn hinein sind solche deutschen Kolonistenzüge im Laufe von zwei Jahrhunderten vorgedrungen: an der baltischen Küste bis nach Livland hinauf, an der Donau entlang bis nach Siebenbürgen hinein, in den mittleren Landen an vielen Stellen weit über die Oder hinaus bis ins Gebiet der Weichsel hinein. In einigen Ländern, ganz besonders in dem preußischen Ordenslande, trägt die Kolonisation den Charakter einer kriegerischen Mission, einer wahren Eroberung; auch Heinrich der Löwe ist an den Grenzen seiner Herrschaftsgebiete, in Mecklenburg und Holstein, ziemlich gewaltsam verfahren. Aber im großen und ganzen ist der Charakter der Kolonisation mehr friedlich und wirtschaftlich gewesen, mochten nun geistliche Stifter, wie das Erzbistum Magdeburg, oder weltliche Fürsten das Werk in die Hand nehmen. Auch die Mönchsorden, die in erster Linie die Aufgabe der Christianisierung des Slawenlandes ergriffen haben, die Prämonstratenser im 12. und später die Zisterzienser im 12. und 13. Jahrhundert, waren von dem Geiste einer friedlichen und wirtschaftlichen Kolonisation erfüllt. Alle ihre Klöster waren zugleich Ackerbaukolonien und Musterwirtschaften; neben den Geistlichen, denen die Erfüllung der priesterlichen Pflichten oblag, war eine zahlreiche Laienbrüderschaft für die materielle Kultur tätig. Dieser Geist geht auf die Disziplin des Erzbischofs Norbert zurück, die die Werke der Mission und der Kolonisation eng miteinander verband. Das Kloster Unserer lieben Frauen in Magdeburg war der Mittelpunkt für die Wirksamkeit der Prämonstratenser, die sich über das ganze nordöstliche Deutschland erstreckte. In gesteigerter Energie wirkte dieselbe Tendenz später in dem Orden der Zisterzienser fort, der durch den würdigen Nachfolger Norberts, den Erzbischof Wichmann, ebenfalls von Magdeburg aus, geleitet wurde. Die Zisterzienser besaßen eine traditionelle Wissenschaft in der Urbarmachung sumpfiger Landschaften, wie man sie sonst nur bei den holländischen und flämischen Ansiedlern fand; für viele Teile des Kolonialgebiets war das von größtem Wert.

Die vorwaltende Macht im slawischen Osten, das seit Boleslaw I. (10. Jahrh.) zur Selbständigkeit aufstrebende Polenreich, war für das Christentum gewonnen und hat unter Boleslaw III. der christlichen Mission des Bischofs Otto von Bamberg in den pommerschen Landen Vorschub geleistet. Aber seit dem Tode dieses starken und tüchtigen Herrschers († 1139) geriet es wieder in Schwäche und Verfall, so daß der deutschen Kolonisation von dieser Seite her keine Schwierigkeiten bereitet worden sind. In manchen slawischen Ländern, wie in Pommern und Schlesien, haben die eingeborenen slawischen Fürstengeschlechter selbst den Strom der deutschen Kolonisten in ihr Land geleitet, um es wirtschaftlich zu heben und seine Erträge zu steigern; in Polen hat noch im 14. Jahrhundert Kasimir der Große deutsche Dörfer und Städte gegründet.

Es kann gar keine Rede davon sein, daß die slawische Bevölkerung durch die deutschen Kolonisten überall verdrängt oder ausgerottet worden wäre. An einigen Stellen mag das geschehen sein, namentlich zu Anfang, wo sich etwas von Kreuzzugsgeist in die Ausdehnungsbestrebungen mischte, ganz besonders in der Nähe der Grenze des deutschen Mutterlandes und in Fällen, wo wiederholte Aufstände und Rückfälle in das Heidentum den Stammeshaß oder den religiösen Fanatismus anfachten; aber im großen und ganzen wird die wendische Bevölkerung sitzen geblieben sein und sich im Lauf der Zeit auch wohl zum Teil mit den deutschen Ansiedlern vermischt haben. Dabei ist allerdings zu beachten, daß sie keineswegs sehr zahlreich gewesen sein kann, da erst die allmählich fortschreitende Urbarmachung des Landes eine dichtere Besiedlung ermöglicht hat. Den schwereren Boden vermochten die Wenden mit ihrem hölzernen Hakenpfluge noch gar nicht zu bewältigen; erst die eiserne Pflugschar der deutschen Ansiedler hat ihm Früchte abgewonnen. Das deutsche Volkselement hatte in jeder Hinsicht das Übergewicht über das wendische und gab durchaus den Ton an; die Kultur dieser Kolonialgebiete wurde rein deutsch. Aber die Blutmischung, die in diesen ostelbischen Ländern, namentlich auch in den höheren Kreisen, stattfand, ist doch auch nicht ohne politisch bedeutende Folgen geblieben: das allzu spröde germanische Wesen, das mehr zur selbständigen Absonderung des einzelnen als zum Zusammenschluß im Dienst eines größeren Ganzen neigt, ist durch den Zusatz der weicheren, schmiegsamen slawischen Art für den Zweck der Staatsbildung bildsamer geworden, als es sich anderswo, ohne solche Beimischung, gezeigt hat. Man hat doch wohl nicht mit Unrecht von einer besonderen „preußischen Rasse" gesprochen, die hier im östlichen Kolonialgebiet als eine Abart deutschen Volkstums sich herausgebildet hat; sie beruht neben dem Beisatz slawischen Blutes namentlich auch auf der Mischung verschiedener deutscher Stämme, deren Angehörige sich bei der Kolonisation beteiligt haben, und sie hat, wie andere Mischrassen — die Nordfranzosen, die Engländer, die Piemontesen — die politische Führung der Gesamtnation übernommen; hier offenbar aus dem Grunde, weil sie für eine militärisch-politische Disziplinierung geeigneter war als die mehr unvermischt gebliebenen deutschen Volksteile. Freilich ist ja irgendeine Rassenmischung fast überall vorhanden; von einer rein-germanischen Rasse wird man in Deutschland nur an wenigen Stellen reden können. Und die Eigenart deutschen Volkstums, die einer tausendjährigen Kultur entstammt, ist im Nordosten nicht minder stark und echt als im Westen und Süden, wo das deutsche Blut sich vielfach mit keltischem gemischt hat — von anderen Urbestandteilen ganz zu schweigen. In diesen Fragen darf man das treffende Wort Lagardes nicht vergessen, daß das Deutschtum nicht sowohl im Geblüt, sondern vor allem im Gemüt liegt.

In der Mark Brandenburg ist es das tatkräftige Fürstengeschlecht der Askanier, das die Führung bei dem Werke der Kolonisation in die Hand genommen hat. Es stammt von einem alten sächsischen Grafengeschlecht, das, im sächsischen Schwabengau am Ostabhang des Harzes seßhaft, nach seinen verschiedenen Besitzungen bald als Grafen von Ballenstedt, bald als Anhaltiner (Anhalt), bald als Askanier (von der Burg Ascaria oder Ascania bei Aschersleben) seinen Namen führt.

Ein Sproß dieses Geschlechts, Albrecht von Ballenstedt, wurde von Kaiser Lothar zum Lohn für seine in Deutschland und Italien geleisteten Dienste im

Jahre 1134 mit der Nordmark belehnt, deren bisheriger Inhaber kurz zuvor in Italien den Tod gefunden hatte. Es war kein großes Gebiet, in dem der Markgraf waltete; es reichte im Osten, abgesehen von dem Winkel bei Havelberg, noch nicht über die Elbe hinaus; die Burgen Salzwedel, Tangermünde, Arneburg, Werben, alle als Grenzfestungen gegen die Wenden errichtet, bezeichnen ungefähr seine Ausdehnung. Der Ehrgeiz Albrechts, den seine Zeitgenossen den Bären nannten, reichte weiter: eine Zeitlang hat er, bei dem Zwist zwischen dem Staufer Konrad III. und dem Welfen Heinrich dem Stolzen, nach dessen Ächtung das Herzogtum Sachsen innegehabt, von dessen altem billungischen Herzogshause er durch seine Mutter (Eilika) abstammte (1138); aber nach einem unglücklichen Waffengang mußte er es wieder aufgeben (1142) zugunsten des jungen Heinrich, des Löwen. Es war der Ausgangspunkt einer langen, immer wieder von neuem aufflackernden Rivalität, die bis an das Ende Albrechts (1170) gedauert hat. Aber nicht auf dem Boden des alten Mutterlandes, sondern auf dem Neuland jenseits der Elbe lag der Schauplatz für den Ehrgeiz und die zukünftigen Taten der neuen Dynastie.

Hier hatte die Mission bereits vorgearbeitet. Bischof Otto von Bamberg hatte in dem benachbarten Pommernlande seine erfolgreiche Tätigkeit ausgeübt, die zwar das spätere brandenburgische Gebiet selbst nur in der Priegnitz oberflächlich gestreift, aber das Heidentum jenseits der Grenzen wirksam eingedämmt hatte. Es ist nicht ohne Bedeutung, daß Markgraf Albrecht mit ihm in guten und nahen Beziehungen gestanden hat. Wichtiger noch war die Wirksamkeit der Prämonstratenser, die von Magdeburg ausging. Ihrem Orden gehörte Bischof Wigger von Brandenburg an, der 1130 die Abtei Leitzkau bei Schönebeck südöstlich von Magdeburg und später den Ordenskonvent Parduin auf einer Havelinsel bei Brandenburg gründete; er selbst konnte seit 1138 wieder mit seinem Domkapitel als Bischof in Brandenburg walten, wo seit der Bekehrung des wendischen Gaufürsten Pribislaw das Christentum Fortschritte machte und wo bald auf dem benachbarten Harlungerberge an der Stelle des früheren Triglafftempels eine Marienkirche sich erhob. Auch das Kollegiatstift der Havelberger Domherren zu Jerichow bei Genthin war nach der Prämonstratenser Regel eingerichtet und wurde ein Vorposten christlicher und deutscher Kultur und Kolonisation.

An diese Bestrebungen schloß sich die Wirksamkeit des Markgrafen Albrecht an. Schon im Winter von 1136—37 hatte ihm ein Anfall der Wenden auf das Bistum Havelberg Anlaß gegeben, diese Stellung besser zu sichern und dabei zugleich in die Priegnitz vorzudringen. Dies von Urwald bedeckte Land, das schon Bischof Otto durchzogen hatte, wird damals erobert worden sein, wobei wohl die Wenden in der Hauptsache vertrieben worden sind: gerade in dieser Gegend gibt es nur sehr wenig slawische Ortsnamen, was eben darauf hinweist, daß die früheren Bewohner, die sie hätten überliefern können, verschwunden sind. Auch an dem großen Slawenkreuzzug von 1147, den Bernhard von Clairvaux gepredigt hatte, hat sich Albrecht mit seinen Leuten beteiligt, wenn auch wohl mit etwas anderen Plänen und Absichten, als sie die Masse des Kreuzheeres erfüllten. Natürlich kam es auch ihm auf die Ausbreitung des Christentums an, das ja die Vorbedingung seiner Herrschaft in den Wendenlanden war; aber daneben wird ihn der Wunsch geleitet haben, reelle Erwerbungen zu machen und dabei die angesessene Bevölkerung nach Möglichkeit zu schonen, um sich ihrer Arbeitskräfte zu bedienen. Tatsächlich ist der Missionserfolg dieses Kreuzzuges sehr gering gewesen; auch wirklicher Landerwerb ist nicht erreicht worden; dagegen wird die wendische Bevölkerung des ganzen durchzogenen Gebietes bis nach Mecklenburg und Pommern hin dadurch stark vermindert worden sein, so daß — bei der ohnehin sehr dünnen Besiedelung — das Bedürfnis einer Kolonisierung des verödeten Landes später um so stärker hervorgetreten sein wird. Von Kreuzzugsgeist ist sonst in der Kolonisationsgeschichte der Mark Brandenburg nur wenig zu spüren — im Gegensatz zu der des preußischen Ordenslandes. Es war nicht die Art der Askanier, mit Feuer und Schwert das Heidentum und seine Anhänger auszurotten; ihre Erwerbungen haben sie lieber auf friedlichem Wege, später namentlich auch durch Kauf und Vertrag gemacht. Es ist ein milderer Zug in ihrer Art zu kolonisieren als etwa in der Heinrichs des Löwen. Bezeichnend dafür sind vor allem die Vorgänge, durch die ihnen die nächste und wichtigste ihrer Erwerbungen, die des Havellandes, gelungen ist. Sie knüpfen sich an die Person des wendischen Gaufürsten von Brandenburg Pribislaw, der von den Prämonstratensern bekehrt, samt seiner Gemahlin Petrussa das Christentum angenommen hatte und sich seitdem Heinrich nannte. Er war in freundschaftliche Beziehungen zu dem Markgrafen getreten; er hat dessen erstgeborenen Sohn Otto aus der Taufe gehoben und ihm dabei ein ansehnliches Landgebiet, die Zauche, als Patengeschenk zugeeignet. Die wendischen Gaufürsten konnten mit ihrem Gebiet schalten und walten wie mit Eigengut. Später, in den vierziger Jahren, hat der hochbetagte Fürst, der kinderlos war, um das Christentum gegen die zu befürchtende heidnische Reaktion sicherzustellen, den Markgrafen zum Erben seines ganzen Landes eingesetzt; seitdem nannte sich Albrecht Markgraf von Brandenburg. Nach dem Tode des Fürsten Pribislaw-Heinrich (1150) ist er denn auch wirklich, unter Beihilfe der Witwe, in den Besitz von Brandenburg gelangt. Aber der befürchtete Rückschlag des eingeborenen Heidentums blieb freilich nicht aus, und Brandenburg ging auf Jahre hinaus wieder an den benachbarten polnischen Knäs Jaczo von Köpenick verloren; erst im Jahre 1157 ist es endgültig zurückerobert worden. Von diesem Ereignis gibt uns das älteste erhaltene Stück brandenburgischer Geschichtsschreibung Kunde, ein Traktat des Brandenburger Geistlichen Heinrich von Antwerpen († 1230). Die historische Wirklichkeit aber aller der genannten Personen, an die ja manche sagenhafte Überlieferung sich knüpft, ist gegen die Zweifel einer überfeinen Kritik durch glückliche Münzfunde neuerdings ganz sichergestellt worden.

Die Wiedereroberung Brandenburgs im Jahre 1157 bezeichnet den Zeitpunkt, wo die eigentlich massenhafte und planmäßige Kolonisation Albrechts des Bären einsetzt. Er hat sich dabei wohl den Grafen Adolf von Holstein zum Muster genommen; auch von ihm berichtet Helmold, daß er Boten nach den Niederlanden gesandt habe, um Ansiedler zu werben. Zweifellos sind auch auf dem Boden der Mark Brandenburg zahlreiche flämische und holländische Kolonisten angesiedelt worden, so z. B. in dem früher ganz versumpften Gebiet der altmärkischen „Wische", das zur Zeit der Kolonisation noch „voll langen Rohres" stand, das dann erst durch die Eindeichung der Elbe vor Überschwemmungen geschützt und planmäßig entwässert worden ist; auch auf den Höhen des „Fläming" findet man die charakteristische Hufenanlage der niederländischen Ansiedler, deren Andenken der Name der Landschaft bewahrt hat. Aber man darf sich keine übertriebenen Vorstellungen von der Bedeutung dieser niederländischen Kolonisation machen. Das eigentlich Maßgebende ist sie doch nicht gewesen. Auch die Einführung des Backsteinbaues, als dessen früheste Denkmäler einige alte romanische Kirchen, wie die 1772 abgetragene Marienkirche von Brandenburg, oder die Klosterkirchen von Diesdorf (bei Salzwedel) und von Jerichow (bei Genthin) bekannt sind, darf schwerlich auf niederländische Meister zurückgeführt werden und gehört überhaupt wohl nicht, wie man bisher meist annahm, der Mitte des zwölften, sondern erst dem dreizehnten Jahrhundert an; die Ähnlichkeit mancher Stilornamente weist auf lombardische Einflüsse hin, die man allerdings auch nicht näher verfolgen kann, die aber in dem allgemeinen Zusammenhang von Deutschland und Italien, wie er in Politik und Kultur zur Zeit des Ausgangs der Staufer bestand, eine hinreichende historische Grundlage finden. Zur Zeit des Beginns der Kolonisation werden wir uns den Kirchenbau noch in sehr einfachen Formen vorzustellen haben; erst später sind große kunstvolle Bauten an die Stelle der einfachen aus Holz und Feldsteinen gebauten Kirchen getreten, mit denen man sich zunächst begnügt haben wird.

Die Ansiedler der Mark Brandenburg sind wohl zum größten Teil aus Ostfalen gekommen; verschiedene, allerdings meist niederdeutsche Stammeselemente haben sich hier zusammengefunden und zum Teil auch wohl mit der wendischen Bevölkerung vermischt; die Nachricht Helmolds von der Vertreibung der Wenden darf nicht allzu wörtlich genommen werden; allerdings wird es stellenweis, namentlich in der Nähe des Mutterlandes, zu einer gelegentlichen Abschiebung der eingeborenen Bevölkerung gekommen sein; aber schon die Beziehungen Albrechts zu dem Fürsten Pribislaw-Heinrich verbieten, an eine systematische Ausrottung oder gewaltsame Vertreibung der Wenden zu denken. Ihre Absonderung in den „Kietzen", deren man etwa 60—100 auf dem Boden der Mark Brandenburg zählt, wird daraus zu erklären sein, daß diese Sondergemeinden nur aus dem Teil der wendischen Bevölkerung bestanden, der ausschließlich von der Fischerei lebte, während der größere, welcher Ackerbau trieb, weit eher mit den deutschen Nachbarn verschmelzen konnte. Die Verachtung, die man im 15. Jahrhundert den Wenden entgegenbrachte, indem man sie z. B. aus den Zünften ausschloß, wird aus dem zurückgebliebenen sozialen Zustand dieser Überreste zu erklären sein; die allgemeine Stimmung der Kolonisationszeit wird er schwerlich bezeichnen. Immerhin mag die wendische Blutmischung in der Mark Brandenburg bei den Kolonisten geringer gewesen sein, als in anderen Kolonisationsgebieten.

Das politische Interesse Albrechts des Bären war immer noch geteilt zwischen dem Zukunftswerk der Kolonisation und den aus der Vergangenheit herüberwirkenden Bestrebungen seines Hauses zur Machterweiterung auf dem alten sächsischen Boden. Nach seinem Tode aber sind diese beiden verschiedenen Richtungen der Politik, die bei seinen Lebzeiten öfter einander gehemmt hatten, endgültig von zwei verschiedenen Dynastien aufgenommen worden, indem nach den letztwilligen Bestimmungen des Vaters der ältere seiner Söhne, Otto I., in der Mark Brandenburg folgte, während die alten askanischen Besitzungen dem jüngeren Bruder Bernhard, dem Stifter der späteren anhaltischen Dynastie, überlassen wurden. Nach dem Sturze Heinrichs des Löwen, zu dessen Niederkämpfung auch Markgraf Otto dem Kaiser Friedrich I. geholfen hat, ist dann das alte Streben der Anhaltiner nach dem sächsischen Herzogtum wenigstens in der Form zum Ziel gelangt, daß nach dessen Zerschlagung der östliche Teil, mit Lauenburg und Wittenberg, an Bernhard übertragen wurde, was natürlich auch der Stellung des Gesamthauses zugute kam. Der Sturz des Löwen, dessen Übermacht einen lähmenden Druck auf die andern norddeutschen Fürstengewalten ausgeübt hatte, bewirkte es auch, daß sich die Politik der Markgrafen von Brandenburg freier zu regen begann. Das natürliche Bedürfnis jeder kräftigen Staatsbildung, an die Seeküste vorzudringen, hatte schon von Anfang an zu dem Bestreben geführt, das von den Liutizen (Wilzen) bewohnte pommersche Gebiet, das auch die Uckermark, Teltow und Barnim umfaßte, in den Machtbereich der brandenburgischen Markgrafschaft mit hineinzuziehen und auch ein Stück von der Küste, etwa bei Demmin, zu gewinnen. Schon unter Otto I. tritt der Anspruch Brandenburgs auf die Erwerbung der Lehnshoheit über Pommern hervor, aber von dessen Durchsetzung war man noch sehr weit entfernt. Bei diesem Bestreben machte sich zunächst als hemmender Umstand das gewaltige Anwachsen der dänischen Macht geltend, die von dem Sturz Heinrichs des Löwen den größten Vorteil gezogen hatte. Der Herzog Bogislaw von Stettin und Demmin, der damals mit den übrigen Fürsten des pommerschen Greifenhauses von Kaiser Friedrich I. als unmittelbarer Vasall in den Lehnsverband des Reiches aufgenommen worden war, mußte schon 1184 nach einem unglücklichen Kriege sein Land von dem Dänenkönig Knut zu Lehen nehmen; und wenn auch nach dem Tode Ottos I. der ältere von seinen Söhnen, der ihm zunächst in der Herrschaft folgte, Otto II., an der Oder wie an der Elbe den dänischen Einfluß wieder zurückdrängte und in Pommern ein tatsächliches Übergewicht gewann, das König Philipp auch von Reichs wegen anerkannte, so war doch sein Bruder Albrecht II., der nach seinem Tode (1205) die Herrschaft führte und sich nach der Ermordung Philipps dem welfischen König Otto anschloß, trotz des Bündnisses mit diesem in dem erneuten Kriege mit den Dänen nicht glücklich und mußte aus Pommern zurückweichen. So herrschte Waldemar der Sieger, auch von dem Staufer Friedrich II. anerkannt (1214), weit und breit an der Ostseeküste und übte bis in das Kerngebiet der späteren Mark Brandenburg hinein einen maßgebenden, den askanischen Interessen feindlichen Einfluß aus. Eine neuerdings aufgestellte Vermutung, daß schon unter den Söhnen Ottos I., Otto II. und Albrecht II., die Landschaften Teltow und Barnim, die im Besitz der pommerschen Dynasten waren, erworben worden seien, hat sich nicht bestätigt; Oderberg, das wohl zu Beginn des neuen Krieges mit Dänemark, also vor 1214, als Stützpunkt zur Eroberung von Pommern angelegt sein wird, war nicht der Abschluß einer solchen Erwerbung, sondern vorläufig nur ein vorgeschobener Posten. Es bedurfte erst der Niederkämpfung der dänischen Übermacht, die in der Schlacht bei Bornhöved (1227) zusammenbrach, um solche bedeutende Landerwerbungen für die Mark Brandenburg möglich zu machen. Erst die Enkel Ottos I., Johann I. und Otto III., haben (um 1230 etwa) die Landschaften Teltow und Barnim durch Kauf von dem Herzog Barnim von Pommern-Stettin erworben und 1231 auch die Anerkennung der ihnen jetzt von Kaiser Friedrich II. in aller Form verliehenen Lehnsherrlichkeit über Pommern von den dortigen Herzogen erreicht; bis 1250 haben sie dann durch Verträge mit Pommern-Stettin auch noch die

Uckermark erworben, die seitdem das Grenzland gegen Pommern zu bildete. Noch in demselben Jahre erfolgte die Erwerbung des Landes Lebus, um das im Wettbewerb mit Brandenburg auch Magdeburg und Meißen sich bemühten; es wurde von polnischen Piasten aus dem Glogauer Hause erkauft; damit war die Odergrenze erreicht und das Gebiet abgeschlossen, das man damals und noch bis 1456 die Neumark nannte zum Unterschied von der jetzt sogenannten Altmark, der ehemaligen Nordmark. Das Land jenseit der Oder, das man später Neumark genannt hat und das früher „die Mark jenseit der Oder" (Marchia transoderana) hieß, ist bald darauf in jahrzehntelangem Vordringen stückweise erworben worden, in der Hauptsache ebenfalls von den polnischen Piasten, die in ihren verwandtschaftlichen Fehden untereinander die brandenburgischen Markgrafen zu Hilfe riefen, aber auch von den Templern und Johannitern, die von den Polen ins Land gerufen waren und hier reichen Besitz erworben hatten; auch von dem Bistum Kammin, das es lieber mit den Askaniern als den Pommernherzögen hielt. Es handelte sich dabei meist um Kaufverträge; aber auch zur Anwendung von Gewalt und List ist es öfters gekommen.

Damit hatte die Mark Brandenburg im wesentlichen ihren späteren Umfang erreicht. Sie ist aber unter der Herrschaft der Askanier noch weit über die späteren Grenzen hinausgewachsen. Schon 1236 trat Wratislaw von Pommern-Demmin das Land Stargard und andere Gebiete ab, die später mecklenburgisch geworden sind, in deren Mitte aber damals die Stadt Neubrandenburg gegründet wurde, deren Name noch heute von der einstmaligen Herrschaft des brandenburgischen Fürstenhauses zeugt. Später traten die Ober- und Niederlausitz, meißnische Gebiete, Stücke von Pommerellen und andere Erwerbungen hinzu, die ebenfalls wieder verloren gegangen sind.

Der äußeren Ausdehnung ging der innere Ausbau und die Befestigung des Gewonnenen zur Seite. Die Kolonisationstätigkeit erreichte jetzt erst ihren Höhepunkt und hat bis zum Ende des 13. Jahrhunderts angedauert. Außer den Zisterzienser Mönchen waren auch die Ritter vom Orden der Johanniter und Templer sehr lebhaft daran beteiligt. Tempelhof und Templin erinnern an die Templer, während Sonnenburg der Mittelpunkt einer großen Niederlassung der Johanniter wurde. Drei bedeutende Zisterzienserklöster bilden gleichsam Marksteine auf dem Wege der Kolonisation: Zinna bei Jüterbog, vom Erzbischof Wichmann von Magdeburg begründet bald nach dem Tode Albrechts des Bären (um 1170); Lehnin in der Zauche, von Markgraf Otto I. begründet und mit reichem Landbesitz ausgestattet, einer der Hauptmittelpunkte für Mission und Kolonisation in der Mark; endlich, um 1230 begründet, Chorin bei Eberswalde, inmitten weiter Waldungen. Die Gründung von Dörfern scheint, zum Teil wenigstens, wie am Barnim nachgewiesen worden ist, so erfolgt zu sein, daß man sie zunächst an den großen Straßen, die das Land durchschnitten, aufreihte und von dieser Linie aus dann allmählich in die abseits liegenden Gebiete eindrang. Im 13. Jahrhundert sind denn auch zahlreiche Städte nach deutschem Recht gegründet worden. Die ältesten auf dem eigentlichen Kolonialgebiet (abgesehen von der Altmark, wo z. B. Stendal sehr früh von einem Dorfe zur Stadt gemacht worden ist) sind Spandau und Brandenburg-Altstadt, dessen Gründung wohl noch in die letzten Jahre Albrechts des Bären fällt; die Neustadt Brandenburg wird zum erstenmal 1196 erwähnt.

1232 wurde Cölln an der Spree, um 1242 Berlin gegründet, dessen Name noch immer nicht mit Sicherheit etymologisch erklärt werden kann; den Bär hat es erst verhältnismäßig spät in sein Wappen aufgenommen, früher führte es den brandenburgischen Adler. Cölln ist mit Spandauer, Berlin mit Brandenburger Stadtrecht bewidmet worden. Nach der Erwerbung des Landes Lebus wurde 1253 Frankfurt an der Oder gegründet, mit Berliner Stadtrecht; bei der Erwerbung der transoderanischen Mark Landsberg an der Warthe 1257.

Die früher im Schwange gehende Meinung, daß bei der Kolonisation das Land in sogenannte Burgwardei-Bezirke eingeteilt worden sei, um es militärisch zu sichern, ist neuerdings als Irrtum erkannt worden. Die Burgwarde, von denen wir aus früherer Zeit Kunde haben, verschwinden vielmehr in der Zeit der Kolonisation. Sie waren eine mit der wendischen Gauverfassung zusammenhängende Einrichtung, Ringwälle mit zahlreichen Ansiedlungen und Häuptlingsburgen, die zum Teil, wie die vor kurzem durch Grabungen näher erforschte sogenannte Römerschanze bei Nedlitz (in der Nähe von Potsdam), auf altgermanische Fluchtburgen zurückgehen mögen. Mit der deutschen Besiedlung kamen sie außer Gebrauch und gerieten in Verfall. Der militärische Schutz des Landes wurde vielmehr von den Askaniern dadurch bewirkt, daß da, wo markgräfliche Burgen nicht vorhanden waren, ritterliche Dienstmannen mit ihren Leuten in den offenen Dörfern angesiedelt wurden mit der Verpflichtung, stets zum Kriegsdienst bereit zu sein. Natürlich gab es außer den markgräflichen Burgen an manchen Stellen auch Befestigungen, Verhaue oder Wälle mit Hakelwerk. Auch die Städte werden vielfach ursprünglich durch solche einfachen Befestigungen eingeschlossen gewesen sein; der regelrechte Mauerbau setzte erst später ein. Eine schloßgesessene Ritterschaft gab es anfangs nicht in den Marken, wenigstens nicht in der Mittelmark. Sie begegnet zuerst in der Neumark: da dienten die Schlösser des Adels zum Schutz gegen die polnischen Nachbarn. Da sehen wir auch große Herren mit zahlreichen Gefolgschaften als Condottieri auftreten, allen voran die Familie Wedel, die Ende des 13. Jahrhunderts einmal dem deutschen Orden 600 schwergerüstete Reiter zuführte (an 2000 Pferde). Doch waren das seltene Ausnahmen. Erst später, im 14. Jahrhundert, haben sich die Burgen der Ritter im Lande vermehrt, größtenteils, indem die markgräflichen Burgen in ihren Besitz übergingen. Zunächst lebte der ritterliche Dienstmann in den Dörfern der Mittelmark als der Nachbar der Bauern. Die Dorfanlagen schlossen sich zum Teil an die alten Wendendörfer an, die gewöhnlich die Form von „Rundlingen" oder auch von „Straßendörfern" haben, d. h. rings um einen Dorfplatz herum oder an einer Straße entlang angelegt sind. Dagegen hat das eigentlich deutsche Dorf die Form eines ganz unregelmäßigen Haufens, bei dem gar kein Plan der Anlage ersichtlich ist, sondern ein jeder Haus und Hof da hinsetzt, wo es ihm beliebt („Haufendorf"). Wo eine ganz neue Gründung „von wilder Wurzel" geschieht, findet man meist solche „Haufendörfer". Einzelhöfe kommen auf dem Kolonisationsgebiet im allgemeinen nicht vor. In den meisten neubegründeten Städten finden wir eine typische Form der Stadtanlage, die den Zweck verfolgt, eine möglichst große Anzahl von Hausstellen in einem möglichst kleinen Mauerring einzufassen und damit zu schützen. In der Mitte wird der Markt angelegt; darum gruppieren sich die meist sehr schmalen Häuser der Bürger in wenigen Straßen. Trotz des engen Raumes ist innerhalb der Mauern noch Platz für Wirtschaftshöfe und Dungstätten; denn die Mehrzahl der Einwohner treibt Ackerbau, teils allein, teils in Verbindung mit städtischen Gewerben. So wurde in anderthalbhundertjähriger Siedlungsarbeit durch das Zusammenwirken geistlicher und weltlicher Kräfte, Priester und Mönche, Ritter und Knechte, Bürger und Bauern, mit Kreuz, Schwert und Pflug der neue Boden dem Deutschtum und der christlichen Gesittung gewonnen. Das Ansehen des Landes veränderte sich: Sümpfe wurden ausgetrocknet, Flußläufe wurden in Dämme eingeschlossen und reguliert, Urwälder wurden gerodet und der Boden weithin urbar gemacht, eine Menge ländlicher und städtischer Siedlungen kamen bald zu einer bescheidenen Blüte. Zwischen Sand und Sumpf nistete sich ein in harter Arbeit vorwärtsstrebendes Kolonistengeschlecht ein, das in zäher Beharrlichkeit gelernt hatte, dem mageren Boden seinen Lebensunterhalt abzugewinnen. Land und Leute nahmen allmählich die Züge an, die wir kennen: vielverspottet in früheren Zeiten als „des heiligen römischen Reichs Streusandbüchse" hatte das märkische Land mit seinen eintönigen Ackerfeldern und Kiefernwaldungen, mit seinen stillen Flüssen und blinkenden Seen doch manchen verborgenen, herben Reiz, den heute Poeten und Maler wie Theodor Fontane und Walther Leistikow gleichsam erst wieder von neuem entdeckt und aufgezeigt haben. Und der Menschenschlag, der diesen Boden in immer dichterer Siedlung bekleidete, verband mit der zähen Ausdauer, dem Phlegma und der treuherzigen Zuverlässigkeit, die das gemeinsame Erbteil des niedersächsischen Stammes sind, eine Gewandtheit und Anpassungsfähigkeit, eine nüchterne Verstandesschärfe und einen trockenen Humor, die dem Märker leicht eine gewisse Überlegenheit vor anderen Stammesgenossen verliehen und ihn befähigt haben, unter kräftiger und umsichtiger Führung auf manchen Gebieten des Lebens, in Krieg und Gesittung, Leistungen zu vollbringen, die ihm die Ehrenstellung im Zentrum des neuen kolonialen Deutschland angewiesen haben.

Eine festgeregelte Erbfolgeordnung im Sinne des Erstgeburtsrechts gab es in dem askanischen Hause so wenig wie in andern deutschen Fürstenhäusern jener Zeit. Alle Söhne eines Markgrafen, soweit sie nicht geistlich waren, pflegten zu gesamter Hand belehnt zu sein und führten zuweilen nebeneinander den Markgrafentitel, wenn auch nur einer von ihnen, der älteste, die Würde gegenüber Kaiser und Reich repräsentierte. Die Einheit des Territoriums blieb dadurch gewahrt. Die drei Söhne Ottos I. walteten in abgesonderten Bezirken: neben dem ältesten, dem Markgrafen Otto II. (1184—1205), der eine der Brüder, Heinrich, der 1192 ohne Erben starb, zu Gardelegen, der andere, Albrecht, auf dem die Fortpflanzung des Hauses beruhte, anfangs als Graf von Arneburg. Er ist mit dem älteren Bruder nach Heinrichs Tode in Streit wegen der Erbschaft geraten; da Otto ohne Söhne starb, ist er ihm gefolgt (1205—1220). Seine beiden Söhne Johann I. und Otto III., von denen zunächst der erste und ältere als Markgraf erscheint, führten seit 1233 in ganz gleichberechtigter Stellung und in seltener brüderlicher Eintracht die Regierung gemeinsam, was bei der Tüchtigkeit beider sowohl der Stellung des Hauses als auch dem Lande zugute kam. Aber gerade sie haben es dann doch für nötig gehalten, um für Frieden und Eintracht unter ihren zahlreichen Söhnen zu sorgen, eine Teilung vorzunehmen, die anfangs (1258) die Altmark und die Doppelstadt Brandenburg noch als gemeinschaftlichen Besitz bestehen ließ, dann aber (1260) auch diesen und 1266 auch weitere neue Erwerbungen aufgeteilt hat. Diese Teilung, die von den Söhnen 1268 erst zur vollständigen Ausführung gebracht wurde, spaltete nun das Haus in zwei Linien, von denen die eine, die Johanneische (nach Johann II., dem ältesten Sohne Johanns I. genannt) zu Stendal, die andere, die Ottonische (nach Otto III. selbst, der seinen Bruder um ein Jahr überlebte) zu Salzwedel ihren Sitz hatte. Das älteste Mitglied der älteren Linie galt als Senior des Hauses und als Repräsentant gegenüber dem Reiche. Es war eine Senioratsverfassung, wie sie aus dem Grundsatz der Belehnung zur gesamten Hand auch anderswo erwachsen ist. Im Unterschied von anderen fürstlichen Landesherrschaften ist aber hier eine wirkliche Trennung der Dynastie und des Landes stets vermieden worden. Ein Übelstand war nur, daß die Höfe sich vervielfältigten und die Kostspieligkeit der vielen Hofhaltungen beständige Finanznot mit sich brachte.

Im Reiche nahmen die Markgrafen eine hervorragende Stellung ein. Otto I. hat noch kurz vor seinem Tode, zu Pfingsten des Jahres 1184, auf dem berühmten glänzenden Hof- und Reichstag, den damals zu Mainz Kaiser Friedrich Barbarossa hielt, zum erstenmal das Erzamt des Reichskämmerers ausgeübt; später sind die brandenburgischen Markgrafen mit den andern Trägern der großen Reichsämter in die Reihe der bevorzugten Wähler aufgerückt, aus denen im 13. Jahrhundert das Kurfürstenkollegium sich bildete. Zum erstenmal übte Markgraf Johann I. das Wahlrecht als Mitglied dieses bevorzugten Kreises aus, als er zu Braunschweig im Jahre 1252 zusammen mit dem Herzog Albrecht von Sachsen dem König Wilhelm, der schon früher von den drei rheinischen Erzbischöfen gewählt war, seine Stimme gab und damit die Wahl rechtsgültig machte. Fürsten des askanischen Hauses erscheinen auch unter den Bewerbern um die Krone des Reiches: so Otto III. 1256 nach dem Tode Wilhelms von Holland, Otto IV. 1308 nach dem Tode Albrechts I. Die beiden Brüder Johann I. und Otto III. gewannen durch ihre Ehebündnisse eine nach Norden wie nach Süden gesicherte und machtvolle Stellung. Johann hatte eine dänische Prinzessin geheiratet und dadurch Ansprüche erworben, die dem askanischen Hause in dem Verhältnis zu Pommern von Vorteil gewesen sind; Otto III. war mit einer Tochter des Böhmenkönigs Wenzel vermählt, die ihm die Oberlausitz mit den Städten Bautzen und Görlitz zugebracht hat. In dem Streit Ottokars von Böhmen gegen Rudolf von Habsburg haben die Askanier auf böhmischer Seite gestanden; späterhin haben sie zwischen den beiden Häusern zu vermitteln gesucht, wobei sie ihr eigenes Interesse nicht vergaßen.

Ganz erfolglos ist ein Versuch des von jeher mit den Markgrafen in Rivalität stehenden Erzbistums Magdeburg gewesen, die altmärkischen Allodien und das neuerworbene Kolonialgebiet der Askanier unter seine lehnsherrliche Botmäßigkeit zu bringen. Die Lehnsauftragung, zu der die Brüder Otto II. und Albrecht II. aus unbekannten Gründen im Jahre 1196 sich herbeiließen, hat keine praktischen Folgen gehabt und ist bald ganz in Vergessenheit geraten. Die Rivalität aber zwischen den Markgrafen von Brandenburg und dem Erzstift Magdeburg, die in der nachbarlichen Eifersucht der beiden großen Kolonisations-mächte wurzelte, blieb bestehen und hat später zu blutigen Fehden geführt, wobei namentlich auch das Bestreben der Markgrafen eine Rolle spielte, einen ihrer jüngeren Brüder auf den erzbischöflichen Stuhl zu erheben. Markgraf Otto IV. mit dem Pfeil, ein Bruder Johanns II., auch als Verfasser von Minneliedern bekannt, wurde in dem Gefecht bei Frohse, das von der Sage ausgeschmückt und auch dichterisch behandelt worden ist, 1278 von dem Erzbischof gefangen genommen und nur gegen ein hohes Lösegeld wieder freigelassen. Im nächsten Jahre wurde er — abermals in einer Fehde mit Magdeburg — in einem Treffen bei Staßfurt am Haupt durch einen Pfeil verwundet, dessen Spitze in der Wunde stecken blieb und lange nicht entfernt werden konnte; daher sein Beiname. Schließlich gelang es ihm aber doch (1283), seinen jüngsten Bruder Erich auf den Magdeburger Erzstuhl zu bringen und damit den Rivalitätsstreit vorläufig zu beendigen.

Die Schwäche des durch inneren Zwist zerrissenen Wettinischen Hauses kam der askanischen Machtbildung zustatten: 1291 verkaufte Albrecht der Unartige den Askaniern die Mark Landsberg, die nach der zwischen Halle und Delitzsch gelegenen Burg benannt war und auch einen Teil des Saalegebiets umfaßte; 1303 verpfändete ihnen dessen Sohn Diezmann in der Not des Krieges gegen König Albrecht auch die Niederlausitz, die eine treffliche Ergänzung zu der Oberlausitz bildete; zeitweise kamen sogar meißnische Städte wie Torgau, Großenhain, Dresden, Leipzig, Meißen, Freiberg und andere in askanischen Besitz. Die ganze Größe und weitausgreifende Kühnheit der Entwürfe, in denen die Askanier sich bewegten, zeigt sich aber erst, wenn man ihren alten Plan ins Auge faßt, an die Ostseeküste vorzudringen, wo seit dem Ende des 13. Jahrhunderts die Hansestädte und der Deutsche Orden die vorwaltenden Mächte geworden sind. Im Wetteifer mit ihnen sehen wir die askanischen Fürsten bestrebt, an den beiden großen Mittelpunkten des Ostseeverkehrs, Lübeck und Danzig, festen Fuß zu fassen. Lübeck suchten sie schon um die Mitte des 13. Jahrhunderts in ihren Machtbereich hineinzuziehen: sie ließen sich von König Wilhelm dem Holländer 1252 mit der Stadt belehnen, und auch Rudolf von Habsburg, der Lübeck die Reichsfreiheit zugestanden hatte, ließ sich dazu herbei, den Markgrafen die Reichsvogtei über die Stadt zu verleihen. Lübeck selbst suchte sich natürlich einer Beherrschung durch die Askanier zu entziehen und war 1283 nach dem Ausgang des Magdeburger Streites die Seele eines Kriegsbündnisses gegen die Markgrafen, die aber Pommern gegenüber 1284 das Feld behaupteten. Selbst auf Gotland und Wisby scheinen die Markgrafen einmal ihren Blick gerichtet zu haben (1277).

Vor allem aber war Danzig das Ziel ihrer Entwürfe, die auf eine Ausdehnung ihrer neumärkischen Erwerbungen über das östliche Pommern bis zur Weichselmündung gerichtet waren. Hier herrschte in dem gewöhnlich als Pommerellen bezeichneten Gebiet, das Ostpommern und Teile von Westpreußen umfaßte, der polnische Fürst Mestwin, der die Stadt Danzig schon einmal 1272 in der Not den Markgrafen eingeräumt, dann aber unter veränderten Umständen sie ihnen verräterischerweise wieder entrissen hatte. Nach dessen Tode 1294 kam es zu einem verwickelten Streit um die Herrschaft über sein Land, wobei die Markgrafen erst den polnischen Königen Przemysl († 1296) und Wladislaw Lokietek, dann aber auch dem Deutschen Orden gegenüber standen. Im Jahre 1308 zogen die Markgrafen Otto IV. und Waldemar nach Danzig und bemächtigten sich der Stadt, während die Polen die Burg besetzt hielten.

Die Polen riefen den Orden herbei, der die Erwerbung Danzigs schon lange ins Auge gefaßt hatte, und einen Moment standen die beiden großen Kolonisationsmächte, durch deren Vereinigung später der preußische Staat erstehen sollte, einander kampfbereit gegenüber. Ein großer historischer Moment. Aber die Markgrafen gaben nach. Der Orden saß hier am längeren Hebelarm, und die Askanier hatten ohnehin viele Feinde an allen Grenzen ihres Gebietes. Sie verkauften dem Orden ihre Ansprüche auf Danzig, Dirschau und Schwetz für 10 000 Mark Silber und behielten nur das Land Schlawe mit Rügenwalde, wo sie nun einen Platz an der Seeküste hatten. Gewissermaßen im Wettbewerb mit Danzig haben sie bald darauf dort Stolp gegründet. Die Auseinandersetzung mit dem Orden war fest und endgültig; sie ist auch durch den Kaiser von Reichs wegen 1311 förmlich bestätigt worden.

Bald nach dieser Wendung von 1308 ist Otto IV. gestorben, einer der bedeutendsten Fürsten seines Hauses. Er hatte nach dem Tode Johanns II. mit seinem Bruder Konrad gemeinsam die Regierung geführt. Dessen Sohn war der junge Waldemar, der ihn auf dem Zuge nach Danzig begleitet hatte, und der nach seinem Tode den ganzen Anteil der älteren Linie in seiner Hand vereinigte. Die Geschichtsschreiber haben ihm den Beinamen des Großen gegeben, weil er in seiner heldenhaften Persönlichkeit in schweren und gefahrvollen Kämpfen die Macht seines Hauses, wenn auch nicht ganz ungeschmälert, gegen eine Welt von Feinden behauptet hat, unmittelbar vor dem jähen und traurigen Erlöschen der ruhmreichen askanischen Dynastie. Er war ein Mann nach dem Herzen der Sänger. Heinrich Frauenlob hat ihn aufs höchste gepriesen. Das große Fest, das er 1311 in dem Rosengarten vor Rostock gab, wo er von seinem Vetter, dem Dänenkönig Erich Menved, den Ritterschlag empfing, war weit und breit berühmt. Damals war er mit Dänemark noch im besten Einvernehmen. Er hat dem König Erich auch noch geholfen, 1311 Wismar und 1312 Rostock einzunehmen. Dann aber trennten sich ihre Wege, und an die Stelle der Bundesgemeinschaft trat eine Feindschaft auf Tod und Leben, deren Grund wohl darin zu suchen ist, daß Dänemark nun auch nach Pommern hinübergriff und seine alte Machtstellung an der Ostseeküste auf Kosten der Askanier herzustellen versuchte.

Ehe es noch zum Ausbruch der Feindschaft mit Dänemark kam, erhob sich ein anderer Gegner, dem die Macht des askanischen Hauses zu drückend geworden war. Der Wettiner Friedrich der Freidige, der 1307 in der Schlacht bei Lucka über König Albrecht gesiegt hatte, versuchte auch den Askaniern gegenüber zurückzugewinnen, was sein Haus verloren hatte. Er unterlag und geriet in Gefangenschaft; in dem Frieden von Tangermünde 1312 mußte er sich mit einer hohen Geldsumme loskaufen, für die Leipzig, Döbeln, Grimma, Oschatz zum Pfande gesetzt wurden; was die Askanier von meißnischem Gebiet erworben hatten, behielt Waldemar, auch Großenhain und Torgau.

Dann kam der Kampf mit dem dänischen Könige, der 1314 ein großes Bündnis norddeutscher Fürsten gegen die Askanier zustande gebracht hatte, bei dem die Grafen von Holstein und Schwerin, der Fürst von Mecklenburg, der Herzog von Lauenburg in erster Reihe standen; auch die übrigen nordischen Könige waren mit im Bunde, ebenso Polen und Ungarn, und im Süden erhoben sich die Wettiner von neuem. Feinde ringsum.

Während nun König Erich von Dänemark Stralsund belagerte, das ihm den Weg zur Beherrschung von Pommern eröffnen sollte, griff Fürst Heinrich von Mecklenburg mit seinen Verbündeten den Markgrafen Waldemar in seinem eigenen Lande an. Bei Gransee wurden die Brandenburger geschlagen, Markgraf Waldemar, der verwundet mit seinem Pferde gestürzt war, konnte nur mit Mühe gerettet werden; aber von den Gegnern geriet Graf Hans von Holstein, der Bruder des Dänenkönigs, in die brandenburgische Gefangenschaft, was den Wert ihres Sieges sehr beeinträchtigte. In dem Frieden von Templin, der 1317 geschlossen wurde, mußte Markgraf Waldemar das Land Stargard an den Fürsten von Mecklenburg abtreten: es ist das Gebiet, aus dem in der Hauptsache das spätere Mecklenburg-Strelitz sich gebildet hat. König Erich gab seinen Anschlag gegen Stralsund auf; Pommern blieb frei von den Dänen; aber der Herzog, der in diesem gefährlichen Kampfe trotz aller Lockungen der Gegner auf der Seite Waldemars gestanden hatte, mußte mit den hinterpommerschen Besitzungen der Askanier: Schlawe, Stolp, Rügenwalde, entschädigt werden. So war die Stellung an der See wieder verloren gegangen. Außerdem hat Waldemar, um die Kosten des Krieges zu decken, einige von seinen neumärkischen Besitzungen verpfänden, ein entlegenes Außenstück in Thüringen (Henneberg) sogar verkaufen müssen; aber die Machtstellung seines Hauses blieb noch unerschüttert, und auch in den Kämpfen mit den Wettinern und mit Polen hat er sie siegreich behauptet. Durch Vertrag mit den Piasten von Glogau gewann er für Sagan, das er aufgab, eine erwünschte Abrundung der Neumark durch Krossen, Züllichau, Schwiebus und andere Gebiete.

In eben dieser Zeit (1317) fiel ihm nach dem Tode seines 15jährigen Vetters Johann V. auch der Besitz der jüngeren Linie seines Hauses zu bis auf die Mark Landsberg, deren Inhaber, Markgraf Heinrich, dann aber auch bald darauf gestorben ist, mit Hinterlassung eines unmündigen Sohnes, den der kinderlose Waldemar zur Erziehung an seinen Hof nahm. Nicht lange danach, 1319, hat ein früher Tod den glänzenden Fürsten dahingerafft, in der Vollkraft seines Lebens und ohne daß er einen Erben hinterließ. Der junge Vetter aber, der ihm folgte, der letzte seines Stammes, ist auch früh ins Grab gesunken, schon ein Jahr nach Waldemar selbst (1320). Damit war die ruhmreiche Dynastie der Askanier erloschen, die noch vor einem Menschenalter so viele lebende Markgrafen nebeneinander (die Überlieferung spricht von 19!) aufzuweisen hatte, daß man glaubte, das Land könne sie nicht alle ernähren. Seit ihrem Ausgange hat bis auf die Hohenzollern keine Dynastie wieder wirklich feste Wurzeln im Lande gefaßt.

Zunächst schien es, als sollte die territoriale Staatsbildung, die sie geschaffen hatten, während der nun folgenden Erbschaftsstreitigkeiten unter den dreisten Zugriffen der Nachbarn in völlige Auflösung verfallen. Die Mecklenburger und Pommern rissen Teile der Priegnitz an sich, die Pommern außerdem noch Teile der Uckermark, die Polen drangen in die Neumark ein, Meißen und Böhmen nahmen die Erwerbungen Waldemars wieder in Besitz. Schließlich gelang es dem Kaiser Ludwig dem Bayern, indem er die Mark Brandenburg als erledigtes Reichslehen an seinen ältesten, damals achtjährigen Sohn Ludwig übertrug (1324), die Gründung der Askanier für sein Haus zu retten, freilich nicht in den alten Grenzen. Die Erwerbungen in Meißen und Schlesien (Krossen, Züllichau) mußten preisgegeben werden; die Lehnshoheit über Pommern ließ sich nicht behaupten, sie wurde 1338 in einen Erbvertrag verwandelt; die beiden Lausitzen wurden im Laufe der Zeit ebenfalls nacheinander an das luxemburgische Haus abgetreten (1350 und 1368) und mit der Krone Böhmen vereinigt. Ludwig „der Brandenburger“ oder auch, zum Unterschied von seinem gleichnamigen jüngeren Bruder, „der Ältere“ genannt, stand während seiner Minderjährigkeit unter der Leitung des Grafen Berthold von Henneberg und hat dann, mündig geworden, auch selbständig mit anerkennenswerter Tüchtigkeit seine Rechte gegen äußere und innere Feinde zu wahren versucht. Aber seine Herrschaft ist in den gefährdeten Grenzmarken nie zu voller Sicherheit gelangt; der Kampf seines Vaters, des Kaisers Ludwig, mit dem Papst machte die Geistlichkeit des Landes der Wittelsbachischen Sache abwendig, und die Aussicht auf stärkere Lasten brachte im September 1345 auf einem Tage in Berlin Ritterschaften und Städte dazu, sich gegen den Markgrafen zu vereinigen. Es war eben in jenen Tagen, wo der Burggraf Johann II. von Nürnberg als Verweser in die Mark gesandt worden war; er ist gerade im September 1345 in Berlin eingezogen. Seine kurze, kaum einjährige Wirksamkeit konnte keinen Umschwung der Lage herbeiführen, zumal die Stellung der Wittelsbacher im Reiche durch die Aufstellung eines Gegenkönigs in der Person Karls von Luxemburg sehr erschüttert wurde (1346). Ein treuer Anhänger Ludwigs des Älteren und einer seiner Hauptratgeber war Klaus von Bismarck, der 1345 vom Markgrafen das Schloß Burgstall (bei Stendal) zum Lohn für seine Dienste erhielt. Als Kaiser Ludwig gestorben und Karl IV. sein Nachfolger geworden war, vermehrten sich die Schwierigkeiten des Wittelsbacher Markgrafen noch durch das Erscheinen eines Prätendenten, der unter dem Namen des großen Waldemar auftrat und vielfach Anhang im Lande fand, zumal ihm die Unterstützung aller Feinde der Wittelsbacher, namentlich auch des Kaisers, zugute kam. Alle diese Schwierigkeiten haben Ludwig dem Älteren schließlich den Besitz der Mark verleidet; er überließ sie im Vertrage von Luckau 1351 seinen beiden Stiefbrüdern Ludwig und Otto und zog sich nach Bayern zurück, wo er die Erbschaft des Vaters angetreten hatte. Ludwig der Römer übernahm von seinem Bruder den Kampf gegen den falschen Waldemar, der zwar inzwischen vom Kaiser als Betrüger preisgegeben worden (1350), aber durch die Unterstützung aller unbotmäßigen Elemente im Lande selbst sowie der meisten benachbarten Fürsten noch immer unbequem genug war; noch jahrelang hat dieser Kampf die Mark im Innern zerrüttet und nach außen geschwächt. Schließlich hat auch dieser Wittelsbacher keinen festen Fuß in der Mark zu fassen vermocht; und da die beiden Brüder mit ihren bayerischen Verwandten zerfallen und selbst noch ohne Erben waren, so gelang es den listigen und geschickten Bemühungen des Kaisers Karl IV., der schon längst nach dem Besitz des Landes trachtete, 1363 zu Nürnberg einen Erbvertrag mit ihnen zustande zu bringen, wonach für den Fall, daß sie keine Söhne hinterließen, die Mark Brandenburg an den ältesten Sohn des Kaisers fallen sollte. Zwei Jahre darauf ist Markgraf Ludwig II. gestorben; er liegt in der Klosterkirche zu Berlin begraben. Sein Bruder, Markgraf Otto, der Faule genannt, geriet nun vollends in die Netze der böhmischen Hauspolitik des Kaisers. Im Jahre 1366 heiratete er dessen Tochter Katharina und überließ dem Schwiegervater die Regierung der Mark für 6 Jahre. Aber nicht zufrieden damit, verlangte der Kaiser die förmliche Abtretung und suchte sie 1370 durch einen Einfall in die Mark zu erzwingen.

Aber der Markgraf Otto hatte sich inzwischen mit seinen bayerischen Verwandten versöhnt und seine Stellung im Lande gestärkt, so daß der Versuch des Kaisers zunächst mißlang. Karl in seiner klugen Zähigkeit schlug nun den Weg der Unterhandlungen ein und hatte besseren Erfolg, als er bei günstigerer Gelegenheit zu deren nachdrücklicher Förderung noch einmal die Waffen ergriff. In dem Vertrag von Fürstenwalde (August 1373) mußte Otto seinen Rechten auf die Mark entsagen, er nahm dafür ein Jahrgehalt von seinem kaiserlichen Schwiegervater an und zog sich nach Bayern zurück, wo er sechs Jahre später, erst 34 Jahre alt, gestorben ist. Die Mark Brandenburg ging damit von der wittelsbachischen Dynastie an die luxemburgische über.

Karl IV. übertrug die Mark formell an seine Söhne Wenzel und Sigmund, tatsächlich aber hat er, so lange er lebte, die Regierung selbst geführt. Sein Plan war, die Mark in eine feste und dauernde Verbindung mit seinen böhmischen Landen zu bringen, mit denen sie ja durch die Lausitz auch territorial verbunden war. Böhmen, Mähren, Schlesien, die Lausitzen und Brandenburg hätten ein leidlich kompaktes Gebiet an Elbe und Oder gebildet, das sich vielleicht bei günstiger Gelegenheit auch einmal an die See vorschieben ließ. Handelspolitische Pläne spielten bei dieser Erwerbung eine große Rolle; Karl trat deswegen in Verbindung mit Lübeck und der Hansa und machte Tangermünde zu einem der bedeutendsten Elbstapelplätze. Dort hat er oft und gern geweilt und bedeutende Bauten zeugen noch heute von seiner Wirksamkeit. Auch sonst hat Karl IV. viel für die wirtschaftliche Hebung der Mark getan; vor allem brachte sein Regiment wieder Frieden und Ordnung, die man lange entbehrt hatte. Natürlich kam es dem neuen Landesherrn auch auf die Pflege und Sicherung seiner finanziellen Einkünfte an. Das große Landbuch, das er 1375—78 herstellen ließ, enthielt ein Verzeichnis alles dessen, was in den einzelnen Dörfern, Schlössern oder Städten an den Markgrafen zu zahlen war. Die fünf Jahre seiner Regierung sind ein Segen für die Mark gewesen; aber wenn es nach seinem 1374 verlautbarten Unionsplan gegangen wäre, so wäre die historische Rolle Brandenburgs eine ganz andere geworden, als die, welche wir kennen. Die Mark wäre ein Nebenland der Krone Böhmen geworden wie Mähren, Schlesien und die Lausitzen, wenn auch unter einem besonderen Herrscher aus dem böhmischen Königshause; der eigentliche Mittelpunkt, nach dem ihre Interessen gravitierten, wäre Prag geworden und geblieben. Indessen der Tod des Kaisers und die anders gerichtete Politik seiner Söhne hat die Entwicklung in andere Bahnen gelenkt. Kurz vor seinem Tode hat Karl bei der allgemeinen Erbteilung, die er vornahm, auch die Mark noch wieder geteilt, trotz der Bestimmungen der von ihm selbst erlassenen Goldenen Bulle, wonach die Kurfürstentümer unteilbar sein sollten; er gab die Neumark seinem jüngsten Sohne, Johann von Görlitz, der außerdem die Lausitzen als böhmisches Lehen erhielt, während die Hauptmasse dem zweiten Sohne, Sigmund, zufiel, zu dessen Gunsten der älteste, Wenzel, der in den Besitz von Böhmen mit den schlesischen Fürstentümern kam, verzichtet hat.

Unter Sigmund kam die Mark in eine ähnliche Gefahr, wie sie unter Karl IV. durch die Union mit Böhmen gedroht hatte. Wäre es Sigmund gelungen, wie er hoffte, mit der Hand der angiovinischen Erbtochter Maria, Tochter des Königs Ludwig von Ungarn und Polen, die Krone dieser beiden Reiche zu gewinnen, so wäre die Mark Brandenburg wahrscheinlich dem polnischen

Reiche angegliedert worden; aber die Bewerbung Sigmunds um die polnische Krone wurde von den Magnaten abgewiesen und es gelang ihm nur mit Mühe, sich in Ungarn als Träger der Krone durchzusetzen. Nun wurde für den Luxemburger die Mark Brandenburg lediglich eine Geldquelle für die Zwecke der weitausgreifenden Politik, die er als König von Ungarn ins Werk setzte. Schon bald nach der Erwerbung der Stefanskrone hat Sigmund die Mark Brandenburg an seine Vettern Jobst und Procop von Mähren verpfändet, für 500 000 Goldgulden; als ihm durch den Tod seines Bruders Johann die Neumark zufiel, hat er auch diese sofort pfandweise veräußert an den Deutschen Orden (1402). Die Kurmark war, da Sigmund sie nicht rechtzeitig einlösen konnte, schon 1393 den Pfandgläubigern verfallen, ohne daß diese daraus sofort die Konsequenzen zogen. Als dann aber Sigmund in der großen Schlacht bei Nikopolis 1396 den Osmanen unterlegen und damit sein Kredit gewaltig gesunken war, da nahmen die Verwandten weiter keine Rücksicht auf ihn, und er mußte jetzt die Mark förmlich an Jobst übertragen (1397); der aber war nun vor allem bestrebt, Geld aus dem Lande zu ziehen, um seine Vorschüsse zurückzuerhalten und womöglich bei dem Geschäft noch einen guten Gewinn herauszuschlagen. Man sah ihn selten in der Mark; er kam nur, um Gelder flüssig zu machen und in Empfang zu nehmen und kehrte dann nach Mähren zurück. Die Regierung überließ er Statthaltern oder Hauptleuten, die er als seine Stellvertreter eingesetzt hatte; meist waren es benachbarte Fürsten aus Mecklenburg, Pommern, Meißen, die wohl zugleich Pfandinhaber wichtiger Grenzplätze oder wie Wilhelm von Meißen ganzer Landschaften waren. Diesen Stellvertretern des mährischen Markgrafen traten dann wohl noch in den einzelnen Landesteilen Landeshauptleute aus dem eingesessenen Adel entgegen oder auch zur Seite, die Jobst anerkennen mußte, wie Lippold von Bredow, Caspar Gans zu Putlitz oder Johann von Quitzow. In dieser Zeit hörte die landesherrliche Gewalt so gut wie ganz auf sich zu betätigen; die Mark fiel in ihre ursprünglichen Bestandteile auseinander; der Landfrieden, den keine starke Hand mehr aufrechterhielt, verlor alle Kraft und machte einem wüsten Faustrecht Platz, bei dem jedem überlassen war, nach dem Maße seiner Macht um sich zu greifen oder sich und das Seinige zu schützen, so gut oder so schlecht er konnte. Eine Anzahl von Adelsfamilien, die untereinander zusammenhielten und den Stellvertretern des Markgrafen Trotz boten, allen voran die berüchtigten Quitzows, verwildert, aber auch bereichert in einem beständigen Raub- und Fehdewesen, rissen immer mehr die Macht an sich, indem sie die wichtigsten Schlösser des Markgrafen wie Friesack und Plaue und selbst Städte wie Rathenow und Straußberg auf dem Wege des Pfandbesitzes in ihre Hand brachten und sich große bewaffnete Gefolge hielten, mit denen sie nicht bloß im Lande selbst sich furchtbar machten, sondern auch gegen die benachbarten Fürsten von Mecklenburg, Pommern, Sachsen, den Erzbischof von Magdeburg, förmlich Krieg führten. Natürlich geschah das, wie es damals üblich war, in der Form von Plünderungszügen, nach denen die fehdelustigen Junker die reiche Beute hinter den Mauern ihrer festen Schlösser in Sicherheit brachten, während das arme Landvolk in den offenen Dörfern der Mark für diese Gewalttaten zu büßen hatte, wenn die auswärtigen Herren zur Vergeltung ihrerseits wieder die Mark mit Raub und Brand heimsuchten. Von den beiden Brüdern Dietrich und Johann von Quitzow nahm der letztere seit seiner Vermählung mit der Tochter des Landeshauptmanns

Lippold von Bredow im Besitz des festen Schlosses Plaue eine so mächtige Stellung ein, daß das Erzstift Magdeburg ihm ein Jahr lang einen förmlichen Tribut zahlen und Markgraf Jobst selbst ihm die Landeshauptmannschaft in der Mittelmark übertragen mußte.

Die Städte wußten sich in diesem wilden Treiben noch einigermaßen zu schützen; aber sie mußten sich in beständiger Kriegsrüstung halten, und die Bürger wurden durch den Wacht- und Waffendienst vielfach von ihren Gewerben abgehalten; die Unsicherheit der Straßen, die eine starke Bedeckung reisender Kaufleute erforderlich machte, lähmte den Handelsverkehr und schmälerte den Gewinn. Ganz übel aber ging es den Landleuten, denen nicht eine benachbarte Stadt oder Burg Schutz gewährte; sie waren hilflos den häufigen Beutezügen der sich bekriegenden Parteien preisgegeben und verließen hie und da die abgebrannten und ausgeplünderten Höfe ganz, so daß viele Bauernstellen wüst blieben und der Anbau des Landes streckenweise ganz aufhörte. Von Recht und Gericht war nicht mehr viel die Rede im Lande; wenigstens die weltliche Gerichtsbarkeit war ganz in Verfall geraten; nur die geistliche, die damals ihre Grenzen weit in das weltliche Gebiet hinein verschob, hatte noch einen Rest von moralischer Autorität bewahrt.

Hätten diese Zustände noch längere Zeit angehalten, so würde vermutlich der territoriale Staatsverband, den einst die Askanier begründet hatten, sich völlig aufgelöst und einer neuen Ordnung der Dinge Platz gemacht haben, bei der, wie in Schwaben, zahlreiche Ritter und Städte, selbständig, reichsunmittelbar nebeneinander bestanden haben würden — vorausgesetzt, daß nicht das Land von den Nachbarn zerrissen und unter sich aufgeteilt worden wäre. Und wenn auch die unmittelbaren Nachbarn, die Herzöge von Mecklenburg, Pommern, Sachsen, der Erzbischof von Magdeburg, damals nicht allzu mächtig dastehen mochten, so drohte im Hintergrunde eine stärkere und gefährlichere Macht: das seit 1386 mit Litauen vereinigte Polen, das eben damals, 1410, in der Schlacht bei Tannenberg den Deutschen Orden niedergeworfen hatte und im Begriff stand, diese große ostdeutsche Kolonialmacht von ihrer beherrschenden Stellung zu verdrängen. Da brachte der Tod des Markgrafen Jobst, der am 17. Januar 1411 plötzlich starb, ohne Erben zu hinterlassen, eine entscheidende Wendung.

König Sigmund, der sich von Jobst für diesen Fall die Nachfolge hatte verbriefen lassen, beeilte sich durch seine Beauftragten, den Berliner Propst Johann von Waldow und den lausitzschen Edlen Wend von Ileburg, von den in Berlin versammelten Ständen der Mark das Versprechen der Anerkennung und Huldigung entgegenzunehmen und ließ die Märker auffordern, Abgesandte zu ihm nach Ofen zu schicken, um ihm persönlich den Huldigungseid zu leisten. Darauf begaben sich Abgeordnete der Städte und für die gesamte Ritterschaft der von dieser beauftragte Caspar Gans zu Putlitz an das Hoflager des Königs, wo die Huldigung stattfand. Bei dieser Gelegenheit brachten die städtischen Abgeordneten ihre Klagen über den jämmerlichen Zustand des Landes vor und Sigmund versprach, da er selbst, vor kurzem zum römischen König erwählt, dem Lande fernbleiben müsse, ihnen einen Herrn zu senden, der dem Übel abhelfen, Frieden und Ordnung wiederherstellen werde; er nannte ihnen den Burggrafen Friedrich von Nürnberg, den er zum obersten Hauptmann und Verweser der Mark zu bestellen beabsichtige. Diese Aussicht erregte Freude und Hoffnung bei den märkischen Abgeordneten; „et war on ein gut toversicht", sagt die magdeburgische Schöppenchronik, der wir den zuverlässigsten und eingehendsten Bericht über diese Vorgänge verdanken. Das tatkräftige und erfolgreiche Durchgreifen Friedrichs bei der Wiederherstellung des Landfriedens in Franken, 1398, wo er als Hauptmann König Wenzels aufgetreten war, mochte im Reiche bekannt geworden sein und gute Hoffnung auch für die Mark erwecken; die Nürnberger Burggrafen hatten ja schon seit Friedrich V. einen besonderen Beruf und Erfolg in der Befriedung von Landschaften bewiesen, die durch Raub und Fehde ins Verderben geraten waren. So nahmen denn auch die Abgeordneten keinen Anstand, dem König auf sein Verlangen die feierliche und öffentliche Zusage zu geben, daß sie dem Burggrafen „zu seinem Gelde huldigen" und ihm Gehorsam und Beistand leisten würden. Wie man sieht, wurde das Verhältnis von ihnen als eine neue Verpfändung aufgefaßt — eine Auffassung, die, von dieser Form der Huldigung ausgehend, später die märkische Geschichtschreibung lange beherrscht hat, deren Irrtümlichkeit aber schon oben dargelegt worden ist.

Verfassung und Verwaltung.

Dies sind in großen Zügen die äußeren Schicksale der Mark Brandenburg bis auf die Hohenzollern. Die inneren Zustände in Verfassung und Verwaltung zeigen ein ähnliches Bild: Aufbau und Blüte im 12. und 13., Verfall und Unordnung im 14. Jahrhundert. Aber die Einrichtungen der askanischen Zeit sind trotz der in vielen Stücken eintretenden Auflösung und Umbildung der Hauptsache nach doch in der späteren Entwicklung bewahrt geblieben, so daß die Hohenzollern auf diesen Fundamenten weiterbauen konnten. Wir wollen versuchen, uns diese Verhältnisse hier in einem kurzen Überblick zu vergegenwärtigen.

Die Grundlagen der ländlichen Verfassung und Besitzverteilung sowie der Gemeindeordnungen in Stadt und Land sind schon durch die Kolonisation gelegt worden. Leider ist davon aber gerade für die Mark Brandenburg sehr wenig aus unmittelbarer Überlieferung bekannt, so daß man genötigt ist, seine Zuflucht zu Rückschlüssen aus späteren Dokumenten oder auch zu Analogieschlüssen mit Rücksicht auf andere Territorien zu nehmen, wobei aber für manche wichtige Verhältnisse Unsicherheit bestehen bleibt. Der Vorgang bei dem Ansiedlungsgeschäft wird in der Mark ähnlich gewesen sein wie anderswo, namentlich in Schlesien, wo zahlreiche Dorfgründungsurkunden Zeugnis davon geben, während solche aus Brandenburg nicht erhalten sind. Dem Grundherrn bietet sich für die Gründung eines Dorfes ein Unternehmer (locator) an, dem eine größere Fläche Land, etwa 40—60 Hufen, überlassen werden unter der Verpflichtung, sie mit deutschen Bauern zu besetzen. Die Hufe, als Normalmaß für die Landausstattung einer bäuerlichen Wirtschaft, war von sehr verschiedener Größe. Im alten Deutschland betrug sie gewöhnlich 30 Magdeburger Morgen, die etwa zu 15 Hektar gerechnet werden können (aber nur ganz ungefähr, denn auch der „Morgen" ist keine feststehende Größe, sondern nach der Güte des Bodens verschieden groß). In Schlesien betrug die Hufe meist 16½ ha, in den flämischen und holländischen Kolonien, wo die bei Moorkulturen übliche „Königshufe" sich findet, bis zu 50 ha; in der Mark Brandenburg schwankt sie zwischen diesen beiden Grenzwerten und kann in den verschiedenen Teilen des Landes zu 20—40 ha angenommen werden. 2 bis 4 solcher Hufen erhält der Locator für seine Mühwaltung, zwei werden der Pfarrei zugewiesen, die andern verteilen sich auf die bäuerlichen Ansiedler; außerhalb der eigentlichen Feldmark und ihres Hufenschlags stehen die „Kossäten“, die in einer Kote (Kate) sitzenden, aber nicht mit einer Hufe ausgestatteten Kleinwirte, die großenteils wendischen Ursprungs gewesen sein werden. Ist die Ansiedlung zustande gekommen, so wird der Locator als „Schulze“ des Dorfes die Ortsobrigkeit für die Bauern und der Vorsteher der Gemeinde. Er besitzt seine Hufen als Freigut, wenn auch unter Verpflichtung zum Roßdienst. Die Bauern dagegen haben von ihren Hufen einen Grundzins (census) zu zahlen, der aber nicht hoch bemessen ist und oft auf eine Reihe von Jahren, namentlich da, wo der Boden erst allmählich urbar gemacht werden muß, erlassen wird. Im übrigen sind sie freie Leute und vererben die Hufe auf ihre Kinder. Dies Erbzinsrecht, eine Form der freien Erbleihe, ähnlich dem Recht an unsern heutigen Rentengütern, bezeichnet der Sachsenspiegel des Eike von Repgow einmal als das normale Besitzrecht der Bauern auf Kolonialland, überall da, wo ein Dorf „von wilder Wurzel“ gegründet wird. Der Vorgang bei der Dorfgründung wird in der Mark Brandenburg derselbe gewesen sein wie in Schlesien, weil der märkische „Schulze“ genau dem schlesischen „Scholzen“ entspricht; er wird also wie jener aus einem Siedlungsunternehmer hervorgegangen sein.

Ähnlich verfuhr man übrigens später auch bei der Anlage von Städten, die hier fast sämtlich als landesherrliche Gründungen ins Leben getreten sind. Nur ist die zur Besiedlung angewiesene Fläche hier eine größere, 150—300 Hufen, und statt eines einzelnen Unternehmers treffen wir hier meist ein Konsortium von solchen, darunter auch wohl ritterbürtige Leute. Einer der Unternehmer wurde auch hier als Schulze die Obrigkeit der Stadt. Das alte deutsche Gerichtsamt des Schultheißen, der als Stellvertreter des Grafen im Gericht erschien, hat hier im kolonialen Ostdeutschland eine wesentliche Umbildung erfahren; denn eine eigentliche Ortsobrigkeit, wie hier, war der Schultheiß ursprünglich nicht; doch scheint ein Übergang dazu in den grundherrschaftlichen Gebieten von Niedersachsen schon früher gemacht worden zu sein. In der Stadt wird statt des Grundzinses eine Haussteuer gezahlt, von welcher der Schulze auch hier befreit ist.

Hie und da tritt bei der Kolonisation auf dem Lande die Neigung hervor, eine modernere und rationellere Art der Flureinteilung vorzunehmen, als sie im alten deutschen Mutterlande üblich war. Dort war die sog. Gewanneinteilung die Regel, d. h. das Ackerland setzte sich aus verschiedenen größeren Landkomplexen zusammen, die wahrscheinlich nacheinander durch Rodung oder Urbarmachung für die Kultur gewonnen worden waren (die „Gewanne“), und auf denen jeder Dorfgenosse seinen Streifen besaß, so daß die gesamte zu einem Hofe und einer Hufe gehörige Ackerfläche über verschiedene Teile der Feldmark zerstreut lag und weit davon entfernt war, ein zusammenhängendes Ganzes zu bilden. Da jeder Bauer, um zu seinem Ackerstück zu gelangen, über das Feld des Nachbarn mußte, so folgte aus dieser „Gemengelage“ (oder „Feldgemeinschaft“) der Grundstücke die notwendige Beibehaltung der uralten Gewohnheit gemeinsamer Vornahme der landwirtschaftlichen Arbeiten, Bestellung, Ernte usw., die also immer nur auf Beschluß der Gemeinde von allen Flurgenossen zusammen in Angriff genommen werden konnten. Durch diesen „Flurzwang“ war natürlich jede freie individuelle Bewegung in der Wirtschaftsführung ausgeschlossen und die Notwendigkeit gegeben, in den althergebrachten Formen der „Dreifelderwirtschaft" zu verharren, wobei bekanntlich ein Teil der Felder in regelmäßigem Wechsel mit Sommer- und Wintergetreide bestellt wurde, während ein dritter als „Brache" unbestellt liegen blieb, was beim Mangel an Stallfütterung und ausreichender Düngung notwendig schien, um eine Erschöpfung des Bodens zu vermeiden. Zu diesem Bilde der alten Wirtschaftsweise gehört außerdem noch, daß ein Teil der Dorfflur, namentlich aus Wald, Wasser und Weideland bestehend, als „gemeine Mark" oder „Almende" oder „Gemeinheit" dem Privatbesitz wie der Privatnutzung entzogen war und nur durch die Gesamtheit der Dorfgenossen genutzt wurde, wobei jedem ein ideeller Anteil nach Maßgabe seiner Hufenzahl zustand.

Nun haben holländische und flämische Kolonisten auch in der Mark Brandenburg, namentlich an solchen Stellen, wo man durch Entwässerung größere Strecken Landes urbar gemacht hatte, die Flureinteilung ihrer Dörfer nach dem Vorbilde der bremischen Moorkolonien so eingerichtet, daß die ganze Ackerfläche eines Hofes in dessen unmittelbarer Nähe und in einem kompakten Stück Landes zusammenlag. Es ist die moderne Form der Flureinteilung, die Gemengelage und Flurzwang vermied und eine freie Wirtschaftsführung jedes einzelnen Besitzers, damit zugleich auch den Übergang zu rationelleren Betriebsformen und allerhand wirtschaftlichen Fortschritten ermöglichte. Aber diese flämische Flureinteilung blieb doch nur auf wenige Stellen in der Mark Brandenburg beschränkt und bildete überhaupt nur eine Ausnahme, auch anderswo auf dem Kolonialgebiet. Die Regel war vielmehr auch hier, in der Mark Brandenburg wie anderswo, die alte Flureinteilung nach Gewannen mit Gemengelage, Flurzwang, Dreifelderwirtschaft und Gemeinheitsnutzung. Diese Verhältnisse muß man kennen, um die Bedeutung der späteren Separations- und Verkoppelungsgesetzgebung des 18. und 19. Jahrhunderts zu verstehen, durch welche die Gemeinheiten geteilt, die getrennten Ackerparzellen der einzelnen Hufen ausgetauscht und zusammengelegt und damit erst im 19. Jahrhundert die kompakte ländliche Einzelwirtschaft geschaffen wurde, die zu den neueren Wirtschaftsmethoden übergehen konnte. Die ländliche Gemeinde ist unter diesen Umständen von der Kolonisationszeit bis an die Schwelle der Gegenwart fast lediglich eine Wirtschaftsgemeinde gewesen; ihre Hauptobliegenheit bestand in der auf Flurzwang begründeten Regelung der landwirtschaftlichen Arbeiten und gemeinen Nutzungen; damit hing auch ihr Charakter als „Realgemeinde" zusammen, d. h. die Tatsache, daß eigentlich nicht Personen, sondern Wirtschaftseinheiten, Höfe, ihre Mitglieder waren und also auch nur der, welcher einen Hof besaß, eigentlich zur Gemeinde gerechnet wurde.

Neben den Bauern waren nun aber auch Ritter in den Dörfern angesiedelt worden, und es ist eine wichtige Frage, in welchem Verhältnis sie zu den Bauern standen, ob sie anfangs bloß ihre Nachbarn, oder von vornherein Grundherren über sie waren. Und dieser Punkt ist es, in dem große Unsicherheit herrscht. Der spätere Zustand der Dinge, wie er uns in dem Landbuch entgegentritt, das Karl IV. 1375 hat aufnehmen lassen, zeigt die Ritter bereits als Grundherren oder Gutsherren, nicht mit großen Gütern von der späteren Ausdehnung (die haben sich, wie wir noch sehen werden, erst seit dem 16. Jahrhundert ausgebildet), auch noch nicht in der Form, daß ein einziger ritterlicher Gutsherr über das ganze Dorf geböte (es sind vielmehr damals in den meisten Dörfern noch zwei oder mehr Ritter von verschiedenen Familien vorhanden), aber doch so, daß den Rittern der Grundzins von den Bauern zusteht samt andern obrigkeitlichen und finanziellen Rechten, von denen gleich noch die Rede sein wird. Und schon in der Askanierzeit selbst, bei den Bedeverträgen von 1280—82 ist die Rede von Guts- oder Grundherren (domini bonorum) und untertänigen Bauern (subditi vassallorum). Das Verhältnis, um das es sich handelte, ist von der späteren ausgebildeten Gutsherrlichkeit des 17., 18. Jahrhunderts, die ja in allen Ostprovinzen herrschte und die wir sehr gut kennen, noch wesentlich verschieden. Es fehlt noch das große Rittergut, der landwirtschaftliche Großbetrieb des Ritters; es fehlen die starken Frondienste, das schlechte Besitzrecht, die Schollenpflichtigkeit des Bauern; wie sich das alles ausgebildet hat, wird noch später zu erörtern sein. Hier haben wir im wesentlichen zunächst nur ein grundherrliches Verhältnis der Ritter über die Bauern, das sich namentlich in dem Besitz des Grundzinses durch die Ritter äußert. Ob man das Grundherrlichkeit oder Gutsherrlichkeit nennen will, mag zunächst dahingestellt bleiben. Von der späteren eigentlichen ausgebildeten Gutsherrlichkeit ist es, wie gesagt, verschieden; aber auch dem, was man in Nordwestdeutschland und auch anderswo im 17., 18. Jahrhundert unter Grundherrschaft verstand, entspricht es nicht ganz; namentlich handelte es sich im Westen meist um Streubesitz, während auf dem ostelbischen Kolonialboden die ritterliche Grundherrschaft in der Regel ein kompaktes Gebiet ausmachte. Wir werden noch gleich darauf zurückzukommen haben. Zunächst aber drängt sich die Frage auf: war dieser grundherrliche oder gutsherrliche Zustand, wie ihn uns das Landbuch von 1375 zeigt und wie ihn die Bedeverträge von 1280—82 voraussetzen, erst das Ergebnis einer allmählichen Entwicklung, die den Bauern unter die Botmäßigkeit des Ritters gebracht hat, oder war er in den Einrichtungen der Kolonisation selbst schon begründet? Mit anderen Worten: sind die Vorfahren der später als untertänig erscheinenden Bauern bei der Kolonisation von ritterlichen Grundherren auf ihrem Grund und Boden angesetzt worden, oder waren sie ursprünglich nur dem Markgrafen untertan, als dem einzigen Grundherrn und Kolonisator im Lande? Zur Entscheidung dieser wichtigen Frage gebricht es an unmittelbaren Quellenzeugnissen; sie ist daher auch in ganz entgegengesetztem Sinne beantwortet worden. Eine ältere Theorie (vertreten namentlich durch Korn und Knapp) nimmt an, daß der Markgraf allein als Grundherr in den neuerworbenen Slawengebieten die Kolonisation ins Werk gesetzt habe, daß von ihm die Bauern als freie Leute zu Erbzinsrecht angesiedelt worden seien, daß die ritterlichen Dienstleute, die in den Dörfern neben ihnen angesetzt wurden, und zwar mit 4—6 Hufen, die mit dem Bauerland auf der Dorfflur im Gemenge lagen, zunächst nur die Nachbarn der Bauern gewesen seien, daß dann aber durch Veräußerung landesherrlicher Hoheitsrechte der Grundzins der Bauern und andere Leistungen, die sie ursprünglich dem Markgrafen schuldeten, auf die Ritter übertragen worden und daß diese so zu Grundherren und zugleich auch zur Obrigkeit über die Bauern geworden seien. Im Gegensatz dazu geht eine neuere Theorie (vertreten namentlich von Meitzen und Großmann) dahin, daß nicht bloß der Markgraf, sondern auch die Ritter selbst kolonisiert hätten, indem ihnen vom Markgrafen größere Landstrecken zu diesem Zweck übergeben worden seien, daß also die grundherrliche Stellung der Ritter und die Untertänigkeit der Bauern, die jene ältere Auffassung durch Veräußerung von Hoheitsrechten hatte erklären wollen, vielmehr von Anbeginn an vorhanden gewesen und durch die Bedingungen der Kolonisation selbst begründet worden sei.

Es scheint nun aber, daß weder die eine noch die andere Theorie für den ganzen Umfang der Mark Brandenburg und den ganzen Verlauf des Kolonisationswerks zutrifft. Die Entwicklung der ländlichen Verfassung scheint nicht in dem ganzen Gebiet, das unter der Herrschaft der Askanier langsam zusammengewachsen ist, eine ganz gleichmäßige gewesen zu sein. Vielmehr scheinen landschaftliche Unterschiede stattgefunden zu haben, die zugleich Unterschiede in der Zeit der Besiedlung bedeuten. In dem ursprünglichen Kolonisationsgebiet, namentlich in den Teilen der Mittelmark, die noch unter Albrecht dem Bären selbst besiedelt worden sind, werden wir die Verhältnisse vorauszusetzen haben, die die ältere Theorie annimmt: Erbzinsbauern, ursprünglich nur unter der Grundherrlichkeit des Markgrafen (oder geistlicher Stifter), nicht aber, oder doch nur ausnahmsweise, unter der Grundherrlichkeit ritterlicher Vasallen oder Dienstleute des Markgrafen; dann aber Veräußerung markgräflicher Hoheitsrechte an die Ritter und damit Entstehung der ritterlichen Grundherrlichkeit unter Mediatisierung der Bauern — dieser Grundlage, auf der sich dann das gutsherrlich-bäuerliche Verhältnis weiter zuungunsten des Bauernstandes entwickelt hat. Dagegen scheint in den an Pommern und Polen grenzenden Teilen des märkischen Kolonisationsgebietes, in der Uckermark und der Neumark, wo erst in der zweiten Hälfte des 13. Jahrhunderts die Besiedlung in Angriff genommen worden ist, gleich bei der Kolonisation den ritterlichen Vasallen des Markgrafen eine ähnliche Stellung eingeräumt worden zu sein, wie sie die slawischen Grundherren dort als Eigentümer ganzer Dorfmarken einnahmen. Hier scheint der Ritter von Anfang an der Grundherr der Bauern geworden zu sein, namentlich da, wo schon wendische oder polnische Dörfer vorhanden waren. Und dies Verhältnis scheint dann von Osten her auf die inneren Gebiete der Mark Brandenburg eingewirkt zu haben, so daß nun auch dort die Ritter bestrebt waren, Grundherren über die Bauern zu werden und auch die obrigkeitlichen Rechte über sie zu erwerben, die dort mit der Grundherrlichkeit wahrscheinlich von Anfang an verbunden gewesen sind.

Aus den Bestimmungen der Bedeverträge von 1280—82 darf man den Schluß ziehen, daß damals in der Mittelmark noch 4 bis 6 Hufen als Normalumfang der Eigenwirtschaft eines Ritters angesehen wurden, obwohl manche von ihnen schon weit mehr Land unter dem Pfluge hatten; das wird auch bei der Kolonisation in der Mittelmark die ursprüngliche Landausstattung der ritterlichen Dienstmannen gewesen sein, 6 Hufen für den Ritter, der mit 2—3 Begleitern seine Dienste zu leisten hatte, 4 für den Knappen, der wohl nur einen Spießjungen mitbrachte. Das wäre ein Gut von 120—180 Morgen, also recht klein im Vergleich mit den späteren Rittergütern, die wohl meist über 500 Morgen hatten. Immerhin war es doch das Vier- bis Sechsfache einer normalen Bauernwirtschaft, und es ist nicht anzunehmen, daß ein solches Gut ohne die Hilfe angesiedelter abhängiger Leute, bloß mit eigenem Gesinde, von dem Ritter bewirtschaftet worden sei; er wird zu seiner Verfügung einige Kossäten oder auch abhängige Bauern gehabt haben, mögen diese nun sitzengebliebene wendische Landbewohner oder neuangesiedelte deutsche Laten gewesen sein; wir wissen ja, daß um die Zeit der Kolonisation im 12. Jahrhundert viele Laten in Nordwestdeutschland durch die Auflösung der Fronhofswirtschaft freigesetzt worden waren, die gewiß nicht abgeneigt waren, ähnliche Stellen wie die, welche sie im Mutterlande gehabt hatten, auch im Kolonialgebiet wieder anzunehmen. Ein kleines Rittergut also besteht schon seit der Kolonisation; es ist in seiner Größe und in der ganzen Struktur der gutsherrlich-bäuerlichen Verfassung noch sehr verschieden von dem späteren großen Rittergut des 17. und 18. Jahrhunderts; aber auch dem, was man unter Grundherrschaft im Westen der Elbe damals verstand, entspricht es keineswegs. Dieser Unterschied zwischen Grundherrschaft und Gutsherrschaft ist übrigens so wichtig für die Geschichte des preußischen Staates, daß wir hier mit kurzen Worten noch etwas näher darauf eingehen müssen. Er bildet nämlich die eigentliche Grundlage des tiefen und weitreichenden Gegensatzes in der ländlichen Verfassung, dem Gemeindeleben und der sozialen Struktur der Provinzen westlich und östlich der Elbe — ein Gegensatz, den unsere Staatsmänner und Gesetzgeber mehr als einmal gespürt haben, ohne ihn in der Wurzel zu erfassen, und dem in der neueren Zeit niemand mehr Gewicht beigelegt hat als der Staatsminister v. Miquel, der, selbst im nordwestlichen Deutschland aufgewachsen und ein Kenner ländlicher Verhältnisse, den Gegensatz zu den ostelbischen Provinzen in seiner ganzen, bis in die Gegenwart hinein dauernden Schärfe als ein überaus wichtiges Moment der inneren Politik erkannt hat.

Der ostdeutsche Gutsherr ist ein Landwirt, der Organisator und Leiter eines landwirtschaftlichen Großbetriebes; der westdeutsche Grundherr dagegen ist ein Rentenbezieher, der sein Land in kleinen Wirtschaften pachtweise ausgetan hat und wenn er selbst auf dem Lande lebt, doch keine bedeutende Eigenwirtschaft betreibt. Die ostdeutsche Gutswirtschaft wird im 17., 18. Jahrhundert mit unfreien, „erbuntertänigen" Bauern betrieben, die Frondienste zu leisten haben, auf denen die Bewirtschaftung des Herrengutes beruht. Die westdeutsche Grundherrschaft kennt ein derartiges Verhältnis in der Hauptsache nicht; dort herrschen freie bäuerliche „Meier" oder Pächter vor, die für sich selbst arbeiten und nur ihre Abgaben zu zahlen haben.

Was wir nun in der Mark Brandenburg vor den Hohenzollern finden, ist weder mit dem einen noch mit dem andern ohne weiteres gleichzusetzen. Am meisten ähnelt es jener älteren Form der Grundherrschaft, wie sie in Nordwestdeutschland seit dem 12. Jahrhundert mehr und mehr abgekommen ist, wie sie aber vordem, im ganzen früheren Mittelalter, die charakteristische Form der Landnutzung durch die großen geistlichen und weltlichen Grundherren, namentlich auch auf den Domänen der Könige war: das ist das sogenannte Fronhofssystem, von dessen Auflösung wir schon mehrmals gesprochen haben; es bestand darin, daß hier der Grundherr selbst oder durch seinen Vertreter, den villicus oder Meier (im älteren Sinne), eine nicht ganz unbeträchtliche Eigenwirtschaft auf einem Fronhof trieb, bei der die abhängigen, in der Nähe auf Herrenland angesiedelten Bauern („Laten") durch Frondienste helfen mußten; wobei hervorzuheben ist, daß diese Dienste, entsprechend dem verhältnismäßig kleinen Umfang der Eigenwirtschaft der Herren, noch nicht sehr bedeutend waren.

Dieser älteren Form der Grundherrschaft entspricht das gutsherrlich-bäuerliche Verhältnis zur Zeit des Landbuches von 1375 noch am ersten. Es wäre nicht unmöglich, daß man zu der gleichen Zeit, wo die Grundherren im Nordwesten die Fronhofswirtschaft nicht mehr einträglich genug fanden und daher auflösten, um zu freien Pacht- und Erbzinsverhältnissen überzugehen — daß man eben damals bei der Kolonisation der ostelbischen Gebiete dieses System beibehalten und fortgebildet hätte, weil es hier den gegebenen Verhältnissen entsprach, namentlich da, wo unfreie Arbeitskräfte slawischer Herkunft auf dem Boden sitzengeblieben waren. Diese ältere Grundherrlichkeit mit Eigenwirtschaft des Gutsherrn und Frondiensten, wenn auch zunächst nur mäßigen, der abhängigen Bauern würde sich dann später, seit dem 16. Jahrhundert, ganz von selbst durch die Vergrößerung der Eigenwirtschaft auf dem Rittergut zu der uns bekannten Form der Großgutswirtschaft des 17. und 18. Jahrhunderts gesteigert haben.

Auf der andern Seite spricht aber auch vieles dafür, daß vielmehr auch bei der Kolonisation die freie Erbleihe eine große Rolle gespielt habe, daß das Erbzinsrecht freier Bauern das eigentliche Normalansiedlungsrecht gewesen ist, wie es der Sachsenspiegel ausdrücklich bezeugt hat. Es kann auch beides sehr wohl miteinander zusammen bestanden haben. Die kleinen Rittergüter werden nach Art des alten Fronhofsystems mit abhängigen Leuten bewirtschaftet worden sein; und neben ihnen werden im Dorfe eine größere Anzahl freier Bauern, die auf Erbzinsrecht angesiedelt waren, Platz gefunden haben. Die beiden charakteristischen Formen des bäuerlichen Standes, der freie Erbzinsbauer mit dem guten Besitzrecht und der hörige Lassit (Lasse, Late) mit dem schlechten Besitzrecht und der Verpflichtung zu Frondiensten werden von Anfang an nebeneinander bestanden haben. Das Verhängnisvolle dabei war, daß später, bei der Vergrößerung der Rittergüter und bei der Zunahme der wirtschaftlich-sozialen Macht des Ritterstandes, das schlechtere bäuerliche Recht die Tendenz zeigt, das bessere zu verdrängen, weil es den Interessen der ritterlichen Gutsherren mehr entspricht. Diese Tendenz war um so mächtiger, als sie durch den Einfluß der slawischen Besitz- und Standesverhältnisse, die von Osten her einwirkten, beständig Nahrung und Stärkung erhielt. Schon lange vor den Hohenzollern war also in der Mark Brandenburg und ähnlich in den übrigen Kolonialgebieten eine säkulare Veränderung im Gange, die dem Bauernstande ungünstig, dem Ritterstande aber vorteilhaft war.

Auf der Grundlage dieser wirtschaftlich-sozialen Einrichtungen baut sich nun in der Askanierzeit auch schon eine landesherrliche Verwaltungsordnung auf, die später von den Hohenzollern, freilich in einem halb aufgelösten Zustande, übernommen und weitergebildet worden ist. Der Mittelpunkt dieser Ordnung liegt in der markgräflichen Gewalt, die anfangs eine Amtsgewalt war, als Lehen übertragen, und zwar wie alle Lehen im 12. Jahrhundert mit dem Recht der Erblichkeit, die sich dann aber sehr früh, früher, als in den meisten anderen Territorien des Reiches geschehen ist, schon im Anfang des 13. Jahrhunderts zu einer förmlichen fürstlichen Landeshoheit ausgebildet hat. Die markgräfliche Gewalt wurde von jeher viel selbständiger gehandhabt als sonst im Reiche die Fürstengewalt. In ihren Grenzkriegen waren die Markgrafen häufig, ja in der Regel, auf sich selbst angewiesen, und dieser Lage entsprach eine stärkere Selbständigkeit im Innern, die sich namentlich auf dem Gebiet der Gerichtshoheit geltend macht. Der Sachsenspiegel sagt darüber (Landrecht III, 65, 1): „Die markgreve dinget bî sînes selves hulden over ses weken, dar vint jewelk man ordel over den anderen, den man an sînem rehte nicht beschelden mach.“ Das heißt: Der Markgraf hält Gericht alle sechs Wochen (entweder selbst oder durch seine Stellvertreter), und zwar kraft seiner eigenen obrigkeitlichen Gewalt (nicht im Namen des Königs); und in diesen Gerichtssitzungen finden Beisitzer das Urteil über ihresgleichen, von denen nichts weiter gefordert wird, als daß sie unbescholtene Männer sind. Der Gegensatz, der dem Verfasser des Sachsenspiegels dabei vorschwebt, ist das „Dingen bei Königsbann“, das in den sächsischen Grafschaften noch üblich war, offenbar als eine altertümliche, anderswo, z. B. in Süddeutschland, schon verschwundene Einrichtung. Bei Königsbann hielt der sächsische Graf in den starren Formen uralter Überlieferung Gericht, wenn es sich um freies Eigen oder um Missetat vollfreier Leute handelte, d. h. also in besonders wichtigen Fällen. Der Königsbann war ihm für diesen Zweck geliehen; es war ein höherer Bann, eine stärkere obrigkeitliche Gewalt als die gewöhnliche des Grafen; seine Verletzung (durch Ungehorsam oder Ungebühr) wurde mit einer Buße von 60 Schillingen geahndet, während der Markgrafenbann nur 30 Schilling betrug. Beisitzer in einem solchen Gericht konnten nur freie Männer mit freiem Eigentum sein, „Schöffenbarfreie“, wie sie Eike von Repgow, der Verfasser des Sachsenspiegels, nennt; die hatten das Urteil zu finden, das ja der Richter nach dem altdeutschen Gerichtsverfahren nur verkündigt. Nun sagt Eike von Repgow an einer andern Stelle seines Rechtsbuches ausdrücklich, daß es in der Mark keinen Königsbann gegeben habe. Wahrscheinlich war dies altertümliche Institut, bei dem es auf eine peinliche Unterscheidung des Geburtsstandes, ob frei oder unfrei, ankam, in das koloniale Neuland der Mark Brandenburg gar nicht übertragen worden, wie es auch in Süddeutschland damals schon verschwunden zu sein scheint. (Die Stadt Brandenburg, bei der einmal der Besitz des Königsbannes als ein besonderer Vorzug urkundlich erwähnt wird, scheint eine Ausnahme gebildet zu haben.) Die alte Unterscheidung nach der freien oder unfreien Herkunft war damals schon verblaßt vor der Unterscheidung nach dem Berufsstand: Ritter und Bauer oder Bürger. Mancher Ritter war ja damals als Dienstmann (Ministeriale) eines geistlichen oder weltlichen Herrn eigentlich unfreier Herkunft, und doch erhob er sich über den Bauern, auch wenn dieser von freier Herkunft war. In Kolonialländern pflegen modernere und praktischere Auffassungen in bezug auf Standesverhältnisse zu gelten als auf dem alten, mit den Erinnerungen der Jahrhunderte belasteten Boden des Mutterlandes. So wird es sich auch hier verhalten. Es ist auch fraglich, ob in der Mark Brandenburg, namentlich in dem eigentlichen Kolonisationsgebiet, eine größere Zahl von freien Männern und freien Gütern im alten Rechtssinne vorhanden waren. Die Ritter waren wohl meist Ministerialen, also unfreier Herkunft, und von den Ansiedlern mochten wenige ihre freie Herkunft nachweisen können; freies Eigen aber im Rechtssinne waren weder die ritterlichen Dienstgüter und die Lehen noch die Erbzinshöfe der Bauern oder die ebenfalls zinspflichtigen Stadthäuser. So mochte es in der Mark sowohl an Gegenständen fehlen, die das Gericht bei Königsbann erforderlich gemacht hatten, als auch an Schöffenbarfreien, die als Beisitzer in einem solchen Verfahren das Urteil hätten finden können. In der Mark begnügte man sich vielmehr mit solchen Urteilfindern, die „an ihrem Rechte unbescholten“ waren, und der Markgraf hielt nicht bei Königsbann Gericht, sondern bei seinem Markgrafenbann, der zwar niedriger, aber nicht besonders verliehen, sondern mit dem fürstlichen Amte, das sich zur Landeshoheit umwandelte, untrennbar verbunden war. Damit war also eine gewisse Selbständigkeit in der Handhabung der Gerichtshoheit gegeben; sie ging aber nicht so weit, daß die Mark der Einwirkung der obersten königlichen Gerichtsbarkeit ganz entzogen gewesen wäre: bis zu der Goldenen Bulle von 1356 war die Berufung an das Reichshofgericht des Königs noch keineswegs ausgeschlossen. Die Hauptsache in dieser Hinsicht war, daß auch die Unterrichter, die der Markgraf bestellte, nicht der Bannleihe durch den König bedurften, wie die Grafen im Reich, die ein Richteramt nicht unmittelbar vom König selbst, sondern von einem geistlichen oder weltlichen Herrn verliehen erhalten hatten. Wir finden überhaupt keine Grafen in der Mark als Unterrichter des Markgrafen. Von den Burggrafen, die in Brandenburg, Stendal und Arneburg in der frühesten Zeit erwähnt werden und von deren Amtsbefugnissen wir gar nichts wissen, kann abgesehen werden: sie sind sehr bald verschwunden; und auch andere Grafentitel erscheinen nur hie und da einmal in der älteren Zeit. Die Regel, die sich im 13. Jahrhundert ausbildete, war vielmehr die Ausübung der obrigkeitlichen Gewalt durch Vögte (advocati), die der Markgraf bestellte und die von einer Stadt oder einer Burg aus in seinem Namen den umliegenden Bezirk verwalteten. Gerichts- und Verwaltungsbefugnisse hingen dabei, wie das überhaupt in älteren Zeiten die Regel war, ungeschieden zusammen. Damit trat ein neuer und wichtiger Grundsatz ins Leben, der auch für die Verwaltungsordnung anderer Territorien charakteristisch ist, nämlich der, daß die Ausübung der obrigkeitlichen Gewalt im Auftrage und Namen des Landesherrn nicht mehr in Lehnsweise, sondern in Amtsweise geschah. Während die Landesherren im Reiche dem Kaiser gegenüber streng an dem Lehnsprinzip festhielten, haben sie es verstanden, innerhalb ihrer eigenen Länder das Amtsprinzip an dessen Stelle zu setzen. Ein Vorbild dazu gab die Verwaltung der großen geistlichen und weltlichen Grundherrschaften im Reiche, die auf Grund eines sogenannten Immunitätsprivilegs von der Einwirkung der öffentlichen Beamten, d. h. vornehmlich der Grafen, eximiert waren, und innerhalb deren der Grund- und Immunitätsherr die obrigkeitlichen Befugnisse durch eine Art von Privatbeamten, die Vögte (advocati), ausüben ließ. Es ist hier nicht an die vornehmen Stiftsvögte zu denken, die aus Gerichtsverwaltern und Schutzherren der geistlichen Grundherrschaften oft zu ihren Bedrückern wurden, sondern an eine untere Klasse von grundherrschaftlichen Beamten, die denselben Namen führen und insbesondere auch in den Gebieten der weltlichen Grundherren erscheinen. Solche Privatbeamte des Landesherrn waren nun auch die Vögte in der Mark Brandenburg und einigen anderen ostdeutschen Territorien, während man dieselben Beamten anderswo als „Pfleger“ oder „Amtleute“ bezeichnete. Die Vögte waren wohl meist Ritter aus den Reihen der markgräflichen Dienstmannen; sie wurden vom Markgrafen nach Belieben ein- und abgesetzt und hatten keinerlei Erbrecht an ihren Stellen. Ein festes Geldgehalt bezogen sie noch nicht, aber sie hatten Anteil an den Gerichtsgefällen und anderen finanziellen Hebungen des Markgrafen. Es gab ihrer etwa 30 in der Mark. Ihre Amtsbefugnis umfaßte, wie es scheint, alle obrigkeitlichen Pflichten und Rechte, in Kriegführung und Friedensbewahrung, in Gericht- und Finanzverwaltung, nur das Zoll-, Forst- und Münzwesen lag besonderen technischen Beamten des Markgrafen ob.

Eine feste Residenz hatte der Markgraf noch nicht. Er zog mit seinem reisigen Gefolge im Lande umher, bald in dieser oder jener Burg oder Stadt längere Zeit verweilend. Ein beliebter Aufenthaltsort der askanischen Markgrafen war Tangermünde; Markgraf Waldemar hat auch oft zu Soldin in der Neumark Hof gehalten. Man wird sich zu denken haben, daß es bei dem damaligen Zustand der Straßen leichter war, mit einem reisigen Zuge den Ort von Zeit zu Zeit zu wechseln, als von den verschiedenen Teilen des Landes die Lebensmittel, deren der Hof bedurfte, an einen bestimmten Punkt zu transportieren. Zugleich dienten aber die Reisen des Markgrafen bei dem unentwickelten Zustand des Verkehrs auch dazu, seine Autorität in allen Teilen des Landes zur Geltung und Ausübung zu bringen. Aus den alten Gerichtstagen (placita), die der Markgraf im Lande umherziehend abhielt und auf denen er ursprünglich nur als hoher Reichsbeamter waltete, wurden mit der Ausbildung der Landeshoheit ganz von selbst fürstliche Hoftage, auf denen in der Hauptsache nur noch die Vasallen und Dienstmannen des Landesherrn erschienen, um ihm aufzuwarten und ihm zugleich bei der Abhaltung von Rat und Gericht zu dienen. Man kann hier wie anderswo einen engeren und einen weiteren „Hof" unterscheiden. Der „weitere Hof" besteht in den periodisch wiederkehrenden größeren Hofversammlungen, bei denen eine größere Anzahl von Vasallen und auch wohl von Prälaten erscheint, um mit dem Markgrafen kirchliche oder weltliche Feste zu feiern und zugleich mit ihm Rat und Gericht zu halten. An diesen weiteren Hof knüpfen sich die periodischen Sitzungen des Hofgerichts und die späteren Versammlungen der Landstände. Der „engere Hof" aber besteht aus den Herren, Rittern und Geistlichen, die den Markgrafen dauernd umgeben und zu den täglichen Geschäften der Hofverwaltung und Regierung gebraucht werden. Das sind die „Räte und Diener", aus denen später die Ratstube und der Geheime Rat gebildet worden sind.

Aus dem zunächst noch sehr unbeständigen, mit den verschiedenen Orten der Hofhaltung vielfach wechselnden Personal dieses engeren Hofes ragen als eine verhältnismäßig feste und stetige Erscheinung hervor die Inhaber der großen Hofämter: als Leiter des ganzen Hofhalts zunächst der Drost (Truchseß), der erst zu Ende der askanischen Zeit von dem damals überall an erster Stelle erscheinenden Hofmeister abgelöst wird; neben ihnen zur Aufsicht über das reisige Gefolge und die Pferde der Marschall, für die eigentliche Hofhaltung Küchenmeister und Schenk, für den persönlichen Dienst beim Markgrafen der Kämmerer, als Kanzleiverwalter anfänglich ein Notar oder Protonotar, später auch ein Kanzler, diese schreibkundigen Beamten damals natürlich noch durchweg Geistliche. Die weltlichen Hofämter wurden seit der Mitte des 13. Jahrhunderts vorwiegend durch ritterliche Dienstmannen des Markgrafen (Ministerialen) besetzt, während früher wohl meist freie Vasallen dazu gebraucht worden waren, die ein Amt nur in der Form eines erblichen Lehens annahmen. Seit der Mitte des 13. Jahrhunderts ist von Erblichkeit der wirklichen Hofämter nicht mehr die Rede. Die Erbhofämter, die sich im Besitz gewisser großer Familien des Landes erhalten haben — das Erbmarschallamt bei den Gänsen zu Putlitz, das Erbküchenmeisteramt bei den Schulenburg, das Erbschenkenamt bei den Lützendorf — sind nur noch leere Dekorationen, Titulaturen ohne wirkliche Amtsfunktionen und ohne Bedeutung für die Hofverwaltung. Die eigentlichen Verwaltungsämter am Hofe sind ebenso wie die der Vögte im Lande nicht in Lehns-, sondern in Amtsweise an Ministerialen übertragen, die gewissermaßen als die Vorläufer des späteren Offizier- und Beamtenstandes betrachtet werden können. Je mehr aber die Ministerialen, die ja meist mit Rittergütern ausgestattet wurden und im Laufe des 13. Jahrhunderts die volle Lehnsfähigkeit erworben hatten, mit den Vasallen von freiedler Herkunft verschmolzen und, durch den gemeinsamen ritterlichen Berufsstand sowie durch ihren erblichen Grundbesitz zu einer höheren sozialen Stufe erhoben, die frühere Botmäßigkeit gegenüber dem Lehns- und Landesherrn abstreiften, ja sogar in den landschaftlichen korporativen Verbänden der Ritterschaft wohl auch gelegentlich zur Opposition gegen den Markgrafen sich zusammenzuschließen anfingen — desto mehr mußte der Landesherr bestrebt sein, sich einen engeren Kreis von geschworenen Räten am Hofe zu bilden, die in den Urkunden seit dem Ende des 13. Jahrhunderts als viri discreti, prudentes, sapientes erscheinen und allesamt auch wohl als consiliarii bezeichnet werden; aus diesen wurden seitdem auch die großen Hofämter in der Regel besetzt. Hof- und Landesbeamte bildeten noch nicht zwei streng gesonderte Klassen; es kam wohl vor, daß Hofbeamte auch zugleich die Stellung eines Vogtes einnahmen. Aus dem Ministerialitätsverhältnis begann so ein Beamtenverhältnis hervorzuwachsen. Allerdings war es noch kein lebenslänglicher Beruf, einem Fürsten zu dienen; wer als Rat oder Diener eine Zeitlang tätig war, erwartete wohl, mit einem Lehen oder einer Pfründe belohnt zu werden und zog sich dann vom Dienste zurück. Auch ein ausgebildetes Ratskollegium gab es am Hofe der Askanier noch nicht. Es sind alles noch keimhafte, unausgebildete Zustände, aber man gewahrt darin schon den Ansatz zu späteren Bildungen, von denen noch viel die Rede sein wird.

Die Gerichtsverfassung hat sich in der Mark Brandenburg wie anderswo im Reiche im 13. Jahrhundert, ziemlich gleichzeitig mit der Ausbildung der Landeshoheit in einer eigentümlichen Weise umgebildet, die den Einfluß der neuen, auf den Beruf begründeten Standesverhältnisse in unverkennbarer Deutlichkeit zeigt. Man unterschied früher Hoch- und Niedergericht (iudicium supremum und iudicium infimum) nach den Gegenständen, um die es sich handelte. In den großen Sachen, wo es sich um Erb und Eigen, oder auf dem Gebiete des Strafrechts um Hals und Hand handelte, hielt der Graf das Hochgericht; die kleineren Sachen, wo es um geringere Besitzfragen oder um Haut und Haar ging, gehörten vor das Niedergericht (das Centgericht oder Hundertschaftsgericht), das der Schultheiß oder Centenarius hielt. Ähnlich wird sich die Gerichtsbarkeit in der Mark Brandenburg ursprünglich zwischen dem Markgrafen und seinen Stellvertretern verteilt haben. Nun wurde es aber im 13. Jahrhundert Sitte, zuerst in dem geistlichen Gericht, dann auch im weltlichen, daß die ritterbürtigen Leute einen besonderen höheren Gerichtsstand vor dem Bischof und dem Landesherrn erhielten, während die Bürger und Bauern in großen und kleinen Sachen vor dem Untergericht belangt wurden. In der Mark Brandenburg wurde das höhere Gericht das Hofgericht des Markgrafen, das niedere Gericht das des Vogtes, das nun gewöhnlich als Landgericht schlechtweg erscheint. Die Unterscheidung beruht also jetzt auf dem Berufsstand, nicht mehr auf der größeren oder geringeren Bedeutung des Rechtsfalles. Für die Ritterbürtigen ist das Hofgericht zuständig, wo auch die Beisitzer „vollkommen fromme Leute am Heerschild" sein müssen, d. h. ritterliche Personen ohne Tadel; für die Bürger und Bauern ist es das niedere Landgericht des Vogtes. Das Hofgericht hielt der Markgraf ursprünglich selbst mit den Vasallen; es war zugleich auch das Lehngericht und eine Berufungsinstanz für die, welche das Urteil des niederen Landgerichts gescholten hatten. Im 14. Jahrhundert ließ sich der Markgraf im Vorsitz dieses Gerichts wohl in der Regel schon durch einen besonderen Hofrichter vertreten, ohne daß er aber seine persönliche Befugnis als oberster Richter in der Mark aufgab. Die Zusammensetzung des Gerichts lag in seiner Hand; die ritterlichen Beisitzer waren nicht dauernd angestellt, sondern wechselten nach Ort und Zeit; eine feste Praxis konnte sich daher in diesem brandenburgischen Hofgericht so wenig ausbilden wie in dem Reichshofgericht des Königs. Es scheint, daß im 14. Jahrhundert dieses Hofgericht des Markgrafen auch als „Kammergericht" bezeichnet wurde. Der „Richtsteig Landrechts" (eine Art Prozeßordnung des sächsischen Rechts aus der Mitte des 14. Jahrh.) und das Berliner „Schöffenrecht" aus dem Ende des 14. Jahrhunderts bezeichnen es als die höchste Dingstatt in der Mark über den Gerichten bei der Krepe (zu Salzwedel), bei der Linde (zu Arneburg) und bei der Klinke (zu Brandenburg) und nennen es geradezu auch des Markgrafen oder des Kämmerers Kammer (Kammerrecht). Wir werden aber sehen, wie in der Hohenzollernzeit die beiden Begriffe Hofgericht und Kammergericht wieder auseinander gehen. Sie sind eigentlich synonym, denn Kammer bedeutete damals soviel wie Residenz oder Hofhaltung.

In dem Hofgericht war also die Gerichtsbarkeit über die Ritterbürtigen von dem alten Landgericht weg und an den Hof gezogen worden; aber es machte sich doch bald das Bedürfnis geltend, namentlich für Schuldsachen, wo Ritter von Bürgern belangt wurden, und für ähnliche geringere Fälle, im Lande selbst feste Stellen für ein gerichtliches Verfahren zu haben, ohne daß Kläger und Beklagte dem umherziehenden Hofe folgen mußten. So entstanden durch eine Art von Abgliederung mehrere lokale oder „Distrikts"-Hofgerichte, von denen das bedeutendste das zu Berlin für die Mittelmark war, das in der Hohenzollernzeit als das „oberste" Hofgericht oder als „das Hofgericht" schlechthin erscheint.

Wir würden nun aber keine zutreffende Vorstellung von der askanischen Gerichts- oder Verwaltungsordnung gewinnen, wenn wir nicht noch einen sehr wesentlichen Umstand ins Auge faßten: nämlich die zahlreichen Exemtionen von der obrigkeitlichen Gewalt der Vögte, die deren Amtsbezirke durchlöchert und allmählich ganz aufgelöst haben. Es ist die im Mittelalter immer wiederkehrende Erscheinung, die man als „Immunität" zu bezeichnen pflegt, daß die ordentliche obrigkeitliche Gewalt aus dem Machtbereich geistlicher Stifter, ritterlicher Grundherren und städtischer Gemeinden ausgeschlossen wird, und daß die Ausübung der obrigkeitlichen Befugnisse den Inhabern einer solchen privilegierten Stellung als ein erb- und eigentümliches Recht überlassen wird. Dieser Vorgang, der im Reiche den Grund zu der feudalen Auflockerung des Staatsverbandes gelegt hat, wiederholt sich in den Territorien und hat in der Mark Brandenburg besonders starke Dimensionen angenommen; das Ergebnis ist hier die Entstehung der patrimonialen Obrigkeiten in Stadt und Land gewesen, denen die Ausübung der Justiz- und Polizeigewalt nicht als eine öffentliche Pflicht, sondern als ein erb- und eigentümliches Recht zustand.

Diese Abbröckelung der obrigkeitlichen Gewalt des Landesherrn beginnt sehr früh, bald nach der Begründung der Mark Brandenburg, und zwar zuerst, wie immer, zugunsten der Kirche. Dahin ist es allerdings in der Mark Brandenburg nicht gekommen, daß die Bischöfe eine freie, reichsunmittelbare Stellung eingenommen hätten, wie es in anderen Territorien, z. B. in der Mark Meißen oder in Bayern der Fall war; die Bischöfe von Brandenburg, von Havelberg, von Lebus waren und blieben dem Territorialverband eingegliedert, „landsässig", wie man es nannte, also dem Markgrafen untertan; ja, die Markgrafen haben früh, als Entgelt für den kostspieligen Grenzschutz, den sie in diesem gefährdeten Koloniallande den geistlichen Stiftern gewährten (die, wie es scheint, keine eigenen Ministerialen gehalten haben) sogar den kirchlichen Zehnten für sich in Anspruch genommen und nach manchen Kämpfen auch tatsächlich behauptet. Aber die Gerichtsbarkeit über ihre Hintersassen ist den kirchlichen Stiftern ebenso wie der Grundzins und manches andere, hier und da auch wieder der Zehnte, zu eigenem Recht und Genuß überlassen worden, und so bildeten die bischöflichen Stifter und die großen Abteien frühzeitig kleine Staaten im Staate. Ähnlich ging es dann bei Rittergutsbesitzern und Städten. Wenn es zutrifft, daß in manchen Teilen des Landes die Ritter selbst als Grundherren die Kolonisation ins Werk gesetzt haben, so waren sie da wahrscheinlich von Anfang an zugleich auch die Gerichtsherren und damit die Inhaber der obrigkeitlichen Gewalt überhaupt; wo das nicht der Fall war, da muß die Übertragung dieser Rechte durch Veräußerung von seiten der Markgrafen geschehen sein, auch wo uns die Urkunden nichts darüber berichten; die Finanznot infolge der Vervielfältigung der Hofhaltungen wird dabei die beständig wirkende Ursache gewesen sein. Die Gerichtsbarkeit galt ja damals nicht als ein unveräußerliches Staatshoheitsrecht, sondern mehr als eine Geldquelle, wegen der Bußgelder und sonstigen Gerichtsgefälle, die sie dem Inhaber, dem Gerichtsherrn einbrachte. Es kommt wohl vor, daß in der Mark unter dem judicium supremum oder infimum in einem Dorf nur der Anteil verstanden wird, den der Markgraf oder sein Vogt aus den Gerichtsgefällen bezieht; die Gerichtsbarkeit, und damit die obrigkeitlichen Funktionen überhaupt, erscheinen in erster Linie eben als nutzbare und darum auch veräußerliche Rechte. So ist es zu dem Zustande gekommen, von dem das Landbuch von 1375 Zeugnis ablegt. Fast in jedem Dorfe besitzen ein oder mehrere Ritter vogteiliche Befugnisse. In Teltow z. B. besitzt der Markgraf das judicium supremum nur noch in 2 Dörfern (von 94), in Barnim nur noch in 3 Dörfern (von 197), in Havelland in 6 (von 103), in der Zauche in 17 (von 104). Kurz: die alte Vogteiverfassung ist in der Auflösung begriffen; es ist eine Erscheinung, die gleichen Schritt hält mit der Ausdehnung der ritterlichen Grundherrlichkeit und mit der Ausbildung der kommunalen Selbständigkeit der Städte. Wo der Ritter zum Grund- und Gerichtsherrn über die Bauern geworden ist, da ist natürlich auch die Selbständigkeit der ländlichen Gemeindeverfassung dahin: aus dem Erbschulzen, der unter dem Markgrafen stand, wird ein „Setzschulze", der vom Gutsherrn eingesetzt wird als Organ seiner eigenen obrigkeitlichen Gewalt und als Leiter der auf dem Flurzwang beruhenden Gemeindewirtschaft.

Anders ist das Bild in den Städten, die wohl von Anfang an abgesonderte Gerichtsbezirke bildeten, weil sie ein besonderes Stadtrecht hatten, das durchweg von Magdeburg abgeleitet war, auf dem Wege über Stendal oder Brandenburg. Das besondere Stadtrecht bedingte ein besonderes Stadtgericht, weil die Landschöffen nicht nach Stadtrecht hätten urteilen können. Aber auch so stand die Stadt ursprünglich durchaus unter der Herrschaft des Markgrafen, dessen Vertreter der Vogt und der Schulze waren: der Vogt für das höhere, der Schulze für das niedere Gericht. Der Vogt war wohl der allgemeine, uns schon bekannte landesherrliche Beamte, der über Stadt und Land zu gebieten hatte und wohl meist nicht in der Stadt wohnte; der Schulze aber wohnte in der Stadt und war ein Bürger. Daraus erklärt sich das Bestreben der Städte, die ganze Gerichtsbarkeit, die höhere wie die niedere, in den Händen des Schulzen zu vereinigen. Das ist um die Wende des 13. und 14. Jahrhunderts, also zu Ausgang der Askanierzeit, ziemlich allgemein geschehen. Der Vogt verschwindet damit aus der Stadt; der Schulze allein wird der Vertreter des Markgrafen in allen obrigkeitlichen Funktionen, Gericht und Polizei. Damit war erst die Herauslösung der Stadt aus der ländlichen Umgebung ganz vollständig geworden. Je mehr nun aber der genossenschaftliche Sinn in den Bürgergemeinden erstarkte, desto mächtiger regte sich der Drang nach kommunaler Selbständigkeit. Die Stadtgemeinde tritt seit dem 13. und 14. Jahrhundert als eine geschlossene Einheit, als rechts- und handlungsfähige Korporation, kurz, als juristische Person auf. Sie nimmt rechtlich verbindliche Handlungen vor, die sie mit ihrem Stadtsiegel bekräftigt. Sie erwirbt allerlei markgräfliche Rechte in der Stadt: den Markt, die Verkaufshäuser, die Buden und Bänke u. dgl., dann aber auch die Gerichtsbarkeit. Das vollzieht sich oft so, daß sie dem Markgrafen das Schulzenamt abkauft. Der Schulze wird damit ein der Stadt anstatt dem Markgrafen verpflichteter Stadtrichter; das Stadtgericht, bestehend aus dem Schulzen und den Schöffen, wird städtisch, kommunal. Die Obrigkeit in der Stadt wird nicht mehr vom Markgrafen, sondern von der Bürgergemeinde ausgeübt, und zwar als ein wohlerworbenes kommunales Recht, ganz ähnlich wie die patrimoniale Obrigkeit der Ritter und der geistlichen Stifter. Das ist in den märkischen Städten vielfach schon im Laufe des 14. Jahrhunderts geschehen. Nach dem Landbuche von 1375 ist die Gerichtsbarkeit schon in zwölf Städten kommunal; in der Mehrzahl der Städte steht sie damals allerdings noch dem Markgrafen zu, aber die Entwicklung ist dann rasch vorwärts gegangen im Sinne der städtischen Selbständigkeit. Das Landbuch zeigt uns daneben nun aber noch eine andere merkwürdige Erscheinung. In manchen Städten hat der Markgraf die Gerichtsbarkeit über die Bürger an einen Ritter veräußert. Ritter besitzen Stadtgerichte wie Dorfgerichte. Wo das Bestand gehabt hat und wo der Ritter zugleich auch im Besitz des städtischen Hauszinses war, da ist jene Klasse von Städten entstanden, die man später „Mediatstädte" nannte. Es sind patrimonial gewordene Städte, Städte, die im Besitze eines Grundherrn sind. Ein solcher Grundherr kann übrigens auch ein geistliches Stift oder eine andere Stadt sein. Es kommt auch vor, daß ein reicher und vornehmer Bürger die Gerichtsbarkeit in der Stadt zu eigenem Recht erwirbt. In Berlin ist zur Zeit des Landbuchs Inhaber der Gerichtsbarkeit Herr Thilo von Brugke; aber 1391 veräußert er diese Gerichtsbarkeit, die er vom Markgrafen erworben hat, seinerseits weiter an die Stadtgemeinde; das Stadtgericht ist damit auch in Berlin in Kommunalbesitz übergegangen.

Die charakteristische Verwaltungsbehörde der Stadt als selbständiger Gemeinde ist nun auch in der Mark Brandenburg wie anderswo der Rat, das Kollegium der Ratmannen oder consules. Der Rat ist höchstwahrscheinlich entstanden aus den Schöffen des Stadtgerichts. Diese Schöffen wurden, sobald die Stadt ihre kommunale Selbständigkeit erworben hatte, zugleich die ersten Organe der städtischen Polizei- und Finanzverwaltung. Aber diese Verwaltungsgeschäfte wurden doch mit der Zeit zu bedeutend, als daß sie auf die Dauer von den Stadtgerichtsschöffen allein wahrgenommen werden konnten. Die Schöffen ziehen daher andere geeignete Personen hinzu: die consules oder Ratmänner. Schöffen und Ratmänner scheinen nun in vielen Städten eine Zeitlang ein gemeinschaftliches, ungetrenntes Kollegium gebildet zu haben, das die Geschäfte des Gerichts und der Verwaltung gemeinschaftlich besorgte. Mit der Zeit aber hat sich eine Trennung der beiden Funktionen vollzogen, nicht überall, aber in den meisten Städten. Schöffenkollegium und Ratskollegium sondern sich voneinander ab. Das erstere behält die Rechtsprechung im Stadtgericht, das andere übernimmt die Finanz- und Polizeiverwaltung. Die Schöffen, meist sieben an der Zahl, erscheinen noch lange als die vornehmere Körperschaft, wie sie ja auch die älteren waren: sie sind meist lebenslänglich im Amt. Die Ratmänner werden zunächst meist jährlich erneuert; ihre Zahl ist anfangs gewöhnlich 10, später 12, oder ein vielfaches davon: 24, 36. An Bedeutung überragt jedoch der Rat, je länger je mehr das Schöffenkollegium. Zu seinem Wirkungskreis gehört namentlich alles, was den Handel, den Markt, die Gewerbe, das Zunftwesen betrifft. Als Behörde für die allgemeine Ordnungs- und Sicherheitspolizei übt er zugleich eine Polizeigerichtsbarkeit aus, so daß er auch als rechtsprechende Behörde neben den Schöffen, die das ordentliche Stadtgericht besitzen, in Betracht kommt. Er wird die regierende und verwaltende Behörde in der Stadt; das Stadtgericht tritt mehr und mehr an Bedeutung hinter ihm zurück.

Die Entwicklung der Ratsverfassung gehört dem 13. und 14. Jahrhundert an. Im 14. Jahrhundert treten auch besondere Vorsteher aus dem Ratskollegium hervor. In Berlin werden 1311 Altermänner erwähnt, in Biesenthal 1328 Bürgermeister. Gegen Ende des 14. Jahrhunderts wird diese letztere Bezeichnung für die Ratsvorsteher allgemein. Es sind gewöhnlich 2—3. Neben ihnen sehen wir besondere städtische Beamte wirksam, vor allem den Stadtschreiber, der die städtische Kanzlei verwaltet (zuweilen noch ein Geistlicher, 14. Jahrhundert) und einen oder mehrere Kämmerer, denen die städtische Finanzverwaltung obliegt. Die Finanzeinkünfte der Städte flossen, abgesehen von den Gerichtsgefällen und Marktabgaben, hauptsächlich aus Grundbesitz. Die Städte haben ebenso wie die Ritter den Grundzins und andere Abgaben benachbarter Bauern erworben, sie besitzen später ganze Dörfer, die sog. Stadteigentums- oder Kämmereidörfer. Über diesen stellen sie eine korporative Grundherrschaft dar. Eigentliche Kommunalsteuern gab es noch nicht. Von der direkten Städtesteuer, die dem Markgrafen zustand, der „Urbede", wird gleich noch die Rede sein.

Die städtischen Ämter sind zunächst im ausschließlichen Besitz der oberen Klassen der Bürgerschaft, eines Patriziats, das aus der Verschmelzung von Ministerialen und grundbesitzenden Kaufleuten sich gebildet hatte und das man wohl als die „Geschlechter" zu bezeichnen pflegte. Die vornehmste wirtschaftlich-soziale Korporation, die eben diese Bevölkerungskreise umschließt, war in vielen märkischen Städten die Gewandschneidergilde, die Korporation der Tuchhändler, zu der auch ritterliche Stadtbewohner gehörten, wie z. B. der älteste bekannte Vertreter des Geschlechts der Bismarcks, der in Stendal als Mitglied dieser Gilde im 14. Jahrhundert vorkommt. Im Gegensatz zu dieser Patriziergilde stehen die Handwerkerzünfte, namentlich die in den meisten märkischen Städten vertretenen sogenannten „Viergewerke“, eine Vereinigung der Bäcker, Fleischer, Schuhmacher und Schneider. Sie verlangen später vielfach Teilnahme am Rat. In einzelnen märkischen Städten ist es schon im 13. Jahrhundert, ziemlich oft dann im 14. zu förmlichen Kämpfen zwischen Zünften und Geschlechtern gekommen. In Stendal z. B. beginnen diese Kämpfe schon 1231, im Jahre 1345 erfolgt dort der Umsturz der alten ausschließlich patrizischen Ratsverfassung. Diese Kämpfe setzen sich noch im 15. Jahrhundert fort; sie haben auch eine Rolle gespielt bei der Unterwerfung von Berlin und Cölln durch den hohenzollernschen Kurfürsten Friedrich II. Nicht überall haben die Zünfte gesiegt, und auch wo es geschah, ist das Stadtregiment dadurch wohl auf eine breitere Grundlage gestellt, aber nicht eigentlich demokratisch eingerichtet worden. Eine Tendenz zur oligarchischen Gestaltung der kommunalen Selbstregierung trat immer wieder hervor; jedenfalls waren es immer nur die Körperschaften (Gilden und Zünfte), die im Rat vertreten waren und das Regiment führten. Eine organisierte Vertretung der gesamten Bürgerschaft gab es nicht.

Seit der Beseitigung der markgräflichen Stadtherrschaft stellt sich die Stadt ebenso wie die grundherrlichen Bezirke der geistlichen Stifter und der Ritter als eine der Amtsgewalt landesherrlicher Organe im wesentlichen entzogene privilegierte Sonderbildung dar. Durch diese Sonderbildungen mit ihren patrimonialen oder korporativen obrigkeitlichen Rechten, die die alten Vogteibezirke überall durchsetzen und zerbröckeln, wird eine Auflösung der Verwaltungsordnung herbeigeführt, deren Resultate in den anarchischen Zeiten des ausgehenden 14. Jahrhunderts hervortreten. Die Vögte waren schließlich nur noch dort als Obrigkeit zuständig, wo der Markgraf zugleich den Grundzins und die übrigen finanziellen Hebungen in der Hand behalten hatte. In größeren Bezirken aber, als die alten Vogteien gewesen waren, in einzelnen Ländern oder Marken, wie z. B. dem Land Lebus oder der Uckermark, erscheinen „Landvögte“, meist aus dem eingesessenen Adel und unter seinen Einflüssen bestellt; anderswo, wie in der Altmark und Mittelmark, „Landeshauptleute“ von ähnlichem Charakter, als Vertreter des Landesherrn. Sie halten das Distriktshofgericht ab und üben alle obrigkeitlichen Befugnisse an des Markgrafen Stelle aus. Je mehr dabei die adligen Interessen herrschend wurden, desto mehr trat die landesherrliche Macht zurück.

Auch auf dem Gebiete der Finanzverfassung zeigt sich eine fortschreitende Abbröcklung markgräflicher Rechte seit dem Ende des 13. Jahrhunderts. Die Einkünfte des Markgrafen flossen teils aus seinem Grundbesitz oder der grundherrlichen Stellung über den angesiedelten Bauern, die ihm den Grundzins schuldeten, wozu in der Regel auch noch der kirchliche Zehnte kam, teils aus den Regalien, teils aus der alten Landessteuer (Bede). Daß der Grundzins vielfach veräußert worden ist, werden wir auf Grund des Befundes im Landbuch von 1375 annehmen dürfen, wenn auch Urkunden darüber nicht vorhanden sind; damit müssen die Einkünfte des Markgrafen sehr zusammengeschmolzen sein, selbst wenn man nicht die Annahme teilt, daß er zur Zeit der Kolonisation noch der einzige Grundherr in der Mark Brandenburg gewesen sei. Besser stand es mit den Regalien, die sich in der Mark Brandenburg in derselben Weise wie in den übrigen Landesfürstentümern des Reiches ausgebildet haben. Es handelt sich zunächst namentlich um das Markt-, das Münz- und das Zollregal, die alle schon im Anfang des 13. Jahrhunderts gewohnheitsrechtlich aus den Händen der Reichsgewalt in die der Landesfürsten übergegangen waren und die ein bekanntes Reichsgesetz Kaiser Friedrichs II., das „Statutum in favorem principum" von 1232 den Landesherren bestätigte, indem zugleich störende Eingriffe der kaiserlichen Gewalt in die damit zusammenhängenden Interessen der Landesfürsten ausgeschlossen wurden. Das Marktregal (d. h. das Recht zur Anlegung von Märkten und zum Genuß der dort erhobenen Marktabgaben) verlor freilich seine Hauptbedeutung, als die Epoche der Kolonisation und der Marktgründungen abgeschlossen war und nun die Städte ihren Markt samt den daran sich knüpfenden Einkünften dem Markgrafen abzukaufen begannen. Das Münzregal dagegen erfuhr eine bedeutende Erweiterung, da es anfänglich nur für Silber- und Kupferprägungen und für die altherkömmlichen Münzstätten galt, während die Goldene Bulle von 1356 den Kurfürsten nicht nur das Recht der Goldprägung, sondern auch das Recht zur Anlegung neuer Münzstätten verlieh. Es war in Brandenburg wie anderswo namentlich deswegen sehr lukrativ, weil die Münzen sehr häufig (manchmal Jahr für Jahr) „verrufen", d. h. für ungültig erklärt wurden, so daß sie, oft unter bedeutendem Verlust der Inhaber, in die neugeprägten Münzen umgewechselt werden mußten, was nur bei den Münzstätten des Landesherrn geschehen durfte. Auch bezüglich des Zollregals hatte der Kaiser 1232 darauf verzichtet, ohne Zustimmung der Landesherren neue Zollstätten in deren Gebiet anzulegen; die alten waren damals eben schon längst im Besitze der Landesherren selbst. Aber neue Zollstätten anzulegen und neue Zölle zu erheben, war ihnen keineswegs gestattet; und in der Mark Brandenburg hat es später Kurfürst Albrecht Achilles als ein großes Privilegium betrachtet, daß ihm 1456 dieses Recht vom Kaiser verliehen wurde. Durch die Goldene Bulle von 1356 wurde den Kurfürsten auch noch das Salz- und Bergregal verliehen, das auch in Brandenburg dem Kurfürsten den Alleinhandel mit Salz gewährte; außerdem kommt in Betracht der Judenschutz, das Forstregal, das Mühlenregal.

Neben diesen Einkünften aus Grundbesitz und Regalien spielten aber anfänglich auch Steuereinkünfte eine große Rolle. Es handelt sich um die sogenannte „Bede" (precaria, petitio, exactio), die zwar, wie der Name vermuten läßt, ursprünglich eine freiwillige, bittweis erhobene Abgabe war (wahrscheinlich zum Entgelt für die Lasten der Gerichtshaltung und der Ausübung obrigkeitlicher Funktionen überhaupt), die aber in der Mark Brandenburg wie in anderen Territorien im 13. Jahrhundert durchaus als eine allgemeine landesherrliche Steuer erscheint, die sich mit der Landeshoheit von selbst ausgebildet hat und gewohnheitsrechtlich feststeht, ohne daß es dabei einer förmlichen Bewilligung durch die Besteuerten bedurfte. Dadurch unterscheidet sich die Bede sehr wesentlich von den späteren landständischen Steuern. Während sie aber in anderen Territorien schon um die Mitte des 13. Jahrhunderts auf feste, jährlich zu zahlende Summen von geringer Höhe beschränkt war, wurde sie in der Mark Brandenburg noch lange in ganz unregelmäßigen Zwischenräumen und in willkürlicher Höhe erhoben — je nach dem Bedürfnis der Landesherrschaft. Es scheint nun, daß das Lösegeld, das für Otto IV. nach der Gefangennehmung bei Frohse aufgebracht werden mußte, besonders starke Forderungen veranlaßt hat, die einen allgemeinen Widerstand im Lande hervorriefen und in den Jahren 1280—83 zu Verhandlungen der Markgrafen mit einzelnen Gruppen der Ritterschaft und einzelnen Städten führten, aus denen eine neue Ordnung der Bedeverfassung hervorgegangen ist.

Die unregelmäßige, willkürliche Bede sollte aufhören. Vasallen und Städte bewilligten dafür eine einmalige Zahlung im Betrage des Grundzinses, d. h. 20 Schilling für die Hufe, oder statt des Geldes 1 Wispel Weizen oder Gerste oder 2 Wispel Hafer, und außerdem ein jährliches Fixum im Betrage des zehnten Teils dieser Summe. Außer dieser niedrigen fixierten Jahresbede soll in Zukunft keinerlei außerordentliche Bede mehr ausgeschrieben werden; nur bei wirklicher Landesnot oder im Fall der Gefangenschaft eines Markgrafen soll das Land gehalten sein, eine außerordentliche Beihilfe zu gewähren. Das müssen die Markgrafen eidlich geloben. Und für den Fall, daß sie diesen Eid verletzen, nehmen die Vasallen das Recht zum bewaffneten Widerstande in Anspruch (ganz ähnlich, wie 65 Jahre vorher die Barone in England beim Erlaß der Magna Charta!). Eine Kommission von sechs jährlich neu zu wählenden Männern wird niedergesetzt, um darüber zu wachen, daß die Zusage der Markgrafen nicht verletzt wird; zwei davon bestimmen die Markgrafen selbst, zwei die Vasallen, zwei die Städte Stendal und Salzwedel. Verletzen die Markgrafen ihre Zusage, so sollen die Vasallen auf Veranlassung dieser Kommission in einige näher bezeichnete Orte, die den Markgrafen gehören, einreiten und durch dieses „Einlager" (eine damals nicht ungewöhnliche Maßregel zur Erzwingung rechtlich begründeter Leistungen) die Markgrafen zur Beobachtung der vereinbarten Bestimmungen anhalten. Diese Kommission ist aber, wie es scheint, nur einmal niedergesetzt und in den folgenden Jahren nicht erneuert worden; in Wirksamkeit ist sie jedenfalls nicht getreten.

Besonders günstig sind diese Bedeverträge für den Adel. Ritter und Knappen sind fortan für die Hufen, die sie selbst unter dem Pfluge haben, 4—6 Hufen, frei von der Bede; für das Land, das sie über diesen Normalumfang des damaligen Ritterguts hinaus in Eigenwirtschaft haben, müssen sie aber zahlen. Ein neues folgenschweres Recht wird den ritterlichen Grundherren (domini bonorum) zugestanden, nämlich die Befreiung der ihnen untertänigen Bauern (subditi vassallorum) von dem Wagendienst und Vorspann für Kriegszwecke (servitium curruum). Wahrscheinlich sind diese öffentlich-rechtlichen Frondienste der Untertanen von da ab in privat-rechtliche, in Hofdienste für den Grundherrn umgewandelt worden. Man könnte darin die rechtliche Grundlage für die Vermehrung der landwirtschaftlichen Frondienste der Bauern erblicken, die später in erschreckendem Maße gewachsen sind.

Eine Veräußerung der Bede wird in Zukunft für unzulässig erklärt, aber mit der bemerkenswerten Ausnahme, daß, wenn der Bedepflichtige selbst sie für sich zu erwerben wünscht, eine solche Ablösung gestattet sein soll.

In dieser Richtung bewegt sich denn auch die weitere Entwicklung der Bedeverfassung. Wir haben die wichtige Tatsache festzustellen, daß die Bede, die die ritterlichen Grundherren von ihren untertänigen Bauern durch Vermittlung der Schulzen einzogen und an den Vogt des Markgrafen abführten, allmählich aus den Einkünften des Markgrafen verschwunden ist. Die Ritter haben sie offenbar abgelöst, ohne daß allerdings eine Gegenleistung sichtbar würde; sie haben sie wahrscheinlich für sich erworben, so daß sie mit den grundherrlichen Abgaben verschmolz und ihren alten Steuercharakter ganz verlor.

Nicht so gut gelang es den Städten, die Steuerpflicht abzulösen. Es gelang ihnen nur, die Bede, die ja ursprünglich auch in der Stadt auf die einzelnen Hufen gelegt war, in eine jährliche Pauschalsumme zu verwandeln, die der Markgraf nicht mehr von den einzelnen Steuerpflichtigen, sondern von der Stadtobrigkeit empfing. Der Vorteil für die Städte bestand teils darin, daß diese Summe geringer war, teils darin, daß damit die finanzielle Wirksamkeit des Vogts für das Gebiet der Stadt ausgeschlossen wurde. Wie die Steuer aufkam, das war seitdem Sache der städtischen Obrigkeit. Der markgräfliche Vogt empfing einfach den festgesetzten Betrag zu bestimmten Terminen aus der Stadtkasse. Das ist die sogenannte „Urbede" (auch orbede oder orbore genannt, lat. petitio originalis), der Rest der eigentlichen alten Bede, die den Charakter einer Steuer allmählich mehr und mehr verlor und den einer Reallast annahm. In dieser Gestalt hat sie sich bis ins 19. Jahrhundert hinübergeschleppt und ist erst 1842 durch Zahlung des 25fachen Betrages der Jahresleistung (die damals insgesamt 2150 Taler betrug) durch die verpflichteten Städte abgelöst worden. Das ist das Schicksal der ordentlichen, fixierten Bede gewesen. Die außerordentliche Bede aber, die — außer in den allerdringendsten Notfällen — ganz aufhören sollte, ist trotz aller Zusagen der Markgrafen und trotz aller Vorsichtsmaßregeln der Stände später doch wieder häufig gefordert und bezahlt worden, weit über die Grenzen der lehnrechtlichen Not- und Ehrenfälle hinaus. Also die Abschaffung einer unregelmäßigen, nach dem Bedürfnis der Landesherrschaft bemessenen Besteuerung, die im Mittelpunkt der ständischen Forderungen von 1280 gestanden hatte, ist nicht gelungen. Aber das ist nun der bedeutsame Unterschied gegenüber der älteren Zeit: diese neuen Steuern sind nicht mehr einseitig und willkürlich vom Markgrafen auferlegt, sondern sie sind von den Ständen bewilligte Steuern. In späteren Steuerausschreibungen finden wir die Formel: „mit Rat unserer Prälaten, Ritter und Städte". Die Steuerbewilligung wird der Kern der landständischen Verfassung; und die Steuern selbst wechseln den Namen; statt des alten Namens der „Bede" nehmen sie den der „Schösse" an, „Hufenschoß", „Giebelschoß" usw.

Wir stehen damit an dem Punkt, wo die alte feudale Verfassung sich in die landständische umzubilden beginnt. Was die Vorgänge von 1280—82 so besonders interessant macht, ist ja der Umstand, daß wir hier die erste Regung einer ständischen Opposition gegen den Landesherrn gewahr werden. Es sind noch nicht Landstände in der späteren Form, die hier auftreten; dazu fehlt es noch an der korporativen Geschlossenheit über das ganze Land hin und an der Einheitlichkeit des Vorgehens. Das Land selbst war ja noch keine vollständige Einheit. Die Markgrafen, unter die es verteilt war, verhandeln mit abgesonderten Gruppen von Vasallen und einzelnen Städten; nicht durch einen Akt, sondern durch verschiedene Urkunden ist das Resultat der Verhandlungen bezeugt. Erst mit dem festeren Zusammenschluß des territorialen Staatsverbandes hat sich auch die Konsolidierung der Landstände zu einem handlungsfähigen Ganzen vollzogen, in der Hauptsache erst in der Hohenzollernzeit. Aber eine gewisse Übereinstimmung in der Haltung der Ritterschaften und Städte in ihrer Opposition gegen die Markgrafen wird doch damals schon sichtbar. Eben das hat die Markgrafen zum Nachgeben gezwungen. Es scheint aber, daß sie dann einen Keil zwischen die ja ohnehin recht verschiedenen Interessen der Ritterschaften und der

Städte getrieben haben. Die Bevorzugung des Adels vor den Städten, die sich in der Ablösungsfrage und in manchen andern Punkten zeigt, scheint auf eine Politik der Markgrafen hinzuweisen, die zunächst darauf ausging, die Städte zu isolieren. Und auch ohne eine besonders darauf gerichtete Politik des Landesherrn standen Ritterschaften und Städte, wie es scheint, während der ersten Hälfte des 14. Jahrhunderts einander mit Mißtrauen und Abneigung gegenüber. In den Erbstreitigkeiten nach dem Erlöschen des askanischen Hauses traten im Jahre 1320 die Städte, in sich geschlossen und von der Ritterschaft abgesondert, für die Nachfolge des anhaltinischen Herzogs von Sachsen ein. Erst im Jahre 1345 sehen wir wieder einen Versuch zum Zusammenschluß der beiden Teile hervortreten. Man fürchtete damals, wo der Kampf zwischen den Häusern Wittelsbach und Luxemburg auszubrechen drohte, neue starke Auflagen in der Mark und, um diesen einen wirksamen Widerstand entgegenzusetzen, verbanden sich im September zu Berlin Ritterschaften und Städte zu einem Verhalten, bei dem kein Teil, wenn es zu Pfändung und Gewalt käme, aus dem Schaden des andern Vorteil für sich zu ziehen versuchen sollte; die Städte sollten im Notfall den Rittern, die Burgen der Ritter den Bürgern offen stehen. Erhebliche Folgen hat dieser Einungsakt nicht gehabt; aber er zeigt die wiederauflebende Solidarität der Interessen und das wachsende Gefühl der Gemeinschaft aller Stände des Landes.

Die „gemeine Landschaft" als die Vertretung aller Stände des ganzen Landes ist auch in der Mark Brandenburg erst mit der fortschreitenden Befestigung des territorialen Staatsverbandes zur Ausbildung gelangt, und hierfür waren die unruhigen Zustände des ausgehenden 14. Jahrhunderts wenig günstig. In dieser Zeit verstärkte sich vielmehr die Absonderung der einzelnen Landesteile, aus denen sich die Mark Brandenburg zusammensetzte, und das ständische Leben gewann schon damals die Neigung, sich vorzugsweise in engeren Kreisen zu betätigen. Bei der Sendung an den Hof König Sigmunds zu Ofen nach dem Tode des Markgrafen Jobst war allerdings die gesamte Ritterschaft wieder durch *einen* Mann vertreten, neben dem noch besondere städtische Abgeordnete erschienen. Aber der Zusammenschluß der Stände zu einer „gemeinen Landschaft" von Prälaten, Ritterschaft und Städten des ganzen Landes tritt eigentlich erst nach der Wiederherstellung des in der Auflösung begriffenen Landesstaats unter den Hohenzollern im Laufe des 15. Jahrhunderts in die Erscheinung.

III.

Die Wiederherstellung des brandenburgischen Landesstaats durch die Hohenzollern.

1412 – 1499.

Die große Aufgabe, die dem ersten Hohenzollern in der Mark und seinen Nachfolgern gestellt war, ein gänzlich zerrüttetes, nach innen und außen in Verfall und Auflösung geratenes Grenzland zu alter Macht und Ordnung wiederherzustellen, mußte unter erschwerenden Umständen in Angriff genommen werden, wie sie aus der Veränderung der allgemeinen Weltlage entsprangen. Die günstigen Bedingungen, unter denen einst die Machtbildung der Askanier zustande gekommen war, hatten sich in das Gegenteil verkehrt. Rings um die Mitte Europas bildeten sich im 15. Jahrhundert mächtige Staaten aus, während das Deutsche Reich in seiner Auflösung langsam, aber unaufhaltsam fortschritt; vor allem die Völker des Ostens, deren Schwäche früher die Ausdehnung des deutschen Volkstums begünstigt hatte, gewannen politische Gestalt und Stärke in Staatsbildungen, die dem deutschen Wesen fremd und feindlich gegenüberstanden und nicht bloß seiner weiteren Ausdehnung einen Damm entgegensetzten, sondern es auch in den früher gewonnenen Grenzen bedrohten. Wie im Westen das burgundische Reich sich die deutschen Niederlande einverleibt hatte und durch seine Ausdehnungsbestrebungen dazu beitrug, daß im Süden die schweizerische Eidgenossenschaft ihre Kräfte in selbständiger Abwehr entfaltete und erprobte, um sich schließlich dem Reiche ganz zu entziehen, wie im Norden die skandinavische Union sich Schleswig-Holstein angliederte und der Hansa die Herrschaft über das Baltische Meer streitig machte, so bildeten sich im Osten in Polen, Böhmen und Ungarn gefährliche Nachbarn für die Hüter der deutschen Grenzmarken heraus, die bestrebt waren, wie in einer Gegenbewegung gegen die vorausgegangene deutsche Besiedelungs- und Ausdehnungsepoche, bedeutende Stücke des ostelbischen Kolonialgebiets unter ihre Botmäßigkeit zu bringen; und während die südliche deutsche Grenzmacht, Österreich, im 16. Jahrhundert die längst erstrebte Herrschaft über Böhmen und Ungarn wirklich gewann, hat es Jahrhunderte gedauert, bis Polen aufhörte, ein bedrohlicher Nachbar für Brandenburg zu sein.

Der Deutsche Orden, seit dem Zusammenbruch der askanischen Dynastie im 14. Jahrhundert zur Zeit seiner höchsten Blüte der Vorkämpfer des Deutschtums auf dem Kolonialboden des Ostens und die vorwaltende Macht in diesen Gegenden überhaupt, hatte sich gegen das vereinigte polnisch-litauische Reich des Wladislaw Jagello auf die Dauer nicht zu behaupten vermocht, und seit der

Niederlage von Tannenberg, die nicht zufälligen Umständen, sondern tiefliegenden Gründen zuzuschreiben ist, waren die Tage seiner Macht nicht nur, sondern auch seiner Selbständigkeit gezählt. Die heillose Schwäche dieser Staatsbildung bestand vornehmlich darin, daß der Orden, als eine Genossenschaft landfremder, ehelos lebender Ritter eine Herrschaft darstellte, die nicht im Lande selbst wurzelte und weder in den Bürgerschaften der Städte, noch in der Landritterschaft und ihren untertänigen Bauern einen Rückhalt fand. Auch die Ausbildung einer ständischen Verfassung hat die Bevölkerung nicht enger an den Orden zu binden vermocht; gerade ihr Abfall und ihr Anschluß an Polen hat nach 13jährigem Kriege das Schicksal des Ordens entschieden, das der Thorner Friede von 1466 besiegelte. Westpreußen mußte der Orden an Polen abtreten, für Ostpreußen mußte er die polnische Oberhoheit anerkennen. Von Deutschland abgeschnitten, in der Abhängigkeit von Polen, hatte der Rest des alten Ordensstaates keine erhebliche politische Bedeutung mehr, auch nicht, als er sich im 16. Jahrhundert in ein weltliches Herzogtum verwandelte; erst die Verbindung Ostpreußens mit Brandenburg unter der hohenzollernschen Dynastie hat die tüchtigen Kräfte, die das Land barg, für die deutsche Geschichte zurückgewonnen.

Das Haus Österreich hatte die Verbindung mit Böhmen und Ungarn, die nach des Luxemburgers Sigmund Tode unter König Albrecht II. eingetreten war, nicht lange zu behaupten vermocht. Als dessen Nachfolger, Ladislaus Postumus, im 18. Jahre an der Pest gestorben war, da erhob sich in beiden Reichen eine einheimische Fürstengewalt, die nicht nur den österreichischen Ansprüchen, sondern auch dem deutschen Übergewicht im Osten mit Kraft und Erfolg entgegentrat. In Böhmen war diese Umwandlung schon durch die Hussitenkriege vorbereitet worden, die ebenso die Stoßkraft des durch religiöse Leidenschaft erregten tschechischen Volkstums zum Ausdruck brachten wie die Ohnmacht und Unbehilflichkeit der deutschen Reichsverfassung; in dem Boden dieses Volkstums und der utraquistischen Lehren wurzelte die Herrschaft des Königs Georg Podiebrad, der, solange er lebte († 1471), auch für die Hohenzollern eine Macht bedeutete, deren Einfluß oft maßgebend war. In Ungarn war es die Türkengefahr, die zur Zusammenfassung der nationalen Kräfte zwang und den Sohn des kriegsberühmten Gubernators Hunyadi Janos, Matthias Corvinus, auf den ungarischen Thron brachte. Dessen Hand hat noch schwerer als die des von ihm bekämpften Hussitenkönigs auf dem deutschen Osten gelegen. Er hat Mähren, Schlesien und die Lausitzen von Böhmen abgerissen und in seine Hand gebracht; er ist dem Vordringen Brandenburgs ebenso in Pommern wie in Schlesien hinderlich gewesen. Im Gegensatze zu ihm hatte Georg Podiebrad sich auf Polen gestützt und hatte auch die Nachfolge in Böhmen an den Sohn des polnischen Königs Kasimir II., Wladislaw, gebracht, der ihm 1471 folgte und 1479 dem Ungarnkönig die abgerissenen Nebenländer durch förmlichen Vertrag überließ. Aber die Vereinigung von Ungarn und Böhmen, die Matthias Corvinus vergeblich erstrebt hatte, ist nach seinem Tode 1490 doch zustande gekommen, und zwar in der Weise, daß König Wladislaw, der die Witwe des Königs Matthias heiratete, auch in Ungarn zum König erhoben wurde. Die Türkengefahr drängte zu einer Vereinigung von Reichen, weil die einzelnen für sich nicht mächtig genug schienen. Diese Verbindung von Böhmen und Ungarn unter einem König aus jagellonischem Hause brachte aber zugleich die beiden

Reiche in ein engeres Verhältnis zu Polen und gab damit der jagellonischen Dynastie ein entschiedenes Übergewicht im europäischen Osten, das Österreich durch einen Erbvertrag von 1491 für sein Hausinteresse auszunutzen verstand, das aber für die brandenburgische Machtstellung eben damals verhängnisvoll geworden ist.

Diese Verhältnisse, die den Hintergrund der allgemeinen Politik charakterisieren, muß man im Auge behalten, wenn man die politische Haltung der brandenburgischen Hohenzollern im 15. Jahrhundert, ihre Entwürfe und Schicksale, ihre Errungenschaften und Mißerfolge richtig verstehen will.

Friedrich I.

Der neue Landeshauptmann der Mark, Friedrich von Nürnberg, hat sich die Stellung, die ihm verliehen worden war, in Wirklichkeit erst selbst erobern müssen. Der Ritter Wend von Ileburg (Eulenburg), den er im Jahre 1411 voraussandte, um die Einlösung der Pfandschaften vorzubereiten, stieß auf trotzigen Widerstand bei dem Adel und vermochte gar nichts auszurichten. Man spottete in den Kreisen der märkischen Junker über den „Nürnberger Tand", der ihnen ins Land geschickt werden solle. Als dann Friedrich selbst mit einem ansehnlichen Gefolge von fränkischen Rittern und Knechten im Juni 1412 in der Mark erschien, wurde er zwar von den Städten, Brandenburg, Berlin und Cölln, Spandau, mehr oder minder willig aufgenommen und erlangte auch von den Ständen der Mittelmark, die er am 10. Juli zu einem Landtag in Brandenburg versammelte, die Huldigung (übrigens wieder mit dem charakteristischen Beisatze: „zu seinem Gelde"), aber die Altmärker und Priegnitzer unter Führung von Caspar Gans zu Putlitz hielten sich fern, und auch viele Edelleute der Mittelmark, namentlich die Quitzows und ihr Anhang, verharrten in trotzigem Widerstand und wollten vor allem nicht in die Wiedereinlösung der ihnen verpfändeten markgräflichen Schlösser und Besitzungen willigen; aus diesen Kreisen wurde das Wort bekannt, das einer der Quitzows gesprochen hatte: „Und wenn es ein Jahr lang Nürnberger regnete, so wollten sie ihre Schlösser doch wohl behalten." Der Burggraf trat diesem Widerstande mit klug berechnender Vorsicht entgegen und suchte vor allem erst die Verbindung der Gegner mit ihren auswärtigen Freunden, den Nachbarn der Mark, abzuschneiden. Namentlich waren es die Herzöge von Pommern-Stettin, Kasimir und Otto, die Söhne des alten Herzogs Swantibor, des ehemaligen Landeshauptmanns Jobsts von Mähren, die, im Pfandbesitz der Uckermark, zugleich auch über die angrenzenden Teile der Mark im Einverständnis mit den Quitzows eine Art von obrigkeitlicher Stellung in Anspruch nahmen, wie sie mit dem Ansehen des neuen Landeshauptmanns nicht verträglich war. Am 24. Oktober 1412 kam es zwischen ihnen und der fränkischen Mannschaft des Burggrafen zu einem Treffen bei dem Kremmer Damm, in dem einer der hervorragendsten unter den fränkischen Herren, die dem Burggrafen in die Mark gefolgt waren, Hans von Hohenlohe, den Tod fand; Friedrich hat ihn in der Klosterkirche zu Berlin beisetzen lassen und ihm eine noch erhaltene Gedenktafel gestiftet. Wichtiger noch als dieser Zusammenstoß, der immerhin die Pommern von weiteren Unternehmungen vorläufig abgehalten hat, war es, daß Friedrich es verstand, durch geschickte Verhandlungen eine Anzahl der benachbarten Fürsten auf seine Seite zu bringen.

Dabei kam ihm zustatten, daß einer der Nachbarn, Herzog Rudolf von Sachsen, der in guten Beziehungen mit König Sigmund stand, von vornherein auf seine Seite getreten war — ein Bundesverhältnis, welches dadurch noch bekräftigt wurde, daß der älteste Sohn des Burggrafen mit einer Tochter des Kurfürsten verlobt wurde. Von da aus kam man bald weiter. Schon am 9. September 1412 war ein Vertrag mit dem Erzbischof von Magdeburg geschlossen worden, der sich auf zwei Jahre zur Hilfeleistung gegen den widerspenstigen Adel verpflichtete; eine ähnliche Zusage machte Herzog Bernhard von Braunschweig-Lüneburg, der durch ein Jahrgeld von König Sigmund gewonnen war; auch mit den Herzögen von Anhalt, von Mecklenburg, von Pommern-Wolgast, von Glogau wurden Bündnisse, zum Teil in der damals üblichen Form ritterlicher Dienstverträge, geschlossen. Nachdem er sich so gestärkt, trat Friedrich entschiedener gegen die Rebellen auf und brachte sie zu Anfang des Jahres 1413 wirklich dahin, daß sie sich zu einer Art von Vergleich bequemten, selbst Caspar Gans zu Putlitz und Hans von Quitzow. Sie erkannten den Burggrafen als Landeshauptmann an und willigten in die Einlösung einiger Pfandschaften, indem sie das übrige festhielten. Während so der Burggraf auf die Durchführung seines ursprünglichen Planes, alle verpfändeten Städte und Schlösser einzulösen, verzichtete — wozu ohnehin seine Geldmittel nicht ausreichten — gaben die Vasallen ihren grundsätzlichen Widerstand gegen ihn auf; ja, sie halfen ihm sogar bei der Eroberung und Zerstörung des Schlosses von Trebbin, von wo aus die Herren von Maltitz das Land durch Raub und Brand beschädigt hatten. Indessen der Friede währte nicht lange, weil die Junker von ihrem alten gesetzlosen Treiben nicht abließen. Eine Fehde, die Putlitz und die Quitzows gegen das dem Magdeburger Erzstift zugehörige Kloster Zinna erhoben, brachte sie bald auch mit dem Burggrafen wieder in ärgeren Gegensatz als zuvor; im Bunde mit dem Erzbischof Günther und dem Herzog Rudolf von Sachsen ging nun Friedrich, noch im Winter des Jahres 1414, gegen die Hauptschlösser der Rebellen vor, wobei ihm die damals als Belagerungsgeschütze eben in Aufnahme gekommenen großen „Donnerbüchsen", die mit Pulver geladen wurden und Steinkugeln schossen, vortreffliche Dienste leisteten, namentlich eine besonders große Büchse, die ihm vielleicht durch Vermittlung seines Vetters, des Großkomturs Friedrich von Zollern, vom Deutschen Orden geliehen war und die die märkischen Bauern, denen der Transport oblag, wegen der Schwerbeweglichkeit die „faule Grete" zu nennen pflegten. Im Februar 1414 wurde das feste Schloß Friesack erobert, dessen Inhaber, Dietrich von Quitzow, durch die Flucht entkam; dann folgte Golzow, dessen Besitzer, Hans von Rochow, im Bußgewande mit einem Strick um den Hals, die Gnade des Burggrafen anrufen mußte. Noch größeren Eindruck machte die Eroberung von Plaue, das mit seinen 14 Fuß dicken Mauern für unüberwindlich gehalten worden war; Johann von Quitzow, der es verteidigte, wurde beim Fluchtversuch in einem der Rohrsümpfe, die das Havelschloß umgaben, gefangen genommen; endlich fiel noch Beuthen, neben Friesack und Plaue das stärkste der Quitzowschen Schlösser. In der Altmark, wohin sich Friedrich selbst nach der Bezwingung der mittelmärkischen Vasallen gewandt hatte, wurde der Widerstand der Ritterschaft durch die Einnahme des alvenslebenschen Schlosses Gardelegen gebrochen; die Autorität des Landesverwesers wurde auch hier, wo die Selbstherrlichkeit der Vasallen besonders stark gewesen war, mit schuldiger Ehrerbietung anerkannt.

Es war ein Wendepunkt in dem Verhältnis von Landesfürstentum und Adel: es zeigte sich, daß auch die festesten Schlösser gegenüber den neuen Belagerungsgeschützen, über die die Fürsten verfügten, keinen Schutz mehr gewährten für einen selbständigen, der Eingliederung in den landesfürstlichen Territorialverband trotzig widerstrebenden Feudaladel; ein bedeutender Schritt zur festeren Begründung des territorialen Fürstenstaats war damit getan. Der Widerstand des Adels war jetzt gebrochen, zumal auch Caspar Gans zu Putlitz schon vorher in Gefangenschaft geraten war. Am 20. März 1414 konnte Friedrich auf einem allgemeinen Landtage zu Tangermünde Gericht über die Rebellen halten und eine Landfriedensordnung verkünden, die wieder den Grund zu geordneten Zuständen legen sollte. Das Hausen und Hegen von Friedbrechern wurde darin für ein strafwürdiges Verbrechen erklärt; ein Ritter Werner von Holzendorff, der trotzdem den geflüchteten Dietrich von Quitzow auf seinem Schlosse Bötzow aufgenommen hatte, wurde alsbald dieser Bestimmung gemäß, da er vor dem Berliner Hofgericht nicht erschien, zum Verlust seiner Güter verurteilt. Alle Stände des Landes verpflichteten sich zu Abwehr und Verfolgung der Räuber und zur gegenseitigen Hilfeleistung gegen jeden Friedensbruch. Die bewaffneten Gefolge wurden unter obrigkeitliche Kontrolle gestellt: wer dergleichen halten wollte, mußte binnen Monatsfrist dem Landeshauptmann eine Liste der in seinem Dienst stehenden bewaffneten Leute einreichen und wurde für deren Verhalten verantwortlich gemacht. Um den Beschädigten zu ihrem Recht zu verhelfen und die Friedbrecher zu strafen, wurde die zum Teil ganz abgekommene Abhaltung der ordentlichen Hof- und Landgerichte in den verschiedenen Teilen des Landes wieder angeordnet.

Nachdem so der Grund zur Befriedung des Landes gelegt war, ließ Friedrich seine kluge und energische Gemahlin in der Mark zurück, um weiterhin auf Beobachtung der Ordnung zu sehen, unter dem Beistand des Berliner Propstes Johann von Waldow, der bald darauf Bischof von Brandenburg geworden ist. Er selbst begab sich im September nach Nürnberg zu König Sigmund, der, eben aus Italien zurückgekehrt und ungehalten über den Mangel an Entgegenkommen, den er bei den Fürsten des Reiches gefunden hatte, schon im Begriff war, sich nach Ungarn zurückzuziehen, als es dem Burggrafen gelang, teils durch persönliche Einwirkung auf ihn selbst, teils durch Verhandlungen mit den Fürsten die Lage so zu verändern, daß Sigmund vielmehr nach Aachen zur Krönung gehen konnte, die am 8. November 1414 vollzogen wurde, und von da nach Konstanz, wo inzwischen das von Sigmund lange vorbereitete Konzil zusammengetreten war, von dem er die Beseitigung des Schismas und die Einleitung einer Reform der Kirche und des Reichs erwartete und dessen Vorsitz er nun aus königlicher Machtvollkommenheit selbst übernahm. Hier hat nun Friedrich der Sache des Königs einen neuen wichtigen Dienst geleistet, der mit den Schwierigkeiten der Konzilspolitik zusammenhing. Papst Johann XXIII., der schon halb und halb in seine Abdankung gewilligt hatte, ohne die eine Wiederherstellung der kirchlichen Einheit nicht möglich schien, war am 20. März 1415 von Konstanz entflohen und hatte sich unter den Schutz des Tiroler Herzogs Friedrich gestellt, dessen vorderösterreichisches Gebiet die Konzilsstadt umgab; der ganze Erfolg des Konzils schien dadurch in Frage gestellt. Da hat der Burggraf Friedrich, zum Feldhauptmann des Königs ernannt, mit Hilfe anderer Fürsten und der schweizerischen Eidgenossenschaft in einem kurzen Feldzuge den Erzherzog Friedrich gezwungen, sich dem König zu unterwerfen und auf den Schutz des Papstes zu verzichten, so daß dieser sich genötigt sah, wieder nach Konstanz zurückzukehren und dem Konzil seinen Lauf zu lassen. Zum Dank für dieses neue Verdienst um König und Reich und ebenso auch in Anerkennung des erfolgreichen Vorgehens gegen die widerspenstigen Vasallen in der Mark entschloß sich jetzt Sigmund, dem Burggrafen, den er nicht anders belohnen konnte, auch die markgräfliche und kurfürstliche Würde einzuräumen, die er bisher noch sich und seinem Hause vorbehalten hatte. Es geschah am 30. April 1415. In der darüber ausgestellten Urkunde wird freilich noch die Möglichkeit einer Rücknahme der Verleihung, in ähnlicher Weise wie 1411, unter der Bedingung vorheriger Ausbezahlung einer Summe von 400 000 Gulden ins Auge gefaßt; auch erkannte Friedrich in einer Gegenerklärung vom 3. Mai 1415 an, daß beim Erlöschen seines Hauses oder in dem Falle, daß er selbst zum römischen König gewählt werden sollte, die Kur und Mark Brandenburg an das luxemburgische Haus zurückfalle — allein alle diese Bedingungen und Möglichkeiten lagen außerhalb jeder Wahrscheinlichkeit und zeigen nur, wie schwer doch schließlich dem König der endgültige Verzicht auf dieses wichtige Stück des luxemburgischen Hausbesitzes geworden ist. Daß von einem Darlehn des Burggrafen an den König auch hier wieder keine Rede sein kann, bedarf kaum noch der Erwähnung. Es handelt sich um einen Akt politischer Dankbarkeit, und außerdem spielte bei diesem Entschluß für Sigmund die Erwägung eine Rolle, daß es die Führung der Reichsregierung erleichtern werde, wenn eine der beiden damals ruhenden Stimmen des Kurfürstenkollegiums (für Böhmen und Brandenburg, die beide in königlichem Besitz waren) wieder in Wirksamkeit gesetzt werde, so daß den drei geistlichen Stimmen ebensoviel weltliche gegenüberstanden; die politische Zuverlässigkeit seines altbewährten Gehilfen nahm Sigmund dabei wohl als selbstverständlich an; übrigens waren diesem noch allerlei Verpflichtungen zugunsten des luxemburgischen Hauses für den Fall einer zukünftigen Kaiserwahl auferlegt worden.

Während nun Sigmund sich aufmachte, um zur Beförderung seiner konziliaren Bestrebungen Spanien, Frankreich, England und die Niederlande zu bereisen — eine Reise, die ihn anderthalb Jahre vom Reiche ferngehalten hat — blieb es Friedrich überlassen, seine Anerkennung bei den Kurfürsten, bei König Wenzel und in der Mark selbst durchzusetzen. Am leichtesten gelang es ihm, die Willebriefe der Kurfürsten zu erlangen, die ihn gern als einen ihresgleichen in ihren Kreis aufnahmen; am schwersten hielt es, den Unmut König Wenzels zu beruhigen, der schon wegen der Hinrichtung Hussens, dem Sigmund freies Geleit gewährt hatte, mit seinem Bruder zerfallen war. Nur mit Mühe gelang es dem Burggrafen bei einem Aufenthalt in Prag im Jahre 1416, einen offenen Zwist der beiden Brüder zu verhüten und den König davon abzuhalten, gegen seine Erhebung zum Kurfürsten von Brandenburg ausdrücklich Einspruch zu erheben; zugestimmt aber hat König Wenzel diesem Akt seines Bruders, der die Mark dem luxemburgischen Hausbesitz entfremdete, niemals. In der Mark Brandenburg selbst ergaben sich noch manche Schwierigkeiten. Dietrich von Quitzow war zu den Herzögen von Stettin gegangen und hatte im Bunde mit diesen die Raubeinfälle in das Gebiet der Mark erneuert. Es bedurfte erst einer Achtserklärung des Reiches gegen die pommerschen Herzöge, um diesem Treiben ein Ende zu machen; dann aber gelang es Friedrich, mit ihnen eine Vereinbarung zu treffen und auch einen Teil der in ihren Händen befindlichen Uckermark wieder einzulösen.

Die Huldigung in der Mark selbst erfolgte auf einem Landtage zu Berlin am 21. Oktober 1415, obwohl König Sigmund als der frühere Markgraf die Stände der ihm geleisteten Pflicht noch nicht in aller Form entbunden hatte. Diese neue Huldigung geschah ohne jenen früheren Zusatz, der auf die Geldverschreibung Rücksicht nahm, als eine „rechte Erbhuldigung". Damit hatte die Dynastie der Hohenzollern endgültig Wurzel in der Mark Brandenburg gefaßt. Der Widerstand des niedergeworfenen Adels beruhigte sich allmählich. Die Putlitz und Rochow wurden in ihre Güter wiedereingesetzt. Auch mit den Quitzows wurde später ein Abkommen getroffen, auf Grund dessen sie die neue Ordnung der Dinge anerkannten. Friedrich hat dabei ebensoviel Weisheit und Mäßigung wie zu Anfang Nachdruck und Energie gezeigt. Nicht schlechthin auf gewaltsamer Unterwerfung, sondern auch auf Zugeständnissen und Verträgen beruhte das neue Verhältnis der Hohenzollern zu dem Adel der Mark Brandenburg, und es war von Wichtigkeit, daß der Rat und die Vermittlung der Landstände dabei eine Rolle gespielt hat. Auf dem Landtage von 1416 ist dem neuen Kurfürsten die erste außerordentliche Landbede bewilligt worden.

Inzwischen war König Sigmund von seiner großen Auslandreise zurückgekehrt, um den Vorsitz auf dem Konzil wieder zu übernehmen, und auch Kurfürst Friedrich begab sich im Herbst 1416 wieder zu ihm nach Konstanz. Am 18. April 1417 hat dort seine feierliche Belehnung mit der Kurmark und der Würde des Erzkammermeisters stattgefunden. Im November 1417 hat er das Konklave gehütet, aus dem Papst Martin V. als neuer allgemein anerkannter Papst hervorgegangen ist. Dann begab sich König Sigmund nach glücklicher Beendigung des Konzils in sein ungarisches Reich, wo die Abwehr der Türkeneinfälle seine persönliche Anwesenheit notwendig machte. Das Reichsvikariat aber für die Zeit seiner Abwesenheit übertrug er (2. Oktober 1418) dem Kurfürsten von Brandenburg — ganz gegen das Herkommen, da nach alter Übung Pfalz oder Sachsen das nächste Anrecht darauf hatten. In dieser Stellung hat Friedrich manche Streitigkeiten im Reich geschlichtet, auch eine neue Münzordnung erlassen und den von Papst Martin V. bewilligten Zehnten für das Reich eingehoben. Dem großen Unheil aber zu wehren, das eben damals von Böhmen her drohend heraufzog, ist ihm nicht gelungen. Der hussitische Aufstand, der 1419 in Prag ausbrach und durch den König Wenzel dermaßen erschüttert wurde, daß er einem Schlagfluß erlag, war auch der Nachfolge Sigmunds in Böhmen hinderlich: denn niemand war dort verhaßter als der römische König, der dem Meister Huß das zugesagte freie Geleit nicht gehalten hatte. Andererseits erwiderte Sigmund die feindliche Gesinnung der Hussiten von ganzem Herzen, und auf dem Reichstag zu Breslau 1420 hat er den Plan eines Kreuzzuges gegen sie mit allem Eifer vertreten. Vergebens riet der Kurfürst von Brandenburg von diesem verhängnisvollen Unternehmen ab: es wurde beschlossen und ins Werk gesetzt. Friedrich aber wurde eben damals von einer dringenden Gefahr abberufen, die seinen kurmärkischen Landen drohte.

Im Jahre 1419 hatte sich ein großes nordisches Bündnis gegen Brandenburg gebildet, an dem außer den nächsten Nachbarn, dem Erzbischof von Magdeburg, den Herzogen von Pommern und Mecklenburg auch Polen und der skandinavische Unionskönig Erich von Pommern beteiligt waren. Der Anlaß dazu lag wohl in den Wiederherstellungs- und Ausdehnungsplänen Brandenburgs, wie sie bei der Belehnung hervorgetreten waren: die Mark war dem Hohenzollern nicht ohne tiefere Bedeutung mit allen ihren Rechten übertragen worden, und zu diesen wurde auch die alte, einst von Kaiser und Reich übertragene Lehnshoheit über Pommern gerechnet, trotz des Verzichtes der bayerischen Dynastie, deren Akte von dem luxemburgischen König anscheinend nicht anerkannt worden sind; in der gleichzeitigen Belehnung der Pommernherzöge wurde der brandenburgischen Lehnsherrlichkeit ausdrücklich Erwähnung getan. Die Durchführung dieses Anspruches hat allerdings König Sigmund ebenso wie die Behauptung seiner Stellung in der Mark überhaupt dem Kurfürsten selbst lediglich überlassen. Es ist vielleicht zu modern gesprochen, wenn man Friedrich I. die Absicht zugeschrieben hat, einen großen nordostdeutschen Staat zu gründen; jedenfalls aber handelte es sich für ihn darum, die Ausdehnung und Machtstellung der Mark, wie sie unter den Askaniern gewesen war, so viel wie möglich wiederherzustellen und damit Macht und Ansehen seines Hauses zu vermehren. Zu einer eigentlichen Staatsbegründung hätte eine festere Durchführung des Unteilbarkeits- und Primogeniturprinzips gehört, als er sie selbst für die Kurmark Brandenburg — trotz der Goldenen Bulle! — später für gut befunden hat. Er bleibt in dieser Hinsicht durchaus in den patrimonialen Traditionen der damaligen deutschen Fürstenwelt. Aber auch so erweckten diese Bestrebungen den einmütigen Widerstand der näheren und ferneren Nachbarn, die das Erstarken Brandenburgs verhindern wollten, weil es eine Machtverschiebung zu ihren Ungunsten bedeutet haben würde. Diese Bedrohung der Mark Brandenburg hat den Kurfürsten gehindert, sofort und mit ganzer Kraft an dem Kampf gegen die Hussiten Anteil zu nehmen, zu dem König Sigmund damals auf dem Reichstage zu Breslau Vorbereitungen traf. Er wandte sich zuerst gegen die Feinde im Norden. Mit überraschender Schnelligkeit von Schlesien her anrückend, schlug er Mitte März 1420 einen Angriff der Mecklenburger zurück, denen er die Grenzfesten Dömitz und Gorlosen entriß, dann zog er nach der Uckermark und siegte über Pommern und Polen in einem berühmten, im Volkslied besungenen dreitägigen Kampfe bei Angermünde (25.—27. März), durch den er Schloß und Stadt und bald darauf das ganze Land den Gegnern abgewann. Märkische Vasallen wie die Bredow, Schulenburg, Alvensleben, Uchtenhagen haben sich hier den Ritterschlag verdient.

Es war ein ereignisreiches Jahr für Friedrich. In Franken starb damals sein Bruder Johann, ohne Erben zu hinterlassen; auch das Fürstentum über dem Gebirg fiel ihm damit zu. Er konnte es nicht selbst in Besitz nehmen und sandte seine Gemahlin mit dem ältesten Sohne Johann dorthin. Der schlimme Familienzwist in dem bayerischen Hause, aus dem die Kurfürstin stammte, zog auch ihn in Mitleidenschaft. Der Herzog Ludwig der Bärtige von Bayern-Ingolstadt, der seinem Landshuter Vetter verfeindet war, hatte seinen heißen Haß auf ihn als dessen Freund und Berater übertragen; ohnehin gönnte er ihm die Mark nicht, die einst seinem Hause so listig entwendet worden war. Eben in diesem Jahre 1420 schleuderte er giftige Schmähbriefe gegen ihn, suchte ihm überall Feinde zu erwecken und seinen Ruf zu schädigen; in seine fränkischen Besitzungen fiel er mit Übermacht ein, und der Angriff konnte bei der Abwesenheit des Burggrafen nicht wirksam zurückgewiesen werden; die Nürnberger Burg der Hohenzollern ist dabei in Flammen aufgegangen.

Der Markgraf war inzwischen bemüht, seinen Sieg in der Mark durch Verhandlungen auszunutzen. Es gelang ihm, unter Vermittlung von Braunschweig, Magdeburg und Meißen auf seine Seite zu bringen und mit Pommern und Mecklenburg einen Waffenstillstand auf drei Jahre zu schließen. Der gefährlichste Feind war Polen, wo Wladislaw Jagello herrschte. Aber gerade mit diesem Herrscher, der damals auch König Sigmund zum Frieden mahnte, verstand Friedrich in den an den Waffengang sich anschließenden Verhandlungen ein näheres Verhältnis anzuknüpfen, das für seine Stellung zu König Sigmund verhängnisvolle Folgen nach sich ziehen sollte. Nach vorläufigen Verabredungen im Jahre 1420 kam es bei einem Besuch des Markgrafen in Krakau zu Ostern 1421 zur Verlobung seines zweiten, damals siebenjährigen Sohnes Friedrich mit der ebenfalls noch in kindlichem Alter stehenden Tochter des Polenkönigs Hedwig. Es war eine Familienverbindung, an die sich für Brandenburg große Aussichten knüpften. König Wladislaw hatte keine Söhne und hatte das 60. Jahr bereits überschritten. Man nahm für den Fall, daß bei seinem Tode kein männlicher Erbe vorhanden wäre, die Nachfolge des Hohenzollernsprößlings in Aussicht. Der junge Fürst wurde am polnischen Hofe zu Krakau erzogen. Damit erfuhr auch das Verhältnis des brandenburgischen Kurfürsten zum Deutschen Orden, mit dem König Wladislaw in sehr gespannten Verhältnissen lebte, eine durchgreifende Wandlung. Es war bisher zwar kein enges, aber immerhin ein freundliches gewesen, obwohl der Orden den Pfandbesitz der Neumark mit Zähigkeit festhielt und das Angebot der Wiedereinlösung durch den Kurfürsten abgelehnt hatte. Das brandenburgische Territorialinteresse führte jetzt zu einem förmlichen Bündnis des Kurfürsten mit dem König von Polen gegen den Orden.

Diese Wendung war eigentlich nicht im Widerspruch mit der Politik König Sigmunds, wie sie bis dahin gewesen war: er hatte in den Streitigkeiten zwischen Polen und dem Orden zuletzt mehr auf seiten Wladislaws gestanden und hatte auf dessen Veranlassung auch übernommen, einen Schiedsspruch zu fällen, von dem alle Welt erwartete, daß er zu Polens Gunsten ausfallen werde. Aber seit dem Tode König Wenzels (1419) war sein Hauptinteresse darauf gerichtet, seine Nachfolge in Böhmen gegen die Hussiten durchzusetzen, und dafür brauchte er den guten Willen der Reichsstände, die in ihrer Mehrzahl auf der Seite des Ordens gegen Polen standen. Darum entschied er zur allgemeinen Überraschung gegen Polen und zog sich dadurch die tödliche Feindschaft des Königs Wladislaw zu, eben in der Zeit, wo die vorläufigen Verabredungen zwischen diesem und dem Kurfürsten getroffen worden waren. Schon im Winter 1420/21 hatte Friedrich seinem alten Herrn und Gönner eine vorläufige Mitteilung über den Plan der Familienverbindung gemacht; damals hatte Sigmund noch nicht mit Entschiedenheit Einspruch dagegen erhoben; aber als dann die Feindschaft mit Polen sich verschärfte und Sigmund nun auch — nicht ohne Grund — argwöhnte, daß das jagellonische Haus in Verbindung mit seinen hussitischen Gegnern selbst nach der böhmischen Krone strebe, da sah er in der Verbindung des Kurfürsten mit dem Polenkönig einen Akt entschiedener Feindseligkeit, eine offene Absage gegen sich selbst. In einem uns erhaltenen Briefe vom 28. Februar 1421 überhäufte er seinen alten Günstling mit Vorwürfen, indem er ihm die erwiesenen Wohltaten vorhielt und ihn auf das dringendste von einer Verbindung abmahnte, die seinen heiligsten Verpflichtungen zuwider sei. Aber Kurfürst Friedrich konnte nicht mehr zurück; er hielt an der Verabredung mit Wladislaw fest und ging zum Abschluß des Bündnisses nach Krakau. Er wollte dadurch vor allem auch eine Verbindung zwischen Polen und Pommern verhüten, die ihm in seiner brandenburgischen Machtsphäre verderblich hätte werden müssen; zugleich hielt er auch wohl diese Politik für das beste Mittel, die Polen von einer tätigen Unterstützung des böhmischen Aufstandes abzuhalten. Er suchte zwischen Sigmund und seinem polnischen Verbündeten zu vermitteln; aber als dieser Versuch fehlschlug und die Ungnade des Königs unvermeidlich schien, da wandte sich der Kurfürst entschlossen auf die Seite der reichsständischen Opposition gegen Sigmund. Auf dem Reichstage von Nürnberg 1422 mußte sich der König, der die Reichsstände für den Hussitenkrieg brauchte, ganz dem Machtwillen der Kurfürsten unterwerfen und sogar seine Zustimmung dazu geben, daß der ihm jetzt verhaßte Brandenburger, als der tüchtigste Mann, über den man verfügte, an die Spitze des Reichsheeres gestellt wurde.

Es war nicht Friedrichs Schuld, daß der Feldzug im Herbst des Jahres 1422 mit einem entschiedenen Mißerfolg endete; aber es konnte nicht ausbleiben, daß sein Ansehen im Reiche dadurch litt, und König Sigmund zögerte um so weniger, sich bei der ersten Gelegenheit an dem alten Günstling zu rächen. Als im Herbst 1422 der Kurfürst Albert von Sachsen gestorben war, der letzte männliche Sproß des sächsischen Askanierhauses, der Oheim jener Barbara, die 1416 mit dem ältesten Sohne Friedrichs vermählt worden war, da glaubte er auf die Übertragung des Kurlandes an eben diesen seinen Sohn Johann rechnen zu dürfen. Das wäre eine um so bedeutendere Verstärkung der zollernschen Hausmacht gewesen, als das Gebiet von Wittenberg sich unmittelbar an das der Mark im Süden anschloß. Aber eben das wollte der König vermeiden; er gab das erledigte Lehen am 6. Januar 1423 vielmehr an den Markgrafen Friedrich den Streitbaren von Meißen, von dessen Kurwürde dann auch auf den wettinischen Länderkomplex der Name des Kurfürstentums Sachsen übertragen worden ist. Es war eine Entscheidung von großer Tragweite; sie hat Sachsen auf lange Zeit hinaus zum überlegenen Rivalen von Brandenburg gemacht. Sie erweiterte natürlich auch die Kluft zwischen Friedrich und seinem ehemaligen Gönner, zumal nun Sigmund mit dem König von Polen wieder in Beziehung trat und ihn — zunächst allerdings noch vergeblich — von dem brandenburgischen Bündnis abzuziehen suchte. Friedrich verstärkte demgegenüber die reichsständische Opposition gegen den König durch das Gewicht seiner Persönlichkeit. Er war unter den Mitgliedern des Binger Kurvereins vom 17. Januar 1424, der die Reichsregierung an das Kurfürstenkollegium bringen und dem König neben diesem nur eine beratende Stimme zugestehen wollte. Dagegen stellte sich Sigmund rückhaltlos auf die Seite der nordischen Gegner des Brandenburgers, die nun wieder das Haupt erhoben, und verlieh den Herzögen von Pommern die von ihnen begehrte, von Friedrich bisher siegreich behauptete Uckermark (17. Februar 1424).

Es war der offene Bruch. Vermittlungsversuche scheiterten. Sigmund verlangte, daß der Brandenburger auf die Teilnahme am Kurverein und auf das polnische Bündnis sowie auf die Familienverbindung mit dem jagellonischen Hause verzichten solle. Friedrich weigerte sich; aber die Vorteile seiner Stellung schwanden rasch einer nach dem andern dahin. Der Kurverein zerfiel; die Aussichten des Verlöbnisses zerrannen, als dem alternden Polenkönig von seiner vierten Gemahlin im Oktober 1424 ein Sohn geboren wurde, dem noch weitere folgten; endlich versagte auch das polnische Bündnis in dem Moment, wo es für Friedrich von Wert hätte werden können.

Im Frühjahr 1425 erneuerten die alten Gegner Brandenburgs, namentlich Pommern und Mecklenburger, den Krieg; zu ihnen gesellte sich diesmal auch der Orden und schließlich sogar Polen. Der Kurfürst von Brandenburg wurde also trotz des Krakauer Bündnisses von den Polen nicht bloß im Stich gelassen, sondern geradezu bekämpft. Auch seine Verbindungen im Reich versagten. Der Krieg nahm diesmal eine für Friedrich verhängnisvolle Wendung. Die Gegner waren in die Uckermark eingefallen und hatten Prenzlau genommen; er vermochte es nicht zurückzuerobern; und als er das feste Schloß Vierraden, das den Oderpaß bei Schwedt beherrscht, zu belagern begann, erschienen die Feinde in solcher Übermacht, daß er, zumal er sich der eigenen Mannschaft nicht sicher fühlte, die Belagerung aufgab und unter Preisgabe seiner Büchsen und seines Sturmzeugs einen eiligen Rückzug antrat (November 1425).

Es war ein völliger Mißerfolg; und es scheint, daß dem Kurfürsten der Aufenthalt und die persönliche Führung des Regiments in der Mark dadurch verleidet worden ist. Er legte auf dem Landtag zu Rathenow im Januar 1426 die Regentschaft in die Hände seines ältesten Sohnes Johann und ging nach Wien, wo die Kurfürsten mit dem König in Beratung treten wollten. Dort ist unter Vermittlung des Kurfürsten von Sachsen, des österreichischen Herzogs Albrecht, Sigmunds Schwiegersohns, der bayerischen Schwäger und anderer Fürsten im März 1426 eine Aussöhnung des Kurfürsten mit dem König zustande gekommen. Sie beruhte darauf, daß Friedrich sich entschloß, in allen Punkten nachzugeben, was schon durch die veränderte Lage geboten war, während Sigmund jetzt auf die weitere Unterstützung seines bayerischen Widersachers verzichtete. 1427 wurde mit Pommern zu Neustadt-Eberswalde, mit Mecklenburg zu Templin ein Friede geschlossen, in dem zwar die Priegnitz und die Uckermark in der Hauptsache von Brandenburg behauptet, die Frage der brandenburgischen Lehnsherrlichkeit aber dem Schiedsspruch des Königs anheimgestellt wurde. Tatsächlich ist später von einer Lehnsherrlichkeit über Pommern ebensowenig mehr die Rede gewesen wie von der Einlösung der Neumark; vielmehr hat König Sigmund dem Deutschen Orden 1429 den Besitz der Neumark noch einmal ausdrücklich für alle Zukunft bestätigt.

Seit 1426 hat Kurfürst Friedrich den Boden der Mark Brandenburg nicht mehr betreten. Der Rest seiner Lebensarbeit gehörte seinen fränkischen Landen, die er ja nun in ihrer ganzen Ausdehnung beherrschte, und daneben namentlich wieder den Reichsangelegenheiten. Man könnte sagen: er kehrte zu den alten Traditionen seines Hauses zurück, nachdem seine Ausdehnungspläne in der Mark und im nordöstlichen Deutschland überhaupt gescheitert waren. Wir finden ihn fast auf allen Reichstagen in hervorragender Weise für die Sache der Reichsreform tätig, die damals das allgemeine Interesse in Anspruch nahm. Ganz besonders aber tritt seine Tätigkeit in der Führung und Beendigung der Hussitenkriege hervor. Obwohl er — im Gegensatz zu König und Papst — von vornherein ein Gegner der Kreuzzugspolitik war, hat er doch an allen Feldzügen gegen die Hussiten — mit alleiniger Ausnahme des ersten von 1420 — selbst teilgenommen, mehrmals, wie 1422, so auch noch 1427 und 1431, als oberster Befehlshaber des Reichsheeres. Er mußte sich in dieser Stellung von der Unzulänglichkeit der zur Verfügung stehenden Truppen auf das gründlichste überzeugen; sie waren weder an Zahl so bedeutend, wie oft fälschlich angegeben wird, noch in Disziplin und Fechtweise den hussitischen Heeren gewachsen. In ihrem religiösen Fanatismus, ihrem zusammenhaltenden Stammes- und Gemeindegefühl, ihrer demokratisch-diktatorischen Verfassung besaßen diese nicht nur treffliche Faktoren militärischer Disziplin, sondern auch eine gewaltige kriegerisch-moralische Stoßkraft, die durch große Führer wie Ziska und Prokop noch erheblich gesteigert wurde, und die sie mit ihren einfachen, volkstümlichen Waffen und ihren Wagenburgen der veralteten Taktik der Ritterheere im offenen Felde weit überlegen gemacht hat, während die Städte im Schutz ihrer Mauern sich dieser Gegner im allgemeinen zu erwehren vermocht haben. Nur die Aufstellung eines großen, disziplinierten Reichsheeres von regelmäßig gelöhnten Söldnern und eine jahrelange Übung in der Kriegführung hätte es möglich gemacht, den hussitischen Aufstand mit Waffengewalt niederzuwerfen. Aber dazu gehörte eine umfassende und tiefgreifende Heeres- und Finanzreform, wie sie bei der lockeren und entarteten Verfassung des Reiches sich nicht hat bewerkstelligen lassen. Die Ideen, die der Kardinal Nicolaus Cusanus 1433 dem Baseler Konzil vorlegte, waren die Früchte der schlimmen Erfahrungen dieser Jahre Es scheint, daß auch die Ansichten des Kurfürsten Friedrich in dieser Richtung sich bewegten. Als er aber erkannt hatte, daß weder Steuer- noch Heeresreform zustande zu bringen war, hat er immer wieder mit Nachdruck den Gedanken vertreten, daß man sobald wie möglich mit den Hussiten zum Frieden zu gelangen bestrebt sein müsse. Nach einem Einfall der Hussiten in Franken 1429 hatte er selbst, zugleich im Namen anderer fränkischer Stände, mit den Führern verhandelt und am 6. Februar 1430 einen Sondervertrag mit ihnen abgeschlossen. Er überzeugte sich bei dieser Gelegenheit, daß man durch Verhandlungen weiter kommen werde als durch Fortsetzung der Kriegführung, und gewann auch das Vertrauen der hussitischen Führer, die sonst bei dem im Schwange gehenden Grundsatz, daß man Ketzern gegenüber zu Treu und Glauben nicht verpflichtet sei, wenig Neigung besaßen, sich auf Verhandlungen einzulassen. Um dem Starrsinn des Königs und des Papstes, die hartnäckig an der Kreuzzugspolitik gegen die Hussiten festhielten, eine andere, dem Frieden mehr geneigte Autorität gegenüberzustellen, hat Friedrich, wie es scheint, durch einen Druck auf die Kurie, der mit der Einmischung der deutschen Fürsten gedroht wurde, die endliche Berufung des längst verheißenen Baseler Konzils beschleunigt; aber erst die Katastrophe von Taus (1431), wo das Reichsheer sich auflöste, ohne eine wirkliche Gegenwehr gegen das heranziehende Hussitenheer unter Prokop zu versuchen, hat den Widerstand Sigmunds gebrochen und ihn veranlaßt, die Hussiten zu Verhandlungen in Basel aufzufordern. Nur im Vertrauen auf die Bürgschaft des brandenburgischen Markgrafen haben sie sich darauf eingelassen, Gesandte nach Basel zu schicken, deren Geleit Friedrich selbst übernahm. Die Verzögerung der Verhandlungen mit ihnen wurde ihm selbst und seinem märkischen Lande verderblich; denn da er, entsprechend den Konzilsbeschlüssen, sein Sonderabkommen mit den Gegnern von 1430 nicht erneuert hatte, so unternahmen im Jahre 1432 hussitische Heere einen neuen großen Raubzug, der sich nun auch gegen die Mark Brandenburg richtete und erst vor den festen Mauern von Bernau zum Stillstand kam, aber ohne daß die Hussiten dort, wie man wohl gefabelt hat, in einer großen Schlacht besiegt worden wären; vielmehr zogen sie mit reicher Beute ab. Endlich kam es, 30. November 1433, unter fortwährender Bemühung Friedrichs, zum Abschluß mit den Hussiten in den sogenannten Prager Kompaktaten, die im Juni 1436 zu Iglau endgültig bestätigt worden sind. Friedrich konnte sich ein erhebliches Verdienst daran beimessen, daß nun endlich der Friede wiederhergestellt und Sigmund als König in Böhmen anerkannt war. Das alte freundliche Verhältnis zwischen beiden hat sich damit, kurz vor dem Tode Sigmunds, vollkommen wiederhergestellt. Als der König gestorben war (19. Dezember 1437) und die Kurfürsten im März 1438 zu Frankfurt zusammentraten, um seinen Nachfolger zu wählen, da schien, wie Eberhard Windeck, der Geheimschreiber König Sigmunds, in seiner Chronik schreibt, Kurfürst Friedrich vielen als der geeignete Mann; und in der Tat hat er wohl damals, sei es für sich selbst, sei es für einen seiner Söhne, nach der Krone gestrebt. Als aber diese Aussicht sich nicht erfüllte, trat er der Wahl Albrechts von Österreich, des Schwiegersohns Sigmunds, bei (17. März). Es ist bekannt, daß dieser hoffnungsvolle junge Herrscher nur kurze Zeit seines hohen Amtes hat walten können. Noch einmal hat Kurfürst Friedrich nach Frankfurt zur Königswahl reisen müssen, Januar 1440. Er war diesmal gegen die Wahl des Habsburgers Friedrich (III.) und vertrat die des tüchtigen Landgrafen Ludwig von Hessen, konnte sie aber nicht durchsetzen. Der Habsburger wurde am 2. Februar 1440 von der Mehrheit der Kurfürsten gewählt. Nicht lange darauf, am 21. September 1440, ist Kurfürst Friedrich auf der Kadolzburg, wohin er sich seit Jahren zurückgezogen hatte, in seinem 70. Lebensjahr gestorben. Ein Altarbild aus der dortigen Burgkapelle (jetzt im Hohenzollernmuseum) vergegenwärtigt uns seine äußere Erscheinung: eine gedrungene Gestalt, ein rundes, volles Gesicht, in dem man den Ausdruck von Güte, aber auch von entschlossener Festigkeit zu gewahren meint, umrahmt von lang herabwallendem dunklen Haar. Er ist betend dargestellt; neben ihm kniet seine Gemahlin, die „schöne Else". Ein frommer Fürst und Familienvater, eine ungewöhnlich tüchtige, tätige Natur, beständig vorwärtsstrebend, aber doch mehr noch ein Mensch des Mittelalters als der neuen Zeit, die er heraufführen half — das ist der Eindruck, den die Geschichte seines Lebens und seiner Regierung hinterläßt. Ein Bahnbrecher, aber kein Vollender. Mehr noch ein mittelalterlicher Reichsfürst, dessen Interessen mit Reichstagen, Königswahlen, Kurfürstenvereinigungen, Reichskriegen und -friedensschlüssen aufs engste zusammenhängen, als ein eigentlicher Territorialfürst, der mit gesammelter Kraft seinen abgesonderten Staat baut und befestigt. Ein Feldhauptmann von anerkannter Bedeutung, aber doch im Grunde ein Friedensfürst. Ein Regent, der sich, wie er es einmal ausgedrückt hat, als schlichter Amtmann Gottes am Fürstentum fühlte. Die rückschauende Geschichtsbetrachtung ist geneigt, die Erwerbung und Wiederherstellung der Mark Brandenburg als die große Leistung seines Lebens anzusehen; aber eigentlich war das doch nur eine Episode in diesem überaus tätigen und bewegten Leben. Er wurzelte in seinen fränkischen Fürstentümern und in den

Reichsgeschäften, die traditionell damit verbunden waren. Er lebte in einer Zeit, wo man noch an eine Zukunft des heiligen römischen Reiches und seines kaiserlichen Oberhauptes glauben konnte, und wo die Reform des Reiches und der Kirche das große Interesse des Tages für die höher gestimmten tatkräftigen und hoffnungsvollen Politiker war. Erst als die Reichsreform zugleich mit der Reform der allgemeinen Kirche endgültig gescheitert war und Deutschland immer mehr als eine föderative Fürstenrepublik mit kaiserlicher Spitze erschien, sehen wir den Typus der eigentlichen Territorialfürsten vorherrschend werden, von dem das Bild dieses noch mehr in den allgemeinen Interessen lebenden Fürsten sich so auffallend unterscheidet. Dynastischer Ehrgeiz und Sorge für das Hausinteresse haben allerdings auch sein politisches Handeln in erster Linie bestimmt; aber als einen Partikularisten schlechthin darf man ihn nicht bezeichnen. Er wäre es vielleicht geworden, wenn seine nordwestdeutsche Politik besseren Erfolg gehabt hätte; aber seit der Wendung von 1426 ist er zu den alten burggräflichen Traditionen zurückgekehrt. Das Glück und die Größe seines Hauses wurzelten in dem Dienst des Königs und der tätigen Teilnahme an den Reichsgeschäften, und ihre Förderung ist auch später noch mit einer reichspatriotischen Haltung nicht unvereinbar gewesen. Das Bild, das Droysens geistreiche und eindringende Darstellung von diesem ersten der Hohenzollernschen Kurfürsten entworfen hat, umgeben von der Glorie eines nationalen Idealismus und einer selbstlosen Politik im Dienste des Reichsgedankens, ist zwar einseitig und darum falsch; aber indem man es korrigiert, darf man den Eindruck einer hervorragenden und gemeinnützigen Betätigung dieses Fürsten in den Reichsgeschäften nicht hinwegwischen. Nur war das nicht, wie Droysen es auffaßt, das Leitmotiv für die zukünftige Politik der brandenburgischen Dynastie, deren Gründer er gewesen ist, sondern mehr ein Nachklang aus einem früheren Zeitalter, das zu Ende ging. Es ist ein merkwürdiger Parallelismus der Gegensätze zwischen Friedrich I. und seinen drei nächsten Nachfolgern. In Albrecht Achilles tritt noch einmal — und zum letztenmal — der traditionelle Charakter der burggräflichen Politik hervor, der die Interessen des Hauses im engen Bunde mit Kaiser und Reich zu fördern sucht. In dem unmittelbaren Nachfolger aber, Friedrich II., sehen wir im Gegensatz dazu den territorialfürstlichen Typus sich ausbilden, der dann in Albrechts Nachfolger Johann sich befestigt und zur Herrschaft gelangt. Es ist das Überwiegen der märkischen über die fränkischen Interessen, das diese Wandlung hervorgebracht hat.

In der Mark Brandenburg hatte an Friedrichs Statt seit 1426 sein ältester Sohn, der Markgraf Johann, gewaltet, dessen vorwiegende Neigungen, wie sein Beiname „der Alchymist“ zeigt, auf anderem als politisch-militärischem Gebiet lagen. Dem Mißerfolg nach außen, dem er die Regentschaft verdankte, entsprach im Innern eine Lockerung der kaum erst wiederhergestellten Ordnung und eine Schwächung des landesherrlichen Ansehens, die das große Werk der territorialen Neugründung wieder in Frage zu stellen drohte. Der Adel begann wieder ungestraft durch Raub- und Fehdezüge die Sicherheit und Wohlfahrt des Landes zu gefährden; die Städte, zum Teil in Verbindung mit dem großen Bunde der Hansa, behaupteten eine trotzige Selbständigkeit und schlossen sich ungehindert um das Jahr 1431 in drei besonderen Städtebündnissen, für die Altmark, Priegnitz und Mittelmark, zu Schutz und Trutz, gerade auch gegenüber dem

Landesherrn, zusammen. Berlin und Cölln vereinigten sich eigenmächtig und selbstherrlich 1432 zu einer einheitlichen Stadtgemeinde mit gemeinsamem Rat und Bürgermeistern. Den Landesherrn sah diese mächtige Gemeinde ungern in ihren Mauern. Schon Friedrich I. hatte in dem Hause, das die Markgrafen in Berlin neben dem Kloster besaßen, nur gastweise und mit einer beschränkten Zahl von Begleitern, nach der Bestimmung des Rates, Hof halten dürfen; Markgraf Johann sah sich gezwungen, Berlin ganz zu meiden und sein Hoflager, wenn er in dieser Gegend weilte, in Spandau zu halten. Dem Vater wurde es schließlich klar, daß dieser älteste Sohn nicht der Mann sei, den die schwere Aufgabe des Regiments in der Mark erforderte. In der Erbteilung, die er 1437 vornahm, hat er ihm vielmehr das fränkische Land über dem Gebirge mit Kulmbach, Bayreuth, den Bergwerken und der Plassenburg zugewiesen; die übrigen fränkischen Gebiete um Ansbach erhielt der dritte Sohn, Albrecht, dem Johann seinen Anteil seit 1457 mit Ausnahme weniger Ämter überlassen hat, und der dem 1464 söhnelos verstorbenen Bruder dann vollends in der Herrschaft gefolgt ist. Die Kurmark Brandenburg aber wurde dem zweiten Sohn, Friedrich, bestimmt, der auch schon 1437 ihre Verwaltung übernahm; doch war ihm auferlegt, mit seinem jüngsten Bruder, der ebenfalls den Namen Friedrich führte (Friedrich der Fette genannt), zunächst 16 Jahre lang gemeinschaftlich zu regieren und dann mit ihm zu teilen. Der jüngere Friedrich hat aber die Teilung schon vor der Zeit (1447) durchgesetzt und erhielt zu seinem Anteil die Altmark mit der Priegnitz, die also, trotz der Goldenen Bulle, von der Mittelmark abgetrennt worden ist. Erst 1463, wo Friedrich der Fette ohne männliche Erben starb, ist die ganze Kurmark wieder unter Friedrich II. vereinigt worden.

Friedrich II.

Die beiden Brüder, die hauptsächlich als die Regenten der Mark und der fränkischen Lande in Betracht kommen, waren von sehr ungleicher Gemütsart und von ganz verschiedener politischer Richtung, trotzdem aber haben sie, wenn auch ihre Interessen nicht in allen Einzelheiten zusammengingen, doch im großen und ganzen stets brüderlich zusammengehalten und so, sich gegenseitig ergänzend, eine gemeinsame Hauspolitik getrieben, die dem Ansehen des Hauses zugute gekommen ist. Friedrich II., der ältere von beiden, war eine schlichte, gediegene Natur von starkem Innenleben, aber nicht eben glänzend und eindrucksvoll in seinem äußeren Auftreten; er wußte und hat es oft gesagt, daß er kein Kriegsmann und Feldherr sei; aber er war ein Staatsmann mit vorzüglichen Regenteneigenschaften, wenn auch — oder vielleicht gerade weil — der Aktionsradius seiner Politik nicht so weit reichte wie der seines glänzenderen und unternehmungslustigeren Bruders. Er war ein märkischer Landesfürst und wollte nichts anderes sein. In der Beschränkung auf diese Aufgabe aber hat er sich als Meister gezeigt. Die Stetigkeit und zähe Konsequenz, die er dabei bewies und die seinem Bruder fehlte, hat ihm bei späteren Schriftstellern den Beinamen des „Eisernen", „des Eisenzahns" eingetragen, zu dem die ursprüngliche Weichheit seines Gemüts in einem bemerkenswerten Gegensatze steht. Er war, wie schon erwähnt, mit 8 Jahren an den polnischen Hof gekommen, wo er als künftiger Thronfolger und Verlobter der auch noch im kindlichen Alter stehenden Prinzessin Hedwig erzogen wurde. Als dann dem alternden König Wladislaw von seiner vierten Gemahlin, Sophie von Kiew, noch drei Söhne geboren wurden und damit die Aussichten des brandenburgischen Prinzen auf die Thronfolge schwanden, da hatte der Knabe unter dem unfreundlichen Regiment der Stiefmutter Hedwigs böse Tage an dem fremden Hofe, wo er noch aushalten mußte, bis in seinem 18. Jahre der plötzliche Tod seiner Verlobten das Verhältnis löste. Er widmete ihr über das Grab hinaus eine schwärmerische Neigung, und wie Dantes Beatrice hat die Gestalt der Frühvollendeten noch in viel späteren Jahren als ein verklärter Schutzgeist ihm vor Augen gestanden. Eine melancholische Grundstimmung beherrscht von den Tagen dieser trüben Kindheit und Jugend her sein Gemütsleben; und in Verbindung damit eine tiefe und innige Religiosität, die sich nicht nur in guten Werken nach dem Herzen der Kirche äußerte. Er hat Kirchen und Klöster gegründet; er ist 1453 zum Heiligen Grabe gewallfahrt. Freilich war das damals eine Modesache geworden; auch seine Brüder Johann und Albrecht haben eine solche Wallfahrt unternommen, wobei der jüngere Bruder von dem älteren in der Grabeskirche zu mitternächtiger Stunde den Ritterschlag empfangen hat, ohne daß man daraus auf irgendwelche religiöse Schwärmerei bei Albrecht schließen dürfte; aber bei Friedrich hatte das alles einen tieferen Sinn und eine höhere Bedeutung. Vor allem aber war er doch durchdrungen von einem starken Pflichtgefühl gegenüber seinen landesfürstlichen Aufgaben. Er hat sich in der Mark als ein Pionier deutscher Art und Gesittung und als ein Grenzhüter des Reiches gegen die fremde Zunge gefühlt; in mehreren seiner Briefe, namentlich in einem an den Kaiser gerichteten von 1465 kommt das deutlich zum Ausdruck. Es ist ein ungewohnter Ton in jener Zeit; die inneren Erlebnisse während seines Jugendexils am polnischen Hofe werden ihm den Sinn für deutsche Eigenart gestärkt haben. Er hat die ihm einst bestimmt gewesene polnische Krone, als sie ihm nach dem Tode Wladislaws 1444 doch angeboten wurde, abgelehnt; ebenso, nach manchen Bedenken und Erwägungen, 1468 auch die böhmische Krone, zu deren Annahme — im Gegensatz zu dem gebannten Hussitenkönig Georg Podiebrad — damals Papst und Kaiser ihn überreden wollten. Er hat sich mit bewußter Selbstbeschränkung in den Dienst der Aufgabe gestellt, den märkischen Landesstaat auszubauen; den Gesandten des Deutschen Ordens, die ihn in Unterhandlungen einmal darauf hinwiesen, daß sein Vater viel weniger zäh und hartnäckig auf seinen Interessen bestanden hätte, hat er die schlagende Antwort gegeben: Mein Vater hatte viele Länder, ich habe nur eins! In der Verfolgung seiner berechtigten Interessen scheute er auch vor Krieg und Gewalt nicht zurück, obwohl er im Grunde seines Herzens ein Mann des Friedens und der Gerechtigkeit war. Nichts ist bezeichnender für seine Art, als die plattdeutschen Worte aus einem seiner Briefe, die unser Kaiser als Devise auf das ihm gewidmete Relief am Eosanderschen Portal des Königlichen Schlosses hat setzen lassen: Iss wol einen jedermann witlik dat wy sind all unnse leve dage na hader edder krige ny bestan gewesst und begern noch hutigen dages nicht anders dann men ere und rechts.

Zwei große Aufgaben hatte er sich für seine Landesregierung gestellt: die Herstellung der Ordnung und fürstlichen Hoheit im Innern und die Wiedergewinnung der Länder und Landansprüche, die einst zur Kurmark Brandenburg gehört hatten. Dieses Doppelspiel hat er mit Festigkeit und Konsequenz im Auge behalten, solange er regierte; und wenn er nicht alles erreicht hat, was er erstrebte, so war doch der Erfolg im großen und ganzen bedeutend.

Das erste, was er abzustellen unternahm, war die wiedereingerissene Selbsthilfe des Adels, das Raub- und Fehdewesen, das wieder begonnen hatte, das Land unsicher zu machen. Es bedurfte nur seiner stärkeren landesherrlichen Hand und seiner beharrlicheren Regentenarbeit, um dies Übel, das unter Johanns schlaffem Regiment gefährlich angeschwollen war, wieder einzudämmen; der Adel wurde wieder daran gewöhnt, seine Lehnspflicht zu leisten und dem Gericht des Landesherrn sich zu unterwerfen, das allmählich wieder zu Kraft und Ansehen gebracht wurde. Im Jahre 1465 konnte Friedrich dem Herzog Heinrich von Mecklenburg versichern, daß man unbehelligt von Räubereien auf den Straßen der Mark reisen könne. Von Bedeutung für diesen Punkt ist namentlich auch die Stiftung des Schwanenordens (1440), die neben der religiösen doch auch eine oft übersehene politische Seite hat. Es ist ein Akt, der nicht vereinzelt in der Geschichte der Zeit dasteht. Kurz vorher (1435) war der berühmte Orden vom Goldenen Vließ durch den Herzog Philipp den Guten in Burgund gestiftet worden nach dem Vorgang Frankreichs, wo König Johann schon 1351 den Ritterorden vom Stern ins Leben gerufen hatte. Der englische Hosenbandorden (gestiftet 1350 von Eduard III.), der schwedische Seraphinenorden, der seit 1336 nachweisbar ist, auch der spätere dänische Elefantenorden, der Orden des heiligen Michael, den Ludwig XI. von Frankreich 1464 gründete, sind ähnliche Erscheinungen. Bei dem Verfall der alten Lehnskriegsverfassung und dem Aufkommen der neueren monarchischen Staatsordnung versuchten die Fürsten überall, durch solche nach dem Muster der geistlichen Ritterorden eingerichtete Korporationen den Adel, der vielfach geneigt war, aus dem Stegreif zu leben, an christliche und höfische Sitte und Zucht zu gewöhnen und vor allem ihn mit monarchischem Geiste zu erfüllen. Diese Ordenskörperschaften wurden überall der Kern des neuen dem Fürsten ergebenen Hofadels. Der brandenburgische Schwanenorden hat zwar in dieser Hinsicht wie überhaupt keine große und langdauernde Wirkung ausgeübt, aber seine religiös-politische Tendenz ist bezeichnend für die allgemeinen Absichten Friedrichs II.

Stärkeren und weiterreichenden Eindruck machte das erfolgreiche Einschreiten gegen die Selbstherrlichkeit der Städte. Schon bei der Huldigung (1440) hatte Friedrich es abgelehnt, alle ihre Privilegien im einzelnen zu bestätigen. Als dann im Jahre 1442 der schon lange vorhandene Gegensatz zwischen dem patrizischen Rat der neuen Doppelgemeinde Berlin-Cölln und den vom Regiment ausgeschlossenen, mit der neuen Ordnung der Dinge unzufriedenen Gewerken zu offenem Streit ausbrach und beide Parteien die Entscheidung des Kurfürsten anriefen, da ergriff Friedrich gern die Gelegenheit, um die landesherrliche Hoheit in dieser bedeutendsten Stadt seines Landes zur Geltung zu bringen, deren Rat ihm bisher das Öffnungsrecht nicht hatte zugestehen wollen. Mit 600 Reitern erschien er (1442) vor dem Spandauer Tor, das ihm von der Bürgerschaft bereitwillig geöffnet wurde. Er trat nun als Landesherr und oberster Richter auf und forderte Rechenschaft vom Rat wegen der eigenmächtigen Neuerungen im Stadtregiment und der darüber aus der Bürgerschaft vorgebrachten Klagen. Die Folge war, daß der Rat der Doppelstadt, dessen rechtliche Existenz der Kurfürst offenbar nicht anerkannte, seine Ämter niederlegte und die Schlüssel der beiden Städte an den Kurfürsten auslieferte. Friedrich nahm nun eine „Reformation" der Stadtverfassung vor, indem er die eigenmächtige Verbindung der beiden Städte auflöste und, wie es heißt, „auf Bitten der Bürgerschaft" neue Räte in Berlin und in Cölln einsetzte, in denen nun namentlich auch Männer aus den Viergewerken vertreten waren. Für die Zukunft behielt er sich das Recht der Bestätigung der Ratsmitglieder vor. Die bisherigen Bündnisse der Städte mit anderen märkischen und auswärtigen Städten (also auch ihre Zugehörigkeit zur Hansa) wurden für kraftlos erklärt, soweit sie nicht vom Landesherrn bestätigt würden. Die beiden Städte mußten ferner auf das bisher gehandhabte Niederlagsrecht verzichten, das den Durchfuhrhandel fremder Kaufleute und Schiffer zu ihren Gunsten gehindert hatte. Das Gericht, das in den Besitz der Städte gekommen war, nahm der Kurfürst wieder an sich. Außerdem ließ er sich einen Platz zwischen den beiden Städten, auf Cöllner Gebiet, abtreten, um dort ein Schloß zu errichten, das der landesherrlichen Gewalt in Zukunft als Stützpunkt dienen sollte. Indessen dieser große Erfolg, der in einer Urkunde von 1442 verbrieft war, ist dann noch einmal in Frage gestellt worden. Offenbar in Verbindung mit dem Fortschritt des Schloßbaues, der erst seit 1447 lebhafter gefördert wurde, und der nun auch in der Bürgerschaft Befürchtungen wegen Erhaltung der städtischen Freiheiten hervorrufen mochte, kam es zu Reibungen mit den landesherrlichen Dienern und schließlich im Januar 1448 zu einem Aufstande, dem sogenannten „Berliner Unwillen", der sich gegen jene Reformation von 1442 richtete und eine Wiederherstellung der städtischen Autonomie zum Ziel hatte. Bei diesem Aufstande hat auch wieder ein Patrizier, der Bürgermeister Bernd Ryke, als Führer der unzufriedenen Gemeinde eine Rolle gespielt. Indessen der Aufstand wurde bald gedämpft; während der Kurfürst eine Anzahl von den Stadtdörfern besetzt hielt, wurde die ganze Angelegenheit den in Spandau versammelten Landständen zur Entscheidung vorgelegt, und ein aus diesen zusammengesetztes Gericht fällte den Spruch, daß die Städte von Rechts wegen verbunden seien, die Verträge von 1442 zu halten. Diesem Spruch haben sich dann Berlin und Cölln durch eine Urkunde vom 19. Juni 1448 unterworfen. Der Schloßbau ging fort und wurde 1451 beendigt. Die Städtebündnisse wurden von neuem verboten, namentlich auch die Verbindung mit der Hansa, an der Berlin auch noch in den letzten Jahren einen Rückhalt für seine Selbständigkeit gesucht hatte. Die fürstliche Gewalt hatte also hier einen vollständigen Sieg davongetragen, und mit Berlin und Cölln, die damals schon als die weitaus mächtigste Gemeinde im Lande galten, war auch den übrigen Städten der Mark jede Lust zum Widerstand gegen die landesherrliche Gewalt benommen. An wenigen Stellen in Deutschland ist damals in dem Zeitalter der „Städtekriege", wo es sich darum handelte, ob die Städte ihre Selbständigkeit gegenüber der aufsteigenden landesfürstlichen Gewalt würden behaupten können, ein so unzweideutiger Sieg der letzteren errungen worden. Die Eingliederung der märkischen Städte in den territorialfürstlichen Staatsverband war damit entschieden; der damals gefährlichste Gegner der landesherrlichen Hoheit war zur Unterwerfung gezwungen worden.

Nicht minder bedeutend sind die Erfolge, die die landesfürstliche Politik Friedrichs auf dem Gebiete des Kirchenregiments errang. Wie sein Bruder hatte sich Friedrich 1447 an das kirchenpolitische System angeschlossen, das im Gegensatz zu der vom Basler Konzil beanspruchten Superorität dem Papst nach wie vor die oberste Stellung in der Kirche zuerkannte, während dafür der weltlichen Gewalt, wie sie in Deutschland schon vorwiegend in den Landesfürsten sich darstellte, wichtige Befugnisse des Kirchenregiments, gleichsam als Erbstücke der in sich zusammengebrochenen päpstlichen Weltherrschaft, überlassen wurden. Auf dieser Idee der sogenannten „Fürstenkonkordate" beruhen auch die Abmachungen des Kurfürsten von Brandenburg mit der Kurie, insbesondere mit dem Papst Nikolaus V., die in einer ganzen Reihe von päpstlichen Bullen niedergelegt sind, von denen die wichtigsten das Datum des 10. September 1447 tragen. Dadurch erhielt der Kurfürst vor allem das wichtige Recht der Ernennung (Nomination) der Bischöfe seiner Landesbistümer (Brandenburg, Havelberg, Lebus), während sich der Papst nur den formellen Akt der Provision vorbehielt. Ferner wurde die während der anarchischen Zeit des 14. und 15. Jahrhunderts übermäßig ausgedehnte geistliche Gerichtsbarkeit, die größtenteils geradezu an Stelle der verfallenen weltlichen getreten war, wieder in ihre Schranken verwiesen, indem der Papst dem Kurfürsten die alleinige Zuständigkeit der landesherrlichen Gerichte in allen Zivil- und Kriminalsachen zusicherte und allen geistlichen Richtern verbot, märkische Untertanen diesem Privileg zuwider zu belästigen. Wie stark die Einmischung der geistlichen Gerichtsbarkeit in rein weltliche Sachen damals empfunden wurde, zeigt auch eine Abmachung, die kurz vorher, 1445, auf einem Herrentage zwischen Prälaten und Ritterschaft vereinbart worden war, daß nämlich den Patrimonialgerichten der Ritterschaft das Recht der ersten Instanz für ihre Gerichtseingesessenen gewahrt bleiben und das geistliche Gericht erst dann solle eingreifen dürfen, wenn innerhalb sechs Wochen die Partei, welche das Gericht angerufen, kein Recht habe erlangen können. Das galt damals schon als eine bedeutende Errungenschaft der weltlichen Gerichtsbarkeit, die von der geistlichen ganz zurückgedrängt worden war. Und wie diese Bestimmung für die Patrimonialgerichte, so hatte jenes päpstliche Privileg von 1447 für die kurfürstlichen Gerichte eine epochemachende Bedeutung. In bezug auf die geistliche Gerichtsbarkeit selbst aber, in ihren gesetzlichen Grenzen, wurde bestimmt, daß, soweit auswärtige Bischöfe an deren Ausübung beteiligt waren, die märkischen Untertanen doch nicht vor deren Gerichte außerhalb der Landesgrenzen zitiert werden dürften: so mußte der Bischof von Halberstadt einen besonderen Kommissarius in Stendal halten zur Ausübung der geistlichen Jurisdiktion in der Altmark, die zu seiner Diözese gehörte. Ebenso wurden die Domstifter dem Einfluß auswärtiger geistlicher Oberen entzogen. Die Domherrnstellen und sonstige Stiftspfründen wurden in verschiedenartigen Formen der Verfügung des Landesherrn überlassen. Er durfte auch besondere weltliche Personen den Pröpsten der Frauenklöster beiordnen, um über deren Vermögen und dessen Verwendung eine landesherrliche Aufsicht zu führen; auch wurde ihm die Verfügung über den zu Festen und Mahlzeiten bestimmt gewesenen Teil der Einkünfte der Kalandsbrüderschaften überlassen, natürlich zum Zwecke der Ausübung von Wohltätigkeit, wie sie der Bestimmung dieser frommen Stiftungen entsprach. Im Zusammenhang mit der spezifisch märkischen Färbung der Kirchenpolitik stand auch, daß Friedrich das sogenannte „Wunderblut" zu Wilsnack, dessen Pfarrkirche mit ihren blutschwitzenden Hostien zu einer berühmten Wallfahrtsstätte geworden war, gegen die Einmischung des Erzbischofs von Magdeburg in Schutz nahm und zugunsten der Wallfahrer sogar einen besonderen päpstlichen Ablaß auswirkte. Faßt man das alles zusammen, so kann man sagen: der Kurfürst erwarb durch diese Privilegien die wesentlichsten Befugnisse der bisher vom Papst ausgeübten oder beanspruchten Kirchenhoheit in seinem Lande samt einer weitgehenden Verfügung über die Einkünfte kirchlicher Stiftungen; er war mit Erfolg bestrebt, sein Territorium kirchenpolitisch zu einer annähernden Einheit zusammen- und nach außen abzuschließen. Es würde zu weit gehen, wenn man behaupten wollte, daß damit bereits die Anfänge einer brandenburgischen Landeskirche schon in katholischer Zeit vorhanden gewesen wären; aber eine Grundlage war allerdings geschaffen, auf der später eine solche Landeskirche erbaut werden konnte.

Hatte Friedrich so die privilegierten Stände des Landes, Ritterschaft, Städte, Geistlichkeit, in eine mehr oder minder enge Abhängigkeit von sich gebracht und damit den territorialen Staatsverband nach langer Auflockerung erst wieder befestigt oder eigentlich aufs neue begründet, so war er andererseits auch bemüht, die Pflichten der landesfürstlichen Obrigkeit namentlich durch die Herstellung von Recht und Gericht in höherem Maße, als es bisher geschehen war, zu erfüllen. Unter seiner Regierung hören wir zum erstenmal wieder von einem Kammergericht, ohne daß freilich viel mehr als der bloße Name davon überliefert wäre. Wir dürfen aber vermuten, daß es ähnlich wie am Hofe des Kaisers aus den Räten zusammengesetzt war, die den Kurfürsten beständig umgaben, und daß es in dem neuerbauten Schlosse zu Cölln an der Spree gehalten worden ist. Von dem Hofgericht, bei dem nach wie vor die Vasallen das Urteil fanden, ist es jetzt zu unterscheiden. Dieses Hofgericht ist offenbar das alte Berliner Distriktshofgericht über die Mittelmark, das in dem früheren Rathause der Doppelstadt Berlin-Cölln auf der Langen Brücke (heut Kurfürstenbrücke) zwischen den beiden Städten gehalten wurde. Zu der Zeit, wo die Altmark noch in den Händen des jüngeren Bruders war und die Herrschaft Friedrichs II. sich im wesentlichen auf die Mittelmark beschränkte, wurde dieses Hofgericht auf eine leicht begreifliche Weise als das „oberste" angesehen und bezeichnet, oder auch als „das Hofgericht" schlechthin. Das Organ der obersten, persönlichen Gerichtsbarkeit des Kurfürsten ist es aber nicht mehr gewesen. Friedrich hat es 1450 dem Ritter Paul von Kunersdorf zu Lehen gegeben, und diesen finden wir in der Folgezeit vielfach als Hofrichter in Urkunden bezeugt. Das alte Reichshofgericht ist ja eben damals eingegangen, und auch das märkische hat mit dem Eindringen des römischen Rechts die alte Grundlage seiner Wirksamkeit verloren. Immerhin hat es sich noch etwa hundert Jahre lang gehalten.

Der Schwerpunkt der Verwaltung, auch der finanziellen, lag damals noch in der kurfürstlichen Kanzlei. Auf eine Veränderung ihres Betriebes deutet es, daß 1444 der erste weltliche Kanzler erscheint, in der Person des lausitzischen Edlen Heinz von Kracht. Aus dem Jahre 1450 stammen die ersten Schoßregister, die uns erhalten sind. Sonst war die finanzielle Verwaltung in der Mark aber noch sehr unentwickelt; die Beamten Albrechts fanden, daß die märkischen Schreiber von Rechnungssachen nichts verständen, und Albrecht selbst hat von seinem Bruder geurteilt, daß er nicht hauszuhalten verstehe und seinen Amtleuten mehr zukommen lasse als er selbst zu erheben habe. Friedrich hatte offenbar in Finanzsachen eine breitere Natur und nicht die berechnende Schärfe seines fränkischen

Bruders. Wenn aber seine Regierung mit einer nicht unbedeutenden Schuldenlast abgeschlossen hat, so lag die Ursache dafür in den großen Kosten, die seine auswärtige Politik, so wohlbedacht sie war, und so sehr sie sich auf das Notwendige beschränkte, mit sich brachte, und in der Tatsache, daß Albrecht es immer abgelehnt hat, aus seinen reicheren Mitteln für diese Zwecke beizutragen.

Der Grundgedanke dieser ganzen auswärtigen Politik war das Bestreben, möglichst viel von dem wiederzugewinnen, was einst zur Kurmark Brandenburg gehört hatte. Es ist bezeichnend für die Art Friedrichs II., daß er sich dazu auf dem Nürnberger Reichstage 1444 ein förmliches Revindikationsmandat des Kaisers ausgewirkt hatte, in dem anbefohlen war, daß alles Entfremdete der Mark zurückgegeben werden solle. Am ersten gelang eine Auseinandersetzung mit Mecklenburg. Nach zweijährigem Krieg kam es, schon 1442, in Wittstock zu einer Vereinbarung, wonach — abgesehen von einer kleinen Grenzberichtigung — gegen den Verzicht auf das einst unter brandenburgische Lehnshoheit getretene Gebiet der Herren von Werle ein Erbvertrag geschlossen wurde, auf Grund dessen das Haus Brandenburg nach Erlöschen der männlichen Linien der mecklenburgischen Herzogshäuser ihnen im Besitz des Landes folgen sollte. (Der Vertrag besteht noch heute.) Durch einen Vertrag mit dem Erzbischof von Magdeburg von 1449 wurden endgültig die Lehnsansprüche des Erzstifts auf brandenburgisches Gebiet beseitigt; zugleich wurde eine Grenzregulierung vorgenommen, durch welche Jerichow und andere streitige Orte dem Erzstift überlassen wurden, wogegen dieses die brandenburgische Hoheit über die stolbergsche Grafschaft Wernigerode anerkannte.

Im Jahre 1448 ließ sich Friedrich von der Familie Polenz die Niederlausitz übertragen, die diese 1422 als eine Landvogtei von König Sigmund pfandweise unter Vorbehalt der Wiedereinlösung erworben hatte. Die Stände der Niederlausitz leisteten auch die Huldigung, aber der Besitz des Landes ließ sich gegenüber den Ansprüchen des Böhmenkönigs Georg Podiebrad nicht auf die Dauer halten. In dem Vertrag zu Guben, 5. Juni 1462, mußte ihm Friedrich die Niederlausitz überlassen; er behielt aber — als böhmisches Lehen — die schon 1445 durch Kauf erworbenen Herrschaften Kottbus und Peitz, die als Enklaven in der Niederlausitz lagen, samt dem an die Mittelmark sich anschließenden Lande Teupitz (mit Wusterhausen) und einigen anderen Besitzungen; dazu kam die Anwartschaft auf die ebenfalls unter böhmischer Hoheit stehenden Herrschaften Beeskow und Storkow, die allerdings erst ein Jahrhundert später, unter Johann Georg (1575), endgültig in brandenburgischen Besitz gelangt sind.

Die Herrschaft eines tschechisch-hussitischen Königs in Böhmen, die das Land aus der bisherigen Verbindung mit dem Hause Habsburg löste und ehrgeizige Ausdehnungsbestrebungen mit sich brachte, bedeutete seit 1458 eine wesentliche Erschwerung der Lage für die Politik der hohenzollernschen Brüder; eine Erbvereinigung zwischen Brandenburg, Hessen und Sachsen, die 1457 geschlossen worden ist, war vornehmlich bestimmt, der böhmischen Macht ein Gegengewicht zu schaffen; aber weder die brandenburgischen noch die fränkischen Interessen konnten sich durchsetzen, wo sie mit Böhmen in Konflikt gerieten, und es blieb schließlich den hohenzollernschen Brüdern nichts übrig, als sich mit Georg Podiebrad zu verbinden und an diesem Bündnis festzuhalten, selbst als er mit Papst und Kaiser in Zwist geriet.

Der bedeutendste Erfolg der Revindikationspolitik Friedrichs war die Wiedererwerbung der Neumark, die schon ganz in den Besitz des Ordens übergegangen war und zweifellos 1466 mit Westpreußen zugleich eine Beute Polens geworden wäre, wenn sie damals noch dem Orden gehört hätte. In der Not des letzten Krieges mit Polen ließ sich der Hochmeister Ludwig von Erlichshausen 1455 dazu herbei, das Land gegen eine Zahlung von 40 000 Gulden auf Wiederkauf an den brandenburgischen Kurfürsten zu veräußern. Friedrich hat seinen Nachfolgern ans Herz gelegt, dafür zu sorgen, „daß solch Land, die Neumark, bei deutschen Landen und dem würdigen Kurfürstentum der Mark zu Brandenburg, der es bei Ansetzung der Kur einverleibt ist, bleibe und nicht zu undeutsch Gezunge gebracht werde“. Er hatte das Bewußtsein, dieses Stück deutschen Landes den Griffen der Polen entrissen zu haben und es auch weiterhin davor hüten zu müssen.

Ein ähnlicher nationaler Unterton begleitet die schwerste seiner auswärtigen Unternehmungen, den Versuch zur Erwerbung von Pommern. Zugleich ist es die Gewinnung der Seeküste, die er dabei ins Auge gefaßt hatte. Er meinte, durch die Vereinigung mit Pommern würde Brandenburg die vorwaltende Macht in Niederdeutschland werden. In beständigen Grenzkriegen hatte er zunächst die Pommern aus den Städten und Schlössern der Uckermark zu vertreiben gesucht, in denen sie noch von der Zeit seines Vaters her saßen. Er hatte Stolpe, Greiffenberg, Zichow eingenommen; aber Pasewalk und Torgelow, die den Zugang zum Haff beherrschten, waren in den Händen der Pommern geblieben. Da starb 1464 der Stettiner Herzog Otto III., der letzte männliche Sproß dieser Linie des Greifenhauses, und Friedrich beanspruchte nun auf Grund des Erbvertrages die Nachfolge. Er hatte auch bereits eine Partei im Lande, die dafür eintrat. Aus Thomas Kantzows pommerscher Chronik ist die Szene bekannt, wie beim Begräbnis des Herzogs der Stettiner Bürgermeister von Glinden Helm und Schild mit in den Sarg wirft, wie es bei ausgestorbenen Geschlechtern üblich war, mit den Worten: Da liegt unsere Herrschaft von Stettin! Und wie dann ein Gegner der brandenburgischen Partei, der Ritter von Eichstedt, die Waffen wieder aus der Gruft heraufholt und dabei das Erbrecht der Wolgaster Linie verkündet. Es mag eine Legende sein, aber sie bringt den Gegensatz der Ansprüche und der Parteien zu anschaulichem Ausdruck. Die Wolgaster beriefen sich auf das eben damals bei der Rezeption der fremden Rechte miteindringende langobardische Lehnrecht, das die „gesamte Hand“ überall voraussetzt und ein Lehen erst für eröffnet erklärt, wenn der letzte männliche Nachkomme des ersten Erwerbers gestorben ist. Der Kaiser machte dem Brandenburger Schwierigkeiten. Er verlangte für die Belehnungsurkunde eine ungewöhnlich große Summe, 37 000 Gulden. Friedrich war nicht gewillt, diesen tatsächlich doch ziemlich wertlosen Akt so teuer zu erkaufen. Er suchte zuerst durch Verhandlungen mit den Wolgaster Herzögen 1466 die Anerkennung der Lehnsherrlichkeit Brandenburgs und einen Erbvertrag mit dieser Linie zu erreichen. Aber da diese Verhandlungen nicht zum Ziel führten und der Kaiser, weil die hohenzollernschen Brüder ihre Verbindung mit dem Böhmenkönig Georg Podiebrad nicht aufgeben wollten, sich schließlich auf die Seite Pommerns stellte, da entschloß sich Friedrich, die Entscheidung der Waffen anzurufen, obwohl er von seinem Bruder Albrecht die erbetene finanzielle Unterstützung (20 000 Gulden) nicht erlangen konnte. 1468 zog er über Pasewalk vor Stettin, konnte es aber nicht einnehmen.

1469 belagerte er vergeblich Ückermünde, das den Zugang zur unteren Oder beherrscht. Er mußte schließlich einen Waffenstillstand schließen, den der König von Polen vermittelte. Ein Teil des Herzogtums Stettin blieb in seinen Händen: u. a. die Städte Garz und Schwedt, die Schlösser Vierraden und Löcknitz. Aber er war krank und fühlte nicht mehr die Kraft, das Begonnene zu vollenden. Außerdem war er durch den Tod seines einzigen Sohnes 1467 der Hoffnungen für seinen eigenen Stamm beraubt. Im Jahre 1470 schloß er mit seinem Bruder Albrecht ein Abkommen, wonach er diesem die Regierung in der Mark überließ gegen ein Jahresgehalt von 6000 Gulden und die Einräumung der Plassenburg, wohin er sich zurückzog, um den Rest seiner Tage in Frieden zu verleben. Seine Gemahlin, die Prinzessin Katharina von Sachsen, mit der er seit 1441 in einer, wie es scheint, nicht sehr glücklichen Ehe lebte, blieb in Brandenburg zurück. Am 10. Februar 1471 ist er in Franken gestorben. Auch er hat das begonnene Werk noch nicht vollenden können; aber man wird doch sagen dürfen, daß die territoriale Konsolidierung der Mark Brandenburg, ihr Ausbau zu einem staatähnlichen Gebilde vornehmlich sein Werk gewesen ist.

Albrecht Achilles.

Der um ein Jahr jüngere Albrecht, der nun auch in der Mark Brandenburg die Zügel der Regierung ergriff, hatte sich inzwischen in Franken und im Reich schon einen bedeutenden Namen gemacht. Er war von den Brüdern weitaus der am glänzendsten begabte: eine Kraftnatur, strotzend von Lebenslust und Tatendrang, überall der erste bei Turnier und Tanz wie im Rat und im Felde; eine hohe, schöne, männliche Erscheinung, ein Liebling der Frauen, mit denen er gern zur Kurzweil schäkerte; bekannt im Reich als ein Meister geordneter Heerfahrt; immer voran in Sturm und Streit, am ganzen Körper mit Narben bedeckt; zugleich ein glänzender, schlagfertiger Redner und schlauer Diplomat, den die Humanisten ebenso mit Ulysses wie mit Achilles verglichen und den man auch wohl den vulpes Germaniae (den deutschen Fuchs) nannte; dabei aber impulsiv und gewaltsam, von derber Ursprünglichkeit und durch beißenden Spott oft unbedacht verletzend, herrisch und ungestüm, ein abgesagter Feind vor allem des städtischen Bürgertums, durchdrungen von dem Hochgefühl fürstlicher Herrlichkeit, stolz darauf, einer der ersten im Reich nach dem Kaiser zu sein. Er liebte zuweilen „wie König Artus" Hof zu halten und hat bei manchen Gelegenheiten einen Prunk entfaltet, den man — wohl nicht ohne einige Übertreibung — mit dem Glanz des burgundischen Hofes verglich; und doch war er im Grunde sehr sparsam und haushälterisch, ein scharfer Rechenmeister, der seinen Beamten genau auf die Finger sah und keinen Gulden umsonst ausgab. Der Krieg und die großen Welthändel waren sein Element, in dem er sich, dem Zuge seiner Natur folgend, beständig umhertummelte, überall eine glänzende Erscheinung, wohl die glänzendste unter den zeitgenössischen deutschen Fürsten, aber nirgend eigentlich der Meister der Lage und der beherrschende Mittelpunkt der Ereignisse. In der Mark erzogen, kam er 15jährig 1430 an den Hof König Sigmunds zu Preßburg als Edelknabe der Königin Barbara, zog dann mit seinem Vater 1431 in den Hussitenkrieg, der bei Taus so kläglich endete, nahm an Reichstagen und auch an der Königswahl von 1438 teil, half dem König Albrecht Böhmen gewinnen gegen Hussiten und Polen und wurde von ihm zum Hauptmann in Schlesien ernannt (1439). Als Anhänger König Friedrichs III. geriet er dann 1444 mit den schweizerischen Eidgenossen in Streit; gegen die zügellosen Scharen der französischen „Armagnacs", die man den Schweizern auf den Hals gehetzt hatte, mußte dann von Reichs wegen eine Heerfahrt zum Schutze Südwestdeutschlands angeordnet werden, an der auch wieder Albrecht teilgenommen hat. Von seinem Rivalitätsverhältnis zu Würzburg und den andern fränkischen Bischöfen, von seinen Kämpfen mit der Reichsstadt Nürnberg, mit den Wittelsbachern in Bayern und der Pfalz wird gleich noch die Rede sein; hier handelte es sich um die fränkischen Territorialinteressen, die bezeichnenderweise immer sofort mit Reichsangelegenheiten sich verquickten. Seit 1455 stand Albrecht geradezu im Dienst des Kaisers als Rat und Hofmeister mit einem Jahrgehalt von 5000 Gulden. In dieser Eigenschaft war er alsbald bei den Kämpfen in Ungarn beteiligt und weiterhin dann als Vertreter der kaiserlichen Interessen im Reich tätig. Ranke hat wohl gemeint, dieser Achilles sei seinem Agamemnon nur allzu getreu gewesen; und in der Tat liebte es Albrecht, die angestammte Königstreue seines Hauses zu betonen und hat sie auch den Nachfolgern als ein heiliges Vermächtnis anempfohlen. Aber ganz selbstlos war diese Haltung keineswegs; sie wurzelte in der eigentümlichen Stellung, die die Burggrafen von Nürnberg als Fürsten in Franken hatten und die sie auf den Anschluß an den Kaiser im allgemeinen hinwies; wo die Interessen auseinandergingen, da hat die Königstreue hier so wenig wie bei anderen Fürsten des Reiches Stich gehalten, wenn sie auch immer der Grundton der zollernschen Politik blieb.

Die fränkischen Besitzungen der Burggrafen von Nürnberg bildeten, wie wir wissen, kein eigentliches geschlossenes Territorium. Die Bistümer Würzburg, Bamberg, Eichstädt, das Landgebiet der Reichsstadt Nürnberg durchschnitten es und lagen vielfach im Gemenge mit den hohenzollernschen Landen; ebenso das Gebiet der bayerischen Herzöge, deren wachsende Macht nach der Beilegung der Familienzwistigkeiten überhaupt auf die zollernsche Stellung in Franken drückte. Der Herzog Ludwig von Bayern spottete wohl über das Gebiet der Zollern, bei dem man nicht wisse, wo Anfang, Mittel und Ende sei. Das Ziel der Politik Albrechts war nun offenbar, den Territorialbesitz seines Hauses in Franken zu erweitern, abzurunden und zu befestigen. Ihm schwebte der Gedanke vor, den Titel „Herzog in Franken", den der Bischof von Bamberg führte, für sich in Anspruch zu nehmen und ihm eine ähnliche Bedeutung zu geben, wie sie der Titel der benachbarten Herzöge von Bayern hatte. Sein alter Freund und Gönner Papst Pius II., einst als Enea Sylvio Piccolomini Geheimschreiber König Friedrichs, hat ihn auf einer Zusammenkunft in Mantua 1455 mit diesem Titel begrüßt. Es ist derselbe Mann, dem er seinen historischen Beinamen „Achilles" verdankt. Aber mit dem Frankenherzog wollte es nicht glücken. Von den Unternehmungen Albrechts, die an diesem Ziel orientiert waren, ist eine immer unglücklicher ausgelaufen als die andere. Verhältnismäßig am besten gelang es ihm mit der ersten, bei der das Würzburger Stift im Mittelpunkt stand. Der Bischof Sigmund, der noch vor Albrechts Regierungsantritt gewählt worden war, gehörte dem Wettiner Hause an, und seine Brüder, die sächsischen Herzöge, suchten ihn vermittels eines Regentschaftsrats, der mit sächsischen Räten besetzt war, in ihrem Hausinteresse zu leiten. Das führte zu

Zwistigkeiten, und Albrecht ergriff die Gelegenheit, gegen diese den fränkischen wie den brandenburgischen Interessen gefährliche Machterweiterung des sächsischen Hauses einzuschreiten, indem er den Bischof Sigmund in einer Fehde mit seinen Brüdern kräftig unterstützte (1440—41). Ein voller Erfolg war ihm dabei nicht beschieden, weil die Einnahme der Stadt Ochsenfurt, auf die es ankam, nicht gelang; immerhin aber setzte er es durch, daß die sächsischen Räte aus dem Rate des Bischofs von Würzburg entfernt wurden, und daß er eine Geldentschädigung von 20 000 Gulden und als Pfand dafür sowie für andere Schulden des Stifts die Stadt Kitzingen erhielt, die die militärische Stellung der Zollern gegen Würzburg sehr wesentlich verbesserte. Dahin freilich hat Albrecht es niemals bringen können, daß Würzburg und die andern der zollernschen Territorialbildung so unbequemen Stifter, Bamberg und Eichstätt, mit jüngeren Söhnen ihres Hauses besetzt worden wären; sie blieben ein Pfahl im Fleische der fränkischen Fürstentümer, und die Streitigkeiten in ihnen wegen Wildbann, Gericht und Geleit nahmen kein Ende.

Ein noch unbequemerer Nachbar war die Reichsstadt Nürnberg, die sich bereits zu einem ansehnlichen Stadtstaat ausgeweitet hatte und mit ihren 500 Dörfern, Schlössern und kleinen Städten fast schon ein kompaktes Territorium bildete, das sich zwischen die beiden Hälften des zollernschen Besitzes schob; das nürnbergische Pflegamt Liechtenau bildete außerdem eine Enklave im ansbachischen Gebiet der Zollern. Hier gab es immerfort Streitigkeiten, die aus der Natur der von beiden Seiten her in Anspruch genommenen übergreifenden Rechte mit Notwendigkeit entsprangen. Albrecht behauptete, daß ihm und seinem Hause die fürstliche Obrigkeit auch über den Landbesitz der Nürnberger zustehe und daß deren Gerichtshoheit sich auf das städtische Weichbild beschränke. Dagegen nahmen die Nürnberger die Ausübung obrigkeitlicher Rechte auch außerhalb ihrer Mauern in Anspruch und ebenso den Genuß von Regalien, die Albrecht für ein Zubehör seiner fürstlichen Hoheit hielt. Über ein Bergwerksunternehmen, an dem sich Nürnberg beteiligte, ist 1448 der Streit zum Ausbruch gekommen. Er hat jahrelang gedauert und wurde im Stil der damaligen Kriegführung ausgefochten, wobei es namentlich darauf ankam, Schlösser einzunehmen und Dörfer auszuplündern und zu verbrennen. Albrecht siegte in mehreren Treffen und bemächtigte sich einer ganzen Anzahl von nürnbergischen Schlössern; aber in dem Hauptkampf, bei dem Weiher von Pillenreut (11. März 1450), blieben die Nürnberger Sieger und erbeuteten sein Rennfähnlein samt dem Banner des ihm verbündeten Bayernherzogs. In der Bamberger „Richtung", die darauf stattfand, wurde ausgemacht, daß die Streitfragen zur schiedsgerichtlichen Entscheidung des Kaisers gestellt werden sollten; aber ehe noch diese erging, kam es nach langen Verhandlungen, unter Vermittlung Bayerns, zu dem Vergleich von Lauff (1453), in dem die Nürnberger zwar sich zu einer Geldzahlung verstanden, im übrigen aber ihr Gebiet und ihre Hoheitsrechte ungeschmälert behaupteten. Auch spätere Reibungen haben dies Resultat nicht mehr verschoben. Die städtische Macht hat sich auf diesem Schauplatz der fürstlichen als gewachsen erwiesen.

Bald nach diesem Mißerfolg versuchte es Albrecht mit einem andern Mittel, das vor allem darauf berechnet war, seine fürstliche Stellung in Franken zu stärken. Seine Räte hatten aus der Urkunde, die das zollernsche Haus über das kaiserliche Landgericht zu Nürnberg besaß, herausgelesen, daß es sich hier um ein Gericht handle, das nicht nur an des Kaisers Statt gehalten werde, sondern auch zuständig über allen Gerichten des Reiches sei, also eine Art von oberstem Reichsgericht darstelle. Vermittels dieser Ausdehnung der Befugnisse des kaiserlichen Landgerichts wollte nun Albrecht gegenüber allen andern Gewalten in Franken und ringsherum eine obrigkeitliche Autorität — im Sinne eines Herzogs von Franken — in Anspruch nehmen, die nicht ohne politische Folgen bleiben konnte. Ein kaiserliches Privilegium vom 4. September 1454 konnte zu seinen Gunsten ausgelegt werden; im Jahre 1457 wies der Kaiser alle, die sich durch die Ansprüche des Nürnberger Landgerichts beschwert fühlten, an, ihre Beschwerden der kaiserlichen Vermittlung anheimzustellen. Keiner von den Nachbarn Albrechts hat heftiger diese Ausdehnung seines kaiserlichen Landgerichts mit Wort und Tat bekämpft als Herzog Ludwig von Bayern-Landshut, der die darunter verborgene Absicht wohl erkannte. Vergeblich hat Albrecht versucht, ihn für seine Pläne zu gewinnen, indem er, im Jahre 1458, dem Versuch der Bayern zur Vergewaltigung der Reichsstadt Donauwörth Vorschub leistete; als er aber in den Verhandlungen mit ihm wegen des Landgerichts trotzdem nicht weiterkam, hat er ein Jahr darauf (1459) kein Bedenken getragen, bei Kaiser und Reich nun gerade umgekehrt als Anwalt der Reichsstadt gegen die gewaltsamen Übergriffe des Bayernherzogs aufzutreten. Die Wittelsbacher trieben damals — sehr im Gegensatz zu den vorhergegangenen Jahrzehnten — eine einmütige Hauspolitik; auf der Seite des Herzogs Ludwig von Landshut stand auch Herzog Albrecht von München und der Pfalzgraf Friedrich der Siegreiche, der ja in der Oberpfalz auch ein Nachbar des Burggrafen war. Im Jahre 1460 kam es mit diesen und andern Fürsten zum offenen Krieg darüber, und dieser nahm für Albrecht eine ungünstige Wendung. Die Bedingungen des Stillstandes von Roth (Juli 1460) waren so demütigend, daß Albrecht sie nicht selbst unterschrieb, sondern dies seinem Geheimschreiber überließ. Er war gewillt, den Krieg bei der nächsten Gelegenheit wieder zu erneuern; aber seine Hoffnung auf bessern Erfolg wurde getäuscht. Die bayerische Partei war in der Übermacht; auch der König von Böhmen, Georg Podiebrad, stand auf bayerischer Seite; er selbst hatte in der Hauptsache nur Württemberg zum Bundesgenossen. Am 19. Juli 1462 ist er in der Schlacht bei Giengen unterlegen — gegen 17 Fürsten und einen König, wie er später öfter mit Nachdruck hervorgehoben hat. Er mußte sich nun, 1463, zu dem endgültigen Prager Frieden bequemen, den der König von Böhmen vermittelte und in dem er zwar seine Schlösser und Länder wiedererhielt, aber den Anspruch auf die Ausdehnung der Befugnisse seines kaiserlichen Landgerichts gegenüber den Wittelsbachern und ihren Verbündeten fallen lassen mußte. Man wird sagen dürfen, daß damit überhaupt die Pläne zur Ausweitung und Abrundung des fränkischen Territorialbesitzes gescheitert sind, wenn auch Albrecht selbst in seiner unverwüstlichen Hoffnungsfreudigkeit und Unverzagtheit sie noch keineswegs ganz aufgegeben hat. Der territoriale dynastische Gegensatz gegen das Haus Wittelsbach mit seinem Anhang im Reich — wittelsbachische Fürsten saßen damals auch auf den Bischofsstühlen von Straßburg, Köln, Münster, seit 1464 auch von Magdeburg — ist es vornehmlich gewesen, der Albrecht auf ein gutes Verhältnis zum Kaiser hinwies; mit Österreich, Württemberg und Baden im Bunde glaubte er allein den Wittelsbachern das Gegengewicht halten zu können. Die Wittelsbacher standen an der Spitze der reichsständischen Opposition, Albrecht fühlte sich und bezeichnete sich gern als Anhänger des Kaisers gegen die bayerischen Gegner. „Römisch Reich" und „Bayerland" war die Losung der beiden feindlichen Parteien in der Schlacht bei Giengen gewesen.

Aber diese kaisertreue Haltung wurde dann doch wieder beeinträchtigt durch politische Berechnungen, die ebenfalls in der territorialfürstlichen Stellung in Franken wurzelten. Seit Jahren war Georg Podiebrad, erst als Gubernator für König Ladislaus Postumus, den Sohn König Albrechts, dann (seit 1458) selbst als König von Böhmen, gewissermaßen als der Schiedsrichter in allen Händeln, an denen Albrecht beteiligt war, aufgetreten. Seine Teilnahme für die Wittelsbacher war bei dem letzten Streit ausschlaggebend gewesen. Mit dieser Macht mußten die Hohenzollern sich verständigen, um der wittelsbachischen Partei nicht vollends zu unterliegen. Und so sehen wir seit 1463 Albrecht im Bündnis mit dem Böhmenkönig, dessen Sohn damals mit einer seiner Töchter verlobt wurde. An dieser Familienverbindung hat Albrecht auch festgehalten, als das Verhältnis des Böhmenkönigs zu Kaiser und Papst immer schlechter wurde. Er ist deswegen sogar in die kirchliche Exkommunikation verfallen wie der Böhmenkönig selbst; und sein Verhältnis zum Kaiser blieb ein sehr schiefes, bis der Tod Georg Podiebrads (1471) die Verbindung löste. Die Exkommunikation hat ihm das Gewissen nicht beschwert, wenn er auch unter der Hand sich bemüht hat, durch Vermittlung seiner Brüder vom Banne gelöst zu werden, was dann auch 1471 gelang. Er wußte wohl und sprach es auch aus, daß man zu Rom für Geld alles haben könne; er ließ sich in seinen politischen Interessen durch die Kurie so wenig stören wie durch die prinzipielle Loyalität gegenüber dem Kaiser, so viel Gewicht er auch im allgemeinen darauf legte, mit diesen beiden großen Autoritäten der Christenheit in gutem Verhältnis zu stehen.

Der Antritt der Regierung in der Mark stellte den Kurfürsten Albrecht nun zunächst vor die Aufgabe, den pommerschen Krieg zu beendigen. Er war immer für die Verständigung mit Pommern gewesen; für die Bedeutung der pommerschen Frage besaß er nicht dasselbe Verständnis wie seine Brüder; außerdem mangelte es ihm damals an Mitteln für eine weitere Kriegführung. Er schloß daher 1472 mit den Pommern den Frieden zu Prenzlau, in dem er die von seinem Bruder eroberten pommerschen Städte und Schlösser behielt und die Anerkennung der brandenburgischen Lehnshoheit über die pommerschen Fürstentümer nun auch von seiten der Wolgaster Linie empfing. Dann beeilte er sich (März 1473), wieder auf den Schauplatz seiner früheren Tätigkeit zurückzukehren. Sein Verhältnis zum Kaiser war seit dem Tode Georg Podiebrads wieder besser geworden. Im Jahre 1474 führte Albrecht als Feldhauptmann des Kaisers am Niederrhein jenen durch politische Erwägungen gelähmten Krieg gegen Karl den Kühnen von Burgund, bei dem es dem Kaiser im Grunde weniger darauf ankam, Köln und das Reichsgebiet zu schützen und den Anmaßungen des Burgunderherzogs, der sich als ein Souverän zwischen Frankreich und Deutschland aufgestellt hatte, entgegenzutreten, als vielmehr darauf, die Hand der burgundischen Erbtochter für seinen Sohn Maximilian zu gewinnen — ein Erfolg, der dann bekanntlich auch erreicht worden ist. Für Albrecht hatte diese wiederangeknüpfte engere Verbindung mit dem Kaiser die Folge, daß sich der Kaiser in der pommerschen Frage auf die Seite Brandenburgs stellte — was freilich für die bevorstehenden Kämpfe eine wenig wirksame Unterstützung bedeutete.

Die pommersche Frage verflicht sich bei ihrem Wiederauftauchen mit dem Glogauer Erbfolgestreit, bei dem Albrecht auch mit der damals bedeutendsten Macht des Ostens, dem Ungarnkönig Matthias Corvinus, dem Sohn des berühmten magyarischen Gubernators Hunyadi Janos, in eine gefährliche Verwicklung geriet.

Die Veranlassung zum Streit war ein reines Hausinteresse. Albrechts Tochter Barbara war 1473 mit dem alten Piastenherzog Heinrich von Glogau und Krossen vermählt worden, und als dieser 1476 starb, nahm Albrecht die Fürstentümer für seine Tochter in Anspruch, während ein piastischer Vetter des verstorbenen Herzogs, Hans von Sagan, seinerseits Erbansprüche erhob und die Lande auch gleich in Besitz nahm. Um die Ansprüche seiner Tochter besser zu wahren, vermählte Albrecht sie damals an den jagellonischen König Wladislaw von Polen, der mit Matthias Corvinus wegen der böhmischen Nebenländer in Streit lag, auf dessen Seite aber auch der Kaiser und der Herzog von Burgund standen. Dadurch geriet Albrecht in Gegensatz zu dem Ungarkönig, der nun die Sache des Herzogs von Sagan unterstützte. Da dieser tatsächlich die Erbschaft in Besitz genommen hatte und behielt, so hat übrigens König Wladislaw sich geweigert, die Ehe mit Albrechts Tochter Barbara zu vollziehen, so daß Albrecht von dieser Seite keine Unterstützung in dem Kampf erhalten hat. Im Einverständnis mit Hans von Sagan waren 1476 auch die Pommern gegen die von Albrecht 1472 gewonnenen Schlösser und Städte vorgegangen. Eine besonders gefährliche Wendung erhielt der Streit, als 1477 (5. Januar) der Herzog von Burgund, Karl der Kühne, in der Schlacht bei Nancy gegen die Schweizer gefallen war. Nun war nicht bloß die Aussicht auf Hilfe von dieser Seite geschwunden, sondern der Kaiser sah sich nun gezwungen, im Interesse der Erbansprüche seines Sohnes in Burgund selbst den Ansprüchen des französischen Königs Ludwigs XI. mit Waffengewalt entgegenzutreten. Andererseits war Matthias Corvinus, sonst immer von den Türken bedrängt, augenblicklich von diesem Druck entlastet, weil die Türken durch einen Krieg mit Venedig in Schach gehalten wurden. Matthias zog vor Wien, und Kaiser Friedrich beeilte sich, mit ihm Frieden zu schließen, ohne dabei auf die Interessen Albrechts Rücksicht zu nehmen. Und ebenso vertrug sich König Wladislaw mit Matthias, dem er jetzt Mähren und Schlesien überließ. Mit um so größerer Wucht wandte sich die ungarische Politik nun gegen Brandenburg in der Glogauer Frage. Matthias Corvinus hetzte alle Gegner Albrechts von neuem gegen ihn auf, vor allem die Pommern, deren Kriegführung durch ungarische Freischaren unterstützt wurde. Die Pommern gewannen Garz und Vierraden; sie drangen in der Neumark bis nach Küstrin vor. Der Markgraf Johann, der in Vertretung seines Vaters damals die Regierung in der Mark führte, geriet in die äußerste Bedrängnis. Schon oft hatte er und der Kanzler Sesselmann den Vater flehentlich gebeten, selbst nach der Mark zu kommen, um den mannigfachen Schwierigkeiten durch seine persönliche Einwirkung abzuhelfen. Im Jahre 1476 war Albrecht auch einmal 5 Monate lang in der Mark gewesen, aber seitdem nicht wieder. Jetzt schlug der Kurprinz die stärksten Töne an. Er schrieb dem Vater von einer schlimmen Rede, die im Lande geführt werde, daß der Kurfürst wohl geschickt sei, in die Mark zu kommen, um Geld und Landbede zu erheben und mit sich zu nehmen, daß er aber das Land in den kriegerischen Verwicklungen, in die er es gebracht habe, sich selbst überlasse und dem Verderben preisgebe. Der Appell wirkte. Albrecht zog 1478 mit einem Heer von 20 000 Mann heran, trieb die Pommern zurück und gewann in wenigen Monaten alle die Schlösser und Städte zurück, die er früher innegehabt hatte, nur mit Ausnahme von Garz, das freilich ein äußerst wichtiger Punkt war wegen seiner Lage an der Gabelung der Oder.

Die überlegene Feldherrnkunst Albrechts hat sich in diesem pommerschen Feldzug glänzend bewährt. Jetzt trat aber auch Matthias Corvinus selbst offen und unmittelbar in den Krieg ein (12. August 1478), und trotz des mannhaften Widerstandes, den der Markgraf Johann leistete, drangen nun bald die Ungarn bis nach Zossen und Beeskow vor. Albrecht hatte sich beeilt, auf die Kriegserklärung des Königs Matthias gleich einen Waffenstillstand mit den Pommern zu schließen und suchte nun bei Frankfurt den Ungarn den Übergang über die Oder zu verlegen. Ein rettendes Ereignis war es, daß 1479 die Türken mit Venedig Frieden schlossen und nun wieder Ungarn bedrohten. Das machte den König Matthias zum Frieden mit Brandenburg geneigt. Die Herzogin Barbara mußte auf Glogau und Krossen verzichten, sollte aber mit einer Summe von 50 000 ungarischen Gulden abgefunden werden (10. August 1479). In dem zugleich geschlossenen Frieden mit Pommern (Prenzlau 1479) behielt Albrecht die Städte und Schlösser, die er in Besitz hatte, also im wesentlichen das früher Gewonnene und einige neue Eroberungen dazu, aber ohne das wichtige Garz. Die brandenburgische Lehnshoheit wurde von neuem anerkannt.

Die glogauische Angelegenheit führte noch zu Weiterungen, weil die ausbedungene Summe von 50 000 Gulden nicht gezahlt werden konnte. In Verhandlungen, die von König Matthias über den Kopf des alten Kurfürsten hinweg mit seinem Statthalter in der Mark, dem Markgrafen Hans, geführt worden sind, kam es 1482 zu dem Vertrage von Kamenz, durch den als Pfand für diese Summe die Städte Krossen, Züllichau, Bobersberg, Sommerfeld an Brandenburg gekommen sind. Kurfürst Albrecht war mit dieser Lösung der Frage wenig zufrieden. Er ließ seinem Sohne sagen, zum Verhandeln sei er noch zu jung und unerfahren; es wäre besser gewesen, wenn er, statt diesen Vertrag zu schließen, auf die Schweinejagd gegangen wäre. Er hat aber schließlich den Vertrag doch bestätigt, und man wird sagen müssen, daß es nach Lage der Dinge doch wohl ein nicht unbefriedigender Abschluß dieser Angelegenheit gewesen ist. Jene Pfandobjekte sind nach dem Tode Barbaras zum dauernden Besitz des Hauses Brandenburg geworden, da die Berechtigten auf Einlösung des Pfandes Verzicht geleistet haben; sie waren Lehen der böhmischen Krone und sind es geblieben bis zum Jahre 1742, wo Friedrich der Große diesen Lehnsnexus ebenso wie den bezüglich der Herrschaften Kottbus und Peitz sowie der Lande Beeskow und Storkow gelöst hat.

Die Regierung in der Mark führte an Stelle Albrechts von Anfang an sein ältester Sohn Johann, zunächst noch unter der Leitung eines Regentschaftsrates, dessen bedeutendstes Mitglied der Kanzler Friedrich Sesselmann, Bischof von Lebus war, auch später noch der getreue Berater des jungen Markgrafen, als er 1476 in aller Form mit der Statthalterschaft betraut worden war. Die inneren Verhältnisse waren äußerst schwierig. Friedrich II. hatte Schulden im

Betrage von 100 000 rheinischen Gulden hinterlassen, und der Landesherr sah sich in seinen Bestrebungen zur Deckung dieser Summe von vornherein einem einmütigen Widerstande der Landschaft gegenüber. Städte und Ritterschaft schlossen im Jahre 1470 ein Bündnis, in dem sie sich gegenseitig versprachen, gegen die Forderung einer Herrenbede, eines gemeinen Landschosses oder einer Ziese zusammenzustehen. Sie setzten einen Ausschuß nieder, der die Ausführung dieses Beschlusses überwachen und selbst den bewaffneten Widerstand vorbereiten sollte. Die Ausdehnungsbestrebungen der landesherrlichen Politik waren nicht nach dem Sinne der Stände; sie widerstrebten jeder Erweiterung des Staatsgebiets. Der pommersche Krieg und ganz besonders der spätere Handel um Glogau erschienen ihnen als eine Hausangelegenheit der Landesherrschaft, nicht als eine märkische Landesangelegenheit. Aus dieser inneren Lage erklärt sich das schnelle Nachgeben Albrechts in der pommerschen Sache 1472. Unmittelbar darauf aber suchte er mit den Ständen ins Reine zu kommen. Er forderte die Mittel zur Tilgung jener von Friedrich II. hinterlassenen Schuld. Erst drei Monate nach dem Friedensschluß, offenbar nach hartem Kampf auf dem Landtag, ließen sich die Stände dazu herbei. Sie bewilligten 100 000 rheinische Gulden in fünf jährlichen Raten. Dagegen aber mußte Albrecht versprechen, das Geld auch wirklich nur zur Schuldentilgung verwenden und eine Landbede fortan nur noch in den bekannten drei Not- und Ehrenfällen (bei einer „trefflichen Niederlage", bei einem Landkrieg, bei der Ausstattung einer Prinzessin) fordern zu wollen. Er mußte ferner versprechen, künftig ohne Rat und Einwilligung der Landschaft keine Schlösser noch Land oder Leute mehr zu verpfänden. Als es nun aber zur Zahlung kam, gerieten Ritterschaft und Städte in einen Streit darüber, wieviel jeder von beiden Ständen von der bewilligten Summe zu übernehmen habe — eine Erscheinung, die sich später noch oft wiederholt hat und die man als Quotisationsstreit zu bezeichnen pflegte. Da schlug der Kurfürst folgendes Auskunftsmittel vor: die Städte sollten, wie sie verlangten, nicht mehr als die Hälfte bezahlen; der Adel sogar noch etwas weniger, als er aus freien Stücken übernehmen wollte; dafür aber wollte der Kurfürst, um den übrigbleibenden Bruchteil zu decken, von seinem landesfürstlichen Recht Gebrauch machen, neue Zölle und Ziesen anzulegen. Dies Recht hatte er nämlich schon 1456 durch ein besonderes kaiserliches Privileg sich übertragen lassen. Den Städten wollte der Kurfürst dagegen gestatten, von ihren Einwohnern und Bürgern „Ungeld" (d. h. indirekte Abgaben auf Konsumtionsgegenstände) und Kopfsteuer als kommunale Steuern zu erheben, um damit das auf sie entfallende Quantum der Bewilligung zu decken. Es war ein geschickter Zug. Der Vorschlag gewann von vornherein den Adel durch die günstige Entscheidung der Quotisationsfrage; und er bot den städtischen Obrigkeiten in der Befugnis zur Erhebung von Kommunalsteuern ein wichtiges Zugeständnis. Der Landtag hat denn auch den Vorschlag angenommen, und Albrecht verfuhr danach. Als nun aber der Tonnenzoll, den er anlegte, ins Leben trat (eine Abgabe auf alle Waren, die in Tonnen verfrachtet wurden, wie Bier, Heringe, Teer usw.), fanden die Städte, daß ihr Handel dadurch geschädigt werde und weigerten sich (zunächst die in der Altmark und Priegnitz), seine Zöllner aufzunehmen und den Zoll zu bezahlen. Der Kurfürst berief ein aus Mitgliedern der Stände gebildetes Gericht unter dem Vorsitz des Kanzlers und Bischofs von Lebus Friedrich

Sesselmann, und dieses verurteilte die Städte zur Zahlung der Zölle. Aber die Städte blieben bei ihrem Widerstand. Sie stellten nun auch die Zahlung der Bede, die zur Schuldentilgung bewilligt worden war, ein, und der Adel folgte natürlich diesem Beispiel sofort. Ein allgemeiner Widerstand erhob sich im Lande. Während nun der Kurfürst Albrecht sich an den Hof des Kaisers begab, um von ihm das Urteil gegen die widerspenstigen Städte bestätigen zu lassen, geriet der Hof seines Sohnes, des Markgrafen Johann, in die äußerste Not. Der Kanzler Sesselmann, der eigentlich die Regentschaft führte, wußte nicht mehr Rat zu schaffen und bat den Kurfürsten um seinen Abschied. Im Mai 1473 kam Albrecht nach der Mark zurück; er brachte die kaiserliche Bestätigung jenes Urteils mit, aber er vermochte den Widerstand der Städte nicht zu brechen. Es gelang ihm nur, den Kanzler zum Bleiben zu bewegen. Er selbst verließ dann die Mark bald wieder, und der wackere Sesselmann hat nun einige Jahre lang notdürftig durch allerlei Mittel dem Hofe die Existenz zu fristen verstanden, denn Geld war von Albrecht nicht zu bekommen; sein Grundsatz war, daß der Hof in der Mark aus märkischen Mitteln sich erhalten müsse. Als dann im Jahre 1476 die neuen kriegerischen Verwicklungen drohten, war Albrecht wieder fünf Monate etwa in der Mark. Damals kam es zu einer Einigung mit den Städten wegen der Zölle. Albrecht hielt im Prinzip seine Forderung aufrecht, aber im einzelnen gab er nach. Auch dann hat es noch viele Schwierigkeiten gegeben, bis die früher versprochenen Zahlungen geleistet wurden. Noch bis 1486 ist die Tilgung der Schuldsumme nicht ganz gelungen. Inzwischen aber war durch die Kriege, namentlich den gegen Pommern, eine neue Landbede notwendig geworden. Auf dem Landtage von 1480 ist sie zunächst von Prälaten, Herren und Ritterschaft bewilligt worden, während sich die Städte noch dagegen sträubten. Sie haben sich dem Beschluß erst später gefügt (1483). Der Grundsatz, daß der Beschluß zweier Stände, als der Mehrheit, den dritten ebenfalls binde, ist zwar niemals anerkannt worden; aber wenn die beiden Oberstände einig waren, so war es doch für die Städte immer schwer, ihren Widerstand aufrecht zu erhalten, zumal wenn der Landesherr so energisch auftrat wie Albrecht 1483.

Die letzten Lebensjahre des Kurfürsten sind wieder von der Betätigung in den Reichsgeschäften ausgefüllt worden. Auf den Reichstagen zu Nürnberg 1480 und 1481 nahm er die erste Stelle unter den Fürsten ein. Sein Eifer für die Beitreibung der 1480 ausgeschriebenen „Türkenhilfe“ führte ihn gegenüber der Geistlichkeit zu so rücksichtslosem Durchgreifen, daß er noch einmal der Exkommunikation verfiel (1482). Seine stille Hoffnung, daß diese Mittel statt gegen die Türken vielmehr gegen König Matthias von Ungarn Verwendung finden würden, erfüllte sich nicht. Die Macht des Ungarkönigs blieb im Wachsen und war auch für ihn eine beständige Gefahr. Am 1. Juni 1485 nahm Matthias Wien ein, die Residenzstadt Kaiser Friedrichs III. Das Verhältnis Albrechts zum Kaiser war gerade in diesen Jahren wieder durch manche Interessengegensätze getrübt. Er hatte das Gefühl, daß der Kaiser ihm nicht so entgegenkomme, wie er es durch die Beförderung seiner Sache verdient habe. Doch hat er sich noch dafür gewinnen lassen, zu Frankfurt im Februar 1486 der Wahl des Erzherzogs Maximilian zum römischen König zuzustimmen. Es war der letzte Reichstag, den der 70jährige besucht hat, und es ist ein bezeichnender Ausgang seines vorzüglich den Reichsgeschäften gewidmeten Lebens, daß er hier in Frankfurt, als er sich eben zur Heimreise anschickte, gestorben ist (11. März 1486). Ein gewaltig bewegtes Leben ging damit zu Ende, durchgestürmt in Tatendrang und Genußfreudigkeit. Auch die Gebrechen des Alters haben den zeitweis ganz von Podagra Gelähmten nicht um seinen Humor gebracht, und so stürmisch sein Leben war, so sanft ist sein Ende gewesen. Er war nicht ohne eine gesunde und kräftige Religiosität, aber durchaus ein Weltkind, ohne allen geistlichen Anstrich. Er ist zweimal vermählt gewesen, das eine Mal mit Margarete von Baden, das zweite Mal mit Anna von Sachsen (seit 1465), und hatte aus beiden Ehen 19 Kinder, die alle gut versorgt wurden, teils im weltlichen, teils im geistlichen Stande. Er hinterließ gut geordnete Finanzen und einen „Vorrat“ im Werte von 400 000 Gulden, teils an barem Gelde, teils an Kostbarkeiten und Getreidevorräten, wie er sie immer für kriegerische Fälle in Bereitschaft zu halten pflegte. Er hat selbst im Jahre 1485 dem Kaiser angeben lassen, daß er seinen Söhnen in Franken ein Einkommen von 70 000 Gulden, in der Mark ein solches von 50 000 Gulden hinterlasse. Diese Zahlen sind indessen wohl etwas zu hoch gegriffen, wie es der Tendenz dieser Mitteilung entsprach. Ein andermal hat Albrecht gegen Ende seiner Regierung seine gesamten Einkünfte auf höchstens 100 000 Gulden angegeben und die Mark als ein Drittel seiner Macht in Anschlag gebracht. Die frühere, auf Grund der Berechnungen von Kotelmann herrschende Vorstellung, daß unter seiner Regierung die Einkünfte in der Mark verdoppelt worden seien, ist nicht ganz zutreffend. Nach den neuesten Forschungen (von Schapper) sind sie von 1470 bis 1486 zwar gestiegen von etwa 12 000 auf 23 000 Gulden, und, wenn man den Ertrag der Bede mitrechnet, von 24 400 auf 35 250 Gulden; aber das Jahr 1470 ist schlecht geeignet zur Vergleichung, weil der kostspielige pommersche Krieg vorhergegangen war, der viele Anleihen und Verpfändungen nötig gemacht hatte. Vergleicht man eins der guten Jahre Friedrichs II., etwa 1464, mit dem Ende der Regierung Albrechts, so ergibt sich eine Steigerung der ordentlichen Einkünfte von 17 000 auf 23 000 Gulden, also etwa im Verhältnis von 3 : 4. Das Geheimnis dieses immerhin nicht unbedeutenden Erfolges liegt weniger in der Vermehrung der Bruttoeinkünfte, als in der Verringerung der Verwaltungskosten durch genauere Aufsicht und Rechnungführung, wie sie überhaupt für die Finanzwirtschaft Albrechts charakteristisch ist.

Aus dieser Finanzwirtschaft wie aus der gesamten Politik Albrechts empfängt man den Eindruck, daß es sich dabei im Grunde überall um das Hausinteresse handelt, nicht eigentlich um das eines Landesstaats. Und dieser Eindruck wird auch nicht wesentlich verändert durch den berühmten Akt, den man häufig als die Grundlage einer auf den Staatsgedanken begründeten Landesherrschaft gepriesen hat, die sog. Dispositio Achillea, durch die Albrecht schon im Jahre 1473 (24. Februar) die Nachfolge in seinen Landen und das Verhältnis der Mitglieder des Hauses untereinander letztwillig geordnet hatte. Wenn man diese, in der Schwerfälligkeit ihres Ausdrucks und Satzbaues allerdings leicht Mißverständnissen ausgesetzte Urkunde richtig deutet, so enthält sie neben einer Reihe von hausgesetzlichen Bestimmungen nur eine Erbteilung, aber nicht ein für alle Zukunft verbindliches Erbfolgegesetz, und es ist weder von dem Grundsatz des Erstgeburtsrechts, noch von dem der Unteilbarkeit der Mark Brandenburg ausdrücklich die Rede, obwohl diese beiden Grundsätze, die den Bestimmungen der

Goldenen Bulle entsprachen, tatsächlich beobachtet sind und ihre ausdrückliche Feststellung bei der häufigen Verletzung dieses Reichsgesetzes keineswegs überflüssig gewesen wäre. Jedenfalls hat Albrecht in seiner Erbteilung mit der durch seinen Vater begründeten Gewohnheit gebrochen, nicht nur die fränkischen Lande, sondern auch die Mark Brandenburg zu teilen: obwohl damals (1473) vier Söhne am Leben waren, sind doch nur drei mit Land und Leuten ausgestattet worden: der älteste, Johann, mit der ungeteilten Mark, die beiden jüngeren, Friedrich und Sigismund, mit den beiden fränkischen Fürstentümern. Stirbt einer der älteren Brüder, so soll der nächstjüngere an seine Stelle treten; aber mehr als drei sollen nicht regierende Herren sein. Die andern, also der eine schon vorhandene, und die, welche etwa noch geboren werden würden, sollen im geistlichen Stande versorgt und, bis sie ein Bistum haben, mit 1000 rh. Gulden jährlich abgefunden werden. Töchter sollen bei der Verheiratung niemals mit Land und Leuten ausgestattet werden, sondern mit einer Aussteuer in Geld, nicht über 10 000 rh. Gulden; auf die Erbfolge sollen sie vor der Hochzeit Verzicht leisten. Die regierenden Brüder sollen immer zur gesamten Hand belehnt sein mit allem Hausbesitz; sie sollen nichts von den ererbten Landen je veräußern; dagegen soll jeder die Freiheit haben, mit dem, was er selbst hinzuerwirbt, nach seinem Gutdünken zu verfahren. In der Erbfolge soll der Grundsatz gelten, daß jeder Sohn den Vater beerbt, auch wenn dieser vor der Eröffnung der Erbschaft bereits gestorben ist (das in der juristischen Terminologie sogenannte Repräsentationsrecht der Enkel — eine Neuerung gegenüber dem alten deutschen Recht.) Das alles sind hausgesetzliche Bestimmungen, die für die Zukunft überhaupt gelten sollen, während der Grundsatz der Unteilbarkeit der Mark und ihrer Vererbung nach dem Erstgeburtsrecht nur durch das tatsächliche Beispiel, das die Erbteilung gab, nicht aber durch eine ausdrückliche gesetzliche Bestimmung der Dispositio Achillea für die Zukunft vorbildlich und wirksam geworden ist. Den Testator leitete dabei — abgesehen von den Bestimmungen der Goldenen Bulle von 1356, die ja auch in dem hohenzollernschen Hause bisher nicht genau beobachtet worden waren — hauptsächlich wohl die Überzeugung, daß die Einkünfte der Mark zu gering seien, um bei Vornahme einer Teilung einem Kurfürsten die genügende Grundlage für seine Stellung zu gewähren: er hat ja einmal die Mark als ein Drittel seiner Macht bezeichnet; darum konnten wohl die fränkischen Lande, aber nicht die Mark geteilt werden.

Johann.

Albrecht Achilles ist der letzte hohenzollernsche Fürst gewesen, der die fränkischen Lande und die Mark Brandenburg unter seinem Regiment vereinigt hat; von seinem Tode ab sind diese beiden Besitzmassen des Hauses für vier Jahrhunderte getrennt geblieben. In der Mark nahm sein Nachfolger Johann (1486—1499) wieder mehr die Tendenzen Friedrichs II. auf, nur war sein Streben noch ausschließlicher der inneren Ordnung des Landes und der Befestigung seiner Herrschaft gewidmet; äußere Verwickelungen vermied er geflissentlich. Als König Matthias von Ungarn gestorben war (1490), ist er weder auf die schlesischen Ansprüche seiner Schwester zurückgekommen, noch hat er die seiner Gemahlin, Margarete von Sachsen, geltend gemacht. Das Ehebündnis Barbaras mit dem König Wladislaw von Böhmen wurde mit seiner

Zustimmung gelöst, so daß nun dieser jagellonische Fürst die Witwe des Königs von Ungarn heiraten und 1490 auch die Stefanskrone für sich erwerben konnte. Zum Dank für die dabei geleistete Hilfe gab er 1493 (31. Mai) seine Zustimmung dazu, daß Johann das Amt Zossen auf Wiederkauf an sich brachte, und verzichtete (9. September) auf die Wiedereinlösung von Krossen, Züllichau, Bobersberg, Sommerfeld für die Lebzeit Johanns und seiner beiden Söhne. Noch nachgiebiger erwies sich Johann Pommern gegenüber, als Herzog Bogislaw X., der eine Tochter des Polenkönigs Kasimir II. geheiratet hatte (1491) und sich der moralischen Unterstützung Maximilians erfreute, die Leistung der Lehnshuldigung weigerte. Johann ließ es nicht wieder auf einen Krieg ankommen; die Aussichten waren zu schlecht gegenüber einem Fürsten, der die große Macht des jagellonischen Hauses in Polen, Böhmen und Ungarn auf seiner Seite hatte. Die Frage wurde einem Notabelnausschuß, der damals üblichen Form des Rates, vorgelegt und der Kurfürst beschritt im Einklang mit der Ansicht der Mehrheit den Weg gütlicher Verhandlungen, die von den Räten beider Fürsten zu Königsberg i. N. eröffnet wurden und zu dem Vertrage von Pyritz vom 26. März 1493 geführt haben. Brandenburg verzichtete auf die Investitur und den Lehnseid; andererseits aber erklärte Herzog Bogislaw X., daß Pommern trotzdem ein brandenburgisches Lehen sein und bleiben solle.

Es war ein zweifelloser Rückzug Brandenburgs in dieser vielleicht wichtigsten Frage seiner auswärtigen Beziehungen; aber er war durch die ungünstige politische Lage bedingt. Es war kaum zu erwarten, daß Pommern das Lehnsverhältnis in Zukunft anerkennen werde; schon Bogislaw X. selbst hat den Versuch gemacht, die Belehnung durch den Kaiser und damit die Anerkennung der Reichsunmittelbarkeit zu erlangen — ein Ziel, das 1521 auch wirklich erreicht worden ist.

In der Reichspolitik ist Kurfürst Johann nicht maßgebend hervorgetreten. Die Interessen seines Hauses wiesen ihn auf ein gutes Einvernehmen mit dem Kaiser hin; aber seine Stellung zu Maximilian war weniger frei und selbstbewußt als die seines Vaters Albrecht zu Friedrich III. An den Bestrebungen der reichsständischen Reformpartei, deren Führer der Kurfürst von Mainz Berthold von Henneberg war, hat er keinen nennenswerten Anteil genommen; Reichstage hat er nur selten persönlich besucht und gerade die bedeutendsten nicht. Seine Hauptsorge war die Befriedung seines Landes, die Ausrottung des Raubwesens, das unter dem Adel der Mark wie der benachbarten Länder wieder überhand genommen hatte. Schon zu Lebzeiten seines Vaters war er in der Priegnitz 1482 mit Unterstützung der Stände dagegen eingeschritten. Unter Führung des Bischofs von Havelberg, Wedigo von Putlitz, und des Landeshauptmanns der Altmark, Wilhelm von Pappenheim, hatten damals städtische Milizen, unterstützt von gutgesinnten Edelleuten, 15 Raubburgen gebrochen. Das Fehdewesen, das erst 1495 durch den ewigen Landfrieden im Reiche endgültig ein für allemal verboten wurde, diente vielfach den Räubereien als Deckmantel. Viele Edelleute beanspruchten auf ihrem Gebiet ein Geleitsrecht und überfielen Reisende, die ihr Geleit nicht durch Geldzahlung erkauft hatten; auch nahmen sie das Recht in Anspruch, auswärtige Räuber auf ihren Schlössern zu hegen, wie es in der Zeit der Quitzows geschehen war. Demgegenüber war es das Bestreben Johanns, durch Bündnisse mit den Nachbarfürsten ein gemeinschaftliches Einschreiten gegen das Raubwesen zu ermöglichen, dem natürlich die Zersplitterung der obrigkeitlichen Gewalt in so viele oft miteinander verfeindete Landesherrschaften Vorschub leistete. Solche Vereinbarungen bestanden mit Pommern, mit Magdeburg, mit Sachsen und Hessen, mit Braunschweig-Lüneburg, auch mit Ungarn (wegen Schlesiens) unter Matthias Corvinus. Mit Hilfe von Sachsen gelang es so 1488, eine berüchtigte Räuberbande unschädlich zu machen. Ganz ausgerottet wurde das Unwesen des Raubrittertums noch nicht. Es war eine Übergangszeit, in der der Adel, der bisher in der Hauptsache noch immer ein Kriegerstand gewesen war, beim Verfall des ritterlichen Kriegswesens und der Lehnskriegsverfassung andere Grundlagen für seine wirtschaftliche Existenz suchen mußte. Er begann eben damals in der Mark Brandenburg und den andern ostelbischen Landen sich der Landwirtschaft zuzuwenden, seine Gutsherrlichkeit über die abhängigen Bauern zu befestigen und auch wirtschaftlich auszunützen. Es deutet auf eine allgemeine Verschlechterung in der rechtlich-sozialen Lage der Bauern, wenn 1484 die Ritterschaft in der Altmark es durchsetzt, daß niemand fremde Bauern ohne Wissen und Willen des Herrn, von dem sie weggezogen sind, aufnehmen und hausen dürfe; in den mehr östlichen Teilen des Landes scheint dieser Grundsatz damals schon in Geltung gestanden zu haben. Mit dem Anbruch friedlicher Zeiten begann der Ackerbau lohnender zu werden als bisher. Die Preise für Getreide stiegen, namentlich auch infolge des wachsenden Auslandsbedarfs, und der Adel war im Wettbewerb mit den Städten bemüht, sich diese Konjunktur zunutze zu machen. Auf sein Betreiben geschah es doch wohl, daß in dem Landtagsabschied von 1488 der bisher von den Städten geübte Zwang, daß die Bauern ihr Getreide zum Verkauf nur auf den städtischen Markt bringen durften, wo es der Preissetzung durch die städtische Obrigkeit unterlag, abgestellt wurde. Die Bestimmung deutet wohl auf den wachsenden Getreidehandel des Adels, der als Vorbote der im 16. Jahrhundert sich ausbildenden Gutswirtschaft zu betrachten ist. Der Kurfürst scheint dabei auf seiten des Adels gestanden zu haben. Eine eigentliche fürstliche Wirtschaftspolitik gab es in den Territorien damals wohl hie und da schon; aber in der Mark Brandenburg stand sie noch in den ersten Anfängen und nahm sehr unsicher ihre Stellung zwischen den Interessen von Stadt und Land, von Rittern und Bauern. Die Interessen des grundbesitzenden Adels deckten sich ja vielfach mit den Interessen des fürstlichen Domänenbesitzes. Und auch vom rein obrigkeitlichen Standpunkte aus mußte der Kurfürst damals und mußten auch seine Nachfolger noch froh sein, wenn der Adel, der nicht mehr vom Waffenhandwerk leben konnte, statt seine kriegerischen Instinkte in einem landverderblichen Raub- und Fehdewesen weiterhin zu betätigen, sich der Landwirtschaft zuwandte, sich auf seinen Gütern häuslich einrichtete und sich eine neue friedliche Grundlage für eine standesgemäße Existenz schuf. Mochte auch die Masse des Bauernstandes darunter leiden — ihr Los war früher, in den Zeiten, wo Raub und Brand namentlich die Bewohner des offenen Landes so vielfach heimgesucht hatten, schwerlich ein besseres gewesen.

Daß die Haltung des Kurfürsten Johann in dem Interessenkonflikt des Adels und der Städte keine schlechthin den Städten abgünstige gewesen sein kann, erhellt aus einem großen Zugeständnis, das ihm die Städte auf demselben Landtag von 1488 gemacht haben. Was sein Vater von ihnen nicht erlangen konnte, das ist ihm damals zuteil geworden: die Bewilligung einer Biersteuer oder Ziese, der ersten indirekten Steuer, die wir in der Mark finden. Das Braugewerbe war damals schon und noch lange nachher geradezu der wichtigste Nahrungszweig der Städte, und sein Produkt eignete sich daher besonders zum Gegenstand einer ergiebigen Besteuerung. Von jeder Tonne wurde ein Groschen bezahlt. Zwei Drittel davon, 8 Pfennige, waren für den Kurfürsten, ein Drittel, 4 Pfennige, für die Stadtobrigkeiten bestimmt, die denn auch durch ihre Organe eine Kontrolle über die kurfürstlichen Steuererheber ausübten. Ohne Kampf ist freilich auch diese wichtige Neuerung nicht durchgesetzt worden. Die altmärkischen Städte, namentlich Stendal, erkannten die Verbindlichkeit des Beschlusses für sich nicht an und widersetzten sich den kurfürstlichen Zieseeinnehmern. Es bedurfte erst der Gewalt, um sie zum Gehorsam zu bringen. Es ist die letzte Phase in dem Kampf der Hohenzollern mit den Städten der Mark. Die Biersteuer blieb eine dauernde Einrichtung; man nannte sie im 16. Jahrhundert das „alte Biergeld". Prälaten und Ritterschaft waren frei davon; aber sie durften dafür auch kein Bier zum Verkauf brauen, — eine Vorschrift, die allerdings später oft übertreten wurde und eine Quelle unendlicher Streitigkeiten zwischen Stadt und Land geworden ist.

Man kann wohl sagen, daß Kurfürst Johann mit seiner alle auswärtigen Händel vermeidenden, auf die innere Befriedung und Festigung des Landes und seiner Wohlfahrt gerichteten Politik ein Regent nach dem Herzen der Stände war. Unter seinen Räten begegnen auch mehr Namen von märkischen Edelleuten als früher, — so der Obermarschall Busso v. Alvensleben, Berndt v. Rohr, Johann v. Schlabrendorff u. a.; das fränkische Beamtentum beginnt zurückzutreten. Freilich, der Kanzler, der 1483 auf Sesselmann folgte, war noch fränkischer Herkunft, einer jener „gemieteten Doktoren", wie sie damals überall an den Fürstenhöfen erscheinen, Sigmund Zerer, übrigens der letzte Doktor des g e i s t l i c h e n Rechts, der diesen Posten bekleidet hat. Die kanonistischen Juristen spielen in Rat und Gericht unter Johann noch eine Hauptrolle, wie Liborius von Schlieben und Dietrich von Bülow, die später beide Bischöfe von Lebus geworden sind. Die „Legisten", die Doktoren des römischen Zivilrechts, die Hauptträger der Rezeption des römischen Rechts, treten in der Mark Brandenburg erst im 16. Jahrhundert maßgebend hervor. Das Kammergericht bestand auch unter Albrecht und Johann fort, und zwar getrennt vom Hofgericht; es beruht auf einem Mißverständnis, wenn manche Rechtshistoriker die Verbindung beider Gerichtshöfe um das Jahr 1484 angenommen haben. Es scheint, daß man das Kammergericht, in dem ja die Räte des Kurfürsten urteilten, auf eine breitere und verfassungsmäßig befestigte Basis zu stellen versucht hat, indem man zu den periodischen Sitzungen Räte vom Lande, aus den verschiedenen Ständen, neben den Hofräten hinzuzog und den Vorsitz einem „Kammerrichter" übertrug. Georg von Waldenfels erscheint in dieser Stellung 1476 und 1477. Aber die Einrichtung scheint keinen Bestand gehabt zu haben; das tägliche Gericht der am Hofe anwesenden Räte, als ein minder schwerfälliger und kostspieliger Apparat, behauptete sich in der Stellung des obersten kurfürstlichen Gerichts, und an ihm blieb der Name „Kammergericht" haften. Der Kurfürst hat noch zuweilen an der Spitze dieser Räte selbst sich an der Rechtsprechung beteiligt.

Seine Regierung fällt in die Zeit, wo die neue humanistische Bildung von Italien aus nach Deutschland eindrang und auch die Mark Brandenburg erreichte, die in bezug auf materielle und geistige Kultur vor den südlicheren Landschaften, wie Franken, noch weit zurücktrat. Kurfürst Johann ist ein Beförderer dieser Bewegung gewesen, obwohl er selbst noch nicht in ihrem Geiste erzogen war. Er hat keine klassische Bildung besessen, sondern war mehr als Ritter und Jäger aufgewachsen. Es ist eine Legende, für deren Verbreitung namentlich Melanchthon verantwortlich zu machen ist, daß er einst in einer Fürstenversammlung eine vierstündige lateinische Rede gehalten habe, um die Könige von Ungarn und von Böhmen zu versöhnen, und daß dann die Zuhörer bewundernd ausgerufen hätten: Er ist ein Cicero! ein wahrer Cicero! Dieser Beiname ist ebenso wie die Geschichte, von der er stammt, eine spätere gelehrte Erfindung. Die Zeitgenossen haben dem Markgrafen Johann zuweilen den Beinamen Magnus, d. h. der Große, der Starke, gegeben, weil er ein Mann von ungewöhnlich kräftigem Körperbau war. So zeigt er sich auch, in kriegerischer Rüstung, auf dem Grabmal, das ihm Joachim II. von dem Nürnberger Meister Peter Vischer in der Domkirche hat errichten lassen. Er ist der erste Hohenzoller, der in der Mark gestorben und begraben worden ist, zuerst übrigens in der Klosterkirche zu Lehnin. Man könnte zweifeln, ob man ihn besser an den Schluß der alten oder an den Anfang einer neuen Epoche stellen soll. Er ist ein märkischer Territorialfürst wie Friedrich II. und wie alle die Nachfolger im 16. Jahrhundert. Aber er ist mit der Regierung seines Vaters Albrecht so eng verwachsen, daß man ihn gern an diese anschließt, und er hat andererseits in den 14 Jahren seiner eigenen Regierung trotz mancher Wandlungen im öffentlichen Leben doch nicht so neue Wege eingeschlagen, daß er den Beginn einer neuen Epoche bezeichnete. Wenn er sich auf ein friedliches inneres Regiment beschränkte, so geschah das wohl nicht bloß aus Grundsatz, sondern auch, weil er früh ein kranker Mann gewesen ist; er ist nach langem Leiden, das offenbar auch seine Tatkraft vermindert hat, im Alter von 43 Jahren mit dem Symptom der Wassersucht, also wohl an einer Herzkrankheit, gestorben — der erste Fürst des hohenzollernschen Hauses, bei dem dies in den späteren Generationen sich häufig wiederholende Übel hervorgetreten ist.

IV.

Das Jahrhundert der Reformation.
1499 – 1598.

Die nächsten drei Regierungen in der Mark Brandenburg, die von 1499 bis 1598 reichen, lassen sich als das Jahrhundert der Reformation zusammenfassen; denn diese große religiöse Bewegung, die alle Tiefen des deutschen Volkslebens aufrührte, ist auch die beherrschende Macht, die der Geschichte des märkischen Landes und seines Fürstenhauses das Gepräge gibt, mag der Herrscher nun, wie Joachim I., die Neuerungen mit unverhohlenem Haß abzuwenden suchen oder mag er, wie Joachim II., in der Rolle eines friedfertigen Vermittlers Altes und Neues im kirchlichen Leben zu verbinden bestrebt sein oder mag er endlich, wie Johann Georg, in starrer Rechtgläubigkeit mit beiden Füßen auf dem befestigten Boden des lutherischen Bekenntnisses stehen.

Die Renaissance, deren Wirkungen in den Brennpunkten der damaligen europäischen Kultur, insbesondere in Italien, auch für Staat und Gesellschaft so tief und nachhaltig gewesen sind, hat in dem brandenburgischen Fürstenstaat nur einen schwachen Widerschein hervorgerufen, der dann durch das religiöse Interesse bald vollends gedämpft und von der neuen geistlichen Lichtquelle überstrahlt wurde. Kurfürst Joachim I. selbst kann trotz seiner kirchlichen Haltung als ein aufgeklärter Humanist gelten; und aus der humanistischen Strömung entsprang auch die Gründung der märkischen Landesuniversität zu Frankfurt a. O., die schon unter dem Kurfürsten Johann geplant worden war und mit päpstlichem und kaiserlichem Privileg versehen 1506 ins Leben trat; der Hauptgehilfe dabei, der humanistisch gebildete Gönner Huttens, Dietrich von Bülow, Bischof von Lebus, zugleich der erste Kanzler der Universität, war ein märkischer Edelmann. Aber solche Männer waren selten im Lande, und der gelehrte Abt von Sponheim, Trithemius, der im Winter 1505/6 als Gast des Kurfürsten einige Monate lang am brandenburgischen Hofe weilte, übertrieb wohl nicht allzu stark, wenn er schrieb, in diesem Lande sei ein Gelehrter so selten wie ein weißer Rabe. Auch die Universität Frankfurt ist später mehr eine Pflanzschule zur Ausbildung von Juristen und Pastoren geworden, als ein Mittelpunkt der humanistischen Studien. Das geistliche Element überwog je länger je mehr während dieses Zeitraums in der Bildung des Hofes und der höheren Stände wie in dem Leben des gemeinen Mannes. Das Luthertum mit seiner ehrlichen deutschen Gründlichkeit hat auch in der Mark Brandenburg den ersten Anstoß zur Volkserziehung gegeben, der freilich zunächst mehr den mittleren als den unteren Ständen und mehr den Städten als dem platten Lande zugute kam. Luthers Bibelübersetzung und sein Katechismus sind auch für das harte Kolonistengeschlecht des märkischen Landes die Grundlage der lange vernachlässigten Geistes- und Gemütsbildung geworden. Das Leben am Fürstenhofe wie auf den adligen Gutshöfen, in den städtischen Bürgerhäusern wie in den ländlichen Gemeinden erhielt einen halb geistlichen Anstrich, der von der überlieferten Rauheit und Derbheit der Sitten und von den naiven weltlichen Instinkten, die sich daneben kräftig geltend machten, manchmal recht seltsam absticht. Das protestantische Pfarrhaus gewann eine steigende Bedeutung für das sittliche und geistige Leben in Stadt und Land; Bildung und Wissenschaft, aber auch Wirtschaft und Politik bauten sich auf dem selbstverständlichen Untergrund christlicher Gesittung und kirchlicher Ordnung auf. Geistliche und weltliche Gewalt verbanden sich dabei in dem Landesfürsten als der christlichen Obrigkeit zu einer natürlichen Gemeinschaft; die schon durch die päpstlichen Privilegien von 1447 vorbereitete Landeskirche trat mit der Reformation sichtbar in die Erscheinung und beförderte die Absonderung und den inneren Zusammenhalt des territorialen Staatsgebildes. Die landesherrliche Macht gewann einen beträchtlichen Zuwachs durch die Befugnis des evangelischen Kirchenregiments, die unter den fürstlichen Gewalten nach dem Sinne der Zeit die oberste und stärkste war und den ganzen Gliederbau der Landeskirche in Abhängigkeit von dem geistlich-weltlichen Oberhaupte brachte. Nicht gering war auch der greifbare Vorteil, den die Einziehung der geistlichen Güter für die Einkünfte des Landesherrn mit sich brachte, wenn er auch nicht genügt hat, für die vermehrten öffentlichen Bedürfnisse und die damit verbundenen steigenden Anforderungen an die fürstlichen Finanzen, die dieses Jahrhundert stellte, ausreichende Deckung zu schaffen. Es ist ein Zeichen der Zeit, daß die Mittel für Hofhalt und Landesregierung noch weniger als früher ausreichen wollen. Es sind nicht bloß die steigenden Bedürfnisse des Hofes, die zahlreichen und immer kostspieliger werdenden Reichstage, die Türkenhilfen und sonstige außerordentliche Anlässe, die die Ausgaben der landesherrlichen Regierung zu früher unerhörter Höhe anschwellen, es ist zugleich auch das Sinken des Geldwerts, die Erhöhung aller Preise, die schon infolge der steigenden Ausbeute der erzgebirgischen Silberbergwerke, ganz besonders aber in der zweiten Hälfte des Jahrhunderts infolge der massenhaften Einfuhr von Edelmetall aus den spanischen Kolonien von Mexiko und Peru als eine allgemeine europäische Erscheinung auch in Deutschland und der Mark Brandenburg ihre Wirkungen äußert.

Überhaupt verschoben sich schon vom Beginn dieses Zeitraumes an die wirtschaftlichen und sozialen Grundlagen des öffentlichen Lebens durch überaus bedeutsame Veränderungen. Die Epoche der kriegerisch-feudalen Verfassung ging zu Ende; das herkömmliche Fehdewesen, das den letzten Jahrhunderten des Mittelalters in allen deutschen Landen ihr eigenartiges Gepräge gegeben, hatte seit dem ewigen Landfrieden von 1495 jede rechtliche Grundlage verloren, und wie der Reichsgewalt, so lag auch den Landesfürsten in ihrem Machtbereich die schwere Aufgabe ob, das erste Erfordernis eines geordneten Staatslebens, die Sicherheit von Person und Eigentum, gegen Gewalttat und räuberischen Zugriff nachdrücklich zu gewährleisten und die Autorität der Gerichte und der Obrigkeit überhaupt zu wirksamer Geltung zu bringen gegenüber den noch immer nicht ausgerotteten Gewohnheiten der Selbsthilfe und einer Entartung des verschollenen

Fehderechts, die nichts anderes als Wegelagerei, Raub und Gewalttat bedeutete. Es ist keine unverständliche Erscheinung, daß gerade in dieser Zeit, zu Anfang des 16. Jahrhunderts, in den ostelbischen Gebieten das Treiben der adligen Straßenräuber noch einmal besonders stark hervortritt: es ist die Agonie der verendenden ritterlich-kriegerischen Lebensordnung, die während des Mittelalters geherrscht hatte. Seit dem Verfall der Lehnskriegsverfassung, seit der zunehmenden Bedeutung der Fußknechte, die die Ritter auch aus den Soldheeren verdrängten, seit dem Aufhören der gewinnreichen Beutezüge, zu denen früher das Fehdewesen Gelegenheit geboten hatte, mußte der Ritter, dessen grundherrliche Einkünfte zu einem standesgemäßen Lebensunterhalt nicht ausreichten, darauf bedacht sein, sich eine neue breitere Grundlage für seine wirtschaftliche Existenz zu schaffen. Aus dem Krieger wurde ein Landwirt. An die Stelle der alten Grundherrschaft über selbstwirtschaftende Bauern, die hauptsächlich durch ihre Abgaben dem auf einem kleinen Herrenhofe sitzenden Ritter eine etwas höhere Lebenshaltung ermöglichten, trat die neue Gutswirtschaft des ritterlichen Grundherrn, der Anfang zu einem landwirtschaftlichen Großbetrieb, dessen Grundlage eine wesentliche Vergrößerung des ritterlichen Landbesitzes und Eigenbetriebes war, und dessen wirtschaftliche Voraussetzung in der Möglichkeit bestand, nicht bloß wie bisher für den eigenen Bedarf oder für den nächsten Umkreis zu produzieren, sondern auch auf größeren und ferneren Märkten Korn, Vieh, Wolle und andere landwirtschaftliche Produkte vorteilhaft zu verwerten. Es ist eine Erscheinung, die sich keineswegs auf die Mark Brandenburg beschränkt, sondern die sich auf dem ganzen ostelbischen Gebiet sowie in den angrenzenden nordwestdeutschen Landschaften und gleichzeitig oder vielleicht noch früher auch in Polen ganz allgemein seit dem Ende des 15. Jahrhunderts bemerklich macht und überall die Grundlagen der ländlichen Verfassung wesentlich verändert hat. Schon der Deutsche Orden hatte im 14. und 15. Jahrhundert den Getreideexport in großem Maßstabe betrieben und damit ein Beispiel für das gesamte Hinterland gegeben. Je weniger die Städte im Osten der Elbe vermocht haben, den Handel des sie umgebenden Landgebietes zu beherrschen und an ihren städtischen Markt zu binden, desto mehr begannen die Ritter sich dieses Handels zu bemächtigen und ihn zur Grundlage einer neuen standesgemäßen Wirtschaftsführung zu machen. Sie fingen damit an, das Getreide der Bauern aufzukaufen, um es an fremde Händler abzusetzen, und sie endeten damit, durch Einziehung von Bauernhöfen ihre eigene Gutsfläche zu vergrößern und das Getreide, das sie exportieren wollten, selbst zu bauen. Der Kapitalbesitz und das Angebot von freien Arbeitskräften war damals noch nicht so groß, daß es möglich gewesen wäre, diesen erweiterten Betrieb vom Gutshofe aus mit eigenem Inventar und Gesinde oder mit gemieteten Tagelöhnern zu führen; vielmehr beruhte dieser neue Großbetrieb vornehmlich auf den Frondiensten der abhängigen Bauern, die jetzt allmählich an die Stelle der früheren Abgaben traten und mit der Zeit dazu geführt haben, daß diese wegen ihrer Arbeitskraft für den adligen Gutsbetrieb unentbehrlich werdende Menschenklasse, deren eigene Wirtschaft jetzt nur noch als unselbständiges Anhängsel der Wirtschaft des Gutsherrn erschien, an die Scholle gefesselt wurde und damit in jenen Zustand der Gutshörigkeit geriet, der amtlich später in den preußischen Provinzen als „Erbuntertänigkeit" bezeichnet wurde. Die meisten Bauern hatten kein Eigentumsrecht an ihren Höfen, die vielmehr im Obereigentum des Gutsherrn standen, sondern nur ein beschränktes und unsicheres Besitzrecht; man nannte sie „Lassiten“, eine latinisierte Fortbildung der altdeutschen Bezeichnung Lasse (Late), die einen Hörigen bedeutet; auch da, wo ein Erbrecht an den Höfen bestand, hatte der Gutsherr das Recht, den ihm geeignet erscheinenden Erben aus der Nachkommenschaft des Erblassers zu bestimmen, wie er denn auch bei der Verehelichung des neuen Hofbesitzers ein gewichtiges Wort mitzureden hatte. Die Dienste, welche die Bauern mit ihrem Gespann und durch ihre Hofgänger für die Gutswirtschaft zu leisten hatten, waren nicht überall fest bestimmt, und bei den Gutsherren bestand die Neigung, sie über Gebühr nach ihrem eigenen Bedarf auszudehnen, so daß vielfach „ungemessene Dienste“ üblich wurden, bei denen unter Umständen den Bauern kein Werktag in der Woche dienstfrei blieb. Der Gutsherr war als Erb- und Gerichtsherr in der Regel auch die Obrigkeit der Bauern; die Bauernkinder hatten ihm bei der Konfirmation einen Untertänigkeitseid zu leisten; die, welche Gesindedienst suchten, waren verpflichtet, zuerst ein paar Jahre lang auf dem Herrenhofe zu dienen. Als Kirchenpatron hatte der Gutsherr meist auch zugleich den entscheidenden Einfluß bei der Berufung des Pfarrers, der freilich nicht von ihm, sondern von dem Landesherrn durch sein Konsistorium angestellt wurde. Die Einrichtungen einer kirchlichen Gemeindevertretung verkümmerten ebenso wie die eines selbständigen ländlichen Gemeindelebens überhaupt in diesen Gebieten; so weit die Kirche nicht vom Landesherrn und seinem Konsistorium beherrscht war, stand sie unter der Leitung der Gutsherren und der von ihnen vielfach abhängigen Pastoren, während der Wirkungskreis der Dorfgemeinde in der Hauptsache auf wirtschaftliche Maßnahmen beschränkt blieb und an die Stelle des früheren Erbschulzen jetzt meist ein vom Gutsherrn abhängiger Setzschulze trat, der die Gemeindeangelegenheiten mit Zuziehung einiger Schöffen oder Gerichtsmänner zu besorgen pflegte.

Diese wirtschaftlich-soziale Entwicklung, die eine verhängnisvolle Herabdrückung des Bauernstandes mit sich brachte, ist dem ganzen ostelbischen Kolonisationsgebiet und den Nachbargebieten in Deutschland und Polen gemeinsam; polnische Einflüsse haben dabei offenbar neben der Schwäche der Städte und der ländlichen Gemeindeverfassung maßgebend mitgewirkt. Je weiter nach Osten zu, desto strenger gestaltete sich das gutsherrlich-bäuerliche Abhängigkeitsverhältnis; in Polen herrschte eine förmliche Leibeigenschaft, unter der der Bauer kaum mehr als Rechtsperson galt; in den deutschen Landen blieb dem Bauer der rechtliche Schutz der Person und des Eigentums doch immer erhalten, und auch seine wirtschaftlich-soziale Lage war namentlich in der Mark Brandenburg bedeutend besser. Die Landesfürsten empfanden zwar diese Veränderungen in den ländlichen Zuständen hie und da, auch in Brandenburg, als etwas Unbilliges und Schädliches, und suchten gelegentlich dem Bauernlegen Einhalt zu tun oder die Dienste zu beschränken; aber auch wenn ihr Wille fester und ihre Macht größer gewesen wäre, so hätte doch diese große und allgemeine Bewegung, die mit elementarer Gewalt fortschritt und gerade auch die landesherrlichen Domänen ergriff, durch vereinzelte Bestrebungen territorialer Kleinfürsten schwerlich gehemmt werden können. Was der Bauernstand verlor, gewann der Adel.. In diesen wirtschaftlichen Verhältnissen, in dieser örtlichen Herrenstellung des grundbesitzenden Edelmanns hat sich der eigenartige Typus des ostelbischen Junkers herausgebildet, der sich von der Art des west- und süddeutschen Edelmanns so wesentlich unterscheidet und in der Geschichte des Hohenzollernstaates weiterhin eine so bedeutsame

Rolle spielt: hier entstand in der Ritterschaft zugleich eine Klasse von selbstwirtschaftenden Gutsbesitzern, die in ihrem größeren Betriebe und in der Herrschaft über die Bauern eine Fähigkeit zu leiten und zu disponieren, eine Gewohnheit, den Vorteil wahrzunehmen, zu handeln und zu befehlen in sich ausbildeten, welche später im militärischen und diplomatischen Dienst auf größerem Gebiete für den Staat der Hohenzollern Früchte tragen konnte, zumal diese Gutswirte niemals aufgehört haben, die Traditionen einer kriegerischen Kaste fortzupflanzen und den in der ständischen Verfassung begründeten Anspruch zu erheben, die geborenen Räte des Landesherrn zu sein.

Als die vorwaltende politische Tendenz der Renaissance wird man die Richtung auf die Herausbildung des modernen souveränen Staates bezeichnen dürfen, dessen Wesen die Macht ist im Gegensatz zu der hierarchisch-feudalen Verfassung des Mittelalters, die auf der einen Seite eine umfassende göttlich-menschliche Rechtsordnung im Rahmen des Reiches und der Kirche hatte verwirklichen wollen, während auf der andern Seite die lokalen Gewalten in einer oft an Anarchie grenzenden Selbstherrlichkeit schalten und walten konnten, so daß bei dem chaotischen Durcheinander sich kreuzender Interessen und Rivalitätskämpfe kleiner und kleinster Machthaber Recht und Friede unaufhörlich gestört, zugleich aber auch die Bildung eines großen machtvollen Ganzen verhindert wurde. Jetzt traten kleinere und größere Staaten unter der Herrschaft kluger und gewalttätiger Fürsten in schärferer Absonderung einander gegenüber und vollbrachten zugleich im Innern eine straffere Zusammenfassung des Untertanenverbandes, so daß die durch den Fürsten repräsentierte Staatsgewalt nach außen als unabhängig, nach innen als unumschränkt erschien. In den deutschen Fürstenstaaten aber ist diese Tendenz zur Selbständigkeit und zum Absolutismus im Laufe des 16. Jahrhunderts noch nicht verwirklicht worden. In der Mark Brandenburg zeigt die Regierung Joachims I. einen Anflug solcher Bestrebungen; aber in dem Maße, wie die allgemeinen Kultureinwirkungen der Renaissance durch die der lutherischen Reformation abgelöst und verdrängt wurden, verschwindet auch der vorübergehend aufblitzende Machtgedanke mehr und mehr; der territorialfürstliche Charakter der Landesherrschaft in ihrer Abhängigkeit von Kaiser und Reich, in ihrer Beschränkung durch die Landstände prägt sich in festen und eigenartigen Zügen zu einem Gebilde aus, das von dem Wesen eines modernen Staates noch weit entfernt bleibt und dem die Organe zu einem machtvollen Eingreifen in die Weltverhältnisse vollkommen fehlen. Während ringsumher in der Welt, namentlich in der italienischen, französischen, burgundisch-habsburgischen und spanischen Politik die neue von Machiavelli verkündete Staatsräson dominiert, die frei von Gefühlswallungen und Gewissensbedenken nur den politischen Nutzen verfolgt und den Kontinent in immer neue blutige Macht- und Rivalitätskämpfe verwickelt, befestigen sich die lutherischen Fürstenstaaten Deutschlands mehr und mehr in einer kleinmütigen, unpolitischen, ohnmächtig-friedseligen Haltung, die allen Anteil an den großen Gegensätzen und Verwicklungen der Welt ängstlich vermeidet und über der Sorge für das geistliche und weltliche Wohl des Fürsten und der Landstände die Anbahnung von Einrichtungen zur Entwicklung von militärisch-politischer Macht gänzlich verabsäumt.

Die beiden großen Mächte, die damals um das Übergewicht in der Welt miteinander ringen, sind das Haus Habsburg und die französische Krone. Die habsburgische Macht, im 15. Jahrhundert der des hohenzollernschen Hauses noch wenig überlegen, war zur gewaltiger Höhe emporgeschnellt, seit die österreichischen Erbländer sich auf der einen Seite mit dem burgundischen und spanischen Reich, auf der anderen Seite mit Böhmen und Ungarn verbunden hatten; und wenn auch die eine Verbindung sich bald wieder auflöste, so ist doch die andere zu dauerndem Bestand gediehen, und diese Verstärkung der Hausmacht hat das kaiserliche Österreich an Kraft und Ansehen weit über das brandenburgische Haus erhöht. Der Versuch Karls V., den absoluten Dominat im Reich aufzurichten, ist zwar gescheitert, aber die Reichsfürsten und auch Brandenburg blieben von der Stellung selbständiger souveräner Mächte noch weit entfernt; sie mußten froh sein, ihre „reichsständische Libertät" zu behaupten.

Und so wenig sie nach außen hin unabhängig waren, so wenig waren sie im Innern unumschränkt. Die landständische Verfassung erlangt im Laufe des 16. Jahrhunderts auch in Brandenburg ihre volle Ausbildung. Sie war hier, wie in den deutschen Territorien überhaupt, seit dem 13. Jahrhundert langsam in gleichem Schritt mit der landesfürstlichen Gewalt und dem territorialen Staatsverbande erwachsen, getragen von denjenigen Bestandteilen der eingesessenen Bevölkerung, deren Rat und Hilfe dem Landesherrn bei der Aufrichtung seines Regiments und bei der Bewahrung von Ordnung und Sicherheit im Lande unentbehrlich geworden war. Waren einst zu Ende des 13. Jahrhunderts die Bedeverträge von den Markgrafen mit einzelnen Städten und Gruppen von Ritterschaften in verschiedenen Teilen des Landes abgeschlossen worden, so stand jetzt die gemeine Landschaft von Prälaten, Ritterschaft und Städten als eine große umfassende Korporation mit dem Anspruch, das ganze Land zu vertreten, dem Kurfürsten gegenüber; es war eine Wandlung, die zwar auch durch gelegentliche Bündnisse und Einungen zwischen den verschiedenen Ständen befördert worden war, hauptsächlich aber doch auf der Tatsache beruhte, daß das Land selbst jetzt ein Ganzes geworden war. Eine Volksvertretung waren diese Landstände, die auf Berufung des Fürsten je nach dessen Wunsch und Bedarf zu einem allgemeinen Landtage zusammentraten, noch keineswegs; der Begriff des Volkes fehlt in den deutschen Territorien ebenso wie der des modernen Staates. Der durchgreifendste Unterschied dieses ständischen Verfassungssystems von dem modernkonstitutionellen ist der, daß Fürst und Landschaft sich noch keineswegs als Organe ein und desselben Staatskörpers fühlen, sondern vielmehr wie zwei miteinander paktierende Gewalten, wie die beiden Hälften eines noch nicht zum Zusammenschluß und zur Einheit gelangten Staatswesens sich gegenüberstehen, daß die Interessen des Fürsten und die des Landes noch als grundsätzlich verschieden erscheinen und daß die Landesvertretung wie der ganze öffentliche Zustand nicht auf dem Grundsatz der staatsbürgerlichen Rechtsgleichheit, sondern gerade umgekehrt auf der prinzipiellen Rechtsungleichheit der verschiedenen Bevölkerungsklassen, auf den Privilegien oder Sonderrechten der einzelnen Stände und ihrer Mitglieder beruht. Eine Landesvertretung ist der Landtag der altständischen Zeit auch nur in sehr beschränktem Sinne, nämlich insofern, als die geistlichen Stifter, die Ritter und die sogenannten Hauptstädte, die einer „Sprache" vorstehen, d. h. diejenigen Elemente, die neben dem Fürsten und in Lehnsabhängigkeit von ihm Grundbesitz haben und obrigkeitliche Rechte ausüben, sich selbst und ihre Hintersassen und damit den größten Teil des Landes aus eigenem Recht, nicht auf Grund einer Wahl vertreten. Den Kern des Ganzen bildet die Ritterschaft, deren Mitglieder Mann für Mann auf den Landtagen Sitz und Stimme haben. Eine Matrikel der Ritterschaft, wie sie wohl anderswo im Westen und Süden gefunden wird, hat es in der Mark Brandenburg nicht gegeben; auch waren keineswegs bloß die Burgbesitzer der Landstandschaft teilhaftig. Man macht zwar auch in der Mark Brandenburg in manchen Stücken einen Unterschied zwischen der schloßgesessenen und der gemeinen Ritterschaft; aber zum Landtage durfte jeder adlige Rittergutsbesitzer erscheinen, der seiner Lehnpflicht Genüge getan hatte. Die geistlichen Stifter und die städtischen Obrigkeiten — denn diese allein kamen hier in Betracht — waren durch Bevollmächtigte vertreten, die streng an ihre Instruktionen gebunden waren. Ort und Zeit des Landtages hing von der Bestimmung des Fürsten ab; seine Tätigkeit war in der Hauptsache bedingt durch die landesherrliche Proposition; daneben spielten freilich die Gravamina der Stände, in denen ihre Wünsche und Beschwerden vorgetragen wurden, eine hervorragende Rolle. Die hauptsächlichste Befugnis der Landstände bestand in der Bewilligung von Steuern, die noch immer als eine außerordentliche Beihilfe der Landschaft zu den ordentlichen Einkünften des Landesherrn aus seinen Domänen und Regalrechten angesehen wurden und noch keineswegs eine feste und dauernde Einrichtung waren. Von einem modernen Budgetrecht der Stände kann schon deshalb keine Rede sein, weil es noch kein Budget gab, d. h. weil noch kein Jahresvoranschlag (Etat) aufgestellt wurde, nach dem die Finanzwirtschaft zu führen gewesen wäre; vielmehr lebte der fürstliche Hof in der Regel von der Hand in den Mund und half sich mit Schuldenmachen, wenn die Barmittel nicht mehr ausreichten. Eine solche Schuldenwirtschaft war damals an allen Höfen üblich; man verfolgte zwar hier und da das Ziel, einen „Vorrat" zu schaffen, auf den man bei außerordentlichen Bedürfnissen zurückgreifen konnte; aber es hat fast nirgendwo damit gelingen wollen. Wurden die Schulden zu hoch, versagte der Kredit, so mußte die Landschaft helfend eintreten und die fürstliche Schuldenlast zur Verzinsung und allmählichen Tilgung übernehmen, wobei es dann auch häufig, wie in Brandenburg, zu einer förmlichen Steuer- und Schuldenverwaltung in den Händen der Stände kam. In diesen finanziellen Dingen liegt für die Landstände der Schwerpunkt ihrer Wirksamkeit; die Gewährung ihrer Wünsche, die Abstellung ihrer Beschwerden erschien häufig wie eine Gegenleistung des Landesherrn für ihre Geldbewilligungen. Weniger durchgreifend war ihre Mitwirkung bei der Landesgesetzgebung, soweit von einer solchen die Rede sein kann; häufig handelte es sich dabei mehr um eine bloße Mitteilung zur Kenntnisnahme als um eine förmliche Durchberatung; immerhin aber galt es im allgemeinen als herkömmlich, beim Erlaß neuer Landesordnungen den Rat und die Zustimmung der Stände einzuholen.

Die drei landständischen Körperschaften, von denen übrigens seit der Reformation die Prälatenkurie fortfiel — mit Ausnahme der säkularisierten Domkapitel, deren meist adlige Vertreter sich der Ritterschaft anzuschließen pflegten —, berieten und beschlossen auf den Landtagen in der Regel gesondert, ohne eine feste Stimmordnung, mehr nach dem Prinzip der Vereinbarung als nach dem der Mehrheitsentscheidung; jedenfalls die einzelnen Stände untereinander mußten sich zu verständigen suchen. In einer Versammlung fand sich die gemeine Landschaft meist nur am Anfang und am Schluß der Tagung zusammen, das eine

Mal zur Eröffnung und um die Proposition des Landesherrn zu vernehmen, das andere Mal, um von ihm entlassen zu werden, wobei der Landtagsabschied verkündet wurde, in dem das Ergebnis der Tagung zusammengefaßt war.

Häufig wurden aber statt der vollen Landtage, die mit großen Kosten und Umständen verbunden waren und für die Zwecke des Landesherrn oft wenig leisteten, Ausschuß- oder Deputationstage berufen, bei denen nur eine kleine Zahl von ständischen Vertretern erschien, und zwar entweder Notabeln auf Berufung und nach Auswahl des Landesherrn oder auch Deputierte, die in diesem Falle von der Ritterschaft besonders gewählt wurden. Diese Wahlen erfolgten in den Kreisen, die als Verbände der Ritterschaft in den alten, schon seit der Kolonisationszeit hervortretenden Gebietsteilen, aus denen die Mark zusammengewachsen war, jetzt eine größere Bedeutung erlangten und mit ihren Tagungen vielfach die Beratungen auf dem Landtag vorbereiteten oder fortsetzten — eine Bildung, die in der Zukunft noch große Bedeutung für die Staatsverwaltung erlangen sollte.

In der Steuerbewilligung, der Aufstellung von Beschwerden, der Mitwirkung bei der Gesetzgebung erschöpfte sich die Tätigkeit der Landstände nicht; sie nahmen auch Anteil an der Verwaltung und Rechtsprechung und übten oft ein förmliches Mitregierungsrecht aus, so daß sie bei kriegerischen Unternehmungen sowie bei Bündnisverträgen zu Rate gezogen wurden.

Diese ganze fürstlich-ständische Landesverfassung hatte einen patrimonialen Charakter: der Fürst betrachtete die Herrschaft über Land und Leute als ein ihm und seinem Hause erb- und eigentümlich zustehendes Recht; daher auch die verhängnisvolle Neigung zur Teilung des Territorialbesitzes zum Behuf der standesgemäßen Versorgung jüngerer Söhne. Sachsen ist in diesem Zeitraum auf solche Weise einer unheilvollen Zersplitterung verfallen, die die Macht des wettinischen Hauses dauernd geschwächt hat; auch in Brandenburg hat das Beispiel der Dispositio Achillea die Fürsten dieser Zeit nicht davon abgehalten, derartige Verfügungen zu treffen; und es ist nur besonderen Umständen zu danken gewesen, daß die Einheit des Landes trotzdem erhalten blieb.

Endlich muß zur Charakteristik dieses Zeitraums noch eine wichtige Veränderung im Rechtsleben erwähnt werden, die auch eine gemeinsame Erscheinung der deutschen Geschichte ist: das ist die Annahme des römischen Rechtes, wie es auf Grund des Corpus iuris civilis und des Corpus iuris canonici sowie der praktischen und theoretischen Fortbildung in dem Verkehrsleben und den Juristenschulen Italiens sich aus- und umgebildet hatte und nun als das „gemeine Recht" das einheimische, in landschaftlichen Sonderbildungen steckengebliebene, wissenschaftlich und praktisch rückständige und unausgebildete deutsche Recht mehr und mehr zu verdrängen begann, seitdem die Richter des Reichskammergerichts angewiesen worden waren, zu richten „nach des Reiches und gemeinen Rechten". Auch in Brandenburg ist schon in den ersten Jahrzehnten des 16. Jahrhunderts die Rezeption des fremden Rechts vollzogen worden; allerdings hat hier das ausgebildete Stammesrecht des Sachsenspiegels noch starke Spuren der Einwirkung hinterlassen, und der erste Gesetzgebungsakt, der einen Teil des materiellen Rechts für das ganze Landgebiet gleichmäßig ordnete unter Ausschluß aller entgegenstehenden Gewohnheiten, die Constitutio Joachimica über die Erbfälle von 1527, berücksichtigte in einem wichtigen Punkte das einheimische magdeburgische Recht in hervorstechender Weise, womit gewissermaßen ein Beispiel für die spätere große Gesetzgebungsarbeit des preußischen Landrechts aufgestellt worden ist, die auch bestrebt war, deutsches und fremdes Recht zu lebendiger Einheit miteinander zu verschmelzen. Aber nicht nur das materielle Recht, sondern auch die Gerichtsverfassung und das Prozeßverfahren erfuhren damals tiefgehende Wandlungen. Das altdeutsche Schöffengericht, in dem ungelehrte Beisitzer das Urteil fanden, das der vorsitzende Richter nur zu verkünden hatte, verfiel und machte dem gelehrten Beamtengericht Platz, in dem entweder ein Einzelrichter oder ein Kollegium das Urteil fällte. Das umständliche schriftliche Verfahren wurde in diesen verwandelten Gerichtshöfen vorherrschend; und so viel Mühe man sich auch gab, Einrichtungen zu treffen, die die Prozesse abkürzen und die Gerichtskosten verringern sollten, so blieb doch ihre Langwierigkeit und Kostspieligkeit ein Gegenstand beständiger Klagen und Reformversuche. Die Juristen gewannen eine steigende Bedeutung im öffentlichen Leben; an die Stelle der am kirchlichen Recht geschulten Kanonisten, die in den letzten Jahrhunderten des Mittelalters starken Einfluß geübt hatten, traten jetzt auch in Deutschland die in der Schule des römischen Rechts gebildeten Legisten, die vielfach als „gemietete Doktoren" von einem Fürstenhof zum andern zogen, als Kanzler und Räte der Fürsten den ganzen Geist der Regierung und Verwaltung beeinflußten und aus den Ratstuben allmählich auch in die obersten Landesgerichte eindrangen als die Pioniere des neuen gelehrten Richtertums. Sie trugen die Vorstellungen altrömischer Staats- und Regierungsverfassung in das deutsche öffentliche Leben hinein; und wenn sie auch in Deutschland nicht gerade als Apostel des Absolutismus erscheinen, so haben sie doch zur Stärkung der Fürstengewalt und zur Festigung der Regierungsverfassung wesentlich beigetragen und damit die Herausbildung des modernen Staates vorbereitet.

Auf dem Hintergrunde dieser allgemeinen Bewegungen und Verhältnisse vergegenwärtigen wir uns nun die Hauptmomente aus der Regierungsgeschichte der drei Kurfürsten Joachims I., Joachims II. und Johann Georgs.

Kurfürst Joachim I. und Kardinal Albrecht.

Joachim I. war noch nicht 16 Jahre alt, als er im Jahre 1499 seinem Vater in der Regierung folgte. Das Verlangen seines Oheims, des Markgrafen Friedrich von Ansbach, der ihn mit Berufung auf die Dispositio Achillea unter seine Vormundschaft nehmen wollte, wies er zurück und übernahm von Anfang an die Regierung selbst, wobei er sich neben seinen Hofräten, die meist von fremder Herkunft waren, auch auf die „von Haus aus" dienenden Landräte stützte und für die Finanzverwaltung auch ständische Ausschüsse zuzog. Er war eine eigenwillige Herrschernatur, in seinen Regierungshandlungen ein kühl rechnender Realpolitiker, der freilich nicht immer den Erfolg für sich gehabt hat, durchaus ein Mann der Autorität und im Kreise der deutschen Fürsten durch Talent und Willenskraft eine der bedeutendsten Gestalten. Er hatte eine gute Bildung erhalten und fand Geschmack an dem Umgang mit Gelehrten; der als Historiker und Astronom bekannte Humanist Johannes Carion, der zu den Freunden Melanchthons gehörte, ist 1522 von ihm als Hofmechanicus nach Berlin gezogen worden. Joachim sprach Latein, Italienisch und Französisch; er hatte sich mit dem römischen Recht bekanntgemacht und interessierte sich auch für die Astrologie:

er war ein gewandter und scharfer Redner, der aber leicht in Hitze geriet und sich dann wohl zu übertriebenen Äußerungen hinreißen ließ.

Mit eiserner Strenge ging er gegen die Ausschreitungen fehdelustiger und räuberischer Edelleute vor, die wohl gerade bei der großen Jugend des Landesherrn sich mehr als vorher herausnehmen zu dürfen meinten. Namentlich in der ersten Hälfte seiner Regierung kam es zu zahlreichen Bestrafungen, wobei auch in besonders schweren Fällen die Übeltäter hingerichtet wurden; doch waren solche Fälle nur selten; unter den 146 urkundlich erwiesenen Bestrafungen adliger Friedensbrecher findet sich die Todesstrafe nur dreimal; meist wurden die Frevler mit „Bestrickung" oder Gefängnis bestraft. In dem landläufigen Gerücht, das in den Chroniken der Zeit seinen Niederschlag fand, ist dieser Kampf Joachims I. gegen den räuberischen Adel vielfach übertrieben und mit abenteuerlichen Zügen ausgestattet worden. Auch die neuerdings noch vertretene Vorstellung ist falsch, als habe sich Joachim I. in einem feindlichen Gegensatz gegen den Adel seines Landes überhaupt befunden; es handelte sich vielmehr in der Hauptsache nur um diejenigen Elemente des Adels, die den Übergang zur Gutswirtschaft nicht rechtzeitig hatten finden können; die angesessene Ritterschaft, die auf den Land- und Herrentagen vertreten war, hat niemals Partei für die adligen Friedbrecher genommen, sondern vielmehr die Maßregeln zu ihrer Verfolgung mit Rat und Tat unterstützt. In der späteren Regierungszeit hatte sich Joachim auch gegen auswärtige Friedbrecher zu wenden, die infolge der Fehde des sächsischen Vasallen Nickel Minckwitz gegen den Bischof von Lebus die Mark feindlich heimsuchten. Jedenfalls hat er es verstanden, den Landfrieden dauernd zu befestigen, so daß die Räubereien und Friedbrüche des Adels in der Hauptsache aufhörten. Dem Adel selbst, wie den Ständen überhaupt, hat er keinen sehr weiten Spielraum in der Regierung des Landes gegönnt, wenn er auch weit entfernt war, den landständischen Einfluß gänzlich ausschalten zu wollen. Auch den Städten gegenüber hat er in ähnlicher Weise, wie einst Friedrich II., die landesherrliche Autorität zur Geltung gebracht. Bei der Bestätigung ihrer Privilegien ordnete er zugleich die städtische Polizei nach seinem fürstlichen Ermessen und ließ für solche Reformationen 1515 in seiner Kanzlei eine allgemeine Norm aufstellen, die man wohl fälschlich als eine allgemeine Polizeiordnung für sämtliche Städte des Landes gehalten hat. Die Selbstverwaltung der Gemeinden war dadurch in enge Grenzen gebannt; der städtische Rat galt geradezu als eine landesherrliche Behörde; er hatte einen obligatorischen Charakter, ergänzte sich durch Zuwahl und führte das Stadtregiment in wechselnden Mitteln als alter und neuer Rat unter ziemlich vollständigem Ausschluß der gemeinen Bürgerschaft. Von einer politischen Selbständigkeit der Städte war keine Rede mehr. Auch die Geistlichkeit seines Landes hat Kurfürst Joachim in dieselbe landesherrliche Abhängigkeit wie unter Friedrich II. zu bringen gewußt. Das Nominationsrecht für die Bistümer, das diesem seinem Vorgänger von der Kurie nur persönlich zugestanden worden war, hat er auch für sich behauptet und praktisch durchgesetzt. So hat er den territorialen Staatsverband noch einmal fest zusammengezogen und damit seinen Nachfolgern die Regierung erleichtert.

Dem habsburgischen Kaiser gegenüber trug er von Anfang an eine wenig gefügige Haltung zur Schau. An den Reichstagen und Kurfürstenvereinigungen beteiligte er sich sehr eifrig während der kritischen Zeit, wo die Kurfürsten im

Gegensatz zu Maximilian standen, bis zum Tode des Führers der reichsländischen Opposition, des Erzbischofs Berthold von Mainz (1505). Als dann ein Umschwung zugunsten des Kaisers eintrat, dachte er zuerst daran, gegen ein Jahrgeld in den Dienst Maximilians zu treten; es ist aber nichts daraus geworden, und der Kurfürst hielt sich dann von den Reichstagen fern, so lange der überwiegende Einfluß des Kaisers währte.

Die Heirat mit der dänischen Königstochter Elisabeth (1500) gab dem jungen Kurfürsten Veranlassung, in die Verwicklungen einzugreifen, die zwischen Dänemark und Lübeck entstanden. Er trat erst als Feind der Lübecker auf (1506), übernahm dann aber gegen ein Jahrgeld den Schutz von Lübeck und 1508 auch von Hamburg und vermittelte endlich einen Frieden zwischen Lübeck und Dänemark. Das Schutzverhältnis zu den Hansestädten hat damit wieder aufgehört.

Das brandenburgische Haus gewann eben damals eine beträchtliche Ausdehnung seines dynastischen Einflusses. In dem Ordenslande Preußen wurde nach dem Tode des Hochmeisters Friedrich von Sachsen der 20jährige Markgraf Albrecht, der dritte Sohn des Markgrafen Friedrich von Ansbach, bisher Domherr von Köln und Würzburg, zum Hochmeister gewählt, wohl mit Rücksicht auf seine nahe Verwandtschaft mit dem König Sigmund von Polen, dessen Schwester Sophie seine Mutter war. Albrecht war aber keineswegs geneigt, die 1466 begründete Oberhoheit des polnischen Königs ohne weiteres anzuerkennen; er dachte an Auflehnung und suchte dazu die Hilfe seines Vetters, des Kurfürsten von Brandenburg, zu gewinnen. Aber Joachim scheute einen Bruch mit dem damals noch mächtigen polnischen Grenznachbarn und versagte dem Vetter die erbetene Unterstützung. Auch als dann Kaiser Maximilian damit umging, einen großen Bund gegen Polen zustande zu bringen, weil König Sigmund sich mit einer Schwester des siebenbürgischen Fürsten Johann Zapolya verheiratet hatte, der den habsburgischen Plänen auf die Erwerbung der Krone von Ungarn entgegentrat, im Jahre 1514, hielt er sich vorsichtig zurück, indem er im Einverständnis mit Sachsen den Kaiser so lange hinzog, bis dieser seinen Plan fallen ließ und 1515 mit der Doppelheirat zwischen dem habsburgischen und dem böhmisch-jagellonischen Hause ganz andere politische Bahnen einschlug. Dem Hochmeister, der auf seiner Seite gestanden hatte, riet der Kaiser jetzt selbst, dem Polenkönig die Huldigung zu leisten, was freilich dennoch unterblieb.

Noch bedeutender war die Stellung, die ein anderes Mitglied des Hauses Brandenburg als geistlicher Fürst im Reiche erstieg. Der einzige, nur sechs Jahre jüngere Bruder des Kurfürsten Joachim, Albrecht, der mit ihm zusammen 1506 als Stifter der Universität Frankfurt aufgetreten war und auch sonst mehrfach in Gemeinschaft mit ihm Regierungsakte beurkundet hatte, dann aber in den geistlichen Stand übergegangen und Domherr zu Mainz und Trier geworden war, wurde 1513 mit 23 Jahren, als er eben die Priesterweihe empfangen hatte, zum Erzbischof von Magdeburg und Administrator von Halberstadt erhoben. Es war eine wichtige Position, nach der man in Brandenburg schon in der Askanierzeit gestrebt hatte, ohne doch das mächtige benachbarte Erzstift dauernd in eine dynastische Verbindung mit der Kurmark bringen zu können. Der Kaiser hatte beim Magdeburger Domkapitel seinen Einfluß gegen das Haus Brandenburg und für einen seiner Neffen, einen bayerischen Prinzen, geltend gemacht;

aber der brandenburgische Einfluß überwog, und Papst Leo X. bestätigte die Wahl des Kapitels. Dasselbe Spiel wiederholte sich im nächsten Jahre, als der erzbischöfliche Stuhl von Mainz ledig wurde. Wieder trat der Kaiser für den bayerischen Prinzen ein; er ließ keinen Zweifel darüber, daß er die Wahl des Brandenburgers schon deshalb ungern sehen werde, weil dann zwei Brüder im Kurkollegium sitzen würden. Aber Joachim I. trat diesmal mit noch größerem Nachdruck für seinen Bruder ein, und die Mainzer selbst wählten einhellig den Erzbischof von Magdeburg, weil sie hofften, daß dieser am besten imstande sein würde, das zu ihrem Stift gehörige Erfurt, nach dessen Erwerb der Kurfürst von Sachsen strebte, vor dessen Anschlägen zu behüten. Natürlich konnte die Wahl unter den obwaltenden Umständen nur in der Form der Postulation erfolgen, und es bedurfte langer Unterhandlungen mit der Kurie, um deren Zustimmung zur Verbindung zweier so wichtiger erzbischöflicher Ämter in einer Person zu erlangen. Von seiten des magdeburgischen Domkapitels war Busso von Alvensleben bei diesen Verhandlungen tätig; mit ihm wirkte der Vertreter des Kurfürsten bei der Kurie, Dr. Johannes Blankenfelde, zusammen; auch der humanistisch gebildete schwäbische Ritter Eitelwolf von Stein, einer der vertrautesten Räte Joachims und später Hofkanzler seines Bruders in Mainz, war zu diesem Geschäft entsendet worden. Die Überwindung des anfänglichen Widerstandes gelang durch die Hilfe des Kardinals Medici, des späteren Papstes Clemens VII., der damals ins brandenburgische Interesse gezogen wurde. Man einigte sich mit der Kurie auf eine Konfirmationstaxe von 10 000 Dukaten; dazu kamen als Palliengelder und Annaten noch weitere 20 000 Dukaten. Die ganze Summe wurde von dem Hause Fugger vorgeschossen; und um die Schuld tilgen zu können, erhielt Albrecht die Erlaubnis, die Hälfte vom Ertrage eines vom Papst verkündeten Ablasses in den Kirchenprovinzen Mainz und Magdeburg für diesen Zweck zu erheben. Das ist der Ablaß, den Tetzel predigte und gegen den Luther in Wittenberg auftrat. Einen Brief Luthers, mit dem dieser dem Erzbischof seine 95 Thesen übersandte, hat Albrecht nicht beantwortet, die Thesen selbst hat er der römischen Kurie mitgeteilt. Im Jahre 1518 wurde ihm auch die Würde eines Kardinals zuteil; aber sein Ehrgeiz ging nach noch höheren Zielen. Es kam zu einem förmlichen Vertrag zwischen ihm und dem Kardinal Medici zur gegenseitigen Beförderung der Familieninteressen der beiden fürstlichen Häuser, denen sie angehörten; Albrechts Plan ging vor allem dahin, zum päpstlichen Legaten für Deutschland bestellt zu werden, und zwar allein und auf Lebenszeit, was ihn gewissermaßen zu einem deutschen Papst gemacht und ihm sehr bedeutende Einkünfte verschafft haben würde; diesem Wunsche seines Verbündeten versagte sich aber der Kardinal Medici, und Albrecht hat ihn auch später durch kaiserliche Unterstützung nicht zu erreichen vermocht. Albrecht ist eine der glänzendsten Fürstengestalten der Reformationszeit in Deutschland. Er war von reicher Begabung und ein verständnisvoller Beförderer von Kunst und Wissenschaft. Die von ihm gegründete Stiftskirche zu Halle, seiner magdeburgischen Residenz, und den Dom zu Mainz hat er mit schönen Kunstwerken der ersten deutschen Meister, Albrecht Dürer, Peter Vischer und anderer geschmückt; er ist darin mit dem kunstliebenden Papst Leo X. zu vergleichen. An der Universität Frankfurt hatte er humanistische Studien getrieben und mit Hutten verkehrt, den er später auch nach Mainz an seinen Hof berufen hat; er suchte damals die Mainzer Universität zum Mittelpunkt der humanistischen Studien zu machen. Er stand mit Erasmus in Verbindung und nahm für Reuchlin Partei in dem Streit mit den Kölner Theologen. Humanistische Poeten haben ihn oft gepriesen; aber die Hoffnung derer, die große reformatorische Handlungen von ihm erwarteten, hat sich nicht erfüllt. Er nahm in der geistigen Bewegung der Zeit eine ähnliche Stellung ein wie Erasmus. Ein politischer Kopf und ein Mann der Tat war er nicht; seine unsichere politische Haltung findet zum Teil auch darin ihre Erklärung, daß er sich beständig in finanziellen Nöten befand.

Sein Plan, die Legatenwürde zu erlangen, ist also gescheitert; wohl aber ist es ihm gelungen, im Jahre 1522 durchzusetzen, daß sein fränkischer Vetter Johann Albrecht, ein Bruder des Hochmeisters, zum Koadjutor für Magdeburg und Halberstadt gewählt wurde, so daß nun auch für die nächste Generation die Herrschaft des brandenburgischen Hauses in diesen wichtigen Stiftern gesichert erschien. Ein anderer Bruder des Hochmeisters, der ebenfalls den geistlichen Stand erwählt hatte (Wilhelm), war Koadjutor des Erzbischofs von Riga geworden, während der in Ansbach regierende Markgraf Georg der Fromme im Jahre 1523 durch den Kauf des Herzogtums Jägerndorf in Schlesien Fuß gefaßt hatte.

So war der Einfluß des Hauses Brandenburg im Reiche zu bedeutender Ausdehnung gelangt und hätte, wenn alle Mitglieder des Hauses einträchtig zusammengehalten hätten, auch wohl bedeutende Wirkungen in der Reichspolitik auszuüben vermocht. Aber an solcher Eintracht fehlte es; und ganz besonders in der Frage der Kaiserwahl von 1519, bei der der Enkel Maximilians, der junge König Karl von Spanien, und König Franz I. von Frankreich als Thronbewerber einander gegenüberstanden, sind die beiden kurfürstlichen Brüder keineswegs eines Sinnes gewesen. In den Verhandlungen deswegen, die schon vor dem Tode Maximilians, schon im Jahre 1517 begannen, nahm Albrecht, dem der Kaiser die Unterstützung seines Planes bezüglich der Legatur zugesagt hatte, von vornherein Partei für den habsburgischen Kandidaten, an dem er schließlich auch festgehalten hat; Joachim I. dagegen verhandelte nach beiden Seiten hin und ließ es darauf ankommen, von welcher Partei ihm die größten Vorteile würden geboten werden, wobei er aber im ganzen doch mehr für den französischen als für den spanischen König eingetreten ist. Im Jahre 1517 verband er sich mit Franz I., der ihm die Prinzessin Renate, eine Tochter des Königs Ludwigs XII., mit reicher Mitgift für seinen Sohn, den Kurprinzen, versprach und ihm außerdem ein Jahrgeld gewährte. Im nächsten Jahr aber schien ihm der größere Vorteil in einer Verbindung mit dem Kaiser zu liegen; der junge Kurprinz wurde damals durch Prokuration mit der 10jährigen Enkelin des Kaisers, der spanisch-burgundischen Prinzessin Katharina, die fern in Spanien weilte, ehelich verbunden — eine von den politischen Kinderheiraten, die nie zu einer wirklichen Ehe geführt haben; ein Teil der reichbemessenen Mitgift wurde zwar schon ausbezahlt, aber die Zustimmung des Königs Karl zu dieser Heirat seiner Schwester war nicht zu erlangen. Endlich nach dem Tode Maximilians schloß Joachim im April und Mai des Jahres 1519 mit Frankreich und Österreich neue Verträge, wobei er Franz I. seine Stimme zusagte, wenn auch nur zwei Kurfürsten vor ihm diesem ihre Stimme gegeben haben würden, dem Habsburger aber nur in dem Falle, daß schon 4 Stimmen für diesen abgegeben worden seien; er selbst hatte nach der festgesetzten Stimmordnung an 6., sein Bruder Albrecht an 7. Stelle zu wählen. Dem König von Frankreich kam es im Grunde mehr darauf an, die Wahl seines habsburgischen Gegners zu verhindern, als selbst gewählt zu werden; darum war in Aussicht genommen worden, daß, wenn seine Wahl aussichtslos sei, Joachim selbst als Thronbewerber auftreten sollte; und so arbeitete der brandenburgische Kurfürst schließlich für seine eigene Wahl, indem er um Stimmen für die französische Kandidatur warb. Der Kardinal Albrecht hielt diese Bemühungen seines Bruders um die Kaiserkrone für eine Torheit; er meinte, daß der Aufwand und die Anstrengungen, deren es bedürfen werde, um die kaiserliche Würde mit Ehren zu behaupten, die Kräfte des Hauses Brandenburg nutzlos verzehren und erschöpfen würden. Auch die Kurie, die im Gegensatz zu den beiden großmächtigen Bewerbern um die Kaiserkrone für einen deutschen Fürsten war, trat nicht für Joachim ein, sondern für den Kurfürsten von Sachsen, Friedrich den Weisen, der sich aber klug zurückhielt; selbst der festeste Anhänger Frankreichs, der Erzbischof von Trier, versagte zuletzt. König Karl hatte 20 000 Mann vom schwäbischen Bund zu seiner Verfügung, die in der Nähe von Frankfurt standen, und die Bürgerschaft der Wahlstadt nahm eine drohende Haltung gegen den brandenburgischen Kurfürsten an, von dem bekannt war, daß er bis zum letzten Moment der Wahl des Habsburgers widerstrebte. Schließlich hat aber auch Joachim selbst dem spanischen König seine Stimme gegeben (28. Mai 1519), so daß die Wahl eine einhellige war. Er hielt es für nötig, sich feierlich dagegen zu verwahren, daß er nicht aus Furcht gehandelt habe; er hatte die Gefahr, die ihm bei diesen Verhandlungen immer vor Augen stand, „zwischen zwei Stühlen niederzusitzen", am Ende doch nicht zu vermeiden gewußt und hat von seiner Haltung weder Dank noch Vorteil geerntet.

Gegen Luther nahm der Kurfürst, ganz besonders nachdem er ihn auf der Fahrt zum Wormser Reichstag in Wittenberg vergeblich zur Unterwerfung zu bewegen versucht hatte, eine unbedingt feindselige Haltung an. Auf dem Reichstage selbst trat er im Gegensatz zu den Kurfürsten von Pfalz und Sachsen, ja auch gegen seinen Bruder, den Kurfürsten von Mainz, für die Ächtung des ketzerischen Mönches ein, und es kam darüber zwischen ihm und Friedrich dem Weisen, dem Beschützer Luthers, zu heftigen Auseinandersetzungen. Joachim war damals die zuverlässigste Stütze des päpstlichen Nuntius Aleander; mit diesem zusammen ist er auch hervorragend beteiligt gewesen an dem Erlaß des Wormser Ediktes, der erst nach dem förmlichen Schluß des Reichstags am 25. Mai in einer kleinen Fürstenversammlung in der Behausung des Kaisers beschlossen worden ist unter Zurückdatierung der Urkunde auf den 8. Mai.

Der Dank der Kurie für diese Haltung ist nicht ausgeblieben: er bestand in der Einräumung des fürstlichen Nominationsrechts für die Landesbistümer; aber um so weniger Rücksicht nahm der Kaiser auf diesen unfreiwilligen Anhänger, der nun zum eifrigsten Bundesgenossen im Kampf gegen den kirchlichen Umsturz geworden war. Am 28. Mai vollzog er die kaiserliche Belehnung des Herzogs von Pommern, trotzdem die brandenburgische Lehnsherrlichkeit über dieses Land früher auch vom Kaiser anerkannt worden war. Joachim beschwerte sich deswegen bei Karl V. in einem „hitzigen" Schreiben; aber er erhielt nur die Zusage einer erneuten Prüfung der Angelegenheit und hat später in Anbetracht der allgemeinen Verhältnisse, die einen Widerstand untunlich erscheinen ließen, den schweren Entschluß fassen müssen, auf die so lang umstrittene Lehnsherrlichkeit über Pommern endgültig zu verzichten, um wenigstens das erbliche Nachfolgerecht seines Hauses beim Aussterben des Greifenstammes sicherzustellen; das geschah durch einen Vertrag, der 1529 auf dem Jagdschloß Grimnitz in der Schorfheide geschlossen worden ist. Die ungnädige Gesinnung des Kaisers gegen den Brandenburger, der immer noch ein Jahrgeld von Frankreich bezog, zeigte sich recht deutlich, als Joachim den Versuch machte, in ein ähnliches gewinnbringendes Dienstverhältnis zu Karl V. zu treten, ohne das mit Franz I. zu lösen. Die Heirat seines Sohnes mit der spanischen Prinzessin zerrann in nichts, ebenso wie der französische Heiratsplan. Im Jahre 1524 kam es vielmehr zur Vermählung des Kurprinzen Joachim mit Magdalena, einer Tochter des Herzogs Georg von Sachsen; die Verbindung war zwar keineswegs aus politisch-konfessionellen Absichten entsprungen (der Hochmeister und der Kardinal Albrecht haben dabei die Vermittlung übernommen), aber sie hat dann doch zu einem engeren Zusammenschlusse der entschieden katholischen Häuser von Brandenburg, Sachsen und Braunschweig geführt, der gegen die Reformation gerichtet war und seinen Ausdruck in einem 1525 zu Dessau geschlossenen Bündnis fand.

Joachim I. trat damit in offenen Gegensatz zu seinem Vetter, dem Hochmeister des Deutschen Ordens, der schon seit Jahren der neuen Lehre zugetan war und eben im Jahre 1525 sich entschloß, den Rat zu befolgen, den ihm Luther zwei Jahre früher bei einem Besuch in Wittenberg gegeben hatte, das Ordensgelübde abzutun, in den Ehestand zu treten und das Ordensland in ein weltliches Herzogtum zu verwandeln. In Polen fand der Hochmeister, der die Huldigung immer noch nicht geleistet hatte, eine ziemlich günstige Stimmung für sein Vorhaben: man gestand ihm das Erbrecht zu, sogar auch für seine Brüder und deren Nachkommenschaft und verlangte nur die Huldigung, die Albrecht jetzt auch zu leisten bereit war. Die fränkischen Herzoge, Kasimir und Georg, die in ihren Landen die Reformation eingeführt hatten, begrüßten diesen Schritt ihres preußischen Bruders mit Freuden, während der Kurfürst Joachim sich weigerte, den Vetter als Herzog in Preußen anzuerkennen. Auch der Kaiser, der sonst nie ein tätiges Interesse für das Ordensland an den Tag gelegt hatte, erhob Einspruch gegen die Säkularisation auf Grund der verschollenen Rechte, die einst das Reich über das Ordensland gehabt hatte. Dem kirchlichen Bann gegen den Herzog ist 1533 die kaiserliche Acht gefolgt.

Kardinal Albrecht hatte eine Zeitlang in schwankender Haltung zwischen den Freunden und den Gegnern der Reformation gestanden. Er hatte die Verbindung mit dem gebannten Luther nicht abgebrochen und war von diesem 1525 geradezu aufgefordert worden, dem Beispiel seines Vetters in Preußen zu folgen und damit ein „großes Exempel" für andere geistliche Fürsten des Reiches zu geben. Aber gerade damals vollzog sich in der Parteistellung des Kardinals eine Wandlung, die ihn auf der altkirchlichen Seite festhielt. Hatte er noch der Erhebung Sickingens gegen den Erzbischof von Trier und dessen Verbündete in einer so zweideutigen Haltung zugeschaut, daß ihm der Vorwurf der Begünstigung gemacht und von den Siegern eine Kontribution auferlegt wurde, so brachten ihn die entsetzlichen Vorgänge des Bauernkrieges zu der Überzeugung, daß alle Ordnung und Autorität durch die Anhänger der neuen Lehre bedroht sei. Er beteiligte sich bei den Verabredungen von Dessau und war bestrebt, auf weiteren

Zusammenkünften in seiner Residenz Halle und in Leipzig, das Vorgehen der Verbündeten gegen die Fortschritte der Reformation in dem Sinne zu fördern, daß auch die Hilfe des Kaisers dazu angerufen wurde.

In der Haltung Joachims I. gegenüber dem Kaiser war seit den Ereignissen von 1525 und 1526, der Schlacht von Pavia und der Erwerbung von Böhmen und Ungarn nach dem Aussterben des jagellonischen Hauses, eine entschiedene Wendung eingetreten. Die Macht des Kaisers und des habsburgischen Hauses war so hoch gestiegen, daß keine andere Wahl mehr blieb, als ohne Vorbehalt und Zweideutigkeit auf diese Seite zu treten. Die Zusammenkunft mit des Kaisers Bruder Ferdinand, dem neuen König von Böhmen und Ungarn, zu Breslau im Jahre 1527, wo Joachim die böhmischen Lehen seines Hauses mutete, bezeichnet den Moment, wo dieser Umschwung sich vollzog. Zur gleichen Zeit verschärfte sich der Gegensatz Joachims gegen die Lutheraner noch dadurch, daß seine Gemahlin Elisabeth, die sich in der Stille dem neuen Glauben zugewandt hatte und das offenkundige anstößige Verhältnis ihres Gemahls mit einer schönen Berliner Patrizierfrau mit schmerzlicher Bitterkeit empfand, heimlich aus Berlin entfloh und in Sachsen am Hofe Johanns des Beständigen eine Zuflucht fand.

Auf dem Reichstage zu Augsburg 1530 übernahm Joachim I. wieder die Führung in dem Kampf gegen die Protestanten und ließ sich in seinen Reden zu Drohungen gegen sie hinreißen, die auch der Kaiser übertrieben fand. Kardinal Albrecht vertrat auch hier wieder eine mildere Richtung, indem er die Notwendigkeit der Erhaltung des inneren Friedens gegenüber der fortwährenden Türkengefahr betonte. Die Wahl Ferdinands zum römischen König, die bald darauf erfolgte, war vornehmlich das Werk des brandenburgischen Kurfürsten, der den anfangs auch von Albrecht verfolgten Plan, die Wahl auf den Bayernherzog Wilhelm abzulenken, zum Scheitern brachte. Unter den Gegenleistungen, die Joachim dafür empfing, befand sich auch ein Jahrgeld neben manchen anderen Vorteilen und Zugeständnissen. Gegenüber dem Anwachsen des Schmalkaldischen Bundes vereinigten sich die katholischen Fürsten Norddeutschlands, darunter die beiden brandenburgischen Brüder, 1533 in Halle zu einem erneuten Bündnis, das an dem Nürnberger Religionsfrieden festhielt und den Zweck der Verteidigung ausdrücklich betonte. In eben dieser Zeit nahmen die politischen Entwürfe Joachims I. noch einmal einen hohen Flug. Er dachte daran, nach dem Tode des dänischen Königs Friedrich I., der einst seinen Schwager Christian II. entthront hatte, auf Grund der Beziehungen, die er durch seine Heirat zu dem dänischen Königshause hatte, die Krone dieses Reiches für sich zu erwerben. Der Plan ist gescheitert. Am 11. Juli 1535 ist Joachim im 52. Lebensjahr im Schlosse zu Berlin gestorben und erst im Kloster Lehnin, dann im Dom zu Berlin beigesetzt worden. Den Beinamen Nestor verdankte er der angesehenen Stellung, die er im Rate der deutschen Fürsten einnahm. Er glaubte sich, trotz des Beispiels der Dispositio Achillea, berechtigt, die Mark unter seine beiden Söhne zu teilen, weil er der Meinung war, daß die Einkünfte seit jener Zeit so gewachsen seien, daß sie wohl für zwei Hofhaltungen ausreichten. Durch sein Testament von 1534 wies er dem jüngeren Sohne, Johann, die Neumark, dem älteren, Joachim, die im engeren Sinne sogenannte Kurmark zu. Beiden legte er die Verpflichtung auf, bei der alten Lehre der katholischen Kirche zu bleiben.

Joachim II. und Hans von Küstrin.

Die beiden Brüder, die nun, jeder abgesondert für sich in seinem Teile, 35 Jahre hindurch die Regierung geführt haben, waren sehr verschiedene Naturen und verfolgten auch in den politischen Verwicklungen jeder seinen eigenen Weg. Joachim II. hatte nichts von der scharfen und ehrgeizigen Art seines Vaters; er war ein stattlicher und ritterlicher Herr von fürstlicher Haltung und einem starken Gefühl für die Würde seines Standes und das Interesse seines Hauses, aber weich und schmiegsam in politischen Verhandlungen, friedfertig bis zum Äußersten, nicht ohne einen gesunden Verstand in den Geschäften, aber bequem und lässig, ein Freund der Jagd und prunkvoller Hoffeste, von großem Wohlwollen für seine Untertanen, von großer Freigebigkeit gegen seine Diener, aber kein Hauswirt, der das Seine zusammenzuhalten verstand, stets von Schulden bedrängt, dabei von einer gemächlichen Jovialität, die auch den Widerwärtigkeiten des Lebens standhielt. Er hatte eine humanistische und juristische Bildung erhalten und war am Kaiserhofe in den höfisch-ritterlichen Übungen unterwiesen worden. Im Jahre 1532 hatte er als Kurprinz dem Kaiser für den damals in Aussicht stehenden Türkenkrieg 2000 brandenburgische Reiter zugeführt und war von ihm zum Ritter geschlagen worden. Man gab ihm damals den Beinamen Hektor. In geistigen und kirchlichen Dingen war er durch seinen Oheim, den Kardinal Albrecht, stark beeinflußt und hatte von diesem auch die Vorliebe für prunkvolle Äußerlichkeiten im Gottesdienst übernommen; daneben aber hat auch die lutherische Überzeugung seiner Mutter früh auf ihn eingewirkt, und die kurze Unterweisung Luthers, die er als 13jähriger Knabe bei einem Besuch in Wittenberg empfing (1519), hat ihm lebenslänglich einen tiefen Eindruck hinterlassen; der protestantischen Lehre gegenüber nahm er von vornherein eine ganz andere Haltung ein als einst sein Vater: er ist unter allen Fürsten Deutschlands derjenige, der am deutlichsten das Ziel einer Vermittlung zwischen den beiden Religionsparteien verfolgte. Seine erste Gemahlin, die Tochter des streng katholischen Herzogs Georg von Sachsen, die ihm den Thronfolger Johann Georg und einen jüngeren Sohn, Friedrich, geboren hatte, war schon vor seinem Regierungsantritt gestorben. Noch zu Lebzeiten des Vaters hatte er sich mit der polnischen Prinzessin Hedwig, der Tochter König Sigismunds II., verlobt; und als Kurfürst hatte er die Ehe mit dieser ebenfalls streng katholischen Prinzessin vollzogen, aus der sein jüngster Sohn Sigismund stammt. Er hat im ganzen 13 Kinder gehabt, aber sehr innig war das Familienleben am Hofe nicht; Joachim erregte manchen Anstoß durch seine beständige Verbindung mit der schönen Witwe eines Geschützgießers, Anna Sydow, die ihn auch oft in Männerkleidern auf die Jagd begleitete. Von seinen Landständen mußte er sich den Vorwurf machen lassen, daß er stets „im Holze liege", statt sich den Regierungsgeschäften zu widmen; auch warnten sie ihn wohl, nicht mit einem Begleiter allein auszureiten wegen der Sicherheit seiner Person. Das Jagdschloß im Grunewald ist eine Gründung Joachims II. und ein Ort, wo er besonders gern sich aufhielt; den Ständen erklärt er einmal auf ihre Vorwürfe: wenn er über der großen Mühe und Sorge der Regierung solche Ergetzlichkeit nicht haben sollte, „so wollt Ihr Kf. Gnaden auch viel lieber ein geringere Person oder in anderm

Beruf sein." Er baute gern, namentlich auch in der Residenz, und hatte in Caspar Theyß einen namhaften Baumeister. Das Berliner Schloß wurde gänzlich umgebaut und erhielt eine schöne Renaissancefassade mit einem Altan nach dem Schloßplatz zu. Das Dominikanerkloster, das dort in der Nähe lag, mußte ihm eingeräumt werden; die stattliche Kirche wurde zum Domstift umgewandelt und baulich mit dem Schloß verbunden. Sie wurde in ähnlicher Weise ausgeschmückt wie die Stiftskirche in Halle unter Kardinal Albrecht. Es entsprach der Natur Joachims, daß er seinen Räten und Günstlingen einen weiten Spielraum ließ. In den Haus- und Reichssachen, namentlich auch in den Fragen der kirchlichen Politik, hat er sich vornehmlich durch Eustachius von Schlieben beraten lassen, einen klugen und maßvollen Mann, der ebenso in Verhandlungen wie im Rat sich bewährt hat; die Stände haßten ihn, weil er ein Meißner war und weil ihn der Kurfürst besonders bevorzugte und ihm das Amt Zossen mit seinen reichen Einkünften zuwandte. Unter den Räten ragt sonst noch Lampert Distelmeyer hervor, ein Leipziger Schneiderssohn, der aber als Doctor iuris und geschickter Fürstendiener zu hohen Ehren gelangt ist und in der zweiten größeren Hälfte der Regierung Joachims das wichtige Kanzleramt verwaltete. Der nächste und vertrauteste Rat des Kurfürsten, namentlich auch sein Berater in finanziellen Angelegenheiten, war der Kammerrat Thomas Matthias, und einen bedeutenden Einfluß besaß auch der jüdische Leibarzt und Münzmeister Lippold, der eine Vertrauensstellung ganz eigener Art am Hofe Joachims einnahm und sich durch die rücksichtslose Ausnutzung der Macht und des Vorteils, den sie ihm bot, den Haß vieler Hofleute und Bürger, besonders auch des Kanzlers Distelmeyer, zuzog. Gewisse große Gesichtspunkte der Haus-, Reichs- und Religionspolitik hat Joachim II. immer festgehalten; aber im einzelnen ließ er allerdings oft die Zügel schleifen und übte die Nachsicht, die er sich selbst gönnte, auch anderen gegenüber; er war überhaupt ein Mann, der lebte und leben ließ.

Von härterer und strengerer Gemütsart war Hans von Küstrin, der viel entschiedener als sein Bruder sich der lutherischen Reformation zuwandte und eine tiefe und aufrichtige Frömmigkeit mit klugem politischem Egoismus und rücksichtslosem Geschäftsgeist zu verbinden verstand. Die protestantische Geschichtschreibung hat, dem Vorgang zeitgenössischer Theologen folgend, das Urteil über ihn viel günstiger als über seinen Bruder gefaßt; und zweifellos war er diesem an Tatkraft und ökonomisch-politischem Verstand weit überlegen, wenn er auch andererseits mancher sympathischer Eigenschaften Joachims entbehrte. Er war ebenso einfach und haushälterisch, wie sein Bruder verschwenderisch und prunkliebend war; er ist ihm auch öfters als Gläubiger beschwerlich geworden und hat ihm manches widerwillige Zugeständnis abgedrungen. Er machte überhaupt Geldgeschäfte in großem Stil, nicht bloß mit Kaisern und Fürsten, sondern auch unter der Hand mit Kaufleuten. Auch das Kriegshandwerk trieb er nach der Weise der Zeit als Geschäftsunternehmer, indem er Truppen anwarb und gegen angemessene Subsidien in den Dienst des Kaisers oder anderer Fürsten stellte. Auf Pensionen oder Dienstgelder von großen Herren legte er ebenso wie sein Vater Gewicht. Sein eigenes Land hat er durch den kunstmäßigen Bau der Festungen Küstrin und Peitz gegen feindliche Einfälle zu sichern gesucht, während sein Bruder Joachim den Ausbau von Spandau seinem Nachfolger hat überlassen müssen. Dabei hinterließ dieser fürstliche Finanzspekulant ein Kapitalvermögen von mehr als einer halben Million Gulden, während Joachims Nachfolger eine Schuldenlast im fünffachen Betrage dieser Summe vorfand.

Johann von Küstrin trat bald nach seinem Regierungsantritt offen und ohne Vorbehalt zum lutherischen Glauben über und schloß sich auch dem Schmalkaldischen Bund, der politischen Organisation der Protestanten, ohne weiteres an. Joachim dagegen machte zunächst den Versuch einer Vermittlung zwischen den beiden Religionsparteien. Bei einer Zusammenkunft mit König Ferdinand schlug er vor, daß die Anhänger der alten Kirche und des neuen Glaubens sich schon vor Einberufung eines Konzils in unmittelbaren Verhandlungen untereinander verständigen möchten, wobei ihm eine mittlere Linie mit dem Zugeständnis von Laienkelch und Priesterehe vorschwebte. König Ferdinand ging darauf ein, und die Kurie erhob keinen Widerspruch. Es kam zu einem vorläufigen „Anstand" zu Frankfurt a. M. 1539, dem ein Religionsgespräch zu Nürnberg folgen sollte; aber alle diese Abmachungen wurden hinfällig, weil der Kaiser davon durchaus nichts wissen wollte, sondern an seiner Konzilsidee festhielt. Unmittelbar nach dem Scheitern dieses Verständigungsversuches trat nun Joachim II. zur neuen Lehre über, indem er sich am Allerheiligentage (1. November) 1439 im Dom zu Berlin — nicht, wie man früher annahm, in der St. Nikolaikirche zu Spandau, vor der heute das diesem Vorgang gewidmete Denkmal steht — das Abendmahl in beiderlei Gestalt spenden ließ. Die Kurfürstin hat sich bei diesem Schritt ihres Gemahls nicht beteiligt; sie ist, den Traditionen ihrer Familie getreu, katholisch geblieben. Als Priester waltete bei jenem feierlichen Akt der Bischof von Brandenburg, Matthias von Jagow, der längst der neuen Lehre zugetan war und auch schon lutherische Geistliche berufen hatte. Aus den Kreisen der Städte und der Ritterschaft, namentlich aus Berlin-Cölln und aus dem Kreise Teltow waren schon Gesuche eingelaufen, die zur Einführung der Reformation drängten; und Joachim konnte, als er den Übertritt vollzog, sicher sein, daß er damit den Wünschen seiner Landstände entgegenkam. Diese Übereinstimmung in der religiösen Frage hat wohl auch dazu beigetragen, daß der Kurfürst sich auf dem Landtage von 1540 mit den Ständen leichter, als es sonst wohl geschehen wäre, darüber verständigte, daß sie die landesherrlichen Schulden im Betrage von mehr als einer Million Gulden übernahmen und die nötigen Steuern zu deren Verzinsung und Tilgung bewilligten; freilich mußte er diese ganze Steuer- und Schuldenverwaltung, aus der das kurmärkische „Kreditwerk" erwuchs, landständischen Organen überlassen. In ähnlicher Weise hat sich kurz nachher auch in Magdeburg Reformation und Regulierung der landesherrlichen Schulden miteinander verbunden; seit die Landstände seine Schuldenlast übernommen hatten, mußte Kardinal Albrecht sich dazu bequemen, der neuen Lehre in dem Erzstift freien Lauf zu lassen, so daß sie mehr und mehr durchdrang. Er blieb aber für seine Person desto entschiedener bei der alten Kirche; seine Lieblingsresidenz Halle wurde ihm durch die Fortschritte der Reformation ganz verleidet; er hat schließlich nur mehr in Mainz gelebt, wo in seinem Todesjahr 1545 noch die ersten deutschen Jesuiten eine Rolle gespielt haben.

Kurfürst Joachim war nicht der Meinung, sich und sein Land schlechthin und ohne Vorbehalt auf den Boden der lutherischen oder, wie er sagte, wittenbergischen Kirche zu stellen; er wollte eine besondere Stellung einnehmen, eine

Mittelstellung zwischen der alten Kirche, deren Gebräuche er beibehielt und der neuen Lehre, deren Haupt- und Kernstücke er übernahm. Es kam ihm in der Hauptsache darauf an, durch eine solche „christliche" Reformation, wie er es nannte, die Erregung der Geister zu dämpfen und Unruhen zu verhüten, bis das zu erwartende National-Konzil oder auch ein allgemeines Konzil einen gemeinsamen Boden für das neue Kirchentum hergestellt haben würde. Die brandenburgische Kirchenordnung von 1540, die von den Landständen gutgeheißen war, ist sowohl von Luther wie von Kaiser Karl V. gebilligt worden. Luther sah ohne alle Engherzigkeit, mit überlegenem Humor über die Äußerlichkeiten des alten Ritus und des Kirchengepränges hinweg, die der Kurfürst nicht aufgeben mochte; es genügte ihm, daß die fundamentale Lehre von der Rechtfertigung allein durch den Glauben in der brandenburgischen Kirchenordnung enthalten war. Auch Kaiser Karl V. hat ihre vorläufige Geltung bis zu den Entscheidungen eines Konzils bestätigt; dabei mußte aber der Kurfürst sich dem Kaiser gegenüber zugleich verpflichten, in dem Kriege um Geldern, der damals ausgebrochen war, auf seine Seite zu treten und kein Bündnis mit anderen Fürsten und Mächten der Religion oder anderer Sachen halber zu schließen. Es war eine Bedingung, die dem friedfertigen und der Beteiligung an politischen Händeln abholden Charakter Joachims II. ohnehin entsprach; in ganz ähnlichem Sinne hat er auch seinen Oberständen von Prälaten und Ritterschaft damals einen Revers ausgestellt, in dem er sich verpflichtete, keine wichtige Sache, daran des Landes Gedeih oder Verderb gelegen, ohne Rat und Wissen der Landschaft zu beschließen und vorzunehmen und sich in kein Bündnis einzulassen, aus welchem dem Lande Lasten erwachsen könnten. Es war ganz im Sinne der Landstände, daß er auch dem Schmalkaldischen Bunde fernblieb und seine Vermittlungstätigkeit fortsetzte, wenngleich es auch in Brandenburg nicht an eifrig gesinnten Lutheranern fehlte, die in der wohlerwogenen Politik der Vermittlung nur religiöse Halbheit und Lauheit sehen wollten. Bei den Religionsgesprächen, die in der nächsten Zeit angestellt wurden, namentlich zu Regensburg 1541, wurde Joachim noch der katholischen Partei zugezählt. Ein positives Resultat ging nicht daraus hervor; auch die Punkte, über die man eine Einigung erzielte, wurden nicht, wie Joachim beantragte, dem Reichsabschied einverleibt, sondern dem künftigen Konzil zur weiteren Verwendung überwiesen.

Die Stellungnahme Joachims in der religiösen Frage, die ihn weder mit dem Kaiser und den Katholiken noch mit den Protestanten in einen feindlichen Gegensatz gebracht hatte, ließ ihn auch als besonders geeignet erscheinen, den Oberbefehl über das Reichsheer zu führen, das zum Kriege gegen die Türken auf dem Reichstage von 1542 in Stärke von 40 000 Mann zu Fuß und 8000 Pferden bewilligt worden war. Die Türken waren damals bis über Ofen hinaus vorgedrungen und bedrohten schon die Grenzen des Reiches. Joachim übernahm den Oberbefehl, obwohl er keine kriegerische Erfahrung besaß und der Zustand des schnell zusammengebrachten Reichsheeres keine guten Aussichten eröffnete. Die Truppen waren nicht bloß ohne Übung und Disziplin, sondern auch mangelhaft ausgerüstet und schlecht besoldet. Im August 1542 mißlang der Sturm auf die von den Türken besetzte Hauptstadt vollständig; die Truppen zeigten sich widerspenstig und liefen auseinander; Joachim gab den Feldzug verloren und kehrte ruhmlos in sein Land zurück.

Sein Ansehen bei Kaiser und König war seitdem im Sinken. Das zeigte sich in sehr empfindlicher Weise in der Angelegenheit der Erbverbrüderung mit dem schlesischen Piastenhause von Liegnitz, Brieg und Wohlau, die Joachim im Jahre 1537 geschlossen hatte. Sie beruhte auf ausdrücklichen Privilegien des Liegnitzer Herzogs, die auch von Ferdinand I. als König von Böhmen und Oberlehnsherrn des Herzogs bestätigt worden waren, und war Jahre hindurch unbeanstandet geblieben. Im Jahre 1546 aber, als die Habsburger zu der großen Auseinandersetzung mit den Protestanten sich rüsteten, erklärte König Ferdinand auf einem Tage zu Breslau am 18. Mai den Erbvertrag für nichtig und forderte die Auslieferung der betreffenden Urkunden. Joachim II. erkannte diese Entscheidung des böhmischen Königs nicht an und bestand auf dem wohlerworbenen Recht seines Hauses. Der Konflikt zwischen Brandenburg und Habsburg, der hieraus entsprang, blieb ungelöst und hat noch durch Jahrhunderte fortgewirkt.

Trotz dieses Zerwürfnisses ist Kurfürst Joachim auch damals dem Schmalkaldischen Bunde nicht beigetreten. Von dieser Partei der entschiedenen Protestanten trennte ihn nicht nur die besondere religiöse Richtung, die er eingeschlagen hatte, sondern auch der Gegensatz zu dem Kurfürsten von Sachsen in der magdeburgischen Frage. Sein Vetter, der Erzbischof Johann Albrecht, hatte im Widerspruch zu seinen Wünschen und zu den hohenzollernschen Hausinteressen die Stelle eines Koadjutors mit dem Recht der Nachfolge einem Sohne des sächsischen Kurfürsten Johann Friedrich zugewandt. Das führte Joachim auf die Seite des Herzogs Moritz von Sachsen von der albertinischen Linie, der in Rivalität mit dem ernestinischen Vetter Magdeburg ebenfalls für sein Haus begehrte, aber unter Umständen geneigt war, dem brandenburgischen Interesse Zugeständnisse zu machen. Moritz und Joachim schlossen am 20. September 1546 zu Zossen ein gegenseitiges Verteidigungsbündnis für alle Fälle. Den Schmalkaldenern empfahlen sie, von einer Auflehnung gegen den Kaiser Abstand zu nehmen; sie selbst wollten nur dann zum Widerstande schreiten, wenn wirklich die Religion durch ihn bedroht sei. Moritz änderte dann aber seine Haltung, indem er, um die für den Fall einer Niederlage seines Vetters, des Kurfürsten, dem Kaiser verfallenen ernestinischen Lande samt der Kurwürde seinem Hause zu erhalten, in einem Vertrage mit König Ferdinand sich zur Hilfeleistung gegen die Schmalkaldener verpflichtete. Er geriet dabei zunächst in eine gefährliche Kriegslage und bemühte sich um die Hilfe Brandenburgs, die ihm bei seiner veränderten Haltung vertragsgemäß eigentlich nicht zustand. Diese Gelegenheit benützte Joachim, um ein wertvolles Zugeständnis in der magdeburgischen Frage zu erlangen. Er hatte verstanden, die Mehrheit des Magdeburger Kapitels auf seine Seite zu bringen und setzte nun in Verhandlungen mit Moritz und König Ferdinand zu Aussig in Böhmen am 20. Februar 1547 die Wahl seines jüngeren Sohnes Friedrich zum Koadjutor durch; dieser mußte allerdings bei der katholischen Kirche bleiben und sich verpflichten, künftig als Erzbischof einen albertinischen Prinzen als Koadjutor anzunehmen; immerhin aber war vorläufig eine ununterbrochene Fortdauer der brandenburgischen Herrschaft im Erzstift gewahrt. Die Gegenleistung, die Joachim selbst übernahm, bestand darin, daß er nun auch an dem Kriege gegen die Schmalkaldener teilnehmen mußte, wenn auch nicht persönlich und in einer ziemlich unscheinbaren Form: er stellte ein Fähnlein von 400 Reitern unter Führung des Kurprinzen zu den Truppen des Kaisers. Sie haben bei Mühlberg mitgefochten, und auf dem Schlachtfeld ist der Kurprinz Johann Georg von dem siegreichen Kaiser zum Ritter geschlagen worden (24. April 1547).

Trotzdem setzte Joachim seine Vermittlungsversuche fort. Mit Moritz zusammen trat er für den Landgrafen Philipp von Hessen ein, dessen Gefangenhaltung durch den Kaiser auch von ihm als eine demütigende Rücksichtslosigkeit empfunden wurde. Das Augsburger Interim, das der Kaiser 1548 den Protestanten auferlegte, nahm er um so bereitwilliger an, als sein Hofprediger Agricola an dessen Entwurf mitgearbeitet hatte; es genügte ihm, daß darin die Lehre von der Rechtfertigung und die vom Abendmahl in einem Sinne geregelt war, der seiner Überzeugung entsprach. Er glaubte seinem Lande einen großen Dienst erwiesen zu haben, indem er es vor dem Unglück eines feindlichen Einfalls bewahrte. Sein Verhalten ist nicht nach religiösen, sondern nach politischen Gesichtspunkten orientiert, und es entsprach nur dem Sinn der Zeit, wenn dabei das Hausinteresse eine hervorragende Rolle spielte. Obwohl die Einführung des Interims bei den strenggläubigen Lutheranern Anstoß erregte, so kann doch kaum zweifelhaft sein, daß die Friedenspolitik des Kurfürsten im ganzen nach dem Sinn der Landstände war; und er vermochte es zu erreichen, daß die Landschaft in den Jahren 1549 und 1550 abermals eine große Schuldenlast auf sich nahm und zu deren Tilgung außer den herkömmlichen Hufen- und Giebelsteuern eine neue indirekte Steuer bewilligte, das im Unterschied von der alten Ziese aus dem Jahre 1488 sogenannte „neue Biergeld“, das sehr viel höher war (8 Groschen für die Tonne) und von den Verordneten der Landschaft selbst verwaltet wurde.

Auch Markgraf Johann von Küstrin hat an dem Kriege nicht auf seiten der protestantischen Partei teilgenommen. Das Vorgehen Philipps von Hessen und der Schmalkaldener gegen seinen Schwiegervater, den Herzog Heinrich von Wolfenbüttel, hatte ihn mit seinen Verbündeten in Zwist gebracht, und so trat er auf die Seite des Kaisers und führte ihm als Condottiere gegen Hilfsgelder 300 Reiter und 400 Arkebusiere zu. Er hatte sein Auge damals auf Pommern geworfen und ließ sich für den Fall, daß gegen die Herzöge wegen Beteiligung an dem Aufstand gegen den Kaiser von Reichs wegen vorgegangen werden sollte, die Exekution übertragen, um einen Fuß in dem Lande zu gewinnen, das er dann für das brandenburgische Haus zu erwerben hoffte — ein Plan, der freilich zerrann. In Glaubenssachen aber blieb Markgraf Johann unerschütterlich fest. Auf dem geharnischten Reichstag zu Augsburg (1548) ist er einer der ganz wenigen Fürsten gewesen, die sich nicht vom Kaiser einschüchtern ließen. Das Interim lehnte er ab, an der Fronleichnamsprozession nahm er nicht teil, trotz der drohenden kaiserlichen Ungnade, die ohne eine Verwendung des Königs Ferdinand wahrscheinlich auch dazu geführt haben würde, daß er von Karl V. als Gefangener zurückbehalten wurde.

Eine starke Spannung mit dem Kaiser war die Folge. Johann war auf einen Angriff gefaßt. Im Schutze seiner festen Plätze Küstrin und Peitz, imstande eine Truppenmacht von 7—8000 Mann aufzubringen, wenn es nottat, hätte er wohl einige Zeit Widerstand leisten können; er dachte zugleich an einen großen norddeutschen Verteidigungsbund gegen den Kaiser, in den auch Dänemark, Polen und Preußen hineingezogen werden sollten.

Auch der Herzog Albrecht von Preußen war damals eines Angriffs gewärtig; er glaubte, wenn Magdeburg gefallen sei, so werde der Kaiser den Krieg auch nach Pommern und Preußen tragen und die Vollstreckung der Reichsacht gegen ihn, auf die der Deutschmeister, Konrad von Milchling, schon längst bei Karl V. drang, endlich ins Werk setzen. Trotzdem war er mit dem Markgrafen Johann eines Sinnes darin, daß man sich nur zur Verteidigung verbünden solle, nicht aber zum Angriff gegen den Kaiser.

Darin besteht der tiefgehende politische Gegensatz der Brandenburger zu dem Kurfürsten Moritz von Sachsen, der mit dem Plan umging, im Bunde mit Frankreich den Kaiser anzugreifen. Mit diesem Plane konnte sich Markgraf Johann nicht befreunden. Bei den Verhandlungen, die 1551 von Moritz mit Johann und einigen anderen Fürsten unter Teilnahme eines französischen Gesandten auf dem sächsischen Jagdschloß Lochau geführt wurden, kam es während der Abendtafel zu einem heftigen Wortwechsel zwischen Kurfürst Moritz und seinem Gast, und Markgraf Johann ritt kurz entschlossen mit seinen Leuten beim nächsten Morgengrauen davon und nach Hause zurück und hat an den weiteren Unternehmungen des sächsischen Kurfürsten keinen Anteil mehr genommen.

Joachim war in gutem Einverständnis mit Moritz von Sachsen geblieben, im Hinblick auf Magdeburg, wo im Mai 1550, nach dem Tode des Erzbischofs Johann Albrecht, sein Sohn Friedrich den erzbischöflichen Stuhl bestieg. Bei der Belagerung der Stadt Magdeburg hat er Moritz mit geworbenem Volk unterstützt. Auf die Unternehmung gegen den Kaiser aber hat sich auch Joachim nicht eingelassen. Es ist selbstverständlich, daß der Erfolg dieser Erhebung des sächsischen Kurfürsten, die im Interesse des Protestantismus und der reichsständischen Libertät erfolgte, auch den beiden brandenburgischen Brüdern zugute kam. Sie haben in sehr verschiedener Weise, jeder nach seiner Art, aus der veränderten Lage Nutzen zu ziehen versucht. Johann vertrug sich mit dem Kaiser und hat für die Belagerung von Metz ihm wieder als Condottiere Truppen geworben und zugeführt; er wurde jetzt Karls V. „Rat von Haus aus" gegen ein Jahrgeld von 5000 Talern und erreichte es später, daß ihm dieselbe Stellung 1555 von Ferdinand, 1565 von Maximilian II., 1569 von Philipp II. von Spanien übertragen wurde. Joachim dagegen nahm seine vermittelnde Tätigkeit bei den Verhandlungen zu Passau wieder auf und hat weiterhin nach Moritzens Tode mit König Ferdinand zusammen einen hervorragenden Anteil genommen an den Bemühungen, die auf dem Augsburger Reichstage von 1555 zur Herstellung des Religionsfriedens und zur Sicherung der reichsständischen Libertät führten.

Eine gefährliche Krisis für die Gesamtinteressen des brandenburgischen Hauses bedeuteten die abenteuerlichen Unternehmungen, die nach dem Passauer Frieden der Markgraf Albrecht von Culmbach ins Werk setzte, dem die humanistischen Zeitgenossen den bezeichnenden Beinamen Alcibiades gegeben haben. Er ist zweifellos der kühnste und tatkräftigste unter den damaligen Hohenzollern, aber seinem Wagemut fehlte die nötige Besonnenheit und politische Zucht. Erst Condottiere im Dienst des Kaisers, war er dann im Bunde mit Moritz und den Franzosen gegen ihn vorgegangen und suchte nun, unbefriedigt durch die Abmachungen von Passau, im Kampf mit den Bischöfen von Bamberg und Würzburg und mit der Reichsstadt Nürnberg sich das Herzogtum Franken zu erobern, nach dem schon Albrecht Achilles vergeblich gestrebt hatte. Der Kaiser nahm erst Stellung gegen ihn, dann aber, als er mit seinen 18000 Mann vor Metz erschien und auf seine Seite trat, ließ er ihn zunächst gewähren. Der Kaiser änderte dann aber seine Haltung, empfahl ihm eine gütliche Einigung mit seinen Gegnern; und nun verließ ihn Albrecht und stellte sich wieder auf eigene Füße. Da wandte sich Moritz von Sachsen gegen den ehemaligen Verbündeten, der den Frieden des Reiches so gröblich störte und ihm selbst seine Pläne zu verderben drohte. Auf braunschweigischem Boden bei Sievershausen verlor Moritz am 7. Juli 1553 das Leben, aber Albrecht wurde geschlagen, und das Kriegsglück blieb ihm dauernd abhold. Er erlitt auch in Franken Niederlagen, wurde aus seinem Erblande vertrieben, in die Reichsacht getan, und ist nach allerlei abenteuerlichen Versuchen landflüchtig 1557 zu Pforzheim gestorben. Auch in dieser Krisis war das Verhalten der beiden brandenburgischen Brüder von charakteristischer Verschiedenheit. Markgraf Johann wäre bereit gewesen, die Reichsacht gegen den fränkischen Vetter zu vollstrecken, um dessen Land zu gewinnen; Joachim II. aber trat in freilich fruchtlosen Bemühungen für den Geächteten ein und rettete nach dessen Tode, jetzt allerdings im Einverständnis mit dem Bruder, das Culmbacher Land für den jungen Ansbacher Markgrafen Georg Friedrich, den Sohn Georgs des Frommen, indem er auf einem Tage zu Wien von den Gegnern Albrechts das Zugeständnis erlangte, daß sie das eroberte Gebiet zurückgaben und sogar einigen Schadenersatz leisteten. Georg Friedrich, ein Mann von ungewöhnlichem politischem Verstand, ist der letzte Fürst der älteren fränkischen Linie gewesen und von hervorragender Bedeutung für die Geschichte des hohenzollernschen Gesamthauses.

Nach der vorläufigen Lösung der großen kirchlichen Frage durch den Augsburger Religionsfrieden sind es vornehmlich zwei wichtige Hausangelegenheiten, die am Hofe Joachims II. im Mittelpunkt des Interesses gestanden haben: die magdeburgische und die preußische Frage. Der junge Erzbischof Friedrich war schon 1552 gestorben, bevor noch ein Wettiner zum Koadjutor hatte bestellt werden können. Die unentschiedene Haltung, die Joachim in der Frage der Reformation einnahm, wirkte beim Kapitel günstig für die brandenburgischen Interessen: der jüngste Sohn des Kurfürsten, Sigmund, wurde zum Nachfolger gewählt. Unter ihm ist der Protestantismus im Erzstift dann vollends durchgedrungen. In die Hoheit über die Stadt Magdeburg teilte sich der Erzbischof auf Grund eines Vertrages von 1555 mit Brandenburg und Kursachsen. Die Wettiner waren natürlich auf den brandenburgischen Erfolg im Erzstift sehr eifersüchtig; und aus dieser Stimmung erklärt sich auch die Lauheit Sachsens in der Frage des geistlichen Vorbehalts, den König Ferdinand im Sinne der katholischen Partei dem Religionsfrieden von 1555 zugefügt hatte. Er enthielt bekanntlich die Bestimmung, daß geistliche Fürsten, die zum protestantischen Bekenntnis übertraten, Amt und Einkünfte verlieren sollten. Anfänglich widersprachen dem alle protestantischen Reichsstände, schließlich aber ließ sich Sachsen die Bestimmung gefallen, und auch Joachims Gesandte hielten es nun nicht für angebracht, nachdrücklich dagegen aufzutreten, wie es Johann von Küstrin und einige andere protestantische Stände getan haben. Die Folgen der unsicheren Rechtslage zeigten sich, als 1566 auch der Erzbischof Sigmund starb und nun abermals in Magdeburg ein brandenburgischer Prinz gewählt wurde, der älteste

Enkel Joachims II., Joachim Friedrich, während damals in Halberstadt die Wahl auf einen braunschweigischen Prinzen fiel. Kaiser Maximilian II., der kurz vorher (1565) den Thron bestiegen hatte, versagte trotz früherer Zusicherungen die Bestätigung des evangelischen brandenburgischen Administrators, weil er die Gefahr einer Säkularisation, wie in Preußen, abwenden wollte. Infolgedessen wurden auch am Reichstag Schwierigkeiten erhoben in bezug auf die Zulassung der magdeburgischen Stimme im Fürstenrat. So entstand der vielberufene magdeburgische Sessionsstreit, der noch Jahrzehnte lang Anlaß zu immer erneuten Spannungen und Schwierigkeiten in dem Verhältnis des brandenburgischen Hauses zu Kaiser und Reich gegeben hat.

Bei der preußischen Frage handelte es sich um die Mitbelehnung der Kurlinie mit dem Herzogtum, die der fränkische Vetter Albrecht Alcibiades, nach einer vorübergehenden Spannung zwischen Joachim und dem Herzog Albrecht, von neuem angeregt hatte. Die Verhandlungen mit den Polen führte der Doktor Georg Sabinus, der Schwiegersohn Melanchthons, damals Rektor der Königsberger Universität, dann, nachdem er dort dem Haß der orthodoxen Lutheraner hatte weichen müssen, im Dienste des Kurfürsten Joachim und seines magdeburgischen Sohnes Sigmund tätig. Mit diesen Verhandlungen verband sich anfänglich auch der Plan, die polnische Krone für diesen jüngsten Sohn Joachims zu erwerben, der durch seine Mutter zugleich ein Enkel des Königs Sigismund I. von Polen war. Sigismund II. war kinderlos, und die protestantische Strömung in Polen schien der Bewerbung günstig zu sein. Aus diesem Plane ist freilich nichts geworden, dagegen gelang es Joachim, unter dem Druck der allgemeinen politischen Lage im Nordosten, wo die Kämpfe um Livland und die übrigen ostbaltischen Küsten zwischen Rußland, Schweden und Polen sich vorbereiteten, nach dem Tode des Herzogs Albrecht († 1568) bei der Belehnung des Nachfolgers Albrecht Friedrich 1569 die Mitbelehnung für die Kurlinie zu gewinnen — ein großer Erfolg, der freilich sehr erhebliche Ausgaben verursacht hatte. In den Jahren 1564 und 65 mußte Joachim zum vierten und fünften Male seine Landstände um Übernahme der aufgelaufenen Schulden angehen. Sie haben im ganzen während seiner Regierung etwa 5 Millionen Taler an kurfürstlichen Schulden übernehmen müssen; die Einziehung der geistlichen Güter hat zwar den Umfang der Domänen fast verdoppelt, aber sie kam im wesentlichen auch nur der Schuldendeckung zugute; ein großer Teil davon mußte gleich in die Hände der Gläubiger überantwortet werden.

Das äußere Kirchenwesen, Kirchenschmuck, Gottesdienst, Zeremonien, blieben unter Joachim fast ganz wie in der katholischen Zeit erhalten; aber sein Bekenntnis zu der lutherischen Lehre wurde nach der Befestigung des Religionsfriedens unzweideutiger und entschiedener als vordem. Der feierliche Akt der Verlesung seines Testaments und Glaubensbekenntnisses in der Domkirche 1562 und das große Reformationsfest von 1563 zeigen ihn in viel schärferem Gegensatz, wie früher, zu dem Katholizismus, aber allerdings auch zu der calvinistischen Lehre. Der milden und versöhnlichen, in manchen Stücken freieren Auffassung Melanchthons, wie sie in Berlin der Propst Buchholzer vertrat, derselbe, der einst das Interim verworfen hatte, war er durchaus abgeneigt; er betonte auf das allerentschiedenste die bloße Rechtfertigung durch den Glauben und wollte von der Notwendigkeit guter Werke nichts hören. Seinen Hofprediger Agricola und den Frankfurter Professor Musculus, einen festen und strammen Lutheraner, begünstigte er sehr nachdrücklich in ihrem Streit mit Buchholzer, und dieser selbst wurde 1565 durch den Kurfürsten von seiner Berliner Propstei abgesetzt.

Johann von Küstrin blieb sich in seiner kirchlichen Stellung wie in seiner erwerbslustigen Haus- und Finanzpolitik gleich bis an sein Lebensende. Mit dem Johanniterorden, der in der Neumark große Besitzungen hatte — Sonnenburg war der Sitz eines Herrenmeisters — geriet er in einen langen und heftigen Streit, weil er das Ordensgebiet seinem Lande einzuverleiben bestrebt war. Dem König von Dänemark, Friedrich II., gegenüber erhob er 1565, in einem kritischen Moment des großen Krieges zwischen Dänemark und Schweden Ansprüche auf Teile von Schleswig-Holstein auf Grund des Testaments seines Großvaters mütterlicherseits, des dänischen Königs Hans. Es gelang ihm aber weder den Landanspruch durchzusetzen, noch eine finanzielle Entschädigung in Form eines Dienstgeldes, worauf er es wohl besonders abgesehen hatte, von dem Dänenkönig zu erlangen; Joachim II., der ja dieselben Ansprüche wie sein Bruder hätte geltend machen können, hat an diesem Handel keinen Anteil genommen.

Im Einverständnis befanden sich die beiden Brüder, in der Hauptsache wenigstens, bei den Streitigkeiten, die über den Oderhandel mit Pommern ausbrachen, wobei die Rivalität der Städte Frankfurt und Stettin eine Hauptrolle spielte. Frankfurt a. O. war die einzige bedeutende Handelsstadt der Mark Brandenburg und besaß ein wichtiges Niederlagsrecht, durch das die Schiffer auf der Oder gezwungen wurden, dort anzulegen und ihre Waren zum Verkauf auszustellen. Dieses Privilegium hatte auch Joachim I., der im übrigen hauptsächlich den westöstlichen Durchfuhrhandel durch die Mark zu beleben suchte, immer geschützt und hochgehalten und dasselbe auch seinen Erben anbefohlen. Bei der Teilung der Lande bestand ja die Gefahr, daß Krossen und Landsberg, die zum Anteil Johanns gehörten, den Versuch machten, dem Frankfurter Handel Abbruch zu tun, um selbst in die Höhe zu kommen. Diese Gefahr suchte man zu vermeiden durch einen Vergleich, den die Brüder 1539 schlossen: gegen finanzielle Entschädigungen und gegen den Verzicht des Bruders auf die Einlösung von Krossen, das in seinem Pfandbesitz war, gestand Johann die Aufrechterhaltung der Frankfurter Niederlagsgerechtigkeit und manche Handelsbeschränkungen seiner eigenen Städte zu. Den Stettinern aber wurde die Wartheschiffahrt gesperrt. Den Handel nach Polen auf diesem übrigens noch wenig fahrbaren Wasserwege wollte Johann sich und seinem Lande vorbehalten; er dachte daran, den Handel nach Danzig von Stettin auf Küstrin abzulenken; auch ein Kanal zwischen Netze und Weichsel wurde schon geplant. Aus alledem ist freilich nichts geworden, schon weil die Polen mehr mit den Pommern als mit den Märkern zusammenhielten; aber der Gegensatz zu Pommern verschärfte sich mehr und mehr. Die Erhöhung der Zölle zu Oderberg und Küstrin, die Joachim und Johann vornahmen, beeinträchtigten den Handel von Stettin, der eben damals hauptsächlich in den Händen der großen Handelsfamilie Loitz einen bedeutenden Aufschwung genommen hatte und vornehmlich auf der Ausfuhr von Getreide aus dem Hinterland sowie auf dessen Versorgung mit Hering und neuerdings auch mit Salz beruhte. Dem Frankfurter Niederlagsrecht gegenüber brachte Stettin seit 1550 das seine mit größerem Nachdruck als bisher zur Geltung;

Frankfurt verschärfte darauf wieder seine Maßregeln; beide Städte gerieten in einen immer heftiger werdenden Handelskrieg; und als 1562 die Frankfurter einige Stettiner Heringstonnen auf ihrem Markt zerhauen ließen wegen angeblich falschen Maßes, da sperrte Stettin ihnen die Durchfahrt auf der Oder, wie es schon früher vorübergehend öfter geschehen war. Diesmal aber erhielt die Maßregel eine größere Bedeutung dadurch, daß die beiden brandenburgischen Fürsten nachdrücklich für Frankfurt eintraten und die Sperre durch ein vollständiges Handelsverbot gegenüber Stettin beantworteten, das dann auch monatelang mit Strenge durchgeführt worden ist. Die Stettiner zogen es bald vor, einzulenken; und auch die Frankfurter und die Markgrafen bestanden nicht auf der Durchführung des Handelsverbots. Zu einer förmlichen Einigung in dem Streit der beiden Städte kam es zwar trotz mancher Verhandlungen nicht, aber der Handelsverkehr wurde wieder so wie früher aufgenommen.

So energisch sich die landesfürstliche Politik Johanns nach allen Richtungen hin betätigt hatte, so wenig Aussicht war doch vorhanden, daß die Absonderung der Neumark von Dauer sein würde; denn es fehlte ihm an Söhnen, die das begonnene Werk fortführen konnten. Im Interesse der Gesamtpolitik des Hauses war es, daß seine beiden Töchter mit Sprossen eben dieses Hauses vermählt wurden, die ältere mit dem Ansbacher Markgrafen Georg Friedrich (1558), die jüngere mit dem älteren Enkel Joachims II., dem Markgrafen Joachim Friedrich. Da die Ehe des ansbachischen Paares kinderlos blieb, so war der Anfall der Neumark an die Kurlinie selbstverständlich. Markgraf Hans hat seinen Bruder Joachim, der am 3. Januar 1571 starb, nur um zehn Tage überlebt. Johann Georg vereinigte also kurz nach seinem Regierungsantritt die beiden Lande Kur- und Neumark wieder in seiner Hand; aber die 35 Jahre, während welcher die Neumark ein selbständiges Dasein geführt hatte, haben doch genügt, ihr für die Dauer in Verfassung und Verwaltung eine besondere Stellung zu sichern: in Küstrin blieb eine eigene neumärkische Regierung mit einem Kanzler an der Spitze bestehen; auch die vom Markgrafen Hans schon eingeführte Amtskammer zur Verwaltung der Domänen erhielt sich; die Landstände bildeten eine Körperschaft für sich, die später nur noch gelegentlich mit der kurmärkischen Landschaft zusammengewirkt hat.

Johann Georg.

Johann Georg war in Charakter und Lebensführung das gerade Gegenbild seines Vaters und hatte meist fern vom Hofe, auf dem Schlosse zu Zechlin, der Residenz der alten havelbergischen Bischöfe, in ländlicher Zurückgezogenheit gelebt, als Verweser der ihm und seinem ältesten Sohne zugefallenen säkularisierten bischöflichen Stifter. Mit Ingrimm hatte er von dort aus das üppige, verschwenderische Leben und Treiben am Hofe seines Vaters betrachtet; und er begann seine Regierung mit einem harten und die Grenzen der Gerechtigkeit überschreitenden Strafgericht gegen die Günstlinge des verstorbenen Kurfürsten, die man verantwortlich machte für die nun schon wieder auf 2½ Millionen gewachsene Schuldenlast. Der Kammerrat Matthias, der dem Kurfürsten große Vorschüsse gemacht hatte, die sein eigenes Vermögen weit überstiegen, wurde in Ungnaden entlassen und der Härte seiner Gläubiger preisgegeben. Die schöne Gießerin wurde verhaftet und nach Spandau gebracht. Der Jude Lippold, dem in seiner amtlichen Geschäftsführung keine Unredlichkeit nachgewiesen werden konnte, wurde unter der Beschuldigung, Zauberei getrieben und den Kurfürsten vergiftet zu haben, mit der ganzen Grausamkeit des damaligen Strafverfahrens auf der Folter zu unsinnigen Geständnissen gezwungen und hingerichtet. Sein Sturz wurde der Anlaß dazu, daß der Kurfürst, dem Drängen der einheimischen Kaufleute nachgebend, die bisher auf Grund eines fürstlichen Schutzbriefes geduldeten Juden des Landes verwies — eine Maßregel, die seit dem 14. Jahrhundert in Deutschland, wie in anderen Ländern, schon vielfache Vorbilder gefunden hatte und dazu führte, daß nun auch in Brandenburg Juden nicht geduldet wurden bis auf die Zeit des Großen Kurfürsten, der 1672 wieder eine Anzahl jüdischer Familien aus Wien zuließ.

Johann Georg war schon 45 Jahre alt, als er zur Regierung kam und erlebte im nächsten Jahre die Geburt seines ersten Enkels (Johann Sigismund). Seine erste, früh verstorbene Gemahlin, die Mutter Joachim Friedrichs, war eine Prinzessin aus dem Hause Liegnitz gewesen; die zweite, eine Tochter des Markgrafen Georg von Ansbach, Mutter von 11 Kindern, von denen allerdings nur drei Töchter zu ihren Jahren kamen, starb 1576; und von seiner dritten Gemahlin, der Prinzessin Elisabeth von Anhalt, hatte er dann noch zehn Kinder, darunter sieben Söhne, die ihn alle überlebt haben. Er war eine ernsthafte patriarchalische Natur, ein guter Hauswirt und Familienvater, dem die standesgemäße Versorgung seiner Nachkommenschaft sehr am Herzen lag und dessen Hauspolitik vor einer Verwicklung in die gefährlichen Welthändel mit ängstlicher Selbstbeschränkung zurückscheute. Er war, wie sein Vater, dem kaiserlichen Hause Habsburg in reichsfürstlichem Respekt zugetan; er war als Kurprinz von 1558 bis zu seinem Regierungsantritt kaiserlicher Rat und Diener von Haus aus, einige Jahre lang (1556—63) auch, wie später sein Oheim Johann, Rat des Königs Philipp II. von Spanien gewesen. Aber sein Wesen und seine Interessen wurzelten in der märkischen Heimat; sein land- und hauswirtschaftlicher Sinn wird durch den Beinamen Oeconomus gekennzeichnet. Er war von absoluter Friedfertigkeit und von einer starr rechtgläubigen lutherischen Frömmigkeit. Sein Sinn war darauf gerichtet, mit den Seinen nach den Worten des Apostels ein geruhiges und stilles Leben zu führen in aller Gottseligkeit und Ehrbarkeit. Er war mäßiger im Trunk, als es sonst die Art seiner Zeit und seiner Standesgenossen war und ist zu höheren Jahren gekommen, als die meisten seiner Vorfahren. Mit dem Adel seines Landes verbanden ihn die gleichen Interessen und Gesinnungen; aber es ist eine falsche Vorstellung, als sei er von den Junkern oder den Landständen überhaupt abhängiger gewesen als sein Vorgänger. Der fortschreitenden Ausdehnung der Gutswirtschaft, die ja auf den fürstlichen Domänen ebenso wie beim Adel stattfand, hatte schon Joachim II. trotz einiger bauernfreundlicher Maßregeln keinen erheblichen Widerstand entgegengesetzt, und Johann Georg hat in diesem Stück keine neuen Bahnen eingeschlagen; aber es ist ihm doch andererseits auch gelungen, einmal eine Junkersteuer bewilligt zu erhalten, die der Adel selbst bezahlen mußte und nicht auf seine Bauern abwälzen durfte. Gegenüber dem humorvoll-jovialen Wesen Joachims II. erscheint er trockener, ernster, von fast pedantischer Strenge; aber seiner landesfürstlichen Autorität ist dieser Zug zugute gekommen: die Landstände, die sich Joachim II. gegenüber in Schrift und Rede manches herausnahmen, schlugen ihm gegenüber immer einen sehr ehrfurchtsvollen Ton an; zuweilen hat er auch wohl gegen die Städte geradezu den Herrn herausgekehrt. Er hat nur einen großen Landtag gehalten, 1572, um von der Landschaft die Übernahme der von Joachim II. hinterlassenen Schuldenlast (2½ Millionen) zu erlangen. Wenn auch er dabei den Ständen die Versicherung gab, daß er sich ohne ihr Wissen und ihre Zustimmung in kein Bündnis einlassen werde, woraus dem Lande Lasten entstehen könnten, so war das nicht bloß in dem überlieferten Verhältnis zwischen Fürst und Adel begründet, sondern auch in seinen eigenen politischen Neigungen, die dahin gingen, schwere Verantwortlichkeit lieber mit den Ständen zu teilen, als allein auf sich zu nehmen, und auch wohl unter Umständen hinter ihrem Zustimmungsrecht Deckung zu suchen vor den unbequemen Zumutungen unternehmungslustiger fürstlicher Standesgenossen. Seine eigene Sparsamkeit und Wirtschaftlichkeit in Verbindung mit der Tatsache, daß er nun wieder das ganze ungeteilte Land beherrschte, hat ihn in Wirklichkeit doch unabhängiger von den Landständen gemacht, als es Joachim II. gewesen war. Die bisherige Art der Finanzwirtschaft dauerte fort; aber die Schulden, die sich am Ende der 28jährigen Regierung Johann Georgs angesammelt hatten, betrugen insgesamt nur ½ Million Taler. Eine so sparsame Wirtschaft, die dem Lande keine überflüssigen Lasten zumutete, gefiel den Ständen wohl. Und auch die kirchliche Stellung des Kurfürsten war ganz nach ihrem Herzen. Noch schärfer als zuletzt Joachim II. trat Johann Georg im Verein mit seinen Ständen der Richtung Melanchthons entgegen; der orthodoxe lutherische Eiferer Andreas Musculus wurde zum Generalsuperintendenten erhoben, und der Landtagsabschied von 1572 versicherte, daß das lautere Wort Gottes nach der rechten Lehre Luthers und der unveränderten augsburgischen Konfession im Lande gepredigt werden sollte. Zugleich wurde 1572 eine neue Kirchenordnung erlassen, die den früheren Artikel „von der Lehre" durch die Aufnahme der augsburgischen Konfession und des lutherischen Katechismus ersetzte und allen Geistlichen, die sich nicht zu der reinen lutherischen Lehre bekennen würden, mit der Amtsentsetzung drohte. Vor allem aber die Politik des Friedens und der Nachgiebigkeit, die Abneigung Johann Georgs gegen auswärtige Verwicklungen war ganz nach dem Sinn der Landstände. In dieser Politik hat ihn Lampert Distelmeyer als Kanzler bestärkt, der trotz seiner Fremdbürtigkeit sich mit dem märkischen Adel ebensogut wie mit dem Kurfürsten zu stellen gewußt hat, so daß er es auch erreichte, daß sein Sohn Christian ihm in dem Kanzlerposten nachfolgte.

Als die Achse der auswärtigen Politik Johann Georgs kann man das freundschaftliche Einvernehmen mit Kursachsen betrachten, das trotz der Rivalität in der magdeburgischen Frage während seiner ganzen Regierungszeit ohne jede Störung bestanden hat. Namentlich mit dem Kurfürsten August hat er in enger Freundschaft gelebt, was sich auch in zahlreichen persönlichen Begegnungen aussprach. Sachsen war in dieser Verbindung im allgemeinen der führende Teil; Johann Georg pflegte erst in Dresden anzufragen, ehe er sich in wichtigen politischen Fragen entschied; und in den Reichsangelegenheiten wurde es üblich, daß Brandenburg und Sachsen ihre Bevollmächtigten mit gemeinschaftlichen Instruktionen ausrüsteten, die von den Räten beider Teile im Einvernehmen miteinander festgestellt worden waren.

Sehr gegen die Neigung Johann Georgs ging es, daß bald nach seinem Regierungsantritt der alte Handelsstreit zwischen Stettin und Frankfurt von neuem zu offenen Feindseligkeiten führte. Der Herzog von Pommern-Stettin, Johann Friedrich, war sein Schwiegersohn, und er hätte um so lieber in Frieden und Freundschaft mit Pommern gelebt, als es ihm darauf ankam, von den Ständen des Landes die Huldigung zu erlangen, die ihm auf Grund seiner Anwartschaft gebührte. Aber der Herzog war sehr auf seinen Vorteil bedacht und suchte bei dieser Gelegenheit für Pommern eine Gegenanwartschaft auf brandenburgisches Land zu erwerben, wie sie in den bisherigen Verträgen noch nicht bestand. Johann Georg zeigte sich in diesem Punkte sehr nachgiebig, und das freundschaftliche Entgegenkommen gegenüber dem herzoglichen Schwiegersohn bildet einen auffälligen Gegensatz zu der Rolle, die er in dem handelspolitischen Streit gespielt hat. Die Erneuerung der Feindseligkeiten ging 1571 von Stettin aus, wo man, wie es scheint, nur auf den Regierungswechsel gewartet hatte, um mit besserem Erfolg als früher gegen Frankfurt vorzugehen. Aber Johann Georg nahm sich nachdrücklicher, als man wohl erwartet hatte, der Frankfurter an, auch als diese im Frühjahr 1572 auf einem Jahrmarkt 42 Stettiner Kaufleute festnahmen und alle Zahlungen nach Stettin einstellten. Im Herbst 1572 verbot der Kurfürst sogar allen Handel mit Stettin, weil er hoffte, daß diese Maßregel auch jetzt, wie 1562, eine gute Wirkung tun würde; und er hat dieses Verbot 1574 noch verschärft, obwohl diesmal von Stettin keine Gegensperre verfügt worden war. Für Stettin bedeutete das Handelsverbot einen schweren Schlag, da die Spekulationen seiner Kaufleute dadurch umgeworfen wurden; das große Handlungshaus der Loitze ist damals zusammengebrochen, und es ging seitdem abwärts mit dem Stettiner Handel. Zu einer Einigung der feindlichen Städte und Länder kam es aber auf diesem Gebiete nicht, obwohl Johann Georg immer wieder auf eine Beilegung des ihm höchst widerwärtigen Streites drängte. Wie sehr er im übrigen geneigt war, den Wünschen seines Stettiner Schwiegersohns entgegenzukommen, zeigt das Abkommen, das er nach manchen Verhandlungen im Jahre 1574 wegen der von diesem verlangten Gegenanwartschaft für Pommern mit ihm schloß. Dem pommerschen Hause wurde dadurch für den Fall des Aussterbens der Brandenburger eine Anwartschaft auf die Neumark eingeräumt. Dieser Vertrag wurde auch vom Kaiser bestätigt. Die Erbeinigung, die seit 1457 zwischen Brandenburg, Sachsen und Hessen bestand, wurde infolge dieser Neuerung dahin abgeändert, daß der brandenburgische Anteil an sächsischem und hessischem Gebiet im Fall einer Erledigung dieser Lande von der Hälfte auf ein Drittel herabgesetzt wurde. Den Bemühungen Johann Georgs gelang es auch, im Januar 1575 eine Konferenz der brandenburgischen und pommerschen Räte herbeizuführen, die zu Prenzlau stattfand. Hier hat er durchgesetzt, daß ihm in Pommern die Erbhuldigung geleistet werden sollte; aber über die handelspolitische Streitfrage kam eine Einigung nicht zustande. Johann Georg hat nun zwar das Handelsverbot noch einmal erneuert, 1575, aber es wurde jetzt noch weniger beachtet wie vorher; und 1577 hob der Kurfürst auf das Drängen der am Getreideexport beteiligten Ritterschaft die Sperre für den Handel nach Stettin förmlich auf, während sie für die Einfuhr der Stettiner Kaufleute noch bestehen blieb. Er hat dann eine Zeitlang versucht, den Handel von der Oder nach Westen zu abzulenken, über Spree, Havel und Elbe; aber dies erwies sich als ebenso nachteilig für Frankfurt wie für den Ertrag der kurfürstlichen Zölle, und so wurde seit 1592 die Handlung auch von Stettin stromaufwärts wieder erlaubt. Der Streit zwischen den beiden Städten aber blieb ungeschlichtet. Er wurde dem Reichskammergericht zur Entscheidung übergeben; aber der Spruch, den dieses endlich im Jahre 1623 fällte und der es als unzulässig bezeichnete, daß Stettin den Frankfurtern die Durchfahrt auf der Oder zur See verwehren wollte, ist von den Stettinern angefochten worden, und in der Revisionsinstanz kam es zu keiner Entscheidung, bis die Frage in dem Stettiner Rezeß von 1653 ihre diplomatische Erledigung fand.

Im Reiche war damals, wo die Niederländer gegen Spanien und die Hugenotten gegen die katholische Liga kämpften, keine Frage dringender und schwieriger als die, ob die protestantischen Reichsstände sich gegenüber den katholischen Restaurationsbestrebungen zu einem Bunde zusammenschließen und etwa auch in Verbindung mit den niederländischen und französischen Calvinisten treten sollten. Im Jahre 1570 wurde die Frage, ob Werbungen im Reich für die westeuropäischen Kriege erlaubt werden sollten, zum ersten Male brennend. Der Kaiser wollte solche Werbungen von seiner Genehmigung abhängig machen, so daß es bei ihm gestanden hätte, sie für Spanien und die französische Krone zu erlauben, für den Oranier und die Hugenotten aber zu verbieten. Das scheiterte an dem einmütigen Zusammenhalten der drei protestantischen Kurfürsten von Brandenburg, Sachsen und Pfalz. Zu der Zeit, wo Colignys Einfluß am französischen Hofe maßgebend war, 1571, wurde in Berlin wie in Dresden über ein Bündnis zwischen Frankreich und den protestantischen Höfen verhandelt. Aber seit nach der Bartholomäusnacht von 1572 der unheilbare Bruch zwischen der Krone und den Hugenotten offenbar geworden war, wandte sich die Politik der lutherischen Fürsten in Deutschland immer entschiedener von dem Gedanken eines Bündnisses mit den kampfbereiten Calvinisten in Frankreich ab. In Sachsen vollzog Kurfürst August 1576 mit dem scharfen Vorgehen gegen die Krypto-Calvinisten an seinem Hofe eine politische Wendung, die die volle Billigung Johann Georgs fand. In seinem fürstlichen Autoritätsgefühl sah Johann Georg in den Niederländern und in den Hugenotten vor allem Rebellen gegen die Obrigkeit, und um so mehr sträubte sich seine lutherische Rechtgläubigkeit gegen einen Bund mit diesen Calvinisten. Aber auch mit dem König von Frankreich, dem blutigen Gegner der Hugenotten, dem Gönner der deutschen Protestanten, mochte man nichts zu tun haben. Man fürchtete damals in diesen Kreisen das Übergewicht Frankreichs mehr als das Spaniens. Als Karl IX. den protestantischen Kurfürsten seinen Schutz verhieß, wenn sie im Gegensatz zu dem habsburgischen Hause einen ihrer Glaubensgenossen oder auch wohl ihn selbst auf den Kaiserthron bringen würden, entschieden sie sich 1575 vielmehr für die Wahl des Erzherzogs Rudolf zum römischen Könige, obwohl sie von diesem Jesuitenzögling nichts Gutes für sich erwarten konnten. Sie mußten es später schmerzlich empfinden, daß sie damals versäumt hatten, sich Bürgschaften gegen die Durchführung der auf dem geistlichen Vorbehalt beruhenden Ansprüche der katholischen Partei oder für die Duldung evangelischer Untertanen in den Landen katholischer Reichsfürsten zu verschaffen. Mit dem Regierungsantritt des Kaisers Rudolf 1576 kamen die Bestrebungen der Gegenreformation im Reiche zum völligen Durchbruch; es war verhängnisvoll, daß eben damals die entschiedene

Abwendung der Lutheraner von den Calvinisten sich vollzog und die Kurfürsten von Brandenburg und Sachsen mit ihren Hoftheologen 1577 die Konkordienformel als bindendes Bekenntnis für ihre Landeskirchen festsetzten, durch die in der schärfsten und engherzigsten Weise das orthodoxe Luthertum gegen alle calvinistischen Anwandlungen abgesperrt und geschützt werden sollte. Es war zugleich ein Akt ängstlicher reichsfürstlicher Politik, durch den man eine Verflechtung in die Kämpfe des westeuropäischen Calvinismus vermeiden wollte.

Die Wehrlosigkeit, in die dadurch der deutsche Protestantismus gegenüber den katholischen Restaurationsgelüsten im Reiche geriet, wurde für Brandenburg besonders schmerzhaft empfindlich in der Frage des Magdeburger Sessionsstreits. Auf dem Reichstage zu Augsburg 1582 wollten die katholischen Reichsstände dem Administrator Joachim Friedrich nicht gestatten, seinen Sitz im Fürstenrate einzunehmen, und Kurfürst Johann Georg sah sich bei der Lage der Dinge, zumal da es sich um die Bewilligung einer Türkenhilfe handelte, gezwungen, seinem Sohne den Rat zu geben, im Interesse einer ungestörten Erledigung der Reichsgeschäfte sich mit Protest zurückzuziehen. Als im selben Jahre der Kölner Erzbischof Gebhard von Truchseß zum Calvinismus übertrat und trotzdem die Herrschaft über das Erzstift zu behalten wünschte, da trat zwar Brandenburg mit Pfalz und Sachsen beim Kaiser für ihn ein; aber für Sachsen war die Beteiligung an diesem Schritt von vornherein nur ein Mittel, um die beiden anderen Kurfürsten im Zaum zu halten, und auch Brandenburg hat sich unter dem sächsischen Einfluß bald dazu entschlossen, die Sache des Kölner Calvinisten fallen zu lassen.

Ein etwas anderer Geist kam wenigstens vorübergehend in die protestantische Fürstenwelt Deutschlands, als in der Pfalz auf den lutherisch gesinnten Kurfürsten Ludwig VI. der calvinistische Heißsporn Johann Kasimir gefolgt war (1583), der im Interesse einer allgemeinen protestantischen Politik schon längst das Stillsitzen der Kurfürsten von Sachsen und Brandenburg verurteilte und nun bestrebt war, ein Bündnis der protestantischen Fürsten im Reich zustande zu bringen, das den westeuropäischen Calvinisten die Hand reichen und namentlich Heinrich von Bourbon im Kampf gegen die katholische Liga zuhilfe kommen sollte. Er fand Verständnis für seine Bestrebungen bei dem Sohne Johann Georgs, dem magdeburgischen Administrator Joachim Friedrich, der zwar bei dem lutherischen Bekenntnis beharrte, aber den Haß der Lutheraner gegen die Calvinisten nicht teilte und sich nicht scheute, calvinistische Räte zu gebrauchen; sein Kanzler Dr. Meckbach, der früher in hessischem Dienst gestanden hatte, klug, maßvoll und geschmeidig, diente als Vermittler zwischen seinem Herrn und dem pfälzischen Führer der protestantischen Aktionspartei. Auch der neue Kurfürst von Sachsen, Christian I., der seinem Vater August im Jahre 1586 gefolgt war, ließ sich für die Ideen dieser Partei gewinnen und verständigte sich mit Johann Kasimir Ende Februar 1590 auf einer Zusammenkunft zu Plauen über die Begründung eines evangelischen Fürstenbundes. Seine Vermittlung ist es vornehmlich gewesen, die den von Christian Distelmeyer beratenen Kurfürsten Johann Georg zum Anschluß an einen solchen Bund gebracht hat. Am 3. Februar 1591 wurde zu Torgau, zunächst auf 15 Jahre, ein Bündnis geschlossen, das ein bewaffnetes Corpus Evangelicorum herstellen wollte und die Aufbringung eines Hilfsheeres für den damals um die französische Krone kämpfenden Heinrich von Bourbon in Aussicht nahm. Dazu gehörten die Kurfürsten von Pfalz, Sachsen und Brandenburg, außerdem zwei weitere hohenzollernsche Fürsten: Joachim Friedrich, der Administrator von Magdeburg und Georg Friedrich, der Beherrscher von Ansbach-Bayreuth, ferner drei hessische Landgrafen und Herzog Heinrich Julius von Braunschweig. Man hatte ausdrücklich vereinbart, daß der Bund nicht gegen den Kaiser geschlossen sein sollte; aber es war ein Gegenschlag gegen die immer enger werdende Verbindung der katholischen Reichsstände. Brandenburg hatte dabei Bedacht genommen auf Bürgschaften für die Sicherung seiner Hausinteressen in Magdeburg und in Preußen, und auch die Aussicht auf die jülichsche Erbschaft, die eben damals auftauchte, hat bei dem Entschluß zu diesem Bündnis eine Rolle gespielt.

Dies Torgauer Bündnis ist aber nur von sehr kurzer Dauer gewesen. Im September 1591 starb Christian I. von Sachsen, und am Dresdener Hofe trat ein starker Umschlag im Sinne der unduldsamsten lutherischen Orthodoxie ein; der Kanzler Krell fiel als Opfer dieses von den lutherischen Landständen veranlaßten Systemwechsels. Im Januar 1592 starb dann auch der Mann, der die eigentliche Seele dieser protestantischen Bündnisbewegung gewesen war, Johann Kasimir von der Pfalz. Von den übrigen Fürsten war am bedeutendsten als Politiker Georg Friedrich von Ansbach, der nicht nur in seinem eigenen Lande, sondern auch in Ostpreußen als Kurator des schwachsinnigen Herzogs Albrecht Friedrich seit 1577 unter den schwierigsten Verhältnissen mit großer Geschicklichkeit und gutem Erfolg regiert hatte und in dem brandenburgischen Hause ein hervorragendes Ansehen genoß. Aber auch er trat damals nicht mit dem Eifer, den er sonst in solchen Angelegenheiten bewiesen hat, für die Aufrechterhaltung der Union ein, und so ist sie wieder auseinandergefallen, ehe noch die eigentliche Bundesurkunde zustande gebracht war. Kurfürst Johann Georg war sehr zufrieden damit; er hatte dem Torgauer Bündnis doch nur mit halbem Herzen angehört und wollte lieber im Rahmen der gemeinen Reichsverfassung als unter der gefährlichen Spannung eines protestantischen Sonderbundes seine Haus- und Landesinteressen verfolgen.

Neben Magdeburg und Preußen spielten unter diesen brandenburgischen Hausinteressen damals die jülichsche und die straßburgsche Frage eine hervorragende Rolle.

Zu derselben Zeit, wo das Torgauer Bündnis geschlossen wurde, ist ein wichtiger Heiratsplan entworfen worden, der für die Zukunft des Hauses Brandenburg von der größten Bedeutung war: Joachim Friedrich war auf den Gedanken gekommen, seinen 18jährigen Sohn Johann Sigismund, der eben in Straßburg seine Studien vollendet hatte, mit der 14jährigen Prinzessin Anna von Preußen, der ältesten Tochter des Herzogs Albrecht Friedrich und seiner Gemahlin Marie Eleonore, der nächsten Erbin der Jülicher Lande, zu vermählen. Der ansbachische Vetter, Georg Friedrich, der sich als Kurator in Preußen das Vertrauen Marie Eleonorens erworben hatte, übernahm die Vermittlung und förderte den Plan in jeder Weise; auch der alte Kurfürst Johann Georg mochte die Aussichten, die damit für sein Haus verbunden waren, nicht von der Hand weisen, obwohl er voller Besorgnisse war wegen der zukünftigen Verwicklungen, die daraus entstehen konnten; und so fand im Dezember 1591 in Berlin die Verlobung statt, der drei Jahre später, 30. Oktober 1594, die Heirat zu Königsberg gefolgt ist.

Näher war die Gefahr einer Verwicklung in die großen Welthändel, die mit einem anderen Anspruch des Hauses Brandenburg verbunden war. Der jüngere Bruder Johann Sigismunds, der 15jährige Johann Georg, der gleichfalls nach Straßburg gegangen und in dem evangelischen Domstift, das dort seit langer Zeit dem katholischen gegenüber stand, eine Domherrnstelle erlangt hatte, wurde 1592 zum Administrator des Stiftes gewählt, während das katholische Domkapitel zehn Tage später den mit Truppenmacht im Elsaß erschienenen Kardinal von Lothringen, Bischof Karl von Metz aus dem Hause Guise, zum Bischof von Straßburg wählte. Auch hier war Georg Friedrich von Ansbach eigentlich die treibende Kraft, während Johann Georg nicht ohne schwere Besorgnisse in die Unternehmung gewilligt hatte, die zwar dem Enkel eine gute Versorgung bringen, aber doch auch leicht zu gefährlichen Verwicklungen führen konnte. Wäre der Torgauer Bund noch in voller Kraft gewesen, so hätte sich hier eine Gelegenheit zum Eingreifen geboten, wie sie nicht besser zu wünschen gewesen wäre; denn der Gegner des brandenburgischen Anspruches auf Straßburg war ein hervorragendes Glied der spanisch-ligistischen Partei, gegen die Heinrich von Bourbon kämpfte und die damals als der gefährlichste Gegner des Protestantismus in der Welt erschien. Aber die Torgauer Union war im Zerfall begriffen, und andererseits stand auch die Liga in Frankreich selbst in zu schwieriger Lage da, um sich hier in Straßburg in weitere Kämpfe einzulassen. So kam es schon 1593 zu einem Waffenstillstand zwischen beiden Parteien auf Grund des damaligen Besitzstandes im Straßburger Stift. Um seine Enkel vor der Gefahr zu behüten, durch diese Verwicklungen um Jülich und Straßburg ins calvinistische Lager geführt zu werden, ließ Johann Georg sie damals einen Revers unterzeichnen, durch den sie sich verpflichten mußten, an der reinen lutherischen Lehre, wie sie die Konkordienformel gefaßt hatte, festzuhalten. Er sah darin gewissermaßen eine Versicherung gegen den gefährlichen Anschluß an die Politik der westeuropäischen Calvinisten.

Auch in der magdeburgischen Frage hat er den Standpunkt friedfertiger Selbstverleugnung gegenüber der katholischen Mehrheit im Reiche nicht verlassen. Als auf dem Reichstage zu Regensburg im Jahre 1594 der Kanzler Dr. Meckbach als Vertreter Joachim Friedrichs seinen Sitz im Fürstenrat einzunehmen sich anschickte, protestierte der Erzbischof von Salzburg, indem er alle Katholiken aufforderte, den Sitzungssaal zu verlassen; und auch diesmal wieder fügte sich Kurfürst Johann Georg, im Hinblick auf die Türkengefahr, um die Zerreißung des Reichstags zu verhüten, und bestimmte den Kanzler, auf die Session zu verzichten.

Der Streit um die Nachfolge in Jülich begann schon bald nach dem Regierungsantritt des geisteskranken Herzogs Johann Wilhelm (1592) auch die brandenburgische Politik in Bewegung zu setzen. Es handelte sich nicht bloß um den Gegensatz zu Spanien und der katholischen Partei, sondern auch um den Mitbewerb anderer deutscher Fürstenhäuser. Das jülichsche Haus hatte durch ein mehrfach bestätigtes Privilegium das Recht der weiblichen Erbfolge erhalten, und daraufhin war bei der Verheiratung Marie Eleonorens nach Preußen ihren Nachkommen die Erbfolge in Jülich zugesichert worden. Das Privilegium von 1546 sprach aber nur von Söhnen der Erbtochter, während aus der Ehe Marie Eleonorens mit dem preußischen Herzog nur Töchter entsprossen waren.

und darum hielten sich die Pfalzgrafen von Neuburg und Zweibrücken, die jüngere Schwestern geheiratet hatten und Söhne von ihnen besaßen, an den früher geleisteten Verzicht nicht gebunden: Neuburg verlangte die ganze Erbschaft für sich, Zweibrücken wollte sie mit Neuburg teilen. Außerdem machte auch Kursachsen Ansprüche geltend, die zwar minder gut begründet waren, vom Kaiser aber gern berücksichtigt wurden, weil sie die Lage noch verwickelter machten. Alle Versuche zu gütlicher Auseinandersetzung zwischen den verschiedenen Ansprüchen waren vergeblich; doch kam man 1593 überein, beim Kaiser die Zustimmung zur Besitzergreifung des Landes und Ausübung der Vormundschaft durch alle Beteiligten unter Vorbehalt der Rechte eines jeden einzelnen nachzusuchen. Der Kaiser gab aber diese Zustimmung nicht; und auch auf dem Reichstage zu Regensburg, auf den er die Antragsteller verwiesen hatte, kam es zu keiner Entscheidung; die Sache wurde vielmehr geflissentlich verschleppt. Inzwischen näherte sich der spanisch-niederländische Krieg den Grenzen des streitigen Landes, das beide Teile gern zu ihrer Operationsbasis gemacht haben würden. Jülich war von den Spaniern bedroht. Aber am brandenburgischen Hofe scheute man vor dem Wagnis zurück, sich im Vertrauen auf die Stände und auf die Hilfe der Gegner Spaniens im Lande festzusetzen. Bei einem solchen Versuch wäre es nötig gewesen, mit Frankreich und der niederländischen Republik in ein Bündnis zu treten; aber Johann Georg hatte eine starke Abneigung gegen die Verbindung mit den calvinistischen Rebellen in den Niederlanden, und auch mit Frankreich wagte er nicht sich offen zu verbünden. Auf einem Tage zu Heidelberg, wo Georg Friedrich von Ansbach und der magdeburgische Administrator Joachim Friedrich die brandenburgische Sache vertraten, kam man 1595 zu dem Beschluß, weder mit den Niederlanden noch mit Frankreich sich in ein Bündnis einzulassen, auch keine Besitzergreifung in Jülich vorzunehmen, sondern erst noch einmal beim Kaiser um eine baldige Entscheidung anzuhalten. Indessen ist auch daraus nichts geworden. Es wäre dazu nötig gewesen, mindestens mit den beiden pfälzischen Höfen eine Verständigung herbeizuführen; eine solche ist aber nicht erzielt worden. Hinzu kam, daß im brandenburgischen Hause selbst ein Familienzwist ausbrach, dessen Anlaß das Testament Johann Georgs von 1596 war. In diesem war dem ältesten Sohn aus dritter Ehe, dem Markgrafen Christian, die Neumark verschrieben worden, während seine jüngeren Brüder mit Deputat-Einkünften abgefunden wurden. Durch diese Teilung gedachte Johann Georg einem Zwist unter den Brüdern vorzubeugen und so die Zukunft seines Hauses am besten sicherzustellen, während Joachim Friedrich darin eine verderbliche Maßregel sah, die die Macht des brandenburgischen Hauses zerstören werde. Trotz des offenen Widerspruchs des Kurprinzen vollzog Johann Georg das Testament und ließ es vom Kaiser bestätigen. Am 8. Januar 1598 ist er dann gestorben.

Hof- und Landesverwaltung.

Die patrimoniale Auffassung des Fürstenstaats, wie sie diesem Testament und auch der früheren Teilung zugrunde liegt, kennzeichnet den Geist der Epoche, die mit Johann Georg zu Ende ging, in ganz besonderer Weise. Der Fürst erscheint in erster Linie noch als der größte Grundbesitzer im Lande; das Leben an seinem Hofe bietet das Bild einer großen patriarchalischen, noch ganz auf Naturalwirtschaft begründeten Haushaltung. Im 16. Jahrhundert ist die Residenz des Kurfürsten im Schlosse zu Cölln an der Spree allmählich festgeworden; während Joachim I. noch einen Teil des Jahres in Tangermünde an der Elbe zuzubringen pflegte, bleibt der Hof nach dem erweiternden Umbau des Schlosses durch Joachim II. meist das ganze Jahr hindurch in Berlin, abgesehen von den Reisen des Kurfürsten und von dem häufigen Jagdaufenthalt in der Umgebung Berlins, in der Schorfheide oder in anderen Forsten, wo Jagdschlösser vorhanden waren. Im Schlosse zu Cölln an der Spree, das mit seiner Umgebung eine besondere „Freiheit" (Immunität) bildet, in welche die Gewalt der städtischen Obrigkeiten nicht hinüberreicht, lebt der Kurfürst mit seiner Familie und seinen Räten und Dienern noch wie in einem großen gemeinsamen Haushalt zusammen, wie es uns die Hofordnung von 1537 in anschaulicher Weise vor Augen führt. Das benachbarte Amt Mühlenhof mit den kurfürstlichen Mühlen (am heutigen Mühlendamm) bildete die ökonomische Grundlage für die Unterhaltung der etwa 400 Personen, die sich beständig am Hofe aufhielten und für die auch noch etwa 200 Pferde im kurfürstlichen Marstall gefüttert wurden. Auf dem Mühlenhof kam der Überschuß an Nahrungsmitteln zusammen, der auf den fürstlichen Domänenämtern der Umgegend zur Verfügung stand: Korn, Vieh, Geflügel, Fische, und was sonst noch zu des Lebens Notdurft und Nahrung gehört. Hier wurde unter der Aufsicht des Amtshauptmanns gemahlen, gebacken, gebraut und geschlachtet; hier wurde das Futter für die Pferde ausgegeben und von hier aus der Hof mit Speise und Trank versorgt.

Im Vorzimmer des Kurfürsten versieht der adlige „Türknecht" den Dienst eines modernen Flügeladjutanten. Die engere Umgebung des Herrschers sind seine geschworenen Kämmerer; die weitere Umgebung ist die Gesamtheit der kurfürstlichen „Diener", d. h. der Edelleute, die dem Kurfürsten am Hofe aufwarten und je nach ihrem Rang mit einem oder mehreren Rossen versehen sind, wonach sie als Einrosser, Zweirosser oder Dreirosser usw. bezeichnet werden. An der Spitze dieses reisigen Gefolges steht der Marschalk, der oberste Hofbeamte des Kurfürsten, der die Leitung des ganzen Hofhalts und neben der Aufsicht auch die Gerichtsbarkeit über das gesamte Hofgesinde der Schloßfreiheit ausübt. Neben ihm steht als sein Vertreter und Gehilfe der Haushofmeister, dem hauptsächlich die Überwachung des ökonomischen Betriebes obliegt; auch ein Schloßhauptmann war bestellt; doch hatte er hier nicht eine militärische Bedeutung wie in Küstrin. Unter diesen höheren Beamten hatte der Hausvogt für die Aufrechterhaltung der Ordnung, der Küchenmeister für die wirtschaftliche Versorgung des Hofhalts, Futtermarschalk und Stallmeister für den Marstall zu sorgen. Das Hofgesinde wird vom Kurfürsten nicht bloß gespeist, sondern auch gekleidet. Die gewöhnliche Hofkleidung gehörte für Herren und Knechte zu den regelmäßigen Bedingungen des Dienstvertrags; ein besonderer Hofschneider mit seinen Gesellen gehört mit zum kurfürstlichen Ingesinde.

Das Tagesleben beginnt und endet früh. Im Sommer um vier, im Winter um fünf werden die Tore geöffnet; dann beginnt der Dienst in Küche und Marstall. Die Räte kommen im Sommer um sechs, im Winter um sieben Uhr zusammen. Jeden Morgen in der Frühe geht der Hof zur Kirche, auch noch in der protestantischen Zeit. Um 7 oder 8 Uhr wird die Morgensuppe verabreicht; um 9 oder 10 Uhr findet die Mittagsmahlzeit, um 4 die Abendmahlzeit statt. Räte, Edelleute und auch die Einrosser speisen mit dem Kurfürsten zusammen im Rittersaal, jede Gruppe an einem besonderen Tisch. Eine Viertelstunde, nachdem zu Tisch geblasen worden ist, wird das Tor geschlossen und niemand mehr ein- und ausgelassen, damit nicht Speisen und Getränke heimlich „abgeschleppt" würden — ein Mißbrauch, der sehr im Schwange gewesen zu sein scheint. Marschalk und Hofmeister haben darauf zu sehen, daß alle sich bei Tisch fein züchtig und stille verhalten; pommersche Hofordnungen finden es nötig zu verbieten, daß niemand bei Tisch den andern mit Knochen und Gräten oder auch mit Brot- und Fleischstücken werfen solle. Der Keller, aus dem Wein und Bier auf den Tisch kommt, wird nach der Mahlzeit geschlossen. Die Hofordnung des Markgrafen Hans von Küstrin bestimmt noch ausdrücklich, daß der Marschalk „keine unordentliche oder überflüssige Sauferei gestatten" solle; „es wäre dann Sache, daß Fremde vorhanden, daß man denselben zu Ehren solches tun müßte". Ebenda wird auch ausdrücklich verboten, daß in dem Frauenzimmer, wohin sich die Junker nach der Mahlzeit begeben durften, keine Sauferei verstattet werden solle. Bei diesen geselligen Zusammenkünften hat die Hofmeisterin darauf zu sehen, daß die Jungfrauen alle in einer Reihe auf einer langen Bank nebeneinander sitzen bleiben; alles „Winkelsitzen" und heimliche Gespräch ist verboten; es gilt auch nicht für statthaft, daß die Jungfrauen viel hin und wieder gehen oder neben den Männern stehen. Um 8 Uhr wird den Besuchern abgeklopft und das Frauenzimmer verschlossen. Das Tagesleben am Hofe ist zu Ende; alles geht zur Ruhe; Feuer und Licht im Schlosse wird gelöscht; die Tore werden im Sommer um 9 Uhr, im Winter etwas früher geschlossen.

Seit der Mitte des 16. Jahrhunderts lockert sich die patriarchalische Geschlossenheit dieses Hofhaushalts in einigen Stücken; namentlich die Räte beginnen sich mit ihrem Familienhaushalt abzusondern; statt der Verpflegung und Kleidung bei Hofe wird ein Kost- und Kleidergeld verabreicht; aber das ganze Amtswesen in Kammer, Kanzlei und Ratstube bleibt noch auf lange hinaus wie eine häusliche Angelegenheit des Fürsten dem Hofe und dem Schlosse einverleibt. Unter Joachim II. und Johann Georg hatte die kurfürstliche Kammer, die ursprünglich die besondere Kasse des Fürsten, ähnlich der späteren Schatulle, war, zugleich aber auch der Sitz einer primitiven Kabinettsregierung, wie sie im 16. Jahrhundert überall herrschte, eine größere Bedeutung, als die spärliche Überlieferung auf den ersten Blick vermuten läßt. Kammerräte und Kammerschreiber waren die vertrautesten Gehilfen des Kurfürsten in den täglichen Regierungsangelegenheiten; Männer wie Thomas Matthias unter Joachim II. und Johann Köppen d. Ä. unter Johann Georg haben in der Stellung als Kammerrat eine bedeutende Rolle gespielt und zwar bezeichnenderweise oft im Gegensatz zu den Kanzlern Lampert und Christian Distelmeyer. In der Kammer scheint auch der Schwerpunkt der Domänenverwaltung gelegen zu haben, für welche erst unter Johann Georg, seit 1588 etwa, ein besonderes Organ in der sogenannten „Amtskammer" erscheint. Früher pflegte der seit 1470 am Hofe eingesetzte Rentmeister, der die kurfürstlichen Gefälle vereinnahmte, auch zu gewissen Zeiten des Jahres mit Hilfe einiger dazu abgeordneter Räte die Rechnungen der Domänenamtleute zu prüfen.

Die Stellung der Räte hat im 16. Jahrhundert eine bedeutende Wandlung erfahren. Im 14., 15. Jahrhundert und noch zum Teil unter der Regierung

Joachims I. nehmen die Räte eine Mittelstellung zwischen dem kurfürstlichen Hofe und den Landständen ein; die eigentlichen Hofbeamten sind beständig am Hoflager anwesend; die übrigen Räte aber werden nur bei besonderen Anlässen und Gelegenheiten vom Kurfürsten herangezogen, oft bloß aus den Landesteilen, in denen er gerade Hof hält. Sie sind „Räte von Haus aus", angesessene Edelleute, die in der Regel auf ihren Gütern leben und nur ausnahmsweise an den Hof entboten werden, auch wohl Bischöfe oder Pröpste; sie sind zugleich Mitglieder der landständischen Körperschaften, und es kann oft zweifelhaft erscheinen, ob man eine solche Ratsversammlung nicht auch als landständischen Ausschuß ansehen darf. Gegenüber diesen „Räten von Haus aus" oder „Landräten", wie sie auch wohl genannt werden, bildet sich nun aber im 16. Jahrhundert ein fester Stamm von sogenannten „wesentlichen" Hofräten oder Hausräten aus, die schon als wirkliche Beamte im modernen Sinne zu betrachten sind. Es sind nicht bloß Edelleute, sondern namentlich auch Bürgerliche, die die Rechte studiert haben und die Feder zu führen wissen. Sie betrachten das Amt als Lebensberuf und sind beständig am Hofe anwesend. In der Ratstube des Schlosses sollen sie sich täglich vor- und nachmittags versammeln, um die vorhandenen Sachen zu erledigen, unter denen wohl vornehmlich Rechtshändel, daneben aber auch andere kurfürstliche Angelegenheiten zu verstehen sind. Der Marschalk und der Kanzler üben dabei Aufsicht und Leitung. Die Kanzlei, einst die eigentliche Stätte fürstlicher Regierungstätigkeit, verliert ihre selbständige Bedeutung und wird mehr und mehr ein Anhängsel der Ratstube und der kurfürstlichen Kammer. Die oberste landesherrliche Gerichtsbarkeit des Kurfürsten wird vornehmlich hier in der Ratstube ausgeübt, und eine Abteilung der Kanzlei erscheint geradezu als Gerichtsschreiberei. Es ist sehr wahrscheinlich, daß man sich in der Zeit Joachims II. und seiner Nachfolger unter dem kurfürstlichen Kammergericht nichts anderes vorzustellen hat, als die Ratstube in ihrer gerichtlichen Wirksamkeit, verbunden mit jener Abteilung der Kanzlei. An drei Tagen in der Woche, Montags, Mittwochs und Freitags, fanden Verhöre in der Ratstube statt, bei denen Güteversuche angestellt oder den Parteien in einem summarischen Verfahren sogenannte „Abschiede" erteilt wurden; erst wenn sie sich dabei nicht beruhigen wollten, fand der langwierige ordentliche schriftliche Prozeß statt, der durch die sogenannte Kammergerichtsordnung von 1540 neu geregelt wurde und hauptsächlich in der abwechselnden Überreichung von Schriftsätzen der Parteien bestand, auf Grund deren dann die Räte, oft unter Zuziehung von Frankfurter Professoren, die Urteile fällten; zu ihrer Verkündigung wurden die Parteien wieder in die Ratstube vorgeladen. Die Landstände sind damals nicht mehr beim Kammergericht zugezogen worden. Das Gericht in des Kurfürsten Kammer war zwar schon längst ein Gericht der kurfürstlichen Räte geworden, aber im 15. Jahrhundert und bis in die Zeit Joachims I. hinein war der Zusammenhang zwischen Räten und Landständen noch so eng gewesen, daß sich wohl die Meinung festsetzen konnte, es sei ein Recht des Adels, Beisitzer aus seiner Mitte in diesem obersten kurfürstlichen Gericht zu haben. Auch im Reiche war ja das Kammergericht des Kaisers 1495 in ein ständisches Reichskammergericht verwandelt worden. Eine ähnliche Idee lag dem Reformentwurf zugrunde, den Joachim I. im Jahre 1516 hatte ausarbeiten lassen: auch hier sollten ständische Beisitzer neben kurfürstlichen Räten im Kammergericht Recht sprechen. Indessen aus diesem Entwurf, der für die brandenburgischen Verhältnisse wohl zu groß angelegt und zu kostspielig war, ist nichts geworden; es wäre auch wohl schwer gewesen, landständische Beisitzer von juristischer Bildung, wie man sie damals brauchte, in genügender Anzahl aufzufinden. Das alte Hofgericht, das neben dem Gericht der Räte bestand und aus ungelehrten Vasallen unter Vorsitz des Hofrichters zusammengesetzt war, vermochte sich nicht zu halten, weil die Vasallen, die von den fremden Rechten nichts verstanden, nicht mehr zu den Sitzungen kommen und Urteile finden mochten, zumal sie nur Mühe und Kosten davon hatten; es kam schließlich dahin, daß dies Hofgericht aufgehoben und seine Gerichtsbarkeit mit der des Kammergerichts vereinigt wurde (1540). Das Kammergericht war damals schon durchaus ein gelehrtes Beamtengericht; aber allerdings wurde dem märkischen Adel auf Grund des Indigenatsrechts zugestanden, daß seine Angehörigen, wenn sie tauglich waren, vor anderen Personen bei der Anstellung berücksichtigt werden sollten; daher der Unterschied einer adligen und einer gelehrten Bank im Kammergericht, der sich noch bis ins 18. Jahrhundert hinein erhalten hat.

Neben der Ratstube bestand seit 1543 zur Regierung der Landeskirche und zur Rechtsprechung in geistlichen Sachen ein kurfürstliches Konsistorium, das nach sächsischem Muster gebildet und wie dieses aus Geistlichen und Juristen zusammengesetzt war. An der Spitze der Geistlichkeit stand der Generalsuperintendent; neben ihm hatte der Hofprediger einen besonderen Einfluß.

Die alte Vogteiverfassung, die früher zur Verwaltung des Landes gedient hatte, war durch die selbständige Entwicklung örtlicher Obrigkeiten in den Städten und auf den Rittergütern samt den dazugehörigen Dörfern gänzlich in Verfall geraten. Die Amtleute und Hauptleute, die wir an der Stelle der alten Vögte im 16. Jahrhundert antreffen, üben in der Hauptsache nur noch über die Bauern auf den kurfürstlichen Domänen obrigkeitliche Befugnisse aus; daneben führen sie hier die Wirtschaft in ähnlicher Weise wie die Gutsherren auf den Rittergütern. Sie gehörten wie diese dem Adel an und waren oft zugleich Räte von Haus aus, manchmal auch Gläubiger des Fürsten, denen die Ämter verpfändet waren. Nicht alle saßen auf Rechnung, wie man es nannte, und auch diese pflegten nicht allzuviel für den Bedarf des Hofes bei ihrer Wirtschaft zu erübrigen, da die Leitung und Kontrolle dieser ausgedehnten und mit vornehmer Lässigkeit betriebenen Naturalwirtschaft noch nicht durchgreifend wirkte. Amt- und Kornschreiber waren diesen Amtshauptleuten beigegeben; außerdem waren Zöllner, Förster und andere Unterbeamte tätig; die Landreiter, die Nachkommen der alten Pedelle, besorgten die Zustellungen aus der kurfürstlichen Kanzlei und hatten das Land untereinander geteilt in Beritte, die den ritterschaftlichen Kreisverbänden entsprachen. In der Altmark, der Priegnitz, der Uckermark, im Land Lebus pflegten noch eingesessene Edelleute von Besitz und Ansehen zu Landeshauptleuten oder Landvögten bestellt zu werden; doch läßt sich die Bedeutung ihrer obrigkeitlichen Stellung schwer bestimmen, abgesehen davon, daß sie in Stendal und in Prenzlau Vorsitzende der dort tagenden Obergerichte waren.

Der fürstlichen Landesverwaltung steht eine ständische zur Seite. Wie der Fürst seine Domänen und Regaleinkünfte verwaltet, so haben die Stände die Verwaltung der Steuern in der Hand. Seit 1540 und 1549 hat sich dafür das sogenannte Kreditwerk ausgebildet. So nannte man die Kassen der landständischen Steuerverwaltung, aus denen die von ihnen übernommenen Schulden des Landesherrn verzinst oder auch abbezahlt wurden. Diese Einrichtung diente in Ermangelung eines Bankinstituts zugleich als die Stelle, an der überflüssiges Geld im Lande zinsbar angelegt werden konnte, und wurde viel zu diesem Zweck benutzt, so lange der Kredit noch unerschüttert war. Die Steuern, auf welche diese Anstalt begründet war, bestanden teils in den Hufenschössen des platten Landes, teils in den besonderen Städtesteuern, teils in dem sogenannten neuen Biergeld von 1549. Danach unterschied man Hufenschoß-Kassen, Städtekasten und Neu-Biergeld-Kasse. Die Hufenschoßkassen wurden von je zwei ritterschaftlichen Verordneten geführt, und zwar getrennt für die Altmark, die Mittelmark und die Uckermark; Städtekasten gab es zwei, einen für die Altmark, einen für Mittel- und Uckermark, sie wurden von städtischen Verordneten verwaltet; die Neu-Biergeld-Kasse war einheitlich für das ganze Land und stand unter gemeinschaftlicher Verwaltung ritterschaftlicher und städtischer Deputierter. Alle diese Verordneten bildeten einen engeren Ausschuß der Landschaft, der von einem großen Ausschuß, etwa 50 Personen stark, kontrolliert wurde. Eine Menge von landständischen Beamten, namentlich Ziesemeister und Oberziesemeister, zur Erhebung des Biergeldes, waren im Lande verteilt; an der Spitze der ständischen Geldverwaltung stand der Landrentmeister, der dem fürstlichen Hofrentmeister entspricht. Die Herren vom Ausschuß, meist die größeren und angeseheneren Besitzer und oft wohl auch jetzt noch als Räte von Haus aus in einem näheren Verhältnis zum Kurfürsten, führten in den landständischen Angelegenheiten die entscheidende Stimme, ohne jedoch die vollen Landtage überflüssig zu machen. Der kleine Adel, der in den Ausschüssen nicht vertreten war, geriet zu den vornehmen Standesgenossen gelegentlich wohl auch in Gegensatz; so hielten 1542 diese Armen von Adel, wie sie sich nennen, eine Versammlung unter sich ab, auf der sie über die neuen Steuern Beschwerde führen; sie sehen den Grund des Übels in der schlechten Wirtschaft auf den Domänen und namentlich in der Freigebigkeit des Kurfürsten gegen die fremden Räte; sie verlangen, daß man diese bösen Räte abschaffen und mit eigenen Ochsen pflügen solle; sie drohen, daß sie sonst ein paar von ihnen selbst bei der Nase kriegen wollen; ihre Hauptforderung ist: „wi muthen aversch dat strick in di hand beholden, dat di unsen regiren, di bosen rede und butenlender wil wi nick liden."

Zwischen Adel und Städten war von alters her ein Streit um die „Quotisation" im Schwange, d. h. um den Anteil, den beide Körperschaften bei der Aufbringung der bewilligten Landessteuern zu übernehmen hatten. Gegen Ende des 15. Jahrhunderts war der Grundsatz durchgedrungen, daß die Städte $^2/_3$, die Ritterschaft $^1/_3$ zu bezahlen hatten — abgesehen von den Türkensteuern, die auf beide Stände gleich verteilt wurden. Dies Verhältnis entsprach aber der beiderseitigen Leistungsfähigkeit nicht mehr, seit die Städte in ihrer Nahrung zurückgingen und der Adel durch die Getreideausfuhr wirtschaftlich emporkam. Die Städte verwahrten sich beständig dagegen, daß diese Verteilungsart sich dauernd festsetzte, und sie haben auch 1540 und 1572 das Zugeständnis erlangt, daß das Verhältnis umgekehrt wurde; 1594 aber ist der alte Grundsatz wieder bestätigt worden und nun in Geltung geblieben bis 1643.

Außer den Steuerforderungen des Kurfürsten spielten auch die wirtschaftlichen Fragen auf den Landtagen eine bedeutende Rolle. Namentlich über die Frage der Kornausfuhr und der ländlichen Brauerei wurde zwischen Adel und Städten viel gestritten. Die Städte verlangten, daß in Zeiten der Teuerung die Kornausfuhr gesperrt werden sollte, während eben dann gerade der Export für den Adel am vorteilhaftesten war. Je mehr das alte Tuchmachergewerbe in den Städten zurückging, um so wichtiger wurde die Bierbrauerei; und es war ein beständiger Streit um die Frage, ob auch der Adel auf seinen Rittergütern Brauereien anlegen und Bier zum Krugverlag liefern dürfe, da die Städte die Brauerei als ausschließlich bürgerliche Nahrung betrachteten. Die kurfürstliche Wirtschaftspolitik nahm gegenüber diesen widerstreitenden Interessen noch keinen festen Standpunkt ein; sie schwankte mehr zwischen beiden Teilen, als daß sie konsequent einen Mittelweg verfolgt hätte.

Unverkennbar macht sich auf allen Gebieten des öffentlichen Lebens gegen Ende des 16. Jahrhunderts eine zunehmende Stockung bemerkbar. Wie das kirchliche Leben in einer engherzigen lutherischen Orthodoxie erstarrte, wie der Magdeburger Sessionsstreit zu keinem befriedigenden Austrag gelangte und die Ausbreitung des brandenburgischen Einflusses im Reich durch eine ängstliche Politik in den ersten Anfängen gehemmt wurde, wie der Streit zwischen Frankfurt und Stettin zur Sperrung der Oder führte, so gelang es auch nicht, die dringenden Aufgaben der inneren Gesetzgebung befriedigend zu lösen. Die im Jahr 1550 erlassene kurfürstliche Polizeiordnung, die unter anderem über Luxus und Kleidung, über Gesindelohn, Dienstbotenwesen, Löhnung der Handwerker, Tagelöhner und Bauarbeiter, über Gerichtsstand, Maße und Gewichte und dergleichen mehr Vorschriften enthält oder in Aussicht stellt, hat einen Weg eröffnet, der trotz mancher Vorarbeiten später nicht weiter ausgebaut worden ist; auch die Herstellung eines Landrechts für die Mark Brandenburg ist trotz der Bemühungen des Kanzlers Lampert Distelmeyer nicht gelungen. Es war wohl hauptsächlich der Gegensatz zwischen den Ständen und die Scheu der Regierung vor inneren Kämpfen, was der Gesetzgebung hindernd im Wege gestanden hat. Der Wohlstand des Landes war im Sinken. Im Süden und Westen wurde die Mark Brandenburg von den großen Handelswegen umgangen, auf der hohen Straße über Leipzig und auf der Elbe über Magdeburg und Hamburg, während der Oderverkehr durch den Streit zwischen Stettin und Frankfurt gehemmt war. So war das Land von allen Seiten eingeschnürt, und es wurde schon hierdurch deutlich, daß es entweder sich ausdehnen oder langsam verkümmern mußte.

V.

Die neuen Erwerbungen und der Dreißigjährige Krieg.

Die allgemeine Weltlage war in dem nächsten halben Jahrhundert von 1598—1648 einer Verwirklichung der brandenburgischen Ansprüche namentlich auf die jülich-cleveschen Länder nicht günstig. Die katholische Partei war nicht nur im Reich, sondern in ganz Europa im Vordringen. Zwar hatte Philipp II. von Spanien seine großen Pläne, die auf eine Beherrschung von Frankreich und England im Dienste der katholischen Idee hinausliefen, nicht durchzuführen vermocht; aber Spanien blieb eine starke Stütze der katholischen Restauration, und die Haltung des kaiserlichen Hauses von Österreich diente den Bestrebungen der katholischen Stände im Reich immerhin zum Rückhalt, wenn auch Rudolf II. in seinen eigenen Erblanden zum Teil vor den protestantisch-ständischen Bewegungen zurückweichen und in Böhmen durch den Majestätsbrief von 1609 religiöse Duldung zugestehen mußte, und obwohl nach dem lähmenden Bruderzwist im habsburgischen Hause mit Kaiser Matthias 1612 eine mildere und versöhnlichere Richtung aufkam, deren Hauptvertreter der Kardinal Klesl war. Aber die protestantische Welt gewann dadurch nur eine kurze Ruhepause. Der Sturz Klesls und das Prager Bündnis von 1617 bezeichnen eine neue Epoche, in der die beiden habsburgischen Häuser in Spanien und Österreich mit vereinten Kräften bemüht waren, die protestantischen Mächte niederzuwerfen und ihr eigenes Übergewicht in Europa zur Geltung zu bringen. Spanien verfolgte damals den groß angelegten Plan, von Mailand aus über das Veltlin und den Rhein entlang sich eine Reihe von Stützpunkten zu erwerben, die eine militärische Verbindung mit den Niederlanden ermöglichen und Frankreich, den alten Gönner der deutschen Protestanten, von dem Einfluß auf das Reich abschneiden sollte. In diesem Zusammenhange gewannen die jülichschen Erbschaftslande eine ganz besondere Bedeutung für die spanische Politik; und das österreichische Interesse war hier um so stärker im Spiel, als der österreichische Erzherzog Albrecht, der Gemahl der Tochter Philipps II., Isabella, in den spanischen Niederlanden als erblicher Statthalter waltete. Mit dem Regierungsantritt Ferdinands von Steiermark, der jenen Prager Vertrag mit Spanien geschlossen hatte, verbanden sich in dem habsburgischen Kaisertum mit den Hausinteressen noch einmal die alten Bestrebungen der Wiederherstellung des Katholizismus und der Aufrichtung des kaiserlichen Dominats im Reich. Diese verbündete spanisch-österreichische Politik errang zunächst im Dreißigjährigen Kriege große Erfolge; und auch nach dem Eingreifen der schwedischen und der französischen Krone blieb die

Macht des Kaisers doch noch immer so bedeutend, daß Brandenburg auf die Dauer nicht imstande war, sich seinem Einfluß zu entziehen. Erst in den letzten Jahren des Dreißigjährigen Krieges, als Spanien von Frankreich wirksamer bekämpft wurde und die Schweden in Bayern und Böhmen siegreich vordrangen, brach die vereinigte spanisch-habsburgische Macht zusammen, und der schwere Druck, der auf der protestantischen Welt und namentlich auch auf Brandenburg gelastet hatte, begann nachzulassen. Erst durch diese Wendung ist es für Brandenburg möglich geworden, die neuen Länder, die ihm durch Erbschaft in diesem Zeitraum zugefallen sind, wenn auch keineswegs in vollem Umfange, zu behaupten und außerdem noch weitere Gebiete zu erwerben. Erst seit dem Westfälischen Frieden war auch durch die Veränderung der großen Weltverhältnisse die Möglichkeit zu einer selbständigen und erfolgreichen Politik Brandenburgs geboten, wie sie der Große Kurfürst auf die Bahn gebracht hat: seine Erfolge beruhten darauf, daß er zwischen der kaiserlich-spanischen Partei und den beiden fremden Kronen eine nach den Konjunkturen wechselnde Stellung wählen konnte und so durch eine geschickte Gleichgewichtspolitik allmählich emporzukommen und seine Länder zu einem selbständigen Staatswesen zu erheben vermocht hat.

Während die katholische Partei nicht bloß im Reiche fest zusammenhielt, sondern auch in der europäischen Staatenwelt hauptsächlich durch das Zusammenwirken von Spanien und Österreich eine imponierende Macht darstellte, waren die Protestanten uneinig und haben es nur mit Mühe und nur auf kurze Zeit zu einer Vereinigung ihrer Kräfte im Reiche und in der europäischen Politik gebracht. Das Haupthindernis war der Gegensatz zwischen Lutheranern und Calvinisten, der nicht bloß in den Abweichungen der Glaubenslehre, sondern zugleich auch in dem verschiedenartigen politischen Geist der beiden Glaubensparteien wurzelte. Der Calvinismus, wie er sich in Westeuropa, namentlich in dem Freiheitskampf der Niederlande und in den Hugenottenkriegen betätigt hatte, trug ein revolutionäres, der monarchischen Staatsordnung feindliches Zeichen an sich, das den deutschen Fürsten verdächtig, ja unheimlich erschien. Aber in diesem Lager leuchteten Namen wie Coligny und Oranien, und der Heroismus des Glaubenskampfes verband sich hier mit einem weiten politischen Horizont und mit Erfahrung und Geschick in den Künsten des Krieges und der Diplomatie. Auf der andern Seite waren die lutherischen Fürsten Deutschlands mit ihrer unpolitischen Gewohnheit, still zu sitzen und höchstens einen bloß passiven Widerstand auf dem Boden der gemeinen Reichsverfassung zu leisten, der katholischen Übermacht durchaus nicht gewachsen und in Gefahr, ihrer reichsverfassungsmäßigen Rechte verlustig zu gehen. Hier war Kleinmut und Ängstlichkeit, politische Kurzsichtigkeit und Ratlosigkeit, und es schien nur die Wahl zu bleiben zwischen den beiden Möglichkeiten, entweder durch Paktieren mit dem Kaiser unter grundsätzlicher Abwendung von den calvinistischen Rebellen in Westeuropa die Duldung im Reich und vielleicht einige kleine Vorteile zu erlangen oder aber in Verbindung mit den Calvinisten eine kühne Machtpolitik ins Werk zu setzen, unbekümmert darum, ob dadurch der Bruch mit dem Kaiser und seinem katholischen Anhang im Reich unvermeidlich wurde. Den einen Weg hat Sachsen eingeschlagen, den andern Brandenburg.

Es ist kein Zufall, daß das Haus Brandenburg seit dem Moment den Annäherungsversuchen der Calvinisten entgegengekommen ist, wo die Aussicht auf die Erwerbung der jülichschen Ländermasse sich eröffnete. Es war vorauszusehen, daß diese Erwerbung auf den Widerstand Spaniens und des österreichischen Kaisers stoßen würde, und daß sie nur in Gemeinschaft mit den europäischen Gegnern dieser beiden Mächte, d. h. durch einen allgemeinen evangelischen Bund der deutschen Protestanten mit den Niederländern und Franzosen werde durchgesetzt und behauptet werden können. Der wesentlichste Schritt, den Brandenburg auf dieser Bahn getan hat, war unter Joachim Friedrich die Herstellung eines politischen Einverständnisses und einer Familienverbindung mit dem calvinistischen kurpfälzischen Hause, das damals den Zusammenhang zwischen der deutschen protestantischen Welt und den Reformierten in Frankreich und den Niederlanden aufrecht erhielt und schon längst an Sachsens Stelle die Führung der evangelischen Sache in Deutschland übernommen hatte. Damals hat Johann Sigismund den Heidelberger Katechismus kennen gelernt und einen tiefen Eindruck von dem Geist empfangen, der bei den Calvinisten herrschte. Es war nicht bloß ein anderes Glaubensbekenntnis, sondern auch eine andere politische Weltanschauung, die seinem empfänglichen Gemüt hier entgegentrat; und wenn von den Kräften, die darin wirksam waren, die religiösen ihn auch stärker ergriffen haben als die politischen, so war es doch unvermeidlich, daß mit seinem Übertritt zum calvinistischen Glaubensbekenntnis zugleich die Politik seines Hauses eine neue in die Zukunft wirkende Richtung erhielt. Im Gegensatz zu der Haltung Sachsens, das in kleinfürstlicher Ängstlichkeit und beschränkter Loyalität den spanisch-österreichischen Einflüssen unterlag, faßte Brandenburg damals das große Ziel einer selbständigen protestantischen Macht ins Auge; und wenn auch die persönlichen Eigenschaften der beiden ersten reformierten Hohenzollern und die Kräfte ihres Landes noch nicht ausgereicht haben, um unter den damals obwaltenden schwierigen Weltverhältnissen dieses Ziel zu erreichen oder auch nur es unentwegt zu verfolgen, so war doch damit eine Aufgabe gestellt, an der spätere Generationen sich wieder versuchen mußten. Selbst der völlige politische Rückfall unter Georg Wilhelm, der Brandenburg im Dreißigjährigen Kriege wieder an die Seite Sachsens führte, hat nicht ausgereicht, um die Traditionen von 1605 und 1613 auszulöschen. Der Bekenntniswechsel hat freilich nicht vermocht, die Fürsten des brandenburgischen Hauses auch mit den heroischen Charaktereigenschaften auszurüsten, die die großen Führer der Calvinisten auszeichneten und deren es bedurft hätte, um in den Stürmen der Zeit das Steuer fest in der Hand zu behalten; aber als dann in Friedrich Wilhelm, dem Großen Kurfürsten, der rechte Mann erschien, da war es doch von unendlicher Wichtigkeit, daß er im calvinistischen und nicht im lutherischen Lager stand, und daß seine schwungvolle und tatkräftige Seele den starken Einflüssen geöffnet war, die aus den Traditionen Colignys und Oraniens entsprangen und die schon das Denken und Fühlen seiner Vorfahren berührt hatten, ohne ihnen mit der allgemeinen Richtung ihrer Politik zugleich auch Kraft und Erfolg zu verleihen.

Joachim Friedrich.

Kurfürst Joachim Friedrich war schon 52 Jahre alt, als er zur Regierung in der Mark gelangte. Er hatte bereits mehr als dreißig Jahre lang als Administrator über das magdeburgische Erzstift gewaltet, in welchem unter seiner

Regierung der Protestantismus völlig durchgedrungen und auf Drängen der Stände auch die Konkordienformel zur Anerkennung gelangt war; von seinem Hof zu Halle aus hatte er lebhafte Beziehungen zu seinem Vetter Georg Friedrich in Ansbach und zu dem Heidelberger Hofe unterhalten und war immer auf der Seite derjenigen gewesen, die für eine Verbindung zwischen Lutheranern und Calvinisten eintraten, um das Gewicht der protestantischen Sache in der Welt zu verstärken. Bei seinem Regierungsantritt in der Mark mußte er nach einer bei seiner Wahl in Magdeburg eingegangenen Verpflichtung das Erzstift aufgeben; aber es glückte ihm, wenn auch mit Mühe, die Wahl seines jüngsten (siebenten) Sohnes Christian Wilhelm, der damals 11 Jahre alt war, durchzusetzen und damit Magdeburg vorläufig noch dem brandenburgischen Hause zu erhalten. Es waren die besten Jahre seines Lebens gewesen, die er in Halle zugebracht hatte. Er war früh gealtert und hatte als Kurfürst nicht mehr die Unternehmungslust und die zugreifende Tatkraft, die ihm in jüngeren Jahren eigen gewesen war. Er hatte wohl eine richtige Einsicht in das, was seinem Hause und Lande nottat; aber er vermochte nicht der Schwierigkeiten Herr zu werden, die sich ihm entgegenstellten und deren Bedeutung er doch erst ermessen lernte, als er selbst im Regimente saß.

Seine erste Regierungshandlung war die Aufhebung des väterlichen Testaments und die ungnädige Entlassung des Kanzlers Christian Distelmeyer. Joachim Friedrich brachte seine magdeburgischen Räte mit, an deren Spitze sein Vertrauter Johann von Löben als Kanzler trat, während der ihm ebenfalls persönlich befreundete böhmische Graf Schlick das Oberkämmereramt erhielt. Ein eigentlicher Systemwechsel ist nicht erfolgt. In religiöser Beziehung blieb das Luthertum herrschend, wenn sich auch Joachim Friedrich nur ungern dazu verstanden hat, die Konkordienformel anzuerkennen. Die alten halbkatholischen Gebräuche im Dom und in anderen Kirchen des Landes, wie sie von Joachim II. beibehalten und auch von Johann Georg nicht verändert worden waren, hat er bei seinem Regierungsantritt beseitigt; sonst aber blieb alles beim alten. Der Kanzler Löben kehrte geflissentlich seine lutherische Rechtgläubigkeit hervor und lenkte in der Hauptsache in dieselben politischen Bahnen ein, die Johann Georg eingeschlagen hatte; er suchte vor allem gute Beziehungen zum Kaiserhofe herzustellen, schon um den Schwierigkeiten vorzubeugen, die von dort aus einer Regelung der Testamentsfrage entgegengesetzt werden konnten.

Diese Frage nahm zunächst die Sorge des neuen Kurfürsten vornehmlich in Anspruch. Im Einverständnis mit dem kinderlosen Vetter Georg Friedrich, für dessen Todesfall die Nachfolge in den beiden fränkischen Fürstentümern zu regeln war, entwarf Joachim Friedrich einen Plan, wonach die beiden jüngeren Brüder die Herrschaft in diesen Landen erben sollten, während die Mark Brandenburg mit allem Zubehör ungeteilt bei der Kur erhalten werden sollte. Wenn er sich bei seinem Widerspruch gegen das väterliche Testament auf die Dispositio Achillea berief, so konnte dieser Vorgang nur als Beispiel und Präzedenzfall, nicht aber als hausgesetzliche Regelung betrachtet werden; ein wirkliches Hausgesetz, das die Unteilbarkeit der Mark Brandenburg für alle Zeiten festgesetzt hätte, bestand damals noch nicht, und es ist eine wesentliche Errungenschaft Joachim Friedrichs, daß unter ihm ein solches erlassen worden ist. Dies ist der Gerasche Hausvertrag, den die brandenburgischen und ansbachischen Räte in

Gera 1598 vereinbart haben und der von den beiden Fürsten Joachim Friedrich und Georg Friedrich zu Magdeburg am 29. April 1599 genehmigt und vollzogen worden ist. Dieser Vertrag besagte, daß die Kurmark Brandenburg mit den dazugehörigen Gebieten und mit den künftigen Anwartschaften, unter denen das Herzogtum Preußen besonders hervorgehoben war, als ein unteilbares Herrschaftsgebiet in der geraden Linie des Mannesstammes des Kurhauses vererbt werden sollte, während die beiden fränkischen Fürstentümer Ansbach und Kulmbach den beiden ältesten Söhnen aus der dritten Ehe Johann Georgs, den Markgrafen Christian und Joachim Ernst, als Sekundogenitur zufallen sollten. Von den Söhnen Joachim Friedrichs sollte der zweite, Johann Georg, dessen Aussicht auf das Bistum Straßburg sehr unsicher geworden war, das gleichfalls dem Ansbacher Vetter gehörige Herzogtum Jägerndorf erhalten, während die übrigen Kinder — bis auf den magdeburgischen Administrator Christian Wilhelm — mit Geldansprüchen in angemessener Weise versorgt wurden. Aber diese Abmachungen blieben zunächst noch unwirksam, weil die Söhne aus der dritten Ehe Johann Georgs, bestärkt durch ihre Mutter, ihre Einwilligung versagten und auf der Vollstreckung des angefochtenen Testaments bestanden.

Zu diesen häuslichen Sorgen kamen schwierige Verhandlungen mit den Ständen. Johann Georg hatte eine Schuld von etwa 569 000 Talern hinterlassen; dazu kam eine solche, die Joachim Friedrich aus seiner magdeburgischen Zeit herübergenommen hatte und die bald auf 400 000 Taler anwuchs. Er brauchte die Hilfe der Landstände. Am liebsten hätte er nur mit einem Deputationstag verhandelt, weil mit einem solchen leichter fertig zu werden war und auch weil die Kosten eines vollen Landtags, die dem Hofe zur Last fielen, allzu hoch waren. Er erinnerte sich wohl, wie einst Georg Friedrich, der überhaupt sein politisches Vorbild war, als Kurator in Preußen durch Verhandlungen mit einem ständischen Ausschuß Erfolge erzielt hatte, wie sie ihm gegenüber den vollen Landtagen versagt geblieben waren. Wie herkömmlich wurde erst ein Notabelnausschuß berufen und dann auf den Kreistagen verhandelt. Aber die Stände fürchteten, der Verzicht auf den vollen Landtag könne der Anfang vom Ende sein für ihre Stellung gegenüber der Landesherrschaft; und so mußte Joachim Friedrich sich dazu entschließen, 1602/03 einen Landtag in den herkömmlichen Formen zu halten, dessen Ergebnis im ganzen recht unbefriedigend war. Die Stände übernahmen nur einen Teil der Schuldenlast, nur 600 000 Taler (etwa $^2/_3$), und zur Bewilligung einer dauernden Steuer kam es so wenig wie früher. Auch diesmal mußten die Privilegien der Stände, namentlich die wirtschaftlich-sozialen Vorrechte der Ritterschaft in bezug auf das gutsherrlich-bäuerliche Verhältnis bestätigt und erweitert werden; doch hat sich Joachim Friedrich gehütet, eine Landeskonstitution nach dem Entwurf der Stände anzunehmen, die den adligen Klasseninteressen eine dauernde gesetzliche Grundlage gegeben haben würde. Hinsichtlich einer Verwicklung in die Politik der großen Mächte vertraten die Stände denselben Standpunkt, der für die Politik Johann Georgs maßgebend gewesen war: sie wollten von einem Kampf gegen Spanien, den Kaiser und die geistlichen Fürsten ebensowenig etwas wissen wie von einer Verbindung mit Frankreich und den Niederlanden; in der Straßburger und Jülicher Angelegenheit rieten sie nachzugeben oder abzuwarten. Unter diesen Umständen konnte für Joachim Friedrich von einer kühn durchgreifenden protestantischen Politik, wie sie ihm früher wohl in Verbindung mit kräftiger Verfolgung der Interessen seines Hauses vorgeschwebt hatte, zunächst nicht die Rede sein. Es fehlte an den nötigen Machtmitteln. Der Verfall der alten Kriegsverfassung war offenkundig geworden durch eine Musterung, die der Kurfürst hatte anstellen lassen und bei der sich nur etwa 1000 Reiter und 4000 Mann zu Fuß in ganz unzulänglicher Bereitschaft gestellt hatten. Löbens friedliche Richtung gewann die Oberhand. Gegenüber dem Drängen Georg Friedrichs zum Anschluß an ein damals wieder geplantes protestantisches Bündnis verwies der Kurfürst auf seine betrübten Umstände. Auch sonst wagte er im Reich nicht kräftig aufzutreten. Als die korrespondierenden Fürsten der protestantischen Partei, namentlich Friedrich IV. von der Pfalz und Georg Friedrich selbst, ihn für den Plan zu gewinnen suchten, die Beteiligung an dem Reichstage von 1603, auf dem wieder über eine Türkenhilfe beraten werden sollte, abhängig zu machen von Zugeständnissen hinsichtlich der Religionsbeschwerden, da lehnte er ab mit Hinweis auf die Stimmung in seinem Lande und auf die Verpflichtungen, die die Türkengefahr mit sich bringe. Zugleich gab er in der Straßburger Sache nach. Bei dieser war inzwischen der Kaiser dadurch ins Interesse gezogen worden, daß ein österreichischer Erzherzog (ein Sohn Ferdinands von Steiermark) zum Koadjutor gewählt worden war; er hatte daher den Kardinal von Lothringen mit dem Straßburger Stift belehnt. Unter diesen Umständen hielt Joachim Friedrich schon längst den Rückzug für geboten, und er entschloß sich um so leichter dazu, als diese ganze Unternehmung mehr ein Werk seines Vetters Georg Friedrich als sein eigenes gewesen war. Im Februar 1603 ließ er auf einem Konvent der korrespondierenden protestantischen Fürsten zu Heidelberg erklären, daß er weder Straßburg zu behaupten, noch sich einer protestantischen Union anzuschließen gedenke; er kehrte ganz zu den Grundsätzen Johann Georgs zurück: er wollte das baufällige Wesen im Reich lieber erhalten als gänzlich ruinieren; er riet, ganz im Sinne der friedfertigen unpolitischen Haltung seines Vorgängers, „alle gütliche Mittel zu versuchen und das übrige dem Allmächtigen zu befehlen". Damit war die Rolle des jungen Johann Georg in Straßburg ausgespielt. Der Lothringer mit dem österreichischen Koadjutor behauptete sich.

Wenige Monate nach dieser kleinmütigen Entscheidung, im April 1603, starb der 61jährige Markgraf Georg Friedrich von Ansbach, dessen Geist und Wille in dem letzten Jahrzehnt hinter allen Entschlüssen zu einer kräftigen dynastischen und protestantischen Politik im Hause Brandenburg gestanden hatte. Es konnte scheinen, als ob es mit dieser Politik nun gänzlich zu Ende sei; aber gerade dieser Todesfall hat den Anstoß zu einem neuen Aufschwung gegeben. Zunächst hat er die Beendigung des lähmenden Familienzwistes ermöglicht. Die Aussicht, gleich die Regierung in den fränkischen Landen antreten zu können, machte die Brüder Joachim Friedrichs geneigt, auf die früher abgewiesenen Vorschläge einzugehen: der Geraer Hausvertrag wurde jetzt von ihnen in dem Onolzbacher Vergleich (Juli 1603) angenommen und darauf zur Ausführung gebracht. Erst seit dieser Zeit ist die Unteilbarkeit der Mark Brandenburg samt ihren Anwartschaften und ihre Vererbung nach dem Erstgeburtsrecht in dem Mannesstamme des Hohenzollernhauses ein wirkliches und auch unverbrüchlich beobachtetes Hausgesetz geworden und geblieben. Die Markgrafen Christian und Joachim Ernst wurden so die Begründer der jüngeren fränkischen Linien in Ansbach und Bayreuth.

Zugleich war durch den Tod Georg Friedrichs auch die Kuratel über Preußen freigeworden und mußte nun vom Kurfürsten erworben werden, wenn Preußen nicht verloren gehen sollte; damit verband sich das Interesse an der Nachfolge in Jülich, die ja an der preußischen Heirat Johann Sigismunds hing. Der in den preußischen Dingen wohlbewanderte Rat Georg Friedrichs, Christoph von Waldenfels, ein Edelmann von fränkischer Herkunft, trat in den Dienst Joachim Friedrichs als Geheimer Rat, und ebenso der Führer der cleve-märkischen Stände, Ottheinrich von Bylandt, Freiherr von Rheidt, der Vertrauensmann Georg Friedrichs und der Herzogin Marie Eleonore von Preußen. Überhaupt wurde die Zahl der Räte verstärkt und eine neue Ordnung für die Geschäftsbehandlung begründet. Einzelne Geheime Räte hatte Joachim Friedrich schon seit seinem Regierungsantritt bestellt; es war ein Zeichen dafür, daß die Geschäfte, namentlich in den auswärtigen Angelegenheiten, an Umfang und Bedeutung zugenommen hatten. Mit ausdrücklicher Berufung auf die Schwierigkeit und Wichtigkeit dieser Angelegenheiten wurde nun durch Erlaß vom 23. Dezember 1604 der Geheime Rat begründet, ein Kollegium von 9 Geheimen Räten unter dem Vorsitz des Oberkämmerers Graf Schlick, dem als Stellvertreter der Obermarschall von Bylandt zur Seite gesetzt wurde; hier sollte in den festen Formen einer geregelten Geschäftsordnung Rat gepflogen werden, wobei zwar die auswärtigen Geschäfte an erster Stelle standen, aber auch die Leitung und Aufsicht der inneren Verwaltung mit in den Wirkungskreis der Räte eingeschlossen war — natürlich in der Weise, daß der Kurfürst selbst sich alle wichtigen Entscheidungen vorbehielt. Damit waren der alten Ratstube die wenigen Geschäfte der auswärtigen Politik und der inneren Verwaltung, die sie anfänglich gehabt hatte, die aber wohl schon längst mehr von einzelnen Räten in besonderen Vorträgen beim Kurfürsten als in voller Ratsversammlung besorgt worden waren, endgültig abgenommen, so daß sie nun als ein reiner Gerichtshof, als kurfürstliches Kammergericht erschien — eine Wendung, die schon dadurch vorbereitet worden war, daß bald nach dem Regierungsantritt Joachim Friedrichs ein besonderer Vizekanzler zur Leitung der Rechtspflege bestellt wurde. Als dritte Hofbehörde — abgesehen von dem Konsistorium — stand neben dem Geheimen Rat und dem Kammergericht noch die Amtskammer, der die Verwaltung der Domänen- und Regalgefälle oblag. Diese drei Behörden traten nun deutlich gesondert auseinander; da aber eine Anzahl von Mitgliedern dem Geheimen Rat und den beiden anderen Kollegien gemeinsam waren, so wurden die Sitzungstage für den Geheimen Rat auf Dienstag und Donnerstag festgesetzt, während Montags, Mittwochs und Freitags nach wie vor die Verhöre im Kammergericht stattfanden.

In Brandenburg hatte sich damit ein Vorgang in der Behördengeschichte vollzogen, der in den meisten deutschen und außerdeutschen Staaten schon früher zu beobachten ist. „Nach dem Beispiel anderer wohlbestellter Politien und Regimenter" ist, wie die Stiftungsurkunde es ausdrückt, der Geheime Rat in Brandenburg eingerichtet worden. Man dachte dabei wohl namentlich an Sachsen und an den kaiserlichen Hof; aber auch in anderen deutschen Territorialstaaten und auch in den großen westlichen Reichen Frankreich, England und

Spanien gab es einen Geheimen Rat zur Bearbeitung der wichtigen Staatsgeschäfte; es war damals die allgemein europäische Form der Staatsregierung, wie heute die Ministerien.

Die Bedeutung der Stiftung des Geheimen Rates besteht nicht darin, daß erst in diesem Akt der Anfang einer Beamtenregierung im Gegensatz zur Regierung mit ständischen Räten zu sehen wäre — eine solche Beamtenregierung bestand schon, wenn auch in wenig ausgebildeter Form, seit fast 100 Jahren —; sie liegt auch nicht darin, daß mit diesem Akt die Stände grundsätzlich von dem Einfluß auf die auswärtigen Angelegenheiten ausgeschlossen worden wären — sie haben einen solchen Einfluß hin und wieder auch später noch geübt —; auch die Berufung fremder Räte war nichts Neues, obwohl ihre Zahl unter Joachim Friedrich besonders groß gewesen ist und den Ständen Anlaß zu mißgünstigen Bemerkungen geboten hat. Das Verhältnis zu den Ständen ist nicht das Wesentliche dabei. Nicht der Landtag von 1602/3 hat die Veranlassung zur Stiftung des Geheimen Rats gegeben, sondern der Tod des Markgrafen Georg Friedrich mit den daran sich knüpfenden politischen Folgen. Jetzt, wo die Nachfolge in Preußen, wie die in Jülich, in nähere Sicht trat, wurde die Regierung schwieriger, verwickelter, verantwortungsvoller als vordem. Mit einem Kammerrat und Kanzler kam man nicht mehr aus. Es bedurfte eines größeren Kreises bedeutender Persönlichkeiten, und manche von diesen, wie Bylandt und anfangs auch Waldenfels, standen dem Kanzler von Löben, der bisher die Geschäftsleitung beherrscht hatte, so selbständig und anspruchsvoll und mit so verschiedenartigen Bestrebungen gegenüber, daß ihre Zusammenfassung in einem Kollegium und in den Formen einer geregelten Geschäftsordnung die einzige Möglichkeit zu bieten schien, um ein friedliches Zusammenwirken herbeizuführen. So war der Geheime Rat vor allem eine politische und eine geschäftliche Notwendigkeit.

Zunächst kam jetzt ein frischer Zug in die brandenburgische Politik durch das Eingreifen des Kurprinzen Johann Sigismund, dem der Kurfürst einen sonst nicht gewöhnlichen Anteil an den Geschäften gönnte. In Verbindung mit Bylandt und anderen Räten setzte er es durch, daß Brandenburg, ganz im Gegensatz zu dem Rückzug von 1603, jetzt im Jahre 1605 entschieden auf die Seite der protestantischen Aktionspartei trat. Ein Vertrag mit Kurpfalz wurde geschlossen (Februar 1605) und zugleich durch das Verlöbnis zwischen dem 10jährigen Sohn Johann Sigismunds, Georg Wilhelm, und der 8jährigen pfälzischen Prinzessin Charlotte eine zukunftreiche Familienverbindung zwischen den beiden Häusern angebahnt. Ihre eigentliche politische Bedeutung aber erhielt diese Wendung durch das im April 1605 geschlossene Bündnis der beiden Kurfürsten mit der niederländischen Republik, durch welches zunächst für 3 Jahre ausgemacht wurde, daß gegen eine Zahlung von 100 000 Gulden jährlich die Republik 5000 Mann bereithalten sollte, um unter Umständen Jülich für Brandenburg in Besitz zu nehmen. Es war ein Schritt, der großen Eindruck im Reiche und darüber hinaus machte.

Zu derselben Zeit gelang auch die Erwerbung der Vormundschaft in Preußen. Die verwandtschaftlichen Bande mit dem preußischen Hause, an denen ja auch die Aussicht auf Jülich hing, waren noch verstärkt worden dadurch, daß Joachim Friedrich, der kurz vorher Witwer geworden war, im Jahre 1603 die jüngere preußische Prinzessin, Eleonore, geheiratet hatte, so daß er der Schwager seines Sohnes wurde. Er trat nun in Unterhandlungen mit der Krone Polen und mit den Ständen von Preußen wegen Übertragung der Vormundschaft. König Sigismund III., damals im Kriege mit Rußland und Schweden und eines schwedischen Angriffs von Kurland her gewärtig, sah in der brandenburgischen Vormundschaft die Möglichkeit zu einer Verstärkung des Schutzes gegen die Schweden in Preußen und machte seinen Einfluß in einem den Wünschen des Kurfürsten günstigen Sinne geltend. Joachim Friedrich mußte sich aber sehr harte Bedingungen gefallen lassen. Er mußte 300 000 Gulden an den König zahlen und außerdem 60 000 Gulden versprechen in jedem Falle, wo in Polen ein sogenanntes Tributum ausgeschrieben wurde; er mußte sich ferner verpflichten, nötigenfalls den Schweden in Preußen 4 Kriegsschiffe entgegenzustellen; er mußte den Lehnseid persönlich leisten und eine sehr weite Ausdehnung der Appellationen von Preußen nach Polen zugeben. Unter diesen Bedingungen ward ihm von der Republik die Vormundschaft über den schwachsinnigen Herzog übertragen im April 1605. Die 300 000 Gulden erhielt er von einem ständischen Ausschuß bewilligt, während ihm früher die Mittel versagt worden waren, die dazu hätten dienen können, durch Entfaltung militärischer Macht oder auch durch Bestechungen, wie sie in Polen üblich waren, mildere Bedingungen zu erhalten. Immerhin aber war jetzt Preußen zum erstenmal unter die Verwaltung des Kurfürsten von Brandenburg gekommen; und wenn auch die Aufnahme Joachim Friedrichs in Königsberg eine sehr unfreundliche war und die Regierung des Landes noch durchaus den Regimentsräten überlassen werden mußte, die nur dem Namen nach herzogliche Beamte, in Wahrheit die Häupter einer Adelsrepublik waren, so hatte das Kurhaus doch in dem alten Ordenslande Fuß gefaßt, um nicht wieder daraus zu weichen.

Indessen der politische Aufschwung, der durch diese Ereignisse des Jahres 1605 bezeichnet wird, war nicht von langer Dauer. Schon im Jahre 1606 ging der Kanzler Löben mit seinen Anhängern, zu denen außer den alten Räten jetzt auch Waldenfels gehörte, zu einem erfolgreichen Angriff gegen Bylandt und den hinter ihm stehenden Kurprinzen vor, der jetzt zur Besetzung Jülichs im Bunde mit Frankreich und den Niederlanden drängte. Als im Oktober 1606 Christian von Anhalt, der diplomatische Agent der protestantischen Partei, nach Berlin kam, um für den Anschluß an einen evangelischen Bund zu werben, der auch mit Frankreich in Fühlung treten sollte, da wurde Bylandt von den Beratungen ferngehalten, und der Bescheid, den Christian von Anhalt erhielt, lautete ausweichend. Der Vertrag mit den Niederlanden, den Löben bekämpfte, verlor seine Bedeutung, weil die darin ausgemachten Geldzahlungen nicht geleistet werden konnten. Joachim Friedrich kehrte noch einmal zu dem aussichtslosen Plan zurück, durch eine gütliche Verhandlung wegen der Jülicher Erbschaftssache sich mit den anderen Beteiligten auseinanderzusetzen.

Während man am brandenburgischen Hofe von einer so kleinmütigen Auffassung der Lage beherrscht war, versuchte auf dem Reichstage von Regensburg 1608 die katholische Partei einen entscheidenden Schlag gegen den Protestantismus zu führen, indem sie sich anschickte, Ernst zu machen mit der Rückforderung der geistlichen Güter, die auf Grund des Vorbehalts von 1555 den Protestanten bestritten wurden. Das führte zur Zerreißung des Reichstags. Dr. Pruckmann, der die brandenburgische Reichstagsgesandtschaft führte, einer von den alten

Räten Joachim Friedrichs, berichtete nach Berlin, es tue not, einen neuen Schmalkaldischen Bund zu schließen, und Joachim Friedrich stimmte, wenn auch nicht ohne Vorbehalt, zu. Daraufhin schlossen zunächst Kurpfalz, Pfalz-Neuburg, Württemberg, Baden, Ansbach und Kulmbach Anfang Mai 1608 eine Union, zu der auch die übrigen protestantischen Stände eingeladen wurden. Joachim Friedrich schloß sich noch nicht an; er suchte erst zum Einverständnis mit Sachsen zu gelangen, das wieder beiseite stand und eine vermittelnde Stellung einnahm. Vergeblich hatte der Kurprinz in dieser kritischen Zeit versucht, den Kanzler Löben von der Leitung der Geschäfte zu verdrängen; der Kurfürst hatte das Entlassungsgesuch des Kanzlers in gnädigster Weise abgelehnt. Noch ehe eine endgültige Entscheidung in der Unionsfrage getroffen war, ist Joachim Friedrich gestorben; 62 Jahre alt, erlag er einem Schlaganfall im Reisewagen zwischen Köpenick und Berlin an der Seite seines alten Freundes, des Oberkämmerers Grafen von Schlick, 28. Juli 1608.

Die schwankende Haltung seiner 10jährigen Regierung als Kurfürst hat die Hoffnungen enttäuscht, die tatkräftige Protestanten früher auf ihn gesetzt hatten. Aber bedeutende, epochemachende Veränderungen waren in Politik und Verwaltung unter ihm angebahnt worden: die Familienverbindung mit dem reformierten pfälzischen Hause, die Anknüpfung mit den Niederlanden, eine festere und zeitgemäßere Form in der Führung der Regierungsgeschäfte, die Erwerbung der preußischen Kuratel. Für sein Ansehen in der Fürstenwelt spricht es, daß König Christian IV. von Dänemark sein Schwiegersohn geworden ist. Auch für die Wohlfahrt seines Landes hat der einsichtige und wohlwollende Fürst manches Gute gewirkt. Die Anfänge eines Finowkanals gehen auf ihn zurück; in Joachimsthal bei dem Jagdschloß Grimnitz in der Uckermark hat er die Fürstenschule begründet, die bis auf den heutigen Tag sein Andenken lebendig erhalten hat: im Sommer 1607 ist diese Studienanstalt mit reicher Ausstattung durch Mittel aus kurfürstlichen Domänen und säkularisierten Kirchengütern ins Leben getreten.

Johann Sigismund.

Eine Kampfnatur war Joachim Friedrich nicht, aber auch sein Nachfolger ist den Kämpfen, die eben jetzt zum Ausbruch kamen, keineswegs in dem Maße gewachsen gewesen, wie sein feuriges politisches Auftreten als Kurprinz es hatte erwarten lassen.

Johann Sigismund war wohl schon beim Antritt seiner Regierung nicht mehr im Besitz der vollen Gesundheit, obwohl er erst 37 Jahre alt war. Er war eine weiche, leicht erregbare, aber wenig energische Natur. Die Kräfte des Gemüts waren stärker bei ihm ausgebildet als der politische Sinn und die Fähigkeit, verantwortungsvolle Entschlüsse zu fassen. Er war von tiefer Frömmigkeit, aber zugleich von einer derben Genußfreudigkeit, wie sie damals an den Fürstenhäusern überhaupt sehr stark im Schwange ging. Er liebte die Freuden der Tafel und einen starken Trunk; zunehmender Leibesumfang verband sich früh bei ihm mit geistiger Schwerfälligkeit und Unlust zu den Geschäften Seine Ehe mit der preußischen Prinzessin Anna, der voraussichtlichen Erbin der jülichschen Lande, hatte den Charakter der Innigkeit, den sie anfänglich gehabt zu haben scheint, früh verloren, aber ohne daß die eheliche Treue darunter gelitten hätte. Die Prinzessin war eine harte, eigenwillige und herrschsüchtige Natur; sie erhob den Anspruch, über ihr jülichsches Erbe nach eigenem Gefallen, unter Umständen auch wohl zugunsten eines jüngeren Sohnes, verfügen zu dürfen. Außer dem Kurprinzen Georg Wilhelm waren noch 6 Kinder aus dieser Ehe entsprossen, von denen das jüngste kurz nach dem Regierungsantritt geboren worden ist. Die Kurfürstin war starr lutherisch, während ihr Gemahl schon längst zum Calvinismus neigte. Sie hatte beständig ihre Partei am Hofe und arbeitete in vielen Stücken den Absichten ihres Gemahls entgegen. Es gab häusliche Szenen zwischen den Ehegatten, bei denen Teller und Gläser in Scherben gingen. Neben dem im allgemeinen gutmütigen und schwachen Gemahl hat die Kurfürstin in den späteren Jahren mehr und mehr die Herrschaft im Hause und am Hofe an sich gerissen. In den früheren Jahren hatte Johann Sigismund einen Statthalter, der seine Stelle vertrat und den Vorsitz im Geheimen Rat führte. Diese Einrichtung war veranlaßt durch die Tatsache, daß Johann Sigismund, als er die Nachricht vom Tode seines Vaters empfing, auf einer Reise nach Preußen begriffen war, die er nicht unterbrechen mochte; daher wurde zunächst für die Zeit seiner Abwesenheit sein Vertrauter, der Amtskammerpräsident Adam von Putlitz, zum Statthalter in Berlin bestellt — ein Verhältnis, das dann bestehen geblieben ist. Putlitz war ein Calvinist, der früher im Dienst des pfälzischen Johann Kasimir gestanden hatte; er gehörte zu den Gegnern des Kanzlers Löben und gab sich alle Mühe, ihn und seine Freunde zum Rücktritt zu veranlassen. Zuerst gelang ihm das bei dem Oberkämmerer Grafen Schlick, der sich aus Verdruß über die Eingriffe des Statthalters in sein Hofamt auf seine böhmischen Güter zurückzog; nach der Rückkehr des Kurfürsten erhielt auch Löben die nicht ganz freiwillig erbetene Entlassung; an seine Stelle als Kanzler trat Dr. Pruckmann, der im stillen längst dem Calvinismus anhing. Bylandt, der früher dem Kurprinzen besonders nahe gestanden hatte und wohl als sein politischer Mentor angesehen werden darf, war kurz nach seinem Regierungsantritt gestorben.

Im März 1609 trat durch den Tod des irrsinnigen Herzogs Johann Wilhelm von Jülich der längst erwartete Fall der Eröffnung der großen niederrheinischen Erbschaft ein. Von brandenburgischer wie von neuburgischer Seite wurde eine rein formelle Besitzergreifung vorgenommen; aber der Kaiser verbot dies Vorgehen und lud die Beteiligten vor seinen Reichshofrat. Der Präsident dieser kaiserlichen Behörde, Graf Johann Georg von Hohenzollern-Sigmaringen (aus der Linie Hechingen), wurde mit der Vertretung des Kaisers an Ort und Stelle beauftragt, während der junge Pfalzgraf Wolfgang Wilhelm, der die Erbschaft für sich in Anspruch nahm, persönlich dort erschien und Johann Sigismund seinen Bruder, den Markgrafen Ernst, entsandte. Die Landstände hielten sich zurück und traten nur für die Erhaltung der Einheit des ganzen Territorialbesitzes ein.

Eben damals schlossen die Niederlande den 12jährigen Waffenstillstand mit Spanien, so daß auf ihre Unterstützung in der Jülicher Frage jetzt kaum zu rechnen war. Daher ließ sich Markgraf Ernst durch den klugen Rat des Landgrafen Moritz von Hessen, dem die Eintracht unter den protestantischen Fürsten am Herzen lag, dazu bestimmen, seine Instruktion zu überschreiten und im Mai 1609 zu Dortmund mit dem Neuburger ein Abkommen zu treffen, wonach beide

Mitbewerber bis zur Entscheidung der Rechtsfrage gemeinschaftlich Besitz ergreifen wollten. Die Landstände waren damit einverstanden; sie leisteten jetzt den beiden „possidierenden" Fürsten die Erbhuldigung, die von Cleve-Mark in Duisburg, die von Jülich-Berg in Düsseldorf; sie bestanden dabei namentlich auf der Gewährleistung der Religionsfreiheit für die drei im Lande vertretenen Konfessionen. Die Festung Jülich aber wurde von dem Kommandanten den kaiserlichen Kommissarien übergeben, und der Erzherzog Leopold, ein streitbarer Kirchenfürst, Bischof von Passau und Koadjutor von Straßburg, übernahm dort das Kommando im Namen des Kaisers. Es handelte sich jetzt darum, ob das Haus Österreich hier am Niederrhein, in der Nähe der noch immer nicht dauernd befriedeten Niederlande, wo Erzherzog Albrecht als spanischer Statthalter waltete, festen Fuß fassen werde. Die Gegner Spaniens und Österreichs rührten sich überall; die possidierenden Fürsten sahen sich auf ihre Bundesgenossenschaft angewiesen. Christian von Anhalt machte den Vermittler. Erst jetzt trat Brandenburg im Februar 1610 auf dem Tage zu Schwäbisch-Hall zusammen mit Moritz von Hessen der Union bei, die damit ihren eigentlichen Abschluß erhielt. Zugleich schlossen die deutschen Protestanten ein Bündnis mit Frankreich, dem auch England und die Niederlande beitraten; ein Heer von 30 000 Mann, aus den Kontingenten der Verbündeten, hauptsächlich der Franzosen, gebildet, stand im Frühjahr 1610 bereit, Jülich dem Kaiser wieder zu entreißen. Es schien zu einem allgemeinen Kriege oder wenigstens zu einem großen Kriege zwischen Frankreich und Spanien kommen zu sollen; aber alles war noch unsicher. Die Republik der Niederlande hielt noch fest an dem Waffenstillstand mit Spanien, und auf der anderen Seite vermied es auch die katholische Liga, der Gegenbund, der sich gegen die protestantische Union im Reiche gebildet hatte, in der Jülicher Sache Partei zu ergreifen, so lange nicht katholische Interessen verletzt wurden; zwischen Frankreich und Spanien aber suchte die Kurie zu vermitteln, um den Krieg zu verhüten, für den die spanisch-österreichische Partei damals schlechter gerüstet war als Heinrich IV. von Frankreich. Um keinen Vorwand zum Kriege zu geben, war auch Erzherzog Albrecht geneigt, dem französischen König den Durchzug durch das belgische Gebiet zur Befreiung Jülichs zu gestatten. Noch ehe die Frage sich entschied, ob diese Unternehmung sich auf Jülich beschränken würde, ist Heinrich IV. (14. Mai) ermordet worden. Durch seinen Tod war nun die Gefahr eines großen Krieges abgewandt. Der Zug beschränkte sich auf Jülich. Die Festung wurde von den Verbündeten ohne große Mühe genommen, und die Possidierenden waren nun vorläufig im vollen tatsächlichen Besitz der Erbschaftsländer. Die Entscheidung des Erbstreites wollten sie nicht dem kaiserlichen Reichshofrat überlassen, weil dieser ganz aus Katholiken zusammengesetzt und kein unabhängiges Gericht, sondern ein politisches Werkzeug in der Hand des Kaisers war; sie dachten vielmehr an ein freigewähltes Fürstengericht, das allerdings im Namen des Kaisers die Entscheidung treffen sollte.

Brandenburg setzte sich durch diese Haltung in offenen Widerspruch zu der kaiserlichen Autorität. In der Ratstube des Kaisers Rudolf zu Prag war schon die Rede von einer Ächtung des Kurfürsten; es war eine Gefahr, die alle lutherischen Verwandten Johann Sigismunds mit Angst und Entsetzen erfüllte. Man sieht, wie weit Johann Sigismund doch über die Linie der früheren lutherischen Politik hinausgegangen war. Im Gegensatz zu Brandenburg hatte Sachsen, dessen Ansprüche auf Jülich weniger gut begründet waren, Abstand davon genommen, im Lande Besitz zu ergreifen und sich mit der Entscheidung der Frage durch den Reichshofrat einverstanden erklärt. Kurfürst Christian II. schloß sich ebenso wie sein Bruder, der Herzog Johann Georg, um so enger an den Kaiser an, je mehr sich Brandenburg von diesem entfernte. Er erhielt denn auch im Juni 1610 von ihm die Belehnung mit den umstrittenen Landen, allerdings unter Vorbehalt der rechtlichen Entscheidung. Sachsen war zugleich vom kaiserlichen Hofe dazu ausersehen, bei der Vollstreckung der Reichsacht gegen den Brandenburger kräftig mitzuwirken. Kurfürst Christian II. drohte damals, er werde in die Mark einfallen, wenn der Brandenburger nach Jülich gehe. Johann Sigismund wurde von seinen nächsten Verwandten zum Nachgeben gedrängt, von seinem Bruder, dem Administrator Christian Wilhelm von Magdeburg, ebenso wie von seinem Oheim Christian von Bayreuth. Auch die märkischen Stände waren voll von Besorgnis und suchten auf die sächsische Landschaft einzuwirken, um einen Bruch zu verhüten und den Frieden zu erhalten. Am sächsischen Hofe aber waren die Worte stärker als Mut und Kraft zur Tat. Unter Vermittlung des hessischen Landgrafen Moritz kam es zwischen den beiden Kurfürsten am 31. März 1611 in Jüterbog zu einem Vergleich, in dem Brandenburg sich bereiterklärte, falls Neuburg zustimme, den Kurfürsten von Sachsen als Dritten in die Gemeinschaft der Possidierenden aufzunehmen; die Entscheidung sollte der Kaiser, aber nicht durch den Reichshofrat, sondern durch ein Fürstengericht treffen. Indessen der Pfalzgraf von Neuburg, dem schon der brandenburgische Mitbesitzer lästig war, erhob Widerspruch gegen den Dritten im Bunde, und so wurde das Abkommen von Jüterbog hinfällig; es gefiel auch schon an sich den calvinistischen Räten Johann Sigismunds je länger je weniger. Immerhin genügte die Annäherung zwischen Brandenburg und Sachsen, um den Argwohn des Neuburgers zu erwecken, der schon lange mit Verdruß wahrnahm, daß Brandenburg bei der Union und ihren Verbündeten mehr Gewicht habe als er. Er fing an, seine Blicke auch nach der entgegengesetzten Seite zu richten und mit dem scharf katholischen Herzog Maximilian von Bayern in Verbindung zu treten. Nichtsdestoweniger hat er noch um die Hand einer Tochter Johann Sigismunds angehalten, und es wurde bei gelegentlichen Besuchen ernsthaft darüber verhandelt. Bei einem dieser Besuche sind Kurfürst und Pfalzgraf in Königsberg beim Trunk einmal scharf aneinander geraten (Februar 1612); — es ist zwar nicht zu der legendarischen Ohrfeige gekommen, aber Johann Sigismund hatte schon den Degen ziehen wollen —; indessen der Streit ist wieder beigelegt worden, und die Verhandlungen über das Verlöbnis gingen weiter. Der Pfalzgraf wollte als Schwiegersohn des brandenburgischen Kurfürsten ganz allein die Regierung in den Jülicher Landen haben, und am Hofe war man nahe daran, ihm das zuzugestehen. Bei alledem aber spielte der Pfalzgraf ein doppeltes Spiel; er hatte zwei Eisen im Feuer. Er war ebenso oft in München beim Herzog Max, wie beim Kurfürsten von Brandenburg; und das Ende war, daß er im Juli 1613 insgeheim katholisch wurde und bald darauf zur großen Überraschung des brandenburgischen Hofes die bayerische Prinzessin heiratete. Dadurch wurde der Bruch zwischen den beiden possidierenden Fürsten unvermeidlich, und die brandenburgische Politik bedurfte einer neuen Orientierung.

Die Leitung der Geschäfte und des Geheimen Rats hatte schon vorher im Herbst 1612 an Stelle von Putlitz, den die Kurfürstin Anna zu verdrängen gewußt hatte, des Kurfürsten Bruder, Markgraf Johann Georg von Jägerndorf, übernommen. Er rückte mit Entschiedenheit von Sachsen ab und schloß sich um so enger an die Union an, die freilich eine friedliche Auseinandersetzung zwischen Brandenburg und Sachsen lieber gesehen hätte, weil man fürchtete, der Kurfürst von Sachsen möchte sonst der protestantischen Sache ganz entfremdet werden. Bei der Kaiserwahl des Erzherzogs Matthias, bei dem Vorgehen der protestantischen Opposition, das den Reichstag von 1613 abermals zerriß, beteiligte sich Brandenburg an der Seite von Kurpfalz und im Gegensatz zu Sachsen. Im Mai 1613 wurde zwischen der Union und der Republik der Niederlande ein Defensivbündnis auf 12 Jahre geschlossen. Brandenburg verhandelte noch besonders mit den Generalstaaten und mit Moritz von Oranien über ein Bündnis zum Schutz der brandenburgischen Interessen in Jülich. Die Generalstaaten wollten einen Konflikt mit Spanien vermeiden und lehnten deshalb ein offenes Bündnis ab; aber in geheimen Verabredungen mit Moritz von Oranien wurde doch niederländische Hilfe in Aussicht gestellt, um den Neuburger aus Jülich zu vertreiben und um einer etwaigen Einmischung der Spanier entgegenzutreten. In dieser gespannten politischen Lage hat Johann Sigismund den Entschluß gefaßt, den längst erwogenen Übertritt zum reformierten Bekenntnis endlich zu vollziehen. Zusammen mit seinem Bruder Johann Georg von Jägerndorf und einigen seiner Räte nahm er zu Weihnachten 1613 im Dom zu Berlin das Abendmahl in der Form der reformierten Kirche; zugleich ließ er ein ausführliches Glaubensbekenntnis veröffentlichen. Es ist kein Zweifel, daß dieser Übertritt nicht aus politischer Berechnung, sondern aus innerer Überzeugung erfolgt ist. Es war der Abschluß einer langen inneren Entwicklung, und man wird dem Wort des Kurfürsten, daß er Ruhe in seinem Gewissen haben wolle, den Glauben nicht versagen dürfen. Von politischer Bedeutung war der Schritt nur insofern, als Johann Sigismund sich jetzt offen zu einer Religionspartei bekannte, die ein ganz bestimmtes politisches System mit Entschiedenheit vertrat; es war die Konsequenz der ganzen bisherigen Haltung seiner Regierung, die er in diesem kritischen Moment zog, mehr um seine Rechnung mit dem Himmel ins Reine zu bringen, als um weltliche Vorteile zu erlangen; das Verhältnis zu den Niederlanden ist dadurch nicht verändert worden, während die Stellung des Kurfürsten in den lutherischen Landen, Brandenburg und Preußen, dadurch sehr viel schwieriger wurde. Die Bedenken, die aus der Rücksicht auf die lutherischen Untertanen entsprangen, hatten den Kurfürsten lange abgehalten, den entscheidenden Schritt zu tun; er hat sich jetzt davon freigemacht, aber nach seiner Art mehr, um innerlich Ruhe zu finden, als um das politische System, zu dem er sich damit bekannte, mit Nachdruck und Konsequenz durchzuführen.

Es dauerte nicht lange, so trafen Spanier und Niederländer, trotz des fortdauernden Waffenstillstandes, auf dem Boden von Jülich zusammen, und dieser Konflikt verflocht sich mit dem nun offen ausbrechenden Streit zwischen Brandenburg und Neuburg. Aber Brandenburg mit seinen ganz unzulänglichen Kriegsrüstungen spielte nur eine klägliche Rolle in dem Kampf der Großen und vermochte nicht, seine Interessen zur Geltung zu bringen. Die Union, Frankreich und England traten vermittelnd zwischen die Kämpfenden, und es kam 1614 zu dem Frieden von Xanten, in dem Brandenburg darauf verzichten mußte, seinen Anspruch auf die ganze Erbschaft durchzusetzen; an die Stelle des gemeinschaftlichen Besitzes trat jetzt vielmehr eine Halbierung der Einkünfte und eine Teilung der Regierung, so daß Brandenburg von Cleve aus über die vorwiegend protestantischen Länder Cleve, Mark, Ravensberg und Ravenstein herrschte, während Neuburg die vorwiegend katholischen Gebiete Jülich und Berg mit der Hauptstadt Düsseldorf bekam. Es war nur eine vorläufige Auseinandersetzung und ein unsicherer Besitz. Spanier und Holländer behielten in dem brandenburgischen und in dem neuburgischen Anteil ihre Besatzungen, um die neue Ordnung, die keinen der beiden Mitbewerber befriedigte, unter Umständen mit Gewalt aufrecht zu erhalten. Der Kurprinz Georg Wilhelm wurde als Statthalter nach Cleve gesandt; ihn berieten Putlitz, der frühere Leiter des Geheimen Rats, und ein Verwandter Bylandts, der katholische Graf Adam von Schwartzenberg, der am Niederrhein ansässig war und schon dem alten Fürstenhause gedient hatte.

An diesem unbefriedigenden Ausgang war nicht bloß die persönliche Schwäche Johann Sigismunds, sondern vor allem auch die Unzulänglichkeit seiner Mittel schuld. Die Stände der Kurmark hatten begreiflicherweise keine Neigung, große Opfer zu bringen, um die Herrschaft ihres Fürstenhauses über die weit entfernten niederrheinisch-westfälischen Gebiete auszudehnen. Sie hatten dem neuen Herrscher bei seinem Regierungsantritt eine Summe von 700 000 Talern zur Deckung drängender Schulden bewilligt; die jährlichen Einkünfte des Kurfürsten betrugen nur etwa 280 000 Taler; damit ließ sich keine große Politik betreiben. Das brandenburgische Fähnlein, das seit 1611 am Niederrhein gehalten wurde, konnte niemals regelmäßig bezahlt werden und verschwand zwischen dem stattlichen Kriegsvolk der Spanier und Niederländer. Das „Defensionswerk", zu dessen Aufrichtung Brandenburg eigentlich durch die Satzungen der Union verpflichtet war, konnte aus Mangel an Mitteln nicht zustande gebracht werden. Der Glaubenswechsel des Kurfürsten, der in der Mark Brandenburg wie im Herzogtum Preußen die Stände und die Geistlichkeit, ja die ganze Bevölkerung erregte und hie und da selbst Unruhen in den Straßen der Städte hervorrief, trug natürlich nicht dazu bei, den Ständen stärkere Neigung zu Geldbewilligungen einzuflößen. Immerhin haben sie in den Jahren 1614 und 1615 noch 235 000 Taler kurfürstlicher Schulden übernommen. Aber das war nur eine ganz unzureichende Hilfe. Die Schuldenlast des Hofes ist bis zum Jahre 1618 auf 2 142 000 Taler gestiegen.

Nichtsdestoweniger hat die brandenburgische Politik, die neben dem Markgrafen Johann Georg, dem Statthalter, damals hauptsächlich von dem Geheimen Rat Abraham Dohna und dem Kanzler Pruckmann geleitet wurde, noch einmal den Versuch gemacht, die Republik der Niederlande und die Union der deutschen Protestanten für ihre niederrheinischen Interessen in Bewegung zu setzen. Aber die Republik hielt an ihrem Waffenstillstand mit Spanien fest und lehnte 1615 die Vorschläge Dohnas ab; auch die Union versagte sich auf dem Heilbronner Tage von 1617 dem Wunsche Brandenburgs, der dahin ging, daß Cleve-Mark in den Bund mit aufgenommen werden sollte. Unter diesen Umständen hatte Brandenburg kein erhebliches Interesse mehr an der Union und nahm davon Abstand, den 1618 ablaufenden Bündnisvertrag zu erneuern.

Inzwischen war der Statthalter Markgraf Johann Georg von Jägerndorf 1615 von seinem Posten zurückgetreten, weil die beständigen Mißhelligkeiten mit dem Kurfürsten ihm die Wirksamkeit am Hofe verleidet hatten. Johann Sigismund selbst erlitt 1616, erst 44 Jahre alt, einen Schlaganfall, der seine geistige und körperliche Kraft vollends brach, so daß seit dieser Zeit von einer persönlichen Regierung des Kurfürsten eigentlich nicht mehr die Rede sein kann. Die Kurfürstin trat damals an seine Stelle; die Räte folgten der herrischen Frau nur mit Widerstreben; aber sie setzte in der Hauptsache ihren Willen durch.

In eben derselben Zeit, wo die Verbindung Brandenburgs mit der Union sich löste, wurde von anderer Seite her ein Versuch gemacht, es zum Gliede eines neuen großen evangelischen Bundes zu gewinnen. König Gustav Adolf von Schweden, der 1617 in dem Frieden von Stolbowa von Rußland die Abtretung von Ingermanland und Karelien erlangt und dadurch die schwedischen Besitzungen in Finnland und Esthland in Verbindung gebracht hatte, kämpfte noch mit Polen um Livland und war bestrebt, eine protestantische Koalition zustande zu bringen, deren Grundlage das 1612 mit der Republik der Niederlande abgeschlossene Bündnis bilden sollte. Für diese Koalition wünschte er auch Brandenburg zu gewinnen, und damit verband sich die Absicht des jungen Schwedenkönigs, die zweite Tochter des Kurfürsten, Marie Eleonore, zum Weibe zu nehmen. Zu diesem Plan, der schon seit Jahren ins Auge gefaßt war, hatte Landgraf Moritz von Hessen, der eifrige Beförderer eines allgemein-europäischen Bundes der Protestanten, die Anregung gegeben; die Generalstaaten, die zugleich ein Handelsinteresse an den preußischen Häfen hatten, übernahmen die Vermittlung und knüpften 1617 deswegen Verhandlungen mit dem brandenburgischen Hofe an. Der kranke, noch immer in der Sprache gestörte Kurfürst war der Verbindung mit Schweden nicht abgeneigt, zumal Gustav Adolf kein unduldsamer Lutheraner war und auch die Calvinisten gelten ließ; aber die Kurfürstin Anna, die von ihrer preußischen Heimat her mehr Neigung für Polen als für Schweden hatte, war durchaus gegen den Plan und suchte die Heirat auf alle Weise zu hintertreiben. Auch die Räte waren bedenklich, weil sie die Rache Polens fürchteten; ebenso der Kurprinz Georg Wilhelm.

Ehe noch die Entscheidung in dieser wichtigen Frage gefallen war, starb am 28. August 1618 der Herzog Albrecht Friedrich von Preußen, und damit trat der lang erwartete Moment ein, wo der Kurfürst von Brandenburg zum wirklichen Herrscher in dem alten Ordenslande werden mußte.

Johann Sigismund war gleich nach dem Tode seines Vaters in Preußen erschienen, um als Verweser an dessen Stelle zu treten; aber erst nach langen Verhandlungen hatte er 1611 die Vormundschaft samt der Anerkennung seines Nachfolgerechts unter ähnlichen Schwierigkeiten und Demütigungen erlangt, wie 1605 Joachim Friedrich. Die Krone Polen hatte ihm dieselben harten Bedingungen zugemutet wie seinem Vorgänger, und auch die Stände hatten wieder, durch Polen unterstützt, bei dieser Gelegenheit für die Vermehrung ihrer Selbständigkeit gesorgt. Der preußische Adel fügte sich nur ungern unter die brandenburgische Herrschaft, die ihm trotz ihrer Schwäche und Nachgiebigkeit im Vergleich mit der polnischen Freiheit als eine Art von Despotismus erschien; aber die Furcht vor der Unterdrückung des lutherischen Glaubens und der deutschen Art und Sitte durch ein polnisch-katholisches Regiment brachte die

Verständigeren doch immer wieder dazu, diese Wendung als die einzige Rettung der Selbständigkeit des Landes zu begrüßen. Der Übertritt Johann Sigismunds zum reformierten Bekenntnis hat allerdings auch hier abschreckend gewirkt. Die Engherzigkeit der lutherischen Orthodoxie ging hier so weit, daß den Reformierten die Duldung oder wenigstens die Zulassung zu den Ämtern versagt wurde; in einem Streit, der darüber mit der Landesherrschaft entstand, entschied die Krone Polen wie gewöhnlich zugunsten der ständisch-lutherischen Partei: ein Amtshauptmann aus der reformierten Dohnaschen Familie wurde abgesetzt, und dieses vornehme Herrengeschlecht, das sich mit besonderem Eifer in den Dienst des brandenburgischen Kurfürsten gestellt hatte, blieb um der Religion willen und auch wohl wegen dieser seiner politischen Stellungnahme von allem Einfluß auf die Landesverwaltung ausgeschlossen.

Durch alle diese Umstände war die Landesherrschaft in Preußen zu einer so ohnmächtigen Stellung herabgedrückt worden, daß die Nachfolge des brandenburgischen Hauses der Krone Polen keinen Grund mehr zu Besorgnissen geben konnte. Aber auch, wenn die Absicht bestanden hätte, diese Nachfolge zu verhindern, so hätte jeder Versuch dazu doch damals 1618 unterbleiben müssen angesichts der schwedischen Truppenmacht in Livland, die zweifellos zugunsten der brandenburgischen Sache in Preußen eingesetzt worden wäre. So ist das Verhältnis zu Schweden auch ohne förmliches Bündnis der Durchsetzung des brandenburgischen Erbanspruches in Preußen damals zugute gekommen.

Die Tage Johann Sigismunds waren gezählt. Sein Zustand verschlimmerte sich und zwang ihn schon am 3. November 1619, die Regierung auf seinen Sohn Georg Wilhelm zu übertragen. Zwei Monate darauf ist er, am 2. Januar 1620, 47 Jahre alt, in dem Hause seines Kammerdieners, Anton Freitag, in der Poststraße zu Berlin gestorben.

Seine Regierung ist eine der bedeutsamsten in der Geschichte des hohenzollernschen Hauses. Wenn ihm, dem frühzeitig durch Krankheit zerrütteten Manne, auch die Kraft gefehlt hat, bei diesem ersten Anlauf zu einer selbständigen Machtpolitik einen Erfolg zu erringen, der die Nachfolger hätte ermutigen können, so hat er ihnen doch den Weg gezeigt und mit dem reformierten Bekenntnis seinem Hause einen Talisman zugeeignet, dessen moralisch-politische Kraft in späteren Generationen wirksam werden konnte. Und die Tatsache bleibt bestehen, daß unter ihm die Erwerbung der niederrheinisch-westfälischen Erbschaft, wenn auch nur zur Hälfte, und die von Ostpreußen, wenn auch unter starker Schmälerung der landesherrlichen Macht, gelungen ist. Damit hatte das Haus Brandenburg aufgehört, eine lediglich ostdeutsche Macht zu sein. Seine Interessen reichten nun von der polnischen bis zur niederländischen Grenze; es war hineingezogen in die großen europäischen Kämpfe, bei denen im Westen Spanier, Niederländer und Franzosen, im Osten namentlich Schweden und Polen einander gegenüberstanden. Es war eine ungeheuer schwierige Aufgabe, vor die das Haus Brandenburg damit gestellt war, da es sich zunächst nur auf die unzulänglichen Machtmittel angewiesen sah, die ihm die Kurmark darbot. Der alte enge Horizont des territorialen Kleinfürstentums mußte erweitert werden; und wenigstens in einem Punkte hat Johann Sigismund den Bann der alten beschränkten landesfürstlichen Anschauungen durchbrochen: zugleich mit seinem Übertritt zum reformierten Bekenntnis verkündete er den bedeutsamen Grundsatz, daß er auf sein höchstes fürstliches Regalrecht, das des Glaubenszwangs, verzichte; und er hat in der Tat keinen Versuch gemacht, die märkische oder gar die preußische Landeskirche im Sinne seines neuen Glaubens zu beeinflussen. Selbst der Hof war nicht durchweg reformiert, da die Kurfürstin Anna bei ihrem lutherischen Glauben verharrte; von den Räten blieb der Ostpreuße Adam von Schlieben ebenfalls lutherisch; erst 1615 war der ganze Rat calvinistisch. Auch die Universität Frankfurt erhielt mit der Zeit einen reformierten Charakter. Damit aber waren die calvinistischen Einwirkungen erschöpft. Die brandenburgische Landeskirche blieb durchaus lutherisch; eine Generalsynode von 1614 — übrigens die letzte, die im alten Brandenburg gehalten worden ist — brachte das zu entschiedenem Ausdruck. Den Landständen gab der Kurfürst in dem Rezeß von 1615 noch besondere Bürgschaften für die Erhaltung des Bekenntnisstandes: er verzichtete darauf, an den Orten kurfürstlichen Patronats den Gemeinden mißliebige Geistliche aufzuzwingen; wenn es nottat, so sollten auch Deputierte der Stände zum Konsistorium zugezogen werden — was aber, wie es scheint, in der Praxis nicht zur Ausführung gekommen ist. Diese Zugeständnisse waren die Gegenleistung dafür, daß sich die lutherische Landeskirche nach wie vor das Kirchenregiment des calvinistischen Landesherrn gefallen ließ. Auf dieses wichtige Stück der fürstlichen Macht haben die Hohenzollern seit ihrem Übertritt zum reformierten Bekenntnis keineswegs verzichtet; und darin lag von vornherein ein starkes Motiv für eine Kirchenpolitik, die bestrebt sein mußte, den scharfen Gegensatz zwischen den beiden evangelischen Konfessionen zu mildern und die am letzten Ende zur Union der beiden Bekenntnisse geführt hat. In dieser Richtung, die von dem brandenburgischen Generalsuperintendenten Pelargus im Gegensatz zu der übrigen lutherischen Geistlichkeit nach Kräften begünstigt wurde, lag auch schon das Verbot des Schmähens und Lästerns von den Kanzeln, das Johann Sigismund 1614 erließ und das bei den starren Lutheranern heftigen Widerspruch hervorrief; ebenso der Versuch, einen Kirchenrat als Organ des landesherrlichen Kirchenregiments dem Geheimen Rat an die Seite zu stellen, der dem lutherischen Konsistorium seine wichtigsten Befugnisse entzog und ihm eigentlich nur noch die Ehegerichtsbarkeit übrig ließ. Freilich war der Widerstand gegen diese Neuerung so stark, daß die kurfürstliche Regierung sich entschlossen hat, den Kirchenrat 1618 wieder aufzuheben. Wichtige Angelegenheiten des Kirchenregiments aber, wie die Bestellung der Inspektoren und die Besetzung der landesherrlichen Patronatsstellen, kamen nun nicht mehr an das Konsistorium zurück, sondern gingen auf den Geheimen Rat über; so wurde die Möglichkeit geschaffen, daß diese oberste weltliche Behörde des Landesherrn sich in Zukunft bei der Erweiterung des Herrschaftsgebiets mehr als bisher auch des geistlichen Regiments annehmen konnte; und dies ist im Sinne einer zunehmenden Toleranz geschehen, die mehr noch aus politischer als aus religiöser Quelle stammte: in dem konfessionell so stark gespaltenen Deutschland konnte nur ein Fürstenhaus, das religiöse Duldung übte, eine Herrschaft gewinnen, die vom Rhein bis an die Memel reichte. Es war ein neues Prinzip, das damit in die deutsche Staatenwelt eintrat: der in sich abgeschlossene konfessionelle Territorialstaat war damit innerlich überwunden.

Georg Wilhelm.

Georg Wilhelm, der seinem Vater im Alter von 25 Jahren folgte, war schon bei seinem Regierungsantritt ein gebrechlicher Mann. Ein Beinschaden, der nicht heilen wollte, hinderte ihn in der Bewegung, und in den nächsten 10 Jahren wurde auch das früher gesunde Bein so schwach, daß ihm Gehen und Stehen sehr schwer wurde und er sich meist in einer Sänfte tragen lassen mußte. Dieser körperlichen Gebrechlichkeit entsprach ein Mangel an Tatkraft und Entschlußfähigkeit, der in den schweren Zeiten, die dieser Regierung bevorstanden, doppelt verhängnisvoll war; fiel doch der Regierungsantritt dieses schwächsten der hohenzollernschen Fürsten mit dem Ausbruch des schrecklichsten Krieges zusammen, den Deutschland bisher gesehen hatte.

Das dringlichste Geschäft, das den jungen Kurfürsten in Anspruch nahm, war die Einholung der Belehnung mit Preußen, die seine persönliche Anwesenheit in diesem Lande gleich nach dem Regierungsantritt nötig machte. Auch diesmal bedurfte es wieder umständlicher Verhandlungen, die mit mancherlei Opfern und Demütigungen verbunden waren, bis der König von Polen sich zur Erteilung der Investitur herbeiließ. Inzwischen führte in Berlin die Kurfürstin Mutter eine überraschende Wendung in der bisher noch immer unentschiedenen schwedischen Heiratsangelegenheit herbei, die Georg Wilhelm die ersten politischen Schwierigkeiten bereitet hat. Die resolute, eigenwillige Frau, die anfänglich der Verheiratung ihrer Tochter nach Schweden so heftig widerstrebt hatte, war durch den persönlichen Eindruck, den ihr der junge Schwedenkönig bei einem Besuch in Berlin gemacht hatte, vollständig umgestimmt worden und hatte kurzerhand die Verlobung bewilligt, ohne die Zustimmung des in Königsberg weilenden Kurfürsten einzuholen, von dem sie wohl wußte, daß er mit Rücksicht auf seine Stellung zu Polen dagegen sei. Und nicht genug damit — sie schickte die Braut, die ihr Jawort mit großer Bereitwilligkeit gegeben hatte, unter dem Vorwande eines Besuchs bei ihrer älteren Schwester nach Wolfenbüttel, wo sie — nach einem verabredeten Plan — von dem schwedischen Kanzler Axel Oxenstjerna in Empfang genommen und über Wismar nach Schweden zur Vermählung mit Gustav Adolf geführt wurde. Georg Wilhelm wurde dadurch in die äußerste Verlegenheit gebracht; denn König Sigmund von Polen nahm diese Verbindung zwischen dem brandenburgischen Hause und seinem schlimmsten Feinde sehr übel und bereitete dem Kurfürsten in der Frage der Belehnung die größten Schwierigkeiten. Georg Wilhelm war weit entfernt, sich jetzt etwa auf die schwedische Seite zu schlagen und mit seinem Schwager zusammen, wie dieser gewünscht hatte, gegen Polen loszugehen; aber andererseits mochte er sich auch nicht im Bunde mit Polen gegen Schweden wenden. Er beharrte in der Neutralität zwischen den beiden kriegführenden Mächten; und er hatte dabei den Vorteil, daß die Waffenerfolge der Schweden in Livland, die eben damals für Polen sehr bedrohlich wurden, am Hofe zu Warschau den Widerstand gegen seine Wünsche schwächten. Beraten von Graf Adam Schwartzenberg, der ihm einst während seiner Statthalterschaft am Niederrhein zur Seite gestanden hatte und nun allmählich der maßgebende Mann in seiner Umgebung wurde, vermochte er sowohl mit den preußischen Ständen auf dem Landtage von 1621 wie auch mit der Krone Polen zu einer leidlichen Vereinbarung zu gelangen: am 23. September 1621 empfing er die Belehnung mit Preußen unter den gleichen Bedingungen wie seine Vorgänger; weitergehende Forderungen der Polen hatte er glücklich abzuwenden vermocht.

Ebensowenig wie in dem Streit zwischen Polen und Schweden ergriff Brandenburg Partei in dem böhmischen Kriege, in welchem der Winterkönig, Kurfürst Friedrich V. von der Pfalz, auch ein Schwager Georg Wilhelms und neben ihm das Haupt der reformierten Fürstenpartei, in der Schlacht am Weißen Berge unterlag (1620). Zu dessen Anhängern gehörte aber ein anderer hohenzollernscher Fürst, Johann Georg von Jägerndorf, einst Statthalter Johann Sigismunds in der Mark; der stand in diesem Kriege als Generalfeldoberst der schlesischen Fürsten und Stände gegen Kaiser Ferdinand II. in Waffen und setzte auch nach der Entscheidungsschlacht seinen Widerstand fort. Der Kaiser ächtete ihn mit anderen seiner Gegner, und Georg Wilhelm gab ihn preis; der Geächtete, ein tapferer, hochsinniger Mann, fand eine Zuflucht bei Bethlen Gabor in Siebenbürgen und ist dort 1624 von einem frühen Tode ereilt worden. Sein Herzogtum Jägerndorf blieb in den Händen des Kaisers.

Der Protestantismus in Deutschland hatte einen furchtbaren Schlag erlitten; die Union löste sich auf. Was nun folgte: die Eroberung der Pfalz, die Übertragung des Landes samt der Kurwürde von dem geächteten Kurfürsten auf seinen Stammvetter, Maximilian von Bayern, erinnerte an die Zeiten des Schmalkaldischen Krieges; aber der protestantischen Sache erstand diesmal kein Retter aus dem deutschen Fürstenstande wie damals. Sachsen und Brandenburg widersprachen freilich auf dem Kurfürstentage zu Regensburg 1623 dem eigenmächtigen Schritt des Kaisers; aber vergeblich versuchten die Räte Georg Wilhelms den sächsischen Hof für ein neues evangelisches Verteidigungsbündnis zu gewinnen. Kurfürst Johann Georg von Sachsen ließ sich vielmehr auf Sonderverhandlungen mit den Katholiken ein und erkannte wenigstens vorläufig Maximilian von Bayern als Kurfürsten an. Damit war Brandenburg völlig isoliert; und wenn damals auch die Furcht vor einem Einfall österreichischer Kosaken in die Mark Brandenburg noch unbegründet war, so wurden doch die westfälischen Lande des Kurfürsten, die Grafschaften Mark und Ravensberg, nach Tillys Sieg bei Stadtlohn mit zum Quartiergebiet der ligistischen Truppen gezogen. In dieser Lage hat Georg Wilhelm mit dem Pfalzgrafen von Neuburg den Düsseldorfer Provisionalvergleich vom 11. Mai 1624 geschlossen, der die Bedingungen des Xantener Vertrages wiederholte; sie erschienen jetzt beiden Teilen annehmbarer als vor 10 Jahren; man verabredete zugleich, auf die Entfernung der immer noch in den Erbschaftslanden stehenden spanischen und niederländischen Besatzungen hinwirken zu wollen — ein Ziel, von dem man aber noch weit entfernt blieb.

An den großen Koalitionsplänen der europäischen Gegner Habsburgs, namentlich Frankreichs, Englands, der skandinavischen Höfe, die seit 1624 im Werke waren, ist Brandenburg nicht unbeteiligt gewesen; es hat besonders mit Gustav Adolf verhandelt, den es von seinem großen Angriffsplan gegen Schlesien abzubringen und vielmehr für einen Krieg in Westdeutschland zur Wiederherstellung des Pfälzers zu gewinnen versuchte; aber die Feindschaft Schwedens gegen Dänemark, dessen König Christian IV. den Oberbefehl in dem westdeutschen Kriege beanspruchte, hat Gustav Adolfs Beteiligung verhindert, und nun zog sich auch Brandenburg zurück; es kam damals nur zur Verabredung einer Familienverbindung mit dem Fürsten Bethlen Gabor von Siebenbürgen, dem gefährlichen Gegner des Kaisers, dem Schwartzenberg dann (1626) eine Schwester des Kurfürsten, Katharina, als Ehegemahl zuführte. Dieser Heiratsplan vermehrte natürlich das Mißtrauen gegen den Brandenburger am kaiserlichen Hofe; man dachte schon an Ächtung und Exekution. Aber der Kurfürst gab im Juli 1625 dem kaiserlichen Gesandten, Grafen Hannibal Dohna, der gekommen war, um zu sondieren und zu warnen, befriedigende Erklärungen über seine politische Stellungnahme und beeilte sich, aufs äußerste besorgt vor der verhängnisvollen Ungnade des Kaisers, alle seine politischen Verbindungen mit dessen Gegnern abzubrechen, obwohl diese nach seinem Sinne immer nur zur Verteidigung, nicht zum Angriff hatten dienen sollen. Dem Haager Bündnis, das im Dezember 1625 zwischen England und Dänemark zur Aufrechterhaltung der Rechte und Freiheiten des Deutschen Reiches gegen den Kaiser und Spanien geschlossen wurde, ist Brandenburg ferngeblieben. Um seine Neutralität in dem nun näher rückenden Kriege zu wahren, warb Georg Wilhelm 3000 Mann, zu deren Unterhaltung von den Ständen die Mittel bewilligt wurden, freilich nur auf drei Monate. Aber die Truppen kamen zu spät, um die Elb- und Havelpässe noch rechtzeitig zu besetzen, und so wurden Altmark und Priegnitz doch von den Scharen Mansfelds überschwemmt. Der Sieg Wallensteins über Mansfeld an der Dessauer Brücke (April 1626) war von verhängnisvollen Folgen für das Haus Brandenburg. Damals sind ihm die Stifter Magdeburg und Halberstadt entrissen worden, die in seiner Politik eine so bedeutende Rolle gespielt hatten. Der Administrator von Magdeburg, Christian Wilhelm, der nach der Abdankung des kriegslustigen Braunschweigers Christian sich auch in Halberstadt hatte wählen lassen, war für den Dänenkönig und gegen den Kaiser ins Feld gezogen und hatte in der Dessauer Schlacht mitgefochten. Nun wurde er aus seinem Magdeburger Lande vertrieben, und an seiner Stelle wurde dort der sächsische Prinz August, der als Koadjutor bestellt worden war, zum Verweser des magdeburgischen Stifts erhoben. Nach wechselvollen Schicksalen ist dieser brandenburgische Markgraf Christian Wilhelm später, im Jahre 1632, in den Schoß der katholischen Kirche zurückgekehrt — der einzige Fall dieser Art im brandenburgischen Hause.

Während nun Mansfeld sein geschlagenes Heer durch Brandenburg zurückführte, nahmen die Kaiserlichen zunächst noch Rücksicht auf die Neutralität des Kurfürsten. Aber nach der Niederlage der Dänen bei Lutter am Barenberge wurde die Altmark mit kaiserlichen Truppen belegt, und die flüchtigen Dänen brandschatzten Priegnitz und Uckermark. Zugleich war im Juli 1626 Gustav Adolf in Pillau gelandet, um Ostpreußen zu seiner Operationsbasis für den von neuem entbrennenden Krieg gegen Polen zu machen. In dem Winter von 1626—27 wurde die Neumark von den Kosaken geplündert, die im Solde Österreichs standen. Anfang 1627 ging der Kurfürst mit den inzwischen geworbenen 4500 Mann nach Ostpreußen, um dem Vordringen der Schweden Einhalt zu tun. Er glaubte, dort noch eher etwas ausrichten zu können als in der Mark; Schwartzenberg begleitete ihn.

Die große Koalition, die gegen Habsburg geschlossen war, löste sich auf. Kein Zweifel, daß Brandenburg demselben Geschick verfallen wäre, das die mecklenburgischen Herzöge ereilte, wenn es sich dieser Verbindung angeschlossen hätte. Aber andererseits war es doch auch nicht imstande gewesen, seine Neutralität zu behaupten. In dieser Lage hat sich der brandenburgische Kurfürst entschlossen, auf die Seite des Kaisers überzutreten. Diese Wendung war das Werk des Grafen Schwartzenberg, der inzwischen zum allmächtigen Günstling des Kurfürsten geworden war. Er war zwar katholisch und Sohn eines kaiserlichen Feldmarschalls, hatte aber bisher keine Verbindung mit dem kaiserlichen Hofe gehabt und war in Wien sogar als Gegner Österreichs betrachtet worden. Auf der Rückkehr von Siebenbürgen hatte er dann aber in Breslau im Mai 1626 eine folgenreiche Unterredung mit dem Landeshauptmann von Schlesien, dem Grafen Hannibal Dohna, gehabt, demselben, der im vorigen Jahre als kaiserlicher Gesandter am brandenburgischen Hofe erschienen war; und seit dieser Verhandlung wurde ein besseres Verhältnis Brandenburgs zum Kaiser angebahnt, das Schwartzenberg zu einem förmlichen Bündnis auszubauen bemüht war. Nach heftigen Kämpfen des Günstlings mit den anderen Räten des Kurfürsten, namentlich dem Kanzler Pruckmann, und nachdem man auch ständische Vertreter zu Rate gezogen hatte, die freilich an der Neutralität festhalten wollten, kam es unter dem vorwaltenden Einfluß Schwartzenbergs nach längeren Verhandlungen mit Hannibal Dohna in Königsberg am 22. Mai zu einem förmlichen Unterwerfungs- und Bündnisvertrag mit dem Kaiser. Der Kurfürst erbot sich zur schuldigen Devotion gegen den Kaiser und erkannte die bayerische Kur an; die ganze Mark (mit Ausnahme der Residenz und der Festungen) wurde den kaiserlichen Truppen geöffnet. Der Großoheim Georg Wilhelms, der lutherische Markgraf Sigismund, einer von den Söhnen des alten Johann Georg, wurde als Statthalter nach Berlin geschickt; er hat eine seiner Hauptaufgaben darin gesehen, die calvinistischen Räte, namentlich Pruckmann, und die fürstlichen Frauen politisch im Zaum zu halten; denn sowohl die pfälzische Gemahlin des Kurfürsten, Elisabeth Charlotte, wie auch ihre Mutter Luise Juliane, eine Tochter des großen Oraniers, und ihre unverheiratete Schwester Katharina, die nach der Ächtung des Winterkönigs am Berliner Hofe eine Zuflucht gefunden hatten, galten als entschiedene und unternehmende Anhänger der protestantischen Sache und Gegner des Kaisers.

Zugleich mußte sich der Kurfürst zur Mitwirkung bei dem Kriege gegen Schweden bequemen: 1200 Mann von seinen Truppen mußte er dem Polenkönig entgegensenden. Aber Gustav Adolf nahm diese Truppen auf dem Marsche gefangen und zwang den Kurfürsten in die frühere Neutralität zurück. Auf dem preußischen Schauplatz ist es auch weiterhin zu keinem tatkräftigen Vorgehen Brandenburgs gekommen.

In der Mark Brandenburg drückte das Wallensteinsche Kontributionssystem äußerst stark. Im Gegensatz zu Tilly und anderen Führern hatte Wallenstein den Grundsatz, nicht nur das Quartier und die Naturalbedürfnisse, sondern auch die gesamte Löhnung für seine Truppen von der Bevölkerung zu verlangen. Die Mark wurde damals in Quartierbezirke eingeteilt, die teils, wie die Priegnitz und Uckermark, mit den alten großen Kreisen zusammenfielen, teils, wie in der Mittelmark, mehrere kleine Kreise umfaßten. In diesen Bezirken wurden aus dem eingesessenen Adel Kriegskommissarien ernannt, die in Verhandlungen mit den Truppenführern und Armeekommissarien einerseits, mit den Ständen der

Kreise andererseits für die Aufbringung und Verteilung der Kontribution zu sorgen, zugleich aber auch das Interesse des Landes wahrzunehmen und den sehr häufigen Mißbräuchen und Bedrückungen nach Möglichkeit entgegenzutreten hatten, was freilich den schweren Druck nur wenig mildern konnte. Die Verwaltung des Landes ging damals fast ganz in der Sorge für den Unterhalt der fremden Truppen auf und fand ihren Schwerpunkt in der von den Kriegskommissarien geleiteten ritterschaftlichen Selbstverwaltung der Kreise. Diese Kriegskommissarien sind die Vorläufer der späteren Kreiskommissarien, die schließlich zu den heutigen Landräten sich umgeformt haben.

Unter diesen Umständen war von einer Erleichterung durch den Vertrag mit dem Kaiser nichts zu spüren. Brandenburg hatte kaum einen anderen Vorteil davon als den, daß Georg Wilhelm hoffen konnte, Kurfürst zu bleiben so lange der Kaiser Kaiser blieb. Die Interessen des brandenburgischen Hauses wurden im übrigen schonungslos verletzt. Die Belehnung Wallensteins mit dem eingezogenen Herzogtum Mecklenburg bedeutete eine empfindliche Beeinträchtigung des brandenburgischen Erbanspruchs. Die Haltung des kaiserlichen Hofes gab Anlaß zu schlimmen Befürchtungen. Eine Sendung Schwartzenbergs nach Wien (1628) besserte nichts. Vielmehr entstand damals eine neue Gefahr durch den Plan des kaiserlichen Hofes, ein Restitutionsedikt zu erlassen, das nach Maßgabe des geistlichen Vorbehalts von 1555 alle seit dem Passauer Vertrage eingezogenen geistlichen Güter für die Kirche zurückfordern sollte.

Schwartzenberg, der schon als Herrenmeister des in der Neumark reichbegüterten Johanniterordens im Besitz einer geistlichen Pfründe war, wurde damals durch die Aussicht auf eines der zu restituierenden Stifter, etwa Verden oder Ratzeburg oder Kammin, für den Plan des kaiserlichen Hofes gewonnen. Aus den römischen Archiven sind neuerdings Papiere zum Vorschein gekommen, aus denen man sieht, daß er mit dem Kardinal Klesl und dem Beichtvater des Kaisers, Pater Lamormain, Pläne geschmiedet hat, die darauf hinausliefen, daß man auf den Kurfürsten durch unverdächtige Mittelsmänner einwirken wollte, um ihn für den Katholizismus zu gewinnen.

Das 1629 publizierte Restitutionsedikt bedrohte auch Brandenburg in dem Besitz der drei eingezogenen Landesbistümer; es stellte überdies die Calvinisten ganz außerhalb des Religionsfriedens. Die kaiserliche Macht stand auf ihrem Höhepunkt. Der Dänenkönig Christian IV. mußte in dem Frieden von Lübeck 1629 das Restitutionsedikt anerkennen. Der Plan zur Gründung einer kaiserlichen Kriegsflotte wurde in Angriff genommen; da Stralsund nicht zu bezwingen war, wurde Wismar als Kriegshafen ins Auge gefaßt. In diesem Moment gelang es den Bemühungen der französischen Diplomatie, in dem Kriege zwischen Polen und Schweden einen Waffenstillstand zu vermitteln (zu Altmark 1629), und nun entschloß sich Gustav Adolf, in den deutschen Krieg einzugreifen. Georg Wilhelm aber kehrte jetzt in die Mark Brandenburg zurück (1630).

Indem Gustav Adolf zum Schutze des Protestantismus nach Deutschland zog, kämpfte er zugleich für seine Krone und für die Sicherheit seines Reiches. Denn der Sieg des Katholizismus in Deutschland hätte seinen Todfeind König Sigismund III. von Polen, den katholischen Wasa, der die schwedische Krone für sich begehrte, übermächtig gemacht; und dieser Vorkämpfer eines universalen Katholizismus stand in engem Bunde mit dem Kaiser, der sich eben anschickte, eine Kriegsflotte zu gründen, die das Baltische Meer beherrschen sollte und auch zum Angriff gegen Schweden hätte dienen können. Der ungebrochene Widerstand Stralsunds hat diesen Plan gehemmt; aber Gustav Adolf war mit seinem Reichsrat darin einverstanden, daß man den Gegner entweder jetzt in Stralsund aufsuchen oder ihn später in Kalmar erwarten müsse.

Das frische, entschlossene, tatkräftige Auftreten des großen schwedischen Kriegsfürsten in Deutschland bildet einen auffälligen Gegensatz zu der kleinmütigen Halbheit, die dort an den protestantischen Fürstenhöfen herrschte. Gustav Adolf verlangte von seinen Glaubensgenossen unbedingten Anschluß an seine Sache unter Verzicht auf politische und militärische Selbständigkeit; er selbst wollte allein die Leitung des Kriegswesens in Händen haben und über die Mittel der deutschen Länder und Städte für seine Zwecke verfügen; er machte kein Hehl daraus, daß Schweden für seine Kriegsleistungen auf eine angemessene Art, womöglich durch Überlassung geeigneter Küstengebiete, schadlos gehalten werden müsse. Mit Geringschätzung spottete er über die ruheselige, lässige Art der deutschen Fürsten, die sich von ihren guten Tagen nichts abbrechen und ihr Bierchen in Ruhe trinken wollten. Er forderte sie zu männlichen Entschlüssen, zu Tätigkeit und Entsagung, zu heroischen Kraftanstrengungen auf; er wollte von Neutralität nichts hören und wollte sie eigentlich nicht als gleichberechtigte Bundesgenossen, sondern als unselbständige Anhänger für seine Sache gewinnen.

In Brandenburg traf er dabei keineswegs auf eine entgegenkommende Stimmung. Seine persönliche Spannung mit Georg Wilhelm wegen der Heiratsangelegenheit war noch immer nicht gelöst; hauptsächlich aber fürchtete man am brandenburgischen Hofe, daß ein Bündnis, wie Gustav Adolf es verlangte, im Fall eines unglücklichen Ausganges die Vernichtung des Hauses Brandenburg nach sich ziehen werde; während man andererseits damit rechnen mußte, daß Gustav Adolf nach einem siegreichen Kriege Preußen, wo die Häfen Pillau und Memel schon durch den Waffenstillstand von Altmark (1629) in seine Hand gekommen waren, und womöglich auch Pommern, das er jetzt als seine Operationsbasis einrichtete, endgültig behalten werde. Hatte er sich doch gleich nach seiner Ankunft in Pommern durch einen Vertrag mit dem Herzog ausbedungen, daß nach dem Tode dieses alten und gebrechlichen Herrn die Verwaltung des Landes in seine Hand kommen müsse.

Solche Erwägungen standen trennend zwischen Georg Wilhelm und seinem Schwager, dem Schwedenkönig. Gerade die Neutralität, die Gustav Adolf so heftig verwarf, wurde jetzt wieder das Ziel der brandenburgischen Politik. Der Träger dieser Politik war nicht mehr Schwartzenberg, der vielmehr nach wie vor den Anschluß an den Kaiser empfahl, sondern Knesebeck, der 1627 vergeblich gegen das Bündnis mit dem Kaiser aufgetreten war, und mit ihm der Kanzler Götzen, der jetzt die Stelle des kürzlich verstorbenen Pruckmann einnahm und ebenfalls die Politik der Unterwerfung unter den Kaiser nur widerwillig mitgemacht hatte; die Ratschläge dieser beiden drängten damals den übermächtigen Einfluß Schwartzenbergs zurück. Was sie wollten, war enger Zusammenschluß mit Sachsen und Begründung eines evangelischen Bundes deutscher Fürsten, der zwischen dem Kaiser und seinen ausländischen Feinden die evangelische Sache aufrecht erhalten und vor allem einer gewaltsamen Durchführung des Restitutionsedikts entgegentreten sollte. Nach langen Verhandlungen mit Sachsen und wiederholten persönlichen Zusammenkünften der Kurfürsten Georg Wilhelm und Johann Georg setzten die brandenburgischen Räte ihre Absicht durch: Ende 1630 gab Sachsen seine Zustimmung zur Berufung eines evangelischen Konvents, der im Februar 1631 auf dem Rathause in Leipzig gehalten worden ist. Das Ergebnis der Verhandlungen, das den Absichten der brandenburgischen Räte entsprach, wurde auf ihr Drängen und trotz des Widerstrebens der ziemlich lau gesinnten Sachsen in einem förmlichen „Abschied“ zusammengefaßt. Verhandlungen mit den katholischen Reichsständen wurden zwar in Aussicht genommen, aber die Genossen des Konvents waren einverstanden darin, daß man die Durchführung des Restitutionsedikts auf jede Weise verhindern und der Gewalt Gewalt entgegensetzen müsse. Zu diesem Zwecke sollten auch Rüstungen veranstaltet werden. Brandenburg brach noch nicht mit dem Kaiser, aber es trat nun in Beziehungen zu seinen Feinden, namentlich auch zu Frankreich, die dem kaiserlichen Hofe unmöglich gefallen konnten. Der Kaiser forderte, daß Brandenburg unzweideutig und entschieden auf seiner Seite bleiben solle; so riet auch Schwartzenberg; aber unter dem Druck der schwedischen Waffen verlor sein Einfluß die alte Kraft; er verließ den Hof und zog sich auf seine rheinischen Güter zurück.

Dem Schwedenkönig gegenüber beobachtete Brandenburg zunächst eine abwartende Haltung, ohne auf seine Bündnisforderungen einzugehen. Als aber Gustav Adolf in Pommern festen Fuß gefaßt hatte, und nun Tilly gegen die Mark heranzog, die seit der Absetzung Wallensteins nur noch teilweise von kaiserlichen Truppen besetzt war, da mußte man sich am brandenburgischen Hofe entscheiden, welcher Partei man beitreten wollte. Gustav Adolf verjagte im April 1631 die Kaiserlichen aus der Neumark und nahm Frankfurt und Landsberg in Besitz, ebenso Küstrin bis auf die von brandenburgischem Kriegsvolk besetzte Zitadelle. Er forderte jetzt den unbedingten Anschluß des Kurfürsten unter Einräumung der Festungen Küstrin und Spandau, unter Anerkennung der Direktion des Kriegswesens durch den Schwedenkönig, unter Zahlung von Kontributionen zur Unterhaltung des schwedischen Heeres. Der Kurfürst konnte sich nicht dazu entschließen. Da erschien Gustav Adolf von Köpenick her vor Berlin (13. Mai). Militärischer Widerstand war nicht möglich und nicht beabsichtigt. Der Kurfürst ging mit seiner Familie dem Schwager entgegen. In Treptow wurde verhandelt, aber ohne daß eine Einigung zustande kam. Gustav Adolf zog mit 1000 Mann seiner Truppen nach Berlin, um dort als Gast des Kurfürsten weiter zu verhandeln. Die pommersche Frage wurde erörtert; der Schwedenkönig verlangte die Überlassung der Seeküste. Er brachte damals wohl auch schon den Plan einer Vermählung des Kurprinzen mit seiner Tochter Christine, seinem einzigen Kinde bisher, zur Sprache. Man kam sich etwas näher, aber zu einer völligen Einigung gelangte man auch jetzt noch nicht. Das von Gustav Adolf geforderte Bündnis, das den Kurfürsten aller Selbständigkeit beraubt haben würde, kam nicht zustande; der König begnügte sich zunächst mit der Einräumung von Spandau. Seine Absicht war jetzt vor allem darauf gerichtet, das von Tilly belagerte Magdeburg zu entsetzen; er verhandelte mit Sachsen wegen der Einräumung von Wittenberg, um einen Stützpunkt an der Elbe zu haben. Sachsen weigerte sich, ihm den Platz zu überlassen, so ungeduldig auch der Schwedenkönig drängte. Inzwischen fiel Magdeburg und wurde bei der Plünderung ein Raub der Flammen. Es war ein harter Schlag für den

Protestantismus und für das Ansehen Gustav Adolfs in Deutschland. In seinem Vormarsch aufgehalten, drängte er jetzt noch stärker als vorher auf ein Bündnis mit Brandenburg, das ihm die Unterwerfung des Landes und damit eine Verstärkung seiner Operationsbasis verschaffen sollte. Er drohte erst, aus Deutschland abziehen und den Kurfürsten samt seinen Glaubensgenossen ihrem Schicksal überlassen zu wollen. Aber das war wohl kaum ernst gemeint und hatte jedenfalls nicht die gewünschte Wirkung. Dann machte er Miene, mit Gewalt gegen Berlin vorzugehen. Im Lager vor Spandau kam es zwischen den beiden Fürsten zu einer neuen Verhandlung am 30. Mai; Georg Wilhelm suchte Zeit zu gewinnen, indem er vorschlug, daß er erst mit Sachsen verhandeln wolle, um mit diesem gemeinsam den Anschluß an die Schweden zu vollziehen. Aber diese Verhandlungen führten nicht zum Ziel. Gustav Adolf ließ sich nicht länger hinhalten. Am 20. Juni standen die Schweden vor den Mauern Berlins; sie landeten von der Spree aus Geschütz und richteten ihre Kanonen auf das Schloß. Aber im Grunde war es doch nicht Gustav Adolfs Absicht, es zum Äußersten kommen zu lassen. Ein gewaltsames Vorgehen gegen seinen Schwager, den Kurfürsten, würde ihm viele deutsche Fürsten entfremdet haben, zumal die niederschlagende Wirkung des Falles von Magdeburg, den er nicht hatte verhindern können, die Werbekraft seines kriegerischen Auftretens schädigte. So gelang es den fürstlichen Frauen, die wieder zu ihm hinauszogen, ihn milder zu stimmen und dem Kurfürsten, der ihnen folgte, eine freundliche Aufnahme zu neuen Verhandlungen zu bereiten. Diese führten am 21. Juni wieder nur zu einer vorläufigen Vereinbarung. Zu einem Bündnis, wie es Gustav Adolf begehrte, kam es auch jetzt nicht, sondern nur zu einem Vertrage, der ihm Spandau und nötigenfalls auch Küstrin für die ganze Dauer des Krieges einräumte und Kontributionen im Betrage von 30 000 Talern monatlich für den Unterhalt des schwedischen Heeres zugestand. Seine politische Selbständigkeit behauptete der Kurfürst ebenso wie seine kriegsherrliche Stellung, indem ihm unverwehrt blieb, Werbungen auf eigene Hand anzustellen, um namentlich den Paß von Küstrin, wo die brandenburgische Besatzung blieb, vor den Gegnern Gustav Adolfs zu sichern. Über die pommersche Frage kam man auch jetzt zu keiner Vereinbarung, weil Georg Wilhelm auf keinen Teil des Landes zugunsten der Schweden verzichten wollte. Die Folge war, daß Gustav Adolf das ganze Land als seine Eroberung betrachtete und es fortdauernd als Operationsbasis benutzte.

Der große Sieg des Schwedenkönigs bei Breitenfeld (17. September 1631), die rettende Tat für den deutschen Protestantismus, sicherte auch den Kurfürsten von Brandenburg vor den Folgen der kaiserlichen Ungnade; und der weitere Siegeszug Gustav Adolfs hatte auch die Wirkung, daß die Mark, die nun nicht mehr das eigentliche Kriegstheater war, in der nächsten Zeit etwas entlastet wurde. Bei Breitenfeld hatten die Sachsen schon als Verbündete des Schwedenkönigs gefochten, und brandenburgische Truppen wirkten nun 1632 mit ihnen zusammen zu einem Angriff auf Schlesien. Aber das Bündnis, das Gustav Adolf unablässig begehrte, um die Einzelbündnisse, die er mit anderen Reichsständen bereits geschlossen hatte, zu ergänzen und den von ihm erstrebten Zusammenschluß eines von ihm abhängigen bewaffneten Corpus Evangelicorum im Reiche herzustellen, wußte Brandenburg auch jetzt noch ebenso zu vermeiden, wie es Sachsen tat. Auf diesem Fuße blieb das Verhältnis, bis Gustav Adolf, dem Wallenstein, jetzt wieder Generalissimus des Kaisers, strategisch die Vorhand abgewonnen hatte, bei dem Versuche, Sachsen vor ihm zu decken, in der Schlacht von Lützen den Heldentod fand. Während jetzt Sachsen mit größerem Eifer als früher an dem protestantischen Fürstenbund des Leipziger Konvents festhielt, der als dritte Partei zwischen dem Kaiser und Schweden die deutsch-evangelischen Interessen vertreten sollte, ließ sich Brandenburg im Januar 1633 von dem schwedischen Kanzler Axel Oxenstjerna, der nach des Königs Tode die politische Leitung übernommen hatte, dazu bestimmen, die Politik eines solchen evangelischen Sonderbundes aufzugeben. Die Meinungsverschiedenheit, in welche die beiden kurfürstlichen Höfe dadurch gerieten, schloß indessen die Fortsetzung näherer Beziehungen nicht aus und hat auch nicht verhindert, daß brandenburgische Truppen, wie im Vorjahre, mit den Sachsen unter Arnim und mit einem schwedischen Korps zu einer neuen Unternehmung gegen Schlesien zusammenwirkten, bei der für Brandenburg wohl auch Jägerndorf oder vielleicht Sagan und Glogau als Siegespreis winken mochten. Auf der anderen Seite war Wallenstein bestrebt, die beiden Kurfürsten von der schwedischen Sache zu trennen; er trat in Verhandlungen mit Arnim, ließ sich aber dadurch nicht abhalten, das feindliche Heer bei Steinau in Schlesien zu überfallen und teilweise zur Waffenstreckung zu zwingen; seine Vorhut drang schon bis nach Krossen, Frankfurt und Landsberg vor.

Da die Verhandlungen mit den Sachsen nicht zum Ziele führten, so knüpfte Wallenstein solche mit den Schweden an und suchte sich zugleich auf alle Fälle des Heeres zu versichern. Er betrat so die Bahn, die ihn zum Untergang geführt hat. Nach seiner Ermordung nahm dann die kaiserlich-spanische Kriegführung einen neuen Aufschwung, und die Schlacht von Nördlingen (September 1634) zerstörte die schwedische Machtstellung im Reich und bahnte den Weg zu einer Verständigung zwischen den protestantischen Kurfürsten und dem Kaiser.

Sachsen ging dabei voran; Kurfürst Johann Georg schloß mit dem Kaiser 1635 den Prager Frieden, der darauf berechnet war, durch Anschluß der übrigen protestantischen Fürsten die Grundlage für eine neue Reichsverfassung mit stärkerer Geltung der Kaisermacht zu bilden. Sachsen trat von der schwedischen auf die kaiserliche Seite über und verpflichtete sich, durch seine Truppen zur Vertreibung der Schweden aus Deutschland mitzuwirken, wenn die Friedensverhandlungen, die Kurfürst Johann Georg im Auftrage des Kaisers mit Oxenstjerna zu führen unternahm, ohne ein annehmbares Resultat blieben. Der Kaiser verzichtete auf die Durchführung des Restitutionsedikts, so weit Sachsen und auch Brandenburg davon betroffen wurden; der Besitzstand vom 22. November 1627 sollte maßgebend sein. Aber weder der geistliche Vorbehalt noch der Widerspruch des Kaisers gegen das Stimmrecht der protestantischen Stiftsverweser am Reichstag wurde aufgehoben; besonders bedenklich war für den Kurfürsten von Brandenburg, daß die Geltung des Religionsfriedens auf die augsburgischen Konfessionsverwandten beschränkt sein sollte. Die Hauptsache war für Sachsen, daß es die beiden Lausitzen gewann, die es bisher nur im Pfandbesitz gehabt hatte, und daß der sächsische Prinz August als Administrator in Magdeburg bestätigt wurde. Eine Reichsarmee von 80 000 Mann unter dem Kommando des Kaisers und auf ihn vereidigt war bei der weiteren Ausdehnung des Bündnisses in Aussicht genommen; dem Kurfürsten von Sachsen aber war ein besonderes Kommando über sein Kontingent zugestanden worden.

Für Brandenburg erhob sich nun die Frage, ob es dem Beispiel Sachsens folgen und dem Prager Frieden beitreten sollte. Daß Magdeburg dem brandenburgischen Hause entrissen war, wurde sehr bitter empfunden; auch in bezug auf die Erbschaft von Jülich und Preußen war keine Rede davon, daß Sachsen den Mitbewerb aufgab. So war man in Brandenburg zweifelhaft. Schweden kam dem Kurfürsten weit entgegen. Oxenstjerna erbot sich jetzt, Pommern nach Beendigung des Krieges zurückzugeben, wenn den Schweden dafür Magdeburg, Halberstadt und Osnabrück eingeräumt würden samt einem pommerschen Hafenplatz zur Herstellung der Verbindung mit Schweden. Unter Zustimmung Frankreichs wurden dem Kurfürsten sogar Aussichten auf Schlesien eröffnet, das die Franzosen allerdings gleichzeitig auch der Krone Polen anboten. Später verzichtete Oxenstjerna ganz auf Landerwerb und verlangte nur eine angemessene Geldentschädigung für Schweden. Darüber sollte mit dem Kurfürsten von Sachsen, dem Beauftragten des Kaisers, noch näher unterhandelt werden. Bei diesen Verhandlungen über den Reichsfrieden war Brandenburg nicht direkt beteiligt; aber es hätte indirekt einen nicht unbedeutenden Einfluß dabei ausüben können, wenn es sich vorher besonders mit Schweden verständigt hätte. Der Kanzler Götzen, der in Mainz mit Oxenstjerna unterhandelte, riet zur Annahme der schwedischen Bedingungen. Aber Georg Wilhelm war im Grund seines Herzens mehr für den Anschluß an den Kaiser als für den an Schweden. Er zog jetzt Schwartzenberg wieder heran, der zwei Jahre lang dem Hofe ferngeblieben war, und schickte ihn nach Dresden, um dort über den Beitritt zum Prager Frieden zu verhandeln. Schwartzenberg machte seinen Einfluß natürlich wieder im Sinne des Anschlusses an den Kaiser geltend, wozu der Kurfürst ohnehin schon neigte. Die in Berlin weilenden Räte widersprachen nicht; die Geistlichen, die man befragte, redeten dem Frieden das Wort, ebenso die ständischen Vertreter, die man zuzog; nur verlangten diese, daß zugleich auch der Friede mit Schweden geschlossen werden sollte. Aber statt nun die allgemeinen Friedensverhandlungen abzuwarten und auf ihren Gang durch seine Haltung entscheidend einzuwirken, tat Georg Wilhelm nach einem verfehlten Versuch, die Schweden schon vorher zu einer endgültigen und bindenden Erklärung in der pommerschen Frage zu drängen, aus Mißtrauen und Ängstlichkeit den übereilten Schritt, durch Schwartzenberg in Dresden seinen Beitritt zum Prager Frieden erklären zu lassen. Damit hatte er sich das Spiel verdorben. Die Verhandlungen über den allgemeinen Frieden zwischen Johann Georg von Sachsen und dem Kanzler Oxenstjerna gerieten bald auf einen toten Punkt, weil der Kurfürst, der ja im Namen des Kaisers verhandelte, nur eine Million Gulden an Entschädigung bewilligen wollte, während Oxenstjerna acht Millionen forderte. Jetzt drängte der Kurfürst von Brandenburg vergeblich darauf, daß man den Schweden mehr entgegenkommen solle; Sachsen hatte kein so großes Interesse daran, daß Pommern für ihn gerettet wurde, obwohl es ebenso wie der Kaiser ihm Zusicherungen gemacht hatte, daß er nicht bloß in der Mark, sondern auch in Pommern zu seinem Recht kommen sollte. So zerrann mit den Friedensaussichten auch die Hoffnung, daß die Schweden gutwillig Pommern räumen würden. Der einzige Vorteil, den Brandenburg von dem Prager Frieden hatte, war die Beseitigung der Furcht vor der kaiserlichen Ungnade und vor der Durchführung des Restitutionsedikts.

In dem Verhältnis der beiden Kurlande hatte jetzt Sachsen durchaus das Übergewicht. Ein Vertrag zwischen ihnen vom 6. Oktober 1635 bestimmte, daß die Oder- und Havelpässe den Sachsen in dem Kriege mit Schweden überlassen werden sollten samt der allerdings nur geringfügigen kurmärkischen Reiterei. Brandenburg sah sich selbst zu offener Feindseligkeit gegen die Schweden gedrängt: im Januar 1636 erließ der Kurfürst ein Avocatorium, das alle seine unter den schwedischen Fahnen dienenden Untertanen bei Strafe der Einziehung ihrer Güter abberief. Aber die Früchte dieser Politik blieben aus. Sobald Sachsen im Besitz von Magdeburg war, sprach man dort wieder davon, daß man die pommersche Seeküste doch wohl den Schweden werde überlassen müssen. Dann sank die militärisch-politische Geltung der Sachsen vollends durch ihre Niederlage bei Wittstock (4. Oktober 1636). Die Schweden unter Banér wurden nun wieder die Herren in der Mark, und der kurfürstliche Hof mußte seine Zuflucht in Küstrin suchen. Bei diesem Versagen Sachsens sah sich Brandenburg zu noch engerem Anschluß an den Kaiser gedrängt. Anfang 1637 kam ein Abkommen zustande, wonach einige kaiserliche Regimenter aus Schlesien nach der Mark geschickt und unter brandenburgischen Oberbefehl gestellt wurden. Georg Wilhelm wurde trotz seiner Gebrechlichkeit zum kaiserlichen Generalissimus ernannt. Auch er selbst ließ nun Werbungen anstellen, um sich mit eigenen Kräften an dem Kriege gegen Schweden zu beteiligen.

In diesen neuerwachten Rüstungseifer traf nun die Nachricht vom Tode des letzten pommerschen Herzogs Bogislaws XIV., der am 20. März 1637 gestorben war. Sie diente dazu, die Antriebe zu einer kräftigen und umfassenden Kriegführung gegen die Schweden in Brandenburg noch zu verstärken. Schwartzenberg wurde jetzt wieder der allmächtige Mann am Hofe. Der Kanzler Götzen und andere seiner Gegner wurden ganz zurückgedrängt. Auf das Friedensbedürfnis der Landstände nahm man weiter keine Rücksicht; ihr Einfluß wurde jetzt bei der Staatsleitung gänzlich ausgeschaltet. Um die angeworbenen Truppen zu bezahlen, ließ Schwartzenberg unbewilligte Kontributionen erheben und unterdrückte den Widerstand, der sich hie und da bemerkbar machte, durch militärische Exekutionen. Es war eine Militärdiktatur, die er ausübte, und der Kurfürst ließ ihn gewähren. Man ging zum Angriff gegen die Schweden über und hatte auch den Erfolg, daß Banér sich nach Pommern zurückziehen mußte. Aber 1638 drang er nach dem Eintreffen schwedischer Verstärkungen wieder vor und brachte die Mark in seinen Besitz. Der Kurfürst ging wieder nach Preußen und ließ Schwartzenberg als Statthalter in der Mark zurück. Es zeigte sich jetzt, daß eine Kriegführung gegen die Schweden im großen Stil, wie man sie 1637 in Brandenburg geplant hatte, ein Ding der Unmöglichkeit war. Es hätte dazu ein großes Heer und ein großer Feldherr gehört, und über beides verfügte Brandenburg nicht. Georg Wilhelm hatte sich zwar dem Kaiser gegenüber anheischig gemacht, sein Heer auf 25 000 Mann zu bringen; tatsächlich aber konnte man nicht viel mehr als 6000 Mann zusammenhalten; denn die geworbenen Truppen schmolzen wie der Schnee an der Sonne, und der frühere sächsische General Klitzing, der den Oberbefehl übernommen hatte, schämte sich schließlich fast seiner Stellung bei dem Zustande der Truppen. Das Kommando in der Mark führte tatsächlich der kaiserliche General Gallas, und dem Kaiser waren auch die Obersten der Feldarmee vereidigt. Ein größeres Heer aber, selbst wenn man es hätte zusammenbringen können, wäre doch in den ausgesogenen Marken gar nicht mehr zu erhalten gewesen; es hätte zu seiner Verpflegung weit ausgreifender strategischer Unternehmungen bedurft.

Schwartzenberg sah wohl ein, daß man den Bogen überspannt hatte und versuchte einzulenken. Er begann mit einer „Reduktion" der Soldateska, von der nur etwa 4000 Mann beibehalten wurden. Diese Truppe hätte höchstens dazu genügt, eine bewaffnete Neutralität aufrechtzuerhalten; aber zu einer solchen Veränderung des politischen Systems konnte Schwartzenberg dem Kurfürsten unmöglich raten. Dabei wurde sein Gewaltregiment immer verhaßter im Lande. Die lutherische Geistlichkeit hetzte die Bevölkerung gegen ihn auf, und vielfach fanden die Schweden mehr Entgegenkommen bei Bürgern und Bauern als die kaiserlich-brandenburgische Soldateska. Im Jahre 1639 nahmen die Schweden auch Landsberg, Driesen und Frankfurt ein, so daß die Brandenburger auf ihre Festungen Spandau, Küstrin und Peitz beschränkt waren. Den Feinden konnte man nicht widerstehen, und von den Freunden hatte man keinen Nutzen. Auch der Kaiser kam jetzt — im Gegensatz zu früheren Verheißungen — zu dem Schluß, daß man Pommern wenigstens vorläufig den Schweden werde überlassen müssen, um mit ihnen zum Frieden zu gelangen. Brandenburg sollte die Kosten des Reichsfriedens bezahlen. Ein Gegner Schwartzenbergs, der von ihm verdrängte Geheimrat von Winterfeldt, schilderte Ende 1640 seinem Gesinnungsgenossen, dem damals in Hamburg weilenden Kanzler Götzen in grimmigem Humor die politische Lage mit den Worten: „Pommern ist dahin, Jülich ist dahin, Preußen haben wir wie einen Aal beim Schwanz und die Mark wollen wir auch vermarketendieren." In dieser traurigen Lage starb in Königsberg am 1. Dezember 1640, erst 46 Jahre alt, Kurfürst Georg Wilhelm nach langer Krankheit, als deren Hauptsymptom schließlich Wassersucht hervorgetreten war. Eine furchtbar schwierige Aufgabe harrte des Erben.

Friedrich Wilhelm.

Der neue Herrscher war bei seinem Regierungsantritt erst zwanzig Jahre alt und in den Staatsgeschäften noch völlig neu und unerfahren. Er war bisher von jeder einflußreichen Stellung ferngehalten worden: in dem Regierungssystem Schwartzenbergs war kein Platz für den Nachfolger Georg Wilhelms. Die politischen Neigungen des jungen Fürsten gingen von jeher nach einer andern Richtung, als die war, welche die brandenburgische Politik damals verfolgte. Die bedeutendsten Eindrücke seiner Knabenzeit knüpften sich an die Person seines Oheims Gustav Adolf, der an dem jungen Prinzen Gefallen gefunden und ihn zum Gemahl für seine Tochter, zum Erben für sein Reich in Aussicht genommen hatte. Dieser evangelische Held wurde das Vorbild des feurigen, für alles Große leicht empfänglichen Knaben; die schwärmerische Verehrung, die seine Tante, die Witwe Gustav Adolfs, ihrem verewigten Gemahl widmete, wird bei seinen Besuchen in Wolgast, wo sie eine Zeitlang lebte, nicht ohne Einfluß auf ihn gewesen sein. Als Dreizehnjähriger war er dort in dem Trauerzuge geschritten, der die Leiche des großen Schwedenkönigs 1633 zu dem Schiffe geleitete, das sie nach der Heimat überführen sollte.

Friedrich Wilhelm ist nicht eigentlich am Hofe aufgewachsen. Die kriegerischen Ereignisse hatten dazu gezwungen, ihn schon von seinem siebenten Jahr an nach Küstrin zu schicken, wo seine Erziehung von einem reformierten bergischen Edelmann, dem trefflichen Johann Friedrich von Calcum, genannt von Leuchtmar, geleitet worden war. Eben dieser Erzieher begleitete dann den Vierzehnjährigen 1634 nach den Niederlanden, wo er in Leyden die üblichen gelehrten Studien trieb, neben denen die Leibesübungen und die Kenntnis des Kriegswesens natürlich nicht vernachlässigt wurden. Der Prinz trieb Latein, Mathematik und Geschichte, namentlich Kriegsgeschichte, mit Eifer und Erfolg; außer der Muttersprache lernte er den Gebrauch der französischen, niederländischen und polnischen Sprache, die er später alle drei beherrschte. Vier Jahre hat dieser Aufenthalt in den Niederlanden gedauert. Es ist sicherlich eine Zeit großartiger Eindrücke für den jungen Prinzen gewesen, wenn er sich auch nicht gerade in dem Brennpunkt des holländischen Lebens bewegt hat. Von Handel und Schiffahrt wird er nicht allzuviel gesehen haben; es war wohl mehr nur der allgemeine Eindruck von Seemacht und Handelsblüte, den er in sich aufnahm; aber der hat genügt, um ihm für seine Lebenszeit den Trieb nach einer ähnlichen Entwicklung seines zukünftigen Staates in die Seele zu pflanzen. Dazu kam die Berührung durch den politischen Geist, der im Hause der Oranier lebte, diesen heroisch-religiösen Geist des westeuropäischen Calvinismus, der erst durch den Enkel Johann Sigismunds in der Politik des reformierten brandenburgischen Hauses recht lebendig und wirksam geworden ist. Namentlich dem Prinzen Friedrich Heinrich von Oranien ist der brandenburgische Kurprinz nahegetreten. Im Feldlager vor Breda hat er den Meister des Festungskrieges inmitten seiner militärischen Wirksamkeit kennen gelernt und seine Achtung und Zuneigung gewonnen; es ist der Mann, dessen Schwiegersohn er zehn Jahre später geworden ist. Der Kurprinz erfüllte sich mit dem Geist dieser oranischen Politik, die ganz im Kampf gegen die katholische, spanisch-österreichische Weltmacht lebte; er geriet dadurch in einen entschiedenen Gegensatz zu der Politik des Prager Friedens, die Brandenburg von der protestantischen Aktionspartei abzog. Der offene Eintritt Brandenburgs in den Kampf gegen Schweden seit 1637 verschärfte dann den Gegensatz zu den Niederlanden dermaßen, daß der Kurprinz dort nicht länger bleiben konnte. Sehr wider seinen Willen wurde er 1637 zurückberufen. Bei diesem Anlaß hat der politische Gegensatz zwischen Vater und Sohn fast zu einem Konflikt geführt. Der Kurprinz wollte gern eine selbständige Stellung haben, am liebsten als Statthalter der clevischen Lande. Die Stände in Cleve-Mark waren sehr eifrig dafür: sie würden auf diese Weise gern eine Sonderstellung mit Neutralität zwischen dem Kaiser und Schweden behauptet haben; der niederländische Einfluß würde dort — im Gegensatz zu der Politik Georg Wilhelms und Schwartzenbergs — herrschend geblieben sein. Der Kurfürst versagte begreiflicherweise die Gewährung des Wunsches; er verlangte, daß der Sohn zu ihm an den Hof kommen sollte. Der Kurprinz zögerte mit der Abreise. Er fürchtete namentlich, zu einer unerwünschten Heirat gedrängt zu werden. Erst nachdem man ihm in diesem Punkt formelle Versicherungen gegeben hatte, ist er zurückgekehrt, 1638. In Berlin, wo damals der Kurfürst weilte, kam es zu einer Aussöhnung; Schwartzenberg gab zu Ehren des Heimgekehrten ein großes Fest. Aber von welchem Mißtrauen der Kurprinz gegen ihn erfüllt war, zeigt der böse Verdacht, der in ihm aufstieg, als er am Tage darauf an den Masern erkrankte; er war der festen Überzeugung, daß der Minister ihm einen vergifteten Kuchen habe reichen lassen. Gleich nach der Genesung ging er dann mit dem Kurfürsten nach Königsberg. Seine Stellung am Hofe war dort eine sehr unerquickliche. Er sah sich mißtrauisch beobachtet und von den Geschäften geflissentlich ferngehalten. Eine tiefe Niedergeschlagenheit ergriff ihn. Er war sonst eine gesunde und kräftige Natur, von hoher Gestalt, gewandt, in Waffenübung gestählt und kriegerischen Strapazen wohl gewachsen; aber der seelische Druck dieser Jahre schädigte seine körperliche Gesundheit. Er war mißtrauisch gegen alle Welt, verschlossen und menschenscheu, scheinbar ohne Selbstvertrauen und Gefühl der eigenen Kraft. Aber wie der Funke unter der Asche lebte in ihm doch die früh entzündete Idee, daß er zu ganz besonderen Dingen berufen, daß er ein auserwähltes Rüstzeug Gottes sei. Dieser Glaube an seine Bestimmung in der Welt hat ihn sein ganzes Leben hindurch nicht verlassen. Eine ganz entschieden calvinistisch gefärbte Religiosität durchsetzt all sein Denken und Tun; sie ist auch die Seele seiner späteren auf militärisch-politische Machtentfaltung gerichteten Politik gewesen. Er hatte ein tiefes Gefühl der Pflichten, die ihm die von Gott verliehene Fürstenstellung auferlegte; und als ein rechter Calvinist war er immer geneigt, in dem Erfolg seiner irdischen Arbeit eine Bewährung der göttlichen Gnadenwahl zu sehen. Darum bedrückte ihn der unbefriedigende Zustand seines gebundenen, unfreien und untätigen Lebens am väterlichen Hofe doppelt. Erst mit der eigenen Verantwortlichkeit und der wachsenden Tätigkeit des Regenten, in dem Drang der Staatsgeschäfte und den Gefahren des Krieges ist er sich seiner Kraft bewußt geworden; die dumpfe Melancholie seiner Jünglingszeit verschwand bald und wandelte sich in die helle Tatkraft seiner männlichen Jahre.

Die Regierung Friedrich Wilhelms beginnt nicht mit einem schroffen Systemwechsel. Das durch den Prager Frieden begründete Verhältnis zum Kaiser, auch der Krieg gegen Schweden blieben zunächst noch bestimmend für den Kurs der Regierung; Schwartzenberg wurde in seinem märkischen Statthalteramt und in all seinen andern Ämtern und Würden bestätigt; der Kurfürst selbst blieb zunächst noch in Königsberg. Aber die Vorbereitung eines Umschwungs ist von Anfang an zu spüren. Der Sinn des jungen Kurfürsten stand von Anbeginn darauf, sich allmählich nach allen Seiten so unabhängig zu machen, wie es seine Kräfte und die politische Lage nur irgend gestatteten. Er mußte dabei behutsam zu Werke gehen. Nur mit Mühe konnte er in Preußen gegen den polnischen Kommissarius die Ausübung seiner Regierungsrechte noch vor der Investitur durchsetzen; der demütigende Akt einer persönlichen Huldigung in Warschau vor dem Polenkönig (Wladislaw IV.) ist ihm nicht erspart geblieben; aber allmählich trat er sicherer und selbstbewußter gegenüber diesem Lehnsherrn auf und gewöhnte auch die preußischen Stände daran, in ihm selbst den Landesherrn zu sehen. Vor allem aber suchte er sich aus der drückenden Abhängigkeit vom Kaiser, in die Brandenburg geraten war, allmählich zu lösen und mehr politische Selbständigkeit zu gewinnen, ohne es zu einem Bruch kommen zu lassen. Mit diesem Bestreben hing sein Verhalten gegen Schwartzenberg zusammen. Die Diktatur, die Schwartzenberg in den letzen Jahren Georg Wilhelms geführt hatte, hört mit dem Regierungsantritt des neuen Herrn auf; der Geheime Rat, den er ganz beiseite gedrängt hatte, wird wieder in Wirksamkeit gesetzt, und bald erscheinen hier die alten Gegner Schwartzenbergs, Götzen und Winterfeldt, wieder in bedeutender Stellung. Die Stände der Kurmark treten wieder entschiedener gegen die Gewaltherrschaft Schwartzenbergs auf: sie klagen über die fortgesetzte

Auspressung des Landes zugunsten des unpopulären Krieges gegen die Schweden; sie appellieren von dem Statthalter an den Landesherrn selbst. Eine Deputation der märkischen Stände unter Führung des Geheimen Rates von Winterfeldt, des alten Widersachers Schwartzenbergs, die den Kurfürsten im Januar 1641 in Königsberg aufsuchte, hat einen tiefen Eindruck auf ihn gemacht. Was die Stände forderten, war: Friede mit Schweden und Abdankung der Truppen, das alte unselige Prinzip der unbewaffneten Neutralität; es ist, trotz der Erfahrungen, die man früher damit gemacht hatte, und in scharfem Gegensatz gegen die 1637 eingetretene Wendung, der leitende Gedanke für die ersten, unsicheren Schritte der neuen Regierung geworden. Schon im Januar 1641 erhielt Schwartzenberg die Weisung, fortan nichts Feindseliges mehr gegen die Schweden zu unternehmen, sondern sich rein defensiv zu verhalten. Es war ein vorbereitender Schritt zur Anbahnung eines förmlichen Waffenstillstandes. Schwartzenberg hat nicht unterlassen, dagegen seine Vorstellungen zu machen: er vertrat die Ansicht, daß Pommern nur durch nachdrückliche Fortsetzung des Krieges gegen Schweden für das Haus Brandenburg zu retten sei, daß der Friede mit Schweden den Verzicht auf Pommern bedeuten werde. Vor allem aber widerstrebte er der von den Ständen geforderten Abdankung der Truppen. Er wies darauf hin, daß nur die bewaffnete Macht dem Kurfürsten überhaupt noch Bedeutung verleihen könne, daß er ohne Truppen der Willkür der Mächte preisgegeben sein werde. Der Kurfürst hat später die Berechtigung dieser Gründe anerkannt. In seinem politischen Testament von 1667 bedauert er, daß er damals dem Rate anderer gefolgt sei und eigentlich wider seinen Willen die Abdankung der Truppen vorgenommen habe. Ob eine nachdrückliche Fortsetzung des Krieges gegen die Schweden zu Erfolgen geführt haben würde, ist zwar zweifelhaft, aber doch nicht ganz unwahrscheinlich; nur hätte diese Politik Schwartzenbergs, bei der Brandenburg doch mehr nur ein Instrument in den Händen des Kaisers war, niemals die Unabhängigkeit ermöglicht, wie sie dem Kurfürsten als Ziel vorschwebte. Der Sturz Schwartzenbergs aber war nicht so leicht zu bewirken, weil er fast alle Obersten und Festungskommandanten auf seiner Seite hatte und damit über die Armee verfügte, die ja nicht eigentlich kurfürstlich, sondern in erster Linie dem Kaiser vereidigt war; außerdem hätte eine solche Wendung leicht einen offenen Bruch mit dem Kaiser selbst herbeiführen können, und den wollte der Kurfürst vermeiden. Andererseits war Schwartzenberg trotz der starken Stellung, die ihm die Verfügung über die Armee gab, nicht geneigt, die Rolle eines märkischen Wallenstein zu spielen. Er hat sich den kurfürstlichen Befehlen doch schließlich gefügt, als seine Gegenvorstellungen nichts halfen. Es wäre ihm nicht leicht geworden sich vom Besitz der Macht zu trennen; außerdem aber standen für ihn sehr bedeutende materielle Interessen in Frage. Er war der vornehmste Gläubiger Georg Wilhelms geworden. Viele von seinen politischen und kriegerischen Maßregeln waren nur dadurch ausführbar geworden, daß er aus seinen Privatmitteln große Vorschüsse geleistet hatte, für die er sich durch Verpfändung ganzer Ämter, namentlich in der Altmark, hatte schadlos halten lassen. Ein großer Teil seines Vermögens und seiner Einkünfte stand auf dem Spiel, wenn es zu einer Entlassung in ungnädigen Formen kam. So ließ er sich denn auch eine Maßregel gefallen, die von Königsberg aus verfügt wurde offenbar mit der Nebenabsicht, sein Ansehen bei den Truppen zu erschüttern: statt des höheren Wintertraktaments wurde im Januar das niedrigere

Sommertraktament eingeführt, um, wie es hieß, das Land zu erleichtern. Die Stellung Schwartzenbergs als Oberstkriegskommissarius und Direktor des Kriegsstaats wurde vom Kurfürsten geflissentlich ignoriert; kurfürstliche Befehle ergingen jetzt an die Obersten und Festungskommandanten direkt, ohne die früher übliche Vermittlung des Statthalters; ein Gesuch Schwartzenbergs, in dem er seine Dimission als Direktor des Kriegsstaats anbot, blieb ohne Antwort. Es war die Lösung einer unerträglich gewordenen Spannung, als Schwartzenberg im März 1641 einem Schlaganfall erlag. Nun hatte das neue System, das von Winterfeldt und den Ständen dem Kurfürsten empfohlen war, freie Bahn. Die Hauptstütze Schwartzenbergs, der Geheime Rat von Blumenthal, nahm seinen Abschied und ging in kaiserlichen Dienst. Die schwierige Frage des Schwartzenbergschen Nachlasses wurde in langen Verhandlungen mit dessen Sohn, einem kaiserlichen Reichshofrat, geregelt, der zu diesem Zweck nach der Mark kam. Bei dem Mißtrauen, auf das er stieß und das er durch seine Beziehungen zu manchen Truppenkommandeuren noch vermehrte, war er übrigens nahe daran, als Spion und Verschwörer verhaftet zu werden. Die Statthalterschaft in der Mark aber übertrug der Kurfürst einem jungen Verwandten, dem 22jährigen Markgrafen Ernst von Jägerndorf, dem Sohn des geächteten Feldobersten Johann Georg, der nach einem ziemlich abenteuerlichen Leben im Auslande, namentlich in Italien, vor kurzem in die Heimat zurückgekehrt war und sich mit einer der beiden Schwestern des Kurfürsten (Elisabeth Charlotte) verlobt hatte. Er war ein junger Mann von großem Talent und dem besten Willen, aber mit seiner offenbar schon zerrütteten Gesundheit den Anforderungen der Stellung auf die Dauer nicht gewachsen. Er sollte nicht in der diktatorischen Weise Schwartzenbergs, sondern in beständiger Fühlung mit dem wiederhergestellten Geheimen Rat die Regierung führen.

Die Bestrebungen zur Herstellung des Friedens mit den Schweden kamen nun in lebhafteren Fluß. Eine brandenburgische Gesandtschaft ging nach Stockholm und brachte dort am 24. Juli 1641 einen Waffenstillstand zum Abschluß, der die Grundlage zum künftigen Frieden werden sollte. Die Schweden behielten sich darin, indem sie den Hauptteil der Mark zu räumen versprachen, noch eine ganze Reihe wichtiger Plätze vor, wie Driesen, Frankfurt a. O., Landsberg a. W., Gardelegen, Werben; außerdem sollte ein schwedischer Kommissar dauernd in Küstrin sich aufhalten, um die Ausführung und Beobachtung des Vertrags zu kontrollieren. Der Vertrag wurde vom Kurfürsten nicht ratifiziert, aber trotzdem sind seine Bestimmungen in der nächsten Zeit von beiden Teilen in der Hauptsache doch beobachtet worden. Man betrachtete das Abkommen beiderseits als einen Schritt zum Frieden; und deshalb ging man nun auch in Brandenburg schon an die von den Ständen geforderte Reduktion der Truppen. Die Obersten leisteten dabei zum Teil heftigen Widerstand und verweigerten offen den Gehorsam: Rochow drohte, Spandau, dessen Kommandant er war, in die Luft zu sprengen; Goldacker ging einfach mit seinem Reiterregiment auf und davon und trat in kaiserlichen Dienst. Der Hauptgehilfe des Statthalters bei diesem Reduktionsgeschäft, wo die rückständigen Forderungen der Truppen und ihrer Kommandeure zu befriedigen waren und wo es vielfach auf gewaltsames Durchgreifen ankam, ist Konrad von Burgsdorff gewesen, damals Kommandant von Küstrin, der einzige von den Kriegsobristen, der sich nie unter die Diktatur

Schwartzenbergs gebeugt hatte und darum auch bei den Ständen wohlangesehen war. Seine Stellung wurde jetzt eine sehr bedeutende. Er trat in den Geheimen Rat ein und spielte bald als Oberkämmerer des Kurfürsten neben dem Kanzler v. Götzen die Hauptrolle. Der Geheime Kriegsrat, der das Organ Schwartzenbergs gewesen war, wurde aufgelöst; die militärischen Steuerexekutionen hörten auf; die Verwaltung nahm wieder mehr einen friedlichen Zivilcharakter an. Die Stände bewilligten nicht mehr als die Mittel für etwa 2000 Mann Fußvolk und 125 Reiter. Diese Truppen, die als Festungsbesatzungen angesehen wurden, sind nicht mehr auf den Kaiser vereidigt worden. Aber sie genügten natürlich nicht, um die Neutralität, die der Kurfürst gern behauptet hätte, zu schützen. Als Torstenson 1642 durch die Mark vorrückte und nun auch kaiserliche Völker die Grenzen des Landes überschritten, da war man um nichts besser daran, als vor den Verhandlungen mit Schweden. Der Statthalter konnte das Land nicht schützen; er sah sich zum Gegenstand der Klagen und Vorwürfe aller derer gemacht, die Hilfe von ihm begehrten und denen er nicht helfen konnte. Er bat einmal über das andere um seine Entlassung. Er fürchtete beständig Intrigen und Verleumdungen beim Kurfürsten. Schließlich brach die quälende Spannung seiner Geistes- und Gemütskräfte in Verfolgungswahnsinn aus. Man mußte ihn in Gewahrsam nehmen. Im Oktober 1642 ist er gestorben.

Jetzt hat sich der Kurfürst entschlossen, selbst in die Mark zu kommen und die Zügel der Regierung in die eigene Hand zu nehmen. Im März 1643 erschien er in Küstrin, begleitet von Burgsdorff, der öfter zu ihm nach Preußen herübergekommen war. Er siedelte dann nach Cölln a. Spree über, wo in dem verfallenen Schlosse kaum noch ein anständiges Unterkommen für ihn beschafft werden konnte. Nun begann eine rastlose Regententätigkeit. Der Geheime Rat wurde durch die vom Kurfürsten aus Preußen mitgebrachten Räte wieder vervollständigt und hielt fast täglich Beratungen unter dem Vorsitz des Kurfürsten selbst. Erst jetzt lernte der junge Herrscher das ganze trostlose Elend des Landes kennen. Als das Notwendigste erschien die Herstellung eines festen und klaren Verhältnisses zu Schweden. Das gelang nur unvollkommen in wiederholten Verhandlungen. Der Kurfürst mußte den Schweden auch weiterhin den Durchzug durch sein Gebiet gestatten; er mußte ihnen monatlich 10 000 Taler und 1000 Scheffel Mehl zur Verpflegung ihrer in der Mark stehenden Truppen liefern. Dafür verzichteten sie auf die Ausübung obrigkeitlicher Rechte in den Teilen des Landes, die sie noch besetzt hielten. Tatsächlich freilich war der Kurfürst damit noch immer nicht wieder wirklich Herr in seinem Lande. Es fehlte vor allem an einer Truppenmacht, auf die er sich stützen konnte; denn jene Kompagnien, die Markgraf Ernst hatte beibehalten wollen, waren auch auseinandergelaufen. Und das war nun der zweite wichtige Schritt, den er tat, daß er sich entschloß, eine neue Rüstung anzustellen und so den Fehler von 1641, der sich so schwer gerächt hatte, wieder gutzumachen. Mit den Mitteln der Kurmark allein war das nicht zu bewerkstelligen, obwohl im Jahre 1643 noch 30 000 Taler aus dem Lande herausgeholt worden sind. Preußen und Cleve-Mark mußten Geld und Menschen dazu aufbringen. In Preußen war Burgsdorff dabei als Vertreter des Kurfürsten tätig, in Cleve-Mark der im Februar 1643 dort zum Statthalter ernannte General v. Norprath. Burgsdorff wurde jetzt der maßgebende Mann in der Umgebung des Kurfürsten. Wie er ihm früher (1641) geholfen hatte, die Reduktion der widerspenstigen, unbotmäßigen Soldateska der Schwartzenbergschen Zeit durchzuführen, so ist er jetzt auch sein vornehmstes Werkzeug für die Neubewaffnung von 1644 geworden. Sein offenes, derbes, soldatisches Wesen wirkte wohltuend auf den noch etwas zaghaften und unentschlossenen jungen Herrscher ein. Er war ein Draufgänger, aber nicht ohne Schlauheit und diplomatischen Takt, voll von naiver Selbstsucht, keineswegs untadelhaft in seinem persönlichen und amtlichen Verhalten, ein Trinker und Spieler, wie die meisten damaligen Kriegsobristen, oft brutal und rücksichtslos, aber ein Mann, wie ihn die Zeit brauchte, und, was nicht unwichtig war, glücklich in seinen Verhandlungen mit den Ständen in Preußen wie in der Mark. Seine Energie und sein Selbstvertrauen stärkten den Mut des jungen Herrschers in seiner schweren Lage. Im Jahre 1643 hat er nach alter Kriegsweise Waffenbrüderschaft mit ihm geschlossen, wobei einer dem andern für den Fall eines plötzlichen Todes seine Waffen vermachte. Bis 1651 ist Burgsdorff sein Hauptratgeber und -gehilfe gewesen. An der kraftvollen Männlichkeit dieses Mentors hat er seine eigene zugreifende Tatkraft geschult und entwickelt.

Die in Preußen geworbenen Truppen wurden zum Teil zur See nach Cleve gebracht, weil der General Norprath auch dort mit militärischer Macht auftreten mußte, um den Anmaßungen des Pfalzgrafen Wolfgang Wilhelm zu begegnen. In kurzer Zeit sind dort 4100 Mann versammelt worden. Nach der Mark Brandenburg brachte man zunächst nur 2400 Mann; in Preußen selbst blieben 12—1300, die im Notfall noch durch 5—6000 Mann sogenannter Wibranzen (eine polnische Bezeichnung für die preußische Landmiliz) verstärkt werden konnten. So hatte der Kurfürst an regulären Truppen 7800 Mann zur Verfügung, die bald noch vermehrt worden sind. Es waren kurfürstliche Truppen, die nur auf ihn selbst, nicht mehr auf den Kaiser vereidigt wurden. Seit dieser Werbung von 1644 sind die Truppen niemals wieder ganz abgedankt worden; insofern könnte man von da ab den Bestand eines stehenden Heeres datieren. Man begann damals auch schon die Grundlagen einer dauernden Bewaffnung, eines miles perpetuus, zu bedenken. Eine Denkschrift des späteren Geheimen Rates Kurt Bertram von Pfuel, die dem Kurfürsten nicht unbekannt geblieben ist, faßte schon eine Verbindung des üblichen Werbesystems mit dem Prinzip der Dienstpflicht einheimischer Bauernsöhne ins Auge und riet, die Offiziere aus dem märkischen Adel zu nehmen, der in allen Kriegsheeren der Zeit zahlreich vertreten war. Sie hatte schon ein Heer von 9000 Mann Fußvolk und 2000 Reitern im Auge und glaubte, daß die Domäneneinkünfte, ständische Bewilligungen, namentlich städtische Steuern und Lehnpferdegelder des Adels als Ablösung der alten Roßdienste zu dessen Unterhaltung ausreichen würden. Es waren Gedanken, die weit in die Zukunft wiesen; für die Gegenwart sind sie damals noch nicht von praktischem Einfluß gewesen.

Auf diese Truppen gestützt hat nun die kurfürstliche Politik doch schon einige kleine Erfolge errungen. In Cleve-Mark wurden eine Anzahl von Plätzen durch die fremden, namentlich hessischen Truppen geräumt, wenn man auch die niederländischen Besatzungen, die zur Sicherung der Pfandobjekte für die unter Georg Wilhelm aufgenommene Hoefeysersche Schuld bestimmt waren, noch keineswegs aus dem Lande losgeworden ist. In der Mark erreichte man wenigstens die Räumung von Krossen und Frankfurt durch die Schweden, die damals im Kriege mit Dänemark waren; der Kriegsmacht des kaiserlichen Generals Gallas freilich, der 1644 die Mark bedrohte, waren die brandenburgischen Truppen entfernt nicht gewachsen. Die kaiserliche Politik ließ es Brandenburg entgelten, daß der Kurfürst mit den Schweden über eine engere Verbindung unterhandelte. Er bemühte sich damals ernstlich um die Hand der Königin Christine, der Tochter Gustav Adolfs. Aber Christine wollte unvermählt bleiben, und die schwedischen Staatsmänner wünschten keinen Gemahl für die Königin, der eine so unbequeme Herrschernatur war wie der brandenburgische Kurfürst. Sie verstanden ihn aber im Interesse ihrer politischen Verhandlungen hinzuhalten bis in das Jahr 1646 hinein. Sobald der Kurfürst ihre Absicht durchschaute, gab er mit kurzem Entschluß den schwedischen Heiratsplan auf und bewarb sich um die Hand der Tochter des Prinzen Friedrich Heinrich von Oranien, Luise Henriette, die, damals durch eine andere Neigung gefesselt, nur widerwillig und auf den dringenden Wunsch ihrer Mutter das Jawort gab. Sie war eine Enkelin des großen Oraniers Wilhelms des Schweigsamen, eine Urenkelin des Admirals Coligny. Im Sommer 1646 fand die Verlobung statt, im Dezember die Hochzeit. Der Gedanke an diese Verbindung war so wenig neu wie der schwedische Heiratsplan; sie lag wie dieser in der Richtung einer evangelischen Politik. Ein Bündnis mit der Republik der Vereinigten Niederlande wäre dem Kurfürsten damals sehr erwünscht gewesen; aber es war schwer zu erreichen, weil die Generalstaaten und insbesondere die Amsterdamer Kaufmannsaristokratie, die in Holland den Ausschlag gab, davon eine Stärkung des monarchischen Prinzips, das die Oranier in der Republik darstellten, befürchteten; vergeblich ist der Kurfürst selbst im Februar 1647 vor den Generalstaaten mit seinem Bündnisvorschlage aufgetreten. Die politischen Vorteile der oranischen Heirat verschwanden vollends durch den bald darauf erfolgten Tod des Prinzen Friedrich Heinrich († März 1647) und das unerwartet frühe Hinsterben seines Sohnes Wilhelms II. († 1650); aber in Luise Henriette hatte der Kurfürst eine vortreffliche Lebensgefährtin gefunden, deren zarte Lieblichkeit mit der Strenge und Kraft seines männlichen Wesens gut zusammenklang, während Religiosität und Pflichtgefühl für beide Gatten den gemeinsamen Boden einer ernsten Lebensführung bildeten.

Das große politische Interesse dieser Jahre knüpfte sich an die Friedensverhandlungen, die seit 1644 in Münster und Osnabrück zwischen Kaiser und Reich einerseits, Frankreich und Schweden andererseits im Gange waren. Brandenburg war in Münster hauptsächlich durch den Grafen von Sayn-Wittgenstein und den Dr. Fromhold, in Osnabrück, wo Adler Salvius die schwedische Sache führte, durch Herrn v. Löben und Dr. Wesenbeck vertreten. Seit dem Frankfurter Deputationstage von 1643, wo auch Brandenburg selbständiger gegen den Kaiser aufgetreten war, stand es fest, daß der Prager Friede mit dem Übergewicht des Kaisers nicht mehr die Grundlage für den allgemeinen Friedensschluß sein könne, daß die „Libertät“ der Reichsstände nicht nur in vollem Umfange gewahrt, sondern daß sie im Sinne der völkerrechtlichen Selbständigkeit fortgebildet werden müsse. Das Recht der Fürsten, eigene Truppen zu halten und Bündnisse mit fremden Mächten zu schließen, das der Westfälische Friede brachte, ist die Grundlage der ganzen weiteren brandenburgischen Politik geworden; ein äußeres Zeichen für diese erhöhte Stellung war das Prädikat „Serenitas“, das der Kurfürst sich auf dem Kongreß erstritten hat. Auch das war nicht mehr zweifelhaft, daß man in der religiösen Frage auf den Augsburger Religionsfrieden zurückgreifen mußte; es handelte sich nur noch darum, wie die Stellung der Reformierten gestaltet werden sollte, die ja bisher reichsrechtlich überhaupt nicht gesichert war, weil man sie nicht zu den „augsburgischen Konfessionsverwandten" rechnete. Die lutherischen Reichsstände, an ihrer Spitze Kurfürst Johann Georg von Sachsen, suchten sie auch jetzt noch von den Vorteilen des Religionsfriedens auszuschließen; aber der Energie und Entschiedenheit des brandenburgischen Kurfürsten, für den dies eine Frage von fundamentaler Bedeutung war, gelang es, freilich erst in letzter Stunde, für seine Glaubensgenossen dieselben Rechte wie für die Lutheraner durchzusetzen; es ist das ideale Moment in diesen sonst ganz auf realen Vorteil und Gewinn gerichteten Verhandlungen.

Die Punkte, um die in Münster und Osnabrück am heftigsten gekämpft worden ist, betrafen die „Satisfaktion" der „fremden Kronen", Frankreich und Schweden, und damit die Fragen der neuen Länderverteilung, der Umgestaltung der Karte des Deutschen Reiches; und unter diesen Fragen stand die, welche vornehmlich Brandenburg anging, auch für das allgemeine Interesse im Vordergrunde: die pommersche Frage. Seit Schweden den dänischen Krieg (1643—45) siegreich beendet und den Frieden von Brömsebro mit Dänemark geschlossen hatte, forderte Salvius ganz Pommern als „Satisfaktion" für Schweden und bot dem brandenburgischen Kurfürsten, dessen gutes Recht ja nicht zu bestreiten war, zur Entschädigung die säkularisierten Stifter. Vergebens versuchte der Kurfürst den Beistand Frankreichs zur Behauptung der pommerschen Erbschaft zu gewinnen; die Sendung Fabians v. Dohna nach Paris blieb in der Hauptsache ohne Erfolg. Nach langem Schwanken entschloß sich der Kurfürst dann im August 1646, Vorpommern den Schweden zu überlassen, aber nur bis zur Peene; Wolgast und die Odermündungen samt Stettin und der freien Oderschiffahrt forderte er für sich und dazu, als Entschädigung für Vorpommern, die Stifter Halberstadt, Minden, Hildesheim, Osnabrück, Münster, Bremen samt der Anwartschaft auf Magdeburg und auf die schlesischen Fürstentümer Glogau, Sagan, Schweidnitz, Jauer. Auch an Jülich und Berg dachte er noch. Aber es war keine Aussicht vorhanden, mit diesen starken Forderungen durchzudringen. Den Ausschlag gab schließlich die Vermittlung Frankreichs. Bei den erneuten Verhandlungen mit dieser Macht ist einmal der Gedanke aufgetaucht, Brandenburg durch die Überlassung von ganz Schlesien zu entschädigen, das anfangs die Schweden auch noch für sich gefordert hatten; die Aussicht, den Kurfürsten dauernd und auf das schärfste mit dem Kaiser zu verfeinden, paßte natürlich gut in die Pläne der französischen Politik. Es war aber nur eine vorübergehende Wendung. Die Grundlage des Friedens ist eine Punktation geworden, die der französische Kongreßvertreter Graf d'Avaux nach langem Kampf mit Johann Oxenstjerna am 7. Februar 1647 zum Abschluß gebracht hat; sie beruhte auf dem Prinzip einer Teilung von Pommern, wobei aber den Schweden außer Vorpommern auch die Odermündungen mit Stettin zufallen sollten. Nachdem auch das niederländische Allianzprojekt sich aufgelöst hatte, erwog der Kurfürst im Juni 1647, wie wir aus einer eigenhändigen Aufzeichnung wissen, in der er gleichsam wie im Selbstgespräch das Für und Wider erörtert, die Aussichten eines näheren Anschlusses an den Kaiser, der ihn damals als Ersatz für das unzuverlässige Bayern zu gewinnen suchte, oder an Schweden.

Der Anschluß an den Kaiser schien ihm nicht rätlich, vor allem, weil er meinte, das Haus Österreich als eine katholische Macht werde ihm, dem Ketzer, niemals Wort halten. Aber auch aus dem engeren Anschlusse an Schweden wurde nichts. Dem Kurfürsten blieb nichts anderes übrig, als sich zu fügen. Als Entschädigung erhielt er — außer den Kamminer Stiftslanden in Hinterpommern — die säkularisierten Bistümer Minden und Halberstadt und die Anwartschaft auf das Erzbistum Magdeburg, das der damalige Administrator, der sächsische Prinz August, noch bis zu seinem Tode behalten sollte. Diese Gebiete gingen an Umfang wie an Ertrag weit über das schwedische Pommern hinaus; dennoch hätte der Kurfürst sie gern dafür hingegeben. Noch nach dem Friedensschluß hat er den Schweden einen Tausch angeboten; er wollte zu den Entschädigungslanden sogar noch 2 Millionen Taler zulegen. Aber die Schweden wußten die Lage Pommerns und die Bedeutung der Odermündungen für Handel und Schiffahrt ebenso gut zu schätzen wie der Kurfürst von Brandenburg; das Tauschprojekt wurde abgelehnt.

Für die brandenburgische Politik bedeutet diese territoriale Gestaltung eine wichtige Wendung. Die Pläne des Kurfürsten gingen auf die Begründung einer See- und Handelsmacht nach dem Muster der Niederlande. Nun war Brandenburg gerade an dem wichtigsten Punkte von der See abgeschnitten. Mit den Entschädigungsprovinzen wurde es auf das Binnenland, auf die Ausdehnung in Norddeutschland, auf die Teilnahme an den Reichsangelegenheiten hingewiesen. Aber das war nach der Auffassung des Kurfürsten noch keine Entscheidung für immer: die Erwerbung des schwedischen Pommerns, namentlich Stettins und der Odermündungen, hat auch späterhin noch im Mittelpunkt seiner politischen Bestrebungen gestanden, und auf die Seemachts- und Handelspläne hat er niemals ganz verzichtet.

War es dem jungen Kurfürsten nicht gelungen, durch seine Neutralitätspolitik das pommersche Erbe in der gewünschten Ausdehnung seinem Hause zu sichern, so hatte er doch wenigstens der Mark Brandenburg mehrere Jahre vor dem allgemeinen Friedensschluß etwas von den Wohltaten verschafft, die mit dem Aufhören des Kriegszustandes verbunden waren. Die Mark war von allen seinen Ländern weitaus am schwersten durch die Kriegsnot betroffen worden. Sie hat die Bevölkerungszahl, die vor dem großen Kriege vorhanden war, erst nach hundert Jahren wieder erreicht, und zwar nur mit Hilfe ausländischer Einwanderer, die von der Regierung als Kolonisten hereingezogen wurden. Der Verlust an Menschen, den der Krieg gebracht hat, läßt sich nicht mit einer auch nur annähernden Genauigkeit angeben; nur soviel ist sicher, daß er erschreckend groß war. In der Altmark hat man ihn zu 50 Prozent, in der Mittelmark sogar zu 75 Prozent berechnen wollen. Es handelt sich dabei natürlich nicht bloß um Vernichtung von Menschenleben, wie sie namentlich durch Hunger und Pest, die unzertrennlichen Begleiter der Kriegsfurie, bewirkt wurden, sondern vielfach nur um eine Verschiebung der Bevölkerung, der durch Brand oder Verwüstung die Heimstätte genommen und die wirtschaftliche Lebensgrundlage zerstört war, und die nun aus den verbrannten, ausgeplünderten Dörfern und Städten, in denen Sicherheit, Nahrung und Unterkommen nicht mehr zu finden waren, entwich, um ein vagierendes Leben zu führen oder unter die Soldateska zu gehen oder anderswo einen Unterschlupf zu finden. Eine Tabelle der städtischen Feuerstellen aus dem Jahre 1645 zeigt, in welchem Maße das Eigentum durch den Krieg zerstört worden war. In vielen Städten ist die Hälfte, in andern zwei Drittel, in einigen gar fünf Sechstel der Häuser wüst geworden. Die Vorstädte von Berlin waren 1641 beim Herannahen der Schweden durch den Oberst v. Kracht abgebrannt worden; innerhalb der Wälle zählte man in Berlin und Cölln nur noch 999 statt 1236 Feuerstellen; die Zahl der Einwohner betrug aber immerhin noch gegen 10000. Wie es auf dem platten Lande aussah, zeigt ein Protokoll des Kreises Oberbarnim vom Jahre 1635: dort war damals schon ein Drittel aller Hufen und Höfe wüst geworden. Begreiflicherweise waren es namentlich die Bauern und Kossäten, die von dem Kriegsschaden betroffen wurden, während der Adel sich besser zu schützen vermochte. Die adligen Gutsbesitzer haben dann später auch vielfach die wüstgewordenen Höfe, deren Wirte nicht wiederkehrten, eingezogen und zum Rittergut geschlagen oder auch in Meiereien verwandelt. Der Umfang der Rittergüter, die damals durchschnittlich nur zwölf Hufen, gleich 360 Morgen, groß waren (also den siebenten Teil von dem durchschnittlichen Umfang im 19. Jahrhundert betrugen), haben sich in den nächsten 50 Jahren um 30 Prozent vergrößert. Als die Kriegsnot vorüber war, begann sich das Land langsam wieder zu erholen; der Getreidebau war lohnend, namentlich in den Jahren, wo noch ringsumher die Truppen im Felde standen. Viel langsamer als das platte Land kamen die Städte wieder zu Kräften. Ihre Blüte hatte schon lange vor dem Kriege aufgehört; die Konjunktur in Handel und Gewerbe war ihrem Gedeihen nicht förderlich in einer Zeit, wo die staatliche Ohnmacht und Zersplitterung Deutschlands aller Welt offenbar wurde, während ringsumher, in Frankreich, in den Niederlanden, in England und den nordischen Reichen eine starke Staatsgewalt auch das Wirtschaftsleben der Bevölkerung zu schützen und zu entwickeln vermochte.

Auch in Brandenburg hat es nicht an Versuchen gefehlt, den zerstörten Wohlstand des Landes wiederherzustellen. Der Kurfürst hat sich namentlich bemüht, ausländische Kolonisten, insbesondere Niederländer, anzusiedeln, die verwahrlosten Deiche und Dämme der Flußniederungen herzustellen, öde Ländereien mit neuen Wirten zu besetzen. Aber von großer Bedeutung konnte diese Staatshilfe zunächst nicht sein; es fehlte an Mitteln dafür, auch an einem geeigneten Beamtenapparat. Die fortdauernde Kriegsrüstung, die doch eine bittere Notwendigkeit war, verschlang fast alles, was das Land herzugeben vermochte. Der Zusammenbruch des ständischen Kreditwerks, das schon zu Anfang des Krieges seine Zahlungen eingestellt hatte, war von den verderblichsten Folgen für die Geldbesitzer geworden, die ihre Kapitalien hier angelegt hatten. Die ungeheuren Kontributionen, die Kaiserliche und Schweden während des Krieges dem Lande abpreßten, hatten die ohnehin nicht große Kapitalkraft der Bewohner erschöpft. Es bedurfte eines gesetzlichen Eingriffs, um die Schuldner, die jetzt zahlen sollten, vor dem gänzlichen Ruin zu bewahren. Auf dem Landtage von 1643 wurde ein Moratorium, d. h. eine Stundung der Zahlungsverpflichtungen an Zinsen und Kapital, zunächst auf fünf Jahre erlassen; es hat später noch verlängert werden müssen. Erst allmählich gelang es, die verwirrten Kreditverhältnisse wieder zu ordnen.

VI.

Die Begründung des brandenburgisch-preußischen Gesamtstaats. 1648–1688.

Die Erhebung Brandenburgs zu einer selbständigen Macht (1648–1660).

Das beherrschende Verhältnis in dem europäischen Staatensystem nach dem Westfälischen Frieden war die Schwächung der habsburgischen Mächte Österreich und Spanien und das Aufsteigen ihrer Gegner und Rivalen, der beiden verbündeten Kronen Frankreich und Schweden. Der Kaiser hatte seinen spanischen Verbündeten im Stich lassen und mit den Gegnern einen Separatfrieden schließen müssen; Spanien kämpfte bis 1659 allein mit Frankreich weiter, aber seine Aussichten auf eine Wiederherstellung des alten habsburgischen Übergewichts waren sehr gering. Die spanische Machtstellung am Rhein entlang war zusammengebrochen, und der Versuch des österreichischen Kaisers, das Reich seiner Botmäßigkeit zu unterwerfen, war gescheitert. Das Gleichgewicht der Mächte war wiederhergestellt und der Druck der österreichisch-spanischen Übermacht, der früher auf Brandenburg gelastet hatte, war von ihm genommen. Daß es trotz der kläglichen Rolle, die es im Dreißigjährigen Kriege gespielt hatte, doch noch mit einem vergrößerten Landbesitz aus dem Westfälischen Friedensschluß hervorging, verdankte es mehr der Erschöpfung Österreichs und den Gleichgewichtsbestrebungen der französischen Politik, als seiner eigenen Bedeutung und der Geschicklichkeit seiner Diplomaten bei den Friedensverhandlungen. Es war die erste günstige Wirkung der neuen Konstellation der Mächte. Später trat noch der Umstand hinzu, daß Österreich seine Kräfte vornehmlich gegen die Türkei zu richten begann, um sich zum wirklichen Herrn von Ungarn zu machen — eine sehr bedeutende Stärkung der österreichischen Monarchie, die aber ein Emporkommen Preußens nicht hemmte, sondern eher begünstigte. Durch den Gegensatz zwischen Schweden und Polen und durch die Einmischung Gustav Adolfs in den deutschen Krieg war zum erstenmal in der Weltgeschichte eine lebendige allseitige politische Berührung der europäischen Mächte untereinander herbeigeführt worden, und dem Hause Brandenburg hatte das Schicksal seine Stellung mitten zwischen diesen rivalisierenden Mächten, Frankreich und Österreich, Schweden und Polen angewiesen. Durch seine weit auseinanderliegenden Besitzungen wurde es mit der westlichen wie mit der östlichen Hälfte des europäischen Staatensystems in Berührung gebracht und von allen bedeutenden

Vorgängen der einen wie der andern in Mitleidenschaft gezogen. Aber diese schwierige Lage, der Johann Sigismund und Georg Wilhelm sich nicht gewachsen gezeigt hatten, bot jetzt unter den veränderten Umständen dem Kurfürsten Friedrich Wilhelm die Möglichkeit dar, sich durch kluge Benutzung der Rivalität unter den großen Mächten und durch eine Politik des Balancierens allmählich in die Höhe zu bringen und eine selbständige Stellung unter den Mächten einzunehmen. Das ist das allgemeine Ziel seines Strebens in den Jahren nach dem Westfälischen Frieden; unter diesem Gesichtspunkt muß seine vielfach sprunghafte, lavierende, gewundene Politik aufgefaßt werden. —

Die Ausführung der Bestimmungen des Westfälischen Friedens hat die Diplomaten noch jahrelang beschäftigt. Brandenburg ist nur schwer zu seinem Recht gekommen. Die Schweden hielten ganz Pommern besetzt und wollten vor einer genauen Grenzregulierung nichts davon herausgeben; noch in dem „Friedens-Exekutions-Haupt-Rezeß" von 1650 war für Pommern eine Ausnahme gemacht.

Die Besitzverhältnisse am Niederrhein waren auch durch den Westfälischen Frieden nicht endgültig geregelt worden; der Kurfürst hatte zwar, nachdem 1646 ein Versuch, das Herzogtum Berg zu erobern, gescheitert war, in dem Düsseldorfer Vertrag von 1647 sich bei dem bestehenden Zustand vorläufig beruhigt; aber dieser Teilungsvertrag galt wie alle vorhergehenden nur als ein Provisorium, und jeder der beiden „possidierenden" Fürsten hielt noch den Anspruch und die Hoffnung auf das Ganze fest. Nach dem Friedensschluß kam es wegen der Religionsfragen zu Reibungen zwischen Brandenburg und Pfalz-Neuburg. Der Westfälische Friede hatte im allgemeinen das Jahr 1624 als Normaljahr für den Stand der Konfession bestimmt, während die beiden possidierenden Fürsten in einem früheren Vertrage das Jahr 1612 festgesetzt hatten. Zwischen diesen Terminen lag das Vordringen der katholischen Restauration in diesen Landen. Der Pfälzer stützte sich nun auf die allgemeine Bestimmung des Reichsfriedens und führte demgemäß in Jülich und Berg die katholische Restauration auf Grund des Jahres 1624 durch; der Brandenburger berief sich auf die frühere Abmachung und trat für die geschädigten Protestanten ein. Aus dieser Feindseligkeit erwuchs der Plan des Kurfürsten, durch einen Handstreich die neuburgischen Landesteile zu erobern. Im Juni 1651 marschierte er in Jülich ein und forderte die Stände auf, sich ihm anzuschließen. Aber das Unternehmen war schlecht vorbereitet, militärisch wie politisch, und scheiterte völlig. Die Stände von Jülich-Berg verbanden sich mit denen von Cleve-Mark zum Widerstande. Der Kaiser nahm sofort Partei gegen Brandenburg, ebenso Spanien und Polen. Im Reiche schalt man überall auf den Friedensbrecher, der den allgemeinen Krieg wieder entzünden zu wollen schien. Dazu ist es nun freilich nicht gekommen; der jülichsche Feldzug ist still und ohne weitere Folgen im Sande verlaufen. Der Kurfürst hat keine von seinen Forderungen durchgesetzt; auch die Religionsstreitigkeiten blieben vorläufig noch ungeschlichtet. Aber eine sehr wichtige Wirkung für die brandenburgische Politik hatte diese mißlungene Unternehmung doch gehabt: sie brachte eine Umwendung der politischen Richtung hervor; Brandenburg schloß sich für eine kurze Zeit an den Kaiser an, der schließlich durch seine Vermittlung den Zwischenfall erledigt hatte. Eben damals geht die Ära des maßgebenden Einflusses Burgsdorffs zu Ende. Sein hochfahrendes Wesen, das namentlich der Kurfürstin und ihrer Mutter mißfiel, ebenso wie die wohl mehr der Vergangenheit angehörigen Anstößigkeiten seines Privatlebens, die von einer verleumderischen Clique auf das stärkste übertrieben worden waren, dazu auch wohl seine allmählich hervortretende Unzulänglichkeit gegenüber den neuen Aufgaben, seine Ohnmacht gegenüber der bisher herrschenden finanziellen Mißwirtschaft, für die man ihn verantwortlich zu machen geneigt war — das alles hat schon 1651 dazu geführt, daß ihn der Kurfürst von seinem Hoflager zu Cleve fortschickte; sein weiteres Verhalten machte ihn dann vollends unmöglich; im Januar 1652 erhielt er seine Entlassung in ziemlich ungnädiger Form; der schwer Erkrankte hat sie nur um wenige Tage überlebt. An seiner Stelle traten nun namentlich zwei Staatsmänner hervor, die miteinander rivalisierten und ganz verschiedene Richtungen vertraten: Waldeck und Blumenthal.

Graf Georg Friedrich von Waldeck, seit 1645 regierender Reichsfürst, fand in den engen Grenzen seines Ländchens nicht den nötigen Spielraum für seinen Ehrgeiz und seine militärisch-politischen Talente. Reformiert und durch seine nassauische Gemahlin mit dem oranischen Hause verschwägert, hatte er sich in den Niederlanden ausgebildet und als Oberst im Dienst der Republik gestanden; nach Wilhelms II. Tode, in der statthalterlosen Zeit, war er, seit 1651, in den brandenburgischen Dienst getreten. Er scheint im Einverständnis mit den oranischen Damen den Anstoß zur Entlassung Burgsdorffs und in Verbindung damit auch zu den inneren Reformen gegeben zu haben, die seit 1651 auf die Bahn gebracht wurden, namentlich um das vernachlässigte Finanzwesen für die Zwecke einer militärisch-politischen Machtentfaltung nutzbar zu machen und um eine bessere Ordnung und Geschäftsverteilung beim Geheimen Rat durchzuführen, der aus einer brandenburgischen Behörde nun zum Zentralorgan einer komplizierten Gesamtstaatsverwaltung geworden war. Den einzelnen Mitgliedern sind in der neuen Ordnung von 1651 feste Dezernate zugewiesen worden; Waldeck selbst erhielt dabei die Bearbeitung der hochpolitischen Angelegenheiten (der sogenannten „geheimen Sachen") und die Leitung des gesamten Kriegswesens. Seine politische Richtung wies auf Annäherung an die protestantischen Mächte, namentlich die Niederlande und Schweden, und auf den Gegensatz zum Kaiser hin. Aber diese Richtung entsprach nicht den Forderungen des Tages, und darum ist nicht Waldeck, sondern Blumenthal zunächst der maßgebende Mann unter den Räten des Kurfürsten geworden, der alte Freund und Gehilfe des Grafen Schwartzenberg. Als Kanzler des halberstädtischen Stiftes war er 1650 wieder in den brandenburgischen Dienst getreten, und bei einer abermaligen Umgestaltung des Geheimen Rats im Jahre 1652 trat er an dessen Spitze als Direktor — gewissermaßen als Ersatz für den letzten brandenburgischen Kanzler, den alten Götzen, der 1650 gestorben war und dessen Stelle nicht wieder besetzt worden ist. Blumenthal ist es nun vor allen gewesen, der den Kurfürsten bestimmt hat, nach der Erledigung des jülichschen Streites in nähere Verbindung mit dem Kaiser zu treten. Dem Kaiser, Ferdinand III., kam es damals darauf an, die brandenburgische Kurstimme für die Königswahl seines Sohnes (Ferdinand) zu gewinnen und sich das Entgegenkommen Brandenburgs bei den Verhandlungen des bevorstehenden Reichstags zu sichern, dem die Ordnung der Verfassungsverhältnisse vorbehalten worden war. Brandenburg aber hatte die pommersche Frage im

Auge; es brauchte die Hilfe des Kaisers, um einen Druck auf Schweden in dieser Angelegenheit auszuüben. Gegen die Zusicherung der brandenburgischen Stimme bei der Königswahl für seinen Sohn erließ dann in der Tat der Kaiser ein Dekret des Inhalts, daß Schweden zu dem bevorstehenden Reichstage nicht eher zugelassen werden könne, als bis es den Friedensbestimmungen gemäß Hinterpommern an den Kurfürsten von Brandenburg herausgegeben haben würde. Darauf hat Schweden nachgegeben. Die Verhandlungen über die Grenzregulierung wurden nun bald zum Abschluß gebracht, und der Stettiner Vertrag vom 14. Mai 1653 setzte den Kurfürsten endlich in den Besitz des ihm zukommenden Landes. Die Grenzregulierung war für Brandenburg sehr ungünstig ausgefallen: ein breiter Landstreifen rechts von der Oder mit den Städten Damm, Gollnow, Greifenhagen blieb in den Händen der Schweden. Von den Lizenzen, den Seezöllen in den hinterpommerschen Hafenplätzen, die Gustav Adolf so stark erhöht hatte, mußte ihnen die Hälfte des Ertrages überlassen werden.

Soweit war Brandenburg mit dem Kaiser gegangen; aber auf dem Reichstag zu Regensburg, wo nun die großen Fragen der Reichsverfassung zur Erörterung kamen, ist das bisherige Einvernehmen sehr bald, schon 1653, wieder in die Brüche gegangen. Der Kaiser nahm seit der Königswahl seines Sohnes (31. Mai 1653) keine Rücksicht mehr auf Brandenburg, das seine Beschwerden wegen Jägerndorf, wegen einer alten Schuldforderung, wegen Unterdrückung der Protestanten in Schlesien, Österreich und Ungarn jetzt wieder vorbrachte; die Klagen eines clevischen Vasallen des Kurfürsten, Wilich von Winnenthal, wegen Verletzung der landständischen Rechte in den niederrheinischen Territorien, wurden vom Kaiser am Reichstage nicht ungünstig aufgenommen, ebenso die Beschwerden der Stadt Herford, die reichsstädtische Selbständigkeit begehrte. Dazu kam der Gegensatz der Interessen in den Reichsverfassungsfragen. Der hauptsächlichste Punkt betraf die Frage, ob bei der Bewilligung der Matrikularbeiträge für Reichszwecke ein Majoritätsbeschluß auch die abwesenden oder die widersprechenden Reichsstände binden könne. Der Kaiser suchte den Grundsatz zur Anerkennung zu bringen, daß die Mehrheit der Stimmen entscheiden solle, und im Herbst 1653 schien er die beste Aussicht zu haben, mit dieser Forderung durchzudringen. Hier setzte nun Waldeck den Hebel an, um das bisherige politische System umzuwälzen. Er stellte dem Kurfürsten vor, wie die Macht des Kaisers und der katholischen Partei dadurch gestärkt, die fürstliche Hoheit und das protestantische Interesse aber beeinträchtigt, der Erfolg der eben in Angriff genommenen brandenburgisch-preußischen Finanzreform vereitelt werden würde. Dem kaiserlichen System Blumenthals setzte er ein System oppositioneller Reichspolitik an der Spitze der protestantischen Fürstenpartei entgegen. Blumenthal, der das Haupt der brandenburgischen Komitialgesandtschaft in Regensburg war, erhielt schon im Oktober 1653 die Anweisung, den Forderungen des Kaisers Widerstand zu leisten; bald darauf wurde er abberufen und durch einen glänzenden, aber ziemlich einflußlosen Ruheposten als Statthalter des Fürstentums Halberstadt auch von der Teilnahme an den Geschäften im Geheimen Rat tatsächlich ausgeschlossen. Nun kam das entgegengesetzte System Waldecks zum Durchbruch, wie er es in einer Denkschrift vom 31. Dezember 1653 entwickelt und in vertraulichen Korrespondenzen bis in seine weiteren Konsequenzen verfolgt hat. Er hatte eine brandenburgische Unionspolitik großen Stils im Auge. Brandenburg sollte an die Stelle von

Kurpfalz und Sachsen treten als Führer der evangelischen Fürstenpartei im Reiche, die, gestützt auf auswärtige Subsidien, den Kampf gegen das habsburgische Kaisertum führen und die Krone des Reiches womöglich an ein anderes Haus, etwa Bayern, bringen sollte, unter dem dann Brandenburg selbst einen maßgebenden Einfluß in den Reichsangelegenheiten ausüben würde. Es sind Gedanken, wie sie schon früher begegnen und wie sie später Friedrich der Große wieder aufgenommen hat; sie sind damals noch nicht zur wirklichen Entfaltung gekommen. Der Kurfürst nahm allerdings das Programm an, und Waldeck begann im Jahre 1654 seine Bündnisverhandlungen, namentlich mit Braunschweig und anderen norddeutschen Fürsten und Reichsstädten. Von der früheren protestantischen Unionspolitik unterschieden sich seine Entwürfe dadurch, daß der konfessionelle Gesichtspunkt doch nicht mehr der allein maßgebende war. Er suchte vielmehr auch katholische Reichsstände zum Beitritt zu dem neuen Fürstenbund zu gewinnen, namentlich den Erzbischof von Köln, Maximilian Heinrich aus dem Hause der bayerischen Wittelsbacher, der kurz vorher (1652) mit den beiden anderen geistlichen Kurfürsten, dem Neuburger Pfalzgrafen und dem Bischof von Münster, zu einem katholischen Bunde zusammengetreten war und sich nun nicht unzugänglich für die brandenburgischen Pläne zeigte. Einen bedeutsamen Hintergrund erhielten diese Bestrebungen durch ganz geheime Unterhandlungen zwischen Waldeck und dem Kardinal Mazarin, die ein allgemeines europäisches Bündnis gegen Österreich und Spanien zum Ziel hatten. Man muß sich erinnern, daß ja Frankreich und Spanien damals noch im Kriege lagen. In diesen Verhandlungen wurde in Aussicht genommen, daß bei dem künftigen Friedensschluß die spanischen Niederlande an Frankreich, Jülich und Berg an Brandenburg kommen sollten. Waldeck verhehlte sich und dem Kurfürsten nicht, daß der große Kampf, den er so wieder zu entfesseln gedachte, unter Umständen zur Zersprengung des Reichsverbandes führen könne; aber er meinte, wenn das Reich in Stücke ginge, werde Brandenburg davon ein großes Stück für sich behalten können.

Man wird bezweifeln dürfen, ob die damaligen Kräfte Brandenburgs ausgereicht haben würden, eine solche Rolle in der Welt zu spielen. Es ist auch zweifelhaft, wie weit der Kurfürst mit Waldeck in dieser Richtung gegangen sein würde. Die Bündnisverhandlungen Waldecks hatten zunächst nur einen bescheidenen Erfolg. Mit Braunschweig kamen sie 1655 zu einem erwünschten Abschluß, aber der Erzbischof von Köln trat bald wieder auf die katholische Seite zurück. Während also der gegen Habsburg gerichtete Fürstenbund noch in den ersten Anfängen sich befand, brach an einer andern Stelle des politischen Horizonts ein Wetter aus, das schon lange gedroht hatte und das die brandenburgische Politik auf Jahre hinaus in Atem halten sollte: im Juli 1655 begann Karl X. Gustav von Schweden den Krieg gegen Johann Kasimir von Polen, der den Zweibrücker Pfälzer nicht als Nachfolger auf dem Wasathron anerkennen wollte. In diesem Kampf mußte der Kurfürst als Herzog von Preußen Stellung nehmen.

Es war eine sehr schwierige Lage. Sollte er dem König von Polen die verlangte Lehnshilfe leisten, auf die Gefahr hin, daß der siegreich vorrückende Schwedenkönig Preußen, das ja schon stets ein Gegenstand der schwedischen Begehrlichkeit gewesen war, in seine Gewalt brachte, um die Ostsee allmählich zu einem schwedischen See zu machen? Oder sollte er, wie Waldeck riet, mit ganzer Macht, in imponierender Rüstung sich an die Seite Schwedens stellen, das sinkende Polenreich zertrümmern helfen, die Souveränität in Preußen und eine polnische Ländermasse, womöglich eine solche, die Preußen mit der Neumark und Pommern verband, sich erkämpfen? Am liebsten hätte er es mit einer bewaffneten Mediation versucht; aber dafür war Schweden nicht zu haben. In Verhandlungen, die zunächst (Juli und Anfang August 1656) in Stettin geführt wurden, war Karl Gustav einen Moment lang bereit, gegen eine Waffenhilfe mit 8000 Mann die Souveränität in Preußen zuzugestehen, aber ohne große polnische Erwerbungen; und da der Kurfürst nicht sofort zugriff und inzwischen die schwedischen Waffen siegreich in Großpolen vordrangen, stellte er bei den weiteren Verhandlungen, nun schon auf polnischem Boden, die abschreckende Forderung, daß der Kurfürst für Preußen sein Vasall werden müsse. So verharrte Friedrich Wilhelm zunächst in einer schwankenden Neutralität. Er rüstete aufs eifrigste, er schloß ein Bündnis mit den Ständen des polnischen Preußens, die gleichfalls neutral zu bleiben wünschten; im Sommer 1655 war auch endlich die langersehnte Allianz mit den Niederlanden zustande gekommen, die im Fall eines schwedischen Sieges für ihren Handel in den baltischen Häfen fürchteten. Der Kurfürst verhandelte nach allen Seiten; er suchte auch Anlehnung an den Kaiser, aber vergeblich. Inzwischen warf Karl Gustav in einem glänzenden Feldzuge das polnische Reich über den Haufen: König Johann Kasimir floh nach Oberschlesien, ein großer Teil des polnischen Adels schloß sich dem Sieger an; auch der russische Zar Alexei ging damals gegen Polen vor. Nach der Niederwerfung Polens aber rückte nun Karl Gustav gegen Preußen heran, das er als Operationsbasis beherrschen mußte, und forderte die Unterwerfung des Kurfürsten. Friedrich Wilhelm sah sich in einer Zwangslage: seine Bündnisse versagten, er allein war den auf Königsberg anrückenden Schweden nicht gewachsen; so schloß er am 17. Januar 1656 den demütigenden Königsberger Vertrag ab, in dem er alle schwedischen Forderungen bewilligen mußte: er nahm nun das Herzogtum Preußen samt dem bisher polnischen Ermland von Schweden statt von Polen zu Lehen, er öffnete den Schweden seine Häfen Pillau und Memel, er teilte mit ihnen auch hier die Hafenzölle, er mußte für den Fall der Fortsetzung des Krieges eine Lehnshilfe von 1500 Mann versprechen. Es war trotz der Erwerbung von Ermland eine unzweifelhafte Verschlechterung der Lage in Preußen. Die Lehnsabhängigkeit von dem herrschsüchtigen und gewalttätigen Schwedenkönig bedeutete doch etwas ganz anderes, als das sanfte Joch der polnischen Suzeränität, dessen Druck seit der Thronbesteigung Johann Kasimirs sich sehr vermindert hatte. Der Kurfürst dachte schon daran, durch eine Unternehmung in den Rheinlanden sein gesunkenes Ansehen zu heben und schloß zu diesem Zweck im Februar 1656 ein Bündnis mit Frankreich, das ja zugleich mit Schweden in nahen Beziehungen stand. Aber die Lage im Osten veränderte sich bald gründlich und bot Handhaben zu einer Verbesserung der Stellung des Kurfürsten Schweden gegenüber. In Polen hatte sich eine von den Jesuiten geleitete katholisch-nationale Bewegung gegen die fremden Ketzer, die als Herren im Lande schalteten, erhoben. Der König war zurückgekehrt und hatte das Reich der heiligen Jungfrau übergeben; der Adel huldigte ihm in leidenschaftlicher Überschwenglichkeit; überall eilte das Volk, von den Priestern geführt, zu den Waffen. Ein Frühjahrsfeldzug Karl Gustavs endete mit einem allgemeinen

Rückzug der Schweden, und nun gewann die Bundesgenossenschaft des brandenburgischen Kurfürsten für ihn einen ganz anderen Wert als vorher. Er knüpfte neue Unterhandlungen an, um die Unterstützung der gesamten brandenburgischen Truppenmacht zu erhalten. Sie führten in dem Vertrag von Marienburg (25. Juni 1656) zu einem neuen Schutz- und Trutzbündnis zwischen Brandenburg und Schweden, bei dem der Kurfürst sich verpflichtete, dem Schwedenkönig auf ein Jahr mit seiner ganzen Macht und dann weiterhin mit 4000 Mann beizustehen. Dafür sollte er einen Anteil an der Beute erhalten, wenn es zu einer Zertrümmerung und Aufteilung Polens kam, wie man sie damals in Aussicht nahm: vier polnische Palatinate, darunter Posen und Kalisch, sollten ihm zufallen; aber die Lehnsabhängigkeit von Schweden blieb bestehen. Sehr groß waren diese Vorteile nicht. Die vier polnischen Palatinate — abgesehen davon, daß man sie erst erobern und dann behaupten mußte — waren ein Gebietszuwachs von zweifelhaftem Wert; sie schlossen sich zwar an die Mark Brandenburg an, aber sie schufen keine territoriale Verbindung mit Preußen. Immerhin war die Stellung des Kurfürsten dem Schwedenkönig gegenüber jetzt eine bessere.

Der Kampf begann nun sofort. Er drehte sich um die von den Polen soeben zurückeroberte Hauptstadt Warschau. Die Schweden und Brandenburger rückten mit vereinter Macht, 18 000 Mann stark, die Brandenburger etwa die Hälfte davon, gegen das 4—5 mal so starke polnische Heer heran, das zahlreichen Zuzug von Kosaken und Tataren erhalten hatte. Ein Vermittlungsversuch des französischen Gesandten, Marquis de Lumbres, der für die schwedisch-brandenburgischen Verbündeten besorgt war, scheiterte an der Erbitterung und übermütigen Siegesgewißheit des Polenkönigs: er antwortete, wie erzählt wird, dem Marquis: die Schweden habe er den Tataren zum Frühstück geschenkt und den Kurfürsten wolle er in ein Loch stecken, wohin weder Sonne noch Mond scheine. So kam es zu der heißen, dreitägigen Schlacht von Warschau, 28. bis 30. Juli 1656, in der der Kurfürst von Brandenburg selbst neben dem Schwedenkönig das Kommando führte. Er wies namentlich an dem kritischen Tage, dem 29. Juli, während Karl Gustav seine Stellung wechselnd von einem Flügel auf den andern marschierte, so daß er selbst stundenlang den ganzen Druck der feindlichen Macht allein auszuhalten hatte, mit großer Kaltblütigkeit und Umsicht die wiederholten Sturmangriffe der Polen und Tataren auf seine Stellung zurück. Die nach schwedischem Muster geschulte brandenburgische Infanterie in ihren tief aufgestellten Gevierthaufen, die einem Tatarenaga wie „wandelnde Kastelle“ erschienen, und daneben die wirksam eingreifende Artillerie erwiesen sich dem Gegner überlegen. Am 30. Juli nahmen die Brandenburger unter dem Feldzeugmeister von Sparr in einem glänzenden Sturmangriff das Gehölz, das die Vorstadt Praga deckte; damit war der Sieg entschieden. Die feindliche Armee löste sich auf, und am 31. Juli hielt der Kurfürst an der Seite des Schwedenkönigs den Siegeseinzug in Warschau. Es war die erste Waffenprobe der neugebildeten brandenburgischen Armee; sie hat sie glänzend bestanden. Sie trat seitdem der in aller Welt berühmten und gefürchteten schwedischen Kriegsmacht ebenbürtig zur Seite. Aber der strategische und politische Erfolg war gering. Zu einer nachhaltigen Verfolgung, die die Streitkräfte des Feindes aufgerieben hätte, ist es nicht gekommen. Eine völlige Vernichtung

Polens lag doch nicht im Interesse des brandenburgischen Kurfürsten. Trotz der Waffenbrüderschaft blieb sein politisches Verhältnis zu dem Schwedenkönig von Argwohn und Mißtrauen beherrscht. Er war vor allem bestrebt, Preußen zu decken, auf das sich der Angriff der bald wieder gesammelten und verstärkten polnischen Streitkräfte zunächst richtete. Am 8. Oktober erlitt Waldeck durch den polnischen General Gonsiewski eine Niederlage bei Protzko am Lyk, an der Südostgrenze von Preußen; das Herzogtum wurde von den polnisch-tatarischen Scharen überflutet, die bald auch Königsberg bedrohten. Durch das siegreiche Treffen bei Philippowo (22. Oktober) gelang es Waldeck, sie zurückzuwerfen und Preußen vorläufig zu sichern. Aber Karl Gustav war in desto größeren Nachteil geraten. Großpolen, Westpreußen, auch Danzig waren in die Hände der Polen gefallen; sie hatten die Seeküste gewonnen und die Schweden von der Verbindung mit den pommerschen Häfen abgeschnitten. Dazu kam ein allgemeiner Umschwung der politischen Lage, der ihnen günstig war. Der Zar Alexei von Rußland, bisher ein Feind Polens, wandte sich jetzt gegen Schweden, dem er Livland zu entreißen suchte. Der Kaiser begann sich ebenfalls zugunsten Polens zu regen; der alte Haß gegen die vorwaltende protestantische Macht des Nordens hatte durch die Schlacht von Warschau neue Nahrung erhalten. Auch die Niederländer trafen Anstalten, ihren Ostseehandel gegen die Eingriffe der Schweden zu schützen. Im November stand Polen militärisch und politisch in einer sehr günstigen Stellung da; an die Eroberung der großpolnischen Palatinate, die man im Vertrage von Marienburg in Aussicht genommen hatte, war nicht mehr zu denken. Brandenburg mußte durch andere Vorteile gewonnen werden, wenn es in der Verbindung mit Schweden festgehalten werden sollte; und in diesem Moment kam dem Schwedenkönig alles darauf an. So bewilligte er denn, so schwer ihm auch der Entschluß wurde, die vom Kurfürsten gestellte Bedingung: Verzicht auf die schwedische Lehnshoheit über Preußen, Anerkennung der Souveränität des Kurfürsten als Herzog von Preußen. Der Vertrag von Labiau vom 20. November 1656, der die Befreiung von dem schwedischen Joch brachte, war das persönliche Werk des Kurfürsten, der bei dem heftigen Streit der Meinungen unter seinen Räten, von denen die meisten für ein Abkommen mit Polen eintraten, während Waldeck unbedingt an Schweden festhalten wollte, und bei der gefährlichen Erbitterung der preußischen Stände doch ruhig und unbeirrt das Hauptinteresse seines Staates im Auge behielt. Er hat kurz vorher auch mit Polen unterhandelt und wäre wohl schon damals auf dessen Seite zurückgetreten, wenn Johann Kasimir bereit gewesen wäre, ihm die Souveränität zuzugestehen; aber davon war der Polenkönig damals weit entfernt, und so begnügte sich Friedrich Wilhelm zunächst mit der Abschüttelung der schwedischen Lehnshoheit — wahrscheinlich wohl schon in der Überzeugung, daß es sich dabei nur um eine vorläufige Regelung seines politischen Verhältnisses zu den beiden nordischen Mächten handle.

Ein neuer Feldzug in Polen, bei dem Waldeck die 4000 Brandenburger kommandierte, die der Kurfürst nach dem Vertrage zu stellen hatte, verlief ähnlich wie die früheren. Anfangs drang das schwedisch-brandenburgische Heer siegreich vor; es vollzog in der Nähe von Sandomir im April die Vereinigung mit den Truppen, die der Fürst von Siebenbürgen, Georg Rakoczy, heranführte. Die Kombination aus der Zeit Bethlen Gabors wiederholte sich. Um so enger schloß sich der Kaiser, dessen ungarische Interessen nun mit ins Spiel kamen, an die polnische Sache an. Sein Gesandter, Marquis von Lisola, machte dem brandenburgischen Kurfürsten Aussicht auf eine günstige Verständigung mit dem Kaiser und Polen und erhielt von ihm die Zusage, daß er sich rein defensiv verhalten und nicht wieder mit seiner ganzen Macht für die schwedische Sache eintreten werde.

Die vereinigten Feinde Polens hatten sich bald wieder getrennt und jeder verfuhr auf eigene Hand, sich auf seine Operationsbasis zurückziehend, während Johann Kasimir in kurzer Zeit sich wieder zum Herrn seines Reiches machte. Eine entscheidende Wendung aber erfolgte dann durch die Schilderhebung König Friedrichs III. von Dänemark gegen den jetzt in Bedrängnis geratenen alten Erbfeind Schweden. Karl Gustav entschloß sich, trotz der Abmahnungen seines Bundesgenossen, diesen Feind zuerst niederzuschlagen und verlangte von dem Kurfürsten in ziemlich rücksichtsloser Weise, daß er inzwischen die Last des polnischen Krieges allein auf sich nehmen müsse. Das aber lag keineswegs im Interesse und in der Absicht Friedrich Wilhelms. Während die schwedischen Truppen durch Holstein und Schleswig gegen Jütland vorrückten, trat er in Verhandlungen mit Polen, wobei der kaiserliche Gesandte Lisola die Vermittlung übernahm. Dieser geschickte und eifrige Diplomat, dem sehr viel daran lag, den Kurfürsten für die bevorstehende Kaiserwahl (Kaiser Ferdinand III. war am 2. April 1657 gestorben) auf die habsburgische Seite zu ziehen, wandte alle mögliche Mühe an, um eine Verständigung mit Polen zustandezubringen, wobei ihm auch der Einfluß der Frauen der kurfürstlichen Familie, der Mutter, der Gemahlin, der älteren Schwester Friedrich Wilhelms, zu Hilfe kam. Die Hauptbedingung für den Kurfürsten war die Bestätigung der preußischen Souveränität durch Polen; aber Johann Kasimir war nur sehr schwer zu diesem Zugeständnis zu bewegen. Noch im letzten Moment zog er die bereits gegebene Zusage wieder zurück, und die Unterhandlungen wären gescheitert, wenn nicht Lisola die Verantwortung dafür auf sich genommen hätte, die neue Instruktion zu ignorieren, bis der Abschluß erfolgt war. So ist es zu dem Vertrage von Wehlau gekommen, der am 19. September 1657 unterzeichnet wurde, auf brandenburgischer Seite durch Schwerin und Somnitz; die Ratifikation erfolgte erst nach einer persönlichen Zusammenkunft des Kurfürsten mit dem Polenkönig unter mancherlei ergänzenden Zusätzen in dem Vertrage von Bromberg vom 6. November 1657; die kluge und energische Gemahlin Johann Kasimirs, Luise Marie, eine französische Prinzessin aus dem Hause Nevers-Gonzaga, hat damals und auch weiterhin an der Herstellung eines besseren Verhältnisses zwischen den beiden Herrschern einen hervorragenden, entscheidenden Anteil genommen.

Die Hauptabsicht Brandenburgs, die Anerkennung der preußischen Souveränität durch Polen, war in dem Vertrage von Wehlau erreicht; allerdings mußte der Kurfürst auf Ermland, das er dem schwedischen Bündnis verdankte, jetzt wieder verzichten. Dafür erhielt er aber in dem Bromberger Vertrag als eine — freilich nicht ganz gleichwertige — Entschädigung die an Hinterpommern angrenzenden Ämter Lauenburg und Bütow als polnische Lehen und die Starostei Draheim sowie die Stadt Elbing als freien Besitz, die letzteren allerdings unter einer Rückkaufsklausel. Gegen weitere Entschädigungen wurde von Brandenburg auch Waffenhilfe gegen Schweden mit einer Macht von 6000 Mann zugesagt; doch war seine Beteiligung am Kriege noch nicht eine unmittelbare und notwendige Folge dieser Verträge, und es gelang zunächst dem Kurfürsten noch, einen offenen Bruch mit dem von dem dänischen Kriege ganz in Anspruch genommenen Schwedenkönig zu vermeiden, indem er sich den Anschein gab, als sei er einfach in seine alte Neutralitätsstellung zurückgekehrt; fast ein Jahr lang ist er nun in der Tat dem schleppend weitergeführten Kriege zwischen Schweden und Polen ferngeblieben, während Karl Gustav in einem glänzenden Winterfeldzuge, über die gefrorenen Belte marschierend, die Dänen niederwarf und sie zu dem schmählichen Frieden von Roeskilde zwang (Februar 1658), und während im Deutschen Reiche die Frage der Kaiserwahl, die alle anderen Interessen zurückdrängte, indem sie sich zugleich mit ihnen verband, auch für Brandenburg Anlaß zu den lebhaftesten Unterhandlungen nach allen Seiten hin gab. Der Kurfürst schwankte nicht mehr zwischen den Parteien; er wußte, daß es mit Schweden zum Kampf kommen müsse und suchte durch näheren Anschluß an Österreich seine Position dazu so viel wie möglich zu stärken. Seine alten Forderungen — Jägerndorf oder Glogau und die Bezahlung der alten auf Schlesien fundierten Geldschuld —, die er auch jetzt anfangs wieder erhob, ließ er fallen, als er auf Schwierigkeiten stieß, und förderte auch ohne diese Zugeständnisse die Kaiserwahl Leopolds nach Möglichkeit. Am 1. Februar 1658 schloß er mit den österreichischen Gesandten, die nach Berlin gekommen waren (Lisola und Montecuccoli), einen Bündnisvertrag zu Schutz und Trutz gegen Schweden, in den auch Polen eingeschlossen war; die Hoffnung auf Eroberung des schwedischen Teils von Pommern lag seinen Kriegsplänen dabei schon zugrunde. Erst am 28. Mai ist dieser Vertrag in Wien ratifiziert worden. Am 18. Juli 1658 fand dann die einhellige Kaiserwahl des 18jährigen Habsburgers statt, um die sich Brandenburg in eifrigen und erfolgreichen Verhandlungen bemüht hatte. Kardinal Mazarin, der erst einen Moment lang an die Kandidatur seines Königs, Ludwigs XIV. gedacht, dann den Pfalzgrafen von Neuburg oder den Kurfürsten von Bayern begünstigt hatte, gab schließlich seinen Widerstand gegen die Wahl des Habsburgers auf und war nur noch bestrebt, in die Wahlkapitulation eine Bedingung hineinzubringen, die den Kaiser daran verhindern sollte, den Spaniern, die noch immer in den Niederlanden gegen Frankreich fochten und nahe daran waren, zu erliegen, durch österreichische Truppenhilfe Mut und Kraft zu längerem Widerstande zu geben. Um die Einhaltung dieser Bedingung und überhaupt die Interessen Frankreichs im Deutschen Reich zu sichern, hat er in sehr geschickter Benutzung der reichsständischen Assoziationsbestrebungen, deren Mittelpunkt namentlich der Kurfürst-Erzbischof von Mainz, Graf Johann Philipp von Schönborn war, den sogenannten Rheinbund zustande gebracht (14., 15. August 1658), der zu Anfang namentlich die drei geistlichen Kurfürsten, Kurpfalz, den Pfalzgrafen von Neuburg und Schweden umfaßte und eine entschieden oppositionelle Haltung gegen den Kaiser einnahm — ein bereites Werkzeug der französischen Politik im Reiche. Der Kurfürst von Brandenburg hielt sich selbstverständlich von diesem Bunde fern, in dem seine Gegner, Pfalz-Neuburg und Schweden, die Förderung ihrer Interessen fanden; er schloß sich um so enger an den Kaiser an, von dem er eine wirksame Unterstützung in dem bevorstehenden Kampfe mit Schweden erwartete.

Der Anschein der Neutralität hatte sich Schweden gegenüber doch nicht auf die Dauer aufrecht erhalten lassen. Im Juli bereits war es zum Abbruch der diplomatischen Beziehungen gekommen, und der Kurfürst konnte jeden Moment auf einen Angriff Karl Gustavs gefaßt sein. Von der Stimmung in diesen Tagen gibt eine Flugschrift Zeugnis, die wahrscheinlich aus der Feder Schwerins stammt und die den „ehrlichen Teutschen", an den sie sich wendet, für den Krieg gegen Schweden und die Rückerwerbung Pommerns durch deutsche Hand zu erwärmen sucht, mit Tönen national-patriotischer Aufwallung, wie man sie in jenen Zeiten nur selten zu hören bekommt. Sie schildert den traurigen Zustand, in den Deutschland durch den Dreißigjährigen Krieg versetzt worden ist. „Wem sein Vaterland lieb ist", „wem noch einiges teutsches Blut um sein Herze warm ist", „muß darüber weinen und seufzen". „Wir haben unser Gut, wir haben unser Blut, wir haben unsere Ehre und Namen dahingegeben und nichts damit ausgerichtet, als daß wir uns schier zu Dienstknechten und fremde Nationes berühmt, uns des hohen Namens fast verlustig und diejenige, so wir vorher kaum kannten, damit herrlich gemachet. Was sind Rhein, Weser, Elbe, Oder anders als fremder Nationen Gefangene? Was ist Deine Freiheit und Religion mehrs, als daß andere damit spielen? Summa: alles verlor sich mit dem herrlichen Pommern und mit anderen so stattlichen Ländern." Darum möge jeder bedenken, „was er für die Ehre des teutschen Namens zu tun habe, um sich gegen sein eigen Blut und sein, für allen Nationen dieser Welt berühmtes Vaterland nicht zu vergreifen." „Gedenke, daß du ein Teutscher bist!"

Man wird sich hüten müssen, national-politische Gesinnung, wie sie aus dieser Flugschrift spricht, als die eigentliche und dauernde Triebfeder der brandenburgischen Politik anzusehen. Ihre Richtung empfing die Politik des Kurfürsten in jedem Moment nur durch das Interesse seines Staates, aber ihre Farbe war damals, wo die Interessen des deutschen Namens und des Hauses Brandenburg zusammengingen, wirklich deutsch-national. Otto von Schwerin, in dem wir den Verfasser der Flugschrift vermuten dürfen, ein kluger, gebildeter, warmherziger pommerscher Edelmann, Geheimer Rat und Haushofmeister der Kurfürstin, vielleicht auch der Verfasser des der Kurfürstin zugeschriebenen Kirchenliedes „Jesus meine Zuversicht" — nahm damals im Rate der Kurfürsten den ersten Platz ein, nachdem Waldeck, den sein starres schwedisches System seit der entschiedenen Wendung der brandenburgischen Politik unmöglich machte, den kurfürstlichen Dienst verlassen hatte. Eben in diesem Jahre 1658 (13. Oktober) ist Schwerin als Oberpräsident des Geheimen Rates und erster Minister vom Kurfürsten an die Spitze der Geschäfte gestellt worden.

Karl Gustav hatte im August den Krieg wieder eröffnet; aber statt, wie man erwartete, nach Preußen zu gehen, erschien er mit seiner Flotte am 17. August vor Kopenhagen, um erst dem dänischen Gegner, dessen Wiedererhebung er fürchtete, den Stoß ins Herz zu versetzen. Aber Kopenhagen, wo eine patriotische Bewegung der Bürgerschaft gegen den schwedischen Friedensbrecher der tapferen Politik des Königs Friedrich III. und seiner mutigen Gemahlin zu Hilfe kam, widerstand in erfolgreicher Verteidigung Woche auf Woche, und Karl Gustav begann in eine bedenkliche Lage zu geraten.

Diesen Moment ergriff der brandenburgische Kurfürst, um den Krieg gegen Schweden zu eröffnen. Im September rückte er an der Spitze einer Armee von 30 000 Mann, die aus brandenburgischen, kaiserlichen und polnischen Truppen zusammengesetzt war, vor und verdrängte die Schweden aus Holstein und Schleswig. Zugleich erschien eine holländische Flotte in See; sie erzwang die Durchfahrt durch den Sund, den die Schweden gesperrt hielten, brach die schwedische Blockade vor Kopenhagen und versorgte die Stadt, die sich tapfer zu verteidigen fortfuhr, mit den nötigen Lebensmitteln. Noch im Dezember gelang dann dem brandenburgischen Kurfürsten eine glänzende Kriegstat: unter Mitwirkung einiger dänischer Kriegsschiffe erstürmte er die von den Schweden tapfer verteidigte Insel Alsen. Im Frühjahr 1659 drang er nach Jütland vor. Fridericia, die letzte Position der Schweden auf dem Festlande, fiel im Mai in die Hände der Verbündeten. Nun wollte der Kurfürst nach den Inseln Fünen und Seeland hinübergehen, um Kopenhagen zu entsetzen. Aber da stieß er auf Schwierigkeiten, die er nicht zu überwinden vermocht hat. Er selbst hatte ja keine Flotte; die dänische war zu schwach, um den Widerstand der schwedischen zu brechen; die Holländer aber, die wohl über genügende Kräfte verfügt hätten, wurden durch diplomatische Einwirkungen von England und Frankreich zurückgehalten, die Schweden nicht gänzlich überwältigt sehen wollten. Im Mai 1659 hatten sich Frankreich, England und die Niederlande in dem Haager Konzert geeinigt, um durch diplomatische Intervention den Frieden zwischen Schweden und Dänemark auf Grund der Bedingungen von Roeskilde herzustellen. So mißlangen denn die Versuche der Verbündeten, nach Fünen überzusetzen, im Juni und Juli; und der Kurfürst wandte sich nun, um seine eigenen Interessen wahrzunehmen, gegen Schwedisch-Pommern, das vom September 1659 ab der hauptsächlichste Kriegsschauplatz geworden ist, neben Westpreußen, wo die Polen erfolgreich gegen die schwedischen Stellungen vordrangen. Pommern war am Ende des Jahres (1659) bis auf Stralsund und Stettin von den Brandenburgern erobert, und der Kurfürst trug sich mit der Hoffnung, daß es ihm diesmal gelingen werde, den Schweden das Land zu entreißen. Die Hartnäckigkeit Karl Gustavs, der sich gegen einen Friedensschluß sträubte, machte es den Haager Verbündeten schwer, ihre Absicht zu erreichen. Selbst als die Holländer sich nun, um ihren Vermittlungsvorschlägen Nachdruck zu geben, dazu herbeiließen, das Unternehmen gegen Fünen tatkräftig zu unterstützen, als es im November 1659 in der blutigen Schlacht bei Nyborg zu einer völligen Niederlage der schwedischen Armee kam, selbst da gab Karl Gustav noch nicht nach, wenn er auch die Belagerung von Kopenhagen hatte aufheben müssen.

Eben damals erfuhr die europäische Gesamtlage eine eingreifende Veränderung durch den Abschluß des Pyrenäenfriedens, der dem langen Kriege zwischen Frankreich und Spanien ein Ende machte. Mazarin hatte nun die Hände frei und konnte wirksamer als bisher zum Schutze Schwedens eingreifen, das ja die Vormauer der französischen Interessen im Nordosten Europas war. Als Garant des Westfälischen Friedens erhob jetzt Frankreich Einspruch gegen die Eroberung von Vorpommern durch Brandenburg und forderte sofortige Rückgabe des Landes an Schweden. Eine französische Armee von 40 000 Mann wurde an den Grenzen zusammengezogen, um dieser Forderung Nachdruck zu verleihen. Dies entschiedene Auftreten des französischen Ministers verfehlte seine Wirkung nicht. Die Verbündeten des Kurfürsten wurden abtrünnig. Die Polen waren zufrieden, ihr Land von den Schweden befreit zu haben, und der

Kaiser hatte kein Interesse mehr an der Fortsetzung des Krieges, seit Spanien seinen Frieden mit Frankreich gemacht hatte; er war weit entfernt, für brandenburgische Interessen sich in eine kriegerische Verwicklung mit Frankreich einzulassen. Sobald die französische Forderung bekannt geworden war, gab er seinen Truppen, die an der Belagerung von Stettin teilnahmen, den Befehl zum Abzug. Der Kurfürst von Brandenburg war völlig isoliert. Seine Hoffnung, Schwedisch-Pommern behalten zu dürfen, war durch die französische Intervention vereitelt.

Mazarin war der Herr der Lage. Unter französischer Vermittlung fanden die Friedensverhandlungen statt, die seit 1659 in dem Kloster Oliva bei Danzig geführt wurden. Karl Gustav widerstrebte noch immer in alter Hartnäckigkeit einem Friedensschluß; er war nach Norwegen gezogen, das er den Dänen zu entreißen suchte; dort aber ist er im Februar 1660 erkrankt und gestorben. Auch der Kurfürst von Brandenburg hat bis zuletzt die Vermittlungsvorschläge Frankreichs zurückgewiesen; aber er fand weder im Haag noch in Wien irgendwelche Unterstützung. In dem Frieden von Oliva (3. Mai 1660) mußte er auf die vorpommerschen Lande Verzicht leisten. Er erlangte nur die Bestätigung der in den früheren Verträgen errungenen preußischen Souveränität und der von Polen abgetretenen Gebiete: Lauenburg, Bütow, Draheim. In den Besitz der Stadt Elbing, deren Abtretung auch wieder bestätigt wurde, hat er tatsächlich nicht zu gelangen vermocht. Die Stadt blieb in polnischen Händen; sie ist erst im Jahre 1700 tatsächlich ein Bestandteil des preußischen Staats geworden.

Der Friede von Oliva war in gewissem Sinne eine Enttäuschung für die weitausgreifende Politik des brandenburgischen Kurfürsten; aber er bedeutete im großen und ganzen doch einen gewaltigen Fortschritt auf der Bahn zu einer selbständigen Machtstellung. Der Kurfürst selbst hatte eine großartige kriegerische und diplomatische Schule durchgemacht. Er hatte gelernt, sein politisches Interesse zur Richtschnur seiner Handlungen zu machen und hatte sich nicht gescheut, die Partei zu wechseln, wenn die Staatsräson es gebot. Er hatte dabei eine außerordentliche Geschicklichkeit bewiesen, einen zähen und elastischen Geist, wie er dem geborenen Politiker eigen ist; indem er das Ziel unverrückt im Auge behielt, verstand er es, in Mitteln und Wegen sich den Forderungen des Augenblicks anzupassen. Das Unsichere, Schwankende seiner früheren politischen Haltung ist verschwunden. Selbstvertrauen und Selbstbewußtsein haben sich in hohem Maße bei ihm entwickelt als das Resultat einer in großen Verhältnissen und im ganzen doch auch mit entschiedenem Erfolg ausgeübten Tätigkeit. Seit dem Ausscheiden Waldecks hat keiner seiner Räte und Generale mehr einen wirklich beherrschenden Einfluß auf seine Entschließungen besessen. Schwerin und andere, die wir seitdem in hervorragender Stellung finden, sind zwar auch noch Berater, aber nicht von so maßgebendem Gewicht wie früher Burgsdorff, Blumenthal, Waldeck gewesen waren. Der selbständige, autokratische Zug in dem Regiment des Kurfürsten tritt in schärferer Ausprägung hervor. Es bleibt noch immer seine Gewohnheit, die großen politischen Fragen wie die Angelegenheiten der Verwaltung mit seinen Geheimen Räten in förmlicher Sitzung zu erwägen; aber die Entscheidung gibt er nicht mehr, wie in den ersten Jahren seiner Regierung, gleich an Ort und Stelle und unter dem frischen Eindruck der Deliberation; sondern, nachdem er die Räte angehört und ihre Meinungen erwogen hat, überlegt er die Angelegenheit noch einmal für sich, läßt noch einen oder den andern zu sich kommen und trifft dann die Entscheidung in seinem Kabinett. Es ist eine ähnliche Regierungsweise, wie sie damals in Frankreich Ludwig XIV. ausgebildet hat. Sie erforderte einen anhaltenden und regelmäßigen Fleiß; der Kurfürst lebte beständig in den Geschäften. Nur die Jagd, die er mit Passion ausübte, unterbrach in Friedenszeiten diese regelmäßige Tätigkeit, die auch auf den häufigen Reisen in Königsberg oder Cleve fortgesetzt wurde. Auf diesen Reisen und im Kriege ließ sich der Kurfürst immer von einer Anzahl von Räten begleiten, die mit ihm die wichtigsten Angelegenheiten zu beraten hatten, während die in Cölln a. Spree zurückbleibenden Mitglieder des Geheimen Rates die laufende Verwaltung führten und ihm regelmäßige Berichte einsandten. In dieser rastlosen Regententätigkeit, in einem bewegten Reise- und Kriegsleben schloß sich die Summe seiner Kräfte zusammen zur Ausbildung einer achtunggebietenden Herrscherpersönlichkeit. Seine stattliche Erscheinung, die namentlich neben dem kurzen dicken Schwedenkönig Karl Gustav sehr vorteilhaft auffiel, das bedeutende Gesicht mit der Adlernase, dem energischen Kinn, den blitzenden blauen Augen, die ebenso zornig wie gütig blicken konnten, umrahmt von der Lockenfülle der großen Staatsperücke, gaben seinem Auftreten etwas Majestätisches; ein großer Zug in Haltung und Geberde war ihm eigen. Aber im Grunde hatte seine cholerische Natur etwas Ungestümes, was ihn nicht selten im ersten Moment zu übereilten Worten und Handlungen fortriß. Die Ausbrüche seines Jähzorns waren gefürchtet. Wenn ihm das Blut zu Kopfe stieg und die Ader an der Stirn schwoll, dann pflegten nicht nur seine Diener, sondern auch die fremden Gesandten die gefährliche Nähe des Herrschers zu vermeiden. Aber, wie Friedrich der Große von ihm gesagt hat, wenn er nicht der ersten Regung Meister war, so war er es sicher der zweiten. Auf die hitzige Aufwallung folgte die kühle Besonnenheit, die der Staatsräson gehorchte; und die Leidenschaft setzte sich in eine starke Willensenergie und zähe Beharrlichkeit um. Eine tiefe Religiosität blieb die Grundlage seines persönlichen und politischen Lebens; die Regentenarbeit erschien dem strengen Calvinisten als ein Gottesdienst, der Erfolg als eine Gewähr für die göttliche Gnade. Durch einen reinen und aufrichtigen Wandel vor Gott glaubte er auch für die irdische Wohlfahrt seines Hauses und Staates am besten zu sorgen. Er war eine warme, vollblütige Natur; aber mit der ehelichen Treue nahm er es sehr genau. Das erste Kind seiner Ehe mit Luise Henriette ist bald wieder gestorben; erst 1665 und 1667 wurden zwei Söhne geboren, die am Leben blieben, Karl Emil und Friedrich, der spätere Thronfolger. Ihre Erziehung wurde durch Schwerin geleitet; der Kurfürst kümmerte sich aber auch selbst darum. Charakteristisch ist für seine Auffassung des Herrscherberufs das Wort, das er später einmal seinen Söhnen zum Auswendiglernen diktiert hat: Sic gesturus sum principatum, ut rem populi esse sciam, non meam privatam. Es ist das Leitmotiv des aufgeklärten Absolutismus, das hier schon anklingt. Aber das Verantwortlichkeitsgefühl, das sich darin ausspricht, wurzelte bei Friedrich Wilhelm nicht in naturrechtlichen Anschauungen, sondern vielmehr durchaus in der religiösen Auffassung seines Fürstenamtes, und der patrimoniale Zug, der dem wirklichen Staatsleben der Zeit, ganz besonders in Deutschland, eigen war, behauptete daneben noch einen breiten Platz. Auch von dem brandenburgischen Kurfürsten könnte das Wort gelten, mit dem man die Regierungsweise Ludwigs XIV. gekennzeichnet hat: „l'Etat c'est moi"; nicht in dem Sinne, als ob das persönliche Interesse des Monarchen die Staatsräson bestimme, sondern in dem, daß beides untrennbar verbunden ist, daß aus der Person des Fürsten der Staatsgedanke hervorwächst. Denn der Große Kurfürst, wie er nun bald genannt wurde, ist in Wahrheit der Schöpfer eines Staates gewesen, dessen Idee lange Zeit hindurch nur in seinem Geiste lebte und erst sehr allmählich in der Wirklichkeit Gestalt gewonnen hat. Er war zu Anfang eigentlich noch nicht der Monarch eines großen Staates, sondern ein vielfacher Landesherr über ein Bündel von Territorien. Diese Ländermasse zu einem Staat zu machen, der sich in der Welt aufrecht erhalten und für das Wohl seiner Angehörigen einstehen konnte, das ist recht eigentlich die Arbeit seines Lebens gewesen. Die Erwerbung der Souveränität in Preußen macht Epoche in diesen Bestrebungen zur Gründung eines modernen Staates. Unabhängig vom Reich, von Schweden, von Polen, nahm er hier eine ganz selbständige Stellung ein. Auch in den Reichslanden waren ja die wesentlichsten Attribute der Souveränität, Bündnis- und Kriegsrecht, durch den Westfälischen Frieden zu unbestrittener Geltung gelangt; aber die Zugehörigkeit zum Reichsverband, die Lehnsverpflichtung gegenüber dem Kaiser brachte doch immer noch eine keineswegs ganz belanglose politisch-moralische Abhängigkeit mit sich. Wenn diese sich von Jahrzehnt zu Jahrzehnt verringert hat, wenn im Reiche die Stellung des hohenzollernschen Fürstentums allmählich immer freier und selbständiger geworden ist, so ist auch hier die Einwirkung der preußischen Souveränität nicht zu verkennen; die politische Gesamtstellung des Kurfürsten wurde maßgebend dadurch beeinflußt. Er gewann eine europäische Stellung. Und diese wirkte wieder auf das Machtverhältnis des Fürsten gegenüber den mitregierenden Landständen in den einzelnen Gebieten zurück. Wie er im Kampf mit diesen seinen Staat begründete, soll im nächsten Kapitel im Zusammenhange dargestellt werden.

Der Aufbau des Gesamtstaats 1648—1688.

Es gibt viele Staaten in Europa, die durch die Mitwirkung ihrer ständischen Vertretungen zu festerer Einheit gelangt sind, als sie anfänglich in der Regel vorhanden war. In England ist das Parlament seit dem 13. Jahrhundert ein Bollwerk der Staatseinheit gewesen; ebenso später die Reichstage in Schweden, in Polen, in Ungarn. Auch in Frankreich haben die Generalstände bei dem staatlichen Einigungswerk der Capetinger und Valois wirksame Hilfe geleistet. In Österreich hat man im 16. Jahrhundert wenigstens einen Versuch zur Bildung von Generalständen gemacht; er ist freilich gescheitert. In dem brandenburgisch-preußischen Staat des Großen Kurfürsten und seiner Nachfolger im 17. und 18. Jahrhundert finden wir nichts von einem solchen Versuch. Er wäre auch vergeblich gewesen. Die Länder, aus denen das Hohenzollernreich sich zusammensetzte, waren einander zu fremd, zu weit voneinander getrennt und abgelegen, zu stark und starr in ihrem landschaftlichen Sondergeiste befangen, als daß ihre ständischen Vertretungen zur engeren Verbindung oder gar zur staatlichen Verschmelzung der einzelnen Landesteile hätten mitwirken können. Wäre es nach dem Sinn der Stände gegangen, so wäre der Staat der Hohenzollern ein lockerer Bund halbselbständiger Kleinstaaten geblieben, wie es etwa die Republik der Vereinigten Niederlande im 17. und 18. Jahrhundert war. Der Einheitsstaat, der im 17. Jahrhundert vorbereitet, im 18. gefördert, im 19. vollendet wurde, ist gegen den Willen der einzelnen Landschaften und ihrer ständischen Vertretungen geschaffen worden, und der Große Kurfürst ist der Urheber dieser großen Umwandlung geworden. Ob ihm dabei die Idee eines Einheitsstaates mit zentralisierter Verwaltung, wie er sich später ausgebildet hat, schon ganz klar vor Augen stand, wird man bezweifeln dürfen: in seinem politischen Testament von 1667 hat sie noch keinen deutlichen Ausdruck gefunden. Aber der Wille zur Macht, den er seinem Staate eingepflanzt hat, und die Werkzeuge zur Verwirklichung dieser Machtbestrebungen, Heer und Finanzverwaltung, drängten zur einheitlichen Zusammenfassung aller Kräfte und Mittel, die in den einzelnen Landen vorhanden waren. Aus diesem Streben nach einer machtvollen staatlichen Einheit ist in Brandenburg-Preußen der Absolutismus hervorgegangen. Indem die Staatseinheit, die allein zur Entfaltung militärisch-politischer Macht befähigte, gegen den Willen der Stände durchgesetzt wurde, ergab sich als eine ganz natürliche Folge die Herabdrückung der Landtage zu bloßen Provinzialvertretungen von mehr kommunalem als politischem Charakter, während die Fürstenmacht in dem Gesamtstaat, den sie allein aufgerichtet, fortan in der Hauptsache ganz unumschränkt zu gebieten hatte. Unter diesem allgemeinen Gesichtspunkt muß man die Kämpfe des Großen Kurfürsten mit den Ständen seiner Lande ansehen, die einen großen Teil seiner Regierungszeit und namentlich die nächsten Jahrzehnte nach 1660 ausfüllen. Sie haben eine ähnliche Bedeutung wie die Kämpfe, die Richelieu einige Jahrzehnte vorher mit den französischen Provinzialständen geführt hatte.

Es handelt sich dabei nicht um eine despotische Laune oder um die einfache Nachahmung eines auswärtigen Vorbildes, sondern um eine große historisch-politische Notwendigkeit. Es galt in dieser eisernen Zeit, in dem Rivalitätskampf der großen Mächte, die eigene Selbständigkeit zu erringen und zu behaupten, Hammer zu werden, wo man früher Amboß gewesen war. Das war auch die Vorbedingung für eine selbständige Entwicklung im Innern, für die Aufrechterhaltung des evangelischen Glaubens, für wirtschaftliche Wohlfahrt, für Recht und Gesittung von heimischer Art. Der Dreißigjährige Krieg ist für das Haus Brandenburg die große Schule geworden, in der es den Wert und die Unentbehrlichkeit der politischen Macht für alle Zwecke des öffentlichen Lebens kennen und schätzen gelernt hat. Und es hat in dieser Schule zugleich auch das Hauptmittel kennen gelernt, das nach der damaligen Weltlage allein tauglich war, zu solcher Macht den Weg zu bahnen: den miles perpetuus, das stehende Heer. Seit dem Großen Kurfürsten steht die Armee im Mittelpunkte des Staatsinteresses. Sie ist das Rückgrat für den sich ausbildenden Staatskörper und für seine Verwaltungsorganisation geworden. Die Armee aber kostete Geld, und den Geldbeutel hatten zunächst noch überall die Stände der einzelnen Landschaften in der Hand. Die aber begriffen weder die Notwendigkeit eines Heeres in Friedenszeiten, das ja in deutschen Landen damals eine ganz neue Erscheinung war, noch verstanden sie den Gedanken einer staatlichen Machtpolitik, der ja bis zum Dreißigjährigen Kriege hin dem deutschen Leben fremd gewesen war. Sie standen darum auch der fürstlichen Gesamtstaatsidee verständnislos gegenüber; sie wollten ihr Sondertum, ihr landschaftliches Stilleben, ihre von naivem Klassenegoismus beherrschte Wohlfahrtspolizei nicht mit den unbekannten Segnungen des größeren machtvollen Gesamtstaats vertauschen. Darum ist die neue Staatsbildung nicht möglich gewesen ohne eine große Verfassungsumwälzung, eine Revolution von oben. Im Namen der politischen Notwendigkeit und des öffentlichen Wohls trat der Kurfürst den überlebten Rechtsanschauungen einer absterbenden Epoche des Staatslebens entgegen. Daß diese einst ihr gutes Recht gehabt hatten, darf dabei nicht übersehen werden. Der machtlose territoriale Kleinstaat mit der den Landesfürsten einengenden ständischen Verfassung war nun einmal die Lebensform, welche die Geschicke des deutschen Volkes mit sich gebracht hatten. Die Idee des waffengewaltigen Großstaats und der fürstlichen Machtvollkommenheit erschien als etwas Neues und Unerhörtes, das stehende Heer als Werkzeug des Despotismus oder einer verabscheuenswürdigen Eroberungspolitik. Es war ein spießbürgerlicher Standpunkt, aber die allermeisten vertraten ihn. Nur wenige kühne Geister erhoben sich damals zu den Gedanken, denen die Zukunft gehören sollte.

Dieser politische Gesichtspunkt ist der wesentlichste für das Verständnis jener Kämpfe zwischen Fürstentum und Ständetum. Ein sozialer Zug fehlt nicht in dem Bilde, aber er hat eine untergeordnete Bedeutung. Gewiß waren die Stände nicht immer die Vertreter der wirklichen Gesamtinteressen ihrer Länder. Sie waren meist von einem kurzsichtigen, engherzigen Klassengeist erfüllt; sie glaubten vielfach als privilegierte Personen das Recht zu haben, das öffentliche Wesen für ihre egoistischen Zwecke auszubeuten; sie haben übel für die unteren Klassen gesorgt. Aber nicht an diesen sozialen Mißbräuchen und Gebrechen sind die alten ständischen Verfassungen zugrunde gegangen, sondern an der Tatsache, daß sie den politischen Anforderungen einer neuen, auf den militärischen Großstaat zustrebenden Zeit nicht gerecht zu werden vermocht haben. Man darf sich den Sturz der ständischen Verfassungen doch nicht so denken, als sei die monarchische Gewalt mit den unteren Klassen im Bunde gewesen. Die unteren Klassen in Stadt und Land waren noch viel zu unentwickelt, als daß sie im öffentlichen Leben als Machtfaktor hätten in Betracht kommen können. Der monarchische Absolutismus hat allerdings häufig die Interessen und namentlich das Recht des kleinen Mannes wahrgenommen gegen die Selbstsucht der höheren Klassen, die im ständischen Staat das Regiment geführt hatten. Aber diese soziale Fürsorge hat sich doch nur in den Grenzen des bestehenden Systems, der überlieferten ständischen Gesellschaftsordnung betätigt. Die alte ständische Gesellschaftsordnung ist zwar durch den Absolutismus langsam untergraben und schließlich seit 1807 gründlich reformiert worden; aber im 17. und 18. Jahrhundert blieb sie in der Hauptsache bestehen, auch unter dem absolutistischen Regiment. Nicht die sozialen Privilegien des Adels im Rechts- und Wirtschaftsleben sind unter dem Großen Kurfürsten angegriffen worden, sondern der kurzsichtige Mißbrauch seines politischen Mitregierungsrechts. Der Adel wurde nur soweit zurückgedrängt, daß die Bahn für die Machtpolitik des neuen militärischen Großstaats frei wurde. Seine sozialen Vorrechte wurden ihm belassen und zum Teil aufs neue bestätigt. Die alte ständische Gesellschaftsordnung mit den Privilegien des Adels und der Zünfte blieb bestehen. Es war überhaupt kein Kampf bis zur Vernichtung, sondern nur eine Kraftprobe, bei der die Überlegenheit der fürstlichen Gewalt von vornherein entschieden war. Die überwundenen ständischen Gewalten sind dann später in den Dienst des neuen Staates gestellt worden.

Das ist der allgemeine Sinn dieser ständischen Kämpfe. Betrachten wir nun ihren Verlauf im einzelnen!

Am mildesten war der Verlauf in der Kurmark Brandenburg, wo die landesherrliche Autorität am stärksten befestigt, das Herrscherhaus den Ständen am längsten vertraut war. In den ersten Jahren der kurfürstlichen Regierung war manches nach dem Wunsche der Stände geschehen: die Bemühungen um den Waffenstillstand mit Schweden, die Reduktion der Armee, das Moratorium. Es war auch gelungen, den alten Streit zwischen Ritterschaft und Städten um den beiderseitigen Anteil an den Steuerleistungen endlich zu schlichten durch den sogenannten Quotisationsrezeß von 1643: danach bezahlten die Städte fortan 59, die Ritterschaft (d. h. die Bauern) 41 vom Hundert. Das ständische „Kreditwerk", die alte ständische Schulden- und Steuerverwaltung, deren Kassen zu Anfang des großen Krieges zahlungsunfähig geworden waren, wurde von dem neuen Kontributionswesen ganz abgesondert gehalten. Man versuchte es wieder in Ordnung zu bringen, doch ist das erst nach Jahrzehnten unter Leitung kurfürstlicher Kommissare gelungen. Mit der Rückkehr des Kurfürsten in die Mark, mit den neuen Werbungen von 1644 begann ein etwas schärferer Wind zu wehen; zum Konflikt aber kam es erst, als nach dem allgemeinen Friedensschluß der Kurfürst die von den Ständen verlangte Abdankung der Truppen verweigerte, vielmehr von neuem Geld zu ihrer Unterhaltung forderte. Der Tod des alten Kanzlers v. Götzen (1650), der Sturz Burgsdorffs (1651), die beide bei den Ständen wohlgelitten gewesen waren, trugen zur Verschärfung der Stimmung bei. Es handelte sich um die prinzipielle Frage, ob, entgegen altem Herkommen, Truppen in Friedenszeiten gehalten werden sollten; das erschien der Landesvertretung wie eine Verewigung der Kriegslast und eine Vereitelung der Hoffnungen, die man auf den Frieden gesetzt hatte. Der Landtag sträubte sich lange gegen die Bewilligung der Mittel zur Unterhaltung der Truppen, die der Kurfürst beibehielt; inzwischen half sich der Kurfürst damit, die nicht bewilligten Summen durch Exekution einzutreiben. Einen entschlossenen Widerstand bis zum äußersten haben die Stände nicht geleistet; sie baten und lamentierten, bewilligten auch wohl einmal Mittel auf 2 oder 3 Monate und verlangten vor allem immer von neuem die Erledigung ihrer „Gravamina", ihrer Beschwerden und Wünsche, die hauptsächlich Standesinteressen des Adels betrafen. Fast vier Jahre hindurch währte die gespannte Lage; endlich, nach langen Verhandlungen, nachdem der Landtag von 1652 siebenmal vertagt worden war, kam es zu einer Vereinbarung, die in dem berühmten Landtagsabschied vom 5. August 1653 enthalten ist. Die Hauptsache war, daß die Stände dem Kurfürsten, zunächst auf sechs Jahre, eine Summe von 530 000 Talern jährlich zur Unterhaltung seiner Truppen bewilligten. Dagegen hat nun freilich der Kurfürst den Ständen sehr weitgehende Zugeständnisse machen müssen. Alle ihre alten Rechte und Privilegien wurden ihnen bestätigt. In erster Linie kam der grundbesitzende Adel dabei in Betracht. Das Vorrecht des Adels auf den Besitz von Rittergütern, seine Herrenstellung im Gutsbezirk, seine obrigkeitlichen Rechte über die Bauern, seine Steuer- und Zollfreiheit, seine Verfügung über die Frondienste der Bauern, das ganze gutsherrlich-bäuerliche Verhältnis in der schärferen Form, die es im

17. und 18. Jahrhundert zeigt — das alles ist eigentlich damals erst endgültig bestätigt und festgestellt worden. Man fürchtete offenbar in den Kreisen des Adels, daß die Unregelmäßigkeiten der Kriegszeit, wo die Gutsherrschaften vielfach außerstande gewesen waren, einen regelmäßigen Betrieb der Wirtschaft aufrechtzuerhalten, oder sonst die Zügel locker gelassen hatten, dazu benutzt werden möchten, die bäuerlichen Lasten und Verpflichtungen hie und da dauernd zu ermäßigen. Man bestand daher auf der Bestimmung, daß die „Leibeigenschaft" (so nannte man damals, was später amtlich als „Erbuntertänigkeit" bezeichnet wurde) überall dort, wo sie herkömmlich sei, bestehen bleiben solle, wobei von einer genaueren Aufzählung der Landesteile Abstand genommen wurde; und man schob dem Bauer, der seine Freiheit behauptete, die Beweislast zu. Wahrscheinlich haben diese Bestimmungen dazu gedient, daß den Bauern hie und da stärkere Lasten aufgebürdet wurden als vorher üblich war, wozu ebenso die Verminderung ihrer Zahl wie die Vermehrung des Umfanges der Rittergüter einen Anlaß bot. Der weiteren Ausdehnung des Rittergutsbesitzes durch Auskaufen oder Relegierung widerspenstiger Bauern wurde noch kein Riegel vorgeschoben. Alle diese Bestimmungen enthielten eigentlich kaum etwas gänzlich Neues; sie hatten nur den Zweck und die Wirkung, die allgemeinen wirtschaftlich-sozialen Entwicklungstendenzen, die sich in den agrarischen Verhältnissen der ostelbischen Länder geltend machten und die eine Förderung der gutsherrlichen Interessen auf Kosten der bäuerlichen bedeuteten, von hemmenden Fesseln zu befreien und ihnen zum Durchbruch zu verhelfen. In der Mark Brandenburg sieht man besonders deutlich, wie die politische Konjunktur vom Adel dazu ausgenutzt wurde. Immerhin aber haben sich die gutsherrlich-bäuerlichen Verhältnisse dort keineswegs ungünstiger für die Bauern gestaltet als in andern ostelbischen Ländern, wie denn z. B. später, im 18. Jahrhundert an Stelle der ungemessenen, d. h. täglichen Frondienste der Bauern, die in Pommern und Preußen üblich waren, in der Mark Brandenburg in der Regel nur 3- bis 4tägige Wochendienste geleistet wurden.

Der Rezeß von 1653 wurde fortan von den märkischen Ständen als die Grundlage der Landesverfassung, als das Bollwerk ihrer Privilegien betrachtet. Das hat einen guten Sinn in Hinsicht auf die sozialrechtliche Stellung des Adels, aber politisch bedeutet er das Ende der ständischen Epoche. Zwar hat der Adel sein altes Recht, in Fragen der auswärtigen Politik zu Rate gezogen zu werden, niemals aufgegeben; die darauf bezügliche Klausel von 1540 ist auch noch in dem Rezeß von 1653 ausdrücklich wiederholt worden; aber das hatte jetzt keine praktische Bedeutung mehr, wo der Kurfürst ein vielfacher Landesherr war und zu europäischer Bedeutung aufstieg. In Wahrheit zog sich der Adel aus seiner bisherigen politischen Stellung zurück, um seine wirtschaftlich-sozialen Interessen um so erfolgreicher wahrzunehmen. Er gab seinen Widerstand gegen die Begründung eines militärisch-monarchischen Großstaats auf, um sich dafür in den Kreisen seines lokalen Herrentums um so stärker zu befestigen. Die sechsjährige Bewilligung mußte natürlich später verlängert werden; in den Verhandlungen von 1662 sieht man bereits, wie die Stände sich mit der Vorstellung abfinden, daß diese Last nie wieder verschwinden werde. Sie ist dann von Zeit zu Zeit durch Erhöhung der Summen noch erheblich erschwert worden. Unendlich viel ist noch später darüber verhandelt und gestritten worden; aber das Prinzip, daß das fürstliche Heer vom Lande zu unterhalten sei, stand fest, und das Resultat ist gewesen, daß die dazu bestimmte Steuer, die man mit dem während des Krieges üblich gewordenen Namen als „Kontribution“ bezeichnete, allmählich zu einer dauernd fixierten Leistung wurde, die seit dem Ausgang des 17. Jahrhunderts keiner Bewilligung mehr bedurfte.

Der Landtag von 1653 ist der letzte allgemeine Landtag, der in der Kurmark gehalten worden ist. In der folgenden Zeit finden wir — abgesehen von den Huldigungslandtagen beim Regierungsantritt eines neuen Herrschers, die mehr nur eine äußerlich-formale Bedeutung hatten — nur noch Verhandlungen mit Ausschüssen und Deputationstage, zu denen Abgeordnete des Adels von den Kreistagen gesandt wurden. Das ständische Leben in der Kurmark zog sich mehr und mehr in die Kreise zurück, die seit dem großen Kriege eine bedeutsame Wirksamkeit entfaltet hatten, namentlich in allem, was mit den Truppenmärschen, Lieferungen, Einquartierung, Kontribution usw. zusammenhing. Die Kreise waren ritterschaftliche Korporationen, die eine Art Selbstverwaltung führten. Die mit dem stehenden Heer dauernd werdende Kontribution stand dabei im Mittelpunkt. Ein aus den eingesessenen Gutsbesitzern genommener Kreiskommissar des Kurfürsten, in größeren Kreisen, wie Altmark und Uckermark, auch mehrere solcher Kommissarien mit einem Direktor an der Spitze, führten in Fühlung mit den Kreistagen der adligen Gutsbesitzer die Verwaltungsgeschäfte; hier hat das spätere Landratsamt seine Wurzel. Die späteren Landräte sind nichts anderes als die Nachfolger dieser Kreiskommissarien; der erste König hat ihnen auf ihren Antrag 1701 jenen vornehmeren Titel verliehen, der in der ständischen Zeit eigentlich die Notabeln bezeichnet hatte, die der Fürst aus der Landschaft zu Rate zog. Von der Mark Brandenburg aus ist dann das aus dem Kreiskommissariat stammende Landratsamt auf die anderen Provinzen des Staates allmählich übertragen worden; aber nur in einigen dieser Provinzen wurde es, wie in der Kurmark, zum Mittelpunkt einer ritterschaftlichen Selbstverwaltung der Kreise.

Ganz abgesondert von dem Kontributionswesen blieb die Verwaltung des ständischen Kreditwerks, die alte Schulden- und Steuerverwaltung aus dem 16. Jahrhundert. Nachdem die Auseinandersetzung mit den Gläubigern im Stile eines Konkursverfahrens beendet war, wurde das ganze Institut unter kurfürstliche Aufsicht gestellt, indem ein Mitglied des Geheimen Rats als Direktor an die Spitze trat. Der Große Ausschuß wurde von 50 auf 12 Personen verringert; die Verordnetenkollegien zur Verwaltung der Kassen blieben bestehen. In dieser Form ist die „Kurmärkische Landschaft“, wie man das Kreditwerk später nannte, erhalten geblieben bis auf die Hardenbergsche Finanzreform (1820). Der Große Kurfürst hatte beabsichtigt, es ganz zu verstaatlichen, aber sein Nachfolger hat diesen Rest von ständischer Finanzverwaltung erhalten; eine irgendwie erhebliche politische Bedeutung hatte er nicht mehr. Die Hufenschösse, die Städtesteuern und das Biergeld, die seiner Verwaltung unterstanden, waren geringfügig im Vergleich mit den neuen Steuern, den „Kriegsgefällen“, die für die Erhaltung des Heeres bestimmt waren. Neben der Kontribution, die wir schon kennen, handelt es sich dabei noch um eine ganz neue Steuerart, die Akzise. Die Akzise ist nicht, wie man gewöhnlich glaubt, eine bloße Verbrauchssteuer, sondern ein zusammengesetztes System verschiedener Steuern, unter denen aber allerdings die indirekten Abgaben auf fast alle Gegenstände des Verbrauchs, Getränke, Lebensmittel, Kaufmannswaren, die Hauptrolle spielen. Dies System, dessen Name auf das französische Wort assise (Steuer) zurückgeht, hatte sich namentlich in Holland bewährt und wurde damals als neuentdeckte Goldgrube von den Finanzschriftstellern gepriesen. Was es besonders empfahl, das war die Tatsache, daß es eine allgemeine Steuer war, die auch den Adel treffen sollte, weshalb man sie in Holland auch die „gemeene middelen" oder „modi generales" nannte. Der Übelstand, daß Konsumtionsabgaben die ärmere Bevölkerung verhältnismäßig stärker belasten, als die wohlhabenden Klassen, wurde dadurch reichlich aufgewogen. Außerdem hatte dies System das Bequeme, daß die Zahlungen nicht zu einem bestimmten Termin, sondern unmerklich beim Verbrauch zu leisten waren, und daß die Steuerexekution, die damals viel böses Blut machte, dabei vermieden wurde. Endlich war noch der große Vorzug damit verbunden, daß der Ertrag der Verbrauchssteuern mit dem Wachstum der Bevölkerung und des Verkehrs von selbst wachsen mußte, ohne daß es neuer Bewilligungen bedurfte, die doch von den Ständen immer nur mit großer Mühe zu erlangen waren.

Es war nun eigentlich die Absicht des Kurfürsten, dieses neue Steuersystem an die Stelle der aus dem Kriege herrührenden, mit den Ständen mühsam immer von neuem zu vereinbarenden Kontribution zu setzen, von der der Adel befreit war. Aber diese Absicht hat er nicht durchzusetzen vermocht; sie scheiterte in der Mark Brandenburg an dem zähen Widerstande des Adels, der eben deshalb die Akzise bekämpfte, weil sie dem adligen Privilegium der Steuerfreiheit ein Ende gemacht haben würde. Der Kurfürst mußte sich schließlich 1667 damit begnügen, das neue Steuersystem in den Städten einzuführen, während auf dem platten Lande die Kontribution bestehen blieb. So wurde der Grund gelegt zu der zwiespältigen Besteuerung von Stadt und Land, die das alte Preußen charakterisiert. Der hergebrachte Gegensatz zwischen Stadt und Land, ihre administrative Trennung ist durch diese verschiedenartige Besteuerung noch verschärft und für anderthalb Jahrhunderte befestigt worden. Das Verbot des Handwerks und des Handels auf dem platten Lande — mit einigen geringfügigen Ausnahmen — mußte als eine Konsequenz dieser verschiedenen Besteuerungsarten beibehalten werden bis ins 19. Jahrhundert hinein.

Übrigens gelangte die Akzise 1667 in den Städten noch nicht allgemein und zwangsweise zur Einführung. Es wurde ihnen nur anheimgestellt, das nach dem Quotisationsrezeß auf sie entfallende Steuerquantum (59 Prozent) durch die „gemeinen Mittel" aufzubringen. Aber die Städte wandten sich ganz allgemein dem neuen Steuersystem zu, das ihren Verhältnissen angemessener war als die bisherige Kontribution. Mit den Verbrauchssteuern auf alle Lebensmittel und Kaufmannswaren verbanden sich niedrige direkte Umlagen auf die städtischen Äcker, auf das Vieh, auf die Handwerksbetriebe nach der Zahl der Gesellen u. dgl. mehr. Auch der Handelsverkehr, der in Holland durch das Klasseninteresse der Kaufleute freigeblieben war, wurde mit Hilfe einer Bewegung in der Berliner Bürgerschaft einer Abgabe von ½ vom Hundert, einer Art kaufmännischer Gewerbesteuer, unterworfen. Seit 1682 ist dann die Akzise, die bisher von den städtischen Behörden verwaltet worden war, in eine obligatorische Staatssteuer verwandelt worden, deren Überschuß über das bisherige Steuerkontingent der

Städte nun nicht mehr den Gemeinden, sondern den kurfürstlichen Kassen zufloß. Die Städte mußten nun völlig gegen das platte Land abgeschlossen werden, durch Mauern oder Palissaden. Die Torschreiber hatten den Verkehr zu überwachen, bei den Einnehmern in der Stadt war nach den von ihnen ausgestellten Zetteln die Akzise zu entrichten, in Stadt und Umgegend waren Kontrolleure und Visitatoren tätig. Und zugleich erscheint ein neuer wichtiger kurfürstlicher Beamter, der die Aufsicht über die Akziseverwaltung in einer Anzahl von Städten führt, der „Kriegs- und Steuerkommissarius" oder „Commissarius loci" genannt. Er ist das Organ geworden, durch welches nicht bloß die Akzise, sondern später, wie wir noch sehen werden, das ganze städtische Wesen der fürstlichen Verwaltungskontrolle unterworfen worden ist. Einen relativen Abschluß der Gesetzgebung auf diesem Gebiet bezeichnet die kurmärkische Akziseordnung von 1684, die der ganzen weiteren Entwicklung des Instituts zugrunde liegt.

So war es dem Adel gelungen, sich diesem neuen Steuersystem zu entziehen, das also nur für die Städte zur Anwendung kam. Aber die vollständige wirtschaftliche und finanzielle Trennung, die damit zwischen Ritterschaft und Städten eintrat, unter denen nun jede Interessengemeinschaft aufhörte, hat dem alten landständischen System den Todesstoß versetzt. Die Städte hatten fortan kein Interesse mehr an den Bewilligungen der Landschaft; und so kam es, daß — abgesehen von dem alten Kreditwerk der „Kurmärkischen Landschaft" — in der Mark Brandenburg das kreisständische Leben an die Stelle des alten landständischen trat.

Schwieriger als in der Mark Brandenburg war die Auseinandersetzung mit den Ständen in den rheinisch-westfälischen Landen Cleve-Mark, wo die protestantische Partei an den Niederlanden, die katholische an Pfalz-Neuburg, dem Kaiser und Spanien einen Rückhalt fand; der Besitzstand war ja bis zum Jahre 1666 noch provisorisch. Es blieb nicht ohne nachteilige Einwirkung auf die brandenburgischen Lande, daß der Pfälzer in Düsseldorf seinen Ständen die Zügel weit lockerer ließ, als der Kurfürst. Der General v. Norprath, der von 1643—1646 als Statthalter des Kurfürsten in Cleve waltete, hat den Ständen gegenüber nichts ausgerichtet. Dann ist der Kurfürst selbst 6 Jahre hindurch im Lande gewesen, 1647—1653. In diese Zeit fällt die Unternehmung gegen Jülich von 1651, die so völlig gescheitert ist. Ihr zur Seite ging das Bestreben, ein festeres Verhältnis zwischen Landesherrschaft und Ständen herzustellen. Aber auch dies Bestreben hatte keinen günstigen Erfolg. Der große Rezeß vom 9. Oktober 1649 und der dazu gehörige sogenannte Exekutionsrezeß vom 14. Oktober 1653 bezeichnen eine völlige Niederlage der fürstlichen Gewalt. Das Recht der Stände, ohne fürstliche Berufung zu den jährlichen Landtagen zusammenzukommen, blieb bestehen. Es mußte ihnen auch weiterhin gestattet werden, mit auswärtigen Mächten, namentlich den Generalstaaten der Niederlande und dem Pfalz-Neuburger, in unmittelbare Verhandlungen zu treten. Das Indigenatsrecht wurde von den Ständen in der schroffsten Form aufrechterhalten: der Kurfürst wurde gezwungen, alle nichteingeborenen Beamten, die er im Lande angestellt hatte, zu entlassen. Alle Beamten mußten fortan auf die ständischen Rezesse vereidigt werden. Auch ein anderer wichtiger Streitpunkt, die Frage des Garnisonrechts, wurde damals zuungunsten der fürstlichen Gewalt entschieden: der Kurfürst mußte förmlich versprechen, daß er keine Truppen ins

Land bringen, daß er keine Festungen darin bauen werde. Alle alten Privilegien wurden den Ständen bestätigt, mochten sie zur Observanz gekommen sein oder nicht. Die Regierung, die nun in Cleve neu gebildet wurde, erhielt einen halbständischen Charakter; die namhaftesten Mitglieder der protestantischen Partei fanden darin ihren Sitz; der Statthalter, Graf Johann Moritz von Nassau-Siegen, ein Verwandter des oranischen Hauses, bekannt durch seine Brasilienfahrt, war ein halber Niederländer. Nur wenige persönliche Anhänger des Kurfürsten befanden sich in den regierenden Kreisen des Landes; sie waren durch besondere, geheime Verpflichtung an die Person des Herrschers gebunden, so der Kanzler Weimann, das einzige Mitglied des Regierungskollegiums, auf das sich der Kurfürst unbedingt verlassen konnte; wie ein Verschwörer mußte er seine landesherrlichen Interessen im Lande wahrzunehmen und zu fördern suchen.

Während des nordischen Krieges hat dann der Kurfürst trotz dieser Verhältnisse verstanden, sich der Mittel des Landes für seine militärisch-politischen Zwecke in weitgehender Weise zu bedienen. Große Rüstungen sind damals in Cleve-Mark angestellt worden; gegen 6000 Mann hat der Kurfürst für den schwedisch-polnischen Krieg allmählich aus diesen Landen erhalten. Nach dem Kriege aber zeigte sich dann aufs deutlichste die Rückwirkung der politisch-militärischen Machtstellung des Kurfürsten auf das Verhalten der Stände. In zwei neuen Rezessen vom 24. August 1660 und vom 19. März 1661 erfuhr die Verfassungslage eine erhebliche Veränderung zugunsten des Kurfürsten, der den zweiten Landtag in Person verabschiedete. Unterhandlungen mit fremden Mächten wurden nun nicht mehr geduldet; der bisherige Resident der Stände bei den Generalstaaten, der durch seine zeitgeschichtlichen Sammlungen bekannte Lieuwe van Aitzema, wurde verabschiedet. Beschwerden über Verletzung ständischer Rechte sollten fortan nur an den Kurfürsten selbst, nicht an eine andere Macht, auch nicht an den Kaiser, gerichtet werden dürfen. Der Fall Wilich hatte dazu Veranlassung geboten. Die Landtage traten zwar noch alljährlich ohne besondere Berufung zusammen, hatten aber vorher den kurfürstlichen Behörden davon Anzeige zu machen. Der Rezeß von 1660 stellt im ganzen eine Revision des früheren von 1649 dar, in der alles dasjenige, was auf den veränderten Zustand der Dinge nicht mehr paßte, ausgelassen war. So fehlt hier der Artikel über die Vereidigung der Beamten auf die alten ständischen Rezesse; es ist nur gesagt, daß sie auf den Inhalt des neuen gegenwärtigen Rezesses instruiert werden sollen. Es fehlt ferner die Zusage des Rezesses von 1649, daß ohne Zustimmung der Stände keine Truppen im Lande geworben oder daselbst eingeführt werden sollten; der Kurfürst bekam also die Möglichkeit, seine Truppen ins Land zu bringen, sie dort einzuquartieren und zu verpflegen; er setzte das früher aufgegebene fürstliche Garnisonrecht durch. Das Indigenatsrecht allerdings wurde grundsätzlich bestätigt; alle Beamten mußten auch hinfort Landeskinder und im Lande „beerbt", d. h. mit Grundbesitz angesessen sein. Die Rechte der Stände blieben also immer noch ziemlich bedeutend, aber den Widerstand gegen den militärischen Großstaat haben auch sie seit 1660 aufgegeben. Die Landtage übten zwar nach wie vor das Steuerbewilligungsrecht, aber auch hier machte sich die Konsequenz der Tatsache geltend, daß das stehende Heer im Prinzip zugelassen worden war. Mit dem Heer sind auch hier die Steuern, die zu seiner Unterhaltung bestimmt waren, etwas Dauerndes,

Regelmäßiges geworden. Es ist gelungen, in den nächsten Jahrzehnten die Stände an regelmäßige und ausreichende Geldbewilligungen zu gewöhnen, so daß die „Kontribution" auch hier ganz allmählich den Charakter einer festen Einrichtung annahm. Eine Akzise war hier schon in manchen Städten eingeführt, aber noch nicht als staatliche Steuer und in anderer Form, als in der Kurmark; eine Angleichung an das kurmärkische Muster, eine Verstaatlichung und Neuordnung der Akzise hat hier erst in der Zeit von 1713—1720 stattgefunden. Wie die ritterschaftliche Selbstverwaltung in den Kreisen, so machte sich hier die der „Meistbeerbten", d. h. der größeren ritterlichen und bäuerlichen Grundbesitzer in den Ämtern und Kirchspielen geltend, auf den Amts- und Erbentagen. Rezeptoren, die von den Eingesessenen gewählt waren, besorgten die Steuereinnahme in den Ämtern und legten ihre Rechnung zugleich vor dem kurfürstlichen Obersteuerempfänger und einem ständischen Ausschuß ab.

Von großer Bedeutung für die Befestigung der brandenburgischen Herrschaft in diesen Gebieten war es, daß sich der Kurfürst 1666 entschloß, einen endgültigen Ausgleich mit Pfalz-Neuburg herzustellen, der den bisherigen provisorischen Besitzstand zu einem dauernden machte; nur über die Herrschaft Ravenstein wurde noch einige Jahre lang verhandelt; der Kurfürst hat sie 1670 an Pfalz-Neuburg gegen eine Geldentschädigung abgetreten. Erst durch diese endgültige Regelung der Besitzfrage gewann Brandenburg in Cleve, Mark und Ravensberg einen festen völkerrechtlichen Boden, auf dem auch die neue staatsrechtliche Ordnung sicherer ruhte. Eine gewisse spröde Absonderung dieser rheinisch-westfälischen Lande von dem übrigen Staatsgebiet des Kurfürsten blieb aber unter ihm und auch unter seinen Nachfolgern noch lange bestehen.

Am heftigsten ist der Kampf mit den Ständen in Ostpreußen gewesen. Er knüpfte sich hier unmittelbar an den Frieden von Oliva und die Erringung der Souveränität an. Die ständische Opposition bestritt die Rechtsgültigkeit und Verbindlichkeit der Souveränitätserklärung; sie behauptete, daß zur rechtmäßigen Erwerbung der Souveränität die Zustimmung der Stände hätte eingeholt werden müssen; sie fuhr fort mit Polen zu konspirieren, indem sie immer aufs neue versuchte, Polen zum Schutz der ständischen Libertät in Preußen gegen den Kurfürsten aufzuwiegeln, um die Souveränität schließlich doch noch wieder zu beseitigen. Denn die staatsrechtliche Wirkung des völkerrechtlichen Aktes lag ja auf der Hand: sie bestand darin, daß die ständische Opposition, des starken Rückhalts beraubt, den sie bisher an der Krone Polen gefunden hatte, der vordringenden landesherrlichen Macht nicht würde Widerstand leisten können. Hier in Ostpreußen wird es besonders deutlich, daß die Stände für ein altes Recht kämpften, das der Entwicklung des neuen militärisch-monarchischen Großstaates im Wege stand, der Kurfürst aber den Kampf nicht vermeiden konnte, eben weil er diesem Ziel zustrebte, dessen höhere Berechtigung heute nicht mehr erwiesen zu werden braucht, da ja der ganze politische Zustand der Gegenwart seit fast drei Jahrhunderten darauf beruht, daß es erreicht wurde.

Die Krone Polen hat sich in diesen Verhältnissen ziemlich zweideutig, aber doch zugleich auch sehr vorsichtig benommen, so daß ein politischer Konflikt vermieden wurde. Eine Zeitlang schien es allerdings — im Jahre 1661 —, als würden die preußischen Stände es zu offener Rebellion treiben und militärische Hilfe aus Polen bekommen; und da Polen damals auch mit Schweden und

Frankreich im Einverständnis war, so nahm die Lage für den Kurfürsten ein bedenkliches Aussehen an. In diesem gefährlichen Augenblick griff er ein ihm früher von dem Krongroßfeldherrn Lubomirski, dem einflußreichen Führer des polnischen Adels, entgegengebrachtes Projekt auf und faßte den Gedanken ins Auge, bei dem eben damals zur Erörterung kommenden Plane einer noch bei Lebzeiten Johann Kasimirs vorzunehmenden polnischen Königswahl seine eigene Kandidatur, zunächst nur in geheimen Verhandlungen mit dem Adel, aufzustellen, um diesen von einer Einmischung in die preußischen Angelegenheiten abzuhalten und zugleich die drohende Möglichkeit der Wahl eines französischen Prinzen wirksam zu bekämpfen. Die Beibehaltung seines evangelischen Glaubens war dabei für ihn selbstverständlich; sonst wollte er aber den Polen große Zugeständnisse machen und selbst die eben erkämpfte preußische Souveränität, dieses sonst so sorgsam behütete Kleinod seines Hauses, zum Opfer bringen. Es liegt auf der Hand, daß durch dieses Mittel nicht nur die Einmischung der Polen verhütet, sondern auch der Geist der Rebellion in Preußen wirksam gedämpft werden konnte. Wieweit es sich dabei um eine ernsthafte Absicht, wieweit um ein politisches Manöver handelt, steht dahin; zu greifbaren Resultaten haben die Verhandlungen nicht geführt, und merkwürdigerweise erlischt das Interesse des Kurfürsten an dem Plan in eben dem Moment, wo die gefährliche Spannung in Preußen sich gelöst hat; er ist später nicht wieder auf den Gedanken zurückgekommen. Die Gefahr einer polnischen Einmischung während der Krisis von 1661/62 ist glücklich vermieden worden; aber die Sympathien der Krone wie der Republik Polen gehörten den Rebellen in Preußen; die polnische Regierung hat damals und später noch, ohne sich geradezu bloßzustellen, die Bestrebungen der ständischen Opposition in Preußen unterstützt; sobald aber die Dinge eine ungünstige Wendung nahmen, hat sie sich zurückgezogen.

Der offene Konflikt in Preußen begann nach vielen Umtrieben und beständigem Querulieren der Stände auf dem ersten Landtage, den der Kurfürst nach dem Frieden von Oliva hielt, zu Königsberg, 1661. Die Erwerbung der Souveränität machte eine neue Huldigung notwendig, und der Kurfürst ließ den Ständen eine Art von Verfassungsurkunde (vom 14. November 1661 datiert) vorlegen, die seine Auffassung des neuen Verhältnisses zwischen Fürst und Ständen zum Ausdruck bringt. Sie ist durchaus maßvoll und weit entfernt von dem Versuch, eine Gewaltherrschaft unter Ausschluß der Stände aufzurichten. Mit Nachdruck wird darin betont, daß der Kurfürst jetzt das dominium directum mit dem dominium utile konsolidiert habe (in diesen privatrechtlichen Begriffen bewegte sich das Lehnsstaatsrecht der Zeit) und daß er damit das jus supremi et absoluti dominii genieße. Damit war aber die hergebrachte landständische Verfassung wohl verträglich. Die Rechte des Landtages sollten ungeschmälert bleiben; nur verlangte der Kurfürst, daß fortan keine Versammlung der Stände, auch nicht in den Ämtern und Städten, ohne seine Berufung und Erlaubnis sollte gehalten werden dürfen. Das Indigenatsrecht, das hier wie überall als das Palladium der landständischen Freiheiten galt, wurde grundsätzlich anerkannt; nur den Kanzlerposten wollte der Kurfürst unter Umständen auch durch eine nichteingeborene Person gelehrten Standes besetzen dürfen. Besonders unangenehm mag dem Adel gewesen sein, daß der Kurfürst in Aussicht stellte, neben den adligen Amtshauptleuten, die ja auch die Verwaltung der Domänengüter in

Händen hatten und oft in ihrem eigennützigen Privatinteresse führten, sollten, wie in der Kurmark, Amts- und Kornschreiber angestellt werden, damit das Rechnungswesen und die Kontrolle der Domanialwirtschaft wirksamer gehandhabt werden könne.

Der Konflikt entstand nun dadurch, daß die Stände sich weigerten, auf der Grundlage dieses neuen staatsrechtlichen Zustandes die Huldigung zu leisten. Vergeblich bemühte sich der Statthalter des Kurfürsten, Fürst Bogislaw Radziwill, und sein besonders zu dem Landtage entsandter Kommissarius, der Geheime Rat Otto von Schwerin, den Widerstand durch gütliches Zureden zu beschwichtigen. Eine lebhafte Agitation wurde von den Führern der Unzufriedenen im Lande entfaltet. In den drei Städten Königsberg war die Seele des Widerstandes der Schöppenmeister von Kneiphof, Hieronymus Roth. Er war Vorsitzender des alten Stadtgerichts, hatte aber zugleich die politische Funktion, den Versammlungen der Gemeinde zu präsidieren und ihre Beschlüsse und Wünsche vor dem Rat zu vertreten. In dieser Stellung ist Roth, ein unbedingter Anhänger der alten Ordnung, ein starrer und verbissener Rechtsfanatiker, daneben ein energischer und populärer Volksmann, der Führer der Widerstandsbewegung geworden. Er hatte seinen Anhang namentlich in den Zünften, die mit der wirtschaftlichen Polizei und dem Steuer- und Zollwesen damals vielfach unzufrieden waren. Der oppositionelle Rat aber in allen drei Städten ließ sich die Agitation dieses Demagogen gegen die verhaßte fürstliche Gewalt gern gefallen. Dem kurfürstlichen Kommissarius Schwerin gegenüber, der ihn vor sich gefordert hatte, brauchte Roth die stärksten Ausdrücke über die Tyrannei des neuen Souveräns. Man wußte, daß er in geheimen Beziehungen mit Polen stand, von dem er selbst militärisches Einschreiten zum Schutz der alten preußischen Verfassung gefordert hat. Schwerin verlangte infolgedessen von dem zuständigen Rat die Auslieferung des Agitators; aber sie wurde verweigert. Roth ging dann nach Warschau, kehrte aber bald wieder zurück und blieb in Königsberg. Der Rat schützte ihn, und Gewalt anzuwenden wagte Schwerin nicht.

Die unhaltbare Lage änderte sich erst durch den Entschluß des Kurfürsten, selbst nach Preußen zu kommen und seine Forderungen nötigenfalls mit Gewalt durchzusetzen. Im Oktober 1662 erschien er mit 2000 Mann von Danzig her zur See in Königsberg. Rat und Bevölkerung verharrten bei ihrem Widerstand; aber zum offenen Ausbruch der Empörung ist es nicht gekommen. Der Kurfürst hatte die Vertreter des Rats zu sich aufs Schloß entboten. Auf dem Schloßhof standen 3000 Mann in voller Bereitschaft; von dem Fort Friedrichsburg, das der Kurfürst früher abwärts am Pregel, Kneiphof gegenüber, hatte anlegen lassen, waren die Kanonen auf die Stadt gerichtet. Inzwischen gelang es einem militärischen Streifkommando, den Schöppenmeister Roth, der sich verborgen gehalten, bei einem Straßenauflauf aber unvorsichtigerweise am Fenster gezeigt hatte, in seiner Wohnung zu verhaften und in kurfürstliches Gewahrsam zu bringen. Damit war eine der Hauptforderungen der kurfürstlichen Regierung erfüllt. Die Stadt blieb ruhig; die Aufregung legte sich allmählich; es zeigte sich doch, daß die Masse der Bevölkerung gar nicht so übel gesinnt war. Nur die verhetzten Zunftmeister, die an den Räten einen Rückhalt fanden, hatten den Widerstand ins Werk gesetzt. Jetzt aber, wo sie sahen, daß die Regierung zur Anwendung von Gewalt entschlossen war, wichen sie zurück. Und nachdem die

Städte Königsberg sich gefügt hatten, kam es auch zu einer Verständigung mit dem Adel. Der Kurfürst bestätigte — mit großer Mäßigung, mit richtigem Blick für das zurzeit Erreichbare — die Privilegien der Stände, soweit sie mit den Zielen seiner fürstlichen Regierung vereinbar waren, durch die Assekurationsakte vom 12. März 1663; dagegen erkannten die Stände seine Souveränität an und leisteten auf dieser Grundlage von neuem die Huldigung. Der Landtagsabschied vom 1. Mai 1663 gab dem Verhältnis die weitere rechtliche Grundlage. Das Indigenatsrecht wurde anerkannt; aber es wurde mit dem bisher geltenden Grundsatz gebrochen, daß nur Lutheraner zu den öffentlichen Ämtern zuzulassen seien; der Kurfürst setzte es durch, daß er auch seine reformierten Glaubensgenossen, zu denen er mehr Vertrauen besaß, in Preußen anstellen durfte, so z. B. Mitglieder der Familie Dohna, die wegen ihres reformierten Bekenntnisses bisher von allen preußischen Landesämtern ausgeschlossen gewesen war. Die Oberräte wurden nun daran gewöhnt, in allen wichtigen Sachen an den Kurfürsten zu berichten; ihr früheres, fast ganz selbständiges Regiment hatte ein Ende. Auch zu den geforderten Geldbewilligungen ließen sich die Stände jetzt herbei. Die Oberstände bewilligten 180 000 Taler, die Städte Königsberg 100 000 Taler, die durch indirekte Steuern aufgebracht werden sollten.

Damit war dieser erste Konflikt beigelegt. Das Opfer wurde der gefangene Schöppenmeister Roth. Er wurde des Hoch- und Landesverrats angeklagt. Eine besonders gebildete Kommission, der die Untersuchung des Falles aufgetragen wurde, fand ihn schuldig, empfahl aber dem Kurfürsten, in Anbetracht der sehr verwickelten und unklaren Rechtslage, Gnade für Recht ergehen zu lassen. Der Kurfürst war auch dazu bereit, nur verlangte er, daß Roth ein förmliches Gnadengesuch einreichen müsse. Aber dazu hat sich der steifnackige, von seinem Recht überzeugte Mann niemals zu entschließen vermocht; und so blieb er sein Leben lang als Staatsgefangener auf der Festung Peitz, wohin man ihn gebracht hatte, in nicht allzu strenger Haft; 1678 ist er dort gestorben; in Königsberg hat man ihn bald vergessen.

Ein zweites, noch verhängnisvolleres Warnungsexempel mußte statuiert werden, als mit dem Jahre 1669 ein zweiter Konflikt mit den ostpreußischen Ständen ausbrach, diesmal über die Frage neuer Geldbewilligungen für militärische Zwecke. Die Stände weigerten sich jahrelang, die geforderten Summen zu bewilligen, und es entstand wieder eine sehr gespannte Lage, in der nun abermals eine einzelne Persönlichkeit als besonders unbequem und gefährlich den Blitzstrahl der kurfürstlichen Ungnade auf sich zog. Das war der ehemalige Oberst, erst in polnischem, dann in kurfürstlichem Dienst, Christian Ludwig von Kalckstein, ein typisches Beispiel der gefährlichen Zuchtlosigkeit und Widerspenstigkeit, in die ein Teil des ostpreußischen Adels durch den Zusammenhang mit Polen geraten war. Früher als Amtshauptmann von Oletzko wegen Unterschlagung abgesetzt, dann wegen Majestätsverbrechens verurteilt, war er nach Warschau geflüchtet und trat dort als Beschwerdeführer der ostpreußischen Stände, wozu er freilich keinen formellen Auftrag hatte, vor dem polnischen Reichstag auf, der sich mit den Verträgen von 1657 und 1660 noch keineswegs ganz abgefunden hatte. Er war mehr ein polternder Renommist als ein ernst zu nehmender Verschwörer, aber auf die Dauer erschien sein Treiben doch gefährlich, weil es durch die Verbindung mit Polen die

Widerspenstigkeit des ostpreußischen Adels nährte. Da man sich in Warschau weigerte, ihn auszuliefern, so ließ ihn der brandenburgische Resident Eusebius von Brandt mit List und Gewalt aufheben und über die Grenze schaffen. Er wurde dann wegen Hochverrats vor Gericht gestellt und — gegen die Privilegien des preußischen Adels — auch dem peinlichen Verhör auf der Folter unterworfen, weil man seine Mitverschworenen kennen lernen wollte. Das Gericht sprach ihn des Todes schuldig und der Kurfürst bestätigte das Urteil. 1672 ist er zu Memel hingerichtet worden. Es war mehr eine politische Maßregel als ein Akt der Rechtspflege; es war ein warnendes Beispiel, das seine Wirkung nicht verfehlt hat. Die Hoffnungen, die die Adelsopposition auf Polen gesetzt hatte, zerrannen mehr und mehr; 1673 und 1674 wurden unbewilligte Steuern ausgeschrieben und durch militärische Exekution beigetrieben; 1674 kam zu diesem Zweck der General von Görtzke mit Truppen nach Königsberg, die er dort einquartierte. Das freie Willigungsrecht war damit im Grunde schon zerstört, die Permanenz der Steuer im Prinzip schon begründet. Damals (1674/1675) wurde das Kriegskommissariat zur Verwaltung der Steuern eingerichtet, das später (1684) als Kriegskammer erscheint. Auf einen tatkräftigen Widerstand stießen alle diese Maßregeln nicht mehr. Im Anschluß an den siegreichen Schwedenfeldzug von 1679 ist dann 1679—1681 der Abschluß der Reform erfolgt, die den Absolutismus an die Stelle des alten ständischen Regiments setzte.

In diesem Kampf mit den ostpreußischen Ständen, wie mit den Ständen überhaupt, war das formale Recht nicht immer auf seiten der Regierung. Es war mehr ein Kampf um die Macht als um das Recht; es handelte sich um die Begründung eines neuen Rechtszustandes an Stelle des alten, der einer vergangenen Epoche des Staatslebens angehörte. Die Praxis der Regierung war dabei vielfach wichtiger als grundgesetzliche Bestimmungen. Seit der Krisis, die durch die Jahre 1673 und 1674 bezeichnet ist, hat der Kurfürst die Landtage, die man zu Steuerbewilligungen mehr nur der Form nach zu berufen fortfuhr, in der Regel nicht viel über 14 Tage beisammen gelassen. Es waren meist sog. „Konvokationen", mit minder zahlreicher Vertretung der Ritterschaft, von der hier nur je ein Deputierter aus den Ämtern erschien. Über andere Gegenstände als die von der Regierung vorgelegten Steuerforderungen durfte überhaupt nicht mehr verhandelt werden. Der Kurfürst machte Gebrauch von dem sogenannten jus complanandi, das ihm erlaubte, wo es sich um Bestimmung der Steuerart handelte, bei Uneinigkeit der Stände die Entscheidung zu geben, indem er das Votum eines von den drei Ständen durch seinen Beitritt gegenüber dem der beiden andern zur Geltung brachte; er war damit überall, wo es gelang, die ständische Opposition zu spalten, Städte und Adel in Gegensatz zueinander zu bringen, seiner Sache sicher. Er hat auch sonst, um Beschlüsse herbeizuführen, wie er sie haben wollte, Mittel nicht gescheut, wie sie etwa Richelieu gegenüber den französischen Provinzialständen angewandt hat. Er hat Mitglieder des Landtags, die ihm verdächtig und mißliebig waren, von den Verhandlungen ausschließen lassen, er hat die Organisation des Adels in den Amtsversammlungen, ihren Zusammenhang mit den Landtagen, zu zerstören oder wenigstens unwirksam zu machen versucht: er verlangte von den Deputierten der Ritterschaft, daß sie die Instruktionen, die sie von den Amtsversammlungen bei der Wahl erhalten hatten, vorher an seine Landtagskommissarien einsenden sollten, um die schlimmsten Opponenten von vornherein ausschließen zu können; er verbot den Deputierten, nach Schluß des Landtages vor den Amtsversammlungen ihren Rechenschaftsbericht zu erstatten, um sie freier von den Wählern, ihren Standesgenossen, und leichter zugänglich für die Einflüsse der Regierung zu machen. Belohnungen oder Drohungen und Zurücksetzungen mußten zuweilen dazu dienen, einen oder den andern Deputierten zur Überschreitung seiner Vollmacht zu veranlassen. Das Indigenatsrecht, das im Prinzip anerkannt war, wurde in der Praxis dadurch unwirksam gemacht, daß es in vielen Fällen gelang, die Stände zur Erteilung des Indigenats an Ausländer, die man anstellen wollte, willig zu machen. Schließlich hat sich der Kurfürst auch später nicht gescheut, Steuern ohne Bewilligung zu erheben, so z. B. 1681, wenn auch im allgemeinen der Schein des Bewilligungsrechts noch aufrecht erhalten wurde.

Das Steuerwesen zeigt in Preußen ein sehr unklares und verworrenes Bild. Anfänglich gab es dort eine allgemeine Akzise, die zur Zeit des schwedisch-polnischen Krieges (1656) eingeführt war, die also das platte Land ebenso wie die Städte traf. Hier war gerade der Adel immer für eine solche Landakzise und die Städte, namentlich Königsberg, dagegen. Der Grund lag darin, daß der Adel hier seit den Ordenszeiten niemals ganz steuerfrei gewesen war und daß eine allgemeine Akzise die größeren Städte viel stärker belastete als das Land. Die Bewilligungen der Oberstände und der Städte geschahen auch nach 1663 anfangs noch gemeinsam, aber immer nur für kurze Zeit. Die Stände scheuten nichts so sehr wie die Observanz, die aus fortgesetzten gleichmäßigen Bewilligungen entstehen konnte. Sie bewilligten nicht einmal für ein ganzes Jahr, sondern meist nur für einzelne Monate, für einzelne, besondere Bedürfnisse. Man hat den Eindruck, daß sie mit Fleiß die Steuerarten abwechseln lassen: Hufenschoß, Horn- und Klauenschoß, Generalakzise, Spezialakzise auf einzelne Verbrauchsgegenstände, Kopfsteuern usw. Es ist ein Chaos, in dem die Regellosigkeit als Prinzip hervortritt.

Eine wesentliche Veränderung des Zustandes erfolgte im Jahre 1680, wo es gelang, die Trennung Königsbergs von den übrigen ständischen Körperschaften im Steuerwesen herbeizuführen. Seit dieser Zeit steuerte das platte Land mit Einschluß der kleinen Städte nach dem Modus des sog. Hufenschosses, der im wesentlichen eine Grundsteuer war, die Städte Königsberg dagegen nach dem Modus der Akzise. Damit war auch hier das gemeinsame Interesse aller Stände an den Landtagsbewilligungen verschwunden, und die völlige „Separation" Königsbergs vom Landtage, die nun seit 1681 eintrat, schwächte dessen politische Bedeutung ganz außerordentlich und wurde von den Oberständen oft beklagt; sie blieb aber dauernd bestehen. Diese Trennung bezog sich auch auf die Steuerverwaltung, die ja von alters her in den Händen der Stände selbst lag. Königsberg lieferte sein Kontingent direkt an die kurfürstliche Kasse, ohne daß es durch die Verwaltung des ständischen Landkastens ging. Die Akzise blieb in Königsberg noch lange Zeit hindurch Kommunalsache; erst 1708 ist sie in königliche Verwaltung überführt worden. Den ständischen Landkasten hat der Kurfürst 1681 aufgehoben; es war seine Absicht, an Stelle der ständischen eine rein fürstliche Steuerverwaltung einzuführen. Doch ist das zunächst noch nicht von Dauer gewesen: Friedrich III. hat die ständische Steuerverwaltung wiederhergestellt; erst unter Friedrich Wilhelm I. ist sie endgültig beseitigt worden. Die kleinen Städte nahmen anfangs an der Besteuerungsart des platten Landes teil; aber im Jahre 1687 hat der Kurfürst auch sie von dem Adel getrennt und ihnen die Akzise nach dem Muster von Königsberg auferlegt. Dabei ist es dann später nach manchen Schwankungen auch geblieben, so daß das Schlußresultat hier das gleiche gewesen ist wie in der Kurmark: Akzise in den Städten, und zwar Akzise nach kurmärkischer Art, mit Torkontrolle; Grundsteuer auf dem platten Lande. Eine Reform des Hufenschosses, von dem hier also der Adel nicht prinzipiell befreit war, wäre sehr notwendig gewesen, weil die Veranlagung zu dieser Steuer sehr ungleichmäßig war und viele Hufen dabei „verschwiegen" wurden. Der Kurfürst hat sie auch versucht, er ist aber damit noch nicht durchgedrungen. Auch hier ist die Erreichung des von ihm aufgestellten Ziels erst unter Friedrich Wilhelm I. gelungen. Die Steuern des platten Landes mußten während der Regierungszeit des Großen Kurfürsten noch immer von den Landtagen bewilligt werden. Dabei setzte sich eine bestimmte Höhe allmählich gewohnheitsmäßig fest, und man sah die Steuer schließlich als eine feststehende Leistung an. Der Landtag von 1704 ist der letzte gewesen, der Steuern bewilligt hat; seit 1705 wurden sie einfach ohne Bewilligung in beständig gleicher Höhe forterhoben. Auch in Preußen gab es fortan nur noch Huldigungslandtage.

In den übrigen Landen des Kurfürsten ist es zu ernsteren Konflikten mit den Ständen nicht gekommen. Die Angliederung von Hinterpommern vollzog sich unmittelbar nach dem Stettiner Rezeß von 1653 ziemlich glatt; die Regimentsordnung von 1654, die eine neue Verwaltungsorganisation schuf, enthielt auch eine Bestätigung der ständischen Privilegien. An dauernde Kontributionsbewilligungen hatte sich das Land schon in der schwedischen Zeit gewöhnt; die Landtage waren schon abgekommen; die „Landstube" in Stargard (der Hauptstadt des preußischen Pommern bis zur Erwerbung von Stettin 1721) bestand aus einer Versammlung der „Landräte", die die Kreise vertraten. Auch in Minden und Ravensberg sowie in Halberstadt fügten sich die Stände bald in die Anforderungen der neuen Regierung. Das Herzogtum Magdeburg sollte — so war im Westfälischen Frieden bestimmt worden — bis zum Tode des sächsischen Prinzen August, der während des Krieges dort eingesetzt worden war, noch in dessen Besitz bleiben. Anders aber verhielt es sich mit der Stadt Magdeburg, die sich dem Territorialverbande des Erzstifts mehr und mehr entzogen hatte und eine reichsunmittelbare Stellung anstrebte. Der Kurfürst hatte durch den Westfälischen Frieden ein Recht darauf erworben, daß die Stadt ihm die Erbhuldigung leistete; er verlangte außerdem, daß sie eine brandenburgische Garnison aufnehmen sollte, die seine Interessen an dieser wichtigen Stelle wahrnehmen konnte. Beides verweigerte die Stadt; und so ergriff der Kurfürst im Jahre 1666 eine günstige Gelegenheit, um seine Forderungen mit Gewalt durchzusetzen. Er hatte eben damals eine ansehnliche Truppenmacht versammelt, um durch eine bewaffnete Demonstration den unruhigen und kriegslustigen Bischof von Münster, Bernhard von Galen, von einer Unternehmung gegen die eben damals mit England in einen Krieg verwickelten Niederlande abzuhalten. Nachdem dieser Zweck erreicht war, zog er mit den Truppen vor Magdeburg und wiederholte seine Forderungen. Auf einen bewaffneten Widerstand aber wollte es die Stadt nicht ankommen lassen. Sie gab in den Verhandlungen, die zu Kloster Berge eröffnet wurden, nach: die Erbhuldigung wurde geleistet, brandenburgische Truppen besetzten die Zitadelle. Dieser Vergleich von Kloster Berge (28. Mai 1666), der obenan die Unterschrift des berühmten Bürgermeisters Otto Guericke trägt, des Erfinders der Luftpumpe, war für den Kurfürsten ein großer Erfolg, wegen der hervorragenden Wichtigkeit, die Magdeburg als Festung wie als Handelsplatz besaß; zugleich war dadurch auch die Nachfolge in dem übrigen Lande gesichert, die sonst unter Umständen noch hätte Schwierigkeiten machen können. Sie hat sich nach dem Tode des Prinzen August (1680) ganz glatt vollzogen; auch mit den Ständen, die hier nur noch durch Ausschüsse vertreten waren, ist es nicht zu Konflikten gekommen. Es bestand hier eine ähnliche ständische Schulden- und Steuerverwaltung wie in der Mark Brandenburg; und anders als dort waren ihr auch die neuen Kriegssteuern anheimgefallen. Ein engerer Ausschuß der Stände führte die Verwaltung, ein größerer Ausschuß die Aufsicht darüber. Das kurfürstliche Interesse wurde hier wie anderswo durch einen Ober-Kriegskommissarius vertreten.

An der Spitze aller dieser Länder, die, noch weit entfernt von administrativer Zentralisation, jedes seine besondere Verfassung und Verwaltung hatte, stand in der Regel ein Statthalter des Kurfürsten mit einer kollegialischen Behörde, die zugleich für Justiz und Verwaltung zuständig war, der „Regierung"; in Ostpreußen nahm das Kollegium der „Oberräte" die Stelle der Regierung ein, in der Kurmark der Geheime Rat, der sich nun zugleich zur Zentralbehörde der ganzen Ländermasse entwickelte. Der Geheime Rat ist eigentlich erst unter dem Großen Kurfürsten zu einer über die Mark Brandenburg hinausreichenden Wirksamkeit gelangt. Die Ordnung von 1651, die eine feste Departementsverteilung unter den Räten bezweckte, zeigt schon die Zuständigkeit der Behörde in allen Ländern, die sich nun allmählich zu Provinzen eines Gesamtstaats umbildeten. Von großer Bedeutung dafür war vor allem die seit 1651 angebahnte, aber durch große Schwierigkeiten gehemmte, nur langsam und nicht ohne manche Rückschläge fortschreitende Zentralisierung der Finanzverwaltung. Am ersten ist sie auf dem Gebiet der Steuerverwaltung gelungen. Die Steuern, direkte wie indirekte, waren ja „Kriegsgefälle", ausschließlich bestimmt zur Unterhaltung des Heeres. Die Einheit des Heeres zog auch die Einheit der Steuerverwaltung nach sich. Sie stellt sich namentlich in der Institution der Kriegskommissarien dar, die in mannigfaltiger Gestalt an allen wichtigen Punkten des Staatsgebiets die Interessen des neuen monarchischen Militärstaats wahrzunehmen haben: als „Kriegs- und Steuerkommissarien" („Commissarii locorum") in den Städten seit Einführung der Akzise, als „Kreiskommissarien", „Marschkommissarien", auch „Ämterkommissarien" auf dem platten Lande, als „Ober-Kriegskommissarien" an der Spitze der Provinzen, in Fühlung mit den ständischen Steuerverwaltungsorganen, in manchen Provinzen, wie in Ostpreußen und Cleve-Mark, auch schon in kollegialischer Organisation als „Kriegskammer" oder „Kriegskommissariat", bereit, den Ständen das Steuerwesen ganz aus den Händen zu nehmen, wie das ja in Ostpreußen vorübergehend bereits geschehen ist; endlich in der Zentralinstanz der General-Kriegskommissarius, der noch dem obersten Truppenkommandeur, General oder Feldmarschall, unterstellt, aber Mitglied des Geheimen Rates ist und seit 1674 eine General-Kriegskasse unter sich hat, in die die Überschüsse der provinziellen Obersteuerkassen abgeliefert werden. In diesen Beamten ist die Aufsicht über die Steuerverwaltung, die ja an den meisten Stellen noch in den Händen ständischer Organe lag, verbunden mit den Geschäften der militärischen Intendanturverwaltung. Ihre Bedeutung für das bürgerliche Leben wurde aber immer größer, namentlich in den Städten, wo sie für den wirtschaftlichen Fortschritt und den Wohlstand der Bevölkerung, von dem ja das Steigen der Akziseeinkünfte abhing, verantwortlich gemacht wurden. So kam es, daß die wirtschaftliche Verwaltung und überhaupt alles, was man damals in dem sehr weit gespannten Begriff der „Polizei" zusammenfaßte, mehr und mehr in die Hände der Kommissariatsbehörden geriet oder durch ihre Wirksamkeit erst reicher entwickelt wurde.

Diese Kommissariatsbehörden, die den vorwärtsstrebenden Geist des Militärstaates recht eigentlich darstellen, haben sich früh von den Provinzialregierungen abgesondert und zu einem über das ganze Staatsgebiet hin verbreiteten Organismus zusammengeschlossen, durch den die Zentralinstanz, der General-Kriegskommissarius als Mitglied des Geheimen Rates, durchgreifender als auf anderen Verwaltungsgebieten im Sinne einer zentralisierten Verwaltung wirken konnte. Schwerer und langsamer ist die Zentralisation auf dem Gebiet der Domänenverwaltung, mit der auch die landesherrliche Regalienverwaltung verbunden war, gelungen. Es bedurfte hier erst der Schuldentilgung, der Einlösung verpfändeter Domänenstücke, der Verwandlung des alten naturalwirtschaftlichen Administrationssystems in ein modernes geldwirtschaftliches Pachtsystem, um einigermaßen übersehbare Zustände zu schaffen, die rechnungsmäßig erfaßt und einer rationellen, mit festen jährlichen Voranschlägen („Etats") arbeitenden Finanzgebarung unterworfen werden konnten. Dazu kam der passive Widerstand des partikularistischen Geistes der Provinzen, der sich nicht nur in den ständischen Vertretungskörpern, sondern auch in den landesherrlichen Behörden, den „Regierungen" regte, und der sich anfänglich gar nicht von der alten Vorstellung losmachen konnte, daß die Einkünfte des einzelnen Landes nur für dieses Land selbst und nicht für außerhalb desselben liegende Zwecke Verwendung finden dürften. Darum bedurfte es zugleich einer Loslösung der Provinzialbehörden für die Domänen- und Regalienverwaltung, der „Amtskammern", von den Provinzialregierungen und ihrer Zusammenfassung unter einer ähnlichen Zentralbehörde, wie sie der General-Kriegskommissar darstellte. Das doppelte Ziel der Verwaltungsreform, dem man zustrebte, tritt denn auch schon unter der Regierung des Großen Kurfürsten deutlich hervor: einmal diese Zentralisation der Domänen-Verwaltungsbehörden und zweitens die Herstellung einer rechnungsmäßigen Übersicht über das Einkommen aus allen Provinzen und die Aufstellung eines ordentlichen Etats. Die Einführung des Pachtsystems ging damit Hand in Hand. Aber die Erreichung dieser Ziele ist unter der Regierung Friedrich Wilhelms noch nicht gelungen. Weder das Kollegium der „Staatskammerräte", das 1651 bestellt wurde, noch die einzelnen Männer, die später mit dem Titel eines Hofkammerpräsidenten an die Spitze der Domänenverwaltung gestellt wurden, Raban von Canstein, Bodo von Gladebeck u. a., haben die schwierige Aufgabe zu lösen vermocht. Es bedurfte dazu erst eines so eminenten Verwaltungstalents, wie es der Freiherr Dodo von Knyphausen besaß, der 1683 als Hofkammerpräsident seine Wirksamkeit begann. Aber die Früchte seiner Verwaltung kamen erst unter dem Nachfolger Friedrich Wilhelms zur Reife; wir werden später noch davon zu sprechen haben. Nur ein Bedürfnis trat so dringend hervor, daß es

Befriedigung erlangte: das war die finanzielle Sicherstellung des Hofhalts, der mit dem, was man später Staatshaushalt nannte, bis dahin noch immer eng zusammenhing. Dieser Zusammenhang wurde auch jetzt noch nicht grundsätzlich aufgelöst; aber im Jahre 1673 wurde eine besondere Kasse begründet, in der gewisse ausgesonderte Domäneneinkünfte in Höhe von 300 000 Talern jährlich gesammelt und aufbewahrt wurden, um lediglich dem Zwecke zu dienen, die Mittel für den Hofhalt bereitzustellen, damit man nicht, wie es vordem wohl geschehen war, in Not und Verlegenheit geriet. Aus dieser Institution hat sich dann später (unter Friedrich Wilhelm I.) eine völlige Trennung von Hofhalt und Staatshaushalt entwickelt.

Neben der Finanzverwaltung und eng verbunden mit ihr steht in der Regierung des Kurfürsten die Heeresverwaltung an erster Stelle. Das stehende Heer ist geradezu zum Rückgrat der ganzen inneren Verwaltung geworden, weil die Verwaltung zunächst und vor allem darauf gerichtet war, die finanziellen Mittel zur Unterhaltung des Heeres herbeizuschaffen und diese Unterhaltung selbst so zu regeln, daß die bürgerliche Gesellschaft dabei bestehen konnte.

Mit dem Heer selbst und seiner Verfassung ist in den Zeiten des Großen Kurfürsten eine tiefgreifende Umwandlung vor sich gegangen, ganz ähnlich wie es damals in Frankreich durch Louvois geschehen ist. Man kann diese Umwandlung bezeichnen als eine Verstaatlichung der Soldateska des Dreißigjährigen Krieges. Die Heere beruhten ja damals noch nicht auf staatlichen Ordnungen, sondern auf Privatunternehmung, nach dem System der italienischen condotteria. Ein großer Truppenführer (condottiere) wie Wallenstein oder auch einzelne Kriegsobersten stellten ganze Heere oder einzelne Regimenter auf und vermieteten sie sozusagen an die Fürsten, die Krieg führten. Es war eine kriegerisch-finanzielle Geschäftsunternehmung, bei der vor allem verdient werden sollte und bei der der fürstliche Kriegsherr oft genug von den Truppenführern übervorteilt und hinters Licht geführt wurde; die Fürsten hielten daher Musterkommissare, die den Obersten auf die Finger sehen mußten, ob die Regimenter komplett waren, ob nicht Strohmänner und unbrauchbare Leute sich darunter befanden. Es ist dies nur eine der vielfachen Erscheinungsformen der Kriegskommissare.

Nachdem nun das Heer ein stehendes geworden war, wurde es eigentlich erst recht eine staatliche Einrichtung. Der Kurfürst stellte nun selbst die Regimenter auf; er ernannte auch die Obersten, die sie kommandierten; aber die Obersten fuhren noch lange fort, die Regimentsoffiziere nach ihrem Belieben zu ernennen; und die Ergänzung der Mannschaften erfolgte durch die Kapitäne, die die Kompagnien führten. Das Offizierkorps war noch durchaus nicht das, was wir heute darunter verstehen; es fehlte noch das dienstliche Pflichtgefühl, die monarchische Gesinnung, der kameradschaftliche Standesgeist und vor allem die strenge Disziplin. Die Obersten selbst waren vielfach unbotmäßig, da sie immer noch auf Grund einer Kapitulation, d. h. eines spezialisierten Vertrags, angestellt wurden. Erst allmählich wurden sie dahin gebracht, sich in größere militärische Verbände einzuordnen und einen General oder Feldmarschall als ihren Vorgesetzten zu betrachten. Die unteren Offiziere aber waren mehr Privatangestellte der Obersten als Staatsdiener. Erst sehr allmählich und noch nicht vollkommen ist es dem Kurfürsten gelungen, die Ernennung der Offiziere in seine Hand zu bringen und hohe wie niedere Offiziere daran zu gewöhnen, seinen

Befehlen ohne weiteres zu folgen. Ein Offizierkorps im modernen Sinne hat vor Friedrich Wilhelm I. noch nicht bestanden.

Die Ergänzung der Mannschaften beruhte noch auf dem herkömmlichen Prinzip der freien Werbung. Der Kurfürst hat zwar in der Not des schwedischen Krieges 1657 einmal den Plan erwogen, eine allgemeine Bewaffnung des Landvolkes vorzunehmen, doch ist daraus nichts geworden. Mit der ostpreußischen Bauernmiliz, den sog. Wibranzen, hat er in dem Kriege keine guten Erfahrungen gemacht. Der Gedanke eines „Defensionswerks" von milizartigem Anstrich und unter ständischem Einfluß, wie er früher, zu Anfang des großen Krieges in der Mark aufgetaucht und in Ostpreußen auch zeitweise verwirklicht worden war, trat ganz zurück. Die Armee wurde von vornherein lediglich ein Instrument des Monarchen, das zwar aus den Mitteln des Landes erhalten wurde, auf das aber den Landständen keinerlei Einfluß eingeräumt war.

Die Stärke der Armee war unter dem Großen Kurfürsten noch eine sehr wechselnde, je nachdem Krieg oder Frieden war. Im Frieden wurde „reduziert"; kam es zum Kriege, so wurden neue Regimenter aufgestellt und die Armee verdoppelt und verdreifacht. Feste Stämme, die in Kriegszeiten nur ausgefüllt zu werden brauchten, gab es in Friedenszeiten noch nicht. Nach dem politischen Testament von 1667 scheint es sogar, als habe der Kurfürst damals gemeint, mit den Truppen auskommen zu können, die die Festungsbesatzungen bildeten. Er veranschlagte sie im Frieden auf etwa 7000 Mann, im Kriege auf 15 000. Tatsächlich hat er aber später in Kriegszeiten erheblich mehr Truppen zur Verfügung gehabt, zuletzt etwa 30 000 Mann. Das war für seine Lande schon eine sehr bedeutende Macht, und ihre Unterhaltung hat nicht vollständig aus den Mitteln der Lande selbst bestritten werden können. Es ist eine sehr wichtige Tatsache, daß der Große Kurfürst noch nicht imstande gewesen ist, die große Armee, die er brauchte, ganz aus eigenen Mitteln zu erhalten und einen längeren Krieg aus eigenen Mitteln zu führen. Er bedurfte dazu der Subsidien fremder Mächte, der Niederländer, der Spanier, Frankreichs, Österreichs. Das muß man in Erwägung ziehen, wenn man die auswärtige Politik Friedrich Wilhelms richtig beurteilen will. Das Bedürfnis nach Allianzen mit Subsidientraktaten findet darin seine Erklärung; ebenso die geringe Rücksicht, die bei den Friedensschlüssen auf Brandenburg genommen wurde, trotz erheblicher militärischer Leistungen. Die Armee, das Instrument der neuen Machtpolitik, mußte ihren Lebensunterhalt sozusagen selbst erwerben, und es verdient Bewunderung, daß sie trotzdem vom Großen Kurfürsten doch überwiegend nur in wirklich brandenburgischem Interesse verwandt worden ist — anders als unter dem Nachfolger, wo die allgemeine Lage dieselbe blieb. Der Gedanke der Macht war also eher da, als das Vermögen, die Machtmittel hervorzubringen; er ist das eigentliche Lebensprinzip des preußischen Staates geworden. Der Staat hat erst langsam in die Rüstung hineinwachsen müssen, die er sich angelegt hatte. Es bedurfte einer gewaltigen nachholenden Kulturarbeit, um die wirtschaftlichen Kräfte Preußens auf die Stufe seiner politischen Macht emporzubringen und sie den schweren Lasten, welche die Machtstellung mit sich brachte, einigermaßen anzupassen.

Im Kampfe mit Ludwig XIV.

Seit dem Pyrenäenfrieden (1659) ist die politische Lage Europas durch das entschiedene Übergewicht Frankreichs gekennzeichnet, das als der erste geschlossene Großstaat, als die erste Militärmacht der Welt mit dem Beginn der Selbstregierung Ludwigs XIV. (1661) in eine neue, an Macht und Glanz alle andern Staaten überstrahlende Epoche seiner Geschichte eintrat. In den folgenden Jahrzehnten hat jede von den Mächten Europas zu Frankreich Stellung nehmen müssen, sei es, daß sie sich vor seiner Übermacht beugte oder sie zu bekämpfen versuchte. Es ist bekannt, wie übel in diesem Zeitalter Ludwigs XIV. das Deutsche Reich die erste große Probe auf das politische System des Westfälischen Friedens bestanden hat: der letzte Rest einer einheitlichen politischen Betätigung des deutschen Volkes ist damals in den großen Fragen der europäischen Politik verloren gegangen. Auch der Kurfürst Friedrich Wilhelm von Brandenburg hat trotz des lebendigen Gefühls für die Ehre des deutschen Namens nicht eigentlich als deutscher, sondern als europäischer Fürst seine Stellung genommen; als ein nationaler Held im Sinne eines selbstlosen Vorkämpfers deutscher Reichsinteressen gegen das Frankreich Ludwigs XIV. kann er nicht aufgefaßt werden; auch in diesen Verwickelungen war das Interesse seines Hauses und Staates der Leitstern seiner beweglichen, den veränderten Verhältnissen der Weltlage sich anpassenden Politik. Er hatte bei der Wahl Kaiser Leopolds, als der Rheinbund gegründet wurde, zu den entschiedenen Gegnern des französischen Einflusses im Reiche gehört; aber auf die Dauer fand er es doch nicht vorteilhaft, außer aller Verbindung mit der maßgebenden europäischen Macht zu bleiben; 1665 ist er dem unter Frankreichs Protektion stehenden Bunde beigetreten, aber nicht um den Einfluß Frankreichs in den deutschen Angelegenheiten zu verstärken, sondern eher um ihn zu vermindern: denn je mehr Fürsten dem Rheinbund beitraten, desto lockerer wurde sein innerer Zusammenhang, desto unzuverlässiger erwies er sich als Instrument der französischen Politik. Die beständig drohende Gefahr einer Einmischung Frankreichs in die deutschen Angelegenheiten hat der Kurfürst eben damals zu verhüten gesucht: sein Auftreten gegen den Bischof von Münster im Jahre 1665, den er von dem Angriff auf die Niederlande abhielt, hing namentlich mit der Befürchtung zusammen, daß Frankreich, damals mit den Niederlanden befreundet, im Fall eines solchen Angriffs seine Truppen in die rheinisch-westfälischen Lande würde einrücken lassen. Übrigens sehen wir den Kurfürsten damals wie mit Frankreich so auch mit Österreich im Bunde: das Bündnis mit dem Kaiser von 1658 ist 1666 erneuert worden. Die endgültige Auseinandersetzung mit Pfalz-Neuburg (1666) war der Anfang zu einem freundschaftlichen Verhältnis mit diesem lange bekämpften Nachbarn; der Kurfürst wußte sehr wohl, daß weder der Kaiser noch Frankreich ihm einen größeren Besitz am Niederrhein gönnen werde. In demselben Zeitpunkt (1666) sehen wir Brandenburg zugleich im Bündnis mit Schweden wie mit Dänemark, mit den Niederlanden wie mit England. Auf alle diese Bündnisse kommt nicht viel an; keines von ihnen hat große politische Wirkungen gehabt. Aber in ihrer Gesamtheit zeigen sie doch die damalige Tendenz der brandenburgischen Politik: nämlich die, mit allen Mächten gut zu stehen, an keine sich ausschließlich zu binden, in der Mitte zwischen den großen Mächten eine selbständige Haltung einzunehmen, freie Hand zu behalten, um dann je nach den Konjunkturen sich entscheiden und handeln zu können. In seinem politischen Testament von 1667 hat der Kurfürst es geradezu als die Aufgabe der brandenburgischen Politik bezeichnet, die Balance zu halten zwischen dem Kaiser und Spanien auf der einen, Frankreich und Schweden auf der andern Seite; die Sicherung der evangelischen Glaubensfreiheit und der fürstlichen Selbständigkeit erscheint dabei als das unverrückbare Ziel; in dieser Haltung hoffte der Kurfürst seine Macht am leichtesten vermehren zu können.

Die politische Windstille dieser Jahre nahm ein Ende, als Ludwig XIV. im Frühjahr 1667 den Versuch machte, die niederländischen Provinzen Spaniens auf Grund des sogenannten Devolutionsrechts in seine Hand zu bringen. Die allgemeine Empörung, die darüber im Reiche wie in ganz Europa sich erhob, hat auch den Bestand des Rheinbundes erschüttert; man begann den Gedanken einer großen Koalition gegen Ludwig XIV. zu fassen. Der publizistische Vorkämpfer dieses Planes war damals der österreichische Gesandte im Haag, Franz von Lisola, der Vermittler des Wehlauer Vertrags. Seine berühmte Flugschrift: „Le bouclier d'Etat et de Justice" forderte zu einem Zusammenschluß aller Mächte gegen Frankreich auf, das die Freiheit Europas bedrohe. In dieser Bahn hat sich nun auch die Politik des brandenburgischen Kurfürsten für eine Zeitlang bewegt. Er machte den Versuch, eine Koalition gegen Frankreich zustande zu bringen. Kaiser und Reich, Spanien und die Niederlande sollten sich nach seiner Absicht gegen Ludwig XIV. vereinigen. An allen diesen Höfen hat er für einen solchen Plan werben lassen; aber überall ohne Erfolg: die französische Diplomatie hatte es zu gut verstanden, die Höfe an das Interesse Frankreichs zu fesseln.

Für den Kurfürsten stand bei diesen Bemühungen ein ganz besonderes politisches Interesse im Vordergrund. Eben damals machte die französische Diplomatie die lebhaftesten Anstrengungen, um in Polen, wo Johann Kasimir soeben die Krone niedergelegt hatte, einem französischen Thronbewerber, dem Prinzen Condé, die Nachfolge zu verschaffen. Das war eine sehr gefährliche Aussicht für den brandenburgischen Kurfürsten. Ein tatkräftiger französischer Prinz auf dem polnischen Thron, zusammenwirkend mit dem französischen Einfluß von Westen her, hätte die Machtstellung des Hauses Brandenburg gleichsam zwischen zwei Feuer bringen und namentlich auch der Souveränität in Preußen gefährlich werden können. Durch ein Zugeständnis in dieser Angelegenheit hat es nun Ludwig XIV. verstanden, die brandenburgische Politik in eine andere Richtung zu lenken. Sein Gesandter Vaubrun machte in Berlin das Anerbieten, daß man die französische Kandidatur in Polen fallen lassen wolle, wenn der Kurfürst sich dagegen zur Neutralität in dem bevorstehenden Devolutionskriege verpflichten werde. Auf diese Bedingungen wurde in der Tat am 15. Dezember 1667 ein Vertrag zwischen dem Kurfürsten und Ludwig XIV. geschlossen. In Polen ist dann nach längerem Wahlkampf ein eingeborener Edelmann, Michael Wiesnowiecki, zum König gewählt worden, dessen schwache Regierung den Interessen Brandenburgs förderlich war. Infolge seines Neutralitätsvertrages mit Frankreich ist der Kurfürst auch dem protestantischen Dreibund (Niederlande, England, Schweden) ferngeblieben, der 1668 Ludwig XIV. zwang, von dem Plan einer Eroberung der spanischen Niederlande Abstand zu nehmen. Er verpflichtete sich sogar in einem neuen ganz geheimen Vertrage mit dem französischen

Könige, der am 31. Dezember 1669 abgeschlossen wurde und zunächst auf zehn Jahre gelten sollte, seinem Verbündeten nach dem Tode des Königs von Spanien zur Erwerbung der spanischen Niederlande mit einem Hilfskorps von 10 000 Mann, womöglich unter seiner persönlichen Führung, beizustehen, wogegen Frankreich Subsidienzahlungen von 40 000 Talern jährlich samt Werbegeldern für den Kriegsfall zu zahlen versprach und außerdem die Erwerbung eines Cleve benachbarten Stückes von Geldern dem Kurfürsten in Aussicht stellte. So hatte sich also der Kurfürst insgeheim schon an Frankreich angeschlossen, und Ludwig XIV. hoffte ihn auch zum Verbündeten in dem Kriege gegen die Republik der Niederlande zu gewinnen, die als der eigentliche Herd des Widerstandes gegen seine belgischen Pläne nun das nächste Ziel seiner Angriffspolitik wurde und, verlassen von ihren früheren Verbündeten, England und Schweden, allein der Rache des übermächtigen Nachbarn preisgegeben zu sein schien. Kurköln, das bereits von Ludwig XIV. für ein Bündnis gegen die Niederlande gewonnen worden war, übernahm die Vermittlung. Der kurkölnische Minister Wilhelm von Fürstenberg kam in geheimer Sendung nach Berlin und schlug für den Fall des Anschlusses von Brandenburg eine Teilung der Niederlande vor, bei der der Kurfürst ein paar Grenzprovinzen erhalten sollte. Der Kurfürst hat lange geschwankt. Er dachte erst an eine Vermittlung zwischen Frankreich und den Niederlanden; aber die Berichte seines Gesandten in Versailles, v. Krockow, ließen keinen Zweifel, daß der Krieg gegen die Niederlande dort beschlossene Sache war. Die Entscheidung ist dem Kurfürsten sehr schwer geworden. Sicherlich hätte er im Bunde mit Frankreich seine eigenen nächsten Interessen bedeutend fördern können. Er hatte durchaus keinen Anlaß, sich für die Niederländer aufzuopfern; im Gegenteil, er hatte Unbill genug von ihnen erfahren. Mit der Hoefijserschen Schuld, die mit Zins und Zinseszins zu einer enormen Höhe angewachsen war, hatten sie ihn in geradezu wucherischer Weise geplagt. Sie hatten sich noch immer geweigert, die clevischen Festungen, die sie, zum Teil als Bürgschaft für diese Schuld, besetzt hielten, zu räumen. Sie waren in beständiger Verbindung mit den unzufriedenen Elementen im Lande geblieben. Das alles stellten dem Kurfürsten die französischen Gesandten vor, die nun zu unmittelbaren Verhandlungen nach Berlin kamen, erst Verjus, dann Guiche. Es war eine verlockende Aussicht, den Druck der niederländischen Nachbarschaft loszuwerden, die clevischen Festungen wiederzubekommen, vielleicht ein Stück der Niederlande dazu; und in der Subsidienfrage, die von großer Bedeutung war, erwiesen sich die Franzosen splendider und gefälliger, als die krämerhaften Unterhändler der Republik. Aber andererseits lag doch in der Verwirklichung der französischen Pläne eine ungeheuere Gefahr. Wenn die Republik der Niederlande vernichtet wurde, wenn der französische Militärstaat Ludwigs XIV. in Cleve der unmittelbare Nachbar des Kurfürsten wurde — wer sollte ihn denn vor dem gleichen Schicksal der Vergewaltigung schützen, das jetzt den Niederländern bereitet wurde? Das Streben nach dem linken Rheinufer begann damals in der französischen Politik bereits deutlich hervorzutreten. Mit der Republik der Vereinigten Niederlande wäre das letzte Bollwerk gefallen, das dem französischen König damals noch auf dem Kontinent wie auf den Meeren entgegentrat. Die Alleinherrschaft Frankreichs wäre dann schwer abzuwenden gewesen, und mit der Freiheit des Handels wären auch die Handels- und Seemachtpläne des brandenburgischen Kurfürsten im Keime erstickt worden. „Mit der Republik" — so hat er damals geäußert — „leben und sterben die Kommerzien", und ein andermal: „sei Holland gefallen, so sehe er die Zeit kommen, wo Ludwig XIV. deutsche Fürsten in die Bastille werfen würde wie seine französischen Grandseigneurs." Am schwersten aber wogen wohl die konfessionellen Bedenken. Ludwig XIV. hatte kein Hehl daraus gemacht, daß der katholischen Kirche wiedergewonnen werden sollte, was ihr in den ketzerischen Niederlanden entrissen worden war. Die Tendenzen katholischer Restauration verbanden sich mit den Plänen französischer Machtausdehnung. Und wo fanden diese Tendenzen damals in der Welt noch wirksamen Widerstand? In England drohte das Königtum der Stuarts im Bunde mit Frankreich den Katholizismus wiederherzustellen; das protestantische Schweden stand wieder im Solde Frankreichs. Am Kaiserhofe, bei den meisten Reichsfürsten herrschten dieselben katholischen Restaurationsbestrebungen. Der Untergang der niederländischen Republik wäre in diesem Zeitpunkt ein unverwindbarer Schlag gegen die politische Stellung der Protestanten in ganz Europa gewesen. Diese Erwägungen sind schließlich für den Kurfürsten ausschlaggebend gewesen, allerdings erst nach langem Schwanken und Verhandeln. Wie immer in solchen kritischen Zeiten spaltete sich damals der Hof und der Geheime Rat in zwei Parteien, die sich untereinander auf das gehässigste befehdeten. Die meisten Räte, an ihrer Spitze Otto von Schwerin, waren für den Anschluß an Frankreich. Sie sahen in Frankreich die aufsteigende Macht, der man doch keinen Einhalt gebieten könne, und wollten, daß Brandenburg versuchen sollte, in Verbindung mit dieser Macht selbst größer und mächtiger zu werden. Dagegen waren die Militärs, die Feldmarschälle Derfflinger, Sparr und andere für die Niederlande, für den Krieg gegen Frankreich. Selbst im Familienkreise des Kurfürsten machte sich die Spaltung bemerklich. Sein Schwager, der Fürst Johann Georg von Anhalt (der erste Anhaltiner im Dienst des Hauses Brandenburg), gehörte zu der hollandfreundlichen Militärpartei; seine zweite Gemahlin, Dorothea, eine geborene Herzogin von Holstein, verwitwete Herzogin von Braunschweig, stand auf der französischen Seite. Sie war nicht eigentlich eine politische Frau; aber an den Intrigen des Hofes ist sie doch immer stark beteiligt gewesen; und man glaubte, daß sie zuzeiten einen maßgebenden Einfluß auf ihren Gemahl auszuüben vermöge; deswegen lag den fremden Gesandten immer viel daran, sie zu gewinnen.

Der Kurfürst selbst hat wohl eine Zeitlang daran gedacht, neutral zu bleiben und eine abwartende Stellung einzunehmen, in starker Rüstung bereitzustehen, um sich dann zuletzt der Partei anzuschließen, die das Übergewicht erlangen würde. Aber endlich überwogen doch die Beweggründe, die für die niederländische Partei sprachen, obwohl die Abneigung vor den niederländischen Staatsmännern, den republikanischen „Regenten", diesen Repräsentanten der Kaufmannsaristokratie und geschworenen Gegnern der Oranier, bei ihm immer wieder zum Durchbruch kam. Erst am 6. Mai 1672 ist — nach langen Unterhandlungen — der Bündnisvertrag mit Mynheer van Amerongen abgeschlossen worden. Der Kurfürst verpflichtete sich, den Niederlanden im Falle eines Angriffs mit einer Armee von 20 000 Mann, Fußvolk, Reiterei und Artillerie, beizustehen. Der Angreifer wird nicht genannt; daß Frankreich und seine Verbündeten gemeint waren, verstand sich natürlich von selbst. Die Generalstaaten übernahmen die Zahlung der Hälfte der Werbegelder und des Soldes für diese Truppen. In zwei Monaten sollte die Armee in den westfälischen Landen des Kurfürsten bereitstehen; er selbst sollte die Führung übernehmen; nach Empfang der Werbegelder sollte er dem Angreifer offen den Krieg erklären.

Inzwischen waren die Feindseligkeiten schon eröffnet worden. England, Frankreich, der Kurfürst von Köln und der Bischof von Münster hatten ihre Kriegsmanifeste erlassen, und Anfang Mai wurde der gemeinsame Angriff auf die Niederlande eröffnet. Der Kurfürst von Brandenburg war damals ihr einziger Verbündeter. Aber dieses Bündnis hat ihnen nicht viel geholfen. Es hat sie nicht vor der Niederwerfung durch den ersten Ansturm der Franzosen bewahrt. Bekannt ist die Katastrophe, die dann in Amsterdam eintrat: der Volksaufstand gegen das Patrizierregiment, das die Wehrlosigkeit des Landes verschuldet hatte, die Ermordung der Brüder de Witt, das Emporkommen des Oraniers Wilhelms III., eines Neffen des brandenburgischen Kurfürsten, der nun wieder als Statthalter und Generalkapitän an die Spitze der Armee und der Staatsleitung trat. Aber auch nach diesem Umschwung hat noch keine tatkräftige Mitwirkung des Kurfürsten stattgefunden. Er hat an Frankreich überhaupt nicht offen den Krieg erklärt. Er befand sich in einer schiefen Lage: er hatte eine Rolle übernommen, der er nicht gewachsen war, zumal auch die Subsidien nicht, wie verabredet, von den Niederlanden gezahlt wurden. Er hatte wohl kaum gedacht, daß er an der Seite der Niederlande allein bleiben würde; der schnelle Zusammenbruch ihrer Macht war ganz gegen seine Erwartungen. Er suchte einen Rückhalt in Deutschland. Er hat versucht, die wichtigsten Reichsstände, Mainz, die Braunschweiger, Sachsen, auch Dänemark zum Anschluß an die niederländische Sache zu bewegen. Es ist ihm nicht gelungen. Nur in Wien hatten seine Bündnisbestrebungen einen gewissen Erfolg. Mit dem Kaiser kam im Juni 1672 eine Allianz zustande. Aber diese Verbindung hat dann der brandenburgischen Politik eine ganz andere Richtung gegeben, als sie durch das Bündnis mit den Niederlanden ursprünglich eingeschlagen hatte. Es war eine Defensivallianz zur Aufrechterhaltung des Westfälischen Friedens und der Neutralität des Reiches. Sie war nicht eigentlich gegen Frankreich gerichtet, sondern gegen dessen deutsche Verbündete, den Kurfürsten von Köln und den Bischof von Münster. Durch deren Zusammenwirken mit den Franzosen war es dazu gekommen, daß die clevischen Lande des Kurfürsten von feindlichen Truppen überzogen, die festen Plätze dort eingenommen und besetzt waren, obwohl der Kurfürst den Krieg an Frankreich noch gar nicht erklärt hatte, also der Form nach eigentlich noch neutral war. Gegen diese Verletzung seiner Neutralität wandte er sich nun im Bunde mit dem Kaiser. Zugleich aber hat er den Kaiser doch auch dazu gedrängt, ein Einverständnis mit den Niederlanden zu suchen. Durch den Franzosenhaß und den Kriegseifer des kaiserlichen Gesandten im Haag, Lisola, wurden diese Bemühungen wirksam unterstützt: auch der Kaiser schloß im Herbst 1672 ein Bündnis mit der Republik. Aber die Kriegserklärung an Frankreich wurde vom Kaiser wie von Brandenburg noch immer vermieden. Sie gaben sich den Anschein, als ob sie mit Frankreich in Frieden lebten und nur gegen dessen Verbündete, Köln und Münster, im Interesse der Reichsneutralität Krieg führten. Es war ein ganz unklares Verhältnis mit Frankreich, ein Krieg im Frieden. Die mäßige Rüstung, die in dem Vertrage zwischen Brandenburg und dem Kaiser in Aussicht genommen worden war, stimmte damit überein: jeder Teil sollte 12 000 Mann ins Feld stellen. Der Kaiser hat dann freilich 16 000 Mann gestellt, aber für einen Krieg gegen Frankreich wäre auch diese Zahl noch immer viel zu gering gewesen. Wie übrigens am kaiserlichen Hofe dieses Bündnis und der ganze Krieg aufgefaßt wurde, das erhellt am deutlichsten aus einem Wort des kaiserlichen Prinzipalministers, des Fürsten Lobkowitz, das der schwedische Gesandte Esaias Pufendorf nach Stockholm berichtet hat: Kurbrandenburg sei wie ein wildes, ungezähmtes Pferd; man müsse ihm, um es zu moderieren, ein anderes gezähmtes und gelindes Roß beigesellen, damit es sich nicht à corps perdu in eine Partei würfe. Also auf ein Lavieren zwischen den beiden großen Parteien war es in Wien im Grunde abgesehen; und dieser vorsichtigen, halbherzigen Politik hat sich der Kurfürst durch seinen Vertrag mit dem Kaiser angeschlossen, anfänglich wohl ohne die Tendenz ganz zu durchschauen. Er hat sich damit, um ein Wort von Bismarck zu gebrauchen, eine Rückversicherung schaffen wollen; aber er hat sich auch zugleich für die Hauptaktion die Hände gebunden und sich die Erfüllung seiner Verpflichtungen gegen die Niederlande unmöglich gemacht. Denn das kann nicht geleugnet und nicht beschönigt werden: was der Kurfürst in diesem Kriege geleistet hat, entsprach nicht dem, was die Niederlande nach dem Bündnis vom 6. Mai 1672 von ihm erwarten durften. An gutem Willen hat er es freilich nicht fehlen lassen. Er hat immer wieder den Plan vertreten, über den Rhein zu gehen, die Observationsarmee des Marschalls Turenne zu schlagen und die Vereinigung mit dem Prinzen von Oranien zu suchen. Aber der kaiserliche General Montecuccoli hatte gemessene Befehle, es nicht so weit kommen zu lassen; und dem Kurfürsten blieb nichts übrig als sich zu fügen, wenn er sich nicht nutzlos für die Niederländer opfern wollte. Was der Kaiser wollte, war lediglich die Aufrechterhaltung der Reichsneutralität, und auch das Interesse des Kurfürsten erforderte in erster Linie die Bekämpfung der Übergriffe von Köln und Münster. Darum drang er, nachdem er sich überzeugt hatte, daß es zur Überschreitung des Rheins doch nicht kommen werde, selbst darauf, daß man nach Westfalen zurückgehe, um die Grafschaft Mark, in die der Bischof von Münster eingebrochen war, zu befreien und seine übrigen westfälischen Besitzungen zu schützen. Aber auch hier sind die Kaiserlichen zu einer energischen Kriegführung nicht zu bringen gewesen, weder unter der Führung von Montecuccoli noch unter der seines Nachfolgers Bournonville. Die Wirkung war nur, daß jetzt Köln und Münster von dem niederländischen Kriegsschauplatz abgezogen wurden und daß auch Turenne sich nun veranlaßt sah, nach Westfalen zu marschieren. Zu einer Schlacht ist es aber gegen keinen dieser Gegner gekommen. Einmal — Anfang Februar 1673 — standen die Verbündeten bei Soest dem französischen Marschall kampfbereit gegenüber; aber der kluge, methodische Stratege fand es vorteilhafter, einer Waffenentscheidung auszuweichen und die Gegner durch Märsche und Manöver zu ermüden und mürbe zu machen. Mitte Februar gaben die Verbündeten das Spiel auf. Es war ein völliger Mißerfolg. Cleve blieb von den Franzosen besetzt; die Grafschaft Mark und Ravensberg standen den Feinden offen. Der Kurfürst faßte den Plan, sich von dem Kaiser zu trennen und sich mit Frankreich zu verständigen, mit dem man nun ja tatsächlich doch im Kriege gewesen war. Den Vorschlag eines Waffenstillstandes, den der Kurfürst zunächst machte, lehnte Ludwig XIV. ab, aber zu Friedensunterhandlungen war er gern bereit. Sie haben noch bis in den Sommer 1673 hinein gewährt. Den Vermittler machte der Pfalzgraf von Neuburg, Philipp Wilhelm; dessen Gesandter, Dr. Stratmann, hat in Paris die Präliminarien mit den französischen Bevollmächtigten vereinbart; am 6. Juni 1673 wurde der endgültige Friedensvertrag zwischen Brandenburg und Frankreich in dem Hauptquartier Ludwigs XIV. zu Vossem in der Nähe von Löwen unterzeichnet. Der Kurfürst verzichtete darauf, den Niederländern noch weiter Hilfe gegen Frankreich zu leisten. Der ganze Krieg wurde wie eine Art von Mißverständnis behandelt. Dem Kurfürsten wurden alle vom Feinde besetzten Lande zurückgegeben, auch die clevischen Festungen; nur Wesel und Rees behielt Ludwig XIV. in Händen, bis der Friede mit den Niederlanden geschlossen sein werde. England, Köln, Münster, die Verbündeten Ludwigs XIV., wurden in den Frieden mit eingeschlossen, Köln und Münster, ohne darüber befragt worden zu sein, gegen ihren Willen und zu ihrem größten Verdruß; sie hatten sich einfach dem Machtgebot ihres französischen Verbündeten zu fügen. Ein wesentlicher Punkt für den Kurfürsten war auch diesmal wieder die Geldfrage. Es eröffnet einen tiefen Blick in die Bedingungen seiner Politik und Kriegführung, wenn man sieht, wie er in demselben Moment, wo er im Haag seine Absicht vom Kriege zurückzutreten anzeigte, zugleich die Forderung stellte, daß ihm die vertragsmäßigen Subsidien, ohne die er sein Heer nicht beisammenhalten konnte, nachbezahlt würden, und wie dann, als die Niederländer das verweigerten, Frankreich die Zahlung von Subsidiengeldern übernahm, noch bevor der Vertrag mit Brandenburg zum Abschluß gekommen war. Jetzt, beim Friedensschluß, versprach Ludwig XIV. dem Kurfürsten in einem geheimen Artikel, bei dem künftigen Frieden mit den Niederlanden für die brandenburgischen Subsidienforderungen eintreten zu wollen. Und als ein besonderer Beweis des königlichen Wohlwollens wurde dem Kurfürsten eine Geldunterstützung von 800 000 Livres gewährt, die zum Teil sofort, zum Teil im Laufe der nächsten Jahre gezahlt werden sollte.

Der Kurfürst hatte also durch diesen Separatfrieden von Vossem sich von seinem Verbündeten, dem Kaiser, getrennt, weil dessen Interessen doch auf die Dauer mit den seinigen nicht übereinstimmten. Es war eine jener jähen Wendungen, die für seine Politik überhaupt charakteristisch sind. Es gibt allerdings in dem Vertrage von Vossem einen Artikel, in dem der Kurfürst sich freie Hand ausbedungen hat für den Fall, daß seine Verpflichtungen dem Reiche gegenüber in Frage kommen würden; und er hat später, 1674, behauptet, der Friede von Vossem hindere ihn nicht an der Erfüllung seiner reichsfürstlichen Pflichten. Aber dieser Artikel ist dermaßen verklausuliert, daß seine Bedeutung sehr fragwürdig ist. Die Auffassung, als habe der Kurfürst nur auf die Gelegenheit gewartet, den Krieg gegen Ludwig XIV. wieder zu erneuern, als sei die Wendung von 1674 in jenem Artikel schon vorbereitet worden, trifft schwerlich zu. Die Franzosen jedenfalls glaubten, dem Kurfürsten die Hände gebunden zu haben auch bei einem Angriff auf das Reich. Andererseits aber hat sich der Kurfürst doch wohl eine Handhabe schaffen wollen für den Fall eines politischen Umschlags, wie er denn auch wirklich später erfolgt ist. Jedenfalls hat er sich nicht dazu drängen lassen, nun gemeinsame Sache mit Frankreich gegen die Niederlande zu machen. Die französische Diplomatie bot alle Mittel auf, es dahinzubringen. Bald nach dem Abschluß des Friedens erschien Verjus wieder in

Berlin und sparte das Geld nicht, um in der Umgebung des Kurfürsten Stimmung für die französischen Wünsche zu machen. Auch die Kurfürstin erhielt große Geschenke und erwartete noch größere. Man nahm an einem derartigen Verhalten damals noch keinen Anstoß. Es war eine Ausnahme, daß der Oberpräsident Schwerin, ein Mann von besonders zartem Gewissen, mit Hinweis auf seinen Eid als Geheimer Rat die angebotenen französischen Gelder zurückwies, obwohl er von jeher ein überzeugter Anwalt des französischen Bündnisses gewesen war. Die alte Parteiung am Hofe und im Rate begann von neuem. Der Kurfürst selbst, mißmutig, beschämt über den unrühmlichen Ausgang des Feldzugs, zog sich tage- und wochenlang auf einsame Jagdschlösser zurück, wohin ihm nur seine Gemahlin folgen durfte; ganz ausnahmsweise hat er einmal zu Himmelstädt bei Stolp auch den französischen Gesandten empfangen, aber ohne daß es zu einer engeren Annäherung gekommen wäre. Auf welcher Linie sich in dieser Zeit des Schwankens und Abwartens die Pläne des Kurfürsten bewegten, zeigt vielleicht am deutlichsten ein Bündnis mit Schweden, das damals (Dezember 1673) geschlossen worden ist. Es kommt auf die Idee der dritten Partei, der bewaffneten Mediation zurück, die im geeigneten Augenblick einschreitet, um den Dingen eine entscheidende Wendung zu geben. Das Seltsame dabei war nur, daß es beiden Teilen anheimgestellt war, auf welche Seite sie sich schlagen wollten, wenn der Vermittlungsversuch mißlang: — eine diplomatische Unklarheit ganz im Stil der Zeit, die nicht ohne Bedeutung für die spätere Verwicklung zwischen Brandenburg und Schweden geblieben ist.

Es mochte für den Kurfürsten etwas sehr Ärgerliches und zugleich doch auch Anspornendes haben, daß er erleben mußte, wie eben jetzt, bald nach seinem Ausscheiden aus dem Kriege gegen Frankreich in der öffentlichen Meinung in Deutschland und auch am Reichstage sich ein Umschwung vollzog, wie er ihn gern bei seinem Eintritt in diese Verwicklungen herbeigeführt hätte. Die Übergriffe Ludwigs XIV. auf Reichsgebiet, die Einverleibung der Reichsstädte im Elsaß und anderes derart regten die patriotischen Gefühle auf, die so lange geschlafen hatten. Die Flugschriftenliteratur nahm eine sehr scharfe Haltung gegen Ludwig XIV. an. Die Gefahren des französischen Übergewichts wurden lebhaft erörtert. Überall machte sich ein gesunder Franzosenhaß bemerklich. Die brandenburgische Politik wurde von den Publizisten auf das bitterste verhöhnt und angegriffen; es war eine gemeine Rede im Reich, Kurbrandenburg leide am Wechselfieber. Es scheint doch, daß diese Beurteilung dem Kurfürsten nicht gleichgültig gewesen ist, zumal er offenbar selbst mit seiner politischen Haltung nicht ganz zufrieden war und die Verminderung seines Ansehens auf der Hand lag. Diese Stimmung im Reich und der allgemeine Gang der Ereignisse ließen jetzt vollends den Anschluß an Frankreich als unstatthaft erscheinen. Am kaiserlichen Hofe drang mit dem Sturze des Fürsten Lobkowitz die franzosenfeindliche Kriegspartei durch. Man ließ die Fiktion fallen, als ob es sich nur um einen Defensivkrieg zum Schutze der Reichsneutralität handle; man suchte eine große Koalition gegen Ludwig XIV. herbeizuführen und in Verbindung damit auch den Reichskrieg. Der Kaiser verband sich wieder mit Spanien gegen Frankreich; ein Bündnis mit Dänemark wurde geschlossen; der Herzog von Lothringen, der aus seinem Lande vertrieben umherirrte, schürte überall im Reiche gegen Frankreich. Mainz und Trier schlossen sich an, endlich sogar Sachsen, das bisher durch französisches Geld gebunden gewesen war. Diese Koalierten traten nun zugleich in ein Bundesverhältnis zu den Niederlanden. Und nun fiel auch bald einer nach dem andern von den alten Verbündeten Ludwigs XIV. ab. Im März 1674 machte England seinen Frieden mit der Republik, im April Münster, im Mai Köln. Von allen deutschen Fürsten blieben nur zwei noch auf der Seite Frankreichs: Bayern und das Haus Braunschweig. Das Werben des französischen Gesandten um die Hilfe Brandenburgs wurde immer dringender, seine Angebote immer größer. Selbst Wesel und Rees wurden dem Kurfürsten jetzt, ohne eine Gegenleistung, zurückgegeben. Aber gerade das hat vielleicht dazu beigetragen, ihn von dem Anschluß an Ludwig XIV. abzuhalten, weil es die momentane Schwäche Frankreichs enthüllte. Dazu kam der völkerrechtswidrige Einfall der Franzosen in die Pfalz, die Besetzung von Germersheim. Auch der Kurfürst war empört über diesen Gewaltakt. Und nun kamen die Dinge in Fluß. Am 24. Mai wurde in Regensburg der Reichskrieg gegen Frankreich erklärt; der Rheinfeldzug begann. Im Juni verloren die Verbündeten die Schlacht bei Sinzheim. Inzwischen war in Potsdam verhandelt worden; am 1. Juli 1674 kam das Bündnis zwischen Brandenburg und dem Kaiser zustande. Es verpflichtete den Kurfürsten zur Stellung von 16000 Mann. Tatsächlich ist er aber diesmal über eine Verpflichtung hinausgegangen. Er führte 20000 Mann ins Feld und übernahm selbst den Oberbefehl. Die Bezahlung der Subsidiengelder — wieder in Höhe der Hälfte des Bedarfs — übernahmen Spanien und die Niederlande. Die Truppen waren frisch, wohl ausgerüstet, von kriegerischem Geist erfüllt. Der Kurfürst hoffte die Schlappe des letzten Feldzuges wettmachen, das militärisch-politische Ansehen Brandenburgs in der Welt wiederherstellen zu können.

Aber es gab einen Artikel in dem Bündnis vom 1. Juli 1674, der auch diesmal solche Hoffnungen vereitelt hat. Der Artikel 24 bestimmte, daß die Operationen nach den Beschlüssen eines gemeinsamen Kriegsrats der Verbündeten geleitet werden sollten. Dem Namen nach führte der Kurfürst bei dem Heere der Verbündeten den Oberbefehl; tatsächlich aber waren ihm durch den Kriegsrat die Hände gebunden; der kaiserliche Feldherr Bournonville, der alte Bekannte des Kurfürsten von der unglückseligen westfälischen Kampagne von 1673 her, gab trotz der überschwenglichsten Versicherungen seiner Ergebenheit und Unterordnung die Verfügung über die kaiserlichen Truppen durchaus nicht aus der Hand. Der Schauplatz des nun folgenden Feldzuges ist vornehmlich das Elsaß gewesen. Die Situation von 1672 wiederholte sich. Der Kurfürst wollte immer an den Feind, Bournonville hielt sich methodisch und auch wohl eifersüchtig zurück. Es kam zu keiner großen Entscheidung. Die Truppen litten unter zwecklosen Hin- und Hermärschen. Der Kurfürst selbst hatte den großen Schmerz, in dieser traurigen Kampagne seinen hoffnungsvollen ältesten Sohn, den 19jährigen Kurprinzen Karl Emil zu verlieren, der in Straßburg erkrankte und starb. Als es schließlich, am 5. Januar 1675, endlich einmal zum Schlagen kam, bei Türkheim, gegen Turenne, da blieben die Franzosen Sieger. Bournonville zog ab, nachdem bis in die Dunkelheit gekämpft worden war, ohne dem Kurfürsten etwas zu melden; und es war nur ein Zufall, daß die Brandenburger es noch rechtzeitig merkten und auch ihrerseits sich der Vernichtung durch den nun weit überlegenen Feind entziehen konnten. Der Feldzug war verloren. Kaiserliche und Brandenburger schoben sich gegenseitig die Verantwortung dafür zu. Es ist schwer und mißlich, darüber zu urteilen. Militärische Fehler sind von dem Kurfürsten so gut gemacht worden wie von Bournonville. Aber die Hauptsache war doch, daß es an einer einheitlichen Leitung von vornherein fehlte. Der Kurfürst hatte tatsächlich in keinem Moment dieses Feldzuges ein wirkliches, unbeschränktes Kommando geführt.

Zunächst ging es nun nach Franken zurück in die Winterquartiere, die in der Nähe von Schweinfurt bezogen wurden. Aber schon auf dem Marsche dahin empfing der Kurfürst eine Nachricht, die seiner Tätigkeit bald eine andere Richtung geben und sie zu besseren Erfolgen führen sollte: am Weihnachtstage 1674 waren die Schweden in die Mark eingefallen.

Diese überraschende Wendung war ein Werk der französischen Diplomatie. Seit dem Vertrage vom Dezember 1673 war zwischen Brandenburg und Schweden nichts vorgefallen, was zum Streit hätte Anlaß geben können. Ihre Vermittlungsversuche waren gescheitert. Nach jenem Vertrage konnte nun jeder von ihnen seine eigenen Wege gehen. Schweden trat auf die Seite Ludwigs XIV.; es erneuerte im Jahre 1674 seinen Subsidienvertrag mit Frankreich, der es verpflichtete, dem französischen König gegen alle seine Feinde Hilfe zu leisten. Von den Rechten, die dieser Vertrag ihm gab, machte nur Ludwig XIV. Gebrauch. Er plante eine umfassende Aktion gegen den brandenburgischen Kurfürsten. Er wollte den schwedischen Angriff ursprünglich mit einem polnischen verbinden. Der schwache König Michael war gestorben; unter französischem Druck, auch unter Mitwirkung des brandenburgischen Kurfürsten war im Mai 1674 der tüchtige Kronfeldherr Johann Sobieski zum König gewählt worden. Er stand ganz unter französischem Einfluß. Die Vorstellungen der französischen Diplomaten, daß jetzt für Polen eine günstige Gelegenheit sich biete, die Oberhoheit über Preußen wiederzugewinnen, fanden willigen Eingang bei ihm. Aber er befand sich damals in einem Kriege mit den Türken, der seine ganze Kraft in Anspruch nahm; und so hat es bei dem schwedischen Angriff auf Brandenburg sein Bewenden gehabt.

Der schwedischen Regierung des jungen Königs Karls XI. kam die Anforderung Frankreichs damals keineswegs gelegen; aber sie wurde von der kriegslustigen Armee, die auf dem deutschen Festlande stand, und ihrem Kommandeur, dem greisen Marschall Karl Gustav von Wrangel, vor eine vollendete Tatsache gestellt, indem der Einmarsch in die Uckermark trotz des in letzter Stunde erfolgten Gegenbefehls am Weihnachtstage vollzogen wurde; angeblich um im Interesse der französischen Sache einen freundschaftlichen Druck auf Brandenburg auszuüben. In der Mark aber spürte man bald, daß man den Feind im Lande hatte. Die Erinnerung an die Schwedennot des Dreißigjährigen Krieges mochte das Gefühl des Druckes noch steigern. Es scheint, daß sich damals hier und da das Landvolk, wohl unter Führung der Gutsherren, gegen die fremden Dränger erhob. Die Kirche von Dannenberg bei Gardelegen bewahrt noch heute aus jener Zeit eine weißleinene Fahne mit dem kurbrandenburgischen roten Adler und der bekannten Inschrift: „Wir Bauern von geringem Gut — dienen unserm gnädigsten Kurfürsten mit unserm Blut.“ Von militärischer Bedeutung sind solche Unternehmungen allerdings nicht gewesen; die Schweden machten sich ziemlich vollständig zu Herren des offenen Landes; nur in den Festungen haben sich die geringen Besatzungen gehalten.

Dem Kurfürsten standen gleich beim Empfang der Nachricht von dem Einfall der Schweden sofort die Folgen vor Augen, die das möglicherweise haben könne: „Das kann den Schweden Pommern kosten" — hat er damals geäußert. Die schwedische Fiktion, daß man eigentlich nicht im Kriege mit Brandenburg sei, nahm er natürlich keinen Augenblick ernst; er legte den Krieg von vornherein auf die Eroberung Pommerns an. Er schloß besondere Allianzen mit dem Kaiser, mit Dänemark, mit den Niederlanden; alle sollten ihm gegen die Schweden helfen, Dänen und Niederländer namentlich auch mit ihrer Flotte. Der Kurfürst ist persönlich nach dem Haag geeilt, um mit dem Prinzen von Oranien zu verhandeln. Damals ist er auch mit dem holländischen Reeder Benjamin Raule in Verbindung getreten, der dann später in seinen maritimen Bestrebungen eine so bedeutende Rolle gespielt hat. Zunächst wurde mit Hilfe holländischer Reeder der damals übliche Kaperkrieg gegen die schwedischen Handelsschiffe organisiert, dann wurden einige holländische Schiffe gemietet und zu brandenburgischen Kriegsschiffen umgewandelt; sie haben sich später in Verbindung mit den befreundeten Flotten an dem Seekriege beteiligt.

Die Leistungen der Verbündeten sind aber erst im weiteren Verlauf des Krieges von Bedeutung geworden. Den ersten Schlag führte der Kurfürst selbst mit seinen brandenburgischen Truppen.

Die Schweden hatten nicht die Absicht, länger als bis zum Sommer 1675 in der Mark zu bleiben. Sie suchten jenseits der Elbe die Vereinigung mit den Braunschweigern zu erreichen, um dann womöglich auch noch die Bayern an sich zu ziehen und mit gesammelter Macht den Vormarsch zum Rhein hin anzutreten. Im Mai waren sie in das Havelland vorgedrungen. Bei Havelberg sollte die Elbe überschritten werden. Dorthin konzentrierte sich die Armee in langsamer Bewegung. Ein Korps war schon dort angekommen, ein anderes stand bei Rathenow, ein drittes bei Brandenburg. Das Hauptquartier befand sich im Rücken dieser Stellungen, bei Neu-Ruppin. Dazwischen lag das havelländische Luch, durchzogen von dem Rhinfluß, über den die Brücke von Fehrbellin führte. Das ist die Stellung, in der die Schweden unvermutet von dem brandenburgischen Kurfürsten angegriffen und zurückgedrängt worden sind, bevor sie noch den Elbübergang hatten bewerkstelligen können. Sie glaubten sich in völliger Sicherheit.

Ende Mai brach der Kurfürst mit seinen Truppen, 15 000 Mann stark, in schnellen Märschen aus den Winterquartieren nach Norden zu auf; am 21. Juni erreichte er Magdeburg, wo er die Gewißheit erhielt, daß die Schweden von seinem Anmarsch noch keine Nachricht hatten; es wurden Vorkehrungen getroffen, um das Geheimnis so lange als möglich zu bewahren. Ohne Säumen ging es weiter, trotz des strömenden Regens und der aufgeweichten Wege. Der größte Teil der Infanterie mußte zurückbleiben, konnte erst langsam nachkommen; es war eine bloße Reitertruppe, die sich in rastloser Eile auf die schwedischen Stellungen zu bewegte, etwa 6000 Mann mit den Dragonern; nur 1200 Musketiere hatte man auf Wagen mitgenommen. Das Ziel des Angriffs war das Zentrum der schwedischen Stellungen, Rathenow. Durch den Flankenstoß in die Mitte wollte man die beiden Flügel trennen und auseinanderwerfen. Früh am 25. Juni war Rathenow erreicht. Die schwedische Besatzung war noch völlig ohne Ahnung von der Nähe des Feindes; man meinte längst über die Elbe zu sein, wenn die Brandenburger die Mark erreichen würden. Durch einen kühnen Streich glückte es dem alten Derfflinger, der sich das Losungswort von einem aufgefangenen Schweden hatte verraten lassen und sich nun für einen schwedischen Offizier ausgab, mit ein paar Begleitern in Rathenow einzudringen. Die Wache wurde niedergemacht; bald war die Stadt voll von brandenburgischen Truppen; ein blutiger Straßenkampf entspann sich; die schwedische Besatzung wurde teils zusammengehauen, teils gefangen genommen.

Die schwedische Linie war damit auseinandergesprengt. Von dem Elbübergang bei Havelberg konnte nicht mehr die Rede sein. Die beiden bei Havelberg und Brandenburg stehenden Korps mußten vielmehr suchen, so schnell wie möglich auf der Rückzugslinie gegen Neuruppin sich wieder zu vereinigen. Das bei Brandenburg stehende Korps mußte zu diesem Zweck die Pässe des Havelluchs überschreiten; der nächste war Fehrbellin. Der Plan des Kurfürsten war es nun, dies Korps womöglich noch diesseits des Passes, in dem Gelände zwischen Havel und Rhin, zu fassen und zu vernichten. Darum machte er sich, ohne die Ankunft des zurückgebliebenen Fußvolkes zu erwarten, von Rathenow aus sogleich an die Verfolgung des von Brandenburg aus zurückmarschierenden schwedischen Korps, das unter dem Befehl des Generalleutnants Waldemar von Wrangel, eines Bruders des Reichsmarschalls, stand. Brandenburgische Streifkommandos eilten voraus; auf den kürzesten Wegen, durch das Luch, auf Pfaden, die nur den Eingeborenen bekannt waren, erreichten sie Fehrbellin noch vor den Schweden, zerstörten die Brücke und den Damm, machten auch die Pässe bei Cremmen und Oranienburg ungangbar. Der Kurfürst selbst blieb hart hinter den Schweden, die am Abend des 27. Nauen erreichten, wo ein Aufenthalt von einigen Stunden entstand. Am 28. früh traf der Landgraf von Hessen-Homburg, der die Vorhut führte, 1500 Reiter stark, wieder auf den Feind. Auf dessen Meldung hin schlug der alte Derfflinger ein Umgehungsmanöver vor; aber der Kurfürst fürchtete, der Feind möchte dabei entkommen und entschied sich für die direkte Verfolgung in der Richtung auf Fehrbellin.

Inzwischen hatte der Prinz von Homburg den Feind festgehalten und zum Stehen gezwungen. Erst bei dem Dorfe Linum, dann etwas weiter rückwärts zwischen Linum und Hakenberg formierten sich die Schweden zur Schlacht. Sie waren etwa 12 000 Mann stark, die größere Hälfte Infanterie, außerdem 38 Geschütze. Der Kurfürst hatte nur 6000 Mann Kavallerie und Dragoner und 12 Geschütze; die Musketiere hatte man zurücklassen müssen. Um 8 Uhr morgens begann der Kampf. Er drehte sich namentlich um den Hügel, auf dem heute das Denkmal steht; dort hielten auch der Kurfürst und Derfflinger. Zwei Stunden lang wogte das Getümmel ohne Entscheidung hin und her. Der Kurfürst hat wiederholt seine Schwadronen persönlich ins Gefecht geführt. Sein Stallmeister Froben wurde unmittelbar neben ihm von einer Kanonenkugel tödlich getroffen. Er selbst ist einmal mitten unter die feindlichen Reiter geraten und nur mit Mühe von den Seinen herausgehauen worden. Schließlich, gegen 10 Uhr, eben als der Morgennebel, in dem die Schlacht gewogt hatte, sich verzog, gelang es, die brandenburgischen Reiter zu sammeln und den rechten Flügel der Schweden in einem großen Gesamtangriff niederzureiten. Wrangel brach das Gefecht ab und ordnete den Rückzug an, der sich in guter Ordnung vollzog. Die Brücke bei Fehrbellin war inzwischen repariert worden und wurde ungehindert passiert. Zu einer energischen Verfolgung waren die brandenburgischen Reiter, die seit dem Austritt von Magdeburg nicht abgesattelt hatten, nicht mehr imstande. Das schwedische Korps ist so, wenn auch mit großen Verlusten, entkommen. Wrangel ging gleich bis nach Wittstock zurück. Dort ist es am 1. Juli noch zu einem weiteren Rückzugsgefecht gekommen; die Schweden überschritten dann die mecklenburgische Grenze und gingen nach Pommern zurück.

Die Vernichtung des Wrangelschen Korps war also zwar nicht gelungen, aber der strategische Plan der Schweden war vereitelt, und vor allem — die Mark war von den Feinden befreit. Es war alles in allem doch ein glänzender Waffenerfolg. Der Kurfürst und seine Reiter hatten gezeigt, was sie konnten, wenn sie, durch keine lähmenden Rücksichten gebunden, nur auf sich selbst gestellt, für einen klaren und naheliegenden Zweck fochten. Es war die erste Feldschlacht, die die brandenburgische Armee ohne fremde Mitwirkung geschlagen und glänzend gewonnen hat — und zwar gegen eine Kriegsmacht, deren Waffenruhm erst von diesem Tage an zu erbleichen begonnen hat. Es war keine Schlacht großen Stils; aber der moralische Eindruck dieses Sieges war ein ganz ungeheurer. Der Sieger von Fehrbellin wurde mit einem Schlage ein volkstümlicher Held. Überall in deutschen Landen sang man das neue Lied von der glücklichen Viktoria bei Fehrbellin, im Tone „Gustavus Adolphus Hochgeboren". In diesem Liede erscheint auch zum ersten Male der Ehrenname des „Großen Kurfürsten", den die Geschichte festgehalten hat. Ein Schleier von sagenhafter Überlieferung hat sich um manche Momente dieser Schlacht gewoben, der erst von der neueren Forschung abgehoben worden ist. Die Erzählung von dem durch Froben veranlaßten Pferdetausch, der dem treuen Stallmeister den Tod gebracht haben soll, ist eine spätere Legende. Auf dem Gobelin von Mercier, auf dem Kurfürst Friedrich III. bald nach dem Tode des Vaters den Moment, wo Froben an der Seite des Kurfürsten fällt, hat darstellen lassen, reitet der Stallmeister, der eben tödlich getroffen stürzt, den Braunen. Auch in der Leichenpredigt auf Froben, die uns erhalten ist, geschieht des Pferdetausches keine Erwähnung. Eben so wenig historisch ist eine parallele Geschichte von der Veranlassung des Pferdetausches durch den Reitknecht Ule. Auch die poetische Verklärung des Prinzen von Homburg durch Heinrich von Kleist entbehrt ganz der historischen Grundlage. Der „Landgraf mit dem silbernen Bein", wie man ihn nannte, — das rechte Bein war ihm 1659 vor Kopenhagen von einer Kanonenkugel zerschmettert worden — kein jugendlicher Liebhaber übrigens, sondern ein gesetzter Herr von über 40 Jahren, mit einer zwanzig Jahre älteren Witwe verheiratet, hat zwar als schneidiger Reiterführer den Kampf mit den Schweden begonnen, aber nicht gegen den Befehl des Kurfürsten; von einer kriegsgerichtlichen Verurteilung kann keine Rede sein, es handelt sich nur um eine vorübergehende Verstimmung des Landgrafen, der sich nach der Schlacht auf eine Zeitlang aus dem Dienst des Kurfürsten zurückzog, wahrscheinlich, weil er mit der Belohnung seiner Dienste nicht zufrieden war.

Die Mark also war befreit; aber damit war der politische Zweck dieses Krieges noch lange nicht erreicht. Der schwerere Teil der Arbeit stand noch bevor: es handelte sich um die Eroberung von Pommern.

Unter dem Eindruck der Schlacht von Fehrbellin beschloß der Reichstag von Regensburg jetzt den Reichskrieg gegen Schweden; die braunschweigischen

Herzöge nahmen eine abwartende Stellung ein, mit dem Blick auf Bremen und Verden, die im Fall einer gründlichen Niederlage der Schweden eine gute Beute für sie werden konnten. Auch der streitbare Bischof von Münster trug sich mit Eroberungsabsichten auf schwedische Kosten und schloß sich dem Bündnis gegen Schweden an. Vor allem aber traten jetzt Dänemark und die Niederlande tatkräftig in den Kampf ein. König Christian V. stellte bei einer Zusammenkunft in Gadebusch mit dem Kurfürsten einen gemeinsamen Kriegsplan fest und schloß ein Bündnis mit ihm, wonach das schwedische Pommern außer Rügen, das Dänemark beanspruchte, für den Kurfürsten in Aussicht genommen wurde (25. September 1675). Eine niederländische Flotte erschien in der Ostsee. Noch im Jahre 1675 haben die Dänen Wismar erobert; Münsterländer, Braunschweiger und Brandenburger haben Bremen und Verden besetzt; vor allem hat der Kurfürst selbst Wollin, die Swinemündung, Wolgast erobert. In dem Feldzug des nächsten Jahres (1676) wurde die Eroberung der Inseln Usedom und Wollin vollendet, Anklam und Demmin fielen, die Odermündungen kamen in die Hand des Kurfürsten; nur Stettin blieb noch unbezwungen und außerdem Rügen und die ihm gegenüberliegenden Städte: das für uneinnehmbar geltende Stralsund und das durch seine Nachbarschaft mit gedeckte Greifswald. Neben dem Landkrieg entwickelte sich ein lebhafter Seekrieg zwischen den Schweden einerseits, den Dänen und Holländern andererseits; auch die kleine brandenburgische Flotte hat dabei schon erfolgreich mitgewirkt. Im Juni 1676 kam es bei der Insel Öland zu einer großen Seeschlacht: Holländer und Dänen behielten dabei den Sieg über die schwedische Flotte, die nicht mehr mit der alten Schneidigkeit gefochten hat. Auch auf dem skandinavischen Festlande selbst kam es zu einem siegreichen Vordringen der Dänen, dem dann allerdings durch die blutige Schlacht bei Lund (Dezember 1676) bald wieder ein Ende gemacht worden ist. Auf dem pommerschen Kriegsschauplatz, der uns hier in erster Linie interessiert, kam alles auf die Gewinnung von Stettin an. Im Juli 1677 schritt der Kurfürst zu einer regelrechten Belagerung der stark befestigten Stadt. Ein großer Artilleriepark wurde herangeschafft, 140 schwere Geschütze. Braunschweigische, münsterische, dänische Truppen nahmen an der Belagerung teil. Die Verbindung mit der See wurde den Belagerten abgeschnitten; seit dem Siege des dänischen Admirals Nils Juel über die schwedische Flotte in der Kjöger Bucht (20. Juli 1677) beherrschten die Verbündeten die See; die brandenburgischen Schiffe bewachten die Odermündungen und das Haff. Stettin verteidigte sich mit der äußersten Anstrengung, unter einmütigem Zusammenwirken der Bürgerschaft mit der schwedischen Besatzung und dem entschlossenen Kommandanten General von Wulffen. Vier Monate lang ist die Stadt beschossen worden (August bis Dezember 1677); es war eine ebenso starke Probe der Ausdauer und des Kriegsmuts für die Belagerer wie für die Eingeschlossenen. Der Kurfürst, der die Belagerung persönlich leitete, trotz seiner Gicht, die ihn damals heftig plagte, erklärte, er werde nicht vom Platze weichen; eher wolle er sich vor den Wällen Stettins begraben lassen. Endlich, Ende Dezember 1677, gelang es den Sappeurs, einen Teil des Hauptwalls in die Luft zu sprengen. Eine große Bresche war damit in die Befestigung gelegt; man rüstete sich zum entscheidenden Sturmangriff. Erst da hat General Wulffen kapituliert; die tapfere Garnison erhielt ehrenvolle Bedingungen. Der Stadt wurden alle ihre Privilegien bestätigt. Am

6. Januar 1678 hielt der Kurfürst seinen Einzug; bald darauf hat er sich hier auch huldigen lassen. Er meinte die Stadt und das Land behalten zu können.

Noch war freilich Pommern nicht ganz erobert. Eben in den Tagen, wo Stettin gewonnen wurde, haben die verbündeten Truppen eine empfindliche Niederlage bei Bergen auf Rügen erlitten; die Insel war seitdem ganz in den Händen der Schweden, und damit waren auch Stralsund und Greifswald gedeckt. Nach der Einnahme Stettins wurde daher zunächst von Brandenburgern und Dänen ein vereinigter Angriff auf Rügen ins Werk gesetzt, September 1678. Von Norden kamen die Dänen, unterstützt durch ihre Flotte unter dem Admiral Nils Juel; sie drängten die Schweden bis in den Süden der Insel zurück. Dort bei Putbus landete am 23. September der Kurfürst mit 9000 Brandenburgern, gedeckt durch eine holländische Flotte unter dem Admiral Tromp. Der schwedische General Königsmark vermochte die Landung nicht zu hindern und zog sich nach zwei Gefechten, bei Neuencamp (wo heute ein Denkmal steht) und bei Altefähr nach Stralsund zurück, das stark befestigt war. Die Stadt wurde nun belagert; sie verteidigte sich tapfer; aber dem Bombardement aus 80 Geschützen, das am 20. Oktober eröffnet wurde, vermochte sie nicht lange zu widerstehen. Unter dem Drängen der Bürgerschaft entschloß sich Königsmark zur Kapitulation am 25. Oktober. Die schwedische Besatzung erhielt auch hier freien Abzug; die Stadt mußte dem Kurfürsten huldigen. Nun konnte sich auch Greifswald nicht mehr halten; nach kurzer nächtlicher Beschießung ergab es sich am 16. November, und damit war das ganze festländische Pommern in brandenburgischem Besitz.

Aber schon waren die diplomatischen Verhandlungen im Gange, die dem Kurfürsten das mit den Waffen Gewonnene abermals entreißen sollten. Seit 1676 tagte in Nymwegen ein Friedenskongreß; und der Kurfürst hat es trotz der verzweifeltsten diplomatischen Gegenanstrengungen nicht verhindern können, daß am 10. August die Niederlande, am 17. September auch Spanien einen Separatfrieden mit Frankreich schlossen, bei dem Ludwig XIV. alle seine Ansprüche durchsetzte und bei dem auch schon die Wiederherstellung der schwedischen Herrschaft in Pommern in Aussicht genommen worden ist. Und auch Kaiser und Reich begannen wankend zu werden. Im Reiche versuchten Sachsen und Bayern eine dritte Partei zu bilden, die die Vermittlung übernehmen sollte; und am kaiserlichen Hofe kam mit dem Hofkanzler Hocher eine Strömung zum Durchbruch, die auf den Frieden mit Frankreich unter Preisgabe des Kurfürsten hinarbeitete. Von Hocher stammte das bekannte Wort: es sei nicht im Interesse des Kaisers, daß an der Ostsee ein neuer Vandalenkönig erstehe.

So standen die Dinge, als der Kurfürst durch eine neue, von Frankreich veranlaßte „Diversion" der Schweden gezwungen wurde, seine Waffen auch noch nach Preußen zu wenden. Gedeckt durch die wohlwollende Neutralität Polens unter Johann Sobieski unternahm der schwedische General Horn von Livland aus mit 16 000 Mann im November 1678 einen Einfall in das von Truppen entblößte Ostpreußen und drang bald bis in die Nähe von Königsberg vor. Die Wibranzen, die der Statthalter, Herzog von Croy, zu den Waffen gerufen hatte, erwiesen sich nicht als widerstandsfähig; ein brandenburgisches Korps von 5000 Mann unter dem General v. Görtzke, das der Kurfürst im Dezember sandte, konnte wohl die Hauptstadt decken, aber nicht den Feinden im offenen Felde wirksam entgegentreten. Da war es nun ein Glück für den Kurfürsten, daß er damals in Pommern freie Hand bekommen hatte. Trotz Gicht und Asthma, die ihn wieder heftig plagten, entschloß er sich persönlich seine Truppen nach Preußen zu führen. 9000 Mann mit 34 Geschützen setzten sich ohne Säumen in Marsch. Der Kurfürst selbst folgte, mit seiner Gemahlin, die in all diesen Feldzügen kaum je auf längere Zeit von seiner Seite gewichen ist, und mit dem Kurprinzen Friedrich. Am 20. Januar wurde bei Marienwerder die Weichsel überschritten. Der Anmarsch der gefürchteten Kriegsmacht des Kurfürsten machte einen solchen Eindruck auf die Schweden, daß sie an einen ernsthaften Widerstand gar nicht gedacht haben. Sie beschlossen sofort den Rückzug. Der ganze nun folgende Winterfeldzug war nur eine großartige, atemlose Verfolgung des in immer beschleunigterem Tempo zurückweichenden Feindes. Man wollte entweder das feindliche Heer durch Gewaltmärsche schon vor der Grenze erreichen und zur Schlacht zwingen oder aber es durch diese rastlose Verfolgung ganz zur Auflösung bringen. Zweimal nahm der brandenburgische Heerzug des Kurfürsten, um schneller vorwärts zu kommen, den Weg über die festgefrorene Eisdecke erst des Frischen, dann des Kurischen Haffs. Eine vorausgesandte Reitertruppe erreichte den Feind in der Nähe von Tilsit und beschleunigte seine Flucht durch ein siegreiches Gefecht (bei Splitter). Die Schweden wandten sich auf Memel zu; um ihnen den Weg dahin zu verlegen, marschierten die Brandenburger auf Heidekrug. Eine Schlacht wagte der schwedische General Horn mit den demoralisierten Truppen nicht mehr, es blieb ihm nichts übrig, als der Versuch, auf einem weiten Umwege durch polnisches Gebiet den Rest der Armee nach Livland in Sicherheit zu bringen. Die Neutralität Polens wurde dabei von den Schweden so wenig wie von den nachsetzenden Brandenburgern beachtet. Aber das Tempo der weichenden Schweden wurde zu schnell, die Wege durch diese Schneewüsten von Samogitien zu schwierig, als daß die ganze brandenburgische Armee folgen konnte, ohne selbst wie der Feind in Auflösung zu geraten. Eine Reitertruppe unter dem General von Schöning wurde zur Verfolgung der Schweden ausgesandt; sie hat am 7. Februar noch bei Telcze ein blutiges Gefecht gehabt und blieb fortwährend dem Feinde auf den Fersen bis dicht vor Riga, um dann auf dem kürzeren Wege durch Kurland zurückzukehren. Der Rest der schwedischen Armee, den General Horn nach Riga zurückbrachte, betrug nur noch 3000 Mann; die stattliche Macht, mit der er ausgezogen war, um Preußen zu gewinnen, war vollständig aufgerieben.

Dieser Winterfeldzug von 1678/79, ein kriegerisches Bravourstück wie Fehrbellin, nur noch größer in den Dimensionen, kann in gewissem Sinne als der Höhepunkt in der militärisch-politischen Laufbahn des Großen Kurfürsten betrachtet werden. So wie er in der Ruhmeshalle des Berliner Zeughauses von Meisterhand gemalt ist, im Schlitten mit seinen Kriegern über das Eis des Kurischen Haffs jagend, lebt er in der Erinnerung seines Volkes fort. Diese wilde verwegene Schwedenjagd über Eis- und Schneefelder bei klingendem Frost, in der schweigenden, großartig-einsamen Öde der nordischen Küstenlandschaft, die sein Heereszug durchdröhnte und durchbrauste, hat von je der Phantasie Nahrung gegeben, die es liebt, das Heroische der Menschentat mit der packenden Gewalt einer wild-erhabenen Naturumgebung zu verknüpfen.

Aber dieser heroischen Kraftanstrengung war kein politischer Erfolg beschieden. Während die Schöningschen Reiter dem aufgelösten Schwedenheer auf den Fersen waren, ist zu Nymwegen am 5. Februar 1679 auch vom Kaiser der Friede mit Frankreich und Schweden unterzeichnet worden, dem das Reich sich alsbald anschloß. Die braunschweigischen Fürsten und Münster folgten im Februar und März; der Kurfürst blieb allein zurück an der Seite Dänemarks. Es war militärisch und politisch eine Unmöglichkeit, nur mit diesem Verbündeten zusammen Frankreich entgegenzutreten; es konnte sich bloß noch darum handeln, mit guter Manier vor der Übermacht zurückzuweichen. Sparr mit seinen 12 000 Brandenburgern vermochte sich am Niederrhein und in Westfalen gegen die 30 000 Franzosen des Marschalls Crequi nicht zu halten. Bei Hausberge an der Porta Westfalica unterlag er am 27. Juni; am 30. erzwang Crequi den Übergang über die Weser; er stand vor Minden. Inzwischen aber hatte sich der Kurfürst zum Friedensschluß mit Frankreich und Schweden bequemt. Sein bevollmächtigter Minister, der Geheime Rat Meinders, hatte in St. Germain bei Paris nach langen Verhandlungen am 29. Juni 1679 einen Friedensvertrag unterzeichnet, in dem der Kurfürst das eroberte Pommern zurückgeben mußte. Nur eine kleine Grenzberichtigung und der Wegfall des schwedischen Anteils an den hinterpommerschen Hafenzöllen war zu erreichen gewesen, dazu eine Art von Entschädigung für die Kriegskosten, die eine dringende Notwendigkeit für das finanzschwache Brandenburg war und die Frankreich in Höhe von 300 000 Talern zu zahlen auf sich nahm. Der Kurfürst hätte Cleve und Preußen hingegeben, um sich in der mittleren Ländermasse seines Staats durch den Gewinn von Schwedisch-Pommern abzurunden und an die See vorzuschieben. Aber weder Frankreich noch Schweden hatten darauf eingehen wollen. Es blieb dem Kurfürsten nichts übrig, als den Vertrag ohne weiteres zu ratifizieren. Er ließ damit seinerseits Dänemark im Stich, das erst am 2. September 1679 zu Fontainebleau seinen Frieden mit Frankreich geschlossen hat.

Im Bunde mit Ludwig XIV.

Nach den gewaltigen Anstrengungen und den glänzenden militärischen Erfolgen der letzten vier Jahre war der Kurfürst aufs äußerste enttäuscht und erbittert durch die vollständige diplomatische Niederlage, die er zuletzt doch erlitten hatte. Er maß die Schuld daran in erster Linie den Verbündeten bei, die ihn 1678 und 1679 im Stich gelassen hatten; immer aufs neue wiederholte er seine Anklagen und Vorwürfe gegen sie. Andere Umstände traten hinzu, um die Kluft, die ihn fortan von den ehemaligen Bundesgenossen trennte, noch zu erweitern. Die Niederländer und Spanier hatten ihren Verpflichtungen zur Zahlung von Subsidien nur unvollkommen genügt. Häufige Mahnungen um die Rückstände verschärften die erkalteten Beziehungen zu beiden Staaten. Gegenüber den Spaniern hat sich der Kurfürst später selbst geholfen, indem er durch seine Kriegsschiffe die spanische Silberflotte bei ihrer Rückkehr aus Amerika überfallen ließ. Das Verhältnis zum Kaiser wurde durch die schlesische Frage noch stärker gespannt. Im Jahre 1675 war der Herzog Georg Wilhelm von Liegnitz, Brieg und Wohlau gestorben, der letzte der schlesischen Piasten, und damit war der Fall eingetreten, den die Erbverbrüderung von 1537 ins Auge gefaßt hatte. Aber Österreich war weit davon entfernt, auf die brandenburgischen Ansprüche, deren Anerkennung es ja früher schon verweigert hatte, jetzt Rücksicht zu nehmen. Die Herzogtümer wurden als erledigte Lehen der Krone Böhmen eingezogen und mit dem Territorialbesitz des Hauses Österreich in Schlesien vereinigt. Der Widerspruch des Kurfürsten blieb auch nach dem Friedensschluß vergeblich. Die Herausgabe der Herzogtümer wurde ebenso verweigert, wie die Rückgabe des früher, im Dreißigjährigen Kriege, dem Hause Brandenburg genommenen Herzogtums Jägerndorf. Auch das Reich bewies dem Kurfürsten kein Entgegenkommen, als er mit dem Anspruch hervortrat, zur Entschädigung für die Verluste, die ihm der Friedensschluß der Verbündeten gebracht hatte, ein paar Reichsstädte, wie Dortmund, Mühlhausen, Nordhausen, sich aneignen zu dürfen.

Ludwig XIV. stand damals auf dem Höhepunkt seiner Macht und seines Ansehens in Europa. Die alten Fürsprecher einer französischen Bündnispolitik am brandenburgischen Hofe hatten doch recht behalten, daß gegen die aufsteigende Macht Frankreichs nichts auszurichten sei. Zweimal hatte der Kurfürst auf das Machtgebot Frankreichs das eroberte schwedische Pommern wieder fahren lassen müssen. Aber er gab die Hoffnung, es zu erwerben, noch keineswegs auf; er suchte jetzt durch die Freundschaft Frankreichs zu gewinnen, was er als Gegner Frankreichs nicht hatte behaupten können: dies Bestreben ist der Schlüssel zum Verständnis der vielgeschmähten Politik des Kurfürsten in den nächsten fünf Jahren, die ihn zum Bundesgenossen und Helfer Ludwigs XIV., auch auf Kosten der Reichsinteressen, gemacht hat.

Am 25. Oktober schloß Meinders, der auf Geheiß des Kurfürsten im Anschluß an den Frieden von St. Germain Verhandlungen zum Behuf einer näheren Verständigung angeknüpft hatte, mit Frankreich die sogenannte „engere Allianz", die ein Verhältnis „aufrichtiger Freundschaft und vollkommenen Einverständnisses" zwischen dem Kurfürsten und Ludwig XIV. begründen sollte. Sie war und blieb damals und auch später noch, als Pufendorf sein Geschichtswerk über den Großen Kurfürsten nach den Staatsakten schreiben durfte, samt der ganzen Folge von Verträgen und Verhandlungen, die sich daran angeschlossen haben, mit dem tiefsten Geheimnis umgeben, das erst in neuerer und neuester Zeit vollkommen aufgedeckt worden ist. Der Kurfürst verpflichtete sich darin, französischen Truppen freien Durchzug durch seine Lande, nötigenfalls auch Zuflucht in seinen Festungen zu gestatten. Er versprach, seiner Zeit in Polen für die Königswahl des Sohnes Johann Sobieskis, des französischen Parteigängers, eintreten zu wollen. Er machte sich verbindlich, bei der nächsten deutschen Kaiserwahl nicht bloß für den Ausschluß des Hauses Österreich, sondern geradezu für die Wahl Ludwigs XIV. oder des Dauphins oder eines andern Frankreich genehmen Kandidaten wirken zu wollen, ein Fall, der allerdings in den nächsten 10 Jahren, auf die das Bündnis lief, wohl kaum zu erwarten war. Dafür versprach Ludwig XIV. dem Kurfürsten außer der Verbürgung seines Besitzstandes, die Zahlung von 100000 Livres jährlich. Der Kurfürst wurde also zum Pensionär Ludwigs XIV., wie so viele Fürsten, aber doch in anderem Sinn und Geist, als etwa Karl II. von England: das Geld, das er von Frankreich empfing, brauchte er, um seine verhältnismäßig sehr große Armee zu erhalten, die ihm als Grundlage seiner Machtstellung und seiner Staatsgründung unentbehrlich war.

Der bedenklichste Punkt bei diesem Bundesverhältnis mit Frankreich war der Umstand, daß Ludwig XIV. eben damals, nach dem Frieden von Nymwegen, mit seinen berüchtigten „Reunionen" begonnen hatte, durch die er dem Deutschen Reiche ein Stück seines Gebietes nach dem andern unter den nichtigsten Rechtsvorwänden entriß. Diese fortgesetzte Raubpolitik erweckte ihm Gegner in und außer dem Reiche und schuf allmählich einen latenten Kriegszustand, der ein günstiger Nährboden für Koalitionspläne gegen das übermächtige Frankreich war. Eben diese Lage aber ließ das Bündnis mit Brandenburg bei Ludwig XIV. im Preise steigen und gab die Veranlassung zu einem neuen Abkommen, das am 11. Januar 1681 geschlossen worden ist. Dieses zweite sogenannte „Defensivbündnis" hat Brandenburg noch rückhaltloser als das erste in den Dienst der französischen Politik und ihrer Interessen gestellt. Der Kurfürst sicherte Ludwig XIV. seine Bundeshilfe zu, indem er ausdrücklich darauf verzichtete, Recht oder Unrecht des Alliierten bei einer Hilfeforderung zu untersuchen. Er war dadurch also auch zur Verteidigung der französischen Reunionen unter Umständen verpflichtet. Dafür erhielt er zur Unterhaltung seiner Armee jetzt jährlich 100 000 Taler (écus), wiederum auf 10 Jahre. Das Haus Braunschweig hat im Januar, Sachsen im April 1681 ein ähnliches Abkommen von freilich nur kurzer Dauer mit Ludwig XIV. geschlossen. Worauf der Kurfürst bei seinem Bündnis mit Frankreich im Grunde hinauswollte, ersieht man aus seinen Bemühungen, es zu einem Dreibund zu erweitern, in den auch Dänemark hineingezogen werden sollte. Dänemark war der geschworene Erbfeind Schwedens. Ein französisch-brandenburgisch-dänischer Dreibund hätte seine Spitze gegen Schweden gekehrt und hätte als Vorbereitung eines Krieges zur Eroberung der schwedischen Besitzungen in Deutschland dienen können. Eben das aber wollte Ludwig XIV. vermeiden. Er hat den Vorschlag des Dreibundes abgelehnt. Ihm kam es vor allem darauf an, die Hilfe des brandenburgischen Kurfürsten zur Behauptung seiner Reunionen zu gewinnen; er köderte ihn dazu mit der Hoffnung auf die Erwerbung von Schwedisch-Pommern; aber sobald es damit ernst wurde, zog er sich zurück und hütete sich, feste und bindende Zusagen zu geben.

Die Reunionen nahmen nun ihren Fortgang. Im September 1681 wurde Straßburg vergewaltigt. Der Kurfürst war sehr peinlich berührt durch diesen neuen Gewaltakt, aber er mußte gute Miene zum bösen Spiel machen, um seine Pläne verfolgen zu können. Eben damals stiegen seine Hoffnungen auf die Erwerbung von Schwedisch-Pommern von neuem. Seit dem Oktober stand Schweden offen auf der Seite der Gegner Ludwigs XIV.: König Karl XI., der sich noch immer als Mitglied des Hauses Zweibrücken fühlte, war empört über die Reunionen, die Ludwig XIV. nach dem Erlöschen der regierenden Linie in der Pfalz vorgenommen hatte. Während damals der Oranier Wilhelm III. mit dem seit 1672 wieder in niederländische Dienste getretenen Fürsten von Waldeck, dem früheren Minister des Kurfürsten, zusammenwirkte, um neben Schweden noch andere Bundesgenossen, namentlich im Reich, gegen Ludwig XIV. zu gewinnen, faßte der Kurfürst von Brandenburg den Plan, sich an die Stelle Schwedens als unentbehrlicher Freund und Bundesgenosse Frankreichs zu setzen und mit französischer Hilfe der Erbe der schwedischen Machtstellung an der Ostsee zu werden, zunächst aber Pommern ganz für sich zu erwerben. Wiederum steigerte die politische Lage den Wert des brandenburgischen Bündnisses für Frankreich; und wenn Ludwig XIV. auch weit entfernt war, auf die Idee des Kurfürsten einzugehen und vielmehr an der Hoffnung festhielt, Schweden, wie früher schon, aus dem Lager der Gegner zu dem alten Bundesverhältnis an seine Seite zurückführen zu können, so machte die politische Lage doch ein etwas größeres Entgegenkommen gegenüber Brandenburg zur Notwendigkeit; und so kam es zum Abschluß eines dritten Vertrages, einer Erneuerung der früheren Defensivallianz, am 22. Januar 1682. Ludwig XIV. verpflichtete sich darin dem Kurfürsten gegenüber, sich mit den bisherigen Reunionen zufrieden zu geben, keine weiteren Ansprüche zu erheben; der bestehende Besitzstand wurde garantiert, die Zahl der Hilfstruppen verstärkt, die Zahlungen an den Kurfürsten auf 400 000 Livres jährlich erhöht; im Kriegsfall wollte Frankreich sogar 300 000 Taler jährlich bezahlen. Der Kurfürst befand sich in dem Irrtum, daß Ludwig XIV. seinen Plänen zur Eroberung von Schwedisch-Pommern jetzt seinen Beistand leihen werde, obwohl keine ausdrückliche Abmachung darüber bestand; der französische Gesandte am Berliner Hofe, Graf Rebenac, verstand es ausgezeichnet, ihm Hoffnungen vorzuspiegeln, die ihn bei gutem Willen erhielten, ohne daß Frankreich sich irgendwie band. Das ganze Jahr 1682 ist angefüllt mit Verhandlungen, die wieder das Ziel verfolgen, einen Dreibund zwischen Brandenburg, Frankreich und Dänemark zum Kriege gegen Schweden ins Leben zu rufen. Aber sie haben noch nicht zum Ziel geführt. Erst Anfang 1683, als Schweden, statt an Frankreichs Seite zurückzukehren, seinen Subsidienvertrag mit den Niederlanden und dem Kaiser erneuert hatte, kam Ludwig XIV., der nun das Interesse hatte, Schweden durch Brandenburg und Dänemark in Schach zu halten, den Wünschen des Kurfürsten entgegen; und am 30. April 1683 wurden zwei vorläufige Bündnisverträge vereinbart, einer zwischen Frankreich und Brandenburg (der vierte in der ganzen Reihe), der andere zwischen Frankreich, Brandenburg und Dänemark. Beide waren gegen Schweden gerichtet, der letztere ganz ausdrücklich. Schweden sollte durch die Verbündeten seiner Besitzungen in Deutschland beraubt werden: Dänemark sollte Bremen und Verden erhalten, außerdem Wismar; Brandenburg aber Vorpommern mit Stettin, den Odermündungen und der Insel Rügen. Frankreich wollte das Unternehmen durch Subsidien unterstützen; es versprach dem Kurfürsten von Brandenburg vom 1. Juni an jährlich 300 000 Taler (écus) zu zahlen. Die braunschweigischen Fürsten, auf deren Widerstand man rechnen konnte, weil sie den Dänen die Erwerbung von Bremen und Verden nicht gönnen würden, sollten zum Anschluß oder zur Neutralität gezwungen werden. Nötigenfalls wollte Ludwig XIV. zu diesem Zweck am Rhein 30 000 Mann aufstellen; mit dieser Macht im Rücken sollten Köln und Münster auf die Braunschweiger einen Druck ausüben, der sie zur Ruhe zwingen würde.

Der Kurfürst glaubte sich am Ziel seiner Wünsche und Hoffnungen. Aber der Eifer trübte ihm den klaren Blick: er hielt für endgültige Abmachung, was tatsächlich erst vorläufige Verabredung war. Rebenac hatte sich wohl gehütet, den Vertrag zu zeichnen; Ludwig XIV. trug doch noch Bedenken, Schweden den Brandenburgern und Dänen aufzuopfern; er hielt sich zurück und störte die Kreise der Verbündeten dadurch, daß er die Hilfe gegen die Welfen versagte und vielmehr Brandenburg in einen Konflikt mit diesem Nachbarn hineinzutreiben suchte. Sein großes Interesse war damals, die Reunionen, die er vorgenommen hatte, von Kaiser und Reich anerkannt zu sehen durch einen förmlichen Friedensschluß, der dem tatsächlichen Kriegszustand ein Ende machen sollte. Zu diesem Zweck mußte ein hinreichender Druck auf den Kaiser und seine Verbündeten ausgeübt werden. Die Bedeutung der brandenburgischen Bundesgenossenschaft für diesen Zweck verringerte sich nun aber gerade damals durch eine Veränderung der allgemeinen politischen Lage. Die Türken, im Bunde mit den ungarischen Rebellen, drangen siegreich bis tief in die Erblande des Kaisers vor. Wien war bedroht, der Kaiser in äußerster Bedrängnis. Es bedurfte nun nicht mehr des Krieges gegen seinen schwedischen Bundesgenossen, um ihn mürbe zu machen. Am 7. Juni erklärte Rebenac, daß Ludwig XIV. Vorbehalte machen müsse, und die Ratifikation des Vertrages vom 30. April unterblieb.

Es war eine schlimme Enttäuschung für den Kurfürsten. Die pommerschen Pläne mußten aufgeschoben werden. Mit der ihm eigenen politischen Elastizität faßte er ein anderes Ziel ins Auge, das eine leichte Änderung seiner politischen Richtung bedingte. Er wollte die Verbindung mit dem Kaiser wieder anknüpfen und dessen Bedrängnis benutzen, um seine schlesischen Ansprüche endlich zur Geltung zu bringen. Im Juli standen die Türken vor Wien. Zu dieser Zeit sandte der Kurfürst seinen Schwager, den Fürsten Johann Georg von Anhalt, der immer in seinem Rat der Vertreter der franzosenfeindlichen, kaiserfreundlichen Richtung gewesen war, in geheimer Mission an das kaiserliche Hoflager zu Passau. Die Instruktion, die er erhielt, atmet einen Frankreich feindlichen Geist; aber es war noch nicht die Absicht des Kurfürsten, mit Ludwig XIV. zu brechen und sich dem Kaiser zum Kampfe gegen ihn anzuschließen. Die Grundlage seiner Vorschläge war vielmehr der Rat, daß Kaiser und Reich sich zum Frieden mit Frankreich unter Anerkennung der Reunionen bequemen sollten; er hielt das auch jetzt noch für die einzig mögliche Politik, wenn man nicht zu dem Türkenkrieg auch noch einen Krieg mit Ludwig XIV. entfesseln wollte, bei dem Kaiser und Reich leicht hätten zugrunde gehen können. Unter dieser Voraussetzung der Verständigung mit Frankreich erklärte sich der Kurfürst bereit, dem Kaiser im Türkenkriege beizustehen und sogleich 6000 Mann nach Ungarn marschieren zu lassen. Dafür stellte er seine Forderungen: 200000 Taler Subsidien und mindestens die Herausgabe von Jägerndorf oder eine Entschädigung dafür.

Mit diesen Vorschlägen ging der Fürst von Anhalt nach Passau. Aber sie wurden vom Kaiser abgelehnt. Man vertrat am Kaiserhofe den Standpunkt, daß Brandenburg auch ohne eine Entschädigung dem Kaiser in der Türkennot zu Hilfe kommen müsse, und mißtraute dem Kurfürsten, so lange er noch im Bunde mit Ludwig XIV. stand. Daß man hinter seinen Anerbietungen schlimme Pläne und Absichten gewittert habe, wird durch die veröffentlichten Aktenstücke nicht bestätigt. Der französische Gesandte hat seinem Hofe am 3. August 1683 berichtet, der Kurfürst lasse an den Grenzen von Schlesien ein Lager von 14—15000 Mann bilden in der Absicht, dort einzurücken und Winterquartiere zu nehmen mit oder ohne Zustimmung des Kaisers. Aber er ist doch selber der Meinung, daß es dem Kurfürsten nur darauf ankomme, den Unterhalt für seine Truppen zu gewinnen, nicht aber sich des Landes durch einen Handstreich zu bemächtigen. Der Kurfürst hat freilich früher einmal, zu Anfang der 70er Jahre, den Plan entworfen, bei dem Aussterben des habsburgischen Mannsstammes, der damals in naher Aussicht zu stehen schien, Schlesien für sein Haus zu erobern, ganz unabhängig von den legitimen Erbansprüchen (das Liegnitzer Piastenhaus war damals noch nicht ausgestorben). Er rechtfertigte diesen Plan hauptsächlich mit dem evangelischen Interesse, mit der Unterdrückung der evangelischen Glaubensgenossen durch Österreich. Aber dieser Plan beruhte auf der Aussicht des unbeerbten Todes Kaiser Leopolds I. und war mit der Geburt des Erzherzogs Joseph (1678) hinfällig geworden. Es ist nicht der mindeste Anlaß vorhanden, anzunehmen, daß der Kurfürst damals einen Handstreich gegen Schlesien geplant habe. Seine Absicht ging in der Hauptsache dahin, für die Hilfe, die er gegen die Türken gewähren wollte, vom Kaiser die Geldunterstützung zu erlangen, die er nicht entbehren konnte. Vielleicht dachte er schon an die Begründung eines besseren Verhältnisses mit dem Kaiser überhaupt; und die Absicht des kaiserlichen Hofes ging dahin, bei dieser Gelegenheit wieder, wie einstmals 1657, eine große Wendung herbeizuführen und den Kurfürsten für ein Bündnis gegen Ludwig XIV. zu gewinnen. Der Fürst von Anhalt gab dem Drängen des kaiserlichen Hofes nach und überschritt seine Vollmachten, indem er wirklich einen Bündnisvertrag mit dem Kaiser vereinbarte, der seine Spitze gegen Frankreich kehrte (12. August 1683). Das wäre ein völliger Umschwung der brandenburgischen Politik gewesen. Aber ein solcher lag damals noch nicht im Sinne des Kurfürsten. Er hat den Fürsten zurückberufen und ihm wegen der Überschreitung seiner Vollmachten eine Rüge erteilt; den Vertrag hat er nicht anerkannt. Er wollte noch nicht mit Ludwig XIV. brechen und hielt nach wie vor ein friedliches Abkommen mit ihm für die einzig mögliche Politik.

Ludwig XIV. hatte inzwischen, im August, beim Reichstage einen dreißigjährigen Waffenstillstand unter Anerkennung der Reunionen in Vorschlag gebracht, und der Reichstag hatte diesen Vorschlag im Prinzip gebilligt (1. September 1683); aber da der Kaiser widerstrebte, so war es noch nicht zur Annahme gekommen. Der Kurfürst von Brandenburg hat nun diesen Vorschlag des französischen Königs auf das nachdrücklichste unterstützt; er hat auch Sachsen dafür zu gewinnen versucht. An der Befreiung Wiens von den Türken, die mit Hilfe Johanns von Sobieski und anderer Verbündeter des Kaisers gelang (12. September 1683), haben die brandenburgischen Waffen keinen Anteil gehabt; eine Abteilung von 1200 Mann, die der Kurfürst dem Polenkönig zugeschickt hatte, ist erst später zur Verwendung gelangt.

Die Beseitigung der Türkengefahr verwandelte die allgemeine Lage bedeutend zugunsten des Kaisers. Ludwig XIV. änderte jetzt seine Politik. Er fiel in die spanischen Niederlande ein und belagerte Luxemburg. Darauf erklärte Spanien den Krieg, Dezember 1683; die Niederlande schlossen sich an; auch die Welfen wollten Hilfstruppen senden. Der Kaiser bemühte sich vergeblich, den Kurfürsten von Brandenburg auf die Seite der Gegner Frankreichs hinüberzuziehen. Aber der Kurfürst trat auch jetzt dafür ein, daß das Reich mit Spanien nicht gemeinsame Sache machen dürfe. Noch am 19. Dezember hat Ludwig XIV. ihn öffentlich „seinen besten Freund" genannt, trotz aller Mißverständnisse und Verstimmungen, die zwischen ihnen doch schon bestanden. Am 18. Januar 1684 kam ein neues Bündnis, das fünfte, zwischen beiden zustande, in dem sich der Kurfürst verpflichtete, für die Annahme der Waffenstillstandsvorschläge Ludwigs XIV. beim Reichstage einzutreten und nicht zuzulassen, daß das Reich einmütig einen Krieg gegen Frankreich beschließe. Die französischen Zahlungen wurden auf 500 000 Livres im Jahr und für den Kriegsfall auf 500 000 Taler (écus) erhöht. So war und blieb der Kurfürst von Brandenburg, wie die Jahre vorher, das Haupthindernis, an dem eine Vereinigung der Reichsstände gegen Frankreich gescheitert ist. Er hielt eine solche für ganz aussichtslos. Er hatte von jeher mit bitterem Sarkasmus darauf hingewiesen, daß die Lage, in die man Frankreich gegenüber gekommen, die Frucht des Friedens von Nymwegen sei und daß jetzt dem Reiche nicht mehr geholfen werden könne. Dagegen erbot er sich, nach der Annahme des Waffenstillstandes, dem Kaiser mit 20 000 Mann gegen die Türken zu Hilfe zu kommen. Er vornehmlich hat damals den Frieden im Reiche aufrechterhalten. Er ließ sich auch nicht durch Rebenac dazu drängen, sich in einen Krieg mit den braunschweigischen Herzögen einzulassen, was — wenigstens noch im Frühjahr 1684 — dem Wunsche und den Interessen Frankreichs entsprochen haben würde. Vielmehr trat er jetzt mit den Welfen in Verhandlungen, die ein Bündnis gegen Schweden zum Ziel hatten; wieder taucht die Hoffnung auf, die deutschen Besitzungen Schwedens zu erobern und zu verteilen. Vergebens suchte Ludwig XIV. dieses Bündnis zu hintertreiben; es ist am 2. August 1684 zustande gekommen, aber freilich, gegen Schweden ist es nicht wirksam geworden. Ludwig XIV. hat bald darauf sein Ziel, einen Waffenstillstand mit dem Reich unter Anerkennung der Reunionen zu schließen, erreicht. Was beim Kaiser die Furcht vor den Türken nicht hatte bewirken können, das bewirkte die Hoffnung auf ihre völlige Vertreibung aus Ungarn und auf die Begründung einer festen Herrschaft in diesem bisher kaum dem Namen nach besessenen Lande. Nach beiden Seiten hin konnte der Kaiser unmöglich Krieg führen; die Vereinbarung mit Ludwig XIV. gehörte dazu, um die Fortsetzung des siegreichen und aussichtsvollen Türkenkrieges möglich zu machen. Am 15. August 1684 wurde der von Ludwig XIV. verlangte Waffenstillstand von Kaiser und Reich angenommen; die Reunionen wurden damit anerkannt. Damit war der Hauptzweck, dem das brandenburgische Bündnis hatte dienen sollen, erreicht, und Ludwig XIV. scheute sich jetzt nicht mehr, jenen Bestrebungen des Kurfürsten offen entgegenzutreten, die darauf gerichtet waren, im Bunde mit den braunschweigischen Fürsten Schweden seine deutschen Besitzungen abzunehmen. Im September 1684 gab er ihm deutlich zu verstehen, daß er dabei weder auf seine Zustimmung noch gar auf seine Mitwirkung zu rechnen habe. Der Kurfürst hatte das Ziel, auf das es ihm bei seiner Bundesgenossenschaft mit Frankreich hauptsächlich ankam, abermals verfehlt; er begann eine völlige Veränderung seiner politischen Richtung ins Auge zu fassen.

Seemachtspläne.

In enger Verbindung mit dem Bestreben, das schwedische Pommern zu erwerben, standen die Seemachtspläne des Großen Kurfürsten, die man nur richtig würdigen kann, wenn man sie auf dem Hintergrunde der großen allgemeinen, auf Schiffahrt und Seehandel, Kriegsflotten und Kolonien gerichteten Bewegung betrachtet, die eben in jenem Zeitpunkt entsprang, wo die großen europäischen Mächte sich gegeneinander abschlossen und in beständigen Rivalitäts- und Konkurrenzkämpfen die überseeische Welt zu teilen begannen. Es besteht eine gewisse Ähnlichkeit zwischen jenen Bestrebungen des 17. Jahrhunderts und dem, was man heute Weltpolitik zu nennen pflegt. Die Flotten- und Kolonialpolitik war damals eine natürliche Begleiterscheinung der Ausbildung des europäischen Staatensystems, wie sie heute die Entstehung und Befestigung eines neuen Weltstaatensystems begleitet. Damals wie heute machte sich das Bewußtsein einer großen Verkehrsausdehnung geltend; der Horizont der

Menschen war plötzlich ein weiterer geworden, der Zusammenhang zwischen politischer Macht und den großen See- und Handelsunternehmungen drängte sich den Staatsmännern wie den Geschäftsleuten überall auf. Erst im 17. Jahrhundert haben die überseeischen Entdeckungen ihre vollen Wirkungen auf Handel und Politik entfaltet. Die Welt war nun wirklich größer geworden. Alles politische und wirtschaftliche Leben bewegte sich in größeren Maßen, in weiterem Rahmen. Dem Zusammenschluß der großen Mächte, der erst damals seine Vollendung fand, folgte sofort ihr Hinausgreifen in die überseeische Welt. Und auch ein kleines Staatswesen wie die Republik der Niederlande hatte ein glänzendes Beispiel dafür gegeben, wie politische und wirtschaftliche Macht sich ineinander umsetzen lassen, wie sie sich gegenseitig heben und stützen. Dieses Beispiel hatte der Kurfürst von Brandenburg von jeher vor Augen gehabt. Was die Holländer an der Nordsee waren, das sollte sein Staat am Baltischen Meere werden, um dessen Beherrschung damals so heftig gerungen wurde, und dessen Handel in der Hauptsache die Holländer beherrschten. Diese Politik ist in erster Linie gegen Schweden gerichtet, in zweiter Linie aber tritt sie auch in einen scharfen Wettbewerb mit den Niederlanden. Sie nimmt verschiedene Gestalten an, je nach den wechselnden politischen Konjunkturen.

In dem Vertrage von Labiau (1656) mußte sich der Kurfürst noch die von Karl X. Gustav ihm auferlegte Bedingung gefallen lassen, daß er auf das „Admiralitätsrecht" verzichte, d. h. auf das Recht, Kriegsschiffe in der Ostsee zu halten und eine eigene Kriegsflagge zu führen. In jenem dänischen Feldzuge, wo er so schmerzlich den Besitz einer Flotte vermißte, 1658, taucht ein merkwürdiger Plan auf, im Gegensatz gegen Schweden, aber auch in Konkurrenz mit den Holländern, den Hafen von Glückstadt zu erwerben und ihn zur Grundlage einer Reichsmarine und zum Sitz eines Reichsadmiralitätsamts zu machen; der Kurfürst von Brandenburg soll zum General-Admiral des Reiches ernannt werden. Es war ein ehemaliger niederländischer Admiral, Arnold Gijsels van Lier, der diesen Plan entworfen hat; zur Ausführung ist er aber ebensowenig gelangt wie verwandte Pläne, die nach dem Abschluß des Friedens von Oliva erörtert wurden und hauptsächlich die Begründung einer neuen ostindischen Kompanie durch Brandenburg im Verein mit dem Kaiser und dem König von Spanien zum Gegenstand hatten, wobei natürlich die Konkurrenz gegen die Holländer besonders stark hervortrat. Einen neuen Anstoß erhielten dann die Seemachtsbestrebungen in dem schwedischen Kriege seit 1675, wo der Kurfürst bei seinem Aufenthalt in den Niederlanden mit dem holländischen Reeder Benjamin Raule in Verbindung getreten ist. Raule stand damals infolge großer Verluste, die er in dem Kriege gegen Frankreich seit 1672 erlitten hatte, am Rande des Bankrotts; um sich zu retten, wandte er sich dem einträglichen Geschäft der Kaperei zu, das damals in allen Kriegen blühte. Er rüstete eine Anzahl von Schiffen aus und ließ sich vom Kurfürsten von Brandenburg Kaperbriefe gegen die Schweden erteilen, denen er in vier Wochen 21 Kauffahrteischiffe wegnahm. Seitdem hat Raule dauernd im Dienste des Kurfürsten gestanden, als Rat und Schiffsdirektor, und schließlich als Generaldirektor der brandenburgischen Marine. Neben der Kaperei spielte aber auch die Kriegführung zur See in dem Schwedenkriege 1675—79 eine bedeutende Rolle, und auch der Kurfürst selbst beteiligte sich dabei durch Schiffe, die er von den Holländern gemietet hatte. Mit solchen

Schiffen ist er auch den Spaniern bei dem Konflikt wegen der rückständigen Subsidien 1680 entgegengetreten. Ein früheres spanisches Kriegsschiff, Carolus secundus, das bei Ostende geentert worden war, bildete unter dem neuen Namen „Markgraf von Brandenburg" 1681 noch das einzige eigene Schiff der brandenburgischen Flotte, die damals etwa 30 größere und kleinere Fahrzeuge zählte. Eine größere Anzahl eigener Schiffe kamen dann aber in den nächsten Jahren hinzu; seit dem Bündnis mit Frankreich, wo die Geldmittel reichlicher flossen, kamen überhaupt die maritimen und kolonialen Pläne in lebhafteren Fluß; diese Zeit bezeichnet den Höhepunkt der überseeischen Unternehmungen Brandenburgs.

Raule hatte die Anregung dazu gegeben, selbständige Handelsfahrten von brandenburgischen Häfen aus nach der Guineaküste zu veranstalten. Er suchte zunächst die Königsberger Kaufmannschaft dafür zu gewinnen; aber diese, die nur Kommissionshandel in Abhängigkeit von den Holländern und anderen Völkern zu treiben gewohnt war, versagte vollständig; so entschloß sich denn Raule, mit einer Anzahl von holländischen Geschäftsfreunden das Risiko selbst zu übernehmen. Der Kurfürst gestattete ihm durch ein Kommissionspatent die Führung der brandenburgischen Flagge und gab ihm einige Soldaten mit; an dem Geschäft beteiligte er sich nicht weiter, als durch den Auftrag, ihm ein paar Affen, Papageien und Negersklaven mitzubringen. Von den zwei Schiffen, die 1680 nach der Guineaküste abgingen, wurde eines, das „Wappen von Brandenburg", von den Holländern gekapert; das andere, „Morian" genannt, landete an der Goldküste bei Kap Tres Puntas und schloß mit einigen Aschantihäuptlingen einen Vertrag, der die Möglichkeit zur Anlage einer befestigten Handelsstation gab. 1682 wurde dann eine afrikanische Handelskompanie begründet, in den damals üblichen Formen einer privilegierten Aktiengesellschaft, mit einem Grundkapital von 50 000 Talern, von denen der Kurfürst 10 000 Taler übernahm; ein großer Teil der Aktionäre waren Hofleute, Geheime Räte und Offiziere. Wieder gingen zwei Schiffe nach der Guineaküste, diesmal die Soldaten unter der Führung eines höheren Offiziers, des Majors v. d. Gröben. An der früher erworbenen Stelle wurde die brandenburgische Flagge gehißt und ein Fort, Großfriedrichsburg, errichtet, das nicht nur gegen die Eingeborenen, sondern namentlich auch gegen die Handelseifersucht der Holländer als Schutz dienen sollte. Noch 1884 haben die Offiziere eines deutschen Kriegsschiffs die Ruinen der alten brandenburgischen Feste wahrgenommen. Diese Ansiedlung wurde der Mittelpunkt des Handelsbetriebes der Kompanie, der sich nicht bloß auf Gummi, Straußenfedern, Gold und Elfenbein, sondern auch auf den Export von Negersklaven nach Westindien richtete; zu diesem Zweck wurde auf der dänischen Insel St. Thomas eine besondere Handelsstation mit Plantagenanlagen errichtet.

Anfänglich war Königsberg mit seinem Hafen Pillau Sitz der Kompanie; aber die ungünstige Lage und die Abneigung der Königsberger Kaufmannschaft ließen einen Wechsel erwünscht erscheinen; die Blicke des Kurfürsten richteten sich nun auf Emden, und in der Tat ist es ihm durch einen Vertrag mit den ostfriesischen Landständen, die damals mit ihrem Fürsten tief verfeindet waren, gelungen, diesen vortrefflichen Hafen für die Zwecke der Kompanie zu erwerben (1683). Die ostpreußischen Stände selbst und auch der Kurfürst von Köln traten je mit einem Anteil von 24 000 Talern der Kompanie bei; und nun dehnten sich die Geschäfte allmählich aus, so daß das Kapital der Kompanie, die bis 1697 unter Raules Leitung blieb, sich bis auf eine Million und die Zahl der Handelsschiffe bis auf 30 vermehrte. Zum Schutz dieser Handelsflotte hat nun der Kurfürst auch eine eigene Kriegsflotte begründet, die bald auf 10 Schiffe gebracht wurde; er war damals der einzige Fürst des Reiches, dessen Kriegsflagge auf den Meeren wehte.

Freilich sind das alles Anfänge geblieben, denen die beharrliche Fortbildung gefehlt hat und damit auch ein eigentlicher dauernder Erfolg, wie er nur durch lange, mehrere Generationen hindurch fortgesetzte Bestrebungen hätte erreicht werden können.

Friedrich III. hat zwar eine Ehrensache darin gesehen, dies „Kommerzienwerk zu konservieren"; aber die Geschäftslage der Kompanie war nie sehr glänzend; und als Raule 1697 von der Leitung zurückgetreten war, da begann ein entschiedener Rückgang, und schließlich machte die Kompanie bankrott, so daß der König als Hauptgläubiger 1711 sich gezwungen sah, die Geschäfte selbst zu übernehmen. Damit aber war eine Lage geschaffen, die den ursprünglichen Absichten des Kurfürsten nicht mehr entsprach. Friedrich Wilhelm I. betrachtete dies ganze überseeische „Kommerzienwesen" als eine „Chimäre" und beeilte sich, die afrikanischen Besitzungen an die Holländer zu verkaufen, die im ganzen nur 72 000 Dukaten dafür bezahlt haben. Dieser Handel ist in demselben Jahr (1721) zum Abschluß gelangt, wo Stettin mit den Odermündungen in den Besitz Preußens gelangt ist. Aber diese von dem Großen Kurfürsten immer vergeblich ersehnte Erwerbung bedeutete damals nicht mehr das, was sie 1648 oder 1660 oder 1679 bedeutet haben würde. Die Odermündungen waren versandet, und die politische Lage hatte sich zuungunsten Brandenburgs verändert. Die Seemächte, vor allem England, hatten eine solche Entwicklung genommen, daß an eine brandenburgische Konkurrenz nicht mehr zu denken war; und als mächtigster Uferstaat an der Ostsee hatte sich an Stelle Schwedens Rußland erhoben. Damit war das politische Ziel des Großen Kurfürsten, einen seegewaltigen, handeltreibenden Ostseestaat nach dem Muster der Niederlande zu schaffen, in unerreichbare Ferne gerückt; und wir werden noch sehen, wie mit der Regierung Friedrich Wilhelms I. eine entschiedene und vollständige Umkehr im Sinne einer rein binnenländischen Handels- und Wirtschaftspolitik stattgefunden hat, die die Bahnen der Seemachtsbestrebungen des Großen Kurfürsten für mehr als ein Jahrhundert ganz verlassen hat.

Die Umkehr der brandenburgischen Politik und der Ausgang des Großen Kurfürsten (1684—1688).

Der Umschwung in der brandenburgischen Politik, der durch die ablehnende Haltung Ludwigs XIV. gegenüber den pommerschen Wünschen des Kurfürsten verursacht war, beginnt schon Ende 1684, zunächst mit einer Annäherung an die Niederlande, wo der Oranier Wilhelm III. niemals aufgehört hatte, auf eine Verständigung mit seinem der Republik grollenden Oheim hinzuarbeiten. Die großen umfassenden Pläne eines allgemeinen Widerstandes gegen Ludwig XIV., in denen er lebte, gewannen jetzt auch für den brandenburgischen Kurfürsten ihre alte Anziehungskraft wieder. Er hatte sich überzeugt, daß er im Bunde mit dem übermächtigen Frankreich Ludwigs XIV. die Macht seines Hauses und Staates nicht so, wie er es begehrte, heben und fördern könne; der Widerstand gegen das politische Übergewicht Frankreichs erschien ihm jetzt auch als das Lebensinteresse der brandenburgischen Politik; und vor allem die Gemeinsamkeit der protestantischen Interessen gegenüber der katholischen Reaktion, deren Führung Frankreich übernommen hatte, kam ihm wieder zum lebendigen Bewußtsein. Der Tod Karls II. von England, die Thronbesteigung des katholischen Jakob II., der in enger Verbindung mit Frankreich stand, beförderte die Annäherung zwischen Brandenburg und den Niederlanden; am 23. August 1685 wurde ein förmliches Bündnis unterzeichnet, das freilich seine Spitze noch nicht offen gegen Frankreich kehrte, aber doch schon das Mißtrauen und die Empfindlichkeit des bisherigen Bundesgenossen hervorrief. Einen Bruch mit Frankreich suchte der Kurfürst noch zu vermeiden. Als der Gesandte Graf Rebenac von ihm eine förmliche Erklärung verlangte, daß er sich jeder politischen Verbindung enthalten werde, die ihn direkt oder indirekt zu Frankreich in Gegensatz bringen würde, da hat der Kurfürst zwar diese arrogante Forderung abgewiesen, weil sie mit seiner fürstlichen Ehre unvereinbar sei; aber er fand es doch zugleich noch nötig, durch eine anders gefaßte, weniger bedenkliche Erklärung den Argwohn seines Bundesgenossen zu beschwichtigen. Ohne sich die Hände zu binden, wollte er abwarten, bis die politische Lage zur Reife gekommen war. Da erfolgte am 18. Oktober 1685 in Frankreich die Aufhebung des Edikts von Nantes, der brutale Abschluß einer längeren Verfolgungs- und Drangsalierungspolitik gegen die Reformierten. Das evangelische Gefühl des Kurfürsten wallte auf und verhalf der gegen Frankreich gerichteten Politik zum Durchbruch. Gleich nach dem Bekanntwerden der Maßregel erließ er das Potsdamer Edikt vom 8. November 1685, durch das er die französischen Protestanten, die um des Glaubens willen ihr Vaterland verlassen wollten, einlud, in seinen Landen eine Zuflucht zu suchen, indem er ihnen außer der Glaubensfreiheit auch wichtige wirtschaftliche Vorteile, Freiheit von bürgerlichen Lasten für einige Jahre, Unterstützungen aus Staatsmitteln, Privilegien zur Anlegung von Manufakturen u. dgl. gewährte. Mit der Fürsorge für die bedrängten Glaubensgenossen verband sich dabei der Wunsch, ihre gewerblichen Künste, ihre geschäftlichen Fähigkeiten, ihre Kapitalien, ihre höhere Bildung und Kultur für den brandenburgischen Staat nutzbar zu machen. Etwa 20 000 „Refugiés" sind daraufhin im Laufe der nächsten Jahre und bis 1700 etwa in die brandenburgischen Lande eingewandert. Fast jede größere Stadt, von Cleve bis Königsberg, hatte im 18. Jahrhundert ihre französische Kolonie; am bedeutendsten waren die von Berlin, Magdeburg und Halle. Französische Prediger, Gelehrte, Offiziere wirkten anregend auf das geistige und gesellschaftliche Leben dieser Städte ein; die Hauptmasse aber bestand aus Gewerbetreibenden, Meistern und Unternehmern der neuen Manufakturgewerbe, die damals jeder aufstrebende Staat, und auch Brandenburg, bei sich einzuführen und zu befördern suchte. Diese Bestrebungen waren längst im Gange; aber erst an den französischen Flüchtlingen fand man die geeigneten, ökonomisch und technisch geschulten Kräfte, deren man bei diesen neuen Unternehmungen bedurfte, die die Vorläufer der modernen Industriebetriebe geworden sind und in denen Frankreich neben Holland damals allen Ländern der Welt weit voraus war.

Es konnte nicht ausbleiben, daß das politische Verhältnis zu Frankreich durch diesen Schritt des Großen Kurfürsten stark beeinträchtigt wurde. Die Auswanderung war in Frankreich wie anderswo verboten, und das Potsdamer Edikt erschien als eine unberechtigte Einmischung in die inneren Angelegenheiten der französischen Monarchie. In Versailles trat eine starke Verstimmung gegen den Kurfürsten ein; er mußte darauf bedacht sein, für den Fall eines Bruches wieder einen Rückhalt am Kaiser zu gewinnen, der bei einem Kriege mit Frankreich nicht fehlen durfte, da nicht bloß das protestantische Interesse, sondern die Freiheit Europas in Frage stand. Schon seit dem Frühjahr 1685 waren Verhandlungen mit Österreich im Gange, die an das nun doch hervortretende Bedürfnis der Hilfe im Türkenkriege anknüpften. Man gelangte jetzt leichter als vorher über diesen Punkt zu einer Verständigung. In einem Vertrag vom 4. Januar 1686 verpflichtete sich der Kurfürst, ein Hilfskorps von 7000 Mann zu stellen, und der Kaiser verhieß dafür Subsidien im Betrage von 150 000 Talern jährlich. Bald darauf marschierte der brandenburgische Feldmarschall Hans Adam von Schöning mit 8000 Mann nach Ungarn, und diese brandenburgischen Truppen haben dann bei der Eroberung von Ofen sehr bedeutend und erfolgreich mitgewirkt. Schwieriger war die Auseinandersetzung über das allgemeine politische Verhältnis der beiden Mächte. Das Haupthindernis dabei war die schlesische Frage. Der Kurfürst verlangte die Rückgabe von Jägerndorf, Liegnitz, Brieg und Wohlau. Aber der kaiserliche Hof dachte nicht im entferntesten daran, solche Zugeständnisse zu machen. Die Gefahr eines Bruches mit Frankreich trieb schließlich nach dem Erlaß des Potsdamer Ediktes den Kurfürsten zur Nachgiebigkeit. Er ließ seine Forderungen fallen, und verlangte statt jener schlesischen Gebiete, gewissermaßen nur um den Schein zu wahren, die Abtretung des Kreises Schwiebus, der von Protestanten bewohnt war und als eine österreichische Enklave inmitten der lausitzischen Besitzungen des Hauses Brandenburg lag. Aber selbst in diese geringfügige Abtretung wollte der Kaiser nicht willigen, und die Unterhandlungen drohten schon zu scheitern, als von den österreichischen Diplomaten ein sehr außerordentliches Auskunftsmittel gefunden wurde, das ihnen den Abschluß des Vertrages möglich machte, ohne daß Schwiebus dem Erzhause dauernd verloren ging. Der kaiserliche Gesandte in Berlin, der die Unterhandlungen führte, Baron von Fridag, brachte unter Vermittlung des Fürsten von Anhalt den Kurprinzen, der ein eifriger Anhänger der österreichischen Partei und überdies damals in Geldverlegenheiten war, denen der Kaiser abzuhelfen versprach, dazu, daß er hinter dem Rücken des Vaters, im tiefsten Geheimnis, am 28. Februar 1686 in dem Anhaltschen Palais zu Potsdam einen Revers unterzeichnete, in dem er sich verpflichtete, nach Antritt der Regierung Schwiebus an den Kaiser zurückzugeben. Nun kamen die Unterhandlungen schnell zum Ziel. Fridag gestand jetzt dem Kurfürsten die Abtretung von Schwiebus zu, und am 22. März 1686 kam es zum Abschluß einer geheimen Defensiv-Allianz zwischen Brandenburg und dem Kaiser, die für 20 Jahre gelten sollte, tatsächlich aber für mehr als 40 Jahre die Grundlage des politischen Systems in Brandenburg geblieben ist. Die Abkehr von dem französischen Bündnis, die Wendung gegen Frankreich war darin schon deutlich in Aussicht genommen; eben darum blieb der Vertrag auch geheim. Der Kurfürst verbindet sich mit dem Kaiser gegen jede Vergewaltigung des Reiches; er verpflichtet sich, in der spanischen Erbfolgefrage für die Rechte des Hauses Österreich einzutreten, und insbesondere auch die spanischen Niederlande im Bunde mit ihm gegen fremde Angriffe zu verteidigen; er verspricht für den Fall einer Kaiserwahl die brandenburgische Stimme dem Sohne des Kaisers, dem römischen König Josef. Er verzichtet zugleich, gegen die Abtretung von Schwiebus, auf alle seine schlesischen Ansprüche. Dagegen wollte der Kaiser sich bemühen, ihm die Anwartschaft auf Ostfriesland und zunächst den Pfandbesitz des Landes, unter Abtretung einer Schuldforderung, zu verschaffen — eine Zusage, die später vom Kaiser nicht in dieser Weise erfüllt worden ist. Die Truppenhilfe war in dem Vertrage genau bestimmt; ohne Subsidien konnte Brandenburg auch jetzt nicht auskommen; ihre Bezahlung übernahm diesmal der Kaiser. (100 000 Gulden, im Kriegsfall 100 000 Taler jährlich.) Damit war, wenn auch noch nicht öffentlich, eine vollständige Schwenkung der brandenburgischen Politik vollzogen. Die französische Partei am Hofe und im Rate des Kurfürsten, als deren Haupt damals Meinders galt, war zurückgedrängt; der maßgebende Mann unter den Ratgebern des Kurfürsten wurde jetzt Paul von Fuchs, der das Heil Brandenburgs in der Verbindung mit dem Kaiser und den Niederlanden sah. Wie vollständig der politische Umschwung war, zeigt das am 20. Februar 1686 geschlossene Bündnis mit Schweden, bei dem die protestantischen Interessen den Sieg über die pommerschen Wünsche des Kurfürsten davontrugen. Mit seinem Neffen, dem Oranier Wilhelm III., trat der Kurfürst jetzt in ein sehr nahes Vertrauensverhältnis; auch mit seinem alten Minister, dem Fürsten von Waldeck, kam er auf diese Weise wieder in Verbindung; wie früher (1653—57) gegen Habsburg, so richtete diese gemeinsame Politik jetzt ihre Spitze gegen das Frankreich Ludwigs XIV. Der großen Reichsassoziation gegen Ludwig XIV., der sogenannten Augsburger Allianz, ist der Kurfürst auch jetzt noch ferngeblieben, um den Argwohn Frankreichs nicht vorzeitig rege zu machen; aber im tiefsten Geheimnis hat er damals mit dem Oranier den Plan jener Thronveränderung in England, der bald nach seinem Tode, 1688, zur Ausführung kam, erwogen und vorbereitet. Die Parole, die er an den beiden letzten Tagen vor seinem Tode (9. Mai 1688) für die Potsdamer Schloßbesatzung ausgab, lautete: London und Amsterdam.

In diesen großen Entwürfen bewegte sich die Politik des alternden Herrschers während der letzten Jahre seines Lebens, die voll waren von schwersten körperlichen Leiden; ein schon lange bestehendes Herzübel, das schließlich in Wassersucht überging, ist wohl als die Todesursache anzusehen. Daneben fehlte es nicht an häuslichen Sorgen und Kümmernissen, die mit den Fragen der Nachfolge zusammenhingen. Die zweite Gemahlin des Kurfürsten, Dorothea, seine unentbehrliche Lebensgefährtin und treue Pflegerin in seinen Krankheitszuständen, hatte ihm noch sieben blühende Kinder geboren, um deren standesgemäße Versorgung sie sehr eifrig bemüht war. Der Kurfürst hielt sich auf Grund der Hausgesetze für berechtigt, bei den Bestimmungen über die Erbfolge mit denjenigen Ländern, die er selbst erst während seiner Regierungszeit erworben hatte, nach Gefallen zu schalten. Er hatte schon in einem Testament von 1664 das Fürstentum Halberstadt seinem zweiten Sohn zugedacht, und 1667 für den dritten in ähnlicher Weise über Lauenburg und Bütow verfügt. Weiter gedachte er damals darin nicht zu gehen; er betont in seinem politischen Testament von 1667, daß mit der Zerteilung der Lande die Macht und der Respekt des Hauses falle, und weist auf die verhängnisvollen Folgen der Teilungen im sächsischen und anhaltischen Hause hin. Aber später hat er sich doch den Wünschen seiner Gemahlin anbequemt, und schon in einem Testament von 1680, ganz besonders aber in einem weiteren und endgültigen von 1686, das dem Kaiser zur Bewahrung und Vollstreckung anvertraut wurde, Bestimmungen getroffen, die weit über die Grenzen, die er sich früher selbst gesetzt hatte, hinausgingen, indem neben dem Thronerben die sämtlichen fünf jüngeren Söhne (vier davon stammten aus der zweiten Ehe) mit Land und Leuten ausgestattet wurden, nämlich mit den Fürstentümern Minden und Halberstadt, der westfälischen Grafschaft Ravensberg, dem pommerschen Amt Naugard, den Landen Lauenburg, Bütow, Draheim, dem westfälischen Amt Egeln. Allerdings war ihnen keine volle fürstliche Selbständigkeit eingeräumt; die wichtigsten Hoheitsrechte, so die eigentliche Landeshoheit, das Bündnisrecht, alles, was das Heer, seine Aufstellung, Unterhaltung und Einquartierung betraf, samt den dazu bestimmten Steuern, blieb dem Kurerben vorbehalten; die fürstlichen Stimmen auf dem Reichstag sollten von dem regierenden Kurfürsten instruiert und von den brandenburgischen Gesandten namens der berechtigten Fürsten geführt werden; ähnlich sollte es auch in den Kreisangelegenheiten des Reiches gehalten werden. Aber die apanagierten Prinzen sollten doch in fürstlicher Stellung und Würde an der Spitze der ihnen zugewiesenen Länder stehen: sie empfangen die Huldigung (neben dem Kurfürsten), sie residieren und halten Hof in fürstlicher Weise, die Regierung wird in ihrem Namen geführt, die Beamten werden in ihrem Namen angestellt, allerdings mit Vorwissen und Beirat des Kurfürsten; alle Einkünfte der Lande (mit Ausnahme der Kriegsgefälle) sind ihnen zugeeignet.

Wenn man diese Verfügungen richtig verstehen will, so darf man nicht von der Voraussetzung ausgehen, daß der Große Kurfürst schon in der Idee eines modernen Einheitsstaates gelebt habe; sonst würde die Folgerung kaum abzuweisen sein, daß er mit diesen Bestimmungen sein eigenes Lebenswerk, die Staatseinheit, wieder zerstört habe; denn wenn auch für den politischen Zusammenhalt gesorgt war, so hätten diese Bestimmungen doch eine einheitliche Behördenorganisation und ein einheitliches Finanzsystem, wie sie später geschaffen worden sind, unmöglich gemacht. Mit der Staatseinheit, wie sie sich, auch noch nicht ganz vollkommen, im 18. Jahrhundert darstellt, sind die Testamente des Großen Kurfürsten nicht vereinbar. Es ist zwar richtig, daß er bereits die Einheit des Staates ins Auge gefaßt hatte, aber noch nicht in der scharfen, modernen Gestalt, die uns heute vorschwebt; es war in seiner Auffassung des Staates noch ein starker Rest von den patrimonialen Gewohnheiten und Motiven, wie sie die territoriale Epoche des Staatslebens charakterisieren; und er hat ihnen in den Testamenten von 1680 und 1686 mehr Spielraum gegönnt, als er es 1667 noch für zulässig erachtet hatte.

Der Inhalt der Testamente blieb geheim; wieweit der Kurprinz ihn kannte oder ahnte, mag dahingestellt bleiben; ein Motiv für das Entgegenkommen gegen den Kaiser, den künftigen Testamentsvollstrecker, in der Angelegenheit des Schwiebuser Reverses ist jedenfalls nicht daraus entsprungen. Dagegen hat das Vorhandensein des Testamentes von 1686 das Verhältnis des Kurprinzen zu seiner Stiefmutter, das nie ein gutes war, noch bedeutend verschärft. Er argwöhnte sogar, daß sie ihn um die Erbfolge bringen wolle zugunsten ihres ältesten Sohnes;

als sein jüngerer Bruder, Markgraf Ludwig, außer ihm der einzige noch übrige Sohn der Kurfürstin Luise, im Jahre 1687 starb, da war gewissenloser Hofklatsch gleich wieder geschäftig, das Gerücht zu verbreiten, daß er vergiftet worden sei; der Kurprinz suchte die Mörder in der nächsten Umgebung seiner Stiefmutter und fürchtete seitdem selbst für sein Leben. Er war schwächlich, etwas verwachsen, von schwankender Gesundheit, damals noch kinderlos. Man kann sich des Eindrucks nicht erwehren, daß der Kurfürst lieber einen Nachkommen seines ältesten Sohnes aus zweiter Ehe, eines starken und gesunden Mannes, als Thronerben gesehen hätte. Mit der Gemahlin des Kurprinzen, der hannöverschen Sophie Charlotte, die ihren Gemahl stark beeinflußte, und zwar im Sinne der damals von feindseliger Stimmung gegen Brandenburg getragenen welfischen Politik, stand er in einem gespannten und unfreundlichen Verhältnis. Nicht ohne die Schuld des alten Herrn, der seine Worte nicht immer vorsichtig abwog, kam es im Jahre 1687 zu einem offenen Bruch; das kurprinzliche Paar, das damals in Karlsbad weilte, weigerte sich, nach Berlin zurückzukehren, und ging vielmehr an den feindlich gesinnten hannöverschen Hof. Der Kurfürst war darüber sehr aufgebracht, er drohte sogar mit Enterbung und Abänderung der Thronfolge. Schließlich wurde das Zerwürfnis beigelegt durch die Vermittlung des Landgrafen von Hessen-Kassel, des Vaters der ersten, früh verstorbenen Frau des Kurprinzen, und das Paar kehrte im Herbst 1687 nach Berlin zurück. Der Kurprinz hat sich damals mit dem Vater ausgesöhnt; das Verhältnis wurde seitdem ein besseres als zuvor; er wurde jetzt auch in die Geheimnisse der großen Politik eingeweiht, namentlich in die Verhandlungen mit dem Oranier, die er mit Eifer verfolgte. Von dem Schwiebuser Revers aber hat der Kurfürst niemals etwas erfahren.

Trotz der schweren Leiden, die ihm ankündigten, daß es mit ihm zu Ende gehe, hat der 68jährige Herrscher die Zügel seines Staates bis zuletzt fest in den Händen behalten; erst zwei Tage vor seinem Tode hat er aufgehört, die Regierungsgeschäfte in der gewohnten Regelmäßigkeit zu erledigen. Am 7. Mai versammelte er seinen Geheimen Rat zum letztenmal um sich. Er nahm Abschied von seinen Räten und betonte noch einmal die Hauptinteressen des Staates, wobei er einen Rückblick auf seine tatenreiche Regierung warf. Dann nahm er den Kurprinzen noch besonders beiseite und gab ihm seine letzten väterlichen und fürstlichen Ermahnungen. Wie ein Patriarch ging er dahin. Nachdem er sein Haus bestellt und seinen Erben gesegnet hatte, rief er einen Geistlichen zu sich, mit dem er in Gebet und erbaulichem Gespräch beisammenblieb. Noch einen schweren Tag und eine schwerere Nacht hatte er zu überstehen; am Morgen des 9. Mai ist er gestorben, umgeben von seiner Familie und seiner Dienerschaft.

Ein großes Leben war damit zu Ende gegangen. Friedrich Wilhelm ist der erste Fürst des brandenburgischen Hauses, dem man eine welthistorische Stellung anweisen darf. Freilich war die Gebietsgrundlage seines Staates noch zu schmal und zu wenig zusammenhängend, das Gewicht seiner Machtmittel noch nicht schwer genug, als daß man ihn unter den Leitern der europäischen Politik nennen könnte. An Politiker wie Richelieu und Mazarin, Gustav Adolf und Karl X. Gustav, Cromwell und Wilhelm III. von Oranien reicht das Maß seiner welthistorischen Wirksamkeit kaum heran. Aber das lag in den geringen Machtmitteln seines Staates, nicht in seiner Persönlichkeit begründet. Seine Persönlichkeit war aus dem Stoffe geformt, aus dem die Weltgeschichte ihre großen Männer bildet. Ehrgeiz und Kraft, ein nie ruhender Tätigkeitsdrang, ein unermüdlicher Unternehmungsgeist, eine allen Veränderungen der politischen Lage sich schnell anpassende Elastizität — das sind die bezeichnenden Züge seines politischen Charakters, mit denen er die vor ihm in Brandenburg herrschende Mittelmäßigkeit weit überragt. In vielfach verschlungenen Bahnen, manchmal geradezu im Zickzackkurs, geht seine Politik. Er hat niemals ein festes, starres politisches System von Allianzen und Maximen gehabt; aber das Interesse seines Staates, das noch durchaus im patrimonialen, dynastischen Gewande erscheint, als das Interesse des Hauses Brandenburg — das ist das festbleibende, unverrückbare Ziel seines Strebens gewesen. Um es zu fördern, hat er unbedenklich seine Bündnisse und die nächsten Ziele seiner Politik gewechselt, wenn die Lage es forderte. Er war noch nicht imstande, den Kurs der Politik im großen anzugeben; er mußte sich den wechselnden Konjunkturen anpassen, wie sie sich im Rivalitätskampf der großen Mächte ergaben; er mußte lavieren, um nicht zwischen den europäischen Kolossen, in deren Mitte er sein Staatsschiff zu steuern hatte, zerdrückt zu werden oder die Selbständigkeit und Unabhängigkeit einzubüßen, die doch die höchste Errungenschaft seiner Staatskunst war und blieb. Fast mit jeder der maßgebenden Mächte hat er in enger Verbindung und dann wieder in entschiedener Feindschaft gestanden. Es blieb der Grundsatz seiner Politik, die Wage zu halten zwischen den beiden großen Mächtegruppen, die am Ende seiner Regierung sich darstellten in dem Gegensatz von Frankreich mit seinen Anhängern auf der einen, dem Kaiser und den Seemächten auf der andern Seite. Er hat keine festen und dauernden Bündnisse gehabt, weil er keinem seiner Verbündeten in irgendeinem Moment das Interesse seines Staates zum Opfer zu bringen bereit gewesen ist.

Man kann ihn als den Begründer des größeren brandenburgisch-preußischen Gesamtstaats bezeichnen; nicht, als hätte er die ererbte oder erworbene Ländermasse schon zum einheitlich verwalteten, zentralisierten Großstaat umgeschaffen; aber er hat seinem Staatswesen den Geist eingehaucht, der die Schöpfung des modernen Großstaats vollbringen sollte: den Trieb zur Macht, die auf militärischer und finanzieller Grundlage ruht. Die Anfänge des stehenden Heeres, das als ein Werkzeug rein monarchischer Politik geschaffen wurde, bezeichnen am stärksten die große Umwandlung der staatlichen Zustände unter seiner Regierung. Die finanzielle Selbständigkeit der neuen Militärmacht ist von ihrem Begründer noch nicht erreicht worden; aber in diesem Stück haben die Nachfolger das Werk vollendet.

Der ehrgeizige Trieb, eine Großmacht zu werden, ist das Erbteil der Regierung Friedrich Wilhelms, die nachhaltige Wirkung seines großen politischen Beispiels. Seine welthistorische Bedeutung ist sozusagen eine mittelbare: als der geistige Urheber der Größe des preußischen Staates hat er seine Stellung in der allgemeinen europäischen Geschichte. Diese Größe hat er selbst nicht mehr gesehen, aber er glaubte an sie mit einer Art von religiöser Zuversicht. Er glaubte sich ganz persönlich, mit seinem Haus und Staat, in Gottes Schutz gestellt; er fühlte sich in den höchsten Momenten seines Lebens als ein Instrument des göttlichen Willens und der göttlichen Pläne. Darum ist der Schutz der protestantischen Interessen in der Welt, die Sicherung der evangelischen Bekenntnisfreiheit ein so wesentliches Moment in seiner Politik. Darin gerade sah er die göttliche Mission seines Hauses und seines Staates. Man wird nicht sagen dürfen, daß dieses ideale Ziel ihn jemals auf Wege geführt habe, auf denen nicht auch die realen Interessen seines Hauses, die politischen Machtbestrebungen, zu fördern gewesen wären. Er war und blieb, bei allem hohen Schwung seines Wesens, doch immer ein nüchterner, harter, klarblickender Realpolitiker. Aber die Überzeugung, das tief-innerliche, wenn man will, naiv-egoistische Gefühl davon, daß er mit seinem Staat und seinen Machtbestrebungen im Grunde doch auch das Reich Gottes fördere, dieser Glaube, der ihm sein irdisches, politisches Tun in eine ideale Höhe erhob, es mit dem Höchsten und Ewigen in eine unauflösliche Verbindung brachte, bezeichnet recht eigentlich die tiefste Quelle der Kraft und der Erhebung, die seinem Lebenswerk den großen Stil und den hohen Schwung verliehen haben. Er hat damit ein Vorbild aufgestellt, das bis in die Gegenwart hinein in seinem Hause immer wieder als eine lebendige Kraft gewirkt hat.

---

von S 177 bis hierher zum 2. Mal Mimi vorgelesen bis 19.12.88, nachdem wir am 29.11.88 im Schloss Charlottenburg die Ausstellung über den Grossen Kurfürsten gesehen hatten.

VII.

Die Erwerbung der Königskrone und der Ausbau des militärischen Großstaats. 1688–1740.

Staat und Hof des ersten Königs.

Im 18. Jahrhundert und schon seit 1688 hat sich die allgemeine europäische Lage in einer Weise verändert, die für das Aufsteigen des Hohenzollernstaates noch günstigere Bedingungen enthielt als die vorangegangene Epoche. Der Zusammenschluß und das Erstarken der Seemächte, wie es sich seit der Thronbesteigung Wilhelms III. in England allmählich geltend machte, ihr Gegensatz zu Frankreich und die große Koalition gegen Ludwig XIV., die in dem Spanischen Erbfolgekriege den französischen Ausdehnungsbestrebungen Schranken setzte, führte im Utrechter Frieden zu einer Wiederherstellung des europäischen Gleichgewichts in der Weise, daß nun drei große Mächte sich untereinander die Wage hielten und daß das Übergewicht Frankreichs aufhörte, ohne daß Österreich eine für Preußen gefährliche Machtsteigerung erfuhr. Im Norden verlor Schweden, das seit dem Dreißigjährigen Kriege so schwer auf Brandenburg gedrückt hatte, seine Großmachtstellung, und die Erhebung Rußlands, das nun als eine neue große baltische Militärmacht an seine Stelle trat, vernichtete zwar die brandenburgischen Hoffnungen auf die Nachfolge in die frühere Machtstellung Schwedens an der Ostsee, brachte aber doch auch dem Hohenzollernstaat manche Vorteile, ohne daß zunächst der Druck der russischen Nachbarschaft allzuschwer empfunden wurde, obwohl Polen, das unter den sächsischen Herrschern seiner Auflösung entgegenging, seit dem Thronfolgekrieg von 1733 schon mehr und mehr in die Abhängigkeit von Rußland zu geraten drohte.

Die Gunst dieser Lage ist allerdings unter den beiden ersten Nachfolgern des Großen Kurfürsten noch nicht voll ausgenutzt worden, und das war auch nicht möglich, da ein gewisses Maß von innerer Festigung des Staates dazu gehörte, um in durchgreifender Weise sich in den europäischen Angelegenheiten zu betätigen. Friedrich I. hat sich mit der Erwerbung der Königskrone begnügt, und Friedrich Wilhelm I. hat die Odermündungen mit Stettin erworben. Aber er hat zugleich durch seine inneren Reformen die Möglichkeit für die weit ausgreifende Machtpolitik seines Nachfolgers geschaffen. Erst Friedrich der Große hat dann die europäische Konjunktur in vollem Maße benützt, um seinem Staate die Stellung zu verschaffen, die ihm bei der Schwäche Österreichs und bei der starken Entwicklung seiner eigenen Machtmittel zukam. Er hat Preußen zu dem Range einer Großmacht erhoben und damit dem europäischen Staatensystem eine andere Gestalt gegeben, so daß es seitdem aus fünf großen Mächten bestand: Preußen war das Bindeglied zwischen den drei älteren Mächten und der Vormacht des Ostens Rußland; es wurde ein mitbestimmender Faktor in der europäischen Politik.

Das ganze 18. Jahrhundert ist ein Zeitalter von ausgesprochen weltlichem Charakter. Der Gegensatz der Konfessionen, der schon seit dem großen Kriege abgeschwächt war, aber 1688 doch noch einmal eine bedeutende Rolle in der europäischen Politik gespielt hatte, verlor allmählich seine Schärfe und seine politische Bedeutung; im Innern der Staaten trat der Gegensatz von Orthodoxie und Aufklärung an seine Stelle, aber ohne daß erhebliche politische Wirkungen damit verbunden gewesen wären. Um so bedeutender machten sich im Leben der Völker die wirtschaftlichen Interessenkämpfe bemerkbar. Der Merkantilismus gelangte überall auf seinen Höhepunkt, in dem preußischen Staate jetzt in der Form eines rein binnenländischen, vornehmlich auf Förderung der Gewerbetätigkeit gerichteten Systems, bei dem aber die grundlegenden landwirtschaftlichen Interessen nicht, wie in Frankreich, vernachlässigt wurden. Der Absolutismus, gestützt auf Heer und Beamtentum, faßt die Provinzen immer fester zu einem einheitlichen Großstaat zusammen, der mehr von dem Gedanken der Macht als der Wohlfahrt und mehr von dem des Gemeinwohls als des formalen Rechts getragen wird. Die ständische Gliederung der feudalen Gesellschaftsordnung wird noch nicht überwunden, aber den Bedürfnissen des Staates angepaßt. Der Adel wird an den Staatsdienst gewöhnt und behält seine obrigkeitliche Stellung über den Bauern; die Städte und die bürgerlichen Gewerbe werden vom Staate beaufsichtigt und reglementiert; auch die Kirche, namentlich die protestantische, muß sich bequemen, ihre Mitwirkung zur Erreichung der Staatszwecke zu leihen. Es ist ein System, das erst unter Friedrich dem Großen seine Wirkungen nach allen Seiten hin entfaltet, das aber auf den Grundlagen ruht, die der Große Kurfürst gelegt hatte, und das schon unter den beiden ersten Königen aufgebaut worden ist.

So erscheinen im vorläufigen Überblick die Grundzüge des Zeitalters, zu dessen näherer Betrachtung wir uns jetzt wenden.

Die Regierung des Kurfürsten Friedrich III. beginnt mit einem Protest gegen den letzten Willen seines Vaters. Gestützt auf ein Gutachten seiner Geheimen Räte, denen er die Sache zur Beratung vorgelegt hatte, erklärte er das Testament von 1686 für ungültig und setzte sich nach langen Verhandlungen mit dem ältesten seiner Stiefbrüder, dem Markgrafen Philipp Wilhelm, in dem Potsdamer Vertrag von 1692 dahin auseinander, daß dieser sich mit einer Abfindung begnügte, die ihm ein Einkommen von 24 000 Talern jährlich sicherte. Unter den Hausgütern, auf die dies Einkommen begründet war, befanden sich die Herrschaften Schwedt und Vierraden, von denen die Nachkommen dieses Sohnes des Großen Kurfürsten einige Generationen hindurch den Titel „Markgrafen von Schwedt" geführt haben, bis diese Nebenlinie 1788 wieder erloschen ist. Sie hatten keine landesfürstliche Stellung, sondern nur die eines großen Grundherrn; der Einheit des Staates und seiner Verwaltung hat diese Sonderherrschaft nicht mehr gefährlich werden können. Die jüngeren Brüder wurden mit geringeren Einkünften ausgestattet. Das sehr reichlich dotierte Wittum der Kurfürstin-Witwe wurde etwas verringert; doch ist es zu ernsteren Streitigkeiten deswegen nicht gekommen; 1689 ist sie schon gestorben.

Die Staatsräson hatte über die Pietät gesiegt, ähnlich wie einst bei dem Regierungsantritt des Kurfürsten Joachim Friedrich. Ein wichtiger Präzedenzfall war geschaffen für den Grundsatz des Erstgeburtsrechts bei der Erbfolge und der Unteilbarkeit des gesamten Staatsgebiets mit Einschluß der von dem Erblasser neu erworbenen Bestandteile. Die Einheit der Staatsbildung ist damit für die Zukunft erst vollkommen gesichert worden.

Im übrigen folgte die Regierung Friedrichs III. in der Hauptsache der politischen Richtung, die der Große Kurfürst in seinen letzten Jahren eingeschlagen hatte, nur ohne die Kraft und Größe, die ihm eigen gewesen war. Friedrich III. hatte mehr Sinn für den Schein, als für das Wesen der Macht; seine Prunksucht und Verschwendung, die dem allgemeinen Zuge des absolutistischen Hoflebens entsprachen, waren mit den geringen Mitteln und den großen Aufgaben des brandenburgisch-preußischen Staates auf die Dauer unvereinbar. Von einer persönlichen Führung der Staatsgeschäfte, wie sie die Regierung des Großen Kurfürsten charakterisierte, kann bei seinem Nachfolger kaum die Rede sein. Er hat fast immer mit Premierministern regiert, zuerst mit Danckelman (1688—1697), dann mit Kolbe von Wartenberg (1702—1711). Dazwischen liegt ein Zeitraum von 5 Jahren, in dem der Kurfürst vergeblich versucht hat, die Zügel selbst zu führen; die maßgebende Persönlichkeit in dieser Zeit ist der Feldmarschall v. Barfus. In den letzten drei Jahren nach dem Sturze Wartenbergs macht sich schon der Einfluß des Thronfolgers in den Geschäften bemerklich.

Die erste dieser Epochen (1688—1697) fällt zusammen mit dem Kriege der „großen Allianz" gegen Ludwig XIV., der mit dem Frieden von Rijswijk endete. In diesen Jahren führte Eberhard von Danckelman die Geschäfte mit einigen sachverständigen Gehilfen, wie Knyphausen, und zwar ganz im Sinne der Traditionen des Großen Kurfürsten, in dessen politischer Schule er sich zum Staatsmann gebildet hatte.

Danckelman stammte aus einer bürgerlichen reformierten Familie, die um ihres Glaubens willen aus dem Gebiet des Bischofs von Münster hatte weichen müssen und ihren Wohnsitz in der westfälischen Grafschaft Lingen, einem Besitztum der Oranier, genommen hatte. Sein Vater, der dort die Stelle eines Landrichters bekleidete, war von dem Großen Kurfürsten, der in seinem Hause eingekehrt war, einmal als der glücklichste Mensch gepriesen worden, weil er sieben Söhne von seltener Vortrefflichkeit der Geistes- und Charakteranlagen besaß. Alle diese Söhne sind dann auf die Veranlassung des Kurfürsten in seinen Dienst getreten; sie sind sämtlich zu hohen Stellen aufgestiegen und haben sich durch Talent und Redlichkeit bewährt. Der bedeutendste unter ihnen war Eberhard, der schon in jungen Jahren sich durch Wissen und Geisteskraft auszeichnete und zum Erzieher des Prinzen Friedrich, nachmaligen Kurprinzen und Kurfürsten, bestellt worden war. In dieser Stellung hat sich Danckelman nicht bloß die Zufriedenheit des Kurfürsten, sondern auch die Zuneigung seines Zöglings erworben, der ihn bei seinem Regierungsantritt zum Geheimen Rat ernannte und ihn 1695 mit dem Titel eines Oberpräsidenten des Geheimen Rats überraschte. Aber auch vorher schon ist Danckelman der eigentliche Leiter der brandenburgischen Politik gewesen, die namentlich durch die enge Verbindung mit Wilhelm III. von Oranien gekennzeichnet wird. Friedrich III. hat dessen Anschlag auf England 1688 wirksam unterstützt. Er besetzte Köln und stellte eine starke Truppenmacht am Niederrhein auf, um in Verbindung mit den Niederländern und dem Kaiser gegen Frankreich, auf dessen Einschreiten gerechnet werden mußte, zusammenwirken zu können. Durch diese Aufstellung gegen Frankreich gedeckt, hat sich der Übergang Wilhelms III. nach England vollzogen. 6000 Mann brandenburgischer Truppen sind direkt in den Dienst der Niederlande gestellt worden; es ist aber nicht richtig, was früher oft angenommen wurde, daß brandenburgische Regimenter mit nach England hinübergegangen seien. Nur der Marschall Schomberg, ein reformierter Pfälzer, der in französischen Diensten gestanden hatte und nach der Aufhebung des Edikts von Nantes nach Brandenburg gekommen war, nur dieser brandenburgische General ist an der Unternehmung selbst beteiligt gewesen.

Im Jahre 1689 schloß sich dann Brandenburg an die große Allianz gegen Ludwig XIV. an, zu der die Niederlande und England, der Kaiser, Spanien und der Herzog von Savoyen sich vereinigt hatten. Die Generäle Schöning und Barfus führten die brandenburgischen Truppen vom Niederrhein her auf den Kriegsschauplatz; bei verschiedenen Gelegenheiten, ganz besonders bei der Belagerung von Bonn, das damals eine der stärksten Rheinfestungen war, haben die Brandenburger sich ausgezeichnet. Der Kurfürst selbst erschien dort im Lager. Er war zwar kein Feldherr, aber seine Anwesenheit war doch nicht unwichtig, weil es zwischen den beiden Generälen zu störenden Reibungen gekommen war, die nur durch ein Machtwort des Herrschers beigelegt werden konnten. Der Feldmarschall Hans Adam v. Schöning, der im Gefühl seiner Unentbehrlichkeit und seines Ansehens bei den Truppen zur Unbotmäßigkeit neigte, mußte später vom Kurfürsten entfernt werden und ist in sächsische Dienste gegangen. Bonn ist am 13. Oktober 1689 von den Brandenburgern genommen worden.

Auch an diesem Kriege hat Brandenburg nicht ohne Subsidien teilgenommen, die von den Seemächten, dem Kaiser und Spanien gezahlt werden sollten, aber auch wieder nur unvollständig gezahlt worden sind. Zur selbstständigen Kriegführung war Friedrich III. so wenig imstande wie der Große Kurfürst; und die geringschätzige Behandlung Brandenburgs als bloße „Auxiliarmacht" durch die Verbündeten machte sich bei dem Friedensschluß zu Rijswijk, wo Friedrich nichts von seinen Entschädigungsforderungen, selbst nicht einmal seine Subsidienansprüche, durchsetzen konnte, auch in Äußerlichkeiten, durch kränkende Zurücksetzung der brandenburgischen Gesandten, in einer für Friedrich III. ganz besonders empfindlichen Weise bemerklich.

Dieser unbefriedigende Ausgang des Krieges, der auch eine finanzielle Schwächung des Staates zur Folge hatte, steht wohl in Zusammenhang mit dem bald darauf erfolgten Sturze Danckelmans, der allerdings in der Hauptsache ein Werk höfischer Intrige gewesen ist. Seine Hauptgegnerin war die Kurfürstin Sophie Charlotte. Sie sah sich durch den allmächtigen Minister von dem Einfluß auf ihren Gemahl ausgeschlossen, den sie für sich in Anspruch nahm. Sie empfand es als unleidliche Anmaßung, daß er den Grundsatz strenger Sparsamkeit auch den weitgehenden Bedürfnissen ihres Hofhalts gegenüber zur Geltung zu bringen suchte. Sein strenges, finsteres, immer die Staatsräson betonendes Wesen war ihr zuwider. Ihre Feindschaft gegen ihn wurde nun der Kristallisationskern für die zahlreichen Elemente am Hofe, die nach dem Sturz des Ministers trachteten. Die höfischen Adelsfamilien, die sich durch den Emporkömmling aus den einflußreichsten Stellungen verdrängt sahen, manche im regelmäßigen Dienst ergraute Geheime Räte, die ihm seine sprunghafte Beförderung nicht verzeihen konnten, Streber, Schmeichler und Projektenmacher, denen er mit seiner strengen Sachlichkeit im Wege stand — das alles vereinigte sich zu einer gefährlichen und einflußreichen Clique, die das Ohr des Herrschers zu gewinnen verstand und die Stellung des Ministers allmählich untergraben hat. Man sprach, mit Hindeutung auf die sechs Brüder des Oberpräsidenten, von denen außer ihm selbst noch zwei dem Geheimen Rat angehörten, von dem Danckelmanschen Siebengestirn, das den Staat regiere. Man bauschte gelegentliche Äußerungen des Ministers auf, um zu zeigen, daß er selbst eigentlich den Herrn spielen wolle. Eine gewisse magistrale Überlegenheit machte sich wohl in der Tat im Verkehr mit dem früheren Zögling bei dem stolzen und herrischen Manne geltend. Er merkte wohl, daß er dem Kurfürsten, der selbst Herr sein wollte, allmählich unbequem wurde und bat verschiedene Male um seinen Abschied; endlich erhielt er ihn, durch eine kurfürstliche Order vom 4. Dezember 1697, die ihm sein schlimmster Gegner, der Feldmarschall von Barfus, sein Nachfolger in der Gunst des Kurfürsten, überbrachte. Sie war noch in gnädigen Ausdrücken gehalten; aber die erbetene Abschiedsaudienz wurde Danckelman verweigert, und acht Tage darauf erhielt er schon den Befehl, den Hof zu meiden und seinen Aufenthalt in Neustadt a. d. Dosse zu nehmen. Am 20. Dezember wurde er verhaftet, erst nach Spandau, dann nach Peitz gebracht; und während er dort in strenger Haft gehalten wurde, ist ein Prozeß gegen ihn geführt worden, der jahrelang gedauert hat und damit endete, daß der wackere Generalfiskal Duhram, der die Anklage zu vertreten hatte, die zahlreichen, durch Gerücht und Denunziation von allen Seiten her zusammengebrachten Anklagepunkte als unzureichend und großenteils auch als unbegründet dartat, so daß eine gerichtliche Verurteilung überhaupt nicht erfolgen konnte. Der Kurfürst aber, als oberster Richter, tat nun einen Machtspruch gegen den gestürzten Minister, und der lautete auf Konfiskation seines Vermögens und fernere Haft in Peitz. Erst 1702 ist diese Haft etwas gemildert worden; 1707, nach dem Tode der Königin Sophie Charlotte, wurde Danckelman in Freiheit gesetzt. Aber sein Vermögen blieb konfisziert; es wurde ihm ein Jahrgehalt ausgesetzt und als Aufenthaltsort Kottbus angewiesen; am Hofe durfte er nicht erscheinen. Erst Friedrich Wilhelm I. hat diese schlimme Ungerechtigkeit seines Vaters gesühnt, allerdings auch noch nicht vollständig. Gleich nach seinem Regierungsantritt berief er Danckelman an den Hof zurück und rehabilitierte ihn im Geheimen Rat. Aber zu den Geschäften wurde der frühere Minister nicht wieder hinzugezogen; auch die Konfiskation seines Vermögens blieb bestehen; er lebte von seinem Jahrgehalt, jetzt in Berlin, wo er 1722 gestorben ist.

Der Sturz Danckelmans bezeichnet für die brandenburgisch-preußische Verwaltungsgeschichte einen wichtigen und verhängnisvollen Einschnitt, weil damit für längere Zeit die guten Traditionen und Einrichtungen der Epoche des Großen Kurfürsten ihre Wirksamkeit verloren, und weil bei dem Mangel einer festen Leitung von oben die höfische Intrige eine gefährliche Macht gewann und jahrelang die Ordnung der Geschäfte gestört hat. Besonders verderblich war es, daß der Hofkammerpräsident Freiherr Dodo von Knyphausen mit in den Sturz Danckelmans verwickelt worden ist. Seine großartigen Leistungen in der Domänenverwaltung machen den hauptsächlichsten Ruhmestitel der neun ersten Regierungsjahre Friedrichs III. aus. Man erntete damals die Frucht der Bestrebungen, die unter der Regierung des Großen Kurfürsten noch nicht zum Ziele geführt hatten. Die Begründung der Geheimen Hofkammer, einer kollegialischen Zentralbehörde für die Domänenverwaltung in allen Provinzen, die 1689 gelang, bezeichnet einen sehr bedeutenden Fortschritt in diesem wichtigen Zweige der Finanzverwaltung. Die alte lässige Naturalwirtschaft des Administrationssystems, bei der niemals ausreichende Überschüsse zu erwarten waren, war erst jetzt vollkommen ersetzt worden durch das neue geldwirtschaftliche System der Pacht oder, wie man damals sagte, der „Arrende", das bei festen, gleichmäßigen Geldeinnahmen überhaupt erst einen Überblick über die Einkünfte im ganzen möglich machte. Erst Knyphausen hat das Kassen- und Rechnungswesen, das sich in der Berliner Hofrentei konzentrierte, in feste Ordnung gebracht und hat regelmäßige jährliche Voranschläge (Etats) aufgestellt und nach ihnen gewirtschaftet. Es waren vielverheißende Anfänge; aber nach dem Abgang ihres Urhebers sind sie nicht mit Umsicht und Konsequenz fortgebildet worden; die gute Ordnung geriet bald wieder in Verfall, und wir werden noch sehen, welche unheilvolle Verwirrung in den nächsten Jahren auf dem Gebiete der Domänenverwaltung eingerissen ist.

Die große Angelegenheit, die jetzt zunächst alle andern Interessen und Sorgen am Hofe des Kurfürsten zurückdrängte, war der Plan zur Erwerbung der Königskrone, die Lieblingsidee des Kurfürsten, wie es scheint, schon seit seinem Regierungsantritt, die aber von Danckelman nicht so, wie er es gewünscht hätte, gefördert, sondern vielmehr durch allerlei ökonomische und politische Bedenken in ihrer Verwirklichung verzögert und behindert worden war. Nach dem Sturze des Ministers, der wohl auch mit seiner Haltung in dieser Frage zusammenhängt, und nach den Demütigungen des Friedens von Rijswijk trat dieser Wunsch bei Friedrich III. mit neuer Stärke hervor. Er war der bezeichnende Ausdruck seiner politischen Gesamtbestrebungen, die auf eine wirksame Darstellung der brandenburgischen Macht vor aller Welt gerichtet waren. Friedrich der Große hat bekanntlich sehr abfällig darüber geurteilt, daß sein Vorfahr die königliche Würde für sich und sein Haus erstrebt habe, bevor er noch eine wirklich königliche Macht besaß. So stark fühlte sich Friedrich III. in der Tat noch nicht, daß er durch einen selbständigen Akt für sich allein eine vollendete Tatsache zu schaffen gewagt hätte, deren Anerkennung dann dem Reiche und der europäischen Staatengesellschaft einfach zugemutet worden wäre. Es stand für ihn von vornherein fest, daß er die Königskrone nur im Einverständnis mit dem Kaiser erwerben könne. Dessen Zustimmung begehrte er nicht eigentlich als Fürst des Reiches, sondern als europäischer Souverän. Denn nicht auf seine Reichslande wollte er die Königswürde begründen, sondern auf sein souveränes Herzogtum Preußen. Er wollte nicht ein Lehnskönig, sondern ein ganz unabhängiger König sein. Darum war auch nicht von einer Übertragung der Krone durch den Kaiser, von einer Schaffung der Königswürde durch ihn die Rede. Es handelte sich nur um die Zustimmung einer Macht, die nach den altherkömmlichen, noch keineswegs ganz ausgerotteten Vorstellungen die erste Stelle in der europäischen Staatengesellschaft einnahm, deren Beherrscher gleichsam der Dekan des Kapitels der europäischen Souveräne war.

Seit dem Jahre 1690 sehen wir den Kurfürsten mit dem Kaiser über diese Angelegenheit verhandeln. Zunächst traten die Schwierigkeiten dazwischen, die sich mit der Rückgabe von Schwiebus verbanden. Der Revers des Kurprinzen war auch für Danckelman ein Geheimnis geblieben. Erst spät und widerwillig entschloß sich der Kurfürst, es seinen Ministern zu eröffnen, als der Kaiser immer dringender an die Erfüllung der vom Kurprinzen übernommenen Verpflichtung mahnte. Die Geheimen Räte, auch Danckelman, vertraten die Ansicht, daß der Revers, als erschlichen und widerrechtlich vollzogen, für ungültig erklärt werden solle. Aber zu einer so offenen Verleugnung seiner eigenen Handlungsweise konnte sich der Kurfürst nicht entschließen; er war geneigt, die Verpflichtung zu erfüllen, suchte dabei nur noch allerhand kleine Vorteile herauszuschlagen, und so geriet man in lange Unterhandlungen, die erst mit einem Vertrage vom 20. Dezember 1694 ihr Ende erreicht haben; im Januar 1695 ist dann die Rückgabe von Schwiebus vollzogen worden — zum großen Leidwesen der protestantischen Einwohner, die nun unter das drückende Kirchenregiment des katholischen Erzhauses zurückkehren mußten. In letzter Stunde hatten die brandenburgischen Bevollmächtigten noch erklärt, daß nun, nach der Rückgabe von Schwiebus, die schlesischen Ansprüche Brandenburgs, auf die der Große Kurfürst bei der Abtretung des Kreises verzichtet hatte, wiederauflebten; aber die kaiserlichen Kommissare hatten sich geweigert, die Erklärung in das Protokoll aufzunehmen. Bei dieser Gelegenheit hat denn auch Brandenburg endlich die längst zugesagte Anwartschaft auf Ostfriesland wirklich erhalten. Hinsichtlich der Königskrone erhielt der Kurfürst damals noch keinerlei Zugeständnis von seiten des Kaisers; es wurde aber doch schon als eine verheißungsvolle Aussicht betrachtet, daß ihm jetzt wenigstens der früher immer noch vermiedene Titel eines Herzogs in Preußen vom Kaiser zugestanden wurde. Der alte Widerspruch gegen die Säkularisation des Ordenslandes ist erst damit auch der Form nach vollständig aufgegeben worden. Nach dem Frieden von Rijswijk haben sich dann die Beziehungen zum Kaiser wieder sehr verschlechtert; es kam 1697 sogar zu einem vorübergehenden Abbruch der diplomatischen Beziehungen. Der Geheime Rat v. Bartholdi, dem später die Vertretung in Wien zufiel, riet dem Kurfürsten, auf die Zustimmung des Kaisers zu verzichten, die königliche Würde aus eigener Machtvollkommenheit anzunehmen und der politischen Welt zu überlassen, sich damit abzufinden; der Geheime Rat Rüdiger von Ilgen, der damals neben Fuchs in den auswärtigen Angelegenheiten zu besonderem Einfluß gelangte, schlug vor, man möge die Anregung zu der Rangerhöhung von den preußischen Landständen ausgehen lassen. Aber der Kurfürst beharrte auf den Verhandlungen mit dem Kaiser, und die nahmen nun einen sehr langsamen Gang. Der Kaiser hatte die größten Bedenken bei der Sache, politische und konfessionelle. Das Gespenst eines neuen Vandalenkönigs an der Ostsee tauchte wieder in den Erwägungen der kaiserlichen Politik auf; und zugleich erschien es als eine Art von Sakrileg, einem ketzerischen Fürsten zu der königlichen Würde zu verhelfen, mit der doch nach alter Vorstellung ein Akt religiöser Weihe notwendig verbunden war. Von dieser Seite her gewann die ganze Angelegenheit einen merkwürdigen Zusammenhang mit katholisch-propagandistischen Bestrebungen, die ja damals überhaupt sehr in Blüte standen und kurz vorher (1697) in Sachsen so guten Erfolg gehabt hatten. Die Jesuiten bemächtigten sich der Sache und suchten bei dieser Gelegenheit womöglich eine Bekehrung des brandenburgischen Hauses herbeizuführen. Der Pater Vota, ein feiner, höfisch-geschmeidiger Gelehrter, der zu dem engeren Kreise der geistreichen Kurfürstin gehörte, einflußreich in Polen als Beichtvater des früheren Polenkönigs Johann Sobieski und gelegentlich Vertreter der Wünsche des Kurfürsten am Warschauer Hofe, stellte in einer Denkschrift aus dem Oktober des Jahres 1700 dem Kurfürsten in sehr geschickter Weise die Unterstützung der päpstlichen Kurie bei der Erwerbung der Königswürde in Aussicht gegen gewisse religiöse Zugeständnisse, die — ohne die odiösen Formalitäten eines eigentlichen Konfessionswechsels — auf ein Bekenntnis zur allgemeinen Kirche im Sinne der ersten vier christlichen Jahrhunderte hinauslaufen sollte. Es war eine geschickte Anknüpfung an den Gedanken einer Wiedervereinigung der christlichen Bekenntnisse, wie er in dem Leibnizschen Kreise und auch in den Unterhaltungen der brandenburgischen Hofgesellschaft eine gewisse akademische Rolle spielte. Irgendeine ernstere Hinneigung zur katholischen Kirche war weder bei dem Kurfürsten noch bei seiner Gemahlin vorhanden, deren Interesse überhaupt mehr einer freien Weltbildung nach französischem oder niederländischem Zuschnitt als kirchlich-religiösen Fragen zugewandt war. Daß der Vorschlag keinerlei Erfolg gehabt hat, wollte Pater Vota selbst freilich hauptsächlich der ungeschickten Dazwischenkunft eines geistlichen Rivalen zuschreiben, des Bischofs von Ermland, Andreas Chrysostomus Zaluski, der anläßlich eines Besuchs beim Papst Innocenz XII. den Kurfürsten in etwas plumper Weise in das Netz der Propaganda zu ziehen suchte und damit, wie Vota meinte, alles verdorben habe. Wir wissen übrigens heute, nachdem auch das Vatikanische Archiv für diese Fragen durchforscht worden ist, daß die Vermutung, als habe die Kurie damals planmäßig die Bekehrung des brandenburgischen Hauses in die Wege zu leiten versucht, auf einem Irrtum beruht. Erst aus dem Jahre 1711 finden sich Spuren eines solchen Plans, der aber nicht zur Ausführung gelangt ist.

Von irgendwelcher Bedeutung für die Erwerbung der Königskrone sind diese geistlichen Bekehrungsversuche nicht gewesen. Von einer Dankesschuld des preußischen Königshauses an die Jesuiten könnte höchstens insofern die Rede sein, als der Beichtvater des Kaisers Leopold, der Jesuitenpater Wolf (Freiherr von Lüdinghausen), der im Interesse der Propaganda eine Heirat zwischen dem preußischen Thronfolger und einer Tochter des Kaisers zu stiften bemüht war, seinen Einfluß dazu gebraucht hat, die religiösen Bedenken des Kaisers gegen den Krönungsplan zu beseitigen.

Den Ausschlag aber gaben dabei politische Erwägungen, die mit der Rücksicht auf die brandenburgische Kriegsmacht und ihre Bedeutung in dem bevorstehenden spanischen Erbfolgekrieg zusammenhingen. Am 16. November 1700 wurde nach längeren Unterhandlungen, die die österreichischen Staatsmänner Graf Kaunitz und Graf Harrach mit dem preußischen Gesandten in Wien, Herrn v. Bartholdi, geführt hatten, ein förmlicher Bündnisvertrag zwischen dem Kaiser und dem Kurfürsten geschlossen, eine Erneuerung des früheren Bündnisses von 1686, die gewöhnlich als „Krontraktat" bezeichnet wird: darin verpflichtete sich der Kurfürst, mit 8000 Mann seiner Truppen zur Verteidigung der österreichischen Ansprüche auf die spanische Erbfolge mitzuwirken, wofür der Kaiser 150 000 Gulden Subsidien jährlich in Aussicht stellte. Der Kurfürst versprach ferner, im Reiche für die Anerkennung der hannoverschen Kurwürde, die 1692 vom Kaiser bewilligt worden war, sowie für die Wiederzulassung der böhmischen Krone zur vollen Ausübung der kurfürstlichen Rechte wirken zu wollen und verpflichtete sich, bei der künftigen Kaiserwahl seine Stimme für das Haus Österreich abzugeben; dagegen sicherte der Kaiser nun die sofortige Anerkennung der preußischen Königswürde zu, wenn der Kurfürst „über kurz oder lang, zu welcher Zeit es ihm gefallen werde, wegen seines Herzogtums Preußen sich vor einen König proklamieren und krönen lassen wird". Das anfänglich hervortretende Begehren der kaiserlichen Diplomaten, diese Klausel so zu fassen, als handle es sich um eine Schöpfung der preußischen Königswürde durch den Kaiser, war durch Bartholdi und seine Auftraggeber ebenso vereitelt worden, wie die Andeutung einer Art von Verpflichtung des künftigen Königs, die Zustimmung des Kaisers zu seiner Rangerhöhung nachzusuchen.

Zwei Tage nach dem Abschluß dieses Vertrages erfuhr man in Wien, am 18. November, den Tod des Königs Karl II. von Spanien, der am 1. November gestorben war. Es war hohe Zeit für Österreich gewesen, die preußische Waffenhilfe zu gewinnen. Der spanische Erbfolgekrieg stand vor der Tür.

Der Kurfürst aber beeilte sich nun, den langersehnten feierlichen Akt seiner Königskrönung vorzunehmen. Es geschah zu Königsberg, am 18. Januar 1701, mit allem Pomp, den dieser prachtliebende Hof zu entfalten vermochte. Am Tage vorher war der hohe Orden vom Schwarzen Adler gestiftet worden, der an den einst vom Kaiser verliehenen Reichsadler im Wappenschilde der alten Hochmeister anknüpfte und dessen Devise „Suum cuique" im Sinne gerechter Austeilung von Lohn und Strafe gemeint war. Zum Behuf der kirchlichen Salbung waren eigens zwei evangelische Bischöfe geschaffen worden, ein reformierter, Benjamin Ursinus v. Bär, und ein lutherischer, Bernhard von Sanden. Aber nicht aus der Hand dieser Geistlichen hat der Kurfürst die Königskrone empfangen, sondern er hat sie sich selbst aufs Haupt gesetzt, übrigens nicht in der Kirche, sondern in einem Gemache des Schlosses; ebenso dann auch seiner Gemahlin. Mit der Krone auf dem Haupte haben König und Königin die Kirche betreten und hier die geistliche Salbung empfangen. Die Unabhängigkeit der weltlichen Gewalt von der geistlichen wurde dadurch nachdrücklich zur Geltung gebracht.

Von irgendwelchen Zugeständnissen an die katholische Kirche war keine Rede; der päpstlichen Kurie ist von dem Krönungsakt überhaupt keine Anzeige gemacht worden. Sie verhielt sich denn auch vollständig ablehnend in der Frage seiner Anerkennung. Ein Breve des Papstes Clemens XI. erhob Widerspruch dagegen bei den katholischen Höfen, und der päpstliche Staatskalender fuhr fort — noch bis zum Jahre 1787 — den preußischen König als Markgrafen von

Brandenburg" zu bezeichnen; denn auch die Kurwürde des heiligen römischen Reiches wurde dem Ketzer von dieser Seite offiziell nicht zugestanden. Sonst ist die Anerkennung der preußischen Königswürde nirgends auf Schwierigkeiten gestoßen. Daß sie von seiten Frankreichs erst im Utrechter Frieden (1713) erfolgt ist, lag in der bald nach der Krönung eintretenden kriegerischen Verwicklung begründet.

Die Kosten der Feierlichkeit waren sehr bedeutend in Anbetracht der schwachen Finanzen des Staates. Die märkischen Stände haben im voraus 100 000 Taler dazu bewilligt; eine sogenannte „Kronsteuer", die in allen Landen ausgeschrieben wurde, brachte einen Ertrag von einer halben Million, von der freilich auch noch für andere Staatszwecke etwas abgefallen ist. Aber diese Ausgaben haben doch nicht bloß der Befriedigung persönlicher Eitelkeit gedient. Die Rangerhöhung des brandenburgisch-preußischen Herrschers konnte damals im Interesse seines Ansehens in Europa als eine politische Notwendigkeit erscheinen, weil die rivalisierenden Nachbarn in Hannover und Sachsen, der eine durch Erringung der Kurwürde und durch die nicht lange darauf verwirklichte Aussicht auf den englischen Thron, der andere durch die Erwerbung der polnischen Krone, einen bedeutenden Schritt aufwärts getan hatten auf der Leiter der internationalen fürstlichen Rangordnung. Und mit dem Ansehen ist auch die innere Einheit des preußischen Staates durch die Annahme der Königswürde gefördert worden. Der neue König nannte sich zwar — eine Fassung, auf die man nach langen Erwägungen gekommen war — „König in Preußen", weil Polen, das ja noch den westlichen Teil des alten Ordenslandes beherrschte, gegen den Titel: „König von Preußen" Einspruch erhoben haben würde; aber er war nun König, und zeigte sich als solcher auch außerhalb des „Königreichs Preußen". Man sprach fortan von einer Königlich preußischen Armee; in allen Provinzen hießen die Regierungen und die übrigen Behörden „Königliche".

Die Reichslande des Königs von Preußen machten eben damals einen bedeutenden Schritt vorwärts zur vollständigen Herauslösung aus der Unterordnung unter die Reichsgerichte. Am 16. Dezember 1702 empfing König Friedrich I. ein kaiserliches Privilegium de non appellando für seine nicht zur Kur gehörigen Reichslande. Es war noch kein unbeschränktes Privilegium, wie es die Kurmark auf Grund der Goldenen Bulle von 1356 genoß, sondern in seiner Geltung beschränkt durch die Wertgrenze der Streitobjekte von 2500 Goldgulden; in allen Sachen, die unter dieser Wertgrenze blieben, durfte aus den Landen des Königs nicht mehr an die Reichsgerichte appelliert werden. Man bedurfte daher eines gemeinsamen Ober-Appellationsgerichts für diese Lande; es ist am 4. Dezember 1703 begründet worden. Der Rechtszusammenhang der hohenzollernschen Monarchie gewann dadurch eine bedeutende Stärkung; aber ein einheitliches oberstes Gericht für den ganzen Staat war dieses Tribunal noch nicht. Es war dem Kammergericht, das ja eine höhere Zuständigkeit besaß, nicht über-, sondern nebengeordnet; auch Preußen stand nicht unter diesem Oberappellationsgericht, sondern unter seinem besonderen Tribunal in Königsberg, das gleich nach der Erwerbung der Souveränität 1657 begründet worden war. Selbst von den nicht zur Kur gehörigen Reichslanden war zunächst noch die Grafschaft Ravensberg, die 1653 gegen Verzicht auf die Appellation an die Reichsgerichte ein besonderes Appellationsgericht in Berlin erhalten hatte, von der Zuständigkeit des neuen Obertribunals noch ausgenommen. Diese Buntscheckigkeit in der Gerichtsverfassung zeigt deutlich, daß man es damals noch nicht mit einem Einheitsstaat zu tun hat; sie ist erst 1748 durch die Coccejische Justizreform beseitigt worden; erst seit dieser Zeit ist das Oberappellationsgericht wirklich der oberste Gerichtshof der Monarchie geworden.

Eins der hauptsächlichsten Werkzeuge des Kurfürsten bei der Durchführung des Kronprojekts war der Freiherr Johann Kasimir Kolbe von Wartenberg gewesen, der aus dem pfälzischen in den brandenburgischen Dienst übernommen, vom Kaiser 1699 mit dem Reichsgrafentitel begnadet, nach Danckelmans Sturz allmählich der Günstling und einflußreichste Berater des Kurfürsten geworden war, in der Stellung als Oberkämmerer, mit der er eine Reihe von Spezialaufträgen, wie Verwaltung der Kammer-Schatulle, des Postwesens, der Jägerei u. a. verband. Er nahm die erste Stelle am Hofe ein; außer den Prinzen des königlichen Hauses ist er der einzige gewesen, dem der Schwarze Adler-Orden gleich nach der Stiftung verliehen worden ist. Seit 1702 erscheint er als Premierminister, ohne daß er eine ordentliche Bestallung deswegen erhalten hatte und ohne daß er beim Geheimen Rat introduziert worden wäre. Er hatte es verstanden, sich ein Einkommen von 123 000 Talern zu verschaffen und führte die Geschäfte im Geiste eines Höflings, nicht eines Staatsmannes. Er besaß eine virtuose Kunst in der Behandlung des Königs und verstand es, ihn durch den Zauber seiner Persönlichkeit und den Ton herzlicher und unbedingter Ergebenheit immer fester an sich zu fesseln. Bald gebot er unumschränkt am Hofe; nur wer sich ihm fügte, konnte sich halten oder vorwärts kommen. Um so merkwürdiger erscheint die Abhängigkeit des allmächtigen Günstlings von seiner Frau, einer intriganten, habsüchtigen und ehrgeizigen Person von niederem Herkommen, anrüchiger Vergangenheit und anstößigem Leben. Sie verstand es, trotz aller Schwierigkeiten, sich am Hofe durchzusetzen, und wurde der Mittelpunkt eines lebhaften Ränkespiels, das die Stellung ihres Gemahls mehr als einmal zu erschüttern drohte. Aber nach jeder Krisis befestigte sich der Oberkämmerer nur noch mehr in der Gunst des Königs, dem er unentbehrlich wurde, weil er nur dem einen Grundsatz folgte, allen Launen seines Gebieters zu schmeicheln.

So herrschte ein anderer Geist in dem neuen Königreich als zu Danckelmans Zeit: statt der Staatsräson dominierte die Hofkabale. Es kam bald dahin, daß die Ausgaben des Hofes sich verdoppelten und verdreifachten, ohne daß neue Einnahmequellen eröffnet worden wären. Die Finanzen gerieten in Unordnung. Man versäumte, die verheißungsvollen Anfänge guter Ordnung im Kassen- und Rechnungswesen fortzubilden und nach festen Etats zu wirtschaften. Die Geheime Hofkammer wurde aus ihrer Stellung als oberste Zentralbehörde der Kammerverwaltung verdrängt durch das sogenannte Ober-Domänendirektorium, dessen Mitglieder nun die oberste Leitung und Aufsicht führten, während den Geheimen Kammerräten der alten Behörde die Arbeit und die Verantwortlichkeit aufgebürdet wurde. An der Spitze dieses Ober-Direktoriums stand Wartenberg selbst, der als Oberkämmerer auch über die noch nicht zum eigentlichen Kammerstaat gehörigen Geldquellen verfügte; er hatte es verstanden, sich allen Einfluß auf den Herrscher zu sichern, während er sich von aller Verantwortlichkeit förmlich entbinden ließ. Neben ihm war später von besonders verderblichen Einfluß in dieser Behörde der Hofmarschall, Reichsgraf von Sayn-Wittgenstein, ein Mann von hohem Rang und niedrigem Charakter, ohne Tüchtigkeit und Redlichkeit in seinen Ämtern, ganz abhängig von seinem Gönner, dem Oberkämmerer, der seinen Kreaturen durch die Finger sah. Der ehrliche Barfus hatte sich nicht unter das Joch des neuen Günstlings gebeugt und war ersetzt worden durch den geschmeidigeren Grafen von Wartensleben, der als Feldmarschall und Generalkriegskommissar die militärischen Angelegenheiten samt der Steuerverwaltung in Händen hatte. Unter diesen Männern — man sprach wohl von dem „dreifachen W" des Landes — ging bald der Rest der guten alten Ordnung verloren; namentlich die Domänenverwaltung geriet ganz in Abhängigkeit von dem beständigen Geldbedürfnis des Hofhalts.

Bei dieser Lage der Dinge wurde ein Reformprojekt verhängnisvoll, das unter andern Umständen von segensreichen Folgen hätte werden können. Der kurmärkische Kammerrat Luben, geadelt unter dem Namen von Wulffen, hatte einen Plan entworfen, der eine ergiebige Geldquelle für den Moment zu eröffnen schien. Er wollte die Domänen in Erbpacht austun, nicht die ganzen Ämter, sondern die einzelnen Vorwerke, Mühlen, Krüge usw. Es war ein Plan, der bei richtiger Ausführung sozialpolitische Wirkungen von Bedeutung hätte haben können: neben den Rittergütern wäre eine große Anzahl kleinerer oder mittlerer Güter entstanden, deren Inhaber wohl meist bürgerlichen Standes gewesen wären; die bäuerliche Erbuntertänigkeit mit den Frondiensten wäre auf dem Gebiet des Domaniums damit zugleich beseitigt worden. Der Staat hätte die Domänen aus der Hand gegeben, hätte aber für den Moment große Summen zur Verfügung erhalten durch die Erbstandsgelder und Kautionen, die die neuen Wirte erlegen mußten. Eben dies war der Hauptgrund für Wartenberg und Wittgenstein, die Ausführung des Reformprojekts in die Hand zu nehmen und die dagegen sich regenden Widerstände bei den Provinzialbehörden mit rücksichtsloser Strenge zu unterdrücken. Der Plan an sich war gut, aber er ist in der Ausführung verfälscht und verdorben worden. Zahlreiche Mißgriffe kamen vor; Unsicherheit bei den Behörden, Unzufriedenheit bei den Pächtern trat überall hervor. Mit den eingekommenen Geldern wurde auf das unverantwortlichste gewirtschaftet; sie wurden für die augenblicklichen Bedürfnisse, namentlich auch des Hofes, verbraucht; es zeigte sich als ein verhängnisvoller Umstand, daß der Hofmarschall zugleich der maßgebende Mann im Ober-Domänendirektorium war.

So hörte bald alle Ordnung und Übersicht auf, und die Reform kam ins Stocken. Nun regten sich die Gegner des Projekts, unter ihnen die tüchtigsten der alten Kameralbeamten, an ihrer Spitze der Geheime Rat Bogislaw von Kameke. Die allgemeinen Schwächen des Planes wurden jetzt nachdrücklich hervorgehoben. Man warnte davor, daß der Domänenbesitz von der Krone für alle Zukunft aus der Hand gegeben werde, daß man den Erbpächtern die Güter unter Bedingungen überlasse, die wohl dem gegenwärtigen Wert entsprechen mochten, aber nicht einem erhöhten, wie er nach der Lehre von der steigenden Grundrente für die Zukunft zu erwarten sei. Die Ungeschicklichkeiten und Unredlichkeiten der Verwaltung dienten dazu, das Gewicht dieser Gründe zu verstärken.

Auch auf anderen Gebieten als dem der Domänenverwaltung kamen schlimme Früchte der verderbten Verwaltung zum Vorschein. Die Stadt Krossen war im Jahre 1708 abgebrannt, und der König hatte zu ihrem Wiederaufbau 70 000 Taler bewilligt, die aus einer von Wittgenstein verwalteten Brandkasse gezahlt werden sollten. Da zeigte sich, daß diese Kasse leer war: Wittgenstein hatte unbefugterweise die Gelder anderweitig verwendet. Es ist charakteristisch für den damaligen Zustand der Staatsverwaltung, daß diese Ungeheuerlichkeit dem Könige zwei Jahre lang verborgen bleiben konnte.

Entscheidend für das Schicksal dieser Verwaltung wurde erst das furchtbare Massenelend, das im Gefolge der vom Osten her eindringenden Pest seit dem furchtbar kalten Winter von 1709 in Ostpreußen, und teilweise auch in den angrenzenden Gebieten entstand. Zu der Seuche kamen Mißwachs und Hungersnot; die Menschen starben zu Hunderttausenden; aller Wohlstand wurde vernichtet, die Staatseinkünfte fielen aus. Man suchte die schlimmen Zustände dem König lange zu verbergen, bis er endlich doch die Wahrheit erfuhr. Ein Gutachten der Geheimen Hofkammer vom 1. November 1710, das Wittgenstein selbst — gewiß widerwillig genug — mit unterschreiben mußte, brachte die völlige Unhaltbarkeit des bisherigen Verwaltungssystems und seine Mitschuld an der Verelendung der Provinzen an den Tag. Es gab den Anstoß zu einer umfassenden Untersuchung der Wittgensteinschen Verwaltung; und nun kamen böse Dinge zutage: nicht nur Unordnung und Mißwirtschaft, sondern auch schamlose Unterschleife bei der Brandkasse, beim Salzwesen und auf vielen anderen Gebieten. Wittgenstein war geständig und appellierte an die Gnade des Königs. Er kam mit einer großen Geldbuße, gewissermaßen einer Art von Schadensersatzleistung, davon, wurde aber des Landes verwiesen. Das war der Anfang zum Sturz des Günstlingsregiments. Auch Luben von Wulffen war kurz vorher zur Untersuchung gezogen worden und aus dem Lande entwichen. Man machte den Urheber des Projekts der Vererbpachtung der Domänen für alles Unheil verantwortlich, das, zum Teil ohne seine Schuld, daraus entstanden war, und verfolgte ihn steckbrieflich als einen Schwindler und Vagabunden. Wartenberg hielt sich noch einige Wochen lang in seiner Stellung, aber auch seine Uhr war abgelaufen. Nicht ohne Rührung trennte sich der König am letzten Tage des Jahres 1710 von dem alten Günstling, der, wie kein anderer, verstanden hatte, seinen Neigungen entgegenzukommen und der Eigenart seines Wesens sich anzupassen. Von einer Untersuchung gegen Wartenberg war nicht die Rede; er erbat und erhielt seine Entlassung mit einer Pension von 24 000 Talern, und zog sich erst auf sein Gut nach Woltersdorf, dann nach Frankfurt a. M. zurück.

Die Gegner Wartenbergs und Wittgensteins, die schon längst auf den Sturz der im Lande allgemein verhaßten Verwaltung hingearbeitet hatten, bekamen jetzt das Ruder in die Hand; an ihrer Spitze stand der Geheime Rat von Kameke, der sich der Gunst des Kronprinzen zu erfreuen hatte. Sie erlangten die Beseitigung des Ober-Domänendirektoriums, die Aufhebung der Erbpacht, wo sie eingeführt worden war, und die Wiederherstellung der früheren Ordnung. Die Geheime Hofkammer wurde wieder die oberste Behörde der Domänenverwaltung; aber Kameke, der 1711 als Hofkammerpräsident an ihre Spitze trat, wurde jetzt, ähnlich wie früher Wartenberg, zugleich auch mit der Verwaltung der bisher von ihrem Geschäftskreise noch abgesonderten Einkünfte aus den Schatullgütern, Forsten, dem Salz- und Postregal beauftragt. Damit war bereits die allgemeine Konsolidation aller Domänen- und Regalieneinkünfte angebahnt, die unter Friedrich Wilhelm I. zur festen und dauernden Ordnung geworden ist.

Einen Glanzpunkt in der Regierung des ersten Königs bildet das Interesse für Kunst und Wissenschaft, das zwar auch dem Großen Kurfürsten nicht gefehlt, und schon unter ihm zur Berufung und Beschäftigung fremder, namentlich holländischer Künstler, zur Stiftung einer reformierten Universität für seine rheinischen Lande in Duisburg und unter anderm auch zur Begründung einer Bibliothek im Schlosse zu Berlin geführt hatte, das aber doch erst in den ruhigeren Zeiten seines Nachfolgers zu einer reicheren und fruchtbareren Betätigung gelangt ist. Dabei machte sich der Einfluß der französischen Flüchtlinge geltend, die der Mehrzahl nach erst unter dieser Regierung in den preußischen Landen angekommen sind. Namentlich die gelehrten Kreise Berlins haben dadurch gleichsam ein neues Gesicht erhalten. Französische Theologen und Philologen wie Lenfant, Beausobre, Vignoles, Lacroze stehen damals an der Spitze des geistigen Lebens in der preußischen Hauptstadt. Sie und andere, namentlich Geistliche und Schulmänner wie Jablonowsky und Frisch, wurden im Jahre 1701 zu einer gelehrten Gesellschaft nach dem Muster der Pariser Akademie und der Londoner Royal Society zusammengefaßt durch die Begründung einer preußischen Sozietät der Wissenschaften, aus der unter Friedrich dem Großen die heutige Akademie der Wissenschaften geworden ist. Leibniz, der bedeutendste deutsche Gelehrte jener Zeit, trat an die Spitze dieser Körperschaft, die dadurch für einige Zeit eine führende Stellung in der deutschen Gelehrtenrepublik gewann. Er hatte von Hannover aus den Plan schon lange betrieben, ohne seine Verwirklichung erreichen zu können, bis die Kalenderreform, die nun auch im evangelischen Deutschland zur Durchführung kam, den Anstoß dazu gab, indem zugleich das Kalendermonopol der Sozietät die notwendigsten Mittel zum Unterhalt lieferte. Namentlich die Naturwissenschaften, und insbesondere Studien, die eine praktische Bedeutung für das bürgerliche Leben und die wirtschaftlichen Bestrebungen hatten, waren dieser Sozietät zur Pflege zugewiesen: sie erhielt eine Sternwarte und ein chemisches Laboratorium; sie hatte die Kalender zu machen und Seidenraupen zu züchten; auch die orientalischen Sprachen wurden hier getrieben, mit besonderer Rücksicht auf die Mission in Ostasien. Daneben wünschte der König ein großes Wörterbuch der deutschen Sprache, nach dem Muster des Dictionnaire der französischen Akademie — ein Wunsch, der freilich unerfüllt geblieben ist, dem aber eine große Bedeutung zukommt, weil er die Veranlassung dazu gegeben hat, daß überhaupt neben den Naturwissenschaften und dem, was damit zusammenhing, auch die Geisteswissenschaften von Anfang an mit in den Kreis der Bestrebungen dieser gelehrten Körperschaft gezogen wurden, was in dem ursprünglichen bescheideneren Plane von Leibniz noch nicht gelegen hatte.

Zwei Richtungen in der Wissenschaft und im geistigen Leben überhaupt, die damals emporgekommen sind, verdienen eine besondere Erwähnung, weil sie in enger Verbindung mit dem Geist und Charakter des Preußischen Staates standen. Die eine ist die freiere, innigere, mehr gefühlsmäßige als dogmatische Theologie, die sich dem in Orthodoxie erstarrten Luthertum entgegensetzte und den Eifer für die „reine Lehre" hinter dem Ideal eines christlichen Lebens zurücktreten ließ, gewöhnlich bezeichnet mit dem Namen des Pietismus. Ihre Hauptvertreter waren damals Philipp Jakob Spener, Propst an St. Nikolai zu Berlin, und August Hermann Francke, der von edelster Nächstenliebe und tatkräftigem

Gottvertrauen durchdrungene Begründer des Hallischen Waisenhauses. Die andere Richtung ist eine juristische, vornehmlich staats- und kirchenrechtliche. Ihre Hauptvertreter sind Pufendorf und Thomasius. Samuel Pufendorf war schon durch den Großen Kurfürsten als brandenburgischer Historiograph an den Berliner Hof gezogen worden und hat dort im ersten Jahrzehnt Friedrichs III. seine bedeutende Tätigkeit entfaltet; Thomasius war sein hervorragendster Schüler und Freund. Die neue Staatslehre dieser Männer geht in den Bahnen des Naturrechts und der Aufklärung. Sie suchen den Staat als eine natürliche, weltliche Einrichtung, als eine Erscheinung des sozialen Lebens zu begreifen, im Gegensatz zu der bisher in Deutschland herrschenden Auffassung, die die höchste Gewalt aus göttlicher Übertragung ableiten und die Bibel zur Norm der Staatskunst machen wollte. Die Staatslehre ist damit aus den Fesseln der geistlichen Scholastik erlöst, die bei den Protestanten im 17. Jahrhundert noch ebenso wie bei den Katholiken herrschte. Die neue Auffassung wurde allerdings noch lange von den Theologen bekämpft und hat sich nur langsam Bahn gebrochen, aber sie liegt dem praktischen System des sogenannten aufgeklärten Absolutismus zugrunde. Sie vertritt die Ansicht von dem sogenannten jus eminens des Monarchen, das diesem erlaubt, im Interesse des öffentlichen Wohls auch in das Privateigentum der Bürger einzugreifen, wo es vonnöten ist. Es ist eine kühne reformatorische Lehre, die mit dem straffen Geiste des werdenden Militärstaats trefflich zusammenpaßte und in der freieren weltlichen Staatsauffassung eigentlich erst die Konsequenzen des protestantischen Denkens zog. Ganz im Sinne des neuen Großstaats war auch die kirchenrechtliche Lehre, die Pufendorf und Thomasius vertraten, und die man als die „territorialistische" der alten „episkopalistischen" gegenübergestellt hat. „Territorialistisch" bedeutet in diesem Zusammenhang ihre Geltung für das neue größere „Staatsgebiet", gerade im Gegensatz zu dem alten engeren „Territorialstaat". Diese Lehre unterscheidet das alte *Kirchenregiment* der territorialen Zeit von der neuen *Kirchenhoheit* in dem größeren Gesamtstaat. Als Inhaber der Kirchenhoheit hat der Monarch danach vor allem die Aufgabe, das kirchliche Leben der verschiedenen Kirchengemeinschaften, die in seinem Staatsgebiet nebeneinander leben, äußerlich zu beaufsichtigen, die Ordnung im Staate aufrechtzuerhalten, und namentlich auch dafür zu sorgen, daß der Friede nicht durch die Zänkereien und gegenseitigen Verketzerungen der Theologen verschiedener Bekenntnisse gestört werde. Der Geist, in dem diese als ein freies Staatshoheitsrecht aufgefaßte Kirchenhoheit sich zu betätigen hat, ist der Geist der Toleranz. Es ist die theoretische Fortbildung der praktischen Kirchenpolitik, die der Große Kurfürst eingeleitet hatte, und zugleich ein Programm für die Tätigkeit seiner Nachfolger auf diesem Gebiet, wie es dem Gebot der neuen „Staatsräson" entsprach.

Diese in frischem Reformeifer vorwärtsdrängende Juristenschule und die neue, das praktische Christentum betonende theologische Richtung bestimmten nun auch im wesentlichen den Charakter der neuen Universität, die schon der Große Kurfürst für den magdeburgischen Landesteil hatte gründen wollen, und die dann unter seinem Nachfolger 1692 eröffnet und 1694 feierlich eingeweiht worden ist: der Universität Halle. Die neue Hochschule vertrat vor allem diese beiden Richtungen des geistigen Lebens, die für den preußischen Staat besonders charakteristisch geworden sind, namentlich auch im Gegensatz zu dem Geiste der sächsischen Landesuniversität Leipzig, die in den alten Geleisen der lutherischen Orthodoxie und einer trockenen, scholastischen Jurisprudenz verharrte und die freieren Geister von sich stieß, die sich in Halle sammelten, wie Thomasius und Francke. Auf dieser Hochschule sollten nun vor allem die Beamten und die Pastoren für den neuen Großstaat gebildet werden, Männer, die nicht mehr in dem engen Gesichtskreis des ständisch-partikularistischen Kleinstaats und der eng damit verschwisterten lutherischen Orthodoxie aufgewachsen waren, sondern mit freierem und weiterem Blick die Ziele großstaatlicher Macht- und Wohlfahrtspolitik im monarchischen Geiste zu fördern und die durch die Staatsräson gebotene gegenseitige Toleranz der Bekenntnisse zu üben verstanden: Beamte, die von dem alles überwindenden Grundsatz der salus publica durchdrungen waren; Geistliche, die das Hauptgewicht auf das innere Glaubensleben und auf die praktische Betätigung des Christentums legen sollten. Hier hat Thomasius mit der jugendlichen Frische, die ihn charakterisiert, zuerst den Versuch gewagt, in den Vorlesungen die deutsche statt der herkömmlichen lateinischen Sprache anzuwenden; hier hat er in Wort und Schrift gegen die Hexenprozesse, gegen die Anwendung der Tortur im Strafprozeß geeifert, große praktische Reformen vorbereitet und der Humanität einen Dienst geleistet, der für alle Zeiten ein Ruhmestitel der Hallischen Hochschule bleiben wird.

Jeder der hauptsächlichsten Landesteile der preußischen Monarchie hatte jetzt seine besondere Universität: die Marken Frankfurt a. O., Preußen seine Albertina; die rheinischen Lande Duisburg, Magdeburg die neue Hallische Hochschule, die zwischen den zwei lutherischen und der reformierten den neuen Typus einer Universität darstellt, die nicht mehr auf dem eng konfessionellen, sondern auf einem freieren, den Streit der Bekenntnisse versöhnenden geistigen Boden erwachsen ist.

So gewann das geistige Leben der Nation seine ersten engeren Beziehungen zu dem Hohenzollernstaat; und seine Pflege wurde eine Aufgabe, welche dies aus Armut und Unkultur allmählich aufstrebende Zeitalter, das noch immer vom Lärm der Waffen erfüllt war, späteren Geschlechtern hinterließ. Noch mehr als die Wissenschaft aber war die bildende Kunst, wie sie sich in der damals etwa 20 000 Einwohner zählenden Haupt- und Residenzstadt Berlin entfaltete, auf die Anregung und Unterstützung des fürstlichen Mäzens angewiesen. Auch hier schwebte das Beispiel Frankreichs und Ludwigs XIV. vor, das den holländischen Kunstgeschmack, wie ihn der Große Kurfürst begünstigt hatte, bald ganz und gar zurückdrängte. Daneben freilich wirkte das Beispiel Italiens ein. Nach dem Muster von Paris und Rom wurde schon unter Danckelmans Staatsleitung, 1696, in Berlin eine Akademie der Künste begründet, die zugleich eine hohe Schule für fortgeschrittene Kunstjünger und eine anregende Vereinigung von Meistern und Freunden der Kunst sein sollte. Sie erhielt ihr Heim in einem nach den Plänen eines französischen Architekten von verschiedenen Baumeistern, darunter Nering und Schlüter, hergestellten neuen Marstallgebäude, das von der Straße Unter den Linden bis zur Dorotheenstraße reichte und in dem später auch der Sozietät der Wissenschaften Räume zur Verfügung gestellt wurden.

Eine wirkliche Kunstuniversität ist diese Akademie noch nicht geworden, und auch das Interesse der Hofleute und des Adels, auf das man gerechnet hatte, ließ zu wünschen übrig. Die Hauptsache war, daß vom Hofe selbst eine lebhafte

Bau- und Kunsttätigkeit angeregt wurde, die eine Anzahl von nicht unbedeutenden Künstlern beschäftigte. Keiner von ihnen reichte freilich auch nur entfernt an den Mann heran, der diesen Kunstbestrebungen erst höhere Bedeutung und bleibenden Wert verliehen hat: das ist Andreas Schlüter, der als Hofbildhauer 1694 in brandenburgischen Dienst gezogen, sich dann — ohne eine eigentlich technische Vorbildung — auch als Baumeister in großartiger Weise betätigt hat, bis zu dem Mißgeschick, das ihm 1706 mit dem ungenügend fundamentierten „Münzturm" widerfuhr, der wieder abgetragen werden mußte. Zeigten sich hier die Grenzen seines technischen Könnens, so hat doch im allgemeinen die künstlerische Genialität seines Schaffens in Erfindung, Ausführung und Anregung den Kunstbestrebungen Friedrichs I. überhaupt erst Leben und Seele eingehaucht, und alle bedeutenden Werke jener Zeit sind entweder von ihm geschaffen oder doch von seinem Geiste beeinflußt: so der große Neubau des Schlosses, das in den auf Schlüter selbst zurückgehenden Teilen die edelste, nirgend übertroffene Vollendung des Barockstils zeigt und nach seinem Rücktritt von der Bauleitung durch den Westanbau Eosanders v. Göthe mit dem Hauptportal — abgesehen von der großen Kuppel — seine jetzige Gestalt erhalten hat; weiter das Zeughaus mit den Helmornamenten und den Masken der sterbenden Krieger von Schlüters Hand, ein rechtes Wahrzeichen für den militärischen Charakter des preußischen Staates; vor allem aber das eherne Reiterstandbild des Großen Kurfürsten auf der Langen Brücke, eins der schönsten Denkmäler aller Zeiten, Schlüters Meisterwerk, in dem der Geist des neuen Fürstentums in kraftvoller Schönheit zur Anschauung gebracht ist; eine wohlgelungene Bronzestatue Friedrichs I. selbst nach Schlüters Modell, die eigentlich für Berlin bestimmt war, ist aus unbekannten Gründen hier nicht zur Aufstellung gelangt und später (1801) nach Königsberg gebracht worden, wo sie auf dem Platz vor dem Schlosse nicht recht zur Geltung kommt.

Ein zweites Residenzschloß mit einem großen Garten wurde in „Lietzenburg" gebaut, das später nach der Königin den Namen Charlottenburg empfing und das als Sommeraufenthalt des Hofes der Schauplatz einer geistreich angeregten Geselligkeit geworden ist, wie sie Sophie Charlotte zuerst am preußischen Hofe heimisch zu machen versucht hat. Hier ließ sich die Königin, eine Freundin feiner Musik, auf einer eigenen kleinen Bühne die neuerdings in Aufnahme gekommenen Opern vorspielen, von denen der König selbst, in diesem Punkte in calvinistischen Vorurteilen befangen, nichts wissen wollte, abgesehen von gelegentlichen Prunk- und Festvorstellungen. Hier hat die geistreiche Liebhaberin der Philosophie sich mit Leibniz über die Probleme unterhalten, die er dann später in seiner „Theodicee" behandelt hat, während ein anderes Mal wohl der englische Freidenker Toland ihr seine schon zum Pantheismus neigenden deistischen Ansichten vortragen durfte, deren literarischen Ausdruck er ihr gewidmet hat. Sie veranlaßte auch wohl die evangelischen Theologen, mit dem Jesuitenpater Vota religiöse und dogmengeschichtliche Fragen zu diskutieren; die Union der verschiedenen christlichen Bekenntnisse war ja ein Lieblingsgedanke des Leibnizschen Kreises. Daneben gab Bayles Dictionnaire mit seiner skeptischen Beleuchtung aller Probleme den Anreiz zu angeregten Unterhaltungen in dieser Hofgesellschaft, die durch einige ihrer Mitglieder in einer Art von Personalunion mit der Gesellschaft der Wissenschaften stand. Den eigentlichen Mittelpunkt bildete immer die Königin selbst mit ihrer lebendigen, Geist und Geschmack verbindenden Konversation. Selbst der Zeremonienmeister dieses Hofes, Joh. v. Besser, hat als ein weltmännischer, freilich etwas verschnörkelter und schwülstiger Poet Anspruch auf größere Beachtung, als sie ihm im allgemeinen zuteil geworden ist.

Der Strahl von Schönheit und Vornehmheit, der damals von dem Hofleben des ersten Königs ausging, bildet einen wirksamen Kontrast gegen die Härte und Dürftigkeit, die diesem in Krieg und Arbeit groß gewordenen Staate vorher und auch nachher noch wieder lange Zeit hindurch das eigentlich bezeichnende Gepräge gegeben haben. Es war ein Vorfrühling, dem noch lange, strenge Zeiten gefolgt sind, bis wirklich Berlin einer der Mittelpunkte für Geist und Bildung in deutschen Landen geworden ist.

Im spanischen Erbfolgekrieg und im nordischen Kriege.

König Friedrich I. hatte sich mit dem Krontraktat noch keineswegs die Hände völlig gebunden. Er hatte sich zu einer Waffenhilfe in Stärke von 8000 Mann für Österreich verpflichtet; seine Armee aber betrug insgesamt über 30 000 Mann; den größeren Teil davon hatte er also noch in der Hand. Es hätte nahe gelegen, daß er diese militärische Macht dazu verwandt hätte, um in den großen nordischen Verwicklungen, die gleichzeitig mit dem spanischen Erbfolgekrieg ausgebrochen waren, eine Stellung zu nehmen, wie sie den Interessen seines Staates entsprach. Das ist aber nicht geschehen. Die preußische Heeresmacht ist vielmehr ganz für den Krieg im Westen gebraucht worden, in dem es sich doch im wesentlichen um Interessen handelte, die den preußischen Staat wenig oder gar nichts angingen. Diese Politik findet ihre Erklärung durch die Tatsache, daß die brandenburgische Armee noch nicht ohne Subsidien erhalten und zur Kriegführung gebraucht werden konnte, und daß Subsidien wohl von den Niederlanden und Spanien, aber nicht von Polen, Rußland oder Schweden zu erwarten waren. Außerdem verstand sich für Friedrich III. der Anschluß an England und die Niederlande von selbst, weil er der allgemeinen protestantischen Sache diente. Sein reformierter Glaubenseifer, der ihn freilich nicht verhinderte, eine Union der beiden evangelischen Bekenntnisse ins Auge zu fassen, war größer, als man gewöhnlich angenommen hat, und der Gegensatz gegen die katholischen Restaurationstendenzen wirkte in ihm als politisches Prinzip. Daneben aber sind auch wohl die Aussichten auf die oranische Erbschaft maßgebend gewesen. Wilhelm III. von Oranien hatte keine Kinder, und König Friedrich war sein nächster Verwandter. Die Nachfolge in England und in den niederländischen Statthaltereien war auch für das Haus Brandenburg nicht von vornherein ausgeschlossen; aber zu eigentlichen politischen Plänen haben sich diese Aussichten freilich nicht verdichtet. Von größerer praktischer Bedeutung war die Frage der Erbfolge in den oranischen Hausbesitz, der aus sehr bedeutenden, weit verstreuten Herrschaften auf deutschem, burgundisch-niederländischem und französischem Gebiet zusammengesetzt war. Vor allem gehörte dazu das Fürstentum Orange im Rhonegebiet, von dem das Haus seinen Namen führte und nach dem Ludwig XIV. schon längst seine Hand ausgestreckt hatte. Der Große Kurfürst hatte es seinem Neffen Wilhelm III. vergeblich zu erhalten gesucht, und es war wohl kaum Aussicht vorhanden, daß es nach dessen Tode vor der dauernden Einverleibung in Frankreich bewahrt blieb. Zum Deutschen

Reiche gehörte das Fürstentum Mörs, das an Cleve grenzte, und die Grafschaft Lingen, die in Westfalen, in der Nähe von Ravensberg, lag. Auf schweizerischem Boden gehörte den Oraniern das Fürstentum Neufchâtel mit der Grafschaft Valengin; in den Niederlanden, den protestantischen wie den katholischen, spanischen, besaßen sie eine Anzahl von Gütern und Herrschaften, darunter bedeutende Städte, wie Grave, Breda, Gertruydenberg; ebenso in Burgund und in der Franche-Comté. Diesen ganzen oranischen Hausbesitz nahm für den Todesfall Wilhelms III. der preußische König als dessen nächster Verwandter, als Sohn einer Tochter Friedrich Heinrichs von Oranien, in Anspruch. Auch um dieser oranischen Erbschaft willen hat er sich seit 1700 in den Dienst der „Seemächte" und ihrer Interessen gestellt. Wilhelm III. hat sich die Hilfe des preußischen Königs gern gefallen lassen und sich gehütet, seine Illusionen zu zerstören; erst nach seinem Tode 1702 kam heraus, daß er durch ein Testament nicht den preußischen König, sondern einen weitläufigen Seitenverwandten, den Grafen von Nassau-Diez, zum Universalerben eingesetzt hatte. Dies Testament nun hat König Friedrich angefochten. Es entspinnt sich von da her ein langer Streit um die oranische Erbschaft, der erst unter Friedrich Wilhelm I., im Jahre 1732, zu Ende gekommen ist. Die preußische Politik aber beharrte auch jetzt noch in der eingeschlagenen Bahn; sie suchte von den Wechselfällen des Krieges nach Möglichkeit für die Erbschaftsangelegenheit Nutzen zu ziehen, was aber nur in sehr unvollkommenem Maße gelungen ist.

Am 30. Dezember 1701 ist Preußen der großen Allianz gegen Frankreich beigetreten und ist ihr treu geblieben bis zum Frieden von Utrecht (1713). Fast auf allen Schlachtfeldern dieses großen Krieges finden wir preußische Truppen, nicht in geschlossener Masse, sondern verzettelt in einzelnen Korps, was die Bedeutung der preußischen Waffenhilfe nicht voll hervortreten ließ. Bei Höchstädt haben preußische Truppen unter Leopold von Anhalt das besondere Lob des Prinzen Eugen und des Herzogs von Marlborough sich verdient, wenn es auch übertrieben ist, ihnen die eigentliche Entscheidung des Tages zuzuschreiben. Auch in Italien und in den Niederlanden haben sie gefochten: bei Turin, bei Cassano, bei Ramillies, bei Malplaquet haben sie sich gut gehalten; sie haben ihren Anteil an der Eroberung Neapels und an der Besetzung des Kirchenstaates gehabt. Es ist schon darauf hingewiesen worden, welche Rolle die Subsidien in diesem Kriege gespielt haben. In dieser Hinsicht lagen die Dinge noch ähnlich wie unter dem Großen Kurfürsten — nur, daß dieser es immer verstanden hatte, trotz der Subsidientraktate in der Hauptsache doch die eigenen Interessen seines Staates zur Richtschnur seiner Politik zu machen, während Friedrich I. ungefähr zu dem geworden ist, was sein großer Enkel verächtlich einen roi mercenaire genannt hat.

Dem entsprach seine politische Geltung in den Augen der Verbündeten. Er galt als bloße „Auxiliarmacht", ohne eigene politische Interessen, ohne die Berechtigung, besondere politische Forderungen beim Friedensschluß geltend zu machen. Unter diesen Umständen mußte es noch als ein unverhofftes Glück erscheinen, wenn Preußen in dem Utrechter Frieden — außer der Anerkennung seiner Königskrone durch Frankreich — auch noch einen bescheidenen Landgewinn davontrug: nämlich das sogenannte Oberquartier von Geldern, das bei dem katholischen, spanischen Teil der Niederlande geblieben war, während der Hauptteil der Landschaft im Freiheitskriege der protestantischen Union sich angeschlossen hatte — mit den Städten Geldern, Wachtendonck, Venloe, Roermonde, und außerdem wenigstens einen Teil der oranischen Erbschaft. Die deutschen Besitzungen des oranischen Hauses, Mörs und Lingen, hatte Preußen schon gleich nach dem Tode Wilhelms III. in Besitz genommen, und es war darin auch vom Reichshofrat geschützt worden; freilich ist es erst 1712 gelungen, die niederländische Garnison, die in Mörs lag, zu entfernen und damit die Stadt zum Gehorsam zu bringen. Neufchâtel war 1707 erworben worden. In den nächsten Jahren, namentlich bei den Verhandlungen von 1709, hat dann Preußen auch dafür zu wirken gesucht, daß die benachbarte Freigrafschaft Burgund, die 1678 von Spanien an Frankreich abgetreten worden war, als altes deutsches Gebiet wieder zum Reiche komme, und zwar als österreichischer Besitz. Dann hätte Preußen die oranischen Herrschaften in diesem Gebiet, die sich gut an das neuerworbene Neufchâtel anschlossen, wahrscheinlich behalten können, während bei der Zugehörigkeit des Landes zu Frankreich jede Möglichkeit dazu ausgeschlossen schien. Daß die preußische Politik damals noch weiter gegangen sei und geradezu eine Erwerbung der Freigrafschaft selbst für das brandenburgische Haus ins Auge gefaßt habe, ist eine Behauptung, die nicht durch genügende Beweise gestützt wird. Jedenfalls blieb die Franche-Comté französisch, und die oranischen Besitzungen in diesem Lande hat Preußen so wenig zu erlangen vermocht wie das Fürstentum Orange. Die andern schon in Besitz genommenen Gebiete aber behielt es in dem Frieden von Utrecht; dazu hat es dann schließlich bei der Beendigung des Streites 1732 noch einige Besitzungen in den Niederlanden erhalten, den nördlichen und den südlichen, die aber Friedrich der Große bei der ersten Gelegenheit an die Mächte verkauft hat, von deren Gebiet sie eingeschlossen waren.

Trotz dieser Erwerbungen und trotz der erfolgreichen Bekämpfung des französischen Übergewichts und der katholischen Restaurationsbestrebungen, die eine Folge dieses Krieges im Westen gewesen sind, wird man sich doch kaum der Einsicht verschließen können, daß ein größerer politischer Gewinn im Osten zu holen gewesen wäre, wenn Preußen dort tatkräftig hätte eingreifen können; denn dort haben sich in diesen Jahren die bedeutendsten Umwälzungen vollzogen, die das preußische Interesse auf das unmittelbarste und empfindlichste berührten: das polnische Preußen oder das schwedische Pommern war der Kampfpreis, um den es sich hier handelte. Aber während Preußen im Westen seine Truppen kämpfen ließ, ohne eigentlich selbständige Politik großen Stils zu treiben, hat es im Osten versucht, Politik zu treiben ohne den Nachdruck, den die Entfaltung militärischer Kräfte verleiht. Seine beständigen Verhandlungen, namentlich mit Schweden, sind ohne Bedeutung und Resultat geblieben, weil hinter ihnen nicht der Wille zu kriegerischen Taten stand. Alle Gelegenheiten zum Eingreifen in den nordischen Krieg sind versäumt worden, so 1704 und 1705, wo Marlborough es verstanden hat, die sonst für den Osten verfügbaren Truppen vielmehr für den italienischen Kriegsschauplatz zu gewinnen. Und auch im Jahre 1707, wo Karl XII. Schlesien und Sachsen unter seine Botmäßigkeit gebracht hatte, wo Preußen einen sogenannten ewigen Bund mit ihm schloß, der eine Hilfe von 6000 Mann preußischer Truppen zur Aufrechterhaltung des Westfälischen

Friedens und der evangelischen Interessen ins Auge faßte — selbst damals ist es zu einem wirklichen Eingreifen Preußens in den nordischen Krieg nicht gekommen; die finanziellen Schwierigkeiten stehen dabei im Hintergrunde. An großartigen Entwürfen hat es freilich nicht gefehlt. Es tauchte ein Projekt auf, Schlesien und Westpreußen zu erwerben; auf die Erwerbung Westpreußens mit Danzig hatte schon 1700 der Geheime Rat Fuchs die preußische Königskrone begründen wollen. Aber der Geist des Großen Kurfürsten, der aus diesen Entwürfen hervorblickt, war nicht in seinem Nachfolger; er hat alle diese Pläne abgewiesen; sie reizten ihn nicht.

Man hat von jeher bemerkt, wie seltsam es ist, daß die beiden großen Kriege im Westen und im Osten des europäischen Staatensystems nebeneinander hergegangen sind, ohne zu einem allgemeinen europäischen Kriege zusammenzufließen. Der Grund hierfür liegt in der Unfertigkeit des europäischen Staatensystems. Die Diplomatie umspannte zwar schon die Ereignisse vom Westen und Süden bis in den äußersten Osten und Norden, aber der verbindende Staat zwischen der West- und Osthälfte, Preußen, war noch zu schwach, um seine Interessen nach beiden Seiten hin wahrzunehmen und damit eine Vermischung der beiden Kriege herbeizuführen. Andererseits hatten die Seemächte, nachdem die ersten entscheidenden Schläge zu ihren Gunsten gefallen waren, ein Interesse daran, das Herüberschlagen der Kriegsflamme aus dem Osten zu verhüten, weil dies unter Umständen dem französischen Gegner hätte zugute kommen können. In diesem Sinne haben die Verbündeten auch auf die preußische Politik eingewirkt. Dagegen hätte Ludwig XIV. gern mit Karl XII. angeknüpft, namentlich zu der Zeit, wo er in Sachsen stand; doch ist dieser Versuch an der persönlichen Abneigung des Schwedenkönigs gegen Ludwig XIV. und an seiner festen protestantischen Gesinnung gescheitert. Die größte Gefahr einer Vermischung der beiden Kriege und zugleich die nächste Veranlassung zu einem Eingreifen der preußischen Politik lag in den deutschen Besitzungen Schwedens. Das nördliche Deutschland, über das sie zerstreut waren, ist daher auf Veranlassung der Seemächte durch das Haager Konzert vom März und Mai 1710, dem auch der Kaiser beitrat, für neutral erklärt worden, freilich ohne daß man diese Neutralität durch eine Truppenaufstellung gesichert hätte. Sie ist denn auch keineswegs von den kriegführenden Mächten beachtet worden: Karl XII. hat von der Türkei aus dagegen protestiert, und im August 1711 sind 24 000 Mann Russen, Sachsen und Polen in das schwedische Pommern eingebrochen. Sie haben dabei Hinterpommern durchzogen, obwohl Preußen neutral blieb. Auch das hat den König nicht zu kriegerischem Eingreifen veranlaßt. Seine Truppen kämpften damals in den Niederlanden und in Italien; noch 1711 hatte Prinz Eugen in besonderer Mission ihre Verwendung für diese Kriegsschauplätze in Berlin durchgesetzt. Die Milizeinrichtungen, die man seit 1701 und namentlich seit 1704 in Preußen getroffen hatte, haben sich nicht bewährt. Eine zu politischen Zwecken verwendbare Feldarmee bildeten diese sogenannten Nationalregimenter nicht. Die Schweden wurden in den nächsten Jahren ganz aus diesen deutschen Ländern verdrängt und 1713 völlig geschlagen; Russen, Polen und Sachsen dominierten seitdem in Norddeutschland; und auch Preußen war, wie Friedrich I. klagte, der Diskretion dieser fremden Völker überliefert. So war die Lage, als Friedrich I. starb und Friedrich Wilhelm I. zur Regierung gelangte (25. Februar 1713).

Unter dem jungen, 24jährigen Herrscher, dessen Einfluß auf die Wandlungen der inneren Regierung in den letzten Jahren seines Vaters schon angedeutet worden ist, zog ein neuer Geist am preußischen Hofe wie in Politik und Verwaltung ein, ein Geist, der nicht auf den Schein, sondern auf das Wesen der Macht gerichtet war; mit entschlossener Einseitigkeit wurde fortan nur das beibehalten und gefördert, was zu diesem Zweck taugte. Friedrich Wilhelm I. war eine derbe, deutsche, soldatische Natur, die vor dem französischen Prunk- und Zierwesen des Hofes Friedrichs I. eine ganz entschiedene Abneigung empfand. Er hat, pietätvoll wie er war, den königlichen Vater noch mit all dem Pomp, der dessen Neigungen entsprach, beerdigen lassen; aber sobald die Gruft des Verewigten sich geschlossen hatte, wurde im Hof- und Staatswesen eine fürchterliche Musterung gehalten, die mit dem Glanz und der Pracht der alten Zeit vollständig aufräumte, und die königliche Hofhaltung wurde fortan fast auf dem Fuße eines bürgerlichen Haushalts geführt, um möglichst viel Geld für die Macht- und Wohlfahrtszwecke des Staates zu erübrigen.

Die allgemeine politische Lage hat sich unter der neuen Regierung bald dadurch zugunsten Preußens verändert, daß am 11. April der Friede von Utrecht geschlossen wurde. Dadurch bekam Preußen die Hände frei. Aber auch Friedrich Wilhelm I. hat in den nordischen Wirren nicht sofort Partei ergriffen. Als Peter der Große bei einem Besuch in Berlin im Jahre 1713 ihn zum Anschluß an Rußland zu bewegen suchte, erklärte ihm Friedrich Wilhelm I.: ein Jahr brauche er mindestens, um erst seine Finanzen in Ordnung zu bringen; dann werde er einen Entschluß fassen. Vorläufig hielt er sich in einer beobachtenden, abwartenden Stellung. Den Geist kühner Initiative in der auswärtigen Politik hatte er nicht. Wenn er sich gelegentlich damals den älteren Herrschern und Mächten gegenüber als einen jungen Anfänger bezeichnet, so war das nicht bloß eine Redensart: er fühlte sich wirklich noch nicht recht imstande, in diesen schwierigen Verwicklungen die richtige Stellung zu nehmen. In einem Punkte aber zeigte ihm sein politischer Instinkt sogleich den richtigen Weg. Er begann nicht nur mit der Ordnung der Finanzen, sondern zugleich mit der Verstärkung der Armee, die er gleich nach dem Regierungsantritt um 7 neue Regimenter vermehrt hat, während er die Milizeinrichtungen seines Vaters ganz und gar beseitigte.

Nachdem er sich solchergestalt in Bereitschaft gesetzt, begann er mit einem noch unsicher tastenden Versuch eine Stellung zwischen den Parteien zu nehmen, die darauf berechnet war, das Hauptinteresse Preußens in diesen Verwicklungen, die Erwerbung Stettins und der Odermündungen zu fördern. Er schloß am 22. Juni 1713 einen Vertrag mit dem Herzog von Holstein-Gottorp, dem Schwestersohn Karls XII., dessen Nachfolge in Schweden beim Tode des kinderlosen Königs nicht ausgeschlossen schien. Friedrich Wilhelm I. verpflichtete sich in diesem Vertrage, für die Thronfolge des Gottorpers in Schweden zu wirken; dafür versprach der Herzog, seinerzeit als König von Schweden Vorpommern bis zur Peene an Preußen abtreten zu wollen. Zunächst wurde eine Sequestration von Stettin und Wismar durch die beiden Verbündeten in Aussicht genommen; sie wollten diese Plätze dem Streite der Parteien entziehen und in deren Besitz eine strenge Neutralität beobachten.

Indessen dieser Vertrag ist nicht zur Ausführung gekommen, namentlich auch die letzte Bedingung nicht. Man wollte das Fell des Bären teilen, ehe man ihn erlegt hatte. Stettin war ja noch in den Händen der Schweden; und der General von Meyerfeld, der es verteidigte, bezeigte durchaus keine Neigung, die Festung in neutrale Hände zu übergeben. Als dann aber Stettin von den verbündeten Russen, Polen und Dänen wirklich erobert wurde — noch im Jahre 1713 —, da suchte Friedrich Wilhelm I. sein Ziel auf anderem Wege zu erreichen. Eine Annäherung an Rußland, die er bisher noch vermieden hatte, wurde jetzt zur Notwendigkeit. Mit dem Fürsten Menschikoff schloß er am 6. Oktober 1713 zu Schwedt einen Vertrag, in dem nun Preußen Stettin und Vorpommern bis zur Peene aus der Hand der Verbündeten empfing, um es bis zum Friedensschluß in Verwahrung zu nehmen. Preußen übernahm damit die Verpflichtung, diese Gebiete während der Dauer des Krieges auch gegen etwaige Rückeroberungsversuche der Schweden zu decken. Es mußte also in starker Bewaffnung und steter Bereitschaft dastehen. Außerdem hatte es an die Verbündeten dafür die Summe von 400 000 Talern zu zahlen; Friedrich Wilhelm I. behielt sich vor, die Rückerstattung dieser Summe von Schweden zu verlangen, wenn er beim Friedensschluß die besetzten Landstriche würde herausgeben müssen. Nach dem früheren Vertrage Preußens mit dem Herzog von Gottorp hat nun auch dieser zunächst noch an der Besetzung Stettins sich beteiligt; Friedrich Wilhelm I. hat ihn dann aber bald aus dem Mitbesitze zu entfernen gewußt. Er war mit diesem Vertrage eigentlich noch nicht aus seiner Neutralität herausgetreten; aber er fühlte nun doch die Notwendigkeit, sich Schweden gegenüber zu sichern; denn daß Schweden sich diese Einmischung ohne weiteres gefallen lassen werde, war doch kaum zu erwarten. Friedrich Wilhelm I. tat daher einen weiteren Schritt zur Annäherung an Rußland durch den geheimen preußisch-russischen Garantievertrag vom 12. Juni 1714, in dem ihm von Rußland die künftige Erwerbung des eben besetzten Gebiets gewährleistet wurde, während er selbst Rußland den Besitz der eroberten schwedischen Ostseeprovinzen, Ingermanland, Karelien, Esthland, garantierte. Diesem Bündnis ist dann auch (wie es vorgesehen war) Georg I., der Kurfürst von Hannover, der soeben den englischen Thron bestiegen hatte, beigetreten, im November 1714; er sollte aus der schwedischen Beute Bremen und Verden erhalten. Auch Dänemark schloß sich an, allerdings erst später, April 1715; es erhielt die Aussicht auf den Besitz von Stralsund, Greifswald und Rügen.

Inzwischen war Karl XII. in seinem berühmten Gewaltritt aus der Türkei zurückgekehrt und hatte sich nach Stralsund geworfen. Die ganze Lage erhielt dadurch ein anderes Ansehen. Friedrich Wilhelm I. hat nicht sofort offen mit Schweden gebrochen, sondern er nahm zunächst wieder eine abwartende Haltung ein; er hoffte auf ein Entgegenkommen Karls XII. in der pommerschen Frage. Lange und verwickelte Verhandlungen sind den Herbst und Winter hindurch zwischen Preußen und Schweden gepflogen worden: zu einem positiven Resultat haben sie nicht geführt; vielmehr dienten sie zu fortschreitender Entfremdung der beiden Parteien. Das Ende war der offene Bruch. Am 1. Mai 1715 erließ Preußen seine Kriegserklärung gegen Schweden; und zugleich segelte eine englische Flotte in die Ostsee.

Die militärische Lage Karls XII. war eine sehr ungünstige. Er hatte nicht viel mehr als 17 000 Mann zur Verfügung, während ihm Preußen allein mit

30 000 Mann gegenüberstand; dazu kamen noch etwa 20 000 Dänen und 8000 Sachsen und Polen. Der Krieg nahm denn auch sofort eine sehr unglückliche Wendung für Schweden. Die Verbündeten eroberten Wolgast, Usedom, Peenemünde im Juli und August 1715; dänische Schiffe erzwangen sich die Einfahrt in den Greifswalder Bodden; der Krieg konzentrierte sich auf die Belagerung von Stralsund, das Preußen und Dänen von der Land- und Wasserseite her einzuschließen begannen. In der Stadt kommandierte Karl XII. selbst; bei der Belagerungsarmee befanden sich Friedrich Wilhelm I. und König Friedrich IV. von Dänemark. Auch diesmal war es wie 1678: sollte Stralsund bezwungen werden, so mußte zunächst Rügen in der Hand der Belagerer sein. Im November 1715 landeten dänische Schiffe 20 000 Dänen und Preußen bei dem Dorfe Groß-Stresow auf der Halbinsel Granitz, wo heute ein Standbild Friedrich Wilhelms I. an das Ereignis erinnert. Leopold von Anhalt führte diese Truppen gegen die von Stralsund herübergeeilten Schweden. Es kam zu einem blutigen Kampfe, wobei dem König Karl XII. das Pferd unter dem Leibe erschossen wurde; aber die Schweden mußten nach Stralsund zurück. Und auch der Rest ihrer Truppen, der noch auf der Insel war, wurde hinter den Schanzen von Altefähr eingeschlossen und mußte kapitulieren. Damit war Rügen in den Händen der Verbündeten. Stralsund verteidigte sich zwar noch wochenlang auf das hartnäckigste, aber es war jetzt auf die Dauer nicht mehr zu halten. Als die Belagerungsarmee sich anschickte, zum letzten Sturm gegen die schwer beschädigten Werke der Festung vorzugehen, knüpfte der Schwedenkönig Unterhandlungen mit Friedrich Wilhelm I. an, in denen er nun das bot, was Friedrich Wilhelm I. zu Anfang verlangt hatte, was jetzt aber nicht mehr als genügend befunden wurde: die preußische Sequestration von Vorpommern; und als dieses Anerbieten abgewiesen wurde, da ist Karl XII. am 21. Dezember 1715 heimlich aus Stralsund entwichen, indem er die Stadt ihrem unvermeidlichen Schicksal überließ. Am 24. Dezember ist dann Stralsund gefallen. Die Schwedenherrschaft in Pommern war damit abermals völlig zusammengebrochen. Aber diesmal hat ihr der Helfer gefehlt, der sie 1679 und 1660 wieder aufgerichtet hatte. Das Verhältnis Frankreichs zu Schweden war nicht mehr das alte, und Ludwig XIV., der vielleicht doch noch aus allgemeinpolitischen Erwägungen für Schweden eingetreten sein würde, war am 1. September 1715 gestorben. Frankreich hat in diesen Konflikten jetzt überhaupt keine maßgebende Rolle mehr gespielt. Eine andere Gruppierung der Mächte als zu Beginn des Krieges hat sich eben damals vollzogen.

Vielleicht das wesentlichste Resultat des nordischen Krieges für die Geschichte des europäischen Staatensystems ist der Gegensatz zwischen England und Rußland, der sich während seines Verlaufes entwickelt hat. Rußland trat damals als der Erbe der schwedischen Machtstellung im Ostseegebiete auf. Es geriet dadurch, namentlich auch mit Rücksicht auf die Handelsinteressen, in Rivalität mit England, das den Ostseehandel jetzt mehr und mehr für sich in Beschlag zu nehmen suchte, wie es bisher Holland getan hatte. An die Stelle des alten Gegensatzes der niederländischen Republik und der schwedischen Krone tritt nun in den baltischen Fragen der Gegensatz von England und Rußland. Preußen war dadurch beiseite gedrängt; bei dem Streit um die Herrschaft über die Ostsee kam es nicht mehr in Betracht; die aufsteigende russische Macht stellte es in

Schatten. Trotzdem aber war gerade Preußen auf die russische Partei angewiesen. Unter Georg I. und seinem hannöverschen Minister, dem Grafen Bernstorff, hat die Rivalität zwischen Hannover und Preußen eine Schärfe angenommen, die sie zu einem dauernden und wichtigen Faktor in der deutschen und in der europäischen Politik gemacht hat. Zugleich war aber Preußen auch zu dem Kaiser allmählich in ein immer schlechteres Verhältnis geraten. Karl VI. empfand es sehr unangenehm, daß König Friedrich Wilhelm I. sich nicht so unbedingt den österreichischen Interessen anbequemte, wie sein Vorgänger Friedrich I., sondern eine selbständige preußische Politik zu machen unternahm. Es kam trotz des äußerlich freundschaftlichen Verhältnisses zu sehr unangenehmen Reibungen mit dem Wiener Hofe, der ja in Reichsangelegenheiten oft genug Gelegenheit fand, dem Hause Brandenburg Schwierigkeiten zu bereiten, so z. B. seit 1717 in der Streitsache Friedrich Wilhelms I. mit seinen magdeburgischen Vasallen wegen der Lehnpferdegelder, die vor dem Reichshofrat schwebte.

Die gereizte Stimmung, die seitdem zwischen den Höfen von Berlin und Wien herrschte, hat den Nährboden gebildet für eine groteske Intrige, die in den Jahren 1719 und 1720 spielte und in der diplomatischen Welt viel Staub aufgewirbelt hat. Ein ungarischer Abenteurer und Glücksritter, der in diplomatischen Kreisen viel verkehrt hatte, Kleement mit Namen, machte sich an König Friedrich Wilhelm I. heran mit Enthüllungen über ein angeblich gegen ihn und sein Haus geschmiedetes Komplott, dessen Urheber am kaiserlichen und am sächsischen Hofe zu suchen sein sollten. Er gab vor, im Auftrage des Prinzen Eugen zu handeln, der auch eingeweiht sei, aber das Vorhaben zu vereiteln wünsche. Die Absicht der Verschworenen, gab er an, ginge dahin, den König von Preußen in seiner Hauptstadt zu überfallen und in die Gefangenschaft nach Österreich abzuführen, während der Kronprinz katholisch gemacht und die preußische Machtstellung tief herabgedrückt werden sollte. In der Untersuchung, die gegen Kleement selbst angestellt wurde, ergab sich, daß er ein Schwindler war; er ist 1720 hingerichtet worden. Aber der Argwohn Friedrich Wilhelms I. war geweckt und schwer wieder zu beschwichtigen; noch im Jahre 1721 ist es wieder einmal zu einem vorübergehenden Abbruch der diplomatischen Beziehungen zwischen Preußen und Österreich gekommen.

Dies Verhältnis zu Preußen hat nun Österreich damals auf die englisch-hannoversche Seite geführt; und auch der Kurfürst von Sachsen, der durch seine polnischen Interessen allmählich in Gegensatz zu Rußland geraten war, schloß sich eben dieser Partei an. So ist am 5. Januar 1719 die sogenannte Wiener Allianz zustande gekommen: der Kaiser, Sachsen-Polen, England-Hannover schlossen ein Defensivbündnis miteinander, dessen Spitze sich gegen Rußland und Preußen richtete. Diese Mächte nun unter Führung Englands sind schließlich für Schweden eingetreten und haben es vor der völligen Vernichtung bewahrt. Seine eigene Beute, Bremen und Verden, hatte der Kurfürst von Hannover ja schon fest in Händen.

Eine entscheidende Wendung hatte der Krieg durch den Tod Karls XII. 1718 genommen. Die Thronfolge des Gottorpers, auf die Friedrich Wilhelm I. gerechnet hatte, verwirklichte sich nicht; vielmehr kam die Schwester des verstorbenen Königs, Ulrike Eleonore, und ihr Gemahl Friedrich von Hessen auf den schwedischen Thron. Der absolutistische Minister Graf Goertz wurde hingerichtet und die Herrschaft der Stände waltete schrankenlos. Im Interesse der englischen Partei lag es nun, darauf hinzuwirken, daß Preußen und Rußland sich nicht zu stark auf Schwedens Kosten vergrößerten. Der König von England als Kurfürst von Hannover machte zuerst seinen Frieden mit Schweden, auf Grund der Abtretung von Bremen und Verden, 20. November 1719. Und nun übten die Verbündeten der Wiener Allianz, namentlich England und der Kaiser, einen Druck auf Preußen aus, um es ebenfalls zu einem Separatfrieden mit Schweden zu zwingen. Es ging dem König eigentlich gegen das Gefühl, seinen russischen Bundesgenossen im Stich zu lassen. Als ein „honnetter Mann", wie er sagte, schämte er sich, diesem Druck nachzugeben; aber es hätte unabsehbare Verwicklungen hervorgerufen, wenn er sich nicht dazu bequemt hätte; und an Rußlands Seite die Mächte der Wiener Allianz in die Schranken zu fordern, war doch auch nicht seine Absicht; er hat sich ohnehin in der isolierten Stellung neben dem Zaren nie recht wohl gefühlt. So hat denn auch Friedrich Wilhelm I. seinen Frieden mit Schweden geschlossen, zu Stockholm, am 1. Februar 1720. Er behielt Stettin und Vorpommern bis zur Peene, und mußte dafür zwei Millionen Taler an Schweden zahlen. Dann hat Dänemark Frieden geschlossen, aber ohne die früher in Aussicht gestellten Gebiete zu erhalten; in Vorpommern und Rügen blieben die Schweden also noch die Nachbarn Preußens. Rußland kämpfte allein weiter. Es hat erst 1721 zu Nystad seinen Frieden mit Schweden gemacht, wobei es die Ostseeprovinzen behauptete, Finnland aber noch in den Händen Schwedens lassen mußte.

Erst nach diesem Friedensschluß, 1721, hat Friedrich Wilhelm I. die Huldigung in Stettin eingenommen. Er hatte wenigstens einen Teil dessen erworben, was der Große Kurfürst so lange vergeblich erstrebt hatte; aber es ist schon oben hervorgehoben worden, und die letzten Ausführungen werden es noch deutlicher gemacht haben, daß bei der damaligen Gruppierung der europäischen Mächte der Besitz von Stettin für Preußen nicht mehr die großartige Bedeutung haben konnte, die ihm der Große Kurfürst noch mit Recht in seinen Plänen beigemessen hatte. Das Preußen Friedrich Wilhelms I. hatte keinen Raum mehr in der Welt, um sich zu einer See- und Handelsmacht nach dem Muster Hollands zu entwickeln; die Weltlage zwang es zur Beschränkung auf die Stellung einer rein binnenländischen Macht, deren Wirtschaftsleben neben dem Ackerbau lediglich auf den Gewerbebetrieb gestellt war.

Der Militär- und Beamtenstaat Friedrich Wilhelms I.

Während der Unterhandlungen und Feldzüge des nordischen Krieges hat Friedrich Wilhelm I. die Geschäfte der inneren Staatsverwaltung nicht aus den Augen verloren; wichtige Reformen fallen in diese Zeit, und nach dem Frieden von Stockholm konnte der König darangehen, den Ausbau seines Militär- und Beamtenstaates zu einem vorläufigen Abschluß zu bringen. Seine Regierung bezeichnet die Vollendung des Absolutismus. Sie ist noch erfüllt von einem stillen, zähen Kampf mit den Ständen. Es ist der letzte Akt dieses hundertjährigen Kampfes, ein letztes Aufflackern des Widerstandes hie und da, das aber nirgends andere Formen angenommen hat, als die eines passiven Widerstandes gegen die durchgreifenden Reformen des Königs. Man kann daher auch den Kampf Friedrich Wilhelms I. mit den Ständen nicht gut im Zusammenhang darstellen. Er ist eine Begleiterscheinung bei einer Reihe von Regierungs- und Verwaltungsakten, von denen noch weiterhin die Rede sein wird; so bei der Allodifikation der Rittergüter, bei den Reformen im Steuerwesen, insonderheit bei der Einrichtung des Generalhufenschosses in Ostpreußen. Bei dieser Gelegenheit hat der König das bekannte Wort geschrieben: „Ich ruiniere die Junkers ihre Autorität; ich komme zu meinem Zweck und stabiliere die souveraineté wie einen rocher von bronce." Unter seiner Regierung waren die Landtage schon in allen Provinzen bis auf Cleve-Mark, wenigstens in der alten Form, verschwunden; und in Cleve-Mark durften sie, nachdem sie der König einmal sistiert hatte (1721—22), nur noch zusammentreten unter der Bedingung, daß sie sich willfährig bewiesen und der Regierung keine Schwierigkeiten bereiteten. Nicht nur die politische Bedeutung, sondern auch die administrative Wirksamkeit der Stände hat unter Friedrich Wilhelm I. aufgehört; über den alten ständischen Einrichtungen erhob sich, sie erdrückend und überragend, der feste und solide Bau des monarchischen Beamtenstaates.

In dieser Wendung liegt zugleich ein bedeutsamer Fortschritt in der Vereinheitlichung des bunt zusammengesetzten Staatswesens, in dem die partikularistischen Kräfte immer mit den ständischen Bestrebungen Hand in Hand gingen, während Heer und Beamtentum die mächtigen Klammern der Einheit wurden. Bald nach dem Regierungsantritt Friedrich Wilhelms I. macht sich eine Wandlung bemerkbar in dem sehr merkwürdigen Hausgesetz vom 13. August 1713, das die sämtlichen Fürstentümer und Länder des königlichen Hauses samt den Domänen, Schatullgütern und Forsten mit einem ewigen Fideikommiß belegt und damit für unteilbar und unveräußerlich erklärt. Zwei Zwecke treten dabei in seltsamer Verflechtung hervor: einmal wird gesetzlich festgestellt, was beim Regierungsantritt Friedrichs III. tatsächlich durchgesetzt war: die Unteilbarkeit des Staatsgebietes in seinem ganzen Umfang, unter Beseitigung des altherkömmlichen Grundsatzes, daß jeder Herrscher das Recht habe, mit den von ihm selbst erworbenen Landesteilen nach Gefallen zu schalten und zu walten; zweitens wird die Unveräußerlichkeit des ganzen Domanialbesitzes in hausgesetzlicher Form ausgesprochen, offenbar im Gegensatz zu den Vererbpachtungsplänen der vorigen Regierung, die ja in ihrer finanziellen Wirkung einer Veräußerung gleichgekommen sein würden. Seltsam ist nur die Verbindung dieser beiden Bestimmungen, die Land und Leute mit dem Kammergut des Hauses auf e i n e rechtliche Linie stellt. Man hat darin den Sinn finden wollen, daß die Domänen dadurch zu Staatseigentum erklärt worden seien; richtiger wäre es, den patrimonialen Charakter der darin herrschenden Auffassung hervorzuheben, für welche auch Land und Leute nur als Besitz des Hauses erscheinen. Aber wie dem auch sein mag, die Staatseinheit gewann mit diesen Bestimmungen eine starke rechtliche Grundlage: man könnte sagen, daß die ursprüngliche Personalunion unter den einzelnen Landen der preußischen Monarchie erst jetzt grundgesetzlich befestigt und damit, wenn man das Wort in einem weiteren Sinne, als heute meist üblich ist, anwenden will, zu einer Realunion umgestaltet worden sei. Die Vollendung des Absolutismus zeigt sich auch darin, daß er seine historische Mission, die Verschmelzung der Territorien zu einem größeren Staatsganzen, mit steigendem Erfolg durchführt.

Wir wissen, daß dieses Regierungssystem nicht auf persönlicher Willkür oder despotischer Laune beruhte, sondern auf einer großen politischen Notwendigkeit: die europäische Lage forderte damals die Bildung militärischer Großstaaten; und das ist nun die historische Leistung Friedrich Wilhelms I., daß er eigentlich erst die solide Grundlage geschaffen hat, die Dauer und Wachstum der preußischen Königsmacht sicherstellte. Der Große Kurfürst und König Friedrich I. hatten, wie wir gesehen haben, noch nicht aus eigenen Mitteln Krieg führen und eine große Armee erhalten können. Erst Friedrich Wilhelm I. hat es fertig gebracht, das preußische Kriegswesen finanziell auf eigene Füße zu stellen und dabei die Armee so zu vergrößern, daß sie einen respektablen Faktor in der europäischen Politik bildete. Durch ihn ist Preußen in den Stand gesetzt worden, ohne Subsidien fremder Mächte Krieg zu führen und dabei allein sein eigenes Interesse wahrzunehmen, was die Voraussetzung einer gesunden Politik war. Friedrich Wilhelm I. hat die Armee, die unter dem Großen Kurfürsten zuletzt 30 000 Mann, unter Friedrich I. im Kriege 40 000 Mann betrug, auf 80 000 Mann im Frieden gebracht, und es so eingerichtet, daß sie nicht bloß aus den eigenen Mitteln des Landes erhalten werden konnte, sondern daß auch noch mehrere Millionen erspart wurden, die zur Ansammlung eines Kriegsschatzes dienten. Und er hat diese militärische und finanzielle Machtentwicklung möglich gemacht, ohne daß das Land unter dem schweren Druck dieser Rüstung zusammenbrach; im Gegenteil, er hat durch Ordnung, Sparsamkeit und Redlichkeit in der Verwaltung, durch die Anbahnung einer erziehenden und bevormundenden Wohlfahrtspolizei die natürliche wirtschaftliche Entwicklung des Landes, die zu langsam für die politisch-militärischen Machtpläne gegangen wäre, künstlich befördert und gesteigert, um die Steuerkraft der Bevölkerung zu heben und damit das zu stärken, was er gern, freilich nicht in so korrektem Latein, als den nervus rerum gerendarum zu bezeichnen pflegte. Die preußische Verwaltung, wie er sie eingerichtet hat, suchte planmäßig den Wohlstand der Untertanen zu fördern, weil man wußte, daß er die unentbehrliche Grundlage der Macht war, die auch den Mittelpunkt aller administrativen und wirtschaftspolitischen Pläne und Handlungen bildete. Die Staatsräson beherrschte das ganze Wirtschafts- und Kulturleben dieses spartanischen Staates vollkommen; und ihr Hauptinstrument war eben das Heer.

Friedrich Wilhelm I. ist der eigentliche Schöpfer der preußischen Armee, nicht bloß, weil er sie erst zu einer achtunggebietenden Größe gebracht hat, sondern vor allem, weil er der Begründer einer durchgreifenden monarchischen Disziplin und zugleich auch des für ein Soldheer unerläßlichen militärischen Drills gewesen ist.

Das erste, was er vollbrachte, war eine Reinigung und Umgestaltung des Offizierkorps. Unter seinen Vorgängern waren noch manche Elemente von fragwürdiger Herkunft und Reputation unter den Offizieren gewesen, Abenteurer aus aller Herren Ländern, die zum Teil eine dunkle Vergangenheit hatten, und mit deren Pflichteifer und Gehorsam es oft übel aussah. Friedrich Wilhelm I. entfernte alle unwürdigen Subjekte aus dem Offizierstand, er verzichtete grundsätzlich auf die Anstellung von Ausländern und zog dafür, anfangs nicht ohne Anwendung von Zwang, die Söhne des einheimischen Adels zum Offiziersdienst heran. Trotzdem er durch die Allodifikation der Lehen seit 1717 das dingliche

Lehnsband mit dem grundbesitzenden Adel löste und die Rittergüter in freies Eigentum umwandelte, hat er doch keineswegs das persönliche Dienst- und Treuverhältnis antasten wollen, das den Edelmann als Vasallen an die Person seines Lehns- und Landesherrn band. Im Gegenteil, die vasallitische Disziplin wurde jetzt wieder verschärft, es wurden Vasallentabellen eingeführt, die den König darüber unterrichteten, was seine Edelleute und deren heranwachsende Söhne taten und trieben. Der Adel wurde verhindert, im Ausland zu dienen, wie es vielfach üblich war, es galt vielmehr als Standespflicht für die jüngeren Söhne, als „Junker" in die Armee des Königs einzutreten. Um dem großenteils unbemittelten Adel der östlichen Provinzen eine für den Offizierstand geeignete Erziehung seiner Söhne möglich zu machen, gründete Friedrich Wilhelm an Stelle der „Akademien" in Kolberg und Magdeburg das „Kadettenkorps" in Berlin, aus dessen Zöglingen er dann sein Offizierkorps ergänzte.

Dieser adlige Offiziersersatz hat sich vortrefflich bewährt, nicht nur für die Armee, sondern auch für den Staat. Denn dieses System hatte eine wichtige politische Nebenwirkung: es diente dazu, eine enge Verbindung zwischen Adel und Offizierkorps zu stiften und aus den frondierenden märkischen, pommerschen und ostpreußischen Junkern allmählich loyale, königstreue Untertanen zu machen, die ihren Stolz darein setzten, unter den Fahnen des Königs zu dienen. Vor allem aber wandelte sich der Geist des Offizierkorps selbst: seit dieser Zeit — sagt Friedrich der Große in seinen brandenburgischen Denkwürdigkeiten — litten die Offiziere nur noch untadelige Namen unter sich. Das adlige Standesbewußtsein wurde eine starke Grundlage für das korporative Ehrgefühl der Offiziere. Sie bildeten den ersten Stand im Staate. Der König selbst fühlte sich als Offizier, er trug seit 1725 beständig die Uniform und hat damit ein Beispiel gegeben, das alle europäischen Souveräne nachahmten. Durch sein persönliches Beispiel erzog er das Offizierkorps zu einem bis dahin unerhörten dienstlichen Pflichtgefühl. Alle Offiziere waren jetzt vom König ernannt und an unbedingten Gehorsam ihm gegenüber gewöhnt; eine straffe monarchische Disziplin bildete fortan die Grundlage der preußischen Armee.

Die Ergänzung der Mannschaften beruhte nicht mehr auf der freiwilligen Werbung allein, wenn diese auch immer noch die Hauptsache blieb und mehr als die Hälfte der Geworbenen Ausländer waren. Die Werbung lag noch immer nicht in der Hand der oberen Militärbehörden, sondern in der der Kapitäns, die zur Instandhaltung ihrer Kompanien Pauschalsummen erhielten, von denen sie auch die Werbekosten zu decken hatten. Die Gewaltsamkeiten der Werber führten zu manchen Reibungen und Konflikten mit den benachbarten Ländern, namentlich mit Hannover und Mecklenburg. Aber auch im Inland wurde unter Anwendung von Zwang geworben. Die Vorstellung, daß die Bevölkerung zur „Landfolge" verpflichtet sei, vor allem bei Landesnot, war nie ganz erloschen. Als das stehende Heer aufkam, suchte man dies alte Herkommen für dessen Ergänzung nutzbar zu machen. In dem Kriege mit Ludwig XIV. war schon 1693 den Kreisen oder Provinzen die Pflicht auferlegt worden, eine Anzahl von Rekruten gegen feste Werbegelder an die Regimenter zu liefern; und obwohl die Leute, die man auf diese Weise erhielt, nicht von besonderer Zuverlässigkeit und militärischer Brauchbarkeit waren, so daß die Einrichtung wieder abgeschafft wurde, war man doch während des spanischen Erbfolgekrieges im Jahre 1711 wieder darauf zurückgekommen. Eine Art von Dienstzwang, der freilich noch keineswegs allgemein war, bestand also seitdem bereits. Die Immediatuntertanen auf den Domänen waren außerdem, namentlich seit 1704, zum Dienst in einer Landmiliz herangezogen worden, die ähnlich wie in Frankreich, Hannover und England, neben das stehende Heer trat. Es war eine der ersten Regierungshandlungen Friedrich Wilhelms I., daß er diese Miliz, die durch ihre militärische Untüchtigkeit den Ruf seiner Armee zu schädigen drohte und außerdem das Werbematerial einschränkte, gänzlich aufhob, und selbst den Gebrauch des Namens „regulierte Miliz" für das stehende Heer bei schwerer Strafe verbot. Dafür wurde aber die Zwangswerbung im Inlande bei der starken Vergrößerung der Armee in weiterem Umfange als bisher angewandt, und zwar ohne die Vermittlung der Ortsobrigkeiten durch die Kapitäne selbst und ihre Werber.

Bei dem starken Rekrutenbedarf erregte dies System der Mannschaftsergänzung große Beunruhigung im Lande. Es kam vor, daß Gutsherren mit ihren Leuten sich gegen die Werber zur Wehr setzten, und vor allem geschah es, daß junge Leute heimlich auf fremdes Gebiet austraten, um den Nachstellungen der Werber zu entgehen. Das Land war mit Entvölkerung bedroht, wenn hier nicht eingegriffen wurde; und so entschloß sich der König durch ein Edikt von 1714 alle Zwangswerbung im Lande zu verbieten. Das Verbot war freilich mehr zur Beruhigung der Bevölkerung, als zur strikten Ausführung bestimmt. Es kam in der Hauptsache nur darauf an, daß kein Skandal entstand; die Werber sollten List statt der offenen Gewalt anwenden. Da aber diese Maßregel noch nichts half, so untersagte der König durch ein neues Edikt von 1721 alle Anwerbung von Inländern überhaupt, so weit sie angesessene Leute waren; die noch nicht Angesessenen durften also auch weiterhin genommen werden. Und da die Werbung im Ausland um so größere Schwierigkeiten und Kosten verursachte, je stärker sie betrieben wurde, die inländischen Rekruten aber nicht nur billiger, sondern auch im allgemeinen zuverlässiger und brauchbarer waren, vor allem seltener desertierten, so warben die Kapitäne auch im Inland weiter mit mehr oder minder Anwendung von Zwang, und der König ließ es geschehen, da man es verstand, offene Gewaltsamkeiten zu vermeiden.

So bildete sich gewohnheitsrechtlich, in Anknüpfung an die älteren Ergänzungsmethoden und im Widerspruch zu dem Verbot der Zwangswerbung, eine Art von Dienstpflicht heraus, die allerdings in der Hauptsache auf die unteren Klassen der Bevölkerung beschränkt blieb und ganz besonders die Söhne der erbuntertänigen Bauern traf; die waren ja daheim zum Gesindedienst bei dem adligen Gutsherrn verpflichtet und betrachteten es wohl kaum als eine ungerechtfertigte Zumutung, wenn sie der Gutsherr einem Sohn oder Bruder zur Einstellung in seine Kompanie überließ. Das Interesse der Gutsherren an der Arbeitskraft dieser Leute fand insofern Berücksichtigung, als durch die zugleich eintretende Ordnung des Beurlaubungswesens dafür gesorgt wurde, daß die ausgebildeten Leute außer den zwei Exerziermonaten im Frühjahr, während welcher die Kompanien komplett sein mußten, in die Heimat beurlaubt wurden, so daß ihre Arbeitskraft, namentlich zur Zeit der Ernte, nicht entbehrt zu werden brauchte. Für die Kapitäne hatte diese Einrichtung noch den besondern Vorteil, daß sie befugt waren, den Sold der Beurlaubten, den die Kriegskasse regelmäßig nach der vollen Etatsstärke auszahlte, in ihrer Kompaniekasse zu behalten, wodurch ihnen die Möglichkeit gegeben war, bei ihrer Kompaniewirtschaft, die sie auf eigene Rechnung führten, mehr oder weniger bedeutende Überschüsse zu erzielen, die ihnen als Zubuße zu ihrem kargen Gehalt von den vorgesetzten Behörden gern gegönnt wurden. Es wurde allmählich üblich, schon die Kinder für den Kriegsdienst zu „enrolieren“, d. h. ihre Namen in Stammrollen einzutragen, ähnlich, wie es bei den Milizpflichtigen geschehen war. Diese gewohnheitsrechtlich entstandene Einrichtung, die sich trotz mancher Klagen nach den verschiedensten Richtungen hin, militärisch, wirtschaftlich und sozial im allgemeinen bewährte, sanktionierte der König schließlich, indem er durch zwei Zirkularorders an die Regimentskommandeure vom 10. Mai und 15. September 1733 das Land in bestimmte Kantons, d. h. Bezirke von je 5000 Feuerstellen etwa, einteilte, von denen jede einem bestimmten Regiment zur Ergänzung seines Mannschaftsbestandes zugewiesen wurde. Die Absicht bei dieser Maßregel war, Unordnungen abzustellen, die daraus entsprangen, daß Werber aus verschiedenen Regimentern sich gegenseitig ins Gehege kamen; außerdem mußte sie dazu dienen, die örtliche Willkür und Ungleichmäßigkeit in der Aushebung inländischer Rekruten zu beseitigen, den Einfluß der Gutsherren dabei einzuschränken, und den Militärdienst mehr als eine öffentliche Pflicht erscheinen zu lassen. Ein eigentliches „Kantonreglement“, das diese Dienstpflicht erst begründet hätte, existiert also nicht; es handelt sich vielmehr in den Verordnungen von 1733 nur um die nähere Regelung einer bereits als bestehend vorausgesetzten Einrichtung.

Dieses Kantonsystem bedeutete also etwas ganz anderes als die allgemeine Wehrpflicht, die 1813 und 1814 durch Scharnhorst und Boyen begründet worden ist. Die Kantondienstpflicht war nicht allgemein, da die höheren Stände, alle Kapitalisten, Manufakturisten, Künstler usw. davon eximiert waren; und diese Exemtionen wurden später unter den Nachfolgern Friedrich Wilhelms I. noch vermehrt und selbst auf eine ganze Reihe gewerbreicher Städte und einzelne Landstriche oder Provinzen ausgedehnt. Die Kantonpflicht ruhte in der Hauptsache auf den Bauernsöhnen und den Handwerksgesellen. Ihr lag noch nicht, wie im 19. Jahrhundert der allgemeinen Wehrpflicht, das Prinzip staatsbürgerlicher Gleichheit zugrunde, sondern gerade im Gegensatz dazu die Rechtsungleichheit der ständischen Gesellschaftsordnung, die der Absolutismus noch keineswegs beseitigt hat. Damit hing auch zusammen, daß der Geist der Disziplin in dem preußischen Heere neben dem monarchischen Gehorsam zum Teil auch auf die psychischen Faktoren begründet war, auf denen das gutsherrlich-bäuerliche Verhältnis beruhte: die Selbstverständlichkeit von Über- und Unterordnung, das Autoritätsbewußtsein und das Abhängigkeitsgefühl, die Gewohnheit, zu befehlen und zu gehorchen; dazu kam ein Beisatz von patriarchalischem Wohlwollen und Vertrauen, der aus jenem Verhältnis doch noch nicht ganz verschwunden war. Wie der Grundadel im Offizierkorps, so wurde der bäuerliche Kantonist das maßgebende Element in der Mannschaft des preußischen Heeres, und das Verhältnis zwischen Soldat und Offizier zog wertvolle Nahrung aus dem altherkömmlichen Untertanenverband zwischen Junker und Bauer. Aber während so die private Abhängigkeit dazu diente, der militärischen Disziplin eine feste Grundlage zu geben, wirkte doch auf der anderen Seite der öffentliche und monarchische Zug im Heerwesen auflockernd auf jenes private Band der bäuerlichen Untertänigkeit zurück. Die Armee war eine Welt für sich, mit besonderen Gesetzen und besonderer Gerichtsbarkeit und Polizei. Der Kantonist, der in die Heimat beurlaubt wurde, blieb unter der Jurisdiktion seines Regiments, wodurch die patrimoniale obrigkeitliche Gewalt des Gutsherrn beeinträchtigt wurde; und auch der enrolierte Bauernbursche, der zur Auszeichnung ein Büschel am Hut (später eine rote Halsbinde) tragen durfte, entzog sich schon in manchen Stücken der gutsherrlichen Botmäßigkeit und fühlte sich bereits mehr als Untertan des Königs, dessen Autorität in der Armee so hoch über der des Junkers stand.

Die ökonomische Verwaltung im Heerwesen beruhte auf den Grundsätzen der Naturaleinquartierung und der Soldverpflegung. Kasernen gab es im allgemeinen noch nicht; die Soldaten lagen bei den Bürgern in Quartier und mußten sich ihre Nahrung selbst kaufen und zubereiten. Ein großer Teil von ihnen war verheiratet und konnte während der dienstfreien Zeit in irgendeinem bürgerlichen Gewerbe tätig sein; die Soldatenfrauen, welche auch unter der militärischen Gerichtsbarkeit standen, trieben oft einen kleinen Hökerhandel. Zur Erziehung der Soldatenkinder, nicht nur der elternlosen, sondern auch derer, um welche sich die Eltern nicht kümmern konnten oder mochten, wurde das große Potsdamer Militärwaisenhaus begründet. Von den Ausrüstungsgegenständen wurden nur die Waffen und die große Montur vom Regiment geliefert; die Anschaffung der kleinen Bekleidungsstücke, für die Soldabzüge gemacht wurden, gehörte mit zur Kompaniewirtschaft des Kapitäns. Durch dieses System, das auf die staatliche Menage ganz verzichtete, wurde die Armee mit ihrem großen Verbrauch gleichsam zum Schwungrad des wirtschaftlichen Verkehrs in den Garnisonstädten. Der starke Bruchteil von Ausländern bedeutete eine entsprechende Steigerung der Konsumtion, die den bürgerlichen Gewerben zugute kam. „Wenn die Armee marschiert", sagte Friedrich Wilhelm I., „verliert die Akzise ein Drittel": so stark hing der Ertrag dieser Verkehrssteuer mit dem Verbrauch der Soldaten zusammen; und nur durch diese Einrichtung wird es erklärlich, daß die Garnisonen nicht bloß als Last, sondern auch als fördernd für die städtischen Nahrungen empfunden wurden, und daß namentlich die kleinen Gewerbetreibenden ein Interesse daran hatten, daß ihr Ort mit Militär belegt war.

Friedrich Wilhelm I. hat aber nicht bloß als Organisator, sondern auch als Exerziermeister epochemachend gewirkt. Wie sein Freund Fürst Leopold von Anhalt auf der großen Wiese vor Halle, so drillte er selbst persönlich sein Regiment auf dem Exerzierplatz im Potsdamer Lustgarten. Der Drill war auf die damals übliche Lineartaktik berechnet, die auf dem Prinzip beruhte, die Truppen in langen, geschlossenen Linien, nur drei Glieder tief, im Gleichschritt und guter Richtung an den Feind heranzubringen und dabei ein schnelles, regelmäßiges, ungezieltes Feuer zu unterhalten. Der eiserne Ladestock, den der alte Dessauer an Stelle des hölzernen einführte, sollte ein schnelleres Schießen ermöglichen. Neben dem Schießen aber hatte der Bajonettangriff eine ganz hervorragende Bedeutung, und darum stellte man namentlich beim ersten Gliede gern große, starke Leute ein. Dies war der Ausgangspunkt der bekannten Liebhaberei des Königs für die großen Grenadiere, die sein Leibregiment zu einer wahren Riesengarde machte. Für diese langen Kerls war dem sonst so Sparsamen kein Preis zu hoch, und ein fürstliches Geschenk von ein paar großen Rekruten verfehlte selten die beabsichtigte Wirkung auf die Stimmung des Soldatenkönigs. Die Rekrutenkasse, die er begründete, um die Werbegelder für dieses Luxusregiment zu bestreiten (übrigens eine Metamorphose der „Marinekasse" des Großen Kurfürsten), gab Veranlassung dazu, auch in Preußen einen Mißbrauch einzuführen, der anderswo schon vielfach im Schwange ging, indem gewisse Ämter gegen Angebot von Zahlungen für die Rekrutenkasse vergeben wurden, wobei oft das Höchstgebot den Ausschlag gab.

Die Armee wurde seit Friedrich Wilhelm I. vollends zum Rückgrat der ganzen Staatsverwaltung, die auf das militärische Bedürfnis zugeschnitten und von militärischem Geist erfüllt war. Die Anhaltung von Deserteurs wurde zu einer neuen staatsbürgerlichen Pflicht, welche die Bevölkerung im Umkreis großer Garnisonen oftmals in Anspruch nahm. Dann wurden in den Dörfern die Sturmglocken geläutet und die Männer zum Aufspüren und Abfangen des Fahnenflüchtigen aufgeboten. Die Unterhaltung der Armee wurde geradezu die Hauptaufgabe der Finanzverwaltung; und aus der Finanzverwaltung ist in Preußen wie in anderen kontinentalen Staaten die ganze innere Verwaltung hervorgewachsen. Das Werkzeug dieser Finanz- und inneren Verwaltung aber, das Beamtentum, hat, ebenso wie das Heer, erst unter Friedrich Wilhelm I. seine volle Ausbildung und sein dauerndes, eigenartiges Gepräge erhalten. Der Schwerpunkt liegt dabei in den Kommissariats- und Kammerbehörden, die wir bis zum Ende Friedrichs I. bereits verfolgt haben.

Die Konsolidation der Schatullgüter, Forsten und aller Regalien mit der Domänenverwaltung, die bereits im Jahre 1711 angebahnt worden war, wurde durch Friedrich Wilhelm I. gleich nach seiner Thronbesteigung zu einer dauernden organischen Einrichtung gemacht, indem am 27. März 1713 das Generalfinanzdirektorium errichtet wurde, das an die Stelle der alten Geheimen Hofkammer trat und statt der alten Hofrentei die neue sogenannte Generalfinanzkasse neben sich hatte, deren Einkünfte durch die Reform fast auf das Doppelte vermehrt waren. An der Spitze der ganzen Domänenverwaltung stand der Präsident von Kameke, der schon 1711 mit diesem Posten betraut worden war. Im Gegensatz zu dem gescheiterten Projekt der Vererbpachtung wurde jetzt das System der Zeitpacht mit kurzen, sechsjährigen Pachtperioden zur Durchführung gebracht, und zwar in der Form der Generalpacht, indem grundsätzlich die Domänenämter als Ganzes in Bausch und Bogen verpachtet wurden, wobei der Generalpächter, der sogenannte „Beamte", der auch die obrigkeitlichen Befugnisse auszuüben hatte, zwar Unterpächter bestellen konnte, der Amtskammer aber für das Aufkommen der ganzen Pachtsumme allein verantwortlich blieb. In der Absicht, jede Vermischung der Domäneninteressen mit der adligen Gutswirtschaft zu vermeiden, hielt der König streng darauf, daß zu diesen Pachtungen nur Bürgerliche zugelassen wurden; aus solchen Amtleuten ist im Laufe der Zeit ein Stand von intelligenten und kapitalkräftigen bürgerlichen Landwirten hervorgegangen, die neben den adligen Gutsbesitzern eine Rolle von wachsender Bedeutung spielten. Durch die allgemeine und endgültige Durchführung der Pachtwirtschaft auf den Domänen wurden die alten Stellen der adligen Amtshauptleute, die mit einem kleinen Gehalt von 3—500 Talern versehen waren, zu bedeutungslosen Sinekuren; sie dienten seit Friedrich Wilhelm I. in der Regel zur Belohnung verdienter Offiziere, deren Einkommen auf diese Weise vermehrt werden sollte.

Neben dem General-Finanzdirektorium als der obersten Domänenbehörde stand das General-Kriegskommissariat, dem die Leitung der Heeres- und Steuerverwaltung oblag. Es war erst im Jahre 1712 in eine kollegialische Behörde umgewandelt worden, während vorher der General-Kriegskommissar allein über seinen Gehilfen die Leitung und Verantwortlichkeit besessen hatte. Der Urheber dieser Umwandlung war der General Friedrich Wilhelm von Grumbkow, ein gescheiter, tätiger, aber intriganter Mann, der unter Friedrich Wilhelm I. auch außerhalb seines Amtsbereichs eine wichtige Rolle gespielt hat. Mit dieser Umwandlung streifte das General-Kriegskommissariat vollends die frühere Unterordnung unter das Generalkommando der Armee ab und entwickelte sich mehr und mehr zu einer Behörde, deren Schwerpunkt auf dem Gebiete der Zivilverwaltung, namentlich des Steuer- und Polizeiwesens lag. Die kollegialische Verfassung empfahl sich für sie unter anderem auch deshalb, weil sie ebenso wie das General-Finanzdirektorium im Gebiete ihrer Verwaltungsinteressen eine weitreichende administrative Rechtsprechung auszuüben hatte.

Diesem Schritt in der Zentralinstanz folgte dann in den ersten Regierungsjahren Friedrich Wilhelms I. die allgemeine Umwandlung aller Kommissariatsbehörden der Provinzen in kollegialische Provinzial-Kriegskommissariate, wie sie in Preußen und Cleve schon längst bestanden. In allen Provinzen wurde dabei die Mitwirkung ständischer Organe bei der Steuerverwaltung, wo sie noch bestand, abgeschafft: das Magdeburger Kreditwerk (eine ähnliche Einrichtung wie das kurmärkische) verschwand ebenso wie der von den Ständen verwaltete ostpreußische Landkasten und andere ähnliche Einrichtungen. Nur in der Mark Brandenburg gab es kein besonderes Provinzial-Kriegskommissariat; dort blieb auch das alte landständische Kreditwerk mit seinen Einnahmen aus den alten Steuern des 16. Jahrhunderts unter dem Namen der Kurmärkischen Landschaft bestehen; die Verwaltung der Kontribution aber lag in den Händen der Kreise und Landräte, über die das General-Kriegskommissariat unmittelbar die Aufsicht führte.

Mit der Umwandlung der Provinzial-Steuerbehörden in kollegialische Kommissariate, die zugleich die Beseitigung der Reste ständischer Steuerverwaltung bedeutete, war in den übrigen mittleren Provinzen, namentlich Magdeburg und Pommern, eine wichtige Veränderung in der Stellung der Landräte verbunden, die dort bisher noch nach alter Weise Vertreter der Stände bei der Provinzial-Steuerverwaltung gewesen waren. Diese Landräte altständischen Stils wurden nun in Landräte auf kurmärkischem Fuß verwandelt, d. h. in Bezirksbeamte, die nur in ihrem Kreise, nicht in der Provinzialverwaltung zuständig waren und in fester Unterordnung unter dem Provinzial-Kriegskommissariat standen — eine Veränderung, die wenigstens in Magdeburg nicht ohne heftiges Sträuben der Beteiligten durchgeführt werden konnte. Die Präsentation der Landräte durch den Kreistag, die in der Kurmark üblich war, fiel daher in Magdeburg und auch anderswo unter Friedrich Wilhelm I. meist fort: die Landräte wurden in der Regel ohne Befragung der Kreisstände vom König auf Vorschlag der Kommissariatsbehörden ernannt.

Der Geschäftskreis der Kommissariate, wie er sich unter Friedrich Wilhelm I. ausbildete und erweiterte, zeigt besonders deutlich das Hervorwachsen der inneren Verwaltung aus der Militär- und Steuerverwaltung. Von dieser letzteren hatten die Kommissariatsgeschäfte ihren Ausgang genommen; in der Folge wurden sie in steigendem Maße die Organe der allgemeinen Landespolizei, insbesondere der wirtschaftlichen Verwaltung, namentlich in den Städten. Diese Entwicklung schloß vor allem an die Akzise an: das ganze Verkehrswesen, die Beaufsichtigung der Zünfte, die Beförderung der Manufakturen, der Schutz der einheimischen Arbeit gegen fremden Wettbewerb, die ganze merkantilistische Handels- und Gewerbepolitik überhaupt wurde zum Gegenstande der besonderen Fürsorge der Kommissariatsbehörden.

In diesen beiden nebeneinander stehenden Gruppen von Finanzbehörden, den Kammern und den Kommissariaten, lebte ein verschiedenartiger Geist, der zu manchen Reibungen und Konflikten führte. Die Amtskammern, die für die Domänen zu sorgen hatten, förderten hauptsächlich die landwirtschaftlichen Interessen. Sie standen noch auf dem Boden des reinen Agrarstaats und sahen im König vor allem den größten Grundbesitzer im Lande. In der Handelspolitik hatten sie freihändlerische Neigungen, wie denn ja die Landwirte damals nichts so eifrig begehrten, als die Zulassung der freien Ausfuhr von Getreide, Wolle, Holz und anderen Produkten. Dagegen vertraten die Kommissariatsbehörden in erster Linie die Interessen der Städte, die wegen der militärischen Garnisonen und wegen der Akzise für sie von vorwaltender Bedeutung waren; sie suchten vor allem die Gewerbe und die städtischen Nahrungen überhaupt zu befördern; sie sind die Anwälte eines merkantilistischen Schutzzoll- und Verbot-Systems; sie waren vor allem für das Verbot der Ausfuhr von Rohwolle und Getreide.

Um diese und andere Fragen, um die Gestaltung der Zollgesetzgebung und der Akzisetarife, um die Behandlung der Mediatstädte und ihre Umwandlung zu Immediatstädten, um die Einführung des Salzzwangs, um den Umfang der Brauerei und des Krugverlags auf dem Lande wurden heftige Kämpfe geführt, und häufige Reibungen störten den Gang der Verwaltung, da jede von beiden Gruppen bei dem durch die hohen Anforderungen des Königs gesteigerten Ressorteifer eine Ehre darein setzte, in ihrem Geschäftszweige wirtschaftliche und finanzielle Erfolge zu erzielen, sei es auch auf Kosten der anderen Hälfte. Vergeblich mahnte der König die Behörden zur Einigkeit in seinem Dienst, der durch die Ressortstreitigkeiten mehr geschädigt als gefördert wurde; der einmal entfesselte Wetteifer war nicht mehr zu dämpfen; es kam selbst dazu, daß Kammern und Kommissariate langwierige, geldfressende Prozesse gegeneinander führten; und so entschloß sich der König, wie es scheint auf den Rat seines Freundes, des Fürsten Leopold von Anhalt, die streitenden Behörden miteinander zu vereinigen, und zwar nicht nur, wie Leopold vorgeschlagen hatte, in den Provinzen, sondern auch am Hofe selbst.

In der Einsamkeit des Jagdhauses Schönebeck (in der Schorfheide) entwarf Friedrich Wilhelm I. im Dezember 1722 eigenhändig die Grundzüge der Instruktion für die neue oberste Verwaltungsbehörde, der er den Namen General-Ober-Finanz-Kriegs- und Domänen-Direktorium gab. Es handelte sich dabei nicht bloß um die Verfassung der Behörde selbst, sondern zugleich um einen Inbegriff des gesamten materiellen Verwaltungsrechts, dessen Grundsätze hier in drastischer, lapidarer Form niedergelegt sind. Der Geheime Sekretarius Thulemeier, den sich der König dann von Berlin nach Potsdam kommen ließ, mußte die ungefügen Sätze dieser königlichen Niederschrift in eine kanzleimäßige Form übertragen. Alsdann wurde den Ministern eröffnet, daß der König sowohl das General-Kriegskommissariat wie das General-Finanzdirektorium kassiert habe, weil er mit ihrem Verhalten nicht zufrieden gewesen sei, daß er aber die Präsidenten und Räte in die neue Behörde übernehmen wolle. Dabei wurde die Gelegenheit nicht versäumt, dem einen oder anderen eine scharfe Admonition zukommen zu lassen, was damals auch den obersten Beamten (oder vielmehr nach dem Sprachgebrauch der Zeit „königlichen Bedienten") gegenüber durchaus nicht ungewöhnlich war. Mit dem Jahre 1723 trat die neue Behördenorganisation ins Leben. Das Generaldirektorium, wie die neue Behörde gewöhnlich kurzweg genannt wurde, hatte nun also die gesamte finanzielle und innere Verwaltung zu besorgen, einschließlich der Militärökonomie und des Kriegsproviantwesens. Es war aus vier Provinzialdepartements zusammengesetzt, an deren Spitze je ein dirigierender Minister stand, dem drei bis vier vortragende Räte mit dem Titel „Geheime Finanzräte" beigeordnet waren. Das erste Departement unter Grumbkow umfaßte die Provinzen Ostpreußen, Pommern und Neumark, das zweite unter dem Wirklichen Geheimen Rat Kraut die Kurmark, Magdeburg, Halberstadt, das dritte unter Görne, dem bisherigen Präsidenten des General-Finanzdirektoriums, die rheinischen, das vierte unter Creutz, dem bisherigen Generalkontrolleur der Finanzen, die westfälischen Provinzen. Außerdem hatte jedes dieser Departements einige Angelegenheiten für den Gesamtumfang des Staates zu besorgen: so das erste die Grenz- und Rodungssachen, das zweite das Marschwesen und die Militärökonomie, das dritte das Post- und Münzwesen, das vierte die Kassen- und Rechnungssachen. Doch hatten diese Departements kein selbständiges Leben, sondern dienten nur zur Vorbereitung der Vorträge in den Plenarsitzungen und zur Ausführung der dort gefaßten Beschlüsse. Der Geschäftsgang war durchaus kollegialisch geordnet; jedes Departement hatte einen bestimmten Vortragstag; die Vorträge geschahen vor dem Plenum der ganzen Behörde, Minister und Räte mußten sich über den Beschluß vereinbaren; kam es zu einer solchen Vereinbarung nicht, so mußte ebenso wie bei allen außerordentlichen Fragen, für die in der Instruktion keine Richtschnur enthalten war, die Entscheidung des Königs eingeholt werden. Der König selbst wollte der Präsident des Generaldirektoriums sein; aber er hat den Sitzungen der Behörde tatsächlich niemals beigewohnt: der immer leer bleibende Präsidentenstuhl konnte als ein Symbol der höchsten Autorität und königlichen Selbstregierung gelten, die Friedrich Wilhelm I. nicht nur in Anspruch nahm, sondern auch wirklich auszuüben verstand. Die Amtsräume der neuen Behörde befanden sich wie die ihrer Vorgänger im Schlosse selbst. Die ganze Ordnung des Behördenwesens hat noch etwas Patriarchalisches. Minister und Räte mußten um 8 Uhr erscheinen und sollten alles, was an Geschäften vorhanden war, im Laufe des Tages abtun. Waren sie bis 2 Uhr nicht damit fertig, so sollte ihnen das Mittagessen aus der königlichen Küche heraufgebracht werden, und je die Hälfte sollte umschichtig speisen und arbeiten; nach dem Essen sollte dann fortgefahren werden, bis alles erledigt war. Ein besonderes Justizdepartement für die administrative Gerichtsbarkeit war den Provinzialdepartements beigefügt; es ist aber seit 1739 zu einem bloßen Justiziariat eingeschrumpft, das von einem einzelnen Rat besorgt wurde.

In den Provinzen wurden die Amtskammern und die Kriegskommissariate ebenfalls vereinigt und unter dem Namen „Kriegs- und Domänenkammern" neu geordnet und instruiert. Auch diese Kammern, die nun also für die Städte ebenso wie für das platte Land, für die Steuern ebenso wie für die Domänen und Regalien zu sorgen hatten, erhielten eine durchaus kollegialische Verfassung. Alle Beschlüsse mußten auch hier im Plenum gefaßt werden; dabei hatte aber jeder Rat sein besonderes Departement, das in der Regel aus einer Anzahl von Städten, Kreisen und Domänenämtern bestand. Die Kammerbezirke fielen meist mit den Provinzen zusammen, die früher selbständige Territorien gewesen waren. An der Spitze der Behörde stand ein Präsident und in der Regel zwei Direktoren. Der Präsident, ausnahmslos ein Edelmann, hatte die allgemeine Aufsicht über die gesamte Verwaltung der Provinz zu führen, die er auch häufig bereisen mußte, während den Direktoren, meist alten routinierten Räten, die eigentliche dienstliche Leitung und Beaufsichtigung des Kollegiums oblag. Der König hielt streng darauf, daß die Räte in den Kammern nicht Eingeborene der Provinzen waren, die sie zu verwalten hatten; er wollte aus diesen Behörden von vornherein den ständisch-partikularistischen Geist verbannen, der in den älteren Schichten des Behördenwesens noch nicht ganz verschwunden war. Eine besondere Vorbildung verlangte der König nicht für den Posten eines Kriegs- und Domänenrats; nur mußten es geschickte und muntere Leute mit offenem Kopf sein, die etwas vom praktischen Leben verstanden, dabei auch Ordnung und Pünktlichkeit gelernt hatten. Mit Vorliebe nahm sie der König aus den Reihen der im Dienst bewährten Regimentsquartiermeister und Auditeure, wodurch ein militärischer Zug in diese Behörden kam. Studierte Juristen brauchten die Verwaltungsbeamten damals noch keineswegs zu sein; auch von den Auskultatoren, die zum Vorbereitungsdienst bei den Kammern eintreten durften, wurde noch kein juristisches Studium verlangt. Es war nicht ungewöhnlich, daß tüchtige Leute vom Sekretär zum Rat aufstiegen; eine grundsätzliche Scheidung in der Vorbereitung für diese beiden Zweige des Dienstes fand noch nicht statt. Dabei übten aber die Kriegs- und Domänenkammern eine weitgehende Verwaltungsgerichtsbarkeit aus, die sich auf Streitsachen von finanziellem oder polizeilichem Interesse bezog und in summarischen Formen gehandhabt wurde. Die Rekursinstanz für ihre Entscheidungen war das Generaldirektorium.

Diese Verwaltungsgerichtsbarkeit gewann unter der Regierung Friedrich Wilhelms I. vielfach einen übermäßig starken Umfang und brachte die Kammern in häufige Jurisdiktionskonflikte mit den Regierungen, die neben ihnen in den Provinzen bestanden und ohnehin geneigt waren, die neuen Verwaltungsbehörden als unangenehme Rivalen anzusehen. Diese Regierungen waren ja einst die allgemeinen Hauptbehörden der Provinz gewesen und waren nun in der Hauptsache zu Oberlandesgerichten zusammengeschrumpft, da die Verwaltungsbefugnisse zum allergrößten Teil auf die neuen Spezialbehörden übergegangen waren; doch bewahrten sie von ihren früheren Befugnissen noch die Repräsentation der Landeshoheit sowie die Aufsicht über die Kirchen- und Schulsachen der Provinz. Sie waren noch ebensowenig bloße Gerichtshöfe, wie die Kriegs- und Domänenkammern bloße Verwaltungsbehörden.

Bei der Zusammenlegung der Kammer- und Kommissariatsbehörden hatte Friedrich Wilhelm absichtlich die beiden Gruppen von Kassen getrennt erhalten, welche einerseits die Domänen- und Regalien-Einkünfte, andererseits die Steuern, die ausschließlich zur Erhaltung des Heeres bestimmt waren, vereinnahmten. Er wollte offenbar verhüten, daß nicht, wie es unter seinem Vorgänger geschehen war, die Kriegsgefälle für Zwecke der Hofhaltung oder sonstige Zivilbedürfnisse Verwendung finden könnten. Es gab daher zwei Generalkassen: die General-Kriegskasse und die General-Domänenkasse, und diesen beiden Kassen entsprachen auch zwei getrennte Etats für den Staatshaushalt: der Militäretat und der Zivil-etat. Im Jahre 1714 hatte der König eine General-Rechenkammer eingerichtet, welche die Rechnungen dieser beiden Generalkassen zu prüfen und zugleich die ganze materielle Finanzgebarung und ihre Übereinstimmung mit den Etats zu kontrollieren hatte. An die Spitze dieser Immediatbehörde hatte er den bewährten Auditeur seines Leibregiments Creutz gestellt mit dem aus Frankreich entlehnten Titel eines Generalkontrolleurs der Finanzen. Mit der Begründung des Generaldirektoriums wurde die Stellung dieser Behörde verändert. Die Ober-Rechenkammer, wie nun die Bezeichnung lautete, wurde dem Generaldirektorium untergeordnet, und Creutz selbst, mit dessen Provinzialdepartement die Rechenkammersachen verbunden blieben, wurde einer der dirigierenden Minister in dieser obersten Verwaltungsbehörde. Seitdem hatte die Oberrechenkammer nur noch die Prüfung der Rechnungen aus den Provinzial- und Städtekassen zu besorgen; die verantwortliche Kontrolle der beiden Generalkassen sowie die Aufstellung der Etats lag den dirigierenden Ministern des Generaldirektoriums ob.

Unter den Kriegs- und Domänenkammern waren die Landräte in den Kreisen und die Steuerräte in den Städten als Organe der allgemeinen Landesverwaltung tätig. Die Landräte blieben unter Friedrich Wilhelm I. noch auf die mittleren Provinzen beschränkt, aber der Umfang ihres Geschäftskreises, der anfangs in der Hauptsache nur die Marsch- und Verpflegungssachen der Armee und das Kontributionswesen umfaßt hatte, dehnte sich durch eine große Zahl einzelner polizeilicher Aufträge, die ihnen beim Erlaß neuer Verordnungen erteilt wurden, allmählich dermaßen aus, daß sie sich zu allgemeinen Landespolizeibehörden und Repräsentanten der königlichen Gewalt in ihren Kreisen entwickelten. Die kreisständische Grundlage des Landratsamtes ging dabei nicht verloren, doch wurde sie, namentlich für einzelne Landesteile, wie Altmark und Magdeburg, vom König geflissentlich in ihrer Bedeutung eingeschränkt, so daß unter seiner Regierung die bureaukratische Seite dieses ursprünglich halb ständischen Amtes stärker hervortrat.

Die Kreise waren damals lediglich ritterschaftliche Gebietskörperschaften; die Städte, mit denen sie im Gemenge lagen, gehörten ebensowenig zu ihnen, wie die Domänenämter. Auf den Domänenämtern war der Generalpächter als „Beamter“ die zuständige Obrigkeit; die Städte aber standen unter der Aufsicht eines Steuerrates oder Commissarius loci. Um die Wirksamkeit und den Geschäftskreis dieser Beamten, die unter Friedrich Wilhelm I. eine große Bedeutung erhielten, recht zu verstehen, muß man einen Blick werfen auf die Umgestaltung des Städtewesens, die unter dieser Regierung vorgenommen worden ist.

Von alters her bestand fast überall in den Provinzen der preußischen Monarchie in den Städten eine oligarchische Verfassung. Die Stadträte ergänzten sich selbst aus den herrschenden Familien, und da sie meist sehr groß waren, regierten sie in sogenannten wechselnden Mitteln, d. h. umschichtig eine Hälfte um die andere, und zwar unter völligem Ausschluß der Bürgerschaft. Das Stadtregiment wurde nicht sowohl im Sinne einer öffentlichen Pflicht, als vielmehr in dem eines nutzbaren Rechtes der herrschenden Klasse geführt. Emolumente und Akzidenzien aus den städtischen Gütern und Forsten, billige Pachtungen für die Ratsmitglieder und ihre Verwandten, Schmausereien und Gelage auf allgemeine Unkosten gingen überall im Schwange. Die finanzielle Mißwirtschaft hatte vielfach zur Überschuldung der Städte geführt. Der lässige Geist dieser alten ständisch-korporativen Selbstverwaltung paßte übel zu dem angespannten und akkuraten Wesen des neuen Militärstaats, der es noch nicht verstanden hatte, eine wirksame Kontrolle über die Gemeinden einzurichten.

An Versuchen dazu hatte es allerdings auch früher nicht gefehlt. Schon der Große Kurfürst hatte verschiedene Maßregeln ergriffen, um eine monarchische Reform der Stadtverwaltung in die Wege zu leiten. Mit der Akzise und den Garnisonen waren die Kriegs- und Steuerkommissarien gekommen; man war aufmerksam geworden auf die schlechte Finanzverwaltung der Stadträte und hatte auch versucht, die städtische Ordnungs- und Wirtschaftspolizei zu verbessern. Aber erst die durchgreifende Energie Friedrich Wilhelms I. hat hier nachhaltig Wandel geschaffen. Bald nach seinem Regierungsantritt setzte er in den einzelnen Provinzen Untersuchungskommissionen nieder, die zunächst damit beauftragt wurden, das Schuldenwesen in den Städten zu regeln, und deren Tätigkeit damit endete, daß durch sogenannte rathäusliche Reglements die ganze städtische Verfassung und Verwaltung von Grund aus verändert wurde, und zwar in dem Sinne, daß die Städte fortan schlechtweg als Bestandteile des Staates der allgemeinen Verwaltung untergeordnet wurden, wobei ihre kommunale Selbständigkeit ganz verloren ging.

Einige ganz große Städte, die aus verschiedenen getrennten Gemeinden zusammengesetzt waren, wie Berlin und Königsberg, wurden jetzt zu einer Gemeinde zusammengefaßt (Berlin 1709, Königsberg 1724) und unter die Aufsicht und Leitung eines königlichen Stadtpräsidenten gestellt. In allen Städten wurden an Stelle der alten großen Räte kleinere Magistratskollegien eingerichtet, die aus festbesoldeten lebenslänglichen Beamten bestanden und durch den König oder die Behörden ernannt wurden, in der Regel gegen Angebote zur Rekrutenkasse, wodurch die Stellen meist käuflich wurden. Die Bürgerschaft hatte auch jetzt noch nicht viel zu bedeuten; Stadtverordnete, die hier und da wieder erscheinen, waren damals keine gewählten Vertreter der Bürgerschaft, die den Magistrat kontrollierten, sondern mehr Gehilfen des Magistrats aus den Zünften und Stadtvierteln. Polizei und Gericht blieb den Städten, wie herkömmlich, überlassen: die Polizei übte der Magistrat aus, insonderheit einer der gewöhnlich in der Dreizahl erscheinenden Bürgermeister; die Rechtsprechung war geteilt zwischen dem Magistrat, der ebenso wie andere Verwaltungsbehörden eine administrative Jurisdiktion ausübte, und dem Stadtgericht, das die ordentliche Rechtspflege besorgte. Der Hauptpunkt in der Reform bestand in der Regelung der Finanzverwaltung. Die Kämmereigüter und Forsten der Städte wurden fortan wie Domänen behandelt, nach ähnlichen Grundsätzen wie diese verpachtet und jeder Belastung mit Vorzugsberechtigungen der alten regierenden Cliquen entzogen. Die städtische Wirtschaft mußte wie die des Staates nach festen Etats geführt werden, die von den Behörden aufgestellt wurden und nicht überschritten werden durften. Eine eigene kommunale Besteuerung wurde in den Städten nicht mehr geduldet; soweit das städtische Grundvermögen nicht ausreichte, die Kosten der Verwaltung zu decken, wurden sogenannte Kompetenzgelder aus den Akziseüberschüssen bewilligt. Die Kontrolle dieser Finanzverwaltung und der ganzen städtischen Polizei, des Markt- und Zunftwesens, der Bau- und Pflastersachen, der Straßenbeleuchtung, des Brunnen- und Abfuhrwesens, der Brot-, Fleisch- und Bierpreise besorgte der Steuerrat in Verbindung mit dem Garnisonkommandeur, der eine ausschlaggebende Stimme in allen Polizeiangelegenheiten der Stadt hatte.

Der Steuerrat hatte einen sogenannten Städtekreis unter sich, d. h. sechs bis zwölf Städte, die er mindestens zweimal im Jahre nacheinander visitieren mußte. Ihm war für die Schreibgeschäfte, das Rechnungswesen und die Listenführung ein Kreiskalkulator beigegeben, während ein Polizeiausreuter ihm als Exekutivorgan diente. Der Steuerrat war im Gegensatz zum Landrat ein rein bureaukratischer Beamter, der in keiner Weise in der Selbstverwaltung fußte, sondern lediglich die Staatsautorität darstellte; er ist ein rechter Repräsentant des straffen und oft auch barschen Wesens, das durch Friedrich Wilhelm I. in die Verwaltung eindrang; auch diese Beamten rekrutierten sich großenteils aus alten Regimentsquartiermeistern und Auditeurs.

Fassen wir nun noch einmal das Ganze der Behördenorganisation ins Auge, wie es sich durch die Reformen Friedrich Wilhelms I. gestaltet hatte, so gewahren wir, daß die ursprüngliche Einheit der obersten Behörde, des Geheimen Ratskollegiums, sich aufgelöst hat. Die Domänen- und Steuerverwaltung hat sich seit der Begründung des General-Kriegskommissariats und des General-Finanzdirektoriums, deren Präsidenten anfänglich noch im Geheimen Rat Vortrag zu halten hatten, mehr und mehr aus diesem Kollegium herausgelöst; und vollends seit der Begründung des Generaldirektoriums hat der Zusammenhang ganz aufgehört. Die auswärtigen Angelegenheiten wurden schon längst nicht mehr im Plenum des Geheimen Rates erörtert und waren von Friedrich Wilhelm I. bei seinem Regierungsantritt ausschließlich drei Geheimen Räten anvertraut worden, Ilgen, Printzen und Dohna; nach Ilgens Tode, der sie längere Zeit hindurch allein besorgt hatte, wurde im Jahre 1728 ein besonderes Departement der auswärtigen Affären eingerichtet, in dem drei bis vier Minister nebeneinander tätig waren. Was übrig blieb von den alten Obliegenheiten des Geheimen Rates waren die Justiz- und geistlichen Angelegenheiten. Diese wurden von dem Rumpf des alten Geheimen Rats verwaltet, der auch dessen Namen und Amtslokal beibehielt, so daß man dieses Justiz- und geistliche Departement wohl als einen Geheimen Rat im engeren Sinne bezeichnen kann, während der Geheime Rat im weiteren Sinne damals nur noch den amtsrechtlichen Rahmen darstellte, der alle Minister als Wirkliche Geheime Räte umfaßte. Regelmäßige Plenarsitzungen hielt dieser weitere Geheime Rat aber nicht mehr; die Einheit der Verwaltung wurde überhaupt nicht mehr durch eine Zentralbehörde, sondern durch das Kabinett des Königs hergestellt. Die Regierung im

Rat, wie sie der Große Kurfürst geführt hatte, verwandelte sich seit der Thronbesteigung Friedrich Wilhelms I. in eine Regierung aus dem Kabinett. Es ist die schärfste Form der Selbstregierung, bei der der Monarch getrennt von seinen Ministern in der Einsamkeit seines Kabinetts die Entscheidungen fällt, deren Ausführung die Behörden zu besorgen haben. Die obersten Behörden befanden sich in Berlin, der König hielt sich gewöhnlich in Potsdam oder in einem seiner Jagdschlösser, besonders oft in Wusterhausen auf. Die Minister mußten ihm ihre Berichte und Vorschläge schriftlich einsenden, er verfügte darauf durch Marginalresolutionen oder durch Kabinettsorders, die seine Sekretäre entwerfen mußten. Durch solche Kabinettsorders wurde seit Friedrich Wilhelm I. der alte preußische Staat regiert. Es war eine Regierungsweise, die ein so ungewöhnliches Maß von Arbeitskraft und Arbeitslust und eine so eindringende Kenntnis der Geschäfte im großen und kleinen erforderte, wie sie Friedrich Wilhelm I. besaß, den der Oberpräsident Schön einmal Preußens größten innern König genannt hat.

Der finanzielle Erfolg der Verwaltungsarbeit, die der König mit diesem selbstgeschaffenen Behördenapparat leistete, war durchschlagend. Friedrich Wilhelm I. hat ein Ende gemacht mit den massenhaften Schulden, die immer noch auf den Domänen hafteten. Die Pfandschaften wurden eingelöst, das Kammergut wurde in seinem ganzen Umfange wiederhergestellt. Königliche Eigentumsrechte an Domänenstücken, die durch Pfandschaft oder auf andere Weise in adeligen Besitz geraten waren, wurden wieder geltend gemacht und, wenn es not tat, durch fiskalische Prozesse behauptet. Namentlich in Ostpreußen war die Gefahr groß, daß der Adel sich eines Teils des Kammerguts bemächtigte. In den benachbarten Ländern, in Polen und in den schwedischen Ostseeprovinzen, war das Kronland auf diese Weise großenteils in die Hände des Adels gekommen. Diese Gefahr wurde in Preußen durch das Eingreifen Friedrich Wilhelms I. verhütet. Der König geriet dadurch freilich in einen scharfen Gegensatz zum Adel, aber er erreichte seinen Zweck. Er nahm auch keinen Anstand, verschuldete Rittergüter aufzukaufen und den Domänenbesitz dadurch zu erweitern; er folgte darin dem Beispiel seines Freundes, des Fürsten Leopold von Anhalt, der fast den ganzen Adel seines kleinen Landes ausgekauft hat. Aber auch durch Urbarmachung wüster Ländereien und durch innere Kolonisation wurde der Domänenbesitz erweitert und im Ertrage gesteigert. Am Ende der Regierung Friedrich Wilhelms I. betrug er etwa ein Drittel des land- und forstwirtschaftlich nutzbaren Bodens im Staate. Die Einkünfte daraus sind von 1713 bis 1740 von 1,8 auf 3,3 Millionen Taler gewachsen. Sie betrugen fast die Hälfte der gesamten Staatseinnahmen. Das war sehr wichtig, weil ohnehin die Steuerkraft des Landes sehr stark in Anspruch genommen werden mußte, um die militärische Bereitschaft des Staates zu ermöglichen.

Die Grundsteuern des platten Landes sind unter Friedrich Wilhelm I. endgültig geregelt worden. Den Höhepunkt seiner Bestrebungen auf diesem Felde bildet die Einführung des sogenannten Generalhufenschosses in Ostpreußen in den Jahren 1716—20. Es handelte sich dabei weniger um eine Erhöhung, als um eine gerechtere und gleichmäßigere Verteilung der Steuern, die früher ein buntes Vielerlei von ziemlich roher Art dargestellt hatten: Hufenschösse, ohne Unterscheidung der Bodenqualität, Kopfschösse für arm und reich, Horn- und Klauenschösse auf das Vieh, eine Trankſteuer von dem auf dem Lande gebrauten

Bier. Die ärmeren Klassen der Bevölkerung waren dabei überlastet, die reichen oft über Gebühr geschont worden. Eine eigentliche Steuerfreiheit des Adels gab es allerdings in Ostpreußen nicht: der Orden hatte früher eine solche nicht aufkommen lassen. Aber im Lauf der Zeit hatten sich tatsächlich viele Edelleute von der Steuer zu befreien gewußt; und da die ganze Veranlagung und Steuerverwaltung in den Händen adliger Organe lag, so hatte man ihnen durch die Finger gesehen. Hier griff nun die obenerwähnte Umgestaltung des Steuerwesens durch die Aufhebung des adligen Landkastens ein; und mit ihr zugleich erfolgte jene große materielle Steuerreform, die darauf ausging, auf Grund einer wenn auch rohen Ertragsermittlung alle Grundbesitzer nach gleichem Fuße zu besteuern und so in dem Generalhufenschoß eine einheitliche und gerechte Besteuerungsart an die Stelle jener mannigfaltigen und ungerecht verteilten Lasten zu setzen. Den Vorschlag dazu hatte dem König ein ostpreußischer Gutsbesitzer von tiefen ökonomischen und finanziellen Einsichten und seltener Uneigennützigkeit gemacht, der Graf Truchseß von Waldburg, ein Verwaltungsmann ersten Ranges, der mit Aufopferung seines Vermögens und seiner Gesundheit die Ausführung dieser Reform, die beständige Reisen und viel Unbequemlichkeit und Ärger mit sich brachte, selbst in die Hand genommen hat und zuletzt als Präsident des Kriegskommissariats wie der Amtskammer an der Spitze der ganzen ostpreußischen Verwaltung stand, bis ein früher Tod ihn 1720 von dem in der Hauptsache vollendeten Werke abrief. Er hat im größten Teil des Landes bei dieser Steuerreform den Grundsatz durchgeführt, den Adel ebenso stark heranzuziehen wie die Kölmer und die erbuntertänigen Bauern. Mit den adligen Gutsbesitzern mußten allerdings meist besondere Verträge und Abmachungen vereinbart werden, die auf den bestehenden Zustand Rücksicht nahmen. Aber im großen und ganzen hat doch der Generalhufenschoß die Steuerlast sehr viel gleichmäßiger verteilt wie bisher. Eine Menge verschwiegener Hufen wurden jetzt wieder zur Steuer herangezogen, und auch der Ertrag im ganzen hob sich dadurch bedeutend.

Nicht ganz so gut gelang es bei der Grundsteuerregulierung in Pommern und der Neumark, die 1717—18 und 1719—21 von einer Kommission durchgeführt worden ist, an deren Spitze der General von Blankensee stand. Auch hier hatte der König die Heranziehung des Adels zur Grundsteuer geplant; aber hier bestand ein altes Privilegium der Steuerfreiheit, und der Widerstand gegen dessen Beseitigung war so hartnäckig, daß man den Plan fallen lassen mußte. Es wurde aber hier ein neues Kataster aufgestellt, das auf dem damals noch ungewöhnlichen Grundsatz beruhte, den Ertrag der Wirtschaft ungefähr zu ermitteln und die Steuer danach zu bemessen.

Einen gewissen Ersatz für die in den meisten Provinzen nicht gelungene Heranziehung des Adels zur Grundsteuer fand der König darin, daß er für die steuerfreien Lehnhufen des Adels in den mittleren Provinzen, namentlich in der Kurmark und in Magdeburg (in Pommern geschah es erst später), bei der Allodifikation der Rittergüter seit 1717 den sogenannten Lehnskanon einführte, der zu 40 Talern auf das Lehnpferd berechnet wurde. Diese Ablösung für den tatsächlich schon längst nicht mehr geleisteten und ganz verschollenen Roßdienst des Adels, die der König ohne die Zustimmung der Beteiligten einzuholen aus eigener Machtvollkommenheit verfügt hatte, wurde von den Rittergutsbesitzern vielfach als eine ungerechtfertigte Belastung empfunden, und der Ersatz, den der König dafür bot, nämlich die Herstellung des freien Eigentums an den Gütern unter Aufhebung der bisherigen lehnrechtlichen Beschränkungen, befriedigte viele um so weniger, als das Erbrecht der Töchter, das lehnrechtlich eigentlich ausgeschlossen sein sollte, vielfach schon früher durch Spezialprivilegien zugestanden war, und die jetzt eintretende Befugnis zur hypothekarischen Belastung manchen als ein Danaergeschenk erschien. Namentlich in der Altmark und in Magdeburg setzte der Adel dieser Reform einen hartnäckigen Widerstand entgegen; es wurde aus diesen Kreisen sogar eine Klage gegen den König beim Reichshofrat angestrengt, die, wie wir oben gesehen haben, dem Kaiser Anlaß zu manchen Schikanen bot und das Verhältnis zwischen ihm und dem König von Preußen vergiftete. Trotzdem hat Friedrich Wilhelm I. seinen Willen durchgesetzt; allerdings ließen sich die magdeburgischen Herren jahrelang den fälligen Lehnskanon durch militärische Exekution abpressen; gutwillig gaben sie ihn nicht.

Außer der Kontribution, die also in den meisten Provinzen vom Bauernstand zu tragen war, brachte das militärische System, wie es Friedrich Wilhelm I. vorfand, noch manche Naturallasten mit sich. Die schwerste war für die Bauern die Einquartierung der Kavallerie, die ursprünglich auf dem platten Lande untergebracht war. Friedrich Wilhelm I. hat sie 1718 in die Städte verlegt, und damit trat für die Bauern an die Stelle der Naturaleinquartierungslast eine neue Steuer, die sogenannte Reuterverpflegung, die als Zuschlag zur Kontribution erhoben wurde. Wo starke Kavallerieabteilungen in Quartier gelegen hatten, war dieser Zuschlag entsprechend hoch: in der Kurmark betrug er teilweise bis zu 50 Prozent der Kontribution. In Ostpreußen war er mit in die Anlage zum Generalhufenschoß aufgenommen. Es war eine schwere Last für den Bauer, aber doch noch immer minder drückend, als es die Naturaleinquartierung gewesen war. Denn bei der mangelhaften Aufsicht in den ländlichen Quartieren war der Bauer oft der Willkür des bei ihm einquartierten Reiters ausgesetzt und mußte mancherlei Erpressungen von ihm dulden, die nun fortfielen.

Eine drückende Verpflichtung für den Bauer war auch der Vorspann, den er als einen öffentlichen Frondienst gegen eine geringfügige Bezahlung namentlich bei Truppenmärschen und sonstigen militärischen Anlässen zu leisten hatte; auch Beamte und Offiziere hatten bei ihren Dienstreisen Anspruch auf Vorspann durch die Bauern. Um diese und andere ähnliche Lasten wenigstens gleichmäßiger zu verteilen, wurden unter Friedrich Wilhelm I. in den mittleren Provinzen (namentlich Kur- und Neumark) die sogenannten Marsch- und Molestienkassen eingerichtet, in die von jedem einzelnen vorspannpflichtigen Bauern gewisse Beträge nach dem Maßstab der Kontribution eingezahlt werden mußten, wogegen dann eine Entschädigung an diejenigen bezahlt wurde, die wirklich den Vorspann hatten leisten müssen. Diese Kassen überließ man meist den ständischen Organen der Provinzen und Kreise.

In solcher Gestalt ist die Kontributionslast das ganze 18. Jahrhundert hindurch unverändert geblieben. Die grundsätzliche Unveränderlichkeit, die jeden Zuwachs des Ertrags freiließ — ganz anders als die französische Taille —, daneben die ordentliche und gerechte Verwaltung durch scharf kontrollierte königliche Beamte hat die Kontributionslast immerhin noch erträglich gemacht, obwohl sie teilweise sehr schwer war. Sie betrug alles in allem meist gegen 40 Prozent des Reinertrages der bäuerlichen Güter, nahezu soviel wie damals die Taille in Frankreich oder wie heute die Grundsteuer in Ostindien.

Nicht minder schwer waren die Städte durch die Akzise belastet, zu der noch das zur Vergütung der Einquartierungslast erhobene Servisgeld als eine direkte Umlage auf die einzelnen Häuser kam. Eine Reihe von Akziseinstruktionen von 1713—27 hat die Verwaltung überall nach gleichartigen Grundsätzen geregelt, so daß die Akzise im großen und ganzen ein einheitlich geordnetes Steuersystem über den ganzen Staat hin darstellte, wenn auch die Tarife der verschiedenen Provinzen noch in manchen Punkten voneinander abwichen und die großen Städte Berlin, Königsberg, Magdeburg noch ihre besonderen Tarife behielten.

Die Bedeutung der Akzise war das ganze 18. Jahrhundert hindurch eine doppelte: einmal für die Finanzen, zweitens für die Handelspolitik. Die Akziseeinkünfte haben bald die größere Hälfte der Steuern ausgemacht; während die Kontribution stabil blieb, ist die Akzise in ihrem Ertrage fortwährend gestiegen. Die Akzise war aber zugleich auch das Mittel für die merkantilistische Schutzzollpolitik, die mit dem Regierungsantritt Friedrich Wilhelms I. beginnt, entschiedenere und nachdrücklichere Form anzunehmen. Ein Grenzzollsystem hatte der preußische Staat im 18. Jahrhundert nicht; seine Grenzen waren zu ungünstig dazu, das Staatsgebiet zu wenig geschlossen und zusammenhängend. So knüpfte denn das Bestreben nach gesteigertem Schutz der einheimischen Arbeit an die Einrichtung der städtischen Torsteuern an. Von Stadt zu Stadt wurden die eingeführten Waren revidiert; die Akzise bezahlten sie am Bestimmungsort. Fremde und einheimische Waren wurden dabei in steigendem Maße unterschiedlich behandelt: die einheimischen bezahlten die gewöhnlichen niedrigen Sätze, die fremden wurden immer höher belastet, je weiter sich die einheimische Industrie entwickelte, mit Sätzen von 15, 20, 25, ja 50 % des Wertes. In den Akzisetarifen steckt also damals zugleich die Handels- und Schutzzollpolitik des preußischen Staates.

Der Staatshaushalt ist unter Friedrich Wilhelm I. erst vollständig und endgültig von dem Hofhalt getrennt worden, mit dem er seit 1697 wieder in unheilvoller Weise vermischt worden war. Der Hofhalt wurde auf bestimmte Geldsummen angewiesen, die aus der Hofstaatskasse gezahlt wurden. Einfachheit und Sparsamkeit traten an die Stelle des Prunks und der Verschwendung. Eine große Zahl der Hofbedienungen und Pensionen, die ihm überflüssig schienen, hat der König gleich nach seinem Regierungsantritt gestrichen. Er selbst begnügte sich für seinen Haushalt, der einen fast bürgerlich einfachen Zuschnitt trug, in der Regel mit der jährlichen Summe von 52 000 Talern. Der Staatshaushalt aber ist seit 1713 in Preußen grundsätzlich ohne Schulden geführt worden. Während in England, in den Niederlanden, in Frankreich, auch schon in Österreich der Staatskredit in steigendem Maße in Anspruch genommen wurde, wurde in Preußen, wo freilich das inländische Kapital noch wenig leistungsfähig war, und auswärtige Anleihen, soweit sie möglich gewesen wären, die Gefahr politischer Abhängigkeit mit sich zu bringen schienen, geflissentlich noch gar kein Gebrauch davon gemacht. Außerordentliche Bedürfnisse, insbesondere beim Ausbruch eines Krieges, sollten nicht durch Anleihen, sondern aus den angehäuften Ersparnissen des Staates gedeckt werden. An die Stelle der Staatsschuld tritt hier der Staatsschatz, der „Tresor". Das ist der Plan Friedrich Wilhelms I. gewesen schon von Anfang seiner Regierung an; und tatsächlich hat er seinem Nachfolger einen Schatz von fast 8 Millionen Talern hinterlassen, der in Fässern verpackt und zur Fortschaffung bereit in den Kellerräumen des Schlosses lagerte. Die Gesamtsumme der Einnahmen und Ausgaben des preußischen Staatshaushalts hat beim Tode Friedrich Wilhelms I. etwa 7 Millionen Taler betragen. Davon wurden 5 Millionen für militärische Bedürfnisse verbraucht; aus den übrigbleibenden zwei Millionen wurden nicht nur die Kosten für Hof- und Zivilverwaltung bestritten, sondern auch noch Ersparnisse für den Staatsschatz zurückgelegt. In der Erhaltung der Armee und in der Ansammlung eines Kriegsschatzes gipfelte also der gesamte Finanzhaushalt des preußischen Militärstaats.

Die Wohlfahrtsbestrebungen waren in diesem Staate von vornherein den Gesichtspunkten militärisch-politischer Machtentfaltung untergeordnet, aber sie wurden keineswegs vernachlässigt. Friedrich Wilhelm I. wußte sehr wohl, daß der schwere Steuerdruck von der Bevölkerung ohne Schaden für den Staat nur dann ertragen werden konnte, wenn man der wirtschaftlichen Entwicklung mit allen zur Verfügung stehenden Mitteln nachhalf. Das ist der Sinn seiner Wirtschaftspolitik, die in den Bahnen des damals überall befolgten Systems des sogenannten Merkantilismus sich bewegte. In der Hauptsache war Preußen damals noch ein agrarischer Staat, und dem Landbau ist darum die staatliche Fürsorge in erster Linie zugewandt gewesen. Vor allem der ausgedehnte Domänenbesitz, der in den ostelbischen Provinzen aus güterartigen Vorwerken und Bauerndörfern bestand, war der Schauplatz dieser Tätigkeit für die Landeskultur. Es kam dabei nicht bloß darauf an, die Erträge stetig zu steigern, sondern zugleich dem ganzen Lande ein Beispiel besserer Wirtschaft zu geben und vor allem auch die Lage der erbuntertänigen und frondienstpflichtigen Bauern nach Möglichkeit zu verbessern. Die „Konservation der Bauern" war ein wichtiger Gesichtspunkt in der Domänenverwaltung; einem Amtmann, der als Bauernschinder erkannt worden war, wurde der Kontrakt nicht leicht erneuert. Von einer Auflösung des bäuerlichen Abhängigkeitsverhältnisses war auch auf den Domänen damals noch nicht die Rede; aber der König war bemüht, es zu mildern und erträglich zu machen. Er suchte die strengere Form der Leibeigenschaft, wie er es nannte, die namentlich in Ostpreußen und Pommern vorkam, mehr und mehr durch das mildere Erbuntertänigkeitsverhältnis zu ersetzen, wie es in der Kurmark üblich war. Das Prügeln der Bauern wurde verboten; die Frondienste wurden nach Möglichkeit auf drei bis vier Tage in der Woche beschränkt, zum Teil auch schon eine Ablösung der Dienste durch Geld angestrebt. Auf den Rittergütern allerdings haben diese bauernfreundlichen Bestrebungen noch kaum Eingang gefunden.

Ein Hauptpunkt war die großzügige innere Kolonisation, die mit Friedrich Wilhelm I. beginnt. Es handelt sich dabei hauptsächlich um die Provinz Ostpreußen und insbesondere um die litauischen Bezirke, die seit dem Jahre 1709 durch die vom Osten her eingedrungene Pestepidemie so furchtbar gelitten hatten und stark entvölkert waren. Hier hat der König ein großartiges Kulturwerk geschaffen, indem er durch konsequente jahrzehntelang fortgesetzte Maßregeln der Ansiedlung, des Bauens und Besserns, der Unterstützung und Förderung der Kolonisten, großer landwirtschaftlicher Meliorationen das Land wieder in einen blühenden Zustand zu bringen suchte. Nicht nur Dörfer wurden gegründet, sondern auch Städte wie Gumbinnen, Stallupönen und andere. In diesen Zusammenhang gehört auch die Aufnahme der von dem Erzbischof von Salzburg um ihres Glaubens willen vertriebenen Protestanten, die, von Friedrich Wilhelm I. aufgefordert, in großen Zügen mit Weib und Kind, Hab und Gut im Jahre 1732 nach Ostpreußen kamen und dort meist auf den litauischen Domänen angesiedelt worden sind. Fast 20 000 Menschen mit den erwünschtesten moralischen und wirtschaftlichen Eigenschaften hat der König auf diese Weise für seinen Staat gewonnen; und er wußte einen solchen Zuwachs zu schätzen: „Menschen achte vor den größten Reichtum" ist eins der bezeichnenden Worte, die seine Wirtschaftspolitik charakterisieren. Das „Retablissement" von Ostpreußen, wie es in der Kanzleisprache hieß, ist eine berühmte, damals viel bewunderte Leistung des königlichen Volkswirts; Friedrich der Große hat als Kronprinz nach einer Bereisung der Provinz im Jahre 1739 an Voltaire darüber in begeisterten, fast überschwenglichen Wendungen geschrieben.

Auch in der Handelspolitik blieben die Bedürfnisse der Landwirtschaft nicht unberücksichtigt. In der Regierungszeit Friedrich Wilhelms I. liegen die Anfänge eines agrarischen Schutzes gegen ausländische Getreideeinfuhr. Früher hatten die Landwirte immer nur das Interesse verfolgt, bei der Getreideausfuhr und der Verwertung ihrer Produkte überhaupt möglichst wenig durch staatliche Eingriffe gestört zu werden; jetzt begannen sie seit den Jahren 1721 und 1722, wo sehr reichliche Ernten gewesen waren, namentlich in Ostpreußen und in der Neumark, die Einfuhr von übermäßig billigem Getreide aus Polen als eine Schädigung zu empfinden, und die Domänenpächter konnten ihre Verträge nicht erfüllen, weil der Preis des Getreides, der dabei zu 12½ Groschen für den Scheffel angesetzt war, auf 11½ Groschen fiel. Es wurde daher zunächst ein Schutzzoll von 4 Groschen eingeführt und dann im Jahre 1722 ein Einfuhrverbot für das fremde Getreide erlassen. Der Königsberger Handel, der das polnische Getreide für den Export nicht entbehren konnte, wurde dabei insofern berücksichtigt, als hier das Verbot nur auf den Verbrauch im Inlande beschränkt wurde. Seitdem wurde es mehr und mehr zum allgemeinen Grundsatz, in guten Jahren die Grenze zu schließen, namentlich gegen Mecklenburg, Sachsen und Polen, während in teuren Jahren, wie z. B. von 1738—1740, im Interesse der inländischen Verbraucher die Ausfuhr gesperrt wurde.

Eine sehr einschneidende Maßregel, die der Landwirtschaft auferlegt wurde, war das Verbot der Ausfuhr von Rohwolle, das 1718 erging und 1719 auch auf den anfangs noch ausgenommenen Adel erstreckt wurde und das mit drakonischen Strafbestimmungen versehen war. Es verfolgte den Zweck, billigen Rohstoff für die Wollmanufakturen zu schaffen, denen Friedrich Wilhelm I. eine ganz besondere Fürsorge zuwandte, und ist bis 1808 in Geltung geblieben. Um den kleinen Meistern, die für eigene Rechnung arbeiteten, den Wettbewerb mit den großen kaufmännischen Verlagsgeschäften zu ermöglichen, legte der König in allen Städten, wo Tuchmacher vorhanden waren, Wollmagazine an, aus welchen den Meistern der Rohstoff vorschußweis geliefert wurde. Die kaufmännischen Verleger, für deren Betrieb eine staatliche Konzession erforderlich war, erfuhren mancherlei Förderung und Unterstützung, standen aber dafür, wie das ganze Gewerbe, unter staatlicher Aufsicht und Reglementierung, sowohl im Verhältnis zu den Arbeitern wie auch namentlich in bezug auf den gewerblichen Fabrikationsprozeß. Fremde Tuche waren zur Einfuhr verboten; auch die konkurrierenden Baumwollzeuge, die sehr in Mode waren, wurden nicht geduldet; der innere Markt sollte der einheimischen Produktion ausschließlich vorbehalten sein. Das Lagerhaus in Berlin war eine anfangs private, später staatliche Fabrik, in der namentlich die feineren Offizierstuche hergestellt wurden, während das gröbere Zeug für die Soldaten auch anderswo gemacht werden durfte. Eine Zeitlang 1725—38 hat Friedrich Wilhelm durch die „Russische Kompanie" einen schwunghaften Export von Tuchen nach Rußland zur Bekleidung der dortigen Armee ins Werk gesetzt, bis die Konkurrenz der Engländer diesem gewinnreichen Handel ein Ende machte. Mit dem industriell schon stärker entwickelten Nachbarlande Sachsen geriet Preußen durch die allmähliche Erhöhung der Tarife seit 1718 in einen förmlichen Zollkrieg, dem nach zehn Jahren (1728) ein Kommerzienvertrag folgte, durch welchen zwischen den beiden Ländern ein verhältnismäßig freier Handel mit den von ihnen selbst erzeugten Waren eingerichtet wurde, wobei jedoch die Tuchwaren ausgeschlossen blieben und zur Unterscheidung fremder und einheimischer Waren Ursprungszeugnisse gefordert wurden. Dieser Vertrag hat bis zum Jahre 1755 bestanden. Die fremden „hochimpostierten" Waren, die in den Städten bei der Akzise verzollt werden mußten, wurden durch ein Edikt von 1734, um Unterschleif zu verhüten, für das platte Land gänzlich verboten; die Polizeiausreuter hatten darauf zu achten. Von 1725—33 war ein lebhafter Aufschwung in den Geschäften zu spüren; seit 1737 litten sie unter einer Geld- und Absatzkrisis, die auch noch nach 1740 ein paar Jahre fortdauerte. So weit ist Preußen unter Friedrich Wilhelm I. noch nicht gekommen, daß es eine aktive Handelsbilanz gehabt hätte; die Einfuhr vom Ausland übertraf noch an Wert beträchtlich die Ausfuhr; die Entwicklung der inneren Produktivkräfte des Staates stand erst in den Anfängen.

Neben den Manufakturen spielte das alte Zunfthandwerk noch eine bedeutende Rolle, und die zeitgemäße Umgestaltung der Ordnungen, unter denen es lebte, ist eine der wichtigsten Regierungshandlungen Friedrich Wilhelms I., die mit der Reform der Stadtverwaltung in einem gewissen Zusammenhange steht.

Seit dem Verfall der Stadtwirtschaftspolitik waren die Zünfte vielfach entartet und wurden von einem engherzigen Privilegiengeist beherrscht. Die Zahl der Meister war vielfach eine geschlossene; Meister zu werden war sehr erschwert durch das übermäßig teure Meisterstück, durch die langen „Mutjahre" des Bewerbers, durch das hohe Eintrittsgeld in die Zunft, oft auch durch die Notwendigkeit, ein Haus oder eine Verkaufsbank zu erwerben oder auch wohl durch das Verlangen der Zunft, daß der neue Meister eine Meistertochter oder Meisterwitwe heiraten müsse. Viele Zünfte stritten miteinander um die Grenzen ihrer Befugnisse; es gab geldfressende Prozesse darüber, ob eine bestimmte Art von Arbeit dieser oder jener Zunft zugehöre. Die Ansammlung von unzünftigen Handwerkern auf dem platten Lande außerhalb der Stadtmauern und in den Dörfern gab Veranlassung zu Ruhestörungen durch das Vorgehen der Zünfte gegen diese Konkurrenten, die Jagd auf Pfuscher und Bönhasen. Das Lehrlingswesen litt an einem übertriebenen Pennalismus; die alten, derben, humorvollen Gebräuche bei der Aufnahme als Geselle waren vielfach in Roheit und Unsinn ausgeartet, das Wandern der Gesellen war vielfach zur Vagabondage geworden, da gar keine Kontrolle über sie geübt wurde, der blaue Montag grassierte überall; die Gesellenverbände traten oft sehr unbotmäßig gegen die Meister auf, organisierten Streiks und erregten ernsthafte Unruhen, wie z. B. die Schuhknechte in Augsburg und anderswo in der Zeit von 1720—30.

Diese Mißbräuche waren längst allgemein anerkannt; aber die territoriale Gesetzgebung und Polizei waren machtlos dagegen, da die Zünfte der einzelnen Gewerbe vielfach über das ganze Reich hin einen festen Zusammenhang besaßen, und die wandernden Gesellen vollends sich leicht dem Arm der territorialen Polizei entziehen konnten. Es bedurfte eines allgemeinen Reichsgesetzes, das freilich bei dem Mangel an Reichsorganen nur durch die territorialen Gewalten zur Ausführung gebracht werden konnte.

Der erste Versuch dazu war schon 1668—72 gemacht worden: ein Reichsgutachten von 1672 stellte brauchbare Normen für die Reform des Zunftwesens auf; aber es war nicht zum förmlichen Reichsgesetz geworden, und seine Ausführung in den Territorien, auch in Brandenburg, war auf unüberwindliche Schwierigkeiten gestoßen. Erst seit der Städtereform Friedrich Wilhelms I. und seit man in den Kammern und Steuerräten wirksame Aufsichtsorgane besaß, konnte die Sache mit besserer Aussicht auf Erfolg in Angriff genommen werden. Auf Betreiben Friedrich Wilhelms I. kam 1731 am Reichstag in Regensburg ein wirkliches Reichsgesetz über das Zunftwesen zustande, das auf jenem früheren Reichsgutachten beruhte und nun allgemein als Grundlage dienen sollte. Den Territorialfürsten blieb dabei die Freiheit, dies Recht nach Ermessen zu mehren oder zu mindern.

Auf Grund dieses Reichsgesetzes wurden nun in Preußen von 1732—35 alle Privilegien und Gildebriefe der Zünfte über den ganzen Staat hin revidiert und umgeändert. Das Resultat war die Herstellung eines neuen staatlichen Gewerberechts unter Beseitigung der bisherigen Mißbräuche, aber auch unter Beseitigung der bisherigen Selbständigkeit der Zünfte, die nun unter strenge obrigkeitliche Aufsicht kamen. Das System der über die Staatsgrenzen hinweg zusammenhängenden Haupt- und Nebenladen in den verschiedenen Gewerben wurde zerrissen, um eine staatliche Gewerbepolizei herzustellen. Die Gesellenverbände wurden aufgehoben. Es wurde keine Jurisdiktion der Zünfte und der Gesellenbruderschaften mehr geduldet. Von Stadt zu Stadt herrschte innerhalb des Staates Freizügigkeit. Für die wandernden Gesellen wurden die sogenannten Kundschaften als Ausweispapiere eingeführt. An allen Besprechungen der Zünfte nahm ein Gewerksassessor aus dem Magistrat teil. Die geschlossene Meisterzahl wurde bei allen Zünften abgeschafft. Die Regulierung der Konkurrenz ging aus den Händen der Zünfte in die der Obrigkeit über; unzünftige Freimeister wurden von ihr angesetzt, wo ein Bedürfnis vorhanden war. Die um die Grenzen ihrer Befugnisse streitenden Zünfte wurden vereinigt; die Frage der Landhandwerker wurde so geregelt, daß nur Müller, Schmiede, Stellmacher, Schneider und Leineweber in den Dörfern geduldet wurden. Der blaue Montag wurde abgeschafft, ebenso die Aufnahmeformalitäten bei der Lossprechung der Lehrlinge, das teure Meisterstück, die hohen Eintrittsgelder usw. Ein nüchterner rationalistischer Geist verdrängte die Ausartungen der alten sinnreichen, poetischen Zunftgebräuche, die zu Unsinn und Plage geworden waren; das ganze Zunftwesen bekam einen zahmeren Zug und engeren Spielraum für seine Betätigung; doch konnte es immerhin noch für die Erziehung der Lehrlinge, für die Erhaltung eines genossenschaftlichen Standesgeistes, für Arbeitsvermittlung und Hilfskassenwesen ersprießlich wirken; nur hatten die Zünfte ihre Selbständigkeit verloren und waren zu örtlichen Organen einer staatlichen Gewerbepolizei geworden.

Es lag in der Natur eines Staates, der hauptsächlich auf die Entwicklung der politischen Machtmittel gestellt war, daß diejenigen Zweige der öffentlichen Verwaltung, die in der territorialen Zeit an erster Stelle gestanden hatten, Justiz und Kirchenwesen, jetzt an Bedeutung hinter Militär, Finanz- und Wirtschaftspolitik zurücktraten. Friedrich Wilhelm I. war von einem brennenden Justizeifer beseelt und einem praktischen Christentum mit ganzem Herzen zugewandt; aber die Kulturaufgaben, die es auf diesen Gebieten für die Staatsverwaltung gab, konnten nur in beschränktem Maße gelöst werden und mußten namentlich überall da, wo zu ihrer Lösung erhebliche Geldmittel nötig waren, zurücktreten vor der ersten und dringendsten Forderung der Zeit: der militärisch-finanziellen Bereitschaft.

Die Mängel im Justizwesen des preußischen Staates, die fast sämtlich daher rührten, daß die alten territorialen Einrichtungen noch nicht im großstaatlichen Sinne umgestaltet und daher in Verfall geraten waren, sind Friedrich Wilhelm I. keineswegs unbekannt geblieben. Er war empört über die Verschleppung der Prozesse, die er namentlich den Schikanen der Anwälte zuschrieb, und wünschte eine Reform des Prozeßverfahrens, die es möglich machen sollte, jeden Prozeß in allen drei Instanzen in e i n e m Jahre zu Ende zu bringen. Die Herstellung eines einheitlichen preußischen Landrechts war eine alte Forderung, die schon durch Leibniz seit 1701 auf die Bahn gebracht worden war. Bald nach dem Regierungsantritt Friedrich Wilhelms I. wurde die Juristenfakultät zu Halle mit Vorarbeiten dazu beauftragt, aber das Werk kam nicht zustande. Auch der Justizminister von Plotho, dem der König die Sache der Reform ans Herz gelegt hatte, kam damit nicht vorwärts. Dagegen zog zu Anfang der zwanziger Jahre der Mann die Augen des Königs auf sich, dem es beschieden war, unter seinem Nachfolger wenigstens einen Teil der notwendigen Reformen zu vollenden: Samuel von Cocceji. Auch dessen Leistungen knüpfen an das ostpreußische Retablissement an, von dem so viele fruchtbare Anregungen für die Verwaltung der Gesamtmonarchie ausgegangen sind. Er hatte das Gerichtswesen von Ostpreußen in Ordnung gebracht und das alte ostpreußische Landrecht, eine der wenigen provinziellen Kodifikationen, die es im preußischen Staate gab, in modernisierter Gestalt 1721 neu herausgegeben. Cocceji wurde der Mann, auf den der König seine Hoffnungen setzte. Er wurde 1737 zum Ministre Chef de Justice ernannt, was insofern eine epochemachende Bedeutung hatte, als das vielköpfige Justizministerium damit ein einheitliches Oberhaupt bekam, und zwar ein solches, das nicht mehr mit dem Vorsitz in einem der hohen Gerichtshöfe belastet war, sondern sich ganz den Aufgaben der Justizverwaltung widmen konnte. In dieser Stellung hat Cocceji das Werk der Reform angegriffen; aber schon nach den ersten Schritten kam es wieder ins Stocken. Die Gegner, an denen es natürlich nicht fehlen konnte, gewannen das Ohr des Königs, dessen Vertrauen auf den Mann seiner Wahl doch nicht so stark war, daß er ihn ungestört hätte fortarbeiten lassen. Die Reformen im Sportelwesen, mit denen Cocceji begonnen hatte, wurden wieder aufgehoben; sein Ansehen war erschüttert, und es ist bis 1740 nichts von dem erreicht worden, was man bei dieser Reform beabsichtigte. Der Advokatenstand, der das Mißfallen des Königs in besonderem Maße erregt hatte, war in seinem öffentlichen Ansehen sehr dadurch geschädigt worden, daß seinen Angehörigen bei strenger Strafe anbefohlen war, als Standestracht ein lächerlich wirkendes kurzes Mäntelchen zu tragen; der König meinte wohl, daß sich die Leute dann besser vor diesen gefährlichen Subjekten hüten könnten. Zur Erhöhung der Standesmoral und zur Besserung der Rechtspflege diente die Maßregel natürlich nicht.

Nur auf dem Gebiet der Strafrechtspflege hat die Regierung Friedrich Wilhelms I. eine durchgreifende Besserung zustande gebracht, durch die Kriminalordnung von 1717, die zuerst für die Mark Brandenburg erlassen wurde, dann aber auch für die anderen Provinzen Geltung erlangt hat. Es handelte sich dabei um die Regelung des gemeinrechtlichen Inquisitionsprozesses, bei dem die Delinquenten von den patrimonialen oder städtischen Ortsgerichten, unter Umständen auch mit Anwendung der Folter, dem peinlichen Verhör unterzogen und die aus dieser Inquisition erwachsenen Akten einem Schöffenstuhl oder einer Juristenfakultät, auch außer Landes, zum Urteilsspruch zugesandt wurden, worauf dann das lediglich auf Grund der Akten gefällte Urteil dem inquirierenden Gericht übersandt und von ihm ohne weiteres vollstreckt wurde. Die Staatsaufsicht fehlte in diesem Zweige der Rechtspflege so gut wie ganz; und diesen Mangel hat Friedrich Wilhelm I. abgestellt. Statt der zum Teil ausländischen Schöffenstühle und Juristenfakultäten, die bisher das Urteil gesprochen hatten, wurden bei den Provinzialregierungen besondere Kriminalkollegien begründet, denen diese Aufgabe zufiel, und außerdem wurde angeordnet, daß in allen schweren Fällen, wo es auf Leibes- und Lebensstrafe ankam, mit Einschluß der Zwischenurteile auf Anwendung der Folter, die Akten nach Berlin geschickt werden mußten, wo das Urteil im Kriminaldepartement des Justizministeriums endgültig festgestellt wurde, nachdem ein in Berlin bestelltes Kriminalkollegium die Akten geprüft und ein rechtliches Gutachten darüber abgegeben hatte. Die Kriminalstrafen sind unter Friedrich Wilhelm I. noch erheblich verschärft worden: Kindesmörderinnen sollten gesäckt, Diebe gehängt werden; von einer Milderung der alten harten Strafen der peinlichen Halsgerichtsordnung Karls V., wie sie eine humane, aufgeklärte Richtung in der Jurisprudenz damals schon forderte, blieb man noch weit entfernt.

Das Kirchenregiment hat Friedrich Wilhelm I. in dem Sinne geführt, daß er eine Vereinigung von Lutheranern und Reformierten anstrebte. Er selbst war und blieb reformiert wie seine Vorfahren, aber er hatte eine besondere Zuneigung für die neu aufgekommene undogmatische Richtung des sogenannten Pietismus; der jüngere Francke, der die Richtung seines Vaters fortsetzte, war ein Prediger nach seinem Herzen. Die geistlichen Kontroversen auf den Kanzeln verbot er wie der Große Kurfürst; von der Gnadenwahl sollte nicht gesprochen werden: dieses Dogma des orthodoxen Calvinismus verwarf er ganz und gar. Auch in seiner Politik ist ein evangelischer Zug. Die Aufnahme der Salzburger erfolgte nicht nur, um die Bevölkerung und die Landeskultur zu heben, sondern auch aus warmem Mitgefühl für die bedrängten Glaubensgenossen. Die Vorgänge in Thorn im Jahre 1724, wo Ausschreitungen der protestantischen Bürgerschaft gegen eine von den Jesuiten geleitete Prozession auf deren Betreiben durch Bluturteile von unerhörter Schärfe gegen den Bürgermeister Rösner und eine Anzahl von Ratsherren und Bürgern gerächt werden sollte, waren eine Zeitlang der Hauptgegenstand seiner politischen Bemühungen. Ein Schrei der Entrüstung ging damals durch die protestantische Welt, und Friedrich Wilhelm I. trat als Vorkämpfer für ihre Interessen auf. Er bemühte sich, alle protestantischen Höfe in Bewegung zu setzen; er protestierte bei König August von Polen mit Berufung auf den Frieden von Oliva, der die Rechte der Protestanten schützte; er trat in Verbindung mit dem Zaren Peter dem Großen, der in der zunehmenden Macht der Jesuiten in Polen eine Gefahr sah. Aber August der Starke erklärte, daß ihm in Polen ein Begnadigungsrecht nicht zustehe; die Bluturteile wurden vollstreckt, ehe man hindernd eingreifen konnte; die protestantischen Höfe in Deutschland zeigten sich lau, und 1725 starb auch Peter der Große, ohne den ein politisches Einschreiten nicht möglich war. Das Thorner Blutbad blieb ungesühnt; die Jesuiten triumphierten; für Friedrich Wilhelm I. aber bedeutete dieser Ausgang der Sache einen schweren Kummer.

Friedrich Wilhelm I. selbst übte gegen die Katholiken noch erheblich mehr Duldung als der Große Kurfürst. Die vielen katholischen Soldaten in seiner Armee gaben ihm Anlaß, das Bedürfnis nach katholischer Seelsorge zu befriedigen. Nur die Jesuiten wollte der König in seinen Landen niemals dulden Die Erfahrung von Thorn hat seine tiefe Abneigung gegen sie noch vermehrt. Seine Beamten sollten reformiert oder lutherisch sein. Irgend welche Einmischung der geistlichen Gewalt in die weltlichen Angelegenheiten duldete er nicht. Die Fiskale, die alle Gesetzesübertretungen anzuzeigen hatten, mußten auch darauf acht haben, daß in den Predigten nichts vorkam, was gegen die Regierungsart gerichtet war. Den Kirchenbau hat der König ganz besonders in Litauen, bei dem ostpreußischen Retablissement, in großartiger Weise gefördert; und mit den Kirchen zusammen entstanden hier in dem wüsten, unkultivierten Lande auch eine Menge von Dorfschulen; ein sogenannter Mons pietatis von 50 000 Talern wurde zu deren Unterhaltung gewidmet; denn der König, angeregt durch eine Predigt des trefflichen Lysius, sagte sich: „Wenn ich baue und bessere, und mache keine Christen, so hilft es mir nit.“ Schule und Kirche blieben eng miteinander verbunden. Es war ein Fortwirken des Geistes der Reformation, was damals die preußische Volksschule in ihren Anfängen gefördert hat. Dem bekannten Edikt von 1717, durch welches bei Strafe befohlen wurde, die Kinder zur Schule zu halten, darf man keine übertriebene Bedeutung beilegen. Es war eine alte Forderung der protestantischen Landesobrigkeiten, die darin zum Ausdruck kam, und die Wirkungen dieser Verordnung können nicht groß gewesen sein; denn ein Edikt vom Jahre 1736 stellt fest, daß man sich selbst in der Kurmark wenig danach gerichtet habe. Von einer wirklich allgemeinen Schulpflicht konnte noch keine Rede sein, weil jene Bestimmung nur für die Orte Geltung haben sollte, wo bereits Schulen bestanden, was noch keineswegs überall der Fall war. Auch die Leistungen der damaligen Volksschule wird man sich nicht allzu groß vorzustellen haben. Es kam in der Hauptsache darauf an, daß die Kinder lesen lernten und im Christentum unterrichtet wurden; schreiben und gar rechnen lernten sie nicht überall. Es fehlte an Lehrern und noch mehr an Besoldungen für sie; häufig besorgte der Schneider im Dorfe die Schule neben seinem Handwerk; auch

Militärinvaliden mußten zuweilen das Amt des Schulmeisters übernehmen. Es war schon etwas Großes, wenn es gelang, einen regelmäßigen Unterricht nicht nur im Winter, sondern auch im Sommer durchzuführen, wo die Eltern die Arbeitskraft ihrer Kinder ungern entbehren mochten und auch der Lehrer selbst oft mit Landarbeit beschäftigt war. Man sieht: der preußische Militärstaat Friedrich Wilhelms I. ließ nur geringen Raum für die Kulturpflege, die freilich auch in anderen deutschen Landen damals keine glänzenderen Resultate aufzuweisen hatte; aber man legte dort wenigstens die festen Fundamente für spätere Zeiten, in denen sich der große Grundsatz der allgemeinen Schulpflicht ebenso wie der der allgemeinen Wehrpflicht erst voll verwirklichen sollte.

Die auswärtige Politik von 1720 bis 1740 und der Ausgang Friedrich Wilhelms I.

Die auswärtige Politik Friedrich Wilhelms I. zeigt im Jahre 1725 einen jähen Umschwung, der ihn an die Seite der Gegner des Kaisers, England und Frankreich, gebracht hat. Diese Wendung hing mit einer allgemeinen Veränderung in der Gruppierung der europäischen Mächte zusammen. Trotz der Friedensschlüsse von 1713, 14 und 20 hatten die Reibungen in Westeuropa keineswegs aufgehört, und 1724 schien man wieder vor dem Ausbruch eines Krieges zu stehen. Man suchte ihn, wie es damals üblich zu werden begann, durch einen Kongreß der großen Mächte zu verhüten, der 1724 in Cambray zusammentrat. Dieser Kongreß hat zwar die Fragen, die seine Berufung veranlaßt hatten, nicht gelöst, aber er endete mit einer überraschenden Umkehrung des bisherigen Allianzsystems. Spanien machte jetzt Front gegen England, das ihm in Westindien wie in Gibraltar immer unbequemer wurde, und schloß mit seinem alten Gegner, dem Kaiser, ein Bündnis zu Wien 1725; katholische Reichsstände, wie Bayern, Köln, Pfalz, Trier, sind später dem Bündnis beigetreten. Dagegen schlossen sich alsbald die früheren Gegner, England und Frankreich, ebenfalls zu einem Bündnis zusammen, dem auch Hannover angehörte; und diesem Bündnis ist Friedrich Wilhelm I. am 3. September 1725 zu Herrenhausen bei Hannover beigetreten. Es war ein auffallender Parteiwechsel, veranlaßt durch die fortdauernden Schikanen des Kaiserhofes gegen Preußen in Reichssachen und anderen Angelegenheiten, mehr aus Gefühls- als Interessenpolitik entsprungen: Friedrich Wilhelm I., verärgert wie er war, hatte sich von seinem hannöverschen Schwager, dem König Georg II. von England und dessen Bundesgenossen überrumpeln lassen; der alte, erfahrene Leiter der auswärtigen Geschäfte in Preußen, der Geheime Rat Rüdiger von Ilgen, hatte keinen Anteil an diesem Abkommen gehabt. An Österreich und seine Verbündeten schloß sich nach dem Tode Peters des Großen auch noch dessen Witwe, die Kaiserin Katharina I. von Rußland, an, und so standen im Herbst 1725 zwei große europäische Bündnisse einander gegenüber, zwischen denen es fast zum Kriege gekommen wäre. Preußen war dabei in einer sehr gefährlichen Lage; und Friedrich Wilhelm I. merkte bald, daß die Engländer und Franzosen ihn nur als Sturmbock gegen die großen östlichen Militärmächte gebrauchen wollten. Er nahm die erste Gelegenheit wahr, seine Stellung wieder zu ändern. Als die Freundschaft zwischen dem Kaiser und Spanien ins Wanken geriet und die Interessengemeinschaft der bourbonischen Häuser in Frankreich und Spanien sich wieder geltend machte, trat er von dem

Bündnis mit den Westmächten zurück und schloß am 12. Oktober 1726 auf seinem Jagdschloß Wusterhausen einen Vertrag mit dem Kaiser, der zwei Jahre später nach heftigen Parteikämpfen am Hofe zu einem sehr engen Bündnis fortgebildet wurde durch den Berliner Vertrag vom 23. Dezember 1728. Dieses Bündnis war in der Hauptsache das Werk des außerordentlichen kaiserlichen Gesandten Grafen Seckendorff, eines schlauen, geriebenen Diplomaten, der sich durch die Maske eines offenherzigen Biedermannes und als Protestant und Kriegskamerad von Malplaquet her das persönliche Vertrauen Friedrich Wilhelms I. zu gewinnen verstanden hatte; einen wirksamen Helfer hatte er an dem Minister Grumbkow gefunden, dem alten General-Kriegskommissar und Feldmarschall, der im Solde Österreichs stand und auf dessen Rat Friedrich Wilhelm I. auch in den auswärtigen Angelegenheiten zu hören pflegte, namentlich nach dem Tode des alten, erfahrenen Ilgen, der kurz zuvor gestorben war, und dessen Nachfolger in dem neubegründeten auswärtigen Departement der Lage noch nicht recht gewachsen waren. In dem Berliner Vertrag wird ein vollständiges politisches Zusammengehen der beiden Mächte festgestellt, namentlich auch in den Reichsangelegenheiten. Preußen erneuerte die schon 1726 geleistete Garantie der Pragmatischen Sanktion Karls VI. und stellte dem künftigen Gemahl seiner Erbtochter Maria Theresia bei der nächsten Kaiserwahl seine Kurstimme in Aussicht. Dafür versprach der Kaiser dem Könige seine Unterstützung in der seit einiger Zeit wieder akut gewordenen Sache der Sukzession in Jülich-Berg.

Das Haus Pfalz-Neuburg, das seit 1685 auch in den Besitz der Kurpfalz gekommen war, stand kurz vor dem Erlöschen. Nach dem Tode des alten Kurfürsten Karl Philipp († 1742), der keine männlichen Erben hatte, mußte die Kurpfalz an die Linie Sulzbach kommen; zweifelhaft war, welches Schicksal dann die niederrheinischen Lande des Hauses haben würden. Preußen behauptete, daß mit dem Erlöschen des Hauses auch der mit diesem geschlossene Vergleich von 1666 hinfällig werde, und beanspruchte die niederrheinische Erbschaft für sich; allerdings hat Friedrich Wilhelm I. seine Sache von vornherein dadurch geschwächt, daß er in Anbetracht der zu erwartenden Schwierigkeiten sich zu einem billigen Vergleich erbot, indem er 1724 erklärte, sich mit Berg und Ravenstein begnügen zu wollen; an dieser Forderung aber hielt er auf das hartnäckigste fest. Gegen ihn machte Pfalz-Sulzbach das weibliche Erbfolgerecht geltend: eine Tochter Karl Philipps war mit dem voraussichtlichen Erben aus der Sulzbacher Linie verheiratet; auf eine Teilung, wie sie Friedrich Wilhelm I. vorgeschlagen hatte, wollte man sich hier nicht einlassen. Außerdem erhob auch das Haus Österreich Ansprüche: Karl VI. war der Sohn einer neuburgischen Prinzessin, der Tochter des Pfalzgrafen Philipp Wilhelm. Der Kaiser dachte wohl kaum daran, diesen Anspruch wirklich durchzusetzen; aber als eine bequeme Handhabe bei diplomatischen Verhandlungen über die Angelegenheit konnte er immerhin gebraucht werden.

Diese Angelegenheit, eine von den vielen damals schwebenden politischen Fragen, über die man niemals zu diplomatischer Einigung gelangte, steht im Mittelpunkt der politischen Bemühungen Friedrich Wilhelms I. seit dem Ausgang des nordischen Krieges, ähnlich wie eben damals für Karl VI. die Frage der Pragmatischen Sanktion. Und ebenso wie Karl VI. hat er seinen Anspruch nicht sowohl durch militärischen Nachdruck, als vielmehr auf dem trügerischen Wege diplomatischer Verhandlungen und Garantien durchzusetzen gesucht. Schon in dem

Bündnis von Herrenhausen hatte er sich von den Westmächten, mit denen er sich damals verband, die Zusicherung geben lassen, daß sie sich für Einsetzung eines unparteiischen Schiedsgerichts verwenden und sich jeder gewaltsamen Beeinträchtigung der preußischen Rechte widersetzen würden. In dem Vertrage von Wusterhausen war die Garantie der Pragmatischen Sanktion von preußischer Seite nur unter der Bedingung ausgesprochen worden, daß der Kaiser sich bemühen werde, binnen sechs Monaten die Zustimmung des Hauses Sulzbach zu der Erwerbung von Berg und Ravenstein durch Preußen zu erwirken — eine Bedingung, die dann nicht erfüllt worden ist. In dem Berliner Vertrage von 1728 erklärte nun der Kaiser, daß er beim Eintreten des Erbfalles seine persönlichen Ansprüche auf Jülich dem Hause Sulzbach, die auf Berg und Ravenstein aber dem König von Preußen übertragen und dann jedem der beiden zur Erwerbung des ihm überlassenen Stückes der Erbschaft seine Hilfe leihen werde. Falls das Haus Sulzbach auf diesen Vorschlag nicht eingehen würde — und das war der wichtigste Punkt bei der ganzen Abmachung — behielt sich der Kaiser seine eigenen Ansprüche auf Jülich vor, die Preußen dann ebenso garantieren sollte, wie der Kaiser das Anrecht Preußens auf Berg und Ravenstein. Das war, wie man sieht, nicht eben ein hoher Grad von Sicherheit für die Verwirklichung der preußischen Ansprüche. Die Sache wurde aber noch unsicherer und verwickelter dadurch, daß der Kaiser die rechtliche Entscheidung der ganzen Frage beim Eintritt des Erbfalls und beim Scheitern eines Vergleichsversuches dem Reichshofrat vorbehalten hatte, der, wie bekannt, damals ein politisches Werkzeug des Kaisers war. Der Kaiser nahm also — das war der Sinn dieses Vorbehalts — kraft seines oberstrichterlichen Amtes die Entscheidung der Streitfrage für sich in Anspruch. Natürlich konnte diese Entscheidung auch gegen Preußen ausfallen. Für diese Möglichkeit hatten die preußischen Unterhändler, Borcke und Knyphausen, eine Sicherungsklausel in den Vertrag hineinbringen wollen, des Inhalts: daß, falls der Spruch des Reichshofrats gegen Preußen ausfalle, der Kaiser sich verpflichten müsse, Preußen ex propriis mit einem angemessenen Äquivalent zu entschädigen, d. h. von seinen eigenen Landen etwas an Preußen abzutreten. Indessen auf das Drängen des österreichischen Unterhändlers Seckendorff hatte der König schließlich verfügt, daß die Klausel aus der endgültigen Ausfertigung des Vertrages fortbleiben solle. Selbst ein geradliniger, ehrlicher Charakter, verließ er sich auf die Redlichkeit des Kaisers und seines Gesandten. Er fesselte sich an die österreichische Sache und ließ dabei dem Kaiser die Hintertür offen, durch die er seinen Verpflichtungen leicht entschlüpfen konnte.

Bald nach der Herstellung dieses Bündnisses zwischen Preußen und Österreich kam es wieder zu einer gefährlichen Spannung zwischen den großen Mächten Europas. Der Kongreß von Soissons war 1728 ergebnislos verlaufen, aber wiederum vollzog sich jetzt ein Umschwung in der Gruppierung der Mächte: in dem Vertrag von Sevilla (9. November 1729) traten die drei westeuropäischen Mächte, Spanien, Frankreich, England im Bunde miteinander dem Kaiser und seinen Verbündeten, Preußen und Rußland, gegenüber. Es handelte sich dabei namentlich um die Absicht des Kaisers, eine neue ostindische Kompanie mit dem Sitz in Ostende zu begründen, was England und die übrigen Kolonialmächte nicht dulden wollten. Andere Streitpunkte, die Preußen näher angingen, traten hinzu.

Zwischen den Hohenzollern und den Welfen in Berlin und Hannover bestand, trotz der wiederholten verwandtschaftlichen Verbindung zwischen den beiden Häusern, eine alte Rivalität. Friedrich Wilhelm I. war der Schwager Georgs II., der 1727 den englischen Thron bestieg; seine Gemahlin Sophie Dorothee hat ihre engen Beziehungen zu dem hannöversch-englischen Hofe nie aufgegeben. Trotz dieses verwandtschaftlichen Zusammenhangs ist unter der Regierung Friedrich Wilhelms I. das politische Verhältnis der beiden Höfe ein immer schlechteres geworden. Den Anlaß dazu hatte namentlich die Einmischung Hannovers in Mecklenburg und in Ostfriesland gegeben. In diesen beiden Ländern, auf die Preußen Erbanspruch und Anwartschaft besaß, war es infolge eines Streites zwischen Fürst und Ständen zur Reichsexekution gekommen; und Hannover, das beide Male dabei beteiligt gewesen war, hatte dann seine Truppen im Lande stehen lassen und sich dadurch einen Einfluß angemaßt, der die preußischen Interessen schwer verletzte. Dazu kam noch ein Grenzstreit zwischen Preußen und Hannover und die Verhaftung preußischer Werber, die sich auf hannoverschem Gebiet Übergriffe erlaubt hatten. Friedrich Wilhelm I., empört und aufs äußerste gereizt, ließ ein Korps von 44 000 Mann gegen die hannöversche Grenze marschieren. Auch auf der Gegenseite rüstete man sich. Beide Gegner suchten die Hilfe ihrer Bundesgenossen nach. Friedrich Wilhelm I. hatte einen Moment die groteske Idee, den Streit mit dem verhaßten Schwager persönlich, im ritterlichen Zweikampf, mit dem Säbel in der Faust auszufechten. Vermittler legten sich dazwischen; es kam schließlich zu einem Schiedsgericht, und Preußen gab in der Hauptsache nach, was für sein Ansehen in der Welt und seinen politischen Ruf nicht eben förderlich war. Das Verhältnis Preußens zu Hannover blieb ein sehr feindseliges und verschärfte die Spannung der europäischen Lage: der Westen und der Osten Europas standen sich kampfbereit gegenüber; man erwartete im Jahre 1730 den Ausbruch eines allgemeinen Krieges.

Mit dieser großen europäischen Krisis trifft nun ein Konflikt im Hause und am Hofe Friedrich Wilhelms I. zusammen, dessen Schärfe man nur auf dem Hintergrund der allgemeinen Lage ganz zu würdigen vermag.

Friedrich Wilhelm I. war mit seinem Sohn und Thronerben, dem Kronprinzen Friedrich, der damals 18 Jahre alt war, schon seit vielen Jahren in ein Mißverhältnis geraten, das mit der Zeit immer schärfere Formen angenommen hatte. Es war seine Absicht, und er verfolgte sie mit der ganzen Leidenschaft und dem despotischen Eigensinn seines Wesens, daß dieser sein Nachfolger einmal der Fortsetzer seiner Lebensarbeit werden sollte: ein guter Christ, ein sparsamer Haushälter und ein strammer Soldat. Und von alledem drohte der Kronprinz, sobald er in die Jahre einer selbständigen Entwicklung kam, das Gegenteil zu werden.

Friedrich wurzelte mit allen Fasern seines Wesens in dem Boden der Aufklärung. Durch eine ursprüngliche Wahlverwandtschaft seiner Natur fühlte er sich zu allem hingezogen, was eine freiere Lebensauffassung, eine reichere Lebensführung, die Übung und Ausbildung der höheren intellektuellen Kräfte verhieß. Sein erster Erzieher, Duhan de Jandun, war ein geistig und weltmännisch gebildeter Franzose, ein Reformierter, der ganz jung nach Berlin gekommen war, im Grunde seines Herzens einer freieren religiösen Auffassung zugetan. Er hat einen viel stärkeren Einfluß auf den Prinzen ausgeübt als die militärischen deutschen Erzieher, die später an seine Stelle traten; er hat namentlich auch seinen Hang zu den Büchern, zur französischen Literatur, der wissenschaftlichen wie der belletristischen, in einem Maße gefördert und befriedigt, wie es keineswegs im Sinne des königlichen Vaters lag. Philosophische Spekulationen beschäftigten den Geist des Prinzen schon früh und raubten ihm die Einfalt des Glaubens. Seine Hinneigung zu der Prädestinationslehre, die dem Vater besonders anstößig war, steht offenbar im Zusammenhang mit den philosophischen Ansichten der Deterministen, die die Freiheit des Willens leugneten. Sein Eifer für den Konfirmationsunterricht war nur gering; der Pietist A. H. Francke aus Halle, der einmal zur königlichen Tafel gezogen wurde, fand wenig Gefallen an dem ausweichenden, zurückhaltenden Wesen des frühreifen Knaben, der sich im stillen mit der wesensverwandten Schwester Wilhelmine über den Gespensterglauben des frommen Herrn lustig machte und ihn mit altklugem Spott einen Pharisäer nannte. Das Bewußtsein, daß alles, wonach seine Seele begehrte, im väterlichen Hause verboten war, gab dem Charakter des Prinzen etwas Verschlagenes und Verstecktes, das gerade Gegenteil kindlicher Einfalt und Offenheit, wie sie der Vater wünschte und mit steigendem Unmut gerade bei diesem seinem ältesten Sohn vermißte. Das Exerzieren machte dem Prinzen nicht lange Vergnügen; den König verdroß es im Innersten, als man ihm zutrug, daß der Kronprinz die Uniform als seinen Sterbekittel (suaire) bezeichnet und verächtlich beiseite geworfen habe, um in den heimlich angeschafften Schlafrock von Goldbrokat zu schlüpfen und sich am Flötenspiel zu ergötzen, das er hinter dem Rücken des Vaters von dem Dresdener Meister Quanz sich hatte beibringen lassen. Der Schlafrock wanderte ins Feuer und das Flötenspiel wurde verboten. Bald darauf kam heraus, daß der Kronprinz Schulden gemacht hatte; ein väterliches Donnerwetter samt einem scharfen Edikt gegen das Leihen an Prinzen war die Folge. Frühzeitige Beziehungen zum weiblichen Geschlecht erregten Empörung und Besorgnis bei dem äußerst sittenstrengen Vater, der gerade in diesem Punkte sehr empfindlich war. Sein Mißtrauen war schon längst geweckt, und nahm seit dem Besuch bei dem an Verführung reichen Dresdener Hofe (1728) noch zu. Die schlimmsten Befürchtungen wurden in ihm rege. Er sah seinen Sohn auf dem Wege des Verderbens; er sah die Zukunft seines Staates geopfert; er sah sich selbst mit Undank belohnt für all seine väterliche Liebe und Sorge, die freilich von einer rauhen Hülle verdeckt wurde. Der Kronprinz seinerseits glaubte, der Vater könne ihn nun einmal nicht leiden und verfolge ihn mit unversöhnlichem Haß. Es kam zu Mißhandlungen, selbst vor Hof und Gesinde; eine immer größere Verstocktheit des Prinzen war die Folge. Zugleich aber begann der in dem persönlichen Charaktergegensatz begründete Zwiespalt auch eine bedenkliche politische Wendung anzunehmen.

Die Königin hegte ehrgeizige Pläne für ihre Kinder. Vor allem wünschte sie ihre älteste Tochter Wilhelmine einst auf dem britischen Thron zu sehen. Die englischen Verwandten wiederum wünschten für die königliche Prinzessin Amalie die Hand des preußischen Kronprinzen. Friedrich Wilhelm I. war anfänglich nicht geradezu dagegen, obwohl die englische Schwiegertochter mit den luxuriösen Gewohnheiten des Hofes von St. James ihm Bedenken erregte. In dem Vertrag von Herrenhausen 1725 war die Verbindung schon für die Zukunft verabredet worden. Aber das Blatt wandte sich, nachdem er von der Seite Englands und Frankreichs wieder auf die Seite des Kaisers übergetreten war. Der englische Heiratsplan erschien jetzt den Westmächten als ein Mittel, den König von Preußen mit seiner ansehnlichen Armee wieder in ihr Lager zurückzuführen. Andererseits aber setzte Österreich alle Hebel an, um diese Pläne zu durchkreuzen. Die Verhinderung der englischen Heirat wurde jetzt geradezu die Hauptaufgabe für Seckendorff und Grumbkow. Es entwickelte sich nun am Berliner Hofe ein überaus lebhaftes und verworrenes Intrigenspiel, in dem von englischer und französischer wie von kaiserlicher Seite kein Mittel der Kabale, der Lüge, des Verrats verschmäht worden ist. Die europäischen Mächte rissen sich um Preußens Bundesgenossenschaft und seine Armee; die königlichen Kinder mit ihren Heiratsplänen und Zukunftshoffnungen sind die Opfer dieses höchst ruchlos geführten diplomatischen Kampfes geworden. Kronprinz Friedrich schwärmte für die englische Cousine, die er nie gesehen hatte und verabscheute mit der Mutter und der Schwester Seckendorff und Grumbkow auf das gründlichste. Die Königin und ihre Kinder näherten sich den fremden Gesandten und suchten durch sie den Heiratsplan zu fördern. Zu besonders bedenklichen Vertraulichkeiten scheint es gegenüber dem französischen Gesandten Rottenbourg gekommen zu sein, der an seine Regierung von Plänen berichtet, die erwogen worden seien für den Fall, daß der König plötzlich stürbe oder irrsinnig würde; denn Friedrich Wilhelm I. war damals von schweren Krankheitsanfällen heimgesucht. Mag in diesen Berichten, denen Ernest Lavisse in seinem Buche La Jeunesse du Grand Frédéric wohl zu unbedingten Glauben geschenkt hat, manches unrichtig gesehen oder übertrieben sein, so bleibt doch des Bedenklichen genug übrig; und es scheint, daß auch das Mißtrauen des Königs durch Andeutungen, die er darüber erhielt, noch verschärft worden ist.

Infolge einer Anregung der Königin kam bald nach der Beilegung des hannöverschen Konflikts 1730 ein außerordentlicher englischer Gesandter, Sir Charles Hotham in besonderer Mission von London nach Berlin, um die Heiratsangelegenheit und damit die politischen Pläne seines Hofes zu fördern. Er hatte den Vorschlag zu machen, daß die englische Prinzessin nach der Vermählung mit dem preußischen Kronprinzen zur Statthalterin von Hannover ernannt werden und daß dann das kronprinzliche Paar dort in Hannover seinen Wohnsitz nehmen sollte. Dem Kronprinzen selbst erschien diese Möglichkeit in den reizendsten Farben, aber der Vater war anderer Ansicht. Er war in einer sehr schwierigen Lage. Er wollte seine Bundestreue dem Kaiser gegenüber ehrlich halten und doch andererseits dem Glück seiner Kinder und den Aussichten für sein Haus nicht hinderlich sein. Dieser innere Zwiespalt erzeugte in seiner Haltung ein Schwanken, das den Boden für die Ränke der Diplomaten und Hofleute aufs günstigste vorbereitete. Das Mißtrauen gegen den Sohn, den er nicht aus den Händen und Augen lassen wollte, das Gefühl, den diplomatischen Treibereien nicht recht gewachsen zu sein, das aufbrausende Temperament des kranken Mannes, sein plötzlich losbrechender Jähzorn — das alles hat dazu beigetragen, der Sache die unheilvolle Wendung zu geben, die sie nun nahm. Der König entschloß sich endlich dazu, seine Zustimmung zur Heirat der Prinzessin Wilhelmine mit dem Prinzen von Wales zu geben und erklärte dem Gesandten, daß man sich diese Verbindung zur Ehre anrechnen werde; für die Verheiratung seines Sohnes aber sei die Zeit noch nicht gekommen; die werde erst in zehn Jahren erfolgen; man werde dann eine englische Prinzessin jeder andern vorziehen. Hotham ließ dem gegenüber keinen Zweifel, daß man in London entweder beide Heiraten wünschte oder gar keine; auch das Versprechen des Kronprinzen, daß er, wenn er sein eigener Herr sei, nie eine andere Prinzessin als die englische Cousine heiraten werde, hat ihn von dieser ihm vorgeschriebenen Linie nicht abzudrängen vermocht. Seine Mission war beendet. Am 10. Juli 1730 hatte er seine Abschiedsaudienz beim König. Er nahm sich heraus, dem König dabei ein Aktenstück zu überreichen, das die Besoldung Grumbkows durch den Wiener Hof betraf. Der König war in der übelsten Laune, er nahm die Mitteilung mit dem stärksten Mißfallen auf, warf das ihm dargebotene Papier mit einem sehr kräftigen Wort zu Boden und verließ das Zimmer, ohne den Gesandten zu verabschieden. In hochmütiger Steifheit pochte nun Hotham darauf, daß seine diplomatische Würde verletzt sei; er ist ohne Abschied einige Tage darauf von Berlin abgereist.

Der Bruch war noch nicht unheilbar. Aber da trat ein Ereignis ein, das alle Aussichten auf Verständigung abschnitt.

Kurz nach der Abreise des Engländers unternahm der König eine Reise nach Süddeutschland, auf der er im kaiserlichen Interesse auf verschiedene Höfe einwirken und namentlich auch mit dem pfälzischen Hofe zu Mannheim noch einmal eine Verständigung wegen der bergischen Sache herbeizuführen versuchen wollte. Der Kronprinz mußte den Vater auf dieser Reise begleiten; er nahm die Gelegenheit wahr, einen längst geplanten Fluchtversuch ins Werk zu setzen, in der Absicht, nach England zu gehen, von wo aus man ihn auch mit Geldmitteln versehen hatte. In der Nacht zum 4. August sollte der Plan ausgeführt werden; man übernachtete in dem Dorfe Steinfurt bei Mannheim. Aber der Page, der die Pferde besorgt hatte, wurde von Reue erfaßt und entdeckte dem König alles. Nun folgten furchtbare Tage für den Kronprinzen; er wurde vom Vater als Deserteur behandelt und vor ein Kriegsgericht gestellt, das nach der schleunigen Rückkehr in dem alten Schlosse zu Köpenick abgehalten wurde. Die Generäle, die es bildeten, verneinten die Schuldfrage wegen der Fahnenflucht, weil der Plan nicht zur Ausführung gekommen sei, und erklärten sich im übrigen für nicht zuständig. Der Kronprinz selbst war besonnen genug, um bei dem Verhör alles zu vermeiden, was im Sinne bewußter Widersetzlichkeit hätte gedeutet werden können. Es ist nicht richtig, daß der König eigentlich die Hinrichtung des Kronprinzen gewollt und daß nur das Eingreifen des Kaisers ihm das Leben gerettet habe. Der König hat nur eine Zeitlang den Gedanken erwogen, Friedrich von der Thronfolge auszuschließen; diese Strafe hat der Kronprinz durch sein besonnenes Verhalten während der Untersuchung und durch die vollständige Unterwerfung unter den Willen des Vaters von sich abgewandt. Das kaiserliche Interzessionsschreiben ist überhaupt erst überreicht worden, nachdem der König zur Pardonnierung des Kronprinzen, d. h. zur Aufrechterhaltung seines Thronfolgerechts, sich entschlossen hatte. Es paßte aber Seckendorff und Grumbkow, die Sache so darzustellen, als ob der künftige König von Preußen dem Kaiser Thron und Leben verdanke.

Strenger verfuhr man gegen den Vertrauten des Kronprinzen, der um sein Vorhaben gewußt und ihm Vorschub geleistet hatte, den Leutnant von Katte.

Er wurde wegen Majestätsverbrechens zum Tode verurteilt und vor dem Fenster des Kronprinzen, der in Küstrin gefangen gesetzt worden und selbst über sein Schicksal noch ganz im ungewissen war, hingerichtet, so daß Friedrich das Schreckliche mit ansehen sollte; er ist darüber in Ohnmacht gefallen. Noch länger als ein halbes Jahr dauerte es bis zur förmlichen Aussöhnung mit dem Vater. Es war eine Zeit, die von entscheidendem Einfluß auf den Charakter des Kronprinzen gewesen ist. Aller Vorzüge seiner Geburt und seiner hohen Stellung beraubt, war er damals ganz auf sich selbst gestellt und auf die Hilfsquellen seiner eigenen Natur angewiesen, die durch all den Schrecken wohl gebeugt, aber nicht gebrochen werden konnte. Von einer religiösen Sinnesänderung, wie sie der Vater bewirken wollte, kann bei ihm nicht die Rede sein. Friedrich blieb, der er war; seine Natur entwickelte sich, allen Widerwärtigkeiten zum Trotz und vielfach selbst wieder durch sie gefördert, nach ihrem eigenen inneren Lebensgesetz. In dieser harten Schule lernte er eine zähe Diplomatie im Dienst der eigenen allerpersönlichsten Interessen; das Elastische, Stahlharte seines Wesens, das sich später in den großen Weltverhältnissen bewährte, hat hier die erste schwere Probe bestanden. Die äußere Unterwerfung freilich war ganz vollständig; sie erstreckte sich selbst auf den Widerruf in der Gewissensfrage der Prädestinationslehre. Es war die Politik der Ohnmacht gegenüber einer Macht und einem Willen, gegen die kein Widerstand möglich war. Der Kronprinz hatte aus bitterster Erfahrung die realen Machtfaktoren kennen gelernt, die sein Leben beherrschten; fern von dem gefährlichen Ränkespiel des Hofes gewann er das Bewußtsein der Schranken, in denen er sich als Thronfolger zu halten hatte.

Nachdem der Vater ihn wieder zu Gnaden angenommen hatte, mußte er bei der Küstriner Kriegs- und Domänenkammer zunächst ein halbes Jahr lang als Auskultator und dann als Rat mit Sitz und Stimme im Kollegium arbeiten, um die innere Verwaltung von Grund aus kennen zu lernen. Er begann erst jetzt, sich mit den leitenden Gedanken, mit den eigentümlichen Interessen des preußischen Staatswesens zu durchdringen. Er durchschaute jetzt auch die selbstsüchtigen Zwecke der fremden Mächte; er hat fortan gegen sie eine Zurückhaltung bewiesen, die sie anfangs in Erstaunen setzte.

Von der englischen Heirat war natürlich jetzt keine Rede mehr weder für den Kronprinzen, noch für seine Schwester Wilhelmine. Mit voller Entschiedenheit wandte sich der König nun von diesen hochfliegenden Plänen ab. Sie erschienen ihm gewissermaßen als ein sträflicher Hochmut, der sich gerächt habe. Recht im Gegensatz zu einer so vornehmen Familienverbindung griff seine Wahl nun in die kleinfürstlichen, reichsdeutschen Kreise hinein. Prinzessin Wilhelmine wurde gezwungen, einen kleinen ungeliebten und wenig liebenswürdigen Vetter, den Markgrafen von Bayreuth, zu heiraten (1731), mit dem sie eine äußerst unglückliche Ehe geführt hat; Kronprinz Friedrich hat 1733 die Prinzessin Elisabeth Christine von Braunschweig-Bevern zur Frau nehmen müssen, die ihm nicht die geringste Neigung einflößte, die er vielmehr nur mit tiefem innerem Widerstreben, nicht ohne erneutes heftiges Aufbäumen seiner Natur gegen den ihr zugemuteten Zwang, aus der Hand des Vaters hinnahm, dem es genügte, daß sie „ein modestes und gottesfürchtiges Mensch“ sei.

So hatte sich Friedrich Wilhelm eben im Moment der großen europäischen Krisis mit voller Entschiedenheit von jeder Verbindung mit den Westmächten losgesagt. Aber irgendwelchen Vorteil hat er von diesem bundestreuen Verhalten nicht gehabt. Der Preis seines Bündnisses sank in den Augen des Kaisers mit der abnehmenden Kriegsgefahr. Die große Krisis ist noch einmal in friedlichem Sinne ausgegangen. Im März 1731 entschloß sich Kaiser Karl VI., seinen Rückzug vor den Verbündeten von Sevilla anzutreten. Er gab die ostindische Kompanie und die österreichisch-belgischen Seemachtspläne auf und begnügte sich mit der Garantie der Pragmatischen Sanktion durch die Seemächte. Als dann im Januar 1732 auch noch die Reichsgarantie der Pragmatischen Sanktion erfolgt war (nur Bayern, Sachsen und Kurpfalz schlossen sich davon aus), da galt Preußen immer weniger in den Augen Österreichs; und der Kaiser begann, um das Haus Pfalz-Sulzbach für sich zu gewinnen, diesem jetzt in der bergischen Frage auf Kosten Preußens entgegenzukommen. Auf einer Zusammenkunft zu Prag im August 1732 war Friedrich Wilhelm schwach genug, dem Ansinnen des Kaisers, daß er auf die wichtige Hauptstadt von Berg, Düsseldorf, verzichten möge, sich schon halb und halb zu fügen.

Während England sich mit dem Kaiser vertragen hatte, war Frankreich, mit Spanien durch den bourbonischen Familienpakt von 1733 enger verbündet, im Gegensatz zu ihm geblieben. So war man nach manchen überraschenden Wandlungen wieder zu der Gruppierung der Mächte zurückgekehrt, wie sie vor dem Umschwung von 1725 bestanden hatte; und dies war nun die Situation, in der ein neuer europäischer Streitfall den längst erwarteten und immer wieder vermiedenen Krieg endlich doch noch zum Ausbruch gebracht hat.

Es handelte sich um die Thronfolge in Polen nach dem Tode Augusts II. (1732). Die Seemächte blieben neutral; Frankreich setzte sich für den Schwiegervater Ludwigs XV., Stanislaus Lesczinski, ein; Österreich und Rußland verfochten die Thronfolge des Kurfürsten von Sachsen August III.; und Preußen mußte infolge des Bündnisses von 1728 in dem nun ausbrechenden Kriege sich auf eben diese Seite schlagen, obwohl es durchaus kein Interesse daran hatte, daß der sächsische Rival auf den polnischen Thron gelangte. In den Verhandlungen der Verbündeten spielte Preußen nur eine geringfügige Rolle, sehr zum Mißvergnügen Friedrich Wilhelms I. Er hätte gern durch die Entfaltung militärischer Macht ersetzt, was seinem Staate an politischem Gewicht fehlte: er bot dem Kaiser eine Truppenhilfe von 50 000 Mann an. Aber der Kaiser wollte Preußen nicht als selbständigen und anspruchsvollen Bundesgenossen neben sich sehen, sondern als bloße Auxiliarmacht; er wies das Angebot zurück und forderte nur 10 000 Mann. Friedrich Wilhelm I. war außer sich über diese Behandlung, deren Sinn er wohl durchschaute. Er machte nach seiner Gewohnheit seinem Ärger durch heftige Worte Luft; aber dann fügte er sich und gab die 10 000 Mann. Auch das Reich hat der Kaiser mit sich zu ziehen gewußt: 1734 wurde in Regensburg der Reichskrieg an Frankreich erklärt; nur die wittelsbachischen Fürsten schlossen sich aus: die Kurfürsten von Köln, Pfalz, Bayern. König Friedrich Wilhelm I. und der Kronprinz Friedrich sind selbst mit im Felde gewesen; in der Rheinkampagne von 1734 hat der Kronprinz zuerst den Krieg kennen gelernt. Aber Lorbeeren waren in diesem Kriege nicht zu ernten; der österreichische Feldherr, Prinz Eugen, war alt geworden und wagte keine großen Dinge mehr. Österreich hat das Spiel auch bald verloren gegeben. Am 3. Oktober 1735 wurden in Wien die Friedenspräliminarien unterzeichnet.

Österreich wich in den eigentlich wichtigen Fragen zurück: es gab Lothringen preis, das an Stanislaus Leszczinski und nach dessen Tode an Frankreich kommen sollte, es verlor Neapel und Sizilien, wo eine spanisch-bourbonische Sekundogenitur begründet wurde. Daß Frankreich dagegen August III. als König von Polen anerkannte, kam mehr dem Ansehen Rußlands als Österreichs zugute; die Hauptsache war für Österreich, daß jetzt auch Frankreich die Garantie der Pragmatischen Sanktion aussprach. Auf dieser Grundlage ist dann 1738 auch der allgemeine Friede geschlossen worden. Preußen hat in diesem Kriege gar nichts gewonnen; es hat sich einfach von Österreich zu dessen Zwecken gebrauchen lassen.

Als Österreich noch vor dem endgültigen Friedensschluß in einen Türkenkrieg verwickelt wurde (1736—39), deutete Graf Seckendorff, der das Oberkommando in diesem — übrigens sehr unrühmlich geführten — Kriege erhielt, dem König von Preußen im Vertrauen auf die persönliche Freundschaft mit ihm brieflich an, wie erwünscht für Österreich 20 preußische Bataillone und eine Anleihe von einigen Millionen sein würden. Friedrich Wilhelm wies das anfangs nicht ohne Befremden kurzerhand ab. Aber ein paar Monate später kam er selbst auf die Sache zurück, weil er darin eine günstige Gelegenheit fand, seinen alten Plan der Nachfolge in Berg zu fördern. Nicht Truppen, aber Geld bot er Österreich: eine Million 200 000 Taler — erklärte er — wolle er dem Kaiser als Beihilfe zum Türkenkrieg geben, à fonds perdu, „Kapital und Zinsen nicht eher als am jüngsten Tage zahlbar"; dafür aber verlangte er eine neue klare Garantie des Kaisers für Berg und Ravenstein. Allein der Kaiser war nicht geneigt, darauf einzugehen. Die Vergrößerung Preußens am Niederrhein lag nicht im österreichischen Interesse. Und ebensowenig Entgegenkommen fand Preußen bei den übrigen Mächten. Auch Frankreich war einer Verstärkung der preußischen Stellung in der Nähe seiner Grenze abgeneigt; in den Niederlanden fürchtete man davon einen unangenehmen Druck auf die Republik; und England-Hannover war grundsätzlich gegen jede Vergrößerung Preußens namentlich in Westdeutschland. Dazu kam, daß das Haus Sulzbach jedes Zugeständnis ablehnte und, gestützt auf Frankreich, Österreich zwang, auf seine Wünsche Rücksicht zu nehmen. So traf das Begehren Friedrich Wilhelms in der bergischen Frage auf eine geschlossene Phalanx mächtiger Gegner. Österreich, Frankreich, England und die Niederlande vereinigten sich im Februar 1738 zu einem gemeinsamen Vergleichsvorschlag, der dem preußischen Hofe in der drohenden Form identischer Noten übergeben wurde. Der Inhalt war, daß bei Eröffnung des Erbfalls die gesamte jülich-bergische Ländermasse vorläufig dem Pfalzgrafen von Sulzbach übergeben werden sollte, unter Vorbehalt des preußischen Anspruchs. Es war ein Vorschlag, der Preußens Aussichten so gut wie ganz vernichtete. War der Gegner erst einmal im tatsächlichen Besitz der streitigen Lande, so war es sehr schwer, durch einen Prozeß beim Reichshofrat oder durch diplomatische Verhandlungen die preußischen Ansprüche gegen ihn durchzusetzen. Das erkannte natürlich Friedrich Wilhelm I. sofort. Er sah seine liebsten Pläne an diesem einmütigen Widerstand der Mächte scheitern, und zwar durch eine diplomatische Verschwörung, die Österreich, sein Bundesgenosse, angestiftet hatte. Sein Grimm und Groll gegen den Kaiser, der ein so falsches Spiel mit ihm gespielt hatte, war grenzenlos. Er erging sich in lauten Klagen. Den „Chagrin" über diesen Streich, den ihm die „Quadrille der Mächte" gespielt hatte, hat er sein Lebtag nicht verwunden. Er war damals schon ein schwerkranker Mann. Der Ingrimm über diese Behandlung hat geradezu an seinem Leben gefressen. Auf den Kronprinzen, der sich inzwischen in Ruppin und Rheinsberg an der Spitze eines Regiments zum tüchtigen Offizier entwickelt hatte und mit dem er nun ganz ausgesöhnt war, hat er damals hingewiesen mit den Worten: „Da steht einer, der mich rächen wird."

Den Vorschlag der Mächte hat Preußen zurückgewiesen, und weitere Verwicklungen sind zunächst nicht daraus entstanden. Friedrich Wilhelm I. aber wandte sich jetzt von Österreich ab: er habe sattsam erfahren, daß er von dieser Seite auf keine Förderung zu rechnen habe. Er knüpfte nun insgeheim mit Frankreich an. Kardinal Fleury ließ sich bereit finden, Preußen die Erwerbung wenigstens eines Teils der Erbschaft zu garantieren in einem Vertrage vom 5. April 1739. Das tiefe Geheimnis, mit dem namentlich von französischer Seite diese Verhandlungen umgeben wurden, hatte seinen guten Grund. Denn ein Vierteljahr früher (Januar 1739) hatte Fleury bereits mit dem Kaiser einen — natürlich ebenfalls geheimen — Vertrag über dieselbe Angelegenheit geschlossen, der dem Inhalt des preußischen Vertrages schnurstracks zuwiderlief und wieder auf den Sinn der identischen Noten zurückkam. So hat Fleury beide Mächte, Österreich wie Preußen, betrogen. Es war ein letzter Mißerfolg der Politik Friedrich Wilhelms I.

In der auswärtigen Politik liegt die Stärke Friedrich Wilhelms I. nicht. Er hatte zwar ein lebhaftes Gefühl für die Macht, einen starken Ehrgeiz, ein leicht reizbares politisches Ehrgefühl; er hat auch in dem Heer das Instrument für Preußens künftige Machtpolitik geschaffen; aber selbst Machtpolitik mit Erfolg zu treiben hat Friedrich Wilhelm I. nicht vermocht. Man kann sagen: seine Natur war zu gerade, zu ehrlich dazu. Es ist in ihm eine großartig-naive Offenherzigkeit und Arglosigkeit, die ihn mehr als einmal das Opfer eines raffinierten diplomatischen Intrigenspiels hat werden lassen. Das Bewußtsein dieser seiner schwachen Seite machte ihn dann auch wohl gerade am unrechten Ort wieder mißtrauisch und geneigt, boshaften und neidischen Einflüsterungen gegen die Männer seines Vertrauens Glauben zu schenken. Das hat in den inneren wie in den äußeren Geschäften manche Verwirrung und manchen Aufenthalt verursacht. In der auswärtigen Politik hat Friedrich Wilhelm nach dem Tode Ilgens, den er auch nicht ganz ohne Mißtrauen betrachtete, den er aber doch auch einmal einen „alten habilen treuen brandenburgischen Vater" genannt hat, keinen wirklich bedeutenden und zuverlässigen Ratgeber mehr gehabt. Ihm selbst aber fehlte die kühne, skrupellose Initiative, die seinen Nachfolger zu großen Unternehmungen befähigt hat. Ihm traten immer die moralischen Bedenken hindernd in den Weg. Er hätte am liebsten die Vorschriften des Christentums mit seinen politischen Interessen in Einklang gebracht; und es war eins der großen Lebensrätsel, die seinen einfachen Sinn immer wieder beschäftigten, daß sich das so gar nicht als möglich erweisen wollte. Im ganzen war die Grundrichtung seiner Politik durchaus friedfertig; aber es wurde ihm oft schwer, den Degen in der Scheide zu behalten. Er wollte Achtung in der Welt genießen, er wollte sich nicht kujonieren lassen, wie er wohl sagte; „Affront leide ich nicht!" — ist eine seiner am häufigsten wiederkehrenden

Wendungen. — „Ich will wohl ruhig sitzen, wenn sie mich in Frieden lassen" — sagt er einmal — „aber wer mir beißt, den beiße ich wieder." Man darf sich aber durch die häufig sehr starken Worte Friedrich Wilhelms nicht täuschen lassen: ihnen sind nicht immer gleich starke Taten gefolgt. Eine wirklich große Machtentfaltung nach außen hat er noch nicht eigentlich für seine Aufgabe angesehen; er hatte das lebhafte Bewußtsein, erst müsse eine Macht im Innern gegründet werden. Die inneren Reformen, die mit der Ordnung des Staatshaushalts und der wirtschaftlichen Wohlfahrt der Bevölkerung zugleich auch die militärisch-politische Bereitschaft zum Ziel hatten, hat er von Anfang an als seine eigentliche Regierungsaufgabe betrachtet. Darum sah er jede auswärtige Verwicklung als eine Störung an und ging den Konflikten aus dem Wege, wo er es nur immer mit seiner Ehre und mit seinen Interessen glaubte vereinigen zu können. Er ist darin zweifellos weiter gegangen, als für das politische Ansehen Preußens gut war; sein Staat genoß nicht den Respekt bei den Mächten, der seiner militärischen Kraft entsprochen hätte; „die Preußen schießen nicht", hieß es wohl im Reiche. Dennoch liegt in der Beschränkung auf die inneren Aufgaben, die aber freilich in einer relativ vollkommenen Weise gelöst worden sind, ein Moment historischer Größe, das nicht immer zutreffend gewürdigt worden ist.

Friedrich Wilhelm I. ist der eigentliche Begründer der altpreußischen Staatsordnung mit ihrer straffen Zucht und ihrer einseitigen, aber großartigen Richtung auf das, was als Grundlage militärisch-politischer Macht dienen kann. Seine Gewissenhaftigkeit, sein Pflichtgefühl, sein unbestechlicher Wirklichkeitssinn, sein Hang zum Soliden und Tüchtigen, seine Verachtung von Prunk und Schein haben den Charakter des Staatswesens, das er geschaffen hat, auf das nachhaltigste beeinflußt; und der echt preußische Grundsatz, daß jeder alle Kräfte zusammennehmen müsse, um seine „verfluchte Pflicht und Schuldigkeit" zu tun, geht auf diesen rauhen, aber von gesunden Instinkten geleiteten Volkserzieher zurück.

Friedrich Wilhelm I. hat sich noch immer zugleich als deutscher Fürst gefühlt. So wenig er dem österreichischen Hofe traute, so bewahrte er sich doch eine gewisse Ehrfurcht vor dem kaiserlichen Namen, wie sie sein Nachfolger nicht mehr gekannt hat. Man könne den Kaiser im Reich doch nicht beiseite setzen — so führt er einmal im Jahre 1728 in einer eigenhändigen Aufzeichnung aus: „ein Haupt muß sein! Wer soll aber das Haupt sein? Wollen sie mir dazu machen? Gut, aber das wird Sachsen, Hannover, Bayern nicht leiden. Ergo, wer soll das Haupt sein? Sachsen? Aber da lasse ich mir lieber mein Land brennen. Soll's Hannover sein? Aber da lasse ich mir lieber Glied vor Glied abhauen als einen englischen Chef zu haben." Kurz, meint er, man fahre am besten, wenn man es beim alten lasse und dem Kaiser seine verfassungsmäßige Stellung im Reich nicht antaste. So war Friedrich Wilhelm — damals wenigstens — gut kaiserlich; und er wäre es gern immer geblieben, wenn es nur mit seinen Interessen verträglich gewesen wäre. Trotzdem kann man auch bei ihm nicht eigentlich von einer deutsch-nationalen Politik sprechen. Politisch war er Partikularist, Preuße ganz und gar; er fühlte sich doch, ungeachtet seiner Stellung als Reichsfürst, in erster Linie immer als europäischer Souverän. Aber in seinem schlichten Wesen ist eine ganz entschiedene Vorliebe für das Deutsche. Seine Empfindungsweise, seine

Religiosität, sein Familienleben, der ganze Zuschnitt seines Haushalts war deutsch, recht im Gegensatz zu der oberflächlichen Eleganz, der Frivolität, der Prunksucht und Sittenlosigkeit, die damals aus Frankreich herüberdrangen und das Leben der meisten deutschen Höfe vergifteten. Die Mätressenwirtschaft war ihm ein Greuel. Er lebte in der Überzeugung, daß Gott das Haus Brandenburg vor anderen gesegnet und erhöht habe, weil dieses Laster seit Generationen unter seinen frommen reformierten Vorfahren nicht im Schwange gewesen sei. Opern, Redouten, Maskeraden hielt er für Teufelswerk und wollte dergleichen in seinem Lande nicht dulden. Der calvinistische Grundsatz: „Bete und arbeite" ist in seinem persönlichen Leben wie in seinen Regierungstendenzen ausgeprägt. Auch seine auswärtige Politik trägt einen stark protestantischen Zug. Er erinnert in manchen Stücken an die glaubensstarken, eifrig kirchlichen alten Betefürsten der Reformationszeit; nur freilich hebt ihn die Größe der staatlichen Aufgaben doch wieder hoch über das kleinfürstliche Treiben des 16. Jahrhunderts empor, wie denn die Rangordnung der Staatszwecke auch in seiner frommen Seele sich ganz zugunsten der finanziellen und militärischen Bestrebungen verschoben hatte. Auch die Freuden des Weidwerks, die in seinem Leben eine große Rolle spielen, und der derbe, ehrbare Lebensgenuß, die ungezwungene Geselligkeit bei einem Kruge Bier im Tabakskollegium muten als eine Fortsetzung der Lebensweise jenes älteren deutschen Fürstentypus an. Für Kunst und Wissenschaft hatte er kein eigentliches Verständnis. Seine Bildung war trotz des sorgfältigen Unterrichts eine sehr mangelhafte geblieben. Latein verstand er nur wenig; sein deutscher Stil ist roh und ungefüge im Vergleich etwa zu der Schreibweise des Großen Kurfürsten, aber freilich auch wieder anziehend durch derbe und treffende Ursprünglichkeit des Ausdrucks. Er hat während seiner Gichtanfälle auch wohl gemalt; in Wusterhausen finden sich verschiedene solche offenbar von anderer Hand später überarbeitete Bilder mit der Unterschrift In tormentis pinxit F. W. R.; Kunstwert besitzen sie nicht. Von den Musikern sagte ihm namentlich Händel zu. Ganz ohne Verständnis war er für die Philosophie. Als man ihm von orthodoxer Seite den Philosophen Christian Wolf in Halle als einen Atheisten verdächtig gemacht und dessen Lehre vom Willensdeterminismus dahin erläutert hatte, daß danach ein Grenadier, der desertiere, eigentlich vernünftigerweise nicht bestraft werden könne, weil es ja keinen freien Willen gebe, — da hat er 1723 den berüchtigten Befehl erlassen, durch den der große Gelehrte seiner Professur in Halle entsetzt und ihm bei Strafe des Galgens anbefohlen wurde, binnen 48 Stunden die preußischen Lande zu räumen. Wolf fand dann einen anderen Wirkungskreis in Marburg; und Friedrich Wilhelm hätte ihn später, als er besser über den Mann berichtet war, gern wieder nach Halle zurückgerufen; aber begreiflicherweise ist es bei seinen Lebzeiten nicht mehr dazu gekommen. Die Sozietät der Wissenschaften ist unter ihm in Verfall geraten; die Behandlung, die der Historiker Gundling und andere mehr oder wenige unwürdige Diener der Wissenschaft bei Hofe fanden, erinnert an die Rolle der alten Hofnarren. Mehr Achtung hatte der König vor den Vertretern der Naturwissenschaften und der Medizin; namentlich die letztere schätzte er wegen der Dienste, die sie seinem Heere leisten konnte: das anatomische Theater in Berlin, mit dem ein medizinischer Unterricht verbunden war, ist eine dauerhafte Gründung seiner Regierung gewesen.

Die Berichte der Zeitgenossen heben an dem Charakterbild Friedrich Wilhelms I. gerade die bizarren und grotesken Züge hervor, an denen es ja freilich reich war. In den eigentlichen Kern seines Wesens dringen sie nicht ein, vor allem auch nicht die Schilderung, die seine eigene Tochter Wilhelmine, die Markgräfin von Bayreuth, von der Tyrannei ihres Vaters und dem Leben in der Familie und am Hofe entworfen hat. Die Aufzeichnungen dieser unglücklichen und verbitterten Frau, der ihre Kindheit später im trübsten Licht erschien und die geneigt war, die Schuld an ihrem verfehlten Leben dem Vater zuzuschieben, der sie zu einer verhaßten Heirat gezwungen hatte, weichen nachweislich in vielen Zügen von der Wahrheit ab und geben von dem Charakter Friedrich Wilhelms I. nur ein Zerrbild, das gerade das Verständnis für die zentralen Interessen seines Lebens vermissen läßt. Das Rauhe und Derbe seiner Natur umhüllte ein warmes, lebhaft pulsierendes Gemütsleben, das zarteren und weicheren Empfindungen keineswegs unzugänglich war. Sein Christentum bestand in einem kindlichen Glauben ohne Kopfhängen und Pharisäertum; es ist in seinem Wesen eine gewisse keusche Herbigkeit, ein Sinn für moralische Reinlichkeit, der mit dem Strammen und Propren seiner äußeren Erscheinung wohl zusammenstimmt. Er war als Gatte von exemplarischer Treue, eine seltene Ausnahme in der damaligen Fürstenwelt; er war ein strenger, aber doch zärtlicher Vater von 13 Kindern, wenn ihn auch der harte Geist der Hauszucht jener Zeit und sein aufbrausendes Temperament wohl manchmal zu dem Haustyrannen gemacht haben, als den seine Tochter ihn geschildert hat. Sein ganzes Wesen hat etwas Ungestümes; er sprach und schrieb und handelte oft im Affekt. Er war von unermüdlicher Arbeitskraft und mutete sich in den Strapazen der Jagd wie bei der Regententätigkeit und beim militärischen Dienst oft zu viel zu. Er war ein starker Esser und Trinker und hat durch unvorsichtige Lebensführung wohl ebenso sehr wie durch das Übermaß der Arbeit die Gesundheit seines an sich kräftigen Körpers früh zerrüttet. Er ist nur 52 Jahre alt geworden. Ein Herzleiden ist wohl bei ihm wie bei dem Großen Kurfürsten und bei Friedrich dem Großen als die Todesursache anzusehen; auch die Gicht, das Familienerbübel, hat ihn oft heftig geplagt. Er war schon früh überzeugt, daß er nicht alt werden würde. Durch die Rastlosigkeit seines aufgeregten Lebens geht zuweilen etwas wie Todessehnsucht. Ein plötzlicher Umschlag aus heiterer Laune in melancholischen Trübsinn war nichts Seltenes bei ihm. Die Ausbrüche von Jähzorn, die seine Umgebung in Schrecken setzten, hängen wohl auch mit seinem körperlichen Leiden zusammen. Nachts litt er oft an quälenden Träumen und Beängstigungszuständen; am Tage suchte er sich dann etwa durch einen rasenden Ritt von solchen Anfechtungen zu befreien.

Alles in allem stellt sich sein Wesen als eine gewaltige, mit stoßweiser Heftigkeit sich auswirkende Energie dar, die doch trotz ihrer stürmischen Unruhe mit großer Stetigkeit und Konsequenz auf einen Punkt gerichtet war: auf die Begründung einer militärisch-monarchischen Staatsordnung, wie sie in dieser Straffheit und Schlagfertigkeit etwas Neues und Unerhörtes war. Das Heer und das Beamtentum sind die beiden Grundpfeiler des preußischen Staates, die er errichtet hat. Man könnte sagen, daß Friedrich Wilhelm I. die militärische Disziplin, den unbedingten Gehorsam, die bis zur Grenze der Leistungsfähigkeit gehenden Anforderungen von dem militärischen Gebiet auf das der Zivilverwaltung übertragen hat. Er fühlte sich in erster Linie als Offizier und schimpfte die Zivilbeamten wohl gelegentlich Tintenklexer, Blakisten; trotzdem aber hat er selbst oft stundenlang in Akten, Etats und Rechnungen gearbeitet, wobei er leinene Schreibärmel zur Schonung über die Uniform zu ziehen pflegte. Als einmal einige Kriegs- und Domänenräte sich weigerten, von Königsberg nach Tilsit überzusiedeln, wo der König eine neue litauische Kammer begründet hatte, geriet er in heftigen Zorn über die Widerspenstigen und ließ sie zu zwölfmonatiger Festungshaft nach Friedrichsburg bringen. „Man muß coupe courte machen", schrieb er bei dieser Gelegenheit; „die Leute wollen mir forcieren: sie sollen nach meine Pfeife danzen oder der Deuffel hole mir: ich lasse hängen und braten wie der Zar und tractiere sie wie Rebeller." Dann bricht aber doch etwas von naiver Gutherzigkeit durch: „Gott ist bekannt, daß ich es ungerne tue und wegen die Bärenhäuter zwei Nacht nit recht geschlafen habe." Schließlich aber wieder das entscheidende Argument: „Ich habe Kommando bei meiner Armee und soll nit Kommando haben bei die tausendsakramentsche Blakisten! Ich müßte ein Hundsfott sein, wenn ich das litte: ich bin der Herr und die Herren sein meine Diener!" Wie er den Dienst auffaßte, hat er bei dieser Gelegenheit in einem denkwürdigen Marginal ausgesprochen: „Man muß dem Herrn mit Leib und Leben, mit Hab und Gut, mit Ehr und Gewissen dienen und alles daran setzen als die Seligkeit; die ist vor Gott, aber alles das andere muß mein sein."

In diesem Sinne hat Friedrich Wilhelm sein autokratisches Regiment geführt, bei dem die Beamten und Offiziere bis zum Minister und Feldmarschall hinauf nur Handlanger des königlichen Willens sein sollten. Bei seinem Regierungsantritt hat er den Ausspruch getan: er wolle selbst der Finanzminister und Feldmarschall des Königs von Preußen sein, das werde den König von Preußen erhalten. In der Zivilverwaltung wie im militärischen Dienst ging er überall bis in das Einzelne, wobei ihm eine außerordentliche Kenntnis des Details und sein Sinn für das praktische Leben zugute kamen. Aber er hat dabei nie den Überblick über das Ganze verloren. Allgemeine Grundsätze aufzustellen war nicht seine Sache, aber sie lagen seinen Vorschriften wie seinem Handeln zugrunde, und so steht seine Lebensarbeit vor uns wie ein Werk aus einem Guß. Der Staat und seine Verwaltung, wie er sie geschaffen hat, trägt bis zum heutigen Tage das unvertilgbare Gepräge seiner Persönlichkeit.

VIII.

Die Erhebung Preußens zur Großmacht.
1740 – 1786.

Der Regierungsantritt Friedrichs II. und die beiden ersten schlesischen Kriege.

Mit dem Regierungsantritt Friedrichs II. beginnt ein anderer Geist sich in der preußischen Politik geltend zu machen, als man es in dem letzten halben Jahrhundert in Europa gewohnt gewesen war, ein Geist kühner Initiative, rücksichtsloser Interessenpolitik, voll von kraftbewußtem Tatendrang, zugleich temperamentvoll und kühl abwägend, schneidig und besonnen. Wer etwa erwartet hatte, daß aus dem philosophischen Kronprinzen, dem Verfasser des Anti-Machiavell, ein König werden würde, der sein Interesse nur den Künsten des Friedens zuwenden und aus dem preußischen Sparta ein Athen machen würde, hatte sich gründlich getäuscht. Allerdings hat Friedrich den Thron bestiegen mit dem Vorsatz, die humanen und aufgeklärten Grundsätze, zu denen er sich bekannte, mehr als bisher zur Geltung zu bringen. Der Philosoph Wolff, dessen Werke der Kronprinz selbst studiert hatte, wurde nach Halle zurückberufen; die Tortur wurde abgeschafft (freilich noch mit gewissen Ausnahmen und aus justizpolitischen Gründen zunächst nur im geheimen, weil die Veröffentlichung der Maßregel die Strafrechtspflege sehr erschwert haben würde); die harten und grausamen Strafen, namentlich auch die Verschärfungen, die unter der vorigen Regierung eingetreten waren, wurden gemildert; der Verkehr mit Voltaire wurde nun auch ein persönlicher; Maupertuis wurde nach Berlin berufen, der berühmte Mathematiker, der die Abplattung der Pole an der Erdoberfläche festgestellt hatte; der König hatte ihn zum Präsidenten der Akademie der Wissenschaften in Aussicht genommen, die er damals schon im Anschluß an die alte unter Friedrich Wilhelm I. in Verfall geratene Sozietät neu zu bilden gedachte — ein Plan, der dann freilich erst 1746 zur Ausführung gelangt ist. Diese Akademie sollte doch etwas wesentlich anderes werden, als die alte Sozietät gewesen oder geworden war: sie war als eine Versammlung freier Geister, als eine feste Burg der Aufklärung gedacht, und es kam ihrem zweiten Begründer wie dem Präsidenten, der sie ganz in seinem Sinne leitete, nicht mehr sowohl auf praktische Wirkungen für das bürgerliche Leben und technische Leistungen an, sondern vielmehr auf das, was man damals Philosophie nannte, d. h. auf eine umfassende, kosmopolitische geistige und literarische Kultur. Damit sollte ein feiner, künstlerischer Lebensgenuß am Hof und in den oberen Schichten der Hauptstadt sich verbinden: der Bau des Opernhauses, der 1741—43 von Knobelsdorff ausgeführt wurde, gehörte zu den ersten Regentenplänen des neuen Königs.

Aber das alles war nicht die Hauptsache. Die Hauptsache war und blieb das Ziel der staatlichen Macht; und die unerhörte Anspannung aller Kräfte, wie sie Friedrich Wilhelm I. durchgesetzt hatte, wich jetzt keineswegs einem milderen und behaglicheren System; im Gegenteil, die militärische Rüstung wurde noch erheblich verstärkt. Friedrich hat zwar bald nach seinem Regierungsantritt die Riesengarde seines Vaters aufgelöst, aber er hat zugleich die Armee um sieben Infanterieregimenter vermehrt, so daß er 1741 100 000 Mann bei den Fahnen hatte, ebensoviel wie Österreich. Das ist doch die bedeutendste von seinen ersten Regierungshandlungen. Der philosophische König war eben zugleich ein Staats- und Kriegsmann, beseelt von dem höchsten politischen Ehrgeiz, gewillt, seinen Namen, wie er selbst gesagt hat, in den Zeitungen und später in der Geschichte berühmt zu machen. Er kannte die Mittel der Macht, die ihm sein Vater vorbereitet hatte, und er war von Anfang an entschlossen, sie mit Nachdruck zu gebrauchen. Mit Scham und Zorn hatte ihn die klägliche Rolle erfüllt, die er den preußischen Staat in den letzten Jahren auf der europäischen Bühne hatte spielen sehen. Er war entschlossen, die Scharte auszuwetzen und dem preußischen Namen das Maß von Achtung und Ansehen in der Welt zu erringen, zu dem die militärischen und finanziellen Machtmittel ihn berechtigten. Er legte Gewicht darauf, daß man an den europäischen Höfen sofort ein Gefühl von dem Umschwung in Preußen bekomme. Er ließ sich im Anfang angelegen sein, die Höfe recht geflissentlich auf seine Truppenvermehrungen hinzuweisen; er wollte in den Augen der fremden Diplomaten als ein Draufgänger erscheinen, dem man alles zutrauen könne. Als ihm die Minister des auswärtigen Departements einmal eine Vorstellung machten, in der sie warnend die Gefahr eines Krieges hervorhoben, schrieb der König an den Rand des Schriftstücks: „Wenn die Minister von Politik reden, so sind sie geschickte Leute; aber wenn sie von Krieg reden, so ist es, als wenn ein Irokese von Astronomie spricht." Der König führte vom ersten Tage seiner Regierung an die Korrespondenz mit seinen auswärtigen Diplomaten persönlich aus seinem Kabinett, dessen Organisation im übrigen dieselbe blieb wie unter seinem Vater. Die Minister des auswärtigen Departements, der alte, schon etwas stumpfe General von Borcke und der geschickte, treue, aber etwas ängstliche und pedantische Podewils, ein Schwiegersohn des verstorbenen Grumbkow, waren nur seine Handlanger und mußten sich im Falle abweichender Ansichten mit der „gloria obsequii" trösten. Die Geheimhaltung seiner Pläne erschien dem König als die unerläßliche Vorbedingung des Erfolgs. Nur sein vertrauter Kabinettssekretär, der verschwiegene und unbestechliche Geheime Kriegsrat Eichel, der die Korrespondenz des Königs zu führen hatte, war in alle Geheimnisse der Politik eingeweiht, die manchmal auch den Ministern verborgen blieben. Friedrich war nicht bloß, wie sein Vater, sein eigener Finanz- und Kriegsminister, sondern von Anfang an zugleich der auswärtige Minister in eigener Person.

Die politische Lage Europas im Zeitpunkt der Thronbesteigung Friedrichs II. ist gekennzeichnet durch eine Spannung zwischen Frankreich und England, die eine Folge des zwischen England und Spanien 1739 ausgebrochenen „Schmugglerkrieges" war; die bourbonischen Höfe in Spanien und Frankreich standen ja in engem Einvernehmen miteinander. Diese Lage, die das Einverständnis der Mächte gegen Preußen in der bergischen Frage zur Auflösung brachte, beschloß Friedrich für sich auszubeuten; er verfolgte den Plan, durch gleichzeitige Verhandlungen in Versailles und in Hannover entweder von den Franzosen oder von den Engländern die Zustimmung zur Besetzung des Herzogtums Berg beim Todesfall des alten Kurfürsten zu erreichen. Natürlich bewarben sich beide Mächte für den in Aussicht stehenden Krieg eifrig um die Bundesgenossenschaft der preußischen Militärmacht, so daß Friedrichs Plan nicht ohne Aussicht war. Zugleich hat er diese Lage dazu benutzt, um einen alten Streit mit dem Bischof von Lüttich zum erwünschten Austrag zu bringen. Der Bischof begehrte die niederländische Herrschaft Herstal für sich, die Preußen aus der oranischen Erbschaft 1732 zugefallen war. Friedrich zwang ihn durch Entsendung einiger Bataillone der Weselschen Garnison zur Anerkennung der preußischen Ansprüche und zur Bezahlung der Kaufsumme von 200 000 Taler, für die Friedrich Wilhelm I. dem Kirchenfürsten das kleine Gebiet früher schon vergeblich angeboten hatte. Es war ein kecker Akt der Selbsthilfe, bei dem sich Friedrich um das kaiserliche „Dehortatorium" ebensowenig gekümmert hat wie um das Aufsehen im Reiche. Es handelte sich ja nur um eine Kleinigkeit, aber ihre Behandlung zeigte, daß in Preußen jetzt ein anderer Wind wehte als unter der vorigen Regierung.

Während die Unterhandlungen wegen des Herzogtums Berg in Versailles und Hannover sich noch unentschieden hinzogen, kam plötzlich eine überraschende Nachricht, die der Politik des Königs eine andere Richtung gab. Am 20. Oktober 1740 war Kaiser Karl VI. gestorben, der letzte vom Mannesstamm des Hauses Habsburg. „Dies ist der Augenblick der völligen Umwandlung des alten politischen Systems", schrieb Friedrich in diesen Tagen: „der Stein hat sich gelöst, den Nebukadnezar auf das Bild aus vier Metallen fallen sah und der sie alle zerstörte. Ich werde meinem Fieber den Laufpaß geben" — der König litt an einer Art Malaria — „denn", sagte er, „ich habe meine Maschine nötig."

Der Tod des erst 55jährigen Kaisers kam überraschend früh; aber was für diesen Fall zu tun sei, das war in den europäischen Kabinetten längst erwogen worden, und auch Friedrich hatte alles vorher bedacht. Zwei Tage nach Empfang der Nachricht, am 28. Oktober, schrieb er: „Es handelt sich nur um die Ausführung von Entwürfen, die ich seit lange in meinem Kopfe bewegt habe." Es war Schlesien, auf das diese Entwürfe sich richteten; es galt die Abrechnung mit dem Hause Österreich, das durch sein Verhalten in den letzten Jahren aufs neue gezeigt hatte, daß es ein Aufsteigen des Hauses Brandenburg freiwillig nie zugeben werde. Noch auf seinem Totenbett hatte Friedrich Wilhelm I. in Gegenwart des Ministers Podewils seinem Thronfolger eingeschärft, daß es die „invariable Maxime" des Hauses Österreich sei, Preußen niederzuhalten, seine Vergrößerung auf alle Weise zu hindern. Das ist nun die große weltgeschichtliche Bedeutung der Unternehmung Friedrichs II. gegen Schlesien 1740, daß Preußen jetzt mit unwiderruflicher Entschiedenheit gegen die bisherige österreichische Unterdrückungspolitik Front machte, daß damit ein langdauernder Gegensatz zwischen Preußen und Österreich begründet worden ist, der bis zu der Reichenbacher Konvention von 1790 bestehen blieb und im 19. Jahrhundert wieder auflebte. Damals, seit 1848, hat er mehr und mehr eine nationale Färbung angenommen und schließlich zu dem Kampf um die Vorherrschaft in Deutschland geführt, der 1866 endgültig entschieden worden ist. Friedrich der Große ist der erste, der die natürliche politische Rivalität zwischen Preußen und Österreich mit klarem Blick erkannt und zugleich mit kühnem Unternehmungsgeist die Konsequenzen daraus gezogen hat.

Schlesien war ja ein altes Objekt brandenburgischer Ausdehnungspolitik. Wir haben gesehen, welche Rechtsansprüche Preußen auf Teile Schlesiens erworben hatte und wie es mit deren Gültigkeit bestellt war. Friedrich Wilhelm I. hat in seinem politischen Testament von 1722 an der Stelle, wo er die Erbansprüche seines Hauses aufzählt, die schlesischen Lande nicht erwähnt. Von einem klaren, unzweideutigen Rechtsanspruch kann wohl kaum die Rede sein; eher könnte man von einer Vergeltung für die Behandlung sprechen, die Preußen in der bergischen Frage von Österreich widerfahren war. Schon der Große Kurfürst hatte ganz unabhängig von allen Erbansprüchen die Eroberung Schlesiens ins Auge gefaßt für den Fall des damals in nahe Aussicht gerückten Aussterbens des habsburgischen Mannsstammes; sein Hauptrechtfertigungsgrund bei diesem Plan war die Unterdrückung der Evangelischen in Schlesien durch das Haus Österreich. Neun Jahre vor dem Ausbruch des ersten schlesischen Krieges war das geheime Schriftstück, das diesen Plan enthielt, wieder aufgefunden worden. Es ist Friedrich dem Großen nicht unbekannt geblieben. Das Geschick fügte es, daß bald nach seinem Regierungsantritt jener von seinem Ahnherrn ins Auge gefaßte Moment eintrat. Er hat ausgeführt, was der Große Kurfürst 1672 geplant hatte.

Unmittelbar nach Empfang der Nachricht vom Tode des Kaisers beschied Friedrich den Minister von Podewils und den Feldmarschall Schwerin zu sich nach Rheinsberg, um die Ausführung der Unternehmung mit ihnen zu besprechen; denn der Entschluß dazu stand ihm bereits fest. Podewils machte den Vorschlag, der König möge erst auf gütlichem Wege, durch Verhandlungen in Wien und an anderen Höfen die Abtretung Schlesiens durchzusetzen suchen und erst, falls dieser Versuch mißlinge, zu kriegerischen Maßregeln greifen. Aber Friedrich war anderer Ansicht. Er zog vor, Schlesien erst militärisch zu besetzen und dann die Verhandlungen zu eröffnen. Den Anspruch auf das Herzogtum Berg ließ er jetzt fahren. Schlesien galt ihm mehr als Berg. Die allgemeine Lage schien seinem Unternehmen günstig. Bayern und Sachsen hatten ihre Erbansprüche gegen die pragmatische Sanktion und Maria Theresia in aller Form angemeldet. Ein österreichischer Erbfolgekrieg stand in Aussicht; die österreichische Monarchie schien von einem ähnlichen Schicksal, wie 40 Jahre vorher die spanische, bedroht.

Österreich war weder militärisch noch finanziell in Bereitschaft, um sich einer europäischen Koalition gegenüber zu behaupten: Karl VI. hatte alle seine Hoffnung auf die Garantieakte für die pragmatische Sanktion gesetzt, die er im Laufe der Zeit von den Mächten eingehandelt hatte; und diese erwiesen sich im entscheidenden Augenblick als wertloses Papier. Friedrich konnte mit Sicherheit darauf hoffen, daß er eine von den beiden großen westeuropäischen Mächten, Frankreich oder England, auf seiner Seite haben werde. Entweder konnte England durch diplomatische Einwirkungen Maria Theresia zu dem Entschluß bringen, Schlesien an ihn abzutreten, oder aber er konnte das Land im Bündnis mit Frankreich durch einen Krieg gewinnen. Rußland war im Moment nicht zu fürchten. Die Kaiserin Anna war todkrank und ist 8 Tage nach dem Kaiser Karl VI. gestorben. Wegen der Unsicherheit der Thronfolge bedeutete das für längere Zeit eine Lähmung der auswärtigen Aktion Rußlands; und so hatte Preußen Gelegenheit, unter günstigen Verhältnissen seine Kräfte zu erproben.

Zunächst handelte es sich für Friedrich um die militärische Besetzung Schlesiens, das von österreichischen Truppen fast ganz entblößt war. Es war nur ein militärischer Spaziergang. Am 12. Dezember nahm der König noch an der Maskerade teil, die im Schloß zu Berlin veranstaltet wurde; am 13. früh fuhr er zu der Armee ab, die sich zwischen Frankfurt und Krossen gesammelt hatte in Stärke von etwa 20 000 Mann. Vor dem Ausrücken der Berliner Regimenter hatte er den Offizieren eine kurze Ansprache gehalten, die mit den Worten schloß: „Leben Sie wohl, meine Herren, brechen Sie auf zum Rendezvous des Ruhmes, wohin ich Ihnen ungesäumt folgen werde.“

Die Besitznahme Schlesiens wurde rasch und ohne störende Zwischenfälle vollzogen. Überall kam dem König die Sympathie der unterdrückten Evangelischen entgegen. Die Katholiken suchte er durch die Ankündigung voller Gewissensfreiheit zu beruhigen; die Jesuiten behandelte er mit besonderer Zuvorkommenheit. Die einzige Festung, die in verteidigungsfähigem Zustand war, Glogau, wurde von 8000 Mann preußischer Truppen umstellt. Breslau wurde am 3. Januar durch ein Abkommen mit der Stadtbehörde gewonnen; der König hielt einen glänzenden Einzug und gab den Einwohnern ein prächtiges Fest.

Zugleich mit dem Einmarsch hatten auch die Verhandlungen in Wien begonnen. Friedrich forderte Schlesien und versprach dafür die preußische Hilfe zur Aufrechterhaltung der Thronfolge Maria Theresias und die brandenburgische Kurstimme für die Kaiserwahl ihres Gemahls. Die österreichischen Staatsmänner waren nicht unbedingt für eine Abweisung der preußischen Forderungen. Auch der Gemahl Maria Theresias, der Großherzog Franz von Toskana, der von ihr zum Mitregenten ernannt worden war, wäre einer Verständigung nicht ganz abgeneigt gewesen; in Momenten, wo er den preußischen Unterhändlern zu weit entgegen kam, ist wohl die Königin, die im Nebenzimmer alles mit anhören konnte, dazwischen getreten. Sie war an geistiger und moralischer Kraft ihrem liebenswürdigen, aber unbedeutenden Gemahl weit überlegen; es ist in ihr etwas von dem welfischen Herrschertalent; ihre Mutter war eine braunschweigische Prinzessin. Die junge, erst dreiundzwanzigjährige Königin hat die Regierung wirklich selbst geführt; diese Frau mit dem Geist eines Königs, wie ihr Biograph Arneth sie nennt, hat damals selbst den Entschluß gefaßt, die preußischen Forderungen und Anerbietungen unbedingt abzuweisen. Sie hatte freilich auch ein besseres Gewissen Preußen gegenüber als ihre Staatsmänner. Von dem falschen Spiel der österreichischen Politik gegenüber Preußen wußte sie nichts. Sie glaubte gegen den Angreifer im besten Recht zu sein, und das gab ihr eine hohe und feste Zuversicht. Ihre Hauptstütze war der ehemalige vertraute Sekretär ihres Vaters, der Hofrat und Staatsreferendarius v. Bartenstein, ein scharfer, tätiger Geschäftsmann, ein Konvertit, der dem Erzhaus treu ergeben und ein abgesagter giftiger Feind Preußens war.

Die Ablehnung der preußischen Anträge erreichte den König in Breslau. Es galt nun für ihn in einem wirklichen Kriege zu behaupten, was er rasch wie im jugendlichen Übermut ergriffen hatte.

Friedrichs Politik und Kriegführung in den nächsten Jahren ist auf das bestimmteste charakterisiert durch eine vorwaltende Tendenz, die sich etwa auf die Formel bringen läßt: kein langer Krieg, kurze und kräftige Schläge und dann so bald wie möglich ein vorteilhafter Friede. Er wußte, daß Preußen nicht in der Lage war, einen langen Krieg auszuhalten, ohne sich zu ruinieren. Seine finanziellen Mittel waren die sauren Ersparnisse vieler Friedensjahre; zwei Feldzüge mußten sie nahezu erschöpfen. Die Hilfskräfte des Landes waren trotz der starken Anspannung doch verhältnismäßig nur gering; eine Anleihe im Ausland war unmöglich, im Lande selbst war nur auf unerhebliche Summen zu rechnen. Die Ergänzung der Armee machte natürlich in einem allgemeinen Kriege noch mehr Schwierigkeiten als im Frieden; ihre Stärke lag hauptsächlich in der Disziplin und taktischen Schulung, und Friedrich wußte sehr wohl, daß ein sich in die Länge ziehender Krieg die Disziplin lockert. Alle diese Erwägungen zeigten ihm die Notwendigkeit, möglichst schnell zu seinem Zweck zu gelangen, ohne sich in einen langen Krieg verwickeln zu lassen. Dieser Gesichtspunkt ist maßgebend für seine politische Haltung in den beiden ersten schlesischen Kriegen.

Die allgemeine politische Lage, die anfänglich dem Unternehmen Friedrichs günstig schien, hat sich zunächst für eine Zeitlang sehr verschlimmert. Die Verhandlungen mit Frankreich, wo der alte 87jährige Kardinal Fleury den Ruhm seines langen Lebens nicht mehr durch einen neuen Krieg gefährden mochte, hatten noch ebensowenig zum Abschluß geführt wie die Verhandlungen zwischen Frankreich und Bayern. Dagegen war die englische Politik, die damals mehr im hannöverschen als im britischen Interesse geführt wurde, unter lebhafter Beteiligung des Königs Georg II. und im engsten Einverständnis mit Österreich bestrebt, eine große Koalition gegen Preußen zustande zu bringen, die ihm nicht nur Schlesien wieder entreißen, sondern auch eine Aufteilung seiner Außenlande an die Nachbarn herbeiführen sollte. Hannover und Sachsen waren in erster Linie dabei interessiert; an England schloß sich wie gewöhnlich die Republik der Vereinigten Niederlande an, und auch die Mitwirkung Rußlands schien sicher, seitdem dort unter der Regentschaft der Großfürstin Anna, einer deutschen Prinzessin, deren Sohn, der unmündige Iwan VI., zum Zaren gemacht worden war, der vorwaltende Einfluß ihres Günstlings, des sächsischen Gesandten Grafen von Lynar, den Sturz des im preußischen Interesse tätigen Feldmarschalls Münnich und das Übergewicht des österreichisch gesinnten Ministers Ostermann herbeigeführt hatte. Schon traf Friedrich seine Vorbereitungen zu dem Kampf gegen diese Koalition, deren Mittelpunkt er fälschlich in Sachsen statt in Hannover suchte; da gelang es in überraschender Wendung noch in letzter Stunde, gerade den Hannoveranern durch neue Verhandlungen die Lust an dem Plane zu verderben. Der hannöversche Minister Schwicheldt, der nach Berlin gekommen war, fand es schließlich vorteilhafter für sein Land, mit Preußen zusammen aus der Schüssel zu essen, wie er sich ausdrückte; und auf einer großen Konferenz der Gegner Preußens, die am 10. April in Dresden abgehalten wurde, hatte man infolge der veränderten Lage Hannovers allgemein den Eindruck, daß der Koalitionsplan gescheitert sei.

An demselben Tage, 10. April, ist zugleich die erste bedeutende Waffenentscheidung in Schlesien erfolgt: die Schlacht von Mollwitz. Die preußische Armee in Schlesien stand, nachdem Glogau am 9. März 1741 durch einen nächtlichen Sturmangriff genommen worden war, in einer langen, ziemlich dünnen Postenkette auseinandergezogen von Krossen bis Troppau, um möglichst das ganze eingenommene Land zu decken. Bei dem Mangel an Wachsamkeit, der in den preußischen Quartieren herrschte, war es dem österreichischen Feldmarschall Graf Neipperg gelungen, mit einer inzwischen gebildeten Armee von 14 000 Mann von Mähren aus durch die Sudetenpässe unbemerkt nach Schlesien vorzudringen und die Festung Neiße in seine Gewalt zu bringen. Sein weiterer Vormarsch auf Brieg zu drohte das preußische Heer zu spalten und den in Oberschlesien stehenden Teil abzuschneiden. Um diese Gefahr zu verhüten, hat König Friedrich die erste Schlacht seines Lebens gewagt. Bei Mollwitz in der Nähe von Brieg sind am 10. April nach heißem Ringen die Österreicher geschlagen worden. Der König hatte selbst zum größten Teil die Dispositionen zur Schlacht entworfen; aber der Ruhm des Sieges gehört nicht ihm, sondern dem Feldmarschall Schwerin. Die Schlacht galt anfangs für verloren, und zwar infolge eines vernichtenden Angriffs der österreichischen Reiterei, die der preußischen an Zahl und namentlich in Schulung und Fechtweise weit überlegen war. Schwerin und andere hohe Offiziere beschworen den König, der sich selbst auf das heldenmütigste aussetzte, seine Person in Sicherheit zu bringen. In eiligem Ritt verließ der König das Schlachtfeld und floh auf Oppeln zu. Aber er traf auf feindliche Abteilungen und mußte umkehren; nur die Schnelligkeit seines Pferdes hat ihn damals vor der Gefangenschaft gerettet. Unterwegs traf er einen Boten von Schwerin, der ihm den Sieg meldete. Es war Schwerin gelungen, die Schlacht wiederherzustellen; die Tapferkeit und Disziplin der preußischen Infanterie überwand die schlimmen Folgen der österreichischen Kavallerieattacke; in geschlossener Linie, wie auf dem Exerzierplatz, gingen die Bataillone zum Angriff vor und zwangen die Österreicher, das Feld zu räumen. Die Gefahr, daß die in Oberschlesien stehenden preußischen Truppen vom Hauptheer abgeschnitten würden, war durch den Sieg abgewandt; darin besteht der strategische Haupteffekt der Schlacht von Mollwitz. Die Preußen nahmen bald darauf Brieg; aber Glatz und vor allem Neiße blieben in den Händen der Österreicher.

Wichtiger noch als die strategische Wirkung des Sieges war die politische: der Abschluß des Bündnisses mit Frankreich, der am 5. Juni 1741 in Breslau zustande kam. Der Erfolg der preußischen Waffen hatte in Frankreich der Kriegspartei, deren Haupt der Marschall von Belle-Isle war, die Oberhand verschafft und die Bedenken Fleurys überwunden. Durch das Bündnis Frankreichs mit Preußen ist auch erst das Verhältnis Frankreichs zu Bayern geregelt worden. Frankreich, bei diesen Verhandlungen hauptsächlich durch den Marschall Belle-Isle selbst vertreten, sagte eine kräftige Unterstützung des Kurfürsten von Bayern zu, dem man mindestens Böhmen und dazu die Kaiserkrone verschaffen wollte, und versprach zugleich, Schweden zum Kriege gegen Rußland zu veranlassen, um Rußland, auf das Friedrich immer mit Besorgnis sah, von einer Einmischung zugunsten Österreichs abzuhalten. Friedrich selbst erhielt Niederschlesien mit Breslau zugesichert (weiter gingen seine Forderungen damals nicht) und er gab dafür seine jülich-bergschen Ansprüche auf. Die Franzosen wollten im Laufe des Sommers mit 40 000 Mann dem Kurfürsten von Bayern zu Hilfe kommen und eine Beobachtungsarmee gegen Holland und Hannover in Westdeutschland aufstellen. Diese letztere Zusage blieb unerfüllt; das Hilfskorps für Bayern rückte in weit geringerer Stärke, nur 22 000 Mann, Mitte August über die Grenze. Anfangs August erklärte Schweden den Krieg an Rußland. In Frankfurt a. M. leitete Belle-Isle die Verhandlungen zum Behuf der Kaiserwahl des Kurfürsten von Bayern. Die rheinischen Kurfürsten waren bald gewonnen. Auch Sachsen schlug sich jetzt auf die Seite der Verbündeten. Zu Frankfurt wurde am 19. September 1741 ein förmlicher Vertrag über die Teilung der österreichischen Monarchie geschlossen, nach welchem der Kurfürst von Bayern aus der habsburgischen Erbschaft nicht nur Böhmen, sondern auch einen Teil von Ober-Österreich erhalten sollte, Sachsen aber Mähren als Königreich samt einem Teil von Oberschlesien und Nieder-Österreich. Auch der Kurfürst von Hannover, König Georg, sicherte schließlich dem Bayern seine Kurstimme zu, wogegen Frankreich die Neutralität Hannovers gewährleistete. So schien eine einstimmige Kaiserwahl des bayerischen Kurfürsten schon Ende September gesichert.

In Schlesien hatten inzwischen die Waffen geruht. Breslau war am 10. August wegen eines Erhebungsversuches, den die an Österreich festhaltende Stadtbehörde angestellt hatte, militärisch besetzt worden. Der König war im Lager bei Strehlen mit der Reorganisation der bisher ganz unzulänglichen Kavallerie beschäftigt, während Neipperg im Besitz von Neiße eine für die Preußen sehr unbequeme Flankenstellung einnahm. Friedrich wünschte ihn aus Schlesien loszuwerden und suchte daher die Franzosen und Bayern, die militärisch zusammenwirkten, zum Vormarsch auf Wien zu bewegen, zu dessen Deckung dann die Armee Neippergs, die einzige Feldarmee, über die Österreich damals verfügte, aus Schlesien hätte abziehen müssen. Aber der Marschall Belle-Isle durchschaute den Plan des preußischen Königs und hatte keine Lust, die österreichischen Truppen auf sich zu ziehen und den Preußen in diesem Moment die Last des Krieges abzunehmen. Die Franzosen wollten überhaupt keine rasche und vollständige Entscheidung; in ihrem Interesse lag es vielmehr, den Krieg in die Länge zu ziehen, um die französischen Truppen ein paar Jahre in Deutschland zu verpflegen und zugleich den politischen Einfluß Frankreichs im Reiche recht gründlich zu befestigen. Sie sagten sich, daß der Erfolg eines solchen Schlages, wie die Einnahme der österreichischen Hauptstadt, mehr ihren deutschen Verbündeten als ihnen selbst zugute kommen werde. Sie fürchteten, daß der bayerische Kaiser, wenn er als Sieger in Wien eingezogen wäre, leicht aufhören würde, ihr gehorsamer Schützling zu sein. Die Niederwerfung Österreichs lag zwar in der Absicht der Franzosen; aber sie wollten an Österreichs statt weder eine bayerische noch eine preußische Großmacht im Reiche. Ihr Plan ging vielmehr dahin, dort eine Art von Gleichgewicht der Macht herzustellen durch Begründung von vier Königreichen, die sich untereinander die Wage halten und damit dem Einfluß Frankreichs Tür und Tor öffnen sollten. Zu diesem Zweck sollten Bayern und Sachsen annähernd ebenso stark gemacht werden wie Preußen und das verkleinerte Österreich — eine Aussicht, die natürlich dem König von Preußen sehr wenig zusagen konnte.

Jeder von beiden Teilen wollte also den andern für seine Zwecke gebrauchen und jeder war klug genug, das zu merken. So geriet Politik und Kriegführung der Verbündeten in lähmende Zwiespältigkeit und Unklarheit, und eben die Gefahr lag nahe, die Friedrich unter allen Umständen vermeiden wollte: daß der Krieg sich in die Länge zog. Unter dem Eindruck dieses Widerstreits der Interessen hat nun Friedrich den Entschluß gefaßt, sich selbst zu helfen. Er verfolgte zunächst den Plan, aufs neue eine Schlachtentscheidung herbeizuführen, Neippergs Heer zu vernichten oder aus Schlesien herauszutreiben. Aber dieser Plan mißlang: Neipperg ließ sich nicht von Neiße abdrängen; und im Schutz der Festung nahm er eine unangreifbare Stellung ein. Da hat der König begonnen, durch Vermittlung des englischen Gesandten Lord Hyndford Unterhandlungen mit Österreich anzuknüpfen, die womöglich zu einem günstigen Separatfrieden führen sollten. Das Ergebnis dieser Verhandlungen war die geheime Abkunft von Klein-Schnellendorf, 9. Oktober 1741. Es wurde darin ausgemacht, daß die Österreicher Schlesien vorläufig den Preußen überlassen sollten; Neiße sollte sich nach kurzer Belagerung ergeben, Neipperg sollte ungehindert abziehen dürfen, wohin er wollte. Auf der Grundlage dieses Besitzstandes hoffte der König, einen Separatfrieden mit Österreich schließen zu können. Kam ein solcher bis Ende des Jahres nicht zustande, so sollte kein Teil weiter gebunden sein. Außerdem hatte sich König Friedrich das allerstrengste Geheimnis ausbedungen; jede Verletzung desselben sollte die ganze Abkunft hinfällig machen.

Was so verabredet war, wurde nun zunächst auch wirklich ausgeführt. Neipperg zog ab, Neiße ergab sich den Preußen, der König legte seine Truppen in die Winterquartiere und kehrte nach Berlin zurück, um die weiteren Ereignisse abzuwarten. Die Franzosen und Bayern aber faßten jetzt den Entschluß, auf Prag zu marschieren, um die Hauptstadt des für den Kurfürsten von Bayern bestimmten Landes noch am Ende dieses Feldzuges in ihre Hand zu bringen.

Friedrich befand sich in einer schiefen Lage. Ging die Sache der Verbündeten in Böhmen schlecht, so war schwerlich darauf zu rechnen, daß Maria Theresia den gegenwärtigen Besitzstand in Schlesien als Grundlage eines Friedens mit Preußen annahm; ging sie aber gut, so hätten ihm die Franzosen und Bayern, die er im Stich gelassen hatte, Schlesien schwerlich ohne Kampf überlassen. Freilich war er den Österreichern gegenüber im Grunde zu nichts verpflichtet, denn sie wahrten, wie er vorausgesehen hatte, das Geheimnis nicht, und so wurde die ganze Abkunft, so bald er wollte, hinfällig. Aber den Ausschlag gaben doch erst die kriegerischen Ereignisse in Böhmen: Prag wurde von den Verbündeten, Franzosen, Bayern und Sachsen, am 26. November mit Sturm genommen, und nun mußte der König sich entscheiden, ob er Schlesien im Kampf mit seinen siegreichen Verbündeten oder mit den geschlagenen Österreichern behaupten wollte. Er wählte das letztere. Als der Adjutant des Kurfürsten von Bayern ihm die Nachricht von der Eroberung Prags nach Berlin brachte, da trank Friedrich an offener Tafel auf das Wohl des neuen Königs von Böhmen und gab Befehl zum Vorrücken seiner Truppen gegen die Österreicher. So war der frühere Zustand wiederhergestellt, aber nicht, ohne daß Friedrich bei seinen Verbündeten in den Ruf der Treulosigkeit gekommen wäre, während er für sich eigentlich nichts Greifbares gewonnen hatte.

Im Reich hatten die Verbündeten zunächst die Oberhand; am 24. Januar 1742, dem Geburtstage des Königs von Preußen, wurde die Kaiserwahl Karls VII. in Frankfurt einstimmig vollzogen. Aber die Kriegslage veränderte sich schon um die Jahreswende zuungunsten der Verbündeten. In Ungarn war das allgemeine Aufgebot erfolgt; mit Leidenschaft und Begeisterung hatten sich die Magyaren in den Kampf für ihre Königin gestürzt, die die Autonomie Ungarns sorgfältig achtete. Bayern wurde von der ungarischen Reiterei überschwemmt, und auch in Böhmen und Mähren standen größere österreichische Heeresmassen. Ein Winterfeldzug wurde notwendig; Friedrich selbst begab sich wieder auf den Kriegsschauplatz und übernahm den Oberbefehl eines aus Preußen, Sachsen und Franzosen zusammengesetzten Heeres von 60 000 Mann, an dessen Spitze er durch Mähren gegen Wien vorrücken wollte, um durch Bedrohung der Hauptstadt die Österreicher zum Frieden zu nötigen. Der französischen Kriegführung traute er jetzt noch weniger als früher, seit der feurige und tatkräftige Marschall von Belle-Isle, der dem Kardinal Fleury zu wenig lenksam erschien, durch den alten gebrechlichen Herzog von Broglie ersetzt worden war. Er glaubte jetzt selbst die Führung der Verbündeten übernehmen zu müssen.

Aber der Plan eines Vorstoßes auf Wien, eine jener weit ausgreifenden Unternehmungen, die unter dem Namen „Pointen" in der Theorie der damaligen Kriegskunst verrufen waren, weil sie bei dem vorherrschenden System der Magazinverpflegung wegen der weiten Entfernung von der Operationsbasis leicht einen unglücklichen Ausgang nehmen konnten, ist auch in diesem Feldzuge ebensowenig wie im vorigen zur Ausführung gebracht worden. Von den beiden Festungen, die Mähren deckten, fiel Olmütz bald in die Hände der Verbündeten, aber Brünn mußte regelrecht belagert werden, und die Verpflegungsschwierigkeiten, die dabei entstanden, vereitelten den Plan des Feldzuges bis zum März völlig. Auf die Forderung Broglies sandte Friedrich diesem anfangs April die Sachsen zu, die er eigentlich bis zum Friedensschluß in der Hand hatte behalten wollen, und begann jetzt wieder mit den Österreichern Verhandlungen wegen eines Separatfriedens anzuknüpfen, weil er nun kommen sah, was er von je gefürchtet hatte, nämlich daß der Krieg sich in die Länge zog. Dazu kam der begründete Argwohn, daß auch von französischer Seite ein Separatfriede erstrebt werde; den Franzosen aber wollte Friedrich darin zuvorkommen. Allein die Unterhandlungen führten noch nicht zum Ziel und wurden bereits vor Mitte Mai abgebrochen; und nun strengte Friedrich alle Kräfte an, um den Österreichern noch einen entscheidenden Schlag beizubringen und sie so zum Frieden gefügig zu machen. Es gelang ihm, den Prinzen Karl von Lothringen, der jetzt den Oberbefehl über die Österreicher übernommen hatte und ihn selbst durch die Bedrohung seiner Magazine an der oberen Elbe nach Schlesien zurückzumanövrieren suchte, bei dem böhmischen Dorfe Chotusitz am 17. Mai entscheidend zu schlagen. Prinz Leopold von Anhalt, der Sohn des alten Dessauers, hatte den Kampf eröffnet; er wurde noch auf dem Schlachtfelde zum Feldmarschall befördert; die Entscheidung des Tages aber war das Werk des Königs selbst. Jetzt waren die Österreicher zum Friedensschluß geneigt, und Friedrich beeilte sich um so mehr mit dem Abschluß, als die Franzosen immer stärker in Nachteil gegenüber den Österreichern gerieten. Friedrich verzichtete jetzt auf die böhmischen

Grenzkreise, die er im Mai noch gefordert hatte; dafür bedang er sich jetzt ein Stück von Oberschlesien aus. Im Juni wurde der Präliminarfriede zu Breslau abgeschlossen. Es gab dann noch einen heftigen Streit um Jägerndorf, das der König mit zu seinem Anteil von Oberschlesien rechnete; aber schließlich gab er auch in diesem Punkte nach, und am 28. Juli wurde der endgültige Friede in Berlin, wohin der König inzwischen zurückgekehrt war, unterzeichnet.

Friedrich hatte nun die erwünschte Vergrößerung seines Staates erreicht durch die Erwerbung von Schlesien mit Einschluß der Grafschaft Glatz, aber ohne Troppau und Jägerndorf. Von seinen bisherigen Verbündeten hatte er sich gänzlich getrennt. Natürlich wurde dieser Separatfriede von ihnen als ein Vertragsbruch angesehen, und es gehörte die ganze Schärfe der Zunge und der Feder dazu, über die Friedrich verfügte, um den Vorwürfen des Kardinals Fleury gegenüber sein Verhalten zu rechtfertigen; er konnte ihn darauf hinweisen, daß Frankreich selbst mit Österreich anzuknüpfen versucht hatte, damit aber zu spät gekommen war. Preußen brauchte eine Erholungspause. Der Kriegsschatz Friedrich Wilhelms I. war zwar noch nicht ganz erschöpft, aber er reichte nicht mehr für einen neuen Feldzug, und er konnte während des Krieges selbst nicht ergänzt werden. Mit den Subsidien seiner Verbündeten aber den Krieg zu führen, widersprach Friedrichs Grundsätzen; das hätte ihn in eine Abhängigkeit von den Franzosen gebracht, die er unter allen Umständen vermeiden wollte.

Friedrich war sich wohl bewußt, daß Schlesien noch durchaus kein ganz sicherer Besitz war, aber er hoffte es auch ohne Krieg weiterhin behaupten zu können. „Es handelt sich jetzt nur darum“ — schrieb er bald nach dem Abschluß des Friedens — „die Kabinette Europas daran zu gewöhnen, uns in der Stellung zu sehen, die uns dieser Krieg gegeben hat; und ich glaube, daß viel Mäßigung und viel Gleichmut gegen alle Nachbarn uns dahin führen wird; ich hoffe, daß wir uns mit Würde auf der Höhe des Machtaufschwungs behaupten werden, in welcher wir uns dem Erdteil angekündigt haben.“ Um nicht ganz isoliert zu stehen, schloß er mit England, dem Freunde Österreichs, ein Defensivbündnis am 29. November 1742.

Für Österreich bestand der wesentliche Gewinn beim Friedensschluß darin, daß es den gefährlichsten seiner Gegner, den König von Preußen, durch ein vorläufiges Zugeständnis losgeworden und nun imstande war, gegen Bayern und Franzosen mit ganzer Macht vorzugehen. Die Franzosen konnten sich in Böhmen nicht halten: Prag fiel schon im Dezember 1742 wieder in die Hände der Österreicher; Bayern wurde 1742 und 1743 von den Österreichern fast ganz eingenommen, der Kurfürst-Kaiser mußte aus seinem Lande fliehen. Er war auch im Reiche ziemlich machtlos, seit die Hilfe des Königs von Preußen ihm nicht mehr zur Seite stand. Die Sache der Verbündeten schien vollends verloren, als mit dem Jahre 1743 auch England, das schon zwei Jahre zuvor einen Subsidienvertrag mit Österreich geschlossen hatte, sich tatkräftig am Kriege beteiligte, um seinen Gegner Frankreich zugleich auf dem Kontinent zu fassen. Ein großes Heer wurde gebildet, bestehend aus Engländern, Hannoveranern, Hessen und Niederländern; denn auch die Generalstaaten waren wieder für den Anschluß an England gewonnen worden. An der Spitze dieser sogenannten pragmatischen Armee gewann König Georg II. am 27. Juni 1743 den großen Sieg von Dettingen (in der Nähe von Frankfurt a. M.) über die Franzosen. Das war ein harter Schlag für den König von Preußen. Er sah bald ein, daß er den Ereignissen, wie sie nun weiter fortschritten, nicht ruhig zusehen könne. Sein Versuch, eine Friedensvermittlung des Reiches herbeizuführen, blieb wirkungslos. Georg II. spielte seit der Schlacht von Dettingen den Meister in Deutschland, während der Kaiser, der Schützling des Königs von Preußen, aus seinen Erblanden vertrieben, umherirrte. Maria Theresia dachte damals daran, das eroberte Bayern als Ersatz für Schlesien zu behalten. Zu den Friedensunterhandlungen, die in Hanau gepflogen wurden, ließ man den preußischen Bevollmächtigten nicht zu. Friedrich mußte fürchten, seine kaum erworbene Stellung unter den Mächten bei dieser Lage der Dinge wieder einzubüßen, wenn er sich nicht selbst rührte.

Unter diesen Umständen ist er zunächst auf einen merkwürdigen Plan verfallen: er suchte jetzt eine kriegerische Einmischung des Reiches im Interesse des Kaisers und unter preußischer Führung ins Werk zu setzen. Die Lage in Rußland schien diesen Plan zu begünstigen. Die Kaiserin Elisabeth, die dort durch eine Palastrevolution im Dezember 1741 auf den Thron gekommen war und nach der Beendigung eines Krieges mit Schweden 1743 eben im Begriff schien, in die westeuropäischen Angelegenheiten, und zwar zugunsten der englisch-österreichischen Partei einzugreifen, geriet infolge einer eben entdeckten Verschwörung, an der der österreichische Gesandte teilgenommen haben sollte, in Mißhelligkeiten mit Maria Theresia, die ihren Vertreter schützte, und es schien möglich, sie für die preußische Sache zu gewinnen. Unter dieser Rückendeckung hat nun Friedrich versucht, seinen Plan einer Reichsintervention ins Werk zu setzen, der den Zweck hatte, die Lage Preußens den siegreichen pragmatischen Verbündeten gegenüber zu verbessern und ihm selbst wieder einen maßgebenden Einfluß auf den Gang der Dinge zu verschaffen. Es sollte eine Assoziation der Reichskreise herbeigeführt und ein Reichsheer aufgestellt werden, das in der preußischen Armee einen festen Kern und einen zuverlässigen Halt gefunden haben würde. An die Spitze dieses Reichsheeres wollte Friedrich selbst als beständiger Generalleutnant des Kaisers treten, ein kriegerischer major domus neben dem bayerischen Schattenkaiser. Frankreich sollte ganz aus dem Spiel bleiben; die Verbindung sollte ihre Spitze gegen England und Österreich richten und dem Kaiser das verlorene Ansehen wiedergewinnen.

Friedrich hat es selbst unternommen, an verschiedenen Höfen, zuerst an denen von Bayreuth und Ansbach, für dieses Projekt persönlich Stimmung zu machen. Aber er fand selbst hier, bei seinen Verwandten, kein Entgegenkommen und anderswo im Reiche noch weniger. Das Abhängigkeitsgefühl der kleinen Fürsten gegenüber dem Hause Österreich war zu stark eingewurzelt, das Mißtrauen gegen Preußen zu groß. Nur Pfalz und Hessen waren zum Anschluß bereit. Das genügte aber natürlich nicht. Der Plan ist im großen und ganzen gescheitert. Man wird ihn nicht eigentlich als einen Versuch zu einer militärischen Reichsreform unter Preußens Führung, sondern vielmehr nur als ein politisches Auskunftsmittel für den Moment zu betrachten haben. Die Politik des Königs mußte eine andere Richtung einschlagen.

Die Lage hatte sich inzwischen noch verschärft: Friedrich fühlte sich jetzt selbst bedroht. Am 13. September 1743 war der König von Sardinien in dem Vertrage von Worms zu den pragmatischen Verbündeten übergetreten: von ihm erwartete man die Verteidigung der österreichischen Interessen in Italien. Am 20. Dezember 1743 hatte sich auch Sachsen dem Bündnis angeschlossen: es hoffte, auf Kosten Preußens eine Gebietserwerbung machen zu können, die eine unmittelbare Verbindung zwischen Sachsen und Polen herstellen sollte. Diese Verträge waren geheim; die Kunde gelangte aber in die holländischen Zeitungen, und Friedrich erfuhr davon zu Anfang des Jahres 1744. Es erregte sein Bedenken, daß man in dem Traktat von Worms vermieden hatte, neben anderen Friedensschlüssen den von Breslau und Berlin zu erwähnen; ferner daß der italienische Bundesgenosse gerade jetzt aufgeboten wurde, wo die Franzosen aus Deutschland abgezogen waren, und daß die Sachsen jetzt die Zeit für gekommen hielten, den Wunsch einer Gebietserwerbung geltend zu machen. Er argwöhnte, daß geheime Artikel vorhanden sein möchten, in denen von der Rückeroberung Schlesiens die Rede sei. Er hat sich darin getäuscht. Wir wissen heute, daß eine unmittelbare Bedrohung Preußens in jenen Verträgen nicht enthalten war; aber die Erkenntnis des Königs war doch ganz richtig, daß seine Stellung und der Besitz Schlesiens um so unsicherer wurden, je mehr das Kriegsglück der Österreicher und die Stärke ihrer Verbindungen wuchs. Das war eben in der Lage begründet, daß ein starkes Österreich eine beständige Gefahr für den Eroberer Schlesiens bedeutete. Friedrich begann jetzt sich mit der Überzeugung zu durchdringen, daß noch einmal um Schlesien gekämpft werden müsse, und er entschloß sich, für diese abermalige Waffenentscheidung den günstigsten Moment zu wählen, indem er Österreich angriff, ehe es noch zum Frieden mit Frankreich gelangt war. Auch die Rücksicht auf die verheißungsvolle Lage in Rußland wirkte bei diesem Entschlusse mit; Friedrich hoffte damals, wo eben seine Schwester Luise Ulrike den schwedischen Thronfolger geheiratet hatte, auf eine Allianz zwischen Preußen, Rußland und Schweden. Er sandte einen seiner Generale, den im französischen Militärdienst ausgebildeten Grafen von Rothenburg, nach Versailles, um mit Ludwig XV. ein Offensivbündnis gegen Österreich und England abzuschließen.

Kardinal Fleury war vor kurzem gestorben, und Ludwig XV. stand damals unter dem Einfluß einer Mätresse, die bei ihm die Rolle einer Agnes Sorel zu spielen suchte, der Herzogin von Châteauroux. Mit ihrer Hilfe gelang es dem preußischen Unterhändler, das gewünschte Kriegsbündnis zustande zu bringen, das am 5. Juni 1744, genau drei Jahre nach dem ersten Bündnis von Breslau, unterzeichnet worden ist. Frankreich nahm dabei für sich die Eroberung einiger Grenzstriche in den österreichischen Niederlanden in Aussicht; für den Kaiser und Kurfürsten von Bayern war wieder die Eroberung von Böhmen ins Auge gefaßt; Friedrich selbst bedang sich den nordöstlichen Teil von Böhmen aus, der ihm die Herrschaft über die Sudetenpässe und damit eine völlig gesicherte Stellung in Schlesien verschaffen sollte. Die Aussicht auf diesen neuen Landerwerb war nicht das Hauptmotiv für den Entschluß zum Kriege — dies lag vielmehr in dem Gefühl seiner bedrohten Lage, — aber sie verband sich bei ihm mit der Überzeugung, daß nur eine weitere Schwächung Österreichs und Stärkung seiner eigenen Position einen dauerhaften Frieden verbürgen könne. Von dem Plane der Reichsunion, über den im vorigen Jahre verhandelt worden war, blieb außer der Verbindung mit dem Kaiser nur die mit Pfalz und Hessen übrig, die sich in einem Vertrage zu Frankfurt a. M. (22. Mai 1744) als „konföderierte Union" dem Bündnis anschlossen; auch jetzt noch gab sich Friedrich den Anschein, für die vom Hause Österreich mißachtete Würde und Autorität von Kaiser und Reich einzutreten; er bezeichnete seine Armee als Hilfstruppen für den Kaiser.

Eben als die diplomatischen Vorbereitungen zum Kriege beendet waren, kam noch ein unerwartetes Ereignis dazwischen. Am 25. Mai 1744 starb Fürst Karl Edzard, der letzte vom Hause der Cirksena, und damit eröffnete sich für Preußen die Nachfolge in Ostfriesland, auf welche Kurfürst Friedrich III. 1694 die Anwartschaft von Kaiser und Reich erhalten hatte. Diese Sukzession wurde von Hannover aus bestritten; Hannover beanspruchte selbst die Nachfolge auf Grund einer in ihrer Rechtswirkung zweifelhaften Erbverbrüderung von 1697. König Friedrich brauchte gerade eine Brunnenkur in Pyrmont zur Stärkung für die bevorstehenden Kriegsstrapazen, als er die Nachricht erhielt. Er traf seine Maßregeln zur Besitzergreifung des Landes; dort war schon von langer Hand alles derart vorbereitet, daß dies ohne erhebliche Schwierigkeiten möglich war. Zu kriegerischen Verwicklungen kam es nicht; Hannover begnügte sich mit einem Protest und strengte einen Prozeß beim Reichshofrat an.

Schwerere Sorgen bereitete dem König im Juli, als er nach Berlin zurückgekehrt war, ein abermaliger Umschwung in Rußland, der ihm die Rückendeckung für die geplante kriegerische Unternehmung zu entziehen drohte. Die Kaiserin Elisabeth hatte infolge aufgefangener Depeschen des französischen Gesandten, worin in sehr unehrerbietiger Weise über sie und ihren Hof berichtet wurde, mit Frankreich und seinem Verbündeten gebrochen und den Parteigänger Englands und Österreichs, Bestuschew, zum Großkanzler befördert. Friedrich hat einen Moment daran gedacht, unter diesen Umständen von dem Bündnis mit Frankreich zurückzutreten; aber die Dinge waren schon zu weit gekommen; er konnte nicht mehr zurück. Er mußte befürchten, daß die Franzosen, die von den Österreichern schon an den Grenzen ihres eigenen Landes bedroht wurden, sich zum Frieden bequemten und daß dann die ganze Macht der Verbündeten über ihn selbst herfallen würde. Sein Heer war auf 140 000 Mann gebracht und wieder gut imstande, die Kavallerie großenteils neu gebildet. Durch Felddienstübungen und Manöver — eine neue Einrichtung damals — waren die Erfahrungen des Krieges im Frieden für die Ausbildung der Truppen nutzbar gemacht worden. Im Staatsschatz lagen wieder 6 Millionen.

So brach denn der König zu Anfang August mit einem Heer von 80 000 Mann nach Böhmen auf; Sachsen, das einem Teil dieses Heeres als kaiserlichen Hilfstruppen den Durchmarsch nicht verweigern konnte, blieb unbezwungen im Rücken. Die Österreicher wandten sich nun sofort vom Elsaß her nach dem böhmischen Kriegsschauplatz; aber die Franzosen folgten ihnen nicht, wie Friedrich gehofft hatte, sondern ließen ihn in diesem Feldzug völlig im Stich. Die Ursache dafür lag in einer gefährlichen Erkrankung Ludwigs XV. im Lager zu Metz, die unter dem Einfluß des Beichtigers zur Entfernung der Herzogin von Châteauroux und zu einem völligen Umschwung am Hofe, im Sinne einer Lähmung der kriegerischen Unternehmungen, führte. So war Friedrich in diesem Feldzug von 1744 ganz auf sich allein angewiesen. Er hatte Prag nach kurzer Einschließung am 16. September 1744 genommen und hoffte, im nächsten Frühjahr in Verbindung mit den Franzosen gegen Wien vorgehen zu können. Aber es kam anders, als er erwartet hatte. Die österreichische Armee unter dem Prinzen Karl von Lothringen, der von dem klugen alten Feldmarschall Grafen Traun beraten wurde, hatte unbemerkt die Pässe des Böhmer Waldes überschritten und war mit Erfolg bemüht, den König von seinen Magazinen in Prag und an der oberen Elbe abzudrängen, ihn dadurch zum Rückzug nach Schlesien zu zwingen. Sachsen, das inzwischen englische Subsidien erhalten hatte, war jetzt offen auf die Seite der Österreicher getreten und hatte ihr Heer durch 20 000 Mann verstärkt. Das preußische Heer litt unter der zunehmenden Schwierigkeit der Verpflegung. Die Proviantwagen blieben auf den schlechten Waldwegen Böhmens stecken; große Vorräte mußten in die Moldau geworfen werden, damit sie nicht in die Hände der Feinde fielen. Mit Requisition konnte man sich in dem mangelhaft angebauten und ausgeraubten Lande nicht helfen, zumal die fanatisierte Bevölkerung sich in den Wäldern versteckte und die Vorräte vergrub. Vergebens versuchte Friedrich, den Gegner zu einer Entscheidungsschlacht zu zwingen; die Österreicher schützten sich durch feste Stellungen, wenn Friedrich angreifen wollte, und waren mit Erfolg bemüht, ihn methodisch, ohne Schlachtentscheidung, aus Böhmen herauszumanövrieren. Anfang Dezember stand er wieder auf schlesischem Boden, und zwar mit einem Heer, das völlig entmutigt und in der Auflösung begriffen war. Gegen 17 000 Mann waren während dieses beständigen Rückzuges desertiert und zum Feinde übergegangen. Selbst im Offizierkorps hatte man kein rechtes Vertrauen mehr zur Führung des Königs. Man sieht aus späteren Äußerungen Friedrichs, daß ihm dieser mißglückte böhmische Feldzug von 1744, bei dem sich militärische Fehler und Unglücksfälle verketteten, immer als warnendes Beispiel vor Augen gestanden hat. Maria Theresia aber dankte dem Himmel für diese unerwartete Wendung, die ihr nun die Wiedereroberung Schlesiens in nahe Aussicht stellte. Am 1. Dezember 1744 entband sie die Schlesier des dem König von Preußen geleisteten Eides mit der Begründung, daß durch den Friedensbruch des Königs die Abtretung hinfällig geworden sei. Prinz Karl rückte nun selbst in Schlesien ein. Österreich ging von der Verteidigung zum Angriff über.

In dieser Gefahr erwachte der ganze Heroismus in Friedrichs Seele. Nie ist er größer gewesen als in solchen Momenten, wo alles auf dem Spiele stand. Felsenfest stand sein Entschluß, sich in Schlesien zu behaupten, es koste, was es wolle. Lieber wollte er alles, was preußisch heiße, mit sich unter den Trümmern seiner Armee begraben, als Schlesien aufgeben. Das versicherte er dem Marquis Valory, dem französischen Gesandten, in fein pointiertem Französisch, und dem alten Dessauer schrieb er in gutem Berliner Deutsch: „Aus Schlesien kann ich mir so wenig rausschmeißen lassen wie aus der Mark." Es waren sorgenvolle Winterquartiere und ein noch sorgenvolleres Frühjahr. Der König stand ganz auf sich allein. Am 20. Januar 1745 war der unglückliche Kaiser Karl VII. unerwartet gestorben, und sein Sohn und Erbe, Kurfürst Maximilian Joseph, beeilte sich, seinen Frieden mit Österreich zu machen, der am 22. April 1745 in Füssen geschlossen wurde. Bayern wurde dem Kurfürsten zurückgegeben, und der Kurfürst versprach dem Gemahl Maria Theresias seine Stimme für die Kaiserwahl. Auch von Frankreich war keine Hilfe zu erwarten, da es von den österreichischen Niederlanden aus selbst an seinen Grenzen bedroht wurde. Auch ein siegreiches Vordringen der Franzosen in den Niederlanden wollte Friedrich damals nicht als eine Erleichterung seiner Lage anerkennen: ob der König von Frankreich Tournay nehme, sagte er damals, das gelte ihm so viel, als ob die Spanier eine Landung auf den kanarischen Inseln machten oder der Tatarenkhan Babylon belagerte. Dagegen hatte sich die Bündnisstellung der Gegner verstärkt durch die am 8. Januar 1745 abgeschlossene Quadrupelallianz von Warschau, in der die Seemächte sich mit Österreich und Sachsen verbunden hatten, die dadurch Subsidien erhielten zur Kriegführung gegen Preußen und Frankreich. Gern hätte man auch Rußland in dieses Bündnis hineingezogen, doch gelang das bei der Schwerfälligkeit der Kaiserin Elisabeth noch nicht. Die Hoffnungen, die Friedrich auf einen Wechsel im englischen Ministerium gesetzt hatte, erfüllten sich nicht; Lord Chesterfield, der sich als Freund Preußens gab und dem neuen Ministerium angehörte, ließ zu Anfang Mai keinen Zweifel mehr darüber, daß auf eine englische Friedensvermittlung nicht zu rechnen sei. Dazu begannen die finanziellen Hilfsquellen in Preußen zu versagen. Der Kriegsschatz war aufgezehrt; für den bevorstehenden Feldzug blieben noch Kosten in der Höhe von $4^1/_2$ Millionen Taler ungedeckt. Der Versuch, in Holland eine Anleihe aufzunehmen, scheiterte. Die Stände der Kurmark stellten eine Million Taler zur Verfügung, die anderen Provinzen noch eine weitere halbe Million; mehr war nicht zu erhalten. Der König hat damals daran gedacht, Emden an Holland oder England zu verkaufen. Alle Vorbereitungen für den Fall des äußersten Unglücks waren getroffen. Ende April erhielt der Minister Podewils die Weisung, nötigenfalls den Hof, den Silberschatz, das Archiv nach Spandau zu retten. Dort und in Küstrin und Magdeburg sollte der letzte Widerstand versucht werden, wenn Schlesien verloren war und die Kurmark angegriffen wurde.

Der König selbst befand sich seit Mitte März, wo er die Hauptstadt verlassen hatte, bei dem Heer in Schlesien. Dem alten Fürsten Leopold von Anhalt, der bis dahin den Oberbefehl geführt hatte, war es gelungen, die Österreicher aus Schlesien herauszudrängen und auch Troppau und Jägerndorf wieder zu besetzen. Friedrichs Plan war nun, den Gegner in Schlesien zu erwarten, ihm den Zugang durch die Berge freizulassen und ihn in die Ebene zu verlocken, wo er der Schlachtentscheidung nicht so leicht ausweichen konnte wie im vorigen Jahre auf dem schwierigen böhmischen Gelände. Die Disziplin in der Armee war zu Beginn des Feldzugs wieder auf der alten Höhe; die fürchterlichen Folgen des böhmischen Rückzugs waren überwunden. Der König hatte es verstanden, die Offiziere wie den gemeinen Mann wieder mit Vertrauen und Zuversicht zu erfüllen; es war sein Grundsatz, den Truppen gerade dann ein heiteres Gesicht zu zeigen, wenn er das Gefühl hatte, am Rande des Abgrundes zu stehen. Die Kunde von dem Siege, den die Franzosen in den Niederlanden bei Fontenay am 11. Mai 1745 über die Österreicher erfochten hatten, trug dazu bei, die Stimmung bei dem Feldherrn wie beim Heere zu erhöhen. Eine entscheidende Feldschlacht war das, was Friedrich damals hoffte und wünschte. In seinem Hauptquartier bei Schweidnitz erwartete er mit Ungeduld den Anmarsch der Gegner. Endlich — es war am Abend vor dem 4. Juni — sah man sie in acht gewaltigen Heersäulen aus den Vorbergen der Sudeten heranziehen, zwischen Hohenfriedeberg und Pilgramshain. Es waren 70 000 Mann Österreicher und Sachsen unter dem Prinzen Karl von Lothringen. Sie hatten die Pässe über das Gebirge unbesetzt gefunden und schlossen daraus auf völlige Entmutigung des Feindes; sie waren jetzt bereit, eine Schlacht zu liefern, und zweifelten nicht an einem glücklichen Ausgang. „Es müßte kein Gott im Himmel sein, wenn wir diese Schlacht nicht gewönnen", sagte der Prinz von Lothringen.

Friedrich beschloß, den Gegner sofort anzugreifen. Um ihn zu täuschen, ließ er seine Wachtfeuer bei Schweidnitz brennen und führte seine 60 000 Mann in einem angestrengten Nachtmarsch bis in die unmittelbare Nähe des Feindes. Bei Morgengrauen gingen dann die Preußen aus der Marschkolonne heraus zum Angriff über. Erst wurden die Sachsen geworfen, die sich hartnäckig wehrten, dann die Österreicher. Die preußische Kavallerie erwies sich hier zum erstenmal der österreichischen überlegen. Eine glänzende Attacke der Bayreuth-Dragoner unter Graf Geßler vollendete den Sieg. Diese zehn Schwadronen haben sechs erprobte, tapfer fechtende österreichische Infanterieregimenter durch das Ungestüm ihres Angriffs zersprengt und 66 österreichische Fahnen erbeutet. Der König selbst hat vom Gräbener Fuchsberge aus die Schlacht geleitet. Um 8 Uhr morgens war sie gewonnen. Die feindliche Armee, die fast 10 000 Mann an Toten und Verwundeten und 7000 an Gefangenen verloren hatte, zog nach dem Gebirge zurück. Es war ein großer, glänzender Sieg, die Rettung aus der höchsten Gefahr. Der König atmete auf. Er hat damals wohl von einer gütigen Vorsehung gesprochen, die seine Geschicke leite. In dem früher Friedrich selbst zugeschriebenen Hohenfriedeberger Marsch klingt noch etwas von dem Hochgefühl dieses Siegestages nach.

Der strategische Erfolg der Schlacht war freilich nicht so groß wie der moralische Eindruck. Das österreichisch-sächsische Heer stellte in Böhmen noch eine ansehnliche Macht dar, und der König, der ihm gefolgt war, wagte in Erinnerung an die Erfahrungen des vorigen Feldzuges in Böhmen nicht, über Königgrätz hinaus vorzugehen. Am liebsten hätte er jetzt einen Frieden geschlossen, der ihm Schlesien erhalten hätte; denn die Aussicht auf neue Erwerbungen in Böhmen hatte er längst aufgegeben. Das englische Ministerium ließ sich bereitfinden, die Vermittlung zu übernehmen; aber der König Georg II. mahnte hinter dem Rücken seiner Minister in Österreich von dem Friedensschluß ab und schloß mit Sachsen ein Abkommen, wonach erhebliche Teile der preußischen Monarchie an Sachsen und Hannover verteilt werden sollten. Ein geheimer Zusatzartikel zu der Warschauer Quadrupelallianz hatte die Gebietserweiterung für Sachsen, die die langersehnte Verbindung mit Polen herstellen sollte, schon in aller Form festgesetzt. Wahrscheinlich hätte Maria Theresia auch ohne diese Quertreibereien des Königs Georg sich damals noch nicht zum Frieden bequemt. Sie hoffte noch fest auf die Rückeroberung Schlesiens. Auch das Angebot der brandenburgischen Kurstimme für ihren Gemahl lockte sie nicht. Die Wahl war ohnehin gesichert, seit die Franzosen, die eigentlich dem Kurfürsten von Sachsen die Kaiserkrone hatten zuwenden wollen und mit 40 000 Mann bei Frankfurt a. M. standen, vor dem heranrückenden österreichischen Heer, an dessen Spitze der Thronbewerber selbst stand, im August das Feld geräumt hatten. Am 13. September wurde die Wahl des Kaisers Franz I. in Frankfurt vollzogen; die beiden dissentierenden Kurfürsten, Brandenburg und Pfalz, mußten sich mit einem Protest begnügen.

In diese Lage trifft die Schlacht von Soor (30. September 1745), die sich Friedrich auf dem Rückmarsch nach Schlesien durch Unvorsichtigkeiten von dem

Gegner hat aufzwingen lassen. Er hatte, wie er seinem Kämmerer Fredersdorf schrieb, in der Suppe gesessen bis über die Ohren. Seine Bagage war in die Hände der Österreicher gefallen, sein Kabinettssekretär Eichel war gefangen genommen worden. Um so glänzender hat sich in der Schlacht selbst seine Umsicht, sein Überblick, seine augenblickliche Entschlußkraft bewährt. Es war ein glänzender Sieg, bei dem auch wieder die preußische Kavallerie sich besonders ausgezeichnet hat. Dieser Sieg von Soor nebst dem von Hohenfriedeberg hat den Feldherrnruhm Friedrichs fest begründet. Von Mund zu Mund ging das Wort, das er nach der Schlacht gesprochen hatte: da ihn die Österreicher diesmal nicht geschlagen hätten, so würden sie es überhaupt nicht können.

Politische Folgen hat allerdings dieser Sieg nicht gehabt. Maria Theresia dachte noch nicht daran, Frieden zu schließen. Österreicher und Sachsen verabredeten sich vielmehr jetzt zu einem Angriff auf die Marken, und zugleich regte sich auch der russische Hof wieder, wo Maria Theresia durch kluge Nachgiebigkeit gegen die Wünsche der Zarin bezüglich der Bestrafung des angeschuldigten österreichischen Diplomaten das verlorene Terrain zurückgewonnen hatte. Friedrich hatte schon längst die Absicht, die Sachsen in ihrem Lande selbst anzugreifen, und hatte ihnen schon im August in aller Form den Krieg erklärt. Jetzt sandte Rußland im November an den König von Preußen eine drohende Note, die den Marsch eines russischen Heeres in Aussicht stellte, falls der König Sachsen angreifen werde. Angesichts dieser russischen Drohung beschloß nun der König den Angriff gegen Sachsen so bald wie möglich ins Werk zu setzen, um vielleicht durch einen neuen Sieg den Frieden zu erzwingen, ehe die Russen herankommen konnten. Unmittelbar, nachdem die Sachsen ihr angeblich neutrales Gebiet dem österreichischen Heer des Prinzen Karl geöffnet hatten, überschritt Friedrich die sächsische Grenze (22. November 1745), und seine Vorhut brachte am 23. November den Feinden bei Katholisch-Hennersdorf eine Niederlage bei, die den Vormarsch des österreichischen Heeres für eine Zeit lang unterbrach. Zugleich erhielt der Fürst Leopold von Anhalt-Dessau den Befehl, von Halle aus nach Sachsen einzumarschieren. Der alte Herr, der das Kommando nur mit Widerstreben übernommen hatte, rückte nun mit 22000 Mann gegen die Sachsen vor, die zur Deckung von Dresden, verstärkt durch österreichische Truppen, 25 000 Mann stark, unter dem Grafen Rutowski bei Kesselsdorf standen. Der König selbst ging mit etwa 24 000 Mann von Osten her gegen Dresden vor, und von Süden her zog Prinz Karl von Lothringen mit der österreichischen Hauptmacht, 46 000 Mann stark, heran in der Absicht, sich mit den Sachsen zu vereinigen. König Friedrich legte es darauf an, daß Leopold die Sachsen angreifen und schlagen sollte, bevor Prinz Karl mit der Hauptarmee heran war. Aber der alte Fürst ging so bedächtig und methodisch vor, daß Friedrich fürchtete, dieser Zweck möchte verfehlt werden. Er brannte vor Ungeduld; er sandte Boten über Boten; er mahnte immer von neuem, der Fürst möge mehr promptitude, activité, vivacité zeigen. Das brachte den alten Helden, der diese Vorwürfe wohl kaum verdient hat, in Harnisch und feuerte ihn zu seiner letzten heroischen Aktion an. Am 15. Dezember schlug er die Sachsen bei Kesselsdorf in einer entscheidenden Schlacht und verhinderte dadurch ihre Vereinigung mit den Österreichern und den Zweck des ganzen österreichisch-sächsischen Feldzugsplans. Der König stand wenige Meilen vom Schlachtfeld entfernt, ohne einzugreifen; wahrscheinlich wollte er für den

Fall des Mißlingens der österreichischen Hauptarmee mit frischer Kraft begegnen und die Straße nach Berlin decken. Nach dem Siege aber ist er selbst nach Kesselsdorf geeilt, um den alten Feldmarschall zu beglückwünschen und die Rücksichtslosigkeiten der letzten Wochen durch überschwengliche Gnadenbeweise wieder gut zu machen.

Die nächste Frucht des Sieges war die Einnahme von Dresden durch die Preußen. Der Eindruck auf die Österreicher war so stark, daß sie keine Schlacht mehr wagten. Sie unterhandelten damals bereits mit den Franzosen über den Frieden und knüpften nun auch mit Preußen wieder Unterhandlungen an. Da die Franzosen ein Stück der Niederlande verlangten, Friedrich aber außer Schlesien nichts weiter forderte, so kam es nicht mit den Franzosen, sondern nur mit Preußen zum Abschluß. Der Friede wurde in Dresden am Weihnachtstage des Jahres 1745 geschlossen; Friedrich behielt Schlesien und erkannte Kaiser Franz I. an, Sachsen zahlte eine Million Taler Kriegsentschädigung, Pfalz und Hessen wurden in den Frieden eingeschlossen.

Es war für Preußen die höchste Zeit. Schon waren die Russen im Begriff zu marschieren, und die Mittel des Königs waren erschöpft. Vergeblich hatte er, eigentlich gegen seine Grundsätze, bei Frankreich um Subsidien nachgesucht; man hatte ihn abgewiesen; er hätte nicht die Mittel gehabt, noch einen weiteren Feldzug auszuhalten. Er hat die Grenzen seiner Macht, die er nie überschätzt hatte, in diesem Kriege recht deutlich fühlen gelernt; aber er hat Schlesien und damit die deutsche und europäische Großmachtstellung für seinen Staat behauptet. Bei der Rückkehr aus dem Kriege ist Friedrich von seinen Untertanen mit dem Beinamen des Großen begrüßt worden, den ihm die Geschichte bewahrt hat.

Die Jahre von 1740—45 sind die politische Sturm- und Drangperiode seines Lebens. In den Taten und Leiden dieser ereignisreichen Zeit hat sich der feurige Ehrgeiz, der ungestüme Tatendrang seiner Jugend zu ruhiger Besonnenheit abgeklärt. Die Erwägungen der Staatsräson, die von Anfang an bei ihm sich mit der Ruhmbegierde der Jugend verbanden, hatten längst das Übergewicht über die persönliche Leidenschaft erlangt. Das Staatsinteresse war fortan der Leitstern seiner politischen Handlungen. Er hatte zweimal durch einen Separatfrieden seine Verbündeten im Stich gelassen; aber er wies ihre Anklagen wegen Verletzung der Bündnispflichten mit dem Hinweis auf das Staatsinteresse zurück, dem der Fürst im Notfall ebenso seine Verbindungen wie seine Person opfern müsse. Er hat viel über das Problem der politischen Moral nachgedacht; in den verschiedenen Fassungen der Vorreden zur Geschichte seiner Zeit hat er sich über diese Frage zu immer klareren und entschiedeneren Überzeugungen hindurchgearbeitet, die zugleich die Rechtfertigung seiner politischen Handlungsweise enthalten. Er unterschied zwischen der bürgerlichen und der Staatsmoral. Der Fürst hat vor allem das Interesse seines Staates und Volkes wahrzunehmen; muß er zu diesem Zweck die Gebote der Privatmoral verletzen, so bringt er in solchem Fall sein persönliches sittliches Empfinden dem Staatswohl zum Opfer. Wenn der Verbündete seinen Verpflichtungen nicht nachkommt oder mit Verrat umgeht, wenn man selbst durch eine höhere Gewalt oder durch die Unzulänglichkeit der Mittel an der Fortführung des Krieges gehindert wird, so ist es besser, dem Alliierten untreu zu werden als dem Gebot des Staatswohls. Denn das Staatswohl ist das höchste Gesetz für den Fürsten; dieses Gesetz ist für ihn schlechthin unverletzlich.

Am Schluß der Vorrede zu dem Geschichtswerk von 1746 steht eine Betrachtung, die mit den Worten schließt: Der Ehrgeiz macht Tyrannen, die Mäßigung macht Weise. Friedrich hat damals wohl wirklich geglaubt, am Ende seiner kriegerischen Laufbahn zu stehen; er wollte den Rest seines Lebens den Geschäften des Friedens widmen. Er hat in Dresden wohl geäußert, er werde fortan keine Katze mehr angreifen. Es war ihm jetzt daran gelegen, die Vorstellungen eines unbändigen Ehrgeizes, die man an den europäischen Höfen mit seinem Namen verband, durch ein möglichst maßvolles politisches Betragen zu verdrängen oder zu mildern. Aber Krieg und Frieden standen schon nicht mehr in seiner Wahl. Sehr bald hat er sich überzeugen müssen, daß ein neuer Krieg mit Österreich unvermeidlich und nur noch eine Frage der Zeit sei. Er mußte vorwärts auf der einmal betretenen Bahn, wollte er nicht sich und sein Werk, die Machtstellung seines Staates, aufgeben. Es ist ein tragischer Zug in diesem Heldenleben: aus der freien Tat von 1740 erwuchs ihm das zwingende Schicksal seines Lebens. Und so steht auch die nun folgende Friedenszeit von 1746—56 zugleich unter dem Zeichen der Vorbereitung für den künftigen Entscheidungskampf.

Friedenszeit von 1746—1756.

Wenn es Friedrich dem Großen seit dem Frieden von Dresden gelungen ist, sich seinem Plane gemäß von der weiteren Einmischung in den österreichischen Erbfolgekrieg fernzuhalten, ohne dabei irgendwelche Einbuße an Macht und Ansehen zu erleiden, so ist ihm dabei der Umstand zustatten gekommen, daß im weiteren Verlauf dieses Krieges die Kräfte der kriegführenden Parteien sich ziemlich die Wage hielten. Seine Haltung war in dieser Zeit von ausschlaggebender Bedeutung, und so wurde seine Neutralität von beiden Seiten respektiert. Im Aachener Frieden, der am 18. Oktober 1748 zustande kam, gelang es Friedrich denn auch, die europäische Garantie für den Dresdener Frieden durchzusetzen trotz der Bemühungen der österreichischen Diplomatie, namentlich England davon abzuhalten.

Aber der Aachener Friede bedeutete noch keine dauernde Ausgleichung in den großen politischen Gegensätzen, die damals die Lage beherrschten. Die Hauptfrage der Weltpolitik, ob England oder Frankreich die erste See- und Kolonialmacht der Zukunft sein sollte, war gestellt, aber noch nicht gelöst; und auch die Frage nach dem Übergewicht in Deutschland, die an dem Besitz von Schlesien hing, konnte noch nicht als endgültig entschieden angesehen werden. Zwar die Mächte, die nun sieben Jahre lang, im großen und ganzen unentschieden, miteinander gerungen hatten, waren für den Moment erschöpft; aber um so kriegslustiger regte sich Rußland, das diesem großen Ringen bisher tatlos zugeschaut hatte, das auch jetzt wieder im letzten Moment im Begriff gewesen war, sich am Kampfe zu beteiligen, eben dadurch aber dazu beigetragen hatte, den Friedensschluß zu beschleunigen. Und diese Macht war von tiefer Feindseligkeit gegen Preußen erfüllt. Der Großkanzler Bestuschew, ein abgesagter Gegner Friedrichs, hatte in den letzten Jahren seine Stellung auf das stärkste befestigt und es verstanden, die träge Kaiserin einer Angriffspolitik geneigt zu machen, deren eigentliches Ziel Preußen war. Schon im Frühling 1746 hatte er Maria Theresia ein Angriffsbündnis gegen Preußen angeboten, aber man hatte in Österreich vorgezogen, zunächst mit Rußland nur eine Defensivallianz zu schließen. Das war der Vertrag von Petersburg vom 2. Juni 1746, der seine eigentliche Bedeutung erst durch einen geheimen Zusatzartikel erhielt, in welchem die Rückeroberung Schlesiens in Aussicht genommen wurde, und zwar nicht nur im Fall von Feindseligkeiten Preußens gegen Österreich, sondern auch gegen Rußland und Polen. Seitdem war die russische Politik bestrebt, diesen Bündnisfall herbeizuführen, und nahm eine so unfreundliche Haltung gegen Preußen ein, daß im Oktober 1746 der preußische Gesandte abberufen wurde. Zu der persönlichen Gehässigkeit gesellten sich politische Gründe. Rußland empfand den Druck, den Friedrich auf Sachsen, den russischen Schützling, ausübte, als eine Schwächung des russischen Ansehens namentlich in Polen. Dazu kam der Einfluß, den Preußen allmählich auch in Schweden gewann, wo die Schwester König Friedrichs ihren Gemahl, den Thronfolger, vollständig beherrschte und sich der russischen Einwirkung gänzlich entzog. Im Jahre 1747 war zwischen Schweden und Preußen ein Defensivvertrag geschlossen worden. Bestuschew plante nun, eine gewaltsame Veränderung der Thronfolge in Schweden herbeizuführen und suchte dazu die Mitwirkung von Dänemark, England und namentlich auch Sachsen und Österreich zu erlangen. Er erwartete, daß König Friedrich dann für seine schwedische Schwester eintreten und durch Feindseligkeiten gegen Polen oder Rußland den Anlaß dazu geben würde, das russisch-österreichische Kriegsbündnis in Kraft treten zu lassen. Im Beginn des Jahres 1749 sah die Lage für Preußen sehr bedenklich aus. Friedrich mahnte seine schwedische Schwester, die damals den Plan eines absolutistischen Staatsstreichs verfolgte, zur Vorsicht und Mäßigung; aber zugleich setzte er sich in Verteidigungszustand. Er war entschlossen, Ostpreußen im Fall eines Krieges aufzugeben, aber die mittleren Provinzen und Schlesien aufs äußerste zu verteidigen und nach seinem Grundsatz, daß der Angriff die beste Verteidigung sei, gleich gegen Sachsen und Österreich loszubrechen. Mit absichtlichem Geräusch wurden die Rüstungen betrieben und in den Berliner Zeitungen mit den drohenden Kriegsvorbereitungen der Gegner begründet.

Diese feste und entschlossene Haltung hat die beabsichtigte Wirkung gehabt, nämlich die, den Frieden zu wahren, die kriegerischen Pläne Bestuschews im Keim zu ersticken. Friedrich glaubte irrtümlicherweise damals, daß Rußland von Österreich vorgeschoben werde. Er wußte nicht, daß Österreichs Politik eben damals begann, ganz neue Bahnen einzuschlagen. Der spätere Staatskanzler, Graf Kaunitz, hat damals seiner Kaiserin in einer hochbedeutsamen Denkschrift den Plan entwickelt, daß man nur dann hoffen könne, Preußen niederzuwerfen und Schlesien wiederzugewinnen, wenn man den Krieg im Bunde mit Frankreich und Rußland zugleich führen könne. Es ist der große Plan, den Kaunitz seitdem unablässig im Auge gehabt hat, den er als Botschafter in Versailles von 1749—52 zu fördern gesucht hat — allerdings damals noch ganz ohne Erfolg —, der aber an der Schwelle des siebenjährigen Krieges dann verwirklicht worden ist, ja man kann sagen, der zu diesem Kriege geführt hat. Maria Theresia war damals noch nicht von der Ausführbarkeit dieses Planes überzeugt; aber sie war doch auch andererseits zu vorsichtig, sich mit Rußland allein in einen Krieg gegen Preußen einzulassen, bei dem Frankreich wahrscheinlich auf der Seite des Gegners gestanden haben würde und auf Englands Hilfe nicht zu rechnen war. Sie versagte daher noch ihre Mitwirkung, und so zog die Gefahr des Krieges wieder vorüber, und Preußen konnte fortfahren, seine Kräfte durch Friedensarbeit zu stärken — eine Stärkung, der es sehr bedurfte; im Jahre 1749 wäre der Krieg für Preußen noch eine sehr verhängnisvolle Sache gewesen.

Seit diesem Zwischenfall ist Friedrich mit Erfolg bemüht gewesen, das Verhältnis zu Frankreich, das in den letzten Jahren etwas gespannt gewesen war, zu verbessern und damit die gefährliche Isolierung, in der er sich seit dem Frieden von Aachen befand, aufzugeben. Der eben damals von England angeregte Plan, den jungen Erzherzog Joseph zum römischen König wählen zu lassen, erwies sich ohne Preußens Mitwirkung als unausführbar. Auch das russische Projekt, den Prinzen Karl von Lothringen auf den polnischen Thron zu bringen, scheiterte an dem Widerspruch Frankreichs und Preußens 1752. Seine Absicht, bei dieser Gelegenheit die Türkei durch Frankreichs Vermittlung zu einem Kriege gegen Rußland und Österreich zu veranlassen, hat Friedrich aufgeben müssen, weil Frankreich dafür nicht zu haben war; aber der König hat diesen Plan die nächsten Jahre hindurch beständig im Auge behalten: er glaubte sich durch einen Türkenkrieg am besten vor Rußland und Österreich sichern zu können.

In einen scharfen Gegensatz zu England geriet Preußen, als der König die Frage der Entschädigung seiner Kaufleute und Reeder für die englischen Kapereien im letzten Kriege 1752 zur Verhandlung brachte. Die Engländer weigerten sich einfach, darauf einzugehen. Aber Friedrich war in der Lage, einen wirksamen Druck auf sie auszuüben. Auf Schlesien lastete von der österreichischen Zeit her eine Staatsschuld, deren Gläubiger englische Kapitalisten waren und die Preußen übernommen hatte. Der größte Teil davon — 360 000 Lstrl. — war bereits abgezahlt, 45 000 Lstrl. blieben noch zu bezahlen. Nun hinterlegte Friedrich diese Summe 1752 beim Kammergericht in Berlin und erklärte den Engländern, daß er keinen Schilling davon bezahlen werde, ehe nicht den preußischen Kaufleuten für die gekaperten Schiffe und Güter Schadenersatz gewährt worden sei. Darüber gab es in London eine große Aufregung nicht nur an der Börse, sondern auch im Parlament. Man rief nach Repressalien. Zugleich kam es im Reichstag wegen der ostfriesischen Frage zu einem erregten Auftritt zwischen dem hannoverschen und dem preußischen Gesandten.

Friedrich fürchtete, daß England den Konflikt zum Anlaß nehmen werde, um mit Österreich und Rußland zusammen einen Krieg anzuzetteln, bei dem es versuchen werde, Ostfriesland für Hannover zu gewinnen. Er wandte wieder sein Mittel der militärischen Demonstration an. Ein großes Übungslager, das er im Sommer 1753 bei Spandau abhielt, sollte zugleich eine Drohung gegen Hannover sein und wurde auch so verstanden. Man fürchtete in Hannover einen preußischen Überfall und brachte den welfischen Kronschatz nach Stade. Aber Friedrichs Absicht ging keineswegs auf Krieg; und da er nicht angriff, so verlief sich die Erregung in England wieder, ohne daß der Konflikt zunächst eine Lösung gefunden hätte. Erst bei der Westminster-Konvention von 1756 ist es zu einer Verständigung darüber gekommen.

Daß Friedrich sich damals besonders leicht bedroht fühlte, erklärt sich dadurch, daß er anfangs 1753 durch Bestechung in den Besitz der geheimen Artikel des Petersburger Bündnisses gelangt war. Es war gerade in der Karnevalszeit. Der König schrieb damals eine dem Publikum unverständlich bleibende Satire „Trois Lettres au Public“ (Lessing hat sie ins Deutsche übersetzt). Dieser Karnevalsscherz verfolgte den ernsten Zweck, den Gegnern zu zeigen, daß er ihre Pläne durchschaut habe und die gegen ihn getroffene geheime Abmachung kenne. Seit dieser Zeit ist der König von der Unvermeidlichkeit eines neuen Krieges überzeugt gewesen.

Friedrich stand damals im kräftigsten Mannesalter; aber seine Gesundheit, die schon früher nicht sehr fest gewesen war, begann zu wanken; die Aufregungen und Anstrengungen der Kriegszeit wirkten nach. Schon seit Jahren litt er an der Gicht; in seinem 35. Lebensjahre (1747) erlitt er einen leichten Schlaganfall mit einer halbseitigen Lähmung, die aber bald wieder vorüberging. Medizinische Autoritäten von heute haben diese Natur des Anfalls in Zweifel gezogen; aber Friedrich glaubte jedenfalls, eine „Apoplexie“ gehabt zu haben und richtete sein Leben vorsichtiger ein, um seine Spannkraft und geistige Frische nicht vorzeitig zu verlieren. Seine Arbeitskraft blieb unermüdlich; sein Wille hielt eine Welt in Atem und brachte eben damals im inneren Staatsleben neue große Unternehmungen auf die Bahn. Zahlreiche Briefe und Gedichte legen Zeugnis ab von einem reichen, starken Geistes- und Gemütsleben; die feine intellektuelle Genußfähigkeit war noch ungebrochen. Er nahm jetzt in der Friedenszeit die umfassenden Studien wieder auf, die er einst als Kronprinz in Rheinsberg mit so unersättlichem Fleiße getrieben hatte. In der Philosophie war er nicht bloß Dilettant. Ihre Probleme beschäftigten ihn tief innerlich. Aber keins der metaphysischen Systeme vermochte ihn zu befriedigen; seine Stimmung blieb die eines geistreichen Skeptikers. Anfänglich dem Wolffschen System zugetan, neigte er später mehr zu der Lehre Lockes. Daß ein Gott sei, schien ihm durch die Zweckmäßigkeit in der Natur bewiesen; aber er zweifelte an einer göttlichen Vorsehung, die die menschlichen Dinge leite, und auch die Unsterblichkeit erschien ihm nur als eine holde Täuschung menschlicher Eigenliebe.

Ein literarischer Freundeskreis wie einst in Rheinsberg sammelte sich jetzt um den königlichen Philosophen in dem neuerbauten Sanssouci. Die Hausfrau aber, die noch in Rheinsberg gewaltet hatte, fehlte hier. Seit dem ersten schlesischen Kriege lebten die Ehegatten ganz getrennt, die Königin gewöhnlich in dem Schlosse von Schönhausen. Bei dem gelegentlichen Zusammentreffen in Berlin, wo die Winterfeste des Hofes stattfanden, begegnete ihr der König mit aller Achtung und Rücksicht, die ihrer Stellung zukam; aber von einem Familienleben war keine Rede mehr. Der Klatsch von Lakaien und Literaten ist damals und später geschäftig gewesen, diesen seltsamen Zölibat durch allerhand pikante, übrigens ganz entgegengesetzte Vermutungen zu erklären, die einer ernsthaften Widerlegung nicht bedürfen. Namentlich auch die üble Nachrede boshafter oder gedankenloser Zeitgenossen, die auf perverse Neigungen hinzielt und für die kein Schatten eines Beweises erbracht worden ist, sollte in der Gegenwart nicht wiederholt werden. Friedrich hat, wie es scheint, in seinen jungen Jahren den Becher der Liebesfreuden in vollen Zügen und bis zur Hefe genossen; aber später hielt er sich sehr zurück, offenbar auch mit Rücksicht auf seine früh angegriffene Gesundheit. Es ist in ihm etwas von dem Kaltsinn gegenüber dem weiblichen Geschlecht, der so vielen Philosophen des 18. Jahrhunderts eigen war. Eine geistreiche Abendgesellschaft, seine Flöte und die Bücher waren ihm Freude und Erholung genug; auch das fürstliche Jagdvergnügen, das sein Vater so leidenschaftlich liebte, hat er nie empfunden.

An der Tafelrunde von Sanssouci fehlten freilich die liebsten Freunde aus den Rheinsberger Tagen, Jordan und Keyserlingk, die inzwischen gestorben waren. An ihre Stelle traten Männer wie der Marquis d'Argens, die beiden Keith, aus vornehmer schottischer Familie, Graf Rothenburg, der Franzose, der Akademiepräsident Maupertuis, Algarotti, „der Schwan von Padua" und andere, von 1750—53 auch Voltaire, der hier sein Buch über das Zeitalter Ludwigs XIV. vollendet hat und dem königlichen Schriftsteller zugleich als literarischer Gewissensrat und Stilkorrektor für Vers und Prosa diente. Geist und Talent dieses ersten Schriftstellers seiner Zeit hatten den König längst angezogen; aber ebenso abstoßend wirkten bald die widerwärtigen Charaktereigenschaften Voltaires: seine Habsucht, seine unmäßige Eitelkeit, vor allem auch die neidische Bosheit, mit der er in literarischen Schmähschriften den Akademiepräsidenten Maupertuis verfolgte und vor der Öffentlichkeit lächerlich zu machen suchte. Alles dies hatte 1753 die Ungnade des Königs und Voltaires Entfernung aus Potsdam zur Folge; das hat dann Voltaire wahrscheinlich zu der berüchtigten, freilich von ihm immer abgeleugneten Schandschrift „Vie priveé du roi de Prusse" veranlaßt, aber merkwürdigerweise nicht verhindert, daß später doch wieder ein literarischer Briefwechsel zwischen dem Philosophen von Sanssouci und dem Patriarchen von Ferney in Gang kam.

Friedrichs eigene literarische Tätigkeit erreichte damals ihren Gipfelpunkt, namentlich durch den Anfang seines großen Geschichtswerks, der „Histoire de mon temps", in der er die beiden ersten schlesischen Kriege behandelte. Es ist ein Werk, das turmhoch über der zeitgenössischen deutschen Geschichtschreibung steht. Es war zunächst nicht für die Öffentlichkeit, sondern für die Nachfolger auf dem Thron bestimmt und darum von einer seltenen Wahrhaftigkeit. Seine spätere literarische Wirkung ist, wie die der zahlreichen Werke des Königs überhaupt, dadurch beeinträchtigt, daß es französisch geschrieben war. Es ist damit aus dem Kreise der deutschen Literatur, die eben im Zeitalter Friedrichs des Großen ihre ersten Blüten zu entfalten begann, herausgefallen. Die ganze Atmosphäre von Sanssouci war französisch; aber auch die Gelehrten der Berliner Akademie, als deren Mitglied Friedrich sich selbst betrachtete und der er 1752 ein neues Heim in dem Marstallgebäude geschenkt hat, schrieben und sprachen damals noch französisch.

Aber Wissenschaft und Literatur dienten nur der Erholung des Philosophen von Sanssouci; die Arbeit in den Staatsgeschäften war für den König auch in den Friedensjahren doch die Hauptsache. Es handelte sich dabei um den Ausbau der von seinem Vater geschaffenen Verwaltungsordnung und vor allem um die wirtschaftliche Kräftigung des Landes, dem so starke finanzielle und militärische Lasten zugemutet werden mußten. Den Mechanismus der Verwaltung hat er im ganzen so gelassen, wie ihn sein Vater geschaffen hatte. Er war im Unterschied zu Friedrich Wilhelm I. mehr ein Mann der Aktion als der Organisation. Die Neuerungen, die er vornahm, sind durch die Betätigung in größeren Verhältnissen hervorgetrieben worden. Als Instrument für die hochgespannte Industrialisierungspolitik, die er vorhatte, schuf er gleich nach seinem Regierungsantritt 1740 ein neues, fünftes Departement im Generaldirektorium für Kommerzien- und Manufakturwesen; ein sechstes Departement für die Militär- und Proviantverwaltung, das 1746 errichtet wurde, war eine Frucht der Erfahrungen des zweiten schlesischen Krieges, namentlich der verhängnisvollen böhmischen Kampagne von 1744, wo die Verpflegung der Armee so viel zu wünschen übrig gelassen hatte. Es war eine epochemachende Neuerung, daß diese beiden Departements als Fachdepartements für den ganzen Umfang des Staates neben die alten Provinzialdepartements traten. Es zeigt sich darin die fortschreitende Vereinheitlichung des Staatsganzen, die ebenso von den Bedürfnissen der Kriegführung einen mächtigen Antrieb erhielt wie durch den Grundsatz des Merkantilismus, die Provinzen zu einem möglichst geschlossenen Wirtschaftsgebiet zusammenzufassen. Von kollegialischen Beratungen hielt Friedrich im allgemeinen nicht viel. Seinem ganzen Wesen entsprach es mehr, einzelne Beamte mit der Verantwortlichkeit zu belasten, als ganze Kollegien. Namentlich die Kammerpräsidenten in den Provinzen erhielten unter ihm eine gesteigerte Bedeutung; sie sollten viel in der Provinz herumreisen, Land und Leute genau kennen, auch die großen politischen Gesichtspunkte verstehen und das stets bereite Werkzeug der königlichen Selbstregierung sein. Friedrich hat zu diesem Posten grundsätzlich nur Edelleute genommen; er bevorzugte dabei Landräte und alte Offiziere.

Das Landratsamt ist erst unter Friedrich dem Großen auf alle Provinzen der Monarchie ausgedehnt worden, nur mit Ausnahme von Geldern und Ostfriesland. In Schlesien trat es gleich nach der Eroberung an die Stelle des Amtes der Landesältesten in den Weichbildern, die jetzt in Kreise umgewandelt wurden. In Ostpreußen wurde es 1752 eingeführt, in Cleve-Mark 1753 und 1754; in beiden Provinzen wurden dabei je eine Anzahl Ämter (das waren die alten Verwaltungsbezirke) zu den neuen Kreisen zusammengelegt. Seit 1756 wurde den Kreisen allgemein und prinzipiell das Recht, die Landräte zu wählen, d. h. zu präsentieren, das Friedrich Wilhelm I. an vielen Orten abgeschafft hatte, wiedergegeben, und in den mittleren Provinzen ist denn auch ein starkes kreisständisches Leben aufgeblüht, das allerdings auf die adligen Rittergutsbesitzer beschränkt blieb. In Ostpreußen kam es unter Friedrich dem Großen noch nicht dazu; in Westfalen und am Niederrhein, wo die Amts- und Erbentage sich behaupteten, fehlten die Grundlagen dafür; hier wurde der Landrat eine mehr bureaukratische Figur.

Friedrich der Große stand dem Gedanken kommunaler Selbsttätigkeit nicht so abweisend gegenüber wie Friedrich Wilhelm I. Er hat auch den Städten seit 1747 das Wahlrecht zurückgegeben, d. h. die Magistrate durften da, wo es früher üblich gewesen war, wieder Vorschläge zur Ergänzung ihrer Kollegien machen und auch die übrigen städtischen Ämter von sich aus besetzen. Zu einem eigentlichen kommunalen Leben in den Städten konnte es aber freilich doch nicht kommen, weil die Wirksamkeit der Steuerräte eine zu umfassende und eingreifende war und blieb. Dabei ist aber Friedrich bestrebt gewesen, den Mißbräuchen, die damit verbunden sein konnten, durch strenge Aufsicht zu begegnen. Es ist sehr charakteristisch, wie er einmal das typische Charakterbild eines schlechten Steuerrats, wie er nicht sein soll, gezeichnet hat: „Er ist impertinent gegen den Bürger; er spielt den Minister; er traktieret alle Sachen en bagatelle und erniedrigt sich kaum, mit dem Bürgermeister, Ratmannen und Bürgern umzugehen; er lässet sich seine Relationes, die er doch ex officio erstatten sollte, von denen Partikuliers bezahlen und arbeitet solche aus, wie er davor gelohnet wird. Wenn er von einer Stadt zur anderen reiset, hat er einen Train bei sich, daß man ihn vor einen Feldmarschall ansehen sollte. Er suchet nur darauf, daß er ein gutes Quartier in den Städten, wohin er kommt, hat, und daß er von dem Magistrat daselbst traktieret werde; alsdann ist alles gut in der Stadt."

Diese Worte stehen in der Anweisung, die der König den Kammerpräsidenten im September 1749 zur Anlegung von Konduitenlisten erteilte; wie der Oberst die Offiziere des Regiments, so hatte der Kammerpräsident alle Beamten seines Bezirks darin unter dem Gesichtspunkt ihrer dienstlichen Tüchtigkeit zu charakterisieren. Manchmal waren diese Charakteristiken recht scharf. So sagt der magdeburgische Kammerpräsident von Schlabrendorf 1754 von einem Sohn des Ministers von Boden, der bei der dortigen Kammer als zweiter Direktor angestellt war: „Er ist so beschaffen, als Eure Königliche Majestät ihn mir selbst charakterisieret, und der verstorbene Präsident (von Platen) ihn auch beschrieben, nämlich zum Guten ganz untauglich und unbrauchbar, sonst aber reich an Hochmut, Malice und Intrige, daher seine Abwesenheit dem Collegio allemal nützlicher als seine Anwesenheit." Das war jedoch eine seltene Ausnahme, und Boden blieb nicht lange an seinem Platze. Der König aber wollte durch solche Konduitenlisten alle seine Beamten gleichsam persönlich kennen lernen.

Im Jahre 1748 hat Friedrich eine erneuerte Instruktion für das Generaldirektorium erlassen, nach der auch solche für die einzelnen Kriegs- und Domänenkammern ausgearbeitet wurden. Er ließ sich dazu die alte Instruktion vorlegen und versah sie mit Randbemerkungen, die seine neuen Regierungstendenzen zum Ausdruck brachten. Der fiskalische Gedanke tritt jetzt ganz zurück hinter dem volkswirtschaftlichen. Gegen fiskalische Plusmacherei bei der Verpachtung der Domänenämter wird entschieden eingeschritten. Die Erleichterung der bäuerlichen Lasten wird sehr nachdrücklich gefordert. Charakteristisch ist auch die Betonung des Ausgleichs zwischen den Interessen von König und Adel. Die fiskalischen Domänenprozesse, die Friedrich Wilhelm I. im Interesse des Domänenbesitzes gegen Edelleute geführt hatte, sollten ein Ende haben. Dem König lag mehr an seinen Vasallen, als am Kammergut: „denn ihre Söhne sind es," sagt er hier, „die das Land defendieren; davon die Rasse so gut ist, daß sie auf alle Weise meritierert konservieret zu werden." Und ein andermal bemerkt er: „Jetzunder muß der alte Sauerteig ausgekehret werden: des Landes Interesse ist des Königs." Die letzten Reste jenes alten Dualismus zwischen Fürst und Land, die sich aus der Epoche der landständischen Verfassung noch in die neue Zeit des Absolutismus herübergeschleppt hatten, sollten verschwinden. Auch das patrimoniale Element, das bei Friedrich Wilhelm I. noch so stark hervortrat, weicht jetzt einer mehr politischen Auffassung des Staatsgedankens, die ihren Ausdruck gefunden hat in dem bekannten, von Friedrich mehrfach wiederholten Worte, daß der König der erste Diener des Staates sei. Von dieser Idee ist auch das politische Testament beherrscht, das der König im Jahre 1752 zur Unterweisung für seinen Nachfolger niedergeschrieben hat — ein großartiges Dokument, in dem namentlich die enge Verknüpfung von auswärtiger Politik mit Militär-, Finanz- und wirtschaftlicher Verwaltung den Eindruck einer imponierenden Geschlossenheit und systematischen Einheit aller Betätigungen des Staatslebens hervorbringt.

Mit der Erwerbung der neuen Provinzen erwuchs auch die Aufgabe, sie in Regierung und Verwaltung dem Staatsganzen anzugliedern. Dabei war das Verfahren in Schlesien und Ostfriesland ein ganz verschiedenes.

Schlesien wurde, soweit es die unregelmäßige Beschaffenheit dieses zu keiner vollen Einheit zusammengefaßten Territoriums mit seinen Partikularfürsten und Standesherren erlaubte, in der gleichen Weise eingerichtet, wie die alten Provinzen. Aus dem Feldkriegskommissariat, das während des Krieges die Verwaltung geführt hatte, wurden zwei Kriegs- und Domänenkammern gebildet, eine in Breslau und eine in Glogau, und an ihre Spitze trat Graf Münchow als schlesischer Provinzialminister in unmittelbarer Unterordnung unter den König; dem Generaldirektorium wurde also Schlesien nicht unterstellt: der König wollte hier alle kollegialischen Weitläufigkeiten vermeiden. Unter den Kammern amtierten Landräte und Steuerräte wie in den alten Provinzen. Für die Rechtspflege wurden Oberamtsregierungen eingerichtet, die den Regierungen der alten Provinzen entsprachen, aber ohne die Reste von administrativen Befugnissen, welche diesen verblieben waren; sie standen unter der Aufsicht des Justizministeriums in Berlin. Kontribution und Akzise wurden auch hier eingeführt als besondere Steuern für das platte Land und die Städte. Eine große Grundsteuerregulierung, die schon lange schwebte, wurde von den preußischen Behörden 1742—43 kurz und gut zum Abschluß gebracht; der Adel und die Geistlichkeit wurden dabei mit $28^1/_3$ Prozent des Reinertrages belastet, während die Bauern 34 Prozent zu zahlen hatten.

Die Steuerverwaltung lag ausschließlich den Kammern ob; das ständische Kollegium, das in der österreichischen Zeit daran beteiligt gewesen war, ist schon während des ersten Krieges, weil es dem Feldkriegskommissariat Schwierigkeiten machte, kurzerhand beseitigt worden; auch alle Landesversammlungen in den Fürstentümern und Kreisen wurden aufgehoben, um die Einwirkung österreichischer Sympathien abzuschneiden. In Schlesien gab es also seit der preußischen Besitzergreifung nichts mehr von ständischen Einrichtungen.

Das Kantonsystem wurde auch hier eingeführt, übrigens unter Befreiung der Gebirgskreise mit ihrer Weberbevölkerung. Schlesien spürte es bald, daß es nun einem Militärstaat angehörte. 40 000 Mann standen jetzt im Lande statt der 4000 Mann in der österreichischen Zeit; und die Hälfte des Ersatzes sollte aus schlesischen Landeskindern genommen werden. Die Bevölkerung hat sich nicht leicht daran gewöhnt; aber im großen und ganzen war das preußische Regiment doch populär, wenigstens bei den Evangelischen, die von dem unleidlichen Druck der österreichischen Regierung nun befreit waren. Bei den Katholiken dauerte hie und da die Anhänglichkeit an Österreich noch fort, namentlich bei der Klostergeistlichkeit und insbesondere bei den Jesuiten, die das höhere Schulwesen in der Hand hatten. Friedrich hat daher die österreichischen Jesuiten später möglichst durch französische zu ersetzen gesucht.

Große Schwierigkeiten bereitete der preußischen Regierung das Verhältnis zur römischen Kurie. Anfänglich dachte man daran, die Appellationen von dem bischöflichen Gericht in Breslau an das Justizministerium in Berlin zu verweisen und damit die päpstliche Nuntiatur in Wien und die römische Kurie selbst auszuschließen. Da dies aber mit den Bestimmungen des Breslauer Friedens nicht vereinbar war, so faßte man den Plan, die Ausübung der päpstlichen Jurisdiktion über alle Katholiken in der preußischen Monarchie an einen päpstlichen Generalvikar zu übertragen, den der König ernennen wollte. Aber auch dieser Plan scheiterte an dem Widerspruch der Kurie, und 1748 ward eine Vereinbarung dahin getroffen, daß die Appellationen an die Warschauer statt an die Wiener Nuntiatur gingen. Von größerer Wichtigkeit noch als diese Angelegenheit war für den König die Frage der künftigen Besetzung des fürstbischöflichen Stuhls in Breslau. Er wünschte, daß ein junger Breslauer Domkapitular, Graf Schaffgotsch, zum Koadjutor des alten Fürstbischofs Graf Sinzendorf gewählt werden sollte; aber die Kurie und das Breslauer Domkapitel bequemten sich nicht dazu, so nachdrücklich der König auch seinen Willen zu erkennen gab. Schließlich ergriff Friedrich das Auskunftsmittel, das Recht der Nomination in Anspruch zu nehmen, wie es in den österreichischen Erblanden, in Frankreich, früher auch in Brandenburg selbst üblich war, und so wurde Schaffgotsch in der Tat Koadjutor und nach dem Tode des Fürstbischofs 1748 dessen Nachfolger — eine Tatsache, mit der Papst Benedikt XIV., ein kluger und feiner Politiker, der zu warten verstand, sich auch zunächst abgefunden hat. An Schaffgotsch hat der König freilich keine Freude erlebt: er war ein unzuverlässiger Charakter und hat sich nach der Schlacht von Kolin durch seine zweideutige Haltung unmöglich gemacht.

Ostfriesland wurde im Gegensatz zu Schlesien nach der preußischen Besitzergreifung zunächst noch ganz in der alten ständischen Weise regiert, auf Grund einer Konvention vom 7. Juni 1744, durch welche dem Lande die alten Privilegien bestätigt worden waren gegen das Zugeständnis, daß statt der 12000 Taler, die der Fürst in den letzten Jahren aus dem Lande gezogen hatte, jetzt 40000 Taler gezahlt wurden, wofür aber das Land von Aushebung und Werbung verschont blieb. Die ganze Steuerverwaltung befand sich in den Händen eines ständischen Ausschusses, des sogenannten Administrationskollegiums; der landesherrliche Inspektor bei dieser ständischen Behörde hatte tatsächlich gar nichts zu sagen, er war, wie er einmal klagte, das fünfte Rad am Wagen. Natürlich war dieser Zustand nicht auf die Dauer haltbar; und sobald nach dem Frieden von Aachen die allgemeinen politischen Verhältnisse sich einigermaßen befestigt hatten, wurde eine Neuordnung der ostfriesischen Verfassung und Verwaltung in Angriff genommen. Die Spaltung unter den Ständen, die seit einem halben Menschenalter das Land in einen beständigen Bürgerkrieg gestürzt und schon die preußische Besitzergreifung erleichtert hatte, begünstigte auch dieses Unternehmen, zu dessen Ausführung ein sehr geschickter und schneidiger Beamter, Daniel Lenz, bisher Kriegs- und Domänenrat in Gumbinnen, als Kammerdirektor in Aurich berufen wurde. Er hat die Aufgabe, für die ihn der König selbst insgeheim instruierte, mit großem Geschick und selbständiger Initiative gelöst. Er brachte es dahin, daß aus dem Schoße der Ritterschaft selbst auf dem Landtage von 1749 der Antrag gestellt wurde, daß dem König die Leitung und Aufsicht des Steuerwesens übertragen werden solle. Der Bauernstand, das dritte wichtige Korpus auf dem ostfriesischen Landtage neben der Ritterschaft und der Stadt Emden, war von langer Hand her im Sinne der Regierung bearbeitet worden, und so ging der Antrag durch, allerdings gegen den Widerspruch der Stadt Emden, die dadurch ihre republikanische Stellung gefährdet sah; denn der Landkasten sollte jetzt von Emden weg in die landesherrliche Residenzstadt nach Aurich verlegt werden.

Das Stadtregiment in Emden war in den Händen einer kleinen Anzahl vornehmer Geschlechter; die gemeine Bürgerschaft, die gar keinen Anteil daran hatte, war damit schon längst äußerst unzufrieden, und es bedurfte nur einer geschickten Veranstaltung von seiten des Kammerdirektors Lenz (die natürlich vor der Öffentlichkeit verhüllt blieb), um sie gegen die regierenden Herren in offenen Aufruhr zu bringen. Als die Vertreter der Stadt vom Landtage zurückkamen, fanden sie alles in voller Gärung. Am 8. Februar 1749, als die städtischen Behörden über die am Landtag beschlossene Neuerung berieten, brach der Aufstand los. Das Volk stürmte den Rummel, das Treppenhaus des Rathauses; man warf den Ratsprokurator die Treppe hinab und wollte den Syndikus aus dem Fenster stürzen, das aber für den dicken Herrn glücklicherweise zu schmal war. Die preußische Besatzung verhielt sich dabei ganz ruhig. Am 11. Februar kam der Kammerdirektor Lenz in die Stadt, und der eingeschüchterte Magistrat ließ sich nun eine gründliche Reform der Stadtverfassung und -verwaltung gefallen, die der republikanischen Freiheit ein Ende machte und dem König die „Direktion des Stadtwesens" übertrug, so daß auch hier nun der Steuerrat die Gewalt in die Hand bekam. Die Kriegs- und Domänenkammer, bisher eigentlich nur eine Domänenverwaltungsbehörde, erhielt nun in Ostfriesland eine ähnliche Stellung wie in den übrigen Provinzen; Lenz selbst wurde jetzt als Präsident an ihre Spitze gestellt.

Eine Aufgabe von besonderer Dringlichkeit war damals die Durchführung der Justizreform, die unter Friedrich Wilhelm I. gescheitert war. Friedrich der Große hat sie unmittelbar nach dem Dresdener Frieden in Angriff genommen. Wieder wurde Cocceji, der erste unter den Justizministern, mit der großen Aufgabe betraut. Er war schon hoch bei Jahren damals, über die sechzig hinaus; aber sein Reformeifer, der so lange zurückgedrängt worden war, hatte sich noch keineswegs abgekühlt; er konnte jetzt die Gedanken verwirklichen, die er seit lange in sich hatte heranreifen lassen. Am 15. September 1746 hatte er in Potsdam eine denkwürdige Audienz beim König, in der die Grundsätze für die Reform, über die der König mit Cocceji einverstanden war, festgestellt wurden. Es handelte sich darum, eine durchgreifende Veränderung im Personal und im Verfahren der Gerichtshöfe herbeizuführen, eine einheitliche Gerichtsverfassung über die ganze Monarchie nach dem Grundsatz der Zentralisation und ein neues, nach gleichen Richtlinien geordnetes Prozeßverfahren mit strenger Durchführung des Instanzenzuges zu schaffen, zugleich auch ein für die ganze Monarchie bestimmtes allgemeines Gesetzbuch, das an die Stelle des unsicheren und vielfach strittigen gemeinen Rechtes ein festes, sicher bestimmtes Landrecht von besonderem preußischen Charakter setzen sollte. Der König verlangte wie sein Vater eine Reform, die es ermöglichen sollte, daß jeder Prozeß in allen drei Instanzen binnen Jahresfrist zur Erledigung käme.

Cocceji sollte zuerst eine Probe der von ihm vorgeschlagenen Methode für die Justizreform bei den pommerschen Gerichtshöfen ablegen, wo es mit der Verschleppung der Prozesse besonders schlimm stand; dann sollten die Reformgrundsätze, wenn sie sich dort bewährt hätten, allgemein in der ganzen Monarchie durchgeführt werden. Es gelang nun dem Minister, in Pommern im Jahre 1747 die 800 dort schwebenden überjährigen Prozesse in wenigen Wochen zur Entscheidung zu bringen, freilich in einem etwas stürmischen Tempo, das einer seiner Gehilfen scherzhaft mit den Worten charakterisiert hat: Marsch, marsch! was fällt, das fällt! Zu Anfang des Jahres 1748 konnte Cocceji dem König melden, daß im letzten Jahre bei den pommerschen Gerichten über 3000 Prozesse erledigt worden seien.

Nach der Rückkehr aus Pommern wurde dann die Reform des Kammergerichts vorgenommen. Hier aber stieß Cocceji auf mancherlei persönliche Schwierigkeiten; denn hier gab es viele Männer, die zu der Gegenpartei des Justizministers von Arnim gehörten, der dem Reformeifer seines Kollegen mit der kühlen Ironie des konservativen Skeptikers gegenüberstand. Der Präsident des Kammergerichts nahm seinen Abschied; elf Kammergerichtsräte, die zum Teil auch am Obertribunal beschäftigt waren, erhielten kurzerhand ihre Entlassung, obwohl sie sich zum Teil ihre Stellen früher durch namhafte Zahlungen zur Rekrutenkasse verschafft hatten. Mit Arnim selbst kam es zum Konflikt, als nun auch das Obertribunal reformiert werden sollte, dessen Chefpräsident Arnim war. Der König nahm aber dabei Cocceji nachdrücklich in Schutz, und der siebzigjährige Arnim erbat seinen Abschied und zog sich auf seine Besitzung Boitzenburg zurück. Nun ging Cocceji, vom König mit dem Titel eines Großkanzlers ausgezeichnet und in den Freiherrnstand erhoben, mit seinen Gehilfen in die übrigen Provinzen. 1749 finden wir ihn in Cleve-Mark und Ostfriesland, 1750 in Schlesien, 1751 in Ostpreußen. Überall wurden die Obergerichte umgestaltet, die noch vorhandenen Hofgerichte aufgehoben, die geistliche Gerichtsbarkeit der Konsistorien beseitigt und die Regierungen als einzige oberste Justizkollegien der Provinzen eingerichtet. Über ihnen wurde erst jetzt das Oberappellationsgericht oder, wie man es gewöhnlich nannte, Obertribunal der höchste Gerichtshof für die ganze Monarchie. Auch das Kammergericht und das ostpreußische Tribunal wurden ihm untergeordnet, so daß sie in dem einheitlich geordneten Instanzenzuge die gleiche Stelle einnahmen wie die Regierungen in den übrigen Provinzen. Die Grundsätze des neuen Prozeßverfahrens erhielten eine vorbildliche Fassung in dem Codex Fridericianus Marchicus, der 1748 erschien. Nach diesem Muster erhielt jedes Provinzialobergericht seine besondere Prozeßordnung in Form einer Dienstinstruktion.

Aber die beste Prozeßordnung und Gerichtsverfassung hätte nichts genutzt, wenn nicht das Personal der Gerichtshöfe einer durchgreifenden Reinigung unterzogen worden wäre. Alle untüchtigen oder der Bestechung verdächtigen Elemente wurden entfernt, dazu freilich auch alle diejenigen, die sich der Reform widersetzten oder als Gegner galten. Die Gerichtshöfe waren damals überfüllt mit einer Menge von Räten, die wenig oder gar nichts arbeiteten, allerdings vielfach auch kein Gehalt bezogen, da es ihnen mehr um eine vornehme soziale Stellung als um den Lebensunterhalt zu tun war. Jetzt wurde die Zahl der Räte auf ein verhältnismäßig geringes Maß beschränkt; aber man wählte die tüchtigsten Juristen und die besten Arbeiter aus und versah sie jetzt auch sämtlich mit zureichenden Besoldungen, indem man zugleich den Grundsatz abschaffte, daß jeder Richter, der in einem Prozeß tätig war, die Sporteln dafür von den

Parteien direkt bezog. Es ist eigentlich das Geheimnis des Erfolges der Reform Coccejis, daß es ihm gelungen ist, die Geldmittel, die zur auskömmlichen Besoldung der Richter nötig waren, zu beschaffen. Denn der Grundsatz blieb auch jetzt noch bestehen, daß die Justizreform den königlichen Kassen nichts kosten dürfe. Sie wäre an dieser Klippe auch jetzt noch gescheitert, wenn es Cocceji nicht verstanden hätte, die Stände der einzelnen Provinzen zu außerordentlichen Beiträgen für diesen Zweck zu veranlassen.

Auch der Stand der Advokaten wurde von untauglichen oder übel beleumdeten Elementen gereinigt und unter scharfe Disziplinaraufsicht gestellt. Die verhaßte Manteltracht freilich, die Friedrich Wilhelm I. eingeführt hatte, wurde auch jetzt, trotzdem sich Cocceji dafür verwandte, noch nicht abgeschafft: der König erklärte, sie solle als eine Art von Toga betrachtet werden und habe nichts Despektierliches an sich. Den sogenannten Prokuratoren aber, ungelehrten Sachwaltern, die zwischen den Parteien und Advokaten die Vermittlung übernommen hatten, und die Cocceji als die Wurzel alles Übels ansah, wurden die Gerichtsstuben verboten, so daß nun das Publikum sich direkt an die Advokaten wenden mußte.

Cocceji hatte bei seinen Visitationsreisen in den Provinzen, als die neuen Gerichtshöfe gebildet wurden, alle Richter, die wieder angestellt werden wollten, selbst alte Herren von 50, 60 Jahren einem strengen Examen unterzogen, was früher nicht üblich gewesen war. Unter seinem Nachfolger Jariges wurde dann eine förmliche Examinationsordnung erlassen, nach der in Zukunft verfahren worden ist. Damit wurde auch der Vorbereitungsdienst als Auskultator und Referendarius erst strenger geregelt. Auf Angebote zur Rekrutenkasse wurde bei der Anstellung jetzt keine Rücksicht mehr genommen; die ganze Einrichtung hörte auf.

Das große Problem des allgemeinen Landrechts hat Cocceji noch nicht zu lösen vermocht; die Zeit war noch nicht reif dazu. Aber was er geleistet hat, ist doch schon bedeutend genug. Er hat die Gerichtsverfassung einfach und übersichtlich gestaltet, er hat den Instanzenzug klar und sicher geordnet, er hat das Prozeßverfahren von den Auswüchsen umständlicher und kostspieliger Schreibereien befreit, und er hat vor allem einen Richterstand geschaffen, der wissenschaftlich und praktisch geschult, unabhängig gestellt und durchaus unbestechlich war. Dieser neue Richterstand ist ein Stand von Staatsbeamten, die auf das Recht vereidigt sind; sie fühlen sich nicht, wie die alten Richter, als eine halb unabhängige Juristenzunft, die gleichsam noch außerhalb des Staates steht; man kann also sagen, daß durch die Coccejische Reform die Rechtspflege eigentlich erst wirklich verstaatlicht worden ist. Damit hängt ein wichtiger Fortschritt zusammen, der für die ganze Staatsverfassung von Bedeutung ist. Cocceji hat immer den Grundsatz vertreten, daß der Monarch, obwohl der oberste Richter, nicht durch Machtsprüche in den Lauf der Justiz eingreifen dürfe, und der König hat sich diesen Grundsatz zu eigen gemacht. In seinem politischen Testament von 1752 sagt er: „Ich habe mich entschlossen, nicht mehr in den Lauf der Justiz einzugreifen; in den Gerichtshöfen müssen die Gesetze sprechen und der Souverän schweigen.“ Das bezieht sich freilich nur auf das, was man damals als Justiz im engeren Sinne bezeichnete, nämlich die Zivilrechtspflege; im Gebiete des Strafrechts hielt der König seine oberstrichterliche Befugnis noch durchaus fest und wollte namentlich auch darauf nicht verzichten, ungerechte Richter, die das Recht beugten, aus königlicher Machtvollkommenheit zu bestrafen.

Mit dieser Neuordnung des Gerichtswesens hängt auch die schärfere Abgrenzung von Justiz und Verwaltung zusammen, die in dem Ressortreglement von 1749 getroffen worden ist. Der König hatte zwar anfangs geglaubt, daß es möglich sei, wie Cocceji riet, die ganze Verwaltungsjustiz der Kriegs- und Domänenkammern abzuschaffen und alle Prozesse, auch die, in welchen es sich um Interessen der Domänen-, Steuer- und Polizeiverwaltung handelte, an die ordentlichen Gerichte zu überweisen; aber der Einspruch des Generaldirektoriums überzeugte ihn dann doch, daß ohne den Nachdruck der Jurisdiktionsbefugnis die Verwaltungsbehörden nicht würden durchdringen können; und so blieb es dabei, daß alle Prozesse, die wesentliche Verwaltungsinteressen berührten, von den Verwaltungsbehörden in einem außerordentlichen Verfahren entschieden wurden. So behauptete sich der Polizeistaat noch siegreich gegenüber den vordringenden Ideen des Rechtsstaats, dessen erster Vorkämpfer in Preußen der Großkanzler Cocceji gewesen ist.

Die Justizreform, die sich ja im wesentlichen auf die Zivilrechtspflege bezog, sollte unter anderem auch dazu dienen, durch die Herstellung vollkommener Rechtssicherheit die unentbehrliche Grundlage zu befestigen für die Förderung des wirtschaftlichen Lebens, die eigentlich den Brennpunkt der Regierungstätigkeit Friedrichs des Großen in dem Jahrzehnt von 1746—56 bildet. Es kam dem König vor allem darauf an, den Wohlstand der Bevölkerung zu heben, die Bevölkerung selbst über den natürlichen Zuwachs hinaus durch Einwanderung zu vermehren und damit die eigentliche Grundlage für die Macht und Größe des Staates zu erhalten und zu verstärken.

Die friderizianische Wirtschaftspolitik folgt dem merkantilistischen System, d. h. sie ist, und zwar in noch viel größerem Umfange wie unter Friedrich Wilhelm I., auf den Schutz und die Förderung der gewerblichen Tätigkeit und des Handels gerichtet; aber sie hat die ländlichen Interessen, die doch noch in erster Linie standen, darüber keineswegs vernachlässigt. Friedrich Wilhelm I. hatte sich vorzugsweise auf die Förderung der Domänenwirtschaft beschränkt; Friedrich der Große ließ sich auch die Sorge für den grundbesitzenden Adel angelegen sein, der ihm die Offiziere für seine Armee lieferte. Er hat nicht bloß den Ankauf von Rittergütern zur Vermehrung des Domänenbesitzes verboten, sondern auch die Bildung von Fideikommissen und Majoraten angeregt und befördert, um die Güter im Besitz der alten Familien zu erhalten. Aber er hat daneben auch Domänenvorwerke in Bauerngüter verwandelt, er hat viele Bauerndörfer gegründet und viele bäuerliche Kolonisten ins Land gezogen. Es war ein Triumph für ihn, daß er es auf den Domänen durchgesetzt hatte, die ungemessenen Frondienste der Bauern auf drei bis vier Tage in der Woche einzuschränken. Die Erhaltung eines kräftigen Bauernstandes war ein Hauptgesichtspunkt seiner inneren Politik. Er hat namentlich seit 1748 auf das schärfste darauf gehalten, daß keine Bauernhöfe mehr zu den Rittergütern eingezogen werden durften; er hat dadurch die Verminderung der Bauernstellen, die in den Nachbargebieten, z. B. Mecklenburg und dem schwedischen Vorpommern, reißend fortschritt, für seine Lande verhindert. Er hat bei seinen großen Meliorationen immer das

Hauptgewicht auf die Ansiedlung von Bauern und auf die Gründung von Bauerndörfern gelegt. In der Zeit von 1746—56 sind in Pommern 90, im Oderbruch 50, in der Kurmark 96, in der Neumark 40 neue Dörfer angelegt worden, zum großen Teil auf neugewonnenem Kulturboden. Die Entwässerung des Oderbruches durch Regulierung und Eindeichung des Flußlaufes, die von 1747—53 erfolgte, ist eine großartige Kulturtat; der König konnte mit Recht sagen, daß er hier eine Provinz im Frieden erobert habe. Ähnliche Verbesserungen im großen Maßstabe sind auch in anderen Provinzen unternommen worden, oft im Zusammenhang mit der Regulierung von Wasserstraßen und dem Bau von Kanälen, so daß auch der Verkehr dadurch gefördert wurde. In der zweiten Hälfte der Regierung des Königs wurde diese Tätigkeit in verstärktem Maße fortgesetzt.

Mit dieser Ackerbau- und Meliorationspolitik verbindet sich nun eine großzügige Industrialisierungspolitik, deren Hauptinstrument das fünfte Departement des Generaldirektoriums war. Bei seiner Begründung wurde es angewiesen, 1. die im Lande bereits betriebenen Manufakturen zu verbessern, 2. neue einzuführen, 3. Fremde von allerhand Kondition, insbesondere Kapitalisten und Manufakturisten ins Land zu ziehen und in den geeigneten Städten, namentlich Berlin und Potsdam, zu etablieren. Im Jahre 1747 wurde ein Patent erlassen, daß solche Ansiedler aus aller Herren Ländern herbeirief unter dem Angebot von allerlei Vergünstigungen: Vergütung der Akzise auf Jahre hinaus, Baugelder, Freiheit von Werbung und Enrollierung und dergleichen mehr. Berlin, Potsdam, Brandenburg wurden um solcher Kolonisten willen schon seit 1743 ganz und gar von der Kantonpflicht ausgenommen, ebenso sämtliche Manufakturisten im ganzen Lande. So tritt eine großartige städtische Einwanderung der ländlichen zur Seite. Berlin zählte schon 1755 über 100 000 Einwohner mit Ausschluß des Militärs.

Unter den neuen Manufakturen, die erst eingeführt werden sollten, steht an erster Stelle die Seidenindustrie, die der Gegenstand einer ganz persönlichen Fürsorge des Königs gewesen ist. Es ist erstaunlich, wie eingehend Friedrich sich um alle Maßregeln gekümmert hat, die zur Einrichtung und Beförderung der Seidenmanufakturen getroffen worden sind. Er kennt die Sache und die Personen sehr genau. Wie der Chef einer großen Firma gibt er seine Anweisungen für die Einrichtung des Betriebes; er rät und hilft den einzelnen, ermahnt und schilt, wo er Mißbräuche antrifft, er sieht in dem bunt zusammengewürfelten Kolonistenvolk auf Ordnung, er hält zwischen den kaufmännischen Verlegern und den Haus- und Werkstattarbeitern Frieden und Eintracht aufrecht, er sorgt dafür, daß solide und tüchtige Arbeit geliefert wird, wofür eingehende Reglements erlassen werden. Es gab manche Schwindler unter den eingewanderten Fremden; Faulheit und Liederlichkeit waren keine Seltenheit; es galt hier zu bessern und zu erziehen und schließlich abzustoßen, was ganz untauglich war. Der König steht mit einer Anzahl von Kaufleuten und Industriellen in beständiger Korrespondenz. Er studiert die fremden Preis- und Warenlisten, die seine diplomatischen Vertreter im Auslande ihm senden müssen. Viele von diesen sind zugleich Handelsagenten und Kolonistenwerber.

Ein bedeutsamer Zug tritt in dieser wirtschaftspolitischen Tätigkeit des Königs noch ganz besonders hervor: das Interesse für die Statistik. Auf Grund von Tabellen über Ein- und Ausfuhr der einzelnen Provinzen, die die Kammerpräsidenten seit 1748 regelmäßig einsenden mußten, ließ sich der König zu seinem persönlichen Gebrauch eine Statistik des Warenverkehrs für die ganze Monarchie zusammenstellen, die ihm dann als methodische Grundlage für seine wirtschaftspolitischen Maßregeln diente. Er sah daraus, was für Waren vom Auslande bezogen wurden, welche Fabrikationszweige im Lande noch fehlten, woher die Leute dafür zu bekommen waren. Zugleich ließ er sich auch Tabellen über die einheimische Fabrikation einreichen; auf Grund dieser Materialien bildete er sich dann ein Urteil darüber, wie hoch die Schutzzollsätze sein müßten und wann ein Einfuhrverbot am Platze sei. Es ist das erstemal in Preußen und vielleicht überhaupt, daß die Handelspolitik so planmäßig und methodisch auf eine Statistik des Warenverkehrs begründet worden ist, und Friedrich ist ganz persönlich der Urheber dieser Methode. Nach dem Tode des Ministers von Marschall, der von 1740—1749 dem fünften Departement vorstand, hat er keinen dirigierenden Minister mehr für diesen Geschäftszweig angestellt und ist in Wahrheit nun auch sein eigener Handelsminister geworden. Das königliche Kabinett wurde zugleich ein großes Geschäftskontor, in dem Produktion und Absatz der gesamten Staatswirtschaft, die mit der unentwickelten Volkswirtschaft noch zusammenfällt, beobachtet und geregelt wurde.

Neben der Förderung der Manufakturen war es das Hauptziel der merkantilistischen Wirtschaftspolitik, den Verkehr im Innern des Staates möglichst zu befreien, während dem Ausland gegenüber hohe Zollschranken aufgerichtet wurden. Ein Beispiel für die Befreiung des inneren Verkehrs bietet die Regulierung des Oderhandels. Die Oder war ja seit der Erwerbung Schlesiens in der ganzen Ausdehnung ihres schiffbaren Laufes im Besitz des preußischen Staates. Damit war die Möglichkeit zu einer einheitlichen und vernünftigen Regelung des Handelsverkehrs auf dieser wichtigen Wasserstraße gegeben. Früher hatten sich drei Mächte in das Stromgebiet geteilt, die häufig einander feindlich gegenüber standen. Stettin und Frankfurt hatten sich durch die Handhabung ihres Stapelrechts gegenseitig ruiniert; auch der Warthehandel auf Frankfurt zu war in Verfall geraten, und die Breslauer suchten einen Handelsweg nach der Elbe. Die Oder war durch die Feindschaft der drei Städte als Handelsweg ganz verödet, und dieser Zustand blieb zunächst auch bestehen, nachdem Stettin in preußische Hände gekommen war. Erst als auch Breslau preußisch geworden war, konnte eine neue Regelung des Stromverkehrs in Angriff genommen werden. Zunächst wurde der Flußlauf reguliert und die Swinemündung ausgebaggert. An ihrem Ausfluß wurde eine neue Hafenstadt begründet: Swinemünde. Dann wurden die drei Städte Stettin, Frankfurt, Breslau gezwungen, auf ihre alten Stapelgerechtsame zu verzichten; seit deren Aufhebung im Jahre 1751 war die Schiffahrt auf der Oder frei bis zum Meer. Zugleich wurde eine Wasserverbindung zwischen Elbe und Oder hergestellt, die jetzt aber nicht mehr den Zweck hatte, wie einst der Friedrich-Wilhelms-Kanal des Großen Kurfürsten, den Handel von der oberen Oder nach der Elbe zu ziehen, sondern umgekehrt den Elbhandel nach der Oder abzuleiten. Der Plauesche Kanal zwischen Elbe und Havel, der schon unter Friedrich Wilhelm I. begonnen worden war, hatte eigentlich nur dazu dienen sollen, den Weg für die Salzschiffe, die die Elbe hinunterkamen, abzukürzen, ihnen den Umweg über

Havelberg zu sparen; jetzt aber faßte ihn Friedrich der Große als ein Glied in der Wasserverbindung zwischen Elbe und Oder auf, die 1746 in Angriff genommen wurde. Der Finowkanal wurde gebaut, der über Eberswalde Havel und Oder verband; das Werk hing zugleich mit der Entwässerung des Oderbruchs zusammen. Das ganze Zollwesen auf der Oder wurde neu geregelt, und zwar im Sinne einer starken Ermäßigung, so daß die Zölle hier nicht höher waren als auf der Elbe, wo man schon seit Jahrzehnten unter den Uferstaaten nicht ohne Erfolg über ihre Erniedrigung verhandelt hatte. Von da ab hob sich der Oderverkehr bedeutend. In Swinemünde passierten 1752 schon über 1000, 1755 über 1700 Schiffe. Stettin, bisher ganz heruntergekommen — 1740 war nur ein Kran und eine Wage in Betrieb — wurde nun wieder eine ansehnliche Handelsstadt.

So ist hier das mittelalterliche Stapelrecht gefallen, um einen freien inneren Verkehr entstehen zu lassen. Anders aber lag die Sache an der Elbe in Magdeburg. Dort ist um dieselbe Zeit das alte, schon ganz verschollene Stapelrecht neu belebt worden, als Kampfmittel gegen die auswärtige Konkurrenz von Hamburg und Sachsen. Das Magdeburger Stapelrecht wurde 1747 auf Ansuchen der Kaufleute wieder hergestellt als Vergeltung für den von Leipzig ausgeübten Straßenzwang. Zugleich wurden die Hamburger Schiffer von den preußischen Wasserstraßen ausgeschlossen; die Stettiner sollten nun an ihre Stelle treten. Den Handelsvertrag mit Sachsen erachtete Friedrich als schädlich für die Interessen seines Landes. Der sächsische Handel wurde von Preußen aus schikaniert und seit 1753, wo Schlabrendorf Kammerpräsident in Magdeburg geworden war, wurde auf seinen Rat und nach seinem Plan im ganzen preußischen Elbgebiet auf allen Straßen ein System von Durchfuhrzöllen eingerichtet, das bald zu einem förmlichen Zollkrieg mit Sachsen führte. In derselben Zeit geriet man auch mit Österreich in ein ebenso gespanntes handelspolitisches Verhältnis. Friedrich hätte am liebsten den freien Handel zwischen Schlesien und Österreich beibehalten, weil die Österreicher gewohnt waren, sich mit schlesischen Tuchen und anderen Fabrikaten zu versorgen. Aber der österreichische Merkantilismus machte ihm einen Strich durch die Rechnung: die preußischen Manufakturwaren wurden mit unerschwinglichen Zöllen belegt, und ebenso verfuhr dann Preußen gegenüber den ungarischen Weinen und anderen österreichischen Ausfuhrartikeln. Auch in Schlesien wurden hohe Durchfuhrzölle, 30 Prozent, für den Verkehr zwischen Sachsen und Polen eingeführt: man wollte die Juden von Brody und Lemberg, die den ganzen Osten versorgten, zwingen, die Messen in Frankfurt a O. oder in Breslau statt der Leipziger Messe zu besuchen. Die sächsische und die österreichische Zollfrage verquickten sich miteinander. Ein liberaler Handelsvertrag mit Sachsen, der auch Schlesien einschloß, wäre bei der Mittellage Sachsens zwischen Böhmen, Schlesien, den Marken und Magdeburg sicher auch Österreich zugute gekommen, und Schlabrendorf, der 1754 Provinzialminister von Schlesien geworden war, überzeugte den König, daß man den Sachsen keine Zugeständnisse machen dürfe, ohne daß solche auch von Österreich gemacht würden. So sind denn die Handelskonferenzen in Halle, die im Dezember 1755 eröffnet worden waren, um eine Verständigung zwischen Preußen und Sachsen zu erzielen, im Mai 1756 resultatlos abgebrochen worden: gegen Sachsen wie gegen Österreich kam es schon damals zu einer völligen Handelssperre

Gern hätte der König einen Handelsvertrag mit Spanien und Frankreich gehabt, der eine direkte Ausfuhr der schlesischen Leinwand nach den Kolonien dieser Länder gestattet hätte. Dies ließ sich aber nicht erreichen; es gelang nur mit Frankreich ein Abkommen zu treffen (1753), durch welches die Stettiner Kaufleute den Holländern und Hanseaten, die früher vor ihnen begünstigt worden waren, gleichgestellt wurden. Auch mit der Türkei kam man damals noch nicht zu einem Handelsvertrag, wie ihn Friedrich gewünscht hätte. Dagegen ist es gelungen, mit Ostasien, insonderheit mit China, in einen direkten Handelsverkehr zu treten. Im Jahre 1751 wurde für diesen Handel eine asiatische Gesellschaft in Emden begründet in den hergebrachten Formen einer privilegierten Aktiengesellschaft; der König selbst nahm bei einem Besuch in Emden im Juni des Jahres an einer Versammlung der Direktoren teil. Auf das Recht der staatlichen Einmischung konnte man nicht verzichten, weil viele Aktionäre Engländer und Holländer waren, so daß die fremden Konkurrenzinteressen sich unter Umständen schädlich hätten geltend machen können. Vier Schiffe gingen im Laufe der nächsten Jahre nach Kanton und kehrten mit reicher Ladung an Tee, Porzellan, Rohseide und Seidenstoffen zurück, die dann in Emden unter lebhafter Beteiligung von Kaufleuten aus Holland, Hamburg und Bremen, Frankfurt a. M. versteigert wurden. Die Kompanie machte gute Geschäfte und war in voller Blüte, als 1755 der Seekrieg ausbrach, der ihr großen Schaden zugefügt hat. Preußen war in solchen Verhältnissen hilflos, weil es keine Kriegsflotte hatte. Es ist sehr interessant, daß mit jener Handelsunternehmung eine Anregung zur Schaffung einer solchen verbunden gewesen ist. Die Emdener forderten den König auf, sich zur See formidabel zu machen, und der berühmte französische Admiral Labourdonnais, der in Ostindien so Großes geleistet hatte, sich aber in seinem Vaterlande mit Undank belohnt sah, hat 1751 dem König einen Plan zur Ausrüstung einer preußischen Kriegsflotte vorgelegt und ihm seine Dienste als Admiral angeboten. Aber Friedrich hat diese Vorschläge abgewiesen. Er erklärte, das würde ihn zu weit führen; er erinnerte an das Sprichwort: Qui trop embrasse mal étreint. In seinem politischen Testament von 1752 führt er aus, daß die Staatskräfte Preußens nicht zureichten, um neben dem großen Heer noch eine Flotte zu halten. Preußen müsse all seine Kraft auf das Heer verwenden. Sein Hauptfeind, Österreich, habe nur Landtruppen; und Rußland mit seiner Kriegsflotte vermöge Preußen wenig Schaden zu tun, da dessen Küsten zur Landung ungeeignet seien. Höchstens über Danzig könne Rußland Truppen ans Land setzen, um die Verbindung zwischen Pommern und Preußen zu stören. Sei Danzig einmal im Besitz Preußens, dann werde es vielleicht an der Zeit sein, an die Begründung einer Kriegsflotte zu denken. Das war die Ansicht des Königs auch später noch; über die hier vorgezeichneten Grenzen ist er niemals hinausgegangen.

Die Verstärkung und immer höhere Ausbildung des Heeres blieb doch auch in der Friedenszeit der oberste Gesichtspunkt des königlichen Kriegsherrn. Die in den beiden schlesischen Kriegen gewonnenen Erfahrungen wurden dabei für die Erhöhung der Leistungsfähigkeit von Mannschaften und Offizieren in Theorie und Exerzitium fruchtbar gemacht. Die herkömmlichen Grundsätze der Lineartaktik wurden noch keineswegs verlassen; aber Friedrich glaubte in der schon von Epaminondas angewandten und auch von französischen Kriegsschriftstellern empfohlenen schrägen Schlachtordnung (ordre oblique) ein Mittel gefunden zu haben, wie auch eine an Zahl geringere Armee auf günstigem Gelände den Feind mit Vorteil angreifen und besiegen könne, indem sie alle Wucht des Angriffs in den einen verstärkten Flügel legte, der, in schräger Richtung zum Gegner angesetzt, dessen Flanke umfassen und so die ganze Linie vom Flügel her aufrollen sollte. Diese Idee liegt schon den meisten Schlachten der beiden ersten schlesischen Kriege zugrunde; aber zu ihrer vollen Ausgestaltung bedurfte es eines sorgfältigen und anhaltenden Exerzierens, wie es jetzt in der Friedenszeit von 1746—56 vorgenommen worden ist. Nicht weniger als acht verschiedene Formen der Ausführung lassen sich unterscheiden; die vollkommenste war die, bei der die Bataillone des angreifenden Flügels staffelweise nacheinander zum Vormarsch antraten, so daß auf diese Art die schräge Ordnung zum Gegner und die Umfassung seiner Flanke bewirkt wurde.

Die hochgetriebene Ausbildung des Heeres, seine taktische Schulung zur Schlachtentüchtigkeit steht in engem Zusammenhang mit der Kriegführungsweise Friedrichs, der immer mit Vorliebe die Schlachtentscheidung suchte im Gegensatz zu den vorsichtigen Methodikern der alten Schule, die mehr das Manöver bevorzugten. Ein kühner Angriffsgeist gibt den Instruktionen für die Infanterie wie für die Kavallerie das Gepräge. Ohne sich allzulange mit Schießen aufzuhalten, sollten die Truppen nach einigen kräftigen Salven im Geschwindschritt auf den Feind losgehen, immer mit aufgepflanztem Bajonett, um ihn buchstäblich aus seiner Stellung wegzudrängen. Für die Kavallerie wurde der Grundsatz aufgestellt, daß sie niemals den Angriff des Gegners abwarten, sondern immer zuerst attackieren müsse. Der König ließ eifrig Galopp und Karriere üben und verlangte, daß die Attacke, im Trab beginnend und in der schnellsten Gangart endend, auf lange Strecken bis zu 1800 Schritt mit großen geschlossenen Reitermassen ausgeführt wurde, wobei das Schießen verboten war und nur der Säbel geführt werden sollte. Durch die Wucht eines solchen Angriffs sollte die feindliche Reiterei weggefegt, das feindliche Fußvolk zersprengt werden. Reiterführer wie Seydlitz und Zieten haben später diesen schneidigen Reitergeist in großartigen Schlachtenleistungen betätigt. Der Artillerie war daneben noch keine sehr hervorragende Rolle zugewiesen; ihre Bedeutung tritt erst später stärker hervor. Über das Befestigungswesen hat der König viel nachgedacht; seine Bauten und Instruktionen brachten manches Neue. Er verlangte vor allem Anpassung der Verteidigungswerke an die besondere Natur des Geländes; namentlich die schlesischen Plätze wie Neiße und Schweidnitz wurden zu Festungen ersten Ranges ausgebaut.

Friedrich ist nicht nur sein eigener Kriegsminister, sondern auch der persönliche Lehrer und Erzieher seines Heeres gewesen. Neben den Instruktionen für die verschiedenen Waffengattungen ist hier namentlich die große Lehrschrift zu nennen, die er zum Unterricht für seine Generale erst französisch entwarf und dann ins Deutsche übersetzen ließ und aufs sorgfältigste durchsah: „Die Generalprinzipia vom Kriege“ von 1748. Was hier mit nüchterner Schärfe vorgetragen wurde, das behandelte der königliche Verfasser in schwungvoll poetischer Form in dem großen Lehrgedicht „L'Art de la Guerre“, vielleicht der vollendetsten seiner poetischen Schöpfungen. Auch in dem politischen Testament von 1752 hat er alles, was die Ausbildung und Erziehung des Heeres angeht, mit eingehender Sorgfalt zum Nutzen und Gebrauch für seine Nachfolger zusammengestellt. Der beherrschende Gedanke ist dabei der, daß der König persönlich als „prince connétable“, als oberster Offizier, als Führer und Erzieher an der Spitze seines Heeres stehen muß, Großes und Kleines mit gleicher pflichtmäßiger Fürsorge umfassend. Hier erläutert er seinem Nachfolger auch die Bedeutung und den Nutzen der Revuen, die eine so bezeichnende Erscheinung in seinem Regentenleben sind. Die persönliche Anwesenheit und Kritik des Monarchen kann allein die Obersten und Generale und damit die Truppen selbst zu den höchsten Leistungen anspornen. Die Revuen wurden alljährlich in allen Provinzen abgehalten, soweit möglich im Anschluß an die Exerzierzeit im Frühjahr, in Schlesien und den westlichen Provinzen erst später. Der König prüfte dabei den Zustand und die Ausbildung der Regimenter, ließ sich die ausgemusterten Invaliden vorstellen, für die schon Zivilversorgung angebahnt wurde, entfernte die untauglichen Offiziere und nahm Neuanstellungen und Beförderungen vor. An die Spezialrevue, die der Prüfung der Truppen gewidmet war, schloß sich gewöhnlich eine Generalrevue mit Gefechtsübungen, wobei es auf die Schulung und Erprobung der Offiziere, namentlich der höheren abgesehen war. Diese Gefechtsübungen, die Friedrich einführte, waren damals etwas ganz Neues; sie wurden bald in anderen Ländern nachgeahmt und sind der Anfang unserer heutigen Herbstmanöver geworden. In besonders großem Maßstabe pflegte der König solche Manöver, zum Teil in Verbindung mit großen Übungslagern, bei Spandau anzustellen. Das sollte die Schule für seine Generale sein, von denen er selbständiges Handeln, eigene Gedanken, die Fähigkeit, strategische Entwürfe zu machen und schnelle Entschlußkraft verlangte.

So bereitete Friedrich sein Heer und seinen Staat auf den großen Entscheidungskampf vor, den er als unvermeidlich voraussah. Seine Politik war friedlich, in dem Sinne, daß er wünschte, diesen Entscheidungskampf noch hinauszuschieben, um sein Heer und seine Finanzen nach Möglichkeit zu stärken. Er rechnete, daß Preußen, um sich zu behaupten, eine Armee von mindestens 180 000 Mann und einen Kriegsschatz von mindestens 20 Millionen Talern haben müsse. Als der Krieg ausbrach (1756), hatte er mit allen Verstärkungen erst 150 000 Mann zur Verfügung bereit, und in seinem Schatz lagen noch nicht viel mehr als 13 Millionen.

Der siebenjährige Krieg.

Der siebenjährige Krieg ist nicht bloß zwischen Preußen und Österreich, sondern auch zwischen England und Frankreich geführt worden, und der Konflikt zwischen diesen beiden großen Mächten hat nicht bloß europäische, sondern vor allem auch koloniale Interessen zum Hintergrunde: es war der große weltpolitische Kampf um die See- und Handelsherrschaft zwischen der romanischen und der angelsächsischen Rasse. Der Anstoß zu den Verwicklungen, aus denen der Krieg in Europa entsprang, liegt in den Feindseligkeiten, die 1754 und 55 im Ohiobecken zwischen französischen und amerikanischen Kolonisten zum Ausbruch kamen und zunächst zu einem Seekriege zwischen den beiden rivalisierenden Mächten führten.

Es war von vornherein sehr wahrscheinlich, daß der englisch-französische Krieg nicht auf die Kolonien und die Meere beschränkt blieb, sondern auf den

Kontinent übergriff. Frankreich wie England sahen sich daher nach Bundesgenossen um. England verhandelte mit Österreich, Frankreich mit Preußen. Bei diesen Verhandlungen hat Friedrich im Frühjahr 1755 den Franzosen den Rat gegeben, einen Vorstoß gegen das englische Hannover zu unternehmen. Er wollte eine Probe machen, ob die Franzosen zu einer energischen Kriegführung in Deutschland geneigt seien, und ob er im Fall eines allgemeinen Krieges an dieser Stelle auf Deckung durch französische Truppen rechnen könne. Vielleicht hoffte er auch, durch einen Angriff der Franzosen auf diese verwundbarste Stelle Englands dem König Georg II. die Lust an dem Kriege zu verderben und selbst durch seine Vermittlung einen baldigen Friedensschluß herbeiführen zu können, um so den gefährlichen Zündstoff zu entfernen. Aber die Franzosen verlangten, Friedrich solle selbst Hannover angreifen, und Friedrich war weit entfernt, darauf einzugehen. So blieben die Verhandlungen zwischen Preußen und Frankreich fruchtlos, und auch England kam mit Österreich zu keinem Abschluß, weil der eigentliche Gegner für die Engländer Frankreich, für die Österreicher aber Preußen war. Dagegen gelang es den Engländern nach langen Verhandlungen, die Friedrich aufmerksam verfolgt hatte, am 30. September 1755 einen Subsidienvertrag mit Rußland abzuschließen, der ihnen 50 000 Russen für die Verteidigung Hannovers zur Verfügung stellte. Durch dieses Ereignis erhielt die Politik Friedrichs einen entscheidenden Anstoß. Er sah sich jetzt im Fall eines kontinentalen Krieges, bei dem Hannover bedroht wurde, der furchtbaren Koalition von England, Rußland und Österreich gegenüber, und die Feindseligkeit des russischen Hofes und des Großkanzlers Bestuschew ließ für den Fall des Einrückens russischer Truppen nach Hannover das schlimmste befürchten. In dieser bedrohlichen Lage ergriff Friedrich die Gelegenheit zu Unterhandlungen mit England, die zu der Neutralitätskonvention von Westminster vom 16. Januar 1756 geführt haben. Dieses Abkommen erklärte Deutschland, d. h. Hannover, in dem bevorstehenden Kriege für neutral. Friedrich glaubte damit, wie er sich ausdrückte, den russischen Bären an die Kette gelegt zu haben, die sein englischer Führer in der Hand hielt; und mit Rußland, meinte er, sei auch Österreich gezwungen, Ruhe zu halten, weil es auf eigene Faust einen Krieg nicht wagen werde. Ein freundschaftliches Verhältnis mit Frankreich glaubte Friedrich trotz der Westminster-Konvention aufrechterhalten zu können. Er hatte den Franzosen zwar jetzt den Weg nach Hannover versperrt; aber er konnte darauf verweisen, daß sie dies Angriffsziel früher selbst verschmäht hatten und daß er durch die Gefahr von Rußland her zu diesem Schritt gezwungen worden sei. Er sah daher die Westminster-Konvention für einen gelungenen Zug an, der seine Lage außerordentlich verbessert habe.

In der Rechnung des Königs waren nun aber zwei große folgenschwere Fehler: er unterschätzte die Verstimmung Frankreichs über die Westminster-Konvention und er rechnete zu sicher auf die Abhängigkeit Rußlands von dem englischen Gelde. Kaunitz, der vor kurzem Staatskanzler geworden war, wußte die Empfindlichkeit Frankreichs sehr geschickt zu benützen, um seinen alten Plan zu fördern, im Bunde mit dieser Macht und unter Aufbietung Rußlands einen Kampf gegen Preußen zu eröffnen, der nicht bloß zur Wiedergewinnung Schlesiens, sondern zur gänzlichen Niederwerfung und Aufteilung des friderizianischen Staates führen sollte. Rußland war jederzeit bereit, sich bei einem

Angriff gegen Preußen zu beteiligen, wenn es die nötigen Subsidien erhielt; diese konnten aber ebensogut von Frankreich wie von England gezahlt werden. Die Franzosen lehnten es zwar ab, zu dem Angriff auf Preußen tatkräftig mitzuwirken und wollten auch nicht ihre Zustimmung zu der Aufteilung des preußischen Staates geben, die Kaunitz ins Auge gefaßt hatte. Aber der österreichische Botschafter in Paris, Graf Starhemberg, wußte so geschickt zu operieren, daß die Unterhandlungen, die übrigens nicht mit den französischen Ministern, sondern mit einem Günstling der Pompadour, dem Abbé Bernis, geführt wurden, bald eine günstige Wendung nahmen. Vorläufig wurde am 1. Mai 1756 ein Defensivbündnis zwischen Frankreich und Österreich geschlossen, das Maria Theresia im Fall eines preußischen Angriffs die Aussicht auf die Wiedereroberung Schlesiens und eine französische Hilfe von 25 000 Mann in Aussicht stellte. Aber dieser Vertrag sollte nur der Vorläufer eines neuen geheimen Offensivbündnisses sein, über welches alsbald weitere Unterhandlungen eröffnet wurden. Österreich verlangte vor allem die Zustimmung Frankreichs zu der „destruction totale de la Prusse"; es verlangte ferner Subsidien in der Höhe von 12 Millionen Livres jährlich, die zugleich auch für die Russen bestimmt waren; endlich auch noch die finanzielle Beihilfe Frankreichs zur Aufstellung einer dritten Armee — neben der österreichischen und der russischen —, die man aus deutschen Soldtruppen zu bilden gedachte, und zwar hauptsächlich aus Kontingenten der Staaten, an die das preußische Gebiet zur Verteilung kommen sollte. Frankreich verlangte dagegen für den Fall des Sieges die Abtretung der österreichischen Niederlande; und Österreich war längst prinzipiell entschlossen, diese Forderung zuzugestehen; es begnügte sich schließlich auch mit der stillschweigenden Zustimmung Frankreichs zu der Zerstücklung Preußens, da eine ausdrückliche Zustimmung dazu bei ihren Bundesgenossen auf unüberwindliche Bedenken stieß. Am 20. August 1756 konnte Starhemberg nach Wien melden, daß man am Ziel sei; der formelle Abschluß der Offensivallianz war zwar noch nicht erfolgt, aber in allen wesentlichen Punkten war man einig.

In einem Stück allerdings hatten Kaunitz und Maria Theresia eine Änderung ihres ursprünglichen Planes eintreten lassen müssen. Ursprünglich hatten sie den Angriff auf Preußen schon für den Sommer 1756 geplant. Dazu aber gingen die Verhandlungen mit Frankreich zu langsam; man sah schon im Mai ein, daß man nicht rechtzeitig zum Ziel kommen würde. Vor allem aber erwies sich auch die militärische Vorbereitung Österreichs damals noch als ganz ungenügend. Am 22. Mai 1756 erging daher von Österreich die Mitteilung an Rußland, daß der Angriff auf den Frühling des nächsten Jahres verschoben werden müsse.

Aber es war bereits zu spät. Die Russen in ihrem blinden Kriegseifer, in ihrem ungezügelten Haß gegen Preußen hatten die nötige Vorsicht außer Augen gelassen. Sie hatten offen gerüstet; und die österreichische Depesche vom 22. Mai, die zur Vorsicht mahnte, damit Preußen nicht zu früh zum Kriege gereizt werde, kam nicht mehr zur Zeit. Am 17. Juni gelangte nach Berlin die erste Nachricht von großen Truppenbewegungen an der russischen Grenze; Tag für Tag bestätigten dann neue Meldungen die Kunde vom Anmarsch der Russen.

Friedrich hatte die Nachricht von dem Abschluß des Defensivbündnisses zwischen Österreich und Frankreich ohne große Beunruhigung aufgenommen.

Aber die russischen Rüstungen beunruhigten ihn lebhaft. Denn wenn Rußland jetzt noch, nach seiner Verständigung mit England, gegen ihn rüstete, so mußte Österreich dahinter stecken, und der Krieg war in Sicht. Die Ungewißheit des Königs war um so größer, als Preußen damals keine diplomatische Vertretung mehr in Petersburg hatte. Aber die Nachrichten, die Mitte Juni in Berlin einliefen, ließen keinen Zweifel mehr an den Kriegsabsichten der Gegner, und zum Überfluß erfuhr Friedrich auch noch positiv am 22. Juni, daß die russischen Rüstungen auf Veranlassung Österreichs ins Werk gesetzt worden seien.

Nun begann Friedrich selbst zu rüsten, und zwar mit absichtlichem Geräusch, um den Gegnern zu zeigen, daß er auf der Hut sei, und dadurch vielleicht ihre Kriegslust zu dämpfen, wie es ja früher bei der Spannung mit Rußland 1749 gelungen war. Da kam am 27. Juni die Nachricht, die russischen Märsche und Rüstungen seien auf Gegenbefehl eingestellt worden. Der König hielt darauf mit seinen Rüstungen zunächst inne. Aber er erfuhr, daß das geheime Einverständnis zwischen den Höfen von Petersburg, Wien und Versailles fortdauere; und jetzt kamen auch unzweifelhafte Nachrichten von Rüstungen in Österreich, die seit dem 6. Juli ganz offen betrieben wurden, und endlich am 16. Juli von Dresden aus die Kunde, daß alle Truppen aus Ungarn nach Böhmen und Mähren marschierten.

Diese Nachricht, die sich später als falsch herausstellte (wenn es auch im übrigen mit den österreichischen Rüstungen seine Richtigkeit hatte), war entscheidend für das Vorgehen des Königs. Er begann nun, den Krieg für unvermeidlich zu halten. Am 18. Juli ging ein Kurier nach Wien mit dem Befehl an den preußischen Gesandten Klinggräffen, bei der Kaiserin anzufragen, ob die österreichischen Rüstungen in der Absicht geschähen, Preußen anzugreifen. Die Antwort, die am 2. August in den Händen des Königs war, lautete stolz und ausweichend und befriedigte ihn in keiner Weise. Er hatte inzwischen (21. Juli) durch einen holländischen Diplomaten erfahren, welches die Ursache für die Einstellung der russischen Rüstungen gewesen sei: nämlich der Vorschlag Österreichs, den Angriff auf das nächste Frühjahr zu verschieben. Friedrich war entschlossen, den Gegnern zuvorzukommen. Aber er wollte die Feindseligkeiten keinesfalls vor dem 25. August beginnen; der Grund dafür war, daß erst dann die Jahreszeit zu weit vorgerückt schien, als daß für dieses Jahr noch ein Eingreifen der Russen und Franzosen zu befürchten gewesen wäre. Die Zwischenzeit benutzte der König zu einer zweiten Anfrage in Wien, die dahin lautete, ob die Kaiserin ihm die Zusage geben wolle, daß sie ihn weder in diesem noch im nächsten Jahre angreifen werde. Die Antwort kam erst am 26. August in Friedrichs Hände; sie war, so schrieb er, nichts wert. Seine Regimenter erhielten Befehl zum Abmarsch. An ihrer Spitze brach der König selbst am 28. August auf. Er überschritt die sächsische Grenze ohne Kriegserklärung. Eine nochmalige, dritte Anfrage in Wien, die auch fruchtlos blieb, gab dem Einmarsch zunächst den Anschein einer bewaffneten Demonstration, die den Zweck verfolgte, womöglich noch in letzter Stunde den Frieden zu erhalten oder wieder herzustellen. Mit dem sächsischen Hofe verhandelte der König über dessen Anschluß an Preußen unter Überlassung des Heeres und des Landes, natürlich vergeblich; Sachsen war im Einverständnis mit seinen Gegnern, wenn auch nicht vollständig in ihre Geheimnisse eingeweiht. Friedrich besetzte das Land, um es als Operationsbasis für den Krieg zu benutzen; die militärischen und die finanziellen Kräfte Sachsens sollten für den Krieg in Preußens Dienst gestellt werden.

Wahrscheinlich hat Friedrich auch, sobald er sich zum Kriege entschlossen hatte, daran gedacht, im günstigsten Falle Sachsen, das er als eine notwendige Zukunftserwerbung für den preußischen Staat ansah, beim Friedensschluß zu behalten und den Kurfürsten etwa durch Böhmen zu entschädigen; auch die Erwerbung Westpreußens hat er damals schon ins Auge gefaßt. Es war sein Grundsatz, daß ein Krieg, der keinen Gewinn an Land und Leuten bringe, dem Staate eher nachteilig als förderlich sei. Aber es ist nicht zutreffend, daß der König um dieser Erwerbungen willen den Krieg von langer Hand vorbereitet und im geeigneten Moment geflissentlich herbeigeführt habe. Friedrich wußte zwar nicht, daß sich die Franzosen mit so großer Macht, wie es später geschah, an dem Kriege beteiligen würden; aber trotzdem hat er die Lage nicht für so günstig angesehen, wie er sie in seinem politischen Testament als die Voraussetzung eines erfolgreichen Krieges sich und seinen Nachfolgern vorgestellt hatte; es handelte sich für ihn in erster Linie um die Behauptung der Machtstellung, ja der Existenz seines Staates gegenüber einer Koalition, die ihn zu erdrücken drohte, wenn er ihr nicht zuvorkam.

Während die Unterhandlungen mit dem sächsischen Hofe noch im Gange waren und Friedrich durch Sachsen vordrang, war die sächsische Armee in dem stark befestigten Lager von Pirna zusammengezogen und dort von den Preußen belagert worden. Einen Sturmangriff, zu dem Winterfeldt riet und der vielleicht von Erfolg gewesen sein würde, hat Friedrich unterlassen, wahrscheinlich aus anderen als rein militärischen Erwägungen; er dachte vor allem daran, die sächsische Armee der seinigen anzugliedern. Erst spät haben die Sachsen sich entschlossen, auf den Vorschlag der Österreicher einzugehen, ihr Land aufzugeben und die Armee nach Böhmen abmarschieren zu lassen, um sie mit der österreichischen zu vereinigen. Der österreichische Feldmarschall Browne zog Ende September von Böhmen heran, um die bei Pirna eingeschlossenen Sachsen zu entsetzen und eine Vereinigung mit ihnen zu ermöglichen. Friedrich trat ihm entgegen; bei Lobositz, noch auf böhmischem Gebiet, kam es zur Schlacht, am 1. Oktober. Die Preußen behaupteten das Feld und schossen Viktoria, aber Browne vermochte seinen Marsch auf Pirna fortzusetzen. Friedrich folgte ihm und schob sich zwischen ihn und die Sachsen, so daß es einer neuen Schlacht bedurft hätte, wenn die beiden Gegner ihre Verbindung hätten erzwingen wollen. Das haben sie indessen nicht gewagt; und so blieb den Sachsen nichts anderes übrig, als zu kapitulieren, was am 15. Oktober geschah. Die ganze sächsische Armee mit Ausnahme der Offiziere (20 000 Mann) wurde von Friedrich dem preußischen Heere angefügt, und zwar unvorsichtigerweise ohne die Regimenter aufzulösen. Der König glaubte, es werde dem gemeinen Mann gleich sein, unter welcher Fahne er diene; doch hat er sich darin sehr getäuscht: die Sachsen sind später bei günstiger Gelegenheit in ganzen Truppenverbänden zum Feinde übergegangen. Die sächsische Verwaltung wurde jetzt durch das preußische Feldkriegskommissariat organisiert; der König gedachte jährlich fünf Millionen Taler aus dem Lande zu ziehen. Die böhmischen Gebiete, die er bereits besetzt hatte, gab er beim Schluß des Feldzuges auf, weil er nicht glaubte, sie den

Winter hindurch behaupten zu können. Der Angriffsplan gegen Österreich war durch die hartnäckige Gegenwehr der Sachsen für dieses Jahr vereitelt worden; er wurde auf das nächste Frühjahr verschoben.

Am liebsten hätte Friedrich gesehen, wenn Österreich sich jetzt noch zum Frieden bequemt hätte; er versicherte den Franzosen, daß er für diesen Fall keinen Zoll breit sächsischen Landes für sich begehren werde. Aber in Frankreich war man von einer Friedensvermittlung sehr weit entfernt, vielmehr dem Abschluß des Offensivbündnisses ganz nahe. Friedrichs Einfall in Sachsen hatte auch die dynastische Empfindlichkeit des französischen Hofes gereizt: die Gattin des Dauphins war eine Tochter des Kurfürsten-Königs August III. Außerdem wurde die französische Politik gelockt durch die Aussicht auf die Erwerbung der belgischen Provinzen Österreichs und durch die Hoffnung auf die Besetzung Hannovers, die eine günstige Stellung Frankreichs gegenüber dem englischen Gegner, zur Ausgleichung überseeischer Verluste, bedeutet haben würde. In Hannover selbst freilich suchte der Präsident, Freiherr von Münchhausen, die Neutralität aufrechtzuerhalten; und auch die Österreicher hätten die Franzosen lieber von Hannover ferngehalten, um nicht ihren Einfluß im Reiche zu stark werden zu lassen. Diese Bedenken haben den Abschluß des Offensivbündnisses zwischen Österreich und Frankreich noch bis in den Frühling hinein verzögert.

Inzwischen aber hatte sich in England ein bedeutsamer Umschwung vollzogen. William Pitt war ans Ruder gekommen und hatte die englischen Interessen im Gegensatz zu den hannöverschen zu ausschlaggebender Geltung gebracht. Es wurde beschlossen, im Bunde mit dem König von Preußen den Krieg gegen Frankreich auch auf dem Kontinent mit Nachdruck zu führen, und das Parlament bewilligte im Februar dafür die nötigen Kredite. Diese Wendung beseitigte alle Hindernisse, die dem völligen Einverständnis zwischen Frankreich und Österreich bisher noch entgegengestanden hatten: Abbé Bernis, jetzt selbst Minister, brachte am 1. Mai 1757, also gerade am Jahrestage des früheren Versailler Defensivbündnisses, die neue geheime Offensivallianz zum Abschluß, durch welche nicht bloß die Wiedereroberung Schlesiens für Österreich, sondern auch die vollständige Zertrümmerung Preußens in Aussicht genommen wurde. Die Bedenken gegen einen französischen Angriff auf Hannover ließ man in Österreich fallen; die belgischen Provinzen sollten an den spanischen Don Philipp, den Schwiegersohn König Ludwigs XV., kommen, der Parma und Piacenza dafür wieder an Österreich überlassen sollte; Nieuwport und Ostende sollten französisch werden. Frankreich wollte mit einer Armee von 105 000 Mann in Westdeutschland auftreten und 10 000 Mann gemietete deutsche Truppen in den Dienst der Österreicher stellen. Es versprach ferner, jährlich 12 Millionen Livres Subsidien an Österreich zu zahlen.

Mit Rußland hatte Österreich schon am 2. Februar 1757 ein förmliches Offensivbündnis gegen Preußen geschlossen. Beide Kaiserinnen wollten sich mit je 80 000 Mann unterstützen, um den König von Preußen gänzlich niederzuwerfen und seine Länder an die Nachbarn zu verteilen. Österreich sollte außer Schlesien noch Krossen erhalten, Sachsen Magdeburg mit Halle; Ostpreußen sollte an die Republik Polen fallen, die dafür Kurland den Russen überlassen würde. Frankreich erfuhr von diesen Verabredungen nichts; seine Verbindung mit Rußland war in der Hauptsache eine indirekte, über Österreich: Kaunitz wünschte alle Fäden selbst in der Hand zu behalten. Auch die Subsidien für Rußland, eine Million Rubel jährlich, wurden von Österreich aus den französischen Geldern bezahlt.

Die Verbindung zwischen Frankreich und Rußland wirkte auch auf Schweden ein, im Sinne seines Anschlusses an das Kriegsbündnis gegen Preußen. Das Königspaar, Luise Ulrike, die Schwester Friedrichs des Großen, und ihr Gemahl Adolf Friedrich, standen schon längst nicht mehr in guten Beziehungen zu Preußen; durch den mißlungenen Staatsstreich von 1755, den Friedrich immer widerraten hatte, war die Herrschaft der Stände noch befestigt worden, und Schweden hatte seitdem eine ganz unbegründete Feindschaft gegen Preußen angenommen. So wurde es den Höfen von Frankreich und Rußland nicht schwer, Schweden für den Plan zu gewinnen, unterstützt durch französische Subsidien, mit 20 000 Mann in Pommern gegen den König von Preußen aufzutreten, um Stettin wieder zurückzuerobern. Im Gefolge des kaiserlichen Österreich schloß sich endlich auch das Deutsche Reich dem Kriegsbündnis gegen den König von Preußen an, und Frankreich trat noch in besondere engere Verbindung mit den Kurfürsten von Köln und von Pfalz, es schloß namentlich auch Bündnisse mit dem Kurfürsten von Bayern und dem Herzog von Württemberg, die gegen Subsidienzahlung Truppen stellten.

So war im Reich und in Europa eine große, umfassende Koalition gegen Preußen zusammengekommen; man wollte diese so gewaltig emporgestiegene Macht völlig vernichten, sie auf den Standpunkt der alten Markgrafen von Brandenburg im 15. oder 16. Jahrhundert zurückführen. Den beiden vornehmsten protestantischen Mächten, England und Preußen, standen die beiden ersten katholischen Mächte, Frankreich und Österreich, gegenüber. Auch im Reiche wiederholt sich diese konfessionelle Gruppierung, freilich mit Ausnahmen, wie bei Württemberg und Ansbach. Das Bewußtsein des großen konfessionellen Gegensatzes tritt während des Krieges in den Heeren und auch sonst bei dem gemeinen Mann in Deutschland hin und wieder stark hervor; auch bei den Verhandlungen zwischen Österreich und Frankreich hat es eine Rolle gespielt. Aber es war nur der Nachhall einer abgelaufenen Geschichtsepoche, nicht die beherrschende Idee der damaligen Politik. Es handelte sich vielmehr um den großen weltpolitischen Rivalitätskampf zwischen England und Frankreich, um die See- und Handelsherrschaft und in Verbindung damit um den Gegensatz der beiden deutschen Mächte, von denen Preußen jetzt nicht mehr bloß um seine Großmachtstellung, sondern um seine Existenz zu kämpfen hatte. Eine große Umwälzung der Allianzen war eingetreten, die eine neue Epoche in der Geschichte des europäischen Staatensystems eröffnet. Die beiden Mächte, die einst im Dreißigjährigen Kriege dem Hause Österreich entgegengetreten waren, als es sein Übergewicht im Reich und in Europa herzustellen im Begriff war, Frankreich und Schweden, die Garanten des westfälischen Friedens, standen jetzt im Bunde mit dem alten Kaiserhause gegen die Mächte der Zukunft: England und Preußen.

Friedrich war nicht mit den Einzelheiten der gegen ihn geschlossenen Bündnisse bekannt; aber er sah bald, daß es sich für ihn und seinen Staat in diesem Kampfe um Sein oder Nichtsein handle. In einer geheimen Instruktion für den Kabinettsminister Grafen Finckenstein hat er seine Verfügungen für die schlimmsten Möglichkeiten, die er im voraus erwog, getroffen. Er ordnete an, wohin der Staatsschatz und die königliche Familie gerettet werden sollten, wenn nach preußischen Niederlagen Österreicher, Franzosen und Russen in die Marken eindrängen. Für den Fall, daß er selbst ums Leben kam, sollte sofort dem Thronfolger geschworen werden; es war sein Bruder August Wilhelm, der schon seit 1744 als mutmaßlicher Thronerbe den Titel „Prinz von Preußen" führte. Für den Fall aber, daß er in Gefangenschaft geriet, befahl der König, alsdann auf keine seiner Orders weiter Rücksicht zu nehmen; er wollte weder durch eine Landabtretung noch durch ein Lösegeld befreit werden; er machte seinen Bruder, der dann die Regentschaft führen sollte, und die Minister mit ihrem Kopfe dafür verantwortlich. Seine Person wollte er durchaus dem Staatsinteresse geopfert wissen.

Für das Jahr 1757, wo auch die Franzosen und die Russen zu erwarten waren, hatte Friedrich ursprünglich einen Feldzugsplan im Sinne, der strategische Defensive mit taktischer Offensive verbinden sollte. Er wollte die Feinde in Sachsen, in gedeckter Zentralstellung, erwarten und dann plötzlich zu einer Schlachtentscheidung hervorbrechen. Aber die Ratschläge seines Generaladjutanten Winterfeldt und des Feldmarschalls Schwerin, der in Schlesien das Kommando führte, haben seinen Plänen eine andere Wendung gegeben. Sie rieten zu einem Vormarsch nach Böhmen, um dort den Österreichern möglichst schwere Schläge beizubringen und dadurch vielleicht den Russen und Franzosen die Lust am Eingreifen zu verderben. Der König gab diesem Plan dann selbst noch die scharfe Spitze dadurch, daß er einen konzentrischen Angriff der beiden Heere in Aussicht nahm, um die Österreicher womöglich in einer Entscheidungsschlacht zu schlagen. In dieser Form ist der Plan zur Ausführung gelangt. Von Sachsen und von Schlesien her rückten die beiden preußischen Heere, das eine unter dem König selbst, das andere unter Schwerin, in Böhmen ein, zusammen etwa 120 000 Mann stark. Die Österreicher, in etwa gleicher Stärke, wichen langsam in der Richtung auf Prag zurück, wo sie ihre Hauptmagazine hatten. Den Oberbefehl führte erst der Feldmarschall Browne, dann Herzog Karl von Lothringen, der den Rückzug auf Prag angeordnet hat. Dort wollte man auch die Reservearmee erwarten, die sich unter dem Feldmarschall Daun in Böhmen sammelte. Aber ehe dieses zweite Heer angelangt war, hatte Friedrich seine Verbindung mit der schlesischen Armee unter Schwerin bereits vollzogen und schritt nun unverzüglich zum Angriff auf das befestigte Lager, das die Österreicher in einer starken Stellung vor der Stadt nahe dem Ziskaberge errichtet hatten.

Am 6. Mai 1757 kam es so zu der großen Schlacht von Prag, vielleicht der blutigsten, die die Kriegsgeschichte bis dahin aufweist. Der König griff mit dem verstärkten linken Flügel den rechten der Österreicher an; es gelang zwar nicht, ihn zu überflügeln, aber ihn in der Mitte zu durchstoßen und völlig zu werfen. Der rechte preußische Flügel, auf dem Schwerin kommandierte, hatte sich, entgegen der ursprünglichen Disposition, hauptsächlich durch die Schuld des kampflustigen Generals Manstein, vorzeitig in den Kampf eingelassen; er geriet gegenüber dem mörderischen Feuer der Österreicher ins Wanken. Vergebens versuchte der verwundete Winterfeldt, die Truppen zum Stehen zu bringen. Da stellte sich der greise Feldmarschall Schwerin selbst an die Spitze seines Regiments; er ergriff eine Fahne und brachte die Leute durch sein

Beispiel und seine Autorität wirklich wieder vorwärts. Aber nach wenigen Schritten sank er zusammen, von fünf Kartätschenkugeln auf einmal getroffen, von der Fahne bedeckt. Dieser Opfertod Schwerins hat einen gewaltigen Eindruck auf die Truppen gemacht, die nun unter der geschickten Leitung des Königs selbst und unterstützt durch einen glücklichen Reiterangriff Zietens, den Sieg vollendeten. Die befestigte Stellung der Österreicher wurde gestürmt; aber zu einer eigentlichen Vernichtung des österreichischen Heeres ist es nicht gekommen. Der Verlust der Österreicher betrug 15 000 Mann; ihr Feldmarschall Browne ist tödlich verwundet worden; ein Teil ihres Heeres wurde abgeschnitten und entkam; die Hauptmasse aber warf sich in die Festung Prag und wurde dort von den Preußen eingeschlossen. Der Sieg war für die Preußen teuer erkauft; sie hatten 18 000 Mann eingebüßt, und Schwerins Tod war ein unersetzlicher Verlust. Merkwürdig ist, daß der König während der Schlacht 30 000 Mann von seinem Heere unter Keith auf dem anderen Moldauufer am Weißen Berge hatte stehen lassen. Waren sie bestimmt, das Entkommen der Österreicher nach dieser Seite zu verhindern oder aber im Fall eines Mißerfolgs den Rückzug der Preußen zu decken? Die Meinungen der Forscher gehen darüber auseinander; vielleicht lassen sich beide Zwecke kombinieren, so daß je nach dem Ausfall der Schlacht der eine oder andere zur Geltung kommen sollte.

Der Sieg von Prag bedeutete für Friedrich einen ungeheuren moralisch-politischen Erfolg. Er hoffte, die feindliche Armee in Prag gefangen nehmen zu können, und dann — so schrieb er am Tage der Schlacht an den Feldmarschall Keith — „dann, glaube ich, wird der Krieg zu Ende sein“.

Es ist anders gekommen. Prag hielt sich weit länger, als der König erwartet hatte. Eine wirksame Beschießung konnte nicht sogleich unternommen werden, weil es an Belagerungsgeschütz fehlte. Den Platz auszuhungern, hätte zu lange gedauert. Der König entschloß sich, um die Belagerten zu entmutigen, der jetzt zum Entsatz von Prag heranrückenden Daunschen Armee abermals eine Schlacht zu liefern; er konnte aber, um die Belagerungsarmee nicht zu sehr zu schwächen, nur mit 30 000 Mann dem Gegner, der über 54 000 gebot, entgegengehen. Daun, das Muster eines vorsichtigen Methodikers der alten Schule, hätte von sich aus eine Schlacht am liebsten vermieden; aber er fügte sich der bestimmten Weisung der Kaiserin und hielt bei Kolin, wo er eine feste Stellung eingenommen hatte, dem preußischen Angriff stand. Hier hat Friedrich am 18. Juni seine erste Niederlage erlitten. Die Haltung der Truppen war gut; aber schwere taktische Fehler, die auf Mißverständnisse der Unterführer zurückgingen und die ganze Disposition des Königs über den Haufen warfen, haben die unglückliche Wendung herbeigeführt. Neben Prinz Moritz von Anhalt trägt namentlich wieder der General Manstein die Schuld an einer zu frühzeitigen Attacke des zurückgehaltenen rechten Flügels, die aus der vom König geplanten Flügelschlacht eine Schlacht mit ganzer Front machte. Das Gefährliche dabei war, daß man nachher in dem kritischen Moment der Schlacht keine Reserven mehr einzusetzen hatte, weil die 30 000 Mann des Königs angesichts der Übermacht der Österreicher keine zureichende Streitkraft darstellten. Sächsische Reiterregimenter, die aus Polen zu den Österreichern gestoßen waren, gaben das Beispiel zu einer furchtbaren Kavallerieattacke gegen die schwache Stelle der preußischen Schlachtlinie. Es war zwischen 4 und 5 Uhr nachmittags — die

Schicksalsstunde nicht nur dieser Schlacht, sondern des ganzen Krieges. Wenn Friedrich in diesem Moment nur noch vier frische Bataillone gehabt hätte, so hätte er nach seiner Überzeugung die Schlacht gewonnen; aber er hatte eben keine Reserven mehr. Während Daun schon zum Rückzuge entschlossen war, erfocht die Reiterei, die ganze preußische Bataillone niederritt, einen glänzenden Sieg. Vergeblich suchte der König selbst mit 40 Mann vom Regiment Anhalt die Truppen wieder zum Vorgehen zu bringen. Es ist der bekannte Moment, wo der englische Major Grant ihm zurief: „Aber Sire, wollen Sie die Batterie allein erobern?“

Eine Verfolgung des preußischen Heeres fand nicht statt; aber der große Plan des böhmischen Feldzugs war bei Kolin gescheitert. Die Belagerung von Prag wurde aufgehoben. Der König selbst ging mit einem Teil seines Heeres bis nach Sachsen zurück; eine zweite ziemlich gleich starke Armee wurde dem Prinzen August Wilhelm von Preußen anvertraut, der die Lausitz und damit zugleich auch Schlesien gegen die Österreicher decken sollte. Aber dem Prinzen fehlte es an Umsicht und Entschlußkraft; er ließ sich von den Österreichern unter großen Verlusten bis nach Bautzen zurückdrängen, so daß Gefahr für Schlesien vorhanden war. Der König war empört. Er machte sich Ende Juli selbst auf, um die Sache an dieser gefährlichen Stelle wieder ins gleiche zu bringen; an seinen Bruder sandte er einen Brief voraus, der an Hohn und Härte alles übertraf, was er je einem seiner Generale gesagt hat; und bei dem Zusammentreffen in Bautzen behandelte er ihn mit so auffallender Nichtachtung, daß der Prinz um seine Enthebung vom Kommando bat, die der König auch ohne weiteres verfügte; dem Prinzen wurde Dresden als Aufenthaltsort angewiesen. Er ist kaum ein Jahr darauf gestorben, wahrscheinlich an den Folgen eines früheren Sturzes mit dem Pferde, die auch seine militärische Leistungsfähigkeit wohl schon beeinträchtigt hatte. Die Entfernung des Prinzen vom Kommando war eine militärische Notwendigkeit; die Härte, mit der sie erfolgte, erklärt sich aus der durch das Übermaß von Sorgen und Kümmernissen gesteigerten Reizbarkeit des Königs, gegen den seine Brüder, namentlich auch Prinz Heinrich, in einer beständigen Opposition sich befanden. Am Tage der Schlacht von Kolin schrieb Prinz Heinrich an seine Schwester, die Prinzessin Amalie, ein Billett, das in die Hände der Österreicher fiel und in dem es heißt: „Phaëton ist gefallen; wir wissen nicht, was aus uns werden soll.“ Wie im Schoße der eigenen Familie, so regten sich natürlich in der weiten Welt bei Freund und Feind damals Zweifel daran, ob die Kraft des Königs dem großen Unternehmen, das er gewagt hatte, gewachsen sei. Er hatte seine erste Schlacht verloren; der Ruhm der Unüberwindlichkeit war von ihm gewichen. Alle seine Feinde regten sich mit neuem Eifer und neuen Hoffnungen. Die großen Schwierigkeiten und Gefahren des Krieges begannen jetzt eigentlich erst recht zur Geltung zu kommen.

Der König ist damals zu seinem ursprünglichen Kriegsplan zurückgekehrt, der strategische Defensive mit taktischer Offensive verbinden wollte. Er nahm seine Stellung in Sachsen, um von da gegen die Feinde, die nun von allen Richtungen eingebrochen waren, durch offensive Vorstöße sich zu verteidigen. Zunächst galt es, den Franzosen entgegenzutreten, die die hannöversche Armee bei Hastenbeck geschlagen und ihren Führer, den Herzog von Cumberland, einen jüngeren Sohn König Georgs II., zu der Konvention von Kloster Zeven gezwungen hatten, nach der die englische Armee aufgelöst werden sollte. Vergebens hatte Friedrich versucht, mit dem Führer der französischen Truppen, dem Herzog von Richelieu, Unterhandlungen anzuknüpfen. Doch blieb dieser in Westdeutschland stehen, während eine zweite französische Armee unter dem Prinzen Soubise, vereinigt mit der Reichsarmee, gegen die Saale vorrückte, um Friedrich in Sachsen anzugreifen. Dieser Armee ging Friedrich entgegen, und obwohl sie 50 000 Mann, er selbst aber nur 20 000 Mann stark war, glückte es ihm, da er sie auf dem Marsche überraschte, am 5. November bei Roßbach einen glänzenden Sieg zu erfechten, wobei sich namentlich Seydlitz mit der Kavallerie auszeichnete und wodurch das feindliche Heer vollkommen zersprengt wurde.

Dieser Sieg von Roßbach machte einen gewaltigen moralischen Eindruck und stellte das alte Ansehen des Preußenkönigs mit einem Schlage wieder her. Seinem allgemeinen Plane gemäß wandte sich nun Friedrich unter Benutzung der inneren Operationslinie auf den nächstbedrohten Punkt, nach Schlesien, das fast ganz in die Hände der Österreicher geraten war.

Der Nachfolger des Prinzen von Preußen im Kommando der zweiten Armee, der Herzog von Braunschweig-Bevern, hatte sich in der Lausitz nicht halten können und war nach dem unglücklichen Gefechte bei Moys (7. September), in dem Winterfeldt tödlich verwundet wurde, nach Schlesien zurückgegangen, wo inzwischen Prinz Karl von Lothringen eingedrungen war. Die Kaiserin Maria Theresia redete damals die Schlesier schon wieder als ihre Untertanen an, und viele waren der Meinung, daß es mit der preußischen Herrschaft zu Ende sei; der Fürstbischof Schaffgotsch floh zu den Kapuzinern nach Nikolsburg, und ein großer Teil des katholischen Klerus arbeitete gegen Preußen. Schweidnitz fiel am 12. November, Bevern selbst wurde am 22. November bei Breslau geschlagen und fiel bald darauf in die Hände der Kroaten, Breslau wurde den Österreichern übergeben.

In diesem kritischen Moment ist Friedrich nach angestrengten Märschen mit seinem kleinen Heer in Schlesien angelangt. Er hat es verstanden, die Stimmung der siegreichen Truppen von Roßbach auf die geschlagene Armee von Breslau zu übertragen. Die Österreicher wichen im Vertrauen auf ihre starke Überzahl einer Feldschlacht nicht aus: sie hatten 70 000 Mann gegen die 35 000 Preußen. Bei Leuthen, westlich von Breslau, kam es am 5. Dezember zur Schlacht. Das alte Mittel der schiefen Schlachtordnung mit dem Flügelangriff glückte diesmal vollkommen. Die Österreicher wurden geschlagen. Als man bei den Preußen des Sieges gewiß war, erklang in der Abenddämmerung auf dem Schlachtfelde der Choral: Nun danket alle Gott! Mit Choralgesang waren die Truppen auch früh beim Morgengrauen in die Schlacht gezogen, ein beredtes Zeugnis für den Geist, der damals in dem preußischen Heer herrschte. Die österreichische Armee zog in aufgelöstem Zustand nach Böhmen zurück. Breslau und ganz Schlesien kamen wieder in die Hände des Königs; nur Schweidnitz konnte wegen des starken Frostes erst im Frühjahr genommen werden.

Auch die übrigen Provinzen des Königs waren am Schluß dieses Feldzuges vom Feinde frei. Die Russen hatten den Feldmarschall Lehwaldt, der mit 30 000 Mann Ostpreußen decken sollte, bei Großjägerndorf geschlagen; aber

Apraxin war dann auf das Gerücht vom Tode der Kaiserin Elisabeth zurückgegangen, ohne diesen Sieg ausgenützt zu haben. Die Kriegführung der Schweden hatte den Preußen keinen erheblichen Schaden zuzufügen vermocht.

Auf dem westlichen Kriegsschauplatz hatte der Sieg von Roßbach eine entscheidende Wendung in Stimmung und Kriegsglück herbeigeführt. Auf Veranlassung König Friedrichs hatte Prinz Ferdinand von Braunschweig das Kommando über die hannoversche Armee übernommen, die sich keineswegs, wie bei Kloster Zeven ausgemacht worden war, aufgelöst hatte und jetzt, nachdem König Georg II. die Ratifikation des Kapitulationsvertrages verweigert hatte, aufs neue und mit gutem Erfolg gegen die Franzosen vorging, so daß Clermont schließlich im März über den Rhein zurückweichen mußte. Am 11. April 1758 traf Friedrich ein neues Abkommen mit England, in welchem beide Mächte einander versprachen, keinen Sonderfrieden mit einem der Gegner ohne gegenseitiges Einverständnis zu schließen. Friedrich erhielt seitdem Subsidien von England, jährlich 570 000 Pfund Sterling, d. h. 4 Millionen Taler. Er hatte sich dabei ausgemacht, daß die Selbständigkeit seiner Kriegführung dadurch in keiner Weise beeinträchtigt werden dürfe und daß er auf dem westlichen Kriegsschauplatz nur soweit es die Umstände erlaubten sich zu betätigen brauche.

Friedrich sah wieder mit Hoffnung in die Zukunft. Er plante für 1758 abermals einen Angriff auf die österreichischen Erblande, aber nicht, wie im vorigen Jahre, auf Böhmen, sondern auf Mähren, das ihm überhaupt immer als das günstigste Angriffsziel in einem Kriege mit Österreich erschienen ist. Er hoffte, die Festung Olmütz durch einen Handstreich zu bewältigen und dann durch die Bedrohung Wiens die Kaiserin zum Frieden zu zwingen. Aber diese Unternehmung schlug fehl. Olmütz ließ sich nicht überrumpeln, und bei der Belagerung der Festung wurde der König von den Österreichern sehr wirksam gestört. Bei Domstädtl gelang es Laudon, einen großen preußischen Transport von Lebensmitteln und schwerem Geschütz abzufangen, und zugleich drohten die Österreicher, den König von Schlesien abzuschneiden. Die Belagerung von Olmütz mußte aufgegeben werden; der Angriffsplan war gescheitert. Der König war wieder in die strategische Defensive zurückgedrängt; er mußte sich jetzt gegen die Russen wehren, die nach manchen inneren Wirren, bei denen unter anderem auch der preußenfeindliche Großkanzler Bestuschew gestürzt worden war, den Krieg wieder mit Energie aufgenommen und unter der Führung des Grafen Fermor noch im Winter Königsberg besetzt und am Geburtstage Friedrichs (24. Januar 1758) die preußische Krönungsstadt gezwungen hatten, der Zarin zu huldigen. Ostpreußen mußte den Feinden überlassen werden; Friedrich hat nicht mehr versucht, es zu verteidigen. Aber im Juni bedrohten die Russen nun auch die Neumark. Sie hatten Küstrin beschossen und beabsichtigten, sich in der Lausitz mit den Österreichern zu vereinigen. Friedrich wollte versuchen, sie vorher zu schlagen. Bei Zorndorf kam es am 25. August zur Schlacht. Der König, der die Russen damals noch stark unterschätzte, glaubte schon des Sieges sicher zu sein; aber die Schlacht nahm dann eine sehr gefährliche Wendung. In einem kritischen Moment hat Friedrich selbst einmal eine Fahne ergriffen, um die wankenden Bataillone vorwärts zu bringen; Seydlitz mit der Kavallerie hat dann die Schlacht wiederhergestellt. Der Abend machte dem Ringen ein Ende. Es fehlte den Preußen schon an Munition; eine Erneuerung des Kampfes am nächsten Tage hätte böse Folgen für sie haben können. Aber die Russen gingen am 26. zurück und die Preußen behaupteten das Schlachtfeld.

Beide Teile schrieben sich den Sieg zu; aber von dem russischen Heer war fast die Hälfte, an 20 000 Mann, außer Kampf gesetzt, während die Preußen von ihren 36 000 Mann etwa 11 000 verloren hatten. Die Neumark war vor dem feindlichen Angriff gesichert; der König konnte sich nach der Lausitz wenden, wo Daun mit seiner Übermacht den Prinzen Heinrich zu erdrücken drohte. Dort erlitt er in der Nacht vom 13. zum 14. Oktober eine schwere Niederlage bei Hochkirch, wo das ungesicherte preußische Lager von Daun, dem Friedrich eine solche Kühnheit nicht zugetraut hatte, überfallen wurde. Über hundert preußische Geschütze wurden von den Österreichern erbeutet; der Feldmarschall Keith wurde an der Spitze seines Regiments von einer Kanonenkugel zerrissen; Prinz Moritz von Anhalt fiel verwundet in die Hände der Panduren. Trotz dieser schweren Niederlage vermochte Friedrich doch noch Neiße, das die Österreicher belagert hatten, zu entsetzen und auch Sachsen zu behaupten, wo inzwischen an Stelle des Prinzen Heinrich der General Finck mit seinem kleinen Korps sich gegen Daun gehalten und Schmettau Dresden standhaft verteidigt hatte. Auch Schweden und Russen waren von den Generalen Wedel und Dohna in Schach gehalten worden, Kolberg hatte sich tapfer behauptet, und die Russen hatten ihre Winterquartiere hinter der Weichsel bezogen.

Auf dem westdeutschen Kriegsschauplatz waren die Franzosen am 23. Juni von Prinz Ferdinand bei Krefeld geschlagen worden; aber es war dann doch nicht zu verhindern gewesen, daß die beiden französischen Heere sich im Rheinlande bei Düsseldorf und Frankfurt a. M. hielten. Schlechter noch als auf dem Kontinent war es den Franzosen auf den Meeren und in den Kolonien ergangen, und der leitende Minister, Kardinal Bernis, dachte schon an einen Friedensschluß. Er suchte Preußen von England zu trennen, während von Österreich bald darauf der Versuch gemacht wurde, England zur Preisgabe Preußens zu überreden. Aber die beiden Verbündeten hielten damals noch fest zusammen, und, nachdem Bernis am 9. Oktober 1758 in Ungnaden entlassen war, wurde unter der Leitung seines Nachfolgers, des Herzogs von Choiseul, eines geborenen Lothringers, das Einvernehmen der Höfe von Versailles und Wien durch einen neuen, im März 1759 zum Abschluß gelangten Vertrag in der Weise geregelt, daß Frankreich bei dem künftigen Friedensschluß jetzt nur noch seine guten Dienste zur Wiederherstellung der österreichischen Herrschaft in Schlesien versprach und von der Subsidienzahlung mit Ausnahme der Gelder für Schweden und Sachsen entbunden wurde, wogegen allerdings auch die Aussicht auf die österreichischen Niederlande geopfert werden mußte. Die Franzosen wollten zwar im nächsten Feldzuge 1759 noch einmal mit 100 000 Mann in Westdeutschland auftreten; aber man verhehlte sich in Wien nicht, daß von ihrer Kriegführung nicht mehr viel zu erwarten sein werde. Um so wertvoller war für Österreich der fortdauernde Kriegseifer Rußlands, auf das es jetzt seine Hoffnung vornehmlich setzte.

Der neue Papst Klemens XIII. hatte nach der Schlacht von Hochkirch den katholischen Höfen seine Glückwünsche ausgesprochen, und Friedrich hatte im März 1759 noch Humor genug, um aus Anlaß einer Zeitungsmeldung, daß dem Feldmarschall Daun ein vom Papst geweihter Degen und Hut zugedacht sei, ein päpstliches Verleihungsbreve zu entwerfen, das er vom Marquis d'Argens ins Lateinische übersetzen ließ; trotz der stark satirischen Färbung ließen sich arglose Gemüter wirklich dadurch täuschen, so daß der Wiener Hof sich veranlaßt fand, die Legende förmlich abzuleugnen.

Mit dem Feldzuge von 1759 beginnt ein neuer Abschnitt des siebenjährigen Krieges, der durch die grundsätzliche Beschränkung Friedrichs auf die strategische Defensive charakterisiert ist. Während die Österreicher durch die wirksame Unterstützung der Russen über immer größere Truppenmassen geboten, begannen die Hilfsquellen des Königs von Preußen zu versiegen, und trotz der Miliz-Aufgebote in den einzelnen Provinzen hatte er nicht mehr Truppen genug, um die Offensive an sich zu reißen. Auch die Schlagfertigkeit und Zuverlässigkeit hatten abgenommen, namentlich bei der Infanterie. Die besten Generale hatte der König verloren; er selbst war in seinem Wesen sehr verwandelt. Der Tod seiner Mutter, zehn Tage nach Kolin, der Tod seiner Lieblingsschwester, der Markgräfin von Bayreuth, hatten ihn schwer getroffen; seine Gesundheit ließ zu wünschen übrig; er wurde ungesellig und melancholisch. Das ganze Frühjahr hindurch kam es zu keiner Entscheidung gegenüber den Österreichern unter Daun, der sich ebenso zurückhielt wie der König selbst. Erst das Vorrücken der Russen zwang zu größeren Unternehmungen. Der vom König mit diktatorischer Gewalt bekleidete General Wedel wurde am 23. Juli von ihnen bei Kay (in der Nähe von Züllichau) geschlagen und verlor 7000 Mann. Nun wandte sich Friedrich selbst gegen die Russen. Er konnte die Vereinigung Laudons mit ihnen nicht mehr verhindern; und da sie selbst nicht über die Oder vorrückten, so überschritt der König den Fluß bei Ötscher oberhalb Frankfurts und griff sie am 12. August bei Kunersdorf an. Er hatte nur 53 000 Mann, während Russen und Österreicher 70 000 zählten. Es gelang ihm, mit seinem verstärkten rechten Flügel den linken des Gegners zu werfen und bis zum Zentrum hin aufzurollen; dann aber hinderte das schwierige Terrain, wo der Gegner im Kuhgrund und auf dem großen Spitzberg starke Deckung hatte, das weitere Vorrücken der Preußen. Der Angriff stockte. Da setzte der König mit rücksichtsloser Kühnheit auch den linken Flügel ein, der eigentlich zur Deckung des Rückzugs bei einem Mißerfolg bestimmt war, um doch noch die Entscheidung zu erzwingen. Aber auch dieser Angriff scheiterte an dem schwierigen Gelände und der festen Stellung des Gegners. Seydlitz mußte verwundet vom Schlachtfeld getragen werden. Laudon mit der österreichischen Kavallerie brachte die preußischen Bataillone zur Auflösung. Der König selbst war mitten im Gedränge; zwei Pferde wurden ihm unter dem Leib erschossen. Noch zuletzt ergriff er eine Fahne von Prinz Heinrichs Regiment, und mit den Worten: „Wer ein braver Soldat ist, der folge mir", führte er das Bataillon zum Angriff vor. Aber der Rückzug war nicht mehr aufzuhalten. Mit zwei Bataillonen suchte er noch einmal eine Feuerlinie zu bilden, um den Rückzug zu decken. „Kann mich denn keine verwünschte Kugel treffen!" hörte man ihn sagen. In diesem Moment wäre er fast von russischen Kosaken überwältigt worden, wenn nicht der Rittmeister von Prittwitz mit einem Kommando Leibhusaren den königlichen Kriegsherrn herausgehauen hätte.

Die Reste des geschlagenen Heeres waren bis an die Oderbrücke bei Ötscher zurückgeflutet. Gegenüber, bei Reitwein, fand der König Unterkunft.

An den Minister von Finckenstein sandte er eine kurze Mitteilung von dem, was geschehen war und riet, daß man in Berlin an die eigene Sicherheit denken möge. „Ich habe keine Hilfsmittel mehr“, schließt diese Mitteilung, „und, um nicht zu lügen, ich glaube, alles ist verloren. Ich werde den Untergang meines Vaterlandes nicht überleben. Adieu für immer.“ Es kann kein Zweifel sein, daß der König in diesem Moment die Absicht gehabt hat, seinem Leben ein Ende zu machen; er hatte dieses Äußerste längst bedacht und trug beständig Gift bei sich. Am Tage nach der Schlacht hat er eine Vollmacht für den General Finck ausgestellt, dem zunächst der Oberbefehl über das geschlagene Heer übertragen wurde; darin wird zugleich gesagt, daß Prinz Heinrich zum Generalissimus ernannt sei und daß das Heer dem Thronfolger schwören solle. Der König sagt, ihm selbst sei eine schwere Krankheit zugestoßen. „Hätte ich noch Ressourcen, so wäre ich dabei geblieben.“ Aber aus dieser Verzweiflung und Hoffnungslosigkeit hat sich die kräftige Natur Friedrichs doch noch einmal emporgerafft. Er fand den Entschluß, zu leben und weiterzukämpfen. Nach wenigen Tagen führte er den Oberbefehl schon wieder selbst.

Inzwischen hatten die Adjutanten des Königs in der Nacht vom 12. zum 13. die Truppen wieder gesammelt; man konnte in leidlicher Ordnung über die Oder zurückgehen, ohne durch den Feind beunruhigt zu werden. Der König hatte 25 000 Mann eingebüßt und hat damals wohl geäußert, er fürchte seine eigenen Truppen mehr als den Feind; nur von den Offizieren war er überzeugt, daß er sich unbedingt auf sie verlassen könne. Er glaubte, daß jetzt die Feinde auf Berlin marschieren würden und war entschlossen, sich ihnen entgegenzustellen. Aber wie durch ein Wunder unterblieb der gefürchtete Angriff. Ssaltykow hatte bereits 19 000 Mann verloren und wollte sich nicht für die Österreicher opfern; Daun hatte Schlesien im Auge. Die beiden Gegner Friedrichs trennten sich. Inzwischen ging Dresden verloren, das Schmettau infolge einer verzweifelten Weisung des Königs vom 14. August am 4. September den Österreichern übergab, kurz vor dem Eintreffen eines in Eilmärschen heranrückenden Ersatzkorps. Dieser Verlust war ein harter Schlag für Friedrich; und die Wiedergewinnung Dresdens, ohne die seine Stellung in Sachsen nicht zu halten war, wurde das Hauptziel für den Rest des Feldzugs. Aber es ist dem König nicht gelungen, Dresden wiederzubekommen; die Kapitulation des Generals Finck bei Maxen mit 15 000 Mann (21. November) vereitelte den Plan vollends. In diesem Winter standen Preußen und Österreicher sich in unruhigen Kantonnements-Quartieren in Sachsen gegenüber, die Preußen in Freiberg, die Österreicher am Plauenschen Grunde bei Dresden.

Auf dem westlichen Kriegsschauplatz hatte sich Prinz Ferdinand geschickt und glücklich gegen die erneuerten Angriffe der Franzosen gewehrt; er hatte sie am 1. August bei Minden geschlagen und behauptete am Schluß des Feldzuges wieder Hannover, Hessen und den größten Teil von Westfalen. Noch viel schlimmer war es den Franzosen im Seekriege und in den Kolonien ergangen: sie hatten Canada an die Engländer verloren, die sich auch in Ostindien mehr und mehr festsetzten. In diesem Jahre 1759 hat sich namentlich das Übergewicht Englands über Frankreich als See- und Kolonialmacht entschieden. Trotz der glänzenden Erfolge begann man jedoch in England des Krieges überdrüssig zu werden; eine Partei im Ministerium, die Pitt zu stürzen suchte, dachte schon damals an einen Separatfrieden mit Frankreich. Aber Pitt hielt treu zu Friedrich; und Friedrich entschloß sich in Anbetracht der Lage, die Anregung dazu zu geben, daß ein gemeinsamer Vorschlag zu Friedensunterhandlungen von England und Preußen aus an die drei verbündeten gegnerischen Mächte gerichtet wurde (25. November 1759). Die Franzosen wären nicht abgeneigt gewesen, darauf einzugehen; aber die Österreicher, ermutigt durch den Erfolg von Maxen und unterstützt durch die Russen, setzten durch, daß der Vorschlag ausweichend beantwortet und damit vorläufig abgewiesen wurde. Um sich den guten Willen der Russen zu erhalten, auf den damals außerordentlich viel ankam, mußte sich Maria Theresia entschließen, ihnen in einem förmlichen Vertrage vom 1. April 1760 Ostpreußen, das sie seit 1758 tatsächlich in der Hand hatten, für den Friedensschluß zuzusichern unter der Voraussetzung, daß Österreich Schlesien wiedergewönne.

Der Feldzug von 1760 stand wieder durchaus im Zeichen der strategischen Defensive. Der König behielt zunächst seine Stellung in Sachsen bei; aber die Niederlage des Generals Fouqué bei Landeshut zwang ihn, nach Schlesien abzumarschieren. Fouqué hatte die wichtige Stellung von Landeshut, die die Verbindung zwischen Sachsen und Schlesien sichern konnte, nicht zu behaupten vermocht, obwohl er sie mit heldenmütiger Entschlossenheit und beispielloser Zähigkeit verteidigte. Fast sein ganzes Korps, 10 000 Mann, war von der vierfachen Übermacht der Österreicher unter Laudon aufgerieben worden; er selbst war, schwer verwundet, in die Hände der Feinde gefallen. Die Truppen hatten sich über Erwarten brav gehalten. Friedrich verglich sie mit den Spartanern bei den Thermopylen; Fouqué war ihm der preußische Leonidas. Nach einem vergeblichen Versuch, Dresden zu erobern, marschierte Friedrich nun nach Schlesien; die Österreicher unter Daun und Lascy folgten ihm und vereinigten sich mit dem schlesischen Heer unter Laudon. Sie waren damit 90 000 Mann stark gegen die 30 000 Preußen und suchten nun im Gefühl dieser Übermacht eine Schlachtentscheidung herbeizuführen. Am 15. August wollten die Österreicher bei Liegnitz mit ihren drei verschiedenen Heeren einen konzentrischen Angriff auf die Preußen unternehmen; aber Friedrich wich dem Stoße aus, und mehr zufällig kam es zu einer improvisierten Schlacht bei den Pfaffendorfer Höhen gegen das Heer Laudons, der vollständig geschlagen wurde und 10 000 Mann von seinen 30 000 verlor. Der König selbst war wieder mitten im Feuer gewesen, sein Rock war von einer Kugel durchlöchert, auch seine Pferde waren verletzt worden.

Jetzt wagte Daun nicht von neuem anzugreifen; auch die Russen unterbrachen ihren Vormarsch; Friedrich konnte Breslau erreichen und zog jetzt das gegen die Russen bestimmte Heer an sich, weil er glaubte, daß die Russen in diesem Feldzuge nichts mehr unternehmen würden. Indessen darin hatte er sich getäuscht. Der Plan eines gemeinsamen Angriffs der Russen und Österreicher auf Berlin, der nach der Schlacht bei Kunersdorf bald wieder aufgegeben worden war, kam jetzt wirklich zur Ausführung: 23 000 Russen und 18 000 Österreicher marschierten auf die preußische Hauptstadt. Am 3. Oktober erschienen die ersten russischen Truppen unter General Totleben vor dem Kottbuser Tor. Drei Garnisonbataillone und dann andere zu Hilfe kommende Truppenteile suchten die Stadt zu verteidigen, die ja seit Friedrich Wilhelm I. keine Festung mehr war; aber beim Herannahen der ganzen feindlichen Streitmacht von 40 000 Mann mußte dieser Versuch aufgegeben werden; die Stadt wurde den Russen übergeben, und die Bürgerschaft mußte die Zahlung einer Kriegskontribution von 2 Millionen Talern übernehmen. In den Schlössern von Schönhausen und Charlottenburg hausten die Feinde auf eine barbarische Weise und zerstörten nicht bloß das Mobiliar, sondern auch die unersetzlichen Kunstwerke der Polignacschen Antikensammlung. Diese Invasion währte aber nur wenige Tage. Sobald König Friedrich heranrückte, um seine Hauptstadt zu befreien, zogen die Österreicher und Russen ab, am 11., 12. und 13. Oktober.

Friedrich ging jetzt nach Sachsen und rückte die Elbe hinauf gegen Torgau, wo Daun eine starke Stellung genommen hatte, deren Hauptstütze die Süptitzer Höhen waren. Hier beschloß Friedrich am 3. November, einem stürmischen Schnee- und Regentage, den Gegner anzugreifen, und zwar in Front und Rücken zugleich: Zieten sollte von Süden her kommen, der König selbst von Norden, wozu er die Stellung des Feindes umgehen mußte. Daun merkte die Absicht und sah sich vor, aber ausgeführt wurde der Plan trotzdem. Zieten kam allerdings erst spät zum Eingreifen, als es schon dunkel geworden war und der König bereits im Begriff stand, die Schlacht abzubrechen. Der Kanonendonner vom Süden her gab das Signal zu einem neuen Angriff; gegen Abend trafen die siegreichen preußischen Truppen von beiden Seiten her auf dem Schlachtfelde zusammen. Es war so dunkel, daß sie sich zuerst nicht erkannten und auf einander feuerten; als aber die Tambours den preußischen Sturmmarsch schlugen, erkannte man sich als Freunde. Der Sieg war errungen. Er hatte große Opfer gekostet, fast 17 000 Mann; der Verlust der Österreicher war nicht viel geringer. Der König selbst war von einer Kartätschenkugel vor die Brust getroffen worden, so daß er betäubt zusammengesunken war, aber der Pelz und das Seidenfutter des Rockes hatten die Wirkung der schon matten Kugel abgeschwächt; er hatte sich gleich wieder erholt und konnte den Oberbefehl weiterführen. Über Nacht fand er Unterkunft in der Dorfkirche von Elsnig, wo er sich auf der untersten Altarstufe eine Streu zum Lager herrichten und ein wärmendes Feuer anzünden ließ.

Einen großen strategischen Erfolg bedeutete der Sieg nicht. Er hatte Preußen vor großem Unglück bewahrt, aber es gelang nicht einmal, Dresden wiederzugewinnen, das die Österreicher in unangreifbarer Stellung hinter dem Plauenschen Grund decken konnten; immerhin waren jetzt die Winterquartiere in Sachsen für die preußische Armee sichergestellt.

In Schlesien wurde noch vor Eintritt des Winters die von den Österreichern belagerte Festung Kosel entsetzt; in Pommern gelang es den Russen auch dies Jahr nicht mit der Belagerung von Kolberg, die durch den General Werner mit 7 Husarenschwadronen und 3 Bataillonen erfolgreich gestört und durch russische und schwedische Kriegsschiffe nicht wirksam unterstützt wurde. Nach Aufhebung der Belagerung bezogen die Russen wie gewöhnlich Winterquartiere hinter der Weichsel. Die Schweden waren von dem General Werner und von dem Husarenoberst Belling in Schach gehalten worden und hatten sich schon im Oktober auf Stralsund zurückgezogen.

Auf dem westlichen Kriegsschauplatz war es in diesem Jahre zu keiner großen Entscheidung gekommen, so sehr der König auch den Prinzen Ferdinand dazu gedrängt hatte. Aber die Eroberung Canadas durch die Engländer war in diesem Jahre vollendet worden, und in Ostindien hatten die Franzosen mit

Pondichery ihren letzten festen Platz verloren. Ihre Flotte war so gut wie vernichtet, ihre finanzielle Kraft erschöpft. Frankreich wünschte den Frieden, und auch Österreich und Rußland ließen sich jetzt dazu herbei, im März 1761, auf die früher von England und Preußen angeregten Friedensunterhandlungen einzugehen und einen Kongreß zu Augsburg vorzuschlagen, womit auch England und Preußen einverstanden waren. Es kam aber nicht zur Eröffnung dieses Kongresses, weil der König von Preußen auf das entschiedenste erklärt hatte, daß er in keinerlei Abtretung willigen werde. Den Engländern war das sehr unangenehm; sie hätten es gern gesehen, wenn Friedrich bereit gewesen wäre, die Zeche zu bezahlen. Seit dem Tode des Königs Georg II. (25. Oktober 1760) war die Stellung Pitts immer unsicherer geworden; der König von Preußen verlor immer mehr die Gunst der öffentlichen Meinung in England; der Wind begann umzusetzen.

Der Feldzug von 1761 begann wieder wie die früheren auf allen Kriegsschauplätzen. Nur mit Mühe war Friedrich imstande gewesen, sein Heer auf etwa 100 000 Mann zu bringen. Darunter waren aber viele Freibataillone, die aus sehr zweifelhaften Leuten bestanden; auch bei den regulären Regimentern machten die Ausländer mehr als zwei Drittel aus. An Offizieren begann es zu mangeln; der König sah sich gezwungen, Studenten und andere Bürgerliche als Offiziere einzustellen; aus dem Kadettenhaus traten die Junker mit vierzehn Jahren, wie z. B. Archenholtz, der Darsteller des siebenjährigen Krieges, in die Front ein. Der König übertrug den Oberbefehl in Sachsen dem Prinzen Heinrich und marschierte nach Schlesien, wo er zuerst die Vereinigung der Österreicher und Russen zu verhindern suchte. Als trotzdem die Gegner bei Liegnitz am 19. August sich die Hand gereicht hatten, bezog Friedrich mit seinen 55 000 Mann angesichts des mehr als doppelt so starken Gegners das befestigte Lager von Bunzelwitz, wo er in Verbindung mit Schweidnitz blieb, das für den Schlüssel von Niederschlesien gelten konnte. Hier hielt er sich im August und September, beständig eines Angriffs der Feinde gewärtig. Tags blieben die Truppen in den Zelten, mit Einbruch der Dunkelheit traten sie unter Gewehr, um einem etwaigen Anfall zu begegnen; der König selbst pflegte die Nacht in einer Schanze unter freiem Himmel auf einem Strohbündel zuzubringen. Aber ein Angriff erfolgte nicht; die Hauptmasse der Russen zog am 9. September ab, um Kolberg zu belagern; der König verließ das Lager von Bunzelwitz, weil die Vorräte in Schweidnitz aufgezehrt waren, und suchte Verbindung mit Neiße zu gewinnen. Darüber aber ging Schweidnitz verloren: am 1. Oktober wurde es von Laudon mit Sturm genommen. Das war ein schwerer Verlust für Friedrich; er hat nicht vermocht, diesen Schlüssel von Niederschlesien in demselben Feldzuge wieder in seine Hand zu bekommen. Auch Kolberg konnte sich jetzt nicht mehr halten, weil es an Lebensmitteln und Munition fehlte; am 16. Dezember ergab sich die Festung den Russen. Zum ersten Male konnten die Österreicher ihre Winterquartiere in Schlesien nehmen und die Russen die ihrigen in Pommern. Der preußische Besitzstand war gegenüber dem Vorjahre bedeutend eingeschränkt.

Auf dem westlichen Kriegsschauplatz war es inzwischen dem Prinzen Ferdinand gelungen, die Franzosen am 15. und 16. Juli bei Vellinghausen zu schlagen und sich in Hannover und Westfalen zu behaupten, während die

Franzosen ihre Winterquartiere in Hessen und am Rhein nahmen. Der See- und Kolonialkrieg blieb dauernd ungünstig für die Franzosen; aber der bourbonische Familientraktat mit Spanien (15. August 1761) machte ihnen wieder Mut, weil sie dadurch die Bundesgenossenschaft Spaniens gegen England zu gewinnen hofften. Die Kapereien der Engländer gaben den Spaniern Anlaß zu Beschwerden in London; Pitt suchte es damals durchzusetzen, daß der Krieg an Spanien erklärt werde; aber seine Ministerkollegen ließen ihn im Stich, und das veranlaßte ihn, am 5. Oktober 1761 aus dem Ministerium auszuscheiden. Bald darauf erklärten die Spanier den Krieg an England. Mit Pitt aber schied aus dem englischen Ministerium der einzige Mann, auf den sich Friedrich dort noch verlassen konnte.

Friedrich verhehlte sich nicht, daß er nahe daran sei, von den Gegnern eingekreist und ausgehungert zu werden. Die Enge seiner letzten Winterquartiere bewies ihm das nur zu deutlich. Im nächsten Feldzug mußte das Ende kommen, wenn nicht eine plötzliche Wendung eintrat. Friedrich erhoffte sie von den Türken und Tataren. Schon seit einigen Jahren stand er in Unterhandlungen mit dem neuen Sultan Mustapha III., den er in einen Krieg gegen Österreich und Rußland zu treiben versuchte. Jetzt meldete ihm nun sein Agent Rexin aus Konstantinopel, daß dieser Krieg nahe bevorstehe: 120 000 Türken sollten im nächsten Frühjahr in Ungarn einbrechen, 80 000 gegen die Russen marschieren. Zugleich sagte ein Abgesandter des Tatarenkhans aus der Krim, der in Breslau erschien, 30 000 Mann gegen die Russen und 6000 für Oberschlesien zu. Das war die Hoffnung, an die der König sich in seiner verzweifelten Lage klammerte. Das Gegenbild war der düstere Entschluß, alle Streitkräfte zu einem letzten Verzweiflungskampf zusammenzuraffen, selbst aber den Sturz des Staates nicht zu überleben. In seinem Winterquartier in Breslau mied der König alle Gesellschaft und lebte nur dem Dienst und seinen Büchern. Die Briefe an den Marquis d'Argens aus dieser Zeit lassen uns einen Blick in seine große Seele tun. Er schreibt ihm einmal, indem er sich über seine Melancholie, sein Kopfweh, seine Schlaflosigkeit beklagt und über die Last der Sorgen, die ihn bedrückt: „Ich rette mich aus alledem, indem ich die Welt im großen und wie von einem entfernten Planeten aus betrachte; dann erscheinen mir alle Gegenstände unendlich klein und ich bemitleide meine Feinde, daß sie sich soviel Mühe um so geringe Dinge machen." Seine Lieblingslektüre in dieser Zeit war Plutarch, das Leben Catos und das des Kaisers Otho. Er wollte sterben wie sie, wenn der Staat nicht mehr zu retten war. Für den 20. Februar 1762 erwartete er die Entscheidung, so schrieb er an d'Argens: kommen die Türken nicht, so wird er es mit Cato halten, kommen sie, so wird Cäsar sein Vorbild sein.

Die Türken sind nicht gekommen; aber ein rettendes Ereignis ist doch noch, und zwar vor Ablauf jener vom König ins Auge gefaßten Frist, eingetreten: am 5. Januar 1762 starb die Kaiserin Elisabeth von Rußland, und nach der von ihr aufgerichteten Erbfolgeordnung wurde ihr Neffe, der Herzog von Holstein-Gottorp, Peter III., ihr Nachfolger auf dem Zarenthron. Durch diesen vollzog sich ein völliger Umschwung in der russischen Politik, der nicht auf Erwägungen der Staatsräson, sondern auf persönlichen Neigungen beruhte. Peter III. war ein enthusiastischer Bewunderer Friedrichs; ihm schmeichelte die Verleihung des

Schwarzen Adlerordens, die Friedrich klug genug war, schon vor dem Friedensschluß vorzunehmen; am 23. Februar 1762 erklärte der Zar, daß er auf alle Eroberungen verzichte und empfahl seinen Verbündeten einen baldigen Friedensschluß. Der Friede mit Rußland selbst wurde am 5. Mai 1762 durch den preußischen Gesandten von der Goltz und den russischen Großkanzler Woronzow unterzeichnet. Bald darauf wurde auch der Friede mit Schweden geschlossen (22. Mai 1762) und zwar auf der Grundlage des Besitzstandes wie vor dem Kriege.

In eben dem Moment, wo der rettende Umschwung in Rußland erfolgte, zerriß das Bündnis, das Friedrich bisher mit England verknüpft hatte. Das englische Ministerium wünschte den Frieden zwischen Preußen und Österreich herzustellen, um dann womöglich Österreich gegen Frankreich ausspielen zu können wie im spanischen Erbfolgekriege. Zu diesem Zweck mutete man dem König von Preußen zu, Schlesien an die Österreicher abzutreten. Friedrich weigerte sich ganz entschieden; seine diplomatischen Vertreter in London, Knyphausen und Michell, die sich hatten einfallen lassen, den Vorschlag des englischen Ministeriums zu unterstützen, erhielten einen fulminanten Rüffel; auf die englischen Subsidien verzichtete der König. Er hatte sich das Geld für den bevorstehenden Feldzug schon anderweitig verschafft. Es ist erstaunlich, wie es Friedrich verstanden hat, immer wieder seine Kassen zu füllen. Der Kriegsschatz war schon nach dem ersten Feldzuge erschöpft; die Einkünfte des Landes gingen infolge feindlicher Besetzung und Brandschatzung gewaltig zurück, fielen teilweise ganz aus; dafür aber mußten die von Preußen besetzten Nachbarlande zahlen, vor allem Sachsen, von dem der König anfänglich nur fünf Millionen jährlich haben wollte, von dem aber 1760 zwölf Millionen, 1761 acht, 1762 sieben gefordert worden sind; auch aus Mecklenburg zog man 1—2 Millionen jährlich. Das hätte aber alles nicht genügt, wenn nicht die berüchtigte Münzverschlechterung hinzugekommen wäre, die zuletzt in ganz großem Maßstabe betrieben wurde und namentlich auch die östlichen Nachbarländer, Polen, Ungarn und Rußland, in Kontribution setzte. Das gute Geld wurde überall aufgespürt, umgeschmolzen und geringwertig wieder ausgeprägt. So war der König schon mit den englischen Subsidiengeldern verfahren, deren Wert dadurch schließlich verdoppelt worden war. Seit 1757 hatte er die Ausprägung unterwertiger Münzen zunächst in den sächsischen, seit 1759 auch in den preußischen Münzstätten an ein Konsortium jüdischer Geldmänner, Veitel Ephraim Söhne und Daniel Itzig, verpachtet, die dafür an Schlagschatz im ganzen 24 Millionen Taler bezahlt haben; sie rühmten sich, daß sie mehr als 50 Millionen Taler Gold aus den östlichen Nachbarländern gezogen hätten; dazu dienten ihnen die jüdischen Hausierer in diesen Ländern, die auch das neue schlechte Geld dort anzubringen wußten. Die geringwertigen Achtgroschenstücke, die als Kurantgeld umliefen, nannte das Volk die Ephraimiten, und man hatte den Spottvers darauf gemacht: „Von außen schön, von innen schlimm, von außen Friederich, von innen Ephraim." Das waren Praktiken, die für Handel und Wandel äußerst verderblich gewesen sind und noch lange nachgewirkt haben, zumal nun auch die kleinen Nachbarländer das Beispiel des Königs von Preußen nachahmten, so daß eine allgemeine Münzverwirrung einriß; aber es handelte sich hier um einen Kampf, bei dem die Existenz des Staates auf dem Spiel stand: da mußten alle andern

Rücksichten schweigen. Seinen Zweck hat Friedrich mit dieser Münzpolitik jedenfalls erreicht: er hatte immer Geld.

In den Feldzug von 1762 ging Friedrich als Bundesgenosse der Russen. Am 19. Juni war ein Bündnis mit ihnen zustande gekommen, auf Grund dessen 20 000 Russen unter Tschernyschew in den Dienst Preußens gestellt wurden. Auch auf die Türken und Tataren hoffte der König noch immer; sie sollten statt gegen Rußland jetzt nur noch gegen Österreich marschieren. Er dachte daran, in diesem Falle seine alten Offensivpläne wieder aufzunehmen. Das Notwendigste war aber zunächst die Wiedereroberung von Schweidnitz. Der König suchte Daun durch eine Schlacht von der Festung abzudrängen. In die Vorbereitungen zu diesem Schlage traf aber die Unglücksnachricht von der Absetzung und Ermordung des Zaren und der Abberufung der russischen Truppen durch seine Nachfolgerin Katharina, die das Bündnis mit Preußen sofort aufgelöst hatte. Am 18. Juli meldete Tschernyschew dem Könige, daß er Befehl habe, abzumarschieren; er wollte aber noch vier Tage mit dem Aufbruch warten, bis die Anstalten für die Marschverpflegung seiner Truppen getroffen wären. Es war für den König von großem Wert, daß die Russen noch so lange blieben, bis er den beabsichtigten Schlag gegen die Österreicher ausgeführt hatte. Sein Plan beruhte darauf, daß die Hauptmacht des Gegners durch die starke Front seiner Aufstellung in Schach gehalten wurde, während ein Teil seines Heeres den Feind umgehen und ihn bei Burkersdorf angreifen sollte. Die Ausführung dieses Planes gelang vollkommen. Daun wurde von Schweidnitz abgedrängt und die Belagerung der Festung konnte beginnen. Ein Entsatzversuch Dauns wurde am 16. August bei Reichenbach zurückgewiesen; aber Schweidnitz verteidigte sich noch lange Zeit und hat sich erst am 9. Oktober ergeben; damit war dann der König wieder Herr von Schlesien; nur die Grafschaft Glatz blieb noch von den Österreichern besetzt. In Sachsen hatte Prinz Heinrich nicht eben glücklich gegen die Österreicher operiert; schließlich gelang es ihm aber noch, am 29. Oktober, bei Freiberg ihnen eine empfindliche Niederlage beizubringen. Es ist die erste und einzige Feldschlacht des Prinzen, der ein ausgesprochener Anhänger des Manöviersystems war, und zugleich die letzte Schlacht des siebenjährigen Krieges. Der König war sehr erfreut über diesen Erfolg und eilte nun selbst nach Sachsen. Er hoffte, daß es noch gelingen werde, Dresden zu nehmen, doch war das jetzt ebensowenig möglich, wie nach der Schlacht bei Torgau, weil die Stellung der Österreicher am Plauenschen Grunde, die die Stadt deckte, zu stark war.

Für den Winter wurde mit den Österreichern eine Waffenruhe vereinbart; inzwischen suchte der König die Reichsstände, die auch während des Winters durch die Streifpartien des „grünen Kleist" beunruhigt wurden, von der Verbindung mit Österreich abzuziehen. Bayern, Pfalz, Köln, Württemberg und andere schlossen damals ein Neutralitätsabkommen mit dem preußischen Gesandten in Regensburg; Mecklenburg hatte schon früher, bald nach den Schweden, seinen Frieden mit Preußen gemacht.

Auf dem westlichen Kriegsschauplatz waren die Franzosen von dem Prinzen Ferdinand durch die Schlachten bei Wilhelmsthal (24. Juni) und Lutternberg (23. Juli) aus Hessen herausgeworfen worden; Kassel hatte sich am 1. November ergeben. Von preußischem Gebiet blieb aber Cleve mit Mörs und Geldern von den Franzosen besetzt.

Auf allen anderen Kriegsschauplätzen waren die Franzosen und ihre Verbündeten, die Spanier, durchaus im Nachteil gewesen; die Hoffnungen, die Frankreich auf Spanien gesetzt hatte, sind jämmerlich zuschanden geworden. Seit dem September waren in London und Paris Friedensunterhandlungen im Gange. Am 3. November wurde der Präliminarfriede zwischen Frankreich und England zu Fontainebleau unterzeichnet. Er bedeutete für Preußen die völlige Preisgebung durch England. Friedrich war aufs äußerste empört darüber. Er hatte ja selbst früher seine Bundesgenossen durch einen Separatfrieden im Stich gelassen; aber keiner der Gründe, mit denen er ein solches Verhalten rechtfertigen zu können glaubte, traf auf die Engländer zu. Ihr Staatsinteresse hätte gerade in diesem Moment, wo sie im Zuge waren, auch die spanischen Kolonien zu erobern, die Fortsetzung des Krieges geboten; die Beweggründe, die den damaligen Leiter der englischen Politik, Lord Bute, zu dem Frieden mit Frankreich veranlaßten, entsprangen aber vielmehr aus den Parteiinteressen der „Freunde des Königs", die schon damals darauf ausgingen, das parlamentarische Regiment zu brechen, und die den Frieden wollten, weil er diesen Plänen zugute kam. Der große Pitt, jetzt Lord Chatham, ist im Oberhause auf das entschiedenste gegen diesen Separatfrieden aufgetreten, den er hinterlistig, gemein und verräterisch nannte; er hat bei dieser Gelegenheit das Wort gesprochen: „Wir haben Canada in Deutschland erobert." Cleve, Mörs und Geldern mußten zwar jetzt von den Franzosen geräumt werden; aber eine Bestimmung zugunsten Preußens, wie sie für die andern deutschen Bundesgenossen Englands vereinbart worden war, fehlte in dem Vertrage, was den König ganz besonders verletzte. Die Franzosen forderten Maria Theresia auf, österreichische Truppen statt der französischen dort einrücken zu lassen, und nur die Erschöpfung Österreichs hat es verhindert, daß diese Absicht ausgeführt wurde.

Österreich stand vor dem finanziellen Zusammenbruch. Trotz der französischen Subsidien, die bis zu 61½ Millionen Livres betragen hatten, war seine Staatsschuld während des Krieges von 49 auf 136 Millionen Gulden gestiegen, und der Kredit versagte völlig. Man wußte nicht mehr, wie man die Truppen den Winter über verpflegen sollte. Unter diesen Umständen machte sich in Österreich ein starkes Friedensbedürfnis geltend; und da die Vermittlung anderer Mächte damals ausgeschlossen schien, so bediente man sich eines sächsischen Diplomaten, um mit dem König von Preußen anzuknüpfen. Der sächsische Geheimrat von Fritsch begab sich am 29. November zum König nach Meißen und regte bei den Verhandlungen, die eine Erleichterung der Lasten für Sachsen betrafen, zugleich die Frage des Friedensschlusses mit Österreich an, auf die der König bereitwillig einging. Ein Vermittlungsversuch der Kaiserin Katharina, die den Vorschlag machte, daß Sachsen noch vor Eröffnung der Friedensverhandlungen von Preußen und Österreichern geräumt werden solle, wurde von Friedrich höflich, aber bestimmt zurückgewiesen. Er war bereit, Sachsen zurückzugeben, aber er verweigerte auf das entschiedenste jede Entschädigung. Dabei ist es auch geblieben.

Die Unterhandlungen mit Österreich selbst wurden bald darauf eröffnet. Sie sollten erst in Leipzig geführt werden, wo der König sein Hauptquartier hatte; aber der österreichische Hofrat von Collenbach, der den Schein vermeiden wollte, als ob der König von Preußen den Frieden diktiere, zog das Lustschloß Hubertusburg vor, womit sich der König auch einverstanden erklärte. Er sandte zu den Verhandlungen, die am 30. Dezember begannen, den Geheimen Legationsrat von Hertzberg. Die Österreicher begehrten Glatz und boten dafür erst eine Geldentschädigung, dann eine Grenzberichtigung in Oberschlesien. Aber von preußischer Seite wurde das alles rundweg abgelehnt und einfach die Herstellung des Zustandes vor dem Kriege verlangt. Schließlich fügten sich die Österreicher. Die handelspolitischen Bestimmungen des Dresdener Friedens, die auf Fortsetzung der alten Handelsbeziehungen zwischen Schlesien und Österreich gingen, wurden nicht wiederholt: die Handelssperre zwischen Preußen und Österreich wurde dauernd. Das Ansinnen Österreichs, daß die Lande Ansbach und Bayreuth künftig nicht mit dem preußischen Staat vereinigt, sondern wieder als Sekundogenitur ausgetan werden sollten, wurde von Preußen zurückgewiesen. Dem Erzherzog Joseph wurde die brandenburgische Kurstimme für die Kaiserwahl zugesichert.

Auf diese Bedingungen ist am 15. Februar der Friede von Hubertusburg geschlossen worden. Zu Hertzberg sagte der König: „Es ist doch ein gutes Ding um den Frieden, den wir abgeschlossen haben, aber man muß es sich nicht merken lassen.“ Und an den Prinzen Heinrich schrieb er: „Hätte der Staat eine Provinz annektieren können, so wäre das gewiß sehr gut gewesen; aber da das nicht von mir, sondern vom Glück abgehangen hat, so stört der Gedanke daran meine Ruhe keineswegs.“

Hat also Friedrich keine greifbaren Vorteile an Land und Leuten bei diesem Friedensschluß erlangt, so war doch von unberechenbarer Bedeutung der moralische Eindruck, den sein heldenmütiger Kampf in ganz Europa gemacht hatte. Er hat für seinen Staat damals unwiderruflich die Stellung einer Großmacht begründet; Preußen galt seitdem als die erste Militärmacht der Welt. Der Name der Preußen hatte einen stolzen Klang gewonnen, und die verschiedenen Landschaften begannen sich als ein staatliches Ganzes zu fühlen. Teils mit Anerkennung, teils mit Abneigung sprach man im Reiche von dem, was Goethe „Wert, Würde und Starrsinn der Preußen“ nannte. Der König aber kehrte, weit über seine 52 Jahre hinaus gealtert, in seine verwüsteten Staaten zurück, Berge von Arbeit vor sich sehend, um die schweren wirtschaftlichen Folgen dieses furchtbaren Krieges wieder gut zu machen.

Retablissement und Wirtschaftspolitik seit 1763.

Die allererste Sorge nach dem Friedensschluß galt der Wiederherstellung der Armeeausrüstung, die natürlich im Kriege stark gelitten hatte, und der Auffüllung des Staatsschatzes; der größte Teil der 29 Millionen, die sich noch in den Feldkriegskassen des Königs befanden, wurde dazu verwendet. Dann kam die große Arbeit des „Retablissements“, wie man es nannte: die Heilung der Kriegsschäden und die Wiederherstellung der Landeswohlfahrt; damit verbanden sich sogleich große Meliorationspläne und weit ausgreifende Projekte der Wirtschaftsreform. Der König bereiste selbst die Provinzen und leitete in persönlicher Besprechung mit den Kammerpräsidenten und Landräten die notwendigen Maßnahmen ein: Brot- und Saatkorn wurden verteilt, wo sie mangelten, der stark verminderte Viehbestand wurde mit staatlicher Unterstützung ergänzt; 25 000 Wispel Getreide, 17 000 Wispel Hafer, 35 000 Pferde wurden sofort in den

Provinzen unentgeltlich verteilt, die zerstörten Häuser wurden mit staatlicher Unterstützung wieder aufgebaut. Sechs Millionen Taler sind im Laufe des ersten Jahres auf solche Unterstützungen verwendet worden. Es erfüllte den König mit hoher Befriedigung, daß bei dieser rechtzeitig und energisch eingreifenden Fürsorge die Provinzen sich sehr schnell wieder erholten und die Nachwehen des Krieges bald überwunden waren. Bei alledem hatte er noch Geld genug, um sofort nach dem Friedensschluß den Bau eines großen Schlosses bei Potsdam in Angriff zu nehmen: es ist das sogenannte Neue Palais, das 2½ Millionen Taler kostete und dessen Bau und Ausstattung Arbeitsgelegenheit für Hunderte von müßigen Händen und lohnenden Absatz für die Manufakturen der Hauptstadt schaffte. Die Münzverwirrung, die während des Krieges eingetreten war, wurde schnell beseitigt, indem das schlechte Geld nach festen Umrechnungssätzen eingezogen und seit 1764 nur noch gutes Geld nach dem alten Fuß von 1750 geduldet wurde. Natürlich hatten die Geldbesitzer unter solchen Maßregeln zu leiden; und mit dieser Schädigung des Geschäftslebens verband sich eine große und allgemeine Geld- und Handelskrisis, die bald nach dem Friedensschluß von Amsterdam und Hamburg ausging und auch Berlin stark in Mitleidenschaft zog. Unter anderen ist ihr auch der Berliner Kaufmann Gotzkowsky zum Opfer gefallen, Besitzer einer Porzellan- und einer Seidenstoffabrik, ein unternehmender und patriotischer Mann, der bei der russisch-österreichischen Invasion von 1761 die der Stadt Berlin auferlegte Kontribution zum großen Teil aus seinen Mitteln und unter Ausnutzung seines Kredits im Auslande vorgeschossen hatte. Der König hat versucht, ihn zu retten. Er kaufte ihm die Porzellanfabrik für einen guten Preis ab: es ist die heute noch bestehende königliche Manufaktur, deren Erzeugnisse sich bald neben denen der sächsischen Fabrik in Meißen einen Weltruf verschafft haben. Auch sonst wurde Gotzkowsky mehrfach unterstützt; aber seine Verhältnisse waren durch die verwickelten Geldgeschäfte, die er gemacht hatte, so zerrüttet, daß ihm nicht mehr zu helfen war. Er brach bald darauf noch einmal zusammen und kam nicht wieder in die Höhe; er ist in Dürftigkeit gestorben.

Eben in dieser kritischen Zeit nach dem Kriege ging der König mit großen Plänen um, die hinausliefen auf eine großartige Konzentration der Kapitalien und des Geldverkehrs, auf eine einheitliche und planmäßige Einrichtung von Handel und Fabrikation unter Leitung und Aufsicht des Staates. Es sind Pläne, die an die Idee einer staatssozialistischen Organisation des gesamten Wirtschaftslebens streifen; sie sind nur zum kleinsten Teil verwirklicht worden, und die Überlieferung davon ist unsicher und lückenhaft. Der König war dabei hauptsächlich beraten von einem Italiener, Calzabigi aus Livorno, der von den Behörden wie von den Kaufleuten mit Abneigung und Mißtrauen betrachtet wurde. Im Mittelpunkt dieser Pläne stand die Begründung einer Bank nach dem Muster der englischen, an die aller Geldverkehr gebunden sein sollte; sie sollte einerseits mit der Münze, andererseits mit einer Anzahl großer monopolistischer Handelskompanien in Zusammenhang gebracht werden, so daß das gesamte geschäftliche Leben von hier aus übersehen und geleitet werden konnte; insonderheit auch die industrielle Produktion sollte auf Grund einer Bedarfsstatistik planmäßig geregelt und auf die einzelnen Fabrikunternehmungen verteilt werden. Die ganze Volkswirtschaft sollte gewissermaßen wie ein

Riesentrust organisiert werden. Zur Verwirklichung dieses Planes ist es nicht gekommen; nur einzelne Teilstücke davon traten ins Leben: vor allem die Bank selbst, aber ohne den anfangs beabsichtigten Zwang in der Vermittlung des Geldverkehrs und ohne den geplanten Zusammenhang mit den übrigen wirtschaftlichen Unternehmungen; ferner eine Seeassekuranzgesellschaft, eine Brennholz- und eine Nutzholzgesellschaft mit ausschließlicher Berechtigung zur Versorgung der Residenzstädte mit Brennholz und zur Ausfuhr von Schiffs- und anderem Bauholz aus den staatlichen und städtischen Forsten der Kurmark und des Herzogtums Magdeburg, beide seit 1766 verstaatlicht; weiterhin eine Levantische Kompanie, ein russisches Kontor für den Einfuhrhandel aus Rußland, später auch (1769) eine Heringskompanie in Emden, die der durch den Krieg ruinierten Ostindischen Kompanie mit besserem Glück zur Seite trat.

Gegen alle diese neuen Gründungen verhielt sich die Geschäftswelt zunächst durchaus ablehnend, und auch das Generaldirektorium wollte in einem Bericht vom 1. Oktober 1766 gerade diese neuen Einrichtungen des Königs verantwortlich machen für die große Handelskrisis, von deren Wesen und Ursachen man damals noch keine zutreffenden Vorstellungen hatte. Der König war empört, weil er glaubte, daß die Beamten mit den Kaufleuten gleichsam in einer stillen Verschwörung gegen ihn sich befänden. Zu der Kabinettsorder vom 2. Oktober 1766, die dem Generaldirektorium eine sehr ungnädige Antwort auf seinen Bericht erteilte, fügte er in einer eigenhändigen Nachschrift noch die entrüsteten Worte hinzu: „Ich erstaune über der impertinenten Relation, so sie mir schicken. Ich entschuldige die Ministres mit ihre Ignoranz, aber die Malice und Corruption des Concipienten muß exemplarisch bestraft werden, sonsten bringe ich die Canaillen niemals in der Subordination." Der unglückliche Konzipient, der Geheime Finanzrat Ursinus, ein tüchtiger Beamter, den der König sonst schätzte, wurde kassiert und nach Spandau auf die Festung gebracht. Von einer eigentlichen Bestechung, wie sie der König argwöhnte, fand sich nichts; aber einige kleine Unregelmäßigkeiten im Dienst gaben Veranlassung dazu, daß er zu einjähriger Festungshaft verurteilt wurde.

Die Abneigung der Kaufleute gegen die neuen Einrichtungen wurde allmählich überwunden, wenn auch ein starker Zwiespalt zwischen der Wirtschaftspolitik des Königs und der hergebrachten Art des Handelsbetriebes bestehen blieb. Friedrich hat oft geklagt, daß die Kaufleute in seinen Landen eigentlich nur Kommissionäre des Auslandes seien, daß sie sich begnügten, für eine bescheidene Provision die Geschäfte der Holländer, Hamburger, Sachsen und Franzosen zu besorgen, die den preußischen Markt mit ihren Fabrikaten versahen. Er wollte dagegen einen aktiven Eigenhandel großen Stils ins Leben rufen, der auf der heimischen Gewerbtätigkeit beruhen und ein dienendes Glied der preußischen Volks- und Staatswirtschaft sein sollte. Dagegen wehrten sich die Kaufleute, weil ihnen das Risiko zu groß und das Ganze überhaupt zu neu war und auch weil es ihnen an Kapital und Unternehmungsgeist fehlte. Gerade diesen Mängeln aber wollte der König durch seine Monopoleinrichtungen abhelfen. Die Zersplitterung des Kapitals, die Hemmung durch gegenseitige Konkurrenz sollte zunächst vermieden werden; einige große privilegierte Gesellschaften sollten erst gleichsam das Eis brechen; ihr Erfolg sollte dann anderen Lust machen, es ihnen gleichzutun. Die Monopole waren nicht als dauernde

Einrichtungen gemeint, sondern nur als Anregungsmittel für den Unternehmungsgeist, als Hilfe für die ersten Gehversuche großer geschäftlicher Unternehmungen. Die Hauptabsicht dabei war nicht eine fiskalische, sondern eine volkswirtschaftliche.

In den Zusammenhang dieser umfassenden Neuordnung des Wirtschaftslebens muß man auch die große Reform in der Akziseverwaltung stellen, die man mit dem Ausdruck der Regie zu bezeichnen pflegt. Hierbei kam es allerdings auf eine Erhöhung der Einnahmen an; aber es ist nicht richtig, daß der König eine Mehreinnahme von zwei Millionen Talern verlangt, und als die Minister das als unmöglich bezeichneten, sich an die Franzosen gewandt habe. Der König war seit langem mit den Erträgen der Akzise unzufrieden; er glaubte, daß große Hinterziehungen und Unterschleife stattfänden und plante eine schärfere Überwachung, wie sie in Frankreich üblich war. Er glaubte, daß auf diese Weise höhere Erträge zu erzielen sein würden, ohne daß der Druck verstärkt würde; namentlich die ärmeren Klassen glaubte er wohl sogar noch erleichtern zu können. Zu seinen damaligen Ministern hatte er kein besonderes Zutrauen; sie waren fast sämtlich neu und unerfahren. Er hat eine Zeitlang an eine Verpachtung der Akzise gedacht, wie sie in Frankreich bestand. Von dem Philosophen Helvetius, der selbst Finanzpächter gewesen war, hat er sich französische Fachleute dazu empfehlen lassen; doch scheiterte der Plan, weil sie die geforderte Kaution nicht aufbringen konnten. Es blieb bei der staatlichen Verwaltung, aber sie wurde ganz anders eingerichtet als früher. Die Verwaltung der Akzisen und Zölle wurde von der allgemeinen Staatsverwaltung getrennt und in allen Instanzen besonderen Behörden übertragen, so daß an die Stelle der überlasteten Steuerräte lokale Akziseinspektoren, an die Stelle der Kriegs- und Domänenkammern besondere Provinzialsteuerdirektionen für diesen Dienstzweig traten, und im Generaldirektorium das vierte Departement als ein neues Fachdepartement für die Akzise- und Zollverwaltung eingerichtet wurde, während die sämtlichen Provinzen jenseits der Weser unter dem dritten Provinzialdepartement zusammengefaßt wurden. An der Spitze des technischen Dienstes stand der Generalregisseur de Launay mit vier anderen französischen Regisseuren, die alle neben einem hohen Gehalt noch eine Tantieme von 5 % auf den Überschuß erhielten, der sich gegenüber den Erträgen des Rechnungsjahres 1765/66 ergab. Auch in den leitenden Provinzstellen waren viele Franzosen angestellt, im ganzen aber nicht über 200; sie sollten die verfeinerte französische Technik des Dienstbetriebes einführen, die man in Deutschland noch nicht kannte.

Mit dieser Veränderung in der Verwaltungsorganisation war zugleich eine allgemeine Tarifreform verbunden, bei der der König immer den Gesichtspunkt möglichster Schonung der ärmeren Klassen zur Geltung brachte. Er ist gegenüber den technisch-finanziellen Schwierigkeiten damit freilich nicht völlig durchgedrungen; Bier, Branntwein und Fleisch wurden tatsächlich erheblich höher besteuert als früher; aber die Akzise auf das Mehl ist doch wenigstens abgeschafft worden.

Neben dem sozialpolitischen Gesichtspunkt hatte der König namentlich noch einen handelspolitischen bei der Reform im Auge. Er hoffte auf eine wirksame Bekämpfung des Schmuggels durch die neuen Einrichtungen. Zu diesem Zweck wurden jetzt an den Grenzen zur Überwachung des Auslandverkehrs berittene Grenzwächter gehalten, die sogenannten Brigaden. Es war ein Versuch, wenigstens teilweise das fehlende Grenzzollsystem zu ersetzen.

Der finanzielle Erfolg der Regie läßt sich dahin zusammenfassen, daß für die 20 Jahre von 1766—1786 ein Mehrertrag von $23^1/_2$ Millionen sich herausgestellt hat, wobei die Erträge der inzwischen erworbenen Provinz Westpreußen in Abrechnung gebracht sind. Die Gegner der Regie meinten, daß dieses Resultat auch ohne die Franzosen erreicht worden wäre. Ob das zutrifft, muß dahingestellt bleiben. Natürlich waren die Verwaltungskosten höher als früher, $^1/_{10}$ statt $^1/_{15}$ der Bruttoeinnahme; aber dafür wurde auch der Schmuggel jetzt wirksamer bekämpft. Die Franzosen haben manchen Anlaß zu berechtigter Klage gegeben, und der König dachte schon 1783 daran, sie zu entlassen. Aber der eigentliche Leiter der Regie, der Geheime Finanzrat de Launay, der in beständiger Immediatkorrespondenz mit dem König damals vielleicht den wichtigsten Posten in der inneren Verwaltung bekleidete, hat sein Amt untadelhaft geführt und dem König von Preußen mit Eifer und Verstand gedient. Auch die schärfste Untersuchung hat nach Friedrichs Tode ihm nichts Unrechtes nachzuweisen vermocht.

In ähnlicher Weise wie die Akziseverwaltung wurde 1766 auch das Postwesen umgestaltet. Ein französischer Generalintendant übernahm die Verwaltung; an seine Stelle trat aber schon 1769 ein deutscher General-Postmeister. In die Postverwaltung kam damit ein stärkerer fiskalischer Zug als bisher.

Eine rein fiskalische Maßregel von großer Bedeutung war die Einführung des Tabakmonopols, das zwar sehr unpopulär war, aber eine jährliche Einnahme von mehr als einer Million, zuletzt über $1^1/_2$ Millionen Taler brachte. Noch viel unpopulärer war das staatliche Kaffeemonopol, das erst 1781 eingerichtet worden ist, anfänglich in der Absicht, den Kaffeeverbrauch durch starke Verteuerung der Ware zugunsten der altherkömmlichen einheimischen Biersuppe einzuschränken. Der Ertrag war nicht sehr bedeutend. Auch eine staatliche Klassenlotterie ist damals eingerichtet und zuletzt an zwei Staatsminister verpachtet worden. Die Pachtsumme betrug 75 000 Taler.

Tritt in diesen Einrichtungen vornehmlich die fiskalische Seite der friderizianischen Staatsverwaltung hervor, deren zunehmende Bedeutung durch die wachsenden Anforderungen des Militäretats bedingt waren, so nahm auf der anderen Seite doch auch die unmittelbare Wohlfahrtspflege einen immer breiteren Raum in der Verwaltungstätigkeit des Königs ein. Von 1763 bis 1786 hat er mehr als 40 Millionen Taler für außerordentliche Unterstützungen und Meliorationen ausgegeben, die hauptsächlich der Landwirtschaft zugute kamen; in den letzten Jahren seiner Regierung sind jährlich 2—3 Millionen für solche Zwecke verwandt worden. Die neuen Einnahmen aus der Regie und den Staatsmonopolen flossen in die Dispositionskasse des Königs, aus der solche Ausgaben bestritten wurden; im übrigen diente sie zur Auffüllung des Staatsschatzes, der beim Tode Friedrichs auf einen Bestand von 55 Millionen gebracht war. „Ich lasse eine oder anderthalb Millionen mehr im Tresor oder nicht, das ist gleichviel," — so hat der König sich einmal geäußert — „und es ist besser, wenn ich noch bei meinem Leben Gutes damit stifte."

Auf seinen jährlichen Reisen zu den Truppenrevuen achtete Friedrich sehr genau auf alle wirtschaftlichen Verhältnisse und Bedürfnisse der Provinzen.

Kleine statistische Taschenbücher, die er mit auf die Reise nahm, setzten ihn in den Stand, sich schnell zu orientieren; Landräte, Domänenpächter, Steuerräte mußten ihm Auskunft geben; er sprach auch oft mit Privatpersonen, wie es aus zahlreichen Anekdoten bekannt ist. Bei den großen Meliorationsunternehmungen hielt er sich gern an besondere Kommissarien wie Brenckenhoff und Schütz in Pommern und der Neumark. Die Regulierung von Flußläufen, die Austrocknung von Sümpfen durch Anlage von Kanälen, überhaupt die Wasserwirtschaft nahm bei diesen Meliorationsarbeiten eine wichtige Stelle ein. Die Urbarmachung des neumärkischen Netze- und Warthebruchs, die Besiedlung der Madüe-Umgegend in Pommern, des Drömling in der Altmark, die Anlage von Moorkolonien in Ostfriesland, der Bau eines Kanals aus den masurischen Seen nach dem Pregel — das waren solche Meliorationen großen Stils, durch die viele tausend Morgen Ackerland dem Sumpf und Moor abgerungen worden sind. Bei der Ansiedlung wurde hauptsächlich Bedacht auf Bauerndörfer genommen; mehr als 300 Domänenvorwerke ließ der König zerschlagen und zu Bauernhöfen auslegen. Daneben wurden auch Büdner mit kleinem Besitz angesiedelt, um einen Stamm ansässiger ländlicher Arbeiter zu schaffen.

Seit 1765 wurde begonnen, durch Teilung der Gemeinheiten und Zusammenlegung der im Gemenge befindlichen Ackerparzellen kompakte ländliche Einzelwirtschaften zu schaffen — ein Verfahren, das allerdings in der Hauptsache erst im 19. Jahrhundert durchgeführt worden ist und damals hauptsächlich nur dazu diente, die Rittergüter aus der alten Gemengelage der Dorfflur herauszulösen. Die Verbesserung der Landwirtschaft war ein eifrig verfolgtes Ziel der friderizianischen Wirtschaftspolitik: Verbesserung des Wiesenbaus, Einführung der Stallfütterung, Vermehrung des Viehbestandes, Übergang zu der englischen Schlag- oder Koppelwirtschaft, wo sie möglich war — das waren einige von den Hauptgegenständen, um die es sich dabei handelte. Eine rationelle Forstpflege trat hinzu; sie war um so notwendiger, als während des Krieges eine arge Waldverwüstung um sich gegriffen hatte, und sie gab die Grundlage für die gewinnreiche Verwertung des Holzes durch die oben erwähnten Handelsgesellschaften.

Die Zahl der Familien, die in den 46 Jahren der Regierung Friedrichs des Großen auf dem platten Lande angesetzt worden sind, beträgt 57 475, während die heutige Ansiedlungskommission in der Ostmark in 20 Jahren nur 11 957 Familien angesiedelt hat. Die Zahl der Kolonisten überhaupt, die in Stadt und Land bis 1786 angesiedelt worden sind, wird auf 300 000 berechnet, so daß 1786 jeder fünfte Mensch in Preußen einer Kolonistenfamilie angehörte. Nur so ist die für jene Zeit sehr starke Vermehrung der Bevölkerung zu erklären, die im Durchschnitt jährlich bis zu $1^1/_2$ % betrug. Die Lücken, die der Krieg in die Bevölkerung gerissen hatte, sind sehr bald wieder ausgefüllt worden. Eine Bevölkerungsliste von 1775 zählt, mit Einschluß des Militärs und abgesehen von Westpreußen, 4,5 Millionen gegen 4,1 Millionen im Jahre 1756.

Das gutsherrlich-bäuerliche Verhältnis ist auch jetzt noch nicht aufgelöst worden. Der König hatte zwar bei dem Retablissement von Pommern im Jahre 1763 einmal befohlen, daß alle Leibeigenschaft aufhören solle; aber er ließ sich dann doch überzeugen, daß das bestehende Verhältnis der Erbuntertänigkeit nicht aufgelöst werden könne, ohne daß die Rittergutsbesitzer entweder zugrunde gerichtet würden oder aber entschädigt werden müßten. Er begnügte sich infolgedessen, nach Möglichkeit die Mißbräuche zu beseitigen, die dabei im Schwange gingen. Die gemessenen Frondienste der Bauern (höchstens 3—4 Tage in der Woche) ließen sich selbst auf den Domänen nicht dauernd festhalten, geschweige, daß sie auf den Rittergütern allgemein zur Einführung gelangt wären. Die Domänenbauern erhielten aber wenigstens durchweg erbliches Besitzrecht. Allgemein wurde anbefohlen, Urbarien aufzunehmen, durch welche die Dienste und Leistungen der Bauern ein für allemal festgesetzt werden sollten, um willkürlicher Erhöhung durch die Gutsherren vorzubeugen; doch schlug die Maßregel durch die Art ihrer Ausführung unter dem Nachfolger Friedrichs mehr zum Schaden als zum Nutzen der bäuerlichen Erbuntertanen aus.

Um der Kreditnot der Rittergutsbesitzer abzuhelfen, die namentlich nach dem Kriege stark hervortrat, wurde die Begründung von ritterschaftlichen Kreditverbänden, der sogenannten Landschaften, begünstigt und aus Staatsmitteln unterstützt, so namentlich in Schlesien, den Marken und Pommern. Für den ganzen Staat aber wurde 1783 eine neue allgemeine Hypothekenordnung erlassen, welche die Interessen der Gutsbesitzer und der Gläubiger in billiger Weise zu vereinbaren bestrebt war.

Trotz der starken industrialistischen Tendenz der friderizianischen Regierung war Preußen doch im Grunde immer noch vorwiegend Agrikulturstaat geblieben; aber die landwirtschaftlichen Interessen mußten sich zugunsten der Gewerbe und der brotverzehrenden Bevölkerung manche Beschränkung gefallen lassen. Das Wollausfuhrverbot wurde jetzt auch Sachsen gegenüber mit aller Strenge zur Anwendung gebracht und seit 1764 auch auf den Verkehr zwischen Schlesien und Österreich ausgedehnt. Die Getreideausfuhr wurde in der Hauptsache gesperrt; der König erlaubte sie nur von Fall zu Fall auf Freipässe, die er persönlich unterzeichnete; und er richtete sich dabei nach der jeweiligen Marktlage und den Ernteaussichten, die er an der Hand der monatlichen Berichte seiner Kammerpräsidenten aus allen Teilen des Landes sehr genau verfolgte. Die Einfuhr blieb in der Hauptsache verboten. War Mangel an Getreide vorauszusehen, so ließ der König selbst durch seine Magazinbeamten unter der Hand Getreide in Polen aufkaufen, meist zu verhältnismäßig niedrigen Preisen. Der Kornhandel der Privatleute wurde dadurch nicht gänzlich beseitigt, aber die Spekulation war unterdrückt, und der König hatte die Möglichkeit, auf dem im wesentlichen geschlossenen Markt seines Landes die Preisbildung sehr wirksam zu beeinflussen. Sein Bestreben war dabei auf mittlere und möglichst gleichbleibende Preise gerichtet. Sank der Kornpreis unter die Grenze, bei der der Landwirt noch mit Gewinn produzieren konnte, so wurden große Einkäufe für die Magazine gemacht, was dann den Preis sofort erhöhte. Stiegen aber die Preise so hoch, daß der Handarbeiter und der Soldat, der sich ja von seiner Löhnung damals selbst verpflegen mußte, nicht mehr ihr Auskommen fanden, so wurden große Mengen von Korn aus den Magazinen auf den Markt gebracht, so daß dadurch ein Sinken der Preise herbeigeführt wurde. Der König sagt in seinem politischen Testament von 1768, er sehe es als seine Pflicht an, die Interessen der Gutsherren gegen die der Lohnarbeiter und der Soldaten zu balancieren.

Dies System der Getreidehandelspolitik hat mit vollem Erfolg erst durchgeführt werden können, als der König nach der polnischen Teilung in die Lage kam, den Weichselverkehr zu kontrollieren und den polnischen Markt zu beherrschen. Den Höhepunkt seiner Leistungen hat es in den Hungerjahren erreicht, die den allgemeinen Mißernten von 1771 und 1772 folgten. Während ringsherum in den benachbarten Ländern furchtbare Hungersnot herrschte, ist es in den preußischen Provinzen gelungen, den Kornpreis auf einer immer noch erträglichen Höhe zu halten. Nicht minder bewährt hat es sich auch, als dann infolge überreicher Ernten von 1777—80 die Preise so tief sanken, daß die Landwirte klagten, sie könnten dabei unmöglich bestehen. Damals haben die Magazineinkäufe den Preis wieder auf eine mittlere Höhe gehoben. Er wurde eben nicht bloß durch die Geschäftslage und gar nicht durch die Spekulation bestimmt, sondern durch die planmäßige, von staatswirtschaftlichen Erwägungen geleitete Fürsorge der Regierung.

Die Erwerbung Westpreußens und die Handelspolitik.

In der auswärtigen Politik stützte sich Friedrich nach dem siebenjährigen Kriege hauptsächlich auf ein Bündnis mit Rußland, das am 11. April 1764 geschlossen worden ist; er hat immer den größten Wert darauf gelegt, weil es ihn der Gefahr völliger Isolierung in der europäischen Staatenwelt überhob. Die Brücke zur Verständigung zwischen Preußen und Rußland war die polnische Frage gewesen, die sich beim Tode Augusts III. (5. Oktober 1763) erhob. Es war im Grunde damals schon d i e Frage, welche von den europäischen Mächten die Herrschaft über dieses ganz verkommene Reich in irgendeiner Form gewinnen werde. Bei jeder neuen Königswahl wurde es herkömmlicherweise zum Tummelplatz selbstsüchtiger Bestrebungen der großen Kontinentalmächte. Seit dem Thronfolgekrieg von 1733, durch den die Krone an August III. gekommen war, herrschte der russische Einfluß in Polen durchaus vor. Preußen war dadurch auf das äußerste bedroht. Im siebenjährigen Kriege war Polen dem Namen nach neutral gewesen; tatsächlich aber war es zur Operationsbasis für die russischen Armeen geworden, und mehrmals hatten sich polnische Freikorps im Dienste Rußlands und Österreichs an dem Kampf gegen Preußen beteiligt. Das russisch-österreichische System, auf dem das polnische Königtum des sächsischen August beruht hatte, war nun aber nach dem siebenjährigen Kriege unhaltbar geworden. Österreich hatte sich nach dem Hubertusburger Frieden von neuem auf das engste an Frankreich angeschlossen; Frankreich aber war der entschiedenste Gegner der russischen Herrschaft in Polen, die Katharina erstrebte, und dadurch geriet nun auch Österreich in der polnischen Frage in einen Gegensatz zu Rußland, der dieses auf die Seite Preußens drängte.

Friedrich verkannte die ehrgeizigen Ziele der russischen Politik nicht. Er sah voraus, daß bei ihrer Verwirklichung Rußland einmal der Schrecken Europas werden konnte. Aber, um sich, wie er sagte, ein paar Jahre soliden Friedens zu verschaffen, wie er sie zur Wiederherstellung seines Staates brauchte, war er gezwungen, das russische Bündnis zu ergreifen und damit auch bis zu einem gewissen Maße die Bestrebungen der Politik Katharinas zu unterstützen.

Beide waren von vornherein einverstanden darüber, daß kein österreichisch-französischer Kandidat und vor allem nicht wieder ein sächsischer Prinz den polnischen Thron besteigen dürfe. Sie einigten sich ohne Schwierigkeit über die Person des zu Wählenden: Katharina schlug ihren früheren Günstling, den polnischen Edelmann Stanislaw Poniatowski vor, der als Neffe des Fürsten Czartoryski der Unterstützung einer mächtigen Partei in Polen sicher war; Friedrich hatte gegen diese Wahl nichts einzuwenden. Im übrigen einigte man sich darüber, daß die polnische Verfassung mit dem Wahlkönigtum und dem liberum veto und damit die anarchische Ohnmacht in Polen erhalten bleiben und daß der Schutz der Dissidenten, d. h. vor allem der nach Millionen zählenden Anhänger der orthodoxen Kirche, denen durch die katholische Reaktion der Jesuiten nicht nur die politische, sondern auch die bürgerliche Gleichberechtigung entzogen worden war, durch die beiden Mächte, von denen aber Rußland in diesem Punkte weitaus stärker interessiert war als Preußen, in die Hand genommen werden sollte.

Auf dieser Grundlage schloß Friedrich mit Rußland ein Defensivbündnis, zunächst auf acht Jahre, mit der Bestimmung, daß jeder Teil dem andern, wenn er angegriffen würde, mit einer Truppenmacht von 12000 Mann oder mit entsprechenden Subsidien zu Hilfe kommen sollte. Darauf wurde am 7. September 1764 die Wahl des Königs Stanislaw — natürlich unter russischem Druck — vollzogen, ohne daß ein Widerstand der Mächte dagegen sich erhob.

Nun suchte Katharina durch die nachdrückliche Handhabung des Schutzes ihrer orthodoxen Glaubensgenossen in Polen das Land allmählich ganz in ihre Botmäßigkeit zu bringen, was natürlich für Friedrich eine große Gefahr in sich barg. Aber die Pläne Katharinas trafen in Polen selbst auf Widerstand. Es kam zum Bürgerkrieg; Rußland griff mit seiner Truppenmacht ein; und eine Grenzverletzung, die dabei stattfand, führte zugleich zu einem Kriege zwischen Rußland und der Türkei, der für Friedrich die unangenehme Nötigung zur Zahlung von Subsidien an Rußland in Erfüllung seiner Bundespflicht mit sich brachte. Die Fortschritte Rußlands in diesem türkischen Kriege, seine Absicht, die Moldau und Walachei, die es besetzt hatte, zu behalten, erregte die größte Unruhe in Österreich, das eine solche Verstärkung des russischen Drucks unmittelbar an seinen Grenzen nicht dulden wollte. Die Gefahr eines Krieges zwischen Rußland und Österreich stand nahe bevor; und wenn, wie zu erwarten, Rußland dabei der angegriffene Teil war, so hätte Friedrich als Bundesgenosse Rußlands an diesem Kriege, der seinen Interessen ganz fremd war, teilnehmen müssen.

Um dieser Gefahr zu entgehen, bemühte sich der König um die Vermittlung eines Friedens zwischen Rußland und der Pforte, der die Besorgnisse der Österreicher und damit die Kriegsgefahr zerstreuen sollte. Aber es hielt außerordentlich schwer, die Russen zum Verzicht auf die Donaufürstentümer zu bewegen; es ist nur dadurch gelungen, daß in der Aufteilung polnischen Gebietes ein Ersatz dafür gefunden wurde. Diesen Gedanken hat Friedrich, der dabei von jeher sein Augenmerk auf Westpreußen gerichtet hatte, im Anfang der Verwicklungen schon einmal angeregt. Aber die vorsichtig verhüllte Andeutung der preußischen Wünsche und der damit verbundenen Abtretungen polnischer Gebiete an Rußland und Österreich war damals (1768) von dem russischen Minister Panin so wenig entgegenkommend aufgenommen worden, daß Friedrich die Hoffnung auf ihre Verwirklichung verlor und sich bei einer Erneuerung des Bündnisses mit Rußland 1769 (12. Oktober) damit begnügte, daß ihm für die in Aussicht stehende Eröffnung der Nachfolge in Ansbach-Bayreuth, bei der ein Widerstand des Kaisers vorauszusehen war, die russische Unterstützung zugesichert wurde. Dann aber besetzte Österreich die früher einmal zu Ungarn gehörige Zips und andere angrenzende polnische Gebiete als Pfand für Entschädigungsansprüche gegen Polen; und diese Wendung gab der Kaiserin Katharina Veranlassung, im Gespräch mit dem Prinzen Heinrich, der damals am Petersburger Hofe zu Besuch war, die Möglichkeit zu berühren, daß auch Preußen und Rußland ein Stück von Polen für sich nähmen; freilich dachte man Preußen dabei mit Ermland abzuspeisen, was für Friedrich kein lockender Gewinn war. Immerhin war der Plan einer Teilung polnischen Gebietes damit wieder angeregt, und Prinz Heinrich konnte bei seiner Rückkehr dem König die Stimmung des russischen Hofes in hoffnungsvollerem Lichte darstellen, als er sie bis dahin sah, so daß der alte Plan jetzt nicht mehr als unausführbar erschien. Seitdem ist Friedrich unablässig und schließlich auch mit Erfolg bemüht gewesen, seinen Teilungsgedanken zur Grundlage einer Verständigung zwischen Rußland und Österreich und zugleich eines Friedensschlusses mit der Türkei zu machen, der die Moldau und Walachei in ihrem alten Verhältnis zur Pforte beließ.

Es war ein Meisterstück friderizianischer Diplomatie: die drohende Gefahr eines großen Krieges ist dadurch abgewendet worden, und Preußen erhielt bei dieser ersten polnischen Teilung 1772 das langersehnte Westpreußen samt dem Netzedistrikt, allerdings noch ohne Danzig und Thorn. Es war altes deutsches Kolonialgebiet, das auf diese Weise wieder einer deutschen Macht gewonnen wurde. Unter der polnischen Herrschaft arg heruntergekommen, wurde es nun der Gegenstand einer ganz besonderen landesväterlichen Fürsorge. Was etwa an Unrecht in dem Vorgehen gegen Polen gefunden werden mag, wurde auf diese Weise reichlich gut gemacht, wenigstens vor dem Richterstuhl einer unbefangen urteilenden Geschichtsbetrachtung. Es war für Polen freilich der Anfang vom Ende; aber es muß mit Nachdruck betont werden, daß der Gedanke des Nationalstaats, der seit dem 19. Jahrhundert das Staatsleben Europas beherrscht, damals noch nicht lebendig war; auch in den Beweggründen Friedrichs spielt er keine Rolle; wenn der König immer darauf drängte, die minderwertigen polnischen Bevölkerungselemente so viel wie möglich durch deutsche zu ersetzen, so leitete ihn dabei mehr ein unbewußtes Stammesgefühl, das sich namentlich auch an dem verschiedenen Grade der wirtschaftlichen Kulturentwicklung beider Völkerstämme orientierte, als ein bewußtes nationalstaatliches Prinzip, das vielmehr ihm wie seiner ganzen Zeit noch fremd war. Die Hauptsache war für ihn bei dieser Erwerbung, daß sie die unentbehrliche Brücke zwischen der Neumark und Ostpreußen schuf und damit den Ostflügel der Monarchie erst zu einem zusammenhängenden und leidlich verteidigungsfähigen Gebiet abrundete. Er beherrschte nun außer Warthe und Netze auch einen bedeutenden Teil der Weichsel. Danzig, das noch im polnischen Staatsverband geblieben war, wurde, da auch die Weichselmündung mit Neufahrwasser preußisch geworden war, auf allen Seiten von preußischen Plätzen eingeschnürt, die mit ihm konkurrierten, und konnte als eine für die Zukunft sicher zu erwartende Ergänzung und Abrundung des preußisch gewordenen Hinterlandes angesehen werden.

Der König hat die neue Erwerbung wohl ein Stück Anarchie genannt; er hat sie mit Canada, die Bevölkerung mit den Irokesen verglichen. Ordnung und höhere Gesittung sind hier erst durch die preußische Herrschaft begründet worden; und es ist bemerkenswert, daß diese von einem protestantischen Staat ausgehende Kulturarbeit auch durch konfessionellen Eifer seitens der katholischen Geistlichkeit nicht gestört worden ist. Das Kolonisationswerk in Westpreußen ist ein Seitenstück zu dem Retablissement Ostpreußens unter Friedrich Wilhelm I. Etwa 50 deutsche Dörfer sind hier neu gegründet worden; die Leibeigenschaft der polnischen Bauern, die sich von Sklaverei kaum unterschied, wurde in das viel mildere Verhältnis der Erbuntertänigkeit wie in den übrigen östlichen Provinzen verwandelt; auf den Domänen erhielten die Bauern erbliches Besitzrecht; die neuen Ansiedler wurden als freie Erbzinsleute angesetzt. In den Städten bewilligte der König eine Reihe von Jahren hindurch je 100 000 Taler für den Aufbau der wüsten Stätten. Es fehlte vor allem an Handwerkern; sie wurden massenhaft ins Land gezogen und in den Städten angesiedelt. Im ganzen beträgt die Zahl der Ansiedler etwa 11 000 Köpfe.

Die ganze polnische Verfassung wurde mit einem Federstrich beseitigt. Die Starosteien wurden zu Staatsdomänen umgewandelt und an deutsche Amtleute verpachtet. Die Besitzungen der Prälaten wurden in staatliche Verwaltung genommen; die Hälfte des Ertrages behielt der Staat als Grundsteuer für sich. Der Adel wurde mit 25 % seines Reinertrages zur Steuer herangezogen; die Bauern wurden auf $33^1/_3$ % gesetzt wie in Ostpreußen. Verwaltung und Rechtspflege wurden wie in den alten Provinzen geordnet; an die Spitze der Kammer zu Marienwerder trat der ostpreußische Kammerpräsident Domhardt, jetzt mit dem Titel eines Oberpräsidenten; zu Bromberg im Netzedistrikt waltete der Geheime Finanzrat von Brenkenhoff, der auch die Regulierung der Netze und den Bau des Bromberger Kanals durchführte. Mit dieser Wasserstraße, die Netze und Brahe und also indirekt Oder und Weichsel verband, war ein durchgehender west-östlicher Wasserverkehr für die mittleren und östlichen Provinzen eröffnet. Bromberg wurde auch zunächst der Sitz der 1772 begründeten königlichen Seehandlungsgesellschaft, der vor allem die Versorgung der Provinzen mit französischem Seesalz oblag; sie entwickelte sich später zu einem auch für andere staatswirtschaftliche Zwecke gebrauchten Handelsinstitut.

Der Schulunterricht war bisher in dieser Provinz auf dem platten Lande so gut wie unbekannt; die polnische Schlachta hatte kein Interesse daran gehabt, das Landvolk zu bilden. Jetzt wurden massenhaft Landschulen gebaut: im eigentlichen Westpreußen 750, davon 173 auf adligem Gebiet; im Bromberger Bezirk wurden bis 1778 177 evangelische und 58 katholische Lehrer angestellt, darunter auch polnisch redende; der König sah es überhaupt gern, wenn seine Beamten in den polnischen Teilen des Landes polnisch sprechen konnten.

In Westpreußen sehen wir am meisten von der direkten Fürsorge Friedrichs für die Volksbildung. Es ist auch in anderen Provinzen wohl noch manches geschehen, aber im allgemeinen hatte der Staat damals nur wenig Geld für diesen Zweck übrig, und es fehlte noch viel, daß jedes Dorf seine Schule gehabt hätte. Auch in den Städten wuchsen noch viele Kinder ohne Schulunterricht auf. Das Wesentlichste, was unter Friedrich dem Großen für das Schulwesen geschehen ist, besteht in der Begründung von Lehrerseminaren. Das Vorbild dazu hatte ein Berliner Geistlicher gegeben, der Konsistorialrat Hecker, Prediger an der Dreifaltigkeitskirche, der mit einer von ihm eingerichteten Realschule ein Lehrerseminar verbunden hatte, wo die künftigen Landschullehrer, was dem König ganz besonders gefiel, unter anderm auch zum Seidenbau angeleitet wurden. Ein General-Landschulreglement, das 1763 erlassen wurde, schrieb einen allgemeinen Unterrichtsplan für die Landschulen vor und regelte zugleich den Unterhalt der Lehrer, der den Gemeinden zur Last fiel und die obrigkeitliche Aufsicht, die den geistlichen Instanzen übertragen wurde; im geistlichen Departement des Staatsrats hat namentlich der Minister Zedlitz seit 1779 für das Schulwesen gewirkt. Bei der unzureichenden Ausstattung der Schulen mangelte es an Lehrern, und seit 1779 begann der König den Brauch einzuführen, daß invalide Unteroffiziere und Soldaten als Schullehrer auf dem Lande angestellt wurden — eine Einrichtung, die mehr dem Charakter des preußischen Militärstaats, als den Bedürfnissen der Volksbildung entsprach.

Erst nach der Erwerbung Westpreußens ist das handelspolitische System Friedrichs des Großen zu einem gewissen Abschluß gekommen. In den Hauptzügen allerdings stand es bereits bald nach dem Hubertusburger Frieden fest. Gegen Österreich und Sachsen kam es seit 1764 und 1765 zu einer völligen Handelssperre, die in dem einen Falle im österreichischen, in dem anderen aber im preußischen Interesse herbeigeführt und aufrecht erhalten wurde. Sachsen war der Hauptkonkurrent Preußens in wirtschaftlicher Beziehung; und auch die Vorstellungen der geistreichen Kurfürstin Marie Antonie, die für gegenseitige Erleichterung des Handels eintrat, haben den König von der Linie seines handelspolitischen Verhaltens nicht abzudrängen vermocht. Hauptsächlich gegen Sachsen war auch das System der Durchfuhrzölle in Magdeburg und Schlesien gerichtet, die seit 1765 noch bedeutend erhöht wurden, und zwar zunächst in so starkem Maße, daß der Handel das preußische Gebiet zu umgehen begann und der König sich nach wenigen Jahren veranlaßt sah, die Sätze doch wieder etwas zu ermäßigen. Daß Galizien 1772 österreichisch geworden war, bedeutete für Preußen, insonderheit für Schlesien, das mit den Händlern von Brody und Lemberg starken Verkehr gehabt hatte, eine empfindliche Einbuße. Andererseits suchte auch Preußen selbst aus der politischen Veränderung von 1772 auf das nachdrücklichste Gewinn zu ziehen. Ein Handelsvertrag mit Polen vom 19. März 1775 verfolgte das Ziel, den ganzen Zwischenhandel mit Polen, der durch preußisches Gebiet ging, an preußische Kaufleute und Fabrikanten zu bringen, indem für alle fremden Waren, einschließlich der über Danzig eingeführten, ein Durchfuhrzoll von 10 % des Wertes erhoben wurde. Man hoffte, damit den polnischen Markt für die preußischen Fabrikwaren zu erobern, die Konkurrenz der älteren Industrielande aus dem Felde zu schlagen; zugleich sollte auch der polnische Kornhandel nach dem preußischen Elbing und nach Königsberg oder Stettin gezogen werden auf Kosten Danzigs, wo er sich bisher hauptsächlich konzentriert hatte. Preußen versuchte, Polen ähnlich zu behandeln, wie etwa England damals seine Kolonien behandelte. Im großen und ganzen war das System für Preußen vorteilhaft; nur Schlesien hat darunter unzweifelhaft gelitten, weil die polnischen Händler den Umweg durch Galizien und Österreich nach Leipzig vorzogen, so daß der polnische Handel von Breslau zurückging.

Im übrigen hatten die Bestrebungen Friedrichs, Handelsverträge mit Spanien und Frankreich zu schließen, um einen gewinnreichen direkten Absatz der schlesischen Leinwand nach den Kolonien dieser Mächte zu ermöglichen, auch jetzt keinen Erfolg. Ein Handelsvertrag mit den Vereinigten Staaten von Amerika, der am 10. September 1785 geschlossen wurde und die Klausel der

Meistbegünstigung enthielt, ist zwar als Zeichen der guten Beziehungen Friedrichs des Großen zu der aufsteigenden Republik jenseits des Ozeans von historischer Bedeutung, hat aber wirtschaftlich nur geringe Folgen nach sich gezogen, da das Geschäft mit Amerika nach wie vor hauptsächlich in den Händen der Engländer blieb.

Als die Probe auf den Wert seiner wirtschaftspolitischen Maßregeln sah Friedrich der Große, wie die Merkantilisten überhaupt, vornehmlich die Handelsbilanz an. Sie war unter Friedrich Wilhelm I. für Preußen noch eine passive gewesen, d. h. Preußen hatte mehr ein- als ausgeführt. Im Jahre 1783 wies sie nach der offiziellen Berechnung einen Aktivüberschuß von 5,4 Millionen auf, wovon der König im stillen eine Million abrechnete, weil manche Ansätze zu hoch waren; ein statistischer Fachmann, wie der Minister von Heynitz, wollte ihn sogar nur auf 3 Millionen berechnen. Immerhin geht so viel daraus hervor, daß Preußen gelernt hatte, die ausländischen Waren zu entbehren und seine eigene Produktion zu entwickeln. Den Gesamtwert der industriellen Produktion in der preußischen Monarchie gibt der Minister von Hertzberg im Jahre 1786 auf 30 Millionen Taler an, und auch die Berechnungen von Heynitz führen auf eine Summe von etwa 29 Millionen. Die merkantilistische Theorie der Handelsbilanz, die eine passive Haltung für ungünstig ansah, war für das damalige Preußen nicht unrichtig, weil die Handelsbilanz sich damals mit der Zahlungsbilanz deckte, in der ja unter Umständen bedeutende Werte stecken können (z. B. Reedereigewinne, Zinsen von auswärts angelegten Kapitalien), die in der Bilanz des Warenverkehrs von Land zu Land nicht erscheinen. Friedrich hatte damals also ganz recht mit seiner Ansicht, daß sein Land über kurz oder lang ärmer werden mußte, wenn die wohlhabenden Leute ihr Geld für fremde Luxus- und Manufakturwaren ins Ausland abfließen ließen, ohne daß eine entsprechende Ausfuhr gegenüberstand. Ein abschreckendes Beispiel dafür hatte man damals an Polen. Demgegenüber kam es ihm darauf an, die eigene Produktion des Landes zu heben, nach allen Seiten hin, auch in der Landwirtschaft, namentlich aber in der Industrie. Sein Volk sollte arbeiten lernen, um sich die Kulturgenüsse, nach denen es begehrte, selbst zu verdienen; in den arbeitenden Menschen sah der König den wahren Reichtum des Landes. Es ist nicht alles eingeschlagen, was er versucht hat; aber die Hauptsache war, daß die Elemente industrieller Tätigkeit geschaffen wurden: ein intelligenter, kapitalkräftiger Unternehmerstand und ein Stand von fleißigen, geschickten, disziplinierten Arbeitern. Form und Geist der kapitalistischen Unternehmung mußten ihren Einzug auch in Preußen halten, wenn das Land sich unter den übrigen Kulturstaaten einen Platz sichern und im Wettbewerb mit ihnen fortschreiten wollte. Das ist es, was durch die Wirtschaftspolitik Friedrichs des Großen erreicht worden ist.

Der bayerische Erbfolgekrieg und der Fürstenbund.

Im siebenjährigen Kriege hatte Friedrich außer dem österreichischen Kaiser auch das Reich gegen sich gehabt; Roßbach war ja nicht nur ein Sieg über die Franzosen, sondern namentlich auch über die Reichstruppen gewesen. Eine andere Wendung aber erhielt die Lage unter Kaiser Joseph II. Friedrich hat bei der Spannung, die während des türkischen Krieges zwischen Rußland und Österreich herrschte, eine Zeitlang wohl an die Möglichkeit geglaubt, mit diesem jungen, bedeutenden und hochstrebenden Fürsten eine Linie der Verständigung finden zu können. Aber zwei persönliche Zusammenkünfte zwischen ihnen — 1769 in Neiße, 1771 in Mährisch-Neustadt — haben doch nur dazu gedient, die Überzeugung in ihm zu befestigen, daß von einem Ausgleich des Gegensatzes zwischen beiden Mächten noch keine Rede sein könne. Die Front seiner Politik blieb nach wie vor gegen Österreich gerichtet; aber die Stellung zum Reich wechselte; Friedrich wurde zum Hüter und Vorkämpfer der bestehenden Ordnung im Reich, weil die ehrgeizigen Machtpläne Josephs ihm für seine eigene Stellung bedrohlich erschienen. Aus dieser Spannung entsprang zunächst der bayerische Erbfolgekrieg 1778—79.

Mit dem Tode des Kurfürsten Max Joseph erlosch 1778 die bayerische Linie der Wittelsbacher. Österreichische Truppen rückten in Bayern ein und besetzten das Land bis zur Donau: so weit wollte man es behalten; mit dem zur Nachfolge berechtigten Pfalzgrafen Karl Theodor aus der Sulzbacher Linie hatte man sich schon vorher ins Einvernehmen gesetzt. Joseph glaubte, daß Friedrich nicht wagen werde, allein den Kampf mit ihm aufzunehmen; denn Rußland war in einem Türkenkrieg begriffen und Frankreich war im Bunde mit Österreich. Aber Friedrich fand trotzdem den Entschluß zum Kriege, und im Jahre 1778 standen sich die alten Gegner wieder in Böhmen gegenüber. Man erwartete einen Kampf bis zur Vernichtung; aber es kam zu keinem bedeutenderen Treffen. Nicht die Waffen entschieden, sondern die Rückwirkung der allgemeinen europäischen Lage. Frankreich befand sich als Bundesgenosse der Amerikaner im Seekrieg gegen England und hatte keine Lust, zugleich auch wieder auf dem Kontinent Krieg zu führen; Rußland trat wenigstens diplomatisch für seinen Verbündeten ein; und so kam es zu einer russisch-französischen Vermittlung, die den Kaiser veranlaßte, nachzugeben und wenigstens vorläufig auf das bayerische Projekt zu verzichten. Das geschah in dem Frieden von Teschen 1779, in dem Friedrich zugleich die Anerkennung der für die Zukunft bereits ins Auge gefaßten Nachfolge seines Hauses in den fränkischen Fürstentümern Ansbach und Bayreuth durchgesetzt hat.

Ein Jahr darauf starb Maria Theresia. Jetzt allein im Besitz der Gewalt, trat Joseph alsbald mit neuen Entwürfen hervor, die im Reich das größte Aufsehen machten. Er setzte die Wahl eines österreichischen Erzherzogs zum Koadjutor in Köln und Münster durch; er löste die österreichischen Bistümer von der Unterordnung unter das Erzbistum Salzburg los und trennte das Land ob der Enns von der Passauer Diözese ab, ohne sich um das Recht und den Einspruch der römischen Kurie zu kümmern; die Fürstenkurie des Reichstags und damit der Reichstag selbst kam infolge der Hartnäckigkeit des österreichischen Gesandten in einer Formfrage fast völlig zum Stillstand; der Einfluß Österreichs bei den Reichsgerichten, namentlich beim Reichshofrat, verlor damit das bisherige Gegengewicht; eine allgemeine Unzufriedenheit im Reiche entstand, und man begann in den Kreisen geistlicher wie weltlicher Fürsten den Gedanken zu erörtern, eine Union der Reichsstände gegen die Übergriffe des Kaisers und zur Aufrechterhaltung der Reichsverfassung zu schließen. An den kleinen Höfen entwickelte sich ein geschäftiges Treiben. Der zweibrückensche Minister v. Hofenfels brachte 1783 auch in Berlin die Frage der Union zur Erörterung; auch der badische

Minister v. Edelsheim hatte einen Entwurf dazu dorthin gelangen lassen. Aber König Friedrich hielt sich noch zurück. Von einer ganz anderen Seite aus ist er darauf geführt worden, sich an die Spitze dieser Bewegung zu stellen.

Das Verhältnis zu Rußland, auf dem die Sicherheit Preußens zum guten Teil beruhte, hatte seit einer Zusammenkunft Kaiser Josephs II. mit der Kaiserin Katharina zu Mohilew 1780 einen schweren Stoß erlitten. Katharina, die damals noch energischer als früher auf die Zertrümmerung der europäischen Türkei ausging, sah sich gehemmt durch die Pläne Friedrichs, die darauf gerichtet waren, die Türkei in das Bündnis mit Rußland hineinzuziehen, um Österreich desto sicherer in Schach zu halten; dagegen fand sie bei Kaiser Joseph bereitwilliges Entgegenkommen für ihre Pläne; und so kam es im Jahre 1781, wenn nicht zu einem förmlichen Bündnis, so doch zu einem vollkommenen Einverständnis zwischen Joseph und Katharina, durch welches das russische Bündnis für Preußen allen Wert verlor. Kaiser Joseph operierte sehr geschickt und vorsichtig; und als im Jahre 1782 ein neuer Krieg zwischen Rußland und der Türkei ausgebrochen war, wußte er es so einzurichten, daß die von Katharina geplante Zertrümmerung und Aufteilung der europäischen Türkei unterblieb und damit Frankreich, die alte Schutzmacht der Türkei, gehindert wurde, sich Preußen zu nähern und vielmehr mit Österreich in guten Beziehungen blieb, und daß auf der anderen Seite Rußland sich damit begnügte, die Krim und eine Uferstrecke am Schwarzen Meer sich einzuverleiben. Das war der Inhalt des Friedens von Ainali Kawak, der unter Vermittlung Englands und Frankreichs im Januar 1784 geschlossen worden ist. Dieses Ereignis ist für Friedrich der unmittelbare Anlaß zu der Politik des Fürstenbundes geworden. Er war völlig isoliert. Seine Hoffnung, entweder mit Frankreich anknüpfen oder mit Rußland und England eine große nordische Allianz schließen zu können, war durch das geschickte Gegenspiel der österreichischen Diplomatie vereitelt worden. Alle großen Mächte hatten bei dem Friedensschluß mit der Türkei ein Wort mitgesprochen, nur Preußen nicht. Sein Ansehen in Europa war dadurch bedroht. In dieser Lage ergriff er den Plan einer Verbindung mit den deutschen Fürsten gegen die Übergriffe des Kaisers im Reich als den einzigen noch möglichen Rückhalt für Preußen.

Diese Bestrebungen fanden einen mächtigen Hebel in dem Widerstand gegen ein neues Projekt zur Erwerbung von Bayern, mit dem Kaiser Joseph damals hervortrat. Es handelte sich um den Plan einer Vertauschung von Bayern gegen die österreichischen Niederlande, für den der Kurfürst Karl Theodor bereits gewonnen worden war und den Rußland unterstützte. Friedrich erließ im Einverständnis mit dem zur Erbfolge berechtigten Herzog Karl aus der Linie Birkenfeld einen energischen Protest an Rußland und Frankreich als Bürgen des Teschener Friedens, was beide Mächte veranlaßte, beruhigende Versicherungen zu geben. Kaiser Joseph aber fuhr fort, nicht nur den bayerischen Plan zu verfolgen, sondern auch überhaupt im Reiche sich und seinem Hause ein Übergewicht zu verschaffen, demgegenüber Preußen seine Stellung nicht auf die Dauer hätte aufrecht erhalten können. Zum dritten Male in der Geschichte erhob sich das Haus Österreich zu dem Versuch, eine durchgreifende Herrschaft im Reich aufzurichten. Was Karl V. und Ferdinand II. in Verbindung mit den katholischen Tendenzen erstrebt hatten, das erstrebte Joseph II. in den Formen des aufgeklärten Absolutismus. Und die Fürstenverbindung, die ihm entgegentrat, berief sich ausdrücklich auf die Tradition des 16. Jahrhunderts.

In einem eigenhändigen Entwurf für den Bundesvertrag, den Friedrich der Große am 24. Oktober 1784 aufsetzte, wird auf den schmalkaldischen Bund hingewiesen als das Muster, dem man folgen müsse; nur daß es sich hier nicht um einen Gegensatz der Konfessionen handelte, sondern lediglich um die Aufrechterhaltung der Reichsverfassung. Der König hatte eine Verbindung zwischen allen Fürsten des Reichs, geistlichen und weltlichen, vor allem auch den süddeutschen im Auge. Es ist vornehmlich dem Einfluß Hannovers zuzuschreiben, daß man von einer Gesamtverhandlung mit allen Fürsten Abstand nahm und vielmehr zunächst über einen engeren Bund zwischen den drei norddeutschen Kurfürsten, Preußen, Sachsen, Hannover verhandelte, der im Juli 1785 zustande kam. Diesem Drei-Fürstenbunde haben sich dann nach und nach 14 andere Fürsten angeschlossen, namentlich Karl August von Sachsen-Weimar, Herzog Karl von Pfalz-Zweibrücken, der spätere Erbe von Bayern, und der Kurfürst von Mainz, mit dem der Freiherr vom Stein die Unterhandlung geführt hat. Von den größeren weltlichen Staaten fehlten nur Württemberg, Hessen-Darmstadt und Oldenburg. Die Proteste des Kaisers hinderten den Abschluß des Bundes so wenig wie die anfangs feindselige Haltung Frankreichs und Rußlands. Die kriegerischen Möglichkeiten, die ein allergeheimster Artikel der Bundesurkunde vorsah, haben sich nicht verwirklicht; ein Ausbau der Kriegsverfassung des Bundes ist daher auch unterblieben.

Der Bund war gegen die Umwälzungen Josephs II. im Reich gerichtet; die wichtigste Wirkung, die er gehabt hat, ist die gewesen, daß er das weitere Umsichgreifen des Kaisers in der Tat verhindert hat. Der Zweck des Fürstenbundes war nicht die Anbahnung einer Reichsreform, sondern die Erhaltung der alten Reichsverfassung. In allen den Verhandlungen, die Friedrich mit seinen Ministern darüber geführt hat, ist mit keiner Silbe die Rede davon, daß er an eine Umgestaltung der Reichsverfassung gedacht habe. Der Gesichtspunkt, unter dem er den Fürstenbund geschlossen hat, ist nicht ein deutsch-nationaler, sondern lediglich der Gesichtspunkt des preußischen Staatsinteresses. Er brauchte einen Rückhalt für Preußen gegen die Übermacht Österreichs, und den fand er damals nirgend anderswo als in einer Verbindung mit den deutschen Fürsten, die in Opposition zum Kaiser standen. Eine andere Frage ist es, was aus dem Fürstenbund hätte werden können, wenn ihm nicht durch den Umschwung der preußischen Politik von 1790 die Grundlage entzogen worden wäre. Es ist wohl möglich, daß das Schwergewicht Preußens dann durch den Bund doch schließlich eine Reichsreform wie 1867 herbeigeführt haben würde. Aber solche Vermutungen sind müßig. Der Bund ist über eine ephemere Existenz nicht hinausgekommen. Reale Wirkungen für die Lösung der deutschen Frage hat er kaum gehabt. Er bedeutet nicht eine Epoche, sondern nur eine Episode in der deutschen Geschichte.

Die Carmersche Justizreform. Der „alte Fritz".

Neben den politischen und staatswirtschaftlichen Interessen hat die Sorge für eine prompte und unparteiische Rechtspflege auch in der Zeit nach dem siebenjährigen Kriege den König anhaltend beschäftigt bis an sein Lebensende. Diese zweite Hälfte seiner Regierung weist eine zweite große Justizreform auf, deren beste und reifste Frucht, das preußische Landrecht, erst unter seinem Nachfolger an das Licht der Öffentlichkeit getreten ist. Als ein Vorläufer dieser zweiten Justizreform kann die Verstaatlichung der Patrimonialjustiz auf den Domänenämtern bezeichnet werden, die 1764 und 1767 durchgeführt worden ist. Sie schuf für je eine Gruppe von Ämtern ähnliche dreigliedrige Kollegialgerichte erster Instanz, wie sie Cocceji früher in Ostpreußen und Cleve-Mark eingerichtet hatte: das sind die neuen Domänen-Justizämter, die sich gut bewährt und die Rechtspflege für die Domänenuntertanen sehr wesentlich verbessert haben.

Das Barometer, nach dem der König die Justiz beurteilte, war die Art und Menge der Supplikationen, die an ihn gelangten. Er überwachte die Rechtsprechung seiner Gerichte mit argwöhnischem Geiste und wurde im Laufe der Jahre immer unzufriedener mit dem Zustand der Rechtspflege. Die Prozesse dauerten ihm immer noch zu lange; die Schikanen der Advokaten schienen ihm wieder einzureißen; und außerdem hatte er die Richter im Verdacht, daß sie mit zweierlei Maß mäßen, daß der arme Mann in der Rechtspflege zu kurz komme; das aber hielt er für seine Königspflicht, für die armen Leute mit aller Wucht der königlichen Autorität einzutreten. Ein besonders krasser Fall dieser Art war die berühmte Prozeßsache des Müllers Arnold, den die Gerichte mit einer Klage gegen seinen Gutsherrn abgewiesen hatten. Der König war der Meinung, daß dem Manne unrecht geschehen sei und daß die Richter das Recht gebeugt hätten. Er machte Gebrauch von seiner oberstrichterlichen Strafgewalt, kassierte die Richter und verurteilte sie zum Schadensersatz an den Müller, womit er natürlich mittelbar doch auch wieder in den Zivilprozeß eingriff. Namhafte Juristen von heute sind der Ansicht, daß hier ein Rechtsirrtum des Königs vorliegt, daß die Richter ohne Ansehen der Person und ohne Menschenfurcht ihres Amtes gewaltet haben und daß der vom König beschützte Müller ein Querulant war. Der Nachfolger Friedrichs hat den Mißgriff, der aus den edelsten Beweggründen entsprungen war, an den durch die Ungnade des Königs betroffenen Richtern wieder gut gemacht. Der König aber hatte ein Exempel statuiert, das seine rücksichtslose Strenge gegen jeden Schein von Klassenjustiz vor aller Welt auf das nachdrücklichste zur Anschauung brachte.

Dieser Fall hat nun auch den Anstoß gegeben zu der zweiten großen Justizreform, die durch die ungnädige Entlassung des Großkanzlers von Fürst und die Berufung des schlesischen Justizministers von Carmer zu diesem Posten eingeleitet wurde. Es kam jetzt zu einer völligen Umwälzung im Prozeßverfahren. Auch im Zivilprozeß wurde jetzt das Prinzip der amtlichen Untersuchung statt der Verhandlung der Parteien und ihrer Advokaten eingeführt: der Richter sollte selbsttätig von Amts wegen die Wahrheit in dem Rechtsstreit erforschen; und die Parteien, die jetzt förmlich vernommen wurden, hatten nur zu antworten, was der Richter sie fragte. Die Bevormundung des rechtsuchenden Publikums durch den Staat und seine Organe ist das Hauptkennzeichen dieses neuen Verfahrens, das sich dem patriarchalisch-staatssozialistischen Charakter des friderizianischen Polizeistaates sehr passend einfügte. Der Richter waltete über den Parteien gleichsam als irdische Vorsehung; die Parteien selbst wurden mundtot gemacht, und die Advokaten glaubte man anfangs ganz entbehren zu können. An ihrer Stelle erschienen nun besoldete Staatsbeamte mit dem Titel Assistenzrat, die dem Richter bei der Untersuchung zur Hand gehen sollten, und außerdem sogenannte Justizkommissarien, die als Rechtsfreunde das Publikum beraten sollten, ohne aber vor Gericht erscheinen zu dürfen; doch hat man sie, weil das Bedürfnis es forderte, seit 1783 wieder zu den gerichtlichen Verhandlungen zugelassen. Es war eine Reform, die sich im Wandel der Zeiten nicht bewährt hat; seit 1833 ist man im Zivilprozeß wieder zu der Verhandlungsmaxime zurückgekehrt.

Die administrative Jurisdiktion der Kammern wurde in einen engeren Zusammenhang mit der allgemeinen Rechtspflege gebracht, indem 1782 bei den Kriegs- und Domänenkammern sogenannte Justizdeputationen eingerichtet wurden, die aus examinierten Juristen gebildet waren und der Aufsicht des Großkanzlers unterstanden. Schon seit 1772 war ein sogenanntes Revisionskollegium begründet worden als eine Art von Berufungsinstanz über den Kriegs- und Domänenkammern, das ebenfalls hauptsächlich aus Juristen bestand. Darüber wurde 1782 für gewisse Fälle noch eine dritte Instanz eingerichtet, die sogenannte Revisionsdeputation, die aus Verwaltungsbeamten und Juristen zusammengesetzt war. In allen Streitsachen aber, bei denen ein erhebliches Finanz- oder Polizeiinteresse mitspielte, behielt doch das Generaldirektorium schließlich das letzte Wort.

Das allgemeine Gesetzbuch, das Cocceji noch nicht zustande gebracht hatte, wurde von Carmer zugleich mit der Prozeßreform in Angriff genommen; es ist aber unter Friedrich dem Großen noch nicht fertig geworden. Carmer hat sich nicht wie Cocceji persönlich dieser Arbeit unterzogen; er behielt sich nur die Oberleitung vor und überließ das Werk im übrigen seinen Räten, unter denen vor allen der Geheimrat Suarez, ein schlesischer Jurist von ganz besonderer Tüchtigkeit und aufgeklärt-humanitären Tendenzen, hervorragt; man kann ihn wohl als den eigentlichen Schöpfer dieses Gesetzbuches betrachten. Es war kein neues Recht, was hier aufgezeichnet wurde, sondern eine Kodifikation des bestehenden Rechts, durch welche die bisherigen Widersprüche, Zweifel und Unklarheiten beseitigt werden sollten. Die Absicht war, ein klares, auch dem Laien verständliches Gesetzbuch zu schaffen, das möglichst auf alle praktischen Fragen, die gestellt werden konnten, eine fertige Antwort geben sollte. So beschränkte man sich nicht darauf, allgemeine Grundsätze aufzustellen, nach denen geurteilt werden sollte, sondern man suchte die einzelnen praktisch vorkommenden Fälle gesetzlich zu regeln, was natürlich nur mit großen Einschränkungen möglich war und das Gesetzbuch sehr stark im Umfang anschwellen ließ. Daher auch das Urteil des Königs, der bei der Überreichung des ersten Entwurfs äußerte: „Es ist aber sehr dicke; und Gesetze müssen kurz und nicht weitläufig sein."

In diesem Gesetzbuch, das nicht bloß Privatrecht, sondern auch Strafrecht und öffentliches Recht enthielt, fand der Geist des aufgeklärten Despotismus der friderizianischen Epoche mit seinen wohlwollenden, humanen Tendenzen und seiner konservativen Sozialpolitik einen klassischen Ausdruck. Es gehört durchaus zum Charakter des Regierungssystems Friedrichs des Großen, daß der alte Unterschied der Stände, so viele Kräfte auch daran arbeiten mochten, ihn allmählich zu verwischen, doch in der Hauptsache noch aufrechterhalten worden ist, und zwar im wohlerwogenen Interesse des Staates. Im Beamtentum freilich mischten sich bereits adlige und bürgerliche Elemente in einer Weise, die den Standesunterschied ganz hinter die Interessen des Dienstes zurücktreten ließ. Aber die Minister- und Präsidentenstellen, zu denen ein besonderes Maß von persönlicher Autorität und Sicherheit im Auftreten und Anordnen erforderlich war, wurden unter Friedrich dem Großen doch fast ausnahmslos mit Edelleuten besetzt; der von Friedrich Wilhelm I. eingeführte Brauch, die bürgerlichen Kabinettsräte später zu Ministern zu machen und in den Adelstand zu erheben, hörte unter ihm auf; vor allem aber blieb das Offizierkorps der Armee nach dem Kriege wieder ausschließlich dem Adel vorbehalten, und diese fundamentale Tatsache hatte eine entscheidende Rückwirkung auf viele Gebiete des wirtschaftlichen und sozialen Lebens. Der Adel spielte unter der Regierung Friedrichs des Großen eine ganz andere Rolle als unter der seines Vaters. Das Mißtrauen und die Kampfstimmung, von der das politische Testament Friedrich Wilhelms I. von 1722 ein so lebendiges Zeugnis gibt, war verflogen. Friedrich der Große hat in seinen politischen Testamenten die Erhaltung des Adels als eine der wesentlichsten Regierungsaufgaben eines preußischen Königs bezeichnet. Die von Friedrich Wilhelm I. angebahnte Politik, den Adel im Staats- und Heeresdienst zu verwenden, hat unter seinem Nachfolger, der sie in gesteigertem Maße fortsetzte, erst eigentlich die rechten Früchte getragen. Der Geist des Offizierkorps mit seiner unbedingten Königstreue und seiner Hingabe an den Staat ging auf den Adel namentlich der ostelbischen Provinzen über, der bisher noch vielfach in der spröden Absonderung und selbstherrlichen Unbotmäßigkeit des alten landständischen Junkertums der im König repräsentierten Staatsidee mit Gleichgültigkeit, ja mit Abneigung gegenübergestanden hatte. Das Offizierkorps wurde zugleich zur Pflanzschule der Idee des preußischen Einheitsstaates. Friedrich der Große sagt einmal, er habe von Anfang an darauf gehalten, daß die Offiziere sich nicht als Märker oder Magdeburger oder Pommern bezeichneten, sondern sich an den gemeinsamen Namen der Preußen gewöhnten; und so kann man sagen, daß eine eigentlich preußische Staatsgesinnung, vom Offizierkorps ausgehend, zunächst den Adel, namentlich der ostelbischen Provinzen, ergriffen habe, um dann erst späterhin den übrigen Ständen sich mitzuteilen. Friedrich glaubte, daß die Eigenschaften, die er von seinen Offizieren und von den Spitzen seines Beamtentums verlangte, im großen und ganzen doch nur bei Leuten von Stande gefunden würden — eine Auffassung, die bei dem unentwickelten, gedrückten und etwas kümmerlichen Zustande der bürgerlichen Klassen Deutschlands in jener Zeit nicht ganz unverständlich ist. Jedenfalls hatte der König mit den adligen Offizieren seine Erfahrungen gemacht, und er urteilte, daß der Adel seines Landes wohl an Reichtum, aber nicht an Treue und Tapferkeit übertroffen werden könne. So ist unter Friedrich dem Großen ein fester Bund zwischen Krone und Adel geschlossen worden, der sich im Feuer von zwanzig Schlachten bewährt hat und seine Wirkungen noch in der Gegenwart äußert. Die Adelskorporationen der Provinzen erschienen dem König gleichsam als die Fundamente und Säulen des Staatsgebäudes.

Diese Auffassung bedingt nun das ganze soziale System der Regierung Friedrichs des Großen. Sein Kern besteht in einer eigenartigen Verteilung der Staatslasten auf die verschiedenen Stände, und dieser politischen Belastung entspricht eine ganz bestimmte wirtschaftlich-soziale Fürsorge. Der Adel liefert die Offiziere und die Spitzen des Beamtentums, bei denen es besonders auf das persönliche Auftreten ankommt; dafür wird er im ausschließlichen Besitz der

Rittergüter erhalten und geschützt; dem bürgerlichen Kapital wird das Eindringen in den ritterschaftlichen Gutsbesitz verwehrt, es soll sich in Handel und Gewerbe betätigen, deren Betrieb dem Adel versagt ist. Der Bürgerstand in den Städten trägt in der Akzise den größten Teil der staatlichen Steuerlast; darum werden ihm die bürgerlichen Nahrungen ausschließlich vorbehalten: Handwerk und Handel, auch Bierbrauerei bleiben in der Hauptsache auf den städtischen Mauerring beschränkt. Der Bauernstand zahlt die Kontribution und stellt die Kantonisten für das Heer; darum soll er in unverminderter Stärke erhalten werden, und es wird aufs strengste darauf gesehen, daß keine bäuerliche Nahrung in andere Hände gelangt, vor allem nicht zum adligen Gutsbesitz eingezogen wird. Der Druck der Lasten ist bei diesem System der politischen Arbeitsteilung nach der ständischen Gliederung nicht ganz gleich verteilt; die einen zahlen mehr mit dem, was sie leisten, die anderen mehr mit dem, was sie sind. Die schwerste Last drückte auf den erbuntertänigen Bauernstand; aber sie bestand in Leistungen für den Staat, die auf die Dauer die Wirkung haben mußten, auch die Bauern zum Rang gleichberechtigter Staatsbürger zu erheben. Die staatlichen Pflichten des Adels zeigen die Neigung, sich in Privilegien umzusetzen; aber die scharfe dienstliche Zucht der friderizianischen Epoche hat doch stets zu verhindern gewußt, daß die dem Adel vorbehaltenen Stellen nicht zum Polster der Trägheit wurden; er schätzte und begünstigte den Adel nur, soweit er sich im Staatsdienst auszeichnete: dadurch unterscheidet sich die Vorzugsstellung des Adels in der friderizianischen Epoche von der der ständisch-territorialen Zeit. Es ist die Eigentümlichkeit des aufgeklärten Absolutismus Friedrichs, daß er alle Stände unter Beibehaltung ihrer alten Gliederung und Absonderung in den Dienst des neuen Großstaats gezwungen hat, der sie schließlich alle mit der Idee des allgemeinen Staatsbürgertums durchdringen und so zu einem einheitlichen Volkskörper verschmelzen sollte.

Der polizeiliche, finanzielle und militärische Druck, unter dem die Bevölkerung dabei stand, war sehr schwer; aber er wurde erleichtert nicht bloß durch die Sicherung von Person und Eigentum, die durch das allgemeine Gesetzbuch in aller Form gewährleistet wurde, sondern namentlich auch durch das edelste der Menschenrechte, die Glaubens- und Gewissensfreiheit, die Friedrich in seinem Staate durchgeführt hat. Es ist nicht nur seine konfessionelle Gleichgültigkeit, die als Quelle dieses Grundsatzes anzusehen ist, sondern ein starkes und tiefes ethisches Bedürfnis, das seiner philosophischen Weltanschauung entsprang. Er wollte neutral sein zwischen Rom und Genf und die Bekenntnisgegensätze unter dem Gebot der Staatsräson vereinigen. Für die zahlreichen Katholiken in Berlin hat er nach dem Muster des römischen Pantheons von 1747 bis 1773 die Hedwigskirche gebaut. Dabei blieb aber Preußen doch ein protestantischer Staat, und die Duldung Friedrichs war noch keine Gleichstellung der Bekenntnisse. Zu Ministern und Räten hätte er keine Katholiken genommen; selbst bei den städtischen Ämtern in Schlesien wurde in diesem Punkte mit großer Vorsicht verfahren. Das evangelische Kirchenregiment hielt er fest, und die kirchliche Verwaltung fuhr fort, den Unterschied der beiden protestantischen Bekenntnisse geflissentlich seiner früheren Bedeutung zu entkleiden und damit die Union vorzubereiten. Den Hintergrund aller dieser Bestrebungen aber bildete der rationalistische Geist des Zeitalters der Aufklärung.

Damit hing auch zusammen, daß Friedrich seine Herrscherstellung nicht, wie es sonst unter den Fürsten üblich war, auf ein göttliches Recht begründen wollte. Er neigte vielmehr zu der naturrechtlichen Auffassung, nach der die königliche Gewalt auf einer Art von Urvertrag beruhen sollte. Jedenfalls teilte er nicht die Ansicht des älteren Absolutismus, die in dem bekannten, Ludwig XIV. zugeschriebenen Schlagwort zum Ausdruck kommt: L'Etat c'est moi, sondern er unterschied in bedeutsamer Weise zwischen dem König und dem Staat; indem er sich selbst wiederholt als den ersten Diener oder Beamten des Staates bezeichnete, gab er als der erste Fürst der Weltgeschichte dem modernen Gedanken Ausdruck, daß der Monarch ein Organ der über ihm stehenden Staatspersönlichkeit sei. Aus dieser Auffassung des Fürstenamtes quoll ihm jenes echt preußische Pflichtgefühl, das dem kategorischen Imperativ des großen Königsberger Denkers innerlich verwandt ist. So ist Friedrich der Hauptvertreter des aufgeklärten Absolutismus geworden, den man als die Vorstufe unseres modernen Rechts- und Verfassungsstaates bezeichnen kann. Es handelte sich aber bei ihm nicht um die Verwirklichung doktrinärer Ideale der Aufklärung, sondern um rein praktische Ziele, vor allem um die Macht und Größe seines Staates und die Wohlfahrt seiner Untertanen, die er nicht bloß im materiellen Sinne faßte. In dem großen Volkserziehungsprozeß, den seine Regierungsgeschichte darstellt, nimmt allerdings die Erziehung zur wirtschaftlichen Arbeit und zu militärischen und finanziellen Leistungen für den Staat bei weitem die erste Stelle ein; aber auch der Gedanke der allgemeinen Schulpflicht ist, wenn nicht verwirklicht, doch im Prinzip festgehalten, und, soweit es die dringenderen Aufgaben der Staatsräson gestatteten, weiter gefördert worden. Daß die geistige Bildung seines Volkes noch nicht auf der Höhe der westlichen Kulturnationen stand, hat den König immer mit Mißbehagen erfüllt; seine Bildung war und blieb französisch, und auch seine Akademie, in der er 1778 ein glänzendes Eloge auf Voltaire verlesen ließ, hat diesen Bannkreis bei seinen Lebzeiten noch keineswegs durchbrochen. Die von dem Großen Kurfürsten begründete Bibliothek hat er zu einem bedeutenden wissenschaftlichen Institut erhoben und ihr gegenüber dem Opernhause ein stattliches Heim gebaut mit der Inschrift: Nutrimentum Spiritus (1780). Das heranblühende Leben der neuen deutschen Bildung und Dichtung aber hat der alternde König nicht mehr verstanden. Sein Geist war nicht mehr frisch und empfänglich genug, sein Geschmack und sein Urteil zu ausschließlich an dem französischen Klassizismus entwickelt, als daß er den Naturalismus des jungen Goethe und die Shakespeare-Begeisterung des neuen Geschlechts hätte verstehen können. Er ahnte die kommende Blüte des deutschen Geisteslebens, aber er wußte ihre Zeichen nicht zu deuten. Er kam sich vor wie ein Moses, der das gelobte Land nur aus der Ferne sehen, aber nicht betreten durfte. Allein seine heroische Persönlichkeit hat doch auch auf die deutsche Literatur anregend und erhebend gewirkt. In Gleims Grenadierliedern gibt es Stellen, die noch heute die Einbildungskraft entzünden und das Herz bewegen. In Lessings Minna von Barnhelm wird der Typus des friderizianischen Offiziers als vornehmer Charakter den Zeitgenossen menschlich nähergebracht; manche Züge erinnern an Ewald von Kleist, den Dichter des „Frühling“, der als Major bei Kunersdorf den ersehnten Heldentod fand. Schiller hat eine Zeitlang den Plan gehegt, den König Friedrich selbst zum Helden eines großen epischen Gedichts zu machen; und für Goethe und seine

Leipziger Universitätsgefährten erschien Friedrich als „der Polarstern, um den eine Welt sich dreht, er selbst ruhig und unbeweglich in ihrer Mitte".

Alle zur Aufklärung strebenden Geister fühlten sich von ihm angezogen; und wenn er sich auch im einzelnen wenig um sie bekümmern mochte und eine Kraft wie Lessing nicht nach Gebühr zu schätzen und festzuhalten verstanden hat, so war doch auch Berlin unter ihm durch Männer wie Friedrich Nicolai und Moses Mendelsohn, die Lessings Spuren folgten, zu einem der Brennpunkte literarischer Kritik und philosophischer Aufklärungsarbeit geworden; und die Freiheit des Denkens und Schreibens, die der König in religiösen und geistigen Dingen gewährte, veranlaßte Kant, das Zeitalter der Aufklärung geradezu als „das Jahrhundert Friedrichs" zu bezeichnen.

In der einsamen Größe seines Alters traten die herberen Linien in Friedrichs Wesen stärker hervor, und auch ein Zug von Menschenverachtung fehlt nicht in diesem Bilde; aber aus den intimen Aufzeichnungen gerade seines Alters spricht doch zugleich auch besonders vernehmlich die Stimme der Güte und Menschlichkeit und eine Milde des Urteils, wie sie nur tiefer, abgeklärter Lebensweisheit entspringt. Für seine Untertanen war „der alte Fritz" eine ehrfurchtgebietende, aber auch eine vertrauliche Gestalt. Der General von der Marwitz hat an einer Stelle seiner Denkwürdigkeiten mit bildhafter Anschaulichkeit den Moment festgehalten, wie der alte König, von der Truppenbesichtigung durch die Straßen Berlins zurückkehrend, von seiner Schwester, der Prinzessin Amalie, vor ihrem Palais empfangen wird, und wie die Menge, die ihn jubelnd begleitet hat, noch lange dasteht, entblößten Hauptes, schweigend, alle Augen auf den Fleck gerichtet, wo er verschwunden war. „Und doch war nichts geschehen! Keine Pracht, kein Feuerwerk, keine Kanonenschüsse, kein Trommeln und Pfeifen, keine Musik, kein vorangegangenes Ereignis! Nein, nur ein 73jähriger Mann, schlecht gekleidet, staubbedeckt, kehrte von seinem mühsamen Tagewerk zurück. Aber jedermann wußte, daß dieser Alte auch für ihn arbeitete, daß er sein ganzes Leben an diese Arbeit gesetzt und sie seit 45 Jahren noch nicht einen einzigen Tag versäumt hatte! Jedermann sah auch die Früchte seiner Arbeit nah und fern, rund um sich her; und wenn man auf ihn blickte, so regte sich Ehrfurcht, Bewunderung, Stolz, Vertrauen, kurz alle edleren Gefühle des Menschen."

In solcher einförmigen Pflichterfüllung blieb der König auf seinem Posten, bis ihn am 17. August 1786 der Tod ablöste, dem er mit philosophischer Gelassenheit entgegensah. Die Summe seines Lebens war gewesen, daß er seinen Staat zu einer europäischen Großmacht erhoben und seine inneren Kräfte dergestalt entwickelt hatte, daß sie die drückende Last, die damit verbunden war, zu tragen vermochten. Nicht ohne schwere Sorgen hat er in die Zukunft gesehen. An seinen Bruder, den Prinzen Heinrich, hat er einmal geschrieben: „Die Fürsten dieses Staates müssen ganz Nerv sein oder sie sind verloren." Immer wieder hat er seinen Nachfolgern das „toujours en vedette" eingeschärft; er sah in trüber Ahnung voraus und hat es ausgesprochen, daß es unter einem schlaffen Regiment in 30 Jahren mit der Macht des preußischen Staates vorbei sein werde — eine düstere Prophezeiung, die ja 1806 in Erfüllung gegangen ist. Aber in dem friderizianischen Preußen schlummerten Kräfte, die auch einen solchen Zusammenbruch zu überdauern und in verjüngten Formen neues Leben zu entfalten vermocht haben.

IX.

Umsturz und Wiederaufbau.

1786–1840.

Das Zeitalter, das durch die Regierungen der beiden nächsten Nachfolger Friedrichs des Großen bezeichnet wird (1786—1840), bedeutet für den Hohenzollernstaat die furchtbarste und gefährlichste Krisis, die er während seines Bestehens durchzumachen gehabt hat, den Umsturz und die Wiederherstellung seiner Macht und eine gründliche Umwandlung der inneren und äußeren Verhältnisse, auf denen sein Dasein ruhte. Es ist das Zeitalter der französischen Revolution, der napoleonischen Weltherrschaft, der Befreiungskriege und der Restauration in Europa und Deutschland. Ungeheure Bewegungen und Umwälzungen im geistigen und wirtschaftlichen Leben, in der Kriegführung, in der Staatenbildung erfüllen diese Zeit; nur widerwillig hat sich der preußische Staat von ihnen mitreißen lassen, um dann, fast untergehend in dem gewaltigen Strudel, schließlich doch in verjüngter Gestalt und mit frischen moralischen Kräften wieder emporzutauchen. Es ist eine großenteils passive Rolle, die Preußen in dieser Epoche gespielt hat, abgesehen von der Erhebung von 1813. Seine Monarchen sind nicht die Träger der Zeitgedanken gewesen; und man wird sagen dürfen, daß der Anstoß zu den großen durchgreifenden Reformen der Staats- und Gesellschaftsordnung, die dieser Zeit das Gepräge geben, mehr aus dem Zwang der allgemeinen politischen Lage, als aus den inneren Notwendigkeiten des preußischen Staatslebens selbst hervorgegangen ist. Wäre es auf Preußen allein angekommen, so hätte der Staat wohl noch lange in den alten friderizianischen Ordnungen leben können, die ja allerdings im Begriff waren, der Wandlung des Zeitgeistes entsprechend, in manchen Stücken sich langsam aufzulösen oder umzubilden. Aber die einzelnen Staaten sind in dem Leben der europäischen Gemeinschaft, wenigstens auf dem Kontinent, so eng miteinander verkettet, daß der völlige Umsturz der alten Ordnung in einem von ihnen auch alle anderen in Mitleidenschaft zieht, und daß der neue revolutionäre Geist, wenn er sich bei einem Volk und Staat in Kriegführung und Wirtschaft machtvoll und erfolgreich bewährt, alle anderen zwingt, sich den neuen Forderungen und Lebensbedingungen nach Möglichkeit anzupassen, um nicht im Wettbewerb der Völker zurückzubleiben oder gar Macht und Selbständigkeit zu verlieren.

Frankreich war in seinem Staats- und Gesellschaftsleben dem Staat der Hohenzollern zur Zeit seiner Gründung durch den Großen Kurfürsten um ein bis zwei Jahrhunderte voraus, und noch Friedrich der Große konnte in dem

Frankreich Ludwigs XIV. in vielen Stücken ein Vorbild sehen; aber die Geschichte verlangt einen beschleunigten Fortschritt von den jungen Kulturstaaten, die mit den älteren in gleicher Front marschieren wollen; und wenn schon in der friderizianischen Zeit in Preußen manche Erscheinungen, namentlich im Wirtschaftsleben, den Charakter einer gewaltsam gesteigerten Treibhauskultur angenommen hatten, so wurden in dem Zeitalter Napoleons für den preußischen Staat plötzlich Reformen zur politischen Notwendigkeit, die in dem natürlichen Gang der Dinge sich über viele Jahrzehnte hingezogen haben würden.

Dabei handelt es sich aber nicht bloß um eine Nachahmung Frankreichs, sondern um eine Anpassung an die Lebensbedingungen einer neuen Epoche der europäischen Staatengesellschaft überhaupt. Die Ideen der französischen Revolution sind ja zum großen Teil Gemeingut der modernen Kulturvölker; daß sie in Frankreich zu so stürmischen Entladungen und Katastrophen geführt haben, liegt in den besonderen Verhältnissen dieses Staates und Volkes begründet; was hier zur Revolution führte, konnte anderswo wohl den Anstoß zu segensreichen Reformen geben, die freilich lange und ruhige Zeiten zu ihrem Reifen gebraucht haben würden. Auch in Preußen haben solche Reformbestrebungen vor 1806 nicht gefehlt; aber ohne den Zwang der Not kamen sie noch nicht zum Ziele, zumal die bedrohliche Gestaltung der auswärtigen Lage innere Kämpfe und Experimente gefährlich erscheinen ließ. Erst der Druck der französischen Fremdherrschaft hat Preußen dazu gezwungen, sich mit dem neuen Zeitgeist auseinanderzusetzen; hier wie überall hat der Siegeszug Napoleons, der wie ein Sturmwind über Europa hinfuhr und die alten Ordnungen über den Haufen warf, die Bahn freigemacht für zeitgemäße Neubildungen. Sie sind dann nicht bloß in Nachahmung des französischen Beispiels, sondern in vielen Stücken auch im Gegensatz gegen den Geist der französischen Revolution und des Bonapartismus durchgeführt worden. Der Geist der deutschen Bildung hat in diesen Jahren mächtig auf den preußischen Staat eingewirkt. Das Bildungsideal, wie es Kant und Fichte, Schiller und Goethe vor Augen hatten, die freie, harmonisch ausgebildete Persönlichkeit des einzelnen Menschen, fand jetzt ihren notwendigen Gegenpol und damit ihre Ergänzung in der Idee des Volkstums, des Gemeingeistes der Nation. Die mechanische Staatsauffassung verwandelte sich in die organische. Der Staat erschien nicht mehr als eine künstliche Maschine, die lediglich von einem obersten Willen gelenkt wird, sondern als ein natürlicher Körper mit eigenen inneren Lebenskräften und Lebensgesetzen. Die äußere Einheit des Staates, die die administrative Zentralisation der großen Könige des 18. Jahrhunderts angebahnt hatte, wurde vollendet und setzte sich zugleich in ein inneres staatliches Gemeingefühl um, das über die trennenden Schranken der Stände und der Provinzen sich erhob. Die Idee der staatsbürgerlichen Rechtsgleichheit trat an die Stelle der vielfach noch auf feudalen Privilegien beruhenden alten Staats- und Gesellschaftsordnung; und die Befreiung der untertänigen Bauern, die Herstellung der persönlichen Freiheit auf allen Gebieten des Lebens erschien als die notwendige Voraussetzung dafür. Dem künstlichen System des alten Merkantilismus trat eine neue, auf die natürliche Ordnung der Dinge sich berufende volkswirtschaftliche Auffassung entgegen, die von dem freien Spiel der wirtschaftlichen Kräfte eine allgemeine Steigerung des Wohlstandes und den harmonischen Ausgleich aller berechtigten

Interessen erhoffte. Die Umgestaltung der friderizianischen Armee zu einem Volksheer mit allgemeiner Wehrpflicht stand mit der Erneuerung des Staats- und Volksgeistes im engsten Zusammenhange und war andererseits die notwendige Vorbedingung des Erfolges bei einer Erhebung gegen die Fremdherrschaft. Denn das Geheimnis der Siege Napoleons bestand nicht bloß in der dämonischen Genialität seiner Persönlichkeit, sondern auch in der Tatsache, daß er mit den Revolutionsarmeen ein ganz anderes Kriegsmittel in Händen hatte, als es das alte Europa kannte. Die ganze Kriegführung in Strategie und Taktik wurde maßgebend beeinflußt durch den Geist und die Zusammensetzung dieser neuen, viel zahlreicheren Heere, die man nicht so ängstlich zu schonen brauchte, wie die alten Soldtruppen, die einer rascheren Bewegung fähig waren und eine freiere Verwendung in der Schlacht gestatteten, weil hier nicht die Gefahr der Fahnenflucht die Heeresleitung in ihren Maßregeln auf Schritt und Tritt lähmte und sie zwang, an der Magazinverpflegung und der Lineartaktik festzuhalten, statt den Unterhalt der Truppen auf die Requisition zu begründen und die Schützenlinie in Tirailleurschwärme aufzulösen. Mit diesen neuen Truppen hatte Napoleon vermocht, das alte methodische System der Ermattungsstrategie, über das schon Friedrich der Große hinausgestrebt hatte, völlig zu überwinden und geradezu auf die Vernichtung der Streitkräfte des Gegners auszugehen; und wer ihm gewachsen sein wollte, mußte den gleichen Weg gehen und eine ähnliche Heeresverfassung haben wie er. Von diesem Punkte aus entrollt sich am übersichtlichsten die ganze Kette der reformatorischen Maßregeln, die den Staats- und Volksgeist umgestalteten. Neben der alten friderizianischen Staatsordnung setzte sich damit ein neues System von Ideen und Einrichtungen durch, das jenes alte zwar nicht völlig verdrängt, aber wesentlich umgestaltet hat; auf der lebendigen Verbindung beider beruht seitdem das preußische Staatsleben. Die alten Grundzüge des Militär- und Beamtenstaats blieben erhalten; aber aus dem Gemeinbewußtsein in Staat und Volk entsprangen Bestrebungen, die auf einen nationalen deutschen Staat und auf eine verfassungsmäßige Ordnung des öffentlichen Lebens hindrängten. Diese zunächst noch unklar und chaotisch gärenden Bestrebungen waren nicht bloß in Preußen, sondern auch anderswo in Deutschland wirksam. Preußen hatte sich durch seine Reformen in den Stand gesetzt, der Führer dieser deutschen Bewegung zu werden, und es hat sich andererseits durch seine heroischen Anstrengungen und seinen hinreißenden Enthusiasmus in den Freiheitskriegen einen unbestreitbaren und unvergeßlichen Anspruch auf die Führerstellung in Deutschland erworben. Freilich hat es dann nach dem Kriege nicht mehr die Kraft besessen, diesen Anspruch durchzusetzen. Anfang und Ende dieser Epoche zeigen eine Ermattung und Erstarrung, wie sie nach großen, die Kräfte erschöpfenden Leistungen im Völkerleben mit einer gewissen Regelmäßigkeit einzutreten pflegen.

Im Gegensatz zu dem Geiste der Revolution wie der Aufklärung des 18. Jahrhunderts steht die Erneuerung des religiösen Lebens, die auch nach den Befreiungskriegen anhielt und dem 19. Jahrhundert weithin das Gepräge gegeben hat. Das Weltbürgertum des 18. Jahrhunderts verschwand noch nicht vor den nationalen Regungen, sondern vermischte sich mit ihnen zu eigentümlichen Formen, und die Vorstellung eines europäischen Staatenbundes auf christlicher Basis führte in der Heiligen Allianz zu dem Versuch einer neuen Grundlegung des Völkerrechts, die freilich vor den Forderungen einer realistischen Interessenpolitik schließlich nicht standgehalten haben.

Das sind im großen und ganzen die Grundzüge dieses Zeitalters, in welchem die Schicksale des Hohenzollernstaates sich auf dem Hintergrunde der französischen Revolution und der napoleonischen Weltherrschaft abspielen. Es wird immer ein merkwürdiges Beispiel für den auch die größten Geister überraschenden Gang der Weltgeschichte bleiben, daß der große Friedrich von der französischen Gefahr, die seinem Staate drohte, so gar nichts geahnt hat. Er sah noch in Österreich den Hauptgegner seines Hauses und dachte bei seinen Zukunftssorgen an eine Verwirklichung des alten habsburgischen Planes einer absoluten Herrschaft im Reich durch den unruhigen Ehrgeiz Josephs II. Frankreich hielt er für eine dem Verfall sich zuneigende Macht; er hatte keine Ahnung von den Kräften, die durch diesen staatlichen Zersetzungsprozeß entbunden worden sind. Auch seinem Nachfolger ist erst sehr langsam und nie in voller Deutlichkeit die Gefahr vor Augen getreten, die von der Überflügelung des alten Europa durch das in der Revolution verjüngte Frankreich drohte.

Innere Zustände und Regierungstendenzen unter Friedrich Wilhelm II.

Wenn Friedrich der Große gegen Ende seines Lebens mit Sorgen in die Zukunft seines Staates schaute, so hatte der Eindruck, den er von dem Geist und Charakter seines Nachfolgers erhalten hatte, daran einen nicht geringen Anteil. Friedrich Wilhelm II., der älteste Sohn des unglücklichen Prinzen August Wilhelm, war recht im Gegensatz zu dem in heroischer Askese rastlos für den Staat arbeitenden Vorgänger ein bequemer Genußmensch, der wohl die besten Absichten hatte, aber nicht die Geistes- und Willensstärke und vor allem nicht die Ausdauer und Arbeitskraft, deren es bedurft hätte, um die Regierung im Sinn und Geist des großen Friedrich fortzuführen. Stattlich und hochgewachsen, ritterlich in seinem Auftreten und in seinen Neigungen, gutmütig und weichherzig, ohne ausgesprochene militärische oder politische Talente, war Friedrich Wilhelm II. mehr zum Herrschen als zum Regieren geeignet, und es ist ihm und dem Staate zum Verhängnis geworden, daß trotzdem die Form der monarchischen Selbstregierung, wie sie die beiden starken Vorgänger gehandhabt hatten, auch jetzt noch beibehalten wurde. Ein schwacher Monarch hätte eines starken Ministeriums bedurft; da aber die Tradition der Einrichtung eines solchen entgegenstand, so kam es zu einem unregelmäßigen Günstlingsregiment, bei dem auch der bisher in Preußen unerhörte Einfluß einer Mätresse zuweilen mitspielte.

Friedrich Wilhelm hatte als junger, 23jähriger Prinz ein Verhältnis mit der 16jährigen Tochter eines Musikers der königlichen Kapelle, Wilhelmine Enke, angeknüpft, das Herz und Gemüt und auch die Zeit des Thronfolgers stärker in Anspruch nahm, als für seinen künftigen Herrscherberuf gut war. Er sorgte für die Ausbildung seiner Geliebten, die er zum Teil selbst unterrichtete, und die bei nicht geringen Geistesgaben sich zu einer vollkommenen Weltdame entwickelte, auch an den Staatsgeschäften Geschmack gewann, so daß sie später ihrem königlichen Freunde oft als vertraute Ratgeberin gedient hat. Die erste Ehe des Prinzen mit der Prinzessin Elisabeth von Braunschweig, aus der nur eine Tochter entsprossen ist, war höchst unglücklich, nicht durch die Schuld des Prinzen allein, und wurde 1769 geschieden. Aus der zweiten Ehe mit der Prinzessin Friederike von Hessen sind außer dem Thronfolger noch sechs Kinder entsprossen; zugleich aber wurde das Verhältnis mit Wilhelmine fortgesetzt, aus dem auch noch fünf Kinder hervorgingen.

Einen Wendepunkt in dem Leben des Prinzen bildete der Feldzug von 1778, in dem er durch Vermittlung des Prinzen Karl von Hessen mit einem Offizier von sächsischer Herkunft, Johann Rudolf von Bischoffwerder, bekannt wurde, der durch sein imponierendes Äußere, überlegene Geisteskraft und das Geheimnisvolle seines Auftretens den für phantastische Mystik sehr empfänglichen Prinzen fesselte und für den Orden der Rosenkreuzer gewann, einen Geheimbund, der, in Rivalität mit dem Freimaurerorden und im Gegensatz zu der von diesem vertretenen Aufklärung, damals an den deutschen Fürstenhöfen und in den höheren Gesellschaftskreisen zu starker Verbreitung und wachsendem Einfluß gelangte. Durch Bischoffwerder wurde der Prinz auch mit Johann Christoph Wöllner bekannt, der ebenfalls dem Orden der Rosenkreuzer angehörte, und der ihm einige Jahre lang Vorträge über Staatswissenschaften und Regierungskunst gehalten hat, im Sinne einer völligen Umwälzung des friderizianischen Regierungssystems, wobei manche zeitgemäße Reformideen hervortraten. Wöllner war ursprünglich Theologe, aber von weltmännischer Bildung und hervorragender praktischer Begabung. Er war Hauslehrer bei einem Grafen von Itzenplitz gewesen, hatte dessen Patronatspfarre erhalten, aber das geistliche Amt bald wieder aufgegeben, um Landwirt zu werden und schließlich die Itzenplitzsche Erbtochter zu heiraten — sehr zum Verdruß ihrer Verwandten und des Königs Friedrich, der ihn einen „intriganten und betrügerischen Pfaffen" nannte.

Die Verbindung mit den Rosenkreuzern, unter denen namentlich Bischoffwerder der sinnlichen Zügellosigkeit des Prinzen entgegentrat, hatte zur Folge, daß dieser sich von seiner Mätresse zu trennen beschloß und sie 1780 seinem Kammerdiener Ritz zur Hausfrau gab. Nach einem vorübergehenden Aufenthalt in Dessau kam sie später freilich doch wieder nach Berlin zurück; aber der Verkehr zwischen ihr und dem Prinzen, der nun wieder aufgenommen wurde und auch während seiner ganzen Regierungszeit fortdauerte, war jetzt nur noch rein freundschaftlich; die kluge und ihrem fürstlichen Freunde wirklich aufrichtig ergebene Frau, die besser war als ihr Ruf, verstand es, den früheren Liebhaber dauernd zu fesseln und ist ihm bis ans Ende eine treue Freundin geblieben, zu der der König in allen Sorgen und Nöten seines Regentenlebens gern seine Zuflucht nahm. Natürlich fehlte es dabei nicht an Intrigen und unsachlichen Einwirkungen auf die Regierungsgeschäfte, doch ist durch einsichtiges Urteil festgestellt worden, daß sie ihren Einfluß niemals eigentlich gemißbraucht hat. 1794 wurde sie zur Gräfin von Lichtenau erhoben und bei Hofe vorgestellt. Die Freigebigkeit des Königs hatte reich für sie und ihre Kinder gesorgt; eins von diesen, der früh verstorbene Graf von der Mark, hat ein künstlerisch wertvolles Grabdenkmal von Schadow in der Neustädtischen Kirche zu Berlin erhalten.

Auch nach der Trennung von der Mätresse vermochte Friedrich Wilhelm II. nicht, sich den monogamischen Gewohnheiten, die Sitte und Gesetz forderten, dauernd zu fügen; doch wurde den Verhältnissen, die er als König noch einging, wenigstens ein Schein von Rechtmäßigkeit verliehen, der freilich manchen strengen Moralisten noch ärgeren Anstoß gab: zwei Hofdamen der Königin wurden nacheinander dem König, wie man es nannte, zur linken Hand angetraut, zuerst

Julie von Voß, die zur Gräfin Ingenheim erhoben wurde, dann, nach deren frühem Tode (1789), die Gräfin Sophie Dönhoff. Das Konsistorium bezog sich dabei auf ein Gutachten Melanchthons wegen der Doppelehe des Landgrafen Philipp von Hessen; die Trauung vollzog der Hofprediger Zöllner. Aus dem Bunde mit der Gräfin Dönhoff stammt der bekannte spätere General und Ministerpräsident Graf von Brandenburg.

Auf der Verbindung mit dem Orden der Rosenkreuzer, als dessen Mitglied Friedrich Wilhelm den Namen Ormesus führte, beruht der Einfluß, den Wöllner und Bischoffwerder später unter der Regierung des Königs ausgeübt haben. Wöllner wurde sein Hauptratgeber in den Zivilangelegenheiten; er verwaltete die Dispositionskasse und das gesamte Bauwesen, hatte Sitz und Stimme im Generaldirektorium und wurde 1788, nachdem er vorher geadelt war, Minister im geistlichen Departement des Staatsrats. Bischoffwerder wurde erst Flügeladjutant, dann seit 1789 Generaladjutant des Königs und gewann mit der Zeit einen maßgebenden Einfluß, nicht bloß in den militärischen, sondern namentlich auch in den auswärtigen Angelegenheiten. Diese beiden Männer sind es eigentlich, die während der Regierung Friedrich Wilhelms II. den preußischen Staat regiert haben, wobei die rosenkreuzerischen Einflüsse immer eine gewisse Rolle spielten; dabei wurde aber nicht nur der Schein, sondern auch das Prinzip der königlichen Selbstregierung aufrechterhalten; diese betätigte sich freilich nur stoßweise, zwischendurch, ohne Plan und Konsequenz, so daß eine durchdachte, einheitliche Leitung der Geschäfte, wie sie unter Friedrich dem Großen geherrscht hatte, unter seinem Nachfolger so gut wie ganz fehlte.

Die lange und strenge Regierung Friedrichs des Großen war von vielen seiner Untertanen, namentlich von denen, die in persönliche Berührung mit ihm kamen, doch nicht ganz leicht ertragen worden; und es ging wie ein Seufzer der Erleichterung durch die Kreise des Hofes und des Beamtentums, als dieser strenge Herr, in dem sich die unerbittlich heischende Staatsräson verkörpert zu haben schien, die Augen geschlossen hatte. Eine Fülle von neuen Ideen regte sich damals. Mirabeau, der berühmte Staatsmann der französischen Revolution, der in kurzer diplomatischer Sendung den Hof von Berlin kennen gelernt und seinem Minister geheime Berichte über den Zustand des preußischen Hofes geschrieben hatte, richtete beim Regierungswechsel an den neuen Monarchen einen offenen Brief, in dem er ihn zu liberalen Reformen im Sinne des Konstitutionalismus und des physiokratischen Systems mahnte. Derselbe Mirabeau hat wenige Jahre später, 1788, ein großes achtbändiges Werk veröffentlicht: „La monarchie prussienne", in welchem er auf Grund einer statistischen Beschreibung der preußischen Zustände eine scharfe Kritik an dem ganzen friderizianischen Regierungs- und Wirtschaftssystem übte, das er doch ebensowenig wie die Eigenart des preußischen Staates selbst in seinem berechtigten Kern verstanden hat.

Friedrich Wilhelm II. war solchen Einflüssen keineswegs unzugänglich, obwohl keine Rede davon sein konnte, eine so gründliche Umwälzung, wie Mirabeau sie verlangte, zu vollziehen; auch er war Friedrich II. gegenüber kritisch gestimmt; und wenn die Einwirkungen Wöllners, die nach derselben Richtung gingen, auch nicht zu großzügigen Reformen geführt haben, so suchte sich die neue Regierung doch populär zu machen, indem sie einige Maßregeln Friedrichs, die besonders unbeliebt gewesen waren, mit einem gewissen Geräusch aufhob. Die französische Leitung bei der Regie wurde sofort beseitigt; der Generalregisseur de Launay kehrte, nachdem er sich in einem langwierigen Prozeß völlig gereinigt hatte, nach Frankreich zurück. Die General-Zoll- und Akzisenverwaltung wurde jetzt wirklich wieder als ein Departement des Generaldirektoriums hergestellt, unter deutschen Beamten; sonst waren die Veränderungen nicht erheblich. Ferner wurden die verhaßten Monopolien auf Kaffee und Tabak abgeschafft; Einfuhr und Ausfuhr von Getreide wurden erleichtert. Aber es hielt schwer, Ersatz zu schaffen für den Ausfall von Einnahmen, der mit diesen Veränderungen verbunden war. Der Plan einer allgemeinen, nach oben ansteigenden Klassensteuer, den Wöllner vertrat, scheiterte an der Abneigung der besitzenden Klassen; es blieb nichts übrig, als Artikel des Massenverbrauchs, wie Mehl, Zucker und Bier, höher zu besteuern und auch die Preise für das Salz, das Gegenstand eines Staatsmonopols blieb, zu erhöhen. Schon 1788 sah man sich veranlaßt, doch wieder Beschränkungen im Getreidehandel eintreten zu lassen, namentlich bezüglich der Ausfuhr, weil eine Teuerung drohte. Und gegen Ende seiner Regierung, im Jahre 1797, ist Friedrich Wilhelm II. noch selbst dazu gekommen, das Tabakmonopol wieder herzustellen; es war aber so verhaßt, daß sein Nachfolger es gleich nach seinem Regierungsantritt wieder aufgehoben hat.

Das Generaldirektorium erhielt eine neue Instruktion noch im Jahre 1786. Darin war aber nicht eine zeitgemäße Fortbildung der Behördenorganisation angestrebt, etwa in dem Sinne, Fachdepartements an die Stelle der Provinzialdepartements zu setzen und damit die Ausbildung einer Ministerialverfassung, wie in Frankreich und England, anzubahnen; diese Instruktion verfolgte vielmehr den Zweck, das Generaldirektorium im wesentlichen wieder auf den Zustand wie bei seiner Begründung unter Friedrich Wilhelm I. zurückzuführen, was sich denn freilich in der Praxis doch nicht erreichen ließ. Das von Friedrich dem Großen begründete Forstdepartement wurde aufgehoben, die Forstsachen wieder den Provinzialdepartements überwiesen; auch die Monopolgesellschaften für Holzhandel wurden beseitigt: man war der Meinung, daß die Ausbeutung der Forsten zu stark im fiskalischen Sinne betrieben worden sei. Die übrigen Fachdepartements blieben bestehen; aber sie wurden angewiesen, alle Sachen von allgemeinem Interesse nur mit den Provinzialdepartements zusammen in kollegialischen Sitzungen zu erledigen. Übrigens wurde dieselbe Trennung zwischen den Angelegenheiten von allgemeinem Interesse und den nur das technische Detail betreffenden auch bei den Provinzialdepartements durchgeführt, so daß jetzt überhaupt nur noch die wichtigeren Sachen Gegenstand der kollegialischen Plenarberatung wurden. Damit trat tatsächlich über die bisherigen Fach- und Provinzialdepartements ein sogenanntes Generaldepartement, das eben in dem Plenum der Behörde bestand und für alle Angelegenheiten von allgemeinem Interesse zuständig war. Auch die Oberrechenkammer erhielt 1787 eine neue Instruktion, durch die ihre Kompetenz etwas erweitert wurde; 1796 wurden ihr auch die Generalkassen unterstellt. Sie wurde damit aus der Abhängigkeit vom Generaldirektorium herausgelöst — eine Veränderung, die Friedrich Wilhelm III. vollständig durchgeführt hat durch die Instruktion von 1798, welche die Oberrechenkammer unmittelbar unter den König stellte.

Die militärischen Angelegenheiten, die Friedrich der Große noch ganz persönlich aus seinem Kabinett besorgt hatte, namentlich was Kommando, Formationen, Exerzierreglements, Anstellung der Offiziere usw. betraf, wurde 1787 einer neubegründeten Immediatbehörde übertragen, dem Oberkriegskollegium, an dessen Spitze die Generäle Herzog von Braunschweig und v. Möllendorff standen. Friedrich Wilhelm II. hörte also auf, sein eigener Kriegsminister zu sein, wie er auch nicht mehr sein eigener Finanzminister war; die maßgebende Stellung in der Finanzverwaltung kam mit der Verwaltung der Dispositionskasse an Wöllner, der freilich den heißbegehrten Titel eines Finanzministers nicht erhielt.

Die ganze Struktur des preußischen Staatswesens lockerte sich. Die strenge politisch-militärische Zucht, in der Friedrich der Große den Adel gehalten hatte, hörte auf; aber die sozialen Privilegien des Adels blieben natürlich bestehen und befestigten sich. Die straffe Anspannung, zu der unter Friedrich dem Großen Armee und Beamtentum gezwungen worden waren, machte einem bequemeren Gehenlassen Platz; aber die Vorzugsstellung, die Militär und Bureaukratie im Staate einnahmen, verstärkte sich noch. Der einseitig militärische Geist des friderizianischen Preußens verlor viel von seiner Härte und Schroffheit; Handel und Wissenschaft hoben, wie es in der damals entstandenen Nationalhymne heißt, mit Mut und Kraft ihr Haupt empor; und neben ihnen blühten die Künste. Es war, als ob die Keime, die die Regierung Friedrichs des Großen ausgestreut hatte, erst recht zu Wachstum und Gedeihen kamen, seit nicht mehr überall die Hand des strengen Gärtners zu spüren war. Ein architektonisches Kunstwerk wie das Brandenburger Tor, das 1788—91 von Langhans gebaut wurde, zeigt in edelsten Formen den neuen Stil der Zeit; und die Göttin auf dem Siegeswagen, in Kupfer getrieben nach dem Modell Gottfried Schadows, die es seit 1794 krönte, ist zum Wahrzeichen des neuen Berlin geworden. Schadow gelangte damals auf die Höhe seines Schaffens. Ein geborener Märker, in der Werkstatt des von Friedrich dem Großen nach Berlin gezogenen Hofbildhauers Tassaert, dessen Nachfolger er 1788 wurde, im französischen Geschmack geschult, hatte er dann auch in Italien große Eindrücke empfangen und bewegte sich zeitlebens in unbefangenem Wechsel zwischen einem modern-realistischen Stil, der dem Wesen des preußischen Militärstaats angepaßt war, und dem Ideal klassischer Schönheit. In der Wiedergabe der lebendigen Wirklichkeit hatte er einen Vorgänger in dem Zeichner und Kupferstecher Daniel Chodowiecki aus Danzig, der es so trefflich verstanden hatte, Szenen aus dem bürgerlichen und Familienleben in realistischer Treue und liebenswürdiger, stimmungsvoller Auffassung zu schildern, der aber zugleich auch den alten Fritz, wie er in der Seele des Volkes und in Hunderten von Anekdoten lebte, zu eindrucksvoller typischer Darstellung gebracht hatte. Die friderizianischen Erinnerungen befruchteten auch Schadows Kunst. Zwar zu dem geplanten Denkmal des großen Königs kam es noch nicht; aber das schöne Marmorstandbild Friedrichs, das der Künstler 1793 für die pommerschen Landstände schuf, in seiner glücklichen Vereinigung von Naturtreue und monumentaler Würde, ebenso die rasch populär gewordenen Statuen Zietens (1794) und des alten Dessauers (1800), die eine Zeitlang den Wilhelmsplatz schmückten, sind als künstlerischer Ausdruck jenes heroischen Zeitalters von bleibendem Wert. Zugleich sind ihm aber auch Werke von solcher zarten Anmut und Lieblichkeit gelungen, wie die berühmte Marmorgruppe der Kronprinzessin Luise und ihrer Schwester, an der er „mit stiller Begeisterung" in den Jahren von 1795—97 gearbeitet hat. Das Musikleben Berlins, das in den Traditionen Grauns geblieben war, erhielt einen neuen Aufschwung durch die Begründung der „Singakademie", in der Grauns Schüler, Fasch, 1790 Dilettanten der gebildeten Stände zu gemeinsamer Kunstübung vereinigte (übrigens noch nicht in dem späteren eigenen Gebäude), der aber erst der junge Zelter einen ernsteren künstlerischen Geist einflößte. Zelter komponierte Lieder Goethes, und die Freundschaft des wackeren Berliner Musikmeisters mit dem großen Genius von Weimar war eines der Bande, die sich allmählich zwischen der preußischen Hauptstadt und dem Herd der deutschen klassischen Literatur knüpften. Noch überwog freilich der Gegensatz zwischen dem harten und nüchternen, zuweilen auch wohl etwas platten Rationalismus der Berliner Aufklärung, wie sie Nicolai und seine Freunde vertraten, und der reicheren, schöneren geistigen Welt, in der Goethe und Schiller lebten. In dem geharnischten Weimarer Musenalmanach auf 1797 kam dieser Gegensatz zu drastischem Ausdruck. Auch die Reform der Akademie der Wissenschaften, die der gelehrte Minister Graf Hertzberg bald nach dem Regierungsantritt Friedrich Wilhelms II. vornahm und die eine größere Anzahl deutscher Mitglieder in die bis dahin fast ganz französische Körperschaft brachte, trug mehr zur Befestigung als zur Umwandlung der spezifisch berlinischen Richtung bei, da deren Führer jetzt als Mitglieder der Akademie den neuen Ideen und Männern mit um so größerem Nachdruck entgegentreten konnten. Eine wichtige Wendung bedeutete die Berufung Ifflands, der 1796 von Mannheim nach Berlin übersiedelte und der durch seine epochemachende Leitung des Theaterwesens, namentlich auch durch die Aufführung Schillerscher Stücke, in dem nächsten Jahrzehnt, seit 1801 in einem neu erbauten Schauspielhause, sehr nachhaltig auf Geist und Geschmack des Berliner Publikums eingewirkt hat.

Die Ideen der Aufklärung in ihrer Anwendung auf Staat und Gesellschaft, wie sie in der französischen Revolution damals auf die Spitze getrieben wurden, beherrschten viele Köpfe unter den Gebildeten und namentlich auch unter den jüngeren Beamten; die Männer des Landrechts, namentlich Suarez und Klein, vertraten den Gedanken des liberalen Rechtsstaats, wenn sie auch die ständische Gliederung der Gesellschaft noch nicht anzutasten wagten. Der Entwurf des allgemeinen Gesetzbuches, der 1791 im Druck erschien, wurde von der Regierung hauptsächlich aus politischen Bedenken gegen die darin enthaltenen, dem monarchischen Prinzip widerstrebenden Anschauungen und Grundsätze im Jahre 1792 zurückgezogen, um nochmals sachlich revidiert und in der Form umgeschmolzen zu werden; erst 1794 ist das Gesetzbuch unter dem Namen des „Allgemeinen Landrechts für die preußischen Staaten" veröffentlicht worden. Das in dem ersten Entwurf realisierte Ideal, dem schon Cocceji nachgestrebt hatte und das Suarez und Klein als das Palladium des modernen Rechtsstaats ansahen: die Abschaffung der königlichen Machtsprüche, ist in der endgültigen Fassung des Landrechts nicht behauptet worden; dieses monarchische Hoheitsrecht wollte der König nicht opfern; und in der Tat hat er später in den Prozessen gegen den Pastor Schulze von Gilsdorf, dessen Lehre von der der lutherischen Kirche abwich, und des Kriegsrats Zerboni, der in einem offenen Brief den Minister von Hoym gröblich beleidigt hatte, noch schärfend in den Lauf der Justiz eingegriffen, was damals doch schon als etwas Unberechtigtes und nicht mehr Zeitgemäßes empfunden wurde. Ein wertvolles Zugeständnis wurde dem Beamtentum gemacht. Zwar drang der Grundsatz, daß ein Beamter nur durch richterliches Urteil aus seiner Stellung entfernt werden dürfe, nur für die richterlichen Beamten durch; aber auch die Versetzung und Entlassung von Verwaltungsbeamten war nach dem Allgemeinen Landrecht an einen Majoritätsbeschluß des gesamten Staatsrats gebunden, welcher der Bestätigung des Königs unterlag. Die Rechtsstellung des Beamtentums erhielt erst dadurch eine sichere Grundlage. Es wurde damals üblich, die Bezeichnung „Staatsdiener" oder „Beamter" zu gebrauchen, während man früher in der Regel von „königlichen Bedienten" gesprochen hatte.

Eine grundsätzliche und entschiedene Abwendung von den Regierungstendenzen der friderizianischen Zeit hat — trotz der kritischen Strömung zu Anfang der Regierung Friedrich Wilhelms II. — doch schließlich weder auf dem militärischen noch auf dem wirtschaftlich-finanziellen Gebiet stattgefunden. Das Kantonreglement von 1792 blieb ganz in den Bahnen der bisherigen Zustände; und der Merkantilismus ist, trotz mancher Schwankungen, keineswegs abgeschafft, sondern eher noch weiter ausgebaut und gesteigert worden. Der Unterschied war nur, daß der belebende Hauch der großen Herrscherpersönlichkeit jetzt aus dem einen wie aus dem andern Kreise des Staatslebens gewichen war: es wurde jetzt alles mehr zur Routine; die äußeren Formen dominierten; das Schreibwerk entwickelte sich zu riesigen Dimensionen; aber die fruchtbare, schöpferische Kombination der Militär- und Finanzverwaltung mit der Politik, die Zusammenfassung aller Zweige des Staatsdienstes in einem Kopfe, in der das eigentliche Geheimnis der friderizianischen Staatskunst lag, die fehlte in dem Preußen Friedrich Wilhelms II.

Nur auf einem Gebiet ist wirklich grundsätzlich und entschieden der Geist des friderizianischen Systems bekämpft worden: auf dem Gebiete des evangelischen Kirchenregiments, wo allerdings manches zu bessern war. Auf diesen Punkt hat sich tatsächlich der Reformeifer Wöllners in der Hauptsache beschränkt, weil er hier der durch die rosenkreuzerischen Einflüsse bestimmten Neigung des Königs ganz sicher war. Der Kampf gegen die Aufklärung, d. h. gegen die rationalistischen Neologen in Kirche und Schule wurde die Losung; und in diesem Kampfe übertrug der König gleichsam das Generalkommando an Wöllner. Der Minister von Zedlitz, der aufgeklärte Freund und Gönner Kants, der namentlich für das Schulwesen an der Spitze des 1787 eingerichteten Oberschulkollegiums im Sinne der Aufklärung gewirkt hatte, mußte ihm weichen; und nun begann eine entschiedene Reaktion in Kirche und Schule, die weit über das Ziel einer berechtigten Wahrung kirchlicher Interessen hinausschoß, indem sie falsche, bedenkliche Mittel anwandte. Das berüchtigte Religionsedikt Wöllners von 1778 ist allerdings nicht ganz so schlimm, wie es in der landläufigen Auffassung erscheint. Es ist in seinem ersten Teil — was gewöhnlich übersehen oder verschwiegen wird — ein Toleranzedikt, das ganz im Geiste des friderizianischen Staates allen Bekenntnissen und Religionsgesellschaften Duldung und Gewissensfreiheit gewährleistet, — die erste gesetzliche Feststellung des Prinzips der religiösen Toleranz in Preußen, das ja bisher nur als königliche Regierungsmaxime in Geltung gewesen war. Der zweite Teil des Edikts aber bezieht sich speziell auf die lutherische Landeskirche und macht für diese die Bekenntnisschriften der Reformation zur bindenden Norm. Vor allem die Geistlichen werden an diese Norm gebunden; wer nicht auf dem Boden eines positiven Christentums steht, soll nicht als lutherischer Prediger wirken. Das Bedenkliche dabei war die engherzige, orthodoxe Gesinnung, in der das Edikt ausgeführt worden ist. Im Jahre 1791 wurde eine Immediat-Examinationskommission eingesetzt, die die Prüfung der Geistlichen vorzunehmen hatte — unter Beiseiteschiebung des der Aufklärung verdächtigen Oberkonsistoriums —; und in diese Kommission wurden Männer von harter, unduldsamer Orthodoxie berufen, neben Wöllner die Theologen Hermes und Hillmer, der letztere auch ein Rosenkreuzer. Die Art, wie diese Männer ihres Amtes walteten, hatte etwas Verbitterndes und Demoralisierendes; sie drängte alle freieren Richtungen aus Kirche und Schule heraus und zog die Heuchelei groß. Trotzdem kam man im Kampfe gegen die Aufklärung nicht recht vorwärts, und die Kommission konnte im Jahre 1794 dem König keinen günstigen Bericht über den Erfolg ihrer Maßregeln erstatten. Das aber brachte Friedrich Wilhelm II. vollends in Harnisch gegen die ihm ganz persönlich verhaßte aufgeklärte Richtung. Dabei zeigte sich recht deutlich, daß er in diesem Kampf nicht der Geschobene, sondern der Schiebende war. Statt, wie Wöllner riet, den Erfolg der getroffenen Maßregeln dem göttlichen Willen anheimzustellen, verlangte er eine schärfere Tonart in ihrer Handhabung; er drohte Wöllner mit seiner Ungnade, wenn nicht nachdrücklicher und erfolgreicher auf diesem Felde gearbeitet werde; und in der Tat ist der Einfluß Wöllners seit dieser Zeit im Sinken begriffen; er hat nie wieder die frühere Höhe erreicht. Im Kirchen- und Schulregiment aber stieg jetzt die Reaktion zu bedrohlicher Höhe. Damals erhielt Kant eine Verwarnung und mußte sich verpflichten, fortan nichts gegen die Religion zu lehren und zu schreiben. Die Zensur, die auf Grund eines Edikts von 1788 ausgeübt wurde und seit 1791 den Mitgliedern der Examinationskommission übertragen war, bedrohte die Geistesfreiheit in dem Maße, daß die beiden großen Berliner Journale, in denen der Geist der Aufklärung vornehmlich zum Ausdruck kam, Nicolais „Allgemeine Deutsche Bibliothek“ und Biesters „Berliner Monatsschrift“, sich zur Auswanderung entschlossen. Dieser Druck hielt an bis zum Ende der Regierung Friedrich Wilhelms II. Sein Nachfolger lenkte in andere Bahnen ein. Als Wöllner sich herausnahm, das Religionsedikt 1798 eigenmächtig ohne königlichen Befehl aufs neue einzuschärfen, wandte sich Friedrich Wilhelm III. in einer scharf und entschieden gefaßten Kabinettsorder (aus der Feder des Kabinettsrats Mencken) gegen diese Maßregel und gegen den ganzen Geist der reaktionären Bestrebungen unter seinem Vorgänger; Wöllner wurde ohne Pension entlassen. Das Religionsedikt ist zwar niemals formell aufgehoben worden, aber seit jener Zeit wurde es wenigstens in seinem zweiten Teil nicht mehr beobachtet.

In einem merkwürdigen Gegensatz zu dem Kampf gegen die Aufklärung und für die Wiederbelebung positiver Religion steht der Grundsatz einer milderen Behandlung der Juden, den Friedrich Wilhelm II. seit seinem Regierungsantritt walten ließ. Zwar, die „bürgerliche Verbesserung der Juden“, die Dohm 1781 im Anschluß an Lessings „Nathan“ verlangt hatte, wurde noch nicht durchgeführt; aber sie bereitete sich vor durch eine geistige und gesellschaftliche Hebung der jüdischen Oberschicht auf das Niveau der übrigen gebildeten Klassen. Das Wohlwollen der Regierung steht dabei nicht unwirksam im Hintergrunde. Friedrich Wilhelm I. war noch von einem grimmigen, aus der Verbindung von religiösen und wirtschaftlichen Motiven entspringenden Judenhaß erfüllt, der freilich in der Praxis durch Gerechtigkeit, Gutmütigkeit und Staatsinteresse sehr gemildert worden war; Friedrich der Große hatte trotz aller Toleranz doch eine instinktive Abneigung gegen die Abkömmlinge des auserwählten Volkes nie ganz verleugnet. Dabei hatten aber beide Monarchen, namentlich Friedrich der Große, einen Teil der Judenschaft durch die Heranziehung zu größeren gewerblichen Unternehmungen in wirtschaftlicher und sozialer Hinsicht gewaltig gehoben. Auch die Juden waren, als ein besonderer Stand, in das sozialpolitische System des großen Königs eingegliedert worden; und wenn er sie auch wegen des häufig vorkommenden Schmuggels unter handelspolizeiliche Ausnahmemaßregeln gestellt und ihnen neben dem Schutzgeld in der Verpflichtung zur Beschaffung von Silber für die Münze und zur Abnahme von Porzellan aus seiner Fabrik neue schwere Lasten auferlegt hatte, die durch die Wachsamkeit der Fiskale noch drückender wurden, so hat er sie doch für seinen Staat eben dadurch erzogen; und die angesehenere Stellung, die viele von ihnen dann unter der milderen Praxis seines Nachfolgers im Geschäftsleben, in der Literatur und in der Gesellschaft der preußischen Hauptstadt einnahmen, kann doch in gewissem Sinne mit zu den Nachwirkungen der friderizianischen Regierung gezählt werden, die erst deutlich hervortraten, als unter seinem Nachfolger die straffe Zügelführung sich gelockert hatte und die Elemente der bürgerlichen Gesellschaft den Druck der Staatsräson, der bisher auf ihnen gelastet hatte, nicht mehr so stark empfanden und freier zu atmen vermochten.

Politik und Krieg unter Friedrich Wilhelm II.

In der auswärtigen Politik wurde der maßgebende Einfluß unter Friedrich Wilhelm II. zunächst durch den Grafen Hertzberg ausgeübt, der noch aus der Schule des großen Königs stammte, von diesem aber seiner Meinung nach nicht gebührend gewürdigt worden war und sich deswegen schon früh mit seinen Plänen und Vorschlägen dem Thronfolger genähert hatte. Hertzberg war eigentlich mehr Gelehrter als Staatsmann; er war ein fleißiger und kenntnisreicher Archivar, Historiker und Publizist; die Politik betrieb er wie ein Schachspiel mit der doktrinären Zuversicht und eitlen Selbstgewißheit eines Theoretikers, dem die richtige Einsicht in die lebendigen Kräfte und Widerstände der Welt fehlt. Er war durchdrungen von dem friderizianischen Grundsatz, daß Österreich der Hauptgegner Preußens sei und bleibe; auch den Fürstenbund faßte er ganz im Sinne Friedrichs des Großen auf, während der eifrigste unter den verbündeten Fürsten, Karl August von Sachsen-Weimar, Goethes Herr und Freund, der „Kurier des Fürstenbundes", wie man ihn wohl spöttisch genannt hat, mit einigen Gesinnungsgenossen bemüht war, dem Bunde einen neuen Geist und neues Leben einzuflößen. Was Karl August wollte, war eine Umgestaltung der ganzen Reichsverfassung durch den Fürstenbund. Er wollte ihn zu einem engeren Bunde der norddeutschen Staaten unter Preußens Führung machen, mit einer besonderen Heeresverfassung und einem besonderen Waffenplatz, etwa in Mainz. Ihm schwebte schon etwas ähnliches vor wie der spätere norddeutsche Bund. Demgegenüber hielt Hertzberg daran fest, daß der Fürstenbund nicht ein Instrument zur Reform, sondern zur Erhaltung der Reichsverfassung sein sollte; er dachte ihn sich als Anhängsel starker auswärtiger Allianzen. Er plante einen nordischen Bund, der der französisch-österreichischen Allianz die Wage halten sollte; den Kern darin sollte ein Bündnis mit England bilden; durch Entgegenkommen in den orientalischen Fragen hoffte er auch Rußland von Österreich abziehen und auf die Seite dieses Bundes bringen zu können.

Die Brücke zur Verständigung mit England wurde die Verwicklung in den Niederlanden, die durch eine anti-oranische Revolution im Jahre 1787 entstand. Die sogenannte Patriotenpartei hatte den Erbstatthalter Wilhelm V. verjagt und seine Gemahlin, eine preußische Prinzessin, die Schwester Friedrich Wilhelms II., insultiert. Der alte Parteigegensatz der Republikaner und der Oranier verquickte sich damals mit dem rivalisierenden Einfluß Frankreichs und Englands: Frankreich war für die Patrioten, England für die Oranier. Den Engländern kam es sehr gelegen, in diesem Konflikt die preußische Militärmacht gegen den französischen Einfluß auszuspielen. Friedrich Wilhelm II. wollte anfangs eine Einmischung vermeiden; aber die Beleidigung seiner Schwester, für welche Genugtuung verweigert wurde, zwang ihn zu kriegerischen Maßregeln: 20 000 Preußen unter dem Herzog von Braunschweig marschierten nach Holland, besetzten Amsterdam und führten den Erbstatthalter nach dem Haag zurück. Der Einfluß der Franzosen war gebrochen; aber nicht Preußen, sondern England wurde nun die maßgebende Macht in den Niederlanden. Großmütig und unpolitisch, wie er war, verzichtete Friedrich Wilhelm II. auf den Ersatz der Kriegskosten, die 6 Millionen Taler betragen hatten. Der einzige Gewinn für Preußen war ein Bündnis mit der Republik vom April 1788, an welches sich ein Bündnis mit England im August anschloß. In diesem Dreibund glaubte Hertzberg die Grundlage zu weiteren Unternehmungen zu besitzen, die den Einfluß Preußens und seiner Verbündeten in Europa zu achtunggebietender Stärke steigern sollten.

Die politische Lage schien damals günstig für Preußen. Österreich war mit Rußland zusammen in einem Kriege gegen die Türkei begriffen, der einen erheblichen Teil seiner Kräfte in Anspruch nahm. Zugleich waren in einigen Ländern der österreichischen Monarchie nationalistische Bewegungen gegen das allzu straff angespannte absolutistische und zentralistische Regiment zum Ausbruch gelangt oder dem Ausbruch nahe. Die belgischen Niederlande befanden sich in offenem Aufruhr, und diese Bewegung, die auf die Begründung eines selbständigen Staatswesens ausging, wurde von Preußen aus ermutigt und moralisch unterstützt, ebenso wie eine Erhebung der Bürgerschaft von Lüttich gegen ihren Erzbischof. Auch in Galizien, das Preußen sehr ungern in den Händen Österreichs sah, weil es sich dadurch selbst bedroht fühlte, wurde gegen die österreichische Herrschaft lebhaft agitiert, und ebenso konnte in Ungarn ein Aufstand erwartet werden; auch hier hatte Preußen mit den Unzufriedenen Verbindungen angeknüpft. Hertzberg suchte aus den Verlegenheiten der Österreicher auf seine Weise Nutzen zu ziehen. Er verfolgte den Plan, durch eine bewaffnete Mediation, aber ohne Krieg, bei dieser Gelegenheit für Preußen Danzig und Thorn zu erwerben samt einem Stück von Posen, das eine leidliche

Grenze zwischen Ostpreußen und Schlesien herstellen sollte. Er gedachte diese Erwerbung zu machen auf Grund einer freiwilligen Abtretung durch Polen; dafür sollte Polen entschädigt werden durch die Rückgabe Galiziens, die er von Österreich zu erreichen hoffte. Österreich wiederum sollte zum Ersatz die von der Pforte abhängigen Donaufürstentümer Moldau und Walachei erhalten, die ihm von der Türkei überlassen werden sollten; Rußland sollte ebenfalls mit türkischem Gebiet in Bessarabien zufriedengestellt werden. Bei alledem wurde auf die Unterstützung Englands gerechnet, obwohl in dem Bündnisvertrage von 1788 nichts darüber ausgemacht war und die Erwerbung Danzigs durch Preußen von jeher als eine Schädigung der englischen Handelsinteressen betrachtet worden war.

Es bestand wenig Aussicht, diesen Plan zu verwirklichen, da keine der Mächte geneigt war, in die ihr von Hertzberg zugemuteten Abtretungen zu willigen. Aber Hertzberg behielt auch nicht einmal die Fäden in der Hand, und die preußische Politik wurde durch andere Einflüsse, als die seinigen, namentlich auch durch abweichende Neigungen des Königs bestimmt. Es gelang, im Einverständnis mit England Schweden, das in einem Kriege mit Rußland begriffen war, vor einem dänischen Überfall zu bewahren; und neben Schweden trat Preußen, um sich vor Rußland und Österreich zu sichern, in nähere Verbindung mit Polen und der Türkei. Im Januar wurde ein Bündnis mit der Pforte geschlossen, das ihr die Integrität ihres Besitzstandes gewährleistete, und im März folgte ein Bündnis mit Polen. Der König war sehr kriegslustig gestimmt; er hatte einen Teil seines Heeres mobil gemacht und stand bereit, über die böhmische Grenze vorzurücken, um eine ihm bedrohliche Verstärkung Österreichs in dem Kriege mit der Türkei zu verhüten. Da starb am 20. Februar 1790 Kaiser Joseph II., und sein Nachfolger Leopold II., ein besonnener, maßvoller Politiker, entschloß sich, im Gegensatz zu dem Staatskanzler Kaunitz, dem alten Feinde Preußens, der auch jetzt den Krieg wieder aufzunehmen bereit war, alle Mittel anzuwenden, um den Frieden zu bewahren; er wandte sich in einem persönlichen Schreiben an Friedrich Wilhelm II. mit dem Wunsche, Verhandlungen zu eröffnen. Diesem Wunsche gab Friedrich Wilhelm II. nach, und die Besprechungen der Diplomaten begannen zu Reichenbach in Schlesien im Juni 1790. Hertzbergs Projekt, auf das man doch wieder zurückkam, erwies sich auch jetzt als unausführbar; der König verlor die Geduld bei den langwierigen Verhandlungen, hinter denen er die Absicht einer unmittelbaren Verständigung zwischen Österreich und der Türkei argwöhnte, und befahl den Abschluß des Vertrages mit Österreich auf Grund einer Bedingung, die den Besitzstand der Türkei sicherstellte. Seine Kriegslust war längst verschwunden; Preußen gab die Unterstützung der aufständischen Brabanter und der unzufriedenen Ungarn auf, und Österreich andererseits willigte ein, nach dem Verlangen Preußens und Englands einen Waffenstillstand mit der Türkei zu schließen mit der Aussicht auf einen Frieden ohne Gebietsabtretung.

Auf dieser Grundlage kam die Konvention von Reichenbach zustande, am 27. Juli 1790. Friedrich Wilhelm II. hatte die Genugtuung, Österreich in seinem Siegeslauf gegen die Türkei aufgehalten zu haben; es war mehr eine Befriedigung der politischen Eitelkeit, als ein realer Vorteil für Preußen, dem die Mobilmachung und der Kongreß wieder Millionen gekostet hatten. Die ererbte Autorität Preußens im europäischen Staatensystem war zwecklos verpufft worden. So hat es Bismarck ausgedrückt in der scharfen Kritik, die er an dieser Politik in seinen „Gedanken und Erinnerungen" geübt hat. Der Fürstenbund war damit völlig begraben; jeder Gedanke an eine Reichsreform ohne Österreich, an einen Nordbund gegen Österreich mußte vollends aufgegeben werden. Leopold II. wurde jetzt zum Kaiser gewählt und in Frankfurt gekrönt (1791). In eben diesem Zeitpunkt gelang dem preußischen Staate die Einverleibung der fränkischen Fürstentümer Ansbach und Bayreuth, die schon beim Frieden von Teschen (1779) von Friedrich dem Großen gegen Anfechtung gesichert worden war. Der letzte kinderlose Markgraf der fränkischen Linie, Christian Friedrich Karl Alexander, der die beiden Fürstentümer besaß, trat sie 1791 an Preußen ab, wogegen von seiten des Kaisers Schwierigkeiten nicht erhoben wurden. Bei Gelegenheit dieser Erwerbung ist es 1792 zur Stiftung des Ordens vom Roten Adler gekommen, der übrigens damals, wie der Schwarze Adlerorden, nur e i n e Klasse hatte und noch nach alter Weise als ein vornehmer Ritterorden, nicht eigentlich als Verdienstorden betrachtet wurde.

Die Verwicklungen im Osten, aus denen Österreich durch die Konvention von Reichenbach und endgültig 1791 durch den Frieden von Sistowa sich herauslöste, waren damit noch nicht völlig entwirrt. Rußland, das eben damals seinen Krieg mit Schweden glücklich beendet hatte, führte den gegen die Türkei mit noch besserem Erfolge fort und war nicht geneigt, sich der von Preußen und England vertretenen Forderung eines Friedensschlusses ohne Gebietsabtretung zu fügen. Es schien, als ob es gegen Rußland 1791 zum Kriege kommen sollte. Friedrich Wilhelm II. machte Anstalten, selbst ins Feld zu ziehen; man plante einen Einfall in Livland und eine Erhebung in Polen; die Türken sollten die Offensive an der Donau ergreifen; eine englische Flotte sollte in das Schwarze Meer einfahren, eine andere Rußland in der Ostsee bedrohen. Aber diese Pläne zerfielen, weil Pitt, der diese Rüstungen betrieben hatte, durch die Angriffe seines parlamentarischen Gegners Fox und durch einen Umschwung in der öffentlichen Meinung gezwungen wurde, die Kriegspolitik aufzugeben, um sich in seiner Ministerstellung zu halten. Dieses Versagen Englands hielt dann auch Preußen von Feindseligkeiten gegen Rußland zurück, und Katharina konnte in dem Frieden von Jassy 1792 die Türken zu neuen Abtretungen zwingen. Es war eine diplomatische Niederlage für Preußen, die den zweifelhaften Triumph von Reichenbach fast aufwog.

Die Konvention von Reichenbach leitete einen völligen Umschwung der preußischen Politik ein. Sie ist einer der Wendepunkte, die in der Geschichte des europäischen Staatensystems Epoche machen. Die scharfe Feindschaft zwischen Preußen und Österreich, die 50 Jahre hindurch geherrscht hatte, schlug bald darauf um in eine Bündnispolitik, die bis in die Mitte des 19. Jahrhunderts gedauert hat, wobei aber Österreich der führende und Preußen meist der geführte Teil war. Hertzbergs Rolle war mit dieser Wendung der preußischen Politik ausgespielt. Den maßgebenden Einfluß gewann jetzt Bischoffwerder; er ist es vornehmlich, der dem König den Gedanken eines Bündnisses mit Österreich und des Krieges gegen das revolutionäre Frankreich eingegeben hat. In geheimer Sendung reiste er zwischen den Höfen von Berlin und Wien hin und her, und seinen Bemühungen vor allem ist das sogenannte Präliminarbündnis entsprungen, das am 25. Juli 1791 zwischen Preußen und Österreich geschlossen worden ist. Sein praktischer Inhalt bezog sich vor allem auf die polnische und auf die französische Frage. Man einigte sich über den Grundsatz der Integrität Polens und der freien Verfassung, im Hinblick auf das neue Grundgesetz vom 3. Mai 1791, durch das Polen aus einem Wahlreich in ein Erbreich unter einer sächsischen Dynastie mit einer ganz modernen konstitutionellen Verfassung umgewandelt worden war. In der französischen Frage verpflichtete sich Preußen, alle Bemühungen anzuwenden, um eine Übereinkunft der monarchischen Höfe Europas im Sinne des Rundschreibens von Padua zustande zu bringen, in welchem Leopold II. am 5. Juli die Höfe zu einem gemeinsamen Eintreten für die Sache der eben damals von der Flucht zurückgeholten französischen Königsfamilie aufgefordert hatte. In eben diesem Sinne war auch die Erklärung von Pillnitz gehalten, die bei einem Aufenthalt der beiden Herrscher am sächsischen Hofe am 27. August vereinbart und ohne ihre Ermächtigung von dem Haupt der Emigranten, dem Grafen von Artois, in die Öffentlichkeit gebracht wurde. Trotz der vorsichtigen Fassung dieser Abmachung beschlossen Preußen und Österreich damals bereits die Mobilmachung. Friedrich Wilhelm II. wünschte den Krieg; er war der Meinung, man werde mit den preußischen Truppen die französische Revolutionsarmee ebenso leicht zersprengen, wie 1787 die holländischen Freischaren. Leopold II. verhielt sich kühler; er suchte trotz jener Kundgebungen den Krieg zu vermeiden. Es ist bekanntlich nicht gelungen. Im Januar 1792 forderten die Girondisten bereits den Krieg. Preußen aber verbündete sich jetzt in aller Form mit Österreich durch die Allianz vom 7. Februar 1792, in der es dem Kaiser ein Hilfskorps von 20 000 Mann zur Verfügung stellte. In diesem kritischen Moment starb Kaiser Leopold nach kurzer Krankheit am 1. März 1792; und seinem Nachfolger Franz II. wurde am 20. April durch das girondistische Ministerium unter Dumouriez der Krieg erklärt. In diesen Krieg wurde nun auch Preußen durch seine Verbindung mit Österreich hineingerissen.

Friedrich Wilhelm II. hoffte auf einen leichten Sieg und wollte bei dieser Gelegenheit auch zugleich im Osten gegen Polen neue Erwerbungen machen. Die Kaiserin Katharina, die sich bei dem Einschreiten der monarchischen Mächte gegen das revolutionäre Frankreich klüglich zurückgehalten hatte, um während eines Krieges im Westen desto ungestörter im Osten um sich greifen zu können, hatte seine Begehrlichkeit gereizt durch einen neuen Vorschlag zur Teilung Polens, den er mit Eifer ergriff. Österreich hätte damals am liebsten die polnische Verfassung vom 3. Mai 1791 mit dem sächsischen Erbkönigtum durchgesetzt, weil dadurch Rußland und Preußen wahrscheinlich in Schranken gehalten worden wären; aber in Polen selbst hatte sich dagegen die Konföderation von Targowitz erhoben, der sich auch, von Katharina gedrängt, der König Stanislaus angeschlossen hatte. In dem Bündnisvertrag zwischen Preußen und Österreich vom 7. Februar 1792 war zwar noch von der Integrität Polens die Rede, aber Friedrich Wilhelm II. hoffte, durch eine über seine Verpflichtungen hinausgehende Unterstützung Österreichs in dem Kriege gegen Frankreich die Zustimmung des Kaisers zu dem polnischen Teilungsplan zu gewinnen. Er nahm persönlichen Anteil an der Kaiserkrönung Franz' II. in Frankfurt am 19.—21. Juli; dort wurden auch die Kriegspläne besprochen, und unter dem Einfluß der Emigranten das verhängnisvolle Manifest vom 25. Juli festgestellt, das unter anderem Paris mit Vernichtung bedrohte, wenn der Königsfamilie Gewalt angetan werde. Friedrich Wilhelm II. befand sich damals in einer nationalen Erregung. Er fühlte sich als Vorkämpfer Deutschlands gegen Frankreich. Er dachte an eine Zurückeroberung von Elsaß und Lothringen und hoffte dann auch für Preußen endlich Jülich und Berg erwerben zu können; dem Austausch von Bayern gegen die österreichischen Niederlande, der Einverleibung Bayerns in Österreich, die Friedrich der Große so scharf bekämpft hatte, legte er kein Hindernis mehr in den Weg.

Der Feldzug, in dem der Herzog von Braunschweig das Oberkommando führte, begann glücklich, 1792. Die Verbündeten drangen in Frankreich ein, nahmen Longwy und Verdun und wollten durch die Champagne auf Paris marschieren. Aber die französische Bevölkerung, die man von dem Druck der revolutionären Machthaber befreien wollte, zeigte sich wider Erwarten feindselig; die Wehrkraft des Landes wurde viel besser organisiert, als man erwartet hatte; die von den Österreichern gestellte Truppenmacht war ungenügend. So wagte denn der Herzog von Braunschweig nicht, auf der Höhe von Valmy am 20. September den ihm gegenüberstehenden französischen General Kellermann anzugreifen, und es blieb bei der bekannten Kanonade. Er dachte bereits an einen Separatfrieden und ließ sich von Dumouriez, der auf französischer Seite das Oberkommando führte, so lange hinhalten, bis dieser Verstärkungen herangezogen hatte und ihm mit überlegener Macht gegenüberstand. Dann trat er den Rückzug an, der durch die Ungunst der Witterung, schlechte Wege, Hunger und Krankheiten eine verhängnisvolle Wendung nahm. Die Franzosen drangen nach, sie nahmen das linke Rheinufer in Besitz (man hatte ja den Rhein damals als die natürliche Grenze Frankreichs proklamiert), General Custine eroberte Mainz und brandschatzte Frankfurt. In Paris kamen mehr und mehr die Jakobiner obenauf; dem König wurde der Prozeß gemacht wegen Landesverrats; am 21. Januar 1793 wurde er hingerichtet. Damit war das eigentliche Ziel des Angriffs durch die monarchischen Mächte bereits verfehlt.

Inzwischen war für die preußische Politik immer mehr das Streben nach Erwerbungen in Polen vor dem Interesse an dem französischen Kriege in den Vordergrund getreten. Katharina suchte zwar den König von Preußen auf der einen Seite in dem Kriege gegen Frankreich festzuhalten, auf der andern aber lockte sie ihn mit der polnischen Beute. Sie hatte im Lauf des Jahres 1792 mit Österreich und Preußen Verträge geschlossen, mit Österreich am 14. Juli, mit Preußen am 6. August. In dem österreichischen Vertrage waren Verabredungen wegen eines gemeinsamen Türkenkrieges getroffen worden, in dem preußischen war man übereingekommen, die polnische Verfassung vom 3. Mai 1791 zu beseitigen, Polen in seiner freien Verfassung, d. h. in seiner Anarchie, und als Wahlkönigreich zu erhalten. An Stelle von Kaunitz, der damals zurücktrat, übernahm Graf Philipp Cobenzl die Leitung der österreichischen Politik, während in Preußen seit 1793 der Rosenkreuzer Graf Haugwitz die Geschäfte führte.

Die Russen hatten schon seit 1792 Truppen in Polen einrücken lassen; 1793 erschien neben ihnen auch ein preußisches Korps unter Möllendorff. Rußland und Preußen vereinbarten insgeheim, ohne Österreich zuzuziehen, einen Teilungsvertrag am 23. Januar 1793; sie besetzten gleich die Gebiete, die sie sich aneignen wollten, und ließen sich am 7. Mai die Huldigung leisten. Kaiser

Franz war sehr empört, als ihm Rußland nach vollendeter Tatsache Mitteilung von dem Geschehenen machte. Cobenzl wurde entlassen, an seine Stelle trat Baron Thugut, der nun vor allem gegen Preußen eine unfreundliche Haltung annahm, während er sich den Russen allmählich wieder näherte. Man hatte Österreich aus dem Spiel gelassen, weil es immer noch insgeheim die polnische Verfassung vom 3. Mai 1791 und das sächsische Erbkönigtum begünstigte, was weder für Preußen noch für Rußland annehmbar war. Katharina ließ sich aber angelegen sein, Preußen immer wieder zu kriegerischem Vorgehen gegen Frankreich im Bunde mit Österreich anzustacheln, um den Druck der preußischen Macht im Osten zu vermindern; das war förmlich eine Bedingung des Einvernehmens zwischen Preußen und Rußland. Andererseits glaubte Friedrich Wilhelm II. den Groll Österreichs beschwichtigen zu können durch die Begünstigung des bayerischen Tauschprojekts. Aber die Spannung zwischen Preußen und Österreich wurde trotzdem immer schärfer, und das wirkte auch auf den Krieg im Westen ungünstig zurück.

Im Frühjahr 1793 war auch der Reichskrieg gegen Frankreich erklärt worden. Der österreichische Feldherr Prinz von Koburg war siegreich in den Niederlanden vorgedrungen; Dumouriez, bei Neerwinden geschlagen, war aus Angst vor den Jakobinern ins österreichische Lager geflüchtet. Die Preußen unter dem Herzog von Braunschweig hatten das linke Rheinufer wieder besetzt; am 23. Juli kapitulierte Mainz vor ihnen. England, dem Frankreich damals den Krieg erklärt hatte, war mit in die Reihe der Verbündeten getreten und hatte Subsidienverträge mit mehreren deutschen Kleinstaaten geschlossen, deren Truppen nun die österreichische Armee verstärkten. Aber die Uneinigkeit der Verbündeten verhinderte große Erfolge. Preußen und Österreich operierten meist für sich besonders. Der Herzog von Braunschweig siegte am 14. September allein bei Pirmasens, ebenso am 28.—30. November bei Kaiserslautern. Aber die Österreicher wurden geschlagen, so daß die Franzosen am Ende des Feldzuges doch wieder im Vordringen waren.

Friedrich Wilhelm II. fühlte sich von Österreich mit Undank belohnt; er verließ die Rheinarmee, bei der er persönlich den Feldzug mitgemacht hatte, indem er in einem Manifest vom 21. September erklärte, daß Preußen jetzt seine eigenen Interessen wahrnehmen wolle; er ging nach Polen, wo die Verhältnisse damals eine kritische Wendung genommen hatten. Der polnische Reichstag, der zu Grodno versammelt war, hatte am 22. Juli zwar die russischen Erwerbungen anerkannt, den Beschluß über die preußischen aber hatte er vertagt. Rußland gab sich alle Mühe, auch die preußischen Erwerbungen durch den Reichstag bestätigen zu lassen; aber erst durch Drohung mit Waffengewalt vermochte es seinen Willen durchzusetzen in der sogenannten stummen Sitzung vom 25. September 1793. Als Friedrich Wilhelm II. in Polen ankam, war also die Entscheidung bereits gefallen. Danzig und Thorn samt den Palatinaten Posen, Gnesen, Kalisch und einige andere Gebiete kamen zu Preußen, im ganzen 1061 Quadratmeilen mit 1 130 000 Einwohnern. Es blieb nur übrig, diese Gebiete zu organisieren und dem preußischen Staatskörper einzufügen. Danzig und Thorn kamen zu Westpreußen, die übrige Ländermasse wurde als eine neue Provinz, Südpreußen, unter die Verwaltung des Generaldirektoriums, insbesondere des Ministers v. Voß, gestellt.

Die Fortsetzung des Krieges gegen Frankreich war zu Anfang des Jahres 1794 zweifelhaft geworden. Der Herzog von Braunschweig hatte im Januar aus Verdruß über das schlechte Zusammenwirken der Österreicher mit Preußen den Oberbefehl niedergelegt; an seine Stelle war Feldmarschall Möllendorff getreten. Aber die preußische Kriegführung wurde gelähmt durch den Mangel an Geld. Der von Friedrich dem Großen hinterlassene Staatsschatz, über 50 Millionen Taler, war längst aufgebraucht; der Staatskredit war durch Aufnahme von Anleihen bis zur Grenze des Möglichen ausgenutzt; Preußen brauchte Subsidien, um den Krieg fortzuführen; darüber kam es zu sehr unerquicklichen Verhandlungen mit England. Erst als Friedrich Wilhelm II. am 11. März Möllendorff den Befehl gab, mit dem preußischen Hauptheer abzumarschieren und nur die vertragsmäßigen 20 000 Mann zurückzulassen, lenkte England ein; aber der Haager Subsidienvertrag vom 19. April 1794 bedeutete für Preußen eine schmähliche Demütigung. Preußen verpflichtete sich, 62 400 Mann in den Dienst der Verbündeten zu stellen mit der Maßgabe, daß sie im Interesse und nach den Wünschen der Seemächte, England und Holland, operieren sollten; dafür wollten die Engländer monatlich 50 000 Pfund Sterling zahlen samt einigen anderen Entschädigungen. Man war gleichsam wieder in die Zeit Friedrichs I. zurückgefallen. Tatsächlich aber haben die Preußen ihre Selbständigkeit doch nicht ganz aufgegeben. Möllendorff befand sich in ewigem Streit deswegen mit Lord Malmesbury, und die Engländer nahmen daraus Veranlassung, die Zahlung der Subsidien einzustellen. Am 23. Mai 1794 erfocht Möllendorff einen zweiten Sieg bei Kaiserslautern; aber einen ersprießlichen Fortgang nahm die Kriegführung nicht; im ganzen waren die französischen Revolutionsheere überlegen, und Ende Oktober verließ die preußische Armee den westlichen Kriegsschauplatz ganz und gar, um in Polen einzugreifen.

In Polen war nämlich im März 1794 ein Aufstand der Patrioten gegen die russisch-preußische Vergewaltigung ausgebrochen; an der Spitze stand Thaddäus Kosciuszko. Die Preußen und Russen hatten ihn am 6. Mai bei Rawka geschlagen; Krakau hatte sich am 15. Mai den Preußen ergeben. Sie waren dann vor Warschau gerückt; hier aber kam der Vormarsch der preußischen Armee, bei der der König selbst sich befand, zum Stehen. Aus politischen Gründen, aus Mißtrauen gegen Österreich und Rußland, gingen die Preußen am 6. September zurück, ohne Warschau genommen zu haben; und nun drangen die Polen wieder vor: sie brachen in Südpreußen ein, sie siegten bei Bromberg am 2. Oktober und nahmen die Stadt, die Preußen erlitten eine Schlappe nach der anderen, ihr Kriegsruhm erfuhr eine schlimme Schädigung. Um so erfolgreicher aber waren die Russen unter Suworow: am 10. Oktober gelang es ihnen, Kosciuszko zu schlagen und gefangen zu nehmen; am 4. November wurde Praga, die Vorstadt von Warschau, erstürmt, am 8. November Warschau selbst genommen. Damit war der Aufstand niedergeworfen, aber nicht durch preußische, sondern durch russische Waffen. Südpreußen wurde jetzt wie eine eroberte Provinz behandelt und mit Schlesien zusammen dem Minister Grafen Hoym unterstellt. Massenhafte Konfiskationen stellten der Regierung eine Fülle von Grundbesitz zur Verfügung, der großenteils verschenkt und verschleudert wurde; auch im Beamtentum machte sich damals Habgier und Korruption unangenehm bemerkbar. Es war kein Segen bei diesen neuen polnischen Erwerbungen.

Nach all diesen Vorgängen waren Preußen und Österreich zum Frieden mit Frankreich geneigt. Auch Österreich hat insgeheim mit den Franzosen verhandelt; es wollte Bayern gegen die Niederlande eintauschen und verlangte auch noch Venetien, während Frankreich Mailand forderte. Aber diese Verhandlungen sind gescheitert und Österreich hat sie später abgeleugnet. Für Preußen war der Hauptbeweggrund zum Frieden seine finanzielle Erschöpfung und der Zwist mit England wegen der Subsidienfrage; daneben wirkte aber auch die Furcht mit, es möchte in Polen von Rußland und Österreich, die im Laufe des Jahres 1794 in immer engere Beziehungen zueinander getreten waren, angegriffen werden. Friedrich Wilhelm II. war anfangs wenig geneigt, Verhandlungen mit den französischen „Königsmördern" anzuknüpfen; aber alle seine Ratgeber, Haugwitz, Hardenberg, Lucchesini, Möllendorff, auch Bischoffwerder, jetzt ein Feind Österreichs, waren einverstanden darin, daß man sich aus dem französischen Kriege herausziehen müsse; und der König überwand seine Abneigung gegen den Abschluß eines Separatfriedens ohne Österreich durch die Vorstellung, mit der er sich schmeichelte, zugleich die Rolle eines Friedensvermittlers für das Reich zu übernehmen, wo man den Frieden allgemein wünschte. Die Rücksichten auf Österreich fielen vollends fort, als die vertragsmäßige Unterstützung, die Preußen bei der ungünstigen Wendung des polnischen Krieges verlangt hatte, vom Kaiser verweigert wurde. Nun zog Friedrich Wilhelm II. auch seine letzten Truppen von dem westlichen Kriegsschauplatz zurück und räumte das linke Rheinufer (22. Oktober). Der Haager Vertrag mit England wurde am 25. Oktober von Preußen förmlich gekündigt. Die bisher geheim gehaltenen Verhandlungen mit Frankreich wurden seit dem Dezember öffentlich betrieben; auch am Reichstag zu Regensburg wurde die Eröffnung von Friedensverhandlungen mit Frankreich beschlossen. Die Franzosen forderten das linke Rheinufer mit Mainz, und man entschloß sich in Preußen, die Verhandlungen nicht daran scheitern zu lassen. Aber man wollte die endgültige Regelung dieser Frage den Verhandlungen über den Reichsfrieden überlassen und bedang sich nur eine Ersatzleistung für das etwa abzutretende preußische Gebiet aus, natürlich aus säkularisiertem geistlichen Besitz. Auf dieser Grundlage wurde schließlich von Hardenberg der Friede zu Basel abgeschlossen und am 15. April 1795 ratifiziert. Die Franzosen räumten das rechtsrheinische Gebiet, die Preußen überließen ihnen das linksrheinische. Norddeutschland sollte für die Fortdauer des Krieges neutralisiert werden, und eine besonders vereinbarte Demarkationslinie bezeichnete die Grenze, die die französischen Heere nicht überschreiten sollten. Auch Hannover hat sich später durch Preußen zur Annahme dieser Neutralität bestimmen lassen; ebenso wurde der Anschluß von Hessen-Kassel durch Preußen vermittelt. Im übrigen scheiterte aber die preußische Absicht der Friedensvermittlung für das Reich. Ein Reichsgutachten vom 3. Juli übertrug nicht Preußen, sondern dem Kaiser die Einleitung der Friedensverhandlungen; und in der Deputation, die zu diesem Zweck gewählt wurde, war Preußen nicht vertreten. Der König von Preußen wurde in Schmähschriften, die von Wien ausgingen, als der „Judas am Reiche" bezeichnet, der auf eine niederdeutsche Kaiserkrone ausgehe; und auch außerhalb Österreichs waren viele Reichsstände geneigt, den Separatfrieden Preußens mit Frankreich als einen Verrat an der Sache des Reiches zu betrachten. Für Preußen aber war der Abschluß des Friedens von Basel eine Notwendigkeit wegen seiner finanziellen Erschöpfung und wegen der Gefahr seiner Lage in Polen. Dieser Ausgang entsprach der Schwäche, Zerfahrenheit und Erfolglosigkeit der ganzen vorangegangenen Politik und Kriegführung. Eben darum ist auch ein haltbares, auf gegenseitigem Respekt beruhendes Verhältnis zu Frankreich durch diesen Frieden nicht begründet worden.

Inzwischen hatten sich Rußland und Österreich über eine endgültige Aufteilung Polens verständigt, diesmal ohne Zuziehung Preußens. Das war geschehen in dem Vertrage vom 3. Januar 1795. Franz II. erkannte darin die zweite Teilung von 1793 an und erwarb für Österreich ein Gebiet, dessen Hauptbestandteil Krakau war. Für Preußen wurde ein kleinerer Anteil bestimmt, wenn es dem Vertrage beitreten wollte. Würde Preußen aber Österreich oder Rußland angreifen, so wollten die beiden Mächte einander mit ihrer gesamten Kriegsmacht beistehen. Man erwartete damals eigentlich in Österreich einen Angriff Preußens und bereitete sich darauf vor. Aber Preußen war viel zu erschöpft und blieb ruhig. Am 15. August teilte Friedrich Wilhelm II. der Zarin mit, er sei bereit, dem kurz vorher in Berlin vorgelegten Vertrage vom 3. Januar beizutreten, vorausgesetzt, daß sein Anteil noch vergrößert und günstiger abgegrenzt würde. Trotz der feindseligen Stimmung zwischen Preußen und Österreich gelang es der Zarin, eine Vereinbarung zu vermitteln, durch die der preußische Anteil auf Kosten des österreichischen vergrößert wurde. Am 24. Oktober 1795 schloß Rußland mit Preußen und Österreich gleichlautende Verträge ab, durch welche nun die Aufteilung von Polen geregelt wurde. Österreich erhielt den Teil, den es „Westgalizien" nannte; Preußen nannte seinen Anteil „Neuostpreußen". Es war meist litauisches Gebiet, von sehr rückständiger Kultur, etwa 900 Quadratmeilen mit einer Million Einwohner. Ende Dezember 1795 ergriff Preußen Besitz von dem Lande, das mit Ost- und Westpreußen zu einem Departement des Generaldirektoriums zusammengefügt wurde. Die preußische Verwaltung vermochte aber das Land nicht mit deutscher Kultur zu durchdringen; auch die Arbeit von Generationen hätte das wohl kaum vermocht; der polnische Besitz war ein totes Gewicht an der preußischen Staatsmaschine. Preußen wurde dadurch vorübergehend zu einem halb slawischen Mischreich, während es früher ein ganz deutscher Staat gewesen war.

Während des fortdauernden Reichskrieges hat Preußen noch einen bemerkenswerten Versuch gemacht, sich in seinen fränkischen Besitzungen zu arrondieren. Hardenberg, der an der Spitze der abgesonderten Verwaltung dieser Lande stand, suchte dort mit den Resten der feudalen Vergangenheit aufzuräumen und vor allem ein kompaktes und abgerundetes Herrschaftsgebiet herzustellen. Dabei bildete die Selbständigkeit der Reichsstadt Nürnberg, die mitten zwischen den beiden Gebietshälften lag, ein widerwärtiges Hindernis. Die Stadt war in Verfall und reif zur Mediatisierung. Man glaubte, sie durch einen Handstreich bewältigen zu können. Am 4. Juli 1796 besetzten preußische Truppen die Vorstädte, und im September unterwarf sich Nürnberg der preußischen Herrschaft. Aber in seiner damaligen Schwäche hat Preußen diese Erwerbung nicht festzuhalten vermocht. Eben damals war Erzherzog Karl von Österreich durch mehrere siegreiche Gefechte gegen die Franzosen militärisch Meister in diesen Gebieten geworden, und es war natürlich nicht zu erwarten, daß Österreich diesen Übergriff Preußens zulassen würde. Daher ließ Preußen seinen

Plan fallen und räumte Nürnberg wieder am 1. Oktober. Zehn Jahre später ist die Stadt, die mit den Anfängen der hohenzollernschen Hausmacht in so enger Verbindung stand, unter die Botmäßigkeit Bayerns gekommen.

Die Gesundheit Friedrich Wilhelms II. war schon lange keine sehr feste mehr. Er war früh übermäßig stark geworden und scheint, wie so mancher seiner Vorfahren, an einem Herzübel gelitten zu haben, das später mit den Symptomen der Wassersucht einherging. Seit dem polnischen Feldzuge von 1794 war seine Kraft gebrochen; er hat sich nicht wieder erholt. Nach langer, schwerer Krankheit, in der die Lichtenau ihn mit großer Hingebung gepflegt hat, ist er am 16. November 1797 gestorben im Alter von 53 Jahren. Ihm folgte sein ältester, damals 27jähriger Sohn Friedrich Wilhelm.

Die Anfänge Friedrich Wilhelms III. und der Zusammenbruch.

Friedrich Wilhelm III. war ganz anders geartet als sein Vorgänger: nüchtern, sittenstreng, mit einem Zuge fast bürgerlicher Schlichtheit, häuslich und sparsam; von einer human-aufgeklärten Religiosität erfüllt, aber ohne Verständnis für Dichtung und Philosophie; ein persönlich höchst achtungswerter Charakter, aber ohne jeden heroischen Schwung, und namentlich zu Anfang seiner Regierung mit einem Mangel an Selbstgefühl behaftet, der seine Entschlußkraft häufig lähmte. Er war von Suarez in Staatswissenschaften und Regierungskunst eingeführt worden und hat immer etwas von der individualistisch-naturrechtlichen Auffassung des Staats- und Gesellschaftslebens behalten, wie sie dem Urheber des preußischen Landrechts eigen war; in Suarez' Vorlesungen findet sich unter anderem der Satz, daß der weise Regent seine Untertanen nicht als Maschinen, sondern als freie Bürger beherrschen und dafür sorgen müsse, daß jeder unter ihnen seine Kräfte und Fähigkeiten nach eigener Einsicht und Neigung zur Beförderung seiner Glückseligkeit frei gebrauchen könne. Die Ehe Friedrich Wilhelms mit der schönen, an Geist und Gemüt reich begabten Prinzessin Luise von Mecklenburg-Strelitz bot ein Bild edlen und innigen Familienlebens, das von der konventionellen Oberflächlichkeit anderer fürstlicher Ehen älterer und neuerer Zeit sehr wohltuend abstach. Luise hatte ihrem Gemahl, als er zum Thron gelangte, schon die beiden hoffnungsvollen Prinzen geschenkt, die nacheinander seine Nachfolger geworden sind; sie hat ihm weiterhin noch sieben Kinder geboren. In seinem Familienkreise zu Potsdam oder in der ländlichen Abgeschiedenheit von Paretz fühlte sich Friedrich Wilhelm ganz glücklich; nur ungern ließ er sich das Behagen des Hauses durch die Händel der Welt stören. An Schwung des Geistes und der Phantasie war die Königin ihrem Gemahl weit überlegen; durch ihre Freundin, Frau von Berg, eine Enkelin des Ministers Podewils, die in Weimar gelebt und mit Herder und Goethe in freundschaftlichem Verkehr gestanden hatte, war sie in die Geisteswelt unserer großen Dichter und Denker eingeführt worden, die dem König verschlossen blieb. Schiller wurde ihr Lieblingsdichter; sie hat es sehr bedauert, daß er 1804, wo er in Berlin war und auch bei Hofe vorgestellt wurde, nicht für Preußen hat gewonnen werden können. Eine politische Frau ist sie nie gewesen; aber sie verstand Gebrauch zu machen von dem Vorrecht ihres Geschlechts, das Edle, Gute und Große durch den stillen Einfluß der häuslichen Gemeinschaft auch im öffentlichen Leben wirksam und verständnisvoll zu fördern.

Mit den unerfreulichen Resten des Mätressen- und Günstlingswesens der vorigen Regierung wurde unter Friedrich Wilhelm III. schnell und gründlich aufgeräumt: die Lichtenau wurde nach einer strengen Untersuchung, die nichts eigentlich Strafwürdiges ergab, unter Konfiskation ihrer Güter mit einem Jahresgehalt nach Glogau verwiesen; Bischoffwerder wurde ebenso wie Wöllner verabschiedet; es war klar, daß die neue Regierung in allen Stücken andere Bahnen gehen wollte als die vorige. Nur das Prinzip der persönlichen Selbstregierung wurde auch jetzt noch festgehalten; aber da auch Friedrich Wilhelm III. nicht imstande war, die Regentenarbeit wirklich so wie Friedrich der Große zu bewältigen, so erfuhr die Regierungsverfassung Preußens eine eigentümliche Umbildung von verhängnisvoller Bedeutung: es entstand das System der Regierung durch das Kabinett, wie es Hardenberg genannt hat, im Gegensatz zu der Regierung aus dem Kabinett, wie sie Friedrich der Große geführt hatte. Die Kabinettsbeamten Friedrichs des Großen waren nur Sekretäre gewesen, wenn sie auch schon den Ratstitel führten; sie hatten in der Hauptsache nur zu schreiben und nicht zu raten gehabt. Unter Friedrich Wilhelm III. aber wurden die Kabinettsräte wirklich und ausschließlich die Berater des Königs; sie nahmen die Stelle ein, die eigentlich den Ministern gebührt hätte: sie übten den maßgebenden Einfluß auf den König aus, aber ohne Verantwortlichkeit vor der Welt und ohne Zusammenhang mit den ausführenden Behörden. Die Minister blieben in der unfruchtbaren Absonderung von der Person des Königs, wie sie üblich geworden war; und manche von ihnen, wie Stein, der seit 1804 im Generaldirektorium angestellt war, oder Hardenberg, der neben Haugwitz das auswärtige Departement versah, empfanden es bereits als eine persönliche Zurücksetzung und als eine verhängnisvolle Entartung des Regierungssystems, daß sie in der Öffentlichkeit Maßregeln ausführen und vertreten mußten, die nicht ihrem Rat und ihrer Auffassung, sondern den Anregungen der Kabinettsräte entsprungen waren. Das schlimmste dabei war, daß diese Kabinettsräte ebensowenig Staatsmänner großen Stils waren wie der König selbst. Ihre Regierungskunst bestand in der Hauptsache darin, daß sie dem König seine Wünsche und Neigungen ablauschten und ihm dann die entsprechenden Ratschläge erteilten; so wurde der König in seiner schwächlichen politischen Haltung, die allerdings im Innern zugleich human und menschenfreundlich war, nur immer wieder bestärkt. Die inneren Angelegenheiten trug dem König zuerst der Geheime Kabinettsrat Mencken vor, früher Legationsrat unter Friedrich dem Großen, der Großvater Bismarcks mütterlicherseits; dann, nachdem dieser sich aus Gesundheitsrücksichten früh zurückgezogen hatte, der frühere Kammergerichtsrat Beyme, ein Mann von den besten Intentionen, wie Mencken erfüllt von dem fortwirkenden Geiste des Suarezschen Kreises, aber doch mehr Jurist, als Staats- und Verwaltungsmann. Den Vortrag der auswärtigen Angelegenheiten besorgte Lombard, ein Sprößling der französischen Kolonie, der sich aus kleinen Verhältnissen heraufgearbeitet hatte — er war der Sohn eines Perückenmachers — und der die bedeutende Stellung hauptsächlich seinem leichten französischen Stil verdankte. Er stand in nahen persönlichen Beziehungen zu dem Minister Haugwitz, der mehr den Winken des Kabinetts folgte, als eigene politische Ideen vertrat. Außerdem hatte der König noch einen einflußreichen Berater an seinem Generaladjutanten von Köckritz, dem Haupt des jetzt vom Zivilkabinett sich absondernden Militärkabinetts, einem wohlmeinenden, aber ganz unbedeutenden Manne, der ebenfalls nur dazu beitrug, den König in seiner unpolitischen Sphäre festzuhalten.

Der König wollte vor allem seinem Lande den Frieden erhalten; das ist die leitende Idee der preußischen Politik in dem ganzen Zeitraum von 1797 bis 1806. Den Ausgangspunkt bildete dabei das Gefühl der Erschöpfung, das Preußen 1795 zum Frieden gezwungen hatte, und die Wahrnehmung, daß im Heer und im Beamtentum nicht alles so war, wie es sein sollte. Schon seit 1795 war eine Immediatkommission niedergesetzt zur Untersuchung und Besserung der im Heerwesen hervorgetretenen Schäden. Sie wurde bald nach dem Regierungsantritt Friedrich Wilhelms III. von neuem instruiert und brachte allerlei Reformbestrebungen auf die Bahn, wie den Plan zur Verminderung des Ausländerstammes, zur Einschränkung der Exemtionen von der Kantonpflicht, zur Bildung einer Landmiliz neben dem stehenden Heer; zugleich wurde die Milderung der Disziplin und die allgemeine Zulassung Bürgerlicher zu den Offizierstellen erwogen. Diese Reformversuche haben in der Hauptsache ihr Ziel noch nicht erreicht. Die falschen Autoritäten, die sich immer nur auf die friderizianische Tradition beriefen, obwohl die veränderte Weltlage andere, neue Einrichtungen forderte, übten noch einen zu starken Einfluß auf den König, dessen zähe, vor folgenreichen Entschlüssen zurückscheuende Natur sich erst langsam an die Vorstellung des Außerordentlichen gewöhnen mußte, ehe sie dessen Ausführung erträglich zu finden vermochte. Es fehlte noch der Druck der Not, der nach 1807 diese und andere Reformen zum Ziel hat gelangen lassen. Ein verderblicher Optimismus, von dem freilich der König selbst weit entfernt war, verblendete die meisten maßgebenden Männer dieser Generation, welche die Erbschaft Friedrichs des Großen noch zu besitzen glaubte, ohne sie selbst von neuem erworben zu haben.

Das an und für sich sehr notwendige und löbliche Bestreben, den Staatshaushalt durch Ordnung und Sparsamkeit wieder auf solide Grundlagen zu stellen, verführte zu einer Vernachlässigung der militärischen Bereitschaft, die sich später furchtbar rächen sollte. Mit der Neuordnung der Oberrechenkammer, von der bereits die Rede war, hing die Schaffung des neuen Postens eines Generalkontrolleurs der Finanzen zusammen, der dem Grafen Schulenburg-Kehnert übertragen wurde und der dazu bestimmt war, die Oberaufsicht über den ganzen Staatshaushalt, die Friedrich der Große noch persönlich geführt hatte, die aber unter seinem Nachfolger so gut wie ganz gefehlt hatte, wieder zu nachdrücklicher und ersprießlicher Wirksamkeit zu bringen. Es ist in der Tat gelungen, in der Zeit von 1797 bis 1806 22 Millionen Taler Schulden zu tilgen und 17 Millionen an Ersparnissen wieder in den geleerten Staatsschatz zu legen; immerhin blieb noch eine Schuldenlast von 53 Millionen übrig. Der Staatshaushalt balancierte damals mit 30 Millionen; die Steuern waren seit der Zeit Friedrichs des Großen nicht erhöht worden; für die gesteigerten militärischen Bedürfnisse wollten die knappen Staatseinkünfte nicht mehr reichen, und man konnte sich nicht entschließen, sie in entsprechender Weise zu erhöhen, obwohl die beiden Jahrzehnte seit dem Tode des großen Königs im allgemeinen eine Zeit des wirtschaftlichen Aufschwungs und Gedeihens gewesen sind. Eine Verstärkung der Armee, wie sie der Vergrößerung des Staatsgebiets und den

Gefahren der Weltlage entsprochen haben würde, ist nicht vorgenommen worden; die Festungen, für die seit langer Zeit so gut wie nichts geschehen war, befanden sich in einem kaum verteidigungsfähigen Zustande und waren zum Teil dem Kommando abgelebter Greise unterstellt; das ganze Offizierkorps war überaltert, da der König in seiner milden und gütigen Art sich scheute, die alten Generäle und Obersten zu verabschieden; Bewaffnung und Ausrüstung ließen viel zu wünschen übrig: die Gewehre, mit denen die Infanterie 1806 ins Feld zog, waren weit schlechter als die der Franzosen; und obwohl jetzt die Winterfeldzüge zur Regel geworden waren, hatte man aus falscher Sparsamkeit noch immer versäumt, die Truppen mit Mänteln zu versehen. Die Löhnung der Soldaten war noch immer dieselbe wie zur Zeit Friedrich Wilhelms I., obwohl die Preise der Lebensbedürfnisse inzwischen auf das Doppelte gestiegen waren. Auch bei einer Solderhöhung um 25 %, wie sie jetzt durchgeführt wurde, machte sich das dringende Bedürfnis geltend, dem Soldaten, auch dem, welcher vollen Dienst tat, also nicht bloß den sogenannten Freiwächtern, in der bürgerlichen Arbeit die Quelle eines Nebenerwerbs zu sichern; und hier traten vielfach die ausschließenden Privilegien der Zünfte hindernd in den Weg. Die Unterhaltung des Heeres war so nicht bloß zu einer brennenden Finanzfrage geworden, sondern auch zu einem sozialen Problem, bei dem die Unvereinbarkeit der alten militärischen und der bürgerlich-gewerblichen Einrichtungen deutlich hervortrat.

In einer sogenannten Finanzkommission, die der König im Jahre 1798 zur Beratung über Reformen auf dem Gebiete der Zivilverwaltung berufen und durch eine von dem General Rüchel entworfene Instruktion auf allerlei Schäden und Reformpläne hingewiesen hatte, gaben gerade die militärischen Bedürfnisse Anlaß zu tiefgehenden Erwägungen und weitgreifenden Vorschlägen. Die Heranziehung des Adels zur Grundsteuer kam zur Erörterung, wurde aber beiseite gestellt, weil aus den Kreisen des Adels dringende Vorstellungen dagegen erhoben wurden und auch die Kommission eine Entschädigung für nötig hielt, die der Staat damals nicht bieten konnte. Man begnügte sich mit einer Erhöhung der Konsumtionsabgaben auf Gegenstände des Verbrauchs der wohlhabenden Klassen unter gänzlicher Beseitigung aller Befreiungen von Zoll und Akzise für die privilegierten Stände. Auch die völlige Aufhebung des Zunftzwanges wurde damals schon gefordert, aber nach eingehender Diskussion von der Kommission abgelehnt. Die Reform der Akziseverfassung, die Abschaffung der scharfen Trennung zwischen Stadt und Land ist gleichfalls schon erörtert worden, ohne daß man zum Ziel gelangte. Die Vereinfachung in der Verwaltung des wichtigen Salzmonopols, mit der Stein seine Tätigkeit im Generaldirektorium begann, die Aufhebung der Binnenzölle, die er bald nachher in Angriff nahm, die Einrichtung eines statistischen Bureaus, die Zusammenlegung der Provinzial-Akzisedirektionen mit den Kriegs- und Domänenkammern — alle diese Reformen, die Stein noch vor 1806 zur Durchführung gebracht hat, sind schon von der Finanzkommission nach sorgsamer Prüfung empfohlen worden und gehen zum Teil auf die Anregungen des Königs zurück. Eine provisorische Instruktion für das Generaldirektorium vom 19. März 1798 brach mit dem unhaltbar gewordenen Grundsatz einer durchaus kollegialischen Geschäftsbehandlung und wies den Departementschefs in gewissen Grenzen gesetzliche Selbständigkeit und ausschließliche Verantwortlichkeit zu; aber die wöchentlichen

Plenarberatungen, die sie daneben für allgemeine Angelegenheiten beibehielt, genügten bei der komplizierten Struktur der Behörde doch nicht, um Einheit und Zusammenhang in die Verwaltung zu bringen. Der Vorschlag zur Bildung eines aus mehreren Fachministern zusammengesetzten kollegialischen Staatsministeriums trat bereits hervor; aber auch dieser Gedanke kam nicht zur Ausführung. Die wichtigste Änderung im Gebiete der Behördenorganisation bestand darin, daß man begann, den Kriegs- und Domänenkammern, in denen alle Zweige der Provinzialverwaltung vereinigt werden sollten, eine ausgedehntere Wirksamkeit und eine selbständigere Stellung gegenüber dem Generaldirektorium zu geben; damit verband sich der Plan, die Kammerjustiz, wie es schon durch das neuostpreußische Ressortreglement von 1797 geschehen war, nach und nach in den einzelnen Provinzen abzuschaffen und dafür die Kirchen- und Schulsachen somit der Repräsentation der Landeshoheit, so wie es in Schlesien schon längst der Fall war, den Kammern beizulegen. Diese Reformen waren im Gange, aber noch nicht vollständig durchgeführt, als der Krieg von 1806 ausbrach.

Von besonderer Bedeutung sind die sozialen Reformpläne, die in diesem Jahrzehnt auftauchten. Es war wohl der Minister Struensee, der sie 1799 dem französischen Geschäftsträger folgendermaßen schildert: „Die heilsame Revolution, die ihr von unten nach oben gemacht habt, wird sich in Preußen langsam von oben nach unten vollziehen. Der König ist Demokrat auf seine Weise: er arbeitet unablässig an der Beschränkung der Adelsprivilegien und wird darin den Plan Josephs II. verfolgen, nur mit langsamen Mitteln. In wenig Jahren wird es in Preußen keine privilegierte Klasse mehr geben." Die Äußerung mochte übertrieben sein, aber es war ein richtiger Kern darin. Vor allem die Befreiung der Bauern aus der adligen Erbuntertänigkeit war von vornherein ein wichtiger Gesichtspunkt der inneren Politik für den König und seinen Kabinettsrat Beyme; und was auf diesem Gebiet geleistet worden ist, genügt schon, um die Reformbestrebungen vor 1806 als eine Vorbereitung auf die größeren und umfassenderen Reformen der Stein-Hardenbergschen Zeit erscheinen zu lassen.

Es ist gelungen, auf den Domänen in der Zeit von 1799—1806 nach und nach in den alten Provinzen 50 000 spannfähige Bauern und viele kleinere zu freien Eigentümern zu machen, d. h. mehr als später von 1816—1850 auf den Rittergütern. Man begann dabei mit der Ablösung der Frondienste und der Erteilung des Eigentums, wofür die Bauern Renten in Geld oder Naturalien zu zahlen hatten, und man kam dann am Schluß zur Aufhebung der persönlichen Erbuntertänigkeit. Diese vortreffliche Reform ist erst neuerdings einer unverdienten Vergessenheit entzogen worden; sie ist weitaus das Bedeutendste, was das alte Preußen auf dem Gebiete der agrarischen Gesetzgebung geleistet hat. Der König hätte gern etwas ähnliches auch auf dem Gebiete der ritterschaftlichen Privatgüter durchgeführt; aber hier ist er durch den vereinigten Widerstand der adligen Grundbesitzer und der Behörden gehemmt worden. Ihm fehlte der Mut, durchzugreifen, der Entschluß zu großen Umwälzungen, bei denen es nicht ohne innere Kämpfe abgegangen wäre; und schließlich schien auch die seit 1803 immer bedenklicher werdende auswärtige Lage zu solchen Reformen nicht angetan. Nur einige Gutsbesitzer in Ostpreußen haben sich schon vor 1806 nach dem Muster der Domänenreform mit ihren Bauern auseinandergesetzt: so die Dohnas, ein Finckenstein-Schönberg und der Minister Freiherr von Schrötter; doch scheint der Grundsatz des friderizianischen Bauernschutzes, daß kein Bauernland zum Gut eingezogen werden durfte, dabei schon außer acht gelassen worden zu sein.

Das merkantilistische Gewerbe- und Handelssystem der friderizianischen Zeit hat der Minister Struensee, bei dem Praxis und Theorie sich nicht immer deckten, gegenüber den populären Tagesströmungen und den freihändlerischen Neigungen des Königs in der Hauptsache beibehalten und angesichts der allgemeinen Geld- und Absatzkrisis von 1799 sogar auf die Spitze getrieben, indem er das Verbot der Einführung fremder Manufakturwaren auch auf die Frankfurter Messe ausdehnte, die damals den Engländern als ein Kanal diente, durch den sie den europäischen Markt mit ihren unverkäuflichen Baumwollenzeugen zu überschwemmen suchten.

So ist das Jahrzehnt von 1797—1806 angefüllt mit Reformbestrebungen der verschiedensten Art, die auf einer mehr oder minder tiefen Einsicht des Königs in die Schwächen des herrschenden Regierungs- und Verwaltungssystems beruhten; aber das Unbefriedigende des Ausganges diente schließlich nur dazu, das Gefühl der Unsicherheit und die unbedingte Friedensliebe bei ihm zu verstärken. Er hatte die Empfindung, daß das preußische Staatsschiff bei jedem harten Zusammenstoß mit der durch die Revolution verjüngten französischen Macht zerschellen müsse. Dadurch erhielt seine Politik von vornherein einen kleinen und ängstlichen Zug, der Preußen kaum mehr als eine Großmacht erscheinen ließ.

Als die zweite Koalition gegen Frankreich in der Bildung begriffen war, bemühte sich Kaiser Paul um die Bundesgenossenschaft Preußens; aber Friedrich Wilhelm III. wies im April 1798 sowohl die russischen wie die französischen Allianzanträge zurück: er glaubte an seiner Neutralität festhalten zu können, während ringsumher die Welt in Flammen geriet; im Juni war auch der wiederholte Versuch des Direktoriums und seines Beauftragten Siey̆ès, Preußen bei dem bevorstehenden Konflikt auf Frankreichs Seite zu ziehen, vergeblich. Seitdem sank die Geltung Preußens im Kreise der großen Mächte und namentlich auch in den Augen der Franzosen mehr und mehr. Der zweite Koalitionskrieg gegen Frankreich brach aus, ohne daß Preußen daran teilnahm. Das alte Defensivbündnis mit Rußland von 1793 wurde im Jahre 1800 erneuert, aber unter ausdrücklicher Aufrechterhaltung der Neutralität Preußens und unter Ablehnung des russischen Vorschlags, der eine geheime Vereinbarung beider Mächte gegen Frankreich zum Ziel hatte. Als dann Kaiser Paul sich von der Koalition löste und sich gegen England wandte, das damals seine Seeherrschaft den Neutralen gegenüber wieder einmal auf das rücksichtsloseste zur Geltung brachte, da trat auch Preußen im Dezember 1800 der von dem russischen Kaiser begründeten nordischen Konvention bei, jenem Bunde der neutralen Mächte, der zur Demonstration gegen England geschlossen war; aber die Hoffnung Friedrich Wilhelms III., daß er durch diese Wendung seiner Politik zugleich auch mit Frankreich in ein leidliches Verhältnis kommen würde, erfüllte sich nicht: Frankreich, d. h. Napoleon, sah nur Rußland als eine Macht an, mit der man über große Fragen verhandeln könne, nicht aber Preußen. Die nordische Konvention zerfiel dann bald wieder, teils infolge des entschlossenen Vorgehens der Engländer gegen Dänemark, das von Nelson in der Seeschlacht bei Kopenhagen überwältigt wurde, teils durch die Ermordung des Kaisers Paul, der die Seele des Bundes gewesen war. Bald darauf, im Jahre 1801, besetzte Preußen Hannover, um einer Besetzung dieses Nachbarlandes durch die Franzosen oder Russen zuvorzukommen und um die kriegerischen Möglichkeiten zu verhüten, die daraus hätten entspringen können. Napoleon sah darin zwar eine Verletzung der französischen Interessen; aber, da bald darauf der Friede mit England zu Amiens (1802) geschlossen wurde, so kam es deswegen zu keiner ernsteren Verwicklung, und Hannover wurde natürlich nun von Preußen an England zurückgegeben. Inzwischen war im Februar 1801 der Reichsfriede von Lunéville zustande gekommen, in dem Kaiser und Reich in die Abtretung des linken Rheinufers an Frankreich gewilligt hatten; am 23. Mai 1802 schloß Preußen mit Frankreich einen geheimen Vertrag über die Entschädigungen, die es deswegen aus säkularisiertem geistlichem Gebiet erhalten sollte. Frankreich bewilligte ihm einen Teil von Münster, ferner Paderborn, Hildesheim, das mainzische Eichsfeld, Erfurt, die Abteien Essen, Elten und Werden. Die Reichsdeputation von 1803 bestätigte diese Abmachungen, und die „Entschädigungslande", wie man diese neuen Gebiete nannte, wurden nun unter Leitung des Ministers von der Schulenburg durch Stein und andere Verwaltungsbeamte als Provinzen des preußischen Staates eingerichtet. Stein brachte dabei manche reformatorische Gedanken auf die Bahn; unter anderm hätte er gern die Landstände in zeitgemäßer Umgestaltung dort beibehalten; doch ist er mit diesem Plan nicht durchgedrungen.

Damit war vorläufig die langwierige kriegerische Verwicklung beendigt, zu der die Einmischung Österreichs und Preußens in die inneren Verhältnisse des revolutionären Frankreichs 1791 den Anstoß gegeben hatte und in die dann auch England mit hineingezogen worden war. Aber der Friede von Amiens war nicht von langer Dauer. Im Jahre 1803 brach der Krieg zwischen Frankreich und England von neuem aus; und jetzt ließ Napoleon sofort Truppen nach Deutschland marschieren, um das englische Hannover zu besetzen. Dem preußischen Hofe war vorher davon Anzeige gemacht worden, aber man war dort zu ängstlich, um Einspruch dagegen zu erheben und etwa die Besetzung Hannovers zur Sicherung der eigenen Neutralität wieder selbst vorzunehmen. Ende Mai 1803 rückte der Marschall Mortier in Hannover ein, und nun spürte man in Preußen den Druck, den die französische Besatzung auf die eigene Grenze ausübte. Indessen der richtige Moment war versäumt, und es blieb Preußen schließlich nichts übrig, als die Besetzung Hannovers durch die Franzosen im April 1804 förmlich anzuerkennen. Der mildere Zug, der in das früher sehr harte und drückende Regiment der Franzosen in Hannover kam, seit Mortier im Juni 1804 durch Bernadotte ersetzt wurde, änderte nichts an der Gefährdung der Ruhe und Neutralität Preußens, die durch die französische Besetzung des Nachbarlandes herbeigeführt war.

Aber auch jetzt blieb es noch immer die leitende Idee der preußischen Politik, die Aufrechterhaltung der Neutralität durchzusetzen. Man dachte zuerst daran, sich auf dem Kontinent durch Verbindungen nach beiden Seiten hin, mit Frankreich und mit Rußland, zu sichern — beide Mächte standen ja zunächst noch in gutem Einvernehmen mit einander —, dabei England gegenüber jede Gelegenheit zu kriegerischer Verwicklung zu vermeiden. Als dann aber der Bruch zwischen Napoleon und Rußland erfolgte, und Napoleon nun auf den Anschluß Preußens an Frankreich drang, da trat vielmehr eine Annäherung an Rußland ein: in einem Abkommen vom 24. Mai 1804, das Hardenberg abschloß, wurde in Aussicht genommen, unter Umständen, nämlich wenn Napoleon von Hannover aus weiter um sich greife, gemeinschaftlich Krieg gegen ihn zu führen. Das Hauptbestreben der preußischen Politik blieb aber zunächst, Napoleon mit Kaiser Alexander womöglich zu versöhnen, damit man wieder nach beiden Seiten hin Anlehnung suchen könnte, um England gegenüber die Neutralität zu behaupten. Vergeblich hat damals Napoleon Preußen zu locken gesucht durch das Angebot Hannovers und durch die Aussicht auf ein preußisches Kaisertum in Norddeutschland, das dem kurz vorher proklamierten Österreichs die Wage halten sollte; mit der Anerkennung des Kaisertitels Napoleons, der zu allem diesem den Anstoß gegeben hatte, war ja Preußen 1804 vorangegangen, während sich der Kaiser von Rußland noch nicht dazu entschließen konnte. Es lag aber dem schlichten und gesunden Sinn Friedrich Wilhelms III. sehr fern, auf diese Lockungen Napoleons einzugehen, an dessen Seite er doch niemals als vollgültiger Bundesgenosse, sondern nur als abhängiger Vasall gestanden haben würde. Das Ziel, das die preußische Politik damals unter dem vorwiegenden Einfluß Hardenbergs verfolgte, war die Gründung eines deutschen Staatenbundes mit dem friedlichen Dualismus der beiden Großmächte Preußen und Österreich. Im übrigen blieb man in der bisherigen neutralen Haltung, bis der Krieg der dritten Koalition gegen Napoleon ausbrach und nun Bernadotte aus Hannover unter völliger Nichtachtung der preußischen Neutralität seinen Marsch durch Ansbach nahm, um die Einschließung des österreichischen Generals Mack bei Ulm vollenden zu helfen (3. Oktober 1805).

Preußen antwortete mit der Mobilmachung, aber es schritt noch nicht sofort zu kriegerischen Maßregeln. Kaiser Alexander besuchte das Königspaar damals in Potsdam; und am Sarge Friedrichs des Großen in der Garnisonkirche schlossen die beiden Monarchen ein Freundschaftsbündnis, dessen gefühlvoll-schwärmerische Einkleidung mehr den phantasievollen Naturen Kaiser Alexanders und der Königin Luise entsprach, als dem nüchternen Temperament Friedrich Wilhelms III. Der politische Niederschlag dieser engen persönlichen Verbindung war der Potsdamer Vertrag vom 3. November 1805, in der Hauptsache ein Werk Hardenbergs, der sich damit für alle Zukunft das Vertrauen des Kaisers Alexander gewann. Auch Österreich wurde mit ins Einverständnis gezogen. Nach diesem Vertrage sollte Preußen zunächst eine bewaffnete Vermittlung versuchen zwischen Napoleon und den verbündeten Kaisern von Rußland und Österreich, und zwar auf der Grundlage des Friedens von Lunéville, also ohne neue Abtretungen Österreichs und ohne weitere Schwächung seiner Stellung im Reich. Scheiterte dieser Vermittlungsversuch, so sollte sich Preußen selbst spätestens bis zum 15. Dezember 1805 der Koalition anschließen. Es wurde in Aussicht genommen, daß Preußen dann Hannover besetzen und bei einem günstigen Ausgang des Krieges auch behalten sollte.

Der König war aber auch jetzt noch bemüht, den Frieden um jeden Preis zu bewahren. Darum wurde mit dem Vermittlungsversuch nicht Hardenberg, sondern sein Kollege Haugwitz beauftragt; der König erteilte ihm persönlich mit Umgehung Hardenbergs eine Instruktion, die mehr seinen friedlichen Absichten als der getroffenen Vereinbarung entsprach. Haugwitz handelte also nicht bloß auf eigene Hand und darf nicht allein für das, was folgte, verantwortlich gemacht werden. Er meldete sich absichtlich sehr spät, erst Ende November, bei Napoleon und ließ sich dann so lange hinhalten, bis die Schlacht von Austerlitz geschlagen war (2. Dezember), in der die Macht der Koalition zusammenbrach. Es kam dann gar nicht mehr zu einem Vermittlungsversuch auf der in Aussicht genommenen Grundlage, sondern Haugwitz ließ sich dazu herbei, am 15. Dezember 1805 in dem Schlosse Schönbrunn bei Wien einen förmlichen Bündnisvertrag mit Napoleon zu unterzeichnen. In diesem Vertrage willigte Preußen in die Abtretung von Ansbach, das Napoleon an seinen Verbündeten, den Kurfürsten von Bayern, gab, ferner wurde Cleve mit Wesel und Neufchatel an Napoleon selbst überlassen; dafür erhielt Preußen jetzt aus Napoleons Händen Hannover, das es sich aber, da die Franzosen abgezogen waren, erst selbst nehmen und dann weiterhin gegen England behaupten sollte; schließlich mußte sich Preußen jetzt auch zu einem förmlichen Schutz- und Trutzbündnis mit Napoleon bequemen und sogar die Abtretungen, die dem Kaiser von Österreich in dem künftigen Frieden zugemutet werden sollten, wie die von Tirol an Bayern und ähnliche Gebietsveränderungen, seinerseits gutheißen. So schmählich hatte sich Preußen nun doch von seiner Neutralitätspolitik abdrängen lassen. Aber damit war es nicht genug. Es war in Aussicht genommen worden, daß dieser Vertrag binnen drei Wochen ratifiziert werden sollte. Der König tat dies aber am 4. Januar 1806 nur mit Vorbehalten und Änderungen und schickte Haugwitz mit dem veränderten Vertrag nach Paris, indem er zugleich das Heer wieder auf Friedensfuß setzte. Napoleon, der inzwischen mit Österreich den Frieden von Preßburg geschlossen hatte, ließ sich jedoch gar nicht auf die preußischen Abänderungsvorschläge ein, sondern legte einen neuen Vertrag vor, den nun Haugwitz ohne weiteres annehmen mußte. Das ist der Pariser Traktat vom 15. Februar 1806, der für Preußen noch weit ungünstiger und demütigender war, als der von Schönbrunn. Preußen mußte sich jetzt auch noch verpflichten, den Engländern alle seine Häfen zu schließen, und das Bundesverhältnis wurde schärfer gefaßt, so daß Napoleon die Möglichkeit erhielt, von Preußen selbst Kriegshilfe gegen Rußland zu fordern. Dieser Vertrag wurde dann notgedrungen am 25. Februar ratifiziert. Nun besetzten die Preußen Hannover und schlossen die Häfen gegen England; die Folge war der Ausbruch des Krieges mit England, 11. Juni 1806. Es dauerte nicht lange, so waren die preußischen Handelsschiffe von der See wie weggeblasen; alles, was Preußen an Handel und Schiffahrt besaß, wurde von den Engländern systematisch vernichtet; die wirtschaftlichen Leiden begannen, die später durch die Kontinentalsperre noch gesteigert wurden.

Dabei war man aber in Preußen doch weit entfernt davon, nun wirklich mit Entschiedenheit und ohne Hintergedanken auf die Seite Napoleons zu treten. Man hatte ein zu deutliches Gefühl davon, daß man an der Seite dieses Verbündeten nicht mehr als unabhängige Macht auftreten konnte. Die Verbindung mit Rußland wurde nicht abgebrochen. Im Juli 1806 wurden insgeheim zwischen Preußen und Rußland Erklärungen ausgetauscht, die dem preußischen

Bündnis mit Napoleon geradezu widersprachen, indem sie dazu bestimmt waren, die Möglichkeit eines kriegerischen Zusammenstoßes mit Rußland unter allen Umständen auszuschließen. Das war die Einleitung zu einer engeren Verbindung zwischen Preußen und Rußland, wie sie erst 1807 erfolgt ist.

Inzwischen war der Rheinbund begründet worden, der allen deutschen Fürsten, die daran teilnahmen, die volle Souveränität gewährleistete; der immer lockerer gewordene Reichsverband war damit vollends aufgelöst, und Kaiser Franz von Österreich zog nur die unvermeidliche Konsequenz daraus, indem er 1806 die deutsche Kaiserkrone niederlegte. Napoleon machte nun Preußen den Vorschlag, es möge einen norddeutschen Bund stiften, der gewissermaßen die dritte Macht in Deutschland darstellen sollte, neben dem Rheinbund und Österreich. Insgeheim aber arbeitete er dann doch wieder dem Abschluß eines solchen Bundes entgegen, weil er kein rechtes Vertrauen zu Preußen fassen konnte. Auch sonst behandelte er Preußen mit unverhohlener Nichtachtung. Die niederrheinischen Abteien Essen, Elten, Werden blieben von den Franzosen besetzt und wurden Preußen vorenthalten. Aus Paris meldete der Gesandte Lucchesini, daß Napoleon die Absicht habe, den Preußen Hannover wieder wegzunehmen und es an England zurückzugeben, um sich mit dieser Macht zu verständigen. Zugleich drückten die französischen Truppen in West- und Süddeutschland immer stärker auf die preußischen Grenzen; ihre Bewegungen schienen geradezu gegen Preußen gerichtet.

Das alles veranlaßte den König, nun doch wieder mobil zu machen (6. August 1806) und zugleich ein Ultimatum an Napoleon zu richten, in dem namentlich die Zurückziehung der französischen Truppen von den preußischen Grenzen, die Herausgabe der drei niederrheinischen Abteien und die Abstellung der Hinderungen bei der Errichtung des norddeutschen Bundes gefordert wurden. Napoleon ließ sich gar nicht auf die Beantwortung dieser Forderungen ein, sondern verlangte vor allem die Abstellung der Mobilmachung. Das wurde von preußischer Seite verweigert, und so kam es nun schließlich doch noch zum Kriege mit Napoleon, und zwar unter den ungünstigsten Umständen und ohne Aussicht auf einen glücklichen Erfolg. Es war das Ergebnis einer schwächlichen und kurzsichtigen Politik, die schon längst in den Kreisen des höheren Beamtentums und auch des Hofes und der Offiziere schwere Bedenken, ja selbst offenen Widerspruch hervorgerufen hatte. Die Zurücknahme der Mobilmachung zu Anfang des Jahres, das Bekanntwerden des schmählichen Pariser Vertrages, der erzwungene Krieg mit England, die Verluste in Handel und Schiffahrt, die Stockung in den Geschäften — das alles hatte niederschlagend und erbitternd auf die patriotischen Kreise gewirkt. Die Berliner Bevölkerung war schon lange in erregter kriegerischer Stimmung. Wenn im Theater Schillers „Jungfrau von Orleans" oder „Wallensteins Lager" gegeben wurde, kam es zu lärmenden Kundgebungen; das Reiterlied wurde einmal vom Publikum unter stürmischer Begeisterung mitgesungen. Die jungen Offiziere des vornehmen Regiments Gensd'armes wetzten wohl ihre Säbel an den steinernen Stufen des französischen Botschaftspalais Unter den Linden, wo es öfter zu lärmenden Demonstrationen kam.

Helle Köpfe, wie der Kriegsrat und Publizist Friedrich Gentz, hatten schon vor Jahren darauf hingewiesen, daß vornehmlich die unglückselige Form der

Kabinettsregierung schuld an der verderblichen Schwäche der preußischen Politik sei. Hardenberg, der sich seit der Sendung von Haugwitz von den Geschäften ausgeschlossen sah, zog sich vom Hofe zurück und benutzte die Gelegenheit einer Abschiedsaudienz beim König im April, um ihm das Verderbliche des Regierungssystems vorzustellen; Erfolg aber hatte er damit nicht. Stein entwarf eine Denkschrift, die einen flammenden Protest gegen das System der Kabinettsregierung und die daran beteiligten Personen enthielt und die Bildung einer Ministerialkonferenz aus fünf Fachministern in unmittelbarer Berührung mit dem König als Vorbedingung einer besseren Geschäftsbehandlung forderte. Es war eine monumentale Kundgebung; sie ist zum Ausgangspunkt des langwierigen Kampfes gegen die Kabinettsregierung geworden; aber im Moment blieb sie wirkungslos, weil die Königin, der sie Stein nach einem vergeblichen Versuch, die Unterschrift einiger Ministerkollegen zu erlangen, in einer etwas abgemilderten Form überreicht hatte, es gar nicht gewagt hat, das Schriftstück, dessen starke und stolze Sprache ebenso wie die grelle Beleuchtung der Verhältnisse und der Personen sie und auch andere, wie z. B. Hardenberg, erschreckte, ihrem königlichen Gemahl vorzulegen. Dieselben Vorstellungen, nur in milderer und ehrerbietigerer Form, wurden dann aber doch noch an den König gebracht auf Veranlassung des patriotisch erregten geistreichen und extravaganten Prinzen Louis Ferdinand, der von dem Historiker Johannes Müller eine Denkschrift ausarbeiten ließ, die er selbst mit einigen anderen Prinzen, einigen Generälen und dem Minister vom Stein unterschrieb. Sie wurde dem König am 2. September überreicht und höchst ungnädig von ihm aufgenommen. Die Unterzeichner erhielten einen Verweis; geändert wurde nichts. Es war auch nicht mehr die Zeit dazu; der Befehl zur Mobilmachung war schon ergangen, und die Geschicke Preußens eilten nun mit schnellem Schritt der fürchterlichsten Katastrophe zu, die den Staat der Hohenzollern jemals betroffen hat.

Die Antwort auf das Ultimatum wurde von preußischer Seite bis zum 8. Oktober erwartet, und die preußische Heeresleitung glaubte, den Gegner erst jenseits des Thüringer Waldes zu treffen, den man in verschiedenen Heeressäulen zu überschreiten gedachte. Aber die Raschheit und Energie der Operationen Napoleons, die freilich in ihrer ganzen Bedeutung und Gefahr den Preußen gar nicht bekannt geworden sind, da sie über Stärke und Bewegungen des Gegners nicht hinreichend unterrichtet waren, vereitelte diesen Plan; er wurde nun dahin verändert, daß man beschloß, die verschiedenen getrennt marschierenden Heeresabteilungen schon nördlich des Gebirges zu vereinigen. Aber auch diese Absicht konnte nicht mehr ausgeführt werden: am 10. Oktober wurde die preußische Vorhut bei Saalfeld geschlagen, wobei Prinz Louis Ferdinand fiel; in weiterem Vormarsch gelangten dann die Franzosen am 12. in die Flanke und den Rücken der Preußen, die nun den Versuch machten, sich an der mittleren Saale zu vereinigen. Ehe aber die Ausführung dieses Planes gelang, wurden die beiden noch getrennt stehenden Heere von den Franzosen angegriffen und geschlagen in der vernichtenden Doppelschlacht von Jena und Auerstedt am 14. Oktober. Bei Jena stand Fürst Hohenlohe-Ingelfingen mit 43 000 Preußen und Sachsen, die später noch durch das von Weimar heranrückende Rüchelsche Korps (27 000 Mann) verstärkt wurden, der dreifach stärkeren Übermacht Napoleons gegenüber. Einige Meilen nördlich davon, bei dem Dorf Auerstedt, traf die preußische Hauptarmee, bei der sich auch der König befand, 52 000 Mann stark, unter dem Oberbefehl des Herzogs von Braunschweig mit dem Marschall Davoust zusammen, der nur 33 000 Mann zur Verfügung hatte. Der Herzog von Braunschweig wurde schon zu Beginn der Schlacht schwer verwundet, und es fehlte daher hier vollständig an der einheitlichen Leitung. Der König, der nominell den Oberbefehl führte und der hier, wie auch später, auf dem Schlachtfelde vollkommene Furchtlosigkeit und Kaltblütigkeit bewies, besaß doch nicht Umsicht und schnelle Entschlußkraft genug, um der Aufgabe selbständiger Führung gewachsen zu sein. Bis zum Eintritt der Dunkelheit waren die Preußen an allen Punkten geschlagen; und der Rückzug, der zunächst auf Weimar zuging, artete bald in Flucht aus.

Zur selben Zeit wurde auch Hohenlohe von Napoleon selbst bei Jena vernichtend geschlagen. Es war nicht bloß die Überzahl, sondern auch die taktische Überlegenheit des Gegners, was eine so schnelle und gründliche Niederlage herbeiführte. Bei Jena wie bei Auerstedt gingen die Preußen noch nach den alten Grundsätzen der Lineartaktik in langgestreckten Linien vor, die den durch das Gelände begünstigten Tirailleurschwärmen der Franzosen das günstigste Ziel für eine vernichtende Feuerwirkung boten. Es waren zwei verschiedene Systeme der Strategie und Taktik, die hier aufeinander stießen: das alte friderizianische, über das die preußische Armee noch nicht hinausgekommen war, und das neue napoleonische, das auf der durch die Revolution bewirkten inneren Umbildung der Staats- und Heereseinrichtungen beruhte. Besonders verderblich wurde die Niederlage dadurch, daß die Preußen mit verkehrter Front, den Feind zwischen sich und ihren rückwärtigen Verbindungen, gefochten hatten. Ihr Rückzug, bei dem die Trümmer der beiden geschlagenen Heere sich vermischten und der durch die Verfolgung Napoleons zu wilder Flucht gesteigert wurde, konnte nicht geradeswegs auf Berlin und die Oder zu erfolgen, sondern mußte weite Umwege nehmen, wobei das Heer sich völlig auflöste. Und nicht nur das Heer, sondern der ganze Staat Friedrichs des Großen war durch diese furchtbare Niederlage der Vernichtung preisgegeben. Es war ein Zusammenbruch sondergleichen. Im Oktober und November fiel eine Festung nach der anderen: Erfurt, Spandau, Magdeburg, Küstrin, Hameln, Stettin. Die zum Teil altersschwachen Kommandanten hielten alles für verloren. Am 28. Oktober kapitulierte Hohenlohe, durch seinen Generalquartiermeister Massenbach falsch informiert, mit dem Rest seines Heeres bei Prenzlau, am 7. November Blücher mit dem Rest der andern Armee, der es an Brot und Munition fehlte, bei Ratkau; der Herzog von Braunschweig, von einer Kugel in den Kopf getroffen, irrte sterbend umher, bis er zu Ottensen sein Grab fand.

Der König hat unmittelbar nach der Schlacht Verhandlungen mit Napoleon eröffnet; aber die Friedensbedingungen, die er anbot, am 15. und am 18. Oktober, wurden von dem Sieger einfach abgewiesen. Unaufhaltsam ging der Siegeslauf der Franzosen weiter. Am 17. Oktober wurde die preußische Reservearmee unter dem Herzog Eugen von Württemberg bei Halle durch Bernadotte geschlagen. Am 27. Oktober hielt Napoleon seinen glänzenden Einzug in Berlin.

Der Hof und die dem König am nächsten stehenden Minister verließen auf die Unglücksnachricht von Jena die Hauptstadt und flüchteten nach der Oder zu, wohin sich auch der König gewandt hatte; am 21. Oktober traf die Königin

Luise, die dem Heere bis Weimar gefolgt und dann in die Flucht mit hineingeraten war, in Küstrin wieder mit ihrem königlichen Gemahl zusammen, um dann während des Krieges nicht mehr von seiner Seite zu weichen. Der Gouverneur von Berlin, Graf Schulenburg, gab durch einen Maueranschlag die für den Geist des damaligen preußischen Staatswesens charakteristische Losung aus, daß Ruhe die erste Bürgerpflicht sei, und folgte dem König, ohne aber für die Wegschaffung der im Zeughaus aufbewahrten 40 000 Gewehre und 50 Kanonen zu sorgen. Den Tresor und die Staatskassen hatte der Minister Freiherr vom Stein gerettet, der gleichfalls den Spuren des flüchtigen Königs folgte. Eine Verteidigung Berlins, das ja eine offene Stadt war, ist nicht versucht worden und hätte auch keinen Sinn gehabt. Die Haltung der Bürgerschaft war im allgemeinen der Lage angemessen und würdig, wenn es auch an Ausnahmen nicht fehlte und manche Schriftsteller, wie Buchholz und von Cölln, die Gelegenheit benutzten, um während der Franzosenherrschaft ihren Haß gegen die Einrichtungen des alten Staatswesens in einer im Moment sehr unpatriotischen, zum Teil auch frivolen Kritik zu betätigen, oder gar wie Davidsohn-Lange im „Telegraphen" in unwürdiger Liebedienerei dem Sieger zu schmeicheln. Die in Berlin zurückgebliebenen Minister leisteten den ihnen von Napoleon vorgeschriebenen Eid und die übrigen Behörden folgten ihrem Beispiel, so daß der Verwaltungsmechanismus dem Eroberer dienstbar wurde — ein Verhalten, das der König später sehr ungnädig vermerkt hat. Die Unterhandlungen mit Napoleon, der früher erklärt hatte, erst in Berlin Frieden schließen zu wollen, waren nicht abgebrochen worden. Lucchesini, der sie führte, berichtete am 25. Oktober, was Napoleon fordere: Abtretung alles Landes westlich der Elbe, Verzicht Preußens auf alle Verbindung mit anderen deutschen Staaten und eine Kriegskostenentschädigung von 100 Millionen Franken.

Über diese Bedingungen beratschlagte der König mit seinen Adjutanten und dem Minister Haugwitz am 26. Oktober in Küstrin. Es schien nichts übrig zu bleiben, als auf dieser Grundlage weiter zu verhandeln und den Versuch zu machen, vielleicht noch einige Milderungen zu erreichen. Zu diesem Zweck wurde der Generaladjutant Zastrow in das Hauptquartier Napoleons gesandt; aber Milderungen waren nicht zu erreichen; Napoleon ließ vielmehr durchblicken, daß er unter Umständen auch noch die Kriegshilfe Preußens gegen Rußland werde in Anspruch nehmen müssen. Als der Hauptgegner erschien ihm damals England; es war sein Plan, jetzt mit Preußens Hilfe Rußland niederzuwerfen, um dann mit Rußlands Hilfe England zum Frieden zu zwingen. Zastrow und Lucchesini unterzeichneten daher auf Grund der von Napoleon gestellten Bedingungen einen Präliminarfriedensvertrag zu Charlottenburg am 30. Oktober; und dieser Entwurf wurde dann auch nach einer Beratung, die der König am 6. November zu Graudenz hielt, angenommen, nur mit dem einen Vorbehalt, daß Preußen nicht zum Kriege gegen Rußland gedrängt werden sollte.

Aber Napoleon hatte inzwischen seinen Sinn geändert; er wollte von einem Friedensschluß noch nichts wissen und war jetzt nur zur Bewilligung eines Waffenstillstandes bereit, der ihm Preußen bis zur Weichsel als Operationsbasis für den Krieg mit Rußland ausliefern sollte. Die Bedingungen dieses Vertrages nahmen Lucchesini und Zastrow vorläufig am 16. November an. Es kam darauf an, ob der König sie genehmigte. In diesem Falle hätte es auch zum Bruch zwischen Preußen und Rußland kommen müssen; die Verbindung mit Rußland aber war das stärkste Element in dem politischen System des Königs. Er war inzwischen immer weiter nach Osten geflüchtet und befand sich in dem ostpreußischen Städtchen Osterode, als diese Nachrichten ihn erreichten.

Dort in Osterode wurde am 21. November eine große Beratung gehalten, die über das weitere Schicksal des Staates entschieden hat. Die Mehrzahl der Minister und Generäle, unter ihnen Haugwitz, riet zur Annahme der Bedingungen Napoleons, also zu einer schimpflichen Unterwerfung mit Preisgabe Rußlands und völliger Auslieferung Preußens an den Sieger. Der König aber entschied im Sinne der Minorität, zu der der Kabinettsrat Beyme und der Minister Stein gehörten, für Ablehnung des Waffenstillstandes, also Fortführung des Krieges unter Herstellung einer engeren Verbindung mit Rußland.

Vielleicht ist für diese Wendung auch der Einfluß der Königin Luise von Bedeutung gewesen. Sie hatte kurz vorher von den Schmähungen erfahren, die Napoleon ihr in seinen Bulletins zugefügt hatte. Er hielt sie ganz mit Unrecht für die Anstifterin dieses Krieges; er verglich sie mit der schönen Helena und der Armida Tassos und entblödete sich nicht, auf ihr schwärmerisches Freundschaftsverhältnis mit Kaiser Alexander von Rußland in schnöder Zweideutigkeit anzuspielen. Er erreichte damit freilich nur, daß die Begeisterung für die schöne und unglückliche Königin bei ihrem Volke jetzt erst recht emporflammte und daß das Schimpfliche der Unterwerfung unter diesen Sieger auch ihrem Gemahl recht eindringlich zum Bewußtsein gebracht wurde.

Es war von unendlicher Wichtigkeit, daß der König damals den Entschluß zum weiteren Widerstande gefunden hat; die ganze Zukunft Preußens hing davon ab; ohne diesen Entschluß wären auch die inneren Reformen schwerlich zur Durchführung gebracht worden, die damals durch die Umwandlung des Regierungssystems im Sinne einer Ministerialregierung statt der bisherigen Kabinettsregierung schon in bedeutsamer Weise vorbereitet worden sind. Der Minister Haugwitz, der in den Beratungen von Osterode für die Annahme des Waffenstillstandes gewesen war, nahm jetzt seinen Abschied. Der schlechte Steuermann — sagt Hardenberg — verließ das Schiff, nachdem er es auf den Strand gesetzt hatte. Auch Lombard ist nicht wieder zum König zurückgekehrt. Die Königin hatte ihn auf der Flucht in Stettin, wo er sich bei ihr meldete, am 20. Oktober verhaften lassen, wie es hieß, um ihn vor der Wut des Pöbels zu schützen. Er kam bald wieder frei und wurde durch eine Kabinettsorder des Königs getröstet, aber er blieb seit dieser Zeit dem Kabinett und seiner früheren Wirksamkeit fern. Außer den Adjutanten des Königs blieb nur noch Beyme im Kabinett tätig, und dieser hat in den Tagen des Unglücks eine feste Haltung und treue, patriotische Gesinnung gezeigt. Nach seinem Rat entschloß sich der König zunächst, dem Freiherrn vom Stein, der in diesen schweren Tagen eine außerordentliche Umsicht und Tätigkeit bewiesen hatte, die Leitung der auswärtigen Angelegenheiten anzubieten; aber Stein, der bisher nur in der inneren Verwaltung gewirkt hatte und sich dieser Stelle nicht gewachsen fühlte, lehnte ab und wies auf Hardenberg hin, der ja noch immer Minister im auswärtigen Departement war; zugleich nahm er jetzt Gelegenheit, dem König seine Meinung über die Notwendigkeit der Abschaffung der Kabinettsregierung und der Bildung einer Ministerialkonferenz zu eröffnen.

Der König kam dieser Forderung einen Schritt entgegen; Beyme entwarf einen Plan, nach dem zunächst drei Minister, einer für das Auswärtige, einer für das Innere, einer für den Krieg, dem König unmittelbar Vortrag halten sollten, aber in Gegenwart und unter Mitwirkung des Kabinettsrats, der zugleich auch das Protokoll führen und die eingegangenen Sachen an die einzelnen Minister verteilen sollte; als Minister des Auswärtigen wurde Hardenberg ins Auge gefaßt, das Departement des Innern war für Stein bestimmt, die Kriegssachen sollte der General Rüchel vortragen. Den drei Männern gefiel aber die vom König geplante Geschäftsbehandlung nicht, weil sie der Person des Kabinettsrats einen zu bedeutenden Einfluß gestattete; sie erhoben Vorstellungen dagegen; insonderheit Stein machte die Übernahme des neuen Ministerpostens von der Entfernung des Kabinettsrats abhängig. Indessen der König bestand auf diesem Plan, ohne sich um die Einwendungen der Beteiligten zu kümmern; nur in der Person des Ministers des Auswärtigen änderte er seine Meinung: an Stelle Hardenbergs, von dem er wußte, daß ihn Napoleon haßte, und daß er durch seine Persönlichkeit ein Hindernis für den künftigen Friedensschluß bedeuten werde, wählte er schließlich seinen Generaladjutanten Zastrow, obwohl dieser Mann den abgelehnten Waffenstillstand von Charlottenburg unterzeichnet hatte; sein Blick war eben doch mehr auf den künftigen Friedensschluß, als auf die Erfordernisse einer energischen Kriegführung gerichtet. Für Stein aber war es nun vollends moralisch unmöglich geworden, den neuen Ministerposten anzunehmen: mit Zastrow mochte er noch weniger zusammenwirken als mit Beyme. Er sandte am 30. Dezember die ihm zum Vortrag überwiesenen Akten zurück mit der Bemerkung, daß er nach seinen früheren Erklärungen das Ministerium nicht für konstituiert ansehen könne, und erschien auch auf weitere Aufforderung nicht zum Vortrag. Und nun entlud sich der lange angesammelte Groll des Königs gegen Stein in einem gewitterartigen Schlage.

Es waren Tage voll Sturm und Drang, solche, in denen, wie Roon einmal sagt, alle maßgebenden Nervensysteme überreizt waren. Das Hoflager befand sich damals in Königsberg. Eben näherten sich die Feinde der Stadt; die königliche Familie schickte sich an, obwohl die Königin von einem schweren Nervenfieber noch keineswegs genesen war, nach Memel zu flüchten; Stein selbst stand im Begriff, ihr mit Zurücklassung seiner Frau und eines typhuskranken Kindes zu folgen: da erhielt er am Abend des 3. Januar durch einen Feldjäger ein eigenhändiges Schreiben des Königs, wie es wohl kaum je von einem Monarchen an seinen Minister gerichtet worden ist. Der König hielt Stein darin ein förmliches Sündenregister vor. Er nannte ihn einen widerspenstigen, hartnäckigen und ungehorsamen Staatsdiener, der, auf sein Genie und seine Talente pochend, weit entfernt, das Beste des Staates vor Augen zu haben, nur durch Kapricen geleitet, aus Leidenschaft und aus persönlichem Haß und Erbitterung handele. Nachdem er ihm so, wie er sich ausdrückte, auf gut Deutsch seine Meinung gesagt hatte, erklärte er ihm, daß, wenn er nicht sein respektwidriges und unanständiges Benehmen zu ändern willens sei, der Staat sich keine große Rechnung auf seine ferneren Dienste machen könne. Stein antwortete auf der Stelle mit einem kurzen und trockenen Entlassungsgesuch; und der König erwiderte ihm am folgenden Tage mit lakonischer Kürze: „Da der Herr Baron v. Stein . . . sein eigenes Urteil fällt, so weiß ich nichts hinzuzusetzen. Friedrich Wilhelm.“

So platzten damals die Gegensätze auf einander: die autokratische Schroffheit des alten Absolutismus auf der einen Seite, das Selbstgefühl eines modernen Ministers und die neue Auffassung des Staatsdienstes auf der andern Seite.

Während nun Stein sich in seine Heimat nach Nassau zurückzog, flüchtete die königliche Familie über die Kurische Nehrung nach Memel — für die kranke Königin eine fürchterliche Fahrt: tags auf dem durchweichten Boden der schmalen Landzunge, auf der einen Seite das Haff, auf der anderen die stürmende See, die stellenweise das Land zu überfluten drohte, nachts Unterkunft in elenden Hütten, ohne stärkende Nahrung, dazu der Sturm und die Kälte dieser Januartage. Indessen man gelangte glücklich nach Memel, und dort, am äußersten Ende der Monarchie, wartete das Königspaar die weitere Entwicklung der Schicksale des Krieges ab, der nunmehr in Ostpreußen und Polen geführt wurde.

Napoleon hatte inzwischen von Berlin aus am 21. November 1806 das Dekret erlassen, das die Kontinentalsperre gegen England verhängte. Dieses blieb nach wie vor für ihn der Hauptgegner; zunächst aber war sein Augenmerk jetzt auf die Niederwerfung Rußlands gerichtet. Preußen sollte ihm dazu als Operationsbasis dienen; er dachte damals an eine völlige Vernichtung des preußischen Staates. In seinen Papieren hat sich der Entwurf zu einer Proklamation aus dem Ende des Jahres 1806 gefunden, durch welche die Dynastie der Hohenzollern entthront werden sollte. Zur Bewältigung Rußlands sollte auch die polnische Frage benutzt werden. In Polen, und zwar zunächst in den polnischen Provinzen Preußens, wurde von Napoleon eine nationale Erhebung begünstigt, die das Ziel einer Wiederherstellung des alten Königreichs Polen verfolgte. Den Österreichern bot Napoleon Schlesien für die Abtretung von Galizien. Es war ihm zugleich auch darum zu tun, womöglich die Hilfe Österreichs gegen Preußen und Rußland zu erlangen. Aber Österreich, damals unter der Leitung Stadions, ließ sich durch diese Anerbietungen nicht verleiten, den Plänen Napoleons zu dienen; es behauptete seine Neutralität. Rußland war damals zugleich noch in einem Kriege mit der Türkei und konnte daher nicht seine volle Kraft gegen Napoleon wenden; der polnische Aufstand flößte am Hofe Alexanders die größten Besorgnisse ein.

Napoleons Machtsphäre dehnte sich gegen Ende 1806 in Deutschland noch weiter aus durch das Anwachsen des Rheinbundes. Der Kurfürst von Sachsen, bei Jena noch mit Preußen im Bunde, hatte bald nach der Schlacht seine Truppen zurückgezogen und sich Napoleon genähert; er schloß jetzt am 11. Dezember zu Posen seinen Frieden mit ihm und trat dem Rheinbund bei, indem er eine Bundeshilfe von 20 000 Mann versprach und für den gegenwärtigen Krieg gleich 6000 Mann in den Dienst Napoleons stellte. Dafür wurde Sachsen zum souveränen Königreich erhoben und erhielt Aussichten auf allerlei Landgewinn. Am 15. Dezember folgten die ernestinischen Höfe; erst später, am 18. April 1807, traten auch die norddeutschen Fürsten von Anhalt, Schwarzburg, Waldeck, Reuß, Lippe dem Rheinbund bei; alle diese Ländchen wurden damit zu souveränen Staaten und mußten ihre winzigen Truppenkontingente in den Dienst ihres Protektors stellen.

Die Russen waren Ende 1806 durch verschiedene Gefechte bis nach Litauen (Neu-Ostpreußen) zurückgedrängt worden; 1807 wurde Ostpreußen der hauptsächliche Kriegsschauplatz. Napoleon gebot über eine Streitmacht von 600 000

Mann. Den Unterhalt für diese hat er zum größten Teil aus den eroberten preußischen Provinzen erpreßt, die bis 1808 500 Millionen Franken in barem Gelde hergeben mußten und ebensoviel an Naturalleistungen. Niemals, so sagt der französische Generalbevollmächtigte Bignon, hat eine feindliche Okkupation einen so harten und schweren Druck ausgeübt, wie damals die französische in Preußen. Am 7. und 8. Februar gelang es den Russen unter Bennigsen durch die wirksame Unterstützung des preußischen Korps L'Estocq, bei dem sich Scharnhorst als Generalstabschef befand, bei Preußisch-Eylau, Napoleon die Spitze zu bieten. Es war die erste Schlacht, aus der Napoleon nicht als Sieger hervorging. Das machte einen solchen Eindruck auf ihn, daß er nun doch am 13. Februar den General Bertrand mit Friedensvorschlägen zu König Friedrich Wilhelm III. nach Memel sandte. Er wollte Preußen von Rußland trennen. Er kam auf seinen früheren Vorschlag der Elbgrenze zurück und erklärte, auf die Wiederherstellung Polens verzichten zu wollen. Aber Friedrich Wilhelm III., damals schon unter dem Einfluß Hardenbergs, der nach Steins Ausscheiden neben Zastrow doch wieder zur Beratung in den auswärtigen Angelegenheiten herangezogen wurde, wies diese Anerbietungen zurück; er wollte auf der Seite Rußlands ausharren und sah wieder mit einiger Hoffnung in die Zukunft.

Aber der russische General Bennigsen verstand die Gunst der Lage nach der Schlacht bei Eylau nicht auszunützen, während die Franzosen in Schlesien und Pommern weitere Fortschritte machten. Glogau, Breslau, Brieg, Schweidnitz fielen in ihre Hände; in Schlesien hielten sich nur noch die Festungen Glatz und Kosel. In Pommern blieb allein Kolberg unbezwungen und beschäftigte längere Zeit hindurch 24 000 Mann von der französischen Armee; die heldenmütige Verteidigung unter Leitung des Majors von Gneisenau, der noch rechtzeitig an die Stelle des altersschwachen Kommandanten getreten war, und unter patriotischer Mitwirkung der Bürgerschaft, an deren Spitze der wackere Nettelbeck stand, bietet eins der hellsten Bilder in dieser trüben Zeit. Auch in Graudenz hielt der tapfere Kommandant Courbière die Ehre der preußischen Waffen aufrecht und bewahrte seinem König die Festung bis zum Frieden. Danzig hat sich unter dem Grafen Kalckreuth bis zum 25. Mai 1807 gehalten. In der Kurmark errichtete der Major v. d. Marwitz ein Freikorps, mit dem er nicht unglücklich in Vorpommern operierte.

Am 28. Januar 1807 schloß Preußen zu Memel mit England Frieden; Hannover wurde dabei endgültig aufgegeben. Man hoffte damals auf eine wirksame Unterstützung von England, aber es kam nicht dazu. Ein Subsidienvertrag, über den man verhandelte, gelangte erst am 27. Juni zum Abschluß, und da war es bereits zu spät. Auch Österreich verharrte in seiner Neutralität trotz aller Versuche des Kaisers Alexander, es für den gemeinsamen Kampf gegen Napoleon zu gewinnen. Um so fester aber schlossen sich nun Preußen und Rußland zusammen. Am 2. April besuchte Kaiser Alexander das Königspaar in Memel; am 4. April folgte ihm der König in das Lager zu Kydullen (Neu-Ostpreußen), wo der Zar ihm die russischen Garden vorführen wollte. Dieser Aufenthalt ist von historischer Wichtigkeit geworden, weil er den Anlaß zur Beseitigung der bisher immer noch vergeblich bekämpften Kabinettsregierung gegeben hat. Hardenberg, der sich in seiner geschmeidigen und abwartenden Weise bisher die vom König eingeführte Geschäftsbehandlung der Ministervorträge in

Gegenwart des Kabinettsrats hatte gefallen lassen, war an Zastrows Stelle als Vertrauensmann Alexanders jetzt der Hauptratgeber des Königs geworden und begleitete ihn nach dem Wunsche des Kaisers ganz allein, ohne Zastrow und Beyme, in das russische Lager. Dort gewöhnte sich der König daran, daß Hardenberg allein ihm alle Sachen vortrug. Die freimütige Wärme des Ministers, die doch nie die schuldige Ehrfurcht vermissen ließ, seine große Geschicklichkeit beim Vortrag, die immer den rechten Ton zu treffen wußte, sein diplomatisches Talent und nicht zuletzt das Ansehen, das er bei Kaiser Alexander genoß, machten ihn dem Könige bald unentbehrlich; und so kam es, daß diese Einrichtung später zu dauernder Geltung gelangte. Vorläufig erhielt Hardenberg am 10. April in aller Form das Departement der auswärtigen Angelegenheiten übertragen. In Kydullen sind schon die Grundlagen zu dem Bündnis gelegt worden, das dann am 26. April in Bartenstein zum Abschluß gelangt ist. Preußen und Rußland verbanden sich darin zu unverbrüchlichem Zusammenhalten gegen Napoleon. Keiner von beiden sollte einen Separatfrieden schließen. Der Krieg sollte fortgesetzt werden, bis der Gegner besiegt und über den Rhein zurückgedrängt sein würde. Preußen sollte in dem Umfange von 1805 wieder hergestellt werden. An die Stelle des untergegangenen Deutschen Reiches sollte ein deutscher Staatenbund treten, in dem Preußen und Österreich friedlich und gleichberechtigt nebeneinander stehen sollten. Man hoffte immer noch, Österreich zu gewinnen. Mit Schweden hatte Preußen schon kurz zuvor am 20. April ein Bündnis geschlossen.

Es sind alte Gedanken Hardenbergs, die in den Verabredungen von Bartenstein zum Ausdruck kommen; sie sind für die Zukunft von Bedeutung, aber zunächst blieben sie ein schöner Traum. Von demselben Tage wie das Bündnis von Bartenstein (26. April) ist auch eine Kabinettsorder datiert, durch welche Hardenberg mit dem Vortrag und der Leitung der wichtigsten Angelegenheiten in Politik, Krieg und innerer Verwaltung betraut wurde. Er erhielt dadurch tatsächlich die Stellung eines Premierministers; und da er alle wichtigen Angelegenheiten selbst dem König vortrug, so war eine Kabinettsregierung, wie sie früher bestanden hatte, dadurch ausgeschlossen, trotzdem Beyme als Kabinettsrat nach wie vor beim König blieb. Was Steins heroisches Ungestüm nicht durchzusetzen vermocht hatte, das ist der klugen Geschmeidigkeit Hardenbergs, die doch das Ziel nicht aus den Augen ließ, ohne aufregende Kämpfe gelungen.

Die kriegerischen Erfolge, auf die die Verbündeten von Bartenstein gehofft hatten, sind ausgeblieben. Nach einem wenig bedeutenden Siege bei Heilsberg wurde Bennigsen am 14. Juni 1807 in der Schlacht bei Friedland von Napoleon entscheidend geschlagen. Er zog sich darauf hinter die Memel zurück und bat den Kaiser Alexander auf das dringendste, einen Waffenstillstand mit Napoleon abzuschließen. Alexander ist nach dem Schlage von Friedland in ähnlicher Haltlosigkeit zusammengebrochen, wie früher nach dem von Austerlitz. Er bat in der Tat um einen Waffenstillstand, und Napoleon, der die Schwierigkeiten eines Krieges mit Rußland kennen gelernt hatte, bewilligte ihn gern. Am 21. Juni wurde er abgeschlossen. Daran knüpften sich alsbald Friedensverhandlungen, die Alexander allein mit Napoleon führte, trotz der Abmachungen des Vertrages von Bartenstein. Am 25. Juni fand die erste persönliche Unterredung der beiden Kaiser statt, bei Tilsit, auf einem Floß in der Memel. Hier haben sich die beiden Monarchen verständigt, und zwar auf Kosten Preußens. Sie wollten gewissermaßen gemeinschaftlich die Welt beherrschen. Rußland wurden von Napoleon keine Opfer zugemutet, Preußen allein sollte die Zeche bezahlen. Aus Achtung für Alexander, wie es hieß, wollte Napoleon Preußen bestehen lassen, aber in sehr verkleinertem Umfange. Rußland dagegen erhielt von Napoleon freie Hand in Finnland gegen Schweden, während es auf der Balkanhalbinsel, die bisher den Russen als ihre eigene Einflußsphäre gegolten hatte, mit Napoleon gemeinschaftlich gegen die Türkei vorgehen wollte. Die Hauptsache für Napoleon war, daß Alexander keine Schwierigkeiten machte, sich dem Kontinentalsystem gegen England anzuschließen und dahin mitzuwirken, daß dieser Hauptgegner Frankreichs zum Frieden gezwungen würde.

Die beiden Kaiser schieden als Freunde. Am 26. Juni fand eine zweite Begegnung statt, bei der auch König Friedrich Wilhelm III. zugezogen wurde. Ihm trat Napoleon ganz anders gegenüber, als dem Kaiser Alexander; eine unverhohlene persönliche Abneigung kam dabei auf beiden Seiten zum Ausdruck. Auch die Königin Luise hat sich damals zu einer Unterredung mit Napoleon herbeigelassen, am 6. Juli; sie überwand den Abscheu vor dem Verhaßten, weil sie hoffte, durch den Eindruck ihrer Persönlichkeit das Los des Staates mildern zu können. Es ist ihr nicht gelungen; Napoleon machte nur Komplimente, aber keine Zugeständnisse. Hardenberg wurde von den Friedensverhandlungen von vornherein ausgeschlossen; Napoleon wollte nicht mit ihm unterhandeln; er mußte entlassen werden. Am 7. Juli wurde der Friedensvertrag mit Rußland durch Talleyrand im Auftrage Napoleons abgeschlossen; am 9. Juli wurde dieser Vertrag den preußischen Unterhändlern Graf Kalckreuth und von der Goltz einfach aufgezwungen. Sie hatten keine Wahl; sie mußten unterzeichnen, da Rußland seinen Verbündeten preisgegeben hatte.

Preußen wurde durch den Tilsiter Frieden auf die Hälfte seines Gebietes beschränkt. Es verlor jetzt auch die polnischen Provinzen und alle Gebiete westlich der Elbe mit Einschluß von Magdeburg, um das die Königin Luise vergeblich beim Sieger gebeten hatte. Das preußische Gebiet betrug nur noch 2856 Quadratmeilen mit 4,5 Millionen Einwohnern. Die polnischen Provinzen kamen an Sachsen, unter dem Namen eines Herzogtums Warschau; dazu noch der Kreis Kottbus und eine Militärstraße zwischen Sachsen und Polen durch preußisches Gebiet. Danzig wurde zur Freistadt erklärt mit einem Gebiet von zwei Meilen um die Stadt, unter dem Schutze von Preußen und Sachsen, aber mit einer französischen Garnison. Die Schiffahrt auf der Weichsel sollte frei sein; aber England gegenüber mußte der Hafen von Danzig gesperrt werden. Alexander selbst scheute sich nicht, von dem preußisch-polnischen Besitz ein Stück für sich zu nehmen zur besseren Abrundung der russischen Grenze: den Kreis Bialystok. Aus den westlichen Provinzen Preußens wurde das Königreich Westfalen gebildet, das Napoleon seinem jüngsten Bruder, Jérôme, verlieh. Dessen Königtum und ebenso das der Brüder Napoleons in Holland und Neapel mußte von Preußen wie von Rußland anerkannt werden. Zugunsten Rußlands wollte Napoleon einen Frieden mit der Türkei vermitteln; scheiterte dieser, so wurde eine Aufteilung des türkischen Reiches in Aussicht genommen. Seine Mittelmeerinteressen wahrte Napoleon dadurch, daß er sich den Besitz der jonischen Inseln und der Bucht von Cattaro garantieren ließ. Wie er Rußland gegen die Türkei, so sollte ihm Rußland gegen England helfen: ein geheimes Schutz- und Trutzbündnis zwischen den beiden Kaisern, an dem Preußen keinen Anteil hatte, war die Krönung des Friedenswerkes. Napoleon stand damals auf der Höhe seiner Macht. Preußen behielt er auch nach dem Frieden völlig in Händen wie ein erobertes Land. In der Konvention von Königsberg, die den Tilsiter Frieden ergänzte und am 12. Juli 1807 von Kalckreuth unterzeichnet wurde, war ausgemacht, daß Napoleon seine Besatzungen aus Preußen erst zurückziehen werde, wenn die Kriegskontribution richtig bezahlt sei. Dabei war aber über die Höhe dieser Kontribution noch nichts bestimmt, so wenig wie über die Termine. Später ist eine unerschwingliche Summe festgesetzt worden, so daß die Termine trotz aller Anstrengung nicht eingehalten werden konnten. Die heilsamen Wirkungen der Wiederherstellung des Friedens sind dadurch für Preußen vereitelt worden.

Die Reformen und die Vorbereitung der Erhebung.

Die erste große Frage, die nach dem Frieden von Tilsit an den König herantrat, war die eines Nachfolgers für Hardenberg, der ja auf das Machtgebot Napoleons seinen Ministerposten hatte verlassen müssen. Die Blicke der Patrioten richteten sich auf Stein; und merkwürdigerweise ist es Napoleon selbst gewesen, der dem König die Wahl dieses Ministers empfahl. Er befand sich in der irrtümlichen Vorstellung, als ob Stein, dessen Güter bei Nassau ganz in der französischen Machtsphäre lagen und der mit dem König schon so hart zusammengestoßen war, geneigt sein werde, als Minister sich den französischen Wünschen anzubequemen, die auf absolute Fügsamkeit und rasche Bezahlung der Kriegskontribution hinausliefen. Auch deswegen erschien gerade Stein jetzt als der geeignete Mann, weil es nicht mehr so sehr auf politische wie auf finanzielle Fragen ankam, in denen er ja ein ausgezeichneter Kenner war. Friedrich Wilhelm überwand seinen Groll gegen den so ungnädig Entlassenen und ließ ihm durch Hardenberg die Nachfolge in dessen Stellung eines leitenden Ministers mit unmittelbarem Vortrag beim König anbieten, wobei die Entfernung Beymes, des Kabinettsrats, in Aussicht gestellt wurde; Hardenberg fügte von sich aus die Bemerkung hinzu, daß der König durch das Unglück persönlich sehr gewonnen habe und daß es nur darauf ankomme, beim Vortrag den rechten Ton zu treffen, um ihn zu allem, was gut und nützlich sei, zu bewegen. Die Prinzessin Luise Radziwill, eine Schwester des gefallenen Prinzen Louis Ferdinand und eine warmherzige Freundin der Patrioten, beschwor den tief Gekränkten zugleich in einem persönlichen Schreiben im Namen des Vaterlandes, das Anerbieten nicht abzuweisen.

Stein empfing die Aufforderung in Nassau auf dem Krankenlager; er war noch so entkräftet, daß er die Antwort durch seine Frau schreiben lassen mußte. Er dachte großherzig genug, um sich dem Vaterlande in der Stunde der Not nicht zu versagen und nahm die Stellung an. Die gewaltige psychische Erregung half ihm zur Genesung. Er begab sich über Dänemark zur See nach Memel. Am 1. Oktober 1807 hatte er die erste Audienz beim König. Der König empfing ihn gnädig; er war in sehr gedrückter Stimmung und sprach von der Möglichkeit, die Regierung niederzulegen und sich ins Privatleben zurückzuziehen; die Königin war weich, schwermütig, aber doch voll Hoffnung. Stein sollte die Leitung aller inneren Angelegenheiten übernehmen; die auswärtigen waren dem bisherigen Gesandten in Petersburg, Grafen Goltz, anvertraut worden. Beyme befand sich noch beim König als Kabinettsrat und hatte seit Hardenbergs Entlassung wieder größeren Einfluß gewonnen. Stein forderte seine sofortige Entfernung; aber dazu mochte sich der König im Moment nicht bequemen. Man stand wieder nahe vor dem Bruch. Da ist die Königin Luise vermittelnd dazwischengetreten. In einem eigenhändigen Billett, wahrscheinlich vom 3. Oktober, beschwört sie den Starrsinnigen um des Königs, des Vaterlandes, um ihrer Kinder und ihrer selbst willen nur noch wenige Monate Geduld zu haben: „Der König hält gewiß sein Wort, Beyme kömmt weg, aber erst in Berlin. So lange geben Sie nach!" Stein hat sich dieser Bitte der hohen Frau nicht verschlossen: er gab nach. Beyme wurde zum Präsidenten des Kammergerichts ernannt und erhielt sogleich seine Bestallung. Aber vorläufig blieb er am Hofe und wohnte den Vorträgen der Minister nach wie vor bei; freilich hatte er fortan den Vortrag nur noch in den Sachen, die Stein selbst ihm zuwies; auf diesem Punkt hatte der Minister bestanden. Es war also im wesentlichen wieder dasselbe Verhältnis wie zur Zeit Hardenbergs. Erst im Juni 1808 hat Beyme den Hof verlassen, um seinen Posten in Berlin anzutreten; damit war das Kabinett in seiner alten Gestalt endgültig aufgelöst.

Unter solchen Umständen trat der Freiherr vom Stein zum zweitenmal auf die Bühne unserer Geschichte, diesmal, um dem Staate in der kurzen Zeit seiner einjährigen Amtsdauer einen Impuls zu geben, der noch bis in unsere Tage fortwirkt.

Er war kein Minister von dem damals gewöhnlichen Schlage. Nicht persönlicher Ehrgeiz, nicht Anhänglichkeit an die Dynastie, selbst nicht das preußische Staatsgefühl, das Friedrich der Große zuerst geweckt hatte, war die Triebkraft, die ihn in die Geschäfte zurückzwang. Er war kein geborener Preuße, so wenig wie Hardenberg, Scharnhorst, Gneisenau. Einem alten reichsritterlichen Geschlecht entsprossen, dessen Stammburg im Lahntal neben der des Hauses Nassau lag, fühlte er sich selbst als ein freier Herr, jedem Fürsten ebenbürtig. Er lebte, wie schon 300 Jahre vor ihm seine Standesgenossen Hutten und Sickingen, in der begeisterten Idee eines großen, freien deutschen Vaterlandes. In Preußen sah er die Hoffnung Deutschlands. Das hatte ihn einst — gegen die Gewohnheit seiner Standesgenossen, die lieber den österreichischen Dienst suchten — als Beamten in den Staat Friedrichs des Großen geführt, dessen konservative Reichspolitik ihn im Gegensatz zu den Übergriffen des Kaisers Joseph anzog. In der Berg- und Hüttenverwaltung, unter dem Minister von Heynitz, verdiente er sich die Sporen; er stieg bald zu dem neuen Posten eines Oberpräsidenten der sämtlichen rheinisch-westfälischen Kammern empor. Seine Tätigkeit und seine Anschauungen wurzeln im westdeutschen Wesen. 1804 kam er als dirigierender Minister im Generaldirektorium nach Berlin. Aber das eigentliche ostelbische Preußentum, das hier dominierte, blieb ihm immer fremd. Er ist nie ein Preuße in dem Sinne geworden, wie etwa Hardenberg; ganz zu schweigen von den alten eingeborenen märkischen und pommerschen Junkerfamilien, für deren Eigenart er niemals ein sympathisches Verständnis gehabt hat. „Ich habe nur ein Vaterland" — schrieb er einmal — „das heißt Deutschland; und da ich nach alter Verfassung nur ihm und keinem besonderen Teil desselben angehöre, so bin ich auch nur ihm, und nicht einem Teil desselben von ganzem Herzen ergeben." In dieser starken Persönlichkeit verkörperte sich die Idee der deutschen Einheit noch ganz in dem althistorischen, großdeutschen Sinne. Stein erkannte noch nicht, wie tief sich das Haus Österreich dem nationalen Leben entfremdet hatte; er dachte an eine Wiederbelebung des alten Reiches unter dem habsburgischen Kaisertum, nicht an eine Gründung auf neuem Fundament mit Preußen an der Spitze. Und zugleich war in ihm auch noch viel von dem Weltbürgertum jener Zeit, das sich Deutschland als Glied eines europäischen Staatenbundes dachte und kein Arg dabei fand, anderen Staaten, wie Rußland und England, eine maßgebende Einwirkung auf Bestand und Verfassung des zukünftigen deutschen Reiches zu gestatten, die dem härteren und selbstbewußteren Nationalgefühl unserer Zeit befremdlich vorkommt. Sehr verschieden ist also das, was Stein erstrebt und was Bismarck verwirklicht hat; aber es ist doch Anfangs- und Endglied einer großen, zusammenhängenden Kette historischer Entwicklung. Aus dieser nationalen Idee flammte bei Stein der ungeheure Zorn, die vulkanische Leidenschaft auf, mit der er die Weltherrschaft Napoleons bekämpfte; es ist die treibende Kraft in seinem rastlosen, wechselvollen politischen Leben. Stein vor allem ist es gewesen, welcher der preußischen Politik den Trieb zur Begründung eines deutschnationalen Staates eingeimpft hat, der freilich nach 1815 wieder auf Jahrzehnte zurückgedrängt und erst in wesentlich anderem Sinne später wieder wirksam geworden ist.

Noch bedeutender vielleicht und jedenfalls unmittelbarer in der Wirkung griff Stein damals in die Reform des preußischen Staatswesens mit einer andern Idee ein, die gleichfalls zu den Grundzügen seines Wesens gehört: mit der Idee der Beteiligung des Volkes am öffentlichen Leben, in der lokalen Selbstverwaltung und der repräsentativen Verfassung. In der Teilnahmlosigkeit des Volkes an dem Schicksal des Staates, wie sie nach der Katastrophe von Jena so vielfach zutage trat, erkannte er den tiefsten Schaden des preußischen Staatswesens. Der preußische Staat war eine Ordnung, die der Bevölkerung von oben her auferlegt worden war, ein System von Institutionen und Zwangsanstalten, das den Macht- und Wohlfahrtszwecken der alten Zeit entsprach, an das die Menschen sich auch durch einige Generationen hindurch gewöhnt hatten, das aber nicht organisch aus ihren Bedürfnissen und Interessen herausgewachsen war und noch nicht unauflöslich mit ihrem Leben verknüpft schien, so daß jener leidenschaftliche Anteil am Schicksal des Staates fehlte, dessen erste Spuren später im Befreiungskriege zum Vorschein gekommen sind. Preußen war nur ein Staat, nicht eine Nation.

Und wie der Staat, so entbehrte auch das Heer einer festen und breiten volkstümlichen Grundlage; ja es erschien fast wie ein Fremdkörper in dem bürgerlichen Leben. Es bestand zum großen Teil aus geworbenen Ausländern und war nur ein Instrument des Königs, nicht eine Institution des Landes. Friedrich der Große hatte einst gesagt, der friedliche Bürger solle es gar nicht merken, wenn der Soldat sich im Felde schlage; und der Soldat selbst hatte noch kein lebendiges Interesse an dem Staat, dem er diente; es fehlte ihm an patriotischer Hingabe und Opferwilligkeit, ebenso wie der bürgerlichen Bevölkerung. Sobald der gewohnte Impuls von oben, der Zwang des mechanischen

Gehorchens fortfiel, erwiesen sich Staat und Heer als eine für ihren eigentlichen Zweck untaugliche Maschine.

Das vor allem mußte geändert werden, wenn Preußen noch eine Zukunft haben sollte. Hier begegneten sich die Gedanken Steins mit denen Scharnhorsts und Gneisenaus: das Interesse der Massen am Staate mußte geweckt werden. Es bedurfte dazu keiner künstlichen Veranstaltungen. Der Druck der Fremdherrschaft, das raffinierte Aussaugungssystem der französischen Verwaltung, die Brutalitäten der Einquartierung sorgten dafür, daß auch der stumpfsinnigste Bauer den Wert des Staates und seiner Unabhängigkeit einsehen lernte. Nur die Hindernisse galt es wegzuräumen, die einer lebendigen Staatsgesinnung, einer tätigen Vaterlandsliebe bisher noch im Wege standen. Wie konnte der Bauer sich als Staatsbürger fühlen, wenn er in der Erbuntertänigkeit unter dem Gutsherrn blieb? Wie konnten die Bürger in den Städten tätigen Anteil an den Schicksalen des Staates nehmen, wenn die bevormundende Staatsbehörde ihnen verwehrte, sich um ihre eigenen kommunalen Angelegenheiten zu kümmern? Und wie konnte der Soldat sich zu dem Opfermut, zu der Begeisterung aufschwingen, die der künftige Befreiungskrieg von ihm forderte, wenn nicht der Staat, um dessen Existenz er focht, sein Vaterland war, und wenn nicht seine Stellung in Staat und Gesellschaft ihm dieses Vaterland lieb und wert machte? Aus der Notwendigkeit, die Teilnahme der Massen für den Befreiungskampf, für die Wiederaufrichtung des Staates zu gewinnen, ging jetzt der Entschluß zu den großen sozialen und politischen Reformen hervor, den das vorhergehende Jahrzehnt trotz seiner Einsicht in die Mängel der bestehenden Zustände nicht hatte finden können. Es war, wie es in den Versen Hölderlins heißt: „Mit ihrem heiligen Wetterschlage, mit Unerbittlichkeit vollbringt — die Not an einem großen Tage, was kaum Jahrhunderten gelingt.“

Es ist merkwürdig, wie in jenen Tagen die gleichen Reformideen überall mit elementarer Kraft hervorbrachen. In dem Winter von 1807 auf 1808 hielt Fichte in dem Saale der Berliner Akademie seine Reden an die deutsche Nation, diese tiefgründigen, philosophisch-spekulativen Vorträge mit ihren scharfkantigen, wuchtigen Sätzen, in denen einem andächtig lauschenden Publikum die große Lehre verkündet wurde, was eine Nation sei, daß ohne Nationalität keine Kultur möglich sei, und daß die Deutschen durch einen großen Erziehungsprozeß sich wieder ihrer Nationalität bewußt werden müßten, um ihre Kultur und Weltstellung zu behaupten oder wiederzugewinnen. In der Dreifaltigkeitskirche predigte Schleiermacher in einem ähnlichen ethisch-patriotischen Geiste: die religiöse und sittliche Erneuerung, so lehrte er, müsse der Wiederaufrichtung des Staates und der nationalen Befreiung den Weg bereiten. Eine Fülle von Talenten, Offiziere und Beamte, begeistert von den neuen Ideen, scharten sich um den Thron zur Rettung des Vaterlandes. Die historische Bedeutung Steins beruht vor allem darin, daß er die belebende und beherrschende Kraft besaß, in der Mitte dieser Bewegung wirkend, den Talenten ihren Platz zu fruchtbarer Tätigkeit anzuweisen und so die Reformideen in die Wirklichkeit überzuführen. Niemand widerstand dem Zauber seiner großen, gewaltigen, alles aufrüttelnden Persönlichkeit. Vor dem Adel seines reinen Wesens konnte das Gemeine, das Schwächliche, die schnöde Selbstsucht der vergangenen Tage nicht bestehen. Sein feuriger Wille belebte alle Tätigkeit zur höchsten Anspannung der Kräfte; sein felsenfester Glaube an die Macht des Guten, an die Zukunft der Nation überwand immer wieder die Zweifel und Schwachheiten der Kleinmütigen. „Des Guten Grundstein, des Bösen Eckstein, der Deutschen Edelstein“, — so nannte ihn der Königsberger Professor Süvern, ein geflügeltes Wort, das bald von Mund zu Mund ging; und Niebuhr wandte in seiner überschwenglichen Weise mit einem gelehrten Wortspiel auf ihn die Worte der Vulgata an: Tu es Petrus et supra hanc petram aedificabo ecclesiam meam.

Zwischen Hardenbergs Entlassung im Juli und der Rückkehr Steins lagen fast drei Monate. Diese Zeit war nicht ungenützt verstrichen. Hardenberg hatte im September aus Riga, wohin er sich mit seinen Räten Altenstein und Niebuhr begeben hatte, eine bedeutsame Denkschrift eingesandt, die das Programm der Reform, wie er sie faßte, in großen Zügen entwarf. Es gipfelte in dem Gedanken, daß man sich dem Zeitgeist anbequemen und von dem Gegner lernen müsse, sowohl von der Revolution wie von dem Bonapartismus; die Quintessenz seiner Vorschläge faßte Hardenberg in die Worte: demokratische Institutionen unter einer monarchischen Regierung. Zur Beratung der Reformen hatte der König zwei besondere Kommissionen bestellt, die sogenannte Immediatkommission für die Zivilverwaltung und die Militär-Reorganisationskommission. In der ersten saßen die bisherigen Mitarbeiter Hardenbergs, meist Geheime Finanzräte aus dem alten Generaldirektorium: der Ostpreuße Schön, geistreich und gründlich gebildet, ein Schüler Kants und ein Anhänger der Smithschen Doktrin von der individuellen Freiheit im Wirtschaftsleben; der fränkische Freiherr von Altenstein, der philosophische Freund Fichtes, der bei der Wiederherstellung des Staates von der höchsten sittlichen Idee eines Gemeinwesens ausgehen wollte; der Schleswig-Holsteiner Niebuhr, ebenso bedeutend als Finanzmann wie als Gelehrter, zart und feinsinnig, aber von leidenschaftlichem deutschem Nationalgefühl; der Uckermärker Stägemann, Poet und Patriot, dabei ein ausgezeichneter Kenner der ländlichen Verhältnisse; endlich als Vorsitzender der Magdeburger Klewiz, später Finanzminister, ein erfahrener, umsichtiger Beamter.

An der Spitze der Militär-Reorganisationskommission stand Scharnhorst, der nach dem Kriege tatsächlich die militärischen Angelegenheiten leitete, neben Stein der bedeutendste Mann in der preußischen Regierung, einig mit ihm in den großen leitenden Gedanken, aber in seiner Persönlichkeit ganz anders: ebenso still und verschlossen, wie Stein aufbrausend und leidenschaftlich erregt; halb eine Gelehrtennatur, mehr durch die Macht des Gedankens wirkend als durch das Einsetzen einer imponierenden Persönlichkeit; in seinem Äußeren schlicht bürgerlich, fast unmilitärisch, aber doch nicht bloß als Organisator, sondern auch als Feldherr groß. Er stammte aus kleinen Verhältnissen. Er war der Sohn eines früheren Regimentsquartiermeisters, der die Erbtochter eines hannöverschen Freibauern geheiratet hatte; in der Militärschule des Grafen Wilhelm zur Lippe in Bückeburg vorgebildet, war er Artillerieoffizier geworden und hatte, um der Aussicht auf Beförderung willen den hannöverschen Dienst mit dem preußischen vertauscht, in dem er als Generalmajor geadelt wurde. Er hatte sich als Militärschriftsteller und Lehrer an der neubegründeten Kriegsakademie hervorgetan und in der Schlacht von Auerstedt als Generalstabschef des Herzogs von Braunschweig rühmlich ausgezeichnet. Er gewann das Vertrauen des Königs bald mehr als irgend ein anderer von den Männern der Reform. Sein schlichtes, anspruchsloses Wesen, seine ruhige Gleichmäßigkeit entsprach den Neigungen des Königs, und seine verschlagene Zähigkeit vermochte schließlich alles Wesentliche bei ihm durchzusetzen. Unter seinen Mitarbeitern in der Militär-Reorganisationskommission waren anfangs erklärte Gegner seiner Reformen neben gleichgesinnten Freunden, wie Gneisenau und Grolman. Erst später, nachdem Boyen und Graf Götzen an die Stelle der ausscheidenden Mitglieder von Borstell und Bronikowski getreten waren, hat die Reformpartei das Übergewicht erlangt.

Das Haupt dieser beiden Kommissionen und alles dessen, was von den alten Behörden noch übrig war, wurde nun Stein, der in der Immediatkommission zugleich den Vorsitz übernahm, in der Stellung eines leitenden Ministers, die sich von der Hardenbergs nur dadurch unterschied, daß sie ihren Schwerpunkt mehr in der Leitung der inneren als der auswärtigen Angelegenheiten fand.

Die auswärtige Politik Preußens beruhte in den nächsten Jahren auf der Grundlage des Tilsiter Friedens. Bei dem Einvernehmen, das zwischen Napoleon und Alexander herrschte, fiel Preußen die Rolle eines machtlosen Pufferstaats zu, den diese beiden Mächte zwischen sich brauchten oder duldeten. Von einer selbständigen Politik Preußens konnte kaum die Rede sein. Napoleon hatte durch seine Besatzungen das Land vollständig in der Hand; ein offener Bruch mit ihm wäre damals zweifellos das Ende der hohenzollernschen Dynastie und der Existenz des preußischen Staates gewesen. Und dennoch galt es, alle Kräfte zu sammeln und sich vorzubereiten für die Stunde der Befreiung. Die Aufgabe schien kaum lösbar, zumal die schärfste finanzielle Anspannung der ausgesogenen Bevölkerung die Regierung kaum dazu instand setzte, die fälligen Kontributionszahlungen zu leisten und damit das Leben des Staates von einem Termin zum andern zu fristen. In dieser Bedrängnis hat Stein eine Zeitlang die Rettung nur darin erblicken zu können gemeint, daß er dem König zu einer engeren Verbindung mit Napoleon riet, was auch Scharnhorst damals und noch später einmal 1810 getan hat. Es war natürlich nicht die Meinung dieser Patrioten, daß Preußen seine Selbständigkeit aufgeben und, wie die Fürsten des Rheinbundes, sich rückhaltlos dem Sieger anschließen sollte. Vielmehr lagen höchst verwegene machiavellistische Pläne dabei zugrunde, die auf eine Täuschung Napoleons hinausliefen und die günstigen Folgen eines näheren Anschlusses an ihn auszunützen gedachten für die innere Stärkung der preußischen Macht bis zu dem Moment, wo man in plötzlicher Wendung die Fesseln zerreißen und dem verbündeten Unterdrücker das wahre Gesicht eines zum Kampf für die Freiheit entschlossenen Todfeindes zeigen konnte. Denn auch Trug und Hinterlist verschmähte die sonst an den höchsten sittlichen Idealen orientierte Staatskunst Steins nicht, wo es sich um die Befreiung des Vaterlandes vom Drucke der Knechtschaft handelte. Es ist freilich die Frage, ob Napoleon sich durch eine solche Politik hätte täuschen lassen. Die Idee ist aber überhaupt nicht zur Ausführung gelangt. Der einfache und aufrechte Sinn des Königs sträubte sich gegen eine nähere Verbindung mit dem ihm im Innersten widerwärtigen Machthaber. Auch die von Stein vorgeschlagene Patenschaft Napoleons bei einer damals geborenen Prinzessin hat der König ohne weiteres abgewiesen.

Die praktische Hauptfrage war zunächst, wie man unter Einhaltung der Zahlungstermine die Gesamtsumme der Kontribution herabmindern und womöglich schon vor ihrer völligen Bezahlung die feindliche Besatzung ganz oder doch zum größten Teil loswerden könne, damit der entsetzliche Druck der Kriegslasten aufhörte und der König, der immer noch in Königsberg blieb, endlich wieder wirklich als Herr in seinen Landen walten konnte. Stein hat darüber monatelang in Berlin mit Daru verhandelt, während die übrigen Minister mit dem Hofe in Königsberg blieben und die Reformarbeiten ins Stocken gerieten. Aber diese Verhandlungen und der Zeitaufwand, den sie erforderten, sind vergeblich gewesen. Stein war nichts weniger als ein Diplomat; das hat sich damals deutlich gezeigt. Da er mit den Franzosen in Berlin nichts auszurichten vermochte, wurde Prinz Wilhelm, der Bruder des Königs, zu Unterhandlungen mit Napoleon selbst nach Paris geschickt. Während dort weiter unterhandelt wurde, wandte sich Stein wieder auf das tatkräftigste den Aufgaben der Reform zu; zugleich aber ergriff er, angereizt durch die ersten großen Erfolge der spanischen Insurrektion gegen die französische Fremdherrschaft, den verwegenen Gedanken, eine allgemeine Volkserhebung gegen Napoleon, zunächst im nördlichen Deutschland, mit Anlehnung an England, ins Werk zu setzen und suchte auch den König zu bestimmen, im Bunde mit Österreich, das damals zu rüsten begann, schon jetzt den Freiheitskampf zu wagen. Ihm schwebte ein Volkskrieg wie in Spanien vor, der das Joch der fremden Dränger zerbrechen und zugleich eine neue verfassungsmäßige nationale Staatsordnung begründen sollte. Der König sollte dabei an der Spitze stehen; aber er wäre mehr von der Volksbewegung fortgerissen worden, als daß er sie beherrscht und geleitet hätte.

Die Patrioten entfalteten eine rührige Agitation; in allen Volksschichten begann es zu gären; der dumpfe Haß der Massen, den der Druck der Fremdherrschaft erzeugt hatte, verband sich mit dem reinen Idealismus hochgebildeter Männer, die mit begeisterter Liebe die neu erwachte Idee des Vaterlandes ergriffen. Ein Netz von patriotischen Vereinen, voran der sogenannte Tugendbund, dehnte sich über das Land aus. Inmitten dieser großen Bewegung, alle Kräfte erweckend und lenkend, wirkte Stein, der den preußischen Staat zum Vorkämpfer des deutschen Volkes zu machen gedachte.

Aber König Friedrich Wilhelm III. stand diesen Plänen mit nüchterner Zurückhaltung und mißtrauischem Zweifel gegenüber: auf eine allgemeine Volkserhebung mochte er sich überhaupt nicht einlassen, und zum Kriege gegen Napoleon wäre er nur dann bereit gewesen, wenn außer Österreich auch Rußland daran teilgenommen hätte.

Trotz dieser Abneigung des Königs suchte Stein auf eigene Hand seine Pläne weiter zu fördern. Dabei hat er die Unvorsichtigkeit begangen, einen unchiffrierten Brief, in dem von dem Plan des Volksaufstandes die Rede war, an einen preußischen Diplomaten, den Fürsten von Wittgenstein, zu senden, der sich damals in Doberan beim Kurfürsten von Hessen befand; Steins Absicht war, die reichen Geldmittel des von Napoleon vertriebenen hessischen Kurfürsten für die Sache der Volkserhebung flüssig zu machen. Der Brief fiel den Franzosen in die Hände und wurde am 8. September im Moniteur veröffentlicht. An demselben Tage zwang Napoleon die preußischen Unterhändler, indem er ihnen unter heftigen Zornausbrüchen den Brief vorwies, auf seine bisher noch immer nicht angenommenen Forderungen einzugehen; so kam die Pariser Konvention vom 8. September 1808 zustande. Die rückständige Kontribution wurde darin auf 140 Millionen Franken festgesetzt, und es wurde bestimmt, daß bis zu deren völliger

Abzahlung die drei Oderfestungen Stettin, Küstrin, Glogau von 10000 Franzosen besetzt bleiben sollten. Im übrigen sollte das preußische Staatsgebiet vier bis sechs Wochen nach dem Austausch der Ratifikationen von den französischen Truppen geräumt werden; doch bedang sich Napoleon nicht weniger als sieben Militär- und Etappenstraßen durch preußisches Gebiet aus. Preußen mußte sich verpflichten, nicht mehr als 42 000 Mann unter den Waffen zu halten; die Bildung einer Landwehr, wie sie in Österreich damals errichtet wurde, und jede Form einer Volksbewaffnung wurde untersagt. Im Fall eines Krieges mit Österreich sollte Preußen Napoleon mit einem Hilfskorps unterstützen.

Der König hoffte noch, durch Vermittlung des Kaisers Alexander, der eben damals mit Napoleon eine Zusammenkunft in Erfurt verabredet hatte, eine Milderung dieser Bedingungen erlangen zu können — worin er sich freilich in der Hauptsache getäuscht hat; auch kam es ihm darauf an, die Stellung des russischen Kaisers zu Napoleon näher zu sondieren und ihre etwaige Beeinflussung durch die Ergebnisse der Zusammenkunft abzuwarten; denn er wußte wohl, daß das Verhältnis der beiden Kaiser schon durch gegenseitiges Mißtrauen vergiftet war. Wäre es damals zu einem Bruch zwischen Alexander und Napoleon gekommen, so hätte sich der König für die Pläne Steins vielleicht doch noch gewinnen lassen; das Abschiedsgesuch des Ministers hatte er vorläufig abgelehnt. Kaiser Alexander besuchte das preußische Herrscherpaar, das sich noch immer in Königsberg befand, auf seiner Reise nach Erfurt Ende September und ebenso bei der Rückkehr Mitte Oktober. Der König überzeugte sich dabei, daß Alexander der Idee einer gemeinschaftlichen kriegerischen Erhebung gegen Napoleon durchaus unzugänglich sei, und damit war auch entschieden, daß er die Pläne Steins endgültig ablehnte. Schon am 8. Oktober hatte er die Konvention ratifiziert; am 6. November wurden die näheren Bedingungen vereinbart: die Kontribution wurde schließlich auf 120 Millionen Franken ermäßigt — immer noch eine für Preußen unerschwingliche Summe.

Stein war jetzt als Minister nicht mehr zu halten. Man hatte eine Zeitlang daran gedacht, daß er in der unscheinbaren, aber einflußreichen Stellung eines Geheimen Staatsrats ohne Departement (was auch Alexander als möglich bezeichnet hatte) fortfahren könne, dem Staat seine unschätzbaren Dienste zu leisten; aber auch in dieser Stellung ist er schließlich nicht beibehalten worden, hauptsächlich wohl aus Rücksicht auf die Wünsche Napoleons, der eben damals in der Frage der Räumung des Landes ein größeres Entgegenkommen zu zeigen begann. Die Königin Luise hat diesmal keinen Versuch gemacht, Stein zu halten: sein heftiger Widerstand gegen einen von ihr geplanten Besuch in Petersburg hatte zu einer Erkältung in ihren Beziehungen geführt. Am 24. November erhielt Stein die erbetene Entlassung aus allen seinen Ämtern und Würden mit dem gnädigsten Ausdruck königlicher Anerkennung und verließ Königsberg, nachdem er gleichsam als ein politisches Testament den ihm früher unterstellten Behörden einen von Schön verfaßten, von ihm selbst aber gebilligten und unterschriebenen Aufsatz hatte zufertigen lassen, in dem die Bedeutung der bisher bewirkten Reformen gewürdigt und das Programm ihrer Fortführung durch die Bezeichnung des für die Zukunft Erforderlichen für seine Nachfolger aufgestellt wurde. Am 16. Dezember wurde er von Napoleon geächtet. Sein

Platz war fortan da, wo er am wirksamsten die Weltherrschaft des verhaßten Eroberers bekämpfen konnte. Er hat es erst in Verbindung mit dem Kaiser von Österreich, später, 1812, im Dienste des Kaisers Alexander versucht. Sein nächstes Ziel war Prag; und als er in der Neujahrsnacht über das verschneite Gebirge fuhr, erwog er bei sich die Gedanken einer Predigt Schleiermachers, die er bei sich führte: Über das, was der Mensch zu fürchten habe, und was nicht zu fürchten sei.

Es war ein gärendes Chaos, in dem Stein die Zustände des preußischen Staates zurückließ; aber das Licht eines neuen Tages war schon aufgegangen, und auf einigen Gebieten des staatlichen und gesellschaftlichen Lebens hatten sich schon feste Bildungen herausgestaltet, die eine zeitgemäße Reform des Ganzen verbürgen konnten.

Die soziale Grundlage des Staates war völlig verändert worden durch das Edikt vom 9. Oktober 1807, „den erleichterten Besitz und freien Gebrauch des Grundeigentums sowie die persönlichen Verhältnisse der Landbewohner betreffend“. Es war die Fortführung der agrarischen Reform, die schon vor 1806 auf den Domänen vorgenommen worden war; jetzt fand die Bauernbefreiung auch auf den Rittergütern statt. Man griff aber das Werk von einer andern Seite an, als damals. Man begann mit der Erklärung der persönlichen Freiheit der Bauern und überließ die Regulierung der Besitz- und Dienstverhältnisse, d. h. die Herstellung eines freien bäuerlichen Eigentums, die für die Praktiker des alten Staates im Vordergrunde des Interesses gestanden hatte, den folgenden Jahren. Preußen befand sich nach dem Frieden von Tilsit hinsichtlich der agrarischen Reform in einer Zwangslage: in den angrenzenden Landen, im Osten und Westen, im Großherzogtum Warschau wie im Königreich Westfalen, war durch Napoleon Leibeigenschaft und Erbuntertänigkeit aufgehoben worden; hinter diesem Beispiel konnte man in Preußen nicht zurückbleiben. Die Auflösung des gutsherrlich-bäuerlichen Verhältnisses erwies sich auch deshalb als notwendig, weil die ruinierten Gutsbesitzer nicht imstande waren, den Bauern die patriarchalische Fürsorge angedeihen zu lassen, die eine der Voraussetzungen der alten Ordnung war; die wirtschaftliche Wiederherstellung des Landes schien nur möglich, wenn der Bauer sein eigener Herr wurde und mit seinem Hofe nach Belieben schalten und walten konnte, und wenn der Rittergutsbesitzer die Möglichkeit erhielt, sein verschuldetes Gut unter Umständen auch an Bürgerliche zu verkaufen, die es besser bezahlten, als die adligen Standesgenossen. Mit dem Plane der Bauernbefreiung verband sich daher von vornherein der Gedanke, eine Freiheit im Grundstückverkehr herzustellen, wie sie früher nicht bestanden hatte. Wie der Erwerb der Rittergüter jetzt auch bürgerlichen Personen gestattet sein sollte, so sollte andererseits auch der Grundsatz des friderizianischen Bauernschutzes aufhören, daß jeder Bauernhof immer wieder mit einem bäuerlichen Wirt besetzt werden mußte und nicht zum Rittergut eingezogen werden durfte. Mit dieser Mobilisierung der Grundstücke verband sich die Idee der Aufhebung jener unübersteiglichen Schranken, die bisher Adel-, Bürger- und Bauernstand voneinander getrennt hatten; Grundbesitz und Berufswahl sollten für alle Stände frei werden: auch der Edelmann sollte fortan bürgerliche Gewerbe treiben dürfen, wie der Bürger adlige Güter erwerben durfte.

Das Gesetz war in der Immediatkommission unter dem vorwaltenden Einfluß von Schön ausgearbeitet worden und so gut wie fertig, als Stein die Leitung der Geschäfte übernahm. Stein hat es im wesentlichen gebilligt und nur in zwei Punkten bedeutsame Veränderungen vorgenommen. Einmal dehnte er seine Geltung auf den ganzen Staat aus, während die Kommission sie zunächst auf Ostpreußen hatte beschränken wollen; und zweitens nahm er Anstoß an der völligen Aufhebung des Bauernschutzes und brachte eine Klausel in das Gesetz, wonach die Einziehung von Bauernland zum Rittergut oder die Zusammenschlagung kleinerer Bauernhöfe zu größeren nur unter der Aufsicht der Verwaltungsbehörden und nach besonderen Normen sollte erfolgen dürfen, die für die einzelnen Provinzen noch zu erlassen seien.

In dieser Gestalt erhielt das Gesetz die königliche Sanktion und wurde am 9. Oktober 1807 erlassen. Mit Recht konnte der König darauf hinweisen, daß seine landesväterlichen Bestrebungen diesem Ziel seit Antritt seiner Regierung zugewandt gewesen seien; der frühere Widerstand des Adels war durch die Not der harten Zeit gebrochen worden. Das Edikt unterschied zwischen den Bauern mit besserem und schlechterem Besitzrecht: die ersteren, namentlich Erbzinsleute und Erbpächter, sollten sofort, die letzteren, die sogenannten Lassiten, vom Martinitage 1810 an von der Erbuntertänigkeit befreit sein. Es war aber nur der Anfang zur Lösung der agrarischen Frage, und für seine Wirkung kam viel darauf an, wie die in Aussicht gestellten provinziellen Normen ausfielen, durch welche der freie Verkehr mit bäuerlichen Grundstücken eingeschränkt werden sollte. Vorbildlich war für diese die Verordnung, die für Ostpreußen am 14. Februar 1808 erlassen worden ist; ihre Vorgeschichte eröffnet einen interessanten Blick auf die Gegensätze, die in dieser Angelegenheit aufeinanderstießen. Der ostpreußische Provinzialminister, Freiherr von Schrötter, hatte im Einverständnis mit seinen adligen Standesgenossen den Vorschlag gemacht, es solle den Gutsherren gestattet sein, Bauernland soviel sie wollten zum Rittergut einzuziehen, natürlich unter angemessener Entschädigung der Besitzer, wofern sie sich verpflichteten, für jede verschwindende Bauernfamilie eine Büdnerfamilie auf ihrem Gute anzusetzen. Damit wäre also der Grundsatz des friderizianischen Bauernschutzes einfach aufgehoben worden. Das aber wollte Stein nicht. Er schrieb an den Rand des Schrötterschen Gutachtens dreimal sein „Cessat in toto", und lehnte es damit völlig ab. Er ließ sich dann von Schön ein neues Gutachten erstatten; und dieses bewegte sich in sehr künstlichen Unterscheidungen, ohne die dem Bauernstand drohende Gefahr zu erkennen und Abhilfe dagegen zu schaffen. Schön unterschied zwischen Bauernstellen älteren und jüngeren Bestandes, wofür er in Ostpreußen das Normaljahr 1752 aufstellte; die jüngeren Stellen sollten zur Einziehung freigegeben werden; von den älteren sollte der Gutsherr die Hälfte der Fläche nach einziehen dürfen, wenn er die Restgüter zu größeren Bauernhöfen von 4 bis 8 Hufen zusammenschlüge und Annehmer dafür nachwiese. Schöns Ideal waren große Bauernwirtschaften, etwa von dem Umfang der englischen Farmen, die er auf einer Reise kennen gelernt hatte. Sein Vorschlag befriedigte Stein, obwohl er durchaus keine genügende Bürgschaft für die Erhaltung des Bauernstandes enthielt; und die Verordnung vom 14. Februar 1808 war in diesem Sinne gehalten. Sie hat als Muster für die anderen Provinzen gedient. Es war eine vorläufige Maßregel, die bis zu der endgültigen Regulierung der bäuerlichen Besitzverhältnisse gelten sollte. Hätten die Gutsbesitzer damals mehr Geldmittel und Kredit gehabt, als es tatsächlich der Fall war, so wäre bei ihrer durch die Veränderungen des Wirtschaftsbetriebes bedingten Neigung zur Vergrößerung der Gutsfläche wahrscheinlich schon jetzt ein großer Teil des Bauernlandes von den Rittergütern aufgesogen worden. Jedenfalls aber hatte man darauf verzichtet, den Grundsatz des friderizianischen Bauernschutzes in seiner alten Strenge aufrecht zu erhalten; und das ist für die spätere Regulierungsgesetzgebung, der die Aufgabe der Herstellung eines freien bäuerlichen Eigentums zufiel, von maßgebender Bedeutung geworden.

Die Reform der Gesellschaftsordnung, die mit der Bauernbefreiung zusammenhing, griff auch in das gewerbliche Leben ein; es war Steins Absicht, den Zunftzwang zu beseitigen; aber vorläufig begnügte man sich damit, alle Zwangs- und Bannrechte aufzuheben, welche die Herstellung der wichtigsten Nahrungsmittel betrafen: den Mühlenzwang ebenso wie gewisse ausschließliche Rechte der Bäcker und Fleischer. Außerdem sollte die bisherige wirtschaftliche und verwaltungsrechtliche Trennung von Stadt und Land aufhören, so daß auch auf dem platten Lande der Gewerbebetrieb erlaubt wurde. Aber solange die besondere Akzisebesteuerung der Städte noch nicht abgeschafft war, ließ sich diese Absicht nicht voll verwirklichen; die Aufhebung der Akzise aber, die an sich eine beschlossene Sache war, hing mit dem weitläufigen Problem einer allgemeinen Steuer- und Wirtschaftsreform zusammen, und zu dessen Lösung war man nicht imstande, ehe der Druck und die Sorge der Kontributionszahlungen von dem Lande genommen waren. Wohin aber Steins Gedanken gingen, das zeigt die vorübergehende Einführung einer Einkommensteuer nach englischem Muster in Ostpreußen, die zur Deckung der maßlos gesteigerten öffentlichen Bedürfnisse dienen sollte.

Das Dringlichste war vielleicht die Reorganisation der Armee, die nach dem Frieden von Tilsit in einem viel kleineren Umfange wieder hergestellt wurde, unter Abdankung zahlreicher adliger Offiziere, auch solcher, die sich nichts hatten zu schulden kommen lassen; wie denn bei der scharfen Prüfung und Reinigung des Offizierkorps doch nur verhältnismäßig wenige Fälle eines strafbaren Verhaltens sich ergeben hatten, sehr im Gegensatz zu den landläufigen, von den Feinden des Junkertums in Umlauf gesetzten Gerüchten. Die Arbeiten der Reorganisationskommission näherten sich mit raschen Schritten ihrem Ziel, einer gründlichen Umwandlung der Heeresverfassung, seitdem auf Veranlassung Steins der Vortrag beim König über diese Angelegenheiten dem zum Generaladjutanten ernannten Scharnhorst als Vorsitzendem der Kommission übertragen worden war, an Stelle des Generaladjutanten Grafen Lottum, der in der Hauptsache ein Gegner der Reform war.

Es kommt bei diesen Arbeiten vornehmlich auf drei Punkte an, die der König bereits in der Instruktion für die Kommission berührt hatte; sie betreffen die Ergänzung des Offizierkorps, die Beseitigung der ausländischen Werbung und die Abänderung der militärischen Strafen. Scharnhorst hat öfters geäußert, daß vieles von den militärischen Reformen den persönlichen Anregungen des Königs zu verdanken sei; aber ihre Verwirklichung ist doch nur unter dem unablässigen moralischen Druck von seiten der Reformpartei zustande gekommen. Friedrich Wilhelm III. pflegte seine Anregungen meistens in die Form zweifelnder

Erwägungen zu kleiden, und der Weg von da bis zu einem festen Entschluß war weit. Auch in diesen drei Punkten hat es fast ein volles Jahr gedauert, bis alle Bedenken beseitigt waren und der Entschluß zur Reform unwiderruflich feststand.

Wir kennen die Bedeutung des Adels für das altpreußische Heer, sein ausschließliches Anrecht auf die Offizierstellen. Mit 14 Jahren pflegte der Junker oder Gefreite-Korporal, wie eigentlich die Bezeichnung lautete, in die Armee einzutreten; seine Annahme hing lediglich von der Entscheidung des Regimentschefs ab. Nach wenigen Jahren wurden dann diese Junker als Leutnants die Vorgesetzten der alten Soldaten. Das sollte jetzt aufhören. „Sollen bloß adlige Kinder das Vorrecht haben" — so äußerte sich Scharnhorst —, „in ihrer krassen Unwissenheit und zarten Kindheit als Offiziere eingestellt zu werden, und Männer mit Kenntnis und Mut ihnen untergeordnet werden, ohne je eine Aussicht auf Beförderung zu haben, so wird wohl den adligen Familien geholfen, die Armee aber wird schlecht werden und nie die Achtung der Nation sich erwerben und ein Gespött der übrigen gebildeten Stände werden." Immer wieder verfocht er den Grundsatz, daß einen Anspruch auf Offizierstellen im Frieden nur Kenntnisse und Bildung, im Kriege nur ausgezeichnete Tapferkeit, Tätigkeit und Überblick gewähren dürften, und daß jeder, der sich durch solche Eigenschaften auszeichne, auf die höchsten militärischen Ehrenstellen müßte Anspruch machen können. Schließlich drang er durch. Das Institut der Portepeefähnriche trat an die Stelle der früheren Einrichtung. Der Eintritt in den Offizierstand sollte fortan auch Bürgerlichen allgemein freistehen; er wurde an ganz bestimmte Voraussetzungen gebunden: eine Altersgrenze von 17 Jahren und ein gewisses Maß von Kenntnissen, das durch eine Prüfung nachzuweisen war; von einem Vermögensnachweis nahm man Abstand. Dabei blieb aber die ganze Persönlichkeit des Bewerbers, die der Regimentschef zu beurteilen hatte, doch die Hauptsache: und so wurde es möglich, dem Offizierkorps auch fernerhin einen aristokratischen Charakter zu wahren; nur daß er nicht mehr bloß auf der Geburt, sondern auf der Bildung und gesellschaftlichen Stellung beruhte. Den radikalen Vorschlag Hardenbergs und Altensteins, die Offiziere durch die unteren Grade wählen zu lassen, ließ man fallen; dagegen wurde noch eine besondere Offiziersprüfung eingeführt und den Offizieren des Regiments ein näher bestimmtes Vorschlagsrecht eingeräumt, das im Sinne eines kameradschaftlichen Korpsgeistes wirken sollte. Nachdem der König seine Zustimmung gegeben hatte, wurden die neuen Grundsätze durch das Reglement vom 6. August 1808 publiziert.

Weniger Schwierigkeiten machte der zweite Punkt, die Beseitigung der ausländischen Werbung. Hier handelte es sich eigentlich um eine Notwendigkeit, die von selbst aus den Zeitverhältnissen hervorging. Es fehlte nämlich neuerdings an ausländischen Rekruten. Polen und das Reich waren zur Zeit Friedrichs des Großen die Hauptwerbegebiete gewesen. Aber seit der Errichtung des Großherzogtums Warschau, seit der Säkularisierung der geistlichen Fürstentümer und der Mediatisierung der meisten freien Reichsstädte, seit der Einführung der französischen Konskription in den Rheinbundstaaten war die Möglichkeit der Ergänzung des Heeres durch Ausländer mehr und mehr geschwunden, und der Ausländerstamm, der zeitweise mehr als die Hälfte der Armee betragen hatte, war schon mehrmals herabgesetzt worden. So wirkte die nationale Idee mit der allgemeinen Weltlage zusammen, um die Ergänzung des Heeres rein auf die inländische Aushebung zu stellen. Dabei mußte freilich, wenn man die frühere Stärke allmählich wieder erreichen wollte, bis an die Grenze dessen gegangen werden, was nach dem Kantonsystem möglich war. Die Beseitigung der ausländischen Werbung steht in einem inneren Zusammenhang mit der Annahme des sogenannten Krümpersystems. Auf Scharnhorsts Vorschlag wurde die Einrichtung getroffen, daß bei jeder Kompanie monatlich 3—5, auch mehr Kantonisten entlassen und neue dafür eingezogen wurden, die nach einmonatiger Ausbildung wieder in die Heimat zurückkehrten, um neuen Rekruten Platz zu machen. Namentlich bei der späteren vertragsmäßigen Beschränkung der Truppenzahl auf 42 000 Mann leistete dies System gute Dienste: es vermehrte die notdürftig ausgebildete Mannschaft um die Hälfte des Präsenzstandes. Indem es aber alle verfügbaren Kräfte heranzog, drängte es zugleich auf eine Beseitigung oder wenigstens auf eine Einschränkung der Exemtionen hin. Auch das war ein Punkt, den bereits der König der Reorganisationskommission zur Erwägung empfohlen hatte. Bevor aber dieser Plan zur Ausführung gebracht werden konnte, mußte eine Reform des Militärstrafwesens eintreten: denn diese war die unerläßliche Voraussetzung für die Heranziehung der bisher befreiten gebildeten Gesellschaftsklassen zum Militärdienst.

Die grausame Strafe des Spießrutenlaufens war zwar in dem Jahrzehnt vor 1806 nur noch sehr selten zur Anwendung gekommen, aber gesetzlich bestand sie noch; und auch das Fuchteln und Prügeln war beim Exerzieren noch in Übung, obgleich humane und gebildete Offiziere wie Boyen es schon vor 1806 grundsätzlich vermieden und selbst in öffentlichen Blättern dagegen auftraten. Solange das Heer zum großen Teil aus geworbenen Ausländern bestand, die oft moralisch verkommene Subjekte waren, mochte die barbarische Disziplin unentbehrlich gewesen sein; mit dem humanen philanthropischen Zeitgeist stand sie freilich schon lange in schreiendem Widerspruch. Jetzt aber, wo die ausländische Werbung beseitigt war, wo die Bauern zum Range gleichberechtigter Staatsbürger erhoben worden waren, wo die Notwendigkeit sich geltend machte, auch die gebildeten Schichten zum Militärdienst heranzuziehen, — jetzt mußten die grausamen und entehrenden Strafen der alten Zeit verschwinden, damit der Soldatenstand, der Stand der Vaterlandsverteidiger, wie man jetzt gern sagte, in Wahrheit ein Ehrenstand werden konnte, wie es patriotische Schriftsteller schon längst verlangt hatten. Es gab freilich noch einen harten Kampf in der Kommission, da die Vertreter der alten Ordnung der Meinung waren, alle Disziplin werde verschwinden, wenn die Herrschaft des Stockes aufhöre. Aber die Reformpartei drang durch, unterstützt von dem trefflichen Generalauditeur von Koenen, dem Haupturheber der neuen Kriegsartikel, die zugleich mit der Verordnung wegen der Militärstrafen am 3. August 1808, dem Geburtstag des Königs, erschienen. Friedrich Wilhelm III. stand hier mit seinem Herzen ganz auf seiten der Reformer: er hatte schon vor 1806 eine Revision der Kriegsartikel im humanen Sinne befohlen. Es war ein bedeutender Moment: mit dem neuen Lebensjahr begann für ihn zugleich ein neuer Abschnitt in der Geschichte seines Staates und seiner Regierung. Die Armee war mit den Verordnungen vom August 1808 auf eine neue Grundlage gestellt, und die zwingende Kraft der inneren Konsequenz dieser ersten Reformmaßregeln mußte weiterführen. Die große Frage, um die es sich in erster Linie handelte, war die der

Beseitigung der Exemtionen oder, was dasselbe ist, die Frage der allgemeinen Wehrpflicht.

Daß die Exemtionen eingeschränkt werden mußten, sah der König wohl ein; aber von dem Grundsatz der allgemeinen Wehrpflicht, von der Idee des Volkes in Waffen war er noch weit entfernt. Es bedurfte der ganzen Zähigkeit Scharnhorsts und seiner Freunde und schließlich der fortreißenden Kraft eines großen historischen Moments, um diesen Plan zur Ausführung zu bringen.

Von vornherein verband sich der Plan der allgemeinen Wehrpflicht mit dem der Errichtung einer Landmiliz; finanzielle und volkswirtschaftliche Gründe sprachen dafür. Scharnhorst dachte daran, daß die Begüterten, die sich selbst ausrüsten und verpflegen konnten, in der Miliz, die Mittellosen im stehenden Heere dienen sollten. Er wollte stehendes Heer und Miliz jedes für sich besonders organisieren auf der Grundlage der allgemeinen Wehrpflicht unter Beseitigung aller Exemtionen für die Jahrgänge von 19—31. Die Präsenzstärke des stehenden Heeres war damals viel zu klein, als daß man daran hätte denken können, aus den gedienten Mannschaften eine Miliz von der Stärke zu bilden, wie man sie für den Befreiungskampf brauchte — ganz abgesehen davon, daß bei der damals auf sechs Jahre veranschlagten Dienstzeit die Bildung der Miliz auf diesem Wege viel zu lange gedauert haben würde. Auch hatte der Begriff des Dienstes im stehenden Heer damals für die gebildeten Klassen noch einen so üblen Beigeschmack, daß man vorzog, die Miliz selbständig daneben zu errichten, anstatt sie so wie die heutige Landwehr organisch mit der Linie zu verbinden.

Mit einem Bericht vom 15. März 1808 ging der in der Kommission ausgearbeitete Entwurf zur Verfassung der Provinzialtruppen (so sollte die Miliz heißen) an den König. In den Kreisen des höheren Beamtentums regte sich sofort eine heftige Opposition dagegen, und zwar nicht nur bei den reaktionären Gegnern jeder Reform, sondern auch bei Männern wie Vincke und Niebuhr, die im Interesse der Volkswirtschaft und der geistigen Kultur auf das heftigste gegen diesen Plan protestierten. Für den König war das augenblickliche Verhältnis zu den Franzosen entscheidend. Man verhandelte damals mit ihnen über die Räumung des Landes und wollte sie durch Rüstungspläne nicht unnötig reizen. Der König vollzog daher den Entwurf nicht, aber die Angelegenheit blieb auf der Tagesordnung. Die Pläne Scharnhorsts mußten dann infolge der Konvention vom 8. September 1808, die die Errichtung einer Miliz ausdrücklich ausschloß, andere Formen annehmen. Sie erhielten aber auch in der neuen Fassung die Zustimmung des Königs nicht, weil man nach dem Abgang Steins die Räumung des Landes durch die Franzosen nicht durch das Aufsehen, das eine solche Rüstungsmaßregel gemacht hätte, stören wollte.

Ließ sich also der Gedanke der allgemeinen Wehrpflicht unter Steins Ministerium noch nicht verwirklichen, so gelang es besser mit dem Plane der Einführung von Selbstverwaltung. Nach Steins Idee sollte eigentlich in den Provinzialverwaltungsbehörden das vom Staat bezahlte Berufsbeamtentum enden und unter dieser Linie die Zone der Selbstverwaltung beginnen, auf deren Grundlage sich dann auch die Provinzialstände und die Nationalrepräsentation erheben sollten. Aber zu einer vollen Ausführung der Reformgedanken ist es auch hier nicht gekommen. Eine allgemeine Landgemeindeordnung hat man nicht zustande zu bringen vermocht, und auch die kreisständische Verfassung blieb vorläufig unverändert. Das einzige, was wirklich zustande kam, war die Städteordnung vom 19. November 1808; aber dies war freilich ein hochbedeutsames Gesetz, die reinste Ausgestaltung der Reformgedanken Steins, neben dem allerdings noch der Königsberger Polizeidirektor Frey, ein Kantianer und Freimaurer, der sich mit manchen Ideen aus der Frühzeit der französischen Revolution erfüllt hatte, einen sehr erheblichen Anteil bei diesem Gesetzgebungsakt gehabt hat.

Die Stadtgemeinden wurden jetzt gleichsam für mündig erklärt, nachdem sie fast ein Jahrhundert lang durch den Absolutismus für den Staat erzogen worden waren; das Organ der bisherigen bureaukratischen Überwachung der Stadtverwaltung, der Steuerrat, verschwand; die Staatsaufsicht wurde in enge Grenzen eingeschlossen; die kommunale Verwaltung wurde den städtischen Organen selbst überlassen, aber die obrigkeitliche Verwaltung in Justiz und Polizei, die früher damit verbunden gewesen war, wurde jetzt grundsätzlich von der kommunalen Selbstverwaltung getrennt: die Stadtgerichte wurden verstaatlicht, ebenso die Polizei in den größeren Städten, in denen besondere königliche Polizeidirektoren angestellt wurden, während in den kleineren Städten die Ausübung der Polizei dem Magistrat (später dem Bürgermeister) von Staats wegen besonders übertragen wurde. Bei der Gestaltung des Bürgerrechts vermochte man sich noch nicht ganz von den alten Vorstellungen loszumachen, nach denen Zunft und Bürgertum unauflöslich zusammenhingen: man unterschied zwischen Bürgern und Schutzverwandten; das Bürgerrecht mußte besonders erworben werden und seine Erwerbung war Vorbedingung für den Besitz städtischer Grundstücke und die Ausübung städtischer Gewerbe. Das Bürgerrecht schloß auch noch nicht ohne weiteres das Recht ein, zu den städtischen Ämtern zu wählen oder gewählt zu werden; das Aktivbürgertum war vielmehr an einen allerdings ziemlich niedrigen Zensus (ein Einkommen von 150 bis 200 Talern) gebunden. Stein hat später wohl geurteilt, daß man die Bürgergemeinde noch strenger vom Pöbel, wie er sich ausdrückte, hätte absondern müssen. Von der Aktivbürgerschaft wurden die Stadtverordneten gewählt, die als deren Vertreter nicht bloß die Verwaltung des Magistrats an Stelle des früheren Steuerrats zu kontrollieren hatten, sondern in gewissem Sinne, da alle Geldbewilligungen und die Feststellung des Haushaltsplans von ihnen abhingen, damals als die eigentlichen Regenten der Stadt erschienen. Der Magistrat, von der Stadtverordnetenversammlung gewählt, stand ihr nicht in der gleichen Stellung wie heute gegenüber, sondern war mehr nur das Organ zur Ausführung ihrer Beschlüsse. Seine Mitglieder mit Einschluß der Bürgermeister waren nicht mehr lebenslänglich angestellt, sondern auf 6—12 Jahre gewählt und nur zum Teil besoldet; in den größeren Städten sollte es fünf besoldete Stadträte geben, drei technische und zwei gelehrte. Die Wahlen zum Magistrat bedurften der Genehmigung durch die Regierung; zu den Stellen der Oberbürgermeister in den größeren Städten durften die Kandidaten nur präsentiert werden. Doch galten diese wie alle städtischen Beamten fortan nur noch als mittelbare Staatsbeamte. Ein sehr glücklicher Gedanke von Frey war die Einrichtung gemischter Deputationen, die neben dem Magistrat in gewissen Zweigen der laufenden Verwaltung (wie z. B. Schulwesen, Bauwesen, Steuerwesen) tätig waren und in denen neben Stadtverordneten und Magistratsmitgliedern auch einfache Bürger, die zu keinem dieser beiden Kollegien gehörten, mitwirken und auf diese Weise ihre praktische Erfahrung im Dienste des Gemeinwesens nützlich anwenden konnten.

Der § 110 der Städteordnung, in welchem bestimmt wird, daß die Stadtverordneten nicht einzelne Zünfte oder Stadtteile, sondern die ganze Stadt vertreten und daß sie nicht an Instruktionen ihrer Wähler gebunden sein sollen, weist wörtliche Übereinstimmungen auf mit den Bestimmungen der französischen Verfassung von 1791 über die Wahl und Stellung der Volksrepräsentanten. Doch darf man nicht daraus schließen, daß Stein ein Anhänger der französischen Revolutionsideen gewesen sei, gegen die er sich vielmehr sonst ablehnend verhielt, und noch weniger, daß die preußische Städteordnung eine Nachahmung französischer Revolutionsgesetze sei. Von der französischen Munizipalordnung, die weder den Unterschied von Stadt- und Dorfgemeinde, noch den von Magistrat und Stadtverordneten kennt, ist sie himmelweit verschieden; und jenes Prinzip der Vertretung, das sie aus der französischen Verfassung übernommen hat, ist nicht ein selbständiges Erzeugnis der französischen Revolution, sondern gehört mit zu dem alten Bestande naturrechtlicher Ansichten und Forderungen, die gerade auch von deutschen Autoren seit Jahrhunderten vertreten worden waren. Die preußische Städteordnung atmet nicht französischen, sondern altdeutschen Geist. Auch England, dessen Selbstverwaltungseinrichtungen man wohl für die Kreise nutzbar zu machen gesucht hat, konnte für die Reform der städtischen Verwaltung damals kein Muster bieten.

Die Städteordnung war das letzte Gesetz, das die Unterschrift Steins trug. Zu einer Neugestaltung der Behördenorganisation, die ihm so sehr am Herzen lag, ist er nicht mehr gekommen. Er hatte, als er im Oktober 1807 nach Memel kam, einen fertigen Plan dazu mitgebracht und die Übernahme des Ministeriums von der Zustimmung des Königs zu dessen Grundsätzen abhängig gemacht. Die Einrichtungen gipfelten in einem kollegialischen Staatsministerium (Stein nannte es Staatsrat), das aus fünf Fachministern zusammengesetzt war. Aber dieser Plan sollte erst verwirklicht werden, wenn die Franzosen abgezogen waren; so lange man nur anderthalb Provinzen (Ostpreußen und einen Teil von Schlesien) wirklich in der Hand hielt, wäre eine solche Einrichtung zu kostspielig gewesen: man behalf sich inzwischen mit einer Generalkonferenz der Departementschefs. Einen ganz anderen Plan hat nun aber Stein in der Zeit entworfen, wo er mit dem Gedanken umging, von der Stellung eines leitenden Ministers zurückzutreten und als Mitglied eines weiteren Staatsrates noch fernerhin einen maßgebenden Einfluß auszuüben. Er plante damals einen regierenden Staatsrat von mehr als 20 Personen, zu dem außer den Fachministern noch die volljährigen Prinzen und die selbständigen Departementschefs aus den Ministerien des Innern und der Finanzen als „Geheime Staatsräte“ nebst einigen anderen Ministerialvertretern gehören sollten; in dieser Versammlung, die teils im Plenum, teils in Abteilungen ihre Beschlüsse fassen sollte, gedachte Stein selbst als „Geheimer Staatsrat ohne Departement“ seinen Sitz zu nehmen und in solcher Eigenschaft auch den Kabinettsvorträgen beim König beizuwohnen, die von den Ministern und einzelnen Geheimen Staatsräten zu halten sein würden. Der ganze Plan war auf die Person Steins und auf die Lage im Oktober und November 1808 zugeschnitten. Am 24. November ist er vom König unterzeichnet worden, aber die Publikation unterblieb, und mit dem Ausscheiden Steins wurde er hinfällig. Das Publikandum vom 16. Dezember 1808, auf dem die Neuordnung der Ministerialbehörden beruht, erwähnt den Staatsrat nur noch beiläufig und begründet vielmehr ein kollegialisches Ministerium von fünf Mitgliedern.

In dieser Form übernahm das Ministerium Dohna-Altenstein, so genannt nach den Ministern des Innern und der Finanzen, nach Steins Abgang die Leitung der Geschäfte. Es war der erste Versuch, an Stelle der Diktatur eines Premierministers eine kollegialische Ministerialregierung einzurichten; von der Goltz behielt das Auswärtige, Beyme das Justizministerium und Scharnhorst das Kriegsdepartement, allerdings noch nicht mit dem Titel eines Ministers.

Durch eine Verordnung vom 26. Dezember 1808 wurden jetzt auch die Provinzialbehörden in der Weise, wie es Stein geplant hatte, umgestaltet: an die Stelle der Kriegs- und Domänenkammern traten die neuen Regierungen, an die Stelle der alten Regierungen die Ober-Landesgerichte. Der Grundsatz der Trennung von Justiz und Verwaltung wurde jetzt allgemein durchgeführt: die Verwaltungsbehörden verloren alle Befugnisse der Rechtsprechung in Prozessen, bei denen es auf ein Finanz- oder Polizeiinteresse ankam; und andererseits gaben die Provinzialgerichte die Reste ihrer Verwaltungsbefugnisse in Hoheits-, Kirchen- und Schulsachen an die Regierungen ab. Mit der Kammerjustiz verschwanden auch die Kammerjustizdeputationen und die Immediat-Jurisdiktionskommission; man glaubte, den ganzen Apparat der alten Verwaltungsgerichtsbarkeit fortan entbehren zu können. Das Kollegialprinzip in der Verwaltung wurde beibehalten; doch zerfielen die Regierungen, anders als früher die Kammern, in eine Reihe von Abteilungen für die einzelnen Verwaltungszweige, die in ihnen zusammengefaßt waren. Der Präsident, der an der Spitze des Ganzen stand, war kein Präfekt, sondern der Vorsitzende eines Kollegiums. Man glaubte, auf diese Weise vor Willkür und Übereilung geschützt zu sein und eine gerechte und vielseitige Behandlung der Verwaltungsfragen zu sichern. Die Selbständigkeit der neuen Regierungen war weit größer als die der alten Kammern. In der Instruktion, die ihnen bei ihrer Begründung erteilt wurde, war die Warnung enthalten, nicht zu viel zu regieren und namentlich in das wirtschaftliche Leben nicht bevormundend und reglementierend einzugreifen. Wie die alten Kammern auf die Grundsätze des Merkantilismus, so wurden die neuen Regierungen auf die Lehren von Adam Smith verwiesen. Es war eine gründliche Umwandlung in dem ganzen Geiste der Verwaltungstätigkeit: der Rechtsstaat hatte über den Polizeistaat gesiegt.

Eine Lieblingsidee Steins, die Zuziehung ständischer Repräsentanten bei den Regierungen, erwies sich als ein verfehlter Versuch, Laienelemente als Organe obrigkeitlicher Selbstverwaltung mit den büreaukratischen Behörden zu verschmelzen und ist nach einer kurzen Probe in Brandenburg und Preußen wieder aufgegeben worden. Auch die Einrichtung von Oberpräsidenten in den Provinzen hat sich zunächst nicht durchaus bewährt. In dieser Eigenschaft haben Auerswald in Preußen, Sack in den Marken und Pommern, Massow in Schlesien als eine Art von Zivilkommissaren während der Zeit der französischen Okkupation nicht ohne Erfolg gewirkt; später aber gab die allgemeine Aufsicht, die sie zu führen hatten, vielfach Veranlassung zur Einmischung in die laufende

Verwaltung, so daß man die Tätigkeit der Oberpräsidenten im ganzen mehr hinderlich als förderlich fand und sie bald wieder abschaffte. Erst später, nach 1815, hat das Amt in etwas veränderter Gestalt sich als eine nützliche und notwendige Einrichtung in den Gesamtorganismus des Behördenwesens eingefügt.

Der schwere Druck, den die militärische Besetzung des Landes durch die Franzosen bisher ausgeübt hatte, ließ gegen Ende des Jahres 1808 endlich in fühlbarer Weise nach: Napoleon zog nach der Ratifikation des Abkommens vom 8. November die Hauptmasse seiner Truppen, die er für den spanischen Krieg und für den bevorstehenden Kampf mit Österreich brauchte, aus Preußen zurück, und das Königspaar konnte nach mehr als zweijähriger Abwesenheit in die Residenzstadt Berlin zurückkehren; aber zur Ruhe kam man noch nicht. Im Frühjahr 1809 brachte die Erhebung Österreichs neue Sorgen und Hoffnungen. Der österreichische Minister Stadion umwarb die preußische Regierung und hoffte den allgemeinen Völkerkrieg gegen Napoleon zu eröffnen. Die Tiroler unternahmen einen Volksaufstand ähnlich dem der Spanier. In der Schlacht von Aspern erlitt Napoleon durch den Erzherzog Karl die erste Niederlage seines Lebens. Die Hoffnungen der Patrioten erhoben sich zu den kühnsten Entwürfen. Heinrich von Kleist, damals in Dresden, warf sein mächtiges Kampf- und Rachelied „Germania an ihre Kinder" in das Volk. Überall regte es sich in deutschen Landen. Der Major von Schill führte ohne Befehl des Königs seine Husaren aus Berlin an die Elbe gegen die Franzosen; der hessische Oberst von Dörnberg, der junge Herzog von Braunschweig unternahmen ihre verwegenen Züge, die den Volkskrieg in Norddeutschland entfesseln wollten. Scharnhorst brachte den zurückgelegten Plan der allgemeinen Bewaffnung zum drittenmal vor den König. Anfangs Juni 1809 wurde eine besondere Konskriptionskommission eingesetzt, die am 1. Juli ihren Bericht erstattete. Es war die rückhaltlose Ausgestaltung der Scharnhorstschen Ideen: schlechthin allgemeine Dienstpflicht, ohne alle Exemtionen; neben dem stehenden Heer ein „allgemeiner Heerbann" (die spätere Landwehr); besondere Abteilungen von Volontärjägern aus der gebildeten Jugend der wohlhabenden Stände. Gneisenau und andere unterstützten Scharnhorsts Drängen; auch Graf Goltz war für die Erhebung; die Königin Luise meinte wohl: wenn der Untergang unvermeidlich sei, so sei es doch noch ein Trost, mit Ehren unterzugehen. Der König zauderte, den Plänen der Patrioten seine Zustimmung zu erteilen, bis die Schlacht bei Wagram geschlagen war (5./6. Juli), in der Österreich unterlag. Auch danach ist noch verhandelt worden, und der König war einmal nahe daran, loszuschlagen; aber zuletzt kehrte er doch zu seiner alten Maxime zurück, nur mit Rußland und Österreich den Krieg zu wagen. Der Kaiser Alexander aber wollte auch jetzt noch keinen Bruch mit Napoleon; seine Truppen beobachteten Ostpreußen und marschierten gegen Galizien. Preußen blieb ruhig; Österreich schloß einen Waffenstillstand mit Napoleon und am 14. Oktober den Frieden von Wien. Ende 1809 gab der König Scharnhorst den Konskriptionsplan zurück und befahl, ihn nochmals in der Kommission zu prüfen: man mußte jetzt wieder Rücksicht auf den Vertrag mit Frankreich nehmen. Der Entwurf ist auch in der neuen Gestalt nicht zur Annahme gelangt.

Die Hoffnungen der Patrioten sanken abermals zusammen. Gneisenau hat damals seine militärische Stellung aufgegeben. Unmut und Hoffnungslosigkeit begannen um sich zu greifen; nur wenige Patrioten hatten einen so festen Glauben an die Zukunft des Vaterlandes wie Schleiermacher, der in der Neujahrsnacht auf 1810 die herrlichen Worte schrieb: „Niemals kann ich dahin kommen, am Vaterlande zu verzweifeln; ich glaube zu fest daran, ich weiß es zu bestimmt, daß es ein auserwähltes Werkzeug und Volk Gottes ist. Es ist möglich, daß all unsere Bemühungen vergeblich sind und vor der Hand harte und drückende Zeiten eintreten — aber das Vaterland wird gewiß herrlich daraus hervorgehen in kurzem."

Derselbe Mann, der dieses patriotische Bekenntnis niederschrieb, hat auch dem bedeutendsten Plan dieser Zeit, dem der Begründung einer Universität in Berlin, die entscheidende Wendung gegeben. Der Plan war schon lange in Erwägung gezogen worden: schon in Memel hatte der König zu den Abgesandten der von Napoleon aufgehobenen Universität Halle, die eine Verlegung ihrer Hochschule nach Berlin erbaten, eine zustimmende Äußerung getan mit der für die Zeit charakteristischen Begründung, der Staat müsse durch geistige Kräfte ersetzen, was er an physischen verloren habe. Beyme, den der König dann mit den Vorarbeiten beauftragt hatte, war mit dem von ihm verehrten Fichte in Verbindung getreten, und dieser hatte einen Plan entworfen, nach dem die Berliner Universität, ohne alle Anknüpfung an historische Vorbilder, rein aus der Idee heraus, als eine „Kunstschule des rechten Verstandesgebrauchs" eingerichtet werden sollte. Dagegen vertrat Schleiermacher in einer Gelegenheitsschrift den Gedanken, daß man an dem historisch entwickelten Typus der deutschen Universität festhalten und nur bestrebt sein müsse, die Freiheit und Selbständigkeit der Wissenschaft gegenüber den natürlichen und notwendigen Herrschaftsgelüsten der Staatsgewalt möglichst sicher zu stellen. Dieser Richtung folgte der Mann, der als der eigentliche Gründer der Berliner Universität anzusehen ist, Wilhelm von Humboldt, der damals mit großer Selbständigkeit, wenn auch noch ohne den Titel eines Ministers, das Kultusdepartement leitete. Art und Wesen dieses „perikleischen" Staatsmannes hat der Berliner Universität einen unverlöschbaren Stempel aufgedrückt. Neben Fichte und dem Juristen Schmalz, dem ersten Rektor, traten jetzt der Philolog F. A. Wolf und Schleiermacher selbst maßgebend hervor.

Die Berliner Universität wurde bald ein wichtiger Mittelpunkt für das deutsche Geistesleben. Sie ist ein rechtes Wahrzeichen für die Verschmelzung der bisher getrennten geistigen Zonen des preußischen und des deutschen Wesens, die sich damals vollzog. Zur Zeit des Xenienstreites hatte ein offenbarer Gegensatz zwischen Berlin und Weimar bestanden: der Gegensatz des nüchternen Rationalismus, wie ihn Friedrich Nicolai und seine Freunde vertraten, und der reichen aus Phantasie und Gefühl aufgeblühten neuen deutschen Bildung, die in Schiller und Goethe gipfelte. Jetzt flossen diese getrennten Bildungskreise, die sich schon seit Jahren einander genähert hatten, vollends zusammen, und es vollzog sich jene fruchtbare Verbindung zwischen der harten militärisch-politischen Zucht des preußischen Staates und dem Menschheitsideal der klassisch-romantischen Bildung und Dichtung, auf der die Zukunft der deutschen Nation beruhte. Die Romantiker Arnim und Brentano haben den Geburtstag der Universität, die im Oktober 1810 ihre Pforten öffnete, poetisch begrüßt, die Universität selbst aber hat von vornherein den autonomen, rein wissenschaftlichen Standpunkt eingenommen, den sie dauernd behauptet hat. Die alte märkische Landesuniversität zu Frankfurt a. O.

wurde bald darauf nach Breslau übertragen, wo sie fröhlicher aufblühte, als es ihr an dem alten Sitze beschieden gewesen war.

Die Gründung der Berliner Universität ist das einzige große Werk, das dem Ministerium Dohna-Altenstein während der anderthalb Jahre seines Bestehens gelungen ist. In den übrigen Geschäften kam es nicht vorwärts, weder in der Frage der Kommunalverfassungen noch in der Agrar-, Finanz- und Heeresreform. Der furchtbare Druck der Kriegskontribution, die unüberwindliche Schwierigkeit bei der Einhaltung der Zahlungstermine nahmen das ganze Interesse der Verwaltung in Anspruch und lähmten ihre Kraft. An den Finanzen ist das Ministerium denn auch gescheitert. Im März 1810 kam es zur Krisis. Bei der Unzulänglichkeit der Staatseinkünfte, bei dem Versagen des Staatskredits, bei dem ungeduldigen Drängen Napoleons, der keinen Zahlungsaufschub mehr bewilligen wollte, sahen Altenstein und seine Ministerkollegen keine andere Rettung, als in die Abtretung eines Teils von Schlesien zu willigen, die Napoleon an Zahlungs Statt vorgeschlagen hatte. In dieser furchtbaren Not hat die Königin Luise auf ihren alten Vertrauensmann Hardenberg hingewiesen, der ein Auskunftsmittel finden werde, um die Einhaltung der Zahlungstermine doch noch zu ermöglichen. Der König trat wieder in Verhandlung mit dem von Napoleon so bitter gehaßten Staatsmann; Anfang Mai kam Hardenberg insgeheim mit dem Königspaare auf der Pfaueninsel bei Potsdam zusammen; dort wurde in der Hauptsache schon eine Verständigung erzielt. Napoleon machte weniger Schwierigkeiten, als man vermutet hatte: ihm lag damals vor allem daran, Geld zu bekommen, und Hardenberg hatte dem französischen Gesandten hinsichtlich seiner politischen Haltung die beruhigendsten Versicherungen gegeben. Altenstein, früher der Freund und Schützling Hardenbergs, war bei den Erörterungen über die finanziellen Auskunftsmittel so scharf mit diesem zusammengeraten, daß er es vorzog, jetzt seinen Abschied zu nehmen, und mit ihm traten auch seine Kollegen Dohna und Beyme zurück. Am 4. Juni wurde Hardenberg von neuem an die Spitze der Regierung berufen, wieder, wie früher, in der Stellung eines Premierministers, jetzt mit dem Titel „Staatskanzler".

Die Berufung Hardenbergs ist die letzte und bedeutendste politische Tat der Königin Luise gewesen, die von jeher mit feinem weiblichem Instinkt bestrebt gewesen war, die großen patriotischen Männer in die Nähe des Königs zu bringen, die ihn auf der Bahn der Reformen und der Erhebung mit sich fortzureißen vermochten. Am 19. Juli auf einem Besuche bei ihren Verwandten in Mecklenburg, der ihr die letzte große Freude ihres Lebens bereitet hat, erlag sie einem tödlichen Leiden, das schon lange an ihren Kräften gezehrt hatte. Es war ein unersetzlicher Verlust für den König, dessen Starrheit und schwunglose Nüchternheit diese von den Idealen der neuen deutschen Bildung erfüllte Frau in den Augen des Volkes so wundervoll auszugleichen verstanden hatte. Mit wie tiefem Verständnis hatte sie ein Jahr vor ihrem Tode, in einem Briefe an ihren Vater, den Sinn und die Bedeutung der Zeit und ihres eigenen Schicksals zum Ausdruck gebracht! „Es wird mir immer klarer" — so schrieb sie — „daß alles so kommen mußte, wie es gekommen ist. Die göttliche Vorsehung leitet unverkennbar neue Weltzustände ein, und es soll eine andere Ordnung der Dinge werden, da die alte sich überlebt hat und in sich selbst als abgestorben zusammenstürzt. Wir sind eingeschlafen auf den Lorbeeren Friedrichs des Großen, welcher, der Herr seines Jahrhunderts, eine neue Zeit schuf. Wir sind nicht fortgeschritten mit ihr, deshalb überflügelt sie uns. . . Gewiß wird es besser werden; das verbürgt der Glaube an das vollkommenste Wesen. Aber es kann nur gut werden in der Welt durch die Guten. Deshalb glaube ich auch nicht, daß der Kaiser Napoleon Bonaparte fest und sicher auf seinem, freilich jetzt glänzenden Thron ist. Fest und ruhig ist nur allein Wahrheit und Gerechtigkeit, und er ist nur politisch, d. h. klug, und er richtet sich nicht nach ewigen Gesetzen, sondern nach Umständen, wie sie nun eben sind. . . . Ich glaube fest an Gott, also auch an eine sittliche Weltordnung. Diese sehe ich in der Herrschaft der Gewalt nicht; deshalb bin ich der Hoffnung, daß auf die jetzige böse Zeit eine bessere folgen wird. . . . Ganz unverkennbar ist alles, was geschehen ist und geschieht, nicht das Letzte und Gute, wie es werden und bleiben soll, sondern nur die Bahnung des Weges zu einem besseren Ziele hin. Dieses Ziel scheint aber in weiter Entfernung zu liegen; wir werden es wahrscheinlich nicht erreicht sehen und darüber hinsterben. Wie Gott will! Alles wie er will! Aber ich finde Trost, Kraft und Mut und Heiterkeit in dieser Hoffnung, die tief in meiner Seele liegt. Ist doch alles in der Welt nur Übergang! Doch wir müssen durch! Sorgen wir nur dafür, daß wir mit jedem Tage reifer und besser werden!"

Diese ergreifenden Worte enthalten die Summe dessen, was damals die Besten angesichts des politischen Schicksals Deutschlands und Preußens dachten und fühlten. Darum blieb auch die Erinnerung an die früh vollendete Dulderin, die den Tag der Befreiung nicht mehr sehen sollte, lebendig in den Herzen der Patrioten; das wundervolle Bild, das Heinrich von Kleist in dem Sonett zu ihrem letzten Geburtstage von ihr geprägt hatte: „wie sie das Unglück mit der Grazie Tritt auf jungen Schultern herrlich hat getragen", wie die Anmut ihres Wesens sich durch die Not der Zeit zu ungeahnter Größe gesteigert hat — setzte sich fest in der Phantasie des Volkes; man gewöhnte sich, wenn man an sie zurückdachte, ihr Haupt von Strahlen umschimmert zu denken, wie jener Dichter; und auch der Sachse Theodor Körner sah später die preußische Königin als guten Engel für die gute Sache den Kämpfern von 1813 voranschweben.

Mit Hardenbergs Eintritt beginnt die zweite große Epoche der preußischen Reformen, die sich über einen Zeitraum von fast 12 Jahren erstreckt, bis zu seinem Tode 1822. Hardenberg war schon 60 Jahre alt, aber noch immer voll Zuversicht und frischer Tatkraft. Mit ihm zieht ein ganz anderer Geist in das Reformwerk ein, als der war, der unter Steins Leitung darin gewaltet hatte. Hardenberg ist der Vertreter des modernen französischen Staatsgedankens, während Stein seine Ideale in der deutschen Vergangenheit und in England suchte. Hardenberg war ein Jünger der Aufklärung; er besaß nichts von der sittlichen Kraft und Strenge Steins; er ist, wie der Ritter bei Goethe, „Widersacher, Weiber, Schulden" sein Leben lang nicht losgeworden. Er begeisterte nicht, er riß nicht mit sich hin, wie Stein; aber er stieß auch nicht an wie dieser, und er hat sich weit länger im Besitze der Macht zu halten gewußt. Munter, geistreich, gutherzig, immer voll von Plänen, erfinderisch in Auskunftsmitteln unter den schwierigsten Verhältnissen, gewann er überall Vertrauen und machte sich dem König bald wieder unentbehrlich. Seine Stärke lag da, wo Steins Schwäche lag: er war Meister in dem klugen, bedachtsamen, geschickten Lavieren, in den Künsten einer sich jeder Lage anpassenden Diplomatie, in der Fähigkeit, den Moment zu benützen; aber ihm fehlte allerdings die hohe sittliche Auffassung vom Staat, wie sie Stein beherrschte, der tiefgründige, leidenschaftliche, unbeugsame Wille, der Steins Wirken so kraftvoll erscheinen läßt. Er war so, wie seine ihn tief durchschauende Freundin, Amalie von Beguelin, ihn charakterisiert hat mit dem bekannten Wort: „Er gehorchte stets der allmächtigen Stunde.“ Er war ein Aristokrat mit demokratisch-monarchischen Grundsätzen; ein Opportunist und ein liberaler Büreaukrat, der früher schon in der Verwaltung der abgesonderten Provinzen Ansbach und Bayreuth Ausgezeichnetes geleistet hatte. Aber im Grunde war er eigentlich doch Diplomat; sein Element war die große Politik; um das Detail der Verwaltung kümmerte er sich wenig; und die finanziellen Projekte, die damals gewissermaßen das Programm seiner neuen Ministertätigkeit bildeten — die Idee einer Zwangsanleihe und einer auf korporativer Grundlage beruhenden Nationalbank, sowie der Plan einer großen ausländischen Anleihe und der Ausgabe von Millionen ungedeckten Papiergeldes —, erwiesen sich bald als unausführbar und gänzlich verfehlt. Weder Niebuhr noch Schön mochten die undankbare Aufgabe der Verwaltung des Finanzministeriums unter Hardenberg übernehmen; so sah er sich genötigt, neben der Leitung des Innern auch die der Finanzen selbst zu besorgen, während er sich über die anderen Geschäftszweige nur die allgemeine Aufsicht und namentlich die Mitwirkung beim Kabinettsvortrage vorbehielt.

Die amtliche Stellung des Staatskanzlers wurde durch die Verordnung vom 27. Oktober 1810 näher bestimmt. Der Schwerpunkt der Geschäfte lag nicht in dem Gesamtministerium, sondern in den Kabinettsvorträgen, die in der Regel der Staatskanzler selbst hielt. Alle Vorträge der Minister beim König mußten ihm vorher angezeigt werden, alle Immediatberichte gingen durch seine Hände. Er konnte jeden Moment von den Ministern Auskunft und Einsicht in die Akten verlangen; er konnte ihre Verfügungen suspendieren, bis die Entscheidung des Königs eingeholt war; er konnte über ihre Köpfe hinweg beim Erlaß von Verordnungen mitwirken, die alle Zweige der Verwaltung in Mitleidenschaft zogen: — kurz, er hatte eine diktatorische Stellung, bei der die Kollegialität des Gesamtministeriums zum bloßen Schein wurde. Für seine Reformen suchte der Staatskanzler vor allem die öffentliche Meinung zu gewinnen. Das Finanzedikt vom 27. Oktober 1810 war mehr ein Regierungsprogramm, als ein wirkliches Gesetz. Seine Absicht war, die Kriegsschulden des Staates und der Provinzen zu einer einheitlichen Staatsschuld zu konsolidieren; die nötigen Mittel sollten herbeigeschafft werden durch die Einziehung der geistlichen Güter, die namentlich in Schlesien sehr bedeutend waren, und durch den Verkauf von Domänen. Außerdem wurde eine durchgreifende Steuerreform geplant. Bei der ländlichen Kontribution, die man jetzt meist als Grundsteuer bezeichnete, wurde die Ausgleichung zwischen den einzelnen Provinzen und die Heranziehung des bisher steuerfreien Adels geplant; bei der Akzise die Umwandlung in ein einfacheres System von Konsumtionssteuern, die nur wenige, besonders ertragreiche Gegenstände erfaßten, aber auch auf dem platten Lande erhoben werden sollten unter Beseitigung der bisherigen Trennung von Stadt und Land.

Mit diesen finanziellen Reformplänen verbanden sich solche von wirtschaftlich-sozialer Natur, die noch bedeutender waren. Die von Stein schon vorbereitete Gewerbefreiheit sollte jetzt unter Einführung der französischen Patentsteuer vollständig durchgeführt werden. Für die Agrarreform hatte Hardenberg durch den Geheimrat von Raumer (den Geschichtsschreiber der Hohenstaufen) einen Entwurf zur Regulierung der gutsherrlich-bäuerlichen Verhältnisse ausarbeiten lassen, der, wenn er in dieser Form zur Ausführung gelangt wäre, dem Bauernstande zu großem Segen gereicht haben würde: danach sollte ein ähnliches Verfahren beobachtet werden, wie vor 1806 bei der Domänenreform, und der Grundsatz des friderizianischen Bauernschutzes sollte bis zur vollständigen Durchführung der Regulierung wieder hergestellt werden. Schließlich wurde auch noch die schon längst erwogene bürgerliche Gleichstellung der Juden in Aussicht genommen, die dem mit einem modernen Staatswesen unverträglichen Zustande ein Ende machen sollte, wonach die Juden als Fremde angesehen und nur auf Grund besonderer Schutzprivilegien des Landesherrn gegen Zahlung eines Schutzgeldes geduldet wurden; auch sie sollten jetzt gleichberechtigte preußische Staatsbürger werden.

In dem Finanzedikt war, wie schon 1808 einmal, der Öffentlichkeit verkündigt worden, daß der Abschluß und die Krönung des Reformwerks in der Berufung einer Nationalrepräsentation bestehen solle. Gewissermaßen als Vorbereitung dazu wurde im Februar 1811 eine sogenannte Landesdeputierten-Versammlung, bestehend aus ernannten Notabeln aller Provinzen, nach Berlin berufen, um die öffentliche Meinung mit den Hardenbergschen Reformplänen zu befreunden. Aber in dieser Versammlung machte sich ein starker Widerstand des Adels gegen die Reformpläne des Staatskanzlers geltend, und zugleich wurde von der Ritterschaft der Kreise Lebus und Beeskow-Storkow eine Immediatvorstellung an den König eingereicht, die in sehr unehrerbietiger Form die ganze Verwaltung des Staatskanzlers angriff und der Regierung den Vorwurf eines Rechtsbruchs den Ständen gegenüber machte. Die beiden ersten Unterzeichner der Vorstellung waren der Major von der Marwitz, ein märkischer Junker von lebendigstem Patriotismus, der zwar den Ideen der neuen Zeit sich durchaus nicht verschloß, dabei aber mit großer Zähigkeit an den ständischen Überlieferungen festhielt, und der alte Graf Finckenstein, der einst als Präsident der neumärkischen Regierung in dem Prozeß des Müllers Arnold seine unbeugsame Rechtsüberzeugung gegenüber dem Willen des großen Königs behauptet hatte. Diese beiden adligen Oppositionsmänner wurden auf Hardenbergs Veranlassung in eine Untersuchung wegen Majestätsverbrechens verwickelt und gleich nach Spandau auf die Festung gebracht, wo sie fünf Wochen festgehalten wurden.

Die rücksichtslose Energie dieses Schrittes blieb nicht ohne Eindruck; aber auf der anderen Seite verfehlte doch auch der starke Widerstand des Adels seine Wirkung nicht. Nur ein Teil der Hardenbergschen Entwürfe wurde wirklich zur Ausführung gebracht. Das Edikt über die Regulierung der gutsherrlich-bäuerlichen Verhältnisse wurde zwar am 14. September 1811 wirklich erlassen, aber in einer von dem früheren Entwurf sehr abweichenden Gestalt. Den Lassiten wurde dadurch das freie Eigentum erteilt, wenn sie je nach ihrer Rechtslage ein Drittel oder die Hälfte ihres Landes an den Gutsherrn abtraten. Immerhin hätte auch dieses Gesetz, wenn es schnell zur Ausführung gebracht worden wäre, von günstiger Wirkung für den Bauernstand sein können; aber wir wissen heute, daß es in dieser Form überhaupt nicht zur Ausführung gelangt ist. Es wurde bald sistiert und ist ganz wirkungslos geblieben; erst die für den Bauernstand viel ungünstigere Deklaration von 1816 ist wirklich zur Ausführung gekommen. Eine neue Gesindeordnung, die schon 1810 erlassen worden war, entsprach zwar nicht ganz den Tendenzen der Steinschen Ära, suchte aber die Anforderungen der neuen Zeit mit den Interessen der Gutsbesitzer in eine leidliche Übereinstimmung zu bringen. Das Landeskulturedikt vom 14. September 1811 nahm den Gedanken der Separation und Gemeinheitsteilung wieder auf; aber erst seit der Gemeinheitsteilungsordnung von 1821 wurde er wirklich durchgeführt. Es war ein wesentlicher Fortschritt, dessen Wirkungen allerdings erst allmählich in Verbindung mit der Regulierungsgesetzgebung voll zur Geltung kommen konnten. Die bürgerliche Gleichstellung der Juden wurde am 11. März 1812 Gesetz. Die Gewerbefreiheit wurde samt der Gewerbesteuer durch das Edikt vom 2. November 1810 in sehr radikaler Form eingeführt, und auch das ergänzende Gewerbe-Polizei-Edikt vom 7. September 1811 veränderte die Tatsache nicht, daß fortan die Zünfte, die jetzt gar keinen Vorteil mehr boten, dem völligen Verfall preisgegeben waren. Von der Grundsteuerreform unter Heranziehung des Adels war weiterhin nicht mehr die Rede. Die Reform der Akzise wurde versucht, gelang aber noch nicht; tatsächlich blieb die alte städtische Torsteuer noch bestehen. Die Hauptsache war, daß es gelang, durch die Einziehung der geistlichen Güter in Schlesien und die Domänenverkäufe Mittel flüssig zu machen zur Abzahlung der Kriegskontribution, von der freilich 1811 noch ein ungetilgter Rest von 59 Millionen Franks übrig war. Bei den steigenden Anforderungen, die dann die Rüstungen und Truppenmärsche des Jahres 1812 an die Finanzen stellten, mußte sich Hardenberg entschließen, wenigstens vorübergehend eine Einkommensteuer samt einer ergänzenden Abgabe vom Vermögen einzuführen, die aber statt der veranschlagten 25 Millionen bei der völligen Zerrüttung des Wohlstandes tatsächlich nur 4½ Millionen eingebracht hat.

So war die Finanzreform 1810—12 in der Hauptsache gescheitert; die Agrarreform war ganz ins Stocken geraten; gegen die Einführung der schrankenlosen Gewerbefreiheit begannen sich manche Widerstände zu regen. Im ganzen hatte Hardenberg wenig Grund, mit dem Erreichten zufrieden zu sein. Die Veränderung der politischen Lage im Jahre 1812, der trotzige Widerstand des grundbesitzenden Adels gegen die Reformpläne der Regierung, dazu auch die eigene innere Neigung drängten den Staatskanzler im Lauf des Jahres 1812 immer mehr von den Steinschen Selbstverwaltungsplänen ab und führten zu einer Umwendung im büreaukratischen Sinne, die in dem Gendarmerie-Edikt vom 30. Juli und in einer Kabinettsorder vom 1. August 1812 ihren gesetzgeberischen Ausdruck fand. Die letztere Verordnung tastete die kollegialische Struktur der Regierungen an und wollte den Regierungspräsidenten zu einer Art von Präfekten machen; in ähnlicher Weise sollte der Landrat in einen rein büreaukratischen Kreisdirektor verwandelt werden, der die neue, nach dem napoleonischen Muster gestaltete Gendarmerie zu seiner Verfügung haben sollte. Die Hauptabsicht dabei war, die ständische Kreisverfassung, die sich noch eben wieder so stark und reformfeindlich gezeigt hatte, gänzlich zu unterdrücken; der dem Kreisdirektor beigegebene Vertretungskörper wäre nichts anderes gewesen, als der ohnmächtige Arrondissementsrat neben dem französischen Subpräfekten.

Aber weder das eine noch das andere Gesetz ist wirklich zur Ausführung gelangt; nur die neue Einrichtung der Gendarmerie hat Bestand gehabt. Namentlich gegen die Umgestaltung der Kreisverfassung erhob sich in Pommern und der Kurmark so viel Widerstand, daß das Gesetz schließlich 1814 suspendiert wurde und in der Hauptsache wirkungslos geblieben ist; das Landratsamt blieb ebenso erhalten wie die kollegialischen Regierungen.

Seit dem Jahre 1810 brachte der Beginn des Zerwürfnisses zwischen Napoleon und Alexander eine allgemeine Wandlung in den Grundlagen der europäischen Politik hervor, von der auch Preußen in Mitleidenschaft gezogen wurde; und als im Jahre 1811 der Krieg zwischen den beiden Kaisern nur noch als eine Frage der Zeit erschien, da handelte es sich für die preußische Regierung um die Entscheidung, ob sie auf die Seite Rußlands oder Frankreichs treten sollte. Die Patrioten waren natürlich für den Anschluß an Rußland, und der König hat ihn ernstlich erwogen. Im Oktober ging Scharnhorst nach Petersburg und schloß eine Militärkonvention mit den Russen, die aber keine allgemeinere politische Bedeutung hatte. Scharnhorst, Gneisenau, Boyen hielten den Moment für gekommen, die Pläne Steins aus dem Jahre 1808 wieder zu beleben, einen Volkskrieg mit Landwehr und Landsturm in ganz Norddeutschland zu entfesseln, durch den man die Macht des Gegners niederzuschlagen hoffte. Damals hat Gneisenau das kühne Wort gesprochen: die Macht Napoleons sei nicht so furchtbar, wie sie scheine. Er rechnete auf die elementare Gewalt eines nationalen Aufschwungs, auf die begeisterte Erhebung des Volkes zum Freiheitskampf. Dem nüchternen König schien das gut als Poesie, wie er sagte; er blieb auch diesmal auf der alten Linie seiner Politik, nur mit Rußland und Österreich im Bunde die Erhebung gegen Napoleon zu wagen. Diesmal aber versagte sich Österreich, wo jetzt Metternich an der Spitze stand (Dezember 1811), und auch von England waren Subsidien nicht zu erlangen. Ende des Jahres wurde Knesebeck nach Rußland geschickt, um nochmals mit dem Zaren zu verhandeln. Inzwischen aber drängte Napoleon immer ungeduldiger darauf, daß Preußen sich entscheiden müsse, und stellte schließlich ein Ultimatum, das dem König nur die Wahl zwischen dem Anschluß an Frankreich oder der sofortigen Vernichtung ließ. So kam der dritte Pariser Vertrag zustande, den der preußische Gesandte Krusemarck am 24. Februar 1812 abschloß und den der König am 4. März ratifizierte. Preußen mußte sich darin verpflichten, ein Hilfskorps von 20 000 Mann zum russischen Kriege zu stellen; seine Provinzen wurden nun wieder die Operationsbasis für Napoleon: der Druck der Einquartierungen und der militärischen Lieferungen begann aufs neue auf dem Lande zu lasten. Preußen war nicht einmal in der Lage, günstige Bedingungen für diese Hilfeleistung von Napoleon zu erlangen, wie es Österreich vermochte, das durch Vertrag vom 14. März 1812 30 000 Mann in den Dienst Napoleons stellte; insgeheim ließ übrigens die österreichische Regierung in Petersburg erklären, daß diese Truppen nur zum Schein gegen Rußland fechten würden.

So brachen die Hoffnungen der Patrioten zum dritten Male zusammen. Schon vor der Entscheidung, im November 1811, hatte sich Heinrich von Kleist erschossen, der erst später in seiner ganzen Größe gewürdigte Dichter der Hermannschlacht und des Prinzen von Homburg, dem die Ungunst der Zeit auch das persönliche Leben verdorben hat. Viele Offiziere verließen 1812 den preußischen

Dienst, um unter russischen oder englischen Fahnen gegen Napoleon zu fechten. Einer von ihnen, der spätere General v. Clausewitz — bekannt als Verfasser des klassischen Buches vom Kriege — schrieb dabei die erbitterten Worte: „Ich glaube und bekenne, daß der Schandfleck einer feigen Unterwerfung nie zu verwischen ist; daß dieser Gifttropfen in dem Blut eines Volkes in die Nachkommenschaft übergeht und die Kraft späterer Geschlechter lähmen und untergraben wird.“

Wenn man diesen tiefen Gegensatz zwischen dem König und den zum Kriege drängenden Patrioten in den drei großen Krisen von 1808, 1809 und 1811 sich vergegenwärtigt, so ist es nicht leicht, das richtige historische Urteil darüber zu finden. Max Duncker und Heinrich von Treitschke haben geurteilt, daß doch am Ende der König das Richtige gewollt und vollbracht habe, indem er einer vorzeitigen Erhebung, die keine starke Wahrscheinlichkeit des Erfolges für sich hatte, seine Zustimmung versagte. Die Biographen von Stein und Scharnhorst, von Gneisenau, von Boyen stellen sich mehr auf die Seite ihrer Helden. Man wird ihnen zugeben müssen, daß die Haltung des Königs im Grunde doch mehr auf der Abneigung vor einem festen unwiderruflichen Entschluß beruhte, dessen Folgen sich nicht absehen ließen, als auf einer selbstgewissen staatsmännischen Ausdauer und Berechnung. Vor allem aber handelt es sich um ganz verschiedene Motive und Standpunkte bei dem König und seinen Ratgebern. Stein, Scharnhorst, Gneisenau und ihre Gesinnungsgenossen nahmen mehr einen deutschen als einen preußischen Standpunkt ein; sie wollten, daß Preußen sich für die deutsche Sache einsetzen sollte und sie vertrauten auf den schließlichen Sieg der deutschen Nation, wenn auch der preußische Staat vorerst zugrunde ging. Der König aber urteilte ausschließlich nach dem preußischen Gesichtspunkt, und dieser verband sich bei ihm, wie es natürlich war, mit dynastischen Interessen seines Hauses. Napoleon besaß damals die Macht, den König jeden Moment gefangen zu nehmen und die Hohenzollerndynastie abzusetzen: dann war es aus mit dem preußischen Staate; es war aber wohl möglich, daß über seinen Trümmern das deutsche Volk den Befreiungskampf noch siegreich durchfocht. In dem System des Königs prägte sich also mehr die altpreußische, dynastische Auffassung von Staat und Politik aus, in dem der Patrioten die neudeutsche, nationale, die den Hohenzollernstaat vor allem als den natürlichen Vorkämpfer Deutschlands betrachtete. Jede dieser Auffassungen hatte ihr gutes Recht: die eine hatte das geschichtliche Herkommen für sich; die andere lebte in Gedanken, denen die Zukunft gehörte. Was nottat, war eine harmonische Verbindung beider Gesichtspunkte, wie sie später durch den Drang der Umstände herbeigeführt worden ist; aber damals machte sich jeder von ihnen mit außerordentlich starker Einseitigkeit geltend. Der König dachte nur daran, sein Haus und seinen Staat vor dem Untergang zu bewahren und hinüber zu retten in bessere Zeiten; die Patrioten dagegen, die den Verzweiflungskampf wollten, hätten Preußen und die Hohenzollerndynastie unbedenklich geopfert um der Zukunft und der Ehre des deutschen Namens willen. Der Erfolg hat ja dem König schließlich recht gegeben; aber die Weltlage, die dabei mithalf, ließ sich nicht voraussehen und berechnen. Sein System hatte in dem Bündnisvertrage von 1812 doch fast schon zur völligen Aufhebung der Selbständigkeit des Staates geführt; und der Ausgang wäre vermutlich ein ganz anderer gewesen, wenn nicht die große Armee Napoleons in dem russischen Winterfeldzug so elend zugrunde gegangen wäre.

Das war die große Tatsache, von der der ganze weitere Gang der preußischen Geschichte abhing. Es war von Wichtigkeit, daß das preußische Hilfskorps, das erst unter General Grawert, dann unter York, zur Armee des Marschall Macdonald gehörte und in den Ostseeprovinzen operierte, nicht mit in die allgemeine Katastrophe hineingezogen worden ist. Die Nachricht von dieser Wendung kam im Dezember nach Preußen und bald füllten sich auch die Straßen mit den traurigen Resten der vernichteten großen Armee. Wie ein Gottesgericht erschien den frommen Gemütern in Deutschland dieses Schicksal. „Mit Mann und Roß und Wagen — so hat sie Gott geschlagen", heißt es in einem volkstümlichen Liede jener Tage. Ein dumpfes Grollen ging durch die Volksmassen, wie der Vorbote eines Erdbebens. Aber in den leitenden Kreisen ist auch diesmal der Entschluß zum Kampf gegen den Unterdrücker nicht leicht und plötzlich hervorgesprungen. Man erfuhr in Berlin, wo der König inmitten der französischen Besatzung leben mußte, nur spät und ungenau die ganze Wahrheit des schrecklichen Zusammenbruchs. Noch am 14. Dezember hatte Napoleon an den König von Preußen das Ansinnen gestellt, ein neues Hilfskorps von 30 000 Mann für ihn aufzubringen. Am Weihnachtstage beriet der König mit Hardenberg und anderen seiner Vertrauensmänner über die Lage; weder Scharnhorst noch Gneisenau und Boyen sind damals in seiner Nähe gewesen. Man faßte den Beschluß, die günstige Gelegenheit zur Befreiung von der Fremdherrschaft zu ergreifen und alles dazu vorzubereiten; aber man hielt zugleich auch für nötig, den Schein des französischen Bündnisses noch geflissentlich aufrecht zu erhalten. Der König wollte die äußerste Vorsicht beobachtet wissen. Er blieb auch jetzt noch bei seinem alten System und wollte nicht ohne Österreich in den Kampf gehen: Österreich sollte, so wünschte er, eine bewaffnete Vermittlung zwischen Frankreich und Rußland übernehmen und, wenn sie scheiterte, sich den Gegnern Napoleons anschließen. Hardenberg war zwar im stillen entschlossen, auch ohne Österreichs Zutritt die Verbindung mit den Russen zu suchen, aber vorläufig geschah nichts, was zu diesem Ziel hätte führen können.

In diese Lage traf eine folgenschwere Tat. Der General York, von den Russen gedrängt, ließ die Franzosen im Stich und schloß mit dem russischen General Diebitsch am 30. Dezember die Konvention von Tauroggen, welche das preußische Korps in einem bestimmt abgegrenzten Bezirk neutralisierte, bis der König weiter über die Truppen verfügt haben würde; doch sollten sie bis zum 1. März nicht gegen die Russen kämpfen. York hatte vergeblich von Berlin Verhaltungsmaßregeln erbeten; der König hatte ihm zuletzt sagen lassen, er möge nach den Umständen handeln. Es war ein heldenhafter Entschluß, den York faßte; er handelte auf eigene Faust und Gefahr, wenn er sich auch sagen konnte, daß seine Tat im Grunde den Wünschen des Königs entsprach und daß er dessen Ungnade nicht werde zu fürchten haben, wenn alles gut ging. Zu Beginn des Feldzuges hatte ihm der König durch einen Flügeladjutanten eine geheime mündliche Weisung zugehen lassen, wonach der General im Fall eines allgemeinen Rückzuges der Franzosen das preußische Korps in die Festung Graudenz führen und weder den Franzosen noch den Russen dort den Zutritt gestatten sollte. Eine buchstäbliche Befolgung dieser Weisung war Ende Dezember militärisch unmöglich; man darf auch kaum sagen, daß York ganz in ihrem Sinne gehandelt hat, indem er seine 14 000 Mann zwar den Wechselfällen des Krieges entzog, aber doch nicht ganz unbedingt zur Verfügung des Königs stellte. Der König hatte es vermieden, in der Krisis selbst dem General irgendwelche bestimmten Verhaltungsmaßregeln zu geben. Bei einem üblen Ausgang blieb also seine Person außer Spiel, und die Verantwortung fiel allein auf den General, der darauf gefaßt sein mußte, dann kriegsrechtlich erschossen zu werden. In der Tat schien dem König, als die Nachricht von Tauroggen nach Berlin gelangte, die Zeit zu einem Bruch mit Napoleon noch nicht gekommen: amtlich wurde die Konvention verworfen und der General vom Kommando entsetzt; aber da die Russen den an Yorck entsandten Flügeladjutanten nicht durchließen, so behielt der General, der nur aus den Zeitungen von dem Vorgehen des Königs erfuhr, das Kommando über die Truppen und die ihm früher übertragenen Befugnisse als Gouverneur der Provinz Preußen, bis er dann später, nachdem der Entschluß zum Kriege gefaßt war, zu einer militärischen Rechtfertigung seines Verhaltens aufgefordert, in seiner Stellung belassen und bald mit einem noch bedeutenderen Kommando betraut wurde. Sein militärisches Verhalten wurde, um der Form zu genügen, durch eine Kommission geprüft und für vorwurfsfrei erklärt. Die Folgen seiner Tat kamen dem Staat zugute, aber ein stiller Groll über die Eigenmächtigkeit des Generals, namentlich auch bei seinem weiteren Auftreten in Ostpreußen, ist doch beim König zu spüren. Die Konvention von Tauroggen ist auch später niemals amtlich anerkannt worden; sie wurde als eine Privathandlung des Generals, nicht als ein Staatsakt betrachtet.

Die Befreiungskriege 1813—1815.

Die Konvention von Tauroggen hatte zunächst das preußische Korps nur neutralisiert, um es nicht unnütz aufs Spiel zu setzen und durch seine Hilfe für die Franzosen die Wirkungen der Katastrophe abzuschwächen. Aber Yorck ist über diese ursprüngliche Linie des Abkommens bald hinausgegangen. Die russischen Erfolge befriedigten ihn nicht. Um nicht den Franzosen die Möglichkeit zu geben, ihre Stellung in Preußen wieder zu stärken, rückte er weiter vor. Am 8. Januar war er in Königsberg. Dort erfuhr er am 10. die Verwerfung der Konvention durch den König. Trotzdem gab er am 21. Januar den Befehl zum Vorrücken nach Elbing und Marienburg und trat in nähere Verbindung mit den Russen. Eben in dieser Zeit erschien in Königsberg auch Stein, dessen stürmischer Wille den Kaiser Alexander zu dem weltgeschichtlichen Entschlusse fortriß, nicht an der russischen Grenze stehen zu bleiben, sondern den Feind der europäischen Freiheit zu verfolgen und einen großen Völkerkampf zu entzünden, in dem er zur Strecke gebracht werden sollte. Stein und Yorck waren persönlich und politisch durch eine tiefe Kluft voneinander getrennt: Yorck war der Preuße, der in den Überlieferungen des alten friderizianischen Staats- und Heerwesens lebte, Stein der Vorkämpfer des deutschen Gedankens und einer neuen, freieren und volkstümlichen Ordnung des öffentlichen Lebens. Trotzdem haben beide damals in Königsberg zusammengewirkt zur Einleitung einer Erhebung, die nicht vom König angeordnet, sondern aus dem allgemeinen Drang zur Befreiung des Vaterlandes entsprungen war. Die preußischen Behörden sahen das herrische Auftreten Steins nicht ohne Besorgnis und Mißgunst an: denn Stein kam als Beauftragter des Kaisers Alexander, ausgerüstet mit einer Vollmacht, die auf der Gewalt der russischen Waffen beruhte; manche hegten sogar die Befürchtung, es möchte den Russen um eine Einverleibung Ostpreußens zu tun sein, wie sie einst im siebenjährigen Kriege geplant worden war. Aber man ließ das, was im Interesse des Vaterlandes und der Freiheit notwendig war, nicht an diesen Bedenken scheitern; und Stein selbst tat alles, um sie abzuschwächen oder wegzuräumen. Ständische Vertreter von Ost- und Westpreußen, an ihrer Spitze der ebenso patriotische wie königstreue Graf Alexander Dohna, faßten den Beschluß, eine Landwehr von 20 000 Mann aufzustellen, und zwar auf Grund einer allgemeinen Aushebung, ohne die alten Exemtionsprivilegien des Kantonreglements, aber freilich noch mit dem Grundsatz der Stellvertretung, wie er in Frankreich und den Rheinbundstaaten herrschte. Das Geld dazu brachte die Provinz selbst auf, ebenso wie die Menschen — trotz der ungeheuren, schon früher gerade aus dieser Provinz erpreßten Opfer. Es war ein großartiges, hochherziges Vorbild, die erste mutige Regung eines politischen Volksgeistes, wie ihn Stein immer ersehnt und bisher meist vermißt hatte. Man wartete nicht mehr ängstlich auf den Befehl von oben. Man teilte dem König die gefaßten Beschlüsse zur Bestätigung mit, aber man ging ungesäumt an ihre Ausführung.

Inzwischen hatte sich der König selbst der gefährlichen Nähe französischer Truppen entzogen und war gegen Ende Januar nach Breslau übergesiedelt. Hier wagte man schon etwas entschiedener aufzutreten. Am 28. Dezember war eine Rüstungskommission eingesetzt worden, an deren Spitze Hardenberg stand und deren Seele Scharnhorst war. Ihr Werk wurde jetzt bald sichtbar. Das stehende Heer wurde namentlich durch Einziehung der „Krümper“ weiter und weiter vermehrt, so daß es bald fast das Dreifache des früheren Bestandes betrug. Am 3. Februar erging der Aufruf zur Bildung freiwilliger Jägerdetachements. Am 9. Februar wurden für den bevorstehenden Krieg alle Exemtionen des Kantonreglements aufgehoben: das war die allgemeine Wehrpflicht, ohne den in Ostpreußen noch festgehaltenen Grundsatz der Stellvertretung, also so, wie sie Scharnhorst immer geplant hatte und wie sie bisher noch nirgendwo verwirklicht worden war. Am 12. Februar erging der Befehl zur Mobilmachung. Und nun verwandelte sich das ganze Land augenblicklich in ein Heerlager; gleich in den ersten Tagen erschienen die Freiwilligen in Breslau nicht zu Hunderten, sondern zu Tausenden, und auch dem König schwoll für einen Augenblick das Herz: das hatte er nicht erwartet. Aber noch immer blieb ungewiß, gegen wen diese Rüstungen gemeint waren. Der König hielt zunächst noch an seiner alten Maxime fest: nur mit Österreich und Rußland die Erhebung zu wagen; und Österreich hielt sich zurück: es wollte diesmal die Preußen und Russen vorangehen lassen. In der Umgebung des Königs fehlte es nicht an Ratgebern, die den Bruch mit Napoleon mit mehr oder weniger Entschiedenheit widerrieten: so Kalckreuth, Köckritz, namentlich auch Ancillon, der Erzieher des Kronprinzen und Staatsrat unter Hardenberg. Auf der anderen Seite standen die radikaleren und besonneneren Vertreter der franzosenfeindlichen Kriegspartei. Die Radikaleren, wie Boyen, wollten am liebsten sofort losschlagen, die Besonneneren aber, Hardenberg und Scharnhorst, wollten erst noch die Rüstungen vervollständigen und die Verbindung mit Rußland zum Abschluß bringen, zu der Knesebeck, der Flügeladjutant des Königs, am 9. Februar in das russische Hauptquartier gesandt worden war.

Knesebeck war ein Mann der vermittelnden Richtung, und seine Instruktion lautete zwar auf eine Verbindung mit den Russen, aber nicht zu einem Befreiungskampf auf Leben und Tod, sondern um zunächst einen Waffenstillstand und einen Vermittlungsversuch zwischen Rußland und Napoleon anzubahnen. Es ist nicht auszudenken, was geschehen wäre, wenn die Dinge wirklich diese Wendung genommen hätten. Immer ungestümer wurde das Drängen der zu den Fahnen eilenden Jugend auf die Eröffnung des Befreiungskampfes. Keiner von denen, die jetzt die Waffen ergriffen, war gewillt, sie gegen einen andern Feind als die Franzosen zu führen. Immer weitere Kreise ergriff die patriotische Erregung. „Wenn der König noch länger zaudert — schrieb Ende Februar der englische Diplomat Ompteda an seine Regierung — so sehe ich die Revolution für unvermeidlich an." Glücklicherweise gelang es Stein, im russischen Hauptquartier die Absicht der Mission Knesebecks zu vereiteln und die Verhandlungen auf ein anderes Geleis zu schieben. Zusammen mit dem russischen Staatsrat von Anstett eilte er nach Breslau, um die Vorschläge Alexanders zu befürworten, die eine Verbindung zum Zweck des Krieges bis zur Niederwerfung des Gegners enthielten. Wir wissen nicht, ob er wirklich, wie Boyen und Ompteda erzählen, vom König empfangen worden ist und ob die Gewalt seiner persönlichen Einwirkung den zaudernden Monarchen und seinen Ratgeber Hardenberg mit sich fortgerissen hat. Sehr bald nach seiner Ankunft in Breslau ist Stein in ein heftiges Nervenfieber verfallen, das ihn zehn Tage lang ans Bett fesselte. Inzwischen aber hat sich der große Umschwung vollzogen. Die russischen Vorschläge wurden vom König nach Hardenbergs Rat angenommen, am 27. Februar; die patriotische Kriegspartei, hinter der die wachsende Volksbewegung stand, erreichte damit ihr Ziel. Am 28. Februar wurde das Bündnis zu Kalisch perfekt. Es hat dann freilich noch wochenlang gedauert, bis es in der Öffentlichkeit seine Wirkungen äußern konnte; aber die eigentliche Entscheidung war gefallen, der Kampf gegen Napoleon war beschlossen. Am 16. März wurden die Beziehungen zu Frankreich abgebrochen. Am 17. März erschien dann der von dem Staatsrat von Hippel entworfene Aufruf des Königs „An mein Volk" zugleich mit dem an das Kriegsheer. Zum erstenmal in der preußischen Geschichte kam es zu einem solchen volkstümlichen Akt der Krone: der König gab hier seinem Volke Rechenschaft über die Ursachen des ausbrechenden Krieges, über den Geist, in dem er geführt werden sollte, über die hohen Güter, die dabei auf dem Spiele standen. In bewußter und gewollter Verbindung wurden hier Vaterland und König zusammengestellt und die Preußen immer zugleich als Deutsche bezeichnet und angeredet — zwei wichtige Leitmotive dieser Kundgebung, in denen der neue Geist von 1813 zum Ausdruck kommt.

Die Erhebung von 1813 ist der große Moment, wo Vaterlandsliebe und Staatsgesinnung die Bevölkerung in Preußen ergreifen und sie damit eigentlich erst zum Volk im politischen Sinne umzuwandeln beginnen; und es liegt in unserer ganzen Geschichte begründet, daß dieser bedeutsame Vorgang in der Volksseele nicht auf die schwarz-weißen Grenzpfähle beschränkt bleiben konnte, sondern daß mit dem staatlichen Bewußtsein in Preußen zugleich das deutsche Volksbewußtsein erwachte, daß man fühlte, als Preuße zugleich auch Deutscher zu sein. Das war ja die Idee, die vornehmlich Stein bemüht gewesen war, in den Herzen seiner Staats- und Volksgenossen zu entzünden. Aber neben dem Staatsmann sind auch die Dichter und Denker bei dieser Erweckung der deutschen Volksseele beteiligt gewesen. Das Persönlichkeitsideal der deutschen Bildung fand damals die Brücke vom Menschen zum Staatsbürger, und das Weltbürgertum setzte sich in einen volkstümlichen Geist um. Arndt, Schenkendorff, Theodor Körner begeisterten die Freiheitskämpfer durch ihre Lieder; Leier und Schwert gehörten in diesem von einem poetischen Glanz umflossenen Kriege zusammen.

Die volkstümliche Umwandlung des Staatsgeistes fand ihren Ausdruck in den neuen Einrichtungen des Heerwesens, das jetzt auf die Grundlage der allgemeinen Wehrpflicht gestellt war. Die Abteilungen der freiwilligen Jäger wurden den Linienregimentern angegliedert, meist in besonderen Kompanien auf dem rechten Flügel der Bataillone. Sie waren für die Söhne der gebildeten und besitzenden Klassen bestimmt, die imstande waren, sich selbst auszurüsten und zu unterhalten; aus ihnen sollte namentlich auch der Offiziersersatz bestritten werden. Aus diesen freiwilligen Jägern ist die heutige Institution der Einjährig-Freiwilligen entstanden.

Neben das stehende Heer trat auf Grund einer Verordnung vom 17. März eine Miliz unter dem Namen Landwehr, 120 000 Mann stark; sie sollte gebildet werden teils auf Grund freiwilliger Meldung, teils durch eine Aushebung der Altersklassen vom 17. bis zum 40. Jahre, bei der es ebensowenig mehr Exemtionen gab wie beim stehenden Heer. Die Landwehr sollte eine Feldarmee sein wie die Linie; Offiziere und Mannschaften sollten in der gleichen Achtung stehen wie dort. Aber der Charakter einer Landmiliz trat stark hervor. Die Kosten für die Ausrüstung der Landwehr wurden von den Kreisen getragen; die Landwehroffiziere wurden zunächst von den Kreisausschüssen ernannt und sollten sich später durch Zuwahl selbst ergänzen. Auch im Felde sollten bei der Landwehr die Nachbarn zusammenbleiben; in ihr sollte ganz besonders der Geist des Volksheeres zur Erscheinung kommen.

Trotz der Volkstümlichkeit dieser Einrichtungen und der überall hervortretenden vaterländischen Begeisterung hat die Landwehr damals doch nicht ohne einen zum Teil recht nachdrücklichen staatlichen Zwang errichtet werden können. Nicht in allen Provinzen sind die Massen, so wie in Ostpreußen, wo der Druck am schwersten gewesen war, durch die Verzweiflung zur Erhebung getrieben worden; überall waren es hauptsächlich die gebildeten Schichten, in denen der vaterländische Gedanke zuerst und am kräftigsten zum Durchbruch kam. Der moralische Eindruck, den das begeisterte Zusammenströmen der freiwilligen Jäger machte, war vielleicht wichtiger, als ihre militärische Bedeutung. Ein ursprünglicher Volkskrieg, eine Insurrektion nach spanischem oder tirolischem Muster, wie sie Stein vorschwebte, ist die Erhebung von 1813 nicht gewesen. „Der König rief und alle, alle kamen." Und wenn der König auch lange gezaudert hat, und die patriotischen Männer, die ihn zum Kriegsentschluß gedrängt haben, auch einen willkommenen Bundesgenossen an der wachsenden Bewegung im Volke fanden — der Ruf kam doch vom König; er hat die Führung der Bewegung von Anfang an gehabt und dauernd behalten. Aber seinem Rufe kam in breiten Schichten der Bevölkerung ein solches Maß von Bereitwilligkeit entgegen, wie es früher auch entfernt nicht möglich gewesen wäre; und das gibt doch immerhin der Erhebung von 1813 den Charakter eines Volkskrieges, wenn man das Wort recht versteht.

Ergreifend ist der Opfermut, der die große und schnelle Rüstung ermöglicht hat. Reich und arm sind damals in edlem Wetteifer der Not des Vaterlandes zu Hilfe gekommen. Das Geld war knapp geworden in der schlimmen Zeit. Vielfach wurde Schmuck und Silbergerät von den Besitzern zur Ausrüstung der Vaterlandsverteidiger dahingegeben. Ganz allgemein wurde die Sitte, goldne Trauringe gegen eiserne zu vertauschen. Beamte verzichteten auf einen Teil ihres Gehalts; Bauern und Gutsbesitzer gaben ihre Pferde unentgeltlich; arme schlesische Bergleute rüsteten mit ihrem Wochenlohn ein paar Kameraden für den Krieg aus; ein armes Fräulein opferte ihre prachtvollen Haare, aus denen Ringe zum Verkauf für die vaterländische Sache verfertigt wurden; arme alte Frauen, die sonst nichts hatten, brachten leinene Hemden und wollene Strümpfe zur Ausrüstung der Krieger dar. Man hat berechnet, daß der Wert dieser Gaben in die Millionen gegangen sein muß, und das zu einer Zeit, wo fast jeder einzelne schon seit Jahren durch übermäßige öffentliche Lasten ausgepreßt und erschöpft war. Nur so ist es möglich gewesen, daß das verkleinerte und ausgeraubte Preußen damals 280 000 Mann ins Feld hat stellen können, fast 6 Prozent der gesamten Bevölkerung, über 11 Prozent der männlichen.

Aber auch die, welche daheim blieben, sollten sich dem Dienst des Vaterlandes widmen. Die Idee einer allgemeinen Volksbewaffnung, der der König lange mißtrauisch gegenübergestanden hatte, brach sich schließlich doch Bahn. Erst nachdem der Krieg schon ausgebrochen war und hie und da die Bauern aus freien Stücken in bewaffneten Scharen gegen den Feind ausgezogen waren, gelang es den Beratern des Königs, das Landsturmedikt durchzusetzen, das am 21. April erschien. Dieses Gesetz mit seinen radikalen Bestimmungen, die die letzten Konsequenzen eines Volkskrieges, eines Kampfes bis aufs Messer zogen, ist ein großer aber furchtbarer Zeuge des Geistes von 1813. Der Landsturm sollte nicht, wie die Landwehr, mit ins Feld ziehen, sondern daheim bleiben, um an Ort und Stelle die Operationen der Feldarmee durch allerlei Hilfeleistungen zu unterstützen und dem Feinde so viel Abbruch wie möglich zu tun, auf die Gefahr hin, daß der Feind diese Landstürmer, die keine Uniform trugen und keine regelmäßigen Waffen führten, die sich in jedem Moment wieder in friedliche Bürger und Bauern verwandeln konnten, nicht als Soldaten, sondern als Räuber und Mörder behandelte. Auch der Landsturm war natürlich nach den Nachbarverbänden gegliedert, unter gewählten Führern; an der Spitze des Kreises stand eine sogenannte Schutzdeputation, in der alle Bezirke durch Deputierte vertreten waren. Wenn die Sturmglocken läuteten, mußten alle Männer der Gemeinde mit den Waffen, die sie sich hatten verschaffen können, auch Piken, Heugabeln, geradegeschmiedeten Sensen, an den Sammelort eilen. Mit den schwersten Strafen wurde bedroht, wer sich dieser Pflicht zu entziehen suchte; nur Greise und Kinder oder ganz Gebrechliche waren von dem Dienst im Landsturm befreit. Die Städte sollten, wo nur irgend die Möglichkeit dazu vorhanden war, von dem Landsturm auch bei Abwesenheit aller regulären Truppen auf das äußerste verteidigt werden; Schlösser und Paläste in den Residenzstädten sollten in Zitadellen verwandelt werden. Geriet eine Stadt trotzdem in Feindes Hand, so sollten alle Behörden ihre Gewalt verlieren; alle Bürger sollten sich dem Gebot des Feindes zu entziehen trachten und sich namentlich nicht von ihm als Polizeitruppe gebrauchen lassen; keine Lustbarkeit sollte von ihnen veranstaltet oder besucht werden; kein Paar sollte ehelich eingesegnet werden; stumm und tot und unheimlich sollte der Platz den fremden Gewalthaber ertragen, bis er ihm wieder entrissen werden konnte. Auf dem platten Lande aber sollten die Dörfer, die nicht zu verteidigen waren, beim Herannahen des Feindes abgebrannt, alles Eigentum, das ihm dienen konnte, namentlich Früchte und Vieh, weggeschleppt oder vernichtet werden; eine grauenvolle Verwüstung des Landes sollte dem Feinde die Kriegführung erschweren, und überall sollte, nach den Regeln des kleinen Krieges, wie sie in Spanien und Tirol ausgebildet worden waren, der Feind durch irreguläre Scharen, die Wege und Stege durch Wälder und über Sümpfe kannten, umschwärmt werden und nie zum Ausruhen gelangen.

In der Kriegführung selbst sind diese Bestimmungen kaum zur Anwendung gekommen, weil das preußische Gebiet in dem Frühjahrsfeldzuge vom Kriege ziemlich unberührt blieb und das Landsturmedikt schon im Juli 1813 außer Kraft gesetzt worden ist. Wie ernst man es aber vorher mit den Landsturmübungen nahm, das zeigen z. B. die Nachrichten aus Berlin, wo die Gelehrten der Universität mit anderen Berufsständen wetteiferten, sich zum Dienst des Vaterlandes auszubilden. Niebuhr, der einstmals 1808 den Plan der allgemeinen Wehrpflicht als eine brutale, von rohen Hauptleuten ausgebrütete Idee verworfen hatte, übte jetzt fleißig mit seiner Flinte und beobachtete mit Genugtuung, wie die feine Haut seiner Hände dadurch hart und schwielig wurde.

Es würde ein wichtiger Zug in dem Bilde des Geistes von 1813 fehlen, wenn nicht auch des religiösen Sinnes gedacht würde, der damals ganz allgemein zutage trat und der sehr auffallend von dem freigeistigen, zum Teil frivolen Ton abstach, der vor 1806 so vielfach vorgeherrscht hatte. Man sah den Zusammenbruch des Staates und die Drangsal der Fremdherrschaft als ein wohlverdientes göttliches Strafgericht an; aber man baute auch auf die göttliche Hilfe, wenn nun das in Buße und Besserung geläuterte Volk für seine heiligsten Güter ins Feld zog. Eine christlich-deutsche Weltanschauung trat gegenüber dem französischen Geiste des Unglaubens und der Revolution kraftvoll hervor. Das Eiserne Kreuz, das am 10. März, dem Geburtstag der Königin Luise, gestiftet wurde, und das auch der Landwehrmann auf seinem Tschako trug, hatte eine tiefe christliche Bedeutung. Keine Auffassung war allgemeiner verbreitet und tiefer gewurzelt als die, der Theodor Körner Worte lieh, wenn er von dem bevorstehenden Kriege sang: „Es ist kein Krieg, von dem die Kronen wissen — Es ist ein Kreuzzug, 's ist ein heiliger Krieg." Ein gutes und ein böses Prinzip schienen in diesem Kampfe miteinander zu ringen: Revolution und Unglauben auf der einen Seite, die überlieferte Ordnung und christliche Gesittung auf der anderen Seite. Der Name der Preußen begann sich mit dem der Deutschen zu verschmelzen. Viele Rheinbunddeutsche traten, wie der Sachse Theodor Körner selbst, in das zu Breslau gebildete Freikorps des Majors von Lützow ein. Eine Fülle von moralischen Kräften ward frei und vereinigte sich in wirksamer militärischer Organisation gegen den Unterdrücker der nationalen Selbständigkeit.

Der große Befreiungskampf von 1813—1815 ist eine allgemeine europäische Angelegenheit und kann in seinem ganzen Umfange nicht als ein Kapitel der preußischen Geschichte dargestellt werden; es kann sich hier nur darum handeln, die Rolle anzudeuten, die Preußen politisch und militärisch im Rahmen dieses großen Völkerkampfes gespielt hat. Diese Rolle ist keine geringe gewesen; sowohl hinsichtlich der Zahl der Streiter, die Preußen gestellt hat, als auch ganz besonders hinsichtlich des Geistes, der sie beseelte. In dem preußischen Heere und seinen Führern, in Blücher, Scharnhorst, Gneisenau, York, Bülow, war vor allem die moralisch-politische Kraft des nationalen Aufschwungs lebendig, die diesem Kriege sein eigentümliches Gepräge gibt; Clausewitz hat die preußische Heeresleitung einmal bezeichnet als „die Spitze von Stahl in dem schwerfälligen eisernen Keil, womit man den Koloß spalten wollte".

Der Widerstand gegen die napoleonische Macht, die nach dem Scheitern des russischen Feldzuges auf dem ostdeutschen Kriegsschauplatz vorläufig nur durch den Vizekönig von Italien, Eugen Beauharnais, mit seinen schnell zusammengerafften und notdürftig wiederhergestellten Truppenresten repräsentiert war, beruhte zunächst auf dem Kriegsbündnis zwischen Rußland und Preußen, das am 28. Februar in Kalisch zum Abschluß gekommen war; an dieses Bündnis schloß sich am 19. März eine Konvention wegen der zu erobernden Lande, wobei man vornehmlich an Sachsen dachte, dessen König nach kurzem Schwanken auf der Seite Napoleons verharrte. Preußen gab im Prinzip schon den größeren Teil seiner früheren polnischen Besitzungen den Russen preis und sah sich damit auf Entschädigungen in Deutschland angewiesen, wobei eben hauptsächlich Sachsen ins Auge gefaßt wurde. Im übrigen kommt das Bündnis von Kalisch auf die früheren Abmachungen von Bartenstein zurück: man wollte den gemeinsamen Kampf gegen Napoleon bis zur endgültigen Befreiung Europas fortsetzen, und Preußen sollte in ähnlichem Umfang und gleicher Stärke wie vor 1806 hergestellt werden. In dem Aufruf von Kalisch, den der russische Oberfeldherr, Fürst Kutusow, am 25. März erließ, und der aus der Feder eines Deutschen stammt, wurden im Namen der Freiheit und der Ehre alle deutschen Fürsten zum Anschluß an die nationale Sache aufgefordert; die, welche auf Napoleons Seite verharrten, wurden mit der Vernichtung bedroht „durch die Kraft der öffentlichen Meinung und durch die Macht der gerechten Waffen".

Der Vizekönig Eugen hatte nicht vermocht, wie Napoleon gewünscht hätte, das in Danzig belagerte französische Korps zu befreien; er war erst hinter die Oder, dann bis auf die Elbe zurückgegangen, wo er in Magdeburg eine feste Stellung hatte, und suchte, während Russen und Preußen bis an die Elbe vordrangen, wenigstens den Hauptteil des rheinbündischen Deutschland für Napoleon zu halten. Der Kaiser selbst arbeitete von Paris aus mit Hochdruck an der Bildung einer neuen Armee, mit der er im Frühjahr auf dem deutschen Kriegsschauplatze seine Sache wiederherzustellen hoffte. Die verbündeten Russen und Preußen dachten daran, ihn in der Ebene von Leipzig zu erwarten. Scharnhorst hatte zwar den kühnen Plan entworfen, daß man den Vizekönig aus seiner Stellung verdrängen und dann über die Elbe nach Niederdeutschland vorstoßen solle, um dem vom Rhein heranrückenden Napoleon auf die linke Flanke zu fallen; aber das Übermaß von Kühnheit, das in diesem Plane lag, sollte wohl nur dazu dienen, den alten, gebrechlichen, jedem energischen Vorgehen abgeneigten russischen Oberfeldherrn wenigstens dazu zu bringen, dem in der Mitte liegenden Gedanken der Annahme einer Schlacht in der Nähe von Leipzig seine Zustimmung zu geben, den auch Scharnhorst in erster Linie vertrat. Diese Idee ist auch zur Ausführung gelangt. Der alte Feldmarschall Kutusow starb vor der endgültigen Entscheidung an gänzlicher Entkräftung, und sein Nachfolger, Fürst Wittgenstein, war mit jenem Plane einverstanden.

Napoleon rückte Ende April vom Main her mit überlegenen Streitkräften und in alter Siegeszuversicht heran und suchte die Verbündeten da auf, wo sie ihn erwarteten. Sie hatten kaum 97 000 Mann beisammen gegen die 180 000, die Napoleon heranführte, und sind ihm am 2. Mai bei Großgörschen (Lützen), westlich von Leipzig, unterlegen. Der Stoß in die rechte Flanke des heranmarschierenden Gegners, den sie unternahmen, hinderte diesen nicht, seine Übermacht in wirksamer Weise zu entfalten; und trotz der Tapferkeit der preußischen Truppen, denen die Hauptarbeit des Tages zufiel, mußten die Verbündeten nach achtstündigem Kampfe den Rückzug antreten, der aber in geordneter Weise vonstatten ging. Sie hatten 11 500 Mann verloren, aber der Gegner hatte doppelt so großen Verlust gehabt. Scharnhorst, der Generalstabschef Blüchers, der den Oberbefehl über die Preußen führte, war verwundet worden; er wurde nach Prag gebracht und ist dort nach einiger Zeit seinen Wunden erlegen: der große Organisator des neuen preußischen Heeres hat dessen Siege nicht mehr sehen dürfen; an seiner Stelle trat als strategischer Berater Blüchers der geniale Gneisenau, fortan die Seele der preußischen Kriegführung, wenn auch die Charaktereigenschaften Blüchers dabei ebenso unentbehrlich gewesen sind wie das strategische Genie seines Generalstabschefs.

Die Verbündeten waren bei Großgörschen zurückgedrängt durch die Übermacht des Gegners, aber sie fühlten sich nicht eigentlich als Besiegte; das moralische Übergewicht war in der Schlacht entschieden auf ihrer Seite gewesen und bewährte sich auch auf dem Rückzuge, der sie zunächst bis zur Lausitz führte. Sie haben es freilich versäumt, eine Verteidigung der Elblinie zu versuchen, und haben erst an der Spree, bei Bautzen, dem Feinde wieder in einer großen Feldschlacht die Spitze geboten. Sie standen hier nach einer Verstärkung durch russische Truppen unter Barclay de Tolly mit etwa 100 000 Mann wieder einer doppelten Übermacht gegenüber, da Napoleon sein Heer auf 200 000 Mann hatte vermehren können. Zwei Tage lang ist bei Bautzen gekämpft worden, am 20. und 21. Mai. Wäre der Gang der Schlacht so verlaufen, wie es Napoleon geplant hatte, so hätte sie mit einer völligen Katastrophe des verbündeten Heeres geendet; aber Mißverständnisse und Ungeschicklichkeiten des Marschalls Ney, der mit 65 000 Mann heranmarschierte, um auf dem Schlachtfelde selbst die Verbindung mit Napoleon zu bewerkstelligen, dabei aber zu spät eingriff, haben den Plan vereitelt, und die Armee der Verbündeten, die sich wieder aufs tapferste geschlagen hatte, vor dem Untergang bewahrt. Ihr Verlust betrug wieder gegen 11 000 Mann, während Napoleon 25 000 verloren hatte. Der Rückzug der Verbündeten ging nun weiter bis nach Schlesien hinein; aber die moralische Kraft der Armee ist auch durch diese neue Niederlage und diesen abermaligen Rückzug nicht gebrochen worden; es war jetzt ein anderer Geist in den Truppen und in der Führung, als einst bei Jena und Auerstedt; die Armee blieb geschlossen und unerschüttert in ihrem Mute.

Allerdings begann damals eine politische Gefahr, wie sie bei Koalitionskriegen sich leicht einstellt, hervorzutreten: die Russen zeigten jetzt Neigung, nach Polen zurückzugehen, während die preußische Heeresleitung im Einverständnis mit dem König an der Stellung in Schlesien festhielt, weil man nur von dort aus auf die Österreicher wirken und ihnen die Hand reichen konnte — eine Aussicht, die der König beständig im Auge behalten hatte. Bei einem Abmarsch der

Russen aber hätte es den Preußen bei aller Begeisterung und Kraftanspannung doch wohl nicht gelingen können, die große Aufgabe, vor die sie gestellt waren, zu bewältigen. Auf der anderen Seite hatte auch Napoleon nach den großen Verlusten, die er gehabt, das Bedürfnis nach einer Erholungspause zur Reorganisation und Verstärkung seiner Armee. Er bot durch Österreichs Vermittlung einen Waffenstillstand an, der am 4. Juni zu Pläswitz bei Jauer unterzeichnet worden ist und bis zum 20. Juli gelten sollte. Es war für die Verbündeten eine willkommene Lösung der durch die politischen Meinungsverschiedenheiten hervorgerufenen Schwierigkeit. Außerdem hatten sie ebenso wie Napoleon es nötig, ihre Streitkräfte zu verstärken und zu reorganisieren; überdies aber verfolgten beide Teile das Ziel, Österreich in dieser Zeit womöglich zu sich herüberzuziehen.

Österreich, dessen Kaiser ja der Schwiegervater Napoleons war, hatte die Rolle einer bewaffneten Vermittlung ergriffen. Kaiser Franz, beraten durch Metternich, hatte Napoleon schon Mitte Mai den Vorschlag machen lassen, Frieden zu schließen auf Grund folgender Bedingungen: Wiederherstellung Österreichs und Preußens wie vor den Kriegen von 1805 und 1806, Auflösung des Rheinbundes und des Großherzogtums Warschau, die Rheingrenze für Frankreich. Österreich wollte nicht den Sturz Napoleons, sondern nur eine Beschränkung seiner Macht; diesen Standpunkt hat es auch später festgehalten. Aber Napoleon hatte den Vermittlungsvorschlag Österreichs abgelehnt und sich nur zu dem Waffenstillstande herbeigelassen. Während dieser Pause gingen nun aber nicht nur die Rüstungen, sondern auch die diplomatischen Verhandlungen weiter. Preußen und Rußland schlossen Subsidienverträge mit England, wobei übrigens Preußen versprechen mußte, beim Friedensschluß Ostfriesland an Hannover zu überlassen. Schweden trat auf die Seite der Verbündeten, und am 27. Juni erfolgte zu Reichenbach in Böhmen, wo die Diplomaten sich zusammengefunden hatten, auch eine vorläufige Annäherung von Österreich an die Koalition, für den Fall, daß Napoleon bei der Ablehnung der österreichischen Bedingungen verharre. Schließlich nahm aber Napoleon im Prinzip die Vermittlung Österreichs an, und es kam infolgedessen zu einem Friedenskongreß, der in Prag am 11. Juli eröffnet wurde; zugleich wurde der Waffenstillstand bis zum 10. August verlängert. Bei diesen Verhandlungen nahmen jedoch die Bevollmächtigten Napoleons eine so wenig entgegenkommende Haltung ein, daß Österreich dadurch veranlaßt wurde, mit Napoleon zu brechen und der Koalition beizutreten, 12. August 1813.

Damit erhielten die Verbündeten eine sehr beträchtliche militärische Verstärkung; aber die politischen Meinungsverschiedenheiten in ihrem Lager wurden zugleich ebenso bedeutend vermehrt, und das wirkte natürlich auch auf die Kriegführung zurück; denn Österreich wollte ebensowenig ein russisches wie ein französisches Übergewicht in Europa und auch keine allzu bedeutende Stärkung Preußens in Deutschland; es kam ihm in der Hauptsache nur darauf an, Napoleon in die alte Stellung Frankreichs zurückzudrängen; was Metternich vorschwebte, war ein wohlabgewogenes Gleichgewichtssystem der europäischen Mächte, wobei Österreich selbst natürlich auch seinen Vorteil finden wollte. Auch die Beteiligung Schwedens, die jetzt eintrat, brachte neben der militärischen Verstärkung zugleich Anlaß zu politischen Reibungen mit sich, welche die Kriegführung beeinflussen konnten. Der Kronprinz von Schweden, der frühere Marschall Bernadotte, der zu einer führenden Stellung in dem Herbstfeldzuge bestimmt wurde, hatte seine besonderen politischen Absichten: er hatte vor allem das Interesse Schwedens vor Augen, das damals die Angliederung Norwegens als Ersatz für Finnland erstrebte; zeitweis scheint er sich auch mit dem Gedanken getragen zu haben, sich im Einverständnis mit Kaiser Alexander an Stelle Napoleons zum Kaiser der Franzosen machen zu lassen. Man hat aber die Bedeutung dieser Sonderinteressen für seine Kriegführung früher sehr überschätzt; die neuere Forschung ist doch zu der Ansicht gekommen, daß er im ganzen sachgemäß gehandelt hat, wenn auch das Maß von entschlossenem Zugreifen und rücksichtslosem Opfermut, das die preußische Heerführung charakterisiert, bei ihm nicht zu finden ist.

Von den verbündeten Monarchen und ihren militärischen Beratern wurde für den bevorstehenden Herbstfeldzug ein Kriegsplan verabredet, dessen Grundlagen zu Trachenberg festgestellt wurden, der aber dann in Reichenbach eine sehr wesentliche Veränderung erfuhr, und zwar im Sinne des von der österreichischen Heeresleitung in Anknüpfung an die Lehren des Erzherzogs Karl vertretenen Systems einer methodisch-vorsichtigen Kriegführung. Es wurden drei Armeen aufgestellt: in Böhmen die Hauptarmee, bei der die drei Monarchen sich befanden, hauptsächlich aus Österreichern und Russen gebildet, aber auch mit einem von dem General Kleist geführten preußischen Korps, unter dem Oberkommando des österreichischen Feldmarschalls Schwarzenberg, etwa 247 000 Mann stark — ferner die schlesische Armee unter Blücher mit Gneisenau als Generalstabschef, bestehend aus einem preußischen Korps unter York und zwei russischen unter Sacken und Langeron, im ganzen etwa 99 000 Mann stark — endlich die Nordarmee, die Berlin decken sollte, unter Bernadotte, sehr bunt zusammengesetzt aus Preußen, Russen, Schweden und Freischaren, etwa 150 000 Mann stark; die Hälfte davon machten zwei preußische Korps unter Bülow und Tauentzien aus. Es wurde verabredet, daß die drei Armeen konzentrisch gegen den Feind vorgehen sollten; aber der ursprüngliche Plan, den der Russe Toll so formuliert hatte, daß das Lager des Gegners der Sammelpunkt der verbündeten Streitkräfte sein sollte, erfuhr eine vorsichtige Einschränkung und Abschwächung durch den Einfluß der Österreicher, unter denen auch Schwarzenbergs Generalstabschef Radetzky sich befand, so daß die Verabredung, wie sie allerdings nur aus einer späteren Niederschrift Schwarzenbergs bekannt ist, folgendermaßen lautete: Griff Napoleon selbst eine von den drei Armeen an, so sollte diese dem Hauptstoß ausweichen, während die anderen vorrückten; dabei sollten soviel wie möglich einzelne Korps des Feindes angegriffen und geschlagen werden. Nach diesem Plane ist in der Hauptsache auch verfahren worden, soweit das in der Praxis der Kriegführung überhaupt möglich ist.

Napoleon hatte seine Feldtruppen, die im ganzen etwa 450 000 Mann betrugen (gegen 512 000 der Gegner) von Dresden bis nach Liegnitz hin aufgestellt. Er hatte in seiner Zentralstellung den Vorteil der inneren Linie für sich und wandte sich mit Offensivvorstößen gegen die verschiedenen Gegner. Zunächst hatte er es auf die schlesische Armee abgesehen, die er für die stärkste hielt. Diese wich seinem Hauptstoß aus, am 21. August, und ging hinter die Katzbach zurück; dann aber, als Napoleon mit der Hauptmacht abmarschiert war, um sich gegen die vorgedrungene böhmische Armee zu wenden, rückte Blücher wieder vor und schlug das Korps des Marschalls Macdonald, das Napoleon zurückgelassen hatte, in der Schlacht an der Katzbach am 26. August so gründlich, daß es auf dem Rückzuge fast in Auflösung geriet.

Inzwischen hatte die böhmische Armee mit 180 000 Mann einen Vorstoß gegen Dresden gemacht, das Napoleons Hauptstützpunkt war; aber sobald man sichere Kunde davon hatte, daß Napoleon zurückgekehrt sei und daß man ihn selbst mit der Hauptmacht vor sich habe, wurde der Plan, Dresden zu erobern, aufgegeben, um eine Hauptschlacht zu vermeiden, am 26. August. Indessen, was nur ein Rückzugsgefecht hatte werden sollen, entwickelte sich durch das energische Zugreifen Napoleons am 27. August dann doch zu einer großen Schlacht, in der Napoleon mit seinen 120 000 Mann einen entschiedenen Sieg erfocht, der den Verbündeten allein an Gefangenen 13 000 Mann kostete und sie zwang, über die Pässe des Erzgebirges nach Böhmen zurückzugehen. Zum Glück für die Verbündeten wurde der moralische Eindruck dieser Niederlage dadurch abgeschwächt, daß das Korps des Marschalls Vandamme, das der weichenden Armee in den Rücken geschickt war, um sie abzuschneiden, am 29. und 30. August bei Kulm und Nollendorf vernichtend geschlagen und fast völlig aufgerieben wurde. Hier hat General Kleist, dessen Generalstabschef Grolman war, mit dem preußischen Korps den Sieg entschieden. Immerhin hatte Napoleon durch die Schlacht bei Dresden seine Stellung in Sachsen siegreich behauptet, und die geschlagene böhmische Armee wagte lange nicht aus den Pässen des Erzgebirges hervorzukommen, um in energischer Angriffsbewegung vorwärts zu gehen.

Gegen die Nordarmee sind zwei Offensivvorstöße mit dem Ziele der Einnahme Berlins von Napoleon angeordnet worden. Beide sind abgeschlagen worden von dem preußischen Korps unter Bülow, dessen Generalstabschef Boyen war. Am 23. August wurde der Marschall Oudinot von Bülow bei Großbeeren geschlagen, während Bernadotte selbst an dem Kampfe nicht teilnahm und erst vorrückte, nachdem seine Befürchtungen wegen eines Flankenangriffs von Magdeburg her durch die Niederlage beschwichtigt waren, die ein von dort entsandtes französisches Korps am 27. August bei Hagelberg durch eine preußische Landwehrdivision erlitten hatte. Der zweite Vorstoß endete am 6. September mit der Niederlage des Marschalls Ney bei Dennewitz durch Bülow und Tauentzien; auch diesen Sieg haben in der Hauptsache die Preußen erfochten, während Bernadotte mit russischen und schwedischen Truppen erst gegen Abend eingreifen konnte, als der Feind bereits im Abzug begriffen war.

Napoleon selbst stand mit der Hauptmacht unbezwungen bei Dresden in einer die Elblinie beherrschenden Stellung und bereit, im gegebenen Moment wieder zu einem Offensivstoß vorzubrechen. Für die Verbündeten handelte es sich nun darum, daß die drei Armeen mit dem konzentrischen Angriff ernst machten und sich in Verbindung miteinander setzten, um ihm näher auf den Leib zu rücken. Im Hauptquartier der böhmischen Armee entstand der Plan, daß Blücher mit dem größten Teil seiner Armee links abmarschieren und die Verbindung mit eben dieser Hauptarmee gewinnen sollte. Aber König Friedrich Wilhelm III. stellte seinem erfolgreichen Feldherrn die Entscheidung frei; und ein Plan Gneisenaus, den Blücher unterstützte, und der schließlich auch im Hauptquartier der großen Armee angenommen wurde, führte zu einer ganz anderen Bewegung, die dem Feldzuge die eigentlich entscheidende Wendung gegeben hat.

Das war der Plan, daß vielmehr die ganze schlesische Armee rechts abmarschieren sollte, um nach Überschreitung der Elbe die Verbindung mit der Nordarmee zu suchen und mit ihr gemeinschaftlich Napoleon anzugreifen, während zugleich die Hauptarmee aus Böhmen von Süden her vorrücken sollte. Dieser Plan ist mit gutem Erfolge zur Ausführung gebracht worden. Am 3. Oktober erzwang zuerst Yorck mit seinem Korps unter heftigem Kampfe bei Wartenburg den Übergang über die Elbe; und, nachdem die Blüchersche Armee hinüber war, überschritt auch Bernadotte diese bisher von Napoleon beherrschte Linie, um sich mit der schlesischen Armee zu vereinigen. Nun holte Napoleon zu einem großen Schlage aus. Er versuchte die schlesische Armee durch einen gewaltigen Offensivstoß mit überlegener Macht zu zerschmettern und über die Elbe zurückzuwerfen; aber der Stoß ging ins Leere, bei Düben: Blücher war inzwischen seitwärts nach Westen zu ausgewichen und begann jetzt die rückwärtigen Verbindungen Napoleons zu bedrohen, während von Süden her Schwarzenberg heranrückte. So zog sich bei Leipzig der strategische Ring der Verbündeten um Napoleon zusammen, und wenn er nicht gänzlich zurückweichen wollte, so mußte er die ihm von dem überlegenen Gegner aufgezwungene Schlacht annehmen. In drei Schlachttagen, vom 16. bis zum 19. Oktober, mit einer Pause am 17., ist hier bei Leipzig die große Entscheidung in dem Völkerkampfe gefallen. Napoleon ist bei Leipzig, wie in diesem ganzen Feldzuge, physisch durchaus auf der Höhe seiner Leistungsfähigkeit gewesen; es ist nicht richtig, daß seine Niederlage durch das Versagen seiner körperlichen Kräfte herbeigeführt worden sei; es war vielmehr die Übermacht und die Entschlossenheit der Gegner, was ihn trotz aller militärischen Meisterschaft niedergeworfen hat; und nicht zum mindesten die geniale Strategie Gneisenaus, die es verstanden hatte, alle Kräfte hier auf den entscheidenden Punkt zu konzentrieren. In der Schlacht selbst freilich hat ein klarer Grundgedanke bei den Verbündeten gefehlt; sonst wäre es vielleicht möglich gewesen, die ganze französische Armee gefangen zu nehmen. Die eigentlich entscheidende Handlung war der mit großen Verlusten erkaufte Sieg der Blücherschen Armee über den Marschall Marmont im Norden des Schlachtfeldes, bei Möckern; während im Süden der Kampf Schwarzenbergs gegen Napoleon bei Wachau unentschieden blieb. Am 17. ruhten die Waffen; am Abend dieses Tages wurde der Ring im Norden und Osten geschlossen durch das Einrücken Bernadottes, der aber darauf bestanden hatte, daß Blücher ihm eins von seinen Korps überließ, wohl damit die Schweden geschont werden konnten. Schon vorher war im Osten der russische General Bennigsen eingerückt, der die Verbindung mit der im Süden stehenden Schwarzenbergschen Armee herstellte. Am 18. Oktober, dem Haupttage der Schlacht, errangen die Verbündeten durch einen allgemeinen konzentrischen Angriff mit ihren 255 000 Mann über die 160 000 Napoleons einen vollständigen Sieg. Der Kampf wogte rings um Leipzig herum, besonders heftig im Süden bei Probstheida, wo Napoleons Hauptquartier war; bei Paunsdorf, im Osten von Leipzig, gingen die meisten Sachsen und Württemberger zu den Verbündeten über. In der Nacht verließ Napoleon das Schlachtfeld unter Benutzung der Lücke, die im Westen durch die Zurückziehung des österreichischen Korps Gyulai entstanden war. Am 19. Oktober erfolgte der Angriff der Verbündeten auf Leipzig, das mit Sturm genommen wurde, wobei der König von Sachsen in Gefangenschaft geriet. Napoleon hatte 60 000 Mann verloren; der völligen Vernichtung war er nur mit Mühe entgangen. Er wandte sich jetzt an den Main, rannte am 30. und 31. Oktober bei Hanau ein bayerisch-österreichisches Heer unter dem Feldmarschall Wrede, das sich ihm entgegenstellte, über den Haufen, und erreichte mit dem Rest seiner Truppen den schützenden Rheinstrom.

Leipzig ist der Höhepunkt in dem kriegerischen Zusammenwirken der Verbündeten. Von da ab beginnen die politischen Meinungsverschiedenheiten unter ihnen lähmend und verwirrend auf die Kriegführung einzuwirken; und es bedurfte der ganzen moralischen Kraft, die im Hauptquartier der schlesischen Armee lebendig war, um schließlich doch, allen Hemmungen zum Trotz, eine energische Vorwärtsbewegung zur Niederwerfung des Gegners durchzusetzen.

Für Österreich trat jetzt, nachdem die Franzosen über den Rhein zurückgewichen waren, die Erwägung in den Vordergrund, wie nun das Übergewicht von Rußland und Preußen vermieden werden könne, von denen das eine Polen, das andere Sachsen erstrebte. Denn gegen den König von Sachsen gedachte man jetzt das Strafgericht zu vollziehen, das den auf Napoleons Seite verharrenden Fürsten in dem Aufruf von Kalisch angedroht worden war. Das wollte aber Österreich nicht dulden; es hat denn auch die Besetzung Sachsens durch Preußen zu verhindern gewußt: ein russischer Gouverneur, Fürst Repnin, wurde dort an die Spitze der Regierung gestellt, und die sächsischen Behörden fuhren unter ihm fort, ihre Wirksamkeit auszuüben. Während sonst die eroberten, herrenlosen deutschen Länder unter die direkte Herrschaft eines Zentralverwaltungsausschusses gestellt wurden, an dessen Spitze Stein stand, sind die Befugnisse dieser Behörde auf Sachsen nicht, oder doch nur in ganz unwirksamer Weise ausgedehnt worden. Auch die Verhandlungen mit den süddeutschen Rheinbundstaaten hatte Österreich in die Hand genommen. Am 8. Oktober hatte es im Vertrag von Ried dem König von Bayern die ungeschmälerte Erhaltung seines Gebietes und seiner Souveränität zugesichert, wofür Bayern zu den Verbündeten übertrat; damit war eine wichtige Vorentscheidung für die künftige Gestaltung Deutschlands getroffen, namentlich durch die Anerkennung dieser Rheinbundssouveränität; nebenbei enthielt diese Wendung für Preußen die Unmöglichkeit, Ansbach und Bayreuth zurückzuverlangen. Dem Beispiel Bayerns folgten nach der Schlacht bei Leipzig die anderen süddeutschen Rheinbundstaaten; ihnen allen wurde, auf Veranlassung Österreichs, die Souveränität gewährleistet.

Während nun die preußische Heeresleitung darauf brannte, den Erfolg von Leipzig auszunützen und den geschlagenen Gegner über die französische Grenze zu verfolgen, um ihn zur Strecke zu bringen, setzte es der Kaiser von Österreich bei den beiden anderen Monarchen durch, daß zunächst im Dezember 1813 von Frankfurt a. M. aus Friedensunterhandlungen mit Napoleon angeknüpft wurden. Es waren die alten Bedingungen Österreichs von der Zeit der Vermittlung her, die jetzt wieder auftauchten, nur in einigen Punkten verschärft: vor allem wurden für Frankreich noch die sogenannten „natürlichen Grenzen" angeboten, das heißt unter anderem die Rheingrenze mit dem linken Rheinufer. Erst als Napoleon auf diese Verhandlungen nicht einging, entschloß man sich zum Einrücken in Frankreich.

Die Idee im Hauptquartier der Verbündeten war, daß die hinter dem Rhein aufmarschierten französischen Streitkräfte in der Front nur beschäftigt werden sollten, wofür die schlesische Armee etwa 82 000 Mann stark bestimmt war, während das Bülowsche Korps von der Nordarmee zunächst in den Niederlanden auf die linke Flanke des Feindes wirken und die Hauptarmee, die in der Nähe von Basel den Rhein überschritt, etwa 200 000 Mann stark, die rechte Flanke der französischen Aufstellung bedrohen sollte. Blücher ging in der Neujahrsnacht bei Caub über den Rhein. In seinem Hauptquartier war die neue, von Napoleon eingeführte Strategie maßgebend, die das Heer des Feindes sucht, um es zu vernichten, während in dem Hauptquartier der großen Armee bei Schwarzenberg und seiner Umgebung, auch bei dem Generaladjutanten Knesebeck, der damals der hauptsächlichste militärische Berater Friedrich Wilhelms III. war, noch viel von dem Geist der alten methodischen Schule der Kriegskunst sich geltend machte, deren Weisheit damals in der Überzeugung gipfelte, daß man die Entscheidung da vermeiden müsse, wo sie der Gegner suche. Von einem raschen und energischen Vorgehen in der Richtung auf Paris, wie es Blücher und Gneisenau forderten, war zunächst keine Rede; die Hauptarmee, bei der die drei Monarchen sich befanden, blieb auf dem Plateau von Langres stehen, das man für eine beherrschende strategische Position hielt; inzwischen waren Unterhandlungen im Gange, die den Zusammentritt eines Friedenskongresses zum Gegenstand hatten.

Bei diesem langsamen Vorgehen der Verbündeten hatte Napoleon Zeit gehabt, seine Kräfte zu sammeln; und was ihm an Menge der Truppen abging — er hatte nicht viel mehr als 65 000 Mann zur Verfügung — das ersetzte er durch die Einheitlichkeit der strategischen Leitung, deren Mangel bei den Verbündeten jetzt in verhängnisvoller Weise hervortrat. Napoleon suchte vor allem eine Verbindung der feindlichen Heere zu verhindern. Er trat zunächst dem Heere Blüchers, das am kräftigsten vorwärts drängte, bei Brienne entgegen, am 29. Januar 1814; aber Blücher wich einer großen Entscheidung aus und zog sich auf die Hauptarmee zurück; verstärkt durch Teile dieser Armee behauptete er sich dann unter den Augen des Königs siegreich gegen Napoleon bei La Rothière am 1. Februar, während Schwarzenberg es damals aus politischen Gründen vermied, die ganze Übermacht der Verbündeten gegen Napoleon zu entfalten, die wohl vermocht haben würde, den Gegner zu erdrücken.

Am 5. Februar trat zu Châtillon ein Friedenskongreß zusammen, auf dem Napoleon sich durch Caulaincourt vertreten ließ, ohne aber den Verbündeten größeres Entgegenkommen, als bisher, zu zeigen. Er hatte das richtige Gefühl, daß er sich nur, wenn er für Frankreich eine imponierende Stellung behauptete, im Besitze der Macht werde halten können. Während jetzt Blücher im Tal der Marne wieder in der Richtung auf Paris vorrückte und auch die Hauptarmee die Seine hinab sich langsam vorwärtsbewegte, entfaltete Napoleon eine überaus energische Tätigkeit, die auf seinem alten Grundsatz beruhte, die innere strategische Linie zu benutzen, um die Überlegenheit der gegen ihn verbündeten Streitkräfte auszugleichen. Er warf sich zunächst auf das Blüchersche Heer, das in drei Abteilungen staffelförmig hintereinander marschierte, und schlug die einzelnen Korps in einer Reihe von Gefechten, deren wichtigstes am 14. Februar bei Montmirail gegen Blücher selbst geliefert wurde. Nach diesen Niederlagen an der Marne zog sich Blücher, der 15 000 Mann, d. h. fast ein Drittel seiner damals verfügbaren Truppen, verloren hatte, nach Châlons zurück, und konnte nicht verhindern, daß sich nun Napoleon auch auf die Hauptarmee unter Schwarzenberg warf und dem Korps des Kronprinzen von Württemberg bei Montereau (an der Einmündung der Yonne in die Seine) am 18. Februar eine Niederlage beibrachte. Schwarzenberg dachte bereits an Rückzug und Waffenstillstand, als ein neuer Anstoß zur Vorwärtsbewegung von dem Hauptquartier der schlesischen Armee ausging, die sich von den Niederlagen an der Marne schnell wieder erholt und Fühlung mit der Hauptarmee genommen hatte. Auf Grolmans Rat geschah es, daß Blücher den Vorschlag machte, sich von der Hauptarmee zu trennen und von neuem in der Richtung auf Paris vorzurücken, in Verbindung mit dem Korps Bülows, das inzwischen die Niederlande von den Franzosen befreit hatte, und verstärkt durch ein russisches Korps unter Wintzingerode. Die Heeresleitung der Verbündeten stimmte zu, und am 24. Februar setzte sich Blücher in Marsch, um in der Gegend von Meaux die Verbindung mit Bülow und Wintzingerode zu vollziehen, die sein Heer auf 110 000 Mann verstärkte.

Schwarzenberg selbst war von Troyes an der Seine auf Bar an der Aube zurückgegangen, wohin ihm ein französisches Korps unter Oudinot folgte. Die Wahrnehmung einer günstigen Gelegenheit, auf die König Friedrich Wilhelm III. hingewiesen hatte, brachte hier den Sieg vom 27. Februar, wobei der junge Prinz Wilhelm, der nachmalige König und Kaiser, sich das Eiserne Kreuz und den russischen Georgsorden erwarb.

Napoleon hatte sich zunächst gegen Blücher gewandt, um dessen Vormarsch gegen Paris aufzuhalten. In der zweitägigen Schlacht von Laon, 9. und 10. März, wies das Blüchersche Heer seinen Angriff siegreich ab; aber dieser Sieg wurde dann nicht mit der nachdrücklichen Energie ausgenützt, wie sie dem bisherigen Verhalten der Armeeleitung entsprochen hätte. Die Gründe dafür sind nicht ganz klar. Während der Schlacht bei Laon war der erkrankte Blücher von einer vorübergehenden Geistesstörung befallen worden, so daß Gneisenau sich genötigt sah, für ihn einzutreten. Unter solchen Umständen scheute dieser die Verantwortung, die mit einer rücksichtslosen Ausnutzung des Sieges verbunden gewesen wäre; er scheint die Stärke des Gegners überschätzt zu haben, so daß er fürchtete, bei weiterer Verfolgung, die natürlich ohne Verluste nicht möglich war, den gewonnenen Vorteil wieder aufs Spiel zu setzen; möglich aber auch, daß politische Erwägungen eine Rolle spielten, die darauf hinausliefen, daß Preußen jetzt, wo die Macht Napoleons sichtlich gebrochen war, keine Veranlassung mehr habe, Opfer zu bringen, welche die anderen Verbündeten scheuten, und dadurch für den bevorstehenden Friedensschluß seine Stellung diesen gegenüber zu schwächen.

Allerdings hatten die Verbündeten sich kurz vorher fester zusammengeschlossen. Die Verhandlungen des Kongresses von Châtillon hatten zu keinem Resultat geführt, da Napoleon sich weigerte, die Grenzen von 1792 und die Wiederherstellung der Staatenverhältnisse in den Zustand wie vor der Revolution als Grundlage des Friedensschlusses anzunehmen. Aber während Napoleon, bauend auf die Eifersucht, welche damals zwischen den Kaisern Franz und Alexander herrschte, immer noch hoffte, Österreich von den Verbündeten abziehen zu können, erkannten diese mehr und mehr die Unmöglichkeit, zu einer Vereinbarung mit ihm zu gelangen und schlossen am 1. März zu Chaumont an der Marne ein festeres Schutz- und Trutzbündnis mit dem Ziel der völligen Niederwerfung des Gegners und der Wiederherstellung des europäischen Staatensystems in den Zustand wie vor der Revolution.

Die Unterhandlungen zu Châtillon wurden noch eine Zeitlang fortgesetzt, schließlich aber als aussichtslos abgebrochen am 18. März. Schwarzenberg rückte nun wieder vor und zwar auf der Aube-Linie; und als Napoleon, wieder auf der inneren Linie operierend, ihm hier entgegentrat, mußte er nach zweitägigen Gefechten bei Arcis am 20. und 21. März weichen, obwohl Schwarzenberg nicht verstanden hatte, seine erdrückende Übermacht hier gehörig zur Geltung zu bringen.

Während nun die Verbündeten mit ihren gesamten Kräften den Vormarsch auf Paris antraten, machte Napoleon einen letzten verzweifelten Versuch, sie von der Hauptstadt abzuziehen: er ging nach Lothringen, um von dort aus einen großen Volksaufstand zu organisieren; die abgeschnittenen Festungsbesatzungen an sich zu ziehen und die rückwärtigen Verbindungen der Gegner zu bedrohen. Aber die Verbündeten ließen sich, nachdem der erste Schreck über diesen kühnen Verzweiflungsstreich überwunden war, von dem weiteren Vormarsch auf Paris nicht abhalten. Die Marschälle Marmont und Mortier, die sich ihnen dabei in den Weg stellten, wurden am 25. März bei La Fére Champenoise geschlagen, wobei König Friedrich Wilhelm III. in Lebensgefahr geriet. Der Weg nach Paris war nun frei; erst unmittelbar vor der Hauptstadt selbst, auf der Ostseite bei Vincennes, versuchten die Marschälle noch einmal den Angreifern entgegenzutreten, wurden jedoch in dem Gefecht vom 30. März abermals geschlagen; und, nachdem dann auch der Montmartre auf der Nordseite erstürmt war, lag Paris wehrlos zu den Füßen der Verbündeten.

Die Marschälle ließ man mit ihren Truppen nach Fontainebleau abziehen; am 31. März hielten die Monarchen mit den Generälen und den Garden ihren feierlichen Einzug in Paris, während die Korps von Yorck und Kleist, die sehr schmutzig und abgerissen aussahen, um die Stadt herummarschieren mußten, um die Tore im Westen zu besetzen. Aber gerade diese preußischen Truppen konnten sich sagen, daß sie das Beste zur Erreichung des Kriegszieles getan hatten.

Der Pariser Friede vom 30. Mai 1814 brachte sehr milde Bedingungen für Frankreich. Napoleon, der durch Senat und gesetzgebenden Körper schon am 30. März abgesetzt worden war und dann in Fontainebleau den Versuch gemacht hatte, durch eine formelle Abdankung die Krone Frankreichs für seinen Sohn zu retten, wurde nach Elba verwiesen; die Bourbonen kamen wieder auf den Thron Frankreichs, und die Rheinlande wurden an Deutschland zurückgegeben, aber ohne Elsaß und Lothringen. Über die deutsche Frage und über die territoriale Herstellung Preußens sollte der Wiener Kongreß beschließen. Preußen war nach den großen Anstrengungen und Verlusten der letzten Feldzüge nicht in der Lage, einseitig für sich seine politischen Ziele aufzustellen und zu verfolgen; es war auf die Mitwirkung der Verbündeten angewiesen, politisch wie militärisch; und der kriegerischen Kraft, die es im Felde gezeigt hatte, entsprach keineswegs der Einfluß, den es bei den diplomatischen Verhandlungen auf dem Wiener Kongreß auszuüben vermocht hat. Auf eine gute deutsche Verfassung mußte man von vornherein verzichten, weil die Verträge Österreichs mit den Rheinbundstaaten diesen allen die volle Souveränität verbürgt hatten. Um so mehr meinten die Patrioten vom Schlage Gneisenaus, müsse man nun für Preußen sorgen, dessen zukünftiger deutscher Beruf von jetzt ab diesen Männern als Leitstern erschien. Gneisenau sprach es aus, daß Preußen fortan durch

„Liberalität der Grundsätze" eine moralische Anziehungskraft auf das übrige Deutschland ausüben müsse. Aber das Nächste und Wichtigste war ein vorteilhafter Wiederaufbau des preußischen Staatsgebietes.

Wir wissen, daß Friedrich Wilhelm III. und Hardenberg ihr Augenmerk dabei auf Sachsen richteten, dessen Angliederung schon Friedrich der Große als eine Lebensbedingung für den preußischen Staat bezeichnet hatte. Jetzt erstrebte man diese Erweiterung des Staatsgebiets, nicht bloß im preußischen, sondern auch im deutschen Interesse. Durch die Angliederung Sachsens sollte der größte reindeutsche Staat gestärkt werden, der Staat, der jetzt den eigentlichen Kern Deutschlands darstellte und in dem allein die deutsche Idee einen kraftvollen und geschlossenen politischen Ausdruck fand. In diesem Sinne waren auch Stein, Gneisenau, Boyen, Männer von nicht rein preußischer, sondern zugleich deutschnationaler Gesinnung, für die Einverleibung Sachsens in Preußen. Man brachte dabei nicht genügend in Anschlag, daß die große Mehrheit der Bevölkerung in Sachsen fest und zäh an dem angestammten Herrscherhause festhielt und einer Auslieferung an Preußen abgeneigt war. Aber das Haupthindernis für die Verwirklichung dieses Planes in seinem ganzen Umfange war die Politik der großen Mächte, die, abgesehen von Rußland, die Absicht Preußens zu durchkreuzen suchten. Die sächsische Frage hing mit der polnischen zusammen. Bekam Preußen ganz Sachsen, so fiel das ganze Großherzogtum Warschau an Rußland. Das eine wie das andere erschien der österreichischen Politik unerträglich, und außerdem fand Sachsen einen rührigen Vorkämpfer in der Person des französischen Bevollmächtigten Talleyrand, der — unter Verleugnung seiner ganzen revolutionären und napoleonischen Vergangenheit — jetzt das Prinzip der Legitimität in der verwegensten Bedeutung aufstellte und es von diesem Standpunkte aus für ein Ding der Unmöglichkeit erklärte, einen Monarchen von Gottes Gnaden, wie den König von Sachsen, vom Thron zu stoßen. Ob er damit dem Interesse Frankreichs diente, ist sehr zweifelhaft, da jedenfalls der König von Sachsen in den Rheinlanden, die man dem katholischen Herrscher als Ersatz zu geben gedachte, ein bequemerer Nachbar Frankreichs geworden sein würde als das waffenstarke Preußen; aber es kam dem französischen Diplomaten hauptsächlich darauf an, eine Stärkung dieser Macht, die Frankreich von allen am gefährlichsten geworden war, zu hintertreiben. England trat der Vereinigung zur Erhaltung des Königreichs Sachsens namentlich deshalb bei, weil es nicht das ganze Polen an Rußland kommen lassen wollte, in dem es damals bereits einen gefährlichen Rivalen ahnte. Rußland und Preußen standen so den übrigen drei Mächten in einem starken Interessenkonflikt gegenüber, und es konnte zu Anfang des Jahres 1815 scheinen, als ob ein Krieg zwischen den bisher verbündeten Mächten unvermeidlich sei.

Am 3. Januar 1815 wurde zwischen England, Frankreich und Österreich ein geheimes Kriegsbündnis geschlossen, und auf der preußischen Seite entwarfen Gneisenau, Grolman und Boyen Pläne zu einem großen deutschen Volkskriege, der, im Gegensatz zu dem Legitimitätsprinzip die Lösung der deutschen Frage auch gegen die widerstrebenden Fürsten herbeiführen sollte. Es war schon das Problem von 1866, das an dem politischen Horizont dieser Patrioten auftauchte; aber es war damals noch nicht reif zur Lösung. Die preußische Staatsleitung stand den Kriegsplänen der Patrioten fern; der König und Hardenberg waren der Überzeugung, daß es ein Ding der Unmöglichkeit für das erschöpfte Preußen sei, jetzt noch einmal einen großen Krieg zu führen. Sie gaben nach und begnügten sich mit der kleineren nördlichen Hälfte Sachsens, während von dem Großherzogtum Warschau doch so viel an Preußen kam, daß es im Osten eine einigermaßen verteidigungsfähige Grenze erhielt, nämlich die jetzt so genannte Provinz Posen. Jetzt endlich kam auch der Rest von Vorpommern an Preußen, der bisher noch immer im Besitze der Schweden gewesen war. Dabei fand eine merkwürdige Schiebung statt. Preußen erhielt das Land nicht direkt aus schwedischer Hand, sondern auf dem Umwege über Dänemark, an das es Schweden gegen die Überlassung von Norwegen abgetreten hatte. Preußen gab dafür an Dänemark Lauenburg, das früher zu Hannover gehört hatte und das damals nur wenige Tage in preußischem Besitz gewesen ist. Seine eigentlichen Entschädigungen aber erhielt Preußen nun im Westen, am Rhein, wohin man erst den König von Sachsen hatte versetzen wollen. Die rheinisch-westfälischen Lande bildeten jetzt eine leidlich zusammenhängende Ländermasse für sich; allerdings war diese Westhälfte Preußens noch immer von der Osthälfte getrennt durch das Königreich Hannover und das Kurfürstentum Hessen — eine Gestaltung des Staatsgebiets, die auf die Zukunftsnotwendigkeit weiterer Erwerbungen hinwies. Die Hauptsache aber war, daß Preußen nun auch sehr erhebliche westdeutsche Interessen erhielt, während es durch die Einverleibung Sachsens im wesentlichen ein ostdeutscher Staat geworden wäre. Es hatte jetzt die Wacht am Rhein zu übernehmen und war mit seinen Interessen unauflöslich in die allgemeinen deutschen Angelegenheiten verflochten. Davon freilich konnte noch keine Rede sein, daß Preußen an die Spitze Deutschlands oder auch nur des Nordens getreten wäre, wie es damals schon Männer von so verschiedener Parteistellung wie Boyen und Marwitz erstrebt haben. Ohne eine kriegerische Auseinandersetzung mit Österreich wäre das auch damals nicht möglich gewesen; Friedrich Wilhelm III. und Hardenberg aber empfanden vielmehr das Bedürfnis, sich an Österreich anzulehnen und scheuten vor einem Konflikt mit dieser Macht zurück.

Während über die Fragen der Neugestaltung Deutschlands und Europas auf dem Wiener Kongreß verhandelt wurde, kurz nachdem die Spannung zwischen den Mächten wegen der sächsisch-polnischen Frage sich gelöst hatte, kam, im März 1815, die Nachricht, daß Napoleon von Elba geflohen und nach Frankreich zurückgekehrt sei. Nun galt es, noch einmal den Kampf aufzunehmen, um die Wiederherstellung der Staatenverhältnisse und die Ruhe Europas für die Dauer zu sichern; denn an die friedfertigen Absichten Napoleons glaubten die Verbündeten nicht; sie sahen es vielmehr als eine unbedingte politische Notwendigkeit an, den alten Friedensstörer für alle Zukunft unschädlich zu machen. In diesem Moment ist in den Kreisen südwestdeutscher Patrioten, namentlich derer, die sich zu dem sogenannten Hoffmannschen Bunde zusammengeschlossen hatten, der Gedanke aufgetaucht, Preußen eine führende Stellung in Deutschland zu übertragen. Hardenberg ist mit diesen Kreisen in Verbindung getreten; und es ist wohl möglich, daß die königliche Verheißung vom 22. Mai 1815, die damals den Preußen eine Volksrepräsentation und eine geschriebene Verfassung in Aussicht stellte, nicht bloß im Lande selbst die bei der Erhebung aufgetauchten Verfassungswünsche befriedigen, sondern auch im Sinne jener moralischen Eroberungen, die Gneisenau empfohlen hatte, auf Deutschland wirken sollte. Aber die militärisch-politische Lage blieb für Preußen, wie sie 1814 gewesen war: es konnte nur in Verbindung mit den anderen Mächten sich betätigen und mußte sich die Beschränkung des Spielraums seiner Politik gefallen lassen, die damit unvermeidlich gegeben war. Die Möglichkeit, seine Mitwirkung etwa abhängig zu machen von einer für seine Interessen günstigen Lösung der deutschen Frage, war schon durch diese Lage ausgeschlossen, abgesehen von der Unreife des Problems selbst und von der Abneigung des Königs, es auf einen Bruch mit Österreich ankommen zu lassen.

Aber auch so sind die militärischen Leistungen Preußens in dem Feldzüge von 1815 von hervorragender und ausschlaggebender Bedeutung gewesen. Die russischen und österreichischen Streitkräfte sind diesmal gar nicht zur Mitwirkung bei der kriegerischen Entscheidung gelangt, die im Juni des Jahres in den Niederlanden fiel. Außer dem preußischen Heer unter Blücher sind nur die Engländer unter dem Herzog von Wellington daran beteiligt gewesen, in deren Reihen sich auch die Niederländer und Hannoveraner befanden. Diese Heere boten Napoleon das nächste Angriffsziel; und für seine Pläne war es erwünscht, recht bald durch einen glänzenden Sieg die schwankende Haltung der Franzosen zu seinen Gunsten zu beeinflussen und sich damit die Möglichkeit zu einer erfolgreichen Fortführung des Krieges zu schaffen. Andererseits zog man es auch auf der Seite der Verbündeten und namentlich im preußischen Hauptquartier vor, den Gegner zu treffen, solange seine Machtmittel noch unvollkommen waren, statt die Entscheidung hinauszuschieben, bis die ganze erdrückende Übermacht zur Entfaltung gegen ihn gebracht werden konnte. Die preußische Heeresleitung handelte dabei in beständiger Fühlung mit der britischen; die beiden Hauptquartiere befanden sich Mitte Juni in Namur und in Brüssel. Der erste Stoß Napoleons richtete sich gegen die Preußen, deren Erwartung, von Wellington Unterstützung zu erhalten, bei dieser Gelegenheit getäuscht wurde. So kam es am 16. Juni zu der Niederlage bei Ligny, wo Blücher mit seinem verwundeten Pferde stürzte und nur mit Mühe der Gefahr entging, in Gefangenschaft zu geraten. Für einen kurzen aber entscheidenden Zeitraum mußte Gneisenau wieder den Oberbefehl übernehmen; und er faßte den kühnen und großherzigen Entschluß, den Rückzug nicht nach dem Rhein zu, sondern in der Richtung auf Brüssel anzuordnen, um die Möglichkeit zu gewinnen, den Engländern, auf deren Unterstützung man soeben vergeblich gerechnet hatte, in dem bevorstehenden Hauptkampf mit Napoleon die entscheidende Hilfe zu bringen.

Napoleon wandte sich nach der Niederwerfung der Preußen sofort gegen Wellington, der bei Waterloo eine günstige Stellung eingenommen hatte. Beide verfügten über eine Streitmacht von ziemlich gleicher Stärke, etwa 70 000 Mann. Die Aussicht auf einen Sieg der Verbündeten beruhte hauptsächlich darauf, daß Wellington von Blücher das Versprechen erhalten hatte, ihm am 18. Juni mindestens mit zwei Korps, womöglich aber mit seinem ganzen Heere zu Hilfe zu kommen. Es gehörte eine gewaltige moralische Energie dazu, daß Blücher, der sich von seinem Sturze bald wieder erholt hatte, es fertig brachte, zwei Tage nach der Niederlage von Ligny mit seinem zur Hälfte aus frisch ausgehobenen Landwehrleuten bestehenden Heere unter den schwierigsten Marschbedingungen, auf durchweichten Wegen, rechtzeitig auf dem Schlachtfelde von Waterloo einzutreffen, wo inzwischen die Engländer und ihre Verbündeten unter großen Verlusten und fast bis zur völligen Erschöpfung ihrer Kraft den Angriffen Napoleons standgehalten hatten. Das Eingreifen der Preußen erfolgte einige Stunden später, als Wellington erwartet hatte, aber es brachte die siegreiche Entscheidung. Napoleon mußte das Schlachtfeld in fluchtartiger Eile räumen; und als die beiden siegreichen Feldherren bei dem Pachthof Belle-Alliance, nach dem wir die Schlacht zu nennen pflegen, zusammentrafen, erbot sich Blücher, mit seinen Truppen eine umfassende und nachdrückliche Verfolgung des Feindes ins Werk zu setzen, die den Sieg erst recht vollenden und das feindliche Heer zur völligen Auflösung bringen sollte. Es war das persönliche Verdienst Gneisenaus, diesen Gedanken angeregt und mit rücksichtsloser Energie zur Ausführung gebracht zu haben: „der letzte Hauch von Mann und Roß“ wurde darangesetzt, um die Zersprengung aller Truppenverbände des fliehenden Feindes zu vollenden.

Damit war der Feldzug zu Ende. Napoleon versäumte die Gelegenheit zur Flucht nach Amerika; er ergab sich in dem Hafenplatz Rochefort dem englischen Admiral und wurde nach St. Helena gebracht. Eine provisorische Regierung versuchte noch die von Napoleon vor kurzem befestigte Hauptstadt zu verteidigen; aber der schwache Widerstand wurde bald überwunden, und am 7. Juli war Paris zum zweiten Male in den Händen der Verbündeten.

Im Hauptquartier der preußischen Armee wurde die Forderung aufgestellt, daß Elsaß und Lothringen diesmal den Franzosen entrissen werden müßten; aber obwohl auch Hardenberg diese Forderung aufnahm, gelang es gegenüber dem Widerstande der anderen Mächte doch auch jetzt nicht, sie durchzusetzen. Immerhin aber enthielt der zweite Pariser Friede, der am 20. November 1815 geschlossen wurde, nicht so milde Bedingungen für Frankreich wie der erste. Die Gebietsabtretungen freilich, die man Frankreich zumutete, waren nur ganz unerheblich: an Preußen wurden die Städte Saarlouis und Saarbrücken abgetreten. Eine Kriegskontribution mußte bezahlt werden und es wurde bestimmt, daß bis zu ihrer Berichtigung bedeutende Besatzungen in verschiedenen Teilen des Landes stehen blieben: man wollte gegen etwaige neue revolutionäre Überraschungen gesichert sein.

Inzwischen vollendete der Wiener Kongreß das Werk der Restauration. Hinsichtlich der deutschen Verfassung hatte der Plan die Oberhand behalten, der auf einen friedlichen Dualismus von Preußen und Österreich in dem alten großdeutschen Rahmen hinauslief unter Wahrung einer Vorrangstellung für das habsburgische Kaiserhaus. Vor allen Stein hat diesen Plan gefördert; aber was ihm dabei das wesentlichste war, der Geist einer nationalen Gesittung, die Deutschland zum Hort des Friedens und der Freiheit und damit gleichsam zum geistigen Mittelpunkt des großen europäischen Staatenbundes machen sollte — das war ein Ideal, welches sich nicht in die Paragraphen einer Bundesverfassung oder eines völkerrechtlichen Vertrages fassen ließ. Die Vertreter Preußens auf dem Wiener Kongreß, Hardenberg und Humboldt, sahen das Problem der deutschen Verfassung zwar unter dem Gesichtswinkel der besonderen preußischen Interessen an, aber in dem praktischen Hauptpunkt, dem friedlichen Dualismus von Preußen und Österreich, stimmten sie mit Stein überein; und so kam es zu der Begründung eines lockeren Staatenbundes, der in der Bundesakte vom

8. Juni 1815 sein Grundgesetz erhielt und durch die Aufnahme der wichtigsten Artikel dieser Urkunde in die Wiener Kongreßakte zugleich auch unter die Garantie Europas gestellt wurde. Das Bedenkliche einer derartigen Stellung des Deutschen Bundes zu den auswärtigen Mächten, die später auch ihre Vertreter am Bundestage haben durften, fühlte das damalige Geschlecht nicht so scharf wie das gegenwärtige, das die realpolitische Schule Bismarcks durchgemacht hat. Der nationale Gedanke war damals überhaupt erst im Werden und noch vielfach durchsetzt mit den weltbürgerlichen Anschauungen des 18. Jahrhunderts; er stammte mehr aus den Regionen der deutschen Bildung als aus denen der Politik, und darum fehlte ihm noch die Härte eines gesunden Machtegoismus, wie sie etwa die Politik Friedrichs des Großen besessen hatte, die aber allerdings des Beisatzes von deutschem Nationalgefühl noch gänzlich entbehrte. Erst in der Epoche der Reichsgründung hat sich beides miteinander verbunden.

Abschluß der Reformen und Stillstand. 1815–1840.

Die vier Großmächte, die sich als die Alliierten zu bezeichnen pflegten, erneuerten die Vereinigung, die sie in Chaumont geschlossen hatten, durch ein sogenanntes ewiges Bündnis vom 20. November 1815, das zur Sicherung ihrer Staaten und zur Aufrechterhaltung der Ruhe in Europa bestimmt war. Eine engere Verbindung war schon vorher zwischen den drei Monarchen, die den Krieg persönlich mitgemacht hatten, in Frankreich geschlossen und am 26. September 1815 der Welt feierlich verkündet worden: das war die „heilige Allianz", durch die das neue politische System eine charakteristische religiöse Färbung erhielt, die nicht konfessionell bestimmt, sondern allgemein christlich sein sollte, wie denn ja die drei Monarchen drei verschiedenen christlichen Glaubensgemeinschaften angehörten. Kaiser Alexander, eine weiche phantasievolle Natur, für religiöse Einwirkungen sehr empfänglich, war durch den Einfluß der schwärmerischen Frau von Krüdener, auf den Gedanken eines solchen Bundes der europäischen Souveräne gebracht worden, der gegen den Geist des Unglaubens und der Revolution ein auf christliche Bruderliebe begründetes Staatensystem unter der väterlichen Obhut der Monarchen als Stellvertreter Gottes auf Erden begründen sollte. Friedrich Wilhelm III. in seiner tief religiösen Gesinnung, die allerdings ganz ohne Schwärmerei war, hatte diesen ihm durchaus zusagenden Gedanken gern ergriffen, und auch Kaiser Franz hatte sich aus Rücksicht auf den Zaren angeschlossen. Durch diesen Bund der Monarchen sollten ihre Völker als drei Glieder der einen christlichen Familie in einem dem Geist des Evangeliums entsprechenden Sinne politisch behütet und geleitet werden. Der in der französischen Revolution zum Durchbruch gekommenen Idee der Mündigkeit und Selbstbestimmung der Nationen wurde so der altväterische Grundsatz eines patriarchalisch bevormundenden Regiments entgegengestellt; und dem Geiste der revolutionären Brüderlichkeit trat die Bruderliebe in der christlichen Fassung gegenüber. Man glaubte damit ein neues ideelles Prinzip für das Zusammenleben der europäischen Staatenwelt gefunden zu haben; auch Ludwig XVIII. von Frankreich schloß sich diesem Bunde an; nur England hielt sich fern. Hier überwog schon damals die realistische Auffassung der Interessen und Probleme des politischen Lebens; und auch der aufgeklärte Metternich, der wie sein Kaiser nur durch die

Rücksicht auf Rußland zu dem Anschluß an die heilige Allianz bestimmt worden war, nannte sie vom Standpunkt seiner skeptischen Staatsklugheit aus ein „tönendes Nichts". Immerhin wußte er sie sehr geschickt zu benutzen als ein vortreffliches Mittel zu dem Zweck, der ihm als die Hauptsache vorschwebte: Bekämpfung des Geistes der Revolution und aller nationalen und konstitutionellen Bewegungen, die er in Verbindung damit brachte.

Diese scharfe Feindschaft Metternichs gegen den Geist der Zeit entsprang keineswegs aus doktrinären, sondern lediglich aus realpolitischen Beweggründen: denn für Österreich bedeutete es geradezu eine Lebensfrage, ob es gelingen würde, das allgemeine Streben nach konstitutionellen Verfassungen und nationaler Staatenbildung zurückzudrängen und damit zu verhüten, daß die schlummernden Gegensätze unter den Völkern der habsburgischen Monarchie zum Leben erwachten und eine Stärke annähmen, die den Bestand des Staates bedroht hätte. Aber auch Preußen durfte nach den Berechnungen und Absichten Metternichs nicht in die Bahn eines modernen Verfassungsstaates einlenken oder gar den nationalen Bestrebungen Vorschub leisten, weil es dadurch ganz von selbst zur Führung in Deutschland gelangt wäre und dem Kaiserhause in dem Einfluß auf die Klein- und Mittelstaaten den Rang abgelaufen haben würde. Darum war es von Anfang an das Bestreben Metternichs und der österreichischen Regierung überhaupt, den Geist der Freiheitskriege, wie er namentlich in Preußen aufgeflammt war, zu dämpfen oder auszulöschen und alles möglichst in den alten Formen zu restaurieren und zu erhalten, damit die habsburgische Monarchie keinen Schaden nähme.

Friedrich Wilhelm III. war für solche Einwirkungen leicht zugänglich, einmal weil er überhaupt dem Zeitgeist und seinem idealistischen Überschwang mit der natürlichen Abneigung seines nüchternen Wesens begegnete, dann aber auch, weil er das Bedürfnis fühlte, sich in den deutschen Angelegenheiten ebenso wie in der europäischen Politik an Österreich wie bisher anzuschließen, um nicht auf die Verbindung mit Rußland allein angewiesen zu sein. Kaiser Alexander bewahrte sich eine größere Selbständigkeit und stand jahrelang Österreich trotz des engen Bündnisses als ein Rival in dem Wettbewerb um den maßgebenden Einfluß auf dem europäischen Kontinent gegenüber. Er hatte eine gewisse Hinneigung zu den modernen Ideen und begünstigte sie an vielen Stellen im Gegensatz zu Österreich, in der unverkennbaren Absicht, dem Mitbewerber den Wind aus den Segeln zu nehmen. Da ist es nun eine Wendung von entscheidender Bedeutung gewesen, daß es Metternich gelang, auch diesen Gönner der nationalen und konstitutionellen Bestrebungen mit der Furcht vor der überall im Dunkel schleichenden Revolution zu erfüllen und seinen Widerstand gegen die von ihm geplante Reaktion aus dem Wege zu räumen.

Dies geschah auf dem Kongreß, der zu Aachen im Herbst des Jahres 1818 abgehalten wurde und auf dem die drei Monarchen persönlich mit ihren Ministern und außerdem noch die Vertreter der englischen und der französischen Regierung zusammenkamen. Es handelte sich hauptsächlich um die französischen Angelegenheiten, um die Zurückziehung der Besatzungstruppen und um die Aufnahme Frankreichs in den Bund der Großmächte. Die Alliierten einigten sich darüber, Frankreich die erbetene Aufnahme zu gewähren, aber nicht, ohne daß sie zuvor, in einer geheimen Abkunft vom 1. November 1818, Maßregeln in Aussicht genommen hätten, die dazu dienen sollten, in Zukunft einer etwa wieder ausbrechenden Revolution in Frankreich wirksam zu begegnen. Kaiser Alexander war zu einem solchen Abkommen damals unter anderem dadurch geneigt gemacht worden, daß man in Rußland selbst einer geheimen politischen Gesellschaft auf die Spur gekommen war, die ihre Mitglieder namentlich auch in den Kreisen der Offiziere hatte. Er begann jetzt an die von Metternich in den düstersten Farben geschilderte Revolutionsgefahr zu glauben und schloß sich allmählich der dagegen gerichteten Bewegung der Regierungen an. Am 15. November 1818 wurde die Aufnahme Frankreichs in den Bund der Mächte in der Öffentlichkeit förmlich verkündigt, und damit war das System der Pentarchie zum Abschluß gelangt, das die europäische Politik fast ein Jahrzehnt lang beherrscht hat und auch der Haltung des preußischen Staates in dieser Zeit Maß und Richtung gab. Fünf Großmächte hatte es auch früher schon im alten Europa gegeben, und es waren dieselben gewesen, die jetzt das neue System begründeten; aber sie hatten sich früher in mannigfach wechselnder Gruppierung in zwei Lagern gegenübergestanden, wobei auch die kleinen Staaten Gelegenheit fanden, ihr leichteres Gewicht bei geschickter Politik zur Geltung zu bringen. Jetzt dagegen hatten sie sich zu einem einheitlichen Bunde zusammengeschlossen und beanspruchten in ihrer Gesamtheit, gleichsam als Nachfolger Napoleons, die Herrschaft über Europa auszuüben, so daß den kleineren Staaten nur wenig Raum zu selbständiger Betätigung blieb.

In diesem Bund der Großmächte aber waren die politischen Ziele Metternichs maßgebend, die auf eine Bekämpfung der Revolutionsgefahr und aller nationalen und konstitutionellen Bestrebungen hinausliefen. Der Grundsatz der Intervention, d. h. der Einmischung der Großmächte in die inneren Angelegenheiten kleinerer Staaten zum Zweck der Verhütung oder Niederwerfung revolutionärer Bewegungen, wurde angenommen; und die jetzt häufig abgehaltenen Kongresse, wie die zu Troppau, Laibach, Verona 1820, 1821, 1822, an denen auch Preußen teilnahm, berieten und beschlossen über solche Interventionsmaßregeln in Neapel, Piemont, Spanien und auch über die Frage des griechischen Aufstandes, während eine Einmischung in die Angelegenheiten der abgefallenen spanischen Kolonien in Amerika durch die Haltung der Vereinigten Staaten verhindert wurde, und England unter dem Minister Canning, der in dieser Frage mit Amerika zusammenging, die Interventionspolitik auch in Europa nicht mehr mitmachte.

In dem griechischen Befreiungskrieg (1821 bis 1829) zeigte sich dann vollends, daß die ideellen Prinzipien der heiligen Allianz gegenüber den auseinanderstrebenden Interessen der einzelnen Mächte keine zusammenhaltende Kraft besaßen. Das Vorgehen Rußlands gegen die Türkei führte 1829 zu der Gefahr einer kriegerischen Verwicklung mit Österreich und England. Hierbei hat Preußen die Vermittlung übernommen, gemäß dem Wunsche des Kaisers Nikolaus I., der einen solchen Krieg scheute, weil auch in Polen Unruhen zu befürchten waren. Die Erfolge der Russen haben diese Vermittlung erleichtert; ein Konflikt zwischen den Mächten wurde noch verhütet. Erst durch die französische Julirevolution von 1830 und ihre Folgen ist das System der Pentarchie vollständig umgestürzt worden, nachdem allerdings schon seit 1824 das unbedingte Übergewicht Metternichs etwas ins Schwanken gekommen war und auch Preußen begonnen hatte, sich seinem Einfluß in den deutschen Angelegenheiten hie und da zu entziehen. Die inneren Einrichtungen Preußens nahmen in dieser Zeit eine Form und Richtung an, welche teils durch die fortwirkenden Tendenzen der Reformzeit, teils durch die Rücksicht auf die allgemein politische Lage und Stimmung bedingt waren.

Der Wiederaufbau des Staates machte seit 1815 neue Bestimmungen über die Behördenorganisation notwendig. Das Staatsgebiet wurde anfänglich in 10, später, nach Zusammenziehung der Rheinlande sowie Ost- und Westpreußens, in 8 Provinzen eingeteilt, an deren Spitze jetzt wieder Oberpräsidenten gestellt wurden, neben den kommandierenden Generälen, die das in der Provinz stehende Armeekorps befehligten. Das Amt der Oberpräsidenten ist 1817 und 1825 weiter ausgestaltet worden und bewährte sich jetzt recht gut, namentlich seit die Einrichtung getroffen war, daß der Oberpräsident in der Provinzialhauptstadt zugleich die Stelle eines Regierungspräsidenten bekleidete. Jede Provinz zerfiel in eine Anzahl von Regierungsbezirken. Die Regierungen behielten nach der Einrichtung von 1815 ihre kollegialische Verfassung, im Gegensatz zu dem napoleonischen Präfektensystem, das Hardenberg früher zum Vorbild genommen hatte. Der anfänglich befolgte Grundsatz, alle Verwaltungszweige in diesen Behörden zusammenzufassen, machte im Laufe der Zeit wieder einer Absonderung gewisser Geschäftszweige Platz, die der Provinzialinstanz zugewiesen wurden: so entstanden neben den Konsistorien, den Provinzialschulkollegien für das höhere Unterrichtswesen, den Medizinalkollegien, auch wieder besondere Provinzialdirektionen für die indirekten Steuern (1825), später auch (1849) Oberpostdirektionen und (1861) die Oberbergämter als Provinzialbehörden an Stelle der bisherigen Bergämter in den besonderen Bergbezirken. In den Regierungen selbst bildete sich zugleich seit 1825 die Beschränkung auf drei Abteilungen aus: eine für das Innere oder die Polizei, eine zweite für Kirchen- und Schulsachen, eine dritte für direkte Steuern, Domänen und Forsten. Der früher schon geplante Staatsrat wurde 1817 wirklich eingerichtet, aber nicht, wie Stein gewollt hatte, als eine regierende, sondern nur als eine beratende Körperschaft, der namentlich neue Gesetze zur Begutachtung vorgelegt werden sollten. Er umfaßte in der Hauptsache außer den Prinzen des königlichen Hauses die Spitzen der Behörden und konnte als eine Art von Beamtenparlament angesehen werden, das einen gewissen Ersatz für die noch fehlende Volksvertretung bot. Im Ministerium fanden manche organische Veränderungen statt. Das Kriegsministerium wurde als solches erst 1814 unter Boyen eingerichtet. Neben das eigentliche Justizministerium trat noch ein zweites für die Rheinlande, die das französische Recht des Code Napoléon behielten, und für Gesetzrevision überhaupt. Vom Ministerium des Innern wurde 1816 ein besonderes Polizeiministerium abgegliedert, an dessen Spitze Fürst Wittgenstein, der Hauptvertreter der Reaktion, stand. Auch ein besonderes Kultusministerium wurde 1817 abgezweigt; Freiherr von Altenstein wurde der erste preußische Kultusminister. Ein zu gleicher Zeit eingerichtetes Handelsministerium ist damals noch nicht von Dauer gewesen. In der Ministerialverfassung machte sich ein merkwürdiger Gegensatz geltend zwischen der überragenden Machtstellung des Staatskanzlers und dem kollegialischen Charakter des Gesamtministeriums, der durch eine Verordnung von 1814 und namentlich durch eine solche von 1817 noch stärker betont wurde, ohne daß jedoch die Befugnisse des Staatskanzleramtes eine Einschränkung erfahren hätten. Wir werden noch sehen, wie dies 1819 zu einer bedeutsamen Krisis geführt hat.

Die Einheit des Staates, die durch die neuen Verwaltungseinrichtungen im Sinne der Zentralisation bedeutend gefördert wurde, machte auch auf dem Gebiet des kirchlichen Lebens einen entschiedenen Fortschritt durch die Union zwischen dem lutherischen und dem reformierten Bekenntnis, die unter dem Vorgang des Königs als des obersten Bischofs der evangelischen Landeskirche bei dem Reformationsjubiläum von 1817 vollzogen wurde. Es war damit nicht nur ein Herzenswunsch Friedrich Wilhelms III. erfüllt, sondern auch ein altes Streben der hohenzollernschen Kirchenpolitik erfolgreich zum Ziel geführt. Es hatte bisher doch eine gewisse Unregelmäßigkeit darin gelegen, daß die Hohenzollern, obwohl sie zum reformierten Bekenntnis übergetreten waren, dennoch fortgefahren hatten, das Kirchenregiment über ihre lutherischen Untertanen in derselben Weise auszuüben wie früher, wo sie noch selbst zu dieser Kirchengemeinschaft gehörten. Sie hatten dies Verhältnis vor sich selbst wie vor dem Lande damit gerechtfertigt, daß sie die nahe Verwandtschaft der beiden evangelischen Bekenntnisse betonten und alles anwandten, die gegenseitigen Schmähungen und Verketzerungen, die im 17. Jahrhundert zwischen Lutheranern und Reformierten noch vielfach im Schwange gingen, durch ihre landesherrliche Autorität abzustellen und zu verhüten. Die Tendenz zur Vereinigung der beiden Bekenntnisse war schon längst vorhanden; aber erst nachdem im Laufe des 18. Jahrhunderts die Schärfe des dogmatischen Gegensatzes nachgelassen hatte, konnte der Plan zur Ausführung gebracht werden. Bisher hatte neben dem lutherischen Oberkonsistorium, dem freilich schon unter Friedrich dem Großen auch ein paar reformierte Geistliche angehörten, noch immer ein besonderes reformiertes Kirchendirektorium bestanden; jetzt wurde das neubegründete Kultusministerium das einheitliche Organ des Monarchen nicht nur zur Ausübung seiner allgemeinen Kirchenhoheit, sondern auch des Regiments über die unierte evangelische Landeskirche, in der die Angehörigen beider Bekenntnisse nun überall zur Sakramentsgemeinschaft und zur Bekleidung von Pfarrämtern ohne Unterschied zugelassen waren. Eine neue Agende trat 1821 für das ganze Gebiet dieser Landeskirche in Kraft.

Starke innere Kämpfe sind in diesem Zeitraum um die neue Heeresverfassung geführt worden. Die allgemeine Wehrpflicht war ja zunächst nur für die Dauer des Krieges bestimmt. Durch eine Kabinettsorder vom 27. Mai 1814 war sie wieder aufgehoben worden, und schon regte sich in den Kreisen der Patrioten die Befürchtung, es möchte bei dem Kantonreglement von 1792 sein Bewenden behalten. Daß das nicht geschah, ist das unvergängliche Verdienst Boyens. Er entwarf einen Plan, der durch kluge Mäßigung, durch besonnene Verschmelzung des Alten mit dem Neuen, durch zähes Festhalten am Notwendigen und durch Verzicht auf minder Wichtiges, wie die Landsturmeinrichtung, auf der einen Seite das Reformbedürfnis befriedigte und andererseits gefährliche Anstöße vermied. Durch kluge Benutzung der Umstände gelang es ihm, die Zustimmung des Staatskanzlers und des Königs selbst noch kurz vor ihrer Abreise zum Wiener Kongreß zu erlangen: am 3. September 1814 wurde das neue Wehrgesetz unterzeichnet, das nun erst die allgemeine Wehrpflicht zum dauernden

Grundgesetz des preußischen Staates gemacht hat. 1815 wurde es durch eine besondere Landwehrordnung ergänzt. Es gab seitdem in Preußen eine verhältnismäßig kleine Linienarmee (136 000 Mann) mit dreijähriger Präsenz- und zweijähriger Reservedienstzeit, daneben eine etwas größere Landwehr ersten Aufgebots (163 000 Mann), die im Frieden nur wenige Wochen jährlich zusammentreten, im Kriege aber als Feldarmee der Linie gleichgestellt sein sollte, mit siebenjähriger Dienstzeit; außerdem noch eine Landwehr zweiten Aufgebots, die nur als Reserve und zur Landesverteidigung verwandt werden sollte, zu Friedensübungen aber tatsächlich niemals herangezogen worden ist. Die Landwehr sollte durch die ausgedienten Reservisten gebildet werden; aber ihre etatsmäßige Stärke konnte zunächst auf diesem Wege nicht erreicht werden, und zur Ergänzung mußten daher später sogenannte Landwehrrekruten herangezogen werden, die nur sehr notdürftig ausgebildet werden konnten. Eine höhere Präsenzstärke, die diesem Übelstand abgeholfen hätte, verbot sich damals aus finanziellen Gründen; später, seit 1833, hat man es vorübergehend mit der zweijährigen Dienstzeit versucht; doch haben die dabei gemachten Erfahrungen dazu geführt, daß dieser Versuch in den fünfziger Jahren (endgültig 1854) wieder aufgegeben wurde.

Die reaktionäre Partei am Hofe, an deren Spitze Prinz Karl von Mecklenburg, Fürst Wittgenstein und der Feldmarschall Müffling standen, hätten am liebsten die Einrichtung der allgemeinen Wehrpflicht und der Landwehr wieder beseitigt. „Die Bewaffnung der Nation — sagte Wittgenstein in einer seiner Denkschriften — bedeutet die Organisierung des Aufruhrs.“ Im Jahre 1817 ist wirklich ein Versuch gemacht worden, das Wehrgesetz wieder zu Fall zu bringen. Der Finanzminister von Bülow hatte sich, um seine Reformpläne durchzusetzen, mit der reaktionären Partei verbündet und griff die neue Heereseinrichtung an, weil sie zu teuer sei. Aber Boyen bewies in einer klassischen Denkschrift, daß diese neue Heereseinrichtung, die zwei Taler auf den Kopf der Bevölkerung kostete, in Anbetracht ihrer Leistungen und der gestiegenen Preise verhältnismäßig immer noch billiger sei als die alte, die schlecht und leistungsunfähig geworden war; und der König entschied im Sinne seines Kriegsministers, freilich nicht ohne daß die Angriffe der Gegner neue Zweifel und Bedenken in ihm erregten. Über einen anderen Punkt aber kam es zu einem verhängnisvollen Konflikt zwischen dem König und dem Kriegsminister. Boyen legte großes Gewicht darauf, daß die Landwehr ihren milizartigen Charakter bewahrte und von der Linie möglichst getrennt gehalten würde. Sie wurde damals in den unteren Graden bis zum Hauptmann einschließlich nur von Landwehroffizieren befehligt, hatte ihre eigenen Inspekteure innerhalb jedes Regierungsbezirkes und stand in einer organischen Verbindung mit der Kreis- und Bezirksverwaltung; von den Offizieren der Linie gehörte nur der kommandierende General in der Provinz zu ihren Vorgesetzten. Boyen wollte diese Absonderung erhalten wissen, weil er den besonderen Geist des Volksheeres, der in der Landwehr lebendig sein sollte, nicht durch eine nähere Verbindung mit der Linie beeinträchtigen lassen wollte. Der König aber wünschte, gestützt auf die Erfahrungen der meisten kommandierenden Generäle, im Interesse der Disziplin und der militärischen Leistungsfähigkeit eine organische Verbindung zwischen Linie und Landwehr herbeizuführen durch Beseitigung der besonderen Landwehrinspekteure und durch die Zusammenfassung von Linien- und Landwehrbrigaden zu gemeinschaftlichen Divisionsverbänden. Boyen sah darin den Anfang zur Zerstörung der neuen Einrichtungen und trat deswegen 1819 von seinem Posten zurück. Es war der Anfang zu der Ministerkrisis dieses Jahres, die mit der reaktionären Wendung der inneren Politik Preußens zusammenhing und von der noch weiterhin die Rede sein wird. Der König führte die geplante Maßregel mit Hilfe des neuen Kriegsministers von Hake durch. Weitergehende Absichten, die darauf hinausliefen, die Landwehr und die allgemeine Wehrpflicht wieder abzuschaffen, sind durch den Einfluß des Generaladjutanten von Witzleben glücklicherweise verhindert worden; der Idee aber, eine engere organische Verbindung zwischen Landwehr und Linie herzustellen, gehörte die Zukunft.

Die Regulierung der gutsherrlich-bäuerlichen Verhältnisse, die mit dem Edikt von 1811 eröffnet worden war, erhielt nach dem Friedensschluß infolge des vordringenden Einflusses der Gutsbesitzer eine den kleinbäuerlichen Schichten sehr nachteilige Wendung durch die Deklaration vom 29. Mai 1816. Die Regulierbarkeit, wie man im amtlichen Sprachgebrauch sagte, d. h. die Möglichkeit zur Erwerbung eines freien Eigentums unter Fortfall aller Dienste und Abgaben an den Gutsherrn, wurde jetzt beschränkt auf die größeren spannfähigen Bauernstellen, so weit sie alten Bestandes, d. h. am Ende des siebenjährigen Krieges mit Wirten besetzt waren. Und auch für diese beschränkte Zahl von Höfen sollte die Regulierung nicht von Amts wegen erfolgen, sondern nur auf Antrag des einen oder andern Teils, so daß sie oft ganz unterblieb. Bis zum Jahre 1850 sind in den alten Provinzen (mit Ausnahme von Posen und Schlesien) 45 000 lassitische Bauernstellen in freies Eigentum umgewandelt worden, und zwar in der Hauptsache gegen Abtretung eines Drittels oder der Hälfte der Ackerfläche an den Gutsherrn. Aber während auf diese Weise die größeren Bauern zu freiem Eigentum gelangten, wurden die kleineren, die nur Handdienste geleistet hatten, von der Regulierung ausgeschlossen, d. h. also, sie konnten kein Eigentum erwerben und blieben dienstpflichtig. Die Absicht der Maßregel war, diese kleinen Leute als Dienstfamilien für die Rittergüter in einer ähnlichen wirtschaftlichen Stellung wie früher zu erhalten. Aber den meisten von ihnen behagte dieses Los jetzt um so weniger, als ihre Nachbarn zu freien Eigentümern geworden waren. Sie gaben die dienstpflichtigen Stellen lieber auf; und da der Grundsatz des friderizianischen Bauernschutzes nicht mehr in Geltung war, so stand den Gutsherren nichts im Wege, das freigewordene Land einzuziehen und an Stelle dieser Kleinbauern Gutstagelöhner anzusetzen, die meist in Naturalien gelohnt wurden und durch lange Kontrakte gebunden waren. Über 100 000 kleine bäuerliche Wirte sind so allmählich verschwunden. Der Bauernstand ist also an Zahl wie an Fläche der Höfe stark geschmälert aus der Regulierung hervorgegangen, während die Rittergüter sich vergrößerten und abrundeten, in Oberschlesien sogar zu förmlichen Latifundien sich erweiterten. Besser ist es den Bauern in Posen gegangen, wo auf die polnischen Gutsbesitzer keine so weitgehende Rücksicht genommen wurde: dort sind auf Grund eines besonderen 1820 erlassenen Regulierungsgesetzes über 20 000 Bauern zu freien Eigentümern gemacht worden. Für die besser gestellten bäuerlichen Klassen, die als Eigentümer betrachtet wurden, aber zu Diensten und Abgaben verpflichtet waren, wurde 1821 ein allgemeines Ablösungsgesetz erlassen, dessen Durchführung auch für diese Klasse die volle wirtschaftliche Freiheit herstellte. Hand in Hand mit dem Regulierungswerk ging die Aufteilung der Gemeinheiten und die Zusammenlegung der Ackerparzellen zu kompakten Einzelwirtschaften; dies alles wurde durch die neubegründeten Generalkommissionen geleitet.

Während Hardenberg in der Frage der Agrarreform vor den Wünschen der Gutsbesitzer ziemlich weit zurückgewichen war, blieben die Klagen aus den Kreisen des Handwerks und seiner Gönner, die sich gegen die Herstellung einer unumschränkten Gewerbefreiheit richteten, ohne Wirkung, und die Zünfte, die jetzt gar keine Vorteile mehr boten, gerieten mehr und mehr in Verfall, während allerdings auf der anderen Seite den Fabrikanten nach allen Richtungen hin die Bahn freigemacht worden war. Die Reglementierung der Gewerbe hörte ebenso auf wie ihre künstliche Beförderung durch den Staat. Der niedrige Tarif, den die französischen Behörden statt der hohen Schutzzölle und Warenverbote eingeführt hatten, erschien auch für die Zukunft genügend zum Schutze der einheimischen Industrie gegen die Konkurrenz des Auslandes. Die auf Herstellung des alten Merkantilsystems gerichteten Bestrebungen haben ihr Ziel nicht erreicht. Das neue Zollgesetz von 1818 belegte die fremden Manufakturwaren mit Sätzen, die etwa 10 v. H. des Wertes betrugen, und die Kolonialwaren mit Sätzen von doppelter Höhe. Man glaubte bei den ungünstigen Grenzen mit den Zollsätzen nicht wesentlich über die Schmugglerprämie hinausgehen zu dürfen, um nicht zugleich den handelspolitischen und den finanziellen Erfolg zu gefährden. Die Zölle wurden aber jetzt lediglich an der Grenze erhoben; der innere Markt war erst jetzt vollkommen freigeworden.

Bei dieser neuen Regelung des Zollwesens schwebte schon der Plan vor, die Akzise, die ja früher auch das Instrument der Schutzzollpolitik gewesen war, in ihrer alten Gestalt völlig aufzuheben. An ihre Stelle sollten allgemeine Verbrauchssteuern für Stadt und Land treten, die nur von wenigen besonders ertragreichen Gegenständen zu erheben waren. Der Finanzminister von Bülow, ein Neffe Hardenbergs, früher im westfälischen Dienst und an dem napoleonischen Finanzsystem geschult, hatte den Plan verfolgt, unter die Gegenstände der Besteuerung hauptsächlich auch Mehl und Fleisch aufzunehmen, während er auf die Heranziehung des Adels zur Grundsteuer verzichtete. Dieser Plan wurde aber 1817 im Staatsrat durch den heftigen Widerstand Humboldts und seiner Gesinnungsgenossen zu Fall gebracht und später, nachdem Bülow von seiner Stellung zurückgetreten war, durch den Finanzminister Klewiz nur stückweis zur Ausführung gebracht. Die allgemeinen Konsumtionssteuern traten 1819 an die Stelle der Akzise, aber sie erstreckten sich nur auf Wein, Bier, Branntwein und Tabak; und da ihr Ertrag kein ausreichender Ersatz für die Akzise war, so sah man sich genötigt, den Ausfall durch eine neue direkte Steuer zu decken, eine Personalsteuer, die an die alten Kopfsteuern mit ihren Abstufungen nach den verschiedenen Ständen anknüpfte und vier Klassen von Steuerpflichtigen unterschied, wie sie nach äußeren Merkmalen des Besitzes und der Lebenshaltung festgestellt werden sollten. Diese sogenannte Klassensteuer ist 1820 zur Einführung gelangt, aber nicht allgemein, da 132 größere Städte es vorzogen, statt dieser schwer zu veranlagenden direkten Abgabe lieber die Mahl- und Schlachtsteuer auf sich zu nehmen. Die Grundsteuern sind in ihrer alten provinziellen Buntscheckigkeit erhalten geblieben bis zu der Reform des Jahres 1861; die Mahl-

und Schlachtsteuer ist seit 1851 mehr und mehr eingeschränkt und 1873 wieder gänzlich aufgehoben worden; von der Klassensteuer spaltete sich 1873 eine klassifizierte Einkommensteuer ab, und diese Zwischenstufe führt hinüber zu der heute bestehenden Einkommensteuer.

Es war in Anbetracht der schwierigen Verhältnisse doch eine große Leistung der Hardenbergschen Verwaltung, daß man schon fünf Jahre nach dem Kriege zu einer gesunden und dauerhaften Regelung der arg zerrütteten Finanzen gelangt war. Der Staatshaushalt wies damals einen jährlichen Gesamtbedarf von 50 Millionen Talern auf, die nach Abschluß der Steuerreform volle Deckung durch die Einkünfte fanden. Die Staatsschuld ist in einem amtlichen Bericht 1820 auf 180 Millionen angegeben worden; sie war aber mit Zurechnung der schwebenden Schulden noch um etwa 50 Millionen höher — kein Wunder bei dem Druck der Kriegslasten, die von 1806 bis 1813 auf 1½ Milliarden Francs geschätzt worden sind. Diese Staatsschuld, die bisher in zahllose, unter den verschiedensten Bedingungen aufgenommene Einzelposten zerfiel, wurde durch Gesetz vom 17. Januar 1820 in eine einheitliche unkündbare Schuld zu einem Zinssatz von 4 Prozent verwandelt; ihre Verzinsung und Tilgung wurde fest geregelt und unter die Aufsicht einer ganz unabhängigen Behörde, der noch heute bestehenden Hauptverwaltung der Staatsschulden gestellt. In den nächsten zehn Jahren wurden über 62 Millionen Schulden getilgt. In den dreißiger Jahren waren die finanziellen Schwierigkeiten völlig überwunden; 1838 konnten die Zinsen sämtlicher Staatsschuldscheine von 4 auf 3½ Prozent herabgesetzt werden.

Das Staatsschuldengesetz vom 17. Januar 1820 enthielt die feierliche Versicherung, daß die bestehende Staatsschuld nicht vermehrt werden sollte ohne Zustimmung der Reichsstände, der Volksrepräsentation, deren Einführung damit abermals ausdrücklich verheißen wurde. Die Verfassungsfrage war wohl die brennendste und schwierigste unter den politischen Fragen jener Zeit. Der Plan, den die preußische Regierung im Auge hatte, kam darauf hinaus, die Volksrepräsentation organisch aufzubauen auf der Unterlage der großen Kommunalverbände in Kreis und Provinz. Es sollte eine ständische Verfassung in zeitgemäßer Umwandlung sein, in der an Stelle des Adels der große Grundbesitz an erster Stelle stand, neben ihm die Vertreter der Stadt- und Landgemeinden. Die Wirksamkeit dieser Reichsstände sollte hauptsächlich bestehen in der Beratung über alle Gegenstände der Gesetzgebung, welche die persönlichen und Eigentumsrechte der Staatsbürger betreffen, einschließlich der Besteuerung. Sie sollte außerdem eine gewisse Finanzkontrolle ausüben durch die Entgegennahme regelmäßiger Rechenschaftsberichte der Staatsschuldenverwaltung.

Die Kommission zur Vorberatung der ständischen Angelegenheiten, die das Gesetz von 1815 in Aussicht gestellt hatte, ist erst im Jahre 1817 zusammengetreten. Einige ihrer Mitglieder (Altenstein, Beyme, Klewiz) bereisten zunächst die verschiedenen Provinzen, um die Ansichten der Stände oder der Notabeln über das Verfassungswerk kennen zu lernen. Diese Ansichten standen vielfach in Widerspruch mit einander und boten nur wenig brauchbares Material für die Neueinrichtung der Provinzialstände. Ganz besonders schwierig aber war die Aufgabe, die man sich damals gestellt hatte, eine einheitliche Landgemeindeordnung für den ganzen preußischen Staat herzustellen, die neben der Städteordnung das Fundament für den gesamten Bau der kommunalen Körperschaften bilden sollte. Hier erwies sich die starke Verschiedenartigkeit der ländlichen Verfassung im Osten und im Westen der Monarchie als ein unüberwindliches Hindernis. Verhängnisvoll für die Förderung des Planes wurden auch die beständigen Streitigkeiten zwischen Regierungen und Kammern, die in den süddeutschen Verfassungsstaaten in diesen Jahren nicht aufhörten und dem preußischen König eine steigende Abneigung vor dem konstitutionellen Wesen einflößten. Als dem Staatskanzler auf einer Reise in den Rheinlanden im Jahre 1818 außer einer verfassungsfeindlichen Denkschrift des Adels durch den Publizisten Joseph Görres in Koblenz auch eine andere Adresse überreicht wurde, in der an die Einlösung des Verfassungsversprechens von 1815 erinnert wurde, war der König unangenehm davon berührt und erklärte in einer Kabinettsorder vom 21. März 1818, den Zeitpunkt zur Einführung der Verfassung behalte er sich allein vor.

Mit dem Aachener Kongreß begann dann der unheilvolle Einfluß Metternichs auf die Verfassungsfrage und die innere Politik in Preußen überhaupt. Eben damals hatte das Fest der Burschenschafter auf der Wartburg mit der daran sich schließenden Verbrennungsszene, einer Demonstration gegen gewisse reaktionäre Erscheinungen in Literatur und Leben, die Veranlassung gegeben zu Erörterungen über eine Einschränkung der hergebrachten akademischen Freiheiten; und auch das Turnwesen, das unter Jahns Leitung namentlich in Berlin aufgeblüht war, hatte durch manche groteske Absonderlichkeiten, die sich mit dieser frischen und rüstigen Jugendbewegung verbanden, manchen Widerspruch in der Öffentlichkeit, auch von national gesinnten Männern hervorgerufen. Beide Bewegungen hatten das Gemeinsame, daß sie an die Stimmungen der Freiheitskriege anknüpfend und erfüllt von christlich-germanischen Idealen einen freien, volkstümlichen, vaterländischen Geist pflegten, der über die staatlichen Grenzen hinausgriff und mit dem Anspruch auf Selbständigkeit des nationalen deutschen Lebens die Kreise der Regierungen störte und sich in Widerspruch setzte mit dem Geiste einer väterlichen Bevormundung der Untertanen, wie er dem Programm der Heiligen Allianz entsprach. Verhängnisvoll war es, daß mit den im allgemeinen harmlosen und gutartigen Bestrebungen der Burschenschaft, wenn auch nur vereinzelt und in engen Kreisen, wie z. B. in denen der Brüder Follen zu Gießen, sich ein ungesundes, durch radikale Überspanntheit vergiftetes Verschwörertreiben verband, das mit den Gedanken von Aufruhr, Tyrannenmord, Selbstaufopferung spielte, um es möglich zu machen, in Zukunft das Ideal eines veredelten Volkslebens zu verwirklichen. Aus Gesinnungen, wie sie in diesen Kreisen herrschten, ist auch die unselige Tat des Theologiestudenten Sand hervorgegangen, der 1819 den bekannten Schriftsteller von Kotzebue, einen politischen Agenten Rußlands und Feind der Burschenschaft, als einen Verräter am deutschen Wesen ermordet hatte. Ein zweiter ähnlicher Fall war bald darauf gefolgt: der Mordanschlag eines Gießener Pharmazeuten auf den nassauischen Präsidenten von Ibell.

Metternich ergriff sofort die günstige Gelegenheit, die diese Mordtaten ihm boten, um die Freiheit der Universitäten und der Presse, in denen er die Hauptträger des ihm verhaßten Zeitgeistes sah, in wirksamer Weise einzuschränken. Diesem Bestreben kam die Stimmung des nun auch besorgt gewordenen Königs Friedrich Wilhelm III. entgegen, und bei einer Zusammenkunft in Teplitz Ende

Juli 1819 ließ er sich ganz und gar für die Pläne Metternichs gewinnen, der zugleich auch die Verfassungsfrage wieder zur Erörterung brachte. Hardenberg unterzeichnete am 1. August mit Metternich zusammen eine Punktation, in der er unter völliger Aufopferung der selbständigen Haltung, die Preußen früher Österreich gegenüber bewiesen hatte, einfach die Zustimmung der preußischen Regierung zu den reaktionären Vorschlägen des österreichischen Staatskanzlers aussprach. Preußen erklärte sich bereit, die Verfassungsfrage bis zu dem völligen Abschluß seiner Finanzreform, der freilich nahe bevorstand, ruhen zu lassen und sich dann darauf zu beschränken, landständische Verfassungen für die einzelnen Provinzen einzuführen und einen Zentralausschuß aus den Provinziallandtagen als die verheißene Repräsentation des Volkes ins Leben treten zu lassen. Im Grunde wich das nicht erheblich von den Plänen ab, die man schon vorher verfolgt hatte; aber die Bindung Österreich gegenüber, die in dieser Festsetzung lag, war ein bedenkliches Zugeständnis, wenn man sich auch dabei auf den Artikel 13 der deutschen Bundesakte berufen konnte, der ja ausdrücklich landständische Verfassungen für die einzelnen Staaten in Aussicht gestellt hatte. Die Maßregeln gegen Universitäten und Presse wurden dann noch auf weiteren Konferenzen in Karlsbad mit anderen Bundesregierungen erörtert und die hier gefaßten Beschlüsse wurden dann dem Frankfurter Bundestag vorgelegt und in überraschend schnellem Geschäftsgang schon am 20. September 1819 von ihm angenommen. Eine besondere Zentralkommission des Bundes wurde in Mainz niedergesetzt, um die Untersuchung der revolutionären und demagogischen Umtriebe zu führen. Eine Bundesexekutionsordnung wurde in Aussicht genommen, um die Maßregeln gegen Universitäten und Presse zur Durchführung zu bringen. Es war der erste Anfang zur Ausbildung von Bundesorganen für die innere Verwaltung. Es ist bezeichnend, daß diese gehässigen Polizeimaßregeln den Anlaß dazu gegeben haben; so kam es, daß der Bund in weiten Volkskreisen als eine verhaßte Polizeianstalt erschien; in Preußen ganz besonders aber wurde das Übergreifen der Zentral-Untersuchungskommission in die inneren Angelegenheiten des Staates als eine unrühmliche Minderung seiner Souveränität von manchen hochstehenden Männern ebenso lebhaft wie schmerzlich empfunden.

Die Karlsbader Beschlüsse waren gefaßt worden, ohne daß das Ministerium darüber gehört worden wäre; die übermächtige Stellung des Staatskanzlers machte sich bei dieser Gelegenheit besonders empfindlich bemerkbar. Dies wurde der Anlaß dazu, daß die Minister einen Versuch machten, beim König eine Veränderung der Ministerialverfassung durchzusetzen, die den Staatskanzler in die Stellung eines bloßen Präsidenten des Staatsministeriums herabgedrückt haben würde. Der Führer dabei war W. von Humboldt, der seit dem Jahre 1819 ein besonderes, von dem Ressort des Innern abgezweigtes Ministerium für die ständischen und Kommunalangelegenheiten übernommen hatte. Er war ein persönlicher Gegner Hardenbergs und empfand seine übergeordnete Stellung als etwas Unerträgliches. Er warf ihm vor, daß er sich von Metternich ins Schlepptau nehmen lasse, daß er die Errungenschaften der Reform leichtherzig wieder opfere und Preußens Ehre dazu. Er hat wohl daran gedacht, falls Hardenberg sich zurückziehen werde, selbst den Vorsitz im Ministerium zu übernehmen. Aber der König hielt an Hardenberg fest, und nun erbat Humboldt seinen Abschied und erhielt ihn auch. Mit ihm fiel der Justizminister Beyme, der sich ebenfalls an der Opposition gegen Hardenberg besonders lebhaft beteiligt hatte. Boyen war kurz zuvor ausgeschieden, aus Anlaß der oben erwähnten militärischen Organisationsfrage, weil er glaubte, daß die Veränderung, die der König damals beabsichtigte, der Anfang zur Beseitigung seiner Reformgesetze sein werde. Ihm war Grolman, der Chef des Generalstabes, gefolgt. Nach außen wirkte diese Ministerkrisis in ihrer Gesamtheit als ein Anzeichen des Sieges der Reaktion über die Reformideen der großen Zeit; und in der Tat waren die Ausscheidenden einig in der Ansicht, daß Hardenberg das Werk der Reform preisgegeben habe. Damit hatten sie nicht ganz recht. Hardenberg lavierte nach seiner Art; er ließ das reaktionäre Wetter über sich ergehen, ohne erheblichen Widerstand zu leisten, und wartete auf bessere Zeiten, die freilich diesmal nicht gekommen sind.

Metternich hatte sich beeilt, die Revolutionsfurcht der deutschen Regierungen zu benutzen, um nach längeren Konferenzen zu Wien in einer sogenannten Schlußakte, die dann auch vom Bundestage angenommen wurde (8. Juli 1820), ein neues Grundgesetz für den Bund zu schaffen, das ihm die Befugnis gab, Maßregeln zur Erhaltung der inneren Ruhe zu treffen und beim Ausbruch von Unruhen einzugreifen. Die Bundesexekutionsordnung wurde wiederholt, verschärft und vervollständigt. Vor allem aber bestimmte Artikel 57, daß bei der Einführung von Verfassungen in den einzelnen Staaten überall darauf Bedacht genommen werden solle, daß die gesamte Staatsgewalt in der Person des Souveräns vereinigt bleibe, der durch die Verfassung nur in der Ausübung bestimmter Regierungsrechte an die Mitwirkung der Stände gebunden sein sollte; der Bund übernahm gewisse Aufsichtsrechte über das Verfassungswerk in den Einzelstaaten in einem Sinne, der dem konstitutionellen Leben nicht eben günstig war.

Eine gedeihliche Lösung der Verfassungsfrage in Preußen war damit noch keineswegs ausgeschlossen. Hardenberg hielt fest an dem Plan, eine allgemeine Landesrepräsentation — vielleicht nach dem Zweikammersystem — aufzubauen auf der Grundlage von Kommunalverbänden, die stufenweise in Gemeinde, Kreis und Provinz über einander geschichtet sein sollten. Er dachte an eine geschriebene Verfassungsurkunde, in die auch eine Anzahl von bürgerlichen Freiheitsrechten aufgenommen werden sollten. Er hielt eine solche Verfassung mit den Abmachungen von Teplitz wie mit der Wiener Schlußakte für wohl verträglich und betonte, offenbar um etwaige Bedenken des Königs zu beschwichtigen, besonders stark das in der Wiener Schlußakte zum Ausdruck gekommene monarchische Prinzip. Es wäre wohl kaum ein Bau für alle Zukunft gewesen; aber die Ausführung dieses Planes hätte vielleicht bei organischer Fortbildung zu einem gesunden monarchisch-konstitutionellen Staatsleben in Preußen führen können.

Allein dieser Plan ist nicht zur Ausführung gelangt. Die unüberwindlichen Schwierigkeiten der Kommunalgesetzgebung, vor allem der Landgemeindeordnung, wirkten zusammen mit dem Eindruck der südeuropäischen Revolutionen des Jahres 1820, die das konstitutionelle Prinzip in den Augen der Monarchen noch verdächtiger erscheinen ließen als bisher. Hardenberg verlor mehr und mehr das Vertrauen des Königs in der Verfassungsfrage; und auf der anderen Seite war Metternich geschäftig, auf dem Troppauer Kongreß den König weiterhin in einem für das Verfassungswerk ungünstigen Sinne zu beeinflussen. In demselben Sinne machte sich jetzt auch der Einfluß des Kronprinzen geltend, der von Hardenbergs Plänen nichts wissen wollte, sondern für altständische Einrichtungen mit überwiegendem Einfluß des Adels in romantischer Schwärmerei eingenommen war. Er wurde im Dezember 1820 zum Vorsitzenden einer neuen Kommission ernannt, die für die Beratung der Kommunalverfassung gebildet wurde und aus lauter Gegnern Hardenbergs zusammengesetzt war. In Hardenbergs Abwesenheit, der damals in Italien weilte, um seine erschütterte Gesundheit wiederherzustellen, legte diese Kommission dem König den Antrag vor, daß er von einer allgemeinen Landesrepräsentation zunächst überhaupt Abstand nehmen und es bei der Errichtung von Provinzialständen bewenden lassen möge, und der König entschied sich trotz der Gegenvorstellungen Hardenbergs für diesen Antrag der Kommission (11. Juni 1821).

So war Hardenberg schon bei seinen Lebzeiten um allen Einfluß gekommen; nicht lange darauf, im November 1822, ist er gestorben. Aus weiteren Kommissionsberatungen aber ging unter dem fortdauernden Einfluß des Kronprinzen das Gesetz über die Anordnung der Provinzialstände vom 5. Juni 1823 hervor, auf Grund dessen nun in allen Provinzen Landtage mit ganz überwiegender Vertretung des Großgrundbesitzes und des Adels gebildet wurden, zur Führung der ihnen überwiesenen Geschäfte der Kommunalverwaltung ihrer Provinz und zur Begutachtung allgemeiner Fragen, die ihnen nach dem Ermessen der Krone vorgelegt werden konnten. Damit war die Verfassungsfrage auf lange Zeit abgetan; die altständisch-feudale Reaktion hatte die Oberhand behalten. Die Kreisordnungen, die nun seit 1825 in den einzelnen Provinzen erlassen wurden, waren in demselben Geist gehalten und gaben im Osten den Rittergutsbesitzern eine ganz überwiegende Vorzugsstellung; eine neue Landgemeindeordnung aber ist überhaupt nicht zustande gekommen. Die Städteordnung von 1808 blieb das einzige Denkmal des Geistes der Selbstverwaltung, wie er in Stein und seinen Mitarbeitern lebendig gewesen war. Auf die neuen Provinzen aber wurde die Geltung dieses Gesetzes nicht ausgedehnt, weil man inzwischen Erfahrungen gemacht hatte, die eine erhebliche Veränderung in einigen Punkten wünschenswert erscheinen ließ. Eine revidierte Städteordnung ist erst im Jahre 1831 erlassen worden. Sie verstärkte namentlich die Aufsichtsgewalt der Staatsbehörden über die städtische Kommunalverwaltung und gab den Magistraten eine stärkere Stellung gegenüber den Stadtverordneten als bisher. Zur Einführung gelangte sie hauptsächlich nur in den Provinzen Westfalen, Sachsen und Posen, während die Rheinlande bei ihren französischen Einrichtungen und Neuvorpommern mit Städten wie Stralsund und Greifswald bei ihren alten Verfassungen gelassen wurden.

Bei den Demagogenverfolgungen, die unter der Leitung der Mainzer Zentral-Untersuchungskommission in dem Jahrzehnt von 1819 bis 1829 angestellt wurden, ging man in Preußen besonders scharf vor. Männer wie der Polizeiminister Wittgenstein, der Ministerialdirektor von Kamptz, der Geheimrat von Tzschoppe, der Kriminaldirektor Dambach haben sich eine traurige Berühmtheit dabei erworben. Die preußischen Studenten wurden gleich nach der Tat Sands aus Jena zurückberufen, die Burschenschaften überall aufgelöst, diejenigen Studierenden, welche überführt wurden, trotz des Verbotes einer geheimen Verbindung angehört zu haben, mit schweren Strafen belegt. Jahn wurde verhaftet und wegen angeblich hochverräterischer Äußerungen zur Untersuchung gezogen, und trotzdem bei dieser Untersuchung, die der Kammergerichtsrat Hoffmann, der bekannte Dichter, führte, nichts herauskam, wurde der verdächtige Turnvater viele Jahre lang unter polizeilicher Aufsicht gehalten. Die Turnplätze wurden geschlossen und das Turnen verboten, bis es in ordnungsmäßiger Weise in den Schulunterricht eingefügt sein würde. Reimer und Schleiermacher, die hochherzigen Patrioten, die von ihren reaktionären Gegnern wohl als Jakobiner bezeichnet wurden, waren und blieben ebenfalls verdächtig. Gegen Männer wie Arndt und Welcker in Bonn wurde eine Untersuchung eröffnet, aber aus Mangel an Belastungsstoff niedergeschlagen; doch durfte Arndt weiterhin keine Vorlesungen mehr halten. Der Berliner Theologieprofessor De Wette, der in einem Trostbrief an die Mutter Sands die idealen Motive der unseligen Tat ihres Sohnes hervorgehoben hatte, wurde seines Amtes entsetzt. Die Kuratoren, die jetzt bei den Universitäten angestellt wurden, sollten auch den Geist der Vorlesungen überwachen und ihnen eine heilsame Richtung zu geben suchen. Alle Druckschriften ohne Ausnahme wurden der Zensur unterworfen; die Berufung an das Oberzensurkollegium blieb gewöhnlich erfolglos. Wer als Lehrer oder Geistlicher angestellt werden wollte, mußte ein polizeiliches Zeugnis beibringen, daß er nicht verdächtig sei, sich an demagogischen Bestrebungen beteiligt zu haben. Im ganzen blieb in Preußen wie im übrigen Deutschland das Suchen nach einer politischen Verschwörung ergebnislos; aber der 1823 auftauchende Plan eines Männer- und Jünglingsbundes zum Umsturz der bestehenden Verhältnisse gab den Demagogenverfolgungen doch wieder neue Nahrung. 1824 wurde in Köpenick ein besonderes Untersuchungsgericht für diese Sachen gebildet; das Kammergericht in Berlin wurde zum Staatsgerichtshof für die politischen Prozesse in der ganzen Monarchie gemacht; es hat aber dabei seinen alten Ruf unabhängiger und aufrechter Gesinnung nicht geschädigt. Immerhin ist viel Unheil durch diese Verfolgungen angerichtet worden; zahlreiche Existenzen wurden ruiniert; die Auswanderung nahm damals in den intelligenten Schichten des Volkes größeren Umfang an. Das Schlimmste aber war vielleicht, daß der Ansatz zur Bildung eines freien, selbständigen vaterländischen Geistes und eines volkstümlichen, auf dem lebendigen Gemeinsinn der Bürger, auf Freude am Vaterlande und freiwillige Hingabe an die nationale Sache begründeten öffentlichen Lebens auf diese Weise zugleich mit den Auswüchsen der burschenschaftlichen Bestrebungen geknickt wurde und in der Hauptsache verkümmerte. Die ursprünglich überwiegend loyale, christlich-germanisch gefärbte politische Bewegung in den gebildeten Schichten des Volkes, die damals unterdrückt wurde, hat später einen viel radikaleren, französisch-liberalen, demokratischen Geist angenommen.

Die französische Julirevolution von 1830 hat keine direkte politische Einwirkung auf Preußen gehabt; aber indem sie das System der Pentarchie endgültig sprengte und im Verein mit dem eben damals eingetretenen Umschwung in England die beiden liberalen Westmächte enger zusammenschloß, brachte sie eine Spaltung hervor, durch welche Preußen veranlaßt wurde, auch weiterhin sich eng an Österreich und Rußland anzuschließen und so die Traditionen der Heiligen Allianz im engeren Kreise weiter zu pflegen. Besonders eng gestaltete sich das Verhältnis zu Rußland, dessen Kaiser Nikolaus I. der Schwiegersohn des preußischen Königs, der Gemahl der Prinzessin Charlotte war. Er wurde nach der Niederwerfung der polnischen Revolution (1831) mehr und mehr zum Hort der legitimistischen und absolutistischen Interessen in Europa, die jetzt in bewußtem Gegensatz den liberalen Tendenzen der Westmächte gegenübertraten. Die polnische Revolution hatte das preußische Gebiet nur wenig berührt; immerhin aber war es, da die Verschwörung auch nach Posen übergegriffen hatte, zu zahlreichen Verhaftungen und Bestrafungen gekommen; und der großen Veränderung, der das russische Polen durch den Verlust seiner bisherigen Selbständigkeit unterlag, entsprach in Posen ein entschiedener Wechsel in dem Geiste der Regierung. Bei der Einverleibung Posens in die preußische Monarchie im Jahre 1815 hatte Friedrich Wilhelm III. den polnischen Einwohnern erklärt, daß man ihnen keine Verleugnung ihrer Nationalität zumuten wolle; und in diesem Sinne war anfangs die Regierung geführt worden. Die polnische Sprache war amtlich neben der deutschen geduldet worden; polnische Edelleute waren auf Vorschlag der Kreiseingesessenen wie in anderen Provinzen zu Landräten ernannt worden, und an der Spitze des Großherzogtums Posen, wie man die Provinz damals wohl nannte, stand neben dem Oberpräsidenten Zerboni, der der nationalen Gesinnung der Polen mit Achtung entgegenkam, ein polnischer Magnat von berühmtem Namen, Fürst Radziwill, der eine preußische Prinzessin zur Frau hatte. Von einer Sonderstellung wie bei dem russischen Polen war freilich keine Rede; aber ebensowenig trat damals eine Germanisierungstendenz hervor. Das wurde nach der Niederwerfung des Aufstandes anders. Im Jahre 1832 wurde der Oberpräsident von Flottwell, einer der tüchtigsten und energischsten Verwaltungsbeamten Preußens, an die Spitze der Provinz gestellt; und unter ihm begann nun ein neues Regierungssystem in Posen, das die polnische Sprache im amtlichen Verkehr nicht mehr gelten ließ, die polnischen Landräte abschaffte und mit Bewußtsein und Konsequenz eine allmähliche Germanisierung des Landes anstrebte.

Im Deutschen Bunde gab die Kriegsgefahr, die nach der Julirevolution eine Zeitlang von Frankreich her zu drohen schien, Veranlassung zu Verhandlungen über eine Reform der Bundeskriegsverfassung, wozu die preußische Regierung den Anstoß gab. Auf den Rat des Ministers Bernstorff zog es der König vor, mit den einzelnen Bundesregierungen zu verhandeln, statt die Sache vor den Bundestag zu bringen; und da die Mittel- und Kleinstaaten sich nicht verhehlen konnten, daß sie im Fall eines Krieges mit Frankreich an Preußen einen wirksameren Schutz finden würden, als an Österreich, so gelang es der preußischen Regierung, schließlich auch Österreich zur Annahme ihrer Vorschläge zu bewegen, freilich erst nachdem die Kriegsgefahr vorübergezogen war, 1832. Danach sollten im Kriegsfall drei Heere aufgestellt werden: ein preußisches mit den norddeutschen Kontingenten am Niederrhein, ein gemischtes preußisch-süddeutsches am Main und ein österreichisches am Oberrhein; die Leitung sollte wie 1813/15 von einem großen Hauptquartier ausgehen. Praktische Bedeutung haben indessen diese Vorschläge nicht gehabt, da sie nur für den Kriegsfall berechnet waren; in Wirklichkeit blieb die Bundeskriegsverfassung in demselben unzulänglichen und kraftlosen Zustande wie bisher.

Wirksamer griff der Bund auch jetzt wieder mit Polizeimaßregeln ein. Die Bewegungen, die die Julirevolution in verschiedenen deutschen Staaten hervorgerufen hatte, veranlaßten Metternich, neue Verhandlungen mit Preußen zu eröffnen, in denen er am liebsten eine Abschaffung der konstitutionellen Verfassungen von Bundes wegen erreicht hätte. Aber der preußische Minister Bernstorff verstand es diesmal, so weitgehende reaktionäre Absichten zu verhindern; man einigte sich im September 1831 nur über die sogenannten sechs Artikel, die dann auch am 28. Juni 1832 vom Bundestage angenommen worden sind und die das Verfassungsleben in den Einzelstaaten jetzt förmlich unter die Aufsicht des Bundes stellten, in der Absicht, das monarchische Prinzip aufrechtzuerhalten und die Freiheiten der Kammern einzuschränken. Kurz darauf, am 5. Juli, wurden eine Reihe von polizeilichen Maßregeln vom Bundestage beschlossen, zu denen das im Mai des Jahres abgehaltene Hambacher Fest den Anlaß gegeben hatte — eine große Demonstration für die von Frankreich aus genährten liberal-demokratischen Bestrebungen, bei der auch Polen und Franzosen mitgewirkt hatten und die schwarz-rot-goldene Fahne wieder entfaltet worden war. Die damals beschlossenen Maßregeln betrafen hauptsächlich eine weitere Verschärfung der Zensur, des Vereins- und Versammlungsrechts, der polizeilichen Überwachung verdächtiger Personen; auch die früheren Beschlüsse gegen die Universitäten und die geheimen Verbindungen wurden von neuem eingeschärft. In Preußen wurden diese Bestimmungen publiziert mit einem Zusatz, der das Vertrauen des Königs zu seinem Volke besonders hervorhob. Aber in einigen süddeutschen Staaten kam es zu Unruhen und Konflikten; und am 3. April 1833 unternahmen etwa 50 verschworene Studenten, zum Teil Burschenschafter von der radikalen „germanistischen" Richtung aus Heidelberg, Göttingen, Würzburg, Erlangen den Versuch, im Einverständnis mit polnischen Flüchtlingen, elsässischen Nationalgardisten und Bauern aus der Umgegend, sich der Stadt Frankfurt a. M. zu bemächtigen, um dem Bundestag ein Ende zu machen und die deutsche Republik aufzurichten. Die Folge dieses mißlungenen Anschlages war dann die Wiedereinsetzung einer Zentral-Untersuchungskommission und die Wiederaufnahme der Demagogenverfolgungen, die bis 1842 angedauert haben. Wer einer Burschenschaft angehört und das schwarz-rot-goldene Band getragen hatte, wurde zur Untersuchung gezogen. Das Berliner Kammergericht verurteilte allein bis 1836 204 Studenten, darunter 39 zum Tode, wegen versuchten Hochverrats; diese wurden dann zu dreißigjähriger Festungshaft begnadigt. Unter ihnen befanden sich auch Nichtpreußen, wie der Mecklenburger Fritz Reuter; es gehörte zu den Segnungen des Deutschen Bundes, daß die preußischen Gerichte auch solche Angeklagte bestrafen mußten. Im Jahre 1834 kam es dann, in ähnlicher Weise wie 1819, zu Verhandlungen über die Mittel zur Bekämpfung der revolutionären Gefahr und zum Erlaß eines neuen Bundesgesetzes, das die früheren Bestimmungen über Presse und Zensur, über Universitäten und geheime Verbindungen, über Beschränkung und Kontrolle der Landtage noch ergänzte und verschärfte. Es war ein verhängnisvoller Zirkel, der den Radikalismus einerseits und die Reaktion andererseits immerfort steigerte. Der hannoversche Verfassungsbruch von 1837 und die Vertreibung der dagegen protestierenden sieben Göttinger Professoren machte gewaltiges Aufsehen in Deutschland. Preußen hat ebensowenig wie andere deutsche Regierungen das Vorgehen des hannoverschen Königs gebilligt, aber es hat doch andererseits unterlassen, etwas für die abgesetzten Professoren zu tun; und als die Bürgerschaft von Elbing in einer Adresse für Dahlmann eintrat, da schritt der Minister des Innern von Rochow dagegen ein in einem Erlaß, der die Veranlassung zu dem geflügelten Wort vom „beschränkten Untertanenverstand" gegeben hat.

In der Literatur stießen die Gegensätze der politischen wie der religiösen Weltanschauung schroff aufeinander; aber bei der scharfen Handhabung der Zensur in Preußen sind hier in der eigentlichen politischen Publizistik damals nur die konservativen Stimmen zu ungehindertem Ausdruck gelangt. Recht im Gegensatz zur Revolution wurde im Jahre 1831 das Berliner „Politische Wochenblatt" begründet, das die Anschauungen der romantischen Reaktionäre vertrat und die „falsche Freiheit der Revolution" durch die „wahre Freiheit des Rechts", d. h. der altständischen Verfassung bekämpfen wollte. Absolutismus und Bureaukratie fanden keine Unterstützung in diesen Kreisen, weil sie der Aufklärung verdächtig waren; Katholiken wie der eigentliche Begründer Radowitz und der Herausgeber Jarcke wirkten hier mit eifrigen Protestanten wie den Brüdern Gerlach und Leo zusammen; und über ihnen schwebte der Geist des alten Haller, dessen „Restauration der Staatswissenschaften" die politische Bibel der feudalen Romantiker geworden war. Auch der Kronprinz Friedrich Wilhelm, der von gleichen Anschauungen erfüllt war, stand diesem Kreise nahe, dessen Mitglieder später zum Teil seine intimen Berater werden sollten und schon damals einen großen Einfluß auf seine Denkweise auszuüben begannen. In wesentlich höherem Sinne leitete Leopold Ranke von 1832—36 die im Einverständnis mit Bernstorff und anderen Ministern begründete Historisch-politische Zeitschrift, die den eigentümlichen Geist der preußischen Staatsleitung, wie er trotz der Metternichschen Reaktion im Grunde doch immer noch lebendig war, zum Ausdruck bringen und mit politischem Takt wie mit wissenschaftlichem Freimut die Linie der preußischen Politik in ihrer von den Tendenzen anderer Staaten abweichenden Richtung deutlicher hervorheben wollte — ein Versuch, der freilich weder eine breite populäre Wirkung, noch einen buchhändlerisch-geschäftlichen Erfolg haben konnte. Auf der anderen Seite war eine halb belletristische, halb politische Literatur von äußerst radikalem Charakter ins Kraut geschossen, die allerdings mehr von Süddeutschland und von Paris her wirkte; aber gerade auch in Berlin lenkten Schriftsteller wie Theodor Mundt, Karl Gutzkow, Heinrich Laube in Bahnen ein, deren Richtung in einem scharfen und auffallenden Gegensatz zu den christlich-germanischen Idealen der beiden vorangegangenen Jahrzehnte stand und den wachsenden Einfluß des jüdischen Geistes und des französischen Radikalismus bekundete, durch deren Verbindung damals Börne und Heine von Paris aus zu den Wortführern des „Jungen Deutschland" geworden waren. Mit sehr scharfen Angriffen wandte sich gegen diesen literarischen Kreis 1835 der liberale, aber zugleich noch von christlich-germanischen Ideen erfüllte Herausgeber des Stuttgarter Literaturblattes Wolfgang Menzel, der auch auf seiten der Romantik gegen Goethe aufgetreten war; er warnte in der Öffentlichkeit vor diesen Schriftstellern, die Staat, Kirche und Sittlichkeit untergrüben und alle französischen Torheiten nachäfften; und er erreichte es auch, daß der Bundestag gegen einige von ihnen einschritt und ihre Schriften verbot, obwohl bei dem „Jungen Deutschland" von einem politischen Geheimbund keine Rede sein konnte.

Es ist verhängnisvoll für das politische Leben in Deutschland geworden, daß der Liberalismus in seinen Anfängen auf solche falschen Bahnen geraten ist. Es fehlte ihm die Anlehnung an einen starken Staat wie Preußen; er verrannte sich entweder in einen unfruchtbaren kleinstaatlichen Partikularismus oder er ging in würdeloser Vergötterung des Auslandes auf. Frankreich und Polen — das war damals die Schwärmerei der südwestdeutschen Radikalen; kein Staat aber war ihnen mehr verhaßt als Preußen. Und doch war Preußen der einzige Staat, der die Führung bei der nationalen Wiederherstellung Deutschlands übernehmen konnte, weil es die einzige rein deutsche Großmacht war; im Gegensatz zu dem nur äußerlich angrenzenden, überwiegend fremdvölkischen Österreich ganz und gar in Deutschland hineingewachsen, war Preußen allein imstande, die Marken des gemeinsamen Vaterlandes im Westen wie im Osten und Norden zu schützen, weil es allein in Deutschland eine bedeutende Armee besaß; dazu kam, daß es durch seine Leistungen in den Freiheitskriegen sich einen gegründeten Anspruch auf die Achtung und Sympathie der deutschen Stammesgenossen erworben hatte, Gefühle, die auch trotz der üblen Wirkungen seiner reaktionären Politik in dem letzten Jahrzehnt bei tieferblickenden und vorurteilsfreien Deutschen in Nord und Süd noch keineswegs erstorben waren. Dahlmann, damals noch in Göttingen, schrieb 1832 die Worte: „Wir haben einen Staat in Deutschland, der den wunderbaren Speer besitzt, welcher heilt zugleich und verwundet; das Vaterland hat ihn manchmal mit Zorn, öfter mit Bewunderung betrachtet. Er besitzt die Kraft, auch dieses Mal zu heilen. Preußen kann es, es folgt nur seiner Bestimmung, wenn es auch will. An dem Tage, da der König von Preußen in seinem Staate die Reichsstandschaft begründet (er meint: eine Verfassung einführt), wird der gesetzliche Deutsche wieder aufatmen; er hat die Versicherung, daß fortan die Bundesversammlung in ihren Beratungen d i e leitenden Ideen aufnehmen und allmählich den Grundgesetzen einverleiben werde, welche das gute heimische Recht sicherstellen vor jeder verderblichen Einwirkung, sei es von Osten oder von Westen.“ Noch schärfer und tiefer hat der schwäbische Jurist Paul Pfizer die Bedeutung Preußens für die deutsche Frage erfaßt. Dieser klare politische Denker und warme Patriot hat von allen Deutschen zuerst in der Öffentlichkeit den Gedanken der Führung Preußens in Deutschland ausgesprochen und begründet, in dem „Briefwechsel zweier Deutschen“, der 1832 erschien. Er wagte es auszusprechen, daß Österreich sich dem deutschen Wesen gänzlich entfremdet habe, und daß von ihm nichts mehr zu erwarten sei, daß es aus Deutschland ausscheiden und Preußen die Führung überlassen müsse. „Preußen war es, das durch außerordentliche Anstrengung seiner physischen Kräfte, noch weit mehr aber durch das moralische Gewicht, das sein Enthusiasmus in die Wagschale legte, die Befreiung Deutschlands von der Herrschaft Napoleons entschieden und dadurch für seine Ansprüche auf die Hegemonie einen vollgültigen Rechtstitel, dem bis jetzt nur die äußere Anerkennung fehlt, erworben hat.“ Der Staat Friedrichs des Großen schien ihm durch das Schicksal dazu berufen, der Protektor Deutschlands zu werden; und er sah auch schon klar, daß eine Einigung Deutschlands unmöglich sei, wenn nicht die kleinen Fürsten und Könige einen Teil ihrer Herrschermacht und damit den vollen Glanz der Rheinbundsouveränität aufgäben zugunsten der Zentralgewalt, die in die Hände des Königs von Preußen gelegt werden müsse — eine

Forderung, die freilich in Württemberg selbst, namentlich beim König, starken Anstoß erregt und dem wackeren Manne sein Amt gekostet hat.

In Preußen selbst haben diese Stimmen aus dem Auslande damals noch kein lebhaftes Echo gefunden. Die politische Führung in Deutschland blieb nach wie vor in den Händen Metternichs. Aber während die Anregung Preußens zu einer Reform der Bundeskriegsverfassung 1832 in der Hauptsache gescheitert war, ist in eben diesen Jahren auf wirtschaftlichem Gebiete ein Werk gelungen, das von großer Bedeutung für die künftige Einigung Deutschlands geworden ist: die Begründung des Zollvereins. Sie ist bei weitem die erfreulichste und zukunftsreichste Erscheinung der deutschen Geschichte in diesem Jahrzehnt und durchaus ein Werk preußischer Staatsmänner. Nicht Friedrich List und nicht der badische Finanzmann Nebenius sind die Urheber des Zollvereins gewesen, sondern die Preußen Motz und Maaßen. Was List und Nebenius wollten, war eine allgemeine deutsche Zolleinigung auf Grund von Verhandlungen zwischen allen deutschen Staaten. Diese Idee hat sich als unausführbar erwiesen, schon wegen der Haltung Österreichs. Preußen hatte daher mit seinen Zolleinrichtungen nicht gewartet, bis man zu einer Vereinbarung von Bundes wegen gelangt sein würde, sondern es hatte durch einen Akt autonomer Gesetzgebung sich in dem Zollgesetz von 1818 eine feste handelspolitische Basis geschaffen; und es hat nun den Weg eingeschlagen, auf Grund dieses Zollgesetzes Sonderverhandlungen mit einzelnen Staaten anzuknüpfen, um sie an dieses preußische System anzugliedern. So ist der Zollverein zustande gekommen, nicht durch eine allgemeine Vereinbarung von Bundes wegen, sondern durch den Anschluß der anderen Staaten an Preußen. Er ist darin ein Vorbild des deutschen Einigungswerkes überhaupt gewesen.

Es war keine leichte Aufgabe, die der preußische Finanzminister von Motz dabei zu lösen hatte; denn die Zollpolitik Preußens von 1818 war im übrigen Deutschland äußerst unpopulär, und namentlich in dem industriellen und schutzzöllnerischen Süden war anfänglich nicht die mindeste Neigung vorhanden, sich dem mehr freihändlerischen System Preußens anzuschließen; Österreich vollends widerstrebte diesen Absichten Preußens ebenso aus politischen wie aus wirtschaftlichen Beweggründen. Selbst die kleinen Staaten, die als Enklaven in dem preußischen Gebiet eingeschlossen waren, haben sich nur schwer, nach langem Sträuben dazu bequemt, einen Zollverein mit Preußen nach dem Muster von Schwarzburg-Sondershausen zu schließen, das schon 1819 die Zollverwaltung in die Hände Preußens gelegt hatte gegen einen verhältnismäßigen Anteil an den Einkünften. Köthen, Dessau und Bernburg waren fast ein Jahrzehnt lang die Herde eines lebhaften Schmuggels, der von den Regierungen begünstigt wurde und Preußen viel Abbruch tat; erst 1828, als Preußen energischer vorging, haben auch die anhaltinischen Herzöge den Anschluß vollzogen.

Im Gegensatz zu den preußischen Bestrebungen bildete sich 1828 ein besonderer Zollverein der beiden süddeutschen Königreiche Bayern und Württemberg, der hohe Schutzzölle annahm. Hessen-Darmstadt war diesem Bündnis nicht beigetreten, weil seine Interessen nicht genügend berücksichtigt worden waren; es schloß sich nun an Preußen an, mit dem es ja an einer schmalen Grenzstrecke im Südwesten zusammenhing. Dieser Vertrag mit Hessen-Darmstadt ist das Muster geworden für die Verträge mit allen anderen

Staaten des Zollvereins, die nicht als Enklaven vom preußischen Gebiet umschlossen waren. Er beruhte auf dem Grundsatz einer selbständigen Zollverwaltung bei Teilung der Einkünfte und gegenseitiger Kontrolle und war nur auf 6 Jahre abgeschlossen.

Ähnlich wie die beiden süddeutschen Königreiche schlossen sich auch Sachsen, die thüringischen Staaten und Kurhessen 1828 zu einem „mitteldeutschen Handelsverein" zusammen, der sowohl dem Süden wie dem Norden feindlich entgegentrat. Diese Gründung war für die preußischen Pläne besonders gefährlich, da sie durch ihre hohen Eingangs- und Durchfuhrzölle den Verkehr mit dem Süden abschnitt und Preußen auch die Aussicht auf den Anschluß anderer mitteldeutscher Staaten raubte. Da faßte Motz den trefflichen Plan, über diesen mitteldeutschen Bund hinweg dem Süden die Hand zu reichen; und hier war man geneigt, darauf einzugehen, weil die Begründung des mitteldeutschen Vereins auch hier als eine sehr unbequeme Störung empfunden wurde. Unter Vermittlung des Buchhändlers Cotta in Stuttgart gelang es 1829 einen Vertrag zwischen beiden Teilen zustande zu bringen, der zwar noch keine vollständige Zolleinigung, aber eine starke gegenseitige Annäherung herbeiführte; zu voller Wirkung gelangte er freilich erst, als es Motz gelungen war, zwei von den kleinen mitteldeutschen Staaten, Gotha und Meiningen, als Brücke zwischen dem Süden und Norden zu gewinnen. Seitdem geriet der mitteldeutsche Handelsverein in Verfall, und 1831 trat Kurhessen dem preußischen Zollverein bei — eine wichtige Wendung, durch welche erst jetzt die zollpolitische Verbindung zwischen der östlichen und der westlichen Hälfte des preußischen Staates hergestellt wurde. Zugleich kamen neue Verhandlungen in Gang über den völligen Zusammenschluß des Südens und des Nordens, die 1833 zur Zolleinigung mit Württemberg und Baden führten, worauf sich dann auch Sachsen und die thüringischen Staaten anschlossen. So war denn nun der größte Teil Deutschlands wirtschafts- und handelspolitisch geeinigt, und es war ein epochemachendes Ereignis in der Geschichte der deutschen Einheitsbestrebungen, als in der Neujahrsnacht von 1833/34 die alten Schlagbäume auf den großen Verkehrsstraßen sich hoben und die in langen Zügen harrenden Frachtwagen unter fröhlichem Rufen und Peitschengeknall der Fuhrleute in das befreite Land hinausrollten.

Motz hat diese Wendung nicht mehr erlebt; er war schon 1830 gestorben; Maaßen hat das Werk vollendet. Bis 1836 traten noch mehrere Kleinstaaten bei, auch Baden und Nassau; und seitdem befanden sich außerhalb des Zollvereins nur noch Mecklenburg, die Hansestädte und die nordwestdeutschen Länder: Hannover, Braunschweig, Oldenburg. Diese bildeten unter sich einen besonderen sogenannten „Steuerverein", der noch niedrigere Zollsätze hatte als der Zollverein. Zwischen beiden bestand kein grundsätzlich feindliches Verhältnis, wenn es auch an Reibungen und Konflikten nicht gefehlt hat. Der Zollverein umfaßte jetzt eine Bevölkerung von 25 Millionen und seine Grenzen waren nicht mehr so lang und ungünstig wie früher die von Preußen allein.

Erst seit der Begründung des Zollvereins konnte von einer deutschen Volkswirtschaft die Rede sein. Der Handelsverkehr hob sich sichtlich; auch die süddeutsche Industrie hatte von der Erniedrigung der Zollsätze nicht den Schaden, den sie gefürchtet hatte, sondern blühte jetzt erst recht auf, wo sie ein großes freies deutsches Absatzgebiet besaß. Das finanzielle Ergebnis war glänzend, da der Schmuggel bei den niedrigen Zollsätzen keinen erheblichen Schaden mehr tun konnte. Nur kam Preußen bei der Teilung der Einkünfte nach der Kopfzahl verhältnismäßig schlecht weg; trotzdem sind die Bestrebungen, die im preußischen Ministerium aus finanziellen Gründen gegen die Fortsetzung des Zollvereins gerichtet waren, niemals durchgedrungen; für die deutsche Zukunft aber war es von Wichtigkeit, daß die meisten kleineren Staaten finanziell mehr als Preußen an der handelspolitischen Einigung interessiert waren.

Eine Ergänzung des Zollvereins, ein Fortschritt zur Einigung in der deutschen Volkswirtschaft war die Münzkonvention von 1838, die namentlich das Wertverhältnis zwischen Talern und Gulden feststellte und damit eine sichere Grundlage für den Geldverkehr zwischen den Staaten verschiedener Währung schuf; denn an die Herstellung einer Münzeinheit war damals noch nicht zu denken.

Mit der Begründung des Zollvereins war eigentlich erst die handelspolitische Vorbedingung erfüllt für die Entwicklung des Eisenbahnwesens, das von 1840 an allmählich die Verkehrsverhältnisse auch in Deutschland vollkommen umgestaltete. Die erste Eisenbahnstrecke in Preußen war die zwischen Berlin und Potsdam, die 1838 eröffnet worden ist. In demselben Jahre erhielt Preußen ein gutes Eisenbahngesetz, das dem Staat ein weitgehendes Aufsichtsrecht vorbehielt; der Eisenbahnbau selbst aber wurde auch in Preußen wie in den meisten anderen Ländern zunächst der Privatunternehmung überlassen. Daß man keine Staatsbahnen baute, wie es ja eigentlich den preußischen Verwaltungstraditionen entsprochen hätte, lag in der Hauptsache daran, daß dazu Anleihen nötig gewesen sein würden, die nach dem Gesetz von 1820 die Genehmigung der Reichsstände zur Voraussetzung hatten, und daß diese Reichsstände nicht vorhanden waren. So wirkte der Mangel einer Verfassung auch auf das Verkehrswesen und die Staatsfinanzen hemmend ein.

An dem geistigen Leben der Nation hatte Preußen jetzt einen reichlichen Anteil; und insonderheit Berlin, das schon früher ein Mittelpunkt der romantischen Schule geworden war, fuhr fort, auch in Kunst und Wissenschaft eine leitende Stellung zu behaupten. Neben dem alten Gottfried Schadow entfaltete sich das jüngere kräftige Talent des Bildhauers Christian Rauch, gefördert durch die besondere Gunst des Hofes, aus dessen Dienerschaft er hervorgegangen war. In Italien, wo namentlich der Einfluß Canovas auf ihn wirkte, schuf er im Auftrage des Königs das bekannte, durch die Vereinigung von Anmut und Würde ausgezeichnete Grabdenkmal der Königin Luise, die ihm eine gütige Herrin gewesen war, ein Werk pietätvoller Liebe und Verehrung, das, nach manchen Irrfahrten am Orte seiner Bestimmung angelangt, das Wohlgefallen des innig gerührten Königs fand und 1815 im Mausoleum, der stillen, weihevollen Grabkapelle im Schloßpark von Charlottenburg aufgestellt worden ist, dieser Stätte künstlerischer Stimmung und patriotischer Erinnerungen, zu der an den Gedenktagen nicht nur die Mitglieder des königlichen Hauses, sondern auch die Bürger der Residenzstädte zu wallfahrten pflegen. Der Gegenstand hatte den Künstler so ergriffen, daß er noch lange daran weiterarbeitete und 1827 eine im einzelnen wie im ganzen wesentlich veränderte, in der Stilart freiere, im Ausdruck überaus zart vergeistigte Wiederholung dieser ruhenden Figur geformt hat, die sich in Sanssouci befindet. Später hat Rauch für das Mausoleum auch das entsprechende Denkmal Friedrich Wilhelms III. geschaffen, der hier an der Seite seiner Gemahlin ruht. Ein Gegenstück zu dieser Arbeit sind die Grabdenkmäler der Königin Friederike von Hannover, der anmutigen Schwester Luisens, und ihres Gemahls, des Königs Ernst August. Rauch ist der eigentliche künstlerische Interpret des Zeitalters der Freiheitskriege geworden. Seine charaktervollen, den Stein wahrhaft beseelenden Marmorstandbilder Bülows und Scharnhorsts, die 1822 zu beiden Seiten der neuen Hauptwache aufgestellt wurden, eröffnen die Reihe der Denkmäler, die den Helden der Freiheitskriege gewidmet sind. 1826 folgte die große Bronzestatue Blüchers, die der neuen Wache gegenüber ihren Platz fand, ein Werk von ruhigerer Haltung, als die einige Jahre vorher für Breslau modellierte Erzfigur; sie ist später (1855) durch die Hinzufügung der Denkmäler Gneisenaus und Yorcks zu einer monumentalen Gruppe ergänzt worden. Weit über Preußen, ja über Deutschland hinaus reichte der Ruhm und die Wirksamkeit des Künstlers. Das Standbild des russischen Kaisers Alexanders I., das in Odessa steht, ist aus seiner Hand hervorgegangen (1821). Von einer großen Anzahl fürstlicher Persönlichkeiten und hervorragender Zeitgenossen hat er lebenswahre und charaktervolle Büsten geschaffen, unter anderen auch von Goethe, Hardenberg, Schadow, Schinkel; den Philosophen Kant und den Begründer einer wissenschaftlichen Landwirtschaft, Albrecht Thaer, hat er in Standbildern verewigt, von denen das eine in Königsberg, das andere in Berlin steht. Die bekannte Statuette, die Goethe im Hausrock darstellt, ist eine der gelungensten Porträtfiguren der Zeit; ein größeres Denkmal des Dichters schien ihm nur in idealer Gewandung möglich, während die Auftraggeber Zeitkostüm verlangten; daran ist die Ausführung dieses Planes gescheitert. Auch die ältere preußische Geschichte hat dem Künstler Stoff für seine Werke geboten: so für das Standbild Friedrich Wilhelms I. in Gumbinnen, der von diesem Herrscher begründeten litauischen Stadt, und für das Denkmal August Hermann Franckes im Waisenhaus zu Halle. Mit dem Münchener Hofe stand Rauch in vielfältigen Beziehungen, ohne daß er aber dem Rufe König Ludwigs Folge geleistet hätte. Seine Arbeiten für die Walhalla, namentlich die sechs Siegesgöttinnen, und das Denkmal des Königs Max Josef in München gehören zu seinen bedeutendsten Schöpfungen. Mit der Kolossalstatue Albrecht Dürers für die Stadt Nürnberg (1840) erreichte er den Gipfel der großen monumentalen Kunst, deren gewaltigstes Werk das Denkmal Friedrichs des Großen werden sollte, das von 1840—51 ausgeführt worden ist.

Den allgemeinsten Höhepunkt aber des Kunstschaffens in Preußen, ja in Deutschland, bezeichnet für die Zeit von 1815—1840 die Wirksamkeit Karl Friedrich Schinkels, der, wie Schadow, ein geborener Märker war und vornehmlich die Hohenzollernresidenzen mit seinen Bauwerken geschmückt hat. Die Antike war sein Vorbild; aber ähnlich wie die Künstler der Renaissance hat er sie nicht einfach nachgeahmt, sondern sich ihrer Formensprache bedient zur Lösung von Aufgaben und zum Ausdruck von Ideen, die aus seiner eigenen Zeit und Umgebung entsprangen. Die griechische Formenwelt sagte eben seinem Wesen am meisten zu; er hat aber daneben auch andere Stilarten zu verwenden und nach Bedürfnis zu modeln verstanden. Der einfache dorische Bau der Hauptwache

Unter den Linden (1816—18), das in Gußeisen ausgeführte, in gotischem Stil gehaltene Nationaldenkmal für die Befreiungskriege auf dem Kreuzberg (1818—21), das Schauspielhaus mit seiner Säulenstellung über der großen Freitreppe, eine geschickte Anwendung antiker Formen auf einen modernen, mehrstöckigen Theaterbau (1818—21), die Schloßbrücke mit dem schönen Delphingeländer (1822—28), vor allem dann sein Meisterwerk, das in großartiger Schlichtheit und Würde noch heute den Lustgarten beherrschende und charakterisierende Museum (1824—28), dazu viele Kirchen von eigenartig evangelischem Charakter, als Predigtkirchen gedacht, mit zentraler Anordnung der Räume um Kanzel und Altar, wie der mächtige antike Rundbau der Nikolaikirche in Potsdam, der freilich erst später die abschließende Kuppel erhielt, oder Berliner Kirchen gotischen Stils, oder auch die ganz eigenartige, durch die Vereinigung von Gotik und Renaissance seltsam anmutende Werdersche Kirche, endlich auch Bauwerke wie das Potsdamer Tor und die Bauakademie, vor der heute die Statue des Meisters auf dem nach ihm benannten Platz neben der Thaers und des um die Berliner Industrieentwicklung so hochverdienten Beuth steht — das sind Schöpfungen, welche trotz der schmalen Mittel Preußens, die dem Genius einen Kappzaum anlegten, doch die Hohenzollernresidenzen damals architektonisch auf die erste Linie in Deutschland gestellt haben. Dazu kommt die ungemein reiche und mannigfaltige Befruchtung des Kunstgewerbes aller Art durch Schinkelsche Vorbilder und Motive. Man kann sagen, daß das ganze Leben in Berlin damals durch Schinkel seinen eigenartigen künstlerischen Stil erhalten hat.

Einen trefflichen Bildnismaler besaß Berlin damals an Franz Krüger; die Düsseldorfer Akademie, seit 1826 unter der Leitung von Wilhelm Schadow, des bedeutendsten unter den kunstbegabten Söhnen des alten Meisters Gottfried, wurde eine berühmte Malerschule, von deren Zöglingen Alfred Rethel bei weitem der hervorragendste war. Unter den Musikern zeigt Felix Mendelssohn-Bartholdy mit seiner Verbindung klassischer und romantischer Motive besonders deutlich die Einflüsse seiner Berliner Heimat. Für das geistige und gesellige Leben Berlins sind in diesen letzten Jahrzehnten auch Namen von Frauen, wie Bettina von Arnim und Rahel Varnhagen charakteristisch. Eine neue Erscheinung war es, daß Söhne einer alten märkischen Adelsfamilie, vornehme Hof- und Staatsmänner, wie die Brüder von Humboldt, richtunggebend in der Wissenschaft wirkten, Wilhelm auf dem Gebiete der Sprachforschung und Philosophie, Alexander durch seine Reisen und naturwissenschaftlichen Studien, beide Vorbilder einer weltumfassenden, nach den höchsten Zielen gerichteten gelehrten Tätigkeit. Ihnen gesellt sich Niebuhr zu, der als bahnbrechender Forscher auf dem Gebiet der römischen Geschichte noch berühmter wurde wie als Staats- und Finanzmann. Die Akademie der Wissenschaften, der diese Männer angehörten, hat sich durch die Bestrebungen, die unter ihrem maßgebenden Einfluß in den Jahren von 1808 bis 1812 zum Durchbruch kamen, erst wahrhaft zu einer deutschen gelehrten Körperschaft umgewandelt, die das Joch der ebenso herrschsüchtig wie unfruchtbar gewordenen Aufklärung abschüttelte und sich mit den Ideen der neuen Zeit erfüllte; sie hat damals (1812) die Formen erhalten, unter denen sie noch heute lebt, und sie blickt gern auf diese Zeit zurück, wo Alexander von Humboldt die Reform einleitete, Wilhelm von Humboldt zugleich als Leiter des Unterrichtswesens sie förderte und Niebuhr ihr den glücklichen Abschluß gab — Namen von einem Glanze, der von dem Ruhme des Gründers Leibniz und des ersten Reorganisators, des großen Friedrich, kaum überstrahlt wird.

Die neubegründeten Universitäten, neben Berlin und Breslau seit 1818 auch das an die Stelle von Duisburg getretene Bonn, wiesen unter der einsichtigen Verwaltung des ersten eigentlichen preußischen Kultusministers Altenstein (seit 1817) eine Fülle von bahnbrechenden Talenten und einige ganz große Gelehrte auf. Es mag genügen, hier an August Boeckh, den Schöpfer der klassischen Altertumskunde, Leopold Ranke, den Meister der neuen kritischen und universalen Geschichtsschreibung, Savigny, den Begründer der historischen Rechtsschule, zu erinnern. Hegel gelangte zu Ende der zwanziger Jahre in Berlin auf den Gipfel seiner Wirksamkeit. Dieser schwäbische Denker, der einst als junger Dozent in dem Sieger von Jena die verkörperte Weltseele hatte erblicken wollen, war jetzt ganz von dem eigentümlichen Geist des preußischen Staates erfüllt, den er auch unter der Hülle der Reaktion, die ihn damals umgab, richtig zu sehen und zu erfassen verstand, und seine Lehre hat viel dazu beigetragen, die unbedingte Hingabe an Staat und Monarchie zu einem wesentlichen Bestandteil der geistigen Bildung und philosophischen Weltansicht zu machen, die von der Universität Berlin ausging. Seine Schule beherrschte auch nach seinem Tode (1831) zunächst noch weit und breit das wissenschaftliche Denken; aber eben damals spaltete sich von ihr ein radikaler Flügel ab, der geneigt war, die einseitig-idealistische Weltanschauung des Meisters in ihr Gegenteil zu verkehren und der durch Namen wie Arnold Ruge, Bruno Bauer, Ludwig Feuerbach und David Friedrich Strauß bezeichnet wird. Strauß' Leben Jesu, das 1835/36 erschien, erregte durch die rücksichtslose Kühnheit seiner Evangelienkritik und durch das Bestreben, einen mythischen Christus an die Stelle des historischen zu setzen, alle gebildeten Kreise aufs tiefste und wurde bei der engen Verbindung von Religion und Staat fast zu einer öffentlichen Angelegenheit. Der Berliner Professor Hengstenberg, dessen Evangelische Kirchenzeitung das maßgebende, auch politisch einflußreiche Organ der orthodoxen Kreise in der preußischen Landeskirche war, führte einen scharfen literarischen Kampf gegen diesen theologischen Umstürzler, und das Buch von Strauß wäre wahrscheinlich in Preußen verboten worden, wenn nicht ein Gutachten des milderen Neander es verhindert hätte. Noch weiter ging Feuerbach in seinem Buche über das Wesen des Christentums (1841); in ihm erreichte der Subjektivismus des religiösen Denkens seinen Gipfelpunkt, indem er die Gottesvorstellung als eine Projektion der menschlichen Persönlichkeit auf dem Hintergrund des Unendlichen auffaßte. In Wahlverwandtschaft mit solchen Anschauungen war die literarische Gruppe des Jungen Deutschland, die ja gerade auch in Berlin ihre Vertreter hatte, bestrebt, alle religiösen und gesellschaftlichen Fesseln zu sprengen, die das Individuum hindern, sich seiner Natur und Neigung gemäß zu entfalten und auszuleben.

Aber diese Strömungen waren doch nur die Kehrseite einer Entwicklung, die in der Hauptsache ein stetiges Anwachsen der Stärke und Tiefe des religiösen Lebens zeigt, ganz besonders in der katholischen, aber auch in der evangelischen Kirche. Nicht nur die Orthodoxen von der Richtung Hengstenbergs, sondern auch so freie Geister, wie Schleiermacher, lassen diesen Zug der Zeit deutlich erkennen. Die Vereinigung der beiden evangelischen Bekenntnisse in der preußischen Landeskirche hat im allgemeinen das kirchliche Leben gefördert; aber auch die Gegenbewegungen, die aus den Kreisen dogmatischer Eiferer namentlich seit 1830 sich gegen die neue Agende erhoben, zeugen von der wachsenden Stärke des religiösen Gefühls. Namentlich in Schlesien verwarfen orthodoxe lutherische Pastoren in Übereinstimmung mit ihren Glaubensgenossen jenseits der preußischen Grenzen die evangelische Union, obwohl diese keinen Gewissenszwang übte und die vorsichtig formulierte Agende für beide Bekenntnisse Raum bot; es kam darüber zu unerquicklichen Erörterungen, schließlich sogar an einigen Orten zu Unruhen, die mit Gewalt unterdrückt werden mußten und dazu führten, daß einige Pastoren abgesetzt und wegen Widerstandes gegen die Staatsgewalt zu Gefängnis verurteilt wurden (1832—35). Das Ende war dann (1841), daß die ganz starrgläubigen Lutheraner sich als eine besondere altlutherische Kirchengemeinschaft zusammentaten. Wesentlichen Abbruch hat aber die unierte Landeskirche durch diese Absonderung nicht erlitten.

Noch heftiger war der Zusammenstoß der Staatsgewalt mit der katholischen Kirche, in der die ultramontane Bewegung eben damals mächtig anzuschwellen begann. Im Jahre 1835 war der milde, friedliebende, noch mehr in dem staatsfreundlichen Geiste der alten Prälatur wirkende Erzbischof von Köln, Graf Spiegel, gestorben, und die preußische Regierung, die hierin dem Rate eines katholischen Geheimrats im Kultusministerium, Schmedding, folgte, war so unvorsichtig, trotz des ihr zustehenden Einspruchsrechts die Wahl eines fanatischen Ultramontanen der neuen Richtung, des Freiherrn von Droste-Vischering, zum Nachfolger auf dem Erzstuhl zuzulassen, ja sogar zu befördern. Der neue Erzbischof brachte nun sofort einen ganz anderen Ton in die staatskirchlichen Beziehungen: die Vorlesungen der Bonner Professoren, die der älteren, versöhnlichen, staatsfreundlichen Richtung von Hermes angehörten, wurden den katholischen Studenten verboten, und in der Frage der kirchlichen Einsegnung gemischter Ehen wurde jetzt im Gegensatz zu der früheren Übung das Versprechen katholischer Kindererziehung als unumgängliche Bedingung gefordert. Nach langen und vergeblichen Verhandlungen entschloß sich die Regierung zu einem rücksichtslosen Vorgehen im Stil der alten staatskirchlichen Auffassung. Der Erzbischof wurde aus seinem Amte entfernt und nach Minden auf die Festung gebracht. Die Kurie protestierte auf das heftigste und entschiedenste. Auch das übertriebene Entgegenkommen des Gesandten Bunsen konnte die Empörung im Vatikan nicht beschwichtigen. Unter dem katholischen Adel am Rhein und in Westfalen herrschte große Aufregung; Görres wandte sich in einer leidenschaftlichen ultramontanen Streitschrift unter dem Titel „Athanasius" gegen die Übergriffe der weltlichen Gewalt; von Posen aus erließ der Erzbischof Dunin 1838 einen Hirtenbrief, in dem auch er das Versprechen der katholischen Kindererziehung bei Mischehen im offenen Widerspruch gegen die staatliche Autorität als unbedingte Forderung aufstellte; auch er wurde abgesetzt, zu Festungshaft verurteilt und nach Kolberg gebracht. Dieser erste Zusammenstoß mit der katholischen Kirche hat damit geendet, daß Friedrich Wilhelm IV. bald nach seinem Regierungsantritt die Bischöfe freiließ und in ihre Ämter wieder einsetzte, indem er damit die alte staatskirchliche Stellung, die man in Preußen bisher behauptet hatte, aufgab und mit der Auffassung brach, die in den Bischöfen in erster Linie öffentliche Beamte sah.

Mit dem kirchlichen Leben gewann auch die Sorge für die Volksbildung in der Zeit nach den Befreiungskriegen eine gesteigerte Bedeutung für die öffentlichen Interessen und auch in der Staatstätigkeit. Die mit der Selbstverwaltung begabten städtischen Gemeinden nahmen sich des Schulwesens zum großen Teil mit erfreulichem Eifer an, und auch auf den Dörfern wirkte die Bauernbefreiung förderlich für die Einrichtung von Schulen, an denen es bisher noch so vielfach gefehlt hatte. Wie die Gymnasien in ihr klassisches Zeitalter eintraten, das Ideal antiker Humanität mit dem christlich-deutschen Charakter der Zeit verschmelzend, so wurde auch das Volksschulwesen namentlich durch die Ausbildung besserer Lehrkräfte in den zahlreichen neubegründeten Seminaren bedeutend gehoben, ja auf eine neue Grundlage gestellt. Erst diese stille Arbeit der Schulgründung auf den Dörfern, der geistigen und allmählich doch auch materiellen Hebung des Lehrerstandes hat langsam und fast unbemerkt, aber stetig fortschreitend und nachhaltig wirkend in diesen und den nächsten Jahrzehnten die allgemeine Schulpflicht in Preußen ebenso wie die allgemeine Wehrpflicht annähernd verwirklicht.

König Friedrich Wilhelm III. starb am 7. Januar 1840, aufrichtig betrauert von seinen Untertanen. Es war eine lange und wechselvolle Regierung, die er geführt hatte. Auf die Jahre idyllischer Ruhe und häuslichen Glückes an der Seite der ihm so früh entrissenen Gemahlin war der ungeheuerste Zusammenbruch gefolgt, den Preußen und sein Königshaus je erlitten haben; und dann nach langem Harren und Schwanken die gewaltigste patriotische Anstrengung, der schönste Sieg, und eine vorteilhafte Wiederherstellung des Staates. Der König selbst, an sich ohne einen großen staatsmännischen Zug, war doch durch die Not der Zeit und durch die Einwirkung großer Männer unter seinen Beratern zeitweise über sich selbst hinausgehoben worden. Sein ernsthaftes, väterlich-wohlwollendes, gewissenhaft-redliches Wesen hatte in den großen Momenten die ihm sonst eigene Starrheit und Schwunglosigkeit verloren und war fähig geworden zu großen, schweren und folgenreichen Entschlüssen, die das Wesen des preußischen Staates innerlich gründlich umgewandelt haben. Aber als die dringendste Arbeit vollbracht und ein dauerhafter Friede wiederhergestellt war, da hatten die mächtigen Antriebe aus der Zeit der Erhebung und Reform allmählich ihre Kraft verloren; das Bedürfnis einer engen Verbindung mit Österreich und der Einfluß Metternichs wirkten jetzt wieder in dem Sinne, daß die Aufrechterhaltung des Bestehenden und die ruhige Beharrung in dem Gewohnten die bezeichnenden Züge seiner späteren Regierung wurden. Mit der ihm eigenen, gemessenen Würde waltete er in seinem Hause wie in seinem Staate als ein patriarchalischer, allen Aufregungen und Neuerungen abgeneigter, aber für das Wohl seines Volkes aufrichtig besorgter Herrscher, auch im Ausland überall wohl angesehen, einfach und sparsam in seinen Gewohnheiten, kein Freund rauschender Feste, aber ein regelmäßiger Besucher und Förderer der königlichen Theater, namentlich der Oper. Nachdem seine Töchter alle verheiratet waren, Prinzessin Charlotte mit dem russischen Thronfolger Nikolaus, der 1825 den Zarenthron bestieg, Alexandrine mit dem Erbgroßherzog von Mecklenburg-Schwerin, Luise mit dem Prinzen der Niederlande, hatte er sich 1824 in morganatischer Ehe mit der Gräfin Auguste Harrach verbunden, die bei dieser Gelegenheit zur Fürstin von Liegnitz erhoben wurde. Sie ist ihm eine treue Pflegerin gewesen und hat seinem Hause wieder das ihm unentbehrliche Behagen, das nur Frauenhände zu spenden vermögen, verschafft.

Kurz vorher (Ende 1823) hatte sich auch der Kronprinz Friedrich Wilhelm, dem Zuge seines Herzens folgend, mit der bayerischen Prinzessin Elisabeth vermählt. Der König ließ die Verbindung zu, obwohl die künftige preußische Königin katholisch war und zunächst auch blieb; doch ist sie nach einigen Jahren gewissenhafter Vorbereitung zu dem Glaubensbekenntnis ihres Gemahls übergetreten. Die Ehe blieb kinderlos; aber sie war auf die innigste Seelen- und Lebensgemeinschaft der beiden Gatten begründet und gewährte das Bild eines vollkommenen häuslichen Glückes.

In einem politischen Testament von 1827 hat Friedrich Wilhelm III. seinen Nachfolger ebenso vor den unpraktischen Theorien des Tages wie vor einer zu weit getriebenen Vorliebe für das Alte gewarnt; nur wenn er diese beiden Klippen zu vermeiden verstehe, könnten wahrhaft nützliche Verbesserungen geraten. In dem Einverständnis Preußens mit Rußland und Österreich sieht er die Hauptbürgschaft für die Fortdauer der großen europäischen Allianz. In einer späteren Fassung von 1838 legt er ganz besonderes Gewicht auf die Aufrechterhaltung der Union, der Agende, des königlichen Kirchenregiments. Er gibt der Überzeugung Ausdruck, daß seine Untertanen in den gesetzlich geregelten Verwaltungseinrichtungen mit dem Staatsrat, den Provinzialständen, der Städteordnung und den übrigen Kommunalverfassungen die beste Garantie für ungestörte Ordnung und Gesetzlichkeit besäßen. Eine Beschränkung der königlichen Macht durch den Erlaß einer ständischen Verfassung soll ein künftiger Regent nach seinem Willen nur unter Zustimmung der sämtlichen Agnaten des Hauses vornehmen dürfen; würde in Zukunft die Aufnahme einer Anleihe nötig werden, zu der es ja einer Zustimmung der Reichsstände bedurfte, so sollten dann solche lediglich für diesen Zweck aus gemischten Ausschüssen der Provinziallandtage und des Staatsrats gebildet werden. Es war zweifelhaft, ob diese Bestimmungen, wie Friedrich Wilhelm III. wollte, die Rechtskraft eines Hausgesetzes haben konnten. In der später wieder auftauchenden Verfassungsfrage haben sie immerhin eine Rolle gespielt. Mit dem König war auch der weitaus größte Teil des höheren Beamtentums der Meinung, daß eine gute Verwaltung besser sei als eine Verfassung, von der man Gefährdung der Ruhe und Ordnung im Staat befürchtete. Die darauf gerichteten Bestrebungen waren in Preußen anscheinend zur Ruhe gekommen; das Volk liebte den König, mit dessen Namen sich die Erinnerung an so unglückliche und glorreiche Tage verband; man gönnte ihm, der so unruhige und wechselvolle Zeiten durchlebt hatte, im Alter die Ruhe, nach der er begehrte. Aber die große allgemeine Bewegung, aus der auch in Preußen solche Bestrebungen entsprungen waren, nahm inzwischen ihren Fortgang und machte sich später um so heftiger geltend, je länger sie zurückgedrängt worden war. Es sollte sich dereinst noch rächen, daß man versäumt hatte, wie Stein 1830 an Gneisenau schrieb, „die Flamme zu leiten, ehe sie sich ihren eigenen verheerenden Weg suchte“.

X.

Der Verfassungsstaat und die deutsche Frage.
1840–1859.

Verfassungsexperimente 1840–1847.

Der Regierungsantritt Friedrich Wilhelms IV. wurde in Preußen als der Anbruch einer neuen Epoche begrüßt und erregte überall die größten Erwartungen; man hatte ein Gefühl wie der Schiffer, der bei frisch aufgehendem Winde nach langer Meeresstille auf glückliche Fahrt hofft. Aber wer die Zeichen der Zeit und die persönliche Art des neuen Herrschers recht verstand, hätte wohl eher an Sturm und Schiffbruch denken können.

Der allgemeine Zug des europäischen Lebens ging mit immer wachsender Entschiedenheit auf die Selbstbestimmung der Völker und auf eine nüchterne Interessenpolitik der Staaten. Die heilige Allianz und die Pentarchie der großen Mächte hatte sich als ein Trugbild erwiesen, das in der scharfen Luft der Staatsräson zerflossen war; immer deutlicher trat die Kluft zwischen den liberalen Westmächten und den absolutistischen Ostmächten hervor, die freilich auch anderweitige Gegensätze und Verbindungen nicht ausschloß. England, das so lange als Hochburg eines konservativen Staatslebens gegolten hatte, war mit der völligen Durchführung der parlamentarischen Regierungsweise auf die Bahn einer fortschrittlichen Entwicklung geraten, die mit dem Ideal altfürstlicher Autorität in schroffem Widerspruch stand, und von Frankreich und Belgien her wirkte das Beispiel demokratischer Institutionen unmittelbar auf Süddeutschland und die westlichen Provinzen der preußischen Monarchie ein, und zwar um so stärker, als auch hier überall die Fortschritte der Industrie als Schrittmacher für die politischen Ansprüche der bürgerlichen Klassen dienten. Die nationale und die konstitutionelle Bewegung, die infolge des Gegensatzes der süddeutschen Liberalen gegen das absolutistische Preußen eine Zeitlang auseinander gegangen waren, begannen sich allmählich wieder zu vereinigen und mit verstärkter Wucht auf die Regierungen zu drücken. Es war das Verhängnis Preußens und Deutschlands, daß der Fürst, von dessen Willen der weitere Gang der Entwicklung vorzugsweise abhing, zwar für die nationale, aber nicht für die konstitutionelle Seite dieser großen Forderung der Zeit Verständnis besaß und auch nicht durch den realpolitischen Machtinstinkt geleitet war, der dazu gehört hätte, den unauflösbaren Knoten der deutschen Frage zu durchhauen.

Friedrich Wilhelm IV., damals im Alter von 45 Jahren, war mehr eine geniale Künstlernatur als ein zum Herrschen geborener Charakter. Er lebte mehr in phantasievollen Vorstellungen als in der harten Wirklichkeit und sah die Dinge nicht unmittelbar in ihrer einfachen Realität, sondern immer nur durch ein ideologisches Medium hindurch. Er war voll Geist und Geschmack in Kunst und Wissenschaft, bekannt als Freund und Förderer von Gelehrten und Künstlern, ausgezeichnet durch schwungvolle Beredsamkeit wie durch schlagfertigen Witz. Aber die Kehrseite dieser reichen Begabung war nicht bloß der Mangel an nüchternem Wirklichkeitssinn, sondern auch an jener Stetigkeit und Festigkeit des Willens und jener nie versagenden Entschlußkraft, die doch in erster Linie die Erfordernisse des Regentenberufs sind. In seinem Wesen war etwas Überschwengliches und Sprunghaftes; seine Stimmung schwankte häufig zwischen Extremen. Er konnte von berückender Güte und Liebenswürdigkeit sein und dann wieder von leidenschaftlicher Heftigkeit bis zum Jähzorn. Im persönlichen Verkehr gab er sich oft ganz ungezwungen, als witziger, unterhaltender Gesellschafter; steifere Naturen vermißten dann wohl in seiner Haltung die königliche Würde. Aber im Grunde hatte er doch ein überaus hochgespanntes Gefühl von der Würde und Hoheit seiner Stellung. Er glaubte fest an das göttliche Recht und die göttliche Weihe des fürstlichen Berufs; er war ein Legitimist von wahrhaft mystischer Tiefe; er glaubte, daß Gott den Fürsten eine ganz besondere Erleuchtung zuteil werden lasse. In dieser Überzeugung wurzelte auch seine Hartnäckigkeit in den politischen Grundsätzen, trotz allen Schwankens in Plänen und Meinungen. Er war ein Kind der Restauration, ein Anhänger der Hallerschen Staatslehre, die er freilich mit religiösem Gefühl durchdringen und dadurch veredeln und läutern wollte. Sein Staatsideal trug die unverkennbaren Züge der Romantik; er schwärmte für die „alte teutsche Verfassung" mit ihren organisch erwachsenen Institutionen und Standesunterschieden, mit dem patriarchalischen Prinzip der Treue und des Vertrauens zwischen Fürst und Untertanen; er wollte nichts wissen von den Doktrinen des Naturrechts, auf die sich damals der Liberalismus hauptsächlich gründete; er sprach wohl wegwerfend von dem „Racker von Staat" und hörte lieber von König und Untertanen, von Land und Leuten reden. Für Deutschland und deutsches Wesen hat er immer ein offenes und begeistertes Herz gehabt; aber eine preußische Machtpolitik in dem Sinne, die Führung in Deutschland zu übernehmen unter Verdrängung Österreichs, lag ihm fern. Sein deutscher Gedanke war großdeutsch und ist es im Grunde immer geblieben. Ein deutsches Reich ohne das Erzhaus, ohne Tirol und Triest erschien seinem historisch-romantischen Sinn als eine Unmöglichkeit, als ein „Gesicht ohne Nase"; sein Ehrgeiz ging ursprünglich nur dahin, daß der König von Preußen der Reichserzfeldherr unter dem österreichischen Kaiser werden sollte. Die Ergänzung zu diesem mittelalterlichen Bilde Deutschlands, das ihm in glühender Farbenpracht vorschwebte, war eine ständische Verfassung im Innern, namentlich auch in seinem eigenen preußischen Staate; und die sollte an die unter seiner Ägide zustande gekommene provinzialständische Ordnung von 1823 anknüpfen. Das Denken und Wollen des Königs war durchweg religiös und kirchlich gefärbt. Er war ein guter Protestant von tiefer, innerlicher Frömmigkeit; aber auch die Einrichtungen seiner evangelischen Landeskirche, die ihm ebenso sehr am Herzen lag wie der Staat, hätte er gern mit allerlei romantischem Zierat verbrämt; wie er denn an eine Wiederherstellung der bischöflichen Verfassung gedacht hat. Über all diesen Plänen und Entwürfen aber schwebte die Idee einer universalen Organisation des öffentlichen Lebens in Europa, die mehr sittlich-religiöser als politischer Natur war, ähnlich wie der Grundgedanke der heiligen Allianz, und in einem schroffen Widerspruch zu der Staatsräson einer realistischen Politik stand.

In dem Bannkreis dieser romantisch-mystischen Anschauungen standen auch die Männer, die vorzugsweise als die Freunde des Königs und seine einflußreichen Berater neben dem Ministerium bezeichnet werden können und die wir zum Teil schon als Mitarbeiter des „Politischen Wochenblatts" kennen lernten; vor allen der Generaladjutant Leopold von Gerlach und seine Brüder, von denen der magdeburgische Gerichtspräsident Ludwig der schärfste und bedeutendste Vertreter einer hochkirchlich-konservativen Richtung war, die mit dem agrarischen Junkertum keineswegs ohne weiteres gleichgesetzt werden darf, ferner der geistreiche und vielwissende Radowitz, der trotz seiner Fremdbürtigkeit und seiner nie verleugneten katholischen Gesinnung zu hoher militärischer Stellung gelangt war und als Militärbevollmächtigter am Bundestag eben damals die Erfahrungen sammelte, die ihn befähigt haben, nachmals der Hauptratgeber des Königs in der deutschen Frage zu werden; endlich Bunsen, der gelehrte Kenner des mittelalterlichen Kultuswesens, mit dem der König seine kirchlich-romantischen Pläne am liebsten erörterte, trotz seines Mißerfolges als Vertreter am Vatikan bald wieder in bedeutender diplomatischer Stellung tätig, als Botschafter in London, wo er durch seine englische Gemahlin schnell heimisch wurde; er hat den König in seiner übertriebenen Vorliebe für englisches Staats- und Kirchenwesen, das dieser aber nur einseitig von der altertümlich-konservativen Seite auffaßte, auf eine mehr dilettantische als politische Weise bestärkt.

Die Ministerialregierung blieb zunächst in den Formen, die sie nach Hardenbergs Tode angenommen hatte, wenn sich Friedrich Wilhelm IV. auch nicht so ausschließlich wie sein Vater auf den Verkehr mit dem Kabinettsminister beschränkte. In diese Stellung berief er seinen alten Adjutanten, den frommen und pflichttreuen General von Thile, neben dem später namentlich noch der Westfale v. Bodelschwingh, das Muster eines gewissenhaften Verwaltungsbeamten, tätig gewesen ist. Von den Fachministern war der Kultusminister Eichhorn, der Nachfolger Altensteins, der sich früher sehr bedeutende Verdienste um die Begründung des Zollvereins erworben hatte, ein eifriger und einseitiger Förderer der neuen pietistischen Richtung; er ist den Rationalisten, namentlich den sogenannten Lichtfreunden in Halle sehr abgünstig entgegengetreten. Minister des Innern blieb der hochkonservative Vertreter des alten Systems Herr von Rochow, dem die immer deutlicher hervortretende freisinnige Richtung in der Rheinprovinz und in Ostpreußen schwere Sorgen bereitete und der bald mit dem liberalen Königsberger Oberpräsidenten von Schön in offenen Konflikt geraten ist. Im Justizministerium waltete zunächst noch der Demagogenverfolger Kamptz, bis er 1842 durch den großen Rechtslehrer Savigny ersetzt wurde; das Kriegsministerium zierte noch einmal der alte Boyen, dem freilich keine große Wirksamkeit mehr beschieden war; das auswärtige Amt hat erst seit 1845 einen Vertreter von einiger Bedeutung erhalten in der Person des früheren Wiener Gesandten von Canitz, der zu dem vertrauten Kreise des Königs gehörte und auch in der deutschen Frage die Richtung seines königlichen Herrn vertrat. Eine maßgebende Stellung hatte keiner von diesen Männern; der König war gewillt, durchaus selbst zu regieren.

Die Erbhuldigung, die nach alter Weise in Königsberg und Berlin veranstaltet wurde und bei der Friedrich Wilhelm gegen alles Herkommen persönlich zu den Versammelten zündende Worte über das Verhältnis von König und Volk sprach, gab weiten Kreisen bereits einen starken Eindruck von dem berückenden Zauber seiner Persönlichkeit und von dem Geiste, in dem er sein Herrscheramt auffaßte. Es war ein großer, herzbewegender Moment, als er in Berlin vor dem Schlosse von der goldenen Treppe des festlichen Throngerüstes herab die auf dem Schloßplatz Versammelten mit begeisterten Worten anredete und das Gelöbnis der Treue von ihnen heischte, das dann tausendstimmig ertönte und mit bewegtem Dank von ihm entgegengenommen wurde. So hatte noch nie in Preußen ein König zu seinem Volke gesprochen, und im Moment war alles durch den hohen Schwung dieser Feierstunde überwältigt.

Die ersten Regierungshandlungen Friedrich Wilhelms entsprangen im übrigen mehr dem großherzigen Wunsche, allen seinen Untertanen als ein gnädiger und gerechter Herr zu erscheinen, überall Friede und Freude zu verbreiten, als reifer politischer Erwägung, und sie waren daher kein klarer und unzweideutiger Ausdruck seiner eigentlichen Regierungsabsichten. Eine allgemeine Amnestie für politische Verbrecher gab den Burschenschaftern, die wie Fritz Reuter zu langer Festungshaft verurteilt waren, die Freiheit wieder; die Untersuchung demagogischer Umtriebe hörte auf; der alte Arndt durfte in Bonn wieder Vorlesungen halten, und der Turnvater Jahn wurde von der Polizeiaufsicht befreit. Von den Göttinger Sieben wurde Dahlmann als Professor in Bonn angestellt und die Brüder Grimm als Mitglieder der Akademie mit einem Jahrgehalt nach Berlin berufen; Alexander von Humboldt wurde zum Mitglied des Staatsrats ernannt. Auf der anderen Seite wurde allerdings auch der hochkirchlich-konservative Rechtslehrer Fr. J. Stahl, der Sprößling einer jüdischen Familie, aus Bayern stammend, in Berlin angestellt, einer der künftigen Führer der konservativen Partei, und Schelling war ausersehen, durch seine Philosophie der Offenbarung einen Ersatz für Hegel zu bieten, der mehr als dieser nach dem Herzen der Gläubigen war und den Rationalismus bekämpfen sollte — eine Hoffnung, die freilich bei der geistigen Erschöpfung des greisen Gelehrten sich nicht erfüllen konnte. Auch der hessische Reaktionär und Konfliktsminister Hassenpflug hat damals im preußischen Obertribunal einen Platz gefunden.

Am bezeichnendsten aber für die Richtung der neuen Regierung war der schnelle und vollständige Rückzug in dem Konflikt mit der katholischen Kirche. Waren die Rechte des Staates in dem Kirchenstreit etwas zu scharf betont und zu schroff geltend gemacht worden, ohne Verständnis für die veränderte Lage, welche durch die innere Umwandlung der katholischen Partei im ultramontanen Sinne entstanden war, so wurden sie jetzt leichtherzig und ohne Umstände ganz aufgegeben: denn darauf kam doch die Wiedereinsetzung der ungehorsamen Bischöfe hinaus. Der König glaubte den Zwiespalt der Konfessionen bewältigen zu können durch die ihm vorschwebende Idee eines christlich-germanischen Staates. Auf dem Dombaufest zu Köln (1842) hat er diesem seinem Ideal mit zündenden Worten Ausdruck verliehen. In den katholischen Kreisen aber und auch sonst gewann jetzt die Ansicht Raum, daß die Bischöfe nur der päpstlichen Kurie, nicht auch der Staatsgewalt zu gehorchen hätten, daß jedenfalls in einem Konflikt der beiden Gewalten der Staat nachgeben müsse. Auf der Grundlage solcher

Auffassungen hat sich dann die ultramontane Bewegung, gefördert durch die katholische Abteilung des Kultusministeriums, in der Stille weiter entwickelt bis zum Kulturkampf der 70er Jahre.

Verhängnisvoll war auch die entgegenkommende Haltung des Königs gegen die Polen, die 1841 zu einem völligen Umschwung geführt hat. Die beweglichen Klagen des polnischen Grafen Raczynski haben ihren Eindruck nicht verfehlt: der Oberpräsident Flottwell, der zehn Jahre hindurch neben dem General von Grolman der Vertreter des Germanisierungssystems gewesen war, wurde nach Sachsen versetzt und die Regierung hörte auf, für die Verstärkung des deutschen Elements in der Ostmark zu sorgen. Alle Zivilprozesse mußten fortan in der Sprache des Klägers verhandelt werden; den Verfügungen der Behörden sollten polnische Übersetzungen beigegeben werden; und wenn auch die von den Polen geforderte Wahl der Landräte nicht bewilligt wurde, so begann doch in den Schulen wieder das Polnische zu überwiegen; der Erzbischof von Gnesen erschien jetzt als das eigentliche Haupt des Landes und schürte nach Kräften die polnische Agitation, die in den begnadigten Verschwörern von 1830 wirksame Helfer fand. Die Polen waren weit entfernt, wie es die Regierung gehofft hatte, ihren Vereinigungspunkt in dem Namen Preußen zu finden; sie wollten bleiben, was sie nach Sprache und Sitte und nach ihren geschichtlichen Erinnerungen waren: Polen. Der unter der Ägide der preußischen Regierung erst zu Selbständigkeit und wirtschaftlicher Wohlfahrt gelangte Bürger- und Bauernstand ist erst allmählich in diese großpolnische Bewegung hineingewachsen; ihre eigentlichen Träger waren anfangs in der Hauptsache nur Klerus und Adel.

Gewissermaßen wie ein vorbereitendes Leitmotiv, wie eine nationale Fanfare klingt in die Anfänge der Regierung Friedrich Wilhelms IV. der Alarm der deutschpatriotischen Bewegung hinein, der durch die Haltung Frankreichs in der orientalischen Frage hervorgerufen worden ist. Die vier großen Mächte, die alten Alliierten von 1814, hatten sich unter Führung Lord Palmerstons in geschlossener Reihe gegen die Anmaßungen der auf den vorwaltenden Einfluß in Ägypten gerichteten französischen Politik gewandt. In der französischen Deputiertenkammer sprach man damals davon, daß die Verträge von 1815 zerrissen werden müßten, und der alte Ruf nach der Rheingrenze wurde wieder laut. In der öffentlichen Meinung Deutschlands machte sich damals eine starke, einmütige patriotische Bewegung geltend, die über die Grenzen der einzelnen Staaten hinausging und an die gemeinsame deutsche Idee anknüpfte, wie sie von den Freiheitskriegen her in Erinnerung war. Damals dichtete Nikolaus Becker das rasch berühmt gewordene Lied „Sie sollen ihn nicht haben, den freien deutschen Rhein", und Friedrich Wilhelm IV. verlieh dem Dichter eine lebenslängliche Pension. Auch Max Schneckenburgers „Wacht am Rhein" stammt aus jenen Tagen, blieb aber so gut wie unbekannt, bis das Lied 1870 zu der wohlverdienten Ehre kam, der nationale Kriegsgesang der Deutschen zu werden. Manche Patrioten, wie Radowitz, waren der Meinung, daß Preußen diese Gelegenheit hätte benutzen sollen, um sich in einem Kriege gegen Frankreich an die Spitze Deutschlands zu stellen; aber Friedrich Wilhelm IV. wollte den Frieden ebenso wie Louis Philipp; und da man in Frankreich nicht von den Worten zu Taten überging, so blieb er erhalten. Der König hatte die Gelegenheit nur dazu zu benutzen versucht, um die schon früher viel erörterte Reform der Bundeskriegsverfassung in Verhandlungen mit Österreich zum Ziel zu führen. Aber man kam auch diesmal nicht über die Aufstellung eines Feldzugsplans wie 1831 hinaus; nachträglich wurde dann nur noch der Ausbau der Bundesfestungen Ulm und Rastatt und die Einführung von Bundesinspektionen im Frieden erreicht. Friedrich Wilhelm IV. besaß nicht die zupackende Energie, die zur Lösung der deutschen Frage im preußischen Sinne gehört hätte; auch seine auswärtige Politik war stark durchsetzt mit persönlichen Sympathien und idealen Bestrebungen. In der Natur der Sache lag damals eine möglichst feste Verbindung der drei Ostmächte, Preußen, Rußland und Österreich, und im allgemeinen hat Friedrich Wilhelm IV. diese Linie auch eingehalten; aber seine auf persönlicher Vorliebe beruhende Hinneigung zu England, in der er durch Bunsen bestärkt wurde, hat doch immer wieder das Mißtrauen der beiden Ostmächte rege gemacht, und die Verbindung mit England hat keine andere Frucht gezeitigt als die Begründung des evangelischen Bistums Jerusalem.

Die wichtigste Frage der preußischen Politik aber war zunächst die der Verfassung; sie ist schon durch den Königsberger Huldigungslandtag zur öffentlichen Erörterung gebracht worden. Der Landtag hatte in ehrerbietig-loyalem Tone den König gebeten, das Werk der Volksrepräsentation in Angriff zu nehmen und eine Verfassungsurkunde im Sinne der Verheißung vom 22. Mai 1815 zu erlassen; die Äußerungen des Königs bei der Huldigung selbst waren nicht bestimmt genug gewesen, um den Ostpreußen sofort die Hoffnung auf Erfüllung ihrer Bitte zu nehmen; um so größer war dann die Enttäuschung, als der König in einer Kabinettsorder vom 4. Oktober ganz deutlich aussprach, daß er keineswegs eine Entwicklung der Landesverfassung im Sinne der Verordnung von 1815 beabsichtige. Aus dieser Stimmung ist die Schrift des Oberpräsidenten von Schön „Woher und wohin?“ hervorgegangen und ebenso die Schrift eines jüdischen Arztes aus Königsberg, Johann Jacoby, „Vier Fragen beantwortet von einem Ostpreußen“. Beide knüpften an den Antrag des Huldigungslandtages an und beide traten für die Repräsentativverfassung ein, Schön in maßvoller und ehrerbietiger Form unter besonderer Hervorhebung des Gedankens, daß eine Verfassung die notwendige Ergänzung und der natürliche Abschluß der Reformgesetzgebung von 1807 bis 1813 sei; Jacoby in einem heftigen, rechthaberischen Tone und ohne den bei Schön unverkennbaren Hauch von Loyalität und Ehrfurcht vor der Krone. Der König, dem Schön seine Broschüre übersandt hatte, lehnte die Ansichten des liberalen Oberpräsidenten nicht gerade ungnädig, aber ganz entschieden ab. Die von Schön angebotene Entlassung bewilligte er nicht; aber die immer heftigeren Konflikte, in die der Oberpräsident jetzt mit dem Minister von Rochow geriet, haben 1842 dazu geführt, daß er sowohl wie sein Gegner aus dem Staatsdienste ausschieden. Gegen Jacoby wurde gerichtlich vorgegangen; er wurde in erster Instanz zu mehrjähriger Festungshaft verurteilt, auf seine Berufung aber vom Kammergericht freigesprochen. Die dadurch genährte Bewegung hat in Ostpreußen angehalten bis zum Jahre 1848.

In welcher Richtung sich die Verfassungspläne des Königs bewegten, das zeigte sich in der weiteren Entwicklung, die er seit 1841 den Provinziallandtagen angedeihen ließ. Sie sollten fortan alle zwei Jahre zusammentreten und in beschränkter Öffentlichkeit verhandeln; zugleich wurde die Bildung von Ausschüssen angeordnet, die gelegentlich als Ersatz der vollen Landtage dienen sollten.

Am 18. Oktober 1842 wurden dann diese Ausschüsse aus allen Provinzen nach Berlin zusammenberufen, gewissermaßen als Ersatz eines General-Landtages unter dem Namen „Vereinigte Ausschüsse", im ganzen 98 Abgeordnete aus den acht Landtagen, 46 vom Herren- und Ritterstand, 32 von den Städten, 20 von dem kleinen ländlichen Grundbesitz. Bei den Vorlagen, die dieser Versammlung gemacht wurden (die eine bezog sich auf einen Steuernachlaß, die andere auf eine staatliche Zinsgarantie für Privateisenbahnen), handelte es sich eigentlich nur um eine Kenntnisnahme bereits vollzogener Regierungsakte oder um eine nachträgliche Zustimmung dazu; und auch die allgemeine Frage, die ihr dann noch vorgelegt wurde, ob die Regierung in Zukunft den Eisenbahnbau mit allen Mitteln, namentlich auch durch Zinsgarantie, fördern solle, konnte nach Lage der Dinge nicht anders als einfach mit ja beantwortet werden. Der König war sehr zufrieden mit dem Verlauf der Sitzung und unterließ nicht, die Abgeordneten besonders darauf hinzuweisen, daß sie sich als ständische Vertreter und Ratgeber der Krone, nicht aber als „Repräsentanten des Windes der Meinung und der Tageslehren" zu betrachten hätten. Weniger befriedigt waren die Provinziallandtage selbst durch die Rolle, die ihre Vertreter in Berlin gespielt hatten. Sie forderten in den folgenden Sessionen ziemlich allgemein Erweiterung der Rechte der Ausschüsse; daneben trat die Forderung wirklicher Reichsstände wieder hervor; kein Verlangen aber war so allgemein wie das nach Preßfreiheit.

Die Zensur war bald nach dem Regierungsantritt des Königs durch eine liberale Instruktion bedeutend gemildert worden; das Oberzensurgericht von 1842 war als Bollwerk gegen die Willkür einzelner Zensoren gemeint; Bilder, Zeichnungen und Bücher wurden ganz freigegeben. Die Unzufriedenen machten sich das sofort zunutze, um in der ausgelassensten Weise die Regierung zu verspotten, und der König selbst wurde zur Zielscheibe eines mit satirischen Versen und Karikaturen arbeitenden Witzes. Friedrich Wilhelm war bald in seinen heiligsten Gefühlen beleidigt und konnte diese größere Freiheit der Presse, die zur Frechheit auszuarten drohte, nicht auf die Dauer ertragen. Bald gab es wieder Verweise und Verbote, und die Zensurmaßregeln wurden wieder verschärft. Manchmal traf man dabei auch die Falschen. So wurde Hoffmann von Fallersleben wegen seiner „Unpolitischen Lieder" von seiner Breslauer Professur entfernt; besser begründet war es schon, wenn der aus dem württembergischen Militärdienst desertierte, revolutionär gesinnte Dichter Herwegh, den Friedrich Wilhelm früher einmal unvorsichtigerweise empfangen hatte, wegen eines unehrerbietigen „offenen Briefes" an den König ausgewiesen wurde. Einem Berliner Privatdozenten der Geschichte, Dr. Nauwerk, den der König für einen „patentierten Revolutionär" erklärte, wurde auf seine Veranlassung die venia legendi entzogen. Ein Disziplinargesetz für die Beamten von 1844 schien die Unabhängigkeit des Richterstandes zu gefährden. Die Haltung der Regierung entfernte sich immer mehr von dem anfänglich zur Schau getragenen großherzigen Liberalismus, und natürlich wurde nun die Stimmung in der Tagespresse und in der Literatur immer gereizter, die Person des Königs selbst, die so vielen ein Gegenstand der Enttäuschung war, immer unpopulärer. Die Lyrik jener Tage nahm großenteils einen politischen und meist einen oppositionellen Charakter an. Neben Hoffmann und Herwegh folgten auch Dingelstedt, Freiligrath und Robert Prutz dieser Zeitströmung, und in der satirischen Komödie „Die politische Wochenstube" (1843) verspottete Prutz sehr derb und drastisch die ergebnislosen Anläufe der Regierung Friedrich Wilhelms IV. Vereinzelt blieb in diesem Chor Emanuel Geibel, der in seinen „Zeitstimmen" die patriotischen Töne der Sänger aus den Freiheitskriegen wieder aufnahm und zugleich die Formenstrenge Platens und seiner klassischen Vorbilder zu erreichen suchte. Am giftigsten griff Heine namentlich in seinen „Zeitgedichten" das verhaßte Preußen, die Hohenzollerndynastie und die Person des Königs selbst an, mit einem Witz, der oft gemein und schmutzig war und nicht den Zorn des Patrioten, sondern einen vaterlandslosen Nihilismus verriet. Auch die historische Literatur durchdrang sich teilweis mit störenden politischen Zeittendenzen, wie Dahlmanns „Geschichte der englischen Revolution", die hier rein als ein Kampf um die konstitutionelle Verfassung erschien; die Regierungsgeschichte des Kaisers Julian Apostata, die David Friedrich Strauß unter dem Titel: „Der Romantiker auf dem Throne der Cäsaren" 1847 veröffentlichte, kehrte ihre deutliche satirische Spitze gegen den preußischen König, dessen Regierungstendenzen dem Verfasser als ein aussichtsloser Kampf gegen den Genius der Zukunft erschienen.

Inzwischen nahmen die Beratungen über die Verfassung in den Kreisen des Königs ihren Fortgang. Sein Plan knüpfte nicht an die Verordnung von 1815, sondern an das Staatsschuldengesetz von 1820 an, das die Aufnahme neuer Anleihen an die Mitwirkung von Reichsständen gebunden hatte. Als solche Reichsstände schwebte ihm eine Vereinigung der sämtlichen acht Provinziallandtage vor, die aber nicht in periodischer Wiederkehr, sondern nur bei seltenen Gelegenheiten veranstaltet werden sollte. Eine beständige Deputation aus dieser Versammlung sollte das Staatsschuldenwesen kontrollieren und dem Vereinigten Landtag bei seinem Wiederzusammentritt darüber Bericht erstatten. Daneben aber sollten auch die Vereinigten Ausschüsse fortbestehen, und zwar sollten sie im Gegensatz zum Vereinigten Landtag regelmäßig alle vier Jahre berufen werden. Wie die Staatsanleihen so gedachte der König auch neue Steuern von den Reichsständen bewilligen zu lassen; außerdem sollten ihnen Gesetze zur Begutachtung vorgelegt werden; auch ein Petitions- und Beschwerderecht war ihnen zugedacht. Der neue Minister des Innern, Graf Arnim-Boytzenburg, mit dem der König diese Pläne zunächst beriet, erhob gewichtige Bedenken dagegen. Er wies namentlich darauf hin, daß die Einrichtung zu künstlich und verwickelt sei; er schlug seinerseits nur e i n e Versammlung vor, die von den Landtagen gewählt werden sollte und die sowohl mit den Verheißungen von 1815 wie mit denen von 1820 sich decken würde. Allein der König blieb bei seinem Plane, und der Minister, der nichts Gutes von dessen Ausführung erwartete, erbat und erhielt seinen Abschied. Jetzt legte der König seine Entwürfe einer zu diesem besonderen Zweck berufenen Kommission vor, die keine wesentlichen Änderungen daran vornahm, und am 11. März 1846 fand dann noch eine gemeinschaftliche Beratung der Angelegenheit durch das gesamte Staatsministerium unter Zuziehung jener Kommissionsmitglieder statt, wobei der Prinz von Preußen den Vorsitz führte. Der Prinz stand eigentlich auf dem Standpunkt, daß nach dem väterlichen Testament eine Veränderung der Verfassung nur unter Zustimmung sämtlicher Agnaten des königlichen Hauses stattfinden dürfe; aber da sein königlicher Bruder anderer Ansicht war, so fügte er sich, und die Versammlung, die er leitete, nahm das Projekt Friedrich Wilhelms ohne wesentliche Veränderungen an.

Nun wurden die Absichten des Königs der Öffentlichkeit angekündigt durch das Patent vom 3. Februar 1847. Die Verordnung vom 22. Mai 1815 war darin mit Stillschweigen übergangen; der König erklärte aber, daß er über die von seinem Vater gegebenen Zusagen noch erheblich hinausgegangen sei; er meinte damit namentlich das Steuerbewilligungsrecht. Das Patent hält fest an den drei Organen, die er nebeneinander stellen wollte: Vereinigter Landtag, Vereinigte Ausschüsse, ständige Deputation für das Staatsschuldenwesen. Der Vereinigte Landtag sollte einberufen werden, so oft die Bedürfnisse des Staates neue Anleihen oder die Einführung neuer Steuern oder auch eine Erhöhung der bestehenden notwendig machen würden; die Vereinigten Ausschüsse dagegen, die als Vertretung des Vereinigten Landtags angesehen wurden, regelmäßig alle vier Jahre. Landtag und Ausschüsse erhielten außer dem Recht der Zustimmung zu Anleihen und neuen Steuern noch das Recht einer Mitwirkung bei der Gesetzgebung, aber nur in dem Umfange, wie sie bisher die Provinzialstände gehabt hatten, also nur durch Erteilung von Gutachten; ferner einen Anteil an der Staatsschuldenverwaltung, der aber praktisch in der Hauptsache durch die ständige Deputation ausgeübt werden sollte; endlich auch noch ein Petitionsrecht in allgemeinen Staatsangelegenheiten, aber mit der Beschränkung daß abgewiesene Anträge während der Session nicht wiederholt werden dürften. In dem Vereinigten Landtag war das Prinzip des englischen Zweikammersystems mit der altständischen Einrichtung der drei Kurien in der Weise verbunden, daß eine besondere Herrenkurie, bestehend aus den Fürsten und Standesherren, gewissermaßen wie ein Oberhaus von der Dreiständekurie der Ritter, Bürger und Bauern abgesondert war. Die beiden Häuser sollten sich zu gemeinsamer Beratung und Abstimmung vereinigen in den Fällen, wo es sich um Bewilligung von Anleihen und Steuern handelte; in allen anderen Fällen sollte die Herrenkurie abgesondert von dem anderen Hause beraten und beschließen. Die Dreiständekurie sollte in der Regel ein Ganzes bilden; doch waren Fälle vorgesehen, wo entweder die einzelnen Stände der Ritter, Bürger, Bauern oder die einzelnen Provinzen sich zu besonderen Sitzungen absondern sollten. Die Ausschüsse sowie die ständige Deputation waren von dem gesamten Landtage zu wählen.

Die Aufnahme des Februarpatents in der Öffentlichkeit war keine günstige. Fast nirgends fand es volle Zustimmung; die Konstitutionellen waren prinzipiell dagegen. Den schärfsten Ausdruck fand diese Ansicht in der Schrift des Breslauer Stadtrichters Heinrich Simon: „Annehmen oder Ablehnen?", in welcher mit einer mehr juristischen als politischen Schärfe und in einer unehrerbietigen Form die Ablehnung der vom König verordneten Einrichtung verlangt wurde, weil dem Volke die wenigen Rechte, die es bereits gehabt habe, dadurch genommen würden. Ein gegen den Verfasser deswegen angestrengter Prozeß ist infolge der Ereignisse von 1848 niedergeschlagen worden. Ablehnend äußerte sich auch der Heidelberger Professor Gervinus in einer besonderen Schrift über das Verfassungspatent; selbst ein konservativer Agrarier wie Herr v. Bülow-Cummerow, der ebenfalls eine Broschüre darüber schrieb, hatte vieles daran auszusetzen. Die Mißstimmung und Enttäuschung war allgemein.

Am 11. April 1847 wurde der Vereinigte Landtag eröffnet. Der König selbst hielt eine Thronrede, die wieder ein Meisterstück von Beredsamkeit war und seine Persönlichkeit zu höchst eindrucksvoller Darstellung brachte. Er schied sehr scharf zwischen einer ständischen Landesvertretung, wie er sie schaffen wollte, und einer konstitutionellen Verfassung modernen Gepräges. „Es drängt mich — sagte er — zu der feierlichen Erklärung: daß es keiner Macht der Erde je gelingen soll, Mich zu bewegen, das natürliche, gerade bei uns durch seine innere Wahrheit so mächtig machende Verhältnis zwischen Fürst und Volk in ein konventionelles, konstitutionelles zu wandeln; und daß Ich es nun und nimmermehr zugeben werde, daß sich zwischen unsern Herrn Gott im Himmel und dieses Land ein beschriebenes Blatt gleichsam als eine zweite Vorsehung eindränge, um uns mit seinen Paragraphen zu regieren und durch sie die alte heilige Treue zu ersetzen." Im Gegensatz zu dem radikalen Liberalismus, der die Grundlagen von Staat und Kirche untergraben wolle, legte er das nachdrückliche Bekenntnis ab: „Ich und Mein Haus Wir wollen dem Herrn dienen." Er führte den Ständen zu Gemüte, daß sie Vertreter und Wahrer der eigenen Rechte sein sollten und nicht Repräsentanten von Tagesmeinungen. Eine Volksrepräsentation in diesem Sinne sei undeutsch und müsse zu Konflikten mit der Krone führen. In Preußen aber müsse die Krone nach dem Gesetze Gottes und des Landes und nach eigener freier Bestimmung herrschen, sie könne und dürfe nicht nach dem Willen von Majoritäten regieren.

Die Abgeordneten hörten aus dieser Rede den einen immer wiederkehrenden Ton heraus, daß sie keine Nationalrepräsentation sein sollten, wie sie die öffentliche Meinung ersehnte, wie sie die königliche Verordnung von 1815 verheißen hatte; daß sie nicht mitregieren sollten, daß die Krone sich die ganze Fülle ihrer Macht und Regierungsgewalt vorbehalte. Der größere Teil der Versammlung war verstimmt; in der Presse regte sich bei Besprechung der Thronrede offen die liberal-konstitutionelle Opposition. In der Adresse, mit der der Landtag nach englischem Vorbild die Thronrede beantwortete und die nach langen und schwierigen Debatten eine nicht eben sehr glückliche Fassung erhalten hatte, war am Schluß von der „Wahrung der ständischen Rechte" die Rede, zu der der Landtag sich gedrungen sehe. Der König antwortete mit der Erklärung: die Wahrung aller Rechte sei seine eigene Obliegenheit; er habe den Ständen mehr Rechte gegeben, als die Verheißungen seines Vaters enthielten; andere Rechte als die in seinem Februarpatent enthaltenen erkenne er nicht an; das Patent sei aber eine Grundlage, die bildungsfähig sei. Und gewissermaßen um eine Probe seines Entgegenkommens zu geben, versprach er, den Vereinigten Landtag in vier Jahren wieder zu berufen. Die Opposition war mit dieser Erklärung wenig zufrieden; 142 Mitglieder des Landtages vereinigten sich, um eine Deklaration ihrer Rechte zu unterzeichnen, die alles das aufzählte, was der Vereinigte Landtag angeblich durch die Erlasse König Friedrich Wilhelms III. an Rechten bereits erhalten habe. Aber der vom König ernannte Landtagsmarschall, Herr von Rochow, weigerte sich, diese Schrift anzunehmen und zur Beratung zu stellen, und so ist die Beschlußfassung darüber und die Überreichung an den König unterblieben. Dagegen konnte nicht verhindert werden, daß in Form von Petitionen Anträge an den König gerichtet wurden, die das ganze Gefüge des neuen Verfassungswerkes antasteten, zum Beispiel Beseitigung der Vereinigten Ausschüsse und zweijährige Periodizität des Landtags forderten. Der König war sehr verstimmt darüber; er erklärte, daß er seine Entscheidung aussetzen müsse und bestand zunächst auf der Wahl der Ausschüsse, die auf den 25. Juni angesetzt wurde. Aber von 499 Anwesenden nahmen nur 284 ohne Vorbehalte an der Wahl teil; 58 enthielten sich vollständig, weil sie die Ausschüsse als ungesetzlich ansahen. Der König ließ der Versammlung sein Mißfallen darüber aussprechen und erklärte, er werde die bestehenden Gesetze zu schützen wissen; die Ausschüsse wurden als vollkommen zu Recht bestehend von ihm angesehen.

Zwei Vorlagen, die dem Vereinigten Landtag noch gemacht worden waren — Bewilligung einer Anleihe zum Bau der Ostbahn und Bewilligung einer Zinsgarantie für die Landrentenbanken —, sind von der Versammlung abgelehnt worden, und zwar mit der Begründung, daß sie nicht die Funktionen der in den früheren Gesetzen in Aussicht genommenen Reichsstände ausüben könne, da ihr die Rechte, die diesen im voraus gewährt worden waren (namentlich also die jährliche Periodizität und die unmittelbare Kontrolle der Staatsschuldenverwaltung), in dem Februarpatent nicht verliehen worden seien. Arnim behielt also recht: die Spaltung der Reichsstände in drei verschiedene Organe und die Schmälerung der Rechte des Vereinigten Landtags selbst, die dabei herauskam, hatte dazu geführt, daß eine heillose Unklarheit darüber entstanden war, ob der Vereinigte Landtag wirklich die in den früheren Gesetzen verheißene reichsständische Versammlung sei oder nicht. Jedenfalls setzte der König seinen Willen insofern durch, als nach dem Schluß des Landtages die Vereinigten Ausschüsse in Tätigkeit traten. Beim Schluß ihrer Sitzungen aber, am 7. März 1848, verkündete er, daß er die den Ausschüssen verliehene vierjährige Periodizität nunmehr dem Vereinigten Landtage übertragen und die Befugnisse der Ausschüsse selbst in der von diesem gewünschten Weise beschränken wolle. So hatte also der König ein wichtiges Zugeständnis gemacht, aber unter Festhaltung seines Standpunktes, daß alle Rechte des Landtages nur ein freies Geschenk der königlichen Gnade seien.

Die historische Bedeutung dieser Vorgänge liegt vor allem in der starken politischen Erregung, die dadurch im Lande hervorgebracht worden ist. Erst jetzt begann ein stärkeres öffentliches Leben in Preußen, und es stand von Anfang an im Zeichen des Kampfes. Der Landtag hatte die Gegenstände dieses Kampfes und die Ziele der Parteien gezeigt; er hatte die Losungen ausgegeben, an denen sich die Geister schieden; eine parlamentarische Parteibildung begann einzusetzen, bei der namentlich die Gegensätze von konservativ und liberal hervortraten. Die Verhandlungen von 1847 haben auch schon die Persönlichkeiten gekennzeichnet, die weiterhin im öffentlichen Leben bedeutend hervortreten sollten: die Oppositionsführer Georg von Vincke, Graf Schwerin, von Auerswald, die Rheinländer Beckerath, Hansemann, Camphausen, die schon damals eine breite Popularität genossen; als Häupter der konservativen Partei der gemäßigte Graf Arnim-Boytzenburg, Freiherr von Manteuffel, und vor allem der strammste der Konservativen, Herr von Bismarck-Schönhausen, der bei der Adreßdebatte scharf und temperamentvoll die Auffassung bekämpft hatte, als sei das Volk 1813 aufgestanden, um sich mit der Befreiung von der Fremdherrschaft zugleich eine konstitutionelle Verfassung zu erkämpfen. Die Gegner hatten zum erstenmal die Klingen gekreuzt; sie standen sich kampfbereit gegenüber.

Diese politische Aufregung, die durch das Verfassungsexperiment Friedrich Wilhelms IV. hervorgerufen war und zunächst nur die oberen und mittleren

Schichten ergriff, wurde noch verstärkt durch wirtschaftlich-soziale Übelstände, die in den mittleren und unteren Klassen eine tiefe Unzufriedenheit erzeugt hatten.

Die Hardenbergsche Agrarreform hatte sehr ungleich auf die verschiedenen Stände der Landbevölkerung gewirkt. Der größte Vorteil war den Gutsbesitzern zugefallen, die ihre Wirtschaften meist bedeutend vergrößert, abgerundet und in besseren Betrieb gebracht hatten. Dagegen konnte ein großer Teil des Bauernstandes der neugewonnenen Freiheit und Selbständigkeit nicht recht froh werden, weil es ihm an Kapital fehlte, um die notwendig werdende Umwälzung in der Wirtschaft ohne Schaden ins Werk zu setzen; und vollends der zu ungesunder Massenhaftigkeit angeschwollene Tagelöhnerstand, der ganz ohne die nötige Staatshilfe geblieben und lediglich dem guten oder bösen Willen der Gutsbesitzer preisgegeben war, hatte sich zu einem meist in kümmerlichen Verhältnissen lebenden Proletariat entwickelt, das schwere soziale Gefahren in sich barg. Wiederholte Mißernten, von denen namentlich auch die Hauptnahrung der armen Leute, die Kartoffeln, betroffen wurden, führten 1847 und 1848 in manchen Gegenden, namentlich in Ostpreußen und Oberschlesien, zu förmlicher Hungersnot mit Typhus und anderen ansteckenden Krankheiten; und die korrekte, aber umständliche und wenig bewegliche Beamtenregierung stand diesem plötzlich zutage tretenden Massenelend ebenso ratlos gegenüber, wie den tieferen wirtschaftlich-sozialen Übelständen, die ihm zugrunde lagen. Hier war ein gefährlicher Zündstoff für revolutionäre Bewegungen vorhanden; trotz der vielgerühmten konservativen Gesinnung der Landbevölkerung bedurfte es nur einer gewissenlosen politischen Agitation, um die unter der Decke alltäglicher Lebensgewohnheiten glimmende Unzufriedenheit, die in manchen Provinzen bis weit in den noch keineswegs überall befreiten Bauernstand hineinging, zur lodernden Flamme anzufachen.

Auch in der gewerbtreibenden Bevölkerung der Städte gärte es. Es sind die Jahre, in denen die fortschreitende Entwicklung der großen, teilweise mit Maschinen arbeitenden Fabrikunternehmungen auf vielen Gebieten den alten handwerksmäßigen Betrieb verdrängten, der seit der Hardenbergschen Reform einer kräftigen organisatorischen Stütze entbehrte. Das Handwerk hatte seinen goldenen Boden verloren, die Unzufriedenheit der Kleingewerbtreibenden war beständig gewachsen, und die Regierung hatte sich schon genötigt gesehen, die übertriebene Gewerbefreiheit wieder etwas einzudämmen. Die neue Gewerbeordnung von 1845 hatte den Gemeinden freigestellt, durch Ortsstatut in einzelnen Gewerben, in denen es begehrt wurde, wieder Zwangsinnungen zu schaffen; aber diese maßvolle und verständige, einen gangbaren Mittelweg einschlagende Maßregel hatte nicht vermocht, die Handwerker zu befriedigen. Allgemein war in ihren Kreisen der Ruf nach Wiederherstellung des Zunftzwangs und des Befähigungsnachweises, und so verband sich seltsam genug mit der sonst überall nach Freiheit dürstenden Opposition eine Mittelstandsbewegung, die zu überwundenen und unhaltbaren Zuständen zurückwollte.

Die Revolution (1848–1849).

Gewissermaßen als ein Vorspiel der allgemeinen Revolution, die sich vorbereitete, war schon 1846 ein Polenaufstand ausgebrochen, dessen Mittelpunkt die 1815 geschaffene Republik Krakau war und der hauptsächlich das österreichische Galizien in Mitleidenschaft gezogen hat. Der Ausbruch einer revolutionären Bewegung in Posen, den Mieroslawski herbeiführen sollte, ist durch die Wachsamkeit der preußischen Behörden verhütet worden, indem dieser Führer und viele andere Verschworene, alle bedeutenderen Leiter der Bewegung, noch rechtzeitig verhaftet wurden. Sie hatten sich im Jahre 1847 in einem großen Massenprozeß vor dem Kammergericht wegen Hochverrats zu verantworten — ein Prozeß, der damals großes Aufsehen gemacht hat. Die Schuld der Angeklagten war klar; aber der extreme Liberalismus nahm trotzdem nach alter Gewohnheit Partei für sie; und die tönenden Phrasen von Völkerfreiheit, Tyrannei, Selbstbestimmung der Nationen, die in den Verteidigungsreden mancher Berliner Anwälte nicht gespart wurden, fanden in der Presse einen starken Widerhall. Die Revolutionsstimmung ist dadurch vielleicht ebenso wirksam vorbereitet worden, wie durch das materielle Elend der ärmeren Klassen. Natürlich wurden die meisten von den Rädelsführern zu schweren Strafen verurteilt; aber die Vollstreckung ist dann durch die Ereignisse von 1848 verhindert worden.

Ein zweites, noch bedeutenderes Vorspiel der allgemeinen Revolution war der Bürgerkrieg in der Schweiz, der sogenannte Sonderbundskrieg von 1847, der aus dem Staatenbund von 1815 einen Bundesstaat mit einheitlicher starker Zentralgewalt gemacht hat. Der König von Preußen war hierbei ganz besonders interessiert wegen seines Fürstentums Neufchâtel. Er hat denn auch mit Österreich und Frankreich über das Einschreiten der Mächte zugunsten des Sonderbundes verhandelt, aber die Umwälzung in der Schweiz vollzog sich, bevor die Mächte sich einigen konnten, und nachträglich konstituierte sich auch Neufchâtel durch eine besondere kleine Revolution unter Vertreibung des preußischen Gouverneurs als Republik wie die anderen Kantone. Friedrich Wilhelm IV. hat lebhaft dagegen protestiert; er hat von den Mächten gefordert, daß sie gegen diese offenbare Verletzung der Verträge von 1815 einschreiten sollten. Aber sein Recht hier mit den Waffen zu verteidigen entsprach weder seiner persönlichen Neigung, noch dem Interesse des preußischen Staates; er ließ sich bereit finden, die Angelegenheit einem Schiedsgericht zu übergeben, und ehe dieses zu einem Beschluß gekommen war, ist die allgemeine Revolution ausgebrochen, die diese neufchâtelsche Frage ganz in den Hintergrund gedrängt hat.

Mitten in der Gärung und den Wirren des Herbstes 1847 brachte Radowitz durch eine Denkschrift, die er dem König überreichte, die deutsche Frage wieder auf die Bahn. Er dachte ebenso großdeutsch wie der König, und dieser war einig mit ihm in dem Bemühen, eine Bundesreform in die Wege zu leiten, die das österreichische Kaisertum bestehen lassen und für Preußen etwa den militärischen Oberbefehl unter einer gründlichen Reform der Bundeskriegsverfassung durchsetzen sollte. Zugleich dachte man an wirksame Verbesserung der Bundeseinrichtungen für Rechtsschutz und materielle Interessen. Man verhehlte sich die Wahrscheinlichkeit eines österreichischen Widerstandes gegen eine durchgreifende Reform nicht; aber man wollte Österreich zwingen, deutsch zu sein, freilich nur mit moralischen Mitteln; Radowitz dachte auch wohl für den Fall, daß eine allgemeine Bundesreform scheiterte, an preußische Sonderverträge wie beim Zollverein. Allein die Haltung des Ministeriums diesen Plänen gegenüber war lau, und eine Sendung von Radowitz nach Wien litt unter der Belastung mit der Schweizer Frage. Erst als in Frankreich die Februarrevolution das Julikönigtum gestürzt hatte und man sich nun zunächst auf einen Krieg gefaßt machte, kamen bei einer zweiten Sendung von Radowitz nach Wien, Anfang März 1848, die Bundesreformpläne wieder zur Sprache, und Metternich wäre jetzt bereit gewesen, die nötigsten Zugeständnisse zu machen. Man verabredete eine Ministerialkonferenz, die in Dresden stattfinden sollte; aber ehe man noch zur Ausführung dieses Beschlusses schreiten konnte, hatte die Revolution, die von Frankreich nach Deutschland übersprang, alle deutschen Regierungen niedergeworfen.

Die deutsche Frage kam auf andere Weise in Fluß. Von einer Versammlung liberaler Politiker, die Anfang März zu Heidelberg tagte, wurde der Beschluß gefaßt, beim Bundestag und in der Öffentlichkeit auf die Berufung einer konstituierenden Nationalversammlung zu dringen, die eine deutsche Verfassung schaffen sollte, und zur Vorbereitung dieses Werkes ein Vorparlament auf den 30. März nach Frankfurt a. M. zu berufen. Auch am Bundestag selbst waren bereits in den ersten Tagen des März liberale Beschlüsse gefaßt worden: man hatte allen Bundesstaaten anheimgestellt, die Preßfreiheit einzuführen und die bisher verpönten Farben schwarz-rot-gold als die deutschen Bundesfarben anerkannt. Am 9. März wurde wirklich von Baden die Berufung einer allgemeinen deutschen Volksvertretung beim Bundestag beantragt, und am 10. März forderte der Bundestag die Regierungen auf, Männer des allgemeinen Vertrauens (17 an der Zahl) nach Frankfurt zu schicken, um in Verbindung mit dem Bundestag die beabsichtigten Reformen vorzubereiten. Von Preußen wurde Dahlmann gesandt, der neben Männern wie Gagern, Gervinus, Uhland, Droysen, Schmerling in hervorragender Weise an dem Entwurf einer Verfassung beteiligt gewesen ist, wie man sie für Deutschland plante. Verhandlungen über die Bildung einer vorläufigen Zentralgewalt für Deutschland, wobei manche Regierungen schon an den König von Preußen dachten, allerdings unter der Voraussetzung, daß er zuvor eine konstitutionelle Verfassung in seinem Lande eingeführt hätte, haben damals ebensowenig zum Ziele geführt, wie der von Friedrich Wilhelm IV. empfohlene Plan, den Bundestag von Frankfurt nach Potsdam zu verlegen, um ihn den revolutionären Einflüssen seiner südwestdeutschen Umgebung zu entrücken; denn die Lage veränderte sich schnell und gründlich dadurch, daß auch in Preußen, wie in den übrigen deutschen Staaten und in Österreich, die Revolution zunächst triumphierte.

Seit Anfang März war es in Berlin hier und da zu Demonstrationen auf den Straßen gekommen; zugereiste Agitatoren, Polen und Rheinländer, waren dabei zu bemerken. Am 15. März begann die Bevölkerung mit einem Versuch, Barrikaden zu bauen. Am 16. kam die Nachricht vom Siege der Revolution in Wien, und jetzt bedurfte es schon militärischer Maßregeln, um die Ruhe aufrecht zu erhalten. Der König wünschte jedes Blutvergießen zu verhüten und entschloß sich daher jetzt zu einem entscheidenden Zugeständnis. Schon seit dem 8. oder 9. März hatte er dem Minister Bodelschwingh, der auf das dringendste dazu riet, mit schwerem Herzen die Einführung einer konstitutionellen Verfassung zugesagt. Der Wunsch, einen revolutionären Ausbruch durch rechtzeitiges Entgegenkommen zu vermeiden, war dabei ebenso wirksam, wie die Rücksicht auf Deutschland, diese namentlich empfohlen durch den Bundestagsgesandten in Frankfurt, den Grafen Dönhoff, der den Erlaß einer Verfassung als Vorbedingung einer führenden Rolle Preußens in der deutschen Bewegung ansah.

Am Abend des 17. März fand im Schlosse ein Kronrat statt, an dem auch der Prinz von Preußen teilnahm. Bodelschwingh entwarf ein Patent, das in der deutschen Frage wie in der Frage der Verfassung alle von der öffentlichen Meinung gewünschten Zugeständnisse enthielt; dieses Patent wurde vom König unterzeichnet und ist am Vormittag des 18. März veröffentlicht worden. Bodelschwingh selbst trat zurück; mit der Neubildung des Ministeriums wurde Graf Arnim-Boytzenburg beauftragt.

Nur eine von den Forderungen, die in der öffentlichen Meinung laut geworden waren und die auch eine Deputation des Berliner Magistrats beim König befürwortet hatte, blieb damals noch unerfüllt: der Abzug des Militärs, das im Schlosse zusammengezogen war. Davon ging am 18. März der Tumult aus, der jetzt keine andere Ursache mehr hatte, als die militärfeindliche Skandalsucht der anfänglich froh bewegten Menge und die Treibereien der revolutionären Drahtzieher, die seit Wochen im Hintergrunde gearbeitet hatten und ihre Mühe nicht umsonst angewandt haben wollten. Aus den das Schloß umdrängenden Volksmassen erscholl plötzlich der Ruf: „Fort mit dem Militär!", und damit kam wie auf Kommando eine drohende und gefährliche Bewegung in die Massen. Der General von Prittwitz, Kommandeur des 3. Armeekorps, dem an Stelle des zufällig abwesenden Kommandanten von Berlin, des Generals von Pfuel, der Oberbefehl übertragen worden war, ließ jetzt Truppen aus dem Schlosse vorrücken, um dessen unmittelbare Umgebung frei zu machen. In dem Gedränge, das dabei entstand, gingen zwei Schüsse los, ohne übrigens jemand zu treffen. Aber das war ein erwünschter Anlaß für die Aufwiegler. Nun wurde „Verrat!" gerufen; wie auf eine Parole stob die Menge auseinander, und in allen Straßen, die zum Schlosse führten, wurden alsbald Barrikaden gebaut, hinter denen bewaffnete Revolutionsmänner erschienen. Die Truppen gingen jetzt strahlenförmig vom Schloß aus vor, etwa 14 000 Mann stark, unter dem Kommando von Prittwitz. Ein heftiger Straßenkampf entspann sich, der von 4 Uhr nachmittags bis über Mitternacht hinaus dauerte. Die Truppen blieben Sieger; sie hatten gegen Mitternacht alle Straßen rund um das Schloß herum besetzt und abgesperrt.

Im Schlosse herrschte während dieses Kampfes große Verwirrung. Deputationen kamen und gingen, darunter Rektor und Senat der Universität, Bischof Neander mit einer Anzahl von Bürgern seiner Gemeinde. Der König war im innersten erschüttert und vermochte das seelische Gleichgewicht nicht rasch genug wiederzufinden. Er konnte den Gedanken, das Blut seiner Untertanen vergießen zu müssen, nicht ertragen. Die Bitten seiner Gemahlin, die Worte des Hofpredigers Strauß verstärkten seine Neigung zu einem friedlichen Entgegenkommen gegen die aufständische Bevölkerung. Der liberale Abgeordnete von Vincke, der auch im Schlosse erschien, riet auf das dringendste zur Nachgiebigkeit, zum Zurückziehen der Truppen, und Bürgerdeputationen wiederholten eben dies Verlangen. Auch von Radowitz aus Wien ist in diesen Stunden ein Brief eingelaufen mit einem verhängnisvollen Ratschlag, der in derselben Richtung wirken mußte. Eine deutsche Politik, wie sie dem König und diesem seinem Berater vorschwebte, wäre ja auch mit einer gewaltsamen Unterdrückung des Aufstandes schwer zu vereinbaren gewesen. Um Mitternacht setzte der König eigenhändig die berühmte Proklamation „An Meine lieben Berliner" auf, in der er die väterliche Mahnung aussprach, man möge zum Frieden zurückkehren und die Barrikaden wegräumen, dann gebe er sein königliches Wort, daß die Truppen zurückgezogen werden sollten. Die Nacht hindurch wurden aber die siegreich erkämpften Stellungen vor den Barrikaden behauptet. Prittwitz riet dem König, in der nächsten Nacht Berlin mit den Truppen und dem königlichen Schatz zu verlassen, um dann die Stadt von außen her einzunehmen und zu unterwerfen. Es war die Meinung der Militärpartei überhaupt, die er vertrat; daß der Rat vom König nicht angenommen wurde, hat in diesen Kreisen und namentlich bei dem General selbst eine stille, aber mißmutige, erbitterte Opposition hervorgerufen, die noch verhängnisvolle Folgen haben sollte.

Am 19. März erschienen neue Bürgerdeputationen, die die Forderung auf Abzug der Truppen wiederholten; eine von ihnen, die vierte, die um 10 Uhr kam, unter Führung des Bürgermeisters Naunyn, brachte zugleich die Nachricht, daß bereits in drei Straßen die Barrikaden weggeräumt seien. Der König beriet sich mit den anwesenden hohen Offizieren und Beamten, unter denen der Prinz von Preußen und der Minister Bodelschwingh sich befanden; sie kamen, gegen den Widerspruch des Prinzen, zu dem Beschluß, daß die Truppen überall da zurückgenommen werden sollten, wo die Barrikaden beseitigt worden seien. Ehe aber noch die Deputation beschieden werden konnte, langte der zum Ministerpräsidenten in Aussicht genommene Graf von Arnim an; er veranlaßte den König, sich mit ihm und Bodelschwingh noch einmal in sein Kabinett zurückzuziehen, um den Vortrag über die Neubildung des Ministeriums entgegenzunehmen Was hier sonst noch geschehen ist, entzieht sich unserer Kenntnis. Tatsache ist aber, daß Bodelschwingh in höchster Erregung, wie nach einer heftigen Szene mit dem König, zu den im Sternensaal Versammelten herausgetreten ist und als Befehl des Königs verkündet hat, daß die Truppen ohne weiteres von den Barrikaden zurückgezogen werden sollten; nur Schloß und Zeughaus sollten noch besetzt bleiben. Daß es Arnim gewesen sei, der bei diesem veränderten Beschluß maßgebend eingewirkt habe, erscheint aus guten Gründen als ausgeschlossen; wahrscheinlich hat der König den auf Abfertigung der Deputation drängenden Bodelschwingh selbst in dieser Weise beschieden; und es wäre möglich, daß Bodelschwinghs Einwendungen den in die Frage der Bildung des neuen Ministeriums vertieften Monarchen zu unwirscher Erwiderung und einem nicht genügend überlegten Befehl veranlaßt hätten. Friedrich Wilhelm ist zwar in diesen Tagen nicht ganz so haltlos gewesen, wie unkritisch zusammengetragene Äußerungen aus den Hofkreisen ihn erscheinen lassen; aber gewachsen war er der schwierigen Situation keineswegs; er hatte mehrere Nächte nicht geschlafen, und es gab Momente, wo seine Nerven den Dienst versagten. Der Befehl, den Bodelschwingh überbrachte, mußte militärischen und monarchischen Herzen allerdings unerhört vorkommen. Er hätte nur Sinn gehabt, wenn die vom König früher immer festgehaltene Bedingung, daß die Barrikaden vorher weggeräumt sein müßten, erfüllt gewesen wäre. Vielleicht hat Friedrich Wilhelm in übertriebenem Vertrauen auf die Versicherungen der Bürger das wirklich geglaubt; oder ist ihm einen Moment doch der Gedanke durch den Kopf gegangen, das Militär zurückzuziehen, um in seiner Mitte die Stadt zu verlassen? Jedenfalls waren die

Militärs über den Befehl sehr erstaunt. Der Prinz von Preußen und General Prittwitz erhoben Zweifel an der Richtigkeit seiner Wiedergabe; aber Bodelschwingh schlug jeden Widerspruch nieder mit dem entschiedenen Hinweis auf den deutlich kundgegebenen Willen des Königs. Prittwitz suchte nun die Ausführung erst in der Weise einzuleiten, daß nur da, wo die Barrikaden wirklich weggeräumt waren, die Truppen zurückgezogen würden; dann aber gab er Befehl, daß sich alle Truppen auf das Schloß zurückziehen sollten. Dabei drängten nun die Massen hinter dem Militär her, ohne daß ein Versuch gemacht wurde, sie abzuhalten. Der Prinz von Preußen, der das Schlimmste befürchtete, befragte jetzt geradezu seinen königlichen Bruder, ob das der Sinn seines Befehls gewesen sei. Der König, in höchster Verwirrung, erwiderte, das habe er nicht befohlen; es solle nach seiner Proklamation verfahren werden. Es war aber zu spät. Das Volk drängte schon über die Lange Brücke auf den Schloßplatz; das Militär, das sich nicht wehren durfte, wurde verhöhnt und beschimpft, selbst tätlich angegriffen; Prittwitz verzweifelte daran, die Truppen, die seit 24 Stunden nichts gegessen hatten, im Schlosse selbst unterbringen und verpflegen zu können. In seiner verbissenen Opposition gegen die Absichten des Königs beschränkte er sich auf die buchstäbliche Befolgung des ihm erteilten Befehls und zog mit einer Art von bitterer Genugtuung die ihm unvermeidlich dünkenden Konsequenzen daraus. Der Zustand vor dem Schlosse, wo das Militär wehrlos den Beschimpfungen des Pöbels ausgesetzt war, konnte in der Tat unhaltbar erscheinen; Prittwitz ordnete den Abmarsch der Regimenter in ihre Kasernen an; und da sie auch dort von den aufgeregten Massen nicht in Ruhe gelassen wurden, erlaubte er ihnen weiterhin, sich aus der Stadt selbst zu entfernen. Dabei hatte er die notwendigste Deckung des Schlosses selbst verabsäumt und den König schutzlos den Demütigungen preisgegeben, die seiner harrten.

Auf den Straßen herrschte großer Jubel: die Revolution hatte schließlich doch gesiegt, das verhaßte Militär war fort. Die Wut des Pöbels richtete sich jetzt namentlich gegen den Prinzen von Preußen, den man fälschlicherweise für den Straßenkampf verantwortlich machte. Um ihn der drohenden Gefahr zu entziehen, wurde er nach England gesandt; nur durch heimliche Flucht und Verkleidung gelang es ihm, den Spürhunden der Revolution zu entkommen. Auch der König selbst hatte im ersten Moment die Absicht, Berlin zu verlassen und sich unter den Schutz seiner Truppen zu stellen; aber die sich drängenden Ereignisse haben ihn abgehalten, diese Absicht auszuführen. Im inneren Schloßhof erschien, noch am Vormittag des 19. März, ganz nach Pariser Muster, ein Leichenzug mit den beim Straßenkampf gefallenen Revolutionären; König und Königin wurden gezwungen, auf den Altan hinauszutreten und den Leichen der Barrikadenkämpfer Ehrenbezeugungen zu erweisen. Die Monarchie war gedemütigt wie das Heer. Der König sollte fortan unter dem Schutze der Bürger stehen, nicht unter dem des Militärs. Eine Bürgerwehr wurde gebildet, und sie hat es verstanden, die Ruhe in kurzer Zeit einigermaßen wiederherzustellen. Graf Arnim-Boytzenburg, der neue Ministerpräsident, scheint den König dahin beeinflußt zu haben, daß er sich diesen Zustand vorläufig gefallen ließ und den Gedanken, Berlin zu verlassen und sich an die Spitze der Truppen zu stellen, aufgab. Der Revolution mußten nun allerdings noch weitere Zugeständnisse gemacht werden.

Am 20. März wurde eine allgemeine Amnestie für politische Verbrecher erlassen; auch die früher verurteilten polnischen Verschwörer wurden jetzt frei; Mieroslawski wurde in Berlin als Freiheitsheld gefeiert. Der Minister Heinrich v. Arnim, ein weitläufiger Geschlechtsvetter des Ministerpräsidenten, der damals die auswärtigen Angelegenheiten leitete und schon immer für eine Führerrolle Preußens in Deutschland eingetreten war, riet dem König, die Aufmerksamkeit des Volkes von den inneren preußischen auf die deutschen Angelegenheiten abzulenken, und Friedrich Wilhelm IV., in dessen politischen Plänen ja der deutsche Gedanke eine sehr bedeutende Rolle spielte, ging bereitwillig darauf ein. Am 21. März unternahm er, mit schwarz-rot-goldener Schärpe geschmückt und von der Menge stürmisch begrüßt, einen Umritt durch die Stadt und hielt dabei schwungvolle Ansprachen an die neugebildete Bürgerwehr, an die Professoren der Universität, an die Stadtverordneten. Er verkündete, daß er die Leitung der deutschen Bewegung zur Einheit und Freiheit des Vaterlandes in die Hand nehmen wolle, ohne sich die Herrschaft über Deutschland anzumaßen. In einem Manifest vom selben Datum erklärte er im Sinne einer alten liberalen Forderung: „Preußen geht fortan in Deutschland auf." Aber diese Maßregeln haben nicht die Wirkung gehabt, die der König davon erwartete. Sein Gedanke, daß sich Abgeordnete aus allen deutschen Ländern zusammentun sollten mit den Abgeordneten des preußischen Vereinigten Landtags, der auf den 2. April berufen war, um als allgemeine deutsche Ständeversammlung eine Verfassung für das neue Deutschland zu entwerfen, erwies sich schon wegen des Widerstandes von Österreich als unausführbar; und auch sein Anerbieten, ständische Deputierte nach Frankfurt zu senden, entsprach nicht den Verhältnissen der Lage. Die vor der Revolution zusammengebrochene preußische Regierung besaß nicht mehr Ansehen genug, um die Führung der deutschen Bewegung zu übernehmen.

Die freigelassenen polnischen Verschwörer hatten nichts eiligeres zu tun, als den mißlungenen Aufstandsversuch von 1846 zu wiederholen, wobei Mieroslawski wieder die Führung übernahm. Der König hatte auch den Polen sehr weitgehende Zugeständnisse gemacht, und die polnische Verwaltung, die infolgedessen in der Provinz Posen eingerichtet worden war, drohte jetzt den deutschen Teil der Bevölkerung zu vergewaltigen. Man sonderte daher die überwiegend deutschen Kreise aus, um sie unter deutsche Verwaltung zu stellen und dem Deutschen Bunde anzugliedern; aber das erregte Empörung bei den Polen, und bald stand das Land in hellem Aufruhr, der selbst mit Waffengewalt nicht sofort zu dämpfen war. Auch das schwächte die Stellung Preußens in Deutschland und in der Welt überhaupt. Das Eintreten für Schleswig-Holstein, zu dem Heinrich v. Arnim geraten hatte, das auch Radowitz befürwortete, brachte zwar einen Aufschwung, aber zunächst noch ohne Kraft und Dauer.

In den inneren preußischen Angelegenheiten verfolgte der Ministerpräsident Graf Arnim-Boytzenburg die Richtung eines maßvollen konservativen Fortschritts mit dem Ziel, Preußen ohne weitere revolutionäre Erschütterungen in die Bahn eines modern-konstitutionellen Lebens hinüberzuführen — eine Aufgabe, die dem auf seine Veranlassung schon zum 2. April wieder einberufenen Vereinigten Landtag zugedacht war. Unter seinem Einfluß sind auch die königlichen Verheißungen vom 22. März erlassen worden, die eine nähere Erläuterung des Patents vom 18. März gaben in Form eines Bescheides für Deputationen aus Breslau und Liegnitz, die den König darum gebeten hatten. Der König erklärte darin, er habe eine konstitutionelle Verfassung „auf breitesten Grundlagen" verheißen und werde dem Vereinigten Landtag ein volkstümliches Wahlgesetz vorlegen lassen, das eine „auf Urwahlen begründete" Volksvertretung herbeiführen sollte. Damit war noch keineswegs das allgemeine, gleiche Wahlrecht gemeint, wie vielfach angenommen wurde; Arnim dachte vielmehr an ein abgestuftes Wahlsystem. Die einzelnen Reformgesetze, die der Versammlung vorgelegt werden sollten, waren nur dem Gegenstande, nicht dem Inhalt nach bezeichnet. Am bedenklichsten war die Verheißung, daß auch das Heer auf die Verfassung vereidigt werden sollte; Arnim selbst hat sie später als einen Fehler bezeichnet. Über die Form der neuen Verfassung war noch nichts gesagt. Daß eine besondere Verfassungsurkunde erlassen werden sollte, darf man wohl annehmen; aber es handelte sich zunächst noch nicht um den Gedanken einer Vereinbarung der Verfassung zwischen Regierung und Volksvertretung; es war vielmehr anfänglich noch die Absicht des Königs, sie in Form eines Freibriefs, einer Charte aus königlicher Machtvollkommenheit allein zu erlassen, so daß sie als ein freies Geschenk der königlichen Gnade erschien. Aber Graf Arnim, der darin mit dem König übereinstimmte, besaß bei den Liberalen nicht Vertrauen genug, um mit ihrer Hilfe, wie es nötig schien, die Berufung des Ministeriums zustande zu bringen, und trat nach zehntägigen Bemühungen zurück, so daß dem König nichts anderes übrig blieb, als die Bildung eines entschieden liberalen Ministeriums, das unter der Leitung von Ludolf Camphausen stand, und zu dem Männer wie Hansemann, Alfred von Auerswald, Graf Schwerin gehörten — die Führer der Liberalen auf dem Landtag von 1847. Unter diesem Ministerium aber, das am 29. März zusammentrat, stand von vornherein fest, daß die Verfassung mit der dazu gewählten Versammlung vereinbart werden müsse.

An demselben Tage, wo in Preußen das liberale Ministerium seine Wirksamkeit begann, ist am Bundestag beschlossen worden, die Regierungen aufzufordern, Wahlen zu einem deutschen Nationalparlament vornehmen zu lassen, dessen Bestimmung sein sollte, eine Verfassung für das neue Deutschland zu schaffen; die Wahlen sollten im wesentlichen nach dem allgemeinen, gleichen Stimmrecht stattfinden. Das Vorparlament, das am Tage darauf zusammentrat, hat sowohl in bezug auf den Wahlmodus wie auch in anderen Stücken einen maßgebenden Einfluß auf den Bundestag ausgeübt, dessen Personalbestand jetzt auch im liberalen Sinne erneuert worden ist. Unter anderem entsprach es einem Verlangen des Vorparlaments, wenn im Bundestag beschlossen wurde, daß die Provinz Preußen und Teile von Posen in den Deutschen Bund aufgenommen werden sollten; die oben erwähnte Teilung der Provinz in deutsche und polnische Kreise hing damit zusammen. Die republikanische Partei, die in dieser Versammlung ziemlich stark vertreten war, suchte sogar die Permanenz des Vorparlaments und die Erklärung der deutschen Republik durchzusetzen und veranstaltete, als dies nicht gelang, im April unter Führung von Hecker und Struve eine kopflose Erhebung in Baden, die aber schnell niedergeschlagen wurde.

Inzwischen waren die 17 Vertrauensmänner damit beschäftigt gewesen, einen Verfassungsentwurf zu beraten, der vom Bundestage aus der Nationalversammlung vorgelegt werden sollte. Er beruhte auf dem Gedanken eines Bundesstaats mit konstitutioneller Verfassung, Zweikammersystem und liberalen

Grundrechten. Dahlmann und seine Freunde dachten dabei an ein preußisches Kaisertum. Der Prinz von Preußen hat sich mit diesem Entwurf auch einverstanden erklärt; aber Friedrich Wilhelm IV. war wieder zu seinen alten Ideen zurückgekehrt, wonach die Kaiserwürde bei Österreich bleiben sollte; und der Dahlmannsche Entwurf reizte ihn, recht im Gegensatz dazu, seine phantastischen Pläne von einem Fürstenrat neben dem Kaiser, von einem regierenden Wahlkönig oder einem erblichen Reichserzfeldherrn, von Reichswehrherzogtümern nach Art der alten Reichskreise und ähnlichen unpraktischen Institutionen mit einer Art von künstlerischer Freude zu entwickeln. Der Dahlmannsche Entwurf ist dann in einer Kommission des Bundestags begraben worden und hat seinen Zweck nicht erfüllt: ohne eine Vorlage des Bundestages ist die Nationalversammlung, die am 18. Mai in Frankfurt zusammentrat, daran gegangen, eine Verfassung für Deutschland zu beraten und zu beschließen. Es war eine Versammlung, die nahezu alle bedeutenderen politischen Charaktere und Talente Deutschlands umfaßte, auch die meisten der Männer, die in Preußen bisher im öffentlichen Leben hervorgetreten waren; die Mehrheit war von einem etwas doktrinären Idealismus beherrscht, der namentlich in der großen Zahl von Professoren, die sie enthielt, lebendig war. Zunächst schuf sie eine vorläufige Zentralgewalt in der Person des österreichischen Erzherzogs Johann, der zum Reichsverweser erwählt und von den Regierungen anerkannt wurde. Nachdem dann mit der Bildung eines konstitutionellen Ministeriums die vorläufige Reichsregierung in Wirksamkeit gesetzt war, löste sich der Bundestag auf. Auf die deutschen Fürsten wurde in der Versammlung zunächst wenig Rücksicht genommen, und Friedrich Wilhelm IV. hat bei einem Zusammentreffen mit ihrem Präsidenten Heinrich von Gagern einmal das bedeutungsvolle Wort gesprochen: „Vergessen Sie nicht, daß es noch Fürsten in Deutschland gibt und daß ich einer von ihnen bin." Eine tatsächliche Macht hat der Reichsverweser eigentlich nie besessen. In Preußen gehorchten wie überall die Behörden und namentlich auch das Militär nach wie vor nur ihrem angestammten Herrscher, und mit der Gründung einer deutschen Flotte ging es nur langsam vorwärts; indessen die Regierungen ließen sich den Reichsverweser und sein Ministerium vorläufig gefallen. Während nun die Versammlung sich mit deutscher Gründlichkeit in die Beratung der persönlichen Grundrechte des deutschen Staatsbürgers vertiefte und die Parteigegensätze sich mehr und mehr verschärften, kam es an manchen Orten, auch in Berlin und Schlesien, wieder zu neuen Unruhen; überall stockte Handel und Verkehr, und an den Grenzen im Norden und Osten wurden blutige Kämpfe um die Sache des Deutschtums geführt.

In Posen war es schon im Mai dem General von Pfuel gelungen, den Fortschritten der polnischen Empörer Einhalt zu tun und ihren Widerstand zu brechen. Mit diktatorischer Gewalt bekleidet, hat er den Aufruhr mit Umsicht und Energie bekämpft und die Ruhe bald wieder hergestellt. Mieroslawski floh ins Ausland zu neuen Revolutionstaten; in Posen aber unterblieb nun natürlich die früher beabsichtigte Umgestaltung im national-polnischen Sinne. In der Nationalversammlung zu Frankfurt haben sich damals bei den Radikalen wieder polnische Sympathien geregt, aber eine von ihnen beantragte Resolution, die die polnischen Teilungen als ein schmachvolles Unrecht brandmarken sollte, ist nicht zur Annahme gelangt.

Ernster waren die Kämpfe in der Nordmark um Schleswig-Holstein.

Die schleswig-holsteinische Frage, die schon seit 1846 durch den Offenen Brief König Christians VIII. brennend geworden war, hatte durch die revolutionäre Erregung, die auch nach Kopenhagen hinüber wirkte, eine gefährliche Wendung genommen. Eine Volksbewegung hatte König Friedrich VII. gezwungen, die Einverleibung Schleswigs in die dänische Monarchie auszusprechen und dänische Truppen in das Land einrücken zu lassen. Die schleswigschen Patrioten waren dem gegenüber entschlossen, die Unabhängigkeit des Landes zu behaupten und bildeten eine provisorische Regierung, die den Widerstand gegen Dänemark organisierte. Es kam zum Zusammenstoß, und der Herzog von Augustenburg, der sich auf Grund seines Erbrechts für den Fall des Todes König Friedrichs VII. von Dänemark als den künftigen Landesherrn von Schleswig-Holstein ansah, bat in Berlin um Hilfe. Es war kurz nach den Tagen, wo Friedrich Wilhelm IV. erklärt hatte, daß er sich an die Spitze Deutschlands stellen, daß er die Führung übernehmen wolle in der Stunde der Gefahr. In diesem Sinne trat er nun für die Schleswig-Holsteiner ein. Er erkannte ihre Forderung, „up ewig ungedeelt" beieinander zu bleiben, unter einer besonderen Verfassung, als berechtigt an und verlangte die Hilfe des Bundestags und der deutschen Fürsten für das stammverwandte Land. Zum Kriege entschloß er sich freilich sehr schwer und nicht ohne einen Versuch zur friedlichen Beilegung des Konflikts gemacht zu haben, der aber an der Hartnäckigkeit der Dänen scheiterte. Da auch der Bundestag für die Schleswig-Holsteiner Partei ergriff, so wurde der Krieg formell ein Bundeskrieg, obwohl er ganz überwiegend durch preußische Truppen geführt worden ist, an deren Spitze der General Wrangel stand. Schleswig war bald zurückerobert, die jütische Grenze wurde überschritten; dann aber stockte die Kriegführung, weil man auf deutscher Seite keine Kriegsflotte hatte, während die Dänen durch Blockierung der deutschen Ostseeküste und Wegnahme preußischer Kauffahrer Handel und Verkehr auf dem Festlande außerordentlich schädigten. Zugleich mischten sich die auswärtigen Mächte ein, Rußland, Schweden, England, und zwar durchweg in einem für Preußen und Deutschland feindlichen Sinne. Friedrich Wilhelm IV. wurde dadurch veranlaßt, die Vermittlung der Schweden nachzusuchen, und in Malmö wurde zunächst ein Waffenstillstand verabredet, der alles in der Schwebe ließ, die Zurückziehung der Truppen aus Schleswig anordnete und die Regierung des Landes vorläufig in die Hände einer aus Deutschen und Dänen gemischten Kommission legte. Wrangel als Bundesfeldherr wollte sich dem Abkommen nicht fügen, weil es im Widerspruch zu der militärischen Überlegenheit der Deutschen stand; er appellierte an die Reichsgewalt, und deren Einmischung wurde von preußischer Seite auch zugestanden; aber die Dänen wollten nur mit dem König von Preußen unterhandeln, und die Lage verschärfte sich nun noch dadurch, daß Rußland, England und auch Frankreich jetzt drohten, eine vereinigte Flotte nach der Ostsee senden zu wollen, um die Forderungen der Dänen zu unterstützen. So kam es zum Abschluß des Waffenstillstandes am 26. August; die preußischen Truppen wurden aus Schleswig zurückgezogen, und die gemischte Kommission trat an die Stelle der provisorischen Regierung.

Die Entrüstung über diesen Waffenstillstand war allgemein, in den Herzogtümern und in ganz Deutschland; im Frankfurter Parlament ist es darüber zu einer schweren Krisis gekommen. Unter Dahlmanns Führung beschloß die Mehrheit am 5. September, daß unverzüglich Schritte getan werden sollten, um die Ausführung des Vertrages zu hemmen. Das Reichsministerium trat darauf zurück, und Dahlmann versuchte ein neues Ministerium zu bilden, aber vergeblich. So blieb nichts anderes übrig, als das alte Ministerium herzustellen, das jetzt nur ein neues Haupt erhielt in der Person des Österreichers Schmerling. Nun wurde am 16. September mit geringer Mehrheit der Beschluß gefaßt, daß die Reichsgewalt den Waffenstillstand genehmigen solle; und das ist denn auch geschehen. Aber jetzt regte sich die radikale republikanische Partei, die in der Versammlung überstimmt worden war. Sie rief die Volksmassen gegen die Mehrheit des Parlaments auf; es gab nun auch in Frankfurt einen Aufruhr mit Barrikadenbau und Straßenkampf, und vor der Stadt wurden zwei Abgeordnete, Hans v. Auerswald und Fürst Lichnowsky, vom Pöbel ermordet (18. September). Der Aufstand wurde rasch niedergeschlagen, aber das Ansehen der Nationalversammlung hatte durch all diese Vorgänge eine unverwindliche Schädigung erlitten. Es wurde mehr und mehr klar, daß nicht hier die Kräfte wirksam waren, die über Deutschlands Zukunft entscheiden konnten. Die Hauptaufgabe der Versammlung, die Beratung der Reichsverfassung, ist erst am 19. Oktober in Angriff genommen und erst am 28. März 1849 zu Ende geführt worden. Inzwischen war längst in Preußen das Verfassungswerk, zwar nicht auf parlamentarischem Wege, aber durch das Eingreifen der Regierung, zum vorläufigen Abschluß gebracht worden.

Der Vereinigte Landtag, der am 2. April aufs neue einberufen worden war, hatte ein von der Regierung vorgelegtes Wahlgesetz genehmigt, wonach die zur Beratung der Verfassung bestimmte Nationalversammlung für Preußen auf Grund des allgemeinen gleichen, aber indirekten Wahlrechts mit geheimer Abstimmung gewählt werden sollte. Am 22. Mai trat diese Nationalversammlung in Berlin zusammen; sie hat zuerst in der Singakademie, später im Schauspielhause getagt. Es war eine Versammlung von etwa 400 Personen; über die Hälfte davon waren Beamte oder Angehörige der liberalen Berufe, namentlich Bürgermeister, Richter, Rechtsanwälte; auch der Mittelstand der Bauern und Handwerker war stark vertreten; selbst Tagelöhner sah man in der Versammlung, aber nur wenig Kapitalisten und Großgrundbesitzer; auch der Prinz von Preußen, der aus England zurückgekehrt war, hat einen Platz in der Nationalversammlung als Abgeordneter von Wirsitz eingenommen, übrigens, wie er selbst erklärt hat, in der ehrlichen Absicht, sich ohne Hintergedanken an der Schaffung einer konstitutionellen Verfassung zu beteiligen. Männer von politischer Erfahrung und parlamentarischem Talent waren nicht zahlreich in dieser Versammlung; die besten Köpfe waren in Frankfurt; um so üppiger schoß in Berlin der Radikalismus ins Kraut. Gleich beim Entwurf der Adresse, mit der die Thronrede des Königs beantwortet werden sollte, wurde zwei Tage lang über den Antrag des Abgeordneten Behrends debattiert, die Versammlung möge beschließen, in Anerkennung der Revolution, daß die Barrikadenkämpfer des 18. und 19. März sich um das Vaterland wohl verdient gemacht hätten; schließlich ging man allerdings mit einer ausweichenden Motivierung zur Tagesordnung über. Anträge solcher Art kamen aus dem Schoße der extrem demokratischen Linken, deren Führer, der Obertribunalsrat Waldeck, eine der bedeutendsten

Figuren der Nationalversammlung gewesen ist: ein starrer Doktrinär, ganz durchdrungen von den Ideen des Vernunftsrechts und der Volkssouveränität, hervorragend als Parteimann, aber ohne das richtige Augenmaß für das politisch Mögliche und Notwendige, das dem Staatsmann unentbehrlich ist.

Die Haltung des Königs in den nächsten Monaten beruhte auf Ratschlägen, die er von Radowitz erhalten hatte. Er legte sich der Öffentlichkeit gegenüber eine weitgehende Zurückhaltung auf und überließ äußerlich nach streng konstitutioneller Schablone die Regierung den Ministern, während er diesen selbst gegenüber niemals ein Hehl daraus gemacht hat, daß er in letzter Linie stets persönlich entscheiden und keineswegs ein parlamentarisches Regiment dulden wollte. Ohne zu der liberalen Auffassung überzutreten, wollte er sich des liberalen Ministeriums bedienen, um mit seiner Hilfe die radikal-demokratische Bewegung niederzuhalten und den konservativen Elementen im Lande Zeit zu gewähren, um sich zu sammeln und dann durch das selbständige Auftreten der konservativen Partei in dem neuen Verfassungsstaat eine Umwälzung im monarchischen Sinne vorzubereiten. Ziemlich gleichzeitig mit der Berufung des liberalen Ministeriums schloß sich übrigens der Gerlachsche Kreis, der in enger Berührung mit dem König blieb, zu einer förmlichen Kamarilla zusammen, die allerdings erst später zu maßgebendem Einfluß gelangt ist, deren Ziel aber von vornherein war, den König in Berührung mit den Häuptern der konservativen Gegenbewegung zu bringen.

Der Verfassungsentwurf, den die Regierung der Nationalversammlung vorlegte, war ziemlich liberal, im Sinne der Verheißungen vom 22. März; er schloß sich eng an die belgische Verfassung von 1831 an, die damals als die liberale Musterkonstitution galt, allerdings mit einigen Korrekturen im monarchischen Sinne. Den Beifall der Versammlung fand er aber nicht; er wurde vielmehr in der dazu gewählten Kommission sehr stark im radikalen Sinne umgearbeitet, so daß der König wohl von einer neuen „Charte Waldeck" sprach, obwohl nicht Waldeck selbst, sondern der ultramontan-demokratische Abgeordnete Peter Reichensperger den Haupteinfluß dabei geübt hat. Am 26. Juli ist die Kommission mit ihren Arbeiten fertig geworden; aber erst am 12. Oktober ist man daran gegangen, den umgestalteten Entwurf im Plenum zu beraten. Inzwischen hatte die Nationalversammlung versucht, das Staatswesen durch einzelne Gesetze im liberal-demokratischen Sinne umzugestalten und die Zügel der Regierung mehr und mehr in die Hände der parlamentarischen Mehrheit zu bringen.

In der Nacht vom 15. zum 16. Juni hatte die damals auf den Straßen sich herumtreibende Menge das Zeughaus gestürmt, um sich zu bewaffnen; und die Nationalversammlung hatte es abgelehnt dagegen einzuschreiten. Diese Wendung gab den Anlaß zum Rücktritt des Ministeriums Camphausen; nur der radikalere Hansemann blieb und übernahm zusammen mit Rudolf von Auerswald den Vorsitz in dem neuen Ministerium, zu dem übrigens ganz kurze Zeit lang auch der monarchische Sozialist Rodbertus gehört hat. Dieses Ministerium hat nun versucht, im Einverständnis mit der Versammlung die Ordnung aufrecht zu erhalten: die Bürgerwehr wurde neu geregelt, auch die Schutzmannschaft ist damals geschaffen worden. Trotzdem nahm der terroristische Einfluß des Straßenpöbels auf die Versammlung selbst beständig zu.

Inzwischen begann sich nun aber auch der Widerstand der konservativen Großgrundbesitzerpartei zu organisieren, die bei dem allgemeinen gleichen Wahlrecht von der Nationalversammlung so gut wie ganz ausgeschlossen worden war. Als man in der Versammlung an die Reform der ländlichen Verhältnisse herantrat, als man Gesetze über die Befreiung des bäuerlichen Grundbesitzes, über die Beseitigung des adligen Jagdprivilegiums, über die Aufhebung der Steuerfreiheit adliger Güter in Angriff nahm, da bildete sich, Ende Juli, in Berlin der konservative „Verein zum Schutze des Eigentums“, der dort am 18. und 19. August eine große Versammlung abhielt, das sogenannte Junkerparlament, wobei Männer wie von Bülow-Cummerow, von Bismarck-Schönhausen, von Kleist-Retzow, von Puttkamer-Reinfeld, von Below-Hohendorf die Führung übernahmen. Kam hier mehr der agrarische Standpunkt zum Ausdruck, so sammelten sich die hochkirchlich-konservativen Elemente, deren Hauptwortführer Ludwig von Gerlach war, um die am 1. Juli 1848 gegründete Neue Preußische Zeitung, die das Eiserne Kreuz als Symbol führte und die nun in Verbindung mit jenen agrarischen Kreisen das publizistische Hauptorgan der konservativen Partei wurde. Die Partei selbst schuf sich im Lande eine weitverzweigte Organisation durch die Begründung zahlreicher Vereine, und sie gewann auch am Hofe wieder Einfluß, wie schon aus einem Empfang hervorgeht, den einige ihrer hervorragendsten Mitglieder am 30. Juli beim König in Potsdam gehabt hatten. Bei der abwartenden Haltung des Königs war es von großer Bedeutung, daß diese Männer es verstanden, ihm die keineswegs ganz zutreffende Vorstellung beizubringen, als ob die Masse des Volkes durchaus konservativ sei und nur der Terrorismus der radikalen Führer die revolutionäre Stimmung erzeugt habe und die liberalen Forderungen aufrecht erhalte.

Auch das Ministerium Auerswald-Hansemann hat kein langes Leben gehabt. Anläßlich eines Zusammenstoßes zwischen Militär und Bürgerwehr in Schweidnitz stellte am 9. August in der Nationalversammlung der Abgeordnete Stein den Antrag: der Kriegsminister möge in einem Erlaß an die Armee die Offiziere anweisen, allen reaktionären Bestrebungen fernzubleiben, Konflikte jeder Art mit der Zivilbevölkerung zu vermeiden, vielmehr durch Annäherung an die Bürger und gesellige Vereinigung mit ihnen zu zeigen, daß sie mit Aufrichtigkeit und Hingebung an der Verwirklichung eines konstitutionellen Rechtszustandes mitarbeiten wollten — und der Abgeordnete Schultz beantragte weiterhin noch den Zusatz, daß es allen denen, mit deren politischer Überzeugung dies nicht vereinbar sei, zur Ehrenpflicht gemacht werden sollte, aus der Armee auszuscheiden. Der Antrag war natürlich für die Krone unannehmbar. Die Minister hatten die Unterlassung begangen, bei der Verhandlung darüber zu schweigen. Sie traten erst dagegen auf, nachdem er angenommen worden war. Nun aber wollte die Mehrheit ihren Willen durchsetzen. Eine große Agitation für den Antrag wurde entfaltet, und am 4. September wurde er zum zweiten Mal, mit viel stärkerer Mehrheit als vorher, angenommen. Dadurch sah sich das Ministerium Auerswald-Hansemann gezwungen zurückzutreten (am 11. September); und zur Bildung eines neuen Ministeriums berief der König nun den General von Pfuel, der soeben den Aufstand in Posen mit Umsicht und Energie unterdrückt hatte, und dem ein höherer Beamter, von Eichmann, zur Seite gestellt wurde; zugleich wurde der General Wrangel, der aus Schleswig-Holstein zurückgekehrt war, zum Oberbefehlshaber in den Marken ernannt und eine Truppenmacht von 50 000 Mann in der Nähe Berlins zusammengezogen. Die Regierung bereitete sich zum Widerstande gegen den Radikalismus vor: aber sie hat damals noch keineswegs die Brücken zur Verständigung mit der Nationalversammlung abgebrochen. Vielmehr kam Pfuel als Kriegsminister den Wünschen der Versammlung so weit entgegen, daß er einen Erlaß in dem gewünschten Sinne ergehen ließ, allerdings unter Beseitigung des Zusatzes, der den andersdenkenden Offizieren den Dienstaustritt zur Ehrensache machen sollte. Der König war mit dieser Haltung des Ministers sehr unzufrieden. Er hat von diesem Moment an schon eine Änderung des Ministeriums ins Auge gefaßt, wenn er auch zunächst die Dinge noch gehen ließ.

Als man nach all diesen Zwischenfällen in der Nationalversammlung endlich an die Beratung der Verfassung ging (12. Oktober), da zeigte sich die Unmöglichkeit für die Regierung, zu einer Vereinbarung mit dieser Volksvertretung zu gelangen. Der von der Kommission abgeänderte Entwurf war äußerst radikal; er hatte die monarchischen Korrekturen der belgischen Verfassung wieder beseitigt. Gleich bei den Eingangsworten der Verfassung stellte sich die Versammlung in den schärfsten Gegensatz zu der Auffassung des Königs. Die Worte „von Gottes Gnaden" samt dem königlichen Titel wurden gestrichen; die Eingangsformel sollte lauten: „Wir Friedrich Wilhelm verkünden hiermit die von den Vertretern des Volkes durch Vereinbarung mit uns festgesetzte Verfassung". Der König war empört über diese Zumutung; er sprach sich darüber in seiner temperamentvollen Weise aus, als kurz darauf das Präsidium der Versammlung zur Geburtstagsgratulation bei ihm erschien. Dem „Großherzogtum" Posen wollte die Nationalversammlung, gleichsam zur Belohnung für den eben unterdrückten Aufstand, wieder eine die Polen bevorzugende Sonderstellung geben. Auf einen Antrag von Behrends wurde am 31. Oktober der Adel für abgeschafft erklärt. An demselben Tage trat die kritische Wendung ein, in Verbindung mit der Gestaltung der Dinge in Österreich. Fürst Windischgrätz stand vor Wien, und die Revolution, die dort wieder das Haupt erhoben hatte, schien kapitulieren zu müssen. Da stellte in der Abendsitzung des 31. Oktober Waldeck den Antrag: das Staatsministerium solle aufgefordert werden, zum Schutze der in Wien gefährdeten Volksfreiheit alle zu Gebote stehenden Mittel und Kräfte schleunigst aufzubieten. Die preußische Regierung sollte also der Revolution in Wien zu Hilfe kommen gegen die österreichische Regierung. Rodbertus stellte den Gegenantrag, daß man dies Verlangen nicht an die preußische Regierung, sondern an die deutsche Zentralgewalt in Frankfurt stellen sollte, die ja freilich nur über moralische Mittel verfügte. Aber nun versuchten die Massen auf der Straße, die Nationalversammlung unter ihren Willen zu beugen. Sie umlagerten das Schauspielhaus und forderten die Annahme des Antrags Waldeck, für den eine sogenannte Sturmpetition eingegangen war. Trotzdem nahm die Versammlung den Gegenantrag Rodbertus an; und nun kam es zu wüsten Lärmszenen und Handgreiflichkeiten auf der Straße; der Ministerpräsident von Pfuel selbst entging nur mit Mühe durch den Schutz eines demokratischen Abgeordneten den Mißhandlungen des Pöbels. Am 1. November trat das Ministerium Pfuel zurück, und der König entschloß sich nun, nachdrückliche Maßregeln zur Aufrechterhaltung der Ordnung zu ergreifen.

Der Versuch, den Radikalismus durch liberale Ministerien zu bändigen, war fehlgeschlagen; aber die konservative Partei im Lande schien genügend erstarkt, um jetzt zu einer Stütze der Monarchie werden zu können, und der Umschwung in Österreich ermutigte auch in Preußen zu einem kräftigeren Auftreten der Regierung. Die Kamarilla hatte dem König verschiedene Häupter der konservativen Partei als Ministerkandidaten empfohlen; auch Bismarck war darunter gewesen, über den der König aber damals urteilte: „als Minister nur zu gebrauchen, wenn das Bajonett schrankenlos waltet". Die Wahl fiel auf den Grafen Brandenburg, der als kommandierender General in Schlesien sich fest und umsichtig gezeigt hatte. Er bildete zusammen mit dem Ministerialdirektor von Manteuffel ein neues Ministerium. Die Nationalversammlung protestierte dagegen. Sie sandte eine Deputation an den König, die eine drohende, unehrerbietige Sprache führte, und von dem Herrscher selbst keiner Antwort gewürdigt wurde; das Ministerium Brandenburg erschien am 9. November in der Nationalversammlung und verkündete eine königliche Botschaft, durch welche die Versammlung, weil sie wegen der beständigen Bedrohung durch die Volksmassen unfrei sei, bis zum 27. November vertagt und von da ab nach Brandenburg verlegt wurde. Am 11. wurde die Bürgerwehr aufgelöst, am 12. wurde über Berlin und Umgegend, zugleich auch über andere unruhige Städte, der Belagerungszustand verhängt. Das Schauspielhaus wurde militärisch besetzt, um die Abhaltung weiterer Sitzungen zu verhindern; aber in einer Winkelsitzung gelang es doch noch einer Anzahl von Abgeordneten, am 15. November den Beschluß zu fassen, daß fortan im Lande alle Steuern verweigert werden sollten, was natürlich ganz ungesetzlich und ohne rechtliche Folgen war. Gegenüber den Bewegungen, die sich im Lande für die Nationalversammlung erhoben, hielt die Regierung ihre Autorität und die Ordnung aufrecht; ein Vermittlungsversuch des Frankfurter Parlaments wurde als unberechtigte Einmischung in die inneren Angelegenheiten Preußens zurückgewiesen. Bei der Maßlosigkeit der demokratischen Forderungen wäre auch ein Paktieren nur unter völliger Demütigung der Regierung möglich gewesen. Die Nationalversammlung wurde in Brandenburg eröffnet, war und blieb aber beschlußunfähig. Die Regierung entschloß sich daher am 5. Dezember, die Versammlung aufzulösen, indem sie zugleich eine oktroyierte Verfassung verkündete samt einem Wahlgesetz für die Bildung der beiden Kammern, mit denen die Verfassung dann noch revidiert und vereinbart werden sollte.

Die Oktroyierung der Verfassung war mehr ein Werk des Ministeriums, als des Königs, der sich lange dagegen gesträubt hat. Vielleicht hat die Rücksicht auf die Verfassungspläne der Frankfurter Nationalversammlung eingewirkt, in der damals eine Richtung hervortrat, welche Preußen so gründlich in Deutschland aufgehen lassen wollte, daß zwar die Provinzialstände für zulässig erachtet wurden, aber nicht eine Verfassung für den Gesamtstaat Preußen. Solchen Plänen konnte natürlich aufs wirksamste begegnet werden durch Schaffung einer preußischen Verfassung; und da die Möglichkeit einer Vereinbarung in weite Ferne gerückt war, so blieb nichts übrig als die Oktroyierung, d. h. die Verleihung aus königlicher Machtvollkommenheit.

Diese oktroyierte Verfassung vom 6. Dezember 1848 schloß sich an den Verfassungsentwurf der Regierung und an die Abänderungsvorschläge der Kommission an. Sie folgte also auch dem belgischen Vorbilde, aber sie war noch um einen Grad monarchischer gefaßt, als der ursprüngliche Entwurf. Vor allem war die Bestimmung fortgeblieben, daß auch das Heer auf die Verfassung vereidigt werden sollte; ferner war die Vorschrift eingefügt, daß die Abgeordneten ebenso wie die Beamten dem König Treue und Gehorsam schwören mußten. Ein wichtiger Artikel (108) bestimmte, daß die bestehenden Steuern und Abgaben forterhoben werden sollten bis zur Abänderung durch ein Gesetz. Noch wichtiger für die nächste Zukunft war der Artikel 105: „Wenn die Kammern nicht versammelt sind, können in dringenden Fällen unter Verantwortlichkeit des gesamten Staatsministeriums Verordnungen mit Gesetzeskraft erlassen werden; dieselben sind aber den Kammern bei ihrem nächsten Zusammentritt zur Genehmigung sofort vorzulegen.“ Im übrigen war die Verfassung überraschend liberal; namentlich auch die Grundrechte fehlten nicht. Die Form der Volksvertretung beruhte auf dem Zweikammersystem. Die erste Kammer sollte in der Hauptsache eine Vertretung der kommunalen Körperschaften in Kreis, Bezirk und Provinz sein. Da aber diese Körperschaften erst neu eingerichtet werden sollten, so griff man vorläufig zu Wahlen mit hohem Zensus, und jener Gedanke ist schließlich unausgeführt geblieben. Die Mitglieder der zweiten Kammer sollten aus indirekten Wahlen hervorgehen. Bei den Urwahlen sollte der Grundsatz des allgemeinen Wahlrechts herrschen; doch wurde schon in Aussicht genommen, bei der künftigen Revision eine Abstufung des Wahlrechts nach Vermögensklassen eintreten zu lassen.

Die Kammern, mit denen die Revision der Verfassung vereinbart werden sollte, wurden zum 26. Februar 1849 einberufen. Inzwischen wurden auf Grund des Art. 105 eine Reihe von wichtigen Reformen vorgenommen, vor allem die Aufhebung der Patrimonialgerichtsbarkeit und des besonderen Gerichtsstandes für Adel und Beamte (2. Januar 1849) und die Einführung des mündlichen und öffentlichen Verfahrens mit Geschworenen und Staatsanwaltschaft im Strafprozeß (3. Januar 1849). Der liberale Geist dieser und anderer Maßregeln beweist, daß die Regierung zwar das Heft wieder in die Hand bekommen wollte, aber noch keineswegs rückschrittliche Tendenzen verfolgte.

Jetzt begann auch die Frage der deutschen Verfassung brennend zu werden. Das Frankfurter Parlament ging bei seinen Arbeiten von der Annahme aus, daß ihm die Aufgabe zugefallen sei, die Verfassung selbständig zu schaffen, nicht eigentlich mit den Regierungen zu vereinbaren; dabei lag die Idee der Volkssouveränität zugrunde, die das ganze Verfassungswerk charakterisiert. Und doch war die Frage unlösbar ohne eine Auseinandersetzung mit den Regierungen; denn der eigentliche Kernpunkt war die Gestaltung des Verhältnisses von Österreich zu dem neuen Staatswesen und die Stellung, die Preußen dazu einnahm. Die Mehrheit wollte statt des losen Staatenbundes, den man bisher gehabt, einen festen Bundesstaat mit starker Zentralgewalt; das hätte aber zur Folge gehabt, daß Österreich nur mit seinen deutschen Ländern dem neuen Reiche angehören konnte und daß diese deutsch-österreichischen Länder eine abgesonderte Verfassung und Verwaltung hätten erhalten müssen, die mit der eben damals auftauchenden Idee eines österreichisch-ungarischen Einheitsstaates im Widerspruch stand. Nur so konnte man die Deutsch-Österreicher, damals fast ein Drittel der deutschen Bevölkerung, für den neuen deutschen Staat retten. Das Parlament faßte denn auch zunächst auf Anregung von Dahlmann und Droysen einen Beschluß in diesem Sinne. Dann aber wurde, seit die österreichische Regierung den Reichstag nach Kremsier in Mähren verlegt und dort ein neues Programm für die Gestaltung der habsburgischen Monarchie aufgestellt hatte, die Einbeziehung der deutsch-österreichischen Länder in den deutschen Bundesstaat unmöglich durch die immer deutlicher hervortretende Absicht der österreichischen Regierung, die ganze habsburgische Ländermasse zu einem festen Einheitsstaat zusammenzufassen; und die Folge war, daß nun im Frankfurter Parlament der österreichische Präsident des Reichsministeriums, Schmerling, zum Rücktritt gezwungen wurde und der bisherige Präsident der Versammlung, Heinrich von Gagern, an seine Stelle trat und einen neuen Lösungsversuch der schwierigen Frage ins Werk setzte, der früher vom Parlament abgewiesen worden war. Sein Programm kam darauf hinaus, daß ein deutscher Bundesstaat ohne Österreich gegründet, zugleich aber mit Österreich über ein völkerrechtliches Unionsverhältnis verhandelt werden sollte. Österreich ließ sich aber auf solche Verhandlungen nicht ein. In der Nationalversammlung gab es einen heftigen Kampf; bei dieser Gelegenheit haben sich die Parteien der Großdeutschen und der Kleindeutschen, oder wie sie sich nannten, der Erbkaiserlichen, endgültig geschieden. Die großdeutsche Partei, die an Österreich festhielt und auf einen Bundesstaat mit starker Zentralgewalt verzichtete, setzte sich zusammen aus den Österreichern, den Ultramontanen und der radikalen Linken, die mit den liberalen Mittelparteien damals ganz zerfallen war; die erbkaiserliche Partei, die einen festen Bundesstaat unter Preußens Führung wollte, bestand aus Mitgliedern aller Schattierungen von der äußersten Rechten bis an die Linke, hatte aber ihren Hauptthalt in den liberalen Mittelparteien, namentlich in dem rechten Zentrum, der eigentlichen Professorenpartei. Sie suchte jetzt zunächst das erbliche Kaisertum durchzusetzen, für das namentlich Dahlmann, Bassermann, Vincke, Rümelin sprachen; aber die meisten Süddeutschen waren dagegen; Uhland erklärte: „Es wird kein Haupt über Deutschland leuchten, das nicht mit einem vollen Tropfen demokratischen Öls gesalbt ist", und nach fünftägiger Debatte wurde nur beschlossen, die Würde des Reichsoberhaupts auf einen regierenden deutschen Fürsten zu übertragen.

Zwischendurch trat nun aber das Parlament doch mit den Regierungen in Verhandlung; und auch die Regierungen untereinander verhandelten über die Frage ihrer Stellung zur Frankfurter Verfassung. Ende November erschien Gagern in Potsdam, um mit König Friedrich Wilhelm IV. die Frage der etwaigen Annahme der Kaiserkrone und der Frankfurter Verfassung überhaupt zu erörtern. Friedrich Wilhelm hob dabei hervor, daß das Parlament keine Krone zu vergeben habe, daß die Annahme einer solchen Krone ohne Zustimmung der Fürsten ein revolutionärer Akt sein würde. Das war sein grundsätzlicher Standpunkt: er erkannte die Volkssouveränität nicht an; er wollte sich mit den Fürsten ins Einvernehmen setzen, nicht im Gegensatz zu ihnen vom Volk sich auf den Schild heben lassen. In seiner loyalen Weise trat er mit Österreich und auch mit Bayern in Verhandlungen über die Frage. Von Österreich wurde ihm dargelegt, daß man dort den habsburgischen Einheitsstaat wolle und daß man daher die Form des Bundesstaats mit einheitlicher Spitze für Deutschland nicht annehmen könne. Schwarzenberg machte am 17. Januar den Versuch, Preußen mit sich fortzureißen zu einer gewaltsamen Niederwerfung des Frankfurter Parlaments. Aber von einem solchen Vorgehen war die Regierung

Friedrich Wilhelms weit entfernt; vielmehr sprach sie sich in einer Zirkularnote vom 23. Januar für eine Verständigung mit dem Frankfurter Parlament und für die Aufrichtung eines preußisch-deutschen Bundesstaates aus.

Radowitz, der im Frankfurter Parlament als Abgeordneter eine hervorragende Rolle spielte, hat bald darauf seinem königlichen Freunde eine Lösung der deutschen Frage vorgeschlagen, die in der Mitte stand zwischen der Auffassung Österreichs und dem Gagernschen Programm. Sie kam darauf hinaus, daß neben dem deutschen Bundesstaat ein Staatenbund eingerichtet werden sollte, dem auch die deutsch-österreichischen Länder angehörten, und daß mit der gesamten österreichisch-ungarischen Monarchie außerdem noch ein völkerrechtliches Bundesverhältnis begründet werden sollte. Diesen Gedanken, der die nationalen Wünsche mit der Gesamtstaatsidee Österreichs und mit dem politischen Bedürfnis eines Zusammenhalts mit der Donaumonarchie vereinigen sollte, machte Friedrich Wilhelm IV. sich zu eigen und brachte ihn in Verbindung mit seinen bisherigen deutschen Verfassungsplänen. An der Spitze des Staatenbundes dachte er sich jetzt ein Königskollegium, und im Bundesstaat wurde für Preußen die Vorstandschaft ins Auge gefaßt; die Kaiseridee trat jetzt ganz zurück. Seine alte Idee der Reichswehrherzogtümer entsprach teilweise dem Vorschlage Österreichs, sechs Reichskreise zu bilden, jeden unter einem der Könige, mit einem besonderen militärischen Kontingent, aber auch mit einer gemeinschaftlichen Kreisständeversammlung anstatt der einzelstaatlichen Kammern — eine Erweiterung des Planes, die allerdings in Berlin keinen Anklang fand. Darin aber war Friedrich Wilhelm mit Österreich einverstanden, daß man an dem Grundsatz einer Vereinbarung der Verfassung zwischen den Fürsten und dem Frankfurter Parlament festhalten müsse; er wünschte, daß ein besonderes „Staatenhaus", wie es für die zukünftige Verfassung vorgesehen war, als Vertretung der Einzelstaaten, aber nur von den Regierungen gebildet, schon jetzt dem Frankfurter Parlament zugesellt werden sollte, um mit ihm das ganze Verfassungswerk zu revidieren und eine Vereinbarung vorzubereiten.

Die Hauptsache bei diesen Verhandlungen aber war, daß Österreich von der Begründung eines engeren Bundesstaates unter preußischer Führung nichts wissen wollte, und daß Schwarzenberg nach der Oktroyierung der Gesamtverfassung vom 4. März 1849 ganz unumwunden das Verfassungswerk der Paulskirche verwarf und die Forderung aufstellte, daß der österreichische Gesamtstaat in das künftige Deutsche Reich mit aufgenommen werden müsse. Diese österreichische Forderung brachte nun aber in Frankfurt die auf einen festen deutschen Bundesstaat gerichteten Bestrebungen zum Durchbruch. Die zweite Lesung des Verfassungsentwurfs stand damals auf der Tagesordnung. Der Entwurf hatte einen Bundesstaat mit einheitlicher Spitze, ein konstitutionelles Ministerium, einen Reichstag aus zwei Häusern, Staatenhaus und Volkshaus, bestehend, zum Inhalt. Der Abgeordnete Welcker, der früher großdeutsch gewesen war, nun aber wohl einsah, daß man mit Österreich nicht fortkomme, stellte den Antrag (12. März 1849), daß die Verfassung, so wie sie sei, im ganzen angenommen werden sollte und daß die Kaiserwürde, und zwar als erbliche Würde, dem König von Preußen übertragen werden sollte; man hoffte doch immer noch, daß Friedrich Wilhelm IV. sich bedenken und die Krone aus der Hand des Parlaments annehmen würde trotz des zu erwartenden österreichischen

Widerstandes. Der Antrag wurde zunächst abgelehnt (am 21. März); und erst, nachdem eine Gruppe der radikalen Linken durch die verhängnisvollen Zugeständnisse gewonnen worden war, daß das absolute Veto in ein suspensives und die öffentliche Wahl in eine geheime umgewandelt werden sollte, wurde am 27. März der in dieser Weise veränderte Verfassungsentwurf samt dem erblichen Kaisertum angenommen (mit 267 gegen 263 Stimmen), und am 28. März wurde Friedrich Wilhelm IV. zum deutschen Kaiser gewählt (mit 290 Stimmen bei 248 Enthaltungen). Zugleich erklärten 15 Abgeordnete der Rechten, die für das preußische Erbkaisertum gestimmt hatten, unter Führung von Radowitz, daß eine endgültige Festsetzung der Verfassung und eine Übertragung der Krone nicht einseitig durch das Parlament allein erfolgen könne, sondern nur unter freier Zustimmung der deutschen Regierungen rechtsverbindlich sei.

Alles kam nun darauf an, wie der König von Preußen sich entscheiden würde. Eine Deputation des Parlaments ging nach Berlin, um ihm den Beschluß der Versammlung vorzutragen und ihm die Kaiserkrone anzubieten. Führer der Deputation war der Präsident der Nationalversammlung Simson; auch Arndt und Dahlmann gehörten dazu. Man hoffte, daß Friedrich Wilhelm IV. sich dem Wunsche der deutschen Nation fügen würde trotz des zu erwartenden Widerspruches einzelner Fürsten und namentlich Österreichs, das eben damals von den ungarischen Rebellen bedrängt und im Moment zu energischem kriegerischem Auftreten unfähig war. Der König schwankte zwischen seinen nationalen Sympathien, mit denen sich doch auch etwas von preußischem Ehrgeiz verband, und seinen konservativ-legitimistischen Grundsätzen; er vermochte sich weder für die eine noch für die andere Seite ganz ohne Vorbehalt zu entscheiden und kam in einer Beratung mit seinen Ministern überein, den übrigen deutschen Fürsten die Entscheidung zu überlassen. Am 3. April empfing er die Deputation. Er brachte dabei seine Gefühle für Macht und Ehre eines geeinigten Deutschlands zu lebhaftem Ausdruck; aber er erklärte, auf seinem früheren Standpunkt verharren zu müssen, daß die Annahme der Verfassung und der Kaiserkrone von der freien Zustimmung der sämtlichen deutschen Regierungen abhängig sei. Die Deputation war bestürzt; sie faßte diese Antwort des Königs als eine Ablehnung nicht bloß der Krone, sondern des ganzen Verfassungswerks auf und fürchtete einen Bruch zwischen der Nationalversammlung und der preußischen Regierung; sie reiste am 5. April nach Frankfurt zurück. Die preußische Regierung aber erklärte durch eine Zirkularnote an die sämtlichen deutschen Höfe vom 3. April: der König sei bereit, an die Spitze eines deutschen Bundesstaates zu treten, der aus denjenigen Staaten zu bilden wäre, die freiwillig beitreten würden; seine Form und Verfassung wurde späterer Regelung überlassen.

Österreich protestierte sofort gegen einen solchen engeren Bund unter preußischer Führung und rief seine Abgeordneten aus Frankfurt zurück (8. April). Das Parlament aber erklärte auf den Bericht der Deputation am 11. April in nachdrücklicher Weise, daß es an der Verfassung festhalte, und setzte einen Ausschuß ein, der mit den einzelnen Regierungen in Verhandlung trat. Am 14. April erklärten 28 deutsche Staaten sich für die Annahme der Verfassung mit dem preußischen Erbkaisertum; es waren alle die kleineren; nur die Königreiche fehlten. Der König von Württemberg wurde dann auch noch durch eine Volksbewegung in Stuttgart dazu gedrängt, die Verfassung anzunehmen; aber die übrigen Könige beharrten bei ihrer Weigerung. Auch in Sachsen war eine Volksbewegung für die Annahme der Verfassung im Entstehen; man fürchtete in Dresden Unruhen und wandte sich um Hilfe nach Berlin. Friedrich Wilhelm IV. sagte dem König Hilfe zu und bestärkte ihn dadurch in seinem Widerstand. Dem Reichsminister von Beckerath, der ihn am 20. April noch einmal umzustimmen versuchte und dabei an den preußischen Ehrgeiz appellierte, erwiderte er resigniert: er sei kein Friedrich der Große. An dieser Haltung Friedrich Wilhelms hat auch die Tatsache nichts geändert, daß die inzwischen einberufene zweite Kammer in Preußen auf Antrag von Rodbertus die Frankfurter Verfassung annahm. Es war eine unzweifelhafte Überschreitung ihrer Befugnisse; und da sie hierdurch, wie schon früher durch ihren Widerspruch gegen die Aufrechterhaltung des Belagerungszustandes, mit den Ministern in einen heftigen Konflikt geriet, so wurde sie am 27. April aufgelöst, und am Tage darauf erfolgte die endgültige Ablehnung der Frankfurter Verfassung durch die preußische Regierung. Dabei wurde noch besonders betont, daß das suspensive Veto und das allgemeine, gleiche und geheime Wahlrecht Einrichtungen seien, die sich mit dem monarchischen Charakter des preußischen Staates nicht vertrügen. Zugleich wurde die Hoffnung ausgesprochen, daß die Nationalversammlung sich zu Änderungen werde bereit finden lassen. Zunächst aber suchte man eine Verständigung unter den Fürsten herbeizuführen und lud zu diesem Zweck alle diejenigen Regierungen, die zu weiteren Verhandlungen über das deutsche Verfassungswerk geneigt seien, zur Abhaltung von Konferenzen in Berlin ein. Die revolutionären Unruhen, die jetzt wieder an mehreren Stellen Deutschlands ausbrachen, wurden mit Hilfe Preußens durch Waffengewalt unterdrückt, so namentlich in Sachsen, in der bayerischen Pfalz und in Baden, wo der Großherzog außer Landes geflohen war. Der Prinz von Preußen warf an der Spitze von zwei Armeekorps die badische Revolution nieder und eroberte die von den Aufständischen genommene Festung Rastatt zurück, worauf der Großherzog in sein Land heimkehrte.

Zu gleicher Zeit, im Sommer 1849, erfolgte auch die Niederwerfung der Revolution in Ungarn, die freilich den Österreichern nicht aus eigener Kraft, sondern erst mit Hilfe der Russen gelungen ist. Durch diese Erfolge der monarchischen Waffen, die die früheren italienischen Siege Radetzkys ergänzten, verschob sich die Lage in Deutschland vollkommen. Die Autorität des Frankfurter Parlaments verblaßte wieder vor der historischen Macht der Monarchie; es zeigte sich nun, daß das ganze Werk der Paulskirche doch keine solide Machtgrundlage gehabt hatte. Schon als das Frankfurter Parlament einen Beschluß gegen das Einschreiten Preußens in Sachsen gefaßt hatte, waren auch die Mandate der preußischen Abgeordneten von der Regierung für erloschen erklärt worden (14. Mai), und die Versammlung ging nun mit raschen Schritten einer unrühmlichen Auflösung entgegen. Die Revolution in Deutschland war beendet. Die Autorität der Regierungen in den Einzelstaaten war wieder hergestellt, aber der Deutsche Bund blieb zerrissen. Das Werk der deutschen Einigung war der Nation mißlungen; es fragte sich, ob die preußische Regierung, die es jetzt in Angriff nahm, besseren Erfolg haben würde.

Der preußische Unionsversuch und die Wiederherstellung des Deutschen Bundes.

Die deutsche Frage blieb der Hauptgegenstand der preußischen Politik; aber zugleich bedurfte es einer endgültigen Regelung der Verfassungsfrage in Preußen selbst. Nach der Auflösung des Abgeordnetenhauses von 1849 fehlte es nicht an reaktionären Einflüssen, die zu einer gänzlichen Aufhebung der Verfassung drängten; aber die besonnenen und gemäßigten Elemente behielten die Oberhand, und der König entschloß sich, mit einer neugewählten Kammer die in Aussicht genommene Revision der oktroyierten Verfassung zu vereinbaren. Nur das Wahlgesetz wurde jetzt verändert, und zwar in dem schon in der oktroyierten Verfassung angedeuteten Sinne, so daß die Urwähler nach der Steuerleistung in drei Klassen geteilt wurden, deren unterste die große Masse enthielt, und die alle drei die gleiche Zahl von Wahlmännern zu wählen hatten, und zwar mit öffentlicher Stimmabgabe. Diese Veränderung wurde getroffen am 30. Mai 1849 durch eine Verordnung mit Gesetzeskraft auf Grund des Art. 105, ein Verfahren, das schon mehrfach angewandt worden war und durch den Hinweis auf die in jenem Artikel enthaltene unbeschränkte Befugnis der Regierung formell durchaus gerechtfertigt werden konnte, sachlich aber gerade in diesem Falle doch nicht unbedenklich war. Die demokratische Partei erklärte das Verfahren für ungesetzlich und beschloß, sich der Wahl gänzlich zu enthalten; und so kam es, daß in der neugewählten zweiten Kammer, die am 7. August 1849 eröffnet wurde, die konservative Partei die Mehrheit hatte, während die Liberalen diesmal schwächer vertreten waren und die radikalen Demokraten ganz fehlten. Von dieser neuen Volksvertretung, die übrigens das Wahlgesetz vom 30. Mai 1849 bestätigte, ist nun die Verfassung revidiert und mit der Krone vereinbart worden; sie wurde am 31. Januar 1850 verkündigt und am 6. Februar vom König nach langem Bedenken und Schwanken feierlich beschworen, allerdings in der ausdrücklich kundgegebenen Hoffnung, daß es auf verfassungsmäßigem Wege gelingen werde, sie „den Lebensbedingungen Preußens immer entsprechender zu machen" und mit nachdrücklichem Hinweis auf die historisch-politische Notwendigkeit, daß in Preußen der König regieren müsse und nicht die Volksvertretung.

Auch die Wünsche der extremen Konservativen und der radikalen Demokraten erfüllte die Verfassung, wie sie war, nicht. Sie war ein Kompromiß zwischen der gemäßigt konservativen und der gemäßigt liberalen Richtung und entsprach namentlich den Neigungen der gebildeten bürgerlichen Klassen. Die Rechte der Krone blieben darin so stark, daß diese und nicht die Volksvertretung als der erste Faktor im Staatsleben erschien. Freilich stand dieses Verhältnis, das der ganzen Geschichte des preußischen Staates am besten entsprach, noch nicht unumstößlich fest; es mußte sich erst weiterhin in der Praxis des Staatslebens bewähren. Immerhin aber enthielt doch auch schon die Verfassung selbst recht starke Handhaben für eine monarchische Regierung. Auf den Verfassungseid der Armee ist man nicht wieder zurückgekommen; das Heer blieb in der Hand des Königs, wie es in seiner Geschichte und in dem Geist des preußischen Staates begründet war; und auch das Beamtentum, bei dem der Eid auf die Verfassung unerläßlich war, blieb monarchisch und wurde nicht im parlamentarischen Sinne umgestaltet. Artikel 109 bestimmte, daß die gesetzlich feststehenden Steuern bis zur Veränderung des Gesetzes ohne weiteres forterhoben werden sollten, und beschränkte damit das Steuerbewilligungsrecht des Landtages und indirekt auch sein Budgetrecht, wobei aber die Frage offen blieb, was zu geschehen habe, wenn Krone und Volksvertretung über den Ausgabenetat nicht zur Vereinbarung gelangten. Der Notverordnungsparagraph, von dem die Regierung beim Erlaß des Wahlgesetzes einen so weitgehenden Gebrauch gemacht hatte, wurde in der revidierten Verfassung von 1850 viel vorsichtiger eingeschränkt, als es in der oktroyierten von 1848 geschehen war, aber mit diesen Beschränkungen blieb die Befugnis der Regierung, Verordnungen mit Gesetzeskraft zu erlassen, erhalten (Artikel 63).

Das evangelische Kirchenregiment des Königs, das die demokratische Partei gern beseitigt hätte, blieb bestehen; aber die evangelische Landeskirche wurde aus dem konstitutionellen System des Staates gänzlich herausgelöst. Mit der Verfassung hat Preußen im strengen Rechtssinne aufgehört, ein protestantischer Staat zu sein; die Toleranz der anderen Bekenntnisse, die bisher geherrscht hatte, verwandelte sich jetzt in den Grundsatz der Parität, d. h. der Gleichberechtigung im öffentlichen Leben; der Staat selbst war überhaupt nicht mehr konfessionell charakterisiert.

In der unierten evangelischen Landeskirche hätte es nahe gelegen, das calvinistische Prinzip der Kirchenverfassung mit dem lutherischen zu verbinden, d. h. die Presbyterial- und Synodalverfassung, wie sie sich namentlich bei den Reformierten in den Rheinlanden lebendig erhalten hatte, zu verschmelzen mit der monarchischen Konsistorialverwaltung der alten lutherischen Landeskirche. Die evangelische Landeskirche wäre dadurch auch gewissermaßen auf konstitutionelle Bahnen geführt worden. Eine solche Reform ist damals zwar erwogen, aber noch nicht durchgeführt worden. Das evangelische Kirchenregiment wurde vielmehr dem 1850 begründeten evangelischen Oberkirchenrat überwiesen, der ein Organ des Monarchen war und dem erst späterhin (1873) eine Generalsynode zur Seite getreten ist; vorläufig blieb das evangelische Kirchenregiment des Königs der Form nach absolutistisch.

Solange Manteuffel Minister des Innern war, d. h. bis zum Ende des Jahres 1850, wurde die Regierung in einem gemäßigt liberalen Geiste geführt, mit einer aus Konservativen und Liberalen gemischten Mehrheit, jedenfalls mehr im Sinne der bürgerlichen Mittelklassen, als der feudalen Junkerpartei. Dem König paßte freilich diese liberale Richtung nicht ganz, aber er fügte sich zunächst dem Zwang der Umstände; denn wie Manteuffel selbst, der von Haus aus konservative Staatsmann, sah er die politische Notwendigkeit ein, den berechtigten Wünschen der Liberalen entgegenzukommen, wenn Preußen die Führung in Deutschland gewinnen wollte. Ein besonderes Verdienst Manteuffels war die Durchführung des Gesetzes vom 2. März 1850 über die Befreiung des bäuerlichen Eigentums, das erst den Abschluß der agrarischen Reformen herbeigeführt hat. Das Gesetz war in einem viel bauernfreundlicheren Sinne gehalten als die Deklaration von 1816, auf Grund deren bisher die Regulierung der gutsherrlich-bäuerlichen Verhältnisse in Preußen erfolgt war. Es ließ neben den spannfähigen, größeren Bauernstellen jetzt auch die kleinen, die bisher nur Handdienste geleistet hatten, Kossäten und dergleichen Leute, zur Regulierung zu; es brach auch mit dem Grundsatz von 1816, daß der lassitische Bauer, der bisher kein Eigentum an dem Hofe gehabt hatte, das Eigentum erwerben sollte gegen Abtretung von Land an das Gut. Vielmehr wurde jetzt grundsätzlich eine Geldrente zur Ablösung der gutsherrlichen Rechte festgesetzt, die 41 Jahre lang durch Vermittlung der Rentenbanken gezahlt werden sollte; wer aber sogleich den 18fachen Betrag der Jahresrente zahlte, sollte damit von allen Verpflichtungen befreit sein. Gegen diesen Gesetzentwurf und namentlich gegen die letzte Bestimmung hatte sich ein heftiger Widerstand der Gutsbesitzer erhoben, die sich dadurch in ihren Rechten verkürzt glaubten. Sie wußten das Ohr des Königs zu gewinnen; sie stellten ihm vor, daß es Pflicht des Monarchen sei, das Eigentumsrecht gegen so radikale Eingriffe zu schützen; und der König war für solche Vorstellungen sehr zugänglich. Nur mit äußerster Mühe vermochte Manteuffel seine Bedenken gegen das Gesetz zu beschwichtigen und seine Zustimmung zu erlangen. Er befand sich dabei in vollem Widerspruch mit seinen adligen Standesgenossen. Das Gesetz aber hat segensreich für die Erhaltung des Bauernstandes gewirkt.

Noch größer war der Widerstand, der sich gegen den Versuch Manteuffels erhob, die früher stecken gebliebene Kommunalgesetzgebung nach den Vorschriften der Verfassung in liberalem Sinne fortzuführen. Zwei hochbedeutende Gesetze vom 11. März 1850 stellten eine allgemeine Gemeinde-, Kreis- und Provinzialordnung für die ganze Monarchie auf, wobei unter anderem nach rheinisch-französischer Weise der Unterschied zwischen Stadt- und Landgemeinde fallen gelassen war, freilich mehr scheinbar, als in Wirklichkeit. Das wichtigste dabei war, daß dadurch die patrimoniale Dorf- und Gutspolizei der Rittergutsbesitzer ebenso beseitigt wurde wie ein Jahr vorher ihre patrimoniale Gerichtsbarkeit; die Polizei auf dem platten Lande sollte fortan in besonderen Amtsbezirken, wie sie heute bestehen, von Amtshauptleuten ehrenamtlich im Auftrage des Staates ausgeübt werden, ähnlich wie heute durch die Amtsvorsteher. Ferner sollte das Vorrecht der Rittergutsbesitzer, daß sie Mann für Mann Sitz und Stimme auf dem Kreistage hatten, in Fortfall kommen; der Begriff des Rittergutes sollte überhaupt aus dem Verwaltungsrecht verschwinden und durch den Begriff des Großgrundbesitzes ersetzt werden. Auch die Provinziallandtage hörten auf, vorwiegend eine Vertretung des Adels zu sein; auch hier wie auf den Kreistagen sollte neben dem Großgrundbesitz das Element der Städte und der Landgemeinden ausreichend vertreten sein.

Aber diese Gesetze, die großenteils schon die Resultate unserer jüngsten Verwaltungsreform (seit 1872) vorausnahmen, haben damals noch nicht dauernde Geltung zu behaupten vermocht. Die Schicksale der deutschen Politik Preußens haben später auch auf das innere Staatsleben einen verhängnisvollen Einfluß geübt.

Das Ziel dieser deutschen Politik Preußens war schon vor dem Zusammentritt der Berliner Konferenz durch eine Proklamation vom 15. Mai 1849 verkündet worden: das zu Frankfurt begonnene Verfassungswerk sollte wieder aufgenommen, ein Reichstag aus allen deutschen Staaten sollte berufen werden, um einen abgeänderten Entwurf, der sich an die Frankfurter Verfassung anschloß, mit den Fürsten zu vereinbaren. Die Leitung dieser Angelegenheit erhielt Radowitz, der, ohne förmlich ins Ministerium einzutreten, in einer außerordentlichen Vertrauensstellung mit dem König und seiner Regierung zusammenwirkte. Er hatte die Idee einer dreifachen Gliederung jetzt fallen lassen und war auf den Gagernschen Plan eines engeren und eines weiteren Bundes zurückgekommen, für den er auch den König gewonnen hatte. Die Verbindung mit dem Reichsverweser wurde gänzlich abgebrochen, dagegen sofort mit Österreich eine Verhandlung über den weiteren Bund eröffnet, der zwar nur völkerrechtlichen Charakter haben sollte, aber doch als ein sehr weitgreifendes und dauerndes Unionsverhältnis gedacht war. Aber diese Verhandlung, zu der Herr von Canitz nach Wien gesandt wurde, scheiterte an dem harten Machtwillen des österreichischen Ministers Fürsten Felix Schwarzenberg, der in einem engeren Bunde der übrigen deutschen Staaten unter Preußens Führung eine empfindliche Verminderung des österreichischen Ansehens erblickte. Die Konferenzen in Berlin, die nun am 17. Mai begannen, um den engeren Bundesstaat zu begründen, standen von vornherein unter den feindseligen Einwirkungen Österreichs. Was Preußen vorschlug, war ein Bundesstaat unter Leitung eines Fürstenkollegiums, an dessen Spitze der König von Preußen als dauernder Reichsvorstand treten sollte. Die Rechte der Zentralgewalt gegenüber den Einzelstaaten waren sorgfältig abgegrenzt; die Zweiheit von Staatenhaus und Volkshaus war beibehalten unter Stärkung des ersteren; das absolute Veto der Zentralgewalt war wiederhergestellt; das Wahlgesetz ganz verändert, dem neuen preußischen Dreiklassensystem nachgebildet. Da Bayern sich unter der Einwirkung Österreichs zurückhielt, so kam es zunächst nur zum Abschluß des Dreikönigsbündnisses zwischen Preußen, Sachsen und Hannover vom 26. Mai 1849; und auch dieses stand von vornherein auf unsicherer Grundlage, da Sachsen und Hannover ihre Zustimmung von der sehr unwahrscheinlichen Voraussetzung abhängig gemacht hatten, daß auch Bayern der Union beitrete. In den Kreisen der alten erbkaiserlichen Partei wurde dieser erste Schritt zur Einigung Deutschlands mit Beifall begrüßt. In Gotha kamen 148 frühere Abgeordnete der Partei zusammen und veröffentlichten nach dreitägigen Beratungen am 26. Juni 1849 eine Erklärung, die darauf berechnet war, die preußische Politik durch eine Sympathiekundgebung aus national gesinnten Volkskreisen moralisch zu unterstützen. Auch die kleinen und mittleren Staaten, bis auf Württemberg, schlossen sich nach und nach an. Aber mit Bayern gelangte man zu keiner Vereinbarung; am 8. September lehnte es endgültig den Eintritt in den Bund ab; und nun wurde auch die Haltung von Hannover und Sachsen immer zweideutiger. Mit Österreich schloß Preußen am 30. September ein Interim, wonach zunächst beide gemeinsam die Befugnisse des Reichsverwesers übernehmen sollten; als dann aber das Unionsparlament nach Erfurt berufen wurde, kam es seit dem Dezember doch zu einer starken Spannung zwischen den beiden Mächten, die allerdings noch nicht zum Bruch führte. Ehe noch das Erfurter Parlament zusammentrat, erklärte Hannover in aller Form seinen Austritt aus der Union, und Bayern begründete im Gegensatz zu den preußischen Plänen am 27. Februar 1850 ein Vierkönigsbündnis (Bayern, Württemberg, Hannover, Sachsen), das als mittelstaatlicher Kern eines neuen Deutschen Bundes gedacht war, zu dem auch die beiden Großstaaten eingeladen wurden. Österreich war auch nicht abgeneigt; es wollte aber mit allen seinen Ländern eintreten und forderte zugleich deren Aufnahme in den deutschen Zollverein. Für Preußen war dieser Vorschlag natürlich unannehmbar. Um so dringender wurde die Vollendung des Unionswerkes. Aber der Eifer Friedrich Wilhelms IV.

war bereits im Erkalten, als das Erfurter Parlament eröffnet wurde (20. März 1850). Seit der weitere Bund mit Österreich aussichtslos geworden und dafür ein drohender Konflikt in Sicht stand, war er nur noch mit halbem Herzen bei der Sache des engeren Bundes; und seit die preußisch-konservative Partei von der Gerlach-Stahlschen Richtung, die seinem Herzen so nahe stand, entschieden Stellung gegen die liberale Verfassung genommen hatte, wollte er nichts mehr davon wissen, daß sie in Erfurt en bloc angenommen würde, sondern drängte vor allem auf eine konservativ-monarchische Revision.

Das Erfurter Parlament, eine halb preußische Versammlung, gewählt auf Grund des Dreiklassensystems und unter Enthaltung der demokratischen Partei, kam der Regierung weit entgegen. Die neue Verfassung wurde zwar zunächst doch en bloc angenommen, aber gleich darauf wurde eine Revision, wie sie die preußische Regierung vorschlug, durchgeführt. Am 29. April 1850 wurde die Tagung geschlossen unter Anerkennung der Einsicht und des Patriotismus, die in den Verhandlungen sich bekundet hatten; aber die Hoffnungen der nationalgesinnten Parteien waren sehr gesunken, die Haltung Friedrich Wilhelms IV. blieb schwankend, die Union lockerte sich mehr und mehr, statt sich zu stärken, und auf der anderen Seite benutzte Österreich den günstigen Moment, um seinen alten Plan durchzusetzen. Noch während der Erfurter Tagung hatte es, trotz des preußischen Widerspruchs, als ehemalige Präsidialmacht eine Einladung an alle deutschen Staaten erlassen, zum 10. Mai 1850 Bevollmächtigte nach Frankfurt zu senden, um den Bundestag wiederherzustellen. Das war der Dank, den Friedrich Wilhelm IV. von seiner Politik der pietätvollen Rücksicht auf Österreich und das alte Kaiserhaus erntete. Er war entrüstet; aber auch jetzt vermochte er nicht den Entschluß zu fassen, das Unionswerk geradezu im Gegensatz gegen Österreich durchzuführen. Alle seine Gefühle sträubten sich gegen eine solche rücksichtslose Machtpolitik im Dienste des nationalen Gedankens, der mit dem Liberalismus verschwistert war. Auf dem Fürstentag, der am 8. Mai 1850 in Berlin zusammentrat, um die Erfurter Unionsverfassung nochmals zu revidieren, kam es zwar zur Verabredung eines gemeinsamen Auftretens gegenüber dem österreichischen Versuch der Wiederherstellung des Bundestags, aber dieser Beschluß wurde nicht einhellig gefaßt; vor allem Kurhessen, wo Hassenpflug wieder als Minister eingetreten war, trennte sich in dieser Frage von Preußen, und der Ausgang war, daß die Sanktion und Publikation der Unionsverfassung auch jetzt noch unterblieb, weil die preußische Regierung fürchtete, daß dies zu einem Konflikt mit Österreich und dem Vierkönigsbündnis führen könne. In Frankfurt aber konstituierte sich nun wirklich am 16. Mai 1850 unter Vorsitz Österreichs das Plenum des Bundestags wieder in seiner alten Gestalt, nur freilich unter Ausschluß der treugebliebenen Unionsgenossen, deren Anerbietungen, weil sie auf der Idee des engeren und weiteren Bundes beruhten, in Frankfurt zurückgewiesen wurden.

So standen sich die beiden Parteien in Deutschland in scharfem, ausgesprochenem Gegensatze gegenüber: auf der einen Seite Preußen mit den Unionsgenossen, auf der anderen Seite Österreich mit den vier Königreichen und seinen übrigen Anhängern. Die einen wollten den deutschen Bundesstaat unter Preußens Führung, die anderen eine Restauration des Staatenbundes und des Bundestags unter dem Präsidium Österreichs. Die Möglichkeit zu einer wenigstens vorläufigen Lösung des Konflikts schien sich zu bieten, als im Juli Schwarzenberg auf einen schon früher einmal erörterten verführerischen Plan zurückkam. Danach sollten sich Österreich und Preußen in die Herrschaft über Deutschland teilen; Österreich wollte die Union in einem verkleinerten Format, wie es der tatsächlichen Lage entsprach, und unter Verschmelzung ihrer parlamentarischen Organe mit dem preußischen Landtag anerkennen, wenn Preußen sich dafür in die Wiederherstellung des Deutschen Bundes fügte und sein Streben nach der Begründung eines Deutschen Reiches aufgab. Es wäre ein nicht unerheblicher Machtgewinn für Preußen gewesen; es hätte sich eine Anzahl von Kleinstaaten angegliedert, die es beherrscht haben würde; aber es hätte zu gleicher Zeit seine deutsche Mission verleugnen müssen und hätte das Vertrauen seiner Bundesgenossen als Führer zur deutschen Einheit auf lange Zeit hinaus verloren. Möglich, daß ein Staatsmann wie Bismarck, der als Abgeordneter im Erfurter Parlament solchen Gedanken nicht fern stand, auch aus dieser Position heraus den Weg zur Gewinnung der Vorherrschaft in Deutschland für Preußen gefunden haben würde; aber für Friedrich Wilhelm IV. und seine Staatsmänner war das keine Aufgabe. Radowitz bekämpfte den Plan, und Friedrich Wilhelm IV. lehnte ihn ab. Der Konflikt blieb ungelöst bestehen. Und dieser deutsche Gegensatz wurde nun zu einem europäischen von gefährlicher Tragweite durch die Verbindung mit den schleswig-holsteinschen Angelegenheiten, die eben damals in ein kritisches Stadium traten.

Die Friedensverhandlungen, die auf den Waffenstillstand von Malmö folgten, waren ergebnislos geblieben; im April 1849 hatten die Dänen den Krieg wieder begonnen, in dem nun auf deutscher Seite die preußischen Truppen gesondert von denen des Bundes und der Schleswig-Holsteiner vorgingen. Sie rückten in Jütland ein, blieben aber untätig, als die Schleswig-Holsteiner von den Dänen am 6. Juli 1849 bei Fridericia geschlagen wurden — eine schwere Niederlage, welche die bisherigen glänzenden Erfolge der deutschen Waffen fruchtlos machte. Es war die Politik der Regierung, die die Kriegführung lähmte; man verhandelte schon wieder über einen Waffenstillstand. Friedrich Wilhelm IV. wollte aus der schleswig-holsteinischen Verwicklung heraus, um in der deutschen Frage die Hände freizubekommen; denn die Einmischung der europäischen Mächte bei dem dänischen Kriege war ein Hemmnis für die preußische Politik nach allen Richtungen. Am 10. Juli 1849 wurde wieder ein Waffenstillstand geschlossen, und seit dem Januar 1850 wurde über den Frieden verhandelt. Der Prinz von Preußen ging damals nach Skierniewice bei Warschau, um dort in einer Zusammenkunft mit dem Zaren Nikolaus I. dessen Stimmung zu sondieren. Man mußte in Preußen Rücksicht auf Rußland nehmen, weil dieses in enger Verbindung mit Österreich stand und die Gefahr vorhanden war, daß Preußen sich bei der Verschärfung des Gegensatzes in Deutschland die Feindschaft der beiden großen Ostmächte zugleich zuzöge, ohne dabei einen Rückhalt in Europa zu haben; denn England gewährte einen solchen nicht, und der Präsident der französischen Republik, Louis Napoleon Bonaparte, der damals seine Hilfe anbot, war für Friedrich Wilhelm IV. ein unmöglicher Bundesgenosse, zumal er offensichtlich auf Landgewinn an der deutschen Grenze ausging. Der Zar aber drang auf Frieden um jeden Preis; und so sah sich Preußen gezwungen, in dem Frieden von Berlin, 2. Juli 1850, Schleswig den Dänen zu überlassen. Die Schleswig-

Holsteiner kämpften zwar noch weiter, vermochten sich aber auch in Schleswig nicht mehr zu halten.

Jetzt nahmen die europäischen Mächte die eigentliche Lösung der Frage in die Hand, und zwar in dem Sinne, daß die Integrität der dänischen Monarchie erhalten bleiben sollte, daß also die Herzogtümer auch nach dem Tode des kinderlosen Königs Friedrich VII. bei Dänemark bleiben sollten. Frankreich, England, Rußland, Schweden und Dänemark unterzeichneten am 2. August 1850 in London ein Protokoll, das diesen Grundsatz anerkannte und die nähere Regelung der Frage einem Kongreß der Mächte vorbehielt, der auch wieder in London gehalten werden sollte. Preußen verweigerte zunächst noch seine Zustimmung; es hatte die Hoffnung auf eine ersprießliche Lösung der deutschen Frage noch nicht aufgegeben; und so lange es an der Spitze der nationalen Bewegung in Deutschland stand, konnte es die schleswig-holsteinsche Frage nicht endgültig jenen Mächten überlassen. Aber die Dinge nahmen bald eine andere Wendung.

Kaiser Nikolaus war damals zum Schiedsrichter in dem preußisch-österreichischen Konflikt geworden. In Skierniewice war auch Fürst Schwarzenberg gewesen, und es war dort auch über die deutsche Frage verhandelt worden. Kaiser Nikolaus wünschte die Erhaltung des Friedens zwischen Preußen und Österreich; er verwarf die preußischen Unionspläne und war für die Wiederherstellung des Bundestages. Allerdings trat er noch nicht unbedingt für Österreich ein, sondern suchte es zu einer entgegenkommenden Haltung Preußen gegenüber zu bestimmen. Die Lage änderte sich aber, als Schwarzenberg sich in der schleswig-holsteinschen Frage den Wünschen des russischen Kaisers anbequemte und noch nachträglich, am 23. August, die Unterzeichnung des Londoner Protokolls durch Österreich bewirkte. Dadurch lief er Preußen vollends den Rang ab und stellte nun ein engeres Einvernehmen mit Rußland her, das ihm gestattete, in der deutschen Frage rücksichtslos weiter vorzugehen. Es fand sich auch bald eine Gelegenheit, um die Autorität des wiederhergestellten Bundestages zu betätigen; sie lag in der kurhessischen Frage.

Der Kurfürst von Hessen hatte sich über die Bestimmungen der Verfassung hinweggesetzt, indem er neue, unbewilligte Steuern forderte, und hatte dadurch das ganze Land gegen sich in Aufstand gebracht. Er floh samt seinem Minister Hassenpflug nach Frankfurt und bat beim Bundestag um Hilfe gegen die Revolution. Der Bundestag sagte sie zu und beschloß, da die hessische Armee versagte, am 25. Oktober die Bundesexekution, die von bayerischen und österreichischen Truppen vollzogen werden sollte. Inzwischen hatte sich aber auch Preußen, wo Radowitz am 26. September als Minister die verantwortliche Leitung der auswärtigen Geschäfte übernommen hatte, in die hessische Angelegenheit eingemischt, und zwar im entgegengesetzten Sinne. Es hatte eine doppelte Veranlassung dazu. Einmal bildete ja Kurhessen die Brücke zwischen seiner östlichen und westlichen Staatshälfte, und es bestand eine Abkunft, nach der Preußen zwei militärische Etappenstraßen durch kurhessisches Gebiet zur Verfügung hatte; es konnte also fremde Einmischung hier nicht ohne weiteres dulden. Andererseits gehörte Hessen formell noch immer zur Union, obwohl es sich an der Wiederherstellung des Bundestags beteiligt hatte, und Preußen hielt daher das Schiedsgericht der Union für zuständig in der hessischen Sache, nicht aber den Bundestag, den es noch gar nicht anerkannt hatte. Es erhob Einspruch gegen die Exekution und begann einen Teil seiner Truppen mobil zu machen. Demgegenüber schlossen sich die Herrscher von Österreich, Bayern und Württemberg auf einer persönlichen Zusammenkunft in Bregenz am 11. Oktober zu einem Schutz- und Trutzbündnis zusammen und trafen ebenfalls Kriegsvorbereitungen. Bevor es aber zu einem kriegerischen Zusammenstoß kam, wandten sich wieder beide Parteien an den Kaiser Nikolaus, der abermals den Schiedsrichter in den deutschen Angelegenheiten spielte. Der preußische Ministerpräsident Graf Brandenburg wurde am 15. Oktober nach Warschau gesandt, und eben dorthin begab sich Kaiser Franz Joseph mit dem Fürsten Schwarzenberg. Der Kaiser Nikolaus wollte auch jetzt den Krieg zwischen den deutschen Mächten verhüten; er nahm aber fast in allen Stücken gegen Preußen und für Österreich Partei. Er verwarf das Eintreten Preußens für die Revolution in Hessen und seinen Widerspruch gegen die Bundesexekution; er wünschte, daß Preußen die Wiederherstellung des Bundestages anerkennen möge, allerdings gegen Zugeständnisse, die Österreich machen müsse; er verlangte auch von Preußen, daß es der vom Deutschen Bund beabsichtigten Niederwerfung des schleswig-holsteinschen Aufstandes, der in Holstein noch unbezwungen war, keinen Widerstand entgegensetzen solle.

Graf Brandenburg war nun schon mit Vorschlägen gekommen, die nicht ganz unvereinbar damit waren. Preußen wollte den Bundestag anerkennen, wenn Österreich die Union innerhalb des Bundes dulden würde; die hessische Frage aber sollte nicht durch den Bundestag, sondern durch besondere Kommissare geschlichtet werden. Unter der Vermittlung des Zaren wurden nun in Warschau Unterhandlungen zwischen Brandenburg und Schwarzenberg geführt, die wenigstens in der deutschen Frage zu einer vorläufigen Übereinkunft führten: Brandenburg opferte die Union, an die man in Preußen schon längst nicht mehr glaubte, ganz und gar, dagegen sagte Schwarzenberg eine Reform der Bundeseinrichtungen zu, die in freien Konferenzen in Dresden oder Wien bewirkt werden sollte.

Am 31. Oktober kehrte Brandenburg nach Berlin zurück. Dort aber gab es nun einen heftigen Konflikt im Ministerium, insbesondere wegen der ungelöst gebliebenen hessischen Frage. Brandenburg wollte an dieser Frage die Vereinbarung mit Österreich nicht scheitern lassen; Radowitz aber verlangte die Mobilmachung der Armee, um die Bundesexekution in Hessen mit gewaffneter Hand zu hindern. Beide stellten ihr Verbleiben im Amte dem Vertrauen des Königs anheim. Zur Entscheidung der brennenden Frage wurde nun am 1. und 2. November Kronrat gehalten. Der König selbst war für sofortige Mobilmachung, aber zugleich auch für sofortige Eröffnung von friedlichen Verhandlungen mit Österreich auf der Basis der von Brandenburg in Warschau vorläufig getroffenen Abmachungen. Die Mehrheit der Minister aber war mit dem Grafen Brandenburg der Meinung, daß die Mobilmachung in diesem Moment den Krieg mit Österreich und Rußland herbeiführen werde, und der Kriegsminister von Stockhausen erklärte, daß Preußen diesen beiden Gegnern nicht gewachsen sei. Die Minister waren daher gegen die Mobilmachung und wollten den Widerstand gegen die Bundesexekution in Hessen aufgegeben wissen, wofern nur die preußischen Etappenstraßen garantiert würden. Graf Brandenburg schlug vor, in diesem Sinne eine Depesche nach Wien zu senden und darin auch festzuhalten an den in Warschau vereinbarten Punkten. Der Prinz von Preußen war, wie Radowitz, für die Mobilmachung und für die Aufrechterhaltung der Union, auch auf die Gefahr eines Krieges hin. Der König aber entschied schließlich für die Ansicht der Mehrheit, obwohl er sie persönlich nicht teilte. Er schob, wie er in solchen Fällen zu tun pflegte, den Ministern die Verantwortung für den Beschluß zu und sprach die Hoffnung aus, sie möchten ihn nie bereuen. Radowitz nahm seine Entlassung. Graf Brandenburg aber schrieb am 3. November eine Depesche nach Wien im Sinne seines Antrags und des Majoritätsbeschlusses; bald darauf erkrankte er und starb nach wenigen Tagen, am 6. November, nicht, wie die Legende will, am gebrochenen Herzen über die in Warschau erfahrene Demütigung, aber doch wohl nicht ohne Einwirkung der vorangegangenen Spannung und Aufregung, die die Widerstandskraft seines von einer akuten Infektionskrankheit ergriffenen Organismus geschwächt hatten.

Im Ministerrat übernahm nun Manteuffel den Vorsitz samt der Leitung der auswärtigen Angelegenheiten. Die nach Hessen eingerückten preußischen Truppen erhielten Befehl, nicht weiter vorzugehen, die friedliche Depesche nach Wien wurde abgeschickt. Aber ehe noch eine Antwort darauf erfolgen konnte, überreichte der österreichische Gesandte eine drohende Note, die den Rückzug der preußischen Truppen aus Hessen forderte; und der preußische Gesandte meldete aus Rußland, daß der Zar die Ablehnung dieser Forderung als Kriegsfall ansehen werde. Nun sah sich die Regierung doch gezwungen, die Mobilmachung anzuordnen, die in der Öffentlichkeit mit Beifall begrüßt wurde (6. November). Am selben Tage aber kam Schwarzenbergs Antwort auf die preußische Depesche: er forderte vor allem anderen die Zurückziehung der preußischen Truppen aus Hessen, die förmliche Aufhebung der Union, die Zulassung der Bundesexekution in Holstein. Während über diese Forderungen noch weiter verhandelt wurde, wäre es in Hessen beinahe zu einem kriegerischen Zusammenstoß zwischen den Preußen und den bayerisch-österreichischen Exekutionstruppen gekommen. Doch konnte das Vorpostengefecht, das sich bei Bronnzell entsponnen hatte, noch rechtzeitig abgebrochen werden.

Die Verhandlungen, bei denen Preußen fortwährend unter dem Druck der russischen Kriegsdrohung stand, führten schließlich dazu, daß der preußische Ministerpräsident Manteuffel zu einer persönlichen Besprechung mit Schwarzenberg nach Olmütz ging. Hier gab dann Preußen in der Punktation vom 28. November 1850 in allen Stücken nach: die Mobilmachung wurde zurückgenommen, die Truppen aus Kurhessen zurückgezogen, die Union löste sich auf, der Bundestag wurde anerkannt, die Zustimmung zur Bundesexekution gegen Holstein erteilt. Im preußischen Abgeordnetenhause gab Manteuffel die berühmt gewordene Erklärung ab: „Der Starke tritt wohl einen Schritt zurück, behält aber das Ziel fest im Auge und sieht, auf welchem anderen Wege er es erreichen kann.“ Man hörte nur die ersten Worte, die im Volksmund später parodistisch entstellt wurden; an eine Zukunft der deutschen Politik Preußens wollte kein Mensch mehr glauben. Die Entrüstung über die getäuschten patriotischen Hoffnungen fand lauten Ausdruck. Die Unruhe im Hause war so stark, daß es bis nach Neujahr vertagt wurde. Die Dresdener Konferenzen, auf denen eine Reform der Bundesverfassung beraten werden sollte — das einzige Zugeständnis

Österreichs — verliefen resultatlos; es blieb dabei, daß der Bundestag einfach in der alten Form wiederhergestellt wurde. Die schleswig-holsteinsche Statthalterschaft wurde zum Aufgeben des Widerstandes gegen Dänemark gezwungen durch die Drohung, daß 50 000 Österreicher und Preußen einrücken würden. Unter dem Druck einer österreichischen Besatzung wurde dann die Auslieferung der Herzogtümer an Dänemark durchgeführt; Dänemark bequemte sich zwar nach längeren Verhandlungen zu dem Versprechen, von der Einverleibung Schleswigs Abstand zu nehmen; doch wurde Schleswig jetzt dem alten Recht zuwider von Holstein getrennt und enger mit Dänemark verbunden, das nun ungehindert in den Herzogtümern rachsüchtige Vergeltung übte, so daß viele Patrioten sich der harten Hand des Siegers entzogen. Holstein blieb übrigens in seinem Verhältnis zum Deutschen Bunde. Das Londoner Protokoll aber vom 8. Mai 1852 stellte die Thronfolge des Prinzen Christian von Glücksburg fest, der dazu durch Vereinbarung der verwandten Herrscherhäuser von Dänemark und Rußland ausersehen worden war. Der Herzog von Augustenburg fand sich mit der dänischen Regierung wegen seiner Ansprüche ab; aber ein Verzicht seines Sohnes war nicht beigefügt. Es war nur eine vorläufige Erledigung der schleswig-holsteinschen Frage.

So war Preußen vor Österreich, hinter dem Rußland stand, unrühmlich zurückgewichen; und die Hoffnungen der deutschen Nation auf einen starken Bundesstaat waren vereitelt. In dem wiederhergestellten Bunde gewann eine reaktionäre Richtung wie früher die Oberhand. Die Grundrechte des Frankfurter Parlaments, die abgesondert von der Verfassung in einem besonderen Gesetz verkündet worden waren, wurden ausdrücklich für abgeschafft erklärt. In einer ganzen Anzahl von kleinen Staaten wurde eine Veränderung der Verfassung zur Beseitigung revolutionärer Bestimmungen, wie des allgemeinen gleichen Wahlrechts und des Verfassungseides der bewaffneten Macht, bewirkt; normative Bestimmungen gegen den Mißbrauch der Preß- und Vereinsfreiheit wurden von Bundes wegen aufgestellt, ohne daß natürlich die Einzelstaaten, deren Souveränität unangetastet blieb, daran gebunden waren. Die Bundeskriegsverfassung blieb ebenso unwirksam wie vor 1848; und die Anfänge einer deutschen Kriegsflotte, zu deren Gründung 1848 der dänische Krieg die Veranlassung gegeben hatte, gingen bei der Ohnmacht und Schwerfälligkeit der Bundesverfassung wieder zugrunde. Am 2. April 1852 wurde die Auflösung der Flotte beschlossen, und der oldenburgische Staatsrat Hannibal Fischer erhielt den Auftrag, die Schiffe zu versteigern. Es war ein trauriges Zeichen der verwandelten Zeit.

Die Aufgabe des Schutzes der deutschen Seeküste durch eine Kriegsflotte ging jetzt zunächst an Preußen über und wurde von Friedrich Wilhelm IV. auch mit Verständnis erfaßt. Durch einen Staatsvertrag mit Oldenburg (20. Juli 1853) erwarb er zur Gründung eines Kriegshafens ein Küstengebiet am Jadebusen, wo 1855—1869 Wilhelmshaven gebaut worden ist. Prinz Adalbert von Preußen, ein Sohn des Prinzen Wilhelm, des Bruders Friedrich Wilhelms III., waltete als Admiral und Generalinspekteur der Marine über der allerdings noch sehr unbedeutenden preußischen Flotte, die damals auch nach einem eigenhändigen Entwurf Friedrich Wilhelms IV. ihre neue Königsflagge erhielt. Eine Vergrößerung des preußischen Staatsgebietes auf süddeutschem

Boden stellte die früher schon erwähnte Erwerbung der hohenzollernschen Lande dar, die auf Grund eines Staatsvertrages mit den regierenden Fürsten im Jahre 1850 erfolgte und einen langgehegten Herzenswunsch des Königs erfüllte. Sie gab ihm übrigens den Anlaß zur Stiftung des hohenzollernschen Hausordens mit seiner Inschrift: „Vom Fels zum Meer", und zu der baulichen Wiederherstellung der alten Stammburg seines Hauses. Zu gleicher Zeit (1850) wurde auch eine aus der alten territorialen Epoche herübergeschleppte Unzuträglichkeit beseitigt, indem die Rechte der Grafen zur Lippe auf die Hälfte von Lippstadt zugunsten der ungeteilten preußischen Gebietshoheit durch einen Vertrag aufgehoben wurden. Es waren Errungenschaften, deren Bedeutung gegenüber dem Mißerfolg in der deutschen Frage kaum merklich ins Gewicht fiel.

Im Zollverein kam es zu einer gefährlichen Krisis durch das Verlangen Österreichs, daß ihm zunächst ein Handelsvertrag und nach 6 Jahren die bisher von Preußen noch immer verhinderte Aufnahme in den Zollverein gewährt werden sollte. Preußen verhielt sich auch jetzt ablehnend; aber die süddeutschen Staaten und einige andere, namentlich Sachsen und Kurhessen, traten auf Österreichs Seite, und diese Spaltung drohte die Erneuerung der Verträge für 1854 zu verhindern. Da auch Kurhessen unter den Gegnern war, so würde Preußen alsdann die Brücke zwischen seinen westlichen und östlichen Provinzen verloren haben, und es suchte daher den Zusammenschluß mit Hannover und einigen anderen westdeutschen Staaten herbeizuführen, die bisher einen besonderen Steuerverein für sich gebildet hatten. Da Preußen große finanzielle Vorteile bot, so griff Hannover zu, und der westdeutsche Steuerverein schloß 1851 mit Preußen einen Vertrag, durch den er mit dem Jahre 1854 dem Zollverein beitrat. Der Thronwechsel, der in Hannover Ende 1851 stattfand und Befürchtungen für die Dauerhaftigkeit dieses Vertrages erweckte, vor allem auch die Veränderung der allgemeinen politischen Lage, die Ende 1852 durch die Erneuerung des französischen Kaiserreichs eintrat, veranlaßten dann aber schließlich Preußen, dem Verlangen Österreichs nachzugeben: am 19. Februar 1853 wurde ein Handelsvertrag mit ihm abgeschlossen und dabei ausgemacht, daß 1859 Verhandlungen wegen seines Eintritts in den Zollverein eröffnet werden sollten. Nun erneuerten auch die übrigen Staaten ihre Zollvereinsverträge mit Preußen (8. April 1853); und so war das praktische Ergebnis der Krise eine erhebliche Erweiterung des Zollvereins, der jetzt ein Gebiet von 9046 Quadratmeilen mit 35 Millionen Einwohnern umfaßte.

Im Zollverein dominierte Preußen; aber am Bundestage hatte Österreich nach wie vor die Leitung. Dabei trat jedoch bald eine wesentliche Veränderung in der Haltung Österreichs zu Preußen hervor, die den scharfen Augen des neuen preußischen Bundestagsgesandten von Bismarck nicht entging. Das von Schwarzenberg begründete System der Bundespolitik verfolgte den Plan, Österreich die Hegemonie in Deutschland zu verschaffen durch die Mittel, die ihm die Bundesverfassung darbot, und Preußens Geltung in Deutschland herabzudrücken. Das stimmte zu dem bekannten Ausspruch von Schwarzenberg, der zur Zeit von Olmütz gefallen sein soll: „Avilir la Prusse, après démolir."

Die inneren Zustände Preußens seit 1850 und der Ausgang Friedrich Wilhelms IV.

Im inneren Staatsleben Preußens bezeichnet das Abkommen von Olmütz eine entschiedene Wendung zu der Reaktion, die damals wie im Bunde so auch in den meisten Einzelstaaten dominierte. Dieser politische Mißerfolg, der alle deutschen Hoffnungen vernichtet hatte, entzog der Regierung die Unterstützung der Liberalen im Abgeordnetenhause und zwang sie, sich auf die extrem konservativen Elemente zu stützen. Dazu kam, daß der König jetzt keine Rücksicht mehr auf die liberalen Wünsche nahm, denen sich Manteuffel bisher anbequemt hatte, sondern nachdrücklich forderte, daß jetzt „ein Ende mit der Revolution gemacht werde". In diesem Sinne sprach sich Manteuffel im Januar 1851 bei der Wiedereröffnung des Abgeordnetenhauses aus; das Hauptwerkzeug der rückschrittlichen Politik aber war der neue Minister des Innern, Herr von Westphalen, der viel mehr als Manteuffel ein Mann nach dem Herzen des Königs und der Hofkamarilla war. Sein Werk ist vor allem die Sistierung und dann die Aufhebung der ganzen liberalen Kommunalgesetzgebung von 1850 (1851—1853). Diese Gesetze sind also gar nicht vollständig zur Ausführung gekommen: die patrimoniale Gutspolizei blieb bestehen oder wurde wiederhergestellt; die Rittergutsbesitzer erhielten ihre Virilstimmen auf dem Kreistag wieder, auch die Provinziallandtage behielten ihr altes feudalständisches Gepräge von 1823. An Stelle des allgemeinen Gemeindegesetzes von 1850 wurde im Jahre 1853 eine neue Städteordnung für die östlichen Provinzen erlassen, die sich von der Steinschen von 1808 namentlich in zwei Punkten unterscheidet: einmal durch die Stärkung der Befugnisse des Magistrats gegenüber den Stadtverordneten, und dann durch die weitere Ausdehnung der Staatsaufsicht über die Kommunalverwaltung. Beide Veränderungen hatten sich schon 1831 als notwendig herausgestellt; sie waren an sich wohl begründet und sachlich gerechtfertigt. Aber damals 1853 erschienen sie auch als eine Frucht der Reaktion; und der Geist, der zunächst bei der Anwendung der neuen Städteordnung herrschte, war in der Tat nicht frei von polizeilicher Engherzigkeit.

Die konservative Partei mit ihrem starken agrarischen und pietistischen Einschlag hatte damals großen Einfluß beim König, weil sie mit ihm und mit der Hofkamarilla, die sich nach wie vor um die Person des Generaladjutanten Leopold von Gerlach zusammenschloß, in vielen Stücken in Übereinstimmung stand. Es ist aber damals nicht geradezu ein konservatives Parteiregiment in Preußen geführt worden. Manteuffel war nicht der Minister, den sich die extrem konservative Partei wünschte, und mit dem Einfluß der Kamarilla hat er, so lange er im Amte war, zu kämpfen gehabt. Auch der König sah in ihm nicht das Ideal eines „gehorsamen" Ministers; aber er konnte seine bewährte Kraft nicht entbehren; und als im September 1852 Manteuffel seine Stellung durch die Wiederheranziehung von Radowitz gefährdet glaubte, da hat der König dem Ministerpräsidenten durch die später vielgenannte Kabinettsorder vom 8. September 1852 ein wichtiges Zugeständnis gemacht, indem die Selbständigkeit der Fachminister zugunsten des Präsidenten etwas eingeschränkt und namentlich ihr Verkehr mit dem König durch ihn teils vermittelt, teils kontrolliert wurde; nur der Kriegsminister war davon ausgenommen. Manteuffel hielt diese Stärkung des Präsidiums für unbedingt notwendig zur Aufrechterhaltung der Einheit im Ministerium, zumal der König immer nur mit den einzelnen Ministern, nicht aber mit dem Ministerium als Ganzem verhandeln wollte.

Die weitere Revision der Verfassung im monarchischen Sinne oder gar ihre Umwandlung in einen vom König verliehenen Freibrief, wie sie Friedrich Wilhelm IV. begehrte, hat Manteuffel nicht befördert, weil er ein solches Unternehmen für gefährlich und aussichtslos hielt. Die in der Verfassung ausgesprochene Ministerverantwortlichkeit samt der Ministeranklage blieb praktisch unwirksam, weil das Ausführungsgesetz, das die näheren Bestimmungen darüber bringen sollte, 1853 nicht zustande kam. Im übrigen aber blieb die preußische Verfassung in voller Geltung, sehr im Gegensatz zu der österreichischen, die der Reaktion zum Opfer gefallen ist. Nur in einem Punkte fand eine Revision im monarchisch-konservativen und feudal-ständischen Geiste statt, nämlich in der endgültigen Bildung der ersten Kammer. Dem König schwebte das Muster des englischen Oberhauses vor, und nach endlosen Verhandlungen erreichte er es, daß ein Gesetz vom 7. Mai 1853 ihm die Macht übertrug, die erste Kammer aus lebenslänglichen und erblichen Mitgliedern zu bilden. Die königliche Verordnung vom 12. Oktober 1854 vollzog diesen Auftrag und schuf so das Herrenhaus in der Gestalt, die es dann behalten hat, als ein aristokratisches Gegengewicht gegen die Beweglichkeit und den liberalen Überschwang einer Wahlkammer. Allerdings war eine wirklich große, unabhängige Aristokratie, wie in England, im preußischen Staate nicht so zahlreich vertreten, daß sie dem Herrenhause das eigentliche Gepräge hätte geben können; vielmehr erhielt es, namentlich durch die 90 Vertreter des sogenannten „alten und befestigten Grundbesitzes“, zunächst einen starken Beisatz einseitiger Interessenvertretung des agrarischen Kleinadels — ein Verhältnis, das später jahrelang zu heftigen Angriffen des Liberalismus gegen die Zusammensetzung dieses Hauses führte und erst nach 1866, hauptsächlich durch die Verstärkung des Elementes der meist liberalen Oberbürgermeister aus den großen Städten der neuen Provinzen, eine durchgreifende Veränderung erfahren hat. Im ständisch-aristokratischen Sinne war es auch, daß die Aufhebung der Fideikommisse, die nach Anweisung der Verfassung im Jahre 1850 verfügt worden war, im Jahre 1852 wieder rückgängig gemacht worden ist; 1854 erhielten auch die Mediatisierten ihr altes Recht der Portofreiheit zurück.

Auf der anderen Seite aber wurde auch die Autorität der Staatsgewalt mit äußerster Schärfe zur Geltung gebracht; der Berliner Polizeipräsident von Hinckeldey, der Hauptvertreter des rücksichtslos durchgreifenden, alles überwachenden Polizeisystems, geriet auch mit den feudal-konservativen Kreisen mehrfach in Konflikt und ist in einem Duell, das aus derartigen Anlässen entsprang, gefallen (1856). Politisch Verdächtige, gerade in den höchsten Kreisen, wurden vielfach von der Polizei insgeheim überwacht, so daß Spitzelwesen und Denunziantentum auf eine ungesunde Weise ins Kraut schossen. Der König stand der Bürokratie vielfach mit Mißtrauen und Abneigung gegenüber; und das Ministerium führte einen stillen und erbitterten Kampf gegen die versteckten Einflüsse der Nebenregierung. Ein sehr scharfes Gesetz gegen die Mißbräuche der Preßfreiheit ist schon 1851 erlassen worden; 1852 wurden auch in Preußen, wie anderswo im Bundesgebiet, die Preßvergehen den Geschworenengerichten entzogen. Neue Disziplinargesetze für die richterlichen und die Verwaltungsbeamten von 1851 und 1852 suchten gegenüber der mit dem konstitutionellen Leben verbundenen Auflockerung der alten Staatsordnung das Beamtentum um so strenger der Regierungsautorität unterzuordnen; insbesondere die Stellung der eigentlich politischen Beamten wurde durch die Befugnis der Regierung, sie wegen ihrer politischen Haltung zur Disposition zu stellen, abhängiger als in der früheren Zeit, wo oft innerhalb des Beamtentums selbst heftige Parteikämpfe ausgefochten worden waren; das monarchisch-konstitutionelle System brachte eben eine andere, straffere Verfassung des Beamtentums mit sich. Die Wahlen zum Abgeordnetenhause wurden von der Regierung stark beeinflußt und entsprachen daher meist ihren Wünschen. Neben den liberalen Kreisrichtern, deren politische Bewegung durch das neue Disziplinargesetz nicht unbedenklich eingeschränkt worden war, traten jetzt die unbedingt zur Regierung haltenden Landräte besonders stark hervor, so z. B. in dem Abgeordnetenhaus von 1855, das man wohl die Landratskammer nannte.

Am auffälligsten zeigte sich die Reaktion auf dem Gebiete der Kirche und der Schule; ihr Hauptvertreter war der Kultusminister von Raumer, der den Impulsen der Stahl-Gerlachschen Partei folgte. Die Idee der Selbstverwaltung gelangte in der evangelischen Kirche ebensowenig wie im Staate zur Durchführung, und das monarchische Kirchenregiment wurde durch den evangelischen Oberkirchenrat durchaus im Sinne der Orthodoxie geführt. Hengstenberg mit seiner Evangelischen Kirchenzeitung war wieder der führende Mann unter den Theologen, und die freieren kirchlichen Kreise wurden, ebenso wie früher unter Eichhorn, abgünstig behandelt und zurückgesetzt. Es galt als Empfehlung, wenn ein Beamter kirchliches Verhalten an den Tag legte und Anschluß an pietistische Kreise und Bestrebungen suchte; natürlich wurde bei gesinnungslosen Strebern dadurch eine häßliche Heuchelei befördert. Die Volksschule wurde durch die Stiehlschen Regulative von 1854 in eine Richtung gedrängt, welche neben dem Religionsunterricht die übrigen Bildungselemente nicht genügend zur Geltung kommen ließ; die Realschulen wurden geflissentlich hinter den Gymnasien zurückgestellt; man glaubte in der Vereinigung der klassischen Sprachen und der Religionslehre die beste Grundlage für einen christlich-konservativen Geist des höheren Unterrichts zu gewinnen.

In Kunst und Wissenschaft entfaltete sich unbeirrt durch die Wechselfälle der Politik immer reicheres Leben, das die preußische Hauptstadt mehr und mehr zum geistigen Mittelpunkt Deutschlands machte. Es war wie ein Wahrzeichen für die veränderte Wertung und die erhöhte Bedeutung von Gelehrten und Künstlern in dem preußischen Militärstaat, daß Friedrich Wilhelm IV. dem friderizianischen Orden Pour le mérite militaire eine Friedensklasse hinzufügte, deren Mitgliedschaft, auf Vorschlägen des Kapitels und königlicher Ernennung beruhend, fortan als die höchste Ehrung betrachtet wurde, die den Meistern der Kunst und Wissenschaft zuteil werden konnte. Alexander von Humboldt, längst ein Gelehrter von europäischem Rufe, blieb eine Zierde des Hofes wie der Wissenschaft, bis er 1859 im Alter von 90 Jahren starb. An der Universität wirkten Männer wie der Geograph Karl Ritter, der Geologe Leopold von Buch, der

Astronom Encke, der Meteorologe Dove, der Ägyptologe Lepsius; Leopold von Ranke erreichte den Gipfel seines Ruhmes als Geschichtsschreiber, Forscher und Lehrer, auch er in enger Berührung mit dem König; seine preußische Geschichte gehört diesem Zeitraum an. Kloedens lebensvolle urkundliche Darstellungen und die Romane von Willibald Alexis vergegenwärtigten die vaterländische Vergangenheit in anschaulichen und fesselnden Bildern. Das Friedrichsjubiläum von 1840 hatte die Veranlassung zu der akademischen Ausgabe der Werke des großen Königs und zu der Grundlegung seines Denkmals Unter den Linden gegeben; dieses Meisterwerk Christian Rauchs wurde im Jahre 1851, nicht lange nach der Schmach von Olmütz, enthüllt. Zugleich erstand in Adolf Menzel ein verständnisvoller Künstler, der erst als glücklicher Illustrator, dann auch in berühmten Bildnissen den großen König mit seinen Taten und seiner Umgebung den Zeitgenossen leibhaftig vor Augen zu stellen verstand und den Friedrichstypus schuf, wie er seitdem herrschend geblieben ist. Hinter den preußischen Erinnerungen aber erhob sich wie ein mächtigeres, aus dem Dunkel aufragendes Gebirge die Vergangenheit des deutschen Volkes, deren Erforschung jetzt wie von selbst ihren Mittelpunkt in der preußischen Hauptstadt fand. Das Grimmsche Wörterbuch und die Monumenta Germaniae Historica hatten hier ihre eigentliche Heimstätte.

Friedrich Wilhelms IV. eigene Interessen machten sich namentlich auf dem Gebiete der bildenden Kunst geltend. Er zeichnete selbst vortrefflich und verstand es, besonders in Architektur und Gartenbau, die Künstler anzuregen und zu leiten. Der große Meister, der unter seinem Vater so vielfach durch die Knappheit der Staatsmittel und die Sparsamkeit des königlichen Bauherrn eingeengt worden war, hat die Hoffnungen, die er auf den ihm verständnisvoll entgegenkommenden Thronfolger gesetzt hatte, nicht verwirklicht sehen können: er starb bald nach dem Regierungsantritt Friedrich Wilhelms IV. Aber der König hat das Werk Schinkels insofern fortgesetzt, als er manche von seinen Entwürfen durch andere Künstler zur Ausführung bringen ließ: so das Giebelrelief der Neuen Wache, die Bronzegruppen auf den Treppenwangen des Schauspielhauses, die Marmorfiguren an der Schloßbrücke, die leider nicht sehr gelungenen Fresken in der Vorhalle des Museums, die große Kuppel der Nikolaikirche in Potsdam. In Stüler gewann der König einen Baumeister, der sich zwar gefügiger, als es Schinkel getan haben würde, seinem Geschmack und seinen Wünschen anpaßte, aber freilich an Schwung und Ursprünglichkeit hinter dem großen Vorgänger weit zurückblieb. Unter seinen zahlreichen Kirchenbauten befindet sich kein Kunstwerk ersten Ranges; der Plan zu einem neuen großartigen Dom, den Friedrich Wilhelm IV. nach langem Prüfen und Wählen endlich genehmigt hatte, ist nicht zur Ausführung gelangt, und die Entwürfe von Peter Cornelius zu den Fresken des Campo Santo, der damit verbunden sein sollte, Kunstwerke, die in ihrem großen religiösen Stil und in ihrer mystischen Tiefe so bezeichnend für die Gedankenwelt des Königs sind, sprechen zu der Nachwelt nur aus den großen Kartons des Museums. Das Berliner Schloß erhielt seinen Abschluß durch die von Stüler gebaute Kapelle mit der großen Kuppel über dem Eosanderschen Portal, durch die Anlage der Schloßterrasse mit den von Nikolaus I. geschenkten Figuren der Rossebändiger und durch den künstlerischen Ausbau des Weißen Saales, den Stüler zusammen mit Albert Schadow leitete. Stülers Hauptwerk aber ist das

Neue Museum, das 1843 gegründet wurde, als ein Glied des in großem organischem Zusammenhang gedachten Planes Friedrich Wilhelms IV., die Museumsinsel zu einem künstlerischen Forum umzuschaffen. Im selben Jahre brannte das Opernhaus ab; es wurde wenigstens in seiner äußeren Gestalt ganz nach den Plänen Knobelsdorffs von dem jüngeren Langhans wiederhergestellt.

Mehr noch als die Künste kamen die Gewerbe zur Blüte. Eine große Gewerbeausstellung im Berliner Zeughaus 1844 legte Zeugnis ab von den bedeutenden Fortschritten, die im letzten Menschenalter gemacht worden waren. Von einer über Preußen und Deutschland weit hinausreichenden Bedeutung war der Bau einer Telegraphenlinie von Berlin nach Frankfurt a. M., welche die soeben begründete Firma Siemens und Halske 1848 herstellte.

Friedrich Wilhelm IV. war nach Anlage und Neigungen ein Friedensfürst; aber den militärischen Geist, der dem preußischen Staate nun einmal eigentümlich war, hat auch er nicht verleugnet. Das Heer war auch für ihn ein Gegenstand beständiger pflichtmäßiger Sorge; seinen monarchischen Charakter, die enge Verbindung mit dem obersten Kriegsherrn hat er in den Stürmen der Zeit immer festzuhalten gewußt. Er ist der Urheber einer großen Umwandlung in der äußeren Erscheinung der Truppen geworden: die neuen Uniformen der preußischen Armee, die bis auf die jüngste Zeit ziemlich unverändert geblieben sind, gehen auf seine Bekleidungsvorschriften zurück; insbesondere die Pickelhaube ist seine eigene Erfindung; der historisch-romantische Zug, der sich auch in der Wahl dieser Kopfbedeckung kundgibt, hat ihrer kriegsmäßigen Brauchbarkeit nicht geschadet.

Die auswärtige Politik geriet noch einmal in ein kritisches Stadium durch den großen Konflikt der Westmächte mit Rußland, der sich an dessen Vorgehen gegen die Türkei knüpfte und schließlich zum Krimkriege geführt hat. England und Frankreich wünschten den Beitritt der übrigen Mächte zu dem Bündnis gegen Rußland, und Österreich war nicht abgeneigt, eine Friedensvermittlung zu übernehmen, die Rußland ein entschiedenes Zurückweichen zugemutet haben würde. Die liberale öffentliche Meinung war für den Anschluß an die Westmächte, und auch konservative Politiker von freierer Richtung, die in dem neubegründeten Preußischen Wochenblatt ihren Mittelpunkt fanden und mit dem Prinzen von Preußen in Verbindung standen, machten ihren Einfluß in derselben Richtung geltend; auch der Kriegsminister von Bonin und Bunsen, der Botschafter in London, vertraten diesen Standpunkt. Dagegen waren die Männer der Gerlachschen Richtung für den Anschluß an Rußland. Auf beiden Seiten wollte man die Haltung in der auswärtigen Politik von dem Parteistandpunkt abhängig machen, wobei das liberale Interesse mit den Westmächten, das konservative mit Rußland verbunden schien. Der König folgte keiner von beiden Richtungen, sondern entschied sich mit seinem Ministerpräsidenten Manteuffel für die Aufrechterhaltung der Neutralität Preußens. Er hätte zwar gern die österreichische Vermittlungspolitik mitgemacht, wenn er sich durch das Entgegenkommen gegen die Westmächte, das darin lag, die Wiederherstellung seiner Herrschaft in dem schweizerischen Neuenburg hätte verschaffen können. Aber, da keine Aussicht dazu vorhanden war, so nahm er Abstand von diesem Plane und suchte nun nach einem Mittel, auch Österreich in der Neutralität festzuhalten und es vor dem Hineingleiten in eine Rußland feindliche Politik zu bewahren. Diesem

Zwecke sollte ein Neutralitätsbündnis dienen, das mit Österreich am 20. April 1854 abgeschlossen worden ist, das aber für Österreich bei seinem näheren Verhältnis zu den Balkanwirren den weitaus größeren Vorteil bot und Preußen in die Gefahr brachte, unter Umständen von der österreichischen Politik zu Schritten fortgezogen zu werden, die seinem eigenen Staatsinteresse nicht entsprachen. Der Bundestagsgesandte Bismarck, damals noch ohne maßgebenden Einfluß, schalt wohl, man habe ganz ohne Not die schmucke preußische Fregatte mit dem alten wurmstichigen Orlogschiff Österreich zusammengekoppelt. Rußlands Mißtrauen gegen Preußen wurde durch diese Verbindung mit Österreich geweckt, und der König mußte sich entschließen, um es zu zerstreuen, Bonin und Bunsen, die sich offen gegen Rußland ausgesprochen hatten, aus ihren Stellungen zu entfernen. Mit dem Prinzen von Preußen, der in diesem Verhalten eine Schwächung der preußischen Stellung sah, geriet der König darüber in einen ernsthaften Konflikt; und der Prinz, der damals unter dem Einfluß seines englischen Aufenthalts einer freieren Richtung zuneigte, in der ihn seine Gemahlin bestärkte, blieb noch längere Zeit hindurch der Regierung und insbesondere auch dem Gerlachschen Kreise verdächtig. Die Politik Friedrich Wilhelms IV. entsprang mehr einem allgemeinen Gerechtigkeitsgefühl, als der Neigung, für Preußen aus der Weltlage Vorteile zu ziehen. Es widerstand ihm, über den alten Bundesgenossen Preußens im Verein mit den übrigen Mächten, von denen er namentlich dem napoleonischen Frankreich mit innerlichem Widerwillen gegenüberstand, als Angreifer herzufallen; auf der anderen Seite aber trat er doch auch für die Befreiung der Christen vom türkischen Joch ein und wünschte, daß ganz Europa ihre Rechte schützen und gewährleisten sollte. Die Gefahr, von Österreich auf der Bahn einer gegen Rußland gerichteten Politik sich mitziehen zu lassen, ist im weiteren Verlauf der Ereignisse von Preußen mit Entschiedenheit vermieden worden; aber bei der ungünstigen Wendung, die schließlich der Krimkrieg für Rußland nahm, erlitt auch Preußen Einbuße an seinem Ansehen in Europa, so daß es nur mit Mühe und erst in letzter Stunde seine Zulassung zu dem Pariser Kongreß durchsetzen konnte, der im Jahre 1856 zur Regelung der orientalischen Angelegenheiten sowie der internationalen Seerechtsfragen zusammentrat. Die Rücksichtnahme auf Rußland hat aber später für die preußische Politik gute Früchte getragen, während das feindselige Verhalten Österreichs gegenüber dem alten Freund und Bundesgenossen sich bitter gerächt hat.

In der Neuenburger Frage hat Friedrich Wilhelm IV. auch jetzt nicht sein Ziel zu erreichen vermocht. Ein Aufstandsversuch der preußisch-royalistischen Partei gegen die neue republikanische Ordnung mißlang am 4. September 1856, und mit blutendem Herzen mußte Friedrich Wilhelm IV. nach langen Verhandlungen, die unter Vermittlung Frankreichs und der anderen Großmächte geführt wurden, am 8. Juni 1857 auf seine Souveränitätsrechte über Neuenburg verzichten und die ehemaligen Untertanen ihres Treueides entbinden.

Der Kummer über den Ausgang dieser Sache, die dem König sehr am Herzen lag, hat wohl zur Verschlechterung seiner Gesundheit, die sich im Sommer 1857 zeigte, viel beigetragen. Die Ärzte warnten ihn vor den Anstrengungen, die mit der Teilnahme an den militärischen Herbstübungen verbunden waren; aber der König wollte nicht versäumen, was er für seine Pflicht hielt. Sein Zustand verschlechterte sich weiter; am 8. Oktober machte ein Schlaganfall, dem jahrelanges hoffnungsloses Siechtum folgte, seiner Regierungstätigkeit ein Ende. Aufs treueste gepflegt von der in Werken der Liebe und Barmherzigkeit geübten Königin, mit der ihn eine lange und innige Seelengemeinschaft verbunden hatte, ist er am 2. Januar 1861 zu Sanssouci, seinem Lieblingsaufenthalt, verschieden.

Die Regierung führte an seiner Statt seit dem Oktober 1857 sein Bruder, der Prinz von Preußen, und zwar zunächst in der Form einer von drei zu drei Monaten erneuerten Stellvertretung. Die bisherigen Minister blieben dabei in ihrer Stellung, die Intentionen des kranken Königs wirkten noch fort. Nach Jahresfrist aber erwies sich doch die Einsetzung einer förmlichen Regentschaft als notwendig; von den Ministern widersprach nur Westphalen, der mit dem Gerlachschen Kreise von dem freieren Sinne des Prinzen eine Abkehr von den bisher befolgten Regierungsgrundsätzen fürchtete. Am 26. Oktober 1858 leistete der Prinzregent den Eid auf die Verfassung und ergriff die Zügel der Regierung nun im eigenen Namen. Westphalen wurde im Ministerium des Innern durch Flottwell ersetzt; die neue Ära bereitete sich vor.

Daß der Prinzregent die Verfassung ohne weiteres beeidigte, entsprach nicht den Wünschen Friedrich Wilhelms IV. Er hatte noch in seinen gesunden Tagen eine Art von politischem Testament aufgesetzt, in welchem er seine Nachfolger an der Krone mit beweglichen Worten beschwor, die Verfassung nicht zu beeidigen, sondern sie vielmehr zu zerbrechen und durch einen königlichen Freibrief zu ersetzen. Er selbst hatte sie ja einst beschworen in der Hoffnung auf eine monarchische Revision, und dieses Ziel war seinen Augen nie entschwunden. Da es aber auf gesetzlichem Wege nicht zu erreichen gewesen war, so fühlte sich der König zwar selbst, seinem Eide gemäß, an die Verfassung gebunden, aber er wünschte, daß seine Nachfolger diesen Eid nicht leisten möchten, um gleich beim Regierungsantritt eine Abänderung der Verfassung durchführen zu können. So stark war in ihm die Überzeugung, daß die Verfassung als ein Erzeugnis der Revolution dem monarchischen Charakter des Staates widerstreite. Der Prinzregent hat diesen Willen des Königs auch den Mitgliedern seines Hauses bekannt gemacht, aber er hat nicht danach gehandelt. Auch Kaiser Friedrich war weit davon entfernt, es zu tun. Kaiser Wilhelm II. aber hat bei seinem Regierungsantritt, um für die Zukunft Unheil zu verhüten, das politische Vermächtnis seines unglücklichen Großoheims den Flammen übergeben und durch diese symbolische Handlung sich und sein Haus für alle Zeiten fest und ohne Vorbehalt auf den Boden der Verfassung gestellt, die dem Herrscherhause wie dem Staate nicht zum Verderben, sondern zum Heil gereicht hat.

XI.

Die Begründung des Deutschen Reiches.
1859—1871.

Die neue Ära und die Heeresreform.

Der Prinzregent stand mit seinen 61 Jahren noch in voller Kraft und Gesundheit. Er war in vielen Stücken das gerade Gegenbild seines königlichen Bruders: einfach, klar und verständig, von festem, stetigem Willen und schneller Entschlußkraft, ein vortrefflicher Menschenkenner; ohne die geniale Vielseitigkeit der Bildung und der geistigen Interessen, durch die Friedrich Wilhelm IV. geglänzt hatte, dafür aber in der Schule des Militärdienstes auf das gründlichste ausgebildet, im Befehlen geübt, von ungesuchter königlicher Würde und ruhigem, gemessenem Wesen. Seine echte, tiefe Frömmigkeit war schlicht und prunklos, ohne einen Beisatz von mystischer Schwärmerei und ohne den Anspruch, anders als durch das eigene Beispiel auf die kirchliche Haltung der von ihm abhängigen Kreise einwirken zu wollen. Er widmete sich den Geschäften mit hingebender Treue und war in allen Stücken ein Muster von Pflichtgefühl und Gewissenhaftigkeit. Seine politische Überzeugung war konservativ und wurzelte in den preußischen Traditionen, wie sie im Offizierkorps seit der Zeit Friedrichs des Großen lebendig waren; aber der liberale Hauch, der ihn während seines Aufenthalts in England berührt hatte, namentlich durch den Verkehr mit dem Prinz-Gemahl Albert, gab seinem Wesen eine freiere Richtung, als die war, welche am Hofe und in der Regierung bisher geherrscht hatte; er befand sich dabei in Übereinstimmung mit seiner Gemahlin Augusta, der hochgebildeten Tochter Karl Augusts von Weimar, auf deren Jugend noch der Glanz des Goethe-Zeitalters geruht hatte. Er war ursprünglich für die Beibehaltung der unumschränkten Krongewalt gewesen; aber er hatte sich überzeugt, daß die Forderung einer Teilnahme des Volks an der Gesetzgebung zu tief in das öffentliche Bewußtsein eingedrungen war, als daß ein Widerstand dagegen aussichtsvoll und verständig gewesen wäre; und so hatte er sich ohne Vorbehalt und Hintergedanken mit der konstitutionellen Verfassung abgefunden. Nur verstand er sie freilich, ebenso wie sein königlicher Bruder, in dem Sinne, daß der Krone und nicht der Volksvertretung die erste Stelle im Staatsleben zukomme und daß die Regierung vom König selbst und nicht von parlamentarischen Ministern geführt werden müsse. Er war fest überzeugt, daß in näherer oder fernerer Zukunft Preußen an die Spitze Deutschlands gelangen müsse; aber er glaubte diese Zeit nicht mehr selbst zu erleben und ließ daher die deutsche Frage zunächst auf sich beruhen, vor allem darauf bedacht, für seinen preußischen Staat nach Kräften zu sorgen und zu arbeiten.

Bei dem Abweichen seiner eigenen politischen Richtung von den Regierungsgrundsätzen der letzten Jahre erwies sich eine Erneuerung des Ministeriums als unvermeidlich. Sie erfolgte im November 1858. Auch Manteuffel zog sich jetzt zurück; die Leitung übernahm der Fürst Karl Anton von Hohenzollern-Sigmaringen; neben ihm war die bezeichnendste Persönlichkeit der liberale Ostpreuße Rudolf von Auerswald, der einst in den Tagen von Königsberg und Memel ein Spielkamerad des Prinzen gewesen war; auch Bonin trat wieder als Kriegsminister ein; alle Minister waren von der gemäßigten liberal-konservativen Richtung, wie sie das Preußische Wochenblatt seit einer Reihe von Jahren im Gegensatz zur Regierung vertrat; für Männer wie Bismarck war kein Platz in diesem Kabinett. Am 8. November entwickelte der Regent in einer Ansprache an die neuen Minister eine Art von Regierungsprogramm, das trotz der ausgesprochenen Absicht, den Schein eines offenen Bruchs mit der Vergangenheit zu vermeiden, doch allgemein im Sinne eines liberalen Systemwechsels gedeutet wurde. Besonders bemerkt wurde das Wort, Preußen müsse in Deutschland moralische Eroberungen machen durch eine weise Gesetzgebung bei sich, durch Hebung aller sittlichen Elemente und durch Ergreifen von Einigungsmaßregeln wie beim Zollverein. Die Neuwahlen zur zweiten Kammer fielen zugunsten des Ministeriums aus, obwohl alle Beeinflussung der Wahlen diesmal grundsätzlich vermieden worden war. Die extrem-konservative Partei, die bisher das Übergewicht gehabt hatte, erlitt eine vollständige Niederlage; die extrem Liberalen lehnten eine Wahl ab, um dem Ministerium keine Schwierigkeiten zu bereiten. Die gemäßigten Elemente von beiden Seiten sahen der Regierung mit Vertrauen entgegen.

Einen bedeutsamen Anstoß für die innere und äußere Politik der nächsten Jahre gab das große europäische Ereignis, das 1859 die Welt bewegte und umgestaltete: der Krieg, in dem Italien gegen Österreich unter Beihilfe Napoleons III. seine nationale Befreiung und Einigung angebahnt hat — ein Kampf, der in dem schicksalsverwandten Deutschland ein vielstimmiges Echo politischer Sympathien und patriotischer Hoffnungen weckte. Es wurden Stimmen laut, die die Forderung erhoben, Preußen müsse entweder mit Napoleon gegen Österreich gehen oder überhaupt keinen Teil an dem Kriege nehmen, dafür aber die Bedrängnis Österreichs benutzen, um sich der Führung in Deutschland zu bemächtigen. Der Prinzregent entschied sich für einen anderen Weg: er bot Österreich Hilfe an gegen Frankreich, aber unter der Bedingung, daß er den unbeschränkten Oberbefehl über das Bundesheer erhalte; zugleich ließ er mobil machen und seine Truppen an den Rhein marschieren. Diese entschiedene Haltung aber und die Aussicht auf die Möglichkeit, daß der König von Preußen Siegeslorbeeren im Kriege mit den Franzosen ernten möchte, während Österreich in Italien unterlegen war, bestimmten den Kaiser Franz Joseph, lieber die Lombardei zu opfern, als Preußen einen solchen Vorsprung in Deutschland gewinnen zu lassen; er schloß daraufhin in Villafranca mit Napoleon ab und beklagte sich später, daß er von seinem nächsten und natürlichsten Bundesgenossen, nämlich Preußen, im Stich gelassen worden sei. Von preußischer Seite blieb man die

Antwort nicht schuldig, und es kam so zu einer längeren Verstimmung zwischen den beiden Kabinetten.

Das Beispiel Italiens spornte auch die deutschen Patrioten an, das Werk der nationalen Einigung, das 1848 mißlungen war, von neuem anzugreifen. Im September 1859 wurde in Frankfurt a. M. ein deutscher Nationalverein begründet, der hauptsächlich liberale Politiker aus Nord- und Mitteldeutschland, wie die Hannoveraner Bennigsen und Miquel, umfaßte und in den nächsten Jahren eine große Agitation entfaltete für die Einigung Deutschlands im Sinne einer freiheitlichen Entwicklung. Es war ein jüngeres Geschlecht als die Patrioten der Paulskirche; aber die Illusion von 1848, als ob die deutsche Einheit durch eine Volksbewegung geschaffen werden könne, lebte auch in den Männern des Nationalvereins wieder auf, wenn sie gleich überzeugt waren, daß die preußische Regierung dabei die Führung übernehmen müsse. Man dachte an einen deutschen Bundesstaat nach dem Muster der Reichsverfassung von 1849 mit dem König von Preußen als Oberhaupt; die alte Forderung der Liberalen, daß Preußen in Deutschland aufgehen solle, und die Idee der Volkssouveränität wirkten doch noch so weit nach, daß das Moment der Einheit weit stärker als das des Bundes betont wurde und daß die künftige Reichsregierung im Lichte eines parlamentarischen Systems erschien, in dem die Volksvertretung eine stärkere Rolle gespielt haben würde, als mit dem monarchischen Charakter des preußischen Staates verträglich war. Mit dem Bundestag geriet der Nationalverein sofort in einen heftigen Konflikt; er mußte aus Frankfurt weichen und verlegte seinen Sitz nach Koburg, wo der schon lange in der nationalen Bewegung stehende Herzog Ernst II. sein Gönner und Beschützer wurde. Die meisten deutschen Regierungen, namentlich die der Mittelstaaten und Österreichs, verfolgten den Nationalverein als eine staatsgefährliche Erscheinung; in Süddeutschland fand er gar keinen Anklang; vielmehr bildeten sich dort im ausgesprochenen Gegensatz zu ihm andere Vereine von großdeutscher und zum Teil katholischer Richtung. Auch die preußische Regierung verhielt sich ablehnend gegen die Bestrebungen des Vereins; es ging dem Prinzregenten gegen die Natur, sich in einer so wichtigen und schwierigen Frage von einer Volksbewegung vorwärtsdrängen zu lassen; aber er war doch weit davon entfernt, wie es der Rat und Wunsch anderer Fürsten war, den Nationalverein zu verbieten oder gar seine Mitglieder zu verfolgen. Er legte der nationalen Agitation keinen Stein in den Weg; aber er war überzeugt, daß ein Versuch zur Lösung der deutschen Frage im preußischen Sinne nur dann gelingen könne, wenn das militärisch-politische Gewicht der preußischen Macht, das sich in der Krisis von Olmütz als zu leicht erwiesen hatte, um ein bedeutendes verstärkt war. Während nun die nationale Bewegung im Volke in lebhafteren Fluß geriet, angeregt auch durch die erhebende Schillerfeier vom 10. November 1859, während die patriotischen Feste der deutschen Turner, Sänger und Schützen unter der Protektion des Herzogs Ernst von Koburg sich Jahr für Jahr wiederholten und auch die wissenschaftlichen und volkswirtschaftlichen Kongresse samt den liberalen Abgeordnetentagen die Volksseele für das politische Werk der Einigung vorbereiteten, das doch schwieriger war, als diese begeisterten Versammlungen es sich vorstellten, ging der Prinzregent an das längst bedachte entscheidende Werk seiner Regierung, das darin bestand, das Schwert zu schmieden, das den Drachen der Zwietracht töten und des neuen Reiches Herrlichkeit erkämpfen sollte.

Die Mobilmachung von 1859 hatte ebenso wie die früheren von 1849 und 1850 die Mängel, an denen die preußische Heeresverfassung damals litt, recht deutlich hervortreten lassen. Die Präsenzziffer der Linie war seit 1820 nicht wesentlich erhöht worden, obwohl die Bevölkerung inzwischen von 11 auf 18 Millionen gewachsen war; sie betrug nur etwa 140 000 Mann, und nur etwa 40 000 junge Leute konnten jährlich eingestellt werden. Das waren noch nicht zwei Drittel der diensttauglichen jungen Mannschaft. Die allgemeine Wehrpflicht war also unter diesen Umständen tatsächlich nicht durchführbar; und die eigentümliche Stellung der Landwehr ersten Aufgebots, die ja eine Feldarmee wie die Linie war und bei der Mobilmachung gleich mit ins Feld gestellt wurde, machte das Unzuträgliche dieser Einrichtungen noch schlimmer. Etwa die Hälfte dieser Landwehrleute bestand, wie die letzten Mobilmachungen gezeigt hatten, aus verheirateten Mannschaften und Familienvätern; diese mußten also ausrücken, während etwa 20 000 junge Burschen, die vollkommen diensttauglich waren, zu Hause blieben, weil der Rahmen der Linienarmee aus Sparsamkeitsrücksichten zu eng bemessen war. Das Auskunftsmittel der zweijährigen Dienstzeit, das seit 1833 zur Anwendung gekommen war, hatte sich nicht bewährt, und 1856 war die dreijährige Dienstzeit endgültig wiederhergestellt worden. Der Prinzregent hatte dieses Experiment und sein Mißlingen in verantwortlichen dienstlichen Stellungen miterlebt, und niemand war fester als er davon überzeugt, daß eine ununterbrochene dreijährige Dienstzeit bei der Fahne unbedingt notwendig sei zur Ausbildung tüchtiger Soldaten. Er war die Seele einer Reformkommission, die seit 1857 niedergesetzt war, um die Heeresverfassung zeitgemäß umzugestalten. Der Plan, auf den sie hinauskam, und dessen Ausführung den wichtigsten Punkt in dem Regierungsprogramm des Prinzregenten darstellt, beruhte auf folgenden Grundgedanken. Die jährliche Aushebung sollte in der Weise gesteigert werden, daß alle diensttauglichen jungen Leute zur Einstellung gelangten, d. h. auf mehr als 60 000 Mann. Außerdem sollte das Verhältnis von Linie und Landwehr von Grund aus verändert werden. Die drei jüngeren Jahrgänge der Landwehr ersten Aufgebots sollten mit zur Reserve der Linienarmee gezogen werden, die vier älteren Jahrgänge dagegen, die hauptsächlich die verheirateten Mannschaften enthielten, sollten in der Landwehr zweiten Aufgebots aufgehen. Die Landwehr ersten Aufgebots, die eigentliche alte Landwehr von 1813, fiel also danach überhaupt fort. Die neue Landwehr, das bisherige zweite Aufgebot, sollte nicht mehr in dem Sinne eine Feldarmee sein wie die frühere Landwehr, sondern nur noch herangezogen werden, soweit die Feldarmee nicht genügte. Diese sollte jetzt durch die Verschiebung in der Organisation und durch die vermehrte Aushebung auf eine Gesamtstärke von 339 000 Mann gebracht werden; die Präsenzziffer der stehenden Armee, abgesehen von der Reserve, erhöhte sich auf 213 000 Mann; das bedeutete die Bildung von 39 neuen Infanterieregimentern und 10 neuen Kavallerieregimentern. Die finanzielle Mehrbelastung, die dadurch entstand, machte jährlich 9½ Millionen Taler aus.

Dieser Reformplan war noch nicht endgültig festgestellt, als der Prinzregent sein neues Ministerium bildete. Der Kriegsminister von Bonin hatte Bedenken, ob eine so starke Vermehrung der Armee sich durchsetzen lassen werde. Aber der Prinzregent bestand auf der Reform, weil sie ihm als die unentbehrliche Voraussetzung für eine kräftige Politik Preußens und für die Aufrechterhaltung seines Ansehens in Europa wie in Deutschland erschien. In einem Kronrat vom 3. Dezember 1859 wurde der Plan endgültig festgestellt, und an Stelle Bonins übernahm nun Albrecht von Roon als Kriegsminister seine Durchführung. Er ist von allen Ministern Wilhelms wohl der, welcher seinem Herzen am nächsten gestanden hat, eine schlichte, fromme und tapfere Soldatennatur, in der die guten Eigenschaften eines preußischen Offiziers, wie er sein sollte, in seltenem Maße vereinigt waren.

Die Durchführung des Plans aber stieß von vornherein auf starken Widerstand in der öffentlichen Meinung wie in der Volksvertretung. Es war nicht bloß die finanzielle Mehrbelastung, die ihn hervorrief — sie bedingte eine Erhöhung der Steuern um 25 % —, sondern auch allgemeine politische Mißstimmungen waren dabei im Spiel. Die Erwartungen, die die Liberalen auf die „neue Ära“ gesetzt hatten, waren nicht erfüllt worden; eine allgemeine Enttäuschung hatte um sich gegriffen, und sie verstärkte sich noch, als die lange aufgeschobene Heranziehung des Adels zu der Grundsteuer, die die Regierung damals vorschlug, vom Herrenhause abgelehnt wurde, ohne daß die Regierung Anstalten traf, um diese notwendige Reform trotzdem wieder auf die Bahn zu bringen. In den Kreisen der Liberalen verbreitete sich die Ansicht, daß die Regierung im Grunde doch in den alten konservativen Bahnen weitergeführt werde und vor allem den Adel begünstige; und unter diesem schiefen Gesichtspunkt erschien auch die Heeresreform nicht sowohl als die Vorbereitung einer äußeren Machtpolitik zur Lösung der deutschen Frage, sondern vielmehr als ein Mittel zur Stärkung der Regierungsautorität gegen jede freiheitliche Volksbewegung. Die Beseitigung der alten Landwehr, die festere Verbindung der neuen Landwehrformation mit der Linie, die Vermehrung der Berufsoffiziere, die sich noch größtenteils aus dem Adel ergänzten — das alles erschien der liberalen Partei als eine reaktionäre Wendung. Mit der alten Landwehr schien ihr der volkstümliche Charakter der Heeresverfassung überhaupt zu verschwinden; vor ihrem Auge erhob sich wieder der alte Geist des stehenden Heeres, das nur ein Instrument der monarchischen Regierung, nicht ein Volksheer gewesen war. Zwar erklärte die Thronrede, mit der der Landtag im Januar 1860 eröffnet wurde, ausdrücklich: es sei nicht die Absicht, mit dem Vermächtnis einer großen Zeit zu brechen; die preußische Armee werde auch in Zukunft das Volk in Waffen sein; es handele sich nur darum, sie durch Verjüngung ihrer Formen mit neuer Lebenskraft zu erfüllen — aber Glauben fand die Botschaft bei der liberalen Opposition nicht. Die Kommission, der die Militärvorlage überwiesen wurde, forderte die zweijährige Dienstzeit und verwarf die Umgestaltung der Landwehr; und es war keine Aussicht vorhanden, daß im Plenum ein besseres Resultat erzielt wurde. Die Regierung zog daher den Gesetzentwurf vorläufig zurück, aber das Abgeordnetenhaus ließ sich bereit finden, 9 Millionen Taler als ein „Provisorium“ zum Behuf der neuen militärischen Einrichtungen außer dem ordentlichen Etat zu bewilligen (5. Mai 1860). Die Regierung sah diese Bewilligung als eine Bürgschaft dafür an, daß die Volksvertretung späterhin ihre Zustimmung geben werde, und führte daher die neue Organisation ungesäumt durch: im Juli 1860 wurden den neuen Regimentern die Namen verliehen, und im Januar 1861 fand die Weihe der neuen Fahnen statt. In demselben Monat wurde auch der Landtag wieder eröffnet; die Regierung forderte ihn auf, das

Geschaffene zu erhalten und hatte zu diesem Zweck einen Mehrbedarf von 8 Millionen in den Etat eingestellt. Die Stimmung war etwas günstiger als im vorigen Jahre, namentlich weil das Gesetz über die Grundsteuerreform jetzt auf Drängen der Regierung auch vom Herrenhause angenommen wurde, womit endlich dieser Zweig des Steuerwesens in einer den liberalen Wünschen entsprechenden Weise umgestaltet worden war. Die Mehrheit nahm Abstand davon, die Regierungsforderung, wie eine radikale Gruppe unter Waldecks Führung verlangte, gänzlich abzulehnen; sie bewilligte vielmehr unter Führung des Abgeordneten Georg von Vincke den Mehrbedarf abermals, wenn auch mit erheblichen Abstrichen, als ein „Provisorium", forderte aber zugleich, daß im nächsten Jahre dem Hause ein förmliches Wehrgesetz vorgelegt werden müsse (31. Mai 1861). Der Widerstand der Volksvertretung war damit noch keineswegs gebrochen; der Streit war nur vertagt, und es war ein unsicherer Boden, auf dem die neuen Heereseinrichtungen gegründet waren.

Die deutsche Frage und die Krisis im Zollverein.

Zugleich mit der Stärkung der preußischen Wehrkraft hatte der Prinzregent eine Reform der Bundeskriegsverfassung in Aussicht genommen. Sie kam auf den alten preußischen Gedanken hinaus, daß die norddeutschen Kontingente unter die Führung Preußens gestellt werden sollten, die süddeutschen unter die Österreichs. Aber Österreich war nicht geneigt, sich auf diese Weise von dem Einfluß in Norddeutschland ganz ausschließen zu lassen; und die Mittelstaaten, die es durchgesetzt hatten, daß der Reformplan durch die Militärkommission des Bundes geprüft wurde, ehe Preußen sich mit Österreich darüber verständigen konnte, leisteten erst recht Widerstand dagegen, weil sie für ihre Selbständigkeit fürchteten. Auch in der Öffentlichkeit wurde der Plan nicht günstig aufgenommen: das Schlagwort von der Mainlinie, die Deutschland in zwei getrennte Hälften zerteilen und so die Einheit vernichten werde, statt sie zu befördern, war damals in aller Munde. Der Vorschlag wurde dann im Mai 1860 abgelehnt, und das Bundeskriegswesen blieb in derselben traurigen Verfassung wie zuvor. Nur insofern eröffnete sich eine neue Aussicht, als bald darauf der Herzog von Koburg eine Militärkonvention mit Preußen schloß, durch die für den Kriegsfall sein Truppenkontingent unter preußischen Oberbefehl gestellt wurde. Auf diesem Wege schien, in ähnlicher Weise wie beim Zollverein, durch Anschluß der Nachbarn an Preußen eine zukunftreiche Umgestaltung der deutschen Kriegsverfassung möglich zu sein.

Hatten die preußischen Reformvorschläge auf dem Gedanken eines friedlichen Dualismus der beiden deutschen Großmächte beruht, so kamen die Mittelstaaten auf ihre alten Triasideen zurück und stellten auf einer Ministerkonferenz zu Würzburg im November 1859 ein Reformprogramm auf, dessen Kern die Selbständigkeit eines Bundes der kleineren Staaten neben Preußen und Österreich im Rahmen eines rechtlich und wirtschaftlich geeinten deutschen Bundes war. Diese Bestrebungen der sogenannten „Würzburger" haben noch weiterhin im Gegensatz zu der preußischen Politik und in Verbindung mit Österreich eine erhebliche Bedeutung gewonnen; aber zunächst traten sie zurück vor dem stärkeren Interesse, das sich an den Badener Fürstentag von 1860 und die darauf folgenden Ereignisse knüpfte.

Den Anstoß dazu hatte Napoleon III. gegeben, der dem Prinzregenten eine persönliche Zusammenkunft in Baden vorgeschlagen hatte. Sie war von diesem nur unter der Bedingung angenommen worden, daß die Unverletzlichkeit deutschen Gebietes die Grundlage der Verhandlungen sein müsse; denn man wußte, daß die Rheingrenze in den Zukunftsplänen Napoleons eine Rolle spielte. Der Prinzregent lud zugleich die deutschen Fürsten außer Österreich zur Teilnahme an dieser Zusammenkunft ein, und seit dem Juni 1860 fanden in Baden Besprechungen statt, bei denen der Prinzregent gewissermaßen als das Haupt der zahlreich erschienenen deutschen Fürsten geehrt wurde. Die Verhandlungen mit Napoleon, der am 15. September in Baden erschien, blieben ohne erhebliche politische Bedeutung; das Wichtigste war, daß eine preußische Partei unter den deutschen Fürsten schon deutlich hervortrat, an deren Spitze Männer standen wie der Großherzog Friedrich von Baden, der Schwiegersohn des Prinzregenten, Großherzog Karl Alexander von Weimar, sein Schwager, und der Beschützer des Nationalvereins, Herzog Ernst von Koburg. Der Prinzregent wich aber dem Drängen zu Schritten, für die ihm die Zeit noch nicht reif zu sein schien, vorsichtig aus und äußerte sich auch hoffnungsvoll über die Möglichkeit einer Verständigung mit Österreich. Dem König Max von Bayern gelang es dann wirklich, eine persönliche Zusammenkunft zwischen den Herrschern von Preußen und Österreich zu vermitteln, die am 26. Juli 1860 in Teplitz stattfand. Die großen Fragen der Politik, namentlich auch die deutsche Frage, kamen dabei ihrer Lösung nicht näher; aber das Verhältnis zwischen Preußen und Österreich war nun äußerlich wiederhergestellt, und wie in früheren Zeiten fand im Oktober 1860 in Warschau eine Zusammenkunft der Herrscher von Preußen, Österreich und Rußland statt, freilich ohne daß dabei Abmachungen wie früher im Sinne der Bekämpfung revolutionärer Bestrebungen stattgefunden hätten; Preußen stand ja jetzt als konstitutioneller Staat an der Seite der beiden absolutistischen Ostmächte.

Inzwischen hatten die Bundesreformbestrebungen der mittelstaatlichen Minister, die in Würzburg zusammenzukommen pflegten, nicht geruht, und im Oktober 1861 verdichteten sie sich zu einem umfassenden Reformplan, den der sächsische Minister Graf Beust, der leitende Kopf in diesen Kreisen, dem österreichischen Premierminister, Freiherrn von Rechberg, eröffnete. Danach sollte der Bundestag ersetzt werden durch Ministerkonferenzen, die zweimal jährlich etwa vier Wochen hindurch tagen sollten, das eine Mal unter dem Vorsitz von Österreich in Regensburg, das andere Mal unter dem Vorsitz von Preußen in Hamburg. Die laufenden Geschäfte sollten von einem dreigliedrigen Direktorium geleitet werden, zu dem außer Preußen und Österreich noch ein dritter Fürst aus der Reihe der Mittelstaaten gehören sollte. Neben dieser Zentralgewalt des Bundes, die also ganz nach der Triasidee konstruiert war, sollte als Volksvertretung eine Delegierten-Versammlung der einzelnen Landtage mit nur beratender Stimme stehen, die von Zeit zu Zeit nach dem Ermessen der Regierungen zu berufen sein würde. Rechberg war anfangs auf diesen Plan eingegangen; aber, nachdem er von den übrigen deutschen Regierungen allgemein zurückgewiesen worden war, fand es auch Österreich nicht rätlich, sich weiterhin um seine Durchsetzung zu bemühen. Preußen, das sich natürlich auch ablehnend verhalten hatte, kam bei dieser Gelegenheit auf den alten Gedanken der Union zurück, einen „Bundesstaat im Staatenbunde" zu errichten; und nun veranstaltete Österreich Konferenzen darüber mit den Vertretern der mittelstaatlichen Regierungen, die jetzt einmütig gegen diesen Plan eines engeren Bundes unter Preußens Führung Verwahrung einlegten (2. Februar 1862). Andererseits lehnte Preußen von vornherein ab, sich an Verhandlungen zu beteiligen, die das Beustsche Projekt zur Grundlage haben sollten. Die Konferenzen der mittelstaatlichen Partei fanden dann ohne Preußen unter österreichischem Vorsitz in Wien statt (7. Juli 1862); aber am Bundestag, den die Reformpartei zur Durchführung ihrer Absichten in Bewegung zu setzen suchte, widersprach Preußen ganz im Sinne der früher von Bismarck erteilten Ratschläge jedem Vorgehen, das eine Kompetenzerweiterung des Bundes bedeutete. Der Minister des Auswärtigen, Graf Bernstorff, wies auf die nationale Bewegung in Deutschland hin, die auf die Begründung eines kraftvollen Staatswesens und auf eine erhöhte Machtstellung nach außen gerichtet sei, und erklärte, daß Preußen die Erreichung dieses Ziels nur in einem Bundesstaat mit kräftiger Exekutivgewalt und allgemeiner Volksvertretung für möglich halte und eine Reform auf der Grundlage des bloßen Staatenbundes ablehnen müsse. Preußen und Österreich standen sich also wieder scharf gegenüber.

Zu dem politischen Gegensatz gesellte sich in eben dieser Zeit ein wirtschaftlicher von nicht geringerer Schärfe. Die handelspolitische Lage hatte eine epochemachende Veränderung erfahren durch den englisch-französischen Handelsvertrag von 1860, der in freihändlerische Bahnen einlenkte und auch eine Meistbegünstigungsklausel enthielt. Preußen und der Zollverein sahen sich gezwungen, einen Vertrag von gleicher Art mit Frankreich zu schließen, wenn sie sich nicht von diesem wichtigen Markt verdrängen lassen wollten. In Preußen war ohnehin eine freihändlerische Strömung vorhanden, während in Süddeutschland das schutzzöllnerische Interesse noch sehr stark war. Es gelang aber, diese Widerstände zurückzudrängen, und Preußen begann, zunächst unter Zustimmung der Zollvereinsstaaten, mit Frankreich zu unterhandeln.

Jetzt aber machte Österreich das Recht geltend, das ihm auf Grund des Vertrages von 1853 zustand, und wünschte die Eröffnung der von ihm selbst bisher versäumten Verhandlungen über seine Aufnahme in den Zollverein. Nach Lage der Verhältnisse war klar, daß dieses Ziel, das Österreich mehr noch im politischen als im wirtschaftlichen Interesse verfolgte, unerreichbar wurde, wenn der französische Handelsvertrag mit seiner Herabsetzung der Tarife zustande kam, weil Österreichs Industrie und Weinbau einen stärkeren Zollschutz nicht zu entbehren vermochten. Österreich beklagte sich daher, daß Preußen die Zusage von 1853 durch die Verhandlungen mit Frankreich unerfüllbar mache, und regte die schutzzöllnerischen Interessen, namentlich in Süddeutschland, gegen den preußischen Plan auf. In Preußen verhehlte man sich nicht, daß die Aufnahme Österreichs in den Zollverein durch den französischen Handelsvertrag unmöglich gemacht werde; aber man wollte den Eintritt Österreichs ja im Grunde vermeiden, weil die Stellung Preußens in Deutschland dadurch geschwächt wurde, und man hatte 1853 sich ja nur zur Eröffnung von Verhandlungen darüber verpflichtet. Damals war Preußen in einer Zwangslage gewesen, jetzt war seine Stellung wieder stärker, seine Haltung selbstbewußter geworden. Trotz des Widerspruches Österreichs, angesichts der schutzzöllnerischen Agitation im

Zollverein, beschleunigte man daher in Preußen die schon ins Stocken geratenen Verhandlungen mit Frankreich, machte die nötigen Tarifkonzessionen und brachte den Handelsvertrag am 2. August 1862 zum endgültigen Abschluß. Von den Zollvereinsstaaten folgten dem Beispiel Preußens nur Sachsen, Braunschweig, die thüringischen Staaten und Baden; alle übrigen stellten sich auf den Standpunkt Österreichs und protestierten gegen den französischen Handelsvertrag, während andererseits Preußen dessen Anerkennung zur Vorbedingung einer Erneuerung der Zollvereinsverträge machte. Die Erneuerung der Verträge war 1865 fällig. Es entstand aus dieser Lage eine der schwersten Krisen in der Geschichte des Zollvereins.

Der Verfassungskonflikt und das Ministerium Bismarck.

Inzwischen hatte sich in Preußen die innere Spannung sehr verschärft. Der Prinzregent, seit dem 2. Januar 1861 König, wollte auch innerhalb der neuen konstitutionellen Staatsordnung das alte Königtum von Gottes Gnaden zu kraftvoller Geltung bringen und bestand deshalb trotz des Abratens mehrerer Minister auf einer feierlichen Krönung, die an die Stelle der jetzt veralteten Erbhuldigung treten sollte und die am 18. Oktober 1861 in der alten Krönungsstadt Königsberg auch wirklich vollzogen worden ist. Die liberale Opposition sah in diesem Akt einen Widerspruch gegen den Geist der konstitutionellen Monarchie, wie er in diesen Kreisen aufgefaßt wurde, und geriet in einen immer schärferen Gegensatz zur Regierung.

Im Juni 1861 bildete sich eine neue liberale Partei von radikalerer Färbung, die sogenannte Fortschrittspartei, an deren Spitze Männer standen wie Virchow, Mommsen, von Forckenbeck, Schulze-Delitzsch, von Hoverbeck, von Unruh, Johann Jacoby. Es war eine Partei von doktrinären Politikern, die nicht das richtige Augenmaß für die Notwendigkeiten einer erfolgreichen Machtpolitik besaßen. Sie erstrebte vor allem ein entschieden liberales Regiment in Preußen mit stärkerer Geltung des parlamentarischen Faktors, wie in England oder in Belgien; sie wollte die Einheit Deutschlands unter preußischer Führung, aber sie verwies auf den Weg der moralischen Eroberungen und verwarf die Verstärkung der militärischen Rüstung. Der Widerstand gegen die von der Regierung vorgenommene Heeresreform war für den Moment der springende Punkt in ihrem Programm.

Diese Partei gewann nun bei den Neuwahlen vom 5. Dezember 1861 gegen 100 Sitze und prägte dem neuen Abgeordnetenhaus einen überwiegend liberalen Charakter auf. Diesem Hause wurde jetzt das neue Wehrgesetz vorgelegt, das in allen wesentlichen Stücken an den früheren Grundsätzen festhielt; und obwohl die Regierung den liberalen Wünschen durch eine Reihe von anderen Gesetzesvorlagen, wie über die Aufhebung der gutsherrlichen Polizei, über die Umgestaltung der Kreisordnung, über die Ministeranklage, entgegenkam, so gelang es ihr doch nicht, das Mißtrauen der liberalen Opposition zu zerstreuen, die vor allem eine Reform des Herrenhauses forderte, weil sonst alle liberalen Entwürfe doch an dessen Widerspruch scheitern würden, und das Schicksal der Militärvorlage konnte durch dieses Entgegenkommen nicht abgewendet werden. In der Kommission ließ sich keine Einigung mit der Regierung erzielen, und damit war auch die Ablehnung der Vorlage im Plenum bereits entschieden.

Die oppositionelle Mehrheit ging jetzt darauf aus, die Regierung zu zwingen, die vorgenommene Vermehrung und Umgestaltung der Heeresformationen wieder rückgängig zu machen, und forderte zu diesem Zwecke eine weitergehende Spezialisierung des Haushaltplanes, um zu verhüten, daß nicht der militärische Mehrbedarf durch Ersparnisse in andern Etatstiteln gedeckt werden könnte. Der Finanzminister von Patow stellte die Berücksichtigung dieses Wunsches zwar für den nächsten Etat (1863) in Aussicht, bat aber, von dem Verlangen Abstand zu nehmen, daß auch schon der vorliegende Etat in diesem Sinne umgearbeitet werden sollte und drohte mit seinem Rücktritt, wenn diese Forderung dennoch aufrecht erhalten werde. Trotzdem geschah dies am 6. März mit großer Mehrheit, und nun reichte das ganze Ministerium dem König seine Entlassung ein. Es schien, daß man auf die Bahn einer parlamentarischen Regierung kommen sollte; aber das ließ der König nicht zu. Er hielt den Grundsatz aufrecht, daß die Entlassung wie die Berufung der Minister von dem Willen des Monarchen und nicht von den Abstimmungen des Abgeordnetenhauses abhängig sei; er verweigerte den Ministern die erbetene Entlassung und löste am 11. März das Abgeordnetenhaus auf. Nun aber schlugen die liberalen Minister vor, dem Abgeordnetenhause in wichtigen Stücken nachzugeben, während der konservative Kriegsminister Roon den König in seinem Widerstand gegen das Hinübergleiten zu einer parlamentarischen Regierungsweise nachdrücklich bestärkte. So kam es zu einem Zwiespalt zwischen dem Könige und den liberalen Ministern und zu deren Entlassung am 17. März 1862. An ihre Stelle traten Männer von ausgesprochen konservativer Richtung; und so hatte das Ministerium der neuen Ära eine vollkommene Schwenkung nach rechts ausgeführt, wobei der Kriegsminister von Roon gewissermaßen den Angelpunkt darstellte.

Trotz der Bemühungen dieses neuen Ministeriums erhielten die liberalen Parteien bei den Wahlen des 6. Mai 1862 wieder eine überwältigende Mehrheit; und obwohl es sich diesmal nicht um ein Wehrgesetz, sondern nur um den Etat handelte, in dem der Mehrbetrag für Militärzwecke auf 6 Millionen Taler herabgedrückt war, und obwohl die damit verbundenen Marineforderungen durch den Hinweis auf Dänemark und Schleswig-Holstein begründet werden konnten, kam es doch im September zu einem heftigen Kampf, bei dem die Regierung von vornherein wenig Aussicht hatte, ihren Willen durchzusetzen. Sieben Tage dauerten die Debatten im Abgeordnetenhause. Auf beiden Seiten hatte man das Gefühl, daß man vor einer entscheidenden Krisis des Staatslebens stehe. Die Liberalen glaubten, daß der Kampf um die praktische Aufrechterhaltung der konstitutionellen Verfassung gehe; die Regierung und ihre Anhänger wollten die Selbständigkeit der Krone verteidigen. Mit dem inneren Verfassungsstreit verquickten sich die drohenden Konflikte der auswärtigen Politik, in der dänischen und der deutschen Frage. Die liberale Opposition wünschte zwar ein kräftiges Auftreten der Regierung nach außen; aber sie verweigerte die militärischen Mittel dazu und glaubte in doktrinärer Verblendung, daß die moralische Macht einer begeisterten Volksbewegung ausreichen würde, um Preußen den Sieg über die Gegner zu verschaffen; auf der anderen Seite hielt die Regierung mit einer verhängnisvollen Hartnäckigkeit an einer Forderung fest, in der vielleicht ein Nachgeben möglich gewesen wäre und zu einer befriedigenden Lösung des Konflikts hätte führen können. Es handelte sich um die dreijährige Dienstzeit. Ein Vermittlungsantrag von drei gemäßigt-liberalen Kommissionsmitgliedern (Stavenhagen, Sybel, Twesten), der auf Bewilligung der Regierungsforderungen ging gegen das Zugeständnis einer zweijährigen Dienstzeit, schien einen Augenblick Aussicht auf Annahme zu haben. Roon scheint in diesem Punkte nicht ganz unzugänglich gewesen zu sein. Er soll im Ministerium die zweijährige Dienstzeit als möglich bezeichnet haben, wenn die Kapitulanten vermehrt würden und wenn man stehende Übungslager einrichte, wie es Napoleon damals in Châlons getan hatte und wie wir es heute in Döberitz und anderswo haben; aber für König Wilhelm war die dreijährige Dienstzeit ein unumstößlicher Grundsatz, nicht bloß um der technisch-militärischen Ausbildung willen, sondern auch wegen der Erziehung zur monarchischen Disziplin, die er gerade im Gegensatz zu den parlamentarischen Machtbestrebungen nicht lockern lassen wollte. Er soll damals in einer Kronratsitzung erklärt haben, er müsse abdanken, wenn die Minister sich in dieser Frage auf die Seite der Opposition stellten — und die Minister sollen ihm darauf versprochen haben, seinen Willen rückhaltlos vor den Kammern zu vertreten. Jedenfalls erklärte jetzt Roon mit viel größerer Entschiedenheit als früher, daß die zweijährige Dienstzeit für die Regierung unannehmbar sei, und diese Erklärung genügte, um jede Möglichkeit einer Verständigung abzuschneiden. Der Vermittlungsantrag wurde abgelehnt und alle Mehrausgaben für die Heeresreform wie für die Marine wurden im Etat gestrichen. Das war am 23. September 1862. Infolge dieser Entscheidung traten die Minister Fürst Hohenlohe und von der Heydt, die noch dem früheren Kabinett angehört hatten, zurück; auf Roons Betreiben hatte sich inzwischen der König entschlossen, Herrn von Bismarck als Präsidenten ins Staatsministerium zu berufen.

Bismarck befand sich seit einigen Tagen in Berlin. Er war seit dem Mai des Jahres Botschafter beim französischen Hofe, nachdem er früher mehrere Jahre dieselbe Stelle in Petersburg bekleidet hatte, und war mit dem Hofe in Biarritz, als die Lage in Berlin kritisch wurde. Schon seit seiner Versetzung nach Paris kam er als künftiger Ministerkandidat in Betracht. Sein Freund Roon stand in beständiger Korrespondenz mit ihm und hatte ihn dem König schon längst als den Mann empfohlen, der allein den Schwierigkeiten der Lage gewachsen sei. Bisher hatte der König immer noch gezögert, diesen als Erzreaktionär verrufenen Mann an die Spitze der Geschäfte zu stellen; jetzt aber stand man vor dem Verfassungskonflikt und mußte das letzte Mittel versuchen. Bismarck erhielt die Weisung, nach Berlin zu kommen, und traf am 20. September dort ein, der großen Schicksalsstunde seines Lebens gewärtig. Am 22. September, als der verhängnisvolle Beschluß des Abgeordnetenhauses schon nicht mehr zweifelhaft war, wurde er vom König in Babelsberg empfangen. Bismarck selbst hat die berühmte Unterredung mit allen Einzelheiten anschaulich erzählt. Der König eröffnete ihm, er habe sich entschlossen, die Regierung niederzulegen, weil er keine Minister mehr finde, die bereit seien, die Geschäfte zu führen, ohne sich dem Willen der parlamentarischen Majorität zu unterwerfen. Bismarck erklärte sich darauf bereit, in das Ministerium einzutreten, und sprach die Überzeugung aus, daß es gelingen werde, außer Roon noch andere brauchbare Männer zu finden. Er sagte dem König zu, sich für die Aufrechterhaltung der Militärorganisation einzusetzen und die Regierung, wenn es nötig sei, auch gegen die Majorität des Abgeordnetenhauses zu führen. Daraufhin entschloß sich der König, mit Bismarck die Fortsetzung des Kampfes zu versuchen. Er gab ihm bei dem Spaziergang im Park, zu dem er ihn aufgefordert hatte, ein ausführliches Programm zu lesen, das, wie Bismarck meinte, dazu bestimmt war, konservative Maßlosigkeiten, die man ihm zutraute, zu verhüten. Es gelang aber Bismarck, einer solchen Bindung seiner Politik zu entgehen und den König davon zu überzeugen, daß es sich hier nur um die großen Gegensätze: königliches Regiment oder Parlamentsherrschaft handele und daß man, um diese abzuwehren, auch die Diktatur nicht scheuen dürfe. Er war bereit, das Schicksal Straffords auf sich zu nehmen und lieber mit dem König unterzugehen, als ihn in diesem Kampf im Stich zu lassen. Auf dieses einfache und großzügige Programm, das zugleich einen Bund auf Leben und Tod bedeutete, einigte sich der König mit seinem starken Diener: am selben Tage wurde Bismarcks Ernennung zum Staatsminister und interimistischen Vorsitzenden des Staatsministeriums vollzogen und am 23. September veröffentlicht; die endgültige Ernennung zum Ministerpräsidenten ist erst am 8. Oktober erfolgt, weil bis dahin der Fürst von Hohenzollern der Form nach die Stellung bekleidet hatte.

Diese Wendung war das Signal zu einem durch die heftigste Empörung gesteigerten Widerstande der liberalen Opposition. In der Öffentlichkeit war Bismarck nur als der reaktionäre märkische Junker bekannt, der kein Herz für die deutsche Einheit habe und den Liberalismus tödlich hasse, der von Anfang an der Verfassung entgegengearbeitet habe und jetzt einen Staatsstreich nach dem Muster Napoleons ins Werk setzen werde. Man wußte nichts von seiner inneren Entwicklung seit 1851, von der politischen Schule, die er am Bundestag in Frankfurt durchgemacht hatte, wo ihm die Bedeutung und die Schwierigkeit der deutschen Frage erst in ihrem ganzen Umfang klar geworden war und wo er gelernt hatte, die nationalen Aufgaben Preußens zu begreifen und die Möglichkeit ihrer Erfüllung fest ins Auge zu fassen. Die Führer der Altliberalen waren daher sehr überrascht, als sie der neue Ministerpräsident zu sich lud und ihnen einige Plätze in dem Kabinett anbot. Aber die Forderung der zweijährigen Dienstzeit, auf die sie sich festgelegt hatten, machte eine Verständigung unmöglich.

Da auch der Vorschlag einer Vertagung des Budgetstreits durch Vorlegung eines neuen Etats im Januar 1863 durchaus keine günstige Aufnahme beim Abgeordnetenhause fand, ließ es Bismarck darauf ankommen, daß der durch die Absetzung der Militärforderungen für die Regierung wertlos gewordene Etat gänzlich zu Falle gebracht wurde. Am 11. Oktober 1862 lehnte das Herrenhaus auf einen Antrag des Grafen Arnim-Boytzenburg, den Bismarck empfahl, den vom Abgeordnetenhaus umgestalteten Etat in dieser Form ab, indem es ihn zugleich, wozu es schwerlich berechtigt war, im Sinne der Regierungsvorlage wiederherstellte. Das Abgeordnetenhaus protestierte gegen diesen zweiten Teil des Beschlusses, weil er verfassungswidrig sei; aber die Ablehnung des Etats war eine unanfechtbare Tatsache. Die Session wurde geschlossen, und eine königliche Botschaft erklärte es für die Pflicht der Regierung, die neue Heeresformation, die auf Grund früherer Bewilligungen geschaffen sei, aufrecht zu erhalten. Die Regierung war entschlossen, bis zur gesetzlichen Feststellung eines Etats die für die Landeswohlfahrt unerläßlichen Ausgaben auch ohne formelle Einwilligung des Abgeordnetenhauses zu bestreiten in der Zuversicht, daß diese demnächst nachträglich erfolgen würde. Bismarck glaubte durchaus, sich dabei im Rahmen der

Verfassung zu halten, und er hat auch den König davon zu überzeugen gewußt. Er wies darauf hin, daß die Verfassung eine Lücke habe, indem sie nicht sage, was geschehen solle, wenn das Etatsgesetz nicht zustande komme. Er lehnte es ab, diese Lücke durch eine Interpretation der Verfassung im Sinne des parlamentarischen Systems zu beseitigen, und folgerte vielmehr aus der grundlegenden Regierungsgewalt der Krone das Recht, nach pflichtmäßigem Ermessen die Regierung fortzuführen auch ohne gesetzmäßiges Budget, bis eine Einigung erzielt sei. Damit begann ein langer, vierjähriger Verfassungskonflikt, bei dem es sich aber niemals um die Frage des Fortbestandes der Verfassung selbst gehandelt hat, sondern nur um die Alternative, ob der Krone oder der Mehrheit des Abgeordnetenhauses die führende Stelle im Staatsleben gebühre. Die Rechtsfrage konnte zweifelhaft erscheinen; tatsächlich aber war das, was die Regierung des Königs wollte, das Vernünftige und Heilsame; und die mitten in dem inneren Streit erfochtenen Siege des neugestalteten Heeres, vor allem die unerwartet glänzende Lösung der deutschen Frage im nationalen Sinne haben schließlich auch die große Mehrheit der Opposition von dem inneren Recht der Regierungspolitik überzeugt und so zur befriedigenden Beilegung des Verfassungskonflikts geführt.

Der Frankfurter Fürstentag und die Herstellung des Einvernehmens mit Österreich.

Bismarck hatte schon bald nach seinem Eintritt in das Ministerium in der Budgetkommission des Abgeordnetenhauses sich dahin ausgesprochen, daß die großen Fragen der Zeit nicht durch Reden und Majoritätsbeschlüsse, sondern durch Blut und Eisen entschieden würden. In einer Unterredung mit dem österreichischen Botschafter Grafen Karolyi erklärte er Ende 1862, daß Preußen die Haltung Österreichs in der deutschen Frage als eine Unfreundlichkeit ansehe und daß Österreich, wenn es diese Politik fortsetze, in einem künftigen Kriege Preußen auf der Seite seiner Gegner finden werde; erkenne dagegen Österreich Preußen als gleichberechtigte Macht an, so werde es an ihm stets einen treuen Bundesgenossen haben. Diese Äußerungen wurden zugleich amtlich an allen deutschen Höfen verbreitet. Bismarcks Meinung und Absicht war, daß Österreich seinen Schwerpunkt nach Osten verlegen und Preußen in Deutschland freie Hand lassen sollte; die Gleichberechtigung war mehr im europäischen als im deutschen Sinne gemeint. Für den Fall, daß die Beustschen Reformpläne durch einen Mehrheitsbeschluß des Bundestags angenommen würden, drohte Bismarck, den preußischen Gesandten von Frankfurt abzuberufen; und diese entschiedene Haltung bewirkte, daß bei der Abstimmung am 22. Januar 1863 das Reformprojekt, wenn auch nur mit geringer Mehrheit, abgelehnt wurde. Es wurden aber jetzt keineswegs alle Brücken zur Verständigung mit Österreich abgebrochen; vielmehr kam es Anfang August 1863 zu einer persönlichen Zusammenkunft zwischen König Wilhelm und dem Kaiser Franz Joseph in Gastein; und hier überraschte der österreichische Kaiser den preußischen König durch die Einladung zu einem Fürstenkongreß, der am 16. August in Frankfurt tagen und über eine neue Bundesverfassung beraten sollte. Dabei sollte der alte Beustsche Plan in etwas veränderter Gestalt zugrunde gelegt werden: ein Direktorium, jetzt von fünf Mitgliedern, ein Parlament aus Delegierten der Einzelstaaten, dazu ein Bundesgericht und periodische Fürstentage. Bismarck war zwar in Gastein, aber bei der Unterredung der beiden Monarchen nicht zugegen; man suchte offenbar von österreichischer Seite seinen Einfluß in dieser Frage auszuschalten. Die Ansichten des Königs waren nicht von derselben Schärfe wie die des Ministers; er war zu höflich, um gleich bei der mündlichen Besprechung am 2. August die Einladung einfach abzulehnen; er wies jedoch auf das Unzulängliche eines Direktoriums hin und wünschte statt des Delegierten-Parlaments eine allgemeine Volksvertretung; vor allem aber bestand er auf einer vorbereitenden Ministerkonferenz und erklärte die Frist bis zum 16. August für allzu eng bemessen. Als dann aber schon am 3. eine formelle Einladung erfolgte und es klar wurde, daß es sich um einen wohl vorbereiteten Überrumpelungsversuch und um einen bereits festgestellten Plan handelte, lehnte der König sofort am 4. August ab.

Trotzdem fand nun aber der Fürstentag in Frankfurt zu dem anberaumten Termin statt. Die große Mehrzahl der dort erschienenen Fürsten war mit dem Kaiser von Österreich einverstanden und nahm seine Vorschläge als Grundlage der Verhandlungen an. Man bedauerte, daß der König von Preußen nicht erschienen war und beschloß, ihn noch im Namen der versammelten Fürsten besonders einzuladen. Der König Johann von Sachsen, der gelehrte Übersetzer Dantes, den König Wilhelm persönlich besonders schätzte, übernahm es, das von ihm verfaßte Einladungsschreiben selbst an den preußischen König nach Baden, wo dieser sich zur Nachkur aufhielt, zu überbringen. Am 19. August reiste er ab; bis zu seiner Rückkehr wurde die Tagung unterbrochen.

König Wilhelm wurde durch diese Wendung in schwere innere Bedrängnis gebracht. Er war an sich einer Besprechung der Reformfrage im Kreise seiner fürstlichen Genossen nicht abgeneigt und empfand unter den obwaltenden Umständen eine Absage als eine seinem Wesen widerstrebende Schroffheit; auf der anderen Seite riet Bismarck auf das dringendste von einer Beteiligung an den Besprechungen ab, weil er fürchtete, sein Herr möchte sich dabei von der für die preußische Politik vorgezeichneten Linie abdrängen lassen; er war sogar entschlossen, sein Verbleiben im Ministerium von der Befolgung dieses Rates abhängig zu machen, weil seiner Meinung nach hier die ganze Zukunft Preußens und Deutschlands auf dem Spiel stand. Der König war angegriffen von seiner Badekur; ein Unwohlsein während der Unterredung mit dem König von Sachsen überhob ihn der peinlichen Notwendigkeit, die Absage persönlich zu geben. Noch bis Mitternacht beriet er mit Bismarck, er rief dabei aus: „Dreißig regierende Herren und ein König als Kurier! Wie kann man da ablehnen?" Aber schließlich fügte er sich der zwingenden Gewalt der Gründe seines Ministers und gab die Absage schriftlich. Bismarck selbst machte dem sächsischen Minister Beust kurz vor der Abreise noch mündlich Mitteilung von diesem Entschluß; sobald aber die Sachsen fort waren, da war es mit seiner Selbstbeherrschung vorbei; der Grimm, der in ihm tobte und den er so lange hatte zurückhalten müssen, machte sich Luft: mit der geballten Faust zerschlug er einen auf dem Tisch stehenden Teller mit Gläsern; erst dann wurde er wieder ruhig.

In Frankfurt wurden nun die Beratungen auch ohne Preußen zu Ende geführt. Eine große Mehrheit einigte sich schließlich auf ein sechsgliedriges Direktorium und ein Delegationsparlament mit beschließender Stimme; Baden, Weimar und Schwerin hatten an diesem Beschluß keinen Teil. Der Reformentwurf wurde am 1. September dem König von Preußen mitgeteilt, und dieser antwortete am 22. September nach reiflichen Beratungen auf Grund eines ministeriellen Gutachtens in der Weise, daß er sich einer Kritik der Einzelheiten des Entwurfes enthielt und vor allem wieder Ministerkonferenzen empfahl, für die jetzt folgende Gesichtspunkte aufgestellt wurden: Preußen erhält ebenso wie Österreich ein Veto gegen jeden Bundeskrieg; Preußen führt abwechselnd mit Österreich den Vorsitz am Bundestage; das deutsche Parlament wird durch direkte Volkswahlen, nicht durch Delegationen aus den Landtagen, gebildet. Hier war also der frühere preußische Standpunkt erheblich verändert zugunsten eines friedlichen Dualismus zwischen Preußen und Österreich. Schwerlich hat Bismarck je daran gedacht, sich bei diesem Ziel, selbst wenn es erreichbar gewesen wäre, auf die Dauer zu beruhigen; Erwägungen, die aus der momentanen inneren und äußeren Lage entsprangen, haben ihn offenbar auf diesen Weg gedrängt. In Österreich war man zunächst durchaus abgeneigt, auf die preußischen Vorschläge einzugehen. Rechberg warf Preußen vor, daß es auch jetzt, wie immer, jeder fruchtbaren Entwicklung des Bundes widerstrebe. Seine Absicht ging dahin, mit den Frankfurter Verabredungen Ernst zu machen und also eine engere Verbindung der deutschen Staaten mit Ausschluß Preußens unter Österreichs Führung zustande zu bringen.

Ein solcher Ausgang war aber gar nicht nach dem Sinn der Mittelstaaten; deren Trachten war vielmehr immer dahin gegangen, durch die beständige Eifersucht zwischen Preußen und Österreich ihre eigene Selbständigkeit zu sichern und zu stärken. Sie wollten sich ebensowenig unter das österreichische Joch beugen wie unter das preußische. Und so kam es auf der Ministerkonferenz zu Nürnberg, die am 23. Oktober zusammentrat, zu einer allseitigen Ablehnung der Vorschläge Rechbergs. Es war eine empfindliche Niederlage der österreichischen Politik. Dieser Mißerfolg hat viel dazu beigetragen, daß der Minister Rechberg sich nun veranlaßt fühlte, doch wieder den Anschluß an Preußen zu suchen. Rechberg war eine impulsive Natur, und der Verdruß über den Abfall der Frankfurter Freunde, eben in dem Moment, wo es galt, die Früchte des Fürstentages einzuernten und Preußen zu isolieren, hat ihn an Bismarcks Seite geführt, der ihm vom Frankfurter Bundestag her wohlbekannt war und es verstanden hatte, sein persönliches Vertrauen zu erwerben. Er ließ sich überzeugen, daß Österreich im Bunde mit Preußen in der großen politischen Welt mehr erreichen könne als durch die langwierigen und fruchtlosen Verhandlungen mit den vielen kleinen Herren, die im Grunde doch immer nur ihr eigenes Interesse verfolgten und kein bedeutendes Gewicht in die europäische Wagschale zu werfen hatten. Bismarck hat es ausgezeichnet verstanden, aus dieser Stimmung für die preußische Sache Vorteil zu ziehen. Ihm paßte in diesem Moment ein Zusammengehen von Preußen und Österreich in großen politischen Fragen, unter denen die schleswig-holsteinsche die brennendste war. Die Frage der Bundesreform wurde dabei vorläufig ausgesetzt. Es kam ihm darauf an, den hinderlichen Widerstand der von Beust geführten mittelstaatlichen Partei auszuschalten und im Bunde mit Österreich so viel wie möglich zu erreichen in den deutschen wie in den europäischen Angelegenheiten. Daß es auf die Dauer mit dem friedlichen Dualismus nicht gehen konnte, darüber hat er sich schwerlich jemals einer Täuschung hingegeben. Aber eine Strecke Weges konnten beide Mächte schon zusammen gehen; man kam dabei weiter als früher, wo der Widerstand der mittelstaatlichen Politik für eine wie die andere der beiden zwiespältigen Mächte als Hemmschuh wirkte. Die glückliche Lösung der deutschen Frage hing doch vor allem von der Gestaltung der europäischen Lage ab; und diese hatte im Lauf des Jahres 1863 eine für Preußen günstige Wendung genommen, namentlich durch die geschickte Haltung Bismarcks in der polnischen Frage.

Die polnische und die schleswig-holsteinsche Frage.

In dem russischen Polen gärte es schon lange, und zu Anfang des Jahres 1863 war es zum offenen Aufstand gekommen. Die Polen rechneten dabei auf eine Einmischung der europäischen Mächte, und in der Tat waren in England und Frankreich Sympathien für die Aufständischen vorhanden, und auch die österreichische Regierung tat nichts, um eine Unterstützung der Revolution durch die galizischen Polen zu verhindern. Anders stellte sich die preußische Regierung zu der Frage. Bismarck vertrat die Auffassung, daß die großpolnischen Bestrebungen, die dem Aufstand zugrunde lagen, für Preußen ebenso eine Gefahr bedeuteten wie für Rußland, und daß es für die preußische Politik nur förderlich sein könne, bei dieser Gelegenheit in ein engeres Verhältnis mit Rußland zu kommen, um später einen Rückhalt an dieser Macht zu finden, die einst in ihrem Einverständnis mit Österreich sich so hinderlich für die Erfüllung der nationalen Aufgaben Preußens gezeigt hatte. Der König war leicht für diese Politik gewonnen, die ja ebenso seiner konservativen Gesinnung wie den preußischen Traditionen entsprach. Er sandte durch den General von Alvensleben einen eigenhändigen Brief an Kaiser Alexander, der die Gemeinsamkeit der Interessen beider Mächte betonte und eine Unterstützung Preußens gegen den polnischen Aufstand anbot. Es kam auch zum Entwurf eines Vertrages, durch den Preußen sich verpflichtete, Truppen an der Grenze aufzustellen, um die Unterstützung der Aufständischen durch preußische Polen zu verhindern und den Russen überhaupt hilfreiche Hand zu leisten. Dieser Vertrag ist freilich nicht ratifiziert worden, weil der russische Minister Gortschakoff, ein persönlicher Feind und Rival Bismarcks, auf den er auch wegen seines Einflusses beim Zaren eifersüchtig war, nicht den Schein aufkommen lassen wollte, als ob Rußland der Hilfe Preußens bedürfe. Aber das freundschaftliche Verhältnis zwischen den beiden Monarchen dauerte fort, und auch ohne eine förmliche Konvention sperrte Preußen die Grenze ab, so daß weder polnische Truppen aus Rußland nach Preußen übertreten, noch Freiwillige von Preußen nach Polen gehen konnten und auch die Ausfuhr von Geld und Waffen verhindert wurde. Es war eine wirksame Unterstützung Rußlands und um so wertvoller, als Frankreich, England und auch Österreich sich auf die Seite der Polen stellten und wiederholt den Versuch machten, zu ihren Gunsten in Rußland diplomatisch einzuwirken. Diese Versuche hätten kaum mit der gleichen Entschiedenheit, wie es geschah, abgewiesen werden können, wenn Rußland nicht Preußen an seiner Seite gesehen hätte. Die Gefahr eines kriegerischen Vorgehens der Westmächte wurde durch die Abneigung Englands dagegen verhütet; und als Kaiser Alexander, empört über die Einmischung der Mächte, dem König Wilhelm in einem eigenhändigen Briefe den Vorschlag machte, Frankreich und Österreich gemeinschaftlich zu bekriegen, da riet Bismarck, diesen Vorschlag abzulehnen, weil die Hauptlast dabei auf Preußen drücken, der Hauptvorteil aber Rußland zufallen würde, da dieses, wie er sich ausdrückte, am längeren Hebelarm sitze, und da die Unfreundlichkeit Gortschakoffs nichts Gutes erwarten ließ. König Wilhelm war auch in diesem Punkte mit seinem Minister einverstanden und schrieb nach dessen Entwurf eine ablehnende Antwort an den russischen Kaiser. Die persönliche Freundschaft der beiden Herrscher erlitt dadurch keine Störung, und das politische Gesamtergebnis war, daß Preußen durch die Verbindung mit Rußland einen festen Halt in Europa gewonnen hatte, während Frankreich gegen England und auch gegen Österreich, das sich an England anschloß, verstimmt und daher geneigt war, Preußen entgegenzukommen. Es war eine Lage, die gerade damals bei dem Wiederauftauchen der schleswig-holsteinschen Frage der preußischen Politik sehr zu statten gekommen ist.

Im März 1863, während der polnische Aufstand die Aufmerksamkeit der Mächte in Anspruch nahm, hatte König Friedrich VII. von Dänemark, gedrängt durch die eiderdänische Nationalpartei, im Widerspruch mit den Festsetzungen des Londoner Protokolls von 1852, ein Patent erlassen, das auf die schon früher geplante Trennung der beiden Herzogtümer und die Einverleibung Schleswigs in Dänemark zurückkam, indem zugleich für Holstein eine besondere ständische Verfassung in Aussicht genommen wurde, die den früheren Zusagen nicht entsprach und namentlich den Ständen kein Budgetrecht gewährte. Preußen und Österreich protestierten dagegen, und der Bundestag forderte die dänische Regierung auf, die Ausführung des Patents zu unterlassen. Da die dänische Regierung Ende August diese Forderung ablehnte, so beschloß der Bund am 1. Oktober 1863, im Wege der Exekution in Holstein einzuschreiten. Ein sächsischer und ein hannoverscher Zivilkommissar mit 6000 Mann Bundestruppen sollten nach Holstein geschickt werden, um dort die Verwaltung zu übernehmen und die Ausführung der dänischen Absichten zu verhindern. Noch ehe diese Exekution ins Werk gesetzt werden konnte, wurde im dänischen Reichsrat die längst erstrebte neue Verfassung angenommen, die ebenso für Schleswig wie für Dänemark gelten sollte, so daß dadurch die Einverleibung Schleswigs und die Trennung der beiden Herzogtümer grundgesetzlich festgelegt wurde. Das war am 13. November. Am 15. starb dann König Friedrich, ehe er noch durch seine Unterschrift die Verfassungsurkunde hatte vollziehen können.

Nun wurde am 16. November 1863 auf Grund des Londoner Protokolls Prinz Christian von Glücksburg zum König proklamiert als Christian IX. Aber zugleich erließ auch der Erbprinz Friedrich von Augustenburg eine Proklamation, in der er seinen Regierungsantritt in Schleswig-Holstein als Herzog Friedrich VIII. verkündete. Er erklärte, daß die Rechte seines noch lebenden Vaters durch dessen Verzicht auf ihn übergegangen seien, und fand in Holstein sofort, und nach der Vollziehung der dänischen Gesamtverfassung durch den neuen König auch in Schleswig bereitwillige Zustimmung und starken Anhang. Die deutschen Mittel- und Kleinstaaten und die Mehrheit fast aller Landtage erklärten sich für ihn; die gesamte öffentliche Meinung in Deutschland, so weit sie der nationalen und liberalen Richtung folgte, trat auf seine Seite. Im Gegensatz dazu schlossen sich nun Preußen und Österreich zusammen, indem sie die deutsche Frage zunächst ruhen ließen. Es war das alte System wie vor 1848;

aber der Unterschied gegenüber der Metternichschen Zeit war der, daß jetzt Preußen die Führung übernahm. Mitbestimmend für den Entschluß zu dieser Verbindung war für Österreich die Furcht vor den italienischen Plänen Napoleons. Die dänische Frage hatte ihm einen Anlaß geboten, in seiner Thronrede vom 5. November 1863 auf seinen alten Lieblingsplan eines Kongresses zurückzukommen, durch den die Verträge von 1815 im Sinne des Nationalitätsprinzips revidiert werden sollten. Darin sah Österreich eine Gefahr für Venetien und suchte sich durch den Zusammenschluß mit Preußen dagegen zu decken. Der Gesichtspunkt, der die österreichische Politik in der schleswig-holsteinschen Frage leitete, war das Bestreben, die Wiederherstellung der alten Personalunion der Herzogtümer mit Dänemark durchzusetzen.

Einen ganz anderen Standpunkt nahm Bismarck ein. Er hat von vornherein die Erwerbung der Herzogtümer für Preußen ins Auge gefaßt. Gleich nach dem Tode des Königs von Dänemark hatte er in einer Kronratssitzung seinen königlichen Herrn nachdrücklich auf dieses Ziel hingewiesen. Aber Wilhelm war keineswegs geneigt, ohne weiteres auf derartige Vorschläge einzugehen. Er erklärte, er habe kein Recht auf die Herzogtümer, während Bismarck darauf hinwies, daß auch das Recht der Augustenburger zweifelhaft sei und daß die Einverleibung durch das preußische Staatsinteresse gefordert werde. Zwischen dem, was Bismarck wollte, und dem, was Österreich erstrebte, lag als dritte Möglichkeit die Schaffung eines neuen Kleinstaats, auf die sich aber Preußen nicht einlassen konnte, ohne daß hinreichende Garantien für dessen zukünftige politische Haltung geleistet wurden. Den Wünschen der öffentlichen Meinung würde es am meisten entsprochen haben, wenn Preußen im Einverständnis mit den deutschen Bundesregierungen außer Österreich durch einen Krieg gegen Dänemark den Augustenburger als Herzog von Schleswig-Holstein eingesetzt hätte. Aber Preußen hätte bei einer solchen Politik nicht bloß Österreich, sondern wahrscheinlich auch die Westmächte gegen sich gehabt, da der Beistand Frankreichs nur durch Abtretungen am linken Rheinufer zu gewinnen gewesen wäre. Gegenüber dem Widerstand dieser Mächte genügte aber die Bundesgenossenschaft der liberalen Nationalpartei in Deutschland mit ihren Zeitungen, ihren Vereinen, ihren Freischaren nicht. Bismarck wollte nicht in eine ähnliche Lage geraten wie einst Preußen vor Olmütz. Mit Österreich im Bunde konnte er hoffen, daß die Gefahr einer europäischen Koalition gegen Preußen sich würde vermeiden lassen. Natürlich durften die Österreicher von seinen letzten Zielen nichts ahnen, und Bismarck mußte sich auch hüten, Verbindlichkeiten gegen Österreich zu übernehmen wie etwa eine Garantie Venetiens, wodurch er mit Frankreich in Konflikt gekommen wäre. Er brauchte eine Rückendeckung durch Frankreich, um in dem Verhältnis mit Österreich der Überlegene zu bleiben. Daß er es verstanden hat, in der schleswig-holsteinschen Frage Österreich hinter sich herzuziehen und die Gefahren eines europäischen Konfliktes zu vermeiden, ist eine seiner größten diplomatischen Leistungen.

Nicht ganz leicht war es auch, den König selbst für diese Politik zu gewinnen. Königin Augusta, der Kronprinz Friedrich Wilhelm und dessen Gemahlin, die englische Prinzessin Viktoria, standen alle auf seiten des Augustenburgers und machten ihren Einfluß in diesem Sinne geltend. Dagegen betonte Bismarck dem König gegenüber immer besonders stark, daß die augustenburgische

Partei im großen und ganzen die liberale Partei sei, die in Preußen eben damals in einen so scharfen Gegensatz zur Krone geraten war; hatte doch auch das preußische Abgeordnetenhaus sich offen für die Sukzession des Augustenburgers erklärt. So hat der innere Konflikt mitgeholfen, um den König für die von Bismarck geratene Politik in der schleswig-holsteinschen Frage zu gewinnen. Niemals hat Bismarck mehr als in diesen Jahren von der Aufrechterhaltung konservativer Grundsätze in der auswärtigen Politik gesprochen; dieses Schlagwort war zugleich auch einer der Fäden, aus denen das Seil gedreht war, an dem er Österreich hinter sich herzog.

Die Übereinstimmung zwischen der preußischen und der österreichischen Politik beruhte anfangs auf dem gemeinschaftlichen Gegensatz gegen die liberale augustenburgische Partei. Daß Österreich sich überhaupt so tief in die schleswig-holsteinsche Frage eingelassen hat, erklärt sich durch seine Rivalität gegen Preußen, dem es diese deutsche Angelegenheit nicht allein überlassen wollte. Die bloße Andeutung Bismarcks bei einem Zögern Österreichs, daß Preußen allein vorgehen werde, genügte immer, um die Bedenken der Österreicher zu überwinden. Auch den Wunsch Österreichs, die Bundesexekution aufzuschieben, um inzwischen Verhandlungen mit Dänemark zu führen, hat Bismarck auf diese Weise zum Schweigen gebracht. Er wollte die sofortige Exekution, und sobald diese auf Widerstand stieß, ein energisches Vorgehen der beiden Großmächte. Er stellte sich zunächst auf den Boden der Verträge von 1852 und ließ die Sukzessionsfrage ganz hinter der Verfassungsfrage zurücktreten. Dänemark hatte ja zweifellos gegen die Bestimmungen des Londoner Protokolls verstoßen. Beharrte es dabei und kam es darüber zum Kriege, so war Dänemark vor Europa offenbar ins Unrecht gesetzt, und die völkerrechtliche Grundlage von 1852 wurde hinfällig; dann hatte man den Mächten gegenüber freie Hand, auch in der Sukzessionsfrage. Das ist die Linie, die Bismarck eingehalten hat und auf der auch Österreich ihm anfangs gefolgt ist.

Die sofortige Exekution in Holstein wurde am 7. Dezember 1863 am Bundestage beschlossen, allerdings gegen den Widerspruch der mittelstaatlichen Partei, die Anstoß daran nahm, daß die Sukzessionsfrage und damit auch der Anspruch des Augustenburgers vorläufig ganz zurückgestellt werden sollten. Bis zum Ende des Jahres war fast ganz Holstein in den Händen der Bundestruppen, und nun suchte der Erbprinz von Augustenburg, der persönlich im Lande erschien und begeistert aufgenommen wurde, trotz der Abmahnung Preußens und Österreichs, begünstigt durch die mittelstaatlichen Bundeskommissare, von seiner Residenz in Kiel aus eine förmliche Regierung im Lande einzurichten.

Der weitere Fortgang der Sache war aber durch die Haltung der europäischen Mächte bedingt, auf welche die mittelstaatliche Politik keinen Einfluß zu üben vermochte. Bismarck hatte es England überlassen, den Konferenzplan Napoleons durch seinen Widerspruch zum Scheitern zu bringen, während er selbst die Gelegenheit benützte, um durch eine entgegenkommende Haltung sich ohne Kosten und Gefahr das für ihn damals so wichtige Wohlwollen Frankreichs zu gewinnen. England suchte nun, in Verbindung mit Rußland, zu vermitteln. Beide Mächte drängten in Kopenhagen zur Aufhebung der neuen Verfassung. König Christian IX., der sie nur widerwillig angenommen hatte, war auch dazu bereit; aber die Stimmung im Lande war durchaus für ihre Aufrechterhaltung und für die damit verbundene Einverleibung Schleswigs. Der König fand kein Ministerium, das seinen Absichten entgegengekommen wäre; die Vermittlung war also gescheitert.

Jetzt stellten Österreich und Preußen am 28. Dezember 1863 beim Bundestage den Antrag, den König von Dänemark aufzufordern, das neue Grundgesetz aufzuheben, widrigenfalls der Bund durch militärische Besetzung Schleswigs sich ein Pfand verschaffen würde für die Erfüllung seiner gerechten Forderungen. Dieser Antrag wurde aber am 14. Januar 1864 vom Bundestage abgelehnt; die Mehrheit der Mittel- und Kleinstaaten trat dadurch in offenbaren Gegensatz zu den beiden Großmächten. Zugleich warnte England die beiden Mächte durch Überreichung einer Note vor der Besetzung Schleswigs. Preußen und Österreich schlossen darauf nach Bismarcks Vorschlag am 16. Januar 1864 ein förmliches Kriegsbündnis und stellten zugleich das Ultimatum an Dänemark, binnen 48 Stunden das neue Grundgesetz und damit die Einverleibung Schleswigs aufzuheben; im Fall der Ablehnung sollten österreichische und preußische Truppen Schleswig besetzen, um es vor der Einverleibung zu schützen; die Frage der Erbfolge aber sollte später von den beiden Mächten im Einverständnis miteinander geregelt werden. Am 18. Januar lehnte die dänische Regierung das Ultimatum ab, am 19. teilten Österreich und Preußen dem Bunde mit, daß sie selbständig vorgehen würden, am 20. übernahm der General Wrangel den Oberbefehl über die preußischen und österreichischen Truppen. So entwickelte sich aus der Bundesexekution der Krieg der beiden deutschen Großmächte gegen Dänemark. Ein Versuch Englands zur Bildung einer Gegenkoalition scheiterte; um die Mächte auch weiterhin zu beschwichtigen, erklärten Preußen und Österreich am 31. Januar, daß sie sich im Kriegsfall nicht weiter an die Londoner Verträge binden könnten, daß sie aber eine endgültige Regelung der Erbfolgefrage nur in Übereinstimmung mit den Signatarmächten vornehmen würden.

Der Verfassungskonflikt auf dem Höhepunkt.

Während dieser äußere Konflikt sich vorbereitete, hatte der innere Verfassungskonflikt in Preußen seinen Höhepunkt erreicht. Das neugebildete Ministerium, in welchem Bismarck den Vorsitz und das Äußere, Roon das Kriegswesen, Graf Friedrich von Eulenburg das Innere übernommen hatte, sah sich einer unerhört starken oppositionellen Bewegung im Lande gegenüber. Der König war aufs schmerzlichste bewegt durch den Widerstand, den seine aus pflichtmäßiger Erwägung entsprungenen Maßregeln gefunden hatten, und die politische Haltung seiner nächsten Angehörigen trug nur noch dazu bei, den Druck der Lage für sein Gemüt zu steigern. Die Königin Augusta verhehlte ihre Abneigung gegen Bismarck und die ihrer Meinung nach reaktionäre Richtung seiner Amtsführung nicht; der Kronprinz und seine Gemahlin, die englische Prinzessin Victoria, Tochter der Königin Victoria von England und ihres koburgischen Gemahls, neigten zu der liberalen Auffassung hin und standen in offenem Gegensatz zu dem Ministerium. Bismarck hat von den nervenzerrüttenden Kämpfen gegen diese höfischen Einflüsse immer mit besonderer Schärfe und Bitterkeit gesprochen, gerade weil er sie damals nur in gedämpftem Tone führen durfte. Aber er verstand es, sich das Vertrauen des Königs zu bewahren, der an dem für recht und notwendig Erkannten in unerschütterlicher Überzeugung festhielt.

Von dieser Haltung zeugt auch die Thronrede, mit der am 14. Januar 1863 die neue Session des Landtages eröffnet wurde. Schon die Adreßdebatte ließ die Erregung erkennen, die bei der Opposition herrschte. Der maßvolle Entwurf, den Georg von Vincke namens der Altliberalen einbrachte, wurde von dem viel schärferen beiseite gedrängt, den Virchow im Namen der fortschrittlichen Partei entworfen hatte und in dem das Ministerium geradezu des Verfassungsbruchs beschuldigt wurde; und obwohl Bismarck seinen staatsrechtlichen Standpunkt im Sinne der Lückentheorie auf das eindringlichste darlegte, wurde diese Adresse doch mit überwältigender Mehrheit angenommen und zugleich der Beschluß gefaßt, sie dem König durch eine Deputation zu überreichen. Aber der König lehnte den Empfang der Deputation ab und antwortete auf die ihm zugesandte Adresse mit ernsten und nachdrücklichen Worten, die keinen Zweifel darüber ließen, daß er fest und ohne Wanken auf der Seite der Minister stand und trotz seines Bedauerns über das Unregelmäßige der budgetlosen Regierung, trotz des dringenden Wunsches, eine Verständigung herbeizuführen, nicht im entferntesten daran dachte, die Rechte der Krone preiszugeben. Noch schärfer trat der Gegensatz des Abgeordnetenhauses zu dem Ministerium bei einer Interpellation über die Beziehungen Preußens zu Rußland in der polnischen Krisis hervor; Bismarck verweigerte ihre Beantwortung, das Haus aber faßte nach dreitägiger Debatte den Beschluß, die Regierung zur Bewahrung einer strikten Neutralität aufzufordern, weil man fürchtete, daß Preußen durch die Politik der Regierung in einen Krieg mit den Westmächten geraten könnte.

Zu ersprießlicher parlamentarischer Arbeit war die Erregung viel zu groß. Das Wehrgesetz, das die Regierung vorgelegt hatte und das an den alten Grundlagen festhielt, hatte von vornherein keine Aussicht auf Annahme; die Kosten für die militärische Reorganisation wurden sogleich gestrichen, ebenso alle geheimen Fonds. Regierung und Volksvertretung reizten einander abwechselnd durch die Aufstellung übertriebener Forderungen. Die Regierung verlangte, daß den Beamten, die Abgeordnetenmandate angenommen hatten, die Kosten der Stellvertretung auferlegt werden sollten; man wollte damit namentlich die zahlreichen fortschrittlichen Kreisrichter treffen, denen man sonst nicht viel anhaben konnte. Die Fortschrittspartei wollte die Minister kraft ihrer Verantwortlichkeit persönlich haftbar machen für die unbewilligten Ausgaben; sie legte dem Hause einen Gesetzentwurf über die Verantwortlichkeit der Minister vor, der von Bismarck zurückgewiesen wurde, weil er bei der Lage der Dinge einem Richterkollegium die Entscheidung über die Machtverteilung zwischen Krone und Landtag anheimgestellt haben würde. Der Kampf ums Recht wurde immer mehr zu einem Machtkampf; es kam zu heftigen Zusammenstößen der Minister mit den Präsidenten des Hauses, die ihre Disziplinargewalt auch den Regierungsvertretern gegenüber zu handhaben versuchten. Schon Bismarck hatte einmal, bei der Polendebatte, nachdrücklich erklärt, die Disziplinargewalt des Präsidenten ende am Ministertisch. Dieselbe Auffassung vertrat Roon in der Sitzung vom 11. Mai, als ihn der Vizepräsident von Bockum-Dolffs wegen eines scharfen Ausdrucks zu unterbrechen versuchte. Roon protestierte nachdrücklichst dagegen und wiederholte den Grundsatz, daß die Disziplinargewalt des Präsidenten sich nicht auf die Minister erstrecke. Darüber entstand ein gewaltiger Lärm; die Sitzung mußte unterbrochen werden. Die Minister verlangten vom Präsidium eine Erklärung in ihrem Sinne; und da das Haus eine solche ablehnte, so hielten sie sich von den Sitzungen fern, bis am 21. Mai Bismarck mit einer königlichen Botschaft erschien, welche die Haltung des Ministeriums billigte und das Haus aufforderte, die verlangte Erklärung abzugeben. Auf diese königliche Botschaft antwortete das Abgeordnetenhaus am 22. Mai mit der Erklärung, es habe kein Mittel der Verständigung mehr mit diesem Ministerium und müsse jede Mitwirkung an der gegenwärtigen Politik der Regierung ablehnen. Der König erklärte darauf in einer neuen Botschaft vom 26. Mai: „Meine Minister besitzen Mein Vertrauen, ihre amtlichen Handlungen sind mit Meiner Billigung geschehen, und Ich weiß es ihnen Dank, daß sie sich angelegen sein lassen, dem verfassungswidrigen Streben des Abgeordnetenhauses nach Machterweiterung entgegenzutreten."

Am folgenden Tage, dem 27. Mai, wurde die Sitzung geschlossen. Und nun schlug die Regierung Bahnen ein, die an das Regiment Napoleons III. erinnern: am 1. Juni 1863 wurde eine Preßverordnung erlassen, die den Polizeibehörden die Befugnis erteilte, Zeitungen nach zweimaliger Verwarnung zu unterdrücken. Es war das bewährte Mittel, durch das Napoleon die oppositionelle Presse mundtot gemacht hatte. Die Maßregel erregte einen Sturm von Entrüstung auch in gemäßigt liberalen Kreisen. Heinrich von Treitschke, der Herausgeber der Preußischen Jahrbücher, sprach seinen Unmut darüber in zornigen Worten aus und stellte die Besprechung politischer Angelegenheiten in seinem Blatte ganz ein; andere Zeitschriften folgten seinem Beispiel. Der Kronprinz erklärte auf einer Reise in Danzig öffentlich den Vertretern der Stadt, daß er an dieser reaktionären Maßregel keinen Anteil habe, was ihm eine ernste Rüge seines königlichen Vaters zuzog. Verschiedene Stadtverordnetenversammlungen, die um Zurücknahme der Verordnung baten, wurden darauf hingewiesen, daß politische Gegenstände nicht in ihren Wirkungsbereich gehörten. Die Stadtverordneten von Berlin faßten darauf den Beschluß, sich nun auch aller patriotischen Kundgebungen aus Anlaß freudiger oder trauriger Ereignisse im Herrscherhause zu enthalten und führten diesen Beschluß in der Folge durch. So entfremdeten sich Fürst und Volk, und die Verbitterung im Lande wuchs mehr und mehr.

Solche Stimmungen herrschten, als der Frankfurter Fürstenkongreß am 1. September geschlossen wurde. Die Regierung, die das Ziel der Verständigung nicht aus den Augen verlor, ergriff diesen Moment, wo Preußen in der deutschen Frage eine der liberalen Nationalpartei entgegenkommende Haltung angenommen hatte, um mit einem Hinweis auf die deutschen Aufgaben Preußens noch einmal an die öffentliche Meinung zu appellieren und womöglich die inneren Schwierigkeiten durch die Aussicht auf eine großzügige nationale Politik zu überwinden. Am 2. September wurde das Abgeordnetenhaus aufgelöst; aber der nationale Appell blieb bei der mißtrauischen und verbitterten Stimmung der Wähler ohne die gehoffte Wirkung; auch die von Eulenburg versuchte Einwirkung auf die Beamten fruchtete wenig. Die Wahlen vom 28. Oktober 1863 gaben der Opposition wieder die weit überwiegende Mehrheit. Die Thronrede schlug einen versöhnlichen Ton an, aber sie hielt die Reorganisation der Armee mit der dreijährigen Dienstzeit nach wie vor aufrecht; mit Nachdruck wies sie auf den Stand der deutschen und der schleswig-holsteinschen Frage hin. Die Preßverordnung, über welche die Opposition natürlich laute Klagen führte, wurde aufgehoben; aber an der neuen Wehrordnung ließ die Regierung nicht rütteln. Als dann die

Beziehungen zu Dänemark sich immer bedenklicher gestalteten, forderte die Regierung vom Abgeordnetenhause die Ermächtigung zur Aufnahme einer Anleihe von 12 Millionen Talern für den Kriegsfall; aber statt diese Anleihe zu bewilligen, richtete das Haus eine Adresse an den König, in der es ihm Ratschläge zu einer Kursänderung in der auswärtigen Politik erteilte, die den Überzeugungen und Plänen der Regierung vollständig widersprachen: es verlangte den Rücktritt Preußens von dem Londoner Vertrage von 1852, die Anerkennung des Augustenburgers und seine tatkräftige Unterstützung durch den Deutschen Bund; man wollte überhaupt, daß nicht Preußen, sondern Deutschland in dieser Sache vorgehen solle; in solchem Sinne ist auch das bekannte Wort zu verstehen, das dem Abgeordneten Virchow in den Mund gelegt worden ist, man müsse Preußen den Großmachtskitzel austreiben. Der König antwortete natürlich ablehnend auf diese Vorschläge; er wies darauf hin, daß er nicht einseitig und ohne Rücksicht auf die internationalen Beziehungen von einem mit den europäischen Mächten geschlossenen Vertrage zurücktreten könne, und daß die Prüfung der schleswig-holsteinschen Sukzessionsfrage dem Bunde für eine spätere Zeit anheimgestellt werden würde. Er mahnte vor allem, die geforderte Anleihe zu bewilligen; und Bismarck gab in der Kommissionsberatung zu verstehen, daß, wenn wider Hoffen und Erwarten die Bewilligung nicht erfolge, die Regierung das Geld nehmen müsse, wo sie es bekommen könne. Die Kommission aber empfahl die Ablehnung der Anleihe, und nach heftiger Debatte wurde sie auch im Hause mit 275 gegen 51 Stimmen verworfen. Zugleich wurde eine Resolution angenommen, die jede Anleihe ohne Genehmigung des Landtags für verfassungswidrig und unverbindlich erklärte; eine andere Resolution protestierte gegen die Besetzung der Herzogtümer durch Preußen und Österreich als europäische Großmächte. Man wollte statt dessen das Einschreiten des Bundes, und zwar für die Sache des Augustenburgers; das preußische Abgeordnetenhaus in seiner Mehrheit schlug sich also auf die Seite der klein- und mittelstaatlichen Gegner Preußens, deren Pläne in diesem Punkte scheinbar der liberalen öffentlichen Meinung entsprachen. Wäre es nach den Beschlüssen des Abgeordnetenhauses gegangen, so wäre die großartige Politik, für die Bismarck den König gewonnen hatte, im Keime erstickt worden, und man wäre wahrscheinlich niemals aus dem alten Elend des Deutschen Bundes herausgekommen. Aber die Regierung verfolgte, unbekümmert um die Haltung des Abgeordnetenhauses, ihre Ziele energisch weiter. Der Landtag wurde am 25. Januar 1864 geschlossen, und der Krieg begann.

Der dänische Krieg.

Preußen und Österreicher rückten vereint in Schleswig ein: ein preußisches Korps unter Prinz Friedrich Karl, ein österreichisches unter dem Feldmarschallleutnant von Gablenz, dazu eine preußische Gardedivision, alles in allem 57 000 Mann, unter dem Oberbefehl des Feldmarschalls Wrangel. Eine größere Truppenmacht hielt man nicht für erforderlich, weil die dänische Armee unter dem General De Meza, die so ziemlich alle verfügbaren Kräfte des Gegners enthielt, nur 55 000 Mann stark war. Sie hatte eine sehr feste Stellung inne an dem sogenannten Danewerk, einer Befestigung, die sich von Schleswig aus, gewissermaßen den Meeresarm der Schlei fortsetzend, meilenweit nach Westen hinzog, und dem Vormarsch nach Norden ein schwer überwindliches Hindernis bot. Der preußische Generalstabschef von Moltke, dessen strategisches Genie hier zum erstenmal in großen Verhältnissen sich betätigen durfte, hatte einen Feldzugsplan entworfen, der damit rechnete, daß diese Stellung nicht durch einen direkten Angriff, sondern durch Umgehung in der östlichen Flanke, also durch Überschreitung der Schlei, zu Falle gebracht werden sollte. Er nahm an, daß damit der Hauptteil des dänischen Heeres vernichtet werden würde, und sein Plan ging dann weiter dahin, daß man, ohne sich mit der Belagerung der starken, aber abseits liegenden Stellung von Düppel aufzuhalten, gleich die Besetzung von Jütland vornehmen und von da nach der Insel Fünen hinübergehen sollte, um möglichst viel von dem dänischen Gebiete in die Hand zu bekommen und dadurch den Gegner zum Frieden zu zwingen; an einen Angriff auf Kopenhagen konnte man ja nicht denken, weil es dazu an einer ausreichenden Flottenmacht fehlte. Dieser vortrefflich angelegte Plan wurde dem Oberstkommandierenden mitgeteilt, natürlich nur in der Form eines Vorschlags, ohne Bindung im einzelnen. Tatsächlich ist denn auch Wrangel ziemlich stark von dem Moltkeschen Plane abgewichen, so daß der Feldzug doch einen wesentlich anderen Verlauf genommen hat, als es geplant war. Wrangel ließ zugleich mit der Umgehungsbewegung auch einen Frontalangriff gegen das Danewerk ausführen. Der dänische General, der vor allem bestrebt sein mußte, die Zertrümmerung der Armee, hinter der keine Reserven standen, zu verhüten, erhielt Gelegenheit, dem kombinierten Angriff auszuweichen und das Danewerk zu räumen.

Dieser Rückzug machte für die dänische Sache einen sehr ungünstigen moralischen Eindruck im In- und Auslande, und De Meza wurde unter dem Druck stürmischer Straßenkundgebungen in der Hauptstadt vom Oberbefehl entfernt; an seine Stelle trat General v. Lüttichau, der den Rückzug widerraten hatte. Flensburg und das nördliche Schleswig wurden nun von den verbündeten Truppen besetzt, ohne daß dabei Gelegenheit zu einer großen und glänzenden Waffentat sich ergeben hätte. Wrangel drängte darauf, jetzt zur Besetzung Jütlands überzugehen; aber da kam Gegenbefehl von Berlin. Die preußische Regierung war zwar einverstanden mit der Absicht der Heeresleitung, aber Österreich hatte Bedenken erhoben, da man dort bei Überschreitung der jütischen Grenze die Einmischung von Frankreich und England fürchtete. England stand durchaus auf seiten Dänemarks, wie Bismarck — im Gegensatz zu den liberalen Politikern — ganz richtig vorausgesehen hatte; es hatte nach dem Rückzuge der Dänen einen Waffenstillstand und einen Kongreß vorgeschlagen und verhandelte mit Rußland und Frankreich über eine Intervention. Aber Rußland war jetzt nicht mehr geneigt, den Preußen in den Arm zu fallen — die Polenpolitik von 1863 trug jetzt ihre Früchte — und auch Napoleon behielt seine freundliche Haltung Preußen gegenüber bei, da er von Bismarck darüber beruhigt worden war, daß von einer Garantie Venetiens bei dem Bündnis mit Österreich nicht die Rede gewesen sei. Die Furcht der Österreicher vor einer Einmischung der Westmächte war daher nicht begründet, und von Berlin aus wurde der General Edwin Manteuffel nach Wien gesandt, um die österreichische Regierung für den Plan der Besetzung Jütlands zu gewinnen. Damit verbanden sich Verhandlungen wegen des Widerstandes der Mittelstaaten gegen das Vorgehen der Großmächte, der damals in gefährlicher Weise hervortrat. Die sächsisch-hannoverschen Bundeskommissare und Exekutionstruppen in Holstein hatten den Durchmarsch der Preußen und Österreicher erschwert und fuhren fort, ihre Verproviantierung zu hindern, so daß Wrangel, um eine sichere Verbindung zu haben, einige holsteinische Städte besetzt hatte und feindselige Zusammenstöße mit den Bundestruppen zu befürchten waren. Manteuffel ging damals auch nach Hannover und Dresden, um die dortigen Regierungen, die nach wie vor für den Augustenburger eintraten, zum Einlenken zu veranlassen, damit den Reibungen in Holstein ein Ende gemacht würde. Der gemeinsame Gegensatz gegen die Mittelstaaten brachte auch die beiden deutschen Großmächte wieder näher zusammen, und Österreich ging nach längeren Verhandlungen auf den Vorschlag der Besetzung Jütlands ein, setzte aber dabei durch, daß — gegen den Moltkeschen Plan — auch die Stellung von Düppel gleich angegriffen werden sollte.

An der jütischen Grenze war es inzwischen schon zu Kämpfen gekommen, die den Befehl, Halt zu machen, überholt hatten. Bei der Verfolgung dänischer Truppen hatten die Preußen die jütische Stadt Kolding besetzt. Wrangel hatte befohlen, diese Stellung zu halten, dann aber nicht weiter vorzurücken. Der alte Soldat war entrüstet über den Befehl, den er von Berlin aus erhalten hatte; er hat damals an den König telegraphiert: die Diplomaten, die ihm dazu geraten hätten, verdienten den Galgen — was ihm Bismarck lange nicht hat vergessen können. Am 6. März begann nun wieder das Vorrücken in Jütland und damit der zweite glänzendere Teil des Krieges. Man nahm jetzt gleich die Operationen gegen Düppel und Alsen auf, wogegen auch Moltke nichts mehr einzuwenden hatte, weil bei der Lage der Dinge ein durchschlagender militärischer Erfolg, eine glänzende Waffentat dazu gehörte, um die Kriegführenden beim Ausland in Respekt zu setzen für die bevorstehenden diplomatischen Verhandlungen. Diese Aufgabe fiel dem preußischen Armeekorps zu. Seit dem 13. März schritt man zu einer förmlichen Belagerung der Werke von Düppel und der gegenüber auf der Insel Alsen gelegenen Festung Sonderburg. Der kluge Plan des Obersten von Blumenthal, erst nach Alsen hinüberzugehen, ehe man den entscheidenden Angriff auf Düppel unternahm, kam nicht zur Ausführung, weil der Übergang in der Nacht vom 2. zum 3. April durch plötzlich einsetzendes stürmisches Wetter vereitelt wurde. Unmittelbar darauf wurde das Bombardement eröffnet, und am 18. April schritt man zum Sturm auf die Düppeler Schanzen. Die preußischen Truppen legten hier zum erstenmal seit der Heeresreform eine glänzende Probe ihrer Tüchtigkeit im Felde ab, die dem preußischen Namen wieder allgemeine Achtung in der Welt verschaffte. In einer halben Stunde waren unter erheblichen Verlusten — über tausend Tote und Verwundete — die 6 südlichen Schanzen erobert; die Dänen zogen sich auf die Insel Alsen zurück, wohin ihnen die Preußen zunächst nicht folgen konnten, weil ihre Operationen nicht, wie die der Dänen, durch eine Flotte unterstützt wurden. Nun wurde unter dem General Vogel von Falckenstein die Besetzung von Jütland bis zur Grenze des Lijmfjord vollendet; am 28. April räumten die Dänen auch die Festung Fridericia.

Der Mangel einer Flotte machte sich auch sonst während des Krieges sehr störend bemerkbar. Die Dänen blockierten die schleswig-holsteinischen Häfen und beschlagnahmten alle deutschen Kauffahrteischiffe, die sie bekommen konnten, auch aus den nichtpreußischen Seehäfen, wie Bremen, Hamburg,

Lübeck, trotzdem der Bund nicht mit ihnen im Kriege war. Zwei österreichische Fregatten unter Tegethoff hatten am 12. Mai ein unentschiedenes Gefecht mit drei dänischen Kriegsschiffen in der Nähe von Helgoland; aber im ganzen waren die Dänen zur See die Überlegenen.

Inzwischen war die Londoner Konferenz eröffnet worden, am 25. April, und am 12. Mai wurde ein Waffenstillstand auf 4 Wochen geschlossen, während dessen auch die dänische Blockade aufgehoben werden mußte. Die Diplomatie hatte zunächst das Wort.

Bismarck hatte sich bei den Verhandlungen, die schon gleich nach Düppel in lebhafteren Gang gekommen waren, namentlich mit Napoleon gut zu stellen gesucht. Er wies dessen Vorschlag, die schleswig-holsteinsche Frage durch ein Plebiszit zu erledigen, nicht von vornherein zurück, obwohl dieser Plan schon wegen seines demokratischen Beigeschmacks seinen Neigungen gar nicht entsprach, sondern überließ es klüglich Österreich und Rußland, durch ihren Widerspruch den französischen Vorschlag zu Fall zu bringen. Darauf trat Napoleon insgeheim mit Preußen in Verhandlung und schlug Bismarck die Einverleibung der Herzogtümer in Preußen vor, wobei in Schleswig eine Teilung nach der Nationalität in Aussicht genommen war. Bismarck war sehr zufrieden mit diesem französischen Vorschlage, machte aber zunächst den anderen Mächten gegenüber noch keinen Gebrauch davon. Er einigte sich mit Napoleon über folgendes Vorgehen: Preußen wollte auf der Konferenz zuerst die Herstellung der Personalunion fordern. Man sah voraus, daß die Dänen nicht darauf eingehen würden. Dann sollte die Kandidatur des Augustenburgers auf die Bahn gebracht werden; und wenn, wie zu erwarten war, auch darüber eine Einigung nicht erzielt werden konnte, sollte Preußen die Herzogtümer mit Ausschluß des dänischen Teils von Schleswig für sich selbst in Anspruch nehmen. Nach diesem Plan hat dann auch Bismarck die Verhandlungen geführt. Er eröffnete sie mit der Erklärung, der sich auch Österreich und der Deutsche Bund anschlossen, daß die Verträge von 1850 hinfällig geworden seien, und schlug zunächst vor, die reine Personalunion zwischen den Herzogtümern und Dänemark wiederherzustellen. Dieser Vorschlag wurde aber von den Dänen als ganz unannehmbar zurückgewiesen, und nun kam die Kandidatur des Augustenburgers an die Reihe. Der Prinz hatte eingesehen, daß sein Schicksal lediglich von Preußen abhänge, und hatte sich gegenüber dem Kronprinzen, mit dem er persönlich befreundet war, zum engsten Anschluß an Preußen bereit erklärt. Dieser hatte dann ein Programm der Zugeständnisse entworfen, die der künftige Herzog an Preußen machen müsse, und hatte damit sowohl die Billigung des Königs wie die Zustimmung des Prinzen selbst gefunden, der eine entsprechende Erklärung gegenüber dem König am 29. April abgegeben hatte. Danach sollte Rendsburg Bundesfestung, Kiel eine preußische Marinestation werden; Schleswig-Holstein sollte dem Zollverein beitreten und mit Preußen eine Militär- und Marinekonvention abschließen, durch welche die Streitkräfte des Landes der preußischen Kriegsmacht angegliedert wurden; endlich sollte ein Nord-Ostsee-Kanal gebaut werden, der den preußischen Schiffen ohne jede Behinderung offen stehen würde. Der König wie der Kronprinz waren ehrlich bestrebt, die Kandidatur des Prinzen von Augustenburg zu fördern; den beherrschenden Hintergedanken Bismarcks, die Herzogtümer für Preußen zu erwerben, hat König Wilhelm auch damals noch keineswegs geteilt. Auf diese Stimmung des

Königs, die dem Prinzen sehr günstig war, hatte Bismarck bei der Verfolgung seiner Pläne ebenso Rücksicht zu nehmen, wie auf die Interessen Österreichs.

Am 21. Mai ging eine preußische Note nach Wien, die als Grundlage für die weiteren Konferenzverhandlungen die Kandidatur des Erbprinzen von Augustenburg vorschlug, wenn dieser die nötigen Garantien für eine konservative Regierung gäbe: — Österreich gegenüber wurde von Bismarck immer das „konservative Prinzip" betont, nicht die in Wahrheit maßgebende Fügsamkeit des neuen Regenten Preußen gegenüber —; falls aber die Kandidatur des Augustenburgers nicht durchzuführen sei, sollten die Ansprüche des Hauses Oldenburg ins Auge gefaßt werden oder auch die Einverleibung der Herzogtümer in Preußen — eine Möglichkeit, die hier zum ersten Male Österreich gegenüber erwähnt wurde, und zwar ganz beiläufig, als eine Forderung, die in manchen Kreisen der preußischen Bevölkerung erhoben worden sei. Diese Mitteilung hat nun einen Umschwung in der politischen Haltung Österreichs herbeigeführt. Österreich hatte ja bisher von der Kandidatur des Erbprinzen nichts wissen wollen, offenbar nicht bloß aus Abneigung gegen seine liberalen Verbindungen, sondern vor allem, weil es fürchtete, daß der neue Regent in eine zu enge Abhängigkeit von Preußen geraten werde; es hatte daher das Programm der Personalunion vertreten. Jetzt aber, wo dieser Plan gescheitert war, und die Möglichkeit einer Erwerbung der Herzogtümer durch Preußen im Hintergrund auftauchte, ergriff man in Österreich den Gedanken der augustenburgischen Kandidatur mit großer Wärme und suchte ihn für das eigene Interesse nutzbar zu machen. Dabei kam jetzt neben Rechberg der Einfluß seines Ministerkollegen Schmerling zur Geltung, der durchaus nicht auf die Stellung Österreichs in Deutschland verzichten wollte und ein schärferes Auftreten gegen die preußischen Interessen verlangte; er hatte dabei einen großen Teil der öffentlichen Meinung, namentlich in den deutschen Kreisen, für sich; der dänische Krieg war in Österreich sehr unpopulär. Österreich war jetzt bestrebt, den Erbprinzen zu seinem Schützling zu machen und trat dafür ein, daß ihm eine möglichst unumschränkte Souveränität zugestanden werden sollte. Es lenkte damit wieder in das Fahrwasser der mittelstaatlichen Politik ein und geriet in einen folgenschweren Gegensatz zu Preußen, der das gute Einvernehmen der Mächte auf die Dauer stören mußte.

Allerdings ist diese Strömung nicht zum Durchbruch gekommen, solange Rechberg noch das Ruder der österreichischen Politik führte; aber die Befürchtungen, die sich für Bismarck von jeher an die Kandidatur des Augustenburgers knüpften, gewannen jetzt neue Nahrung. Seine Einsetzung in Schleswig-Holstein wäre nur möglich gewesen, wenn Preußen diesen neuen Kleinstaat militärisch und politisch ganz in der Hand gehabt haben würde. Aber ein solches Verhältnis war sehr schwer zu begründen und noch schwerer zu erhalten. Bismarck sah voraus, daß der neue Nachbar ein sehr unsicherer Freund Preußens sein würde, weil er nach seinem Ausdruck den Beruf haben würde, sich beständig vor einer Unterdrückung durch Preußen zu fürchten und daher mit Österreich und allen Gegnern Preußens zu konspirieren. Der Schutz Österreichs hat in der Tat schon damals nicht verfehlt, dem Erbprinzen eine selbstbewußte Haltung zu geben und seine Willfährigkeit den preußischen Forderungen gegenüber zu vermindern.

Auf der Londoner Konferenz wurde nun aber der Antrag Preußens auf Anerkennung des Erbprinzen abgelehnt, am 28. Mai; und auch ein Vermittlungsantrag Englands, das Land südlich der Schleilinie dem Erbprinzen, die nördliche Hälfte aber den Dänen zu überlassen, fand keine Annahme. Die Konferenz vertagte sich zum zweitenmal; der Waffenstillstand wurde verlängert bis zum 26. Juni.

Es handelte sich jetzt um die Frage, ob Preußen und seine Bundesgenossen den Erbprinzen auch gegen den Willen Europas in die Herrschaft einsetzen wollten. Das preußische Interesse erforderte natürlich für diesen Fall die weitgehendsten Zugeständnisse von seiten des neuen Herrschers. Bismarck hatte den Erbprinzen zu einer Unterredung eingeladen, um die von ihm zu leistenden Bürgschaften endgültig festzustellen. Am 1. Juni in den Abendstunden fand diese Verhandlung statt; sie hat allen Hoffnungen des Erbprinzen auf eine Unterstützung durch Preußen ein Ende gemacht. Die Konferenz ergab für Bismarck das Resultat, daß die Einsetzung des Augustenburgers mit dem preußischen Staatsinteresse nicht vereinbar sei. Mit Österreich im Rücken suchte der Prinz mehr von seinen Souveränitätsrechten zu behaupten, als preußischerseits zugestanden werden konnte, und wollte auch die Genehmigung zum Bau des Nord-Ostsee-Kanals noch von der Zustimmung der Stände abhängig machen. Bismarck kam daher zu der Überzeugung, der Prinz sei doch zu selbständig für die Rolle, die er ihm in seinem politischen System zugedacht hatte; der Prinz selbst freilich hatte den Eindruck, daß die Beseitigung seiner Kandidatur für Bismarck schon vor der Verhandlung beschlossene Sache gewesen sei, und daß der Ausgang der Unterredung trotz des besten Willens kein anderer hätte sein können.

Bismarck beeilte sich, die Zustimmung des Königs zu seinen Vorschlägen auszunützen und die preußischen Diplomaten im Auslande in diesem Sinne anzuweisen. Der Erbprinz hat dann später noch einzulenken versucht; in einem Briefe an den König vom 20. Juni nahm er die Einschränkungen zurück, die er Bismarck gegenüber aufrecht erhalten hatte; aber es war zu spät: die Verhandlungen waren schon in eine andere Richtung geraten. Aus einem Gespräch mit dem Kaiser von Rußland, der damals auf der Reise nach Kissingen Berlin berührte, gewann Bismarck die Überzeugung, daß Alexander II., im Gegensatz zu den Erklärungen des russischen Vertreters auf der Londoner Konferenz, die Abtrennung der Herzogtümer von Dänemark zulassen werde; als Thronkandidat wurde in dieser Besprechung der Bewerber aus dem Hause Oldenburg ins Auge gefaßt.

In Dänemark kam der König noch einmal auf den Vorschlag zurück, die Personalunion wiederherzustellen; aber er mußte auch jetzt wieder die Absicht, den Mächten in diesem Punkte entgegenzukommen, aufgeben, weil er kein Ministerium fand, das gewagt hätte, eine solche Politik vor dem Lande zu vertreten. In London stellte Preußen nach Wiederaufnahme der Konferenzverhandlungen den Antrag, man solle die Bevölkerung über ihre Nationalität befragen, um danach eine Teilung vorzunehmen; aber dieser Antrag wurde von der Konferenz abgelehnt. Darauf schlug England vor, man möge einen Schiedsrichter wählen, der die Teilungslinie feststellen sollte; aber das lehnte Dänemark ab. Da der Waffenstillstand am 26. Juni ablief und Dänemark eine weitere Verlängerung nicht wünschte, so wurde die Konferenz am 25. Juni geschlossen, ohne daß man zu einem Resultat gelangt wäre.

Während dieser Verhandlungen hatte auch die öffentliche Meinung in Deutschland sich für die Trennung der Herzogtümer von Dänemark ausgesprochen, meist zugunsten des Augustenburgers. 40 000 Männer aus den Herzogtümern hatten eine Adresse für ihn unterzeichnet; 1350 deutsche Volksvertreter hatten ebenfalls seine Partei ergriffen. Zugleich aber war auch eine Petition an den König von Preußen eingegangen, die die Einverleibung der Herzogtümer in Preußen oder wenigstens eine preußische Schutzherrschaft forderte; sie war vom Grafen Arnim-Boytzenburg veranlaßt, von Bismarck unter der Hand kräftig ermuntert worden und trug die Unterschrift von 30 000 Männern.

Nach dem Scheitern der Londoner Konferenz einigten sich die Herrscher von Preußen und Österreich bei einer Zusammenkunft in Karlsbad über die Fortführung des Krieges und über das Ziel, das man dabei ins Auge fassen wollte. Es wurde vereinbart, daß die Insel Alsen genommen und auch das nördlichste Jütland noch besetzt werden sollte; dagegen nahm man Abstand von einer Besetzung Fünens, weil diese England aufs äußerste gereizt haben würde und darum auch vom Zaren widerraten wurde. Als Ziel des Krieges wurde die Lostrennung der Herzogtümer von Dänemark in Aussicht genommen, ohne daß über deren endgültiges Schicksal schon Beschlüsse gefaßt worden wären.

In dem letzten Abschnitt des Krieges, der nun begann, ging der Oberbefehl von Wrangel auf den Prinzen Friedrich Karl über. Der 80jährige Wrangel, der mit seiner Kriegführung nicht die erhoffte Anerkennung gefunden hatte und über die diplomatischen Hemmungen längst verstimmt war, hatte gleich nach Abschluß des Waffenstillstandes um seine Entbindung von dem Oberkommando gebeten; sie wurde ihm in ehrenvollster Weise und unter Erhebung in den Grafenstand bewilligt. Neben Prinz Friedrich Karl befand sich in diesem letzten Stadium des Krieges auch der Generalstabschef Moltke bei der Armee. Die bedeutendste Waffentat, die nun noch folgte, ist der Übergang nach der Insel Alsen, der in der Nacht vom 28. zum 29. Juni ausgeführt wurde; die Dänen räumten die Insel und zogen sich auf ihre Schiffe zurück. Dann wurden auch noch die nordfriesischen Inseln an der Westküste besetzt. Am 20. Juli trat wieder ein Waffenstillstand ein, und diesmal folgte ihm der Friedensschluß. Bismarck begab sich nach Wien, wohin auch der dänische Minister Quaade kam; die Verhandlungen begannen am 25. Juli und schlossen am 1. August. Die übrigen europäischen Mächte waren also ausgeschaltet; der Friedensschluß kam durch Verhandlungen lediglich unter den kriegführenden Mächten zustande

Dem Abschluß der Präliminarien folgten noch lange Verhandlungen; endlich am 30. Oktober wurde der Friede zu Wien unterzeichnet. Der König von Dänemark verzichtete auf alle seine Rechte an den Herzogtümern Schleswig, Holstein und Lauenburg zugunsten des Kaisers von Österreich und des Königs von Preußen und verpflichtete sich, die Verfügungen, die diese beiden Mächte treffen würden, anzuerkennen. Von einer Teilung nach Nationalitäten war nicht mehr die Rede. So war nun Schleswig-Holstein von der dänischen Herrschaft befreit; es befand sich im Gemeinbesitz von

Österreich und Preußen. Das war natürlich keine endgültige Lösung der Frage; eine solche hing von der weiteren Gestaltung des Verhältnisses zwischen Preußen und Österreich ab.

Die Konvention von Gastein und der Bruch mit Österreich.

Für die Entwicklung der preußisch-österreichischen Beziehungen ist der Fortgang der Zollvereinsverhandlungen von Bedeutung geworden. Der handelspolitische Gegensatz zwischen Preußen einerseits, Österreich und den meisten Zollvereinsstaaten andererseits, der aus dem französischen Handelsvertrag entstanden war, hatte viel von seiner Schärfe verloren, seit Preußen und Österreich in den großen politischen Fragen zusammengingen. Es gelang der preußischen Regierung, Kurhessen, Hannover und Oldenburg zur Annahme des französischen Vertrages zu bewegen, und auch Österreich war im Einverständnis mit den Südstaaten zu Verhandlungen bereit. In Schönbrunn, wo vom 22. bis zum 25. August 1864 die beiden Monarchen und ihre Minister sich besprachen, suchte Rechberg den König und Bismarck dafür zu gewinnen, daß in dem neuen Handelsvertrage, den man plante, jener Artikel 25 wiederholt werden sollte, der nach Ablauf der 12jährigen Vertragsperiode Verhandlungen über den Eintritt Österreichs in den Zollverein in Aussicht nahm. Rechberg sagte Bismarck bei dessen Abreise von Wien (26. April 1864) geradezu, seine Stellung hänge von der Bewilligung dieses Artikels durch Preußen ab; die Lage und die Haltung des Kaisers sei so, daß er fürchten müsse, von Schmerling über Bord geschoben zu werden, wenn man in Preußen nicht den Wünschen des Kaisers dieses Zugeständnis mache. Bismarck war viel daran gelegen, daß Rechberg am Ruder blieb. Die Zolleinigung mit Österreich hielt er zwar für einen unausführbaren Gedanken, aber die Zusage, nach einer Reihe von Jahren Verhandlungen darüber eröffnen zu wollen, schien ihm unbedenklich, und er war geneigt, diese Konzession zu machen, um Rechberg im Amte zu erhalten. Während er aber in Biarritz weilte, gab der Ministerialdirektor Rudolf Delbrück, der die Vertragsverhandlungen hauptsächlich führte, den Dingen eine andere Wendung. Er erklärte mit aller Entschiedenheit, daß er die Aufnahme jenes Artikels für durchaus unstatthaft halte. Er wies darauf hin, daß es kein ganz loyales Verfahren sei, vertragsmäßig Verhandlungen in Aussicht zu nehmen über ein Zugeständnis, das man unter keinen Umständen zu machen entschlossen sei. Mit diesem Argument traf er auf eine verwandte Saite beim König. Auch Wilhelm liebte Klarheit in allen Verhältnissen und hat sich immer nur sehr ungern und unter der persönlichen Einwirkung Bismarcks zu undurchsichtigen diplomatischen Aktionen bequemt, bei denen es auf eine Täuschung des Gegners abgesehen war. Hinzu kam, daß die beiden beteiligten Fachminister für Handel und Finanzen, Graf Itzenplitz und Karl von Bodelschwingh, die in diesen Dingen von Delbrück abhängig waren, dessen Verlangen durchaus unterstützten. Der König entschied in ihrem Sinne gegen das Votum des abwesenden Bismarck. Vielleicht war auch der Einfluß der Königin dabei wirksam, die, wie Delbrück andeutet, sich lebhaft für die Sache interessierte. Selbst ein Telegramm Bismarcks aus Biarritz konnte keine Änderung des Beschlusses mehr herbeiführen, und die vorausgesehene Folge trat ein: Schmerling entfesselte einen Zeitungssturm gegen Rechberg, alle Minister sagten sich von ihm los, und der Kaiser ließ ihn fallen. Am 27. Oktober erhielt er seine Entlassung. Sein Nachfolger wurde zwar nicht ein Mann nach dem Herzen Schmerlings, sondern der von Rechberg empfohlene Graf Mensdorff-Pouilly, der dem Einverständnis mit Preußen nicht unbedingt abgeneigt war; aber das für Bismarcks Politik so bequeme Verhältnis zu Österreich, wie es unter Rechberg gewesen war, blieb unwiederbringlich verloren, und die Beziehungen der beiden Staaten verschlechterten sich bald mehr und mehr. Der Handelsvertrag freilich wurde nach langen Verhandlungen am 11. April 1865 zum Abschluß gebracht, und zwar auf ganz anderer Grundlage als der von 1853: es war ein Meistbegünstigungsvertrag mit einzelnen besonderen Tarifkonzessionen, wie der Vertrag mit Frankreich. Das war für die süddeutschen Staaten das Signal zum Einlenken; auch sie nahmen nun den französischen Handelsvertrag an; am 16. Mai 1865 wurde ein neuer Zollvereinsvertrag abgeschlossen, durch den jetzt also auch Deutschland in die Bahnen des Freihandels einlenkte.

Zu einer Beilegung des Verfassungskonflikts in Preußen ist es auch nach der Beendigung des dänischen Krieges noch nicht gekommen. Die Kraft und Sicherheit, mit der Bismarck die preußische Politik geführt hatte, imponierte allerdings auch seinen Gegnern, und die glänzenden Waffentaten des Heeres belebten das preußische Gefühl auch bei der Opposition; manche Männer der Fortschrittspartei, wie der Schleswig-Holsteiner Theodor Mommsen, waren damals schon für die Annexion der Herzogtümer durch Preußen. So schien die Stimmung im Abgeordnetenhause Aussichten auf die Möglichkeit einer Versöhnung zu eröffnen, und auch Bismarck lag natürlich daran, diesen Moment zu benutzen. Hätte die Regierung damals noch nachträglich in die zweijährige Dienstzeit gewilligt, so wäre es nicht ausgeschlossen gewesen, daß eine Vereinbarung zustande kam. Bismarck und Roon wären auch nicht abgeneigt gewesen, auf dieser Grundlage zu verhandeln, wieder unter der Voraussetzung, daß man die Zahl der Kapitulanten vermehrt und Übungslager eingerichtet hätte; aber König Wilhelm bestand auch jetzt mit der unerschütterlichen Festigkeit, die ihm gerade in dieser Frage seine tief begründete Überzeugung gegeben hatte, unbedingt auf der Beibehaltung der dreijährigen Dienstzeit, und so sind sich Regierung und Volksvertretung auch jetzt nicht näher gekommen. Die Mehrheit des Abgeordnetenhauses stand doch noch auf dem früheren Standpunkt und bewilligte auch nachträglich die Kriegskosten nicht; auch der Plan zur Gründung einer kleinen Kriegsflotte wurde verworfen; das Wehrgesetz und der Etat kamen ebensowenig zustande, wie in den früheren Jahren, und der Ton der Debatten war nicht minder gereizt als vor dem Kriege; auch im Lande machte sich der Druck und die Spannung, die der Konflikt erzeugt hatte, noch überall auf eine sehr empfindliche Weise geltend.

Die schleswig-holsteinsche Frage hatte bald zu steigender Entfremdung zwischen Preußen und Österreich geführt. Der schon im August zu Schönbrunn von Österreich angedeutete Vorschlag, den Mensdorff wiederholte, daß Preußen gegen die Einverleibung der Herzogtümer Österreich eine Gebietsentschädigung, etwa die Grafschaft Glatz, zugestehen möge, war für König Wilhelm ganz unannehmbar; und ebensowenig konnte die preußische Politik auf die österreichische Forderung eingehen, den Erbprinzen von Augustenburg mit möglichst unbeschränkter Souveränität in Schleswig-Holstein einzusetzen. Es war ein

Erfolg für sie, daß es gelang, die hannöverschen und sächsischen Exekutionstruppen, die für die augustenburgische Sache einen nicht unerheblichen Rückhalt bedeutet hatten, durch Bundesbeschluß aus dem Lande zu entfernen, so daß seitdem preußische und österreichische Kommissarien auch in Holstein walten konnten. Aber der eine wirkte für, der andere gegen die augustenburgische Agitation, und so regierte tatsächlich der Erbprinz mit seinem Ministerium in dem Lande, dessen Bevölkerung sich zum allergrößten Teil für ihn erklärte. Bismarck teilte der österreichischen Regierung am 22. Februar die Bedingungen mit, unter denen Preußen zur Anerkennung des Erbprinzen bereit sein würde. Sie gingen weit über das hinaus, was man früher gefordert hatte, und hätten den neuen Landesherrn in militärischer Hinsicht wie in Wirtschafts- und Verkehrspolitik vollständig unter die Botmäßigkeit Preußens gestellt. Die österreichische Regierung lehnte sie am 5. März ab und begann jetzt wieder mit den Mittelstaaten gemeinsame Sache gegen Preußen zu machen. Bismarck aber wollte zeigen, daß Preußen nicht daran denke, aus den Herzogtümern zurückzuweichen, und setzte es durch, daß am 24. März die preußische Marinestation von Danzig nach Kiel verlegt wurde; dem Protest Österreichs gegenüber konnte er auf die früheren Abmachungen verweisen. Auch der Erbprinz wies am 31. März die Garantieforderungen Preußens offen zurück, und am 6. April empfahl der Bundestag, gegen Preußens Widerspruch, aber unter Österreichs Zustimmung, seine Einsetzung in Schleswig-Holstein.

Bismarck erwog schon damals die Chancen für einen Krieg. Die Nachrichten, die er aus Paris und Florenz erhielt, waren nicht ungünstig: die Italiener dachten im Fall eines Krieges daran, Venetien zu besetzen, und von Napoleon schien eine störende Einmischung nicht zu drohen. Aber in König Wilhelm war der Entschluß zum Kriege noch keineswegs gereift; das zeigte ein Kronrat vom 29. Mai, in dem Bismarck im Einverständnis mit Roon und Moltke, aber unter dem Widerspruch des Kronprinzen, für die Annexion und den Krieg eintrat. Der König wollte den Bruch womöglich noch verhüten und verschob die Entscheidung. Auch in Österreich war man bestrebt, den Krieg zu vermeiden; die inneren Schwierigkeiten, die gerade damals sehr groß waren, ließen die Möglichkeit eines Krieges in gefährlichem Licht erscheinen. Und so verhandelte man weiter. König Wilhelm hatte sich durch ein Gutachten seiner Kronsyndici überzeugen lassen, daß die Ansprüche des Erbprinzen unbegründet seien; er forderte ihn in einem eigenhändigen Briefe auf, seiner usurpatorischen Haltung zu entsagen und das Land zu verlassen; aber der Erbprinz blieb, und seine Presse nahm eine immer feindseligere Haltung gegen Preußen an. Jetzt erwog man in Preußen die Ausweisung des Erbprinzen; aber der Kaiser von Österreich versagte nach längerem Zögern seine Zustimmung, um die ihn König Wilhelm ersucht hatte, und blieb vielmehr dabei, die Anerkennung des Prätendenten zu empfehlen (11. Juli). In einem Kronrat vom 21. Juli — er wurde von König Wilhelm auf der Reise in Regensburg gehalten — fiel die Entscheidung für ein energisches Vorgehen. Österreich wurde aufgefordert, mit Preußen gemeinsam die augustenburgische Agitation zu unterdrücken; versage es seine Mitwirkung dazu, so werde Preußen allein die nötigen Maßregeln ergreifen, um seine Autorität im Lande aufrecht zu erhalten. Man dachte an eine gewaltsame Entfernung des Erbprinzen und an die Mobilmachung der Armee.

In Österreich hatte sich eben der Systemwechsel vollzogen, durch den das Februarpatent und die Gesamtstaatsidee preisgegeben und der Ausgleich mit Ungarn angebahnt wurde. Graf Belcredi war an die Spitze des Ministeriums getreten; die Regierung hatte mit den Deutschen gebrochen, ohne sich noch mit den Ungarn versöhnt zu haben; die Finanzen befanden sich in der kläglichsten Verfassung. Da kam ein Vorschlag sehr gelegen, den der österreichische Gesandte in München, Graf Blome, machte, ein geborener Holsteiner und Konvertit. Er schlug vor, man solle die Verwaltung der Herzogtümer teilen, um die Konflikte, die sich aus dem Kondominium ergaben, zu vermeiden; dabei sollte die Souveränität ungeteilt in den Händen beider Mächte bleiben; man hatte in Österreich den Hintergedanken, die Anerkennung des Erbprinzen am Ende doch noch durchsetzen zu können. Bismarck nahm den Teilungsgedanken als Grundlage neuer Verhandlungen an, die vom 10. bis zum 14. August in Gastein geführt wurden, wo der König sich zur Kur aufhielt und wo auch Blome erschien. Ihm kam es darauf an, Zeit zu gewinnen und noch günstigere Konjunkturen für den Krieg abzuwarten. Man einigte sich dahin, daß die Verwaltung in Schleswig dem König von Preußen, in Holstein dem Kaiser von Österreich zustehen sollte. Rendsburg sollte Bundesfestung, Kiel Bundeshafen werden für die von Bundeswegen zu schaffende Flotte; Preußen behielt sich aber dort Kommando- und Polizeigewalt vor samt dem Recht, die Marinestation einzurichten; es wahrte sich die Befugnis, den Kanal durch Holstein zu bauen und Schleswig-Holstein an sein Post- und Telegraphenwesen anzuschließen; der Eintritt der Herzogtümer in den Zollverein wurde in Aussicht genommen; zwei Militärstraßen durch Holstein sollten für Preußen die Verbindung mit Schleswig herstellen. Seine Rechte auf Lauenburg trat Österreich gegen eine Geldsumme an Preußen ab. Dieses Abkommen — die Konvention von Gastein — wurde von den beiden Monarchen bei einer persönlichen Zusammenkunft in Salzburg am 20. August endgültig vollzogen. König Wilhelm war sehr froh, daß die drohende Notwendigkeit eines Krieges mit Österreich, zu dem er sich nur sehr schwer entschlossen hätte, abgewandt war. Damals hat er Bismarck in den Grafenstand erhoben. Auch Bismarck konnte mit Genugtuung auf diesen diplomatischen Erfolg blicken: Österreich war in der augustenburgischen Frage gefesselt und wieder in offenen Gegensatz zu den Mittelstaaten gebracht; im übrigen gab er sich keinen Täuschungen über das Unzulängliche dieser Abkunft hin und ließ sich angelegen sein, die Beziehungen zu den Mächten zu pflegen, deren Haltung in einem künftigen Konflikt förderlich oder schädlich werden konnte.

Vor allem kam es ihm darauf an, sich mit Napoleon ins Einvernehmen zu setzen, dessen Regierung deutliche Zeichen des Unmuts über das Abkommen zwischen Preußen und Österreich gegeben hatte; das Nationalitätsprinzip, als dessen Vertreter sich Napoleon erklärt hatte, schien ja dabei schnöde verleugnet worden zu sein, und außerdem wurde Napoleon immer unruhig, wenn Preußen und Österreich zusammengingen. Unter dem Vorwand einer Erholungsreise begab sich Bismarck mit Frau und Tochter in hastiger Fahrt nach Biarritz, um dort mit Napoleon zu verhandeln. Der König hatte ihm die größte Vorsicht auferlegt, und zu bindenden Verabredungen ist es nicht gekommen. Aber Bismarck überzeugte sich, daß Napoleon bei einem Bruch mit Österreich wohlwollende Neutralität beobachten werde, und daß er Preußen nicht nur die Einverleibung von Schleswig-

Holstein samt der Schaffung einer kleinen Kriegsflotte gönnen werde, sondern daß ihm auch eine Lösung der deutschen Frage willkommen sei, bei der sich Preußen auf die Führung in Norddeutschland beschränken, Süddeutschland aber sich selbst, d. h. wie Napoleon hoffte, den Möglichkeiten französischer Einwirkungen überlassen würde. Es war wichtig für ihn, zu erkennen, daß bei einer Ausdehnung des preußischen Einflusses über die Mainlinie hinaus mit der Gegnerschaft Napoleons gerechnet werden müsse. Wahrscheinlich hat Napoleon damals auch schon seinen Wunsch nach einer Erweiterung der französischen Grenzen, namentlich nach der belgischen Seite hin, durchblicken lassen; schwerlich wird Bismarck hier durch allzu entschiedenen Widerspruch sich von vornherein den Handel verdorben haben; doch hütete er sich, wie es der König verlangt hatte, vor jeder bindenden Zusage. Auch mit Italien wurden schon die ersten Fäden eines Einverständnisses angeknüpft; dem italienischen Botschafter De Nigra sagte Bismarck auf der Durchreise in Paris: der Krieg mit Österreich sei unvermeidlich, und er hoffe, daß dabei Italien auf der Seite Preußens stehen werde. Ein italienischer Handelsvertrag wurde damals rasch zum Abschluß gebracht, und dem König von Italien wurde durch die Verleihung des Schwarzen Adlerordens eine Ehrung erwiesen, die um so mehr bedeutete, als eigentlich die aus der Revolution geborene italienische Krone bisher am preußischen Hofe nicht eben ein Gegenstand unbedingter Sympathie gewesen war. In Österreich betrachtete man diese Annäherung Bismarcks an Frankreich und Italien mit Mißtrauen; ein Vorschlag Preußens zur Abtretung der österreichischen Rechte auf Schleswig-Holstein gegen eine Geldsumme wurde ebenso abgewiesen wie der gleiche Vorschlag Italiens hinsichtlich Venetiens; die Finanznot Österreichs wurde doch in allzu peinlicher Weise dadurch beleuchtet. Es gab in Österreich auch Staatsmänner, die in einem Kriege mit Preußen ein nicht unwillkommenes Mittel sahen, aus den inneren Schwierigkeiten herauszukommen; aber die auswärtige Leitung, die in den Händen Mensdorffs lag, war doch mehr bestrebt, den Ausbruch des Krieges zu vermeiden, als ihn zu beschleunigen.

Die Erwartung, daß die Teilung der Verwaltung in Schleswig-Holstein die Reibungen des Kondominiums beseitigen werde, erfüllte sich nicht. Während der preußische Statthalter in Schleswig, der General Edwin Manteuffel, mit großer Schärfe gegen die augustenburgische wie gegen die dänische Agitation vorging, ließ der österreichische Statthalter von Holstein, General von der Gablenz, die Zügel schleifen, so daß schon am 20. Januar 1866 von der preußischen Regierung die Ausweisung des immer noch im Lande weilenden Erbprinzen verlangt werden mußte. Die Forderung wurde in Wien abgewiesen, und die augustenburgische Agitation erfuhr durch den österreichischen Statthalter so wenig Hinderung, daß ein gereizter Notenwechsel daraus entstand, bei dem Bismarck nicht unterließ, wieder auf die konservativen Interessen hinzuweisen. So gestaltete sich das Verhältnis der beiden Höfe immer ungünstiger.

Bismarck hätte jetzt am liebsten den Verhandlungen eine Wendung gegeben, die zum Bruch führte; aber der König war noch weit davon entfernt, den Krieg zu wollen. Er fühlte schwer die ungeheure Verantwortlichkeit, die auf ihm lastete, und der Einfluß seiner nächsten Angehörigen wirkte auch jetzt wieder unablässig in einem Sinne, der den Plänen Bismarcks geradezu entgegengesetzt war: Königin Augusta, die verwitwete Königin Elisabeth, der Kronprinz und seine Gemahlin — sie alle waren entsetzt über die Wege, die die preußische Politik einzuschlagen im Begriff stand, und suchten den Krieg zu verhüten. Bismarck betrachtete diesen Krieg als eine Notwendigkeit, seitdem er sich überzeugt hatte, daß dem früheren System eines freundschaftlichen Zusammengehens mit Österreich keine Frucht mehr abzugewinnen war. Sein Sinn war nur darauf gerichtet, eine günstige Konjunktur für die Austragung des alten Streites abzupassen und dabei womöglich Österreich vor Europa ins Unrecht zu setzen. Es hat unendliche Mühe gekostet, den König für die Ziele dieser Politik zu gewinnen, ihn von der Notwendigkeit und Gerechtigkeit dieses Krieges zu überzeugen. Sein konservativer Sinn sträubte sich dagegen, im Bunde mit Mächten, die ihre Regierung der Revolution verdankten, das altehrwürdige, trotz aller Interessengegensätze und Ränke Preußen doch näherstehende und doch wenigstens halbdeutsche Österreich zu einem Kampf auf Leben und Tod herauszufordern, bei dem auch die preußische Machtstellung aufs Spiel gesetzt wurde. In Bismarcks Staatskunst ist etwas von der übermenschlichen Gesetzlosigkeit, die um des großen Zweckes willen in der Wahl der Mittel nicht allzu bedenklich ist. König Wilhelm aber war eine Seele von zarter und vornehmer Reinheit; er ließ die moralischen Gefühle und die Rechtsbedenken auch in seinen politischen Handlungen nicht beiseite. Und wenn er seinem Minister auch seit jenem stillschweigenden Lebensbund, den Herr und Diener einst in Babelsberg geschlossen hatten, mit vollem und starkem Vertrauen gegenüberstand und bereits vollgültige Proben von dem Erfolg seiner Ratschläge erhalten hatte, so war er doch weit davon entfernt, sich einfach von ihm führen zu lassen. Er blieb doch immer der Herr, der die Entscheidung traf; er wollte überzeugt sein; niemals ist er blindlings und ohne eigenen Willensentschluß dem Impuls Bismarcks gefolgt. Das ist das Eigenartige an dem Verhältnis dieser beiden historischen Persönlichkeiten und zugleich das, was beiden das Leben so schwer gemacht hat. König und Minister haben vor fast allen großen schicksalsschweren Entscheidungen ihres politischen Lebens in heftiger seelischer Erschütterung miteinander gerungen, bis der vom Staatsinteresse geleitete Machtinstinkt und die rücksichtslose Tatkraft Bismarcks die menschlich-schönen, aber politisch hemmenden moralisch-rechtlichen Bedenken des Monarchen überwunden hatte. Niemals hat Bismarck, ohne Menschenfurcht, wie er war, sich gescheut, seinem königlichen Herrn gegenüber, bei aller Ehrfurcht und Liebe, die er für ihn empfand, immer wieder mit zäher Energie die Ratschläge und Forderungen zu vertreten, die ihm die Staatsräson diktierte, wenn er auch wußte, daß er ihm schwere Stunden dadurch bereitete. Und die Seelengröße des Königs zeigt sich vielleicht in keinem Punkte deutlicher als darin, daß er den oft so unbequemen Mahner und Dränger niemals kurzweg abgeschüttelt hat, um sich die innere Ruhe nicht stören zu lassen, sondern daß er das Fremde, Große, das ihm da entgegentrat, bis an das Innerste seines Wesens herankommen ließ und sich in seiner tapferen und gewissenhaften Art mit ihm auseinandersetzte, in schlaflosen Nächten die schweren Probleme wälzend und, wie es seinem frommen Sinn Bedürfnis war, im Gebet sich hindurchringend zu den heroischen Entschlüssen, die ihn und seinen Staat groß gemacht haben.

In dem Wesen der beiden sonst so außerordentlich verschiedenen Naturen, des Herrn und des Dieners, war doch ein verwandter Zug und eine Saite, die bei der leisesten Berührung hell erklang: das war der brennende Eifer für die

Macht und Größe des Staates und das militärische Ehrgefühl des preußischen Offiziers, angewandt auf die Politik. Wenn Bismarck an diesem Punkte einsetzen konnte, so hatte er gewonnen; er nannte das wohl: den König beim Portepee fassen. Und jetzt in dem Konflikt mit Österreich war es immer die Furcht vor einem neuen Olmütz, die den König geneigt machte, auf die Ratschläge Bismarcks einzugehen; sein militärisch-politisches Ehrgefühl empörte sich bei dem Gedanken, daß Preußen noch einmal in die Lage versetzt werden sollte, einen so schmählichen Rückzug vor dem Rivalen anzutreten. Bei jeder drohenden Gebärde der österreichischen Politik geriet der König in kriegerische Stimmung; jedes Zeichen versöhnlicher Gesinnung aber verschaffte wieder den friedfertigen Neigungen die Oberhand. Er wollte zum Kriege gezwungen sein, er wollte nur in einem gerechten und unvermeidlichen Kampfe das Schwert ziehen. Die Welt mußte sehen, daß das Unrecht auf Österreichs Seite sei, daß Preußen nur seine Lebensinteressen und seine Ehre verteidige. Diesem Sinn des Königs mußte Bismarck seine Politik anpassen. Und darin besteht seine unvergleichliche staatsmännische Kunst, daß er den Schein des Rechts zu wahren wußte, indem er Österreich in die Stellung des Angreifers drängte. In Wahrheit war es Bismarck, der auf den Krieg ausging, aus Gründen der preußischen Staatsräson; formell aber ist der Bruch durch die Haltung der österreichischen Regierung herbeigeführt worden.

In einem Kronrat vom 28. Februar wurde die schleswig-holsteinsche Frage und das Verhältnis zu Österreich überhaupt zum Gegenstand eingehender Erörterung gemacht. Der König faßte dabei die Möglichkeit des Krieges bereits ins Auge; er hatte sich mit dem Gedanken der Erwerbung von Schleswig-Holstein für Preußen befreundet, aber er wollte noch nicht auf die Aussicht verzichten, auch ohne Krieg in den Besitz des Landes gelangen zu können. Immerhin wurden jetzt amtliche Verhandlungen mit Frankreich und namentlich auch mit Italien eingeleitet; denn die Bundesgenossenschaft Italiens hatte Moltke als die notwendige Voraussetzung für die Wahrscheinlichkeit eines kriegerischen Erfolges bezeichnet.

In ein kritisches Stadium gerieten die Dinge dadurch, daß Österreich in der ersten Hälfte des März auf die falsche Nachricht von einer Mobilmachung in Preußen Kriegsrüstungen vornahm und im nördlichen Böhmen Truppenmassen zusammenzog, die auf die Grenze zu in Bewegung gesetzt wurden. Am 16. März sandte Mensdorff eine Note nach Berlin, in der er die Frage stellte, ob die preußische Regierung beabsichtige, die Konvention von Gastein zu brechen — eine Frage, die Bismarck einfach mit Nein beantwortete. Mensdorff hatte zugleich den deutschen Bundesregierungen von diesem Schritte Mitteilung gemacht und ihnen erklärt, daß Österreich die schleswig-holsteinsche Frage dem Bunde zur Entscheidung vorlegen und, falls Preußen sich nicht füge, die Bundesexekution beantragen werde. Auch Bismarck wandte sich darauf an die Bundesregierungen mit der Erklärung, daß Preußen gegenüber den österreichischen Rüstungen auf Deckung bedacht sein müsse, und fragte an, auf welche Seite sie im Falle eines Bruches treten würden; zugleich stellte er in Aussicht, daß Preußen Vorschläge zu einer durchgreifenden Verfassungsreform beim Bunde machen werde. In der Tat begann man nun auch in Preußen mit kriegerischen Rüstungen, ohne aber noch zur vollen Mobilmachung zu schreiten. Zugleich wurden die Verhandlungen mit Italien in Angriff genommen, zu denen der italienische General Govone nach Berlin entsandt worden war. Bismarck suchte es, da der König sich noch keineswegs zum Kriege entschlossen hatte, womöglich dahin zu bringen, daß das italienische Bündnis nur für den Fall in Kraft treten sollte, daß es wirklich mit Österreich zum Bruche kam — eine Haltung, die den Italienern den Argwohn einflößte, als sei es von Preußen nur darauf abgesehen, durch das Abkommen mit Italien einen Druck auf Österreich auszuüben, um auch ohne Krieg Schleswig-Holstein zu erwerben; die italienische Regierung neigte um so mehr zu diesem Argwohn, als sie selbst ein ähnliches Spiel zum Zweck der Erwerbung Venetiens im Sinn hatte. Bevor aber noch die Verhandlungen mit Italien zu einem greifbaren Resultat führten, bemühte man sich vom Ausland her nicht ohne Erfolg, auf König Wilhelm im Sinne der Erhaltung des Friedens einzuwirken. Am 1. April kam ein Brief von Kaiser Alexander von Rußland, der diesen Zweck verfolgte; in gleicher Richtung machte die Königin Viktoria von England ihren Einfluß geltend durch Vermittlung des kronprinzlichen Paares; der Herzog von Koburg sandte dem König sogar ein Schreiben Mensdorffs, das die friedlichen Absichten Österreichs beweisen sollte und dessen Wirkung Bismarck nur dadurch zu entkräften vermochte, daß er dem König diese Korrespondenz als ein abgekartetes Spiel darstellte, mit dem man ihn verdächtigen und um das Vertrauen seines Herrn bringen wolle. Trotz der Bedenklichkeiten, die durch alle diese Einwirkungen bei König Wilhelm wieder hervorgerufen oder verstärkt worden waren, gelang es Bismarck doch, am 8. April den Abschluß des Vertrages mit Italien durchzusetzen, in Verhandlungen mit dem italienischen Botschafter Graf Barral. In diesem Vertrage hieß es jetzt, daß Italien losschlagen solle, sobald Preußen sich gezwungen sehe, das Schwert gegen Österreich zu ziehen; im Fall des Sieges wurde ihm Venetien in Aussicht gestellt, aber nichts vom Bundesgebiet, weder Triest noch Südtirol. Das Unsichere und Bedingte der ganzen Abmachung kam in der Bestimmung zum Ausdruck, daß der Vertrag seine Gültigkeit verlieren solle, wenn es bis zum 8. Juli, also in einer Frist von drei Monaten, nicht zum Ausbruch des Krieges gekommen sei.

Unmittelbar nachdem die preußische Regierung sich so die Bundesgenossenschaft Italiens gesichert hatte, kam sie mit dem in Aussicht gestellten Vorschlage für eine Bundesreform heraus: am 9. April stellte sie beim Bunde den Antrag auf die Berufung eines deutschen Parlaments auf Grund des allgemeinen und gleichen Wahlrechts. Es war ein diplomatischer Schachzug Bismarcks, der bei Freund und Feind Überraschung und Verwirrung hervorrief. Wir wissen nicht, wie Bismarck zu diesem Schritt die Genehmigung seines königlichen Herrn erlangt hat, der früher immer nur an ein konservatives Wahlrecht für das deutsche Parlament gedacht hatte. Er konnte ja manches vorbringen, was diese demokratische Maßregel in einem minder gefährlichen Lichte erscheinen ließ: die Leichtigkeit, mit der Napoleon verstanden hatte, die Wahlen beim allgemeinen Stimmrecht zugunsten der Regierung zu beeinflussen; die überwiegend konservative und königstreue Gesinnung des Landvolks besonders in den östlichen Provinzen, die bei dem allgemeinen und gleichen Wahlrecht, namentlich unter der Voraussetzung öffentlicher Stimmabgabe, wie sie damals noch bestand, vielleicht das Übergewicht der in den Mittelklassen wurzelnden Fortschrittspartei aufheben konnte; hatte man doch gerade mit dem preußischen Dreiklassen-Wahlrecht während der Konfliktszeit die übelsten Erfahrungen gemacht! Man darf hier daran erinnern, daß es ein alter Plan der konservativen Partei in der Epoche von 1848 gewesen war, den vierten Stand gegen die bürgerlichen Klassen auszuspielen, und daß Bismarck selbst auf der Höhe des Konflikts 1863 mit Lassalle in Beziehungen getreten war, um den von diesem gegründeten Arbeiterverein zum Bundesgenossen gegen den bürgerlichen Liberalismus zu gewinnen, der ihm im Abgeordnetenhause das Leben so schwer machte. Der Konflikt bestand ja auch 1866 noch in alter Schärfe fort; das Abgeordnetenhaus hatte die Einverleibung Lauenburgs für ungültig erklärt; oppositionelle Redner waren gerichtlich verfolgt worden, und das Haus hatte entrüstet gegen die Verletzung der Immunität der Abgeordneten protestiert. Gerade bei den Vertretern der gebildeten und besitzenden Klassen fand die Politik Bismarcks damals den entschlossensten Widerstand; vielleicht konnte man hoffen, durch ein demokratisches Wahlrecht für Deutschland auch diese Opposition in Preußen entweder zu beschwichtigen oder zu brechen. Vor allem aber war die Maßregel bestimmt, auf die öffentliche Meinung in Deutschland zu wirken. Es war das Palladium des nationalen Liberalismus, das Preußen durch die Proklamierung des allgemeinen gleichen Wahlrechts unter seinen Schutz gestellt hatte. Es kam darauf an, die Sympathien der liberalen Parteien für den Kampf mit Österreich und für die Lösung der deutschen Frage zu gewinnen. Denn die Herstellung eines deutschen Bundesstaats unter preußischer Führung war und blieb das Ziel der preußischen Politik, auch in dieser Krisis. Wenn vorläufig auch mit Rücksicht auf Napoleon noch nicht an die Einigung des ganzen Deutschlands gedacht werden konnte, so wurde dieses Ziel doch nicht aus den Augen verloren; und wenn es Preußen gelang, moralische Eroberungen in Deutschland zu machen, so mochte dereinst, wenn die Dinge für eine Verwirklichung des Einheitsgedankens reif geworden waren, das demokratische Wahlrecht dazu helfen, daß man einer Einmischung des französischen Kaisers mit der Drohung begegnen konnte, den furor teutonicus zu entfesseln. So begegneten sich damals die Wünsche einer ehrgeizigen preußischen Politik mit den so oft gescheiterten Hoffnungen der deutschen Patrioten; der reaktionäre preußische Junker, dem der König unter dem Entrüstungsgeschrei der liberalen Welt die Leitung der Politik seines Staates anvertraut hatte, schickte sich an, zum Vollstrecker des Vermächtnisses der nationalen Bewegung zu werden, und der Antrag Preußens auf das deutsche Parlament war die Botschaft, die den widerstrebenden Liberalismus für die preußische Führung gewinnen sollte.

Indessen dieser Botschaft blieb vorläufig der Glaube versagt. Die Versuche Bismarcks, noch in letzter Stunde mit den gemäßigten Liberalen inner- und außerhalb Preußens seinen Frieden zu machen, blieben ohne Erfolg, zumal der König in diesem Moment von liberalen Konzessionen nichts wissen wollte. In der liberalen Presse, in den Versammlungen des Nationalvereins, in den Kammern der übrigen deutschen Länder wurden fast nur Worte des Mißtrauens und der Empörung laut. Man konnte sich nicht so leicht daran gewöhnen, in dem Manne, den alle Welt nur als den reaktionären Vorkämpfer adliger und monarchischer Interessen, als den Konfliktsminister, als den grimmigsten Feind der Demokratie, als den zynischen Verächter aller Volksrechte und Volksbewegungen kannte, den nationalen Helden zu sehen, der durch das preußische Schwert den Weg zur deutschen Einheit bahnen wollte. Warum hatte er dann nicht erst den König bestimmt, Frieden mit seinem Volke zu machen? Der Konflikt, der bei der Einwirkung auf den König für Bismarck eine Hilfe war, stand dem Versuche, die öffentliche Meinung für die preußische Politik zu gewinnen, hindernd im Wege. Man glaubte nicht daran, daß die Einigung Deutschlands unter preußischer Führung das letzte und höchste Ziel dieser Politik sei und daß auch der Krieg mit Österreich vornehmlich diesem Ziele dienen solle; man hielt den Antrag Preußens beim Bundestage meist nur für einen Fechterstreich, um Österreich in dem bevorstehenden Streit die Sympathien Deutschlands zu rauben. Am Bunde suchte man diesen Streich zu parieren, indem man der Entscheidung vorläufig auswich.

So viel war allerdings richtig an den mißtrauischen Äußerungen der preußenfeindlichen Presse, daß Bismarck nicht an die Möglichkeit geglaubt hat, der preußische Antrag vom 9. April werde unmittelbar zu einer Verfassungsreform beim Bunde führen, wie sie Preußen erstrebte; der Weg zu einer solchen Reform ging nun einmal nach seiner Überzeugung durch den Krieg mit Österreich hindurch; und eben diesen sollten die voraussichtlich vergeblichen Verhandlungen beim Bunde vorbereiten helfen: so war es bereits mit Italien verabredet. Indessen nicht bloß die Verschleppungstaktik der Mittelstaaten, sondern auch die Haltung Österreichs selbst schien diesen Plan Bismarcks, der bei der Gesinnung des Königs ein drohendes, angriffslustiges Auftreten des Gegners voraussetzte, zum Scheitern bringen zu sollen. Mensdorff erklärte in einer Note vom 7. April: den österreichischen Rüstungen liege nicht die Absicht eines Angriffs zugrunde; Preußen möge mit der Entwaffnung nur vorangehen, so werde Österreich folgen. Diese Note war zwar in ziemlich hohem Ton gehalten, so daß der König anfangs, wohl unter der Einwirkung der Interpretation Bismarcks, ein Gefühl der Empörung empfand; aber bei ruhigerer Erwägung fand er dann doch darin den Wunsch, eine Versöhnung anzubahnen, und diesem glaubte er nicht aus dem Wege gehen zu dürfen. Er war aber mit Bismarck einverstanden, daß der Anfang der Entwaffnung Österreich zugeschoben werden müsse; und in diesem Sinne wurde die österreichische Note am 15. April beantwortet. Es bedeutete eine Durchkreuzung des ganzen Bismarckschen Planes, daß in kürzester Frist, am 18. April, Österreich sich bereit erklärte, auf die preußische Forderung einzugehen und vom 25. April ab die Rüstungen rückgängig zu machen, vorausgesetzt, daß Preußen am selben oder doch am folgenden Tage das gleiche tun werde. Der König blieb seiner Gesinnung und seiner ganzen Auffassung der Lage treu, indem er darauf bestand, daß man dieses Entgegenkommen Österreichs erwidern und auch preußischerseits die Abrüstung in Aussicht stellen müsse; nur soviel hat Bismarck zu erreichen vermocht, daß diese Erklärung, die am 21. April nach Wien abging, mit allerhand bedingenden und einschränkenden Zusätzen versehen wurde, die mehr von mißtrauischer Beobachtung des Gegners als von dem Glauben an seine friedfertigen Neigungen zeugten. Die Krisis war damit auf ihren Höhepunkt gelangt. Bismarck suchte den faulen Frieden, der auf diese Weise zustande gekommen wäre, zu hintertreiben; er stellte dem König die Nachgiebigkeit gegenüber den österreichischen Wünschen als einen schwächlichen Entschluß dar, über den der Gegner triumphieren werde; er wußte die empfindlichste Stelle seines preußischen Ehrgefühls zu treffen, indem er ihm am Abend des 22. April einen Brief von Manteuffel zusandte, in welchem von einem neuen Olmütz die Rede war. König Wilhelm wurde im Innersten dadurch aufgerüttelt; er fürchtete jetzt wirklich, Österreich wolle ein falsches Spiel treiben und spekuliere auf eine gutgläubige Schwäche, die es bei ihm voraussetze, um sich einen billigen diplomatischen Triumph zu verschaffen. In einem Gespräch mit Roon am Vormittag des 23. April kam diese Stimmung des Königs zu zornigem Ausbruch, und Roon beeilte sich, das Eisen zu schmieden, so lange es heiß war; er veranlaßte noch am selben Tage eine Aussprache des Königs mit Bismarck, der durch die unablässige nervenzerrüttende Spannung in diesen Tagen dicht an den Rand des gesundheitlichen Ruins gebracht worden war, jetzt aber aus dem Umschwung der Stimmung des Königs neue Lebens- und Arbeitskraft schöpfte.

Noch aber war kein entscheidender Schritt getan worden; nicht von Preußen, sondern von Italien her ist der verhängnisvolle Anstoß erfolgt, der den Stein ins Rollen gebracht hat. Am 20. April kam nach Wien die Nachricht, daß auch Italien rüste; und nun zweifelte man in der Hofburg nicht mehr an der Absicht eines kombinierten Angriffs durch Preußen und Italien. Ein Ministerrat unter dem Vorsitz des Kaisers führte noch am selben Tage zum Beschluß des Krieges und zur Mobilmachung der Südarmee; natürlich unterblieb nun auch die Abrüstung gegenüber Preußen, und Bismarck konnte den König darauf hinweisen, wie trügerisch die angeblichen Friedensabsichten des Wiener Hofes gewesen seien.

Inzwischen waren auch die Gegensätze am Bundestage in unverhüllter Deutlichkeit hervorgetreten. Die Mittelstaaten hatten, um in der populären Frage des Parlaments nicht Farbe bekennen zu müssen, am 22. April in Frankfurt den Beschluß durchgesetzt, daß Preußen, ehe man auf seinen Antrag eingehe, zunächst nähere Erklärungen vorlegen möge, nach welchen Gesichtspunkten die von ihm angestrebte Verfassungsreform sich gestalten solle. Aber Bismarck konnte die Verschleppung der Frage, die damit beabsichtigt war, jetzt noch weniger brauchen als sonst und ließ daher durch den preußischen Bundestagsgesandten von Savigny am 27. April kurzweg erklären: die Berufung eines deutschen Parlaments v o r der Eröffnung von Verhandlungen über die Bundesreform unter den Regierungen bilde gerade den Kern des preußischen Antrages; die Erfahrung beweise, daß ohne den Druck einer solchen Maßregel die Erörterungen kein positives Resultat erwarten ließen; Preußen müsse daher seinen Antrag auf eine Bundesreform überhaupt als abgelehnt betrachten, wenn diese Forderung nicht erfüllt werde. Und um zu zeigen, daß Preußen ernst machen wolle, wurde Savigny angewiesen, gleich nach der Abgabe dieser Erklärung von Frankfurt abzureisen. Das war am 27. April. Einen Tag vorher war in Italien die Mobilmachung angeordnet worden; am 2. Mai wurde auch die österreichische Nordarmee auf den Kriegsfuß gesetzt. Am 3. und 5. Mai folgten dann in Preußen weitere Rüstungsmaßregeln, die bald zur vollständigen Mobilmachung führten. Am 9. Mai wurde das Abgeordnetenhaus aufgelöst. Der Ausbruch des Krieges schien unvermeidlich, ja unmittelbar bevorstehend. Da trat eine Wendung ein, die die Entscheidung noch um einige Wochen hinausschob.

Napoleon war verstimmt darüber, daß ihm Preußen bei seinen Wünschen nach einer französischen Gebietserweiterung, wie er sie zur Erhaltung seiner

Popularität brauchte, gar nicht entgegengekommen war. Er knüpfte Verhandlungen mit Österreich an und erreichte es, daß die österreichische Regierung auf seinen Vorschlag einging, ihm Venetien, ähnlich wie einst die Lombardei, zur Überlassung an Italien abzutreten und dadurch Italien von der Beteiligung am Kriege gegen Österreich abzuhalten. Fast den ganzen Mai hindurch ist über diesen Plan unterhandelt worden. Er scheiterte schließlich an der Abneigung der Italiener, sich auch Venetien von Napoleon schenken zu lassen, statt es mit Einsetzung der eigenen Kraft zu erobern. Für Bismarck aber bedeutete diese Intrigue eine Verrückung der ganzen europäischen Konjunktur, auf der er seinen Plan aufgebaut hatte; die Bundesgenossenschaft Italiens erschien dabei um so mehr unentbehrlich, als jetzt mit Sicherheit darauf zu rechnen war, daß die meisten deutschen Mittelstaaten auf der Seite Österreichs stehen würden. Auf dem Hintergrunde dieser Verhältnisse wird ein Vermittlungsversuch verständlich, den Anfang Mai unter Bismarcks Zustimmung ein Privatmann, Bruder des österreichischen Generals von der Gablenz, aber preußischer Untertan, in Wien machte. Dabei wurde in Aussicht genommen, daß Schleswig-Holstein als unabhängiger Staat an einen preußischen Prinzen übertragen werden sollte, wobei aber der Kieler Hafen zum Ankauf für Preußen vorbehalten war. Österreich sollte für seine Rechte durch die 20 Mill. Taler Kriegskosten, die die Herzogtümer zu zahlen hatten, abgefunden werden. Auf eine gründliche Lösung der deutschen Frage wurde verzichtet. Eine Teilung Deutschlands zwischen Hohenzollern und Habsburg sollte an die Stelle der nationalen Einigung treten: in Norddeutschland sollte Preußen, in Süddeutschland Österreich die militärische Führung haben; die Frage der Bundesreform sollte von beiden zusammen in Angriff genommen werden; der Plan eines gemeinschaftlichen Krieges gegen Frankreich stand im Hintergrunde. Es war eine überraschende politische Wendung, daß Bismarck auf diesen Plan einging; der Zustimmung des Königs konnte er gewiß sein. Eine endgültige Auseinandersetzung mit Österreich wäre dadurch schwerlich erzielt worden, aber man hätte im Moment den Bruch vermieden; es wäre ein zweites Gastein geworden, nur von viel größeren Dimensionen. Ob Bismarck an das Gelingen des Planes geglaubt hat, wird man bezweifeln dürfen; es kam ihm offenbar vor allem darauf an, Zeit zu gewinnen. In Wien aber war man sehr wenig geneigt, den Gablenzschen Vorschlägen Gehör zu schenken, weil die Vorteile überwiegend auf preußischer Seite waren. So scheiterte dieser Versuch nach längerer Verhandlung, und Bismarck konnte seinen königlichen Herrn aufs neue darauf hinweisen, daß Österreich für billige Friedensbedingungen nicht zu haben sei.

Inzwischen hatten auch Sachsen, Bayern und Württemberg mobil gemacht; ganz Deutschland starrte von Waffen, und überall, auch in Preußen, trat in der öffentlichen Meinung die Abneigung gegen den „Bruderkrieg“ stark und unverhüllt zutage. Die mittelstaatlichen Minister verbündeten sich am 14. Mai auf einer Konferenz zu Bamberg und brachten am 24. Mai am Bundestag einen Beschluß durch, in dem Vorschläge zur allgemeinen Abrüstung gemacht wurden. Napoleon aber kam nach dem Scheitern des venetianischen Projekts auf seine alte Lieblingsidee zurück, daß die obschwebenden Streitfragen auf einem europäischen Kongreß, natürlich im Sinne des Nationalitätsprinzips, entschieden werden sollten, und eröffnete dadurch Bismarck die Möglichkeit, die

Beziehungen Preußens zu Frankreich wieder zu verbessern. Denn Bismarck wies auch jetzt diesen Plan Napoleons keineswegs von der Hand; er wußte aus den Erfahrungen von 1864, daß man von einem Kongreß weg in den Krieg gehen könne, und wirkte auch auf die italienische Regierung in diesem Sinne ein. Wieder war es Österreich, das den Plan von vornherein vereitelte durch das Verlangen der Garantie für alle Teile seines Staatsgebietes; es dachte jetzt nicht mehr daran, Venetien herauszugeben, es sei denn, wenn durch kriegerische Erfolge sich die Möglichkeit eröffnete, Schlesien dafür einzutauschen. Der Kongreßplan war damit beseitigt, und Napoleon schob in einer Unterredung mit dem preußischen Botschafter den Österreichern die Verantwortung für den kommenden Krieg zu, während er Preußen eine wohlwollende Neutralität in Aussicht stellte. Das hinderte ihn aber nicht, die Verhandlungen mit Österreich auf der angedeuteten Basis fortzuführen, und am 12. Juni scheint ein Vertrag zustande gekommen zu sein, in dem vor allem die Abtretung Venetiens, für den Fall eines österreichischen Sieges aber die Erwerbung Schlesiens und eine entsprechende Kompensation für Napoleon (wahrscheinlich am Rhein) in Aussicht genommen war. Denn im Grunde rechnete Napoleon auf eine Niederlage Preußens und wollte für diesen Fall die französischen Interessen wahrnehmen.

Inzwischen führten die Verhandlungen am Bundestage zum Bruch zwischen Preußen und Österreich. Beide Mächte hatten am 1. Juni die Abrüstungsvorschläge zurückgewiesen, und Österreich hatte zugleich erklärt, es werde die Lösung der schleswig-holsteinschen Frage dem Bunde und einer zu diesem Zweck nach Itzehoe berufenen holsteinschen Ständeversammlung anheimstellen. Das erklärte Preußen für einen Bruch der Gasteiner Konvention; der General Manteuffel rückte am 7. Juni mit seinen Truppen in Holstein ein, das nun von den Österreichern geräumt wurde. Preußen erklärte am 9. Juni in Frankfurt gegenüber der österreichischen Beschuldigung, die ihm Annexionsgelüste vorwarf: es sei bereit, die schleswig-holsteinsche Frage beim Bunde zu erörtern, aber nur in Verbindung mit der von ihm verlangten Bundesreform. Am 10. Juni wurde dann der preußische Entwurf zur Bundesreform vorgelegt, und dessen erster Artikel stellte nun zum ersten Male als amtliche Forderung der preußischen Regierung den Ausschluß Österreichs aus dem zu gründenden Bundesstaate auf. Den Wünschen Napoleons war insofern Rechnung getragen, als der militärische Oberbefehl in Süddeutschland für Bayern in Aussicht genommen war; aber Bayern fürchtete bei diesem Plane für seine Selbständigkeit Preußen gegenüber und lehnte ab, verband sich vielmehr mit Österreich. Österreich beantragte jetzt am 11. Juni die Mobilmachung der übrigen Bundestruppen gegen Preußen; am 12. Juni wurden die diplomatischen Beziehungen abgebrochen, und Bismarck erklärte den deutschen Regierungen, daß er jedes Votum für den österreichischen Antrag als Kriegserklärung gegen Preußen ansehen werde. Am 14. Juni erfolgte die Abstimmung am Bundestag. Für Österreich stimmten die vier Königreiche, Bayern, Württemberg, Sachsen, Hannover, die beiden Hessen und Nassau, die freie Stadt Frankfurt und von den thüringischen Staaten Meiningen; auf Preußens Seite standen: von den süddeutschen Staaten nur Baden, in Norddeutschland nur Anhalt, Oldenburg, Mecklenburg, die Hansestädte, ferner die thüringischen Staaten außer Meiningen, endlich Luxemburg. Die Parteien hatten sich geschieden. Preußen mußte zunächst in Norddeutschland klare Verhältnisse schaffen. Ungesäumt ergingen Aufforderungen an die Höfe von Sachsen, Kurhessen und Hannover, ihre Truppen sofort auf den Friedensstand zurückzuführen und ihre Zustimmung zur Berufung der deutschen Nationalversammlung zu geben; aber diese Aufforderung wurde überall abgelehnt, und nun erhielten die preußischen Truppen den Befehl zum Einmarsch in diese Lande.

Der Krieg von 1866.

Am 16. Juni gab die preußische Regierung den auswärtigen Mächten die nötigen Erklärungen und beruhigte die deutschen Länder, in deren Gebiet ihre Truppen einzurücken im Begriff standen, mit dem Hinweis auf die geplante Reform der Bundesverfassung. Am 17. Juni erschien ein österreichisches Kriegsmanifest, am 18. ein Aufruf König Wilhelms. Der Krieg ging seinen Gang.

Mit der Diplomatie hatte die Heeresleitung auf das umsichtigste zusammengewirkt, um alle Vorteile auf die preußische Seite zu bringen. Die Reorganisation der Armee übte erst jetzt, wo es auf die Entfaltung großer Massen ankam, das volle Maß ihrer Wirkungen aus; die straffe Disziplin, die im Heere herrschte, von den Führern der einzelnen Armeekörper bis zum letzten Mann hinab, sicherte der genialen Strategie Moltkes einen durchschlagenden Erfolg; vor allem aber machte sich auch für die Taktik eine kühne Neuerung vorteilhaft geltend, mit der Preußen allen andern Militärmächten vorausgegangen ist: die Einführung eines Infanteriegewehrs mit Hinterladung und in Verbindung damit der Übergang von der alten Stoßtaktik des Bajonettangriffs zu der modernen Feuertaktik, die darauf ausgeht, die feindlichen Angriffskolonnen durch ein wohlgezieltes Feuer wenige hundert Schritt vor der Front zu zerschmettern, so daß sie gar nicht dazu kommen, von dem Bajonett Gebrauch zu machen. Das Dreysesche Zündnadelgewehr hat sich als eine den alten Vorderladern, die bei Österreichern wie Italienern noch im Gebrauch waren, durchaus überlegene Waffe erwiesen, und die bewegliche preußische Kompagniekolonne mit ihrer neuen Feuertaktik hat sich aufs glänzendste gegen die alten Angriffsmethoden bewährt. Die Neuerung war um so kühner, als sie noch nicht durch kriegerische Erfahrungen erprobt, sondern lediglich dem konsequenten militärischen Denken entsprungen war; sie hatte auch in der preußischen Armee starke Widerstände zu überwinden gehabt und war 1864 noch nicht voll zur Anwendung gekommen; aber in den letzten Jahren vor dem Kriege waren alle Truppenteile darauf eingeübt worden, und der Feldzug von 1866 hat die überzeugende Probe des Exempels geliefert.

Am schwersten war die finanzielle Vorbereitung des Krieges gewesen, für die der Staatsschatz nicht ausreichte, während eine Anleihe ausgeschlossen war. Hier half die Umsicht des geschäftskundigen v. d. Heydt, der jetzt wieder als Finanzminister die Leitung übernahm; durch geschickte Finanzoperationen hat er noch rechtzeitig das nötige Geld zur Kriegführung zu beschaffen gewußt.

Zuerst mußte der Widerstand der norddeutschen Gegner gebrochen werden. Schon am 15. Juni überschritten die preußischen Truppen, von Holstein kommend, die hannöversche Grenze. Der General Vogel von Falckenstein besetzte am 17. Juni die Hauptstadt, ließ aber die hannöversche Armee, die nach Süden abmarschierte, weiter gelangen, als es in den Dispositionen des Großen Generalstabes lag; erst am 23. wurde sie bei Langensalza von schwachen preußischen Streitkräften aufgehalten, die sich jedoch zunächst nach einem Gefecht am 27. Juni zurückziehen mußten; nachdem dann aber die erwarteten Verstärkungen aus Rheinland und Westfalen eingetroffen waren, gingen die Preußen am 29. wieder zum Angriff vor und zwangen die Hannoveraner zur Kapitulation. Der König von Hannover, der blinde Georg V., der sich samt dem Kronprinzen, dem Herzog von Cumberland, bei der Armee befand, wurde nicht gehindert, mit seinem Sohne ins Ausland zu gehen, während die Truppen aufgelöst und entlassen wurden. Am 19. Juni wurde Kassel besetzt, der Kurfürst von Hessen als Gefangener festgehalten. In Sachsen rückte General Herwarth von Bittenfeld, der die Elbarmee kommandierte, am 16. Juni ein; Dresden wurde am 18. Juni besetzt; die sächsische Armee, die unter der Führung des Kronprinzen Albert stand, ging samt dem greisen König Johann nach Böhmen zur Vereinigung mit den Österreichern; das Land kam während des Krieges unter preußische Verwaltung.

Außer der Elbarmee, die das rheinische und westfälische Korps umfaßte und auf dem rechten Elbufer weiter marschierend am 22. Juni in Böhmen einrückte, waren zwei größere Armeen gebildet worden, die sogenannte erste Armee unter dem Prinzen Friedrich Karl, mit dem General von Voigts-Rhetz als Generalstabschef, aus dem pommerschen, brandenburgischen und sächsischen Korps gebildet, etwa 110 000 Mann stark, und die zweite Armee unter dem Befehl des Kronprinzen Friedrich Wilhelm, mit dem General von Blumenthal als Generalstabschef, die Truppen aus Ost- und Westpreußen, Posen, Schlesien und dazu das Gardekorps umfassend, fast 150 000 Mann stark. Die erste Armee rückte von der Lausitz her über Görlitz und Zittau nach Böhmen ein, während die zweite Armee von Schlesien aus über Neiße durch die Gebirgspässe den Einmarsch erzwingen mußte. Die oberste Heeresleitung, bei der von Anfang an König Wilhelm als Höchstkommandierender mit Moltke als Generalstabschef zusammenwirkte, plante einen konzentrischen Vormarsch der drei Armeen, wobei Gitschin als Vereinigungspunkt in Aussicht genommen war. Die österreichische Nordarmee, 238 000 Mann stark, unter dem Feldzeugmeister Benedek, der nur widerstrebend den Oberbefehl auf diesem Kriegsschauplatz übernommen hatte, war erst spät, seit dem 17. Juni, von Olmütz aus, wo die Hauptmasse bisher gestanden hatte, nach Böhmen hinein auf die obere Elbe zu marschiert, in der Absicht, den Gegner hier bei Josephstadt zu erwarten. Sie war durch 23 000 Mann Sachsen verstärkt worden; dagegen hatten die Bayern, die Österreich auch gern in Böhmen gehabt hätte, es vorgezogen, ihr eigenes Gebiet zu decken. Eine Reihe von kleineren oder größeren Gefechten bezeichnet den Einmarsch der verschiedenen preußischen Armeen. Durch das Treffen bei Münchengrätz (28. Juni) wurde die Vereinigung der ersten Armee mit der Elbarmee ermöglicht; am 29. kam es zu einer größeren, sehr blutigen Schlacht zwischen den Preußen einerseits, den Österreichern und Sachsen andererseits bei Gitschin; die Niederlage der Österreicher wurde dadurch entschieden, daß der während des Kampfes eingetroffene Rückzugsbefehl Benedeks, der durch inzwischen erfolgte Veränderungen in den Absichten der Heeresleitung veranlaßt war, allzu pünktlich befolgt wurde.

Inzwischen war auch die schlesische Armee durch die Sudetenpässe nach Böhmen eingedrungen. Am 27. war zwar das erste Armeekorps unter Bonin von den Österreichern bei Trautenau zurückgeworfen worden, aber am 28. öffneten die preußischen Garden den Paß durch glückliche Kämpfe und zwangen das Gablenzsche Korps zum Rückzug unter großen Verlusten. Zugleich hatte General Steinmetz mit dem 5. Korps am 27. Juni sich den Durchmarsch bei Nachod erzwungen und dann am 28. Juni bei Skalitz, am 29. bei Schweinschädel in blutigen Kämpfen zwei österreichische Korps zurückgeschlagen; das Gardekorps erstürmte am selben Tage Königinhof. Damit hatte die zweite Armee eine Stellung erreicht, von der aus die Verbindung mit den beiden anderen Armeen hergestellt werden konnte. Der konzentrische Einmarsch war also gelungen, ganz so, wie Moltke ihn geplant hatte. Der König übernahm nun den Oberbefehl auf dem Kriegsschauplatz selbst; am 2. Juli befand er sich im Hauptquartier zu Gitschin, begleitet von Moltke, Roon und Bismarck.

Benedek hatte zuerst den Plan verfolgt, durch einen Vormarsch an die Iser die Armee des Prinzen Friedrich Karl zurückzuwerfen. Am Abend des 28. Juni aber, nach dem Schlage von Skalitz, hatte er diesen Plan, von dem alle bisherigen Operationen beherrscht waren, aufgegeben, um der schlesischen Armee des Kronprinzen größere Truppenmassen entgegenstellen zu können. Der Doktrinarismus seines Generalstabschefs Krismanič und der Mangel strammer Disziplin in der Heeresleitung brachten Schwäche und Verwirrung in die Kriegführung des tüchtigen, aber dem Genie Moltkes entfernt nicht gewachsenen Feldherrn; angebliche Enthüllungen neuester Geschichtschreibung, die dieses Moment aufs stärkste übertreiben, verdienen indessen, wie es scheint, keinen Glauben. Angesichts der gegnerischen Erfolge meldete Benedek am 30. Juni nach Wien, daß er sich auf Königgrätz zurückziehen müsse, und fügte am 1. Juli den dringenden Rat hinzu, Frieden um jeden Preis zu schließen, da eine Katastrophe für die Armee unvermeidlich sei. Der Schrecken in der Hofburg war um so größer, als kurz vorher falsche Hoffnungen erweckt worden waren; man entschloß sich in diesem Moment, die Vermittlung Napoleons anzurufen, ihm Venetien zur Verfügung zu stellen, um einen Waffenstillstand mit Italien zu erlangen und womöglich die österreichische Südarmee, die am 24. Juni bei Custoza gesiegt hatte, von dem italienischen Kriegsschauplatze heranziehen zu können; zugleich aber erging eine Weisung an Benedek, die einen Friedensschluß vor einer großen Schlachtentscheidung für unmöglich erklärte. Und so entschloß sich denn Benedek, dem die Lage am nächsten Tage nicht mehr ganz so hoffnungslos erschien, schweren Herzens, die Entscheidungsschlacht zu wagen.

Er hatte bei Königgrätz eine starke Stellung inne, die nach Westen, von wo der Feind zunächst zu erwarten war, durch den Lauf der Bistritz geschützt war und ihr beherrschendes Zentrum in der Höhe von Chlum hatte. Prinz Friedrich Karl mit der ersten Armee eröffnete den Angriff, indem er von Sadowa aus gegen die Bistritzlinie vorrückte. Von Südwesten her griff Herwarth von Bittenfeld mit der Elbarmee die Stellungen von Ober-Prim und Problus an, die von den Sachsen verteidigt wurden. Der König hatte mit Moltke die Vorbereitungen zur Schlacht persönlich getroffen und seit ½8 Uhr früh den Oberbefehl auf dem Schlachtfelde selbst übernommen. Nach heftigem Kampfe war gegen 11 Uhr das Bistritz-Tal in den Händen der Preußen; aber nun, wo die Österreicher sich auf die Höhen, die ihre Stellung beherrschten, zurückgezogen hatten, trat die ganze Schwierigkeit der taktischen Aufgabe hervor, die den

Angreifern gestellt war: immer mehr Artillerie wurde von diesen Höhen aus auf der ganzen Linie von Langenhof bis Chlum gegen die Preußen in Tätigkeit gesetzt; zuletzt waren es mehr als 200 Geschütze, deren furchtbarer Granatenhagel beim Mangel aller Deckung einen Sturm unmöglich machte. Stundenlang mußten die braven Truppen, namentlich Pommern und Thüringer, in diesem mörderischen Feuer ausharren; aber sie wurden nicht mürbe und wiesen die Angriffe der Österreicher, die von der Höhe aus erfolgten, siegreich ab. Den Gipfel des Heldentums erreichte die wackere 7. Division, Altmärker und Magdeburger, die unter dem General Fransecky in einer abgesonderten Stellung auf dem linken Flügel die wichtige Position des Swiepwaldes gegen eine gewaltige Übermacht unter furchtbaren Verlusten standhaft behauptete und immer mehr von den feindlichen Streitkräften auf sich zog. Alles kam darauf an, daß der Kronprinz mit der zweiten Armee von Nordosten her noch rechtzeitig in den Kampf eingriff. Er war früh am Morgen benachrichtigt worden, und man harrte im Hauptquartier von Stunde zu Stunde auf sein Erscheinen. Er hatte einen schwierigen Marsch bei schlechten Wegen und traf erst später ein, als man erwartet hatte, kurz vor 2 Uhr nachmittags, aber noch zeitig genug, um der Schlacht die entscheidende Wendung zu geben. Der Sturm auf die Höhen von Chlum wurde jetzt von Norden her durch die erste Gardedivision unter General Hiller von Gärtringen unternommen und gelang in der dritten Nachmittagsstunde; die Kämpfe am Swiepwalde hatten einen großen Teil der Österreicher mürbe gemacht. Zugleich drang Herwarth von Bittenfeld mit der Elbarmee siegreich gegen die sächsische Stellung bei Problus vor. Benedek setzte seine Reserven ein, um diese entscheidende Position zurückzuerobern; ein heftiger Kampf entspann sich noch einmal um Chlum wie um Problus. Auf der Höhe von Chlum fiel General Hiller, durch einen Granatsplitter verwundet, in dem Moment, wo der Sieg entschieden war; an beiden Stellen behaupteten die Preußen ihre Positionen. Nun befahl der König das allgemeine Vorgehen auch der ersten Armee und den Angriff der Reiterei auf den weichenden Feind. Aber jetzt warf sich alles, was von der österreichischen Kavallerie noch kampffähig war, den preußischen Schwadronen entgegen, und es kam zu einem gewaltigen Reiterkampf, der zwar mit der Flucht der Österreicher endete, aber auch der weiteren Verfolgung von seiten der Preußen ein Ziel setzte. Man übersah im Hauptquartier noch nicht sofort die ganze Größe des Erfolges; der rückblickenden Betrachtung kann es kaum zweifelhaft sein, daß eine Verfolgung, wie sie Gneisenau bei Belle-Alliance unternommen hat, den Rest der österreichischen Armee vollends zersprengt haben würde. Aber der Sieg war auch so vollständig und entscheidend. Die Österreicher hatten im ganzen etwa 44 000 Mann verloren, die Preußen etwa 10 000. Etwa 220 000 Mann auf jeder Seite hatten einander gegenübergestanden. Es war die größte Schlacht des Jahrhunderts, die König Wilhelm gewonnen hatte.

Die preußischen Armeen trennten sich nun wieder und rückten vorwärts mit dem gemeinsamen Marschziel Wien: die erste Armee unter dem König und Prinz Friedrich Karl über Brünn, die Elbarmee über Iglau, die Armee des Kronprinzen auf Olmütz, wo Benedek seine Truppen zu sammeln versuchte. Der Oberbefehl über die Österreicher wurde jetzt dem Erzherzog Albrecht übertragen, dem Sieger von Custoza; ein Teil der Südarmee marschierte aus

Italien nach dem nördlichen Kriegsschauplatz ab. Einen ernsthaften Widerstand fanden die preußischen Truppen nicht mehr auf ihrem Vormarsch; Mähren wurde von den Österreichern geräumt bis auf die Festung Olmütz, mit deren Belagerung sich die Preußen aber nicht aufhielten; sie begnügten sich, ihr die Verbindung mit Wien abzuschneiden. Seit dem 18. Juli befand sich das Hauptquartier in Nikolsburg, an der Grenze von Mähren und Österreich, 12 Meilen von Wien. Man plante einen Angriff auf die Hauptstadt und rechnete darauf, daß die Überwältigung der Floridsdorfer Linien, durch die sie geschützt war, etwa 14 Tage in Anspruch nehmen könnte. Bismarck, der aus diplomatischen Gründen diese Verzögerung für gefährlich hielt, schlug vor, die Bewegung auf Preßburg zu richten, dort über die Donau zu gehen und Wien von Osten her zu bedrohen. Der Vorschlag wurde vom König angenommen, und Fransecky setzte sich auf Preßburg zu in Bewegung. Nicht weit von diesem Ziel, schon auf ungarischem Boden, bei Blumenau, hatte er eben ein Gefecht, am 22. Juli, als mittags 12 Uhr die inzwischen vereinbarte Waffenruhe verkündet wurde.

Gegenüber dem böhmischen Feldzug tritt der der Mainarmee gegen die Bundestruppen an Bedeutung ganz zurück. Den Oberbefehl führte dort auf preußischer Seite der General Vogel von Falckenstein, dem das 7. bayerische Bundeskorps unter Prinz Karl von Bayern und das 8. gemischte Bundeskorps unter Prinz Alexander von Hessen gegenüberstand. Die Bayern versuchten erst den Hannoveranern die Hand zu reichen und drangen nordwärts vor; aber auf die Nachricht von der Kapitulation bei Langensalza gingen sie wieder zurück und schwenkten nach Westen ab, um sich mit dem 8. Korps zu vereinigen. Das gelang aber nicht. Durch die Gefechte bei Dermbach und Hünfeld (4. Juli) wurden die Bayern von dem westlichen Korps abgedrängt; die preußische Mainarmee schob sich in die Mitte zwischen beide und warf die Bayern durch die Schlacht bei Kissingen (10. Juli) hinter den Main zurück. Auch das 8. Korps wurde in den nächsten Tagen durch die Gefechte bei Laufach und Aschaffenburg (13., 14. Juli) gezwungen, sich hinter den Main zurückzuziehen. Die Bundesversammlung hatte Frankfurt schon am 11. Juli verlassen und war nach Augsburg übergesiedelt, wo sie ihre letzten Sitzungen gehalten hat. Am 16. Juli zog der General Vogel von Falckenstein in Frankfurt ein und machte der republikanischen Selbständigkeit der freien Stadt ein Ende. Am selben Tage wurde er abberufen, weil er durch eigenmächtiges Vorgehen mehrfach die Pläne der obersten Heeresleitung durchkreuzt hatte, und durch den General von Manteuffel ersetzt, der einen schärferen Zug in die Unternehmungen bringen sollte. Er legte auf Bismarcks Weisung der Stadt Frankfurt, die sich durch besonders schlimme Feindschaft gegen Preußen ausgezeichnet hatte, eine Kontribution von 25 Millionen Gulden auf, statt der 6 Millionen, die Falckenstein verlangt hatte — eine Summe, die freilich später erlassen worden ist. Während nun auch der Großherzog von Mecklenburg von Leipzig aus mit einem Reservekorps über Nürnberg heranzog, um der Mainarmee die Hand zu reichen, schob sich Manteuffel nach den siegreichen Gefechten an der Tauber (23.—25. Juli) den Bundestruppen bei Würzburg vor, um sie von ihren rückwärtigen Verbindungen abzuschneiden. Die Vereinigung mit dem Großherzog von Mecklenburg konnte nicht mehr verhindert werden, Süddeutschland war dem Sieger offen. In diesem Moment trat die Waffenruhe ein.

Zwei Gründe waren es, die den Sieger zur Beschleunigung des Friedensschlusses drängten: einmal die um sich greifende Cholera, die schon Tausende von Opfern gefordert hatte und bei der Fortsetzung des Feldzuges, etwa in Ungarn, die verhängnisvollsten Folgen erwarten ließ; ganz besonders aber die Gefahr einer Einmischung der auswärtigen Mächte, die Preußen wenigstens um einen Teil der Früchte seines Sieges hätte bringen können. Kaiser Franz Joseph hatte schon vor Königgrätz die Vermittlung Napoleons angerufen; nach Empfang der Nachricht von der Niederlage entschloß er sich zur förmlichen Abtretung Venetiens an ihn, und Napoleon eröffnete nun seine Vermittlungsaktion. In der Nacht des 4. Juli traf im preußischen Hauptquartier ein Telegramm des französischen Kaisers ein, in dem er die Abtretung Venetiens meldete und sich erbot, einen Waffenstillstand zu vermitteln. Rußland und England nahmen nicht teil an diesem Vermittlungsversuch, doch konnte man von Rußland, das mit deutschen Höfen, namentlich dem württembergischen, in verwandtschaftlichen Beziehungen stand, das Bestreben erwarten, die Herstellung des Friedens durch einen europäischen Kongreß zu bewirken. So unangenehm im preußischen Hauptquartier die Einmischung Napoleons empfunden wurde, so erklärte man sich doch bereit, seine Vermittlung anzunehmen, unter der Bedingung, daß Italien damit einverstanden sei. In Italien aber drängte die Volksstimmung auf Fortsetzung des Krieges, und der König mußte ihr nachgeben; er nahm die Friedensvermittlung und das Geschenk Venetiens aus Napoleons Hand nicht an, zu dessen größtem Verdruß; die Österreicher hatten Venetien in der Hauptsache bereits geräumt, und die italienischen Truppen besetzten es ohne große Schwierigkeit. Die Verhandlungen zwischen Preußen und Frankreich gingen aber weiter; sie wurden hauptsächlich in Paris geführt, zwischen Napoleon selbst und dem preußischen Botschafter von der Goltz. Es gab dort zwar eine Kriegspartei; die Schlacht von Königgrätz hatte einen gewaltigen Eindruck gemacht; die Franzosen fühlten sich in ihrem Waffenruhm und in ihrer politischen Geltung beeinträchtigt durch die glänzenden Erfolge der preußischen Kriegführung; „Revanche für Sadowa“ war ein Schlagwort, das damals in der Boulevardpresse auftauchte. Napoleon selbst aber war gar nicht kriegslustig. Krank und erschöpft, ohne Spannkraft und Wagemut, hätte er am liebsten Ruhe gehabt, war aber allerdings auch nicht imstande, dem Chauvinismus der Volksstimmung und den höfischen Intrigen gegenüber mit Festigkeit aufzutreten.

Die Gefahr einer französischen Einmischung hat Bismarck in diesem Moment doch wohl überschätzt; daraus wird auch der Versuch zu erklären sein, den er durch den Bürgermeister Giskra von Brünn in Wien machen ließ, um unter Ausschluß der französischen Vermittlung zu einem direkten Einverständnis mit dem Wiener Hofe zu gelangen. Die Bedingungen, die er anbot, waren weit günstiger, als die später endgültig festgestellten; sie kamen wieder auf die Teilung des Einflusses in Deutschland zwischen Preußen und Österreich hinaus und überließen die Länder südlich des Mains der Einwirkung Österreichs; sie wurden aber in Wien nicht sofort angenommen, und damit war diese Episode bald beendet.

Die Verhandlungen in Paris führten am 14. Juli zu einem vorläufigen Einverständnis zwischen dem Kaiser und Goltz, das auf folgenden Gedanken beruhte: ein Norddeutscher Bund unter Preußens Führung; Einverleibung Schleswig-Holsteins bis auf die dänischen Bezirke; Integrität Österreichs, abgesehen von der Abtretung Venetiens. Im preußischen Hauptquartier aber war man mit diesen Bedingungen nicht mehr zufrieden. In dem Maße, wie die Wirkungen des Sieges von Königgrätz deutlicher hervortraten, war auch bei König Wilhelm das Verlangen rege geworden, aus diesem Kriege noch weiteren Landgewinn außer Schleswig-Holstein davonzutragen, als Preis des Sieges und zugleich als Strafe für die Gegner, die ihn, seiner Überzeugung nach, zu diesem Kriege, den er ja am liebsten vermieden hätte, durch ihr ungerechtes Verhalten gezwungen hatten. Er richtete seine Wünsche dabei in erster Linie auf solche Gebiete, die früher einmal unter der Herrschaft seines Hauses gestanden hatten, wie Ansbach-Bayreuth und Ostfriesland, daneben auf solche, die zur Verbindung der beiden Staatshälften dienen konnten, wie Teile von Kurhessen, oder die im Interesse der Abrundung und militärischen Verstärkung des Ganzen wünschenswert erschienen, wie Teile von Sachsen (Leipzig, Bautzen), Österreichisch-Schlesien, Stücke von Nordböhmen. Demgegenüber betonte Bismarck die Rücksichten, die aus dem Bedürfnis eines zukünftigen friedlichen und vertrauensvollen Zusammenlebens mit den deutschen Bundesgenossen und auch mit Österreich entsprangen. Er wollte den Übelstand vermeiden, daß so viele bedeutende Staaten, mit denen man das neue Deutschland zu gründen im Begriff war, Preußen gegenüber das bittere Gefühl hätten, von ihm beraubt oder verkleinert worden zu sein; er hielt es für besser, einige Staaten ganz verschwinden zu lassen, deren Gebiet man zur Abrundung in Norddeutschland brauchte, und die übrigen ganz unangetastet zu lassen — eine Ansicht, die sich freilich auch bei ihm erst im Laufe der Zeit ausbildete und befestigte, als er ihre Ausführbarkeit erkannte. Auch Österreich gegenüber wünschte er alle Abtretungen und überflüssige Demütigungen zu vermeiden, weil ihm ein gutes Einvernehmen mit dieser Macht für die Zukunft als ein Gebot der Staatsräson erschien; aus diesem Grunde war er auch gegen einen Triumpheinzug in Wien, um die Empfindlichkeit der Österreicher zu schonen.

Mit all diesen Gesichtspunkten befand sich Bismarck im Gegensatz zum König, der ebenso wie seine Generäle und Offiziere den Siegeslauf des Heeres nicht gehemmt und die Früchte des Sieges nicht geschmälert sehen wollte. Gegenüber den Vorschlägen vom 14. Juli aber waren König und Minister einig darin, daß sie ohne weitere Annexionen wohl als Grundlage für einen Waffenstillstand, aber nicht für einen Friedensschluß genügten; in der Antwort vom 17. Juli wurden weitere Erwerbungen in Norddeutschland im Betrage von etwa 4 Millionen Einwohnern als unerläßlich bezeichnet. Leichter und schneller, als man es erwartet hatte, gab Napoleon auch dieses zu (22. Juli); nur trat er nach dem bestimmten Wunsche Österreichs dabei für die Integrität Sachsens ein. Kaiser Franz Joseph empfand für die Sachsen ein Gefühl der Verpflichtung und der Waffenbrüderschaft, wie es gegenüber den Bayern und anderen Bundesfürsten, die ihre Sache von der österreichischen getrennt hatten, bei ihm nicht im gleichen Maße lebendig war. Bismarck fand, daß jene Zugeständnisse ausreichten für das, was er für das Bedürfnis Preußens und Deutschlands ansah; aber der König war nicht befriedigt; ein Friedensschluß auf dieser Basis schien ihm weder den Opfern des Staates noch den Leistungen seines Heeres zu entsprechen; er wäre geneigt gewesen, den Feldzug fortzusetzen und in Wien einen Frieden zu diktieren, der weder die Integrität Österreichs noch die Sachsens gewährleistet hätte.

Aus dieser Meinungsverschiedenheit entsprang bei den Verhandlungen des 23. und 24. Juli ein Konflikt zwischen dem König und seinem Minister, der aus dem maßgebenden amtlichen Dokument, der von Sybel veröffentlichten Denkschrift Bismarcks vom 24. Juli mit den Randbemerkungen des Königs, nur in gedämpftem Tone hervorklingt, während er in den Erinnerungen Bismarcks zu leidenschaftlich-dramatischer Kraft gesteigert erscheint. Bismarck erzählt von einer Beratung, die der König mit ihm und den Generälen — wohl am 23. Juli — abgehalten habe; sie fand in Bismarcks Zimmer statt, weil dieser durch eine schmerzhafte Erkrankung am Ausgehen verhindert war. Dort habe er seine Ansicht vorgetragen, aber da die Generäle zur Fortsetzung des Feldzuges rieten, habe der König sich für diese erklärt. Darauf habe er selbst das Beratungszimmer verlassen und sei nebenan in seinem Schlafzimmer, krankhaft überreizt wie er war, in einen Weinkrampf verfallen. Inzwischen seien die Herren auseinandergegangen; er selbst aber habe sich hingesetzt und seine Auffassung zu Papier gebracht, um dem König an der Hand dieses Schriftstücks am nächsten Tage noch einmal Vortrag zu halten. Bei diesem Vortrag sei der König in so lebhafte Erregung geraten, daß der Minister sich zurückzog mit dem Eindruck, ihn nicht überzeugt zu haben und mit dem Vorsatz, seinen Abschied zu nehmen, um als Offizier in sein Regiment einzutreten. In sein Zimmer zurückgekehrt, habe er in verzweifelter Stimmung am Fenster gestanden, in die Betrachtung versunken, ob es nicht am besten sei, wenn er von dort, vier Stock hoch, hinabstürzte. Da sei jemand zu ihm ins Zimmer getreten und habe ihm auf die Schulter geklopft; er habe schon vermutet, daß es der Kronprinz sei, an dessen Zimmer er eben vorübergegangen war. Der habe ihm gesagt: er sei zwar gegen diesen Krieg gewesen, aber er wolle nun helfen, ihn zu einem glücklichen Ende zu führen und wolle sehen, was er beim König ausrichten könne. Dann sei er fortgegangen und nach einiger Zeit wiedergekommen, in derselben freundlichen und gelassenen Stimmung, und habe ihm ein Marginal des Königs gezeigt, das Bismarck aus dem Gedächtnis zitiert, und wonach der König erklärt haben soll: da sein Ministerpräsident ihn im Stich lasse und auch der Kronprinz dessen Auffassung teile, so sei er gezwungen, nachzugeben und nach so glänzenden Siegen der Armee einen schmachvollen Frieden anzunehmen. In dem Marginal des Königs steht tatsächlich nur, daß, wenn trotz aller Bemühungen von dem Besiegten nicht das, was Armee und Land erwarten dürften, zu erlangen sei, ohne das Hauptziel zu gefährden, dann eben der Sieger vor den Toren von Wien sich fügen und der Nachwelt das Urteil überlassen müsse. Bismarck wird die mündlichen Äußerungen des Königs, von denen der Kronprinz berichtet haben mag, mit dem Marginal verwechselt haben. Daß die Situation so hoch gespannt war, wie seine Erzählung andeutet, wird doch wohl kaum zu bezweifeln sein. König Wilhelm hat wieder einmal das Große geleistet, angesichts des Gebotes der Staatsräson sich selbst zu bezwingen. In seinen Erinnerungskalender hat er später zu diesem 24. Juli die Worte geschrieben: „Schwerer Entschluß, die Integrität Österreichs und Sachsens zu bewilligen."

Auf dieser Grundlage ist dann nach zweitägigen Verhandlungen am 26. Juli der Präliminarfriede von Nikolsburg abgeschlossen worden. Danach bleibt also die österreichische Monarchie in ihrer Integrität erhalten, mit Ausnahme von Venetien, das an Italien abgetreten wird; der Kaiser stimmt der Auflösung des Deutschen Bundes zu, ebenso der Begründung eines Nordbundes und eines Südbundes sowie der Verständigung zwischen beiden. Sachsen bleibt ebenfalls in seiner Integrität erhalten, tritt aber auf Grund eines besonderen Vertrages dem Nordbund bei. Der Kaiser verspricht die Anerkennung der neuen Einrichtungen, die Preußen in Norddeutschland treffen wird, einschließlich der Territorialveränderungen. Schleswig-Holstein wird an Preußen überlassen mit der Bestimmung, daß die Bevölkerung von Nordschleswig für Dänemark soll optieren dürfen. Die 40 Millionen Taler Kriegskosten, die Österreich zu zahlen hat, werden durch Aufrechnung auf die Hälfte ermäßigt; eine Okkupation findet nicht statt. Preußen wird die Zustimmung Italiens zu diesem Vertrage bewirken. Vom 2. August ab tritt ein Waffenstillstand an die Stelle der Waffenruhe.

Jetzt bedurfte man in Preußen auch der Verbindung mit der ungarischen Revolutionspartei nicht mehr, die Bismarck früher keineswegs verschmäht hatte. Er hatte zu Anfang des Krieges den General Klapka zur Aufstellung eines Freikorps zu ermutigen versucht, um durch einen Aufstand in Ungarn den Gegner im Rücken zu bedrohen; aber der Friede ist zu schnell gekommen, als daß aus diesen Plänen etwas hätte werden können.

Die Begründung des Norddeutschen Bundes.

Es zeigte sich bald, daß Preußen recht getan hatte, den Abschluß des Friedens zu beschleunigen. Noch in Nikolsburg, an demselben Tage, wo König Wilhelm die Ratifikation der Friedenspräliminarien vollzog, am 27. Juli, kam die amtliche Nachricht, daß Rußland den Antrag auf Berufung des längst in Aussicht genommenen Friedenskongresses wirklich gestellt habe; und am 28. Juli, als der Austausch der Ratifikationen stattfand, telegraphierte Graf Goltz aus Paris, daß Napoleon ihn vertraulich befragt habe, ob Frankreich nicht als Kompensation Landau und Luxemburg erhalten könne. Der Kongreß war ja nun gegenstandslos geworden; aber die französischen Kompensationsforderungen bereiteten der preußischen Diplomatie noch manche Schwierigkeiten. Für den König und seinen Minister stand es fest, daß kein Stück deutschen Landes bei dieser Gelegenheit an Frankreich kommen dürfe, und die Anfrage des Botschafters wurde sofort abschlägig beschieden. Aber die französische Regierung gab sich damit noch nicht zufrieden; die öffentliche Meinung forderte zu laut eine Grenzerweiterung als Ausgleich für die Zulassung der preußischen Annexionen. Am 29. Juli legte der Minister Drouyn de l'Huys dem preußischen Botschafter einen förmlichen Vertragsentwurf vor, aus dem hervorging, daß Frankreich außer Landau und Luxemburg auch noch Saarbrücken und Saarlouis und womöglich das ganze linksrheinische Gebiet von Bayern und Hessen für sich begehrte. Die preußische Regierung wies diese Zumutung kurzweg ab und machte sich schon auf einen Krieg mit Frankreich gefaßt; aber Napoleon wagte es in diesem Moment nicht, den aufgestellten Forderungen kriegerischen Nachdruck zu geben; er gab seinen Minister preis, indem er behauptete, dieser habe ohne seine förmliche Zustimmung gehandelt, und zog den Vorschlag zurück. Aufgegeben aber war der Kompensationsplan damit noch nicht. Am 20. August wiederholte Napoleon das Verlangen der Abtretung von Landau, Luxemburg und dem oberen Saargebiet, indem er jetzt noch im tiefsten Geheimnis den Antrag auf Zustimmung Preußens zur Einverleibung Belgiens in Frankreich hinzufügte. Bismarck erklärte auch jetzt wieder, daß von der Abtretung deutschen Landes keine Rede sein könne; auf das belgische Projekt aber ließ er sich zum Schein ein, und der französische Botschafter Benedetti war unvorsichtig genug, ihm auf sein Verlangen einen eigenhändig geschriebenen Vertragsentwurf zu übergeben, den Bismarck später brauchen konnte, um die französischen Annexionsgelüste vor der europäischen Öffentlichkeit zu enthüllen. Im übrigen ließ er die Sache ruhen; und als Napoleon sah, daß von Preußen nichts zu erreichen sei, da lenkte er ein und erklärte in einem Rundschreiben vom 16. September: er glaube zwar nicht, daß das vergrößerte Preußen eine Gefahr für Frankreich bedeute; aber Frankreich werde nun doch auch in die Notwendigkeit versetzt, seine militärische Rüstung zu vervollkommnen, um sein Gebiet zu verteidigen und um zu verhüten, daß sein Rang und seine Geltung in der Welt beeinträchtigt würden. Es war eine Bestätigung der Auffassung, die Bismarck längst hegte, daß ein Krieg mit Frankreich sich aus den Vorgängen von 1866 mit historischer Notwendigkeit ergebe und daß sein Kommen nur eine Frage der Zeit sei.

Die Friedensverhandlungen mit Österreich wurden in Prag geführt und kamen am 23. August zum Abschluß; am 24. löste sich der Deutsche Bund auf. Italien und Österreich verhandelten noch länger; zwischen ihnen ist es erst am 3. Oktober zum Friedensschluß gekommen. Es blieb bei der Abtretung Venetiens; weder Südtirol, wo Garibaldi einen Aufstand erregt hatte, noch Triest wurden italienisch. Auch zur See hatte sich Österreich Italien überlegen erwiesen durch Tegethoffs Sieg bei Lissa (20. Juli). Aber dieser Seesieg konnte Venetien so wenig retten wie der Sieg bei Custoza; die Entscheidung darüber war bei Königgrätz gefallen.

Der Artikel 5 des Prager Friedens, der die Bestimmung über Nordschleswig enthält, begründete eine Verpflichtung Preußens nur Österreich gegenüber; die Auffassung, als könnten die dänisch sprechenden Bewohner in Nordschleswig oder Dänemark selbst daraus irgendwelche Ansprüche ableiten, ist irrig, so unausrottbar sie auch in der dänischen agitatorischen Presse und Literatur sich eingenistet haben mag. Über die Ausführung ist in den Jahren 1867 und 68 zwischen der preußischen und der dänischen Regierung verhandelt worden, insonderheit über die Bürgschaften, die im Falle einer Gebietsabtretung für die deutsche Bevölkerung gegeben werden könnten, die dabei unter dänische Herrschaft gekommen sein würde. Die Verhandlungen sind aber abgebrochen worden, weil Preußen überhaupt nur im Kreise Hadersleben eine Abstimmung zulassen wollte, während die Dänen das ganze nordschleswigsche Gebiet bis südlich von Flensburg im Auge hatten. Österreich hat später (1878) in die Aufhebung des Artikels 5 gewilligt, und die dänische Regierung hat dann (1879) auch ausdrücklich anerkannt, daß Dänemark keinerlei Ansprüche auf die Ausführung dieses Artikels erheben könne.

Eine sehr erfreuliche Nebenwirkung der glänzenden Siege von 1866 war die Herstellung des inneren Friedens in Preußen. Am Tage der Schlacht von

Königgrätz hatten die Neuwahlen zum Abgeordnetenhause stattgefunden, und sie hatten diesmal zu einem für die Regierung günstigen Resultat geführt. Von Wichtigkeit für eine Verständigung war auch der Wechsel im Ministerium, der sich durch den Wiedereintritt v. d. Heydts vollzogen hatte. Dieser Minister, der früher dem Zusammenstoß mit dem Abgeordnetenhause ausgewichen war, bestärkte jetzt Bismarck in dem Gedanken, daß die Regierung den Verfassungskonflikt aus der Welt schaffen müsse, indem sie beim Landtag die Erteilung der Indemnität für die bisher geführte budgetlose Regierung nachsuche. Im Schoße des Ministeriums erhob sich allerdings Widerspruch; auch die konservative Partei bot ihren ganzen Einfluß auf, um Bismarck von einem solchen Schritte zurückzuhalten; aber Bismarck entschloß sich trotzdem, den König dafür zu gewinnen, weil diese Wendung ihm nötig schien, um die Lösung der deutschen Frage im nationalen Sinne zu vollenden. Es wäre damals zwar die Möglichkeit vorhanden gewesen, bei der Stimmung im Lande, die durch die glänzenden Siege der preußischen Waffen hervorgerufen war, die Verfassung zu revidieren oder zu suspendieren und ein in Wahrheit absolutistisches Regiment herzustellen. Aber Bismarck sah ein, daß ein solches Gewaltregiment nicht auf die Dauer bestehen könne, daß es Preußen in Deutschland unpopulär, ja verhaßt machen würde, daß der Sinn und Geist des Krieges, den man eben geführt hatte, dadurch verfälscht worden wäre. Dann wäre dieser Krieg eben nur als ein preußischer Eroberungskrieg erschienen; der nationalen Politik Preußens wären die Sehnen durchschnitten worden. Bismarck legte aber jetzt gerade Gewicht auf die Fortbildung der preußischen Politik im nationalen Sinne, und dazu war die Versöhnung mit den gemäßigten liberalen Elementen unentbehrlich. Und er war auch der Meinung, daß sich mit der preußischen Verfassung, wie sie war, sehr gut regieren lasse, wenn sie nur nicht im Sinne der parlamentarischen Doktrin interpretiert werde.

Es war allerdings nicht leicht, die Abneigung des Königs vor dem geplanten Schritt zu überwinden. Er nahm Anstoß an der Form des Verlangens nach Indemnität; er sah darin das Eingeständnis begangenen Unrechts, und er war zu fest von seinem guten Recht in diesem Streit überzeugt, als daß er sich dazu herbeilassen mochte. Auf der Eisenbahnfahrt von Prag nach Berlin am 4. August hat Bismarck durch seine eindringlichen Vorstellungen und Erörterungen unter dem ermutigenden Mienenspiel des stumm dabei sitzenden Kronprinzen es endlich vermocht, die Bedenken seines königlichen Herrn zu zerstreuen und ihn von der Notwendigkeit zu überzeugen, den parlamentarischen Gegnern eine goldene Brücke zu bauen, um den inneren Frieden wiederherzustellen und sich so eine feste Grundlage für die Fortsetzung der deutschen Politik Preußens zu schaffen.

Am 5. August wurde der Landtag eröffnet, und die Thronrede, die Bismarck noch in letzter Stunde entworfen hatte, kündete die Absicht der Regierung in bezug auf das Indemnitätsverlangen an und sprach die Hoffnung aus, daß der Landtag bereitwillig darauf eingehen werde. Das Abgeordnetenhaus beantwortete diese Ankündigung in versöhnlichem Sinne; und obwohl der König sich nicht versagen konnte, gegenüber der Deputation, die ihm die Adresse überreichte, seinen Rechtsstandpunkt ganz unumwunden zum Ausdruck zu bringen, so wurden erneute Erörterungen darüber doch durch die Geschicklichkeit des Führers der Deputation und Präsidenten des Abgeordnetenhauses, von Forckenbeck, vermieden, der im Einverständnis mit der Deputation dem Hause nur die Tatsache mitteilte, daß der König sich entgegenkommend geäußert habe. Das Indemnitätsgesetz wurde dann zuerst in einer Kommission beraten und von dieser mit einem Bericht des Abgeordneten Twesten dem Hause zur Annahme empfohlen; die Annahme erfolgte nach längerer Debatte am 3. September 1866 mit 230 gegen 75 Stimmen. Damit war der Verfassungskonflikt nach vierjähriger Dauer beendigt. Die nötigen Mittel wurden jetzt der Regierung bewilligt: 60 Millionen Taler zur Deckung der Kriegskosten, 30 Millionen zur Ansammlung eines Kriegsschatzes, außerdem 1½ Millionen zu Dotationen für die Generäle und für Bismarck; auch das Etatsgesetz kam für das Jahr 1867 wieder in regelmäßiger Weise zustande. Die Fortschrittspartei, die der Hauptträger der Opposition in der Konfliktszeit gewesen war, brach anläßlich der Indemnitätsfrage auseinander. Der größere radikale Teil weigerte sich, die Indemnität zu bewilligen, eine kleinere gemäßigte Gruppe, unter Führung von Twesten und Lasker, sonderte sich ab und begründete mit anderen Gesinnungsgenossen eine neue Partei, die sich nationalliberal nannte und ein Programm aufstellte, in dem es als dringendste Aufgabe bezeichnet wurde, die Regierung in ihrer auswärtigen Politik zu unterstützen, während man im Innern für die Wahrung der verfassungsmäßigen Rechte des Volkes und für freisinnige Grundsätze eintreten wollte. Auch Männer wie Forckenbeck und Gneist traten der neuen Partei bei, die dann eine bedeutende Verstärkung durch die gemäßigt liberalen und nationalen Politiker aus den neuen Provinzen erhielt: Bennigsen und Miquel aus Hannover, Oetker aus Kurhessen, Karl Braun aus Nassau sind die hervorragendsten Mitglieder aus diesen Kreisen. Die Partei wuchs bald auf 100 und mehr Mitglieder und errang sich in den nächsten Jahren die führende Stellung im preußischen Abgeordnetenhause und auch in dem neuen norddeutschen Reichstage.

Mit den einzelnen deutschen Staaten, die sich an dem Kriege beteiligt hatten — auch Baden war darunter, wo der preußenfreundliche Großherzog, der Schwiegersohn König Wilhelms, dem Drängen einer Volksbewegung hatte nachgeben müssen —, schloß Preußen besondere Friedensverträge. Die Minister von Bayern, Württemberg, Baden und Hessen-Darmstadt waren schon in Nikolsburg erschienen und hatten — mit Ausnahme von Bayern — um Aufnahme in den neuen Bund, den Preußen zu gründen im Begriff stand, nachgesucht. Auf dieses Verlangen konnte die preußische Regierung zwar nicht eingehen, weil es den mit Napoleon getroffenen Verabredungen zuwiderlief; aber für die Zukunft wurde dennoch, vorläufig insgeheim, ein Bundesverhältnis angebahnt. Der zu Nikolsburg in Aussicht genommene Südbund entsprach nicht den Wünschen der süddeutschen Staaten; und gerade der württembergische Minister von Varnbüler, der vor dem Ausbruch des Krieges eine so scharfe Feindseligkeit gegen Preußen zur Schau getragen hatte, gab jetzt den Anstoß dazu, daß statt dessen vielmehr Verträge zwischen Preußen und den Südstaaten geschlossen wurden, in Form von Schutz- und Trutzbündnissen unter gegenseitiger Gewährleistung des Besitzstandes und unter der Verpflichtung für die Südstaaten, im Kriegsfall den Oberbefehl an den König von Preußen zu übertragen. Solche Bündnisse wurden dann mit allen süddeutschen Staaten zugleich mit dem

Friedensvertrage geschlossen, Ende August und Anfang September. Eigentliche Landabtretungen sind dabei nur Hessen-Darmstadt zugemutet worden, das die Landgrafschaft Hessen-Homburg und einen Teil von Oberhessen an Preußen überlassen, mit dem übrigen nördlich des Mains gelegenen Gebiet dem preußischen Nordbund beitreten, sein Postwesen an Preußen übertragen und in die Festung Mainz eine preußische Besatzung einnehmen mußte.

In Norddeutschland wurden außer Schleswig-Holstein die Länder Hannover, Kurhessen und Nassau im Wege der Gesetzgebung dem preußischen Staate einverleibt, trotzdem der russische Kaiser sich um die Erhaltung der drei Fürstenhäuser eifrig bemüht hatte. Zwar wurde dem kurhessischen Thronfolger die Landgrafschaft Homburg, dem hannöverschen, dem Prinzen von Cumberland, die künftige Nachfolge in Braunschweig angeboten, wenn sie die Annexion anerkennen würden; da aber diese Bedingung nicht erfüllt wurde, so blieben jene Anerbietungen ohne Wirkung. Der Kurfürst von Hessen und der Herzog von Nassau behielten ihre bisherigen Einkünfte und entbanden dafür ihre Truppen vom Fahneneid. Der König von Hannover ließ sich zu keiner Abmachung dieser Art herbei; doch wurden auch ihm auf Grund eines Vertrages, den sein früherer Minister Windthorst in seinem Namen mit der preußischen Regierung schloß, die Zinsen seines beschlagnahmten Vermögens von 16 Millionen Mark zugesichert. Da aber diese Mittel zum Teil dazu verwandt wurden, eine gefährliche welfische Agitation zu unterstützen, so wurden die Zahlungen seit 1868 eingestellt; erst unter der Regierung Kaiser Wilhelms II. ist auf gesetzlichem Wege die Beschlagnahme dieses sogenannten Welfenfonds aufgehoben worden.

Mit den übrigen norddeutschen Staaten schloß Preußen nach längeren Verhandlungen den Norddeutschen Bund, der als Bundesstaat unter Preußens Führung das Vorbild des Deutschen Reiches geworden ist. Auch Sachsen mußte trotz der Verwendung von Österreich und Frankreich sich diesem Bunde anschließen unter Bedingungen, die für Preußen die nötigen Garantien boten: der Minister Graf Beust, der sich durch besonders giftige Feindschaft gegen Preußen hervorgetan hatte, mußte seinen Posten verlassen; die sächsische Armee wurde nach dem Vorbild der preußischen umgestaltet; Preußen ernannte zunächst auch den kommandierenden General des sächsischen Armeekorps und hatte Besatzungen in Dresden und auf dem Königstein. Erst später ist, namentlich durch Verwendung des Generals von Stosch, eine größere militärische Selbständigkeit für Sachsen zugestanden worden. Mit den meisten Staaten kam der Bundesvertrag am 18. August zustande; am 21. August schlossen sich die beiden Mecklenburg an. Am längsten sträubten sich der preußenfeindliche Herzog von Meiningen, der aber schließlich zugunsten seines Sohnes Georg abdankte, und die Regentin Karoline von Reuß ältere Linie. Auch sie mußten endlich ihren Widerspruch gegen den Gang der Weltgeschichte aufgeben. Mit Weimar und den meisten Kleinstaaten hat Preußen später (1867) einen Militärvertrag geschlossen, der ihre Truppen dem preußischen Heere eingliederte. Die Beratungen über die Verfassung des Norddeutschen Bundes wurden unter den Vertretern der verschiedenen Regierungen am 15. Dezember 1866 begonnen und am 9. Februar 1867 zu Ende geführt. Am 12. Februar 1867 fanden auf Grund des allgemeinen und gleichen Stimmrechts die Wahlen zum norddeutschen Reichstag statt, mit dem die Verfassung endgültig vereinbart werden sollte. Sie fielen diesmal in den östlichen Provinzen für die Konservativen günstiger aus, als für die Fortschrittspartei, die auf 20 Mitglieder zusammenschrumpfte; die Oberhand aber gewannen die Mittelparteien: die Nationalliberalen, die unter der Führung von Bennigsen die alten liberalen Ideale des Nationalvereins zwar aus realpolitischen Erwägungen zunächst zurückstellten, aber die Hoffnung auf ihre künftige Verwirklichung noch keineswegs fahren ließen, und die Nationalkonservativen oder, wie sie sich bald nannten, Freikonservativen, die sich unter Führung des Herzogs von Ratibor und anderer schlesischer Magnaten von den Altkonservativen getrennt hatten und die politischen Fragen mehr von einem staatsmännischen, als von dem junkerlich-hochkirchlichen Standpunkt der Kreuzzeitungspartei ansahen. Die welfischen und sonstigen westdeutschen Partikularisten und die Ultramontanen unter Führung von Windthorst und Mallinckrodt bildeten eine besondere Oppositionspartei, aus der später das sogenannte „Zentrum" geworden ist. Der letzte Präsident der deutschen Nationalversammlung in Frankfurt, Eduard Simson, wurde zum Präsidenten dieses ersten norddeutschen Reichstages gewählt.

Am 4. März 1867 legte Bismarck im Namen der verbündeten Regierungen einen Verfassungsentwurf vor. Er hatte selbst erst kurz vorher die leitenden Gesichtspunkte dafür aufgestellt und die verschiedenen Teile von seinen Räten ausarbeiten lassen; die Schlußredaktion mußte der Geheimrat Lothar Bucher in der Nacht zum 4. März besorgen; es ist der Entwurf, der später auch die Grundlage der Reichsverfassung geworden ist. Mit der Durchberatung eilte es sehr, weil in dem Bündnis vom 18. August 1866 festgesetzt war, daß der endgültige Abschluß des Bundes in Jahresfrist bewirkt sein müsse, und weil das Werk des konstituierenden Reichstages erst noch durch die Landtage der einzelnen Bundesstaaten bestätigt werden mußte. Trotzdem hat es an heftigen Kämpfen nicht gefehlt; und es kann als ein fördernder Umstand betrachtet werden, daß eben während dieser Beratungen eine auswärtige Frage sich erhob, die den Ernst der Lage und die Notwendigkeit der Unterordnung liberaler Wünsche unter die Forderungen einer nationalen Machtpolitik allen verständigen Politikern klarmachte.

Nach dem Scheitern aller anderen Versuche zur Erreichung von Kompensationen richtete Napoleon sein Augenmerk damals wieder auf das Großherzogtum Luxemburg, das sich in einer seltsamen Zwitterstellung zwischen Deutschland und dem Königreich der Niederlande befand. Es stand mit diesem in Personalunion, aber es gehörte zugleich zum deutschen Zollverein, und obwohl es in den Norddeutschen Bund nicht eingetreten war, hatte Preußen doch noch das Besatzungsrecht in der Festung Luxemburg. Napoleon trat mit dem König der Niederlande in Verhandlung, um das Land für Geld zu erwerben, und beschwichtigte dessen Bedenken wegen der Zustimmung Preußens durch die zuversichtliche Erklärung, daß er diese selbst beschaffen werde; er erinnerte sich wohl der Unterhaltungen mit Bismarck in Biarritz, aus denen er die Hoffnung glaubte schöpfen zu können, daß von preußischer Seite kein Widerspruch erfolgen würde. Der König der Niederlande willigte ein (28. März 1867), aber in den Kreisen der deutschen Patrioten entstand darauf eine allgemeine Erregung, die ihren Ausdruck in den Verhandlungen des norddeutschen

Reichstages fand. Am 1. April brachte Bennigsen eine Interpellation ein, in der er fragte, ob die Gerüchte über die Abtretung von Luxemburg an Frankreich wahr seien und wie die Regierung sich zu der Frage stelle? Er schlug Töne eines nationalen Empfindens an, die im Hause selbst und weithin in deutschen Landen begeisterten Widerhall weckten. Bismarck, der die Sachlage kühler beurteilte, antwortete mit diplomatischer Vorsicht und Zurückhaltung; er vermied alles, was die französische Empfindlichkeit reizen konnte, aber er hütete sich auch, der so stark sich äußernden Volksmeinung entgegenzutreten, der die Überlassung dieses deutschen Landes an Frankreich als eine moralische Unmöglichkeit erschien. An die niederländische Regierung erging am 2. April eine Mitteilung, in der empfohlen wurde, auf die öffentliche Meinung in Deutschland Rücksicht zu nehmen; und dies veranlaßte den König der Niederlande, von dem mit Napoleon geschlossenen Handel zurückzutreten. Napoleon fühlte sich dadurch vor Europa bloßgestellt und war empört über Preußen. Eine Zeitlang schien es, als solle es darüber zum Kriege kommen; Bismarck ergriff die Gelegenheit, sich mit den süddeutschen Regierungen in Verbindung zu setzen und fand bei ihnen bereitwilliges Entgegenkommen. Aber die Kriegsgefahr verzog sich wieder. Der König wollte den Frieden bewahren, und auch Bismarck sah in der Verwicklung keinen Grund zum Kriege, so verlockend das militärische Übergewicht Preußens und Deutschlands auch sein mochte. Napoleon konnte bei dem unfertigen Zustande des französischen Heeres einen Krieg damals nicht brauchen, und auch die Großmächte, mit denen er in Verbindung trat, wirkten auf eine friedliche Lösung hin. Graf Beust, jetzt der leitende Minister in Österreich, machte den Vorschlag, Luxemburg zu neutralisieren — eine Möglichkeit, die auch Bismarck vorschwebte. Frankreich sollte auf die Erwerbung des Landes verzichten, aber auch Preußen auf sein Besatzungsrecht. Der Vorschlag wurde auf einer Konferenz der Mächte in London am 11. Mai 1867 angenommen, und damit war diese Angelegenheit erledigt, die schon die nationalen Gesinnungen in Deutschland mächtig aufrüttelte und als Warnung vor künftigen Gefahren dienen konnte.

Der Norddeutsche Bund, über dessen Verfassung in eben dieser Zeit beraten wurde, sollte ein Bundesstaat mit starker Zentralgewalt sein, unter dem Präsidium des Königs von Preußen; aber Bismarck hatte darauf Bedacht genommen, den unitarischen Charakter der Reichsverfassung von 1849 ebenso zu vermeiden, wie das damals geplante, auf der Grundlage der Volkssouveränität beruhende parlamentarische Regierungssystem. Er hatte in seinem Verfassungsentwurf das föderative Moment stark betont und sich auch nicht gescheut, in Äußerlichkeiten an die Institutionen des alten Deutschen Bundes anzuknüpfen. Der Entwurf stellte den Bundesrat — oder wie Bismarck ihn anfangs nennen wollte, „Bundestag" —, der aus den Vertretern der verbündeten Regierungen bestand, mit 43 Stimmen, von denen 17 auf Preußen fielen, in bewußter und gewollter Absonderung dem Reichstag, der Volksvertretung, gegenüber, als ein fest in sich geschlossenes, parlamentarischen Einflüssen unzugängliches Organ. Der Bundeskanzler, der im Namen der Präsidialmacht Preußen den Vorsitz führte, sollte ursprünglich mit dem preußischen Minister des Auswärtigen nicht identisch, aber von ihm instruiert und abhängig sein, ähnlich wie früher der Bundestagsgesandte, wie denn auch Savigny für diesen Posten in Aussicht genommen war. Die wiederholten Versuche der liberalen Parteien, ein verantwortliches Reichsministerium einzurichten, wurden ebenso nachdrücklich zurückgewiesen wie die Anträge auf Schaffung eines Oberhauses; beides entsprach mehr einem konstitutionellen Einheitsstaat als dem Bundesstaat, wie ihn Bismarck plante, mit möglichster Schonung der Einzelsouveränitäten. Nur eine wichtige und folgenschwere Veränderung in dem ursprünglichen Plan des Verfassungsbaues ist den Liberalen gelungen: die Annahme des Antrags von Bennigsen, der bei allen Regierungshandlungen des Bundespräsidiums die Gegenzeichnung und die dadurch ausgedrückte Verantwortlichkeit des Bundeskanzlers verlangte. Bei einer solchen Stellung konnte der Bundeskanzler nicht mehr eine von dem preußischen Minister des Auswärtigen getrennte und von ihm abhängige Person sein; vielmehr zog Bismarck daraus die Folgerung, daß er nun selbst das Amt des Bundeskanzlers übernehmen müsse. Der Antrag auf die Einführung direkter Bundessteuern aber traf auf den Widerstand der Regierungen; es blieb dabei, daß nur die Zölle und indirekten Steuern dem Bunde überwiesen wurden, während die direkten Steuern den Einzelstaaten zustanden.

Das allgemeine und gleiche Wahlrecht, wie es der Entwurf vorschlug, rief damals vielfach Bedenken anderer Art hervor, als sie heute dagegen geltend gemacht werden; auch die liberalen Parteien waren im Grunde nicht unbedingt dafür, da sie es als Werkzeug einer cäsaristischen Diktatur im napoleonischen Frankreich kennen gelernt hatten. Bismarck war mit Erfolg bemüht, als Korrektur in seinem Sinne die Diätenlosigkeit der Abgeordneten durchzusetzen: er wollte keine Berufsparlamentarier und Theoretiker, sondern selbständige Vertreter der produktiven Berufsstände und der wirtschaftlichen Interessen im Reichstage haben. Auf der anderen Seite aber setzten nun die Liberalen die geheime Abstimmung durch, die in dem Entwurf nicht vorgesehen war und die Bismarck selbst immer für verhängnisvoll gehalten hat. Er war der Meinung, daß die mannigfaltigen Abhängigkeiten und Einflüsse des bürgerlichen Lebens, wie sie bei einer öffentlichen Abstimmung einwirken, „gottgegebene Realitäten" seien, die man nicht ignorieren könne und solle; ein geheimes Wahlrecht, das diese natürlichen Abhängigkeiten ausschaltet, erschien ihm als eine Verfälschung des Wahlaktes, indem es den Einzelnen mehr oder aber auch weniger Bedeutung beimesse, als sie tatsächlich haben. Indessen hat er nicht alles aufgeboten, was in seiner Kraft stand, um diese Verstärkung des demokratischen Charakters von dem Wahlrecht fernzuhalten; die Folgen der Einrichtung hat er überhaupt noch so wenig wie irgend ein anderer in ihrem ganzen Umfang übersehen.

Ein heftiger Kampf ist auch um die Heeresfrage geführt worden, die ja nun zur Bundessache wurde, so daß die früher im preußischen Abgeordnetenhause wirksamen Gegensätze sich jetzt auf den norddeutschen Reichstag übertrugen. Die verbündeten Regierungen unter Preußens Führung verfolgten das Ziel, das Bundes- oder Reichsheer ein für allemal in genügender Stärke gesetzlich festzulegen, so daß weitere Konflikte darüber nicht entstehen konnten. Auf der anderen Seite glaubten die liberalen Parteien ihr ganzes Budgetrecht preiszugeben, wenn sie diese Grundlage annähmen; denn was außer dem Militäretat für Bundeszwecke noch zu bewilligen war, überstieg damals eine Million Taler nicht. Hier ganz besonders hat die durch die Luxemburger Frage heraufbeschworene Kriegsgefahr ihre Wirkung zugunsten einer Vereinbarung zwischen den entgegengesetzten Standpunkten geübt. Man einigte sich auf ein Kompromiß: die Friedenspräsenzstärke des Bundesheeres wurde durch den Artikel 60 der Verfassung bis zum 31. Dezember 1871 auf 1% der Bevölkerung von 1867 normiert; die Mannschaft sollte von den einzelnen Bundesstaaten nach Maßgabe ihrer Bevölkerungszahl gestellt werden. Für die weitere Zukunft wurde die Feststellung der Friedenspräsenzstärke der Reichsgesetzgebung zugewiesen; die Fortschrittler hofften dabei auf eine erhebliche Herabsetzung, die Regierungen, Preußen wenigstens, erwarteten eher das Gegenteil. Auch der Militäretat wurde zunächst nur bis zum 31. Dezember 1871 festgestellt; aber die preußische Regierung bestand auf einem Zusatz (Artikel 62), durch den bestimmt wurde, daß die Beiträge von den einzelnen Staaten des Bundes auch nach diesem Termin weiterhin zur Bundeskasse fortgezahlt werden müßten, und daß für die Berechnung der Beträge dabei bis auf eine weitere reichsgesetzliche Regelung die vorläufig festgesetzte Friedenspräsenzstärke von 1% der Bevölkerung zugrunde gelegt werden sollte. Vor allem aber wurde durch Art. 63 Abs. 4 dem Bundesfeldherrn (dem König von Preußen) ohne Einschränkung die Befugnis verliehen, den Präsenzstand des Bundesheeres im ganzen ebenso wie seine Gliederung im einzelnen zu bestimmen — eine Befugnis, die in einem scheinbaren Gegensatz zu der der gesetzgebenden Faktoren steht, in Wahrheit aber darauf berechnet ist, ergänzend wirksam zu werden, wenn eine Einigung zwischen den verbündeten Regierungen und dem Reichstag nicht zu erlangen ist. Diese Bestimmungen schienen ausreichend, um der Möglichkeit eines Militärkonflikts wie in Preußen vorzubauen und dem radikalen Anspruch auf eine jährliche Neubewilligung der Mittel für das Heer einen Riegel vorzuschieben. Der Norddeutsche Bund konnte ebensowenig wie Preußen seine Wehrkraft von den Zufälligkeiten parlamentarischer Majoritäten abhängig machen, weil das Heer hier eine ganz andere Bedeutung hatte, als in dem insularen England, wo jener von den deutschen Liberalen fälschlich als Palladium der politischen Freiheit angesehene Grundsatz auf ganz eigenartigen historischen Voraussetzungen beruht.

Unter solchen Kämpfen kam die Bundesverfassung zustande und wurde am 17. April öffentlich verkündet. Nun folgte ihre Beratung in den Landtagen der Einzelstaaten. Überall wurde sie angenommen, im preußischen Abgeordnetenhause gegen den Widerspruch der Fortschrittspartei. Der Beginn ihrer Rechtskraft wurde durch ein königliches Patent auf den 1. Juli 1867 festgesetzt. Am 14. Juli wurde Bismarck durch seinen König, der jetzt als Inhaber des Bundespräsidiums das verfassungsmäßige Oberhaupt des Bundes und sein Vertreter nach außen war, zum Bundeskanzler ernannt. Die Häupter der Einzelstaaten erfuhren eine erhebliche Einschränkung ihrer Souveränität; aber sie konnten sich damit trösten, daß sie das, was sie an Souveränitätsrechten im Einzelstaat verloren, als Mitglieder des Bundesrats doch wieder zurückgewonnen hatten, nur daß sie diese Rechte im Bundesrat nicht jeder einzeln für sich, sondern alle zusammen in einer verfassungsmäßig geordneten Gesamtheit ausübten. Preußen war nicht in Deutschland aufgegangen, wie es der nationale Liberalismus früher immer gefordert hatte, sondern Preußen hatte begonnen, andere deutsche Staaten, zunächst die von Norddeutschland, sich anzugliedern und hatte die wichtigsten gemeinsamen Institutionen, namentlich das Heer des Bundes, mit seinem Geiste erfüllt. Der Bund konnte, wie König Wilhelm sich einmal ausdrückte, als das verlängerte Preußen gelten; und die Angliederung der süddeutschen Staaten erschien nur als eine Frage der Zeit.

Die Stimmung in Süddeutschland war noch geteilt und schwankend, aber im ganzen nicht ungünstig für Preußen. In Baden wünschte die Volksvertretung den Eintritt des Landes in den Norddeutschen Bund, in Württemberg trat sie — im Gegensatz zum Ministerium — für Begründung eines besonderen Südbundes ein, auch in Bayern war sie im ganzen für ein Zusammengehen mit Preußen. Der bayerische Minister des Auswärtigen, seit Ende 1866 Fürst Chlodwig Hohenlohe, der spätere Reichskanzler, regte im Februar 1867 eine allgemeine süddeutsche Heeresreform nach preußischem Vorbild an und gab anläßlich der darüber entstandenen Kammerdebatten zum erstenmal eine öffentliche Erklärung ab über die bisher geheim gehaltenen Schutz- und Trutzbündnisse zwischen den süddeutschen Staaten und Preußen; Bismarck veröffentlichte dann die Verträge selbst am 19. März 1867. Sie fanden in der öffentlichen Meinung eine günstige Aufnahme und dienten zur Stärkung der preußischen Stellung in der bald darauf sich zuspitzenden Luxemburger Frage. In den damals zwischen Preußen und den süddeutschen Staaten geführten Verhandlungen tritt ein bedeutsamer Plan des Fürsten Hohenlohe hervor, der darauf hinauslief, diese Krisis zu benutzen, um Süddeutschland, insbesondere Bayern, unter möglichst günstigen Bedingungen an den preußischen Nordbund anzuschließen und zugleich ein Bundesverhältnis mit Österreich zu begründen, wie es auch Bismarck für die Zukunft vorschwebte, so daß Napoleon das schon immer gefürchtete 70-Millionen-Reich oder doch etwas ähnliches sich gegenüber gesehen haben würde. Der bayerische Staatsmann wollte zwischen dem Norddeutschen Bund und den süddeutschen Staaten ein engeres Verhältnis begründen in Form eines Staatenbundes, und dieses kleindeutsche Gesamtgebiet sollte dann mit Österreich in ein völkerrechtliches Bundesverhältnis treten zum gegenseitigen Schutz gegen Frankreich. Bismarck wies diesen Plan nicht ganz von der Hand; er war bereit, mit den süddeutschen Staaten zusammen eine Defensivallianz mit Österreich zu schließen, aber er verlangte zugleich, daß Rußland mithineingezogen werde oder daß doch wenigstens dieser Schritt nicht ohne Wissen und Willen Rußlands geschehe. Er fürchtete, daß man sonst in Rußland argwöhnisch werden würde, wie denn überhaupt Gortschakoff, der noch immer die russischen Geschäfte leitete, nicht gerade von freundlichen Absichten gegen Preußen erfüllt war, trotz der fortdauernden Freundschaft der beiden Monarchen —, und andererseits traute Bismarck auch dem von Beust geleiteten Österreich nicht recht und wollte es durch Rußland in Schach halten. Vielleicht bedeutet der Vorschlag auch nur eine verhüllte Ablehnung des offenbar verfrühten Planes. Auch Beust verhielt sich im ganzen ablehnend, da er der Meinung war, daß die zweifelhafte Freundschaft Preußens nicht ohne die unzweifelhafte Feindschaft Frankreichs zu haben sei.

Der Plan eines Bundes mit Österreich ist also nicht zur Ausführung gekommen, aber den Gedanken einer näheren Verbindung der süddeutschen Staaten mit dem Nordbund unter Wahrung eines möglichst hohen Maßes von Selbständigkeit, namentlich für Bayern, verfolgte Hohenlohe noch weiter, zunächst in Verhandlungen mit den süddeutschen Staaten. Er wollte, daß gewisse Angelegenheiten als gemeinsame für Nord- und Süddeutschland ausgesondert werden sollten, und daß über solche gemeinsame deutsche Angelegenheiten neben dem norddeutschen Reichstage auch die Landtage der süddeutschen Staaten verhandeln sollten. Von Baden aus wurde dieser Plan dahin umgeändert, daß Delegierte der süddeutschen Landtage zum Zweck der Beratung über solche gemeinsame Angelegenheiten in den norddeutschen Reichstag eintreten sollten. Der Plan ist nun zwar in dieser Form nicht verwirklicht worden; er führte aber, da bei diesen gemeinsamen Angelegenheiten natürlich vornehmlich wirtschaftliche Fragen, Zoll- und Handelssachen in Betracht kamen, zu dem Vorschlage Bismarcks, durch den Zollbundesrat und Zollparlament begründet worden sind — ein wichtiger Schritt in der Richtung auf die deutsche Einheit.

Dieser Vorschlag hing mit den Forderungen zusammen, die kurz vorher (4. August) auf einer Versammlung in Braunschweig, wo neben dem Nationalverein auch der deutsche Handelstag und der freihändlerische volkswirtschaftliche Kongreß vertreten waren, auf Antrag von Karl Braun-Wiesbaden aufgestellt worden waren, und die darauf hinausliefen, daß der deutsche Zollverein in einen Zollbundesstaat umgewandelt werden sollte mit einem Bundesparlament, zu dem auch Abgeordnete aus Süddeutschland gehören sollten. Diese Idee griff Bismarck auf und kombinierte sie mit den Plänen, von denen eben die Rede war. Es wurden Verhandlungen mit den süddeutschen Staaten eröffnet; man kam zu einem Einverständnis über die Fortdauer der Zoll- und Handelsverträge und über die Regelung der Gesetzgebung in dem neuen Zollverein. Es sollte ein besonderer Zollbundesrat errichtet werden unter dem Präsidium Preußens mit insgesamt 58 Stimmen, von denen Preußen 17 führte; und diesem Zollbundesrat sollte zur Seite treten ein Zollparlament, bestehend aus Mitgliedern des norddeutschen Reichstages und aus süddeutschen Abgeordneten, die nach demselben Wahlrecht, wie es für den Norddeutschen Bund bestand, gewählt werden sollten. Die süddeutschen Landtage nahmen die Grundsätze dieses Vertrages vom 8. Juli 1867 sämtlich an, in Bayern und Württemberg nicht ohne Schwierigkeiten und heftige Kämpfe. Das Zollparlament trat unter Simsons Präsidium zusammen und hat bis 1870 hin in drei Sessionen getagt. Das System der liberalen Handelsverträge wurde weiter ausgebaut, aber die großen Angelegenheiten des deutschen Volkes, die überall hinter den Zoll- und Handelsfragen standen, durfte das Zollparlament nicht anrühren; es mußte sich auf Tarifdiskussionen und Prüfung von Zollabrechnungen beschränken. Einsichtige Patrioten hatten damals die Empfindung, daß man sich in einem unbefriedigenden und auf die Dauer unhaltbaren Zustand befinde; auf diesem Wege konnte man nicht zur deutschen Einheit gelangen, es mußten erst noch ganz andere Dinge geschehen.

Der deutsch-französische Krieg und die Begründung des Reiches.

Der Einigung Deutschlands unter Preußens Führung standen noch starke Reste des auf Stammesgegensätzen beruhenden, durch die territoriale Staatsbildung befestigten und von dynastischen Stimmungen beherrschten Sondergeistes entgegen, der geneigt war, in der Vormachtstellung Preußens eine Art von Fremdherrschaft zu erblicken; vor allem aber doch die eifersüchtig lauernde Gegnerschaft Frankreichs, dessen Bedeutung als europäische Macht seit Jahrhunderten auf der Schwäche und Zerrissenheit Deutschlands beruhte; durch einen machtvollen Zusammenschluß der deutschen Staaten unter einer energischen und zielbewußten militärisch-politischen Leitung mußte notwendigerweise das Gewicht des französischen Einflusses in der Welt vermindert werden. Napoleon konnte gar nicht umhin, den aus der Geschichte und der nationalen Eigenart der Franzosen entspringenden Gegensatz gegen die deutschen Einheitsbestrebungen zur leitenden Idee seiner Politik zu machen, obwohl er sich früher in der italienischen Frage und auch sonst bei jeder Gelegenheit als Anwalt des Nationalitätsprinzips der Welt angekündigt hatte. Die von ihm in den Besprechungen mit Bismarck gezogene Mainlinie wurde von der preußischen Politik noch bis in das Jahr 1870 hinein als die Grenze des preußischen Einflusses in Deutschland respektiert, wenn auch seit der Veröffentlichung der Schutz- und Trutzbündnisse kein Zweifel mehr darüber bestehen konnte, daß man sie in Zukunft unter Umständen überschreiten würde. Die Spannung war verschärft worden durch den Ausgang der Luxemburger Frage, der eine Demütigung Frankreichs und damit eine weitere Schwächung der ohnehin schon durch äußere Mißerfolge und durch innere Gegenströmungen gefährlich unterwühlten Herrscherstellung Napoleons bedeutete; gab doch eine Gruppe seiner Anhänger die Losung aus, daß man nur zwischen einem ruhmvollen Kriege und der Revolution zu wählen habe. Der Ausbau der militärischen Organisation wurde fortgesetzt, und zugleich begannen planvolle diplomatische Unterhandlungen, die den Zweck verfolgten, Preußen politisch zu isolieren und gewissermaßen einzukreisen. Diesem Bestreben kam nicht nur das Revanchebedürfnis Österreichs und die preußenfeindliche Gesinnung seines leitenden Ministers, des Grafen Beust, entgegen, sondern auch der glühende Wunsch der Italiener, das von den Franzosen besetzte und für den Papst gehütete Rom, die unentbehrliche historische Hauptstadt der wieder geeinigten Halbinsel, durch eine Verbindung mit Frankreich in ihren Besitz zu bringen. In wiederholten Verhandlungen der Jahre 1867, 1868, 1869 kamen die drei Mächte schließlich bis dicht vor den Abschluß eines Bündnisses, bei dem es sich auch um die Möglichkeit eines von Frankreich zu beginnenden Krieges (natürlich gegen Preußen) handelte; aber Österreich behielt sich für diesen Fall in Anbetracht der inneren und äußeren Schwierigkeiten, mit denen es zu rechnen hatte, die Erklärung seiner Neutralität vor, und die Italiener wollten sich mit einer unbefristeten Aussicht auf die Überlassung Roms, wie sie Napoleon damals angeboten hatte, nicht begnügen.

Zum Abschluß des von Napoleon gewünschten Dreibundes ist es daher im Juni 1869 nicht gekommen; doch wurde durch den Austausch brieflicher Erklärungen zwischen den drei Monarchen eine Grundlage für weitere Verhandlungen geschaffen, die denn auch zur Förderung des gegenseitigen Einverständnisses gedient haben. Im Februar 1870 war der Erzherzog Albrecht, der Sieger von Custoza und das Haupt der österreichischen Kriegspartei, in Paris, um mit Napoleon die Möglichkeiten eines kriegerischen Zusammenwirkens gegen Preußen zu erörtern. Man ging dabei, wie es scheint, von der Annahme aus, daß Preußen nicht ohne Anwendung von Zwang die süddeutschen Staaten dem Nordbund anzugliedern suchen werde, und wollte gewissermaßen den Süddeutschen gegen Preußen zu Hilfe kommen; wenigstens war Süddeutschland als Hauptkriegsschauplatz ins Auge gefaßt. Die Verhandlungen wurden im Juni in Wien durch den dorthin entsandten französischen General Lebrun fortgesetzt. Lebrun verlangte die Zusicherung Österreichs, daß es am selben Tage wie Frankreich den

Krieg erklären werde; aber dazu wollte sich Kaiser Franz Josef nicht ohne weiteres verstehen. Er erklärte dem französischen General am 14. Juni 1870: er wolle in erster Linie, wenn es sein könne, Bewahrung des Friedens; wenn er Krieg führen solle, so müsse er dazu gezwungen sein. Wenn Napoleon mit seiner Armee in Süddeutschland erscheine, nicht als Feind, sondern als Befreier der Süddeutschen, dann würde auch er sich genötigt sehen, gemeinschaftliche Sache mit ihm zu machen. Der Kaiser vermied es also, sich zu einem mit Frankreich gleichzeitigen Losschlagen zu verpflichten; doch würde er bei einem siegreichen Vordringen der Franzosen wahrscheinlich nicht gezögert haben, sich ihnen anzuschließen. Noch enger scheint das Einverständnis Napoleons mit König Viktor Emanuel sich gestaltet zu haben; die italienische Regierung scheint im Begriff gewesen zu sein, mit Napoleon gemeinschaftliche Sache zu machen; doch war es auch hier noch nicht zu einer bindenden Verabredung gekommen.

König Wilhelm hätte am liebsten den Frieden erhalten, so lange er lebte. Er konnte sich sagen, daß er das Seine getan habe, und gedachte mit hoffnungsvollem Herzen, die endgültige Lösung der deutschen Frage seinem Sohne zu überlassen. Bismarcks Haltung war aber Frankreich gegenüber eine ganz andere, als in dem Verhältnis zu Österreich vor 1866. Man kann nicht sagen, daß er den Krieg von 1870 durch Vorbereitungen von langer Hand her planmäßig herbeigeführt habe, wenn er auch in dem letzten kritischen Moment dessen Abwendung um den Preis einer politischen Demütigung Preußens entschlossen verhindert hat. Allerdings war Bismarck von der Überzeugung durchdrungen, daß der Krieg mit Frankreich unter den obwaltenden Umständen eine politische Notwendigkeit sei. Es war nicht zu erwarten, daß die Vollendung der deutschen Einheit ohne französischen Widerstand zu bewirken sein werde; und auch die spröde Abneigung gegen Preußen, die sich in Süddeutschland wie in den eroberten Gebieten des Nordens noch vielfach geltend machte, konnte am gründlichsten in einem gemeinsamen Kriege gegen den Erbfeind und für die allgemeine deutsche Sache überwunden werden; ein solcher Krieg war gleichsam ein mächtiges Schmiedefeuer, in dem die verschiedenen Bestandteile der deutschen Nation zusammengeschweißt werden konnten. Trotzdem hat Bismarck nichts getan, um den Ausbruch dieses unvermeidlichen Krieges zu beschleunigen. Die neu begründeten Ordnungen in Nord- und Süddeutschland, namentlich auch die militärischen, mußten erst Zeit haben, sich zu befestigen und das volle Maß ihrer Wirkung zu erreichen. In dem Zeitpunkt der Luxemburger Krisis war noch alles in unfertigem Zustande, und jedes Jahr vermehrte damals noch die Zahl der für einen Krieg verfügbaren Mannschaften in den deutschen Heeren um 100 000 Mann. Im Jahre 1870 war bereits der Beharrungszustand erreicht, aber eine weitere Festigung der Verhältnisse wäre immerhin wünschenswert gewesen, ehe die große Probe gemacht wurde. Bismarck hat sich wohl gehütet, den Eintritt der Südstaaten in den Norddeutschen Bund auf irgend eine Weise zu erzwingen, wenn er auch angesichts des sich anbahnenden Einverständnisses zwischen Frankreich und Österreich Erklärungen abgab, welche zeigten, daß die preußische Regierung sich an die Einhaltung der Mainlinie nicht dauernd zu binden gewillt sei; das Verlangen Badens, in den Nordbund aufgenommen zu werden, wurde noch im Frühjahr 1870 zurückgewiesen. Der von Napoleon und von der Kriegspartei in Österreich als wahrscheinlich angenommene Kriegsgrund einer Nötigung der süddeutschen Staaten zum Anschluß an den Norddeutschen Bund ist also von der preußischen Regierung geflissentlich vermieden worden.

Der Anlaß zum Kriege ist aber überhaupt nicht durch die große nationale Frage gegeben worden, sondern durch eine Angelegenheit rein dynastischer Art, die spanische Thronkandidatur des Prinzen Leopold von Hohenzollern-Sigmaringen, des zweiten Sohnes des regierenden Fürsten Karl Anton, dessen ältester Sohn Karl vor kurzem den Thron von Rumänien bestiegen hatte. Wenn es richtig ist, was neuerdings ein österreichischer Forscher behauptet hat, daß man in Wien die Teilnahme an einem Kriege gegen Preußen unter anderm davon abhängig gemacht habe, daß nicht die deutsche Frage den Anlaß bilden dürfe, so rückt diese Angelegenheit von vornherein in eine Perspektive, die manches in dem Gewirr der damit verbundenen Umtriebe und Ränke klarer und verständlicher erscheinen läßt. Die Anregung der Kandidatur ging von den Machthabern in Spanien, insonderheit dem Marschall Prim, aus, und die Hohenzollern hatten anfangs wenig Neigung, darauf einzugehen; das zeigte sich bei den Verhandlungen mit dem Cortes-Vertreter Salazar im September 1869. Aber im Februar 1870 erschien Salazar wieder bei ihnen mit seinen Anerbietungen; und jetzt begann Bismarck der Sache die entscheidende Wendung zu geben. Die schwäbischen Hohenzollern hatten sich an König Wilhelm gewandt, der als Haupt des Gesamthauses in solchen Fragen nicht zu umgehen war, und dieser hatte Bismarck ins Vertrauen gezogen. Bismarck riet zur Annahme der Kandidatur, weil er davon eine Ausbreitung des dynastischen Einflusses des Hohenzollernhauses in Europa erwartete, der unter Umständen auch für Preußen und Deutschland nutzbar gemacht werden konnte. Er gebrauchte aber von vornherein die Vorsicht, diese Angelegenheit als Haus-, nicht als Staatssache zu behandeln und die preußische Regierung dabei gänzlich aus dem Spiel zu lassen. Der Fürst Karl Anton wurde durch Bismarcks Vorstellungen im März 1870, wo er als Gast des Königs in Berlin weilte, für die Kandidatur seines Sohnes gewonnen; aber der Prinz Leopold selbst, auf den es hauptsächlich ankam, schwankte noch immer. Da veranlaßte Bismarck die Sendung seines vertrauten Rates Lothar Bucher und des Majors von Versen nach Spanien, teils um Erkundigungen einzuziehen, teils um den Marschall Prim in dem Festhalten an der hohenzollernschen Kandidatur zu bestärken. Gestützt auf die günstigen Berichte dieser Abgesandten, verstand er es, den Kronprinzen für den Plan zu gewinnen und endlich auch die Bedenken des Prinzen Leopold gegen die Annahme der Krone zu überwinden (Juni 1870). König Wilhelm hatte dem Projekt ohne sonderliche Neigung, ja mit einem gewissen Unbehagen gegenübergestanden; er hätte es ohne Bedauern scheitern sehen; jetzt aber, wo der Erbprinz sich für die Annahme der Krone entschieden hatte, ließ auch er sich diese Wendung gefallen und gab ihm in einem Briefe vom 28. Juni die Versicherung, daß er sich seinem Entschlusse nicht widersetzen werde. Wäre nun alles so gegangen, wie Bismarck und die spanischen Machthaber es sich gedacht hatten, so wäre jetzt die Wahl des Prinzen durch die Cortes erfolgt, und Frankreich hätte, wie ganz Europa, einer vollendeten Tatsache gegenübergestanden, deren Anfechtung es vor allem in einen Konflikt mit Spanien selbst gebracht haben würde.

Von der Voraussetzung dieser Lage aus vermag man am zutreffendsten die Absichten zu beurteilen, die Bismarck bei seiner zweifellos sehr eifrigen Beförderung der hohenzollernschen Kandidatur geleitet haben mögen. Er konnte sich nicht verhehlen, daß ein der Hohenzollerndynastie entsprossener König auf dem spanischen Throne, mochte er auch ein Enkel der Schwester Murats sein, das entschiedene Mißfallen Napoleons und der öffentlichen Meinung in Frankreich hervorrufen werde; aber wenn das Geheimnis gewahrt wurde und die Wahl gelang, bevor die Diplomatie Gelegenheit zur Einmischung gefunden hatte, so war kaum anzunehmen, daß ein Kriegsgrund daraus hergeleitet werden konnte, da es sich ja um einen Entschluß des spanischen Volkes handelte und die preußische Regierung als solche an der Angelegenheit überhaupt nicht beteiligt war. Kam es dennoch dazu, so war er wohl auch für diesen Fall gerüstet; aber man wird nicht annehmen dürfen, daß seine Absicht bei der Beförderung der Kandidatur geradezu dahin gegangen sei, Frankreich zum Kriege zu reizen. Für Bismarcks Politik bot eine solche rein dynastische Frage durchaus keinen wünschenswerten Anlaß zum Kriege; es konnte nicht erwartet werden, daß sie das deutsche Nationalgefühl elektrisieren werde; nur durch eine ganz besondere, gar nicht vorherzusehende Verkettung der Umstände ist es dazu gekommen, daß an dieser Frage die Kriegsbegeisterung des ganzen deutschen Volkes gegen den französischen Erbfeind sich entzündete; an und für sich war dieser Kriegsgrund für die Franzosen günstiger als für die Deutschen, und ganz besonders war das der Fall, wenn jene Bedingung für die Mitwirkung Österreichs, daß die deutsche Frage nicht den Anlaß zum Kriege geben dürfe, wirklich gestellt worden ist. Für Bismarcks Politik bot aber die Besetzung des spanischen Thrones mit einer zuverlässigen, für preußische Einflüsse offenen Persönlichkeit an und für sich nicht unerhebliche Vorteile dar. Wenn auch Spanien keine Macht war, auf deren Leistungen im Kriegsfalle großes Gewicht gelegt werden konnte, so hätte doch ein solcher Bundesgenosse in unmittelbarer Nachbarschaft Frankreichs für die preußische Politik unter allen Umständen in Krieg und Frieden einen entschiedenen Vorteil bedeutet, namentlich bei der Isolierung, in die Preußen damals durch die Bemühungen Napoleons gebracht war. Bismarck hat ganz besonders auf die Handelsvorteile hingewiesen, die bei einer dynastischen Verbindung mit Spanien zu erwarten seien; man wird diese nicht so hoch anzuschlagen haben, daß sich der Eifer Bismarcks für die hohenzollernsche Thronkandidatur daraus erklären ließe; die allgemein politischen Vorteile waren doch die Hauptsache: ein befreundetes Spanien im Rücken Frankreichs wäre kaum viel weniger wert gewesen, als einst das befreundete Italien im Rücken Österreichs gewesen war.

Aber die Dinge sind nicht nach dem ursprünglichen Plane der Beteiligten gegangen. Ein Mißverständnis bei der Entzifferung einer Berliner Depesche in Madrid veranlaßte die Vertagung der Cortes und die Verschiebung der Wahl; und nun machte Prim, wohl weil er die längere Bewahrung des Geheimnisses nicht für möglich hielt, dem französischen Gesandten eine Mitteilung über die Absicht, dem Prinzen die Krone anzubieten (4. Juli 1870). Jetzt erschien in den Augen Frankreichs Preußen als der Anstifter einer das französische Interesse bedrohenden Intrige. Eine amtliche Anfrage in Berlin konnte natürlich nur dahin beantwortet werden, daß die preußische Regierung mit der Angelegenheit nichts zu tun habe. In der französischen Kammer aber gab der Minister des Auswärtigen, Herzog von Gramont, die folgende Erklärung ab, deren Fassung trotz späterer Ableugnung auf seinen Vorschlägen beruht, nicht auf der Initiative

Napoleons, der vielmehr nur widerwillig und durch die Minister gedrängt, seine Zustimmung gegeben hatte: „Wir glauben nicht, daß die Achtung vor den Rechten eines Nachbarlandes uns verpflichtet, zu dulden, daß eine fremde Macht, indem sie einen ihrer Prinzen auf den Thron Karls V. setzt, dadurch zu ihrem Vorteil das gegenwärtige Gleichgewicht der Mächte Europas stören und so die Interessen und die Ehre Frankreichs gefährden könnte. Wir hoffen, daß diese Eventualität sich nicht verwirklichen wird; wir rechnen dabei auf die Weisheit des deutschen und auf die Freundschaft des spanischen Volkes. Wenn es anders kommen sollte, so würden wir, stark durch Ihre Unterstützung und durch die der Nation, unsere Pflicht ohne Zaudern und ohne Schwäche zu erfüllen wissen." In der Kammer wie in der Presse wurde diese Erklärung mit kriegerischer Begeisterung aufgenommen; man glaubte allerdings, daß Preußen zurückweichen und durch seine Demütigung Frankreich einen billigen Triumph bereiten werde.

In Berlin war damals weder der König noch Bismarck anwesend; der König befand sich zur Kur in Ems und Bismarck auf seinem hinterpommerschen Gute Varzin. Von dem Telegrammverkehr zwischen beiden in den nächsten Tagen ist noch nichts bekannt geworden. Bismarck scheint schon damals einen Bruch für unvermeidlich gehalten zu haben, namentlich seit der Wortlaut der Erklärung Gramonts durch die Zeitungen bekanntgemacht worden war (8. Juli). Diese Erklärung, sagt Bismarck, war eine amtliche internationale Bedrohung mit der Hand am Degengriff; die Vorgänge in der Kammer und in der Pariser Presse am 6. und 7. Juli bedeuteten eine derartige Herausforderung des nationalen Ehrgefühls in Deutschland, daß nach seiner Empfindung schon damals jede Nachgiebigkeit unmöglich war. In diesem Sinne instruierte er am 8. Juli die preußischen Vertreter in Paris und in London; er wirkte in den nächsten Tagen auch auf die Presse nachdrücklich ein, und zwar in sehr charakteristischer Weise, indem er den offiziösen Blättern vorsichtige Zurückhaltung vorschrieb, in den übrigen Zeitungen aber den nationalen Unwillen durch seine Mitteilungen zur hellen Glut entfachte.

Aber der Anstoß zur weiteren Entwicklung der Dinge ging von den Verhandlungen aus, die der französische Botschafter Graf Benedetti mit König Wilhelm selbst in Ems führte. Benedetti war auf Weisungen des Herzogs von Gramont von Wildbad aus, wo er die Kur gebrauchte, nach Ems gegangen, um von König Wilhelm zu verlangen, er möge dem Prinzen von Hohenzollern befehlen, von der spanischen Thronkandidatur zurückzutreten. Gramont wollte mit einer eklatanten Genugtuung vor der Kammer erscheinen und hatte darum diesen Weg gewählt, während Napoleon selbst, durch seine Krankheit geschwächt und gar nicht kriegslustig, viel korrekter verfuhr, indem er durch den König der Belgier den Fürsten von Hohenzollern zu bestimmen suchte, im Interesse der Erhaltung des Friedens seinen Sohn zur Ablehnung der spanischen Krone zu veranlassen. König Wilhelm war höflich genug, den französischen Botschafter in Ems wirklich zu empfangen und sich auf Besprechungen mit ihm einzulassen; zuerst am 9. Juli. Er blieb dabei vollkommen auf der Linie seines bisherigen Verhaltens. Er konnte ihm nur wiederholen, daß seine Regierung mit der Sache nichts zu tun habe, daß er auch persönlich dem Prinzen die volle Freiheit des Entschlusses lasse. Er riet dem französischen Botschafter, man möge von Paris aus in Madrid darauf wirken, daß man dort die Kandidatur des Prinzen fallen lasse; er selbst habe dem Prinzen und dessen Vater bereits geschrieben, daß er auch nichts dagegen habe, wenn diese auf die Kandidatur verzichten wollten. In der Tat verzichtete nun der Fürst von Hohenzollern im Namen seines Sohnes am 11. Juli auf die Kandidatur, um die drohende Verwicklung dadurch zu lösen. Damit war man aber in Paris noch keineswegs zufrieden. Gramont wollte seinen diplomatischen Triumph haben und Preußen eine empfindliche Demütigung bereiten. An demselben Tage, wo der Verzicht bekannt wurde, beauftragte Gramont den Botschafter Benedetti, von König Wilhelm die persönliche Erklärung zu verlangen, daß er sich dem Verzicht des Fürsten von Hohenzollern anschließe und eine Erneuerung der Bewerbung in Zukunft nicht zulassen werde; zugleich stellte Gramont an den preußischen Botschafter in Paris, Herrn von Werther, das Ansinnen, der König solle einen Brief an den Kaiser Napoleon schreiben, dessen Inhalt näher angedeutet war und auf eine förmliche Entschuldigung hinauskam. Bei diesem ungewöhnlichen Schritt konnte sich Gramont auf eine schriftliche Weisung Napoleons berufen; doch wird man darin weniger ein Denkmal der Kriegslust des Kaisers zu sehen haben, als der willenlosen Schwäche, mit der der kranke Mann den Einflüssen seiner Umgebung gegenüberstand. Die Verantwortung für die Folgen fällt in erster Linie auf den Herzog von Gramont.

Am Morgen des 13. Juli traf Benedetti den König auf der Brunnenpromenade und richtete seinen Auftrag aus. Der König lehnte das Verlangen, daß er sich für die Zukunft binden solle, natürlich ab, ohne aber den Ton freundlicher und höflicher Unterredung, wie er ihn dem Botschafter gegenüber gewöhnt war, zu verändern. Bald nach der Rückkehr in sein Quartier erhielt dann der König ein Schreiben aus Sigmaringen mit der Nachricht von der Verzichtleistung des Prinzen, die in Paris längst bekannt war und die er selbst schon am Morgen durch ein Zeitungsblatt erfahren hatte. Er schickte gegen 2 Uhr nachmittags seinen Flügeladjutanten Fürsten Radziwill mit dieser Mitteilung zu Benedetti und ließ ihm sagen, er sehe die Angelegenheit damit als erledigt an. Inzwischen aber hatte Benedetti aus Paris die Weisung erhalten, noch einen Versuch zu machen, die gewünschte Erklärung vom König zu erlangen, und bat daher um eine nochmalige Audienz. Der König ließ ihm aber jetzt durch Radziwill mitteilen, er könne sich nur auf das berufen, was er dem Botschafter bereits gesagt habe, und lehnte es auch auf ein nochmaliges Verlangen Benedettis entschieden ab, sich in weitere Diskussionen über diesen Punkt einzulassen, indem er den Bescheid wiederholen ließ: was er am Morgen gesagt habe, sei sein letztes Wort in dieser Sache. Inzwischen war auch das von Werther wirklich übermittelte Ansinnen eines Entschuldigungsbriefes dem König zur Kenntnis gebracht worden; allerdings nicht in der von Gramont gewünschten Weise: Bismarck hatte sich geweigert, dem König amtlich eine solche Eröffnung zu machen und hatte den Botschafter, der nicht taktvoll genug gewesen war, diese Forderung von vornherein abzulehnen, angewiesen, sofort einen Urlaub anzutreten. Der König war auch so über die Zumutung empört; er ließ Werther seine Entrüstung kundgeben; alles Weitere behielt er sich vor. Am 14. reiste dann der König, wie schon vorher bestimmt war, von Ems ab, um zunächst in Koblenz mit seiner Gemahlin, die dort weilte, zusammenzutreffen und dann nach Berlin zurückzukehren. Benedetti wurde auf seine Bitte noch zum Abschied auf dem Bahnhof empfangen; auch dort erklärte ihm der König, er habe ihm nichts weiter zu sagen; die Verhandlungen würden in Berlin von seiner Regierung fortgesetzt werden.

Die immer fester und abweisender werdende Haltung des Königs in den Verhandlungen mit Benedetti ist wohl zum Teil auf den Telegrammverkehr mit Bismarck zurückzuführen, von dem auch aus diesen Tagen nichts Näheres bekannt ist. Bismarck befürchtete, sobald er die Nachricht von dem Empfang Benedettis erhalten hatte, der König möchte in seiner Friedensliebe zu weit gehen, und fragte an, ob nicht seine Anwesenheit gewünscht werde; am 11. erhielt er dann auch den Befehl, nach Ems zu kommen, und brach am 12. früh von Varzin auf. Er glaubte nicht anders, als daß es jetzt zum Bruch kommen werde. Sehr enttäuscht war er daher, als er am 12. in Berlin die Nachricht erhielt, daß der Prinz von Hohenzollern der Kandidatur entsagt habe, um den drohenden Krieg abzuwenden. Er glaubte, daß jetzt der Friede erhalten bleiben werde, aber um den Preis einer Demütigung Preußens, die ihm schlimmer vorkam als die von Olmütz. Er dachte an seinen Rücktritt; er gab die Reise nach Ems auf und überließ es dem Minister des Innern, Grafen Eulenburg, dorthin zu gehen und dem König seine Auffassung vorzutragen.

Am 13. Juli abends hatte Bismarck, wie er selbst erzählt, Roon und Moltke bei sich zu Tisch; er sprach mit ihnen über die Lage und über seine Absicht zurückzutreten. Alle drei waren sehr niedergeschlagen. Während der Unterhaltung wurde gemeldet, daß ein Zifferntelegramm aus Ems angekommen und in der Übersetzung begriffen sei. Der Geheime Rat Abeken, der als Vertreter des auswärtigen Ministeriums sich in der Begleitung des Königs befand, hatte es auf dessen Befehl redigiert und unterzeichnet. Nach der Entzifferung las es Bismarck seinen Gästen vor. Es lautete folgendermaßen:

„Ems, 13. Juli 1870. 3h 50m Nachm. (in Berlin 6h 9m). Se. Majestät schreibt mir: ‚Graf Benedetti fing mich auf der Promenade ab, um auf zuletzt sehr zudringliche Art von mir zu verlangen, ich sollte ihn autorisieren, sofort zu telegraphieren, daß ich für alle Zukunft mich verpflichtete, niemals wieder meine Zustimmung zu geben, wenn die Hohenzollern auf ihre Kandidatur zurückkämen. Ich wies ihn, zuletzt etwas ernst, zurück, da man à tout jamais dergleichen Engagements nicht nehmen dürfe noch könne. Natürlich sagte ich ihm, daß ich noch nichts erhalten hätte, und, da e r über Paris und Madrid früher benachrichtigt sei als ich, er wohl einsähe, daß mein Gouvernement wiederum außer Spiel sei.‘ Se. Majestät hat seitdem ein Schreiben des Fürsten bekommen. Da Se. Majestät dem Grafen Benedetti gesagt, daß er Nachricht vom Fürsten erwarte, hat Allerhöchstderselbe, mit Rücksicht auf die obige Zumutung, auf des Grafen Eulenburg und meinen Vortrag beschlossen, den Grafen Benedetti nicht mehr zu empfangen, sondern ihm nur durch einen Adjutanten sagen zu lassen: daß Se. Majestät jetzt vom Fürsten die Bestätigung der Nachricht erhalten, die Benedetti aus Paris schon gehabt, und dem Botschafter nichts mehr zu sagen habe. Se. Majestät stellt Euer Exzellenz anheim, ob nicht die neue Forderung Benedettis und ihre Zurückweisung sogleich sowohl unsern Gesandten als in der Presse mitgeteilt werden sollte. Abeken.“

Nach der Verlesung dieses Wortlauts, so erzählt Bismarck, wurde die Niedergeschlagenheit seiner Gäste so tief, daß sie Speise und Trank verschmähten. Bismarcks kombinatorischer Geist aber verweilte bei dem letzten Satze, der die

Ermächtigung des Königs enthielt, die Forderung Benedettis und ihre Zurückweisung den Gesandten und der Presse mitzuteilen. Hier erkannte er den Punkt, wo er den Hebel ansetzen konnte, um nicht den Anschein aufkommen zu lassen, als ob Preußen vor den französischen Drohungen zurückweiche. Er befragte Moltke über die Kriegsbereitschaft der Armee, und Moltke antwortete, daß, wenn Krieg werden sollte, ein schneller Ausbruch im ganzen vorteilhafter sei, als eine Verschleppung. Nun brachte Bismarck in Gegenwart seiner beiden Tischgäste das Abekensche Telegramm in der Hauptsache bloß durch Kürzung, ohne inhaltliche Zusätze, in die folgende Fassung:

„Nachdem die Nachrichten von der Entsagung des Erbprinzen von Hohenzollern der kaiserlich französischen Regierung von der königlich spanischen amtlich mitgeteilt worden sind, hat der französische Botschafter in Ems an Seine Majestät den König noch die Forderung gestellt, ihn zu autorisieren, daß er nach Paris telegraphiere, daß Seine Majestät der König sich für alle Zukunft verpflichte, niemals wieder seine Zustimmung zu geben, wenn die Hohenzollern auf ihre Kandidatur zurückkommen sollten. Seine Majestät der König hat es darauf abgelehnt, den französischen Botschafter nochmals zu empfangen und demselben durch den Adjutanten vom Dienst sagen lassen, daß Seine Majestät dem Botschafter nichts weiter mitzuteilen habe."

Bismarck las nun seinen beiden Gästen das Telegramm in der neuen gedrängten Fassung vor, und Moltke bemerkte: „So hat das einen anderen Klang; vorher klang es wie Schamade, jetzt wie eine Fanfare in Antwort auf eine Herausforderung." Es war in der Tat die Absicht Bismarcks, durch die telegraphische Mitteilung dieser Nachricht an die Zeitungen und die Gesandtschaften dem gallischen Stier das rote Tuch vorzuhalten. Er hielt den Krieg für unvermeidlich; aber er wollte, daß Frankreich vor aller Welt als der Angreifer dastehen sollte, und er war überzeugt, daß diese öffentliche und entschiedene Zurückweisung der französischen Drohungen bei der Überhebung und Reizbarkeit des gallischen Nationalcharakters genügen werde, die Angriffslust vollends zu entfesseln. Als der König die veröffentlichte Fassung am Morgen des 14. Juli erhielt, überreichte er sie Eulenburg mit den Worten: „Das ist der Krieg."

In Paris glaubte der Minister Ollivier noch am Morgen des 14. Juli, als ihm nur erst die Meldung Benedettis über die Billigung des Verzichts der Hohenzollern durch König Wilhelm vorlag, die Kammern, in denen für den 15. eine Interpellation angemeldet war, durch effektvolle Betonung des diplomatischen Triumphes der französischen Regierung beruhigen zu können; aber die Emser Depesche, deren Wortlaut inzwischen dem Herzog von Gramont zugegangen war, veränderte dann die Lage in der vorausgesehenen Weise. Ein Kronrat, der am Nachmittag in den Tuilerien gehalten wurde, beschloß einstimmig die Mobilmachung, allerdings aber auf Veranlassung Napoleons zugleich auch die Anrufung eines europäischen Kongresses, auf dem man die begehrten Garantien für die Zukunft zu erlangen hoffte. In einer zweiten Beratung am Abend des 14. nahm man Abstand von diesem letzteren Plan; aber die Entscheidung über Krieg und Frieden wurde noch bis zum nächsten Tage ausgesetzt. Am Morgen des 15. fiel sie in einem zu St. Cloud abgehaltenen Konseil; sie fiel für den Krieg. Mit Berufung auf den Inhalt der Emser Depesche verkündeten die Minister an demselben Tage in den Kammern den Entschluß der Regierung, Gramont im Senat,

Ollivier im gesetzgebenden Körper. Die Kammern nahmen die Erklärungen der Minister mit lautem Beifall auf und bewilligten sofort die nötigen Kredite. Auf den Boulevards erscholl der Ruf: „à Berlin!" und auch die Presse äußerte sich fast durchweg in kriegerischem Sinne.

An eben diesem Tage, dem 15. Juli, reiste König Wilhelm von Koblenz nach Berlin. Seine Gemahlin, so erzählte man Bismarck, sollte ihn auf das dringendste gebeten haben, mit Hinweis auf 1806 und 1807, den Frieden zu bewahren; und er selbst hatte die Hoffnung auf eine friedliche Lösung des Konflikts noch nicht ganz aufgegeben. In der Bevölkerung aber hatte das von Bismarck veröffentlichte Emser Telegramm überall Empörung und kriegerische Begeisterung hervorgerufen; das deutsche Nationalgefühl brach jetzt in mächtigem Strome hervor und umbrauste auf jeder Station von neuem den der Hauptstadt zueilenden Zug des Königs. In Brandenburg stieg der Kronprinz mit Bismarck, Roon und Moltke in seinen Wagen; doch wurde noch kein entscheidender Beschluß gefaßt; erst am Abend bei der Ankunft auf dem Potsdamer Bahnhof, wo der König die Pariser Ereignisse erfuhr und die kriegerische Rede des Ministers Ollivier kennen lernte, schwand auch die letzte Hoffnung auf die Erhaltung des Friedens; schon dort ist der Entschluß zur Mobilmachung gefaßt worden; und der Kronprinz, hingerissen von der Größe des Moments, warf die Nachricht unter die patriotisch erregten Menschenmassen. Noch in der Nacht wurden die nötigen Maßregeln getroffen, der Norddeutsche Reichstag zum 19. Juli einberufen. Die süddeutschen Staaten schlossen sich auf Grund ihrer Bündnisverträge mit Preußen der Mobilmachung an; nur in Bayern wurde von den ultramontanen Partikularisten noch ein vergeblicher Versuch gemacht, die Regierung in einer bewaffneten Neutralität festzuhalten; König Ludwig blieb seiner Verpflichtung treu, und die Mehrheit des Landtages bewilligte auch hier den Rüstungskredit. Es war eine arge Enttäuschung für die Franzosen, die immer noch auf die partikularistische Opposition in Süddeutschland gerechnet hatten. Am 19. Juli wurde die französische Kriegserklärung in Berlin übergeben. Es war der Todestag der Königin Luise; und König Wilhelm, der 73jährige, holte sich an diesem Gedächtnistage am Grabe der unvergeßlichen Mutter in stillem Gebet die Kraft für die schweren Aufgaben des bevorstehenden Krieges. Am selben Tage wurde, wie einst am Geburtstage der Königin 1813, auch wieder das Eiserne Kreuz als Auszeichnung für die Kämpfer im Streit gestiftet. Ein überwältigender Sturm vaterländischer Begeisterung brauste durch das Land; überall sang man die „Wacht am Rhein", das alte Kampflied von 1840, das erst jetzt zu breitester Volkstümlichkeit durchdrang. Der Norddeutsche Reichstag nahm am 20. Juli eine von Miquel verfaßte begeisterte Adresse an den König an und bewilligte zugleich 20 Millionen Taler zu den Rüstungen, die nun mit überraschender Schnelligkeit ins Werk gesetzt wurden. Am 31. Juli reiste der König zur Armee ab, zunächst nach Mainz; es verstand sich für ihn von selbst, daß er auch in diesem Kriege wieder persönlich den Oberbefehl übernahm, mit Moltke als Generalstabschef zur Seite.

Die europäische Konstellation war für Deutschland nicht ungünstig. Von Paris aus wurde noch ein Versuch gemacht, die Hilfe Österreichs und Italiens für den Krieg zu erlangen, aber es war vergeblich. Österreich behielt seine abwartende Haltung bei; es rüstete, aber es blieb vorläufig neutral. Mit Italien kamen die Verhandlungen noch einmal in Fluß, als Napoleon sich zur Zurückziehung der französischen Truppen aus Rom erbot; aber da er gegen die Besetzung Roms durch die Italiener immer noch Einspruch erhob, so blieb auch Italien in der Haltung der bewaffneten Neutralität. Nach den ersten Erfolgen der deutschen Heere haben beide Mächte, um dem Werben und Drängen Napoleons besser widerstehen zu können, ein Bündnis mit England geschlossen, in dem sie sich verpflichteten, während des Krieges neutral zu bleiben.

In England und namentlich in Rußland schob man mehr oder minder offen und deutlich Napoleon die Schuld an dem Kriege zu. Bismarck verstand es, den Argwohn Englands gegen Frankreich zu reizen, indem er in den „Times" am 25. Juli jenen Vertragsentwurf Benedettis publizieren ließ, in dem die Einverleibung Belgiens in Frankreich vorgeschlagen war. Benedetti versuchte zwar das Dokument abzuleugnen, aber die Unvorsichtigkeit, die er früher begangen hatte, indem er es auf Bismarcks Wunsch mit eigener Hand schrieb, machte diesen Versuch zuschanden. England hat sich übrigens durch seine Neutralität nicht hindern lassen, die Franzosen durch Waffeneinfuhr in unzulässiger Weise zu unterstützen; es bedurfte erst umständlicher diplomatischer Verhandlungen, die bis Ende November dauerten, um es zu einer strengeren Einhaltung der Neutralitätspflichten zu veranlassen. In Rußland stand der Zar in einem freundschaftlichen Verhältnis zum König von Preußen, und auch der Minister Gortschakoff hat die freundliche Haltung Rußlands gegen Preußen damals nicht beeinträchtigt; die wohlwollende Neutralität dieses östlichen Nachbarn gewährte eine sehr wertvolle Rückendeckung, indem sie zugleich die beiden alten Feinde Dänemark und Österreich in Schach hielt; Rußland war bereit, mit 300 000 Mann in Galizien einzudringen, wenn Österreich sich an dem Kriege gegen Preußen beteiligen würde.

Jede von den beiden kriegführenden Mächten hatte ursprünglich die Absicht, die Offensive zu ergreifen und in Feindesland vorzudringen. Die Franzosen wollten in der Gegend von Straßburg über den Rhein gehen, um womöglich Süddeutschland von dem Nordbund zu trennen. Aber der Mangel an militärischer Bereitschaft, der sich trotz der ruhmredigen Erklärung des Kriegsministers Leboeuf bei der Mobilmachung herausstellte, hat die Ausführung dieses Planes vereitelt. Man hatte die Regimenter so, wie sie auf dem Friedensfuße sich befanden, an die Grenze geschickt und wollte erst dort die Einstellung der allmählich eintreffenden Reserven vornehmen. So kam es, daß zu Anfang nur 150 000—200 000 Mann an der Grenze versammelt waren. Es waren alte, erprobte Soldaten, aber sie litten unter dem Mangel an Verpflegung, an Munition, an Ambulanzen; die Offiziere hatten weder in der Krim und in Italien noch in Algier und Mexiko diejenigen Erfahrungen sammeln können, die nur im großen Kriege mit einem vollwertigen Gegner zu erwerben sind; sie waren wohl mit Karten für die deutschen Länder, aber nicht mit solchen für Frankreich ausgerüstet; die Disziplin der Truppe ließ zu wünschen übrig, und die Vorzüge des weittragenden Chassepotgewehrs, mit dem die Infanterie bewaffnet war, vermochten die Mängel in Führung und Marschfähigkeit nicht auszugleichen. Die Überlegenheit der Deutschen, nicht nur an Zahl, sondern auch an Ausbildung und Führung der Truppen, trat von Anfang an mit unzweifelhafter Deutlichkeit hervor; die Schule König Wilhelms und seines

Kriegsministers Roon und die dreijährige Dienstzeit trugen glänzende Früchte. Moltke hatte schon bald nach der Luxemburger Krisis einen Kriegsplan ausgearbeitet, der die Eroberung der feindlichen Hauptstadt ins Auge faßte und die Absicht verfolgte, auf dem Wege dorthin die französischen Streitkräfte möglichst von dem reicheren Süden nach dem ärmeren und engeren Norden abzudrängen. Dabei blieb natürlich der maßgebende Grundsatz der Moltkeschen Strategie in Geltung, den Feind da, wo man ihn traf, anzugreifen, um seine Streitkräfte womöglich zu vernichten, und zu diesem Zweck die eigenen Truppen so zusammenzuhalten, daß man bei der Entscheidung mit Übermacht auftreten konnte. Dieser Plan war vom König gebilligt worden und wurde nun zur Ausführung gebracht. Man verzichtete auf einen Versuch, den Schwarzwald zu verteidigen und glaubte Baden und Süddeutschland überhaupt am besten durch ein Vordringen im Elsaß zu sichern; die süddeutschen Regierungen besaßen Vertrauen und Selbstverleugnung genug, um ihre Truppen unter den Befehl König Wilhelms zu stellen, ohne auf den Schutz ihrer eigenen Grenzen ängstlich bedacht zu sein.

Die deutschen Streitkräfte sammelten sich am Mittelrhein, um in der Richtung auf Metz und Straßburg vorzugehen. Sie waren in drei Armeen geteilt, im Anfang zusammen etwa 384 000 Mann stark; hinter diesen waren aber noch die drei Armeekorps aus den östlichen Provinzen, Preußen, Pommern und Posen, etwa 100 000 Mann im Anmarsch, für die die Eisenbahnen erst nach 21 Tagen zur Verfügung standen. Die I. Armee unter General von Steinmetz war 60 000 Mann stark und bestand zunächst hauptsächlich aus Rheinländern und Westfalen, zu denen dann später noch die Ost- und Westpreußen hinzukamen; sie bildete den rechten Flügel der Aufstellung bei Wittlich an der Mosel unterhalb Trier. Die II. Armee, anfangs 131 000, später 194 000 Mann stark, unter dem Kommando des Prinzen Friedrich Karl, bestand aus 7 Armeekorps: Gardekorps, Brandenburger, Provinz Sachsen, Königreich Sachsen, Hannoveraner, Holsteiner; später kam noch das pommersche Armeekorps hinzu. Sie bildete das Zentrum der Aufstellung zwischen Homburg und Neunkirchen. Diese beiden Armeen drangen über Saarbrücken vor, in der Richtung auf Metz. Die III. Armee, anfangs 130 000, später 150 000 Mann stark, unter dem Kronprinzen von Preußen, umfaßte die süddeutschen Streitkräfte und die preußischen Korps von Schlesien und Hessen-Nassau, später auch von Posen. Sie bildete den linken Flügel des Ganzen bei Landau und Rastatt und sollte nach dem Elsaß vorrücken.

Sobald der Aufmarsch vollendet war, ergriffen die deutschen Armeen die Offensive. An ein und demselben Tage, am 6. August, wurden die beiden ersten größeren Schlachten geschlagen, von Teilen der I. und der III. Armee. Die III. Armee ging gegen den Marschall Mac Mahon vor, der eine abgesonderte Streitmacht von etwa 50 000 Mann im Elsaß kommandierte. Sie erzwang am 4. August den Übergang über die Lauter bei den in der Kriegsgeschichte bekannten Weißenburger Linien und geriet am 6. August bei Wörth mit der Hauptmasse des Marschalls in eine blutige Schlacht, die eigentlich so früh noch nicht geplant war, sondern mehr durch das Zusammenwirken zufälliger Umstände herbeigeführt wurde, namentlich durch das Draufgehen der Bayern, denen dann die anderen Korps, dem Kanonendonner folgend, zu Hilfe gekommen sind. Es war ein folgenreicher Sieg: die Armee Mac Mahons räumte das Elsaß in großer Verwirrung und Unordnung und zog sich auf Châlons zurück, um in dem befestigten Lager, das sich dort befand, Verstärkungen an sich zu ziehen und sich zu reorganisieren. Auch der Zusammenstoß der I. Armee mit der französischen Hauptmacht bei Spichern (6. Aug.) war von der Heeresleitung nicht geplant; aber der Sieg, der auch hier erfochten wurde, kam dennoch dem allgemeinen Ziel der Kriegführung zugute: die französische Hauptarmee zog sich, unter starker Beschädigung eines ihrer Korps, auf Metz zurück. Eine der glänzendsten Waffentaten des Krieges war die Erstürmung der Spicherer Höhen, namentlich des steilen Roten Berges, durch die Füsiliere des 74. Regiments unter Führung des Generals François, der dabei sein Leben ließ. Das Elsaß war nun frei vom Feinde, bis auf die Festung Straßburg; zu deren Belagerung wurde das Werdersche Korps entsandt, während im übrigen die III. Armee jetzt zusammen mit den anderen Armeen der feindlichen Hauptmacht folgen konnte. Der moralische Eindruck dieser ersten glänzenden Siege, deren Vorbedeutung für den Gesamtverlauf des Krieges sich leicht erkennen ließ, war gewaltig, auch in dem unbeteiligten Ausland. Sie vor allem haben in Österreich und Italien jeden Gedanken einer Beteiligung an dem Kriege gegen die Deutschen endgültig beseitigt.

Es lag im Plane der deutschen Heeresleitung, wie ihn König Wilhelm persönlich in beständigen Besprechungen mit Moltke festgestellt hatte, daß die I. und II. Armee die französische Hauptmacht, die inzwischen auf 180 000 Mann angewachsen war und auf Metz zu marschierte, angreifen und in ihrem Rückzuge aufhalten sollte, bis die III. Armee, die der Kronprinz führte, über die Linie von Metz hinausmarschiert war und den Franzosen den Rückzug abschneiden konnte. Dieser Zweck ist erreicht worden in drei furchtbar blutigen Schlachten in der Umgebung von Metz am 14., 16. und 18. August, bei Colombey und Nouilly im Osten, bei Vionville und Mars-la-Tour im Westen, bei St. Privat und Gravelotte im Nordwesten der Festung. Im einzelnen hat es dabei an Irrtümern, ja selbst an Fehlern auf seiten der deutschen Heeresleitung nicht gefehlt; aber sie erscheinen gering gegenüber der Untätigkeit und Passivität der französischen Führung, die in den unfähigen Händen des Marschalls Bazaine lag.

Am 14. August griff die Vorhut der I. Armee eine überlegene feindliche Streitmacht im Osten von Metz bei Colombey und Nouilly an, und auch eine Division der zweiten Armee konnte noch zur Hilfe herankommen. Der Kampf war nicht planmäßig vorgesehen und konnte bei der Nähe der großen Festung trotz des siegreichen Vordringens der Deutschen nicht bis zur Zersprengung der feindlichen Streitkräfte fortgesetzt werden. Aber der Abzug des Feindes, der freilich schon durch die Verstopfung der Straßen westlich von Metz gehemmt war, hatte eine Unterbrechung erfahren, und für den Übergang der II. und III. Armee über die Mosel war ein kostbarer Tag gewonnen worden.

Am 16. August stieß dann die II. Armee (Prinz Friedrich Karl) auf den Feind im Westen von Metz bei Vionville und Mars-la-Tour. Auch die Schlacht, die sich hier entspann, eine der blutigsten des ganzen Krieges, war mehr ein Ergebnis unvorhergesehener Umstände als eine planmäßig herbeigeführte Entscheidung; aber auch sie trug sehr wirksam zur Erreichung des strategischen Endzwecks bei. Die Schlacht entsprang aus einem Angriff des 3. (brandenburgischen) Korps, das der General Konstantin von Alvensleben führte. Er glaubte bei Vionville anfangs nur die Nachhut des abziehenden Feindes vor sich zu haben, wurde aber allmählich inne, daß er es mit der ganzen Hauptmasse des Heeres zu tun hatte. Trotzdem wankte er nicht in seinem Entschluß, „das physische Mißverhältnis der Kräfte durch die moralische Kraft des Angriffs auszugleichen", und führte den Angriff mit so beispielloser Wucht und Kühnheit durch, daß der Gegner weit größere, überlegene Streitkräfte vor sich zu haben glaubte, und daß es diesem einen Korps gelang, bis zum Nachmittag den Feind etwa eine halbe Meile weit zurückzudrängen. Es ist einer der größten Momente und vielleicht die höchste militärische Glanzleistung des ganzen Krieges. Allerdings waren die Verluste sehr groß, und bei der überlegenen Stärke des Feindes wäre es zweifelhaft gewesen, ob die braven Brandenburger die blutig erkämpfte Stellung hätten behaupten können, wenn nicht am Nachmittag das 10. Korps bei Mars-la-Tour helfend eingegriffen hätte; dort entspann sich der größte und gewaltigste Reiterkampf dieses Krieges; er endete mit der Zurückdrängung der feindlichen Streitkräfte. Eine Verfolgung war hier ebenso ausgeschlossen wie am 14. August; aber die Deutschen lagerten am Abend nach 12stündigem Kampfe in den Stellungen, die am Morgen die Franzosen innegehabt hatten, gegenüber den gleich ihnen sehr erschöpften Feinden.

Am 18. August endlich kam es bei Gravelotte und St. Privat zu dem entscheidenden kombinierten Angriff der I. und II. Armee auf die jetzt im Nordwesten der Festung versammelten feindlichen Streitkräfte. Dies war eine geplante und vorher bedachte Schlacht in großem Stil, die größte Schlacht des Krieges überhaupt, etwa 180 000 Mann auf jeder Seite, 8 deutsche, 5 französische Korps. Aber eine einheitliche Leitung war wegen der großen Ausdehnung des Schlachtfeldes und der damals noch mangelhaften Mittel der Befehlsüberlieferung nicht wohl möglich; es waren eigentlich zwei Schlachten, die unmittelbar nebeneinander geschlagen wurden, bei Gravelotte und bei St. Privat. Es war ein langes und furchtbar blutiges Ringen, und die Entscheidung schwankte noch, als um die 5. Nachmittagsstunde die allgemeine Ermattung auf beiden Seiten zu einer Ruhepause nötigte. Gegen 6 Uhr befahl König Wilhelm, der auf einer Höhe südlich von Malmaison mit seinem Stabe hielt, ein erneutes Vorgehen der I. Armee und ließ gegen den Rat Moltkes auch das eben auf dem Kriegsschauplatz eintreffende 2. (pommersche) Armeekorps unter General von Fransecky in den Kampf eingreifen. Aber nicht dieses frische Korps, das freilich der erschütterten I. Armee wieder einen festeren Halt gab, hat durch den Angriff auf den linken Flügel der französischen Aufstellung bei Gravelotte die eigentliche Entscheidung des Tages herbeigeführt, sondern das kombinierte Vorgehen der Sachsen unter ihrem Kronprinzen Albert und des Gardekorps unter dem Prinzen August von Württemberg, die auf dem rechten Flügel der französischen Schlachtlinie unter ungeheuren Verlusten die feste Stellung von St. Privat bei untergehender Sonne erstürmten.

Der Erfolg der drei Schlachttage, die mit den früheren Augustschlachten zusammen den Deutschen gegen 50 000 Mann gekostet hatten, trat erst jetzt in seiner ganzen Bedeutung hervor. Die Franzosen waren umgangen und mußten eine Zuflucht in der Festung Metz suchen; die französische Hauptarmee, die aus den alten erprobten Soldaten zusammengesetzt war und auch die kaiserliche Garde umfaßte, war damit für den weiteren Verlauf des Krieges gewissermaßen ausgeschaltet. Allerdings erwuchs nun für die deutsche Heeresleitung die Notwendigkeit, im Gegensatz zu dem ursprünglichen Plan, bei dem eine Belagerung von Metz nicht vorgesehen war, diese große Festung, die jetzt eine feindliche Armee in sich barg, von entsprechend starken Streitkräften einschließen zu lassen. Dadurch war zugleich eine durchgreifende Änderung der ganzen Heereseinteilung bedingt, an der Moltke mit dem Großen Generalstab gleich die nächste Nacht hindurch arbeitete, so daß die nötigen Verordnungen dem Könige, der in dem von Verwundeten angefüllten Rezonville nur ein Dachstübchen zur Ruhe gefunden hatte, bereits am Morgen des 19. zur Vollziehung vorgelegt werden konnten. Die I. und II. Armee wurde nun zu einer 150 000 Mann starken Armee verschmolzen und unter den Oberbefehl des Prinzen Friedrich Karl gestellt. Der General von Steinmetz, bisher Führer der I. Armee, wurde damals seines Kommandos enthoben, weil er durch seine Eigenmächtigkeit und Unbotmäßigkeit mehrmals die Pläne des Hauptquartiers durchkreuzt hatte; er kam als Gouverneur nach Posen. Die neue kombinierte Armee schloß nun Metz ein durch einen Gürtel von Verschanzungen, die ringsherum angelegt wurden. Die III. Armee unter dem Kronprinzen von Preußen war gegen die Armee des Marschall Mac Mahon bestimmt, die sich in dem Lager von Châlons reorganisiert hatte; und eine neugebildete IV. Armee unter dem Kronprinzen von Sachsen, 83 000 Mann stark, hütete die Maaslinie, um die zum Entsatz von Metz heranziehenden Franzosen aufzuhalten.

Die Armee Mac Mahons, die im Lager von Châlons mit Hilfe der eintreffenden Reserven neugebildet worden war, sich aber an Marschfähigkeit und Schlagfertigkeit mit den zuerst an der Grenze aufgestellten Truppen nicht messen konnte, rückte über Reims vor, wie man meinte, um den deutschen Heeren den Weg nach Paris zu verlegen; statt dessen aber wandte sich Mac Mahon mit plötzlichem Entschluß gegen die Maaslinie, um von Norden her die in Metz eingeschlossene Armee freizumachen. Am 25. August genehmigte daher der König den von Moltke vorgeschlagenen allgemeinen Rechtsabmarsch nach Norden; da die Franzosen nur langsam marschierten, konnte auch die III. Armee noch rechtzeitig herankommen, um entscheidend einzugreifen. Zunächst wurde Mac Mahon, bei dessen Armee sich auch der Kaiser Napoleon befand, durch den Kronprinzen von Sachsen angegriffen und geschlagen, bei Beaumont am 30. August; er wurde dadurch gezwungen, sich von Metz abzuwenden und nach Norden hin auszuweichen auf die in der Nähe der belgischen Grenze gelegene Festung Sedan zu. Dort wurden die Franzosen am 1. September durch die III. und IV. Armee angegriffen und nach heftigem Kampfe völlig eingeschlossen, so daß sie gezwungen waren, sich zu ergeben. Bei König Wilhelm, der seit dem Morgen von einer Höhe bei Frénois aus die Schlacht leitete, erschien der französische General Reille mit einem eigenhändigen Schreiben Napoleons, der sich erbot, dem König persönlich seinen Degen zu übergeben und sich damit gefangen erklärte; da aber damit über die Armee noch nichts bestimmt war, so wurde die Forderung gestellt, daß ein bevollmächtigter Offizier von der französischen Seite herüberkommen und mit dem General von Moltke über die Kapitulation der Armee verhandeln sollte. Diese traurige Aufgabe fiel dem französischen General von Wimpffen zu, da Mac Mahon selbst, der alle Verantwortung allein trug, im Anfang der Schlacht verwundet worden war. In der Nacht zum 2. September fanden in Donchery die Verhandlungen zwischen Moltke und Wimpffen statt. Der französische General erklärte die Gefangennahme der ganzen Armee für eine zu harte Bedingung und brach die Verhandlungen ab. Aber jeder Widerstand erwies sich als unmöglich; und so mußte Wimpffen dennoch am Vormittag des 2. September die Bedingungen unterzeichnen, durch welche eine Armee von mehr als 100 000 Mann in die deutsche Gefangenschaft geriet, mit ihr zugleich der Kaiser Napoleon selbst. Frankreich hatte nun zunächst keine Feldarmee mehr.

Wer sich aber der Hoffnung hingegeben hatte, daß der Krieg damit im wesentlichen zu Ende sei, wurde bitter enttäuscht. König Wilhelm, dem die Erfahrungen des Feldzuges von 1814 lebendig geblieben waren, wußte es besser: er hat von Anfang an die verfrühten Friedenshoffnungen mit den Worten gedämpft, daß der Krieg jetzt eigentlich erst anfange. In der Tat beginnt nun der zweite große Abschnitt des Krieges, länger, verwickelter, unübersichtlicher als der erste; es ist ein Krieg gegen die Festungen und gegen die Volksheere, die ein patriotischer Terrorismus damals wie 1793 aus dem Boden zu stampfen verstand. Es ist der Krieg gegen die Republik, wie der erste Abschnitt der Krieg gegen das kaiserliche Frankreich war.

Die Katastrophe von Sedan gab das Signal zu der längst vorbereiteten Revolution, nicht nur in Paris, sondern auch in Lyon, Bordeaux, Marseille und an vielen anderen Punkten Frankreichs. Napoleon wurde abgesetzt; man proklamierte die Republik; die Kaiserin Eugenie floh nach England. Ein Ministerium der nationalen Verteidigung übernahm die provisorische Regierung und behielt sie bis zum Ende des Krieges. Das Präsidium führte General Trochu, der Kommandant von Paris, das Auswärtige übernahm Jules Favre, das Innere Gambetta; es waren die Männer der radikalen Linken, die alten Gegner des Kaisertums, die jetzt das Schicksal Frankreichs in die Hand nahmen und den Widerstand gegen die deutsche Invasion organisierten. Der Krieg konzentriert sich jetzt mehr und mehr auf die Belagerung von Paris und auf die wiederholten Versuche der neugebildeten französischen Armeen, die Hauptstadt zu befreien und das sie umlagernde Heer zu vertreiben. Zuerst kommt es zu einem Festungskrieg, der auffallend gegen den bisherigen Feldkrieg absticht und in der Kapitulation von Metz (27. Oktober) seinen Höhepunkt hat. Dann setzt eine neue Epoche des Feldkrieges ein, in der die strategische Offensive von den französischen Heeren ergriffen wird, während die Deutschen sich darauf beschränken müssen, deren Angriffe zurückzuweisen, um die Erreichung ihres Kriegsziels zu sichern; diese Epoche gipfelt in den Kämpfen gegen die Loire-Armee bei Orléans (1.—3. Dezember). In der dritten Epoche, die den Rest des Dezember und den größten Teil des Januar ausfüllt, macht sich die Wucht des Übergewichts der deutschen Waffen mit Entschiedenheit geltend: ein zweiter groß angelegter Entsatzversuch wird ebenso vereitelt wie der Plan der Franzosen, die rückwärtigen Verbindungen der deutschen Armeen abzuschneiden, und nebenher gehen die Anstalten zur Bewältigung der feindlichen Hauptstadt, die am 24. Januar 1871 kapituliert.

Während die III. und IV. Armee nach der Entscheidung von Sedan auf Paris marschierten, ohne einen erheblichen Widerstand zu finden, und während die kombinierte I. und II. Armee Metz eingeschlossen hielt, suchte die provisorische Regierung, in deren Namen Thiers die europäischen Höfe bereiste, Verbindungen mit den neutralen Mächten anzuknüpfen, um durch ihre Vermittlung einen Frieden zu erhalten, bei dem Frankreich keinen Fuß breit seines Gebietes, keinen Stein seiner Festungen abtreten wollte. So hatte Jules Favre am 6. September die französischen Friedensbedingungen formuliert, wobei er von der Auffassung ausging, daß der Krieg nur mit Napoleon, nicht mit der französischen Nation geführt worden sei. Dieser Auffassung widersprach Bismarck in einem Rundschreiben sehr nachdrücklich; als Forderung für den Frieden sprach er schon damals aus, daß die großen Festungen, mit denen Frankreich die deutsche Grenze bedrohe, Straßburg und Metz, als defensive Bollwerke in deutsche Hand kommen müßten, und mit ihnen natürlich auch die sie umgebenden Landschaften, das Elsaß und ein Teil von Lothringen. Dieser festen Haltung gegenüber spürte keine von den europäischen Mächten eine Neigung zur Einmischung, wenn auch der Abgesandte der französischen Republik im allgemeinen eine sympathische Aufnahme fand. Man überließ es den Franzosen, mit den Deutschen direkt über den Frieden zu verhandeln; aber diese Verhandlungen, die in dem damaligen Hauptquartier der deutschen Armee zu Ferrières zwischen Bismarck und Jules Favre am 19. und 20. September geführt wurden, scheiterten, weil die Bedingungen, die Bismarck für die Bewilligung eines Waffenstillstandes stellte, dem Franzosen unannehmbar erschienen.

Eben in diesen Tagen vollzog sich nach der Einnahme der Höhen von Châtillon im Süden von Paris die vollständige Einschließung der feindlichen Hauptstadt durch die deutschen Heere. In den nächsten Monaten aber kam es zu einer gewissen Stockung, die ihre Hauptursache darin hatte, daß man der Schwierigkeiten des Festungskrieges auf deutscher Seite nicht mit derselben Leichtigkeit Herr zu werden vermochte, mit der man die Aufgaben des Feldkrieges bewältigt hatte. Eine Beschießung von Paris unterblieb zunächst, und in den maßgebenden Kreisen des deutschen Hauptquartiers bildete sich ein immer schärfer werdender Gegensatz heraus zwischen denen, welche die sofortige Beschießung forderten, wie Bismarck und Roon, und denen, welche von diesem Mittel keine entscheidende Wirkung erwarteten und jedenfalls die Beschießung nicht eher eröffnen wollten, als bis das schwere Belagerungsgeschütz in genügender Menge herangeschafft war; zu dieser Partei gehörte der Kronprinz mit seinem Generalstabschef Blumenthal und namentlich auch Moltke selbst. Moltke war im Grunde der Meinung, daß ein Platz von solcher Größe nicht durch Bombardement, sondern durch Aushungerung zur Übergabe gebracht werden müsse. Bismarck wünschte eine schnellere Entscheidung; maßgebend waren dafür hauptsächlich Erwägungen diplomatischer Natur, Besorgnisse wegen der Einmischung fremder Mächte bei einer längeren Dauer des Krieges. Aber seine Auffassung, daß eigentlich nicht militärische Gründe für die Verzögerung der Beschießung ausschlaggebend gewesen seien, sondern falsche Humanitätsrücksichten, deren Quelle er in dem Einfluß hochgestellter Damen, namentlich der Königin und der Kronprinzessin, sehen wollte, ist, wenigstens was die entscheidenden Persönlichkeiten, den König und Moltke anbelangt, schwerlich haltbar. Sein alter Argwohn gegen die weiblichen Einflüsse bei Hofe und die Verstimmungen einer eifersüchtigen Rivalität zwischen der politischen und der militärischen

Leitung, wie sie in den großen Krisen mit einer gewissen Regelmäßigkeit hervortrat, haben sein sonst so klares Urteil in diesem Punkte doch wohl getrübt. Er schätzte die Wirkungen des Bombardements zu hoch und die Schwierigkeiten, die der sofortigen Herbeischaffung des Geschützmaterials entgegenstanden, zu niedrig ein. Immerhin aber, ein gewisser Stillstand in den Operationen läßt sein Mißvergnügen erklärlich erscheinen, um so mehr, als im Rücken der deutschen Heere, die Paris und Metz eingeschlossen hielten, mit fieberhaftem Eifer überall in Frankreich daran gearbeitet wurde, neue Armeen auf die Beine zu bringen, die eine Verlängerung des Krieges bis tief in den Winter hinein befürchten ließen.

Die Seele dieser militärischen Organisationsarbeit und des nun beginnenden Volkskrieges war Leon Gambetta, die bedeutendste Persönlichkeit, die während des Krieges auf französischer Seite hervorgetreten ist, ein junger Advokat von jüdischer Herkunft aus dem Süden, der früher als radikaler Gegner des Kaiserreichs aufgetreten war und jetzt in der Regierung der nationalen Verteidigung das Ministerium des Innern übernommen hatte. Er war immer dafür gewesen, daß der Schwerpunkt dieser Regierung wegen der Belagerung aus Paris weg und nach der Provinz verlegt werde; die schwache Nebenregierung, die man in Tours niedergesetzt hatte, schien ihm die Aktionskraft nur zu lähmen. Am 7. Oktober verließ er im Luftballon die belagerte Hauptstadt und wurde nun in Tours das wahre Haupt der Regierung, indem er durch die Energie und das Feuer seines Wesens eine förmliche Diktatur an sich riß und die Kriegführung wie das Innere und die Finanzen seiner Leitung unterwarf. Alle Männer vom 21. bis zum 40. Jahre wurden zum Kriegsdienst herangezogen; aus diesen „Mobilisierten“ und den noch vorhandenen Überbleibseln von regulärem Militär wurde südlich der Loire mit Orléans als Hauptstützpunkt eine große Armee gebildet, die schon im Oktober in noch sehr unfertigem Zustande ihren Vormarsch auf Paris begann, um den eisernen Gürtel zu zersprengen, den die Belagerer um die Hauptstadt gezogen hatten. Sie wurde allerdings von dem bayerischen General von der Tann am 10. Oktober bei Artenay geschlagen und hinter die Loire zurückgedrängt; aber sie verstärkte sich und war am 9. November imstande, das Korps von der Tanns aus Orléans zu verdrängen und wieder vorzurücken.

Inzwischen hatte sich das Schicksal der meisten Festungen entschieden, die außer Paris noch von den Deutschen belagert wurden. Schon am 23. September war Toul gefallen, ein wichtiges Ereignis namentlich deshalb, weil damit die rückwärtigen Verbindungen der Armeen, die Paris belagerten, durch eine ununterbrochene Bahnlinie eine erhebliche Verstärkung erhielten, und auch deshalb, weil jetzt neues Geschützmaterial für die Belagerung von Paris verfügbar wurde. Am 28. September war dann Straßburg in die Hände der Deutschen gefallen, fast genau am selben Monatstage, an dem es 189 Jahre früher von Ludwig XIV. dem Deutschen Reiche geraubt worden war; dadurch wurde das Werdersche Korps frei, das noch zu großen Leistungen in diesem Kriege berufen war. Mit Metz stand es ähnlich wie mit Paris: auch hier ist es der Hunger gewesen, der die vollständig eingeschlossene Festung zur Übergabe gebracht hat. Ein Versuch, sie mit Sturm zu nehmen, wäre aussichtslos gewesen; und auf der anderen Seite hat auch der Marschall Bazaine, der hier das Kommando führte, es für unmöglich gehalten, mit seiner großen Armee, die ohne einen entsprechenden Fuhrpark für Munition und andere Bedürfnisse nicht aktionsfähig war, in Ausfallskämpfen sich durchzuschlagen. Sein Wunsch, die Armee für Frankreich zu retten, gab schließlich die Veranlassung zu etwas abenteuerlichen Unterhandlungen, die den Zweck verfolgten, vermittels dieser Armee das Kaisertum unter der Regentschaft der Kaiserin Eugenie wiederherzustellen und dann auf die von Deutschland gestellten Bedingungen Frieden zu schließen. Aber die Kaiserin erklärte von London aus, sie könne nicht in die Verstümmelung Frankreichs willigen, und damit war das Schicksal von Metz entschieden. Am 27. Oktober entschloß sich Bazaine zur Kapitulation. Eine Armee von 180 000 Mann geriet dadurch in die Kriegsgefangenschaft. Prinz Friedrich Karl, der kühn vorwärtsdrängende Schlachtensieger, hatte nur mit schwerer Selbstüberwindung die Leitung dieser Belagerung übernommen, die große Wachsamkeit erforderte und wenig Gelegenheit zur Erringung kriegerischer Lorbeeren gab. Aber der glorreiche Erfolg lohnte die Beharrlichkeit in der Erfüllung dieser überaus mühseligen Aufgabe, bei der Krankheiten mehr Schaden brachten, als Gefechtsverluste; die Feldmarschallwürde, die dem Führer zuteil wurde, bedeutete zugleich eine Anerkennung für die Leistungen der ihm unterstellten Truppen. Auch der Kronprinz von Preußen hat damals den Feldmarschallstab erhalten, während Moltke in den Grafenstand erhoben wurde.

Die Regierung der nationalen Verteidigung war auch jetzt noch weit entfernt, den Frieden zu suchen; Gambetta proklamierte vielmehr den Krieg bis aufs Messer. Aber man wollte gern einen Waffenstillstand haben, um die Organisation des Widerstandes ungestört bewerkstelligen zu können. Thiers ging zu diesem Zweck am 31. Oktober in das deutsche Hauptquartier nach Versailles. Bismarck verlangte ein paar von den Pariser Forts, und man war nahe daran, sich zu einigen; da kam es zu einem jähen Abbruch der Verhandlungen: in Paris war ein Aufstand ausgebrochen, der die Existenz der Regierung in Frage stellte. Es war die erste Regung der Kommune, die später, nach der Einnahme der Hauptstadt, zu langdauernder blutiger Pöbelherrschaft geführt hat. Damals ist sie schnell unterdrückt worden; ebenso auch, als sie zum zweiten Male aufzuckte, gegen Ende der Belagerung, am 22. Januar; die Hoffnung Bismarcks, daß ein innerer Zwist unter den Franzosen eine Beschleunigung des Friedens herbeiführen werde, hat sich nicht erfüllt.

Nachdem Metz gefallen war, wurde die Belagerungsarmee wieder geteilt; Prinz Friedrich Karl mit dem Hauptteil seiner alten II. Armee rückte nun gegen die französische Loirearmee vor, die unter der Führung des Generals Aurelle de Paladines stand und von der Regierung in Tours zum Vormarsch auf Paris gedrängt wurde. Infolge der Weisungen aus Tours gingen die Franzosen angriffsweise gegen Beaune-la-Rolande vor, wurden aber am 28. November trotz ihrer fünffachen Überzahl zurückgeschlagen. Die Hauptarbeit leistete dabei das X. Korps, dem diesmal das III. — gleichsam wie zur Vergeltung für Vionville — zu Hilfe gekommen ist. Es war für die Deutschen die erste größere Verteidigungsschlacht dieses Krieges, zugleich der erste große Zusammenstoß mit einem der neuen Volksheere. Bei Loigny-Poupry wurden dann am 2. Dezember die wieder an Zahl weit überlegenen französischen Streitkräfte abermals geschlagen und von Paris abgedrängt. Es war ein entscheidender Moment, einer der wichtigsten des Krieges. Kurz vorher hatte die in Paris gebildete

Armee unter dem aus der Gefangenschaft entkommenen General Ducrot Ausfälle großen Stils nach Süden gemacht, die den Zweck verfolgten, die Verbindung mit der zum Entsatz heranrückenden Loirearmee herzustellen. Champigny und Brie waren in ihre Hände gefallen, und in Tours wie in Orléans rechnete man mit Sicherheit auf das Gelingen des Plans. Aber wie die Loirearmee, so wurde auch die Pariser Armee von den Deutschen am 2. Dezember geschlagen, bei Villers; sie mußte die eroberten Stellungen räumen und nach Paris zurückweichen. Damit war der Entsatzversuch, auf den ganz Europa mit gespannter Aufmerksamkeit blickte, vereitelt; und die Loirearmee wurde am 3. und 4. Dezember durch eine Reihe von Gefechten, die man unter dem Namen der Schlacht von Orléans zusammenzufassen pflegt, in einem ziemlich aufgelösten Zustand hinter die Loire zurückgeworfen.

Nach den Tagen von Orléans, die dem tüchtigen, aber bei den Machthabern in Tours unbeliebten General d'Aurelle sein Kommando gekostet haben, wurde die Loirearmee geteilt; den bisherigen linken Flügel, die später eigentlich so genannte Loirearmee, führte General Chanzy, eines der bedeutendsten strategischen Talente auf französischer Seite, der die Rettung von Paris mit brennendem Eifer ins Auge faßte; der rechte Flügel wurde unter den Befehl Bourbakis gestellt, dessen Bewegungen und Absichten dem deutschen Hauptquartier lange undurchsichtig blieben, bis er endlich nach Osten abmarschierte. Eine neue Armee wurde im Norden unter dem General Faidherbe gebildet, auch diese mit der Bestimmung, auf Paris zu marschieren. Es waren schnell zusammengeraffte Truppen, von patriotischem Eifer erfüllt, aber ohne die gründliche militärische Schulung der deutschen Heere, und darum trotz der zahlenmäßigen Überlegenheit doch von geringerer Marsch- und Schlachtentüchtigkeit und vor allem ohne die nachhaltige Widerstandskraft, die nur von einem aus hochausgebildeten Mannschaften bestehenden Truppenkörper auch bei ungünstiger Kriegslage erwartet werden kann. Die für Frankreich ganz ungewöhnliche Kälte, die im Dezember und Januar eintrat, erschwerte die Kriegführung mit diesen Truppen noch mehr und begünstigte die ohnehin vorhandene Neigung zur Auflösung nach Niederlagen; die beständige Einmischung der Zivilregierung in die strategischen Pläne der Heerführer war auch oft vom Übel, obwohl diese Regierung es verstanden hat, nicht bloß die Heere immer aufs neue zu organisieren, sondern auch Schwung und Eifer in die Kriegsunternehmungen zu bringen. Übrigens hatte sie im Januar, bei der Einnahme von Tours durch die Deutschen, ihren Sitz nach Bordeaux verlegt. Auf deutscher Seite beschränkte man sich bei dem zusammengeschmolzenen Mannschaftsbestand darauf, nur wenige Hauptpunkte, diese aber möglichst stark, zu besetzen und die Massen so viel wie möglich zusammenzuhalten, um die Bewältigung der feindlichen Hauptstadt und den eigentlichen Zweck des Krieges nicht über Versuchen zur Beherrschung des ganzen feindlichen Territoriums aus den Augen zu verlieren.

Die eigentliche Loirearmee unter Chanzy wurde in ziemlich unfertigem Zustande Mitte Dezember von der II. Armee angegriffen; Chanzy ließ sich aber noch nicht auf einen Entscheidungskampf ein, sondern trat am 16. Dezember den Rückzug nach Le Mans an, wo er in einem befestigten Lager an der Ergänzung und weiteren Ausbildung seiner Armee arbeitete. Prinz Friedrich Karl konnte ihm zunächst nicht dorthin folgen, weil er die andere Armee unter Bourbaki, von der man damals glaubte, daß sie auf Paris marschieren wolle, im Auge behalten mußte. Erst im Januar hielt Moltke den Zeitpunkt für gekommen, einen kombinierten Angriff gegen die auf 180 000 Mann angewachsene Armee von Le Mans vornehmen zu lassen, bei dem das von Paris entsandte 13. Korps unter dem Großherzog Friedrich Franz von Mecklenburg mit der II. Armee des Prinzen Friedrich Karl zusammenwirken sollte. So kam es zu der dreitägigen Schlacht von Le Mans (10.—12. Januar) — eine jener mehrtägigen Winterschlachten, deren lange Dauer sich dadurch erklärt, daß das kurze Licht eines Tages zur Herbeiführung der Entscheidung bei den weitläufigen und verwickelten Verhältnissen des modernen Krieges nicht ausreicht. Das Ergebnis des heißen Ringens war, daß die Armee Chanzys bis zur Vernichtung geschlagen wurde. Bald darauf fiel auch die Entscheidung im Norden, wo Manteuffel mit der I. Armee den Feldzug gegen die französische Nordarmee mit dem Siege von Amiens (27. November) eröffnet und durch eine Reihe von weiteren Gefechten den Feind von dem Vormarsch auf Paris abgehalten hatte; nach seiner Abberufung auf den südöstlichen Kriegsschauplatz übernahm hier General von Goeben den Oberbefehl; und seiner kühnen und schneidigen Kriegskunst gelang am 19. Januar der große Schlag von St. Quentin, der bei der scharfen Verfolgung zur völligen Auflösung der feindlichen Armee führte.

Inzwischen hatte Bourbaki die Ausführung des kühnen, aber abenteuerlichen Planes begonnen, durch die Franche-Comté auf Belfort zu marschieren, um die deutschen Truppen von Paris abzuziehen, indem er ihre rückwärtigen Verbindungslinien bedrohte. Gegen ihn wurde Manteuffel mit zwei Armeekorps gesandt; die entscheidenden Schläge aber führte hier General von Werder mit dem durch den Fall von Straßburg freigewordenen Korps. Nach dem unentschiedenen Treffen bei Villersexel (9. Januar) hielt er in der dreitägigen Schlacht an der Lisaine mit seinen 48 000 Mann die 131 000 Mann starke Armee Bourbakis in heldenmütigem Ringen mit solcher zähen Entschlossenheit fest, daß sie den Durchbruch auf Belfort zu aufgeben mußte; und als dann Ende Januar Manteuffel heranrückte, sah sich Bourbaki, der übrigens inzwischen von der Regierung in Bordeaux vom Kommando abgesetzt worden war, gezwungen, nach der neutralen Schweiz überzutreten, wo die französische Armee entwaffnet wurde (1. Februar).

Der Versuch, der belagerten Hauptstadt durch die Bedrohung der rückwärtigen Verbindungen der deutschen Armeen Luft zu machen, war also ebenso gescheitert, wie die direkten Entsatzversuche. Auch die Ausfallkämpfe vor Paris verliefen trotz einiger vorübergehender Erfolge im ganzen unglücklich für die Franzosen. Le Bourget, das am 21. Dezember (wie schon früher einmal im Oktober) von den Franzosen bei einem Ausfall besetzt worden war, wurde bald von der Garde zurückerobert. Nachdem während der Festtage Ruhe geherrscht hatte, begann dann am 27. Dezember das Bombardement von Paris. Aber die Hauptwirkung tat doch der Mangel an Lebensmitteln in der Stadt, der die Besatzung wie die Bevölkerung in eine furchtbare Hungersnot brachte. Am 19. Januar, dem Tage der Schlacht von St. Quentin, aber ohne inneren Zusammenhang mit den Plänen der Nordarmee, fand unter dem Schutze der Feuerschlünde des Mont Valérien auf der westlichen Seite von Paris der letzte verzweifelte Ausfall statt, der sich gegen Buzenval richtete, aber schon in den

Anfangsstadien scheiterte. Am 24. Januar kapitulierte Paris. Damit war das eigentliche Hauptziel des Krieges erreicht: der Widerstand des jetzt republikanischen Frankreich war gebrochen. Am 28. Januar wurde ein Waffenstillstand geschlossen, der der Vorbote des Friedens war.

Zugleich war auch die schönste Frucht dieses Krieges gereift: die Begründung eines Deutschen Reiches. Allgemein war während des Krieges der Gedanke lebendig geworden, daß die Waffenbrüderschaft aller deutschen Stämme, die sich seit der ersten großen Schlacht so glänzend bewährt hatte, zu der langersehnten Einigung Deutschlands auch in staatsrechtlicher Form führen müsse. Unter dem begeisternden Eindruck des Sieges von Sedan, an dem wiederum die süddeutschen Bundesgenossen einen so bedeutenden Anteil genommen hatten, stiegen die Wogen der nationalen Bewegung höher und höher, und die Regierungen der Südstaaten begannen den Eintritt in den Norddeutschen Bund in Erwägung zu ziehen, um nicht bei der wachsenden Erregung des Volkes die Führung zu verlieren. Auch Bismarck dachte nicht daran, die liberale und nationale Bewegung schrankenlos walten zu lassen und zur Verwirklichung der Ideale von 1848 beizutragen, nicht bloß, weil er an dem monarchisch-konservativen Programm festhielt, das seine ganze Ministerlaufbahn bezeichnete, sondern auch mit Rücksicht auf das neutrale Ausland, namentlich auf Österreich, das er mit Freundschaftsbanden an das neue Reich zu fesseln gedachte und dem daher die Ungelegenheiten erspart werden mußten, die ein Hinüberschlagen der deutschnationalen Bewegung über die Grenze des habsburgischen Kaiserstaats zweifellos zur Folge gehabt haben würde. Das Bundesverhältnis mit den süddeutschen Staaten, das während des Krieges gewissermaßen von selbst zur tatsächlichen Einigung Deutschlands geführt hatte, ließ für König Wilhelm und seinen Minister jede Beeinträchtigung der fürstlichen Selbständigkeit dieser Bundesgenossen als ausgeschlossen erscheinen; man war nur bestrebt, die Bundesgenossenschaft in einen verfassungsmäßigen und haltbaren Zustand staatsrechtlich umzuwandeln, wobei freilich der Druck der nationalen Bewegung gute Dienste leistete.

Von den süddeutschen Staaten stand Baden am festesten zur preußischen Regierung; auch Hessen bot dem Partikularismus keinen starken Rückhalt; es kam hauptsächlich auf Württemberg und Bayern an. Die württembergische Regierung knüpfte zuerst Verhandlungen an, durch die Minister von Mittnacht und von Suckow, und nun sprach auch Bayern, um nicht ins Hintertreffen zu geraten, der preußischen Regierung den Wunsch aus, mit einem Bevollmächtigten zu verhandeln. Delbrück, damals Bismarcks Organ für diese Bundesfragen, ging nach München und verhandelte dort vom 22. bis zum 26. September unter Teilnahme des württembergischen Ministers von Mittnacht über die Bildung eines deutschen Bundesstaats. Es handelte sich für Bayern nicht schlechthin um einen Eintritt in den Norddeutschen Bund. König Ludwig war auf Erhaltung einer möglichst großen Selbständigkeit für Bayern bedacht; vor allem wollte er ein selbständiges Heer und eine selbständige diplomatische Vertretung im Ausland behalten. Auch Pläne einer Gebietserweiterung tauchten auf: die Erwerbung der badischen Pfalz für Bayern, die auf dem Wiener Kongreß nicht gelungen war, wurde jetzt wieder ins Auge gefaßt, und außerdem eine Vergrößerung der bayerischen Pfalz durch elsässisches Gebiet. Selbst an die

Kaiserwürde dachte man damals in Bayern; es wurde der Vorschlag gemacht, sie abwechselnd an Preußen und Bayern zu übertragen. Delbrück hatte noch keine Vollmachten zum Abschluß; er sollte nur die Vorschläge der Bayern entgegennehmen und dabei jeden Anschein eines Druckes vermeiden. Die bayerischen Forderungen gingen aber zu weit, als daß die preußische Regierung sie hätte annehmen können; namentlich eine Vergrößerung Bayerns auf Kosten Badens erschien von vornherein als ganz unzulässig. Baden beeilte sich übrigens, mit Preußen abzuschließen: ohne sich an die übrigen Südstaaten zu kehren, erklärte es am 2. Oktober seinen unbedingten Anschluß an den Norddeutschen Bund; Hessen und Württemberg folgten, wenn auch mit einigen Vorbehalten. Je zwei Minister aus diesen Staaten gingen nach Versailles, um die Verhandlungen unter Bismarcks Augen zum Abschluß zu bringen: aus Baden Jolly und Freydorf, aus Württemberg Mittnacht und Suckow, aus Hessen Dalwigk und Hofmann. Auf Mitteilung davon beeilte sich nun auch Bayern, noch rechtzeitig Anschluß zu gewinnen, um seine Interessen wahrzunehmen, und sandte die Minister de Bray, Pranckh und Lutz. Von seiten des Norddeutschen Bundes wurden die Verhandlungen durch Delbrück und Roon geführt.

Es konnte sich nach der ganzen geschichtlichen Entwicklung nur um die Herstellung eines Bundesstaats handeln, wie es der Norddeutsche Bund war. Allerdings hat auch der Gedanke eines Einheitsstaates, wie ihn die liberale Doktrin verlangte, selbst in den höchsten Kreisen Vertreter gefunden; der bedeutendste unter ihnen war der Kronprinz von Preußen. Sein Wunsch ging anfangs dahin, daß das neue Deutsche Reich die alten fürstlichen Souveränitäten ganz hinwegfegen sollte. Fürsten, Grafen und Herren sollten sich in einem Oberhause zusammenfinden, das also an die Stelle des Bundesrats getreten sein würde. Das Reich sollte ein konstitutioneller Einheitsstaat werden mit einheitlicher monarchischer Spitze, dem König von Preußen, der den Namen „König der Deutschen" annehmen und mit verantwortlichen Reichsministern regieren sollte. Dieser Plan fand indessen keine Zustimmung bei König Wilhelm und Bismarck. Aber auf der andern Seite waren doch auch die bayerischen Ansprüche auf Sonderrechte zu hoch gespannt. Es schien, daß man zunächst ohne Bayern zum Abschluß kommen müsse; und auch Württemberg stellte sich, infolge einer höfischen Intrige, die, wie es scheint, dem Kreise der aus Rußland stammenden Königin Olga entsprang, in diesem Moment auf die Seite von Bayern. Nachdem dann aber Baden und Hessen am 15. November die Urkunde über ihren Beitritt zum Norddeutschen Bund unterzeichnet hatten, erfolgte in München und Stuttgart ein Umschwung: am 23. November unterzeichnete auch Bayern, am 25. Württemberg. Bayern hatte sich eine Anzahl von Reservatrechten ausbedungen, namentlich im Post- und Telegraphenwesen, teilweise auch im Eisenbahnwesen und in der Besteuerung von Bier und Branntwein. Im Frieden behielt es sich völlige militärische Selbständigkeit vor. Württemberg schloß am 25. November auch noch eine besondere Militärkonvention mit Preußen, nach der seine Truppen ein eigenes Armeekorps bilden sollten, während die übrigen süddeutschen Staaten, ähnlich wie die norddeutschen mit Ausnahme von Sachsen, ihre Truppen einfach unter die preußische Führung stellten und auf die selbständige Ausübung der Kontingentsherrlichkeit verzichteten. Damit hatte sich der Norddeutsche Bund über ganz Süddeutschland ausgedehnt. Der Bundesrat bestand jetzt aus

58 Stimmen; Bayern erhielt 6, Württemberg 4, Baden und Hessen je 3. In den Reichstag traten 85 Mitglieder aus Süddeutschland ein. Am 9. Dezember nahm der Norddeutsche Reichstag die Verträge an. Ebenso geschah es auf den süddeutschen Landtagen; nur in Bayern kam es noch zu Weiterungen durch den Widerstand der ultramontanen Partei. Die Annahme erfolgte dort erst nach zehntägigen Debatten am 21. Januar; am 1. Februar trat auch Bayern in das Deutsche Reich ein.

Inzwischen war die feierliche Verkündung der Begründung des Reiches unter Kaiser Wilhelm in dem Hauptquartier zu Versailles erfolgt. Über die Frage der Kaiserwürde ist vorher noch viel gestritten und verhandelt worden. Bismarck war von vornherein für den Kaisertitel, weil er darin ein Moment sah, das auf die Phantasie der Bevölkerung wirken und auf diese Weise auch zu einem festeren Zusammenschlusse der Nation führen werde. König Wilhelm aber war dem Kaisertitel anfangs durchaus abgeneigt; er wollte König von Preußen bleiben und als solcher das Bundespräsidium führen; er fürchtete, daß der „König von Preußen" durch den „Kaiser" in den Hintergrund gedrängt werden möchte. Auch der Kronprinz widerstrebte anfänglich dem Kaisertitel; er hatte einen König der Deutschen im Sinne, weil er die moderne Neuschöpfung des Reiches in einen recht deutlichen Gegensatz zu den mittelalterlichen Traditionen von Kaiser und Reich stellen wollte. Das hing mit dem liberalen Gedanken des Einheitsstaates zusammen, bei dem der Einfluß von Gelehrten und Dichtern, wie Professor Geffcken und Gustav Freytag wirksam gewesen zu sein scheint. Der Kronprinz hat sich aber von diesem Gedanken wieder abbringen lassen und hat dann späterhin zusammen mit dem Großherzog von Baden besonders lebhaft für die Annahme des Kaisertitels gewirkt. Ein bloßes neutrales Bundespräsidium entsprach seiner schwungvollen Auffassung der neuen Würde nicht; und in dem Titel von Kaiser und Reich lag doch wenigstens eine Annäherung an den Einheitsstaat, den er im Grunde seines Herzens erstrebte. Entscheidend aber ist wohl geworden, daß Bismarck den König Ludwig von Bayern in sehr geschickter Weise veranlaßt hat, für die Annahme des Kaisertitels einzutreten. Er stellte ihm vor, daß es für den König von Bayern passender sei, die Präsidialrechte einem Deutschen Kaiser einzuräumen, der als solcher der Landsmann aller Deutschen sei, als dem König von Preußen, der immer der Nachbar des Königs von Bayern bleibe, und in dessen Titel mehr das Trennende als das Gemeinsame zum Ausdruck komme. Bismarcks Brief war am 27. November geschrieben; die Antwort des bayerischen Königs vom 30. November, die übrigens nach einem Konzept Bismarcks verfaßt war, konnte — dank der heroischen Eil- und Dauerritte des Grafen Holnstein, der den Kurierdienst übernommen hatte — schon am 3. Dezember im Hauptquartier von Versailles dem preußischen König durch den Prinzen Luitpold überreicht werden. Dieser Brief hat einen sehr starken Eindruck auf König Wilhelm gemacht, zumal die darin vertretene Idee auch den anderen Bundesfürsten mitgeteilt und von ihnen mit großer Bereitwilligkeit aufgenommen worden war. Auch im norddeutschen Reichstag war auf eine Mitteilung des Briefes durch Delbrück am 9. Dezember der Beschluß gefaßt worden, in der Reichsverfassung die Bezeichnungen „Bund" und „Bundespräsidium" zu ersetzen durch „Reich" und „Kaiser". Am 18. Dezember wurde eine entsprechende Adresse dem König

Wilhelm in Versailles von einer Abordnung überreicht, deren Sprecher derselbe Simson war, der einst Friedrich Wilhelm IV. im Namen des Frankfurter Parlaments die Kaiserkrone angeboten hatte. König Wilhelm erklärte darauf: nach der Zustimmung der Fürsten und freien Städte, die bevorstehe, werde er die Kaiserwürde annehmen. Am 14. Januar 1871 schrieb er dann an die Fürsten und freien Städte: „Ich nehme die deutsche Kaiserkrone an, nicht im Sinne der Machtansprüche, für deren Verwirklichung in den ruhmvollsten Zeiten unserer Geschichte die Macht Deutschlands zum Schaden seiner inneren Entwicklung eingesetzt wurde, sondern mit dem festen Vorsatze, so weit Gott Gnade gibt, als deutscher Fürst der treue Schirmherr aller Rechte zu sein und das Schwert Deutschlands zum Schutze desselben zu führen."

Noch aber gab es eine hemmende Meinungsverschiedenheit wegen der Fassung des Titels zwischen dem König und Bismarck. König Wilhelm wollte, wenn es einmal ohne den Kaisertitel nicht ging, „Kaiser von Deutschland" heißen; Bismarck dagegen bestand auf dem Titel „Deutscher Kaiser", der auch schon in dem Verfassungsentwurf angewandt war. Er legte Gewicht darauf, weil in dem Titel Kaiser von Deutschland der Anspruch auf eine landeshoheitliche Stellung gefunden werden konnte, die dem Kaiser tatsächlich nur in Preußen, nicht aber in den anderen Bundesstaaten zustand. Noch bei den Beratungen am 17. Januar gelang es Bismarck nicht, den König zum Aufgeben seines Widerspruches zu bewegen. Am 18. fand dann die feierliche Kaiserproklamation im Spiegelsaale des Versailler Schlosses statt vor den anwesenden deutschen Fürsten und den Führern und Fahnen des siegreichen Heeres. Der Großherzog von Baden, der dabei das Hoch auszubringen hatte, umging die Schwierigkeit der Titelfrage, indem er die Huldigung einfach dem Kaiser Wilhelm darbringen ließ. Die deutsche Reichsverfassung, d. h. die durch die Verträge modifizierte norddeutsche Bundesverfassung, die einem zum 21. März 1871 nach Berlin berufenen, aus allen Bundesstaaten gewählten deutschen Reichstag vorgelegt und von ihm angenommen wurde, konnte die kaiserliche Sanktion erst am 16. April 1871 erhalten, hatte aber gesetzliche Geltung vom 1. Januar 1871 ab. In ihr ist festgesetzt, daß der Inhaber des Bundespräsidiums, das nach wie vor immer mit der Krone von Preußen verbunden ist, als Oberhaupt des Reiches den Titel „Deutscher Kaiser" führt.

Was mit der Reichsgründung errungen war, hielt etwa die Mitte zwischen dem, was die liberalen Patrioten von 1848 gewollt hatten, und dem, was das Bestreben der altfürstlichen Kreise und der konservativen Parteien gewesen war. Preußen ging nicht in Deutschland auf, aber es hatte verfassungsmäßig die Führung gewonnen und war mit den anderen deutschen Staaten in einem lebensvollen Bunde vereinigt; das neue Reich war kein Einheitsstaat, aber auch kein bloßer Staatenbund, sondern ein Bundesstaat mit starker Zentralgewalt, den die Würde des Kaisertums gleichwie mit einer mächtigen Kuppel überwölbte; es war nicht durch den souveränen Willen des Volkes geschaffen worden, sondern durch die Übereinstimmung der Regierungen, Fürsten und freien Städte, aber es ruhte nicht allein auf den Verträgen der Regierungen, sondern auch auf der Zustimmung der einzelnen Volksvertretungen und des Reichstags; darin findet die nationale Bewegung ihren Ausdruck, die dieses ganze Werk der Reichsgründung von Anfang an gehoben und getragen hat.

Der Friedensschluß mit Frankreich beruhte auf Verhandlungen der kaiserlichen Regierung mit dem Chef der Exekutive, Adolphe Thiers, und der unter dem Schutze des Waffenstillstandes gewählten Nationalversammlung, deren Mehrheit monarchisch gesinnt und dem Frieden geneigt war. Bismarck forderte in den Verhandlungen mit Thiers das ganze Elsaß mit Einschluß von Belfort, das nach langer Belagerung am 16. Februar in die Hände der Deutschen gefallen war, außerdem ein Stück von Lothringen mit Metz und 6 Milliarden Kriegskostenentschädigung. Der König wünschte einen Einzug in Paris wie 1814 und 1815; Bismarck hätte auf diesen Triumph gern verzichtet, wenn die Franzosen dafür Belfort hätten opfern wollen. Aber das war nicht nach dem Sinne des französischen Unterhändlers; es gelang ihm, Belfort für Frankreich zu retten und durch unablässiges Drängen auch die Kontribution auf 5 Milliarden zu ermäßigen. So kamen die Friedenspräliminarien vom 26. Februar zustande, die am 1. März von der Nationalversammlung angenommen wurden. Am 1. und 2. März zogen die siegreichen Truppen in Paris ein, verließen aber die Hauptstadt schon wieder am 3. März. Die Verhandlungen über den endgültigen Frieden wurden Ende März in Brüssel eröffnet. Sie bezogen sich vor allem auf die Art und Weise der Kontributionszahlungen, auf den Ankauf der Eisenbahnen in Elsaß und Lothringen und auf die künftigen Handelsbeziehungen zwischen dem Deutschen Reich und Frankreich. Ehe man sich noch über diese schwierigen Fragen geeinigt hatte, brach in Paris der Aufstand der Kommune aus, der natürlich den Abschluß der Verhandlungen verzögerte. Die Deutschen sahen diesem französischen Bürgerkrieg in aufmerksamer Neutralität zu und fanden keinen Anlaß einzuschreiten. Im Mai wurden die Verhandlungen wieder aufgenommen, und zwar zu Frankfurt a. M. Am 10. Mai kam man zum Abschluß, am 20. wurden die Ratifikationen ausgetauscht. Man verzichtete deutscherseits auf die Erneuerung des Handelsvertrags von 1862, aber man forderte eine Erniedrigung der Zolltarife auf den Fuß der meistbegünstigten Nation, und diese Forderung wurde von den Franzosen zugestanden. In den schutzzöllnerischen Kreisen Frankreichs, die von jetzt ab größeren Einfluß erlangten, bezeichnete man dieses Zugeständnis später wohl als ein „industrielles Sedan".

Bismarck konnte auf eine große und erfolgreiche Arbeit zurückschauen. Der Dank seines Kaisers war die Erhebung in den Fürstenstand am 22. März 1871, dem 74. Geburtstag Kaiser Wilhelms, und die Schenkung des Sachsenwaldes im Herzogtum Lauenburg. Auch Moltke und Roon, die beide zu Feldmarschällen befördert wurden, erhielten reiche Dotationen. Am 16. Juni 1871 hielt der greise ruhmgekrönte Kaiser mit seinen Paladinen an der Spitze der siegreichen Truppen den feierlichen Einzug in seine Hauptstadt.

XII.

Im neuen Reich.
1871 – 1888.

Der Frankfurter Friede eröffnet eine neue Epoche in der Geschichte des europäischen Staatensystems. Das Gleichgewicht der Mächte, das bisher auf die Schwäche der zerteilten Mitte berechnet war, hat seit dem Zusammenschluß des Deutschen Reiches eine andere Gestalt angenommen. Der Schwerpunkt der Macht, der seit dem Krimkriege in Paris gelegen hatte, rückte nach Berlin herüber; das neue Deutsche Reich nahm unter der Führung Kaiser Wilhelms und Bismarcks die vorwaltende Stellung in der europäischen Staatengesellschaft ein. Diese Stellung hat es von Anfang an mit Nachdruck und Konsequenz im Sinne der Aufrechterhaltung des Friedens geltend gemacht. Preußen und Deutschland waren „saturiert", wie Bismarck mit einem Metternichschen Worte es ausdrückte; die Versicherung, die Kaiser Wilhelm in der Proklamation von Versailles (18. Januar 1871) und in der Thronrede bei Eröffnung des ersten deutschen Reichstages (21. März 1871) vor aller Welt abgegeben hatte, daß Deutschland, geeint und stark, fortan nur danach streben werde, den Frieden in Europa aufrecht zu erhalten, ist durch die Politik seiner ganzen noch 17jährigen Regierung und nicht minder durch die seiner Nachfolger vollkommen bestätigt worden. Die ganze Entwicklung des Staatensystems, sein allmähliches Hinauswachsen über die Grenzen Europas, brachte es auch mit sich, daß die Konflikte sich mehr nach außen, an die Peripherie der zivilisierten Welt verschoben und daß die Reibungsflächen an den inneren Staatengrenzen unseres Kontinents — abgesehen von der Balkanhalbinsel — minder empfindlich zu werden schienen. Eine Ausnahme bildete dabei freilich immer noch das Verhältnis zwischen Deutschland und Frankreich. Der Stolz der französischen Nation konnte sich nicht in die Rolle des Besiegten und in den Verlust der Grenzprovinzen finden; man hoffte auf den Tag der Rache und dachte nach Gambettas Anweisung immer daran, auch wenn man nicht davon sprach; die Gefühle der Kämpfer und Zeitgenossen von 1870 übertrugen sich auch auf die heranwachsende Generation. Diese ungelöste Spannung zwischen Frankreich und Deutschland ist eine wichtige Triebfeder für das Spiel der politischen Gleichgewichtsschwankungen und für die Gruppierung der Mächte geblieben.

In vollem Einverständnis mit Kaiser Wilhelm war Bismarck nach 1871 bemüht, die Stellung Deutschlands in der Welt auf eine engere Verbindung mit den beiden großen monarchisch-konservativen Ostmächten Rußland und Österreich zu begründen, die auch auf die monarchischen Elemente des neuen Königreichs Italien eine wirksame Anziehungskraft ausüben mußte. Eben die beiden Mächte, die vor 1870 nahe daran gewesen waren, mit Frankreich gegen Preußen gemeinschaftliche Sache zu machen, wurden jetzt für das neue Deutsche Reich gewonnen. In Frankreich begünstigte Bismarck die Republik und wirkte — ganz im Gegensatz zu dem eigenwilligen Botschafter, Grafen Harry von Arnim — den monarchisch-legitimistischen Tendenzen, die damals sehr stark waren, nach Möglichkeit entgegen, weil er von einem bourbonischen Königtum Gefahr für den Frieden und für die europäische Stellung Deutschlands fürchtete. Denn ein legitimistisch-katholischer König in Frankreich hätte sich, zumal da die konfessionellen Leidenschaften wieder erwacht waren, leicht mit Österreich verständigen und unter Umständen auch Rußland in den Kreis seiner Deutschland feindlichen Bestrebungen hineinziehen können. Bismarck fürchtete eine Koalition gegen das mächtig gewordene Deutschland und tat alles, um sie abzuwenden. Die von weiser Voraussicht geleitete Haltung gegenüber dem besiegten Österreich von 1866 trug jetzt ihre Früchte. Österreich verzichtete seit 1871 endgültig darauf, je wieder eine Rolle in Deutschland zu spielen und verlegte nun wirklich, wie Bismarck es 1862 dem Grafen Karolyi geraten hatte, den Schwerpunkt seiner Politik nach Osten. Vollends seit Beust, an dessen Persönlichkeit immer noch ein Rest der alten Feindseligkeit haftete, im Dezember 1871 durch den ungarischen Grafen Andrássy ersetzt worden war, mit dem sich Bismarck vortrefflich verständigen konnte, befestigte sich die Freundschaft zwischen Deutschland und Österreich zu dauerhaftem Bestand. In Rußland begann sich zwar damals unter der Einwirkung altrussischer und panslawistischer Kreise eine wachsende Abneigung gegen Deutschland geltend zu machen, und der leitende Staatsmann, Fürst Gortschakoff, stand nach wie vor in einem Verhältnis eifersüchtiger Spannung zu Bismarck; aber der Zar Alexander II., der Neffe Kaiser Wilhelms, hielt ebenso wie dieser an dem traditionellen Verhältnis der Freundschaft und Waffenbrüderschaft mit Preußen fest. Italien wurde nicht nur durch das Anlehnungsbedürfnis der Monarchisten, sondern auch durch die auf Wiederherstellung der weltlichen Gewalt des Papstes gerichteten Bestrebungen der katholischen Partei in Frankreich zum Anschluß an Deutschland gedrängt. Die drei Kaiser und ihre Minister kamen im September 1872 in Berlin zusammen und sahen sich seitdem öfter; 1873 erschien auch der König von Italien in Wien und in Berlin, und sein Besuch wurde 1875 erwidert, wenn auch noch nicht in Rom. Es bestand noch kein eigentliches Bündnis, weder zwischen den drei Kaisern noch mit Italien, wohl aber ein Freundschaftsverhältnis, das als Basis für die europäische Friedenspolitik dienen konnte und in dem das Vertrauen der Mächte zu dem neuen Deutschen Reiche in einer für Kaiser Wilhelm besonders wohltuenden Weise zum Ausdruck kam.

Eine vorübergehende Trübung erfuhr der politische Horizont im Jahre 1875, wo in Frankreich eine starke Vermehrung der Armee vorgenommen wurde, die den deutschen militärischen Autoritäten auf kriegerische Absichten zu deuten schien. Es mag sein, daß in diesen Kreisen damals die Auffassung vertreten worden ist, es sei besser, dem unversöhnten Gegner zuvorzukommen, als so lange zu warten, bis er seine Rüstungen zu dem doch unvermeidlichen Rachekriege vollendet haben werde. Aber weder der Kaiser noch Bismarck haben sich in ihrer friedlichen Haltung durch solche Erwägungen beirren lassen.

Bismarck hat seinem alten Herrn gegenüber damals das Argument gebraucht, man könne der Vorsehung nicht so in die Karten sehen, daß man mit unbedingter Sicherheit einen Krieg als unvermeidlich vorauszusagen imstande sei. Trotzdem lief in der diplomatischen Welt das Gerücht um, Deutschland wolle von neuem Krieg gegen Frankreich beginnen; und der französische Botschafter in Berlin, von Gontaut-Biron, ein Anhänger der monarchisch-klerikalen Partei, tat das Seine dazu, um diesem Gerücht Nahrung zu geben; der französische Botschafter in Petersburg rief sogar den Schutz des Zaren an; und als nach einem Besuche Alexanders in Berlin im Mai 1875 die Kriegsgerüchte verstummten, benutzte Gortschakoff den Moment, um den Anschein zu erwecken, als sei die Kriegsgefahr erst durch eine russische Intervention beseitigt worden, so daß er selbst als Friedensstifter und Retter Frankreichs erschien.

Während also auf dieser Seite der Friede bewahrt blieb, kam es bald darauf in den orientalischen Angelegenheiten zum Kriege. Die Wendung nach Osten, die die österreichische Politik genommen hatte, trug die Gefahr eines Konflikts mit Rußland in sich; und in der Tat war Rußland 1876 nahe daran, gegen Österreich die Waffen zu ergreifen, um sozusagen über Wien nach Konstantinopel zu gehen. Aber Bismarck ließ dem russischen Kaiser keinen Zweifel darüber, daß Deutschland einer Niederwerfung Österreichs nicht ruhig würde zusehen können; und nun zog die russische Regierung es vor, sich insgeheim mit Österreich zu verständigen, ihm die Okkupation von Bosnien und Herzegowina in Aussicht zu stellen, um so, in der Flanke gedeckt, den Krieg gegen die Türkei zu beginnen, von dem Rußland eine endgültige Lösung der orientalischen Frage zu seinen Gunsten erhoffte.

Es ist bekannt, wie dieser Krieg in dem Präliminarfrieden von San Stefano zunächst wirklich zur Zerstückelung der Türkei führen zu sollen schien, wie England sich aber diesem Ausgang widersetzte, wie dadurch die Gefahr eines Konfliktes unter den großen Mächten heraufbeschworen wurde und wie schließlich die orientalische Frage auf dem Berliner Kongreß zu einer für die Türkei weit günstigeren Lösung gebracht worden ist. Bismarck hatte sich bereit erklärt, als Vorsitzender dieses Kongresses, die Rolle — nicht eines Schiedsrichters, sondern eines „ehrlichen Maklers" zu übernehmen, um den gefährdeten Frieden zwischen den großen Mächten zu erhalten und ein leidliches Abkommen in den orientalischen Fragen zustande zu bringen. Die große Stellung Deutschlands in der Welt und das persönliche Ansehen seines leitenden Staatsmannes kam auf dem Berliner Kongreß zu imponierendem Ausdruck; das politische Ergebnis aber war schließlich eine Störung des guten Verhältnisses zu Rußland. Gortschakoff verzieh es Bismarck nicht, daß er nicht geradezu das Gewicht der deutschen Macht für Rußlands Ansprüche in die Wagschale geworfen hatte, und es gelang ihm jetzt auch, den Kaiser Alexander II. mit Mißtrauen gegen die deutsche Politik zu erfüllen. Nur durch einseitiges und entschiedenes Eintreten für die russischen Interessen hätte Deutschland damals die ungetrübte Freundschaft Rußlands sich erhalten können. Aber es hätte sich dadurch seine Stellung zu den übrigen Mächten verdorben und wäre geradezu in Abhängigkeit von Rußland geraten.

Die allgemeine politische Lage wurde noch dadurch verschärft, daß auch zwischen Rußland und Österreich wieder eine Spannung eintrat, die ihre Ursache in dem Vordringen der österreichischen Interessen auf der Balkanhalbinsel seit der Besetzung Bosniens hatte. Russische Rüstungen an der österreichischen Grenze verbanden sich mit feindseligen Äußerungen der russischen Presse gegen Deutschland. Kaiser Alexander II. selbst beschwerte sich in einem Briefe an Kaiser Wilhelm vom 15. August 1879 über die Haltung Deutschlands in der Kommission zur Regelung der Balkanangelegenheiten und gebrauchte dabei sogar Wendungen, die eine versteckte Drohung enthielten.

Bismarck sah die Lage als bedenklich an; er faßte eine engere Verbindung mit Österreich ins Auge und erwirkte auch die Erlaubnis des Kaisers zur Anknüpfung von Verhandlungen in Gastein. Im Grunde aber faßte Kaiser Wilhelm die ganze Spannung als eine auf Mißverständnissen beruhende Verstimmung auf und suchte diese von sich aus durch Verhandlungen von Fürst zu Fürst zu beseitigen, um die persönliche Rivalität der beiden Staatsmänner auszuschalten. Während Bismarck in Gastein mit den Österreichern verhandelte, sandte er seinen vertrauten Generaladjutanten Manteuffel zum Zaren nach Warschau und kam dann selbst mit diesem auf der russischen Grenzstation Alexandrowo zusammen, am 3. September. Es gelang ihm hier, befriedigende Erklärungen von Kaiser Alexander zu erlangen; er glaubte, das Mißverständnis gehoben zu haben, und war wenig erbaut von den Fortschritten, die inzwischen die Verhandlungen Bismarcks mit Österreich gemacht hatten. Nur mit Mühe gelang es Bismarck, seine Zustimmung zu weiteren Verhandlungen über einen Vertrag zu erhalten, dessen vorläufiger Entwurf dann am 24. September in Wien, wohin der Kanzler sich selbst begeben hatte, festgestellt wurde. Dieser Vertrag mit Österreich schien dem Kaiser mit dem Verhältnis zu Rußland, wie er es auffaßte, nicht recht vereinbar, und es gab wieder einen heißen Meinungskampf, bis Wilhelm sich mit dem Plane seines Kanzlers zu befreunden vermochte. Erst am 7. und 15. Oktober 1879 wurde der Vertrag unterzeichnet. Es war ein Bündnis zu gegenseitigem Schutz gerade gegen Rußland: jede der beiden Mächte sollte, wenn eine von ihnen von Rußland angegriffen werde, dieser Hilfe zu leisten verpflichtet sein. Bismarck hatte dabei keinerlei feindliche Absichten gegen Rußland; er wollte vielmehr nur den Frieden und die vollkommene Selbständigkeit der deutschen Politik wahren. Die Wiederherstellung freundschaftlicher Beziehungen zu Rußland schien ihm durch das Bündnis mit Österreich keineswegs ausgeschlossen, und er hatte nichts dagegen einzuwenden, daß der Kaiser, um das Mißtrauen Alexanders II. zu zerstreuen, diesem in einem Briefe vom 4. November Mitteilungen über Sinn und Inhalt des Vertrages machte. Es gelang dann auch, ein leidliches Verhältnis zwischen den beiden Regierungen wiederherzustellen und das Vertrauen zwischen den Monarchen wieder zu befestigen; aber Alexander II. wurde nach wenigen Jahren, 1881, das Opfer eines anarchistischen Bombenattentats, und seinem Nachfolger Alexander III. fehlten die persönlichen Familienerinnerungen, auf denen das Verhältnis seines Vaters zu Kaiser Wilhelm beruht hatte; vielmehr wurde er durch seine dänische Gemahlin und deren Verwandte in einem für Deutschland wenig günstigen Sinne beeinflußt. Die Verbindung Rußlands mit Frankreich, ein alter Gedanke der französischen Politik im 19. Jahrhundert, begann jetzt auch in den Gesichtskreis der russischen Politiker zu treten; und die Neigung dazu, verstärkt durch die moskowitische und panslawistische Strömung, dauerte auch fort, als Gortschakoff, der alte Rival Bismarcks, 1882 aus dem Amte geschieden war.

Eine Ergänzung erhielt das deutsch-österreichische Bündnis durch den Beitritt von Italien, das seit der Eroberung von Tunis durch die Franzosen (1881), die seine Mittelmeerinteressen durchkreuzte, darauf verzichtete, die Irredentisten in Triest und Südtirol weiterhin gegen Österreich zu unterstützen und sich 1882 mit Deutschland und Österreich zu einem Dreibund zusammenschloß, wobei es Bismarck hauptsächlich auf die Sicherung Österreichs im Fall eines Krieges mit Rußland ankam. Aber auch der Dreibund verfolgte nur das Ziel der Aufrechterhaltung des Friedens. Als im Jahre 1884 England, mit Frankreich wegen der Okkupation von Ägypten, mit Rußland wegen der Rivalität in Afghanistan gespannt, sich Italien näherte, ergriff Bismarck die Gelegenheit, mit dem russischen Kaiser Alexander III., der ebenfalls den Frieden erhalten wollte, in ein besseres Verhältnis zu gelangen und das alte Einverständnis der drei Kaisermächte wiederherzustellen. Im September 1884 kam es wieder zu einer Zusammenkunft der drei Kaiser in Skierniewice bei Warschau, und zugleich wurde, wie es scheint, ein geheimer Vertrag zwischen Deutschland und Rußland abgeschlossen, in dem beide Mächte sich gegenseitig eine wohlwollende Neutralität versprachen für den Fall, daß eine von ihnen angegriffen würde. Es ist der sogenannte Rückversicherungsvertrag, der Deutschland ebenso vor einer Abhängigkeit von Österreich wie von Rußland bewahren sollte; Bismarck baute damit für Deutschland gleichsam eine Zwickmühle, die er nach Bedürfnis auf- und zuziehen konnte, um zugleich die vorwaltende Stellung Deutschlands unter den Mächten und die Erhaltung des europäischen Friedens zu sichern.

Diese politische Lage schuf auch die Möglichkeit, von den Kolonialmächten, England und Frankreich, die jetzt isoliert waren, die Zustimmung zu einer völkerrechtlichen Regelung der afrikanischen Angelegenheiten zu erlangen, die auf der Berliner Kongokonferenz von 1884 zustande gebracht wurde und auch für Deutschland die Bahn freimachte für koloniale Erwerbungen.

Mit dem Zusammenschluß des Reiches hatte der früher vorwiegend binnenländische Gesichtskreis der deutschen Politik sich erweitert, und der aus den wachsenden industriellen Interessen entspringende Drang nach überseeischer Ausdehnung fand bei der Reichsregierung ebenso einsichtige wie maßvolle Förderung. Von einer Kolonialpolitik konnte natürlich nur in bescheidenem Umfange die Rede sein. Die überseeische Welt war ja im großen und ganzen verteilt; eigentliche Siedelungskolonien für den auswandernden Überschuß der deutschen Bevölkerung standen nicht mehr zur Verfügung. 1884 wurden die Besitzungen in Südwestafrika, in Kamerun und Togo, 1885 die in Ostafrika erworben und unter die Schutzherrschaft des Reiches gestellt. Neben unternehmenden Kaufleuten waren es wagemutige Forschungsreisende, die, halb Gelehrte, halb abenteuernde Politiker, erfüllt von Tatendrang und nationalem Schwung, als Pioniere des deutschen Wesens in der Welt die Bahn gebrochen haben. Bismarck wollte im wesentlichen nur dem Handel folgen und die überseeischen Wirtschaftsinteressen unter den staatlichen Schutz stellen. Dazu gehörte natürlich auch der Bau einer deutschen Kriegsflotte — eine Aufgabe, die freilich damals noch nicht nach wirklich großem Maßstabe in Angriff genommen worden ist. Immerhin aber wurden nicht unbedeutende Anfänge einer Kriegsflotte geschaffen; in Kiel und Wilhelmshaven wurden feste Seeplätze eingerichtet, und der 1883 in Angriff genommene Bau des Nord-Ostsee-Kanals wurde von Kaiser Wilhelm als sein eigenstes Werk betrachtet.

Noch einmal nahmen die auswärtigen Verhältnisse eine bedenkliche Wendung: im Jahre 1887, wo gleichzeitig in Frankreich und in Rußland eine kriegerische Stimmung gegen Deutschland sich kundtat; dabei wurde auch schon hüben und drüben die Forderung eines Bündnisses laut. An der deutsch-französischen Grenze war es zu Reibungen und Verwicklungen gekommen, die an und für sich wenig bedeuteten und leicht beizulegen waren, die aber von der französischen Patriotenliga agitatorisch ausgebeutet wurden, um eine wachsende Erregung in der Bevölkerung hervorzurufen und es womöglich zum Kriege mit Deutschland zu treiben; der General Boulanger stand dabei im Hintergrund als Kandidat eines neuen, auf militärische Erfolge zu begründenden Cäsarismus. Man rechnete auf die Bundesgenossenschaft Rußlands. In Rußland war die Stimmung gegen Deutschland äußerst gereizt, weil man die Schwierigkeiten, die die russische Politik auf dem Balkan fand, der Tatsache zuschrieb, daß Deutschland durch sein Bündnis das Gewicht Österreichs, des russischen Rivalen, verstärkte, obwohl es grundsätzlich vermied, sich irgendwie in die Balkanwirren einzumischen. Bismarck erklärte, die bulgarische Frage sei die Knochen eines pommerschen Grenadiers nicht wert; in der russischen Presse aber wurde die Ansicht vertreten, daß die Lösung der orientalischen Frage nicht auf dem Balkan, sondern an der Oder und am Rhein gesucht werden müsse. Der russische Ukas vom Mai, der den Erwerb von Grundeigentum durch Ausländer verbot, wurde in Deutschland als eine unfreundliche Maßregel aufgefaßt und mit einem Zeitungssturm gegen die damals zahlreich in deutschem Besitz befindlichen russischen Werte beantwortet, der nicht nur eine neue russische Anleihe unmöglich machte, sondern auch zu massenhaften Verkäufen führte und dadurch den Kurs der russischen Staatspapiere stark herabdrückte, bis im November sogar die Reichsbank angewiesen wurde, die Beleihung russischer Werte einzustellen. Noch gefährlicher aber wurde die politische Stimmung dadurch vergiftet, daß von deutschfeindlichen, wahrscheinlich orleanistischen Kreisen aus durch gefälschte Briefe, die man dem Zaren in die Hände gespielt hatte, bei der russischen Regierung der Argwohn erweckt wurde, als ob Bismarck sie hintergehe und die dem Zaren verhaßte bulgarische Thronkandidatur des Koburgers Ferdinand, des Schützlings Österreichs, angeregt oder befördert habe. In Frankreich wie in Rußland rief man nach einem Krieg gegen Deutschland. Da gelang es Bismarck, den Zaren, der auf der Rückkehr von Kopenhagen ein paar Stunden in Berlin Rast hielt, in einer Audienz von der Unechtheit jener Schriftstücke, die sich jetzt als die eigentliche Ursache des Mißtrauens ergaben, vollkommen zu überzeugen und das gute Verhältnis zwischen den beiden Regierungen einigermaßen wiederherzustellen.

Indessen die Kriegsgerüchte wollten nicht verstummen; in der französischen wie in der russischen Presse wurde ein Bündnis zwischen Frankreich und Rußland gefordert. Da veröffentlichte Bismarck, um die Leidenschaften der Kriegshetzer abzukühlen und die öffentliche Meinung in Deutschland zu orientieren, den österreichischen Bündnisvertrag am 3. Februar 1888 und hielt drei Tage später im Reichstag die bekannte große Rede, die in den Worten gipfelte: „Wir Deutsche fürchten Gott, aber sonst nichts in der Welt.“ Die Krisis wurde überwunden; im nächsten Jahre machte der Sturz Boulangers den französischen Kriegstreibereien vollends ein Ende. Der Vertrag mit Rußland blieb bestehen, so lange Bismarck das Ruder führte; es war hauptsächlich das persönliche Vertrauen Alexanders III. zu ihm, was die Verbindung zwischen Preußen und Rußland aufrecht erhielt, wenn diese zuletzt auch nicht mehr so fest sein mochte, wie sie Bismarck erschien.

Die Summe der auswärtigen Politik in diesem ganzen Zeitraum bestand in dem erfolgreichen Streben nach Bewahrung des Friedens und der Machtstellung Deutschlands; damit war auch die Möglichkeit gegeben, die durch Waffengewalt errungene neue Ordnung innerlich auszubauen und sie in dem unvermeidlichen Kampf mit ihren grundsätzlichen Gegnern zu behaupten und zu befestigen.

Der allgemeine Charakter der Regierung im Reich nahm denselben monarchisch-konstitutionellen Zug an, der in Preußen durchgedrungen war und auch in den übrigen Bundesstaaten vorwaltete: die Reichsregierung war der erste Faktor im öffentlichen Leben, der Reichstag stand an zweiter Stelle; er hatte nur eine unterstützende oder hemmende, aber nicht eine führende Rolle; ihm kam mehr nur eine Kontrolle als eine Mitregierung zu. Das einzige verantwortliche Organ der in Kaiser und Bundesrat sich darstellenden Reichsregierung blieb der Reichskanzler, der freilich 1878 eine gesetzlich geordnete Stellvertretung erhielt; die ihm unterstellte Regierungsbehörde, das Reichskanzleramt, löste sich nach und nach, vollends seit 1879 in eine Reihe von besonderen Reichsämtern auf, deren Vorsteher, die Staatssekretäre, zwar Organe des Reichskanzlers, aber seit 1878 zugleich auch seine Spezialstellvertreter für ihre Verwaltungszweige sind und tatsächlich eine unter Umständen ziemlich weitgehende Selbständigkeit genießen.

Im Reiche wie in Preußen stützte sich die Regierung in den ersten acht Jahren nach dem Kriege vorzugsweise auf die Nationalliberalen, die schon seit 1867 als die maßgebende Partei hervorgetreten waren; sie verfügten während dieser Jahre im Reichstag über 120 bis 150 Plätze. Die Einrichtungen dieser Zeit tragen denn auch einen gemäßigt liberalen Charakter. Vor allem galt es, die nationale Einheit in Wirtschaft, Verkehr und Recht im neuen Reiche herzustellen — eine Aufgabe, die unverzüglich auf den verschiedenen Gebieten in Angriff genommen wurde. Die schon im Norddeutschen Bunde eingeleitete Neuordnung des Maß- und Gewichtswesens nach dem metrischen System wurde auch im Reiche allgemein durchgeführt; das Münzwesen erfuhr 1873 eine durchgreifende Regelung auf Grund des Markfußes unter vorläufiger Beibehaltung der Taler, aber mit der Tendenz des allmählichen Übergangs zur reinen Goldwährung. Das unübersichtlich-mannigfaltige Papiergeld aus der alten Zeit der Kleinstaaterei verschwand und wurde durch Reichskassenscheine ersetzt; die Reichsbank trat an die Stelle der Preußischen Bank als eine unter Aufsicht und Leitung des Reiches stehende Aktiengesellschaft mit dem Recht der Notenausgabe. Das Post- und Telegraphenwesen wurde in der Hauptsache einheitlich über das ganze Reich hin organisiert, wobei freilich die bayerischen Reservatrechte eine störende Ausnahme mit sich brachten; die Eisenbahnen dagegen blieben zunächst in ihrer bisherigen Verfassung, mußten sich aber eine allgemeine Aufsicht von Reichs wegen gefallen lassen. Das Zollwesen und in der Hauptsache auch die indirekten Steuern wurden Reichssache, während die direkten Steuern den Einzelstaaten überlassen blieben; zur Deckung der über die regelmäßigen Einnahmen hinausgehenden Ausgaben des Reiches wurden Matrikularbeiträge der Bundesstaaten mit Bewilligung des Reichstages erhoben. Die freihändlerische Handelspolitik der letzten Zeit wurde beibehalten und sogar noch gesteigert; die Aufhebung der Eisenzölle, die im Jahre 1873 nach langem Streit für 1877 in Aussicht genommen wurde, bedeutete den letzten großen Schritt in dieser Richtung und rief schon Widerstände hervor, die als Vorboten des späteren wirtschaftlichen Umschwungs angesehen werden können. Die Leitung dieser Angelegenheiten überließ Bismarck damals vertrauensvoll seinem bewährten Rat, dem Chef des Reichskanzleramts, Rudolf Delbrück, der ganz in freihändlerischen Überzeugungen lebte und wirkte.

Zur Durchführung der Rechtseinheit im Reiche ging der Anstoß von der nationalliberalen Mehrheit des Reichstages aus, während der Bundesrat, in dem noch partikularistische Bestrebungen wirksam waren, hier anfänglich Schwierigkeiten gemacht hat, die nur allmählich überwunden werden konnten. Im Jahre 1877 fand die neue Justizorganisation ihren vorläufigen Abschluß: man hatte nun eine einheitliche Gerichtsverfassung über das ganze Reich hin mit dem Reichsgericht, das nicht in Berlin, sondern, unter Anknüpfung an das frühere Oberhandelsgericht des Zollvereins, in Leipzig errichtet wurde; auch Zivil- und Strafprozeß waren nun gleichmäßig für das ganze Reichsgebiet geordnet; ein einheitliches Handelsgesetzbuch und eine einheitliche Konkursordnung waren erlassen; auch das norddeutsche Strafgesetzbuch von 1870 war vom Reiche übernommen worden; nur eine Regelung des materiellen bürgerlichen Rechts fehlte noch. Die Arbeiten daran, die schon 1874 begonnen hatten, haben noch lange Zeit in Anspruch genommen und große Schwierigkeiten zu überwinden gehabt, bis das Ziel erreicht war und mit dem Beginn des neuen Jahrhunderts das Deutsche Reich nun auch sein einheitliches Bürgerliches Gesetzbuch erhalten hat.

An all diesen Gesetzgebungsfragen hat Kaiser Wilhelm trotz seines hohen Alters nach seiner gründlichen und pflichttreuen Art einen ganz persönlichen Anteil genommen; in die ihm fernliegenden juristischen Materien arbeitete er sich nicht ohne Mühe ein, indem er die ihm vorgelegten Denkschriften eingehend studierte und sich zu seinem persönlichen Gebrauch Auszüge daraus verfertigte. Mit ganz besonders lebhaftem Interesse aber betrieb er die Neuordnung des Heerwesens im Reiche; galt es doch auf diesem Gebiete die schwer errungenen preußischen Einrichtungen, die er als sein eigenstes Werk betrachtete, wie auf den Norddeutschen Bund, so nun auch auf das Deutsche Reich zu übertragen und zeitgemäß fortzubilden. Bei den Verhandlungen über das Reichs-Militärgesetz von 1874 hat er persönlich eingegriffen und, wie es scheint, über den Kopf des Reichskanzlers hinweg mit dem Reichstagspräsidenten von Forckenbeck sich besprochen. Die dauernde Festlegung der Heeresstärke nach den in der Verfassung angedeuteten Grundsätzen ist ihm nicht gelungen, dagegen aber wurde die jährliche Feststellung des Militäretats durch den Reichstag vermieden und wenigstens eine Festlegung der Friedenspräsenzstärke von 401 659 Mann auf sieben Jahre erreicht. Die 5 Milliarden, die Deutschland von Frankreich als Kriegsentschädigung erhalten hatte, dienten, soweit sie nicht zur Verzinsung und Tilgung der Kriegsanleihe gebraucht wurden, militärischen Zwecken: sie wurden für die Festungen, für die Begründung der Kriegsflotte, zur Schaffung eines Invalidenfonds und eines Reichskriegsschatzes von 120 Millionen Mark, der an die Stelle des preußischen Staatsschatzes trat, verwandt.

Das Wirtschaftsleben nahm einen gewaltigen Aufschwung. Wie so häufig nach großen Kriegen, stellte sich jetzt auch in Deutschland, befördert durch die Geldzufuhr, eine Hochspannung der Produktion und des Kredits ein, die in der sogenannten Gründerzeit 1873 zu ungesunder Überspekulation führte und 1874 mit dem „großen Krach" endete, dem eine mehrjährige schwere Wirtschaftskrisis folgte. Aus dieser Krisis sind übrigens wichtige Antriebe zu dem großen wirtschaftspolitischen Umschwung entsprungen, der sich seit 1878 vollzogen hat.

In Preußen wurde die schon seit 1867 ins Auge gefaßte, durch den Krieg unterbrochene Aufgabe wieder in Angriff genommen, durch den Ausbau der Selbstverwaltungseinrichtungen dem Verfassungsstaat noch nachträglich eine feste und dauerhafte Grundlage zu geben. Es handelte sich um die Wiederaufnahme der 1850 mißlungenen Reform, um die Ergänzung der Stein-Hardenbergschen Gesetzgebung, die seit 1823 auf falsche Bahnen übergeleitet worden war. Niemand hat diese Forderung kräftiger vertreten als der Berliner Rechtslehrer Rudolf Gneist, der die Hauptarbeit seines Lebens daran gesetzt hatte, die ältere englische Selbstverwaltung zu studieren, um anwendbare Grundsätze für die preußische Gesetzgebung daraus zu gewinnen; er hat auch als Abgeordneter an diesem Werke einen hervorragenden Anteil genommen. Drei große Reformideen galt es dabei zu verwirklichen: einmal die Erweiterung und Verstärkung der Kommunalverwaltung in den Kreisen und Provinzen, die zugleich auch auf gerechtere und zeitgemäßere Grundlagen gestellt werden mußte; zweitens die Begründung einer obrigkeitlichen Selbstverwaltung in dem dazu geeigneten Geschäftskreise, die in den verschiedenen Instanzen durch besondere, aus Laien und Beamten zusammengesetzte Behörden ausgeübt werden sollte, endlich die Einrichtung einer unabhängigen Verwaltungsgerichtsbarkeit, ebenfalls unter Beteiligung von Laienelementen, die den Grundsatz des Rechtsstaats zur Durchführung bringen sollte, daß nämlich alle Verwaltung, wie sie an gesetzliche Normen gebunden ist, so auch durch unabhängige Gerichte kontrolliert werden muß. Bismarck hat wie sein kaiserlicher Herr die Durchführung dieser Aufgabe als eine politische Notwendigkeit erkannt, aber er war seiner ganzen Art und Vergangenheit nach persönlich nicht eben von besonderem Eifer dafür erfüllt; er hat dieses Werk in der Hauptsache dem Minister des Innern, Grafen Friedrich Eulenburg, überlassen. Es war eine im wesentlichen liberale Gesetzgebung, die bei den Konservativen zum Teil auf starken Widerspruch stieß, andererseits aber auch den Forderungen der Fortschrittspartei keineswegs genügte. Ihre erste und bedeutendste Frucht war die Kreisordnung von 1872, die zunächst vom Herrenhaus abgelehnt worden war und nur durch das starke Mittel eines sogenannten Pairsschubs, d. h. durch die Ernennung von 25 neuen Herrenhausmitgliedern, die dem Gesetze günstig waren, zur Annahme gebracht werden konnte. Bismarck war damals leidend und weilte zur Erholung in Varzin, als die Krisis eintrat. Der Kaiser war durch Eulenburg und die Mehrheit des Staatsministeriums von der Notwendigkeit der Reform überzeugt worden und hatte dem Pairsschub, obwohl mit schwerem Herzen, zugestimmt. Roon aber, die Säule der konservativen Staatsgesinnung im Ministerium, der an dem entscheidenden Staatsministerialentschluß keinen Anteil gehabt hatte, war so aufgebracht über diese liberale Wendung der Regierung, daß er, ohnehin verstimmt und kränklich, jetzt um seinen Abschied einkam und nur durch das freundschaftliche Zureden Bismarcks und das Zugeständnis des Vorsitzes im Staatsministerium bewogen werden konnte, im Amte zu bleiben. Es war das erste Mal, daß das Präsidium des preußischen Staatsministeriums von dem Reichskanzleramt getrennt worden ist. Die Trennung hat sich aber nicht aufrecht erhalten lassen. Roon war der vermehrten Arbeitslast nicht mehr gewachsen und trat im November 1873 endgültig zurück. Er stand von allen Ministern seinem König innerlich am nächsten, und auch durch sein Ausscheiden aus dem Amte ist das persönliche Vertrauensverhältnis zwischen dem König und seinem alten Kriegsminister nicht beeinträchtigt worden; in dem schlichten und ergreifenden Abschied Wilhelms von dem sterbenden Freund und Waffengefährten 1879 hat es einen denkwürdigen Ausdruck gefunden.

Die Kreisordnung für die sechs östlichen Provinzen des preußischen Staates (Posen war ausgenommen) ist die Grundlage für die gesamte neue preußische Verwaltungsorganisation geworden und hat sich als solche bewährt. Sie beseitigte endlich die Patrimonialpolizei der Rittergutsbesitzer und schuf für die ländliche Polizeiverwaltung neue Distrikte zwischen der Gemeinde und dem Kreise; dies sind die sogenannten Amtsbezirke, in denen ein vom Oberpräsidenten ernannter Amtsvorsteher, in der Regel auch ein Gutsbesitzer, ehrenamtlich die Polizei ausüben sollte, aber nicht mehr aus eigenem Recht, sondern im Auftrage und unter Kontrolle der Staatsgewalt. Die Gemeindeverwaltung wurde noch nicht endgültig geregelt, doch wurden die Schulzen jetzt nicht mehr vom Gutsbesitzer eingesetzt, sondern von der Gemeinde gewählt und vom Landrat bestätigt. Der Kreistag verlor seinen bisherigen vorwiegend ritterschaftlichen Charakter und wurde gleichmäßiger aus den Gruppen des Großgrundbesitzes, der Städte und der Landgemeinden zusammengesetzt. Sein kommunaler Wirkungskreis wurde erweitert. Der Landrat blieb das Haupt der Kommunalverwaltung wie das staatliche Organ der allgemeinen Landespolizeiverwaltung im Kreise. Er war von Amts wegen Mitglied des Kreisausschusses, der als eine obrigkeitliche Selbstverwaltungsbehörde die Aufsicht über die Amtsvorsteher zu führen hatte und zugleich als erste Instanz im Verwaltungsstreitverfahren tätig war. So waren die Grundgedanken der ganzen Reform schon in diesem Gesetze verwirklicht. Es kam nun weiter darauf an, sie auch in den Provinzen und Regierungsbezirken zur Durchführung zu bringen. Das ist ein schwieriges und verwickeltes Werk gewesen, das nicht auf einen Wurf gelungen ist. Die Provinzialordnung von 1875 ist in dieser Form nicht von Dauer gewesen. Erst 1883 ist der Abschluß des großen Werkes erreicht worden, zu einer Zeit, wo die politische Richtung der Regierung und die Gruppierung der Parteien eine ganz andere geworden war.

Mit der Durchführung der staatlichen Selbstverwaltung in Preußen war auch eine entsprechende Reform in der Verfassung der evangelischen Landeskirche verbunden. Die Presbyterial- und Synodalverfassung der reformierten Kirche, die sich im Rheinlande in lebendiger Geltung erhalten hatte, wurde mit der altpreußischen lutherischen Konsistorialverfassung zu einem organischen Ganzen verbunden, zunächst 1873 in den sechs östlichen Provinzen; 1876 folgte die Einrichtung einer Generalsynode für die ganze evangelische Landeskirche und eine Auseinandersetzung zwischen Kultusministerium und Oberkirchenrat, durch die der Staatsbehörde nur das allgemeine Aufsichtsrecht, der Kirchenbehörde aber die Verwaltung der inneren kirchlichen Angelegenheiten in vollem Umfange zugewiesen wurde.

Diese Regelung des Verhältnisses von Staat und Kirche im Gebiet des evangelischen Bekenntnisses steht aber nicht bloß mit der Neuordnung der Selbstverwaltung in einem inneren Zusammenhang, sondern auch mit dem großen Kampf, der zwischen dem Staat und der katholischen Kirche in Preußen und auch im Reiche ausgebrochen war und der diesen Jahren eigentlich erst die charakteristische Färbung verleiht.

Mit der Begründung des Reiches trifft der Abschluß jener großen Bewegung in der katholischen Kirche zusammen, die darauf ausging, Staat und Gesellschaft unter den beherrschenden Einfluß der römischen Ideen zu stellen, und die daher dem modernen weltlichen Staat, wie er ganz besonders in dem protestantischen Kaisertum des neuen Reiches sich darstellte, mit unverhüllter Feindschaft entgegentrat. Papst Pius IX., der eifervolle Führer der streitenden Kirche, hatte diesen Kampf eröffnet durch die Enzyklika „Quanta cura" mit dem angehängten „Syllabus errorum" von 1864, und er hatte dann die kirchliche Rüstung vollendet durch das Dogma der Unfehlbarkeit, das mit Hilfe des Vatikanischen Konzils von 1870 durchgesetzt worden war und das die absolute Autorität des Papstes in der Kirche als ein Stück des katholischen Glaubens feststellte.

In Deutschland wurden die vatikanischen Dekrete von den Regierungen nicht anerkannt; dagegen fanden die Bestrebungen der römischen Kurie im Reiche wie in Preußen eine kräftige und nachhaltige Unterstützung in der sogenannten Zentrumspartei, in der sich alle alte und neue Feindschaft gegen Preußen und seine Führung im Reich, von den Großdeutschen und den Anhängern der 1866 entthronten Regierungen bis zu den Polen hin, unter dem vorwaltenden Einflusse katholischer, klerikaler und ultramontaner Ideen vereinigte, so daß in dieser trotz aller Versicherungen im Grunde doch konfessionellen Partei feudale und radikale Elemente sich mit dem bürgerlichen Mittelstand verbanden. Die Führung dieser „Reichsfeinde", wie sie Bismarck damals wohl nannte, übernahm der alte Welfenminister Ludwig Windthorst, der mit seiner zähen Verschlagenheit und seiner virtuosen parlamentarischen Taktik einer der allergefährlichsten Gegner des großen Kanzlers geworden ist.

Die Rüstung Preußens für den bevorstehenden Kampf war sehr mangelhaft. Die Artikel der preußischen Verfassung, die von den Rechten der Kirche handelten, gaben dem katholischen Klerus nach belgischem Vorbild eine ziemlich vollständige Freiheit von der Staatsgewalt, während er doch andererseits sein Gehalt vom Staate empfing und öffentlich-rechtliche Funktionen, namentlich als Eheschließungs- und Schulaufsichtsbehörde, ausübte. Man hatte damals, 1848 und 1850, geblendet durch das Schlagwort von der „freien Kirche im freien Staat", die Staatshoheitsrechte über die katholische Geistlichkeit so gut wie ganz aus der Hand gegeben und damit einen Zustand geschaffen, welcher jetzt der streitenden Kirche die größten Vorteile bot. Eben diesen Zustand suchte das Zentrum nun auch im Reiche herzustellen, indem es verlangte, daß ähnliche Grundsätze auch in die Reichsverfassung eingefügt werden sollten, aus der man sie, wie die sogenannten Grundrechte überhaupt, vorsichtigerweise weggelassen hatte. Im preußischen Landtag kündete sich jetzt der Kampf durch einen Antrag zugunsten der Wiederherstellung der weltlichen Gewalt des Papstes an. Für Bismarck lag ein Hauptmotiv zur Aufnahme des Kampfes mit der katholischen Kirche noch in dem Umstand, daß das Zentrum und die im Kultusministerium damals bestehende katholische Abteilung bei jeder Gelegenheit dem Polentum in Posen und Westpreußen Vorschub leisteten und auch in Oberschlesien unter der früher gut preußisch gesinnten katholischen Bevölkerung eine polnische Nationalfrage geschaffen hatten, indem immer die Begriffe katholisch und polnisch gleichgesetzt und miteinander vermischt wurden. Der Kampf, der nun entbrannte, war für ihn und auch für Kaiser Wilhelm nicht, wie für die Liberalen, auf deren Hilfe man sich dabei stützen mußte, ein „Kulturkampf", nicht ein Kampf um die Weltanschauung und gegen den christlichen Charakter des Staates, sondern nur ein Kampf zur Behauptung der souveränen Staatsgewalt gegen die Übergriffe der römischen Kurie und zur Sicherung des Reiches gegen die inneren Feinde, die bemüht waren, mit kirchlichen Waffen zu vernichten, was mit Blut und Eisen gewonnen war.

Gegen das Dogma von der Unfehlbarkeit der päpstlichen Entscheidungen, dem die Bischöfe sich rasch und leicht unterwarfen, hatte sich auf den deutschen Universitäten und unter den katholischen Religionslehrern an den höheren Schulen ein in religiöser Überzeugung wurzelnder Widerstand erhoben, der in dem Münchener Professor von Döllinger einen ganz hervorragenden Vertreter fand und zur Begründung einer besonderen, sogenannten altkatholischen Kirchengemeinschaft führte. In Preußen entstand nun der eigentliche Konflikt daraus, daß solche altkatholische Professoren und Religionslehrer von den Bischöfen exkommuniziert und für unfähig zur Ausübung ihres Amtes erklärt wurden, daß aber andererseits der Staat sich weigerte, diese seine Beamten auf das Verlangen der kirchlichen Autoritäten aus ihren Ämtern zu entfernen. Der Konflikt gewann bald eine größere Ausdehnung, namentlich auf dem Gebiete der Schulaufsicht und der Eheschließung. Die katholische Geistlichkeit suchte als Schulaufsichtsbehörde Lehrer und Schüler in ihrem Sinne zu beeinflussen, namentlich in den polnisch redenden Landesteilen, und sie verweigerte den Altkatholiken die Eheschließung. Das drängte die preußische Regierung zu entsprechenden Gegenmaßregeln. Man erwog die Beseitigung der geistlichen Schulaufsicht und die Einführung der Zivilehe. Man mußte dabei auf einen starken Widerstand der konservativen Partei rechnen, und auch dem Kaiser wurde es sehr schwer, seine Zustimmung zu solchen Gesetzentwürfen zu geben; er wollte ja im Grunde dahin wirken, daß die Religion dem Volke erhalten bleiben sollte; er wünschte keineswegs, den Einfluß einer staatstreuen Geistlichkeit auf die Schule vermindert zu sehen, und er sträubte sich aufs entschiedenste dagegen, die Eheschließung aus einem kirchlich-religiösen zu einem rein weltlichen Akt zu machen. Es kam zunächst 1872 nur zum Erlaß eines Gesetzes, das die Aufsicht über die Schulen an weltliche Schulinspektoren übertrug. Zur Durchführung dieses Gesetzes, bei der man auf den unverhüllten Ungehorsam der Bischöfe stieß, bedurfte es einer gründlichen Veränderung in der Verwaltung der geistlichen und Unterrichtsangelegenheiten. Die katholische Abteilung im Kultusministerium, die Bismarck eine feindliche Position innerhalb der Zitadelle der preußischen Regierung nannte, wurde aufgehoben; der Kultusminister von Mühler, ein Hochkonservativer, der die kirchenfeindliche

Politik nicht mitmachen wollte, wurde entlassen, so schwer es dem König auch werden mochte, sich von einem so treuen und bewährten Diener zu trennen. An seine Stelle trat ein liberaler Jurist, der eigentliche Kulturkampfminister Falck, der eine schärfere Tonart anschlug und geneigt war, weitergehende gesetzgeberische Konsequenzen aus dem vorhandenen Gegensatz zwischen Staat und Kirche zu ziehen, als eigentlich der Auffassung des Königs und seines leitenden Ministers entsprach.

Ein Versuch Bismarcks, durch Verhandlungen mit der Kurie den Streit beizulegen, scheiterte eben damals, da der Papst den von Bismarck vorgeschlagenen Kandidaten für den Gesandtschaftsposten, den staatstreuen Kardinal Hohenlohe, ohne weiteres zurückwies. Die Stimmung verschärfte sich hüben und drüben. Bismarck rief im Reichstage aus: „Nach Kanossa gehen wir nicht", und der Papst beklagte sich in seinen Kundgebungen über die Verfolgung der Kirche in Deutschland. Im Reichstag ging ein Gesetz durch, welches die Niederlassungen der Jesuiten und verwandter Orden im Reiche verbot und ihre fremdstaatlichen Mitglieder auswies (4. Juli 1873). In Preußen kam es unter heftigem Widerspruch des Herrenhauses 1873 zum Erlaß der sogenannten Maigesetze, die vor allem den Zweck verfolgten, die Ausbildung und Anstellung der Geistlichen durch gesetzliche Vorschriften zu regeln und durch staatliche Behörden zu kontrollieren; zugleich wurde ein besonderer Gerichtshof für kirchliche Angelegenheiten geschaffen und der Austritt aus der Kirche gesetzlich geregelt. Die ungehorsamen Bischöfe wurden nun gerichtlich verfolgt, erst zu Geldstrafen, und wenn sie sich weigerten, diese zu zahlen, auch zu Freiheitsstrafen verurteilt. Jetzt machte der Papst den Versuch, durch einen Brief vom 7. August 1873 den Kaiser Wilhelm von seiner Regierung zu trennen und zum Einlenken zu veranlassen; man glaubte in Rom, daß er diese ganze Kirchenpolitik eigentlich nur widerwillig dulde. Aber Kaiser Wilhelm antwortete dem Papst am 3. September in einer ebenso würdigen wie entschiedenen Weise unter starker Betonung seines staatlichen Rechtsstandpunktes und seiner evangelischen Gesinnung. Große Überwindung kostete es allerdings dem greisen Herrscher, seine Zustimmung zu dem Gesetz über die obligatorische Zivilehe zu geben, das am 9. März 1874 in Preußen zustande kam und dessen Grundsätze in dem Gesetz vom 6. Februar 1875 auch auf das Deutsche Reich ausgedehnt wurden. Die Personenstandsregister wurden nun den Geistlichen entzogen und besonderen staatlichen Standesbeamten übertragen.

Die katholische Geistlichkeit stellte sich in diesem großen Konflikt durchweg auf die Seite der kirchlichen Autorität; eine rührige Agitation wurde ins Werk gesetzt trotz des schon 1871 erlassenen Kanzelparagraphen, der Schmähung und Verhetzung in den Predigten mit Strafe bedrohte. Wie tief die Erbitterung in den katholischen Volkskreisen war, zeigte ein Mordversuch, den ein bis zum Fanatismus verhetzter Klempnergeselle im Sommer 1874 in Kissingen auf Bismarck machte. Gegenüber der Unbotmäßigkeit des Klerus griff die Staatsgewalt zu einer radikalen Maßregel, indem sie auf Grund des sogenannten Sperrgesetzes vom 22. April 1875 die Gehälter aller der Geistlichen einbehielt, die nicht durch einen schriftlichen Revers oder durch ihr tatsächliches Verhalten sich zum Gehorsam gegen die Staatsgesetze bequemten. Hunderte von Pfarren wurden verwaist; viele Geistliche ließen ihre Pfarrkirchen lieber ohne Seelsorge, als daß sie sich im Falle eines Konflikts den Staatsgesetzen fügten; denn der Papst hatte alle diese Gesetze für null und nichtig erklärt und die, welche sie im Widerspruch zu den Geboten der Kirche befolgten, mit der Exkommunikation bedroht. Nachdem dann noch im preußischen Staatsgebiet die Aufhebung der Klöster verfügt war, befestigte die Staatsgewalt ihre Stellung gegenüber der Kirche dadurch, daß sie 1875 die Streichung der Verfassungsartikel (15, 16, 18) durchsetzte, die von der Freiheit und Unabhängigkeit der Kirche handelten. Beide Teile verharrten dann jahrelang ohne irgendwelches Entgegenkommen auf ihrem Standpunkt, bis zum Tode des Papstes Pius IX. († 1878), dessen Kampfnatur jede Hoffnung auf eine Beilegung des Streites als eitel erscheinen ließ.

Die Stellung des Staates war aber in diesem Kampf trotz seiner äußeren Machtmittel nicht die stärkere; denn er hatte zugleich noch mit einem anderen Gegner zu tun, der vielleicht noch gefährlicher war: mit der Sozialdemokratie; und die verantwortlichen Leiter konnten sich der Besorgnis nicht verschließen, daß die Folgen eines rücksichtslosen Vorgehens gegen die katholische Kirche der Umsturzpartei, die der Kirche wie dem Staat feind war, schließlich zugute kommen möchten.

Die sozialdemokratische Partei stand ähnlich wie die ultramontane in einem unversöhnlichen prinzipiellen Gegensatz zu dem bestehenden Staat, dessen wirtschaftlich-soziale Grundlagen sie ebenso bekämpfte wie seine monarchisch-militärische Ordnung. Beruhte die ultramontane Auffassung auf dem gesellschaftlichen Lebensideal einer fernen Vergangenheit, so berief sich die Sozialdemokratie auf utopische Zukunftshoffnungen; erschien jener der historisch gewordene Staat zu modern, so erklärte ihn diese für ein überwundenes oder zu überwindendes Stadium der menschlichen Kulturentwicklung. Ihre tief innerliche Kirchenfeindschaft hielt die Sozialdemokratie nicht ab, aus dem Konflikt zwischen der weltlichen und der geistlichen Gewalt Vorteil für ihre Parteizwecke zu ziehen und den Staat noch heftiger als die Kirche zu befehden.

Zwei Agitatoren von jüdischer Herkunft sind es vor allem gewesen, die bei der zunehmenden Industrialisierung Deutschlands und dem Anwachsen einer besitzlosen, von der Hand in den Mund lebenden Arbeiterbevölkerung eine proletarische Klassenbewegung mit dem Ziel der sozialen Umwälzung ins Leben gerufen haben: Ferdinand Lassalle und Karl Marx. Aber während die von Lassalle seit 1863 begründeten Arbeitervereine eine mehr nationale Richtung verfolgten und im Zuge waren, sich in scharfem Gegensatz gegen die Bourgeoisie und die ihr verwandte Fortschrittspartei zu einer monarchisch-demokratischen Arbeiterpartei mit einem sozialistischen, aber auch deutsch-nationalen Programm zu entwickeln, vertrat Karl Marx, der verbitterte Flüchtling von 1848, der in London eine Zuflucht gefunden hatte, mit aller Schärfe die internationale Richtung in der Arbeiterbewegung; sein Sozialismus war mit einer absolut giftigen Staatsfeindschaft getränkt, wie sie den Anhängern Lassalles fehlte. Seine Partei aber behielt nach dem frühen Tode Lassalles († 1864) das Feld, nachdem sie sich auf dem Kongreß zu Eisenach 1869 zum erstenmal in Deutschland eine feste Organisation gegeben und zugleich ein ausführliches Programm aufgestellt hatte; der Hauptpunkt darin war der Umsturz der bestehenden staatlichen und gesellschaftlichen Ordnung und die dauernde Aufhebung des Privateigentums an den Produktionsmitteln. Bis 1875 bestanden in Deutschland die

Parteien der Marxisten und der Lassalleaner noch nebeneinander, jene von Bebel und Liebknecht, diese von Hasselmann und Hasenclever geführt; beide im Streit untereinander und beide ein Gegenstand der Verfolgung durch die Regierungen. Als man aber 1875 in Preußen daran ging, auf Grund des scharfen Vereinsgesetzes die sozialdemokratischen Verbände aufzulösen, weil für politische Vereine der Zusammenschluß zu größeren Organisationen verboten war, verschmolzen die beiden feindlichen Parteien miteinander und konstituierten sich ohne eigentlichen Vereinscharakter als die deutsche sozialistische Arbeiterpartei, auf Grund des Gothaer Programms, das zwar in manchen seiner Sätze keineswegs ganz nach dem Herzen des jetzt immer mehr als maßgebendes Haupt der Bewegung hervortretenden Londoner Führers war, das aber mit seiner scharf ausgeprägten internationalen Tendenz doch den Hauptpunkt der marxistischen Richtung zur unbedingten Geltung brachte. Diese deutsche sozialdemokratische Partei mit ihrem internationalen Programm ist das Vorbild für die Gesinnungsgenossen in allen anderen Ländern geworden, mit denen sie nun auch in einen organischen Zusammenhang trat, indem sie sich zugleich von dem mit Bombenattentaten arbeitenden Anarchismus schärfer abzugrenzen suchte und im Gegensatz zu diesem die Taktik verfolgte, möglichst mit gesetzlichen Mitteln durch eine unablässig und überall wirkende äußerst rührige und nachdrückliche Agitation zuerst die Köpfe zu revolutionieren, um auf diese Weise schließlich die politische Gewalt zu erringen.

In dieser antimonarchischen proletarischen Bewegung, die alle nationalen Heiligtümer in den Staub zog und alle Autorität zu untergraben suchte, mußten die Regierungen in Preußen und im Reich natürlich den eigentlichen Hauptgegner sehen; und nicht bloß der Streit zwischen Staat und Kirche, sondern mehr noch die Krisis im Wirtschaftsleben trieb beständig Wasser auf die Mühle der Umsturzpartei, die sich bei dem Grundsatz des allgemeinen Wahlrechts und einer fast schrankenlosen Preßfreiheit immer rapider und gefährlicher entwickelte und in ihrem raschen Wachstum die Grundlagen der Staats- und Gesellschaftsordnung zu bedrohen schien.

In dem Kampf gegen die Sozialdemokratie, der sich so mehr und mehr in den Vordergrund des politischen Interesses schob, versagten nun aber die Liberalen, namentlich so weit es sich um Beschränkungen der Preßfreiheit handelte; zugleich erregte auch die andauernde wirtschaftliche Krisis bei dem leitenden Staatsmann Bedenken, ob die liberale Freihandelslehre und die Manchesterdoktrin, nach welcher der Staat in das Wirtschaftsleben und in das Verhältnis von Unternehmern und Arbeitern möglichst wenig eingreifen sollte, wirklich der Weisheit letzten Schluß enthielten. Er hatte sich in diesen Dingen bisher ganz auf Delbrück verlassen und keine Zeit gehabt, wirtschafts- und sozialpolitische Fragen selbst zu studieren; jetzt aber begann er auch auf andere Stimmen zu hören und sich allmählich eine selbständige Ansicht zu bilden, die weit von den herrschenden Grundsätzen abwich; es war ein bedeutsames Zeichen der Zeit, daß Delbrück 1876 von seinem Posten zurücktrat.

Es waren inzwischen neue wissenschaftliche und praktische Strömungen aufgekommen, die sich im schärfsten Gegensatz zu der Manchesterschule bewegten. 1872 hatte sich der Verein für Sozialpolitik gebildet, an dessen Spitze Männer wie Gustav Schmoller und Adolf Wagner standen, die „Kathedersozialisten“, wie ihre Gegner sie nannten; und diese forderten in vollem Widerspruch zu der herrschenden Doktrin, daß der Staat mit starker Hand eingreifen müsse in die wirtschaftlichen und sozialen Verhältnisse, um die Idee der sozialen Gerechtigkeit zu fördern und einer Entartung des Volkslebens vorzubeugen. Die Agrarier, die früher, solange sie vorzugsweise exportierten, Freihändler gewesen waren, hatten sich, seit es galt, den inneren Markt gegen den Preisdruck des ausländischen Getreides zu schützen, zu schutzzöllnerischen Ansichten bekehrt und gingen mit den Industriellen zusammen, in deren Kreisen namentlich die für 1877 in Aussicht genommene Aufhebung der Eisenzölle als ein schwerer Fehler betrachtet wurde. Im Jahre 1875 wurde der Verein für Steuer- und Wirtschaftsreform begründet, in dem beide Interessengruppen sich verbanden und die Forderung auf Schutz des nationalen Wirtschaftslebens gegenüber dem Ausland erhoben. Mit all diesen Gedanken und Forderungen begann sich nun Bismarck zu beschäftigen und auseinanderzusetzen. Er erfaßte den inneren Zusammenhang, in welchem sie mit dem seine Politik beherrschenden Gedanken der Macht standen; er begann eine Umkehr in der Wirtschafts- und Sozialpolitik als ein Gebot der Staatsräson aufzufassen und zu durchdenken. Er war in diesen Jahren gesundheitlich sehr angegriffen, litt oft an schweren Neuralgien und mußte sich immer länger von den Geschäften zurückziehen, um sich zu erholen. Er war gereizt und verbittert. Die Ränke und Umtriebe seiner höfischen Gegner, die sich um die Kaiserin Augusta sammelten, die Schwierigkeiten und Widerstände, die er bei seinen Ministerkollegen fand, rieben ihn noch mehr auf als die Intrigen der Diplomatie und die Kämpfe in den Parlamenten. Gerade die Jahre von 1875—77 sind eine Zeit wiederholter heftiger Krisen, deren Ursachen wir noch nicht vollkommen zu durchschauen vermögen.

Es ist merkwürdig, daß gerade damals, als die innere Umkehr bei Bismarck bereits begonnen hatte, der Widerspruch seiner alten Freunde, der Konservativen, auf deren Hilfe er nur notgedrungen verzichtet hatte, am heftigsten und rücksichtslosesten gegen ihn laut wurde. Die Schärfe, mit der 1874 und 1875 gegen den Pariser Botschafter, Grafen Harry von Arnim, vorgegangen wurde, erklärt sich wohl aus dem Zusammenhang, in dem dieser mit der konservativen Opposition und mit höfischen Intrigen stand, die auf den Sturz Bismarcks hinarbeiteten. Aber sie reizte die Gegner des Kanzlers zu immer maßloseren Feindseligkeiten. In der „Reichsglocke“, einem zu diesem besonderen Zweck gegründeten konservativen Hetzblatt, wurden gehässige Verleumdungen gegen Bismarck erhoben, die zu Beleidigungsprozessen führten, was die Stimmung noch weiter verschärfte; in der Kreuzzeitung erschien 1876 eine Deklaration mit vielen Unterschriften, in der namhafte Männer der konservativen Partei sich von dem Reichskanzler lossagten.

Schon im Frühling des Jahres 1875 ging Bismarck mit Rücktrittsgedanken um; über die Gründe seines Abschiedsgesuches vom Mai ist nichts Näheres bekannt; es wurde aber abgelehnt und die Stellung des Reichskanzlers befestigte sich. 1877 kam dann noch einmal eine bedeutsame Krisis, zu der ein Konflikt mit dem liberalisierenden, der höfischen Opposition nahestehenden Marineminister von Stosch den Anstoß gegeben hatte. Wieder reichte Bismarck ein Abschiedsgesuch ein, aber der Kaiser, so sehr ihn in manchen Augenblicken die Methoden der Bismarckschen Amtsführung verdrießen mochten, war weit entfernt, sich von dem bewährten Ratgeber zu trennen und beantwortete es mit dem bekannten Worte „Niemals". Bismarck erhielt einen langen Urlaub und fand nun endlich Muße, die neuen Ideen und Pläne, die ihn beschäftigten, gründlich durchzuarbeiten und sein Programm für die Zukunft zu entwerfen. Die Aussicht auf neue große Aufgaben und Erfolge gab seinem Geiste wieder die alte Spannkraft. Ihm schwebte eine im ganzen mehr konservative Richtung in der Regierung vor. Die Umbildung der konservativen Partei, die sich seit 1876 als deutsch-konservativ bezeichnete und neben den agrarischen jetzt auch nationale Tendenzen rückhaltloser als bisher in den Vordergrund stellte, kam ihm dabei zustatten und ließ ihn hoffen, an dieser spezifisch preußischen Partei auch eine Stütze für seine konservative Reichspolitik zu gewinnen. Allerdings suchte er bei der bevorstehenden Kursänderung die zuverlässigsten von den bisherigen politischen Freunden mit in seine neuen Bahnen hinüberzuziehen und bot dem Führer der nationalliberalen Rechten, Rudolf von Bennigsen, einen Platz im Ministerium an. Aber die Nationalliberalen hielten damals noch an dem Ideal einer parlamentarischen Regierungsweise fest, und Bennigsen verlangte auch für seine weiter links stehenden Parteifreunde Forckenbeck und Stauffenberg leitende Stellen. Das war indessen gar nicht nach Bismarcks Sinn, und die Verhandlungen blieben ergebnislos. Sie hatten noch ein verdrießliches Nachspiel, indem der Kaiser, von anderer Seite über Bismarcks Besprechungen mit Bennigsen benachrichtigt, dem Ministerpräsidenten in einem nicht ganz gnädigen Schreiben bedeutete, daß er die Ministerkandidatur Bennigsens nicht wünsche, weil diese Persönlichkeit ihm nicht geeignet scheine, die Politik der Regierung in den bewährten konservativen Bahnen zu erhalten, was dann abermals zu einem allerdings wieder abgelehnten Entlassungsgesuch des Kanzlers führte und die Aussicht auf ein Zusammenarbeiten mit den Liberalen völlig abschnitt.

Der große Reformplan, mit dem Bismarck 1878 hervortrat, umfaßte zugleich Steuer- und Wirtschaftsreform. Es handelte sich in erster Linie um große und allgemeine Zollerhöhungen, die den doppelten Zweck verfolgten, einmal die nationale Arbeit zu schützen, dann aber zugleich auch, das Reich finanziell selbständig zu machen und die Abhängigkeit der Reichsregierung von den Parteien zu lockern; außer den Zollerhöhungen wurde zu diesem Zweck auch eine Erhöhung der indirekten Steuern und in letzter Linie ein Tabakmonopol ins Auge gefaßt. Das Reich sollte in den Stand gesetzt werden, statt Jahr für Jahr die vom Reichstag zu bewilligenden Matrikularbeiträge der Bundesstaaten zu empfangen, diesen vielmehr selbst von der Fülle seiner Einnahmen die freibleibenden Überschüsse zukommen zu lassen; der Kanzler glaubte, daß damit das Ansehen des Reiches und seine Anziehungskraft auf die Bundesstaaten gestärkt werden würde. Das Freihandelsprinzip galt ihm jetzt als ein überwundener Standpunkt; mochte es für das industriell so hoch entwickelte England mit seinen überwiegenden Exportinteressen passen: auf dem Kontinent regten sich überall schutzzöllnerische Tendenzen, und in Amerika drangen sie siegreich vor; da war es für Deutschland seiner Meinung nach ein Gebot der Selbsterhaltung, auch seinerseits für handelspolitischen Schutz zu sorgen.

Diese Pläne stießen nun aber auf Widerstand bei den liberalen Parteien, mit denen die Regierung bisher gearbeitet hatte, und dieser Widerstand entsprang nicht nur aus doktrinärer Vorliebe für das Freihandelsprinzip, sondern auch aus verfassungspolitischen Gründen. Die in Aussicht genommenen neuen Finanzquellen, die ja auch ohne periodische Neubewilligungen fortdauernde und steigende Einnahmen gewährten, mußten die Regierung immer unabhängiger von den Parteien des Reichstags machen, während die alte Einrichtung der jährlichen Bewilligung von Matrikularbeiträgen eine brauchbare Handhabe bot, um den parlamentarischen Einfluß zu erhalten und zu stärken. Ganz besonders das Tabakmonopol schien auch den gemäßigten Nationalliberalen unannehmbar; nach heftigem Redekampf im Reichstag wurde es am 22. Februar 1878 abgelehnt. Es bedurfte noch der Mitarbeit anderer parlamentarischer Faktoren, als der jetzt zur Regierung haltenden Konservativen, um die Steuer- und Wirtschaftsreform zu fördern; und so erschien denn vollends die Beendigung des Kirchenstreits, die ohnehin den konservativen Neigungen des Kaisers wie des Kanzlers entsprach und die auch von der deutsch-konservativen Partei gefordert wurde, als ein dringendes Gebot der parlamentarischen Taktik, um die Unterstützung des Zentrums für die Vorlagen der Regierung zu gewinnen. Es war ein günstiges Zusammentreffen, daß eben in dem Moment, wo um das Tabakmonopol gestritten wurde, Papst Pius IX. starb (9. Februar 1878) und in Leo XIII. (Kardinal Pecci) einen Nachfolger erhielt, dessen milde und kluge Persönlichkeit eher auf einen Ausgleich hoffen ließ. Der Abbruch des Kulturkampfes gehörte ebenso zu dem Programm der neuen Ära wie ein schärferes Vorgehen gegen die Sozialdemokratie, die bei den Reichstagswahlen von 1877 mehr als 9% aller abgegebenen Stimmen für ihre Kandidaten erhalten hatte und 12 Abgeordnete in den Reichstag senden konnte, wozu bei einer Nachwahl noch die Eroberung eines Wahlkreises der Haupt- und Residenzstadt trat, die jetzt zum erstenmal unter ihren Vertretern auch einen Sozialdemokraten hatte. Das preußische Ministerium begann seit dem Ausscheiden des Finanzministers Camphausen (März 1878) sich im konservativen Sinne umzugestalten. Im Reichstage wurden bei der Regelung der gesetzlichen Vertretung des Reichskanzlers, die Bismarck zu seiner Entlastung gefordert hatte (ebenfalls im März 1878), die von den Liberalen gewünschte Einrichtung verantwortlicher Reichsministerien vom Reichskanzler im Einverständnis mit den bundesstaatlichen Ministern noch einmal entschieden abgelehnt und damit angedeutet, daß eine stärkere Betonung des föderalistischen Moments in der Reichsverfassung mit zu dem neuen politischen Kurs der Regierung gehöre.

Der politische Umschwung, der so in Gang gebracht war, wurde noch befördert durch die beiden ruchlosen Mordanschläge auf den ehrwürdigen Kaiser, die bald nacheinander am 11. Mai und am 2. Juni in Berlin Unter den Linden stattfanden. Der erste verfehlte sein Ziel, bei dem zweiten wurde der greise Herrscher durch eine Menge von Schrotkugeln nicht unbedenklich verwundet. Beide Verbrecher, ein Klempnergeselle und ein Literat, waren Anhänger der Sozialdemokratie, beide haltlose, verkommene Naturen, die aus eigenem Antriebe gehandelt hatten, ohne Verschwörung und Mitschuldige. Aber der zuchtlose Geist einer revolutionären Bewegung sprach doch deutlich genug aus diesen Mordtaten. Die Regierung verlangte nach dem ersten Attentat von dem noch versammelten Reichstag ein Ausnahmegesetz gegen die Sozialdemokratie; es wurde abgelehnt und der Reichstag wurde darauf geschlossen. Als dann das zweite Attentat kam, schritt die Regierung sofort zur Auflösung; und der unter diesen erschütternden Umständen neugewählte Reichstag, in dem die Nationalliberalen noch immer die stärkste Partei waren, brachte eine Mehrheit nicht nur für das Sozialistengesetz, sondern auch für die beabsichtigte Steuer- und Wirtschaftsreform.

Das Gesetz gegen die gemeingefährlichen Bestrebungen der Sozialdemokratie, das 1879 zunächst auf 4 Jahre erlassen wurde und auf Grund zweimaliger Erneuerung bis 1890 in Wirksamkeit gewesen ist, bedrohte die sozialdemokratische Agitation mit Gefängnisstrafe und gab der Regierung die Möglichkeit, die schlimmsten Wühler auszuweisen. Es gelang auf diese Weise, die äußere Organisation der Partei fast ganz zu zerstören; aber es gelang nicht, den sozialdemokratischen Geist zu dämpfen und den Fortschritt der Bewegung aufzuhalten. Die Zahl der sozialdemokratischen Wahlstimmen (1877: 480 000) hat sich unter der Geltung des Gesetzes verdreifacht, und die Verbitterung unter den sozialdemokratischen Arbeitern, die es zur Folge hatte, vergiftete den Parteigeist in gefährlicher Weise und drohte ihn auf verbrecherische Bahnen zu drängen.

Besser gelang der Ausgleich mit der katholischen Kirche, der seit 1878 durch einen versöhnlichen Briefwechsel zwischen Papst und Kaiser angebahnt worden war und seit 1880 stetig gefördert wurde. Der Kulturkampf-Minister Falck wurde dadurch unmöglich; sein Nachfolger von Puttkamer lenkte in ganz konservative Bahnen ein. Bismarck überzeugte sich jetzt, daß die Gesetzgebung der Falckschen Ära doch etwas juristisch-doktrinär ausgefallen war und die Imponderabilien, die in der Seelenverfassung des katholischen Klerus lagen, zu wenig berücksichtigt hatte; und da die Verhandlungen mit der Kurie noch nicht zum Ziel führten, so wählte er zunächst den Weg, von sich aus, auch ohne Zugeständnisse von der anderen Seite, seine Absichten im Interesse der katholischen Untertanen des Königs zu verwirklichen. Es handelte sich namentlich um die Wiederbesetzung der etwa 600 Pfarren, die infolge des Kulturkampfes ohne Seelsorger waren. Dabei wurde das Auskunftsmittel ergriffen, daß die preußische Regierung sich vom Landtag die Ermächtigung geben ließ, von Fall zu Fall bei der Anstellung von Pfarrern nach Ermessen von den Forderungen der Maigesetze zu dispensieren. Auf diese Weise gelang es zunächst den kirchlichen Notstand zu beseitigen; dann folgte eine über mehr als ein Jahrzehnt sich hinziehende Revision der Gesetzgebung, die alles, was bloß Kampfmittel gewesen war und für die Dauer entbehrlich schien, fallen ließ und nur das unbedingt Notwendige behauptete. Der Gerichtshof für kirchliche Angelegenheiten wurde beseitigt, aber die katholische Abteilung im Kultusministerium wurde nicht wiederhergestellt. Die bürgerliche Form der Eheschließung blieb bestehen, ebenso die staatliche Schulaufsicht, die aber freilich auch wieder an Geistliche übertragen werden konnte. Vor allem aber blieben die Artikel der preußischen Verfassung, die in so unbestimmter Weise die Freiheit und Selbständigkeit der katholischen Kirche proklamiert hatten, abgeschafft. Als Sieger ist also der Staat aus diesem Kampfe nicht hervorgegangen, aber auch nicht als Besiegter. Seine kirchenpolitische Stellung war nach dem Streite stärker als zuvor, und die Regierung hatte nun die Möglichkeit, auch die parlamentarische Unterstützung eines Teils des Zentrums für ihre wirtschafts- und sozialpolitischen Reformpläne zu gewinnen. Freilich mußte diese Unterstützung im Laufe der

Zeit durch immer neue Zugeständnisse erkauft werden, wie z. B. noch 1904 durch die Aufhebung des Ausweisungsparagraphen in dem Jesuitengesetz.

Für die nationalliberale Partei hatte der Kurswechsel von 1879 eine verhängnisvolle Bedeutung. Der rechte Flügel folgte Bismarck auf der Bahn der neuen Wirtschafts- und Finanzpolitik; der linke, etwa die Hälfte, veranstaltete eine Sezession und bestand bis 1884 als besondere Partei; dann fand die „Fusion" mit der Fortschrittspartei statt, aus der die sogenannte „freisinnige" Partei hervorging, die sich aber nach einigen Jahren wieder spaltete.

Von dem großen Steuer- und Wirtschaftsreformplan Bismarcks wurden nur einzelne Stücke verwirklicht, allerdings sehr bedeutende: die Schutzzölle für Industrie und Landwirtschaft, die Erhöhung der Steuern und Zölle auf Tabak, Petroleum, Kaffee und andere Gegenstände. Der Reichstag war darauf bedacht, sein Bewilligungsrecht dabei soweit wie möglich festzuhalten; die Überschüsse über 130 Millionen Mark Jahreseinnahme aus den Zoll- und Steuererhöhungen sollten vom Reich an die Bundesstaaten überwiesen werden. Zu Bismarcks Reformprogramm hatte auch die Übernahme sämtlicher deutscher Eisenbahnen in das Eigentum und den Betrieb des Reichs gehört; diese Maßregel hatte sich aber als unausführbar erwiesen, weil, wenn es schon einmal zu einer Verstaatlichung der Eisenbahnen kam, die einzelnen Bundesstaaten nicht gewillt waren, auf diese ergiebige Einnahmequelle zu verzichten. So blieb nichts anderes übrig, als für Preußen durchzuführen, was sich im Reiche nicht durchführen ließ: es war wie das Nachholen von etwas lange Versäumtem, als die preußische Regierung seit 1879 dazu schritt, die Privatbahnen in den preußischen Staatsbetrieb zu übernehmen, was der Minister Maybach mit Umsicht und Sachkunde besorgte; damals entstand auch das jüngste der preußischen Fachministerien, das der öffentlichen Arbeiten.

Es war im großen und ganzen ein gewaltiger Umschwung; das nationale Wirtschaftsleben und der Finanzhaushalt des Reiches wie der Bundesstaaten wurden auf ganz andere Grundlagen als bisher gestellt. Aber die eigentliche Krönung des Reformwerks bestand in der großartigen arbeiterfreundlichen Gesetzgebung, die sich damit verband. Bismarck war mit der Zeit nicht bloß Schutzzöllner, sondern auch Sozialpolitiker geworden, und seine Pläne nahmen einen staatssozialistischen Zug an, der mit dem Wesen der preußischen Monarchie wohl vereinbar war und auch bei Kaiser Wilhelm persönlichen Anklang fand. Diese sozialpolitische Gesetzgebung, die als positive Ergänzung der Abwehrmaßregeln gegen die Sozialdemokratie gedacht war, wurde seit 1880 eingeleitet, und ihr Sinn fand einen monumentalen Ausdruck in der Kaiserlichen Botschaft vom 17. November 1881, die es für die Pflicht eines auf der Grundlage christlicher Gesittung stehenden Gemeinwesens erklärte, für die wirtschaftlich Schwachen ein höheres Maß von Fürsorge als bisher an den Tag zu legen und die zugleich alle Parteien des Reichstages aufforderte, mit den Bundesregierungen bei dieser Aufgabe zusammenzuwirken. Es war der Geist des praktischen Christentums und der sozialen Monarchie, der sich darin aussprach. Es handelte sich dabei nicht bloß und nicht in erster Linie um eine Arbeiterschutzgesetzgebung, wie sie England bereits in vorbildlicher Weise geschaffen hatte (Beschränkung oder Verbot von Frauen- und Kinderarbeit, Sorge für Gesundheit und Sittlichkeit bei der Einrichtung der Betriebe usw.), sondern das Neue und

Eigenartige dieser deutschen sozialen Gesetzgebung bestand vor allem in dem gesetzlichen Zwang zur Arbeiterversicherung gegen Unfall und Krankheit sowie für den Fall der Invalidität und für das Alter — eine Versicherung, zu der neben den Arbeitern selbst auch die Unternehmer herangezogen und aus Reichsmitteln gewisse Zuschüsse gezahlt wurden. Dies große Werk der Versicherungsgesetzgebung wurde seit 1881 Stück für Stück zur Durchführung gebracht: 1883 die Krankenversicherung, 1884 die Unfallversicherung, 1889 die Alters- und Invaliditätsversicherung. Viele Nachträge und Änderungen wurden später noch hinzugefügt, so vor allem die Witwen- und Waisenversicherung; im Jahre 1911 ist das ganze System, das einen großen Verwaltungsapparat erfordert, in einheitlichem Sinne umgestaltet und so zu einem vorläufigen Abschluß gebracht worden.

Kaiser Wilhelm und Bismarck hofften wohl, durch dieses Werk der Staatsfürsorge allmählich eine größere Anhänglichkeit der Arbeiterbevölkerung an das Reich und einen stärkeren Staatssinn der Massen großzuziehen, um so der sozialdemokratischen Agitation den Wind aus den Segeln zu nehmen; aber diese Hoffnung schien sich kaum in irgend erheblichem Umfange erfüllen zu wollen. Die Sozialdemokratie verhielt sich teils höhnisch ablehnend gegen die Versicherungsgesetzgebung, die ja natürlich die wirtschaftliche Not nur lindern, nicht völlig beseitigen konnte, teils aber hat sie es auch verstanden, die dadurch geschaffenen Organisationen, wie z. B. die Krankenkassen, für ihre Parteizwecke auszunutzen. Einer Ausdehnung der Arbeiterschutzgesetzgebung über ein gewisses Maß hinaus widerstrebte Bismarck noch, um nicht die Unternehmer unlustig zu machen und die Konkurrenzfähigkeit der deutschen Industrie auf dem Weltmarkt zu beeinträchtigen. Erst später, als andere Staaten darin ebenfalls vorangeschritten, ist auch dieses Gebiet der sozialen Gesetzgebung bei uns weiter ausgebaut worden. Das ganze System der Arbeiterfürsorge ist ein großes staatssozialistisches Experiment, mit dem Deutschland in der Welt vorangegangen ist und das seine werbende Kraft auch in anderen Staaten immer mehr entfaltet; mögen die Hoffnungen, die sich daran knüpften, zum Teil getrogen haben, jedenfalls gibt es der Regierung ein gutes Gewissen und eine feste, entschiedene Haltung gegenüber den unteren Klassen und ihren Forderungen, wie es den Traditionen des Hohenzollernstaats entspricht.

Mit der überseeischen Kolonisation, von der schon oben die Rede gewesen ist, verband sich eine ebenso wichtige im Innern, die den Spuren Friedrichs des Großen folgte. Vermittels der Institution der Rentengüter suchte man die Verluste, die der Bauernstand in den östlichen Provinzen seit den agrarischen Reformen der Hardenbergschen Zeit erlitten hatte, wieder zu ersetzen. Damit verband sich eine energische Förderung des Deutschtums in den ehemals polnischen Provinzen der „Ostmark", wie man sie jetzt gern nannte. Die Polenpolitik Bismarcks kam wieder auf das System der Zeit Flottwells und Grolmans zurück, das seit 1840 unterbrochen worden war. Freilich war man jetzt in der Defensive; es konnte sich nur noch darum handeln, das Deutschtum zu erhalten und zu stärken, nicht mehr darum, die drei Millionen Polen wirklich zu germanisieren.

Die Polenpolitik hatte schon beim Kulturkampf eine Rolle gespielt; sie brachte auch jetzt wieder die Regierung in einen wachsenden Gegensatz zum

Zentrum; und manche Zwistigkeiten über kolonialpolitische Fragen wirkten in demselben Sinne. Die Regierung mußte bald einsehen, daß in den großen nationalen Fragen das Zentrum keine unbedingt zuverlässige Stütze sei. Als Bismarck die politische Krisis von 1887 dazu benutzen wollte, eine Verstärkung der militärischen Rüstung durchzusetzen, machte das Zentrum im Verein mit den radikalen Parteien den Versuch, das Septennat zu Falle zu bringen und die Regierung unter das Joch der jährlichen Parlamentsbewilligungen zu beugen. Dadurch sah sich die Regierung gezwungen, den Reichstag aufzulösen und in dieser wichtigen Frage an die Wählerschaft zu appellieren, in der damals ein patriotischer Aufschwung ihr entgegenkam. Bei den Wahlen vollzog sich eine neue Gruppierung der Regierungsparteien, die unter dem Namen des Kartells bekannt ist. Es war eine Verbindung von Konservativen und Nationalliberalen, die nun eine feste Mehrheit für die Regierungspolitik bildete. Mit dieser Kartellmehrheit hat Bismarck die Erhöhung der Friedenspräsenz und das Septennat durchgesetzt, und noch in den nächsten Jahren hat sie eine zuverlässige Stütze der Regierung gebildet, bis 1890 hin. Das Zentrum wurde nun auch bei den letzten Schritten der Versöhnung von Staat und Kirche ausgeschaltet; Bismarck setzte sich vielmehr jetzt mit der päpstlichen Kurie selbst in Verbindung, die sogar die Haltung der Zentrumspartei in der Militärfrage tadelte.

In Preußen kam mit dem Landesverwaltungs- und dem Zuständigkeitsgesetz von 1883 die mit der Kreisordnung begonnene große Verwaltungsreform nach vielen Versuchen und Abänderungen endlich für das Gesamtstaatsgebiet zum Abschluß, freilich wegen der parlamentarischen Wünsche und Widerstände nicht in der von der Regierung geplanten einfachen Übersichtlichkeit. Die prinzipiellen Grundlagen der Gesetzgebung, wie sie die Kreisordnung enthielt, blieben gewahrt: über den Kreisen baute sich die Verwaltung in den Regierungsbezirken und Provinzen bis zur Ministerialinstanz nunmehr in vier Stockwerken auf. Die Kommunalverwaltung in der Provinz wurde nach Umfang und Inhalt stark erweitert, der von den Kreistagen gewählte Provinziallandtag erhielt wie diese selbst eine gerechtere und zeitgemäßere Zusammensetzung; aber an die Spitze der Kommunalverwaltung in der Provinz wurde nicht der Oberpräsident, sondern ein besonderes Organ der Selbstverwaltung, der Landesdirektor, gestellt, und der Provinzialausschuß wurde etwas wesentlich anderes als der Kreisausschuß: er blieb — abgesehen von den Wahlen der Laienmitglieder für die höheren obrigkeitlichen Selbstverwaltungskörper — auf den kommunalen Wirkungskreis beschränkt, während für die Geschäfte der obrigkeitlichen Selbstverwaltung ein besonderer Provinzialrat zugleich als Beirat des Oberpräsidenten eingerichtet wurde, teils aus Beamten, teils aus Laienmitgliedern bestehend, die letzteren vom Provinzialausschuß gewählt. Zwischen Kreisausschuß und Provinzialrat bildete der Bezirksausschuß eine Mittelbehörde, die gleichfalls aus Beamten und Laien zusammengesetzt war, auch hier mit Wahl der Laienmitglieder durch den Provinzialausschuß. Der Bezirksausschuß war aber zugleich als Verwaltungsgericht unter dem Vorsitz eines besonderen Direktors die zweite Instanz im Verwaltungsstreitverfahren, für welches der Provinzialrat nicht zuständig war; als dritte und letzte Instanz fungierte vielmehr ein ganz unabhängig gestellter oberster

Gerichtshof, das Oberverwaltungsgericht, das schon 1873 aus dem Bundesamt für das Heimatwesen hervorgegangen war.

Mit der vollständigen Durchführung einer unter Mitwirkung von Laienelementen besorgten obrigkeitlichen Selbstverwaltung und mit der Dezentralisation der allgemeinen Verwaltung, die die ganze Reform mit sich brachte, war auf der anderen Seite eine straffere Organisation der eigentlich staatlichen Landespolizeibehörden verbunden. In den Regierungen hörte die Abteilung für die allgemeine Landespolizei auf, ein Kollegium zu bilden: der Regierungspräsident wurde zu einer Art von Präfekten, und auch die Stellung des Landrats wurde stärker und erhielt eine selbständigere Verantwortlichkeit; der Oberpräsident wurde aus der früheren Verbindung mit einer Bezirksregierung herausgelöst und trat erst jetzt als eine wirkliche Zwischeninstanz zwischen Ministerium und Regierungsbezirk. Bei den Wahlen und im öffentlichen Leben überhaupt sollten die eigentlich politischen Beamten sich als eifrige und unbedingt zuverlässige Organe der Regierungspolitik bewähren; ein königlicher Erlaß vom 4. Januar 1882 betonte nachdrücklich den monarchischen Charakter der Regierungsweise und verlangte von den politischen Beamten ebenso wie von den Ministern selbst eine rückhaltlose Unterstützung des königlichen Regierungswillens.

Die Einfachheit und Übersichtlichkeit der alten Stein-Hardenbergschen Organisation war mit den neuen Reformen verloren gegangen, und an Reibungen in der Praxis fehlte es nicht; aber die Ideale der Selbstverwaltung und des Rechtsstaates waren zur Durchführung gelangt und sind zu einem unverlierbaren Gut in unserem öffentlichen Leben geworden.

Was dem Gebäude der Verwaltungsorganisation noch fehlte, war eine allgemeine Ordnung der Ortsgemeinden. Die Städteordnungen waren 1881 den neuen Verhältnissen angepaßt worden, aber zu einer allgemeinen Landgemeindeordnung konnte man damals noch nicht gelangen, weil diese Frage mit der schon lange als notwendig erkannten Reform des preußischen Steuerwesens zusammenhing, zu der sich Bismarck noch nicht entschließen konnte. Die große Steuerreform, die von dem zu diesem Zweck berufenen Finanzminister von Miquel 1891 durchgeführt worden ist, bedeutet überhaupt eigentlich erst den Abschluß der preußischen Verwaltungsreform; und es ist kein Zufall, daß ziemlich gleichzeitig mit ihr 1891 auch die neue Landgemeindeordnung zustande gekommen ist, die dem ganzen Organisationswerk erst den festen Grund und Boden gegeben hat.

Das Zeitalter Kaiser Wilhelms, dessen Hauptinhalt die Begründung des Deutschen Reiches unter Preußens Führung war, bezeichnet zugleich auch die Epoche, wo deutscher Geist und deutsche Bildung in Wissenschaft und Kunst ihren natürlichen Mittelpunkt in dem Staate und der Hauptstadt der Hohenzollern gefunden haben. Was im Zeitalter der Befreiungskriege begonnen hatte, vollendete sich im Zeitalter der Reichsbegründung, und es kann als ein symbolischer Ausdruck für die Verbindung beider Epochen gelten, daß unter der Regierung Kaiser Wilhelms die völlige Wiederherstellung der beiden großen Denkmäler mittelalterlicher Baukunst gelungen ist, zu der die romantische Begeisterung der 20er Jahre den Anstoß gegeben hatte: der Marienburg und des Kölner Doms. Im Jahre 1880 war es Kaiser Wilhelm vergönnt, mit der Kaiserin und den meisten deutschen

Fürsten in Köln der feierlichen Schlußsteinlegung auf der Kreuzblume des südlichen Turmes beizuwohnen. Schon den siegreichen Einzug in Berlin am 16. Juni 1871 hatte die Enthüllung eines Denkmals beschlossen: des Wolffschen Reiterstandbildes Friedrich Wilhelms III. im Lustgarten. 1876 war die Nationalgalerie vollendet, von Strack nach den Plänen Stülers gebaut, denen eine Skizze Friedrich Wilhelms IV. zugrunde lag; zehn Jahre später wurde auf der Freitreppe des monumentalen Gebäudes ein Reiterstandbild seines königlichen Urhebers, von Calandrelli geschaffen, aufgestellt. Die verständnisvolle Förderung neuer künstlerischer und wissenschaftlicher Bestrebungen durch den Staat zeigte sich in der Begründung des Kunstgewerbemuseums (1877—81), des Museums für Völkerkunde (1886), wo unter anderem die Resultate der epochemachenden Schliemannschen Ausgrabungen ihre Stätte gefunden haben, in dem Neubau der Landwirtschaftlichen Hochschule, der Bergakademie, des Museums für Naturkunde, in der Unterstützung der Grabungen, durch welche Humann die großartigen pergamenischen Altertümer ans Licht brachte und in vielem anderen, was erst in der Folgezeit wuchs und Gestalt gewann. In Charlottenburg wurde die Technische Hochschule begründet, deren gewaltiger Bau die Bedeutung der Technik im modernen Leben eindrucksvoll zur Anschauung bringt. Die Berliner Universität und die ihr eng verbundene Akademie der Wissenschaften gelangten auf den Höhepunkt ihrer Wirksamkeit: es genügt an Namen wie Helmholtz und Zeller, Mitscherlich, von Hofmann, Ranke, Mommsen, Treitschke, Virchow zu erinnern, um den wissenschaftlichen Geist des Zeitalters zu kennzeichnen. Unter den künstlerischen Denkmälern, die den Erinnerungen der großen Kriege und Siege geweiht sind, ragen ganz besonders zwei hervor: die Siegessäule auf dem Königsplatz, 1869—73 von Strack errichtet, mit Reliefs und Mosaikgemälden verschiedener Künstler und mit der Viktoria von Drake; daneben die Ruhmeshalle im Zeughause, an deren Bildern und Statuen die namhaftesten Künstler der Zeit, Maler wie Geselschap, Camphausen, Bleibtreu, Anton von Werner, Bildhauer wie Schaper und Reinhold Begas mitgearbeitet haben. Die künstlerischen Arbeiten an der Ruhmeshalle hat Kaiser Wilhelm mit ganz besonderem persönlichem Interesse begleitet. Diese Darstellung der großen Momente der brandenburgisch-preußischen Geschichte, der Gestalten seiner Vorfahren, der Ruhmestaten seines Heeres, von Künstlerhand mit historischer Treue ausgeführt, in eine ideale Höhe erhoben durch die mythisch-allegorischen Fresken Geselschaps, bildet den zutreffenden Ausdruck für die Stimmung des Zeitalters und seines Helden, der, von der erreichten Höhe zurückschauend, dankbar dessen gedachte, was die Vorfahren vollbracht hatten, und demütig die gnädige Führung des Himmels pries, die über seinem Hause und Volke waltete.

Der nationale Aufschwung von 1887 und die Verstärkung der Wehrkraft, die mit seiner Hilfe gelang, war der letzte große politische Erfolg unter der Regierung Kaiser Wilhelms. Am 22. März 1887 hatte er, von Huldigungen aus aller Welt begrüßt, seinen 90. Geburtstag gefeiert. Am 3. Juni 1887 konnte er noch persönlich den feierlichen Akt der Grundsteinlegung zum Nord-Ostsee-Kanal in Holtenau vollziehen. Drei Generationen seines Hauses und seines Volkes hatte er heranwachsen sehen; die Geburt von vier Urenkeln hat er noch erlebt. Aber neben der Hoffnung lauerte die Sorge: das unheilbare Siechtum seines heldenhaften Sohnes und Thronfolgers hat den Lebensabend des greisen Herrschers schwer verdüstert. Einen nach dem andern von den Gefährten aus der großen Zeit hatte er hinscheiden sehen: außer Roon, dessen Tod ihn besonders tief ergriff, namentlich seinen langjährigen vertrauten Mitarbeiter Edwin Manteuffel, der ihm das Offizierkorps jung und leistungsfähig erhalten hatte, und noch im selben Jahre (1885) auch seinen Neffen, Prinz Friedrich Karl, den Feldherrn, dessen Bild den Mitkämpfern der glorreichen Schlachten von Düppel bis Metz und Le Mans lebendig vor Augen stand. Seine Gemahlin, Kaiserin Augusta, mit der er am 11. Juni 1879 die goldene Hochzeit gefeiert hatte, die hochsinnige und auch den öffentlichen Angelegenheiten nicht fremde Frau, der er in Ritterlichkeit und hoher Achtung gelegentlich auch wohl einen maßgebenden Einfluß auf seine politischen Entschließungen einräumte, hat ihn noch um zwei Jahre überlebt. Eine überwältigende Teilnahme nicht nur in Preußen und Deutschland, sondern in allen Teilen der Welt gab sich kund, als der hochberühmte, fast 91jährige Herrscher nach ganz kurzer Krankheit am 9. März 1888 die Augen schloß. Er hatte sich bis in die letzte Zeit seines Lebens einer guten Gesundheit und einer seltenen geistigen Frische und Leistungsfähigkeit erfreut. In streng geregelter gleichförmiger Tätigkeit, nach den Jahreszeiten seinen Aufenthalt wechselnd, im Winter in dem schlichten Palais Unter den Linden mit dem Blick auf das Standbild des großen Königs, im Sommer in seinem geliebten Babelsberg und in den Bädern von Gastein und Baden-Baden, lebte er mit der pflichttreuen Sorgfalt, die ihm zur Natur geworden war, Jahr für Jahr und Tag für Tag der umfassenden Arbeit seines hohen Berufes. Die Sorgen der Regierung beschäftigten ihn unausgesetzt; er hatte bis in die letzten Stunden seines Lebens hinein keine Zeit müde zu sein. In Berlin besuchte er am Abend, nach arbeitsreichem Tage, gern die Oper oder das Schauspiel und brachte dann auch wohl noch ein Stündchen in den Gemächern der Kaiserin zu, wo oft eine erlesene Gesellschaft von Künstlern und Gelehrten sich zusammenfand. Auch Kaiser Wilhelm selbst war nicht ohne künstlerische Neigungen und bemühte sich mit den wissenschaftlichen und technischen Fortschritten der Zeit Fühlung zu behalten, wenn auch die militärisch-politischen Interessen, die seinen Tag erfüllten, ihm nur wenig Muße dazu ließen.

Welche andere Fürstenpersönlichkeit wäre geeignet gewesen, mit so selbstverständlicher Würde und Ruhe Altes und Neues, Preußisches und Deutsches zu verknüpfen, wie der greise Sieger von Königgrätz und Sedan! In seiner ehrwürdigen Gestalt verkörperten sich die Erinnerungen einer großen Zeit, die patriotischen Hoffnungen eines Jahrhunderts, Ruhm und Ehre des deutschen Namens, alles Große und Stolze, was vaterländische Herzen bewegte. Täglich zur Mittagszeit, wenn die Wache aufzog und der königliche Greis mit seiner hohen, stets in die Uniform gekleideten Gestalt und den milden Zügen seines ernsten und freundlichen Gesichts sich an dem Eckfenster seines Arbeitszimmers zeigte, wurde er der Gegenstand begeisterter Huldigungen; und wie ein persönlicher Verlust traf es die Tausende, die am Abend des 9. März sein Palais umdrängten, als die Kunde sich verbreitete, Kaiser Wilhelm sei zu seinen Vätern versammelt worden.

Die pietätvolle Verehrung des Enkels, der in dem ersten Kaiser sein leuchtendes Vorbild sah, hat dem Verewigten den Namen des Großen beigelegt, an den die Zeitgenossen, denen vor allem die Schlichtheit des hohen Herrn Ein-

43*

druck machte, noch nicht gedacht hatten; und mit einer gewissen Selbstverständlichkeit wird man in Zukunft die Epochenfigur des großen Kaisers neben den großen König und den großen Kurfürsten stellen. Freilich hat der Beiname eine etwas andere Bedeutung bei ihm, als bei seinen Vorgängern, die in der Epoche des aufsteigenden oder vollendeten autokratischen Absolutismus lebten und deren Minister in der Hauptsache nur Handlanger ihres Herrscherwillens waren. In der Epoche des Verfassungsstaats und der verantwortlichen Minister ist dies Verhältnis ein anderes geworden; und wenn man von dem großen Kaiser spricht, so erfordert die historische Gerechtigkeit, auch des großen Kanzlers zu gedenken, ohne dessen Rat und Hilfe die gewaltigen Erfolge seiner Regierung nicht errungen worden wären. Wir haben das eigenartige Verhältnis zwischen diesem Herrscher und seinem ersten Minister schon gekennzeichnet; es ist auch in der zweiten Hälfte der Regierung im ganzen so geblieben, wie es früher gewesen war. Nie hat Kaiser Wilhelm auf das eigene Urteil und den eigenen Willensentschluß verzichtet, mehrmals noch hat er mit seinem Kanzler vor großen Entscheidungen, wo seine Neigung zunächst vor dem Wege zurückscheute, den der Führer ihm zeigte, einen heftigen Meinungs- und Willenskampf ausgefochten, bis er das Heilsame und Notwendige des Rates innerlich und äußerlich anzuerkennen vermochte; aber dabei blieb er immer der Herr, und Bismarck, der verwegene Führer, der ihn zu den schroffen Höhen welthistorischen Ruhms emporleitete, wollte im Grunde nie etwas anderes sein, als „ein treuer deutscher Diener" seines Herrn. Die gewaltigen Erfolge aber, die diese beiden seltenen Männer in solchem Zusammenwirken errangen, sind überhaupt nicht bloß durch persönliche Einsicht und Tatkraft zu erklären, sondern sie beruhen darauf, daß die gesammelten moralischen Kräfte des preußischen Staatswesens, die, durch die Arbeit und Übung von Jahrhunderten geschaffen, in diesen beiden großen Seelen zu seltener Reinheit und Stärke gesteigert waren, in den Dienst der historischen Aufgabe gestellt wurden, deren Lösung zugleich das preußische Machtbedürfnis und die nationalen Hoffnungen der deutschen Patrioten befriedigte.

Mit dem Zeitalter des ersten Kaisers endet die Aufgabe des Geschichtschreibers. Die kurze Regierung seines totkranken Nachfolgers weist keine Ereignisse von hervorragender historischer Bedeutung auf; und die inhaltreiche Geschichte Kaiser Wilhelms II. zu schreiben mag der Zukunft überlassen bleiben, die erst den rechten Standpunkt für eine zutreffende Würdigung gewähren kann. Immerhin wird hier zum Schluß eine kurze Betrachtung am Platze sein, die den Versuch macht, die Summe der folgenden 25 Jahre mit wenigen Worten anzudeuten.

Das Dreikaiserjahr 1888 macht Epoche in unserer Geschichte, um so deutlicher, als bei der kurzen Dauer der Regierung Kaiser Friedrichs gleichsam eine Generation ausfiel. Es ist zugleich ein bitteres persönliches Fürstenlos und ein politisches Schicksal unseres Volkes, das in dieser Wendung zum Ausdruck kommt. Welche tiefe Tragik liegt darin, daß der vom höchsten Streben beseelte Fürst, dessen Stirn unvergänglicher Siegeslorbeer umwand, nachdem ihm viele seiner besten Mannesjahre in erzwungener Tatlosigkeit zerronnen waren, mit 56 Jahren in eben dem Moment zur Regierung gelangte, wo die tückische todbringende Krankheit, die ihn befallen hatte, ihm nur noch eine Frist von 99 Tagen ließ!

Dieser kraft- und geistbegabte Mann, dessen politische Haltung von jeher auf einen eigenen Ton gestimmt war, der glorreiche Führer in zwei großen Kriegen, sah sich seit dem Frieden durch die Stellung als Kronprinz vom öffentlichen Leben fast gänzlich ausgeschlossen und zu einer politischen Untätigkeit verdammt, die seinem Ehrgeiz und Tatendrang je länger je mehr unerträglich werden mußte. Die kurze Stellvertretung seines kaiserlichen Vaters während der Zeit, wo dieser an seiner Verwundung litt (1878), gab keinen Raum zu eigener freier Betätigung; der Vorsitz in dem wiederhergestellten Staatsrat gewährte bei der verhältnismäßigen Bedeutungslosigkeit dieser Stellung keine dauernde Befriedigung. Weder das Interesse für Kunst und Wissenschaft, das der Kronprinz mit seiner hochgebildeten, künstlerisch begabten Gemahlin teilte, noch die weitausgedehnten, in warmherzigem, großem Sinne geübten Humanitätsbestrebungen vermochten für den Mangel einer wahrhaft bedeutenden politischen Wirksamkeit zu entschädigen; und dieser Mangel kam dem Thronfolger um so empfindlicher zum Bewußtsein, als er mit vielem, was im staatlichen und kirchlichen Leben geschah, keineswegs ganz einverstanden war. Er hatte die liberalen Neigungen seiner jüngeren Jahre, die auf Einflüsse seiner hochsinnigen Mutter und seines Schwiegervaters, des englischen Prinz-Gemahls Albert, zurückgehen mochten, auch im reifen Mannesalter festgehalten, übrigens in innigem Einverständnis mit seiner hohen Gemahlin; sein Regierungsprogramm, das er bei der Thronbesteigung in einem Erlaß an den Reichskanzler veröffentlichte, zeigt trotz des geflissentlichen Festhaltens an den Grundlagen und Traditionen des preußischen Staatslebens doch deutliche Spuren davon; und der bedeutendste Akt dieser kurzen Regierung, die Entlassung des Ministers des Innern von Puttkamer, hing mit der Abneigung des neuen Herrschers vor amtlichen Wahlbeeinflussungen zusammen, die er namentlich damals, bei dem Übergang von einer 3jährigen zu einer 5jährigen Legislaturperiode in Preußen wie im Reiche, durchaus beseitigt wissen wollte. Niemand vermag zu sagen, in welchen Regierungshandlungen sich der freiere politische Geist ausgewirkt haben würde, von dem Kaiser Friedrich beseelt war, wenn ihm ein längeres Leben beschieden gewesen wäre; das aber läßt sich mit Sicherheit behaupten, daß er weder ein parlamentarisches Parteiregiment beabsichtigt noch daran gedacht hat, den militärischen Charakter des preußischen Staates irgendwie anzutasten. Daß die auswärtige Politik in den gleichen Bahnen blieb wie bisher, dafür bürgte schon die Beibehaltung Bismarcks in der Stellung als Reichskanzler und Ministerpräsident, womit ja die Leitung der auswärtigen Angelegenheiten verbunden war. Trotzdem wäre es wahrscheinlich gewesen, daß die durch den Verfassungskonflikt von 1862—66 und dann wieder durch den politischen Umschwung seit 1878 zurückgedrängten liberalen Elemente im öffentlichen Leben zu stärkerer Bedeutung gelangt sein würden; das Kartell der Konservativen und Nationalliberalen bot ja damals eine Grundlage für derartige Entwicklungen; es wäre möglich gewesen, daß, mit oder ohne den Kanzler, die innere Politik einen starken Ruck nach links hin gemacht hätte. Aber es ist müßig, über derartige Möglichkeiten nachzudenken; die Wirklichkeit hat dem Leben unseres Volkes andere Bahnen gewiesen. Die Generation liberaler Politiker, die mit Kaiser Friedrich jung gewesen war, ist nicht dazu gekommen, einen wirklich maßgebenden Einfluß auf die Regierung in Preußen und im Reiche auszuüben; Kaiser Wilhelm II., der in dem tatkräftigen Alter von 29 Jahren die Regierung übernahm, war, wie die mit ihm herangewachsene Generation überhaupt, mehr den positiven Kräften und Richtungen zugetan, die die großen Schöpfungen in der Zeit der Reichsgründung hervorgebracht hatten, als den kritischen Stimmungen und den unpraktischen Idealen der andern; er hielt fest an den Traditionen seines ruhmreichen Großvaters und war bestrebt, dessen Werk in möglichst gradliniger Entwicklung fortzusetzen. In den ersten beiden Jahren seiner Regierung hat er sich auch noch die Geschäftsleitung durch den gewaltigen Kanzler gefallen lassen, als dessen Schüler er sich betrachtete. Dann aber kam der Punkt, wo die weitere Möglichkeit des Zusammenwirkens aufhörte. Wir kennen heute noch nicht mit Sicherheit die Zusammenhänge und Motive, die bei der Krisis obgewaltet haben. Die lähmende Autorität des mit dem Bewußtsein seiner Unentbehrlichkeit erfüllten Staatsmannes und auf der andern Seite der Drang des jungen Monarchen nach einer wirklich persönlichen Ausübung der Regierungsgewalt erklären manches; es scheint sich aber nicht bloß um solche persönlichen Momente gehandelt zu haben, sondern zugleich auch um starke sachliche Meinungsverschiedenheiten, namentlich in Hinsicht auf die Sozialdemokratie, die der Kanzler damals zum Vernichtungskampf herauszufordern gedachte, während der Kaiser den Weg zum sozialen Frieden wollte. Es kam zu einem schroffen Bruch zwischen Kaiser und Kanzler, der eine Zeitlang verwirrend und entfremdend auf viele patriotische Gemüter gewirkt hat; der Kaiser hat dann freilich, voll Takt und Herzensgüte, wie er war, die erste Gelegenheit ergriffen, den entstandenen Riß nach Möglichkeit zu heilen; aber einen Staatsmann von der überragenden Autorität des Fürsten Bismarck hat er nicht mehr neben sich gehabt. Er ist zwar nicht, wie man wohl zu sagen pflegt, sein eigener Kanzler geworden; aber die persönliche Note in der Regierung trat stärker hervor als bisher. Freilich durchaus im Rahmen der Verfassung, im Reiche wie in Preußen. Es ist schon oben erwähnt worden, mit welcher Entschiedenheit sich der Kaiser vom Moment seines Regierungsantritts an durch den symbolischen Akt der Beseitigung des politischen Testaments Friedrich Wilhelms IV. auf den Boden der preußischen Verfassung gestellt hat; im Reiche hat er mit derselben Gewissenhaftigkeit alle verfassungsmäßigen Rechte auf das strengste geachtet; es ist mehr nur die Wucht seiner Persönlichkeit im Zusammenarbeiten mit den Ministern, die stärker zur Geltung kommt. Wenn er sich in erhöhten Momenten wohl als ein Werkzeug Gottes fühlt und in Demut bezeichnet, so ist das nur ein Ausdruck für das religiöse Verantwortlichkeitsgefühl, in dem er sein hohes Amt führt; der mystische Überschwang Friedrich Wilhelms IV. ist ihm fremd; bei aller Religiosität ist er ein durchaus modern empfindender Mensch. Er hat wohl das terenzianische Wort auf sich angewendet: Homo sum, humani nihil a me alienum puto (Ich bin ein Mensch; nichts Menschliches ist mir fremd). Mit ungemeiner Vielseitigkeit umspannt sein Geist technische, wissenschaftliche, künstlerische Interessen der verschiedensten Art. Jagd, Sport, rüstige Leibesübung sind ihm Erholung und Bedürfnis. Ein vorbildliches Familienleben bildet die gesunde Lebensluft, in der er atmet. Ein sieghafter Optimismus durchweht sein großzügiges, temperamentvolles politisches Wollen und Wirken.

Versuchen wir nun, uns die Bestrebungen und Erfolge der ersten 25 Jahre seiner Regierung zu vergegenwärtigen, so tritt e i n Ziel beherrschend hervor: die

Bewahrung des Friedens unter Aufrechterhaltung und Förderung aller Macht- und Wohlfahrtsinteressen des Reiches. Das war eine Aufgabe von ungeheurer Schwierigkeit unter den Verhältnissen, die das fortschreitende Staatsleben der Gegenwart geschaffen hat. Die Oberfläche unseres Planeten ist durch die Steigerung des Verkehrs und die Zunahme der Bevölkerung in allen Teilen der Erde mehr und mehr ein großes zusammenhängendes Ganzes geworden. Das europäische Staatensystem, in dessen Rahmen unsere ganze bisherige Geschichte sich abspielt, ist im Begriff, sich zu einem Weltstaatensystem umzubilden, in dem ganz andere Maßstäbe und Machtverhältnisse gelten als bisher. Rings um uns her sind Riesenreiche entstanden oder in der Bildung begriffen, die weit über Umfang und Bevölkerungszahl der bisherigen Großstaaten hinausgehen; alles, was an der Peripherie liegt, dehnte sich aus, während wir in unserer eingeschlossenen Mittellage, im Herzen des europäischen Festlandes, in Gefahr gerieten, hinter den neuen Weltmächten, die rings um uns her emporkamen, zurückzubleiben. Es bedurfte einer vermehrten Anstrengung, um uns in der ersten Reihe zu behaupten. Kaum hatten wir die normale nationalstaatliche Daseinsform gewonnen, die Länder wie Frankreich und England schon seit Jahrhunderten besitzen, so sahen wir uns durch das Schicksal zu einer neuen Formwandlung gezwungen, um uns in dem werdenden Weltstaatensystem als eine der führende Mächte, als „Weltmacht", aufrechtzuerhalten. Das ist der Sinn der „Weltpolitik", die das Zeitalter Kaiser Wilhelms II. charakterisiert. Es ist eine Politik, die darauf ausgeht, dieselbe Stellung und Geltung, die wir uns in dem alten europäischen Staatensystem seit den Zeiten des Großen Kurfürsten und Friedrichs des Großen errungen hatten, auch in dem weiteren Kreise des neuen Weltstaatensystems zu behaupten. Diese Weltpolitik Deutschlands hat eine gewisse innere Verwandtschaft mit dem Imperialismus der europäischen Rand- und Außenländer: England, Frankreich, Rußland; aber sie ist zugleich auch in charakteristischer Weise davon verschieden. Es ist uns nicht in erster Linie auf die Begründung eines großen überseeischen Kolonialreiches angekommen, wenngleich Ansätze und Möglichkeiten dazu geschaffen worden sind; die überseeische Welt war schon von den anderen Völkern in der Hauptsache aufgeteilt, als wir auf dem Plan erscheinen konnten, und unsere europäische Lage war auch der Schaffung eines solchen Weltreiches nicht günstig. Wir haben uns begnügt, unseren afrikanischen Besitz innerlich auszubauen und zu befestigen, wir haben Stützpunkte erworben wie Kiautschou und Samoa, wir haben andererseits Besitzungen und Aussichten an der Ostküste Afrikas geopfert, um Helgoland zu erwerben und damit die Linie unserer Küstenverteidigung erst wirksam zu schließen. Bei weitem mehr als auf überseeischen Landerwerb ist es uns auf die Ausdehnung unserer überseeischen Ausfuhr, auf die Sicherung von Rohstoff- und Absatzmärkten für unsere Industrie angekommen; und diese Sicherung haben wir in der Hauptsache in der Vertretung des Grundsatzes gesucht, daß in den Haupthandelsgebieten der Welt die Tür für uns wie für die anderen handeltreibenden Völker offen sein und bleiben müsse. Wo es ging, haben wir uns auch wohl besondere Vorteile und eine Vorzugsstellung im Wirtschaftsleben zu erwerben gesucht, wie in der uns befreundeten Türkei, auf Grund von Bahnkonzessionen, wie denen zum Bau der anatolischen und der Bagdadbahn. Die Orientreisen des Kaisers, die Anbahnung sympathischer Beziehungen zu der Welt des Islam standen mit diesen Zielen in

Verbindung. Es galt bei alledem, unsere wachsende Bevölkerung, den jährlichen Überschuß von fast 900 000 Menschen, durch Steigerung unserer Exportindustrie zu versorgen, da auch ein verstärkter landwirtschaftlicher Betrieb dazu nicht ausreichte, und Siedlungskolonien uns nicht zu Gebote standen. Dieses Ziel ist auf eine befriedigende Weise erreicht worden. Die Auswanderung, die nach 1871 eine starke Ausdehnung angenommen hatte, ist seit den 80 er Jahren zum Rückgang gekommen und weiterhin fast ganz verschwunden. Das ist das Hauptresultat der Weltpolitik in den ersten 25 Jahren Kaiser Wilhelms II. Und dieses Resultat ist erreicht worden, ohne daß es deswegen zu einer Störung des Weltfriedens zu kommen brauchte. Wo sich überseeische Verwicklungen ergaben, wie in der Marokkofrage, da hat die Weltpolitik Wilhelms II. einen billigen Ausgleich der Gefahr eines Weltkrieges entschlossen vorgezogen. Das war nicht nach dem Sinn alldeutscher Heißsporne, aber sicherlich nach dem Sinn der großen Mehrzahl des deutschen Volkes.

Im Innern wie nach außen stand die Politik Wilhelms II. im Zeichen des Friedens. Die Idee der sozialen Gerechtigkeit leuchtete ihr als Leitstern; das Ziel war: Ausgleich der großen Interessengegensätze, Verhütung des Klassenkampfes. Auch dieses Ziel ist, das können wir sagen, innerhalb der Grenzen erreicht worden, die durch die Unvollkommenheit der menschlichen Natur gezogen sind. Trotz der steigenden Bedeutung unserer Exportgewerbe haben wir nicht die Bahn einer einseitig industrialistischen Entwicklung, wie England, eingeschlagen; wir haben unsere Landwirtschaft vor dem drohenden Verfall bewahrt und sie in den Stand gesetzt, den größten Teil des einheimischen Bedarfs an Lebensmitteln zu befriedigen, so daß unsere Abhängigkeit vom Ausland sich in erträglichen Grenzen hält; und der unvermeidliche Interessengegensatz zwischen den Erzeugern und den Verzehrern der Nahrungsmittel konnte dabei zwar nicht ausgeschaltet, aber doch in Schranken gehalten und zu einem leidlichen Ausgleich gebracht werden. Der Vorzug, den eine monarchische Regierung vor jeder parlamentarischen Parteiregierung voraus hat, daß sie über den wirtschaftlichen und sozialen Klassengegensätzen steht und unabhängig von den einseitigen Anschauungen und Forderungen der Parteien das Staatswohl zur Richtschnur ihrer Politik machen kann, hat sich auch in der Arbeiterfrage bewährt. Der Weg zum sozialen Frieden wurde im ganzen unbeirrt fortgesetzt, wenn auch die optimistischen Erwartungen der ersten Regierungsjahre sich nicht ganz erfüllten. Das Sozialistengesetz wurde seit 1890 nicht wieder erneuert; statt dessen beschritt der Kaiser — trotz der Bedenken Bismarcks — die Bahn einer umfassenden Arbeiterschutzgesetzgebung. Es kam in erster Linie darauf an, den Arbeitern Schutz zu gewähren gegen eine willkürliche und schrankenlose Ausbeutung der Arbeitskraft, den Umfang der Kinderarbeit einzuschränken mit Rücksicht auf die Gebote der Menschlichkeit, die Stellung der Frauen im Haushalt der Arbeiter bei der Berechnung ihrer Arbeitszeit in der Fabrik mehr als bisher zu berücksichtigen und dadurch dem Familienleben mehr Halt und Ordnung zu geben. Eine internationale Konferenz diente dazu, wenigstens prinzipiell eine Übereinstimmung der sozialpolitischen Autoritäten aus den wichtigsten Kulturländern zu erzielen, die eine gewisse Bürgschaft dafür bot, daß Deutschland, wenn es mit einer gesetzlichen Regelung dieser Verhältnisse vorging, nicht auf die Dauer allein bleiben würde. Denn natürlich mußte eine Gefahr, die Bismarck immer betont hatte, vermieden werden, nämlich die, daß die Konkurrenzfähigkeit unserer Industrie auf dem Weltmarkt durch eine solche Gesetzgebung beeinträchtigt würde. So entstand das Arbeiterschutzgesetz vom 1. Juni 1891, dessen Bestimmungen noch durch weitere Gesetze aus den nächsten Jahren ergänzt worden sind. Daneben ist die Arbeiterversicherungsgesetzgebung in der schon oben angedeuteten Weise ausgebaut und 1911 in einem zusammenfassenden Gesetze zu vorläufigem Abschluß gebracht worden. Zugleich wandte sich die sozialpolitische Fürsorge auch dem neu entstehenden Mittelstande der Angestellten in den Privatbetrieben zu, die in ähnlicher Weise wie die Arbeiter einer Krankheits-, Invaliditäts- und Altersversicherung unterstellt wurden. Man ging dabei von der Erwägung aus, daß die notdürftige Sicherung der Existenz, die dadurch herbeigeführt werden soll, nicht als Polster der Trägheit wirken werde, daß die vielgescholtene Rentensucht doch nur als eine unerfreuliche Begleiterscheinung der segensreichen neuen sozialpolitischen Ordnungen anzusehen sei, daß die Gefahr einer Erschlaffung der Selbstverantwortlichkeit und Arbeitsenergie in den Massen des Volkes doch nur in der Einbildung pessimistisch übertreibender Beurteiler bestehe. Die Früchte einer solchen Gesetzgebung können natürlich erst in Jahrzehnten reifen; man wird aber hoffen dürfen, daß dadurch nicht nur mehr innere Ruhe und Freudigkeit in das Leben der arbeitenden Klassen kommen wird, sondern daß auf die Dauer diese Verbesserung ihrer Lebensbedingungen nicht ohne Einfluß auf eine gesundere Entwickelung ihrer vaterländischen und staatlichen Gesinnung bleiben wird. In diesen Zusammenhang gehört auch die preußische Steuerreform von 1891, die ja vor allem den Gesichtspunkt der sozialen Gerechtigkeit zur Geltung gebracht hat; und wenn im Reiche in dieser Hinsicht noch keine allgemein befriedigende Neuordnung gelungen ist, so liegt darin nur eine Andeutung dessen, was in Zukunft noch zu tun bleibt, um das Gefühl der staatlichen Interessengemeinschaft in allen Schichten unseres Volkes noch stärker und allgemeiner zu machen. Der Prozeß der inneren Staatsbildung, durch den die Bevölkerung eines Staates zum politisch bewußten Volke wird, ist bei uns in Preußen und Deutschland ein anderer gewesen, als in den Musterländern des Parlamentarismus und der Demokratie. In England beispielsweise hat er sich so vollzogen, daß die alte ständische Aristokratie sich mit den übrigen Klassen verband, um das Königtum herabzudrücken und die Regierungsgewalt dem Namen nach in die Hände der Volksgesamtheit, tatsächlich in die Hände der herrschenden Klassen zu bringen. Bei uns in Preußen und in Deutschland überhaupt bildet die Monarchie den festen Kristallisationskern, um den herum sich die verschiedenen Schichten der Bevölkerung zusammengeschlossen haben, voran der Adel in enger Verbindung mit dem Offizierkorps der Armee, zum Teil auch mit dem Beamtentum, das aus adligen und bürgerlichen Elementen zusammengesetzt war; dann die gebildeten Klassen und das gesamte Bürgertum bis tief hinab in die unteren Schichten, die namentlich auch durch die militärische Organisation des Volksheeres von dem monarchischen Staatsgeist berührt wurden; dieser Prozeß ist durch die sozialdemokratische Bewegung zeitweise gestört worden, aber vielleicht nur scheinbar; ihn zu vollenden ist die Aufgabe der Zukunft.

Diese Friedensarbeit mußte geleistet werden mit dem Schwert in der Hand. Unsere Mittellage setzte uns bei der fortdauernden Revanchelust in Frankreich, bei der Empfindlichkeit der Reibungsflächen auf der Balkanhalbinsel, an der unser Interesse doch ein ganz anderes geworden war als zu Bismarcks Zeiten, bei den Rückwirkungen überseeischer und weltpolitischer Verwicklungen auf unsere Festlandsstellung, der Gefahr eines konzentrischen Druckes aus, gegen den wir nur durch die größten militärischen Anstrengungen einen Widerstand schaffen konnten, der ausreichte, den Frieden zu bewahren. Es ist oft von befugter Seite ausgesprochen worden, daß wir die Kosten unserer Rüstungen zu Wasser und zu Lande als eine Versicherungsprämie für die Erhaltung des Friedens buchen mußten. Es bedarf in unserem Staat von Zeit zu Zeit immer wieder neuer durchgreifender Einrichtungen, um die allgemeine Wehrpflicht, auf der unsere Sicherheit beruht, nicht zu einem leeren Schein werden zu lassen und unser Heer in einer den veränderten Weltverhältnissen entsprechenden Weise zu verstärken und zu verjüngen. Unter der Regierung Wilhelms II. sind ernste und bedeutungsvolle Schritte zu diesem Ziele getan worden. Die früher für unzulänglich gehaltene zweijährige Dienstzeit ist zur Einführung gelangt und hat sich bei gesteigerter Anstrengung im Dienst bewährt, während Rußland bei seinem viel größeren Heer eine längere Dienstzeit vorzog und Frankreich den Mangel an Nachwuchs durch die Wiederherstellung der 3 jährigen Dienstpflicht auszugleichen versucht hat. Die Vermehrung der Streitkräfte in den beiden Nachbarländern und die Veränderung der Weltlage durch die Balkankriege der Jahre 1912 und 1913 haben uns gezwungen, eine noch vollständigere Ausnutzung unserer Wehrkraft in die Wege zu leiten; und die finanziellen Mittel dafür sind zum großen Teil gerade von den wohlhabenden Klassen durch einen besondern einmaligen Wehrbeitrag aufgebracht worden mit einer Opferwilligkeit und einem Verständnis für die Staatsnotwendigkeiten, welche die zunehmende Stärke vaterländischer Gesinnung und politischer Urteilskraft beweisen.

Aber der Rüstung zu Lande mußte eine entsprechende Seerüstung zur Seite treten. Es ist das historische Verdienst Kaiser Wilhelms II., daß er diese Notwendigkeit klar erkannt und die Konsequenzen daraus gezogen hat. Seit der überseeische Export eine Lebensfrage für unser Volk geworden war, machte sich die Ungunst unserer geographischen Lage auch insofern geltend, als die Möglichkeit einer Abschneidung vom ozeanischen Weltverkehr durch das unserer Küste vorgelagerte England als eine neue große Gefahr hervortrat. Wenn wir nicht jederzeit von dem guten oder bösen Willen Englands in bezug auf unsern überseeischen Handel abhängig sein wollten, so mußten wir trachten, eine Seemacht zu werden, die zwar England nicht geradezu ebenbürtig zu sein brauchte, die aber doch so stark sein mußte, um auch dieser seebeherrschenden Macht einen Krieg mit uns als ein Wagnis erscheinen zu lassen, bei dem die eigene maritime Machtstellung auf dem Spiele stand. Das und nichts anderes ist der Sinn unserer Seerüstungen gewesen, die in drei kräftigen Anläufen, 1898, 1900, 1908, jedesmal mit einem durch die Entwicklung der Seestreitkräfte höher gesteckten Ziel und unter steigenden finanziellen Opfern uns die gebührende Stellung unter den Seemächten der Welt verschafft haben, ohne die wir uns niemals als Weltmacht würden behaupten können.

Gedeckt durch diese doppelte Rüstung glaubte das Deutschland Wilhems II. getrost seinen Friedensbestrebungen nachgehen zu können, maßvoll in seinen Ansprüchen, aber nicht gewillt, sich von dem Platz an der Sonne verdrängen zu lassen, furchtlos den nicht herausgeforderten Feindseligkeiten die Stirn bietend, aber doch entschlossen, jeden Konflikt zu vermeiden, der nicht das Lebensinteresse und die politische Ehre des Volkes berührte. Die ganze Gefahr unserer Lage zwischen den größten Militärmächten des Festlandes und gegenüber der stärksten Seemacht der Welt enthüllte sich erst während der Regierungszeit Wilhelms II. Die große Koalition, die schon Bismarck in seinen politischen Träumen ängstigte, begann immer mehr in den Bereich der Möglichkeit zu rücken. Daß die Nichterneuerung des „Rückversicherungsvertrages" mit Rußland 1890 diese Entwicklung beschleunigt hat, wird kaum zu bestreiten sein; allerdings ist es zweifelhaft, ob sie überhaupt noch aufzuhalten war, und ob nicht auch eine fortdauernde Verbindung mit Rußland das Vertrauen unseres Bundesgenossen Österreich-Ungarn einmal hätte erschüttern können. Die Verbindung zwischen Rußland und Frankreich enthielt zunächst keine unmittelbare Bedrohung Deutschlands, sie stellte aber ein wirksames Gleichgewicht zwischen Zweibund und Dreibund her, das eine zu günstige Gelegenheit für das gewohnte diplomatische Ränkespiel Englands darbot, als daß diese Macht versäumt hätte, Gebrauch davon zu machen. Seit dem Regierungsantritt des Königs Eduard VII. sprach man bald von einer englischen Einkreisungspolitik, die gegen Deutschland gerichtet war. Deutschland war zum gefährlichen Rivalen Englands auf dem Weltmarkt geworden; es schien im Begriff, durch seinen Flottenbau das bisherige Maß der Überlegenheit Englands in der Seegeltung in Frage zu stellen. Da entsprach es den alten Methoden der englischen Politik, eine solche Macht durch eine Koalition der übrigen Festlandsmächte in Schach zu halten. Solange England noch in Rußland einen gefährlichen Rivalen in Mittel- und Ostasien zu fürchten hatte, ließ sich eine solche Politik nicht leicht bewerkstelligen; es gab eine Zeit (1898—1902), wo England sogar bemüht war, Deutschland gegen Rußland auszuspielen — Bemühungen, die freilich an der Vorsicht und dem Friedenswillen Deutschlands scheiterten, das vielmehr wieder ein gutes nachbarliches Verhältnis zu Rußland hergestellt hatte und bewahren wollte. Das Jahr 1900 sah noch ein allgemeines Zusammenwirken der neuen Weltmächte gegen China, zur Ahndung des Völkerrechtsbruches, der durch die Ermordung des deutschen Gesandten begangen worden war; bald darauf aber vollzog sich eine neue Gruppierung der Mächte, die auch auf die Stellung Deutschlands verhängnisvoll einwirkte. Das englisch-japanische Bündnis von 1902 trug schon den Krieg im Schoße, der 1904 zwischen Rußland und Japan ausbrach, und dessen Ausgang England auf lange hinaus von der Furcht vor dem asiatischen Rivalen befreite. Rußlands Verbündeter, Frankreich, suchte schon 1904 Anschluß an England, und das russisch-französische Bündnis wurde dann nach dem Kriege auch zur Brücke für die Verständigung zwischen Rußland und England (1907), nachdem die Bemühungen der deutschen Politik, ein engeres Einvernehmen der drei Ostmächte herbeizuführen, gescheitert waren.

Diese Konstellation erlaubte England und seinen Verbandsgenossen, einen wachsenden konzentrischen Druck auf Deutschland auszuüben, wie er sich schon 1905 in der Marokkoangelegenheit und 1906 auf der Konferenz von Algeciras geltend gemacht hatte; dort hatte auch der seit 1901 und 1904 immer unzuverlässiger gewordene Dreibundgenosse Italien sich den Gegnern Deutschlands angeschlossen. Um so fester mußte Deutschland mit Österreich-Ungarn zusammenhalten. Die Interessen der beiden Zentralmächte verbanden sich immer unlösbarer; und als die türkische Revolution von 1908 die habsburgische Monarchie zwang, die tatsächliche Besetzung und Verwaltung Bosniens, die sie unter Zustimmung des Berliner Kongresses seit 30 Jahren ausübte, in eine förmliche Einverleibung zu verwandeln, da stand das Deutsche Reich mit „Nibelungentreue" an der Seite seines Verbündeten und beschwor dadurch die Gefahr eines kriegerischen Ausbruchs der feindseligen Gefühle, die sich damals in England und Rußland regten. Die deutsche Politik war durchaus auf eine Vermeidung kriegerischer Verwicklungen und auf eine Befestigung der herrschenden Macht- und Besitzzustände gerichtet. Sie suchte auf eine sehr entgegenkommende Weise 1909 den Marokkostreit loszuwerden; sie erzielte 1910 ein Einverständnis mit der russischen Regierung, das die Gefahr eines feindlichen Zusammenwirkens der beiden verbündeten Nachbarn Deutschlands auszuschließen schien. Aber die vordringende Begehrlichkeit und Rücksichtslosigkeit des sich auf England stützenden französischen Imperialismus brachte in der Marokkofrage 1911 noch einmal eine gefährliche Krisis hervor, die freilich bei der maßvollen Festigkeit der deutschen Regierung durch einen billigen Ausgleich überwunden wurde, und das Verhältnis zwischen Frankreich und Rußland nahm wieder eine für Deutschland bedrohliche Intimität an. Indessen, man konnte hoffen, daß das feste Zusammenhalten der beiden Zentralmächte und ihre militärische Kraft und Bereitschaft etwaige Kriegsgelüste der Gegner in Schranken halten würde; und der Verlauf der Tripolisunternehmung führte auch Italien 1912 an die Seite seiner Bundesgenossen zurück, so daß der Dreibund fester zu sein schien, als vorher. Die Balkankriege von 1912 und 1913, bei denen Österreich-Ungarn sich ebenso zurückhielt wie Rußland, das freilich als Drahtzieher in der Verborgenheit das Spiel zu beherrschen suchte, gaben der deutschen Politik Veranlassung, mit der englischen zum Zwecke der Erhaltung des Friedens zusammenzuarbeiten, und dies schien trotz der verstärkten Bereitschaft unserer Flotte, die nach der Krisis von 1911 herbeigeführt worden war, und trotz des Scheiterns der englischen Bemühungen, uns zu einer Einschränkung unserer maritimen Rüstungen zu veranlassen, doch die Grundlage für eine Verbesserung der gegenseitigen Beziehungen geschaffen zu haben, an der man mit Vertrauen und guter Hoffnung weiterzuarbeiten gedachte.

So etwa erschien die Lage zu der Zeit, wo die Jubelfeier der 25 jährigen Regierung Wilhelms II., des „Friedenskaisers", begangen wurde. Die Umschau über das Soll und Haben unseres Volks- und Staatslebens, zu der diese Feier Veranlassung gab, gewährte im großen und ganzen ein Bild, das patriotische Herzen wohl befriedigen konnte. Wir waren in einem starken Fortschritt begriffen. Handel und Verkehr, Landwirtschaft und Industrie, Technik und Wissenschaft, Wohlfahrt und Gesittung des Volkes entwickelten sich in erfreulichem Wachstum. Wir konnten hoffen, trotz der französischen Rachegelüste, trotz der Maßlosigkeit des russischen Panslawismus, trotz der eifersüchtigen Feindseligkeit Englands durch maßvolle Festigkeit unserer Politik bei starker militärischer Rüstung den Frieden zu erhalten und in erfolgreichem Wettbewerb mit andern Völkern der Erde die Stellung in der Welt zu erringen und zu behaupten, die den Lebensinteressen und der wachsenden Kraft unseres Volkes entspricht. Diese hoffnungsvolle Entwicklung hat eine jähe Unterbrechung erfahren durch die Mordtat von Serajewo und durch den ungeheuren Weltkrieg, in den wir seit dem

August 1914 verwickelt worden sind. Die Haltung unserer Gegner, die Österreich herabwürdigen und uns selbst politisch demütigen wollten, hat uns das Schwert in die Hand gezwungen zum Verteidigungskampf gegen einen lange vorbereiteten Überfall. Es ist die denkbar schwerste Probe für den Staat der Hohenzollern und das Deutsche Reich. In diesem Kriege werden die eisernen Würfel geworfen um Sein oder Nichtsein einer deutschen Weltmacht; wie einst das Preußen Friedrichs des Großen im Siebenjährigen Kriege, so kämpft in diesen Tagen das Deutsche Reich unter seinem Hohenzollernkaiser um seine Existenz gegen eine Welt von Feinden. Wir hoffen und glauben, daß wir mit Gottes Hilfe durchhalten und einen Frieden erkämpfen werden, der den eisernen Druck von unseren Grenzen nehmen und uns mit einem freien gesunden Volks- und Staatsleben im Innern zugleich auch eine ungehemmte Entfaltung unserer Kräfte nach außen bringen wird.

Was die Hohenzollern unserem Volke durch die Jahrhunderte hindurch geworden sind, lehrt dieses Buch in schlichter, wahrheitsgetreuer Darstellung. Möge das erlauchte Haus auch in Zukunft unserm Vaterlande Fürsten geben, die es zu Macht und Wohlfahrt führen! Denn eine starke monarchische Führung wird unsere Zukunft ebensowenig entbehren können, wie die vom Lärm der Waffen erfüllte Gegenwart.

Personenverzeichnis.

A.

Abeken, Heinrich, Wirkl. Geh. Legationsrat 632. 633.
Abenberg, Graf Babo v. 5.
Abenberg, Grafen v. 4. 5. 8. 20. 21.
Adalbert, König von Italien († 966) 18.
Adalbert, Prinz von Preußen 556.
Adalbert Graf des Thur- und Scherra-Gaues 8.
Adalbert v. Zollern-Haigerloch 7.
Adelheid, Herzogin von Francien 18.
Adler-Salvius 184. 185.
Adolf (von Nassau), Römischer König 22.
Adolf, Herzog von Nassau 619.
Adolf Friedrich von Holstein-Gottorp, Thronfolger, dann (1751) König von Schweden, Gemahl der Luise Ulrike (s. d.) 13. 341. 364.
Adolf II., Graf von Holstein a. d. H. Schauenburg 32. 33. 36.
Agnes (von Poitiers), Römische Kaiserin (Gemahlin Heinrichs III.) 18.
Agnes, Herzogin von Schwaben (Gemahlin des Herzogs Friedrich, Grafen von Büren, des ersten Hohenstaufen) 18.
Agnes, Gräfin von Anhalt (erste Gemahlin des Grafen Joachim Ernst) geb. Gräfin v. Barby 14.
Agnes, Gräfin v. Solms-Laubach (Gemahlin des Grafen Friedrich Magnus), geb. Gräfin v. Wied 14.
Agricola, Johann 128. 131. 132.
Aitzema, s. Lieuwe.
Albert, Kronprinz von Sachsen (nachher König) 608. 638. 639.
Albert, Kurfürst von Sachsen, letzter aus dem anhaltinischen Hause 79.
Albert von Sachsen-Koburg, Gemahl der Königin Victoria von England (Prinzgemahl) 565. 584. 677.
Albrecht I., Römischer König 19. 22. 43. 44.
Albrecht II., Römischer König, als Herzog von Österreich Albrecht V., König von Böhmen und Ungarn, Schwiegersohn Kaiser Sigmunds 71. 80. 82. 92. 93. 96.
Albrecht Achilles, Kurfürst von Brandenburg 3. 83—85. 92—101.
Albrecht, Kurfürst von Sachsen. 42.
Albrecht, Erzherzog von Österreich, Statthalter der Niederlande 148. 159.
Albrecht Friedrich Rudolf Dominik, Erzherzog von Österreich 610. 626.
Albrecht III., Herzog von Österreich 25.
Albrecht, Herzog von Bayern-München 95.
Albrecht Friedrich, Herzog in Preußen († 1618) 11. 15. 131. 139. 140. 163.
Albrecht (Markgraf von Ansbach), seit 1511 Hochmeister des Deutschen Ordens, seit 1525 Herzog in Preußen 11 bis 14. 117. 121. 129. 131.
Albrecht Friedrich, erster Markgraf von Brandenburg-Sonnenburg 11.
Albrecht I., der Bär, Markgraf von Brandenburg 34 bis 37. 39. 54.
Albrecht II., Markgraf von Brandenburg 38. 41. 42.
Albrecht Alcibiades, Markgraf von Culmbach-Bayreuth 129 bis 131.
Albrecht der Unartige, Markgraf von Meißen 43.
Albrecht der Schöne, Burggraf von Nürnberg 23. 24.
Albrecht (Bruder Joachims I.), 1513 Erzbischof von Magdeburg, 1514 Kurfürst von Mainz, 1518 Kardinal 12. 117—125.
Aleander, päpstlicher Legat 120.
Alexander I., Kaiser von Rußland 430. 436. 438. 439 bis 441. 447. 449. 450. 459. 466. 469. 471. 478. 489—491. 510.
Alexander II, Kaiser von Rußland 580. 592. 593. 601. 619. 635. 652. 653—654.
Alexander III., Kaiser von Rußland 654. 656. 657.
Alexander, Prinz von Hessen 611.
Alexandra Feodorowna, Kaiserin von Rußland, geb. Prinzessin Charlotte von Preußen 13.
Alexandrine, Prinzessin von Preußen (Gemahlin des Erbgroßherzogs Paul Friedrich von Mecklenburg-Schwerin), Tochter Friedrich Wilhelms III. 514.
Alexei, Zar 193. 195.
Alfred der Große, König von England 18.
Algarotti 344.
Alphons X., König von Kastilien († 1284) 18.
Altenstein, Frhr. v. 446. 453. 458 (Finanzminister). 492 (Kultusminister). 497. 512. 518.

Alvensleben, Geschlecht 73. 77.
Alvensleben, Busso v., Obermarschall des Kurfürsten Johann 105. Magdeburgischer Domherr 118.
Alvensleben, Konstantin v., General 580. 638.
Amalie, Tochter König Friedrich Wilhelms I. von Preußen 367. 401.
Amalie, Tochter König Georgs I. von England 310—312.
Amerongen, van 225.
Ancillon, v., Staatsrat 470.
Andechs, Grafen v., als Herzöge von Meran 21.
Andrassy, Graf, öst.-ung. Minister 652.
Anna, Großfürstin von Rußland, Tochter Peters des Großen, vermählt mit Karl Friedrich Herzog von Holstein-Gottorp, Mutter Peters III. 15
Anna Iwanowna, Kaiserin von Rußland 325.
Anna Karlowna (Prinzessin von Braunschweig), russische Großfürstin, Mutter Iwans VI. 326.
Anna, Kurfürstin von Brandenburg (Gemahlin Johann Sigismunds), geb. Prinzessin von Preußen 139. 157. 158. 161. 163. 165. 166.
Anna, Kurfürstin von Brandenburg (zweite Gemahlin Albrechts Achilles), geb. Herzogin von Sachsen 101.
Anna, Markgräfin von Brandenburg († 1514), Gemahlin des Herzogs Friedrich von Schleswig-Holstein-Gottorp (nachmaligen Königs Friedrich I. von Dänemark) 13.
Anstett, v., russischer Staatsrat 471.
Apraxin, russ. General 369.
Archenholtz, Historiker 375.
d'Argens, Marquis 344. 371. 376.
Arndt, Ernst Moritz 472. 502. 519. 545.
Arneth, v., Historiker 325.
Arnim-Boytzenburg, Hans Georg v., General 174.
Arnim-Boytzenburg, Georg Dietloff v., Justizminister 350.
Arnim-Boytzenburg, Adolf Heinrich Graf v. 523. Minister des Innern 526. 530—532. Ministerpräsident 533. 534. 576. 593.
Arnim-Boytzenburg, Graf Harry v. (Botschafter) 652. 666.
Arnim, Heinrich v., Minister des Auswärtigen 533.
Arnim, Achim v. 460.
Arnim, Bettina v. 511.
Arnold, Müller 396. 464.
Artois, Graf v. 417.
Auerswald, Alfred v., Staatsminister 526. 534.
Auerswald, Rudolf v. 458 Oberpräsident 538. 539. 566.
Auerswald, Hans v., Abgeordneter 537.
August II., König von Polen 305. 314.
August III., Kurfürst von Sachsen und König von Polen 314. 315. 362. 363. 387.
August, Kurfürst von Sachsen 130. 135. 137. 138.
August, Herzog zu Sachsen, Administrator von Magdeburg 168. 174. 186. 217. 218.
August Wilhelm, Herzog von Braunschweig-Bevern 368.
August Wilhelm, Herzog von Cumberland, Sohn Georgs II. von England 367. 368.
August Wilhelm, Sohn Friedrich Wilhelms I. 12. 365. 367. 368. 405.
August, Prinz von Württemberg 638.
Augusta, Deutsche Kaiserin und Königin von Preußen (Gemahlin Kaiser Wilhelms I.), geb. Prinzessin von Sachsen-Weimar 15. 17. 565. 582. 584. 594. 598. 631. 634. 641. 666. 675. 677.
Augustenburger, s. Christian Karl Friedrich August, Herzog und Friedrich, Erbprinz von Augustenburg.
Aurelle de Paladines, französischer General 643. 644.
Avaux, Graf von, französischer Diplomat 185.

B.

Bär, Benjamin Ursinus v., Bischof 263.
Bamberg, Bischöfe von 20.
Banér, schwed. General 176.
Barbara, Römische Kaiserin (zweite Gemahlin Sigmunds), geb. Gräfin v. Cilli 92.
Barbara, Markgräfin von Brandenburg (Kulmbach-Bayreuth, Gemahlin Johanns des Alchymisten) 30. 73. 79.
Barbara, Tochter des Kurfürsten Albrecht Achilles 97. 98. 102. 103.
Barclay de Tolly, russischer General 476.
Barfus, Hans Albrecht Graf v., Feldmarschall 258. 259. 266.
Barnim, Herzog von Pommern-Stettin 38.
Barral, Graf, italienischer Botschafter 601.
Bartenstein, v., Hofrat Kaiser Karls VI. 325.
Bartholdi, Christian Friedrich Frhr. v., kurfürstlich brandenburgischer Geheimer Rat 261. 263.
Bassermann, Friedrich Daniel 543.
Bauer, Bruno 512.
Bayle 271.
Bayreuth, ältere und jüngere Linie 11.
Bazaine 637. 642. 643.
Beatrix, römische Kaiserin (Gemahlin Friedrichs I., Barbarossa), geb. Gräfin von Burgund 18.
Beatrix, Gräfin von Orlamünde 21.
Beatrix die Jüngere von Staufen, Tochter Philipps von Schwaben 18.
Beauharnais, Eugen 475.
Beausobre 268.
Bebel, August 665.
Becker, Nikolaus 520.
Beckerath, Hermann von 526. 546.
Begas, Reinhold 674.
Beguelin, v., Amalie 463.
Behrends, Abgeordneter, 537. 540.
Belcredi, Graf, österreichischer Minister 597.
Belle-Isle, französischer Feldmarschall 327. 328. 330.
Belling, v., Husarenoberst 374.
Below-Hohendorf, v. 539.
Benedek, Ludwig Ritter v., österreichischer Feldzeugmeister 608. 610.
Benedetti 616. 630. 631—633. 635.
Benedikt XIV., Papst 348.
Bennigsen, Rudolf v., 439. 440. 480. 567. 618. 620 bis 622. 667.

Berg, Frau v., 423.
Bernadotte, französischer Marschall 429. 430. 434. 478. 479. 480, s. Karl XIV.
Bernhard, Herzog von Braunschweig-Lüneburg 73.
Bernhard Erich Freund, Herzog von Meiningen 619.
Bernhard, Graf von Anhalt bis 1170, seit 1180 auch Herzog von Sachsen-Lauenburg und Wittenberg 37. 38.
Bernhard v. Clairvaux 35.
Bernis, Abbé, später Kardinal 360. 363. 370.
Bernstorff, Graf v., hannöverscher Minister 279.
Bernstorff, Graf v, preußischer Minister 503—505. 572.
Berthold (von Henneberg), Kurfürst von Mainz 103. 117.
Berthold, Graf v. Henneberg 46.
Berthold, Graf v. Zollern 7.
Berthold, Annalist 7.
Bertrand, franz. General 439.
Besser, Johann v., Zeremonienmeister 272.
Bestuschew, russ. Großkanzler 334. 340. 341. 359. 369.
Bethlen Gabor, Fürst von Siebenbürgen 13. 167. 168.
Beust, Graf, Minister 571. 572. 577. 619. 621. 626. 652.
Beuth 511.
Beyme 424. Kammergerichtsrat 427. Kabinettsrat 436. 437. 440. 442. 443. 458. Justizminister 460. 461. 497. 499.
Bignon, franz. Diplomat 439.
Bischoffwerder, Johann Rudolf v. 406. 407. 416. 421. 424.
Bismarck, Herbord v. 64.
Bismarck. Klaus v. 46.
Bismarck-Schönhausen, Otto Fürst v. 416. 424. 444. 489. 526. 539. 541. 552. 557. 563. 566. 572. 573. 575. 576. Staatsminister 577 bis 580. 582. 584—596. 597. Graf 598. 599—606. 609. 611—614. 616—618. 620—623. Bundeskanzler 624—632. 634. 635. 641. 643. 646—649. 650. Fürst 651—658. 660—663. 666. 667. 669—673. 676—678. 680. 682. 683.
Blankenfelde, Johannes v. 118.
Blankensee, v., General 296.
Bleibtreu, Maler 674.
Blome, Graf 597.
Blücher von Wahlstatt, Fürst, Feldmarschall 434. 475. 476. 478. 479. 480. 482. 483. 487. 488. 510.
Blumenthal, v., Geheimer Rat 181. 190. 191. 200.
Blumenthal, Leonhard Graf v., General-Feldmarschall, Oberst 589. 608 General 641 (Generalstabschef).
Bockum-Dolffs v. 585.
Bodelschwingh, Ernst von, Staats- und Kabinettsminister 518. 529. 530—532.
Bodelschwingh, Karl v., Finanzminister 594.
Boden, v., Minister 346.
Boden, v., Direktor der Kammer zu Magdeburg 346.
Boeckh, August 512.
Börne, Ludwig 505.
Bogislaw, Herzog von Pommern zu Stettin und Demmin 38.
Bogislaw X., Herzog von Pommern 103.
Bogislaw XIV., Herzog von Pommern 176.
Boleslaw I., König von Polen 33.
Boleslaw III., König von Polen 33.
Bonin, Adolf v., Kriegsminister 562. 563. 566. 568. 569. 608.
Borcke, Friedrich Wilhelm v., General, Minister des auswärt. Departements 308. 322.
Borstell v. 447.
Boulanger, franz. General 656. 657.
Bourbaki, franz. General 644. 645.
Bournonville, de, Franz, General 227. 230. 231.
Boyen, Hermann v, General 285. 447. 454. 466—468. 470. 471. 479. Generalstabschef 485. 486. 492. 493. 494. Kriegsminister und Feldmarschall 495. 500. 518.
Brandenburg, Graf v., General 407. 541. Ministerpräsident 554. 555.
Brandenburg-Schwedt, Markgrafen von 11. 256. 257.
Brandenburg-Sonnenburg, Markgrafen von 11.
Brandt, Eusebius v. 215.
Braun, Karl 618. 625.
Bray, v., bayer. Minister 647.
Bredow, Familie 77.
Bredow, Lippold v., Landeshauptmann 48. 49.
Brenckenhoff, v., Geheimer Finanzrat 385. 390.
Brentano, Clemens 460.
Broglie, Herzog von 330.
Bronikowski, v., General 447.
Browne, Graf v., öst. Feldmarschall 362. 365. 366.
Brugke, Thilo v. 63.
Buch, Leopold v., Geologe 560.
Bucher, Lothar 620. 628.
Buchholz, Schriftsteller 435.
Buchholzer, Georg, Probst in Berlin 131. 132.
Bülow, Dietrich v. 105. 107.
Bülow von Dennewitz, Friedrich Wilhelm, Graf, General 475. 478. 479. 482. 483. 510.
Bülow, Ludwig Friedrich v., Finanzminister 494. 496.
Bülow-Cummerow, v., Agrarier 524. 539.
Bunsen, Josias v., Gesandter 513. 518. 521. 562. 563.
Burgsdorff, Konrad v. 181 bis 183. 189. 190. 200. 205.
Burkardinger als mögliche Ahnen der Hohenzollern 8. 9.
Burkhard [I.], Graf v. Zollern 6—8.
Burkhard [II.], Graf v. Zollern 7.
Burkhard II., Herzog von Schwaben († 973) 8.
Burkhard, Markgraf von Rätien 8.
Bute, Lord 379.
Bylandt, Frhr. v. Rheidt, Ottheinrich v. 154—156. 158. 162.

C.

Calandrelli 674.
Calcum gen. v. Leuchtmar, Johann Friedrich 177. 178.
Calzabigi 381.
Camphausen, Ludolf, Ministerpräsident 526. 534. 538.
Camphausen, Otto, Finanzminister 668.
Camphausen, Maler 674.
Canitz, v., auswärtiger Minister 518. 550.
Canning, englischer Minister 491.
Canova 509.
Canstein, Raban v. 219.
Carion, Johannes 115.
Carmer, Graf v. 395. 396. Großkanzler 397.
Caulincourt, Armand Augustin Louis de, franz. Diplomat 482.

Cerdic, König von Wessex (6. Jahrhundert) 18.
Chanzy, franz. General 644. 645.
Charlotte, Prinzessin von Preußen, Gemahlin Nicolaus I. von Rußland (als Alexandra Feodorowna). Tochter Friedrich Wilhelms III. 13. 503. 514.
Charlotte, Kurfürstin von Brandenburg (Gemahlin Georg Wilhelms), geb. Pfalzgräfin 155. 196.
Charlotte Amalie, Prinzessin von Hessen-Philippsthal 17.
Charlotte, Fürstin von Oranien (dritte Gemahlin Wilhelms I., des Schweigsamen), Tochter des Herzogs von Montpensier 16. 17.
Châteauroux, Herzogin von 333. 334.
Chesterfield, Lord 336.
Chodowiecki, Daniel 409.
Choiseul, Herzog von 370.
Christian I., König von Dänemark aus dem Hause Oldenburg 13. 15.
Christian II., König von Dänemark 122.
Christian III., König von Dänemark († 1559) 13. 15.
Christian IV. König von Dänemark († 1648) 13. 15. 157. 167. 168. 170. 183—185.
Christian V., König von Dänemark 226. 229. 230. 232. 235. 236. 238. 240. 241. 245.
Christian VIII., König von Dänemark 536.
Christian IX., König von Dänemark 581. 583. 584. 593.
Christian, Prinz von Glücksburg (Christian IX.) 556. 581.
Christian I., Kurfürst von Sachsen 138. 139.
Christian II., Kurfürst von Sachsen 157. 160.
Christian von Braunschweig, Administrator von Halberstadt 168.
Christian Wilhelm, Markgraf von Brandenburg (Sohn Joachim Friedrichs), Administrator von Magdeburg 151. 152. 160. 168.
Christian Friedrich Karl Alexander, Markgraf von Ansbach und Bayreuth 11.
Christian Friedrich Alexander, Markgraf von Ansbach und Bayreuth 416.
Christian, Markgraf von Bayreuth-Kulmbach 11. 141. 151—154. 157. 160.
Christian von Anhalt 156. 159.
Christian Karl Friedrich August, Herzog von Schleswig-Holstein-Sonderburg-Augustenburg 536. 556. 581.
Christine, Königin von Schweden 172. 177. 184.
Christine, Landgräfin von Hessen (Gemahlin Philipps des Großmütigen), geb. Herzogin von Sachsen 14.
Christoph III., König von Dänemark 13.
Christoph, Graf von Hohenzollern, Stifter der jüngeren Linie H.-Haigerloch 10.
Clairvaux s. Bernhard.
Clausewitz, v., General 467. 475.
Clemens August, Kurfürst von Köln 364.
Clemens VII., Papst (Medici) 118.
Clemens XI., Papst 263.
Clemens XIII., Papst 370.
Clementia, vermeintliche Burggräfin von Nürnberg und Schwester Rudolfs von Habsburg 6. 15.
Clermont, französischer General 369.
Cobenzl, Philipp, Graf, österreichischer Minister 418. 419.
Cocceji, Samuel v., Justizminister 265. 303. 349. 350. Großkanzler 351. 352. 396. 397. 410.
Cölln, v., Schriftsteller 435.
Colalto, Grafen v. 3.
Coligny-Chatillon, Admiral 16. 17. 137. 149. 150. 184.
Coligny-Chatillon, Mutter des Admirals, a. d. H. Montmorency 16. 17.
Coligny-Chatillon, Charlotte de (Gattin des Admirals), geb. de Laval a. d. H. Montmorency 16. 17.
Collenbach, v., österreichischer Hofrat 379.
Colonna, Grafen v. 2. 3.
Condé, Prinz (1666—1669 Bewerber um den polnischen Thron) 223.
Cornelius, Peter 561.
Cotta, Buchhändler 508.
Courbière, L'Homme de, General 439.
Créqui, franz. Marschall 238.
Creutz, Generalkontrolleur der Finanzen 290. 292.
Croy, Herzog von 236.
Cumberland, Ernst August, Herzog von, hannöv. Kronprinz 608.
Custine, franz. General 418.
Czartoryski, Fürst 388.

D.

Dagmar, Prinzessin von Dänemark, Gemahlin des Zaren Alexander III. von Rußland 654.
Dahlmann 505. 506. 519. 523. 529. 535. 537. 542. 543. 545.
Dalwigk, v., hessischer Minister 647.
Dambach, Kriminaldirektor 501.
Danckelman, Eberhard v. 257—261. 265. 270.
Darnley, Lord 16.
Daru 448.
Daun, Feldmarschall 365 bis 367. 370—374. 378.
Davidsohn-Lange, Schriftsteller 435.
Davoust, Marschall 434.
Delbrück, Rudolf v., Ministerialdirektor 594. 646 bis 648. 658. Chef des Reichskanzleramts 665.
Derfflinger, Frhr. v., Feldmarschall 225. 232. 233.
Diebitsch, russ. General 468.
Diezmann, Markgraf von Meißen 43.
Dingelstedt 522.
Distelmeyer, Christian, Kanzler 135. 138. 143. 151.
Distelmeyer, Lampert, Kanzler 124. 135. 143.
Döllinger, Professor 662.
Dönhoff, Graf, Bundestagsgesandter in Frankfurt 530.
Dönhoff, Gräfin Sophie 407.
Dörnberg, Frhr v., Oberst 459.
Dohm, Christian Conrad Wilhelm v., Staatsmann 412.
Dohna, Abraham, Graf zu 162.
Dohna, Alexander, Graf zu 470.
Dohna, Christoph (der Ältere), Graf zu 294.
Dohna, Christoph (der Jüngere), Graf zu 370.
Dohna, Fabian, Graf zu 185.
Dohna, Hannibal, Graf zu 168. 169.
Dohna, Geschlecht 164. 214. 428.
Domhardt, v., Oberpräsident 390.
Dorothea, Königin von Dänemark (Gemahlin Christians III.), geb. Herzogin von Sachsen-Lauenburg 15.

Dorothea, Kurfürstin von Brandenburg (zweite Gemahlin des Großen Kurfürsten), geb. Herzogin von Schleswig-Holstein 225. 229. 237. 250—252. 257.
Dorothea, Markgräfin von Brandenburg, Gemahlin Christophs III., dann Christians I. von Dänemark 13.
Dove, Meteorologe 561.
Drake, Bildhauer 674.
Dreyse 607.
Droste-Vischering, Frhr. v., Erzbischof von Köln 513.
Drouyn de l'Huys, franz. Minister 615.
Droysen, Johann Gustav 529. 542.
Ducrot, franz. General 644.
Dürer, Albrecht 118. 510.
Duhan de Jandun 309.
Duhram, Generalfiskal 259.
Dumouriez, franz. General 417—419.
Duncker, Max 467.
Dunin, Erzbischof von Gnesen 513. 520.

E.

Eberhard II. (der Greiner), Graf von Württemberg 25.
Ecbert, König von Wessex 18.
Edelsheim, v., badischer Minister 394.
Edith, Römische Kaiserin (Gemahlin Ottos I., des Großen) 18.
Eduard III., König von England 17. 18. 86.
Eduard VII., König von England 683.
Eichel, Kriegsrat 322. 338.
Eichhorn, v., Kultusminister 518. 560.
Eichmann, v., Staatsminister 539.
Eilika aus dem Billungischen Herzogshause, Mutter Albrechts des Bären 35.
Eitelfriedrich IV. von Hohenzollern stiftet 1575 die Linie Hohenzollern-Hechingen 10.
Eleonore, Königin von England (Gemahlin Heinrichs II.), geb. Gräfin von Poitou 18.
Eleonore, Kurfürstin von Brandenburg (zweite Gemahlin Joachim Friedrichs) 155. 156.
Eleonore, Gräfin von Anhalt (zweite Gemahlin des Grafen Joachim Ernst), geb. Herzogin von Württemberg 14.
Elisabeth Petrowna, Kaiserin von Rußland 332. 334. 336. 338. 340. 363. 369. 376.
Elisabeth Christine, Königin von Preußen (Gemahlin Friedrichs des Großen), geb. Prinzessin von Braunschweig-Bevern 313. 343.
Elisabeth (erste Gemahlin des preußischen Prinzen Friedrich Wilhelm, späteren Königs Friedrich Wilhelm II.), geb. Prinzessin von Braunschweig 405.
Elisabeth, Königin von Preußen (Gemahlin Friedrich Wilhelms IV.), geb. Prinzessin von Bayern 14. 515. 530. 563. 564. 598.
Elisabeth, Kurfürstin von Brandenburg (Gemahlin Friedrichs I., die „schöne Else"), 26. 74. 77. 80. 82.
Elisabeth Charlotte, Kurfürstin von Brandenburg (Gemahlin Georg Wilhelms) 16. 17. 169.
Elisabeth, Kurfürstin von Brandenburg (Gemahlin Joachims I.) 13. 117. 122. 123.
Elisabeth, Kurfürstin von Brandenburg (dritte Gemahlin Johann Georgs) 15. 134. 151.
Elisabeth, Kurfürstin von der Pfalz (Gemahlin Friedrichs V.), Tochter Jakobs I. von England 16.
Elisabeth Charlotte, Markgräfin von Brandenburg (Tochter Georg Wilhelms) 181.
Elisabeth, Burggräfin von Nürnberg, Gemahlin Friedrichs II., angebliche Schwester Rudolfs von Habsburg 15.
Elisabeth, Burggräfin von Nürnberg (Gemahlin Friedrichs III.) 11. 21.
Elisabeth, Tochter des Burggrafen Friedrich V. von Nürnberg 25.
Encke, Astronom 561.
Enke, Wilhelmine (Madame Rietz, Gräfin Lichtenau) 405. 406.
Eosander (v. Goethe) 561.
Erasmus, Humanist 119.
Erich Menved, König von Dänemark 44. 45.
Erich (von Pommern), König der skandinavischen Union 76. 77.
Erich, Herzog von Sachsen-Lauenburg a. d. H. Anhalt 44.
Erich, Erzbischof von Magdeburg a. d. H. Anhalt 43.
Erlichshausen, Ludwig v., Hochmeister des Deutschen Ordens 91.
Ernst August, König von Hannover 510.
Ernst August, Herzog von Cumberland 619.
Ernst II., Herzog von Koburg 567. 570. 571. 601.
Ernst, Markgraf von Brandenburg (Sohn Joachim Friedrichs) 158. 159.
Ernst, Markgraf von Brandenburg, Herzog (Prätendent) von Jägerndorf 181. 182.
Eugen, Herzog von Württemberg 434.
Eugen, Franz, von Savoyen, „Prinz Eugen" 273. 275. 314.
Eugenie, Kaiserin von Frankreich 640. 643.
Eulenburg, Friedrich Albrecht, Graf zu, Minister des Innern 584. 586. 632. 633. 659.
Eulenburg, Wend, v., 49, 72.

F.

Faidherbe, franz. General 644.
Falck, Kultusminister 663. 669.
Fasch, Musiker 410.
Favre, Jules 640. 641.
Ferdinand I., Römischer Kaiser 15. 17. 18. 117. 122. 125. 127—130. 134.
Ferdinand II., Römischer Kaiser 148. 167—172. 174. 175. 394.
Ferdinand III., Römischer Kaiser 176. 177. 179—186. 188—193. 195. 196.
Ferdinand der Katholische, König von Aragonien 17. 18.
Ferdinand (IV.), Römischer König 190. 191.
Ferdinand Maria, Kurfürst von Bayern 197. 230. 232. 236.
Ferdinand I., Fürst von Bulgarien, Sohn des Prinzen August von Sachsen-Coburg 656.
Ferdinand, Prinz von Braunschweig 369.
Ferdinand, Prinz von Hohenzollern, Thronfolger in (jetzt König von) Rumänien 11.
Ferdinand, Prinz von Preußen, Sohn Friedrich Wilhelms I. 370. 372. 374. 375. 378.

Fermor, Graf, russischer General 369.
Feuerbach, Ludwig 512.
Fichte, Johann Gottlieb 403. 445. 446. 460.
Finckenstein, Friedrich Ludwig Graf Finck v., General 370. 372.
Finckenstein, Friedrich Ludwig Karl Graf Finck v. 464.
Finckenstein, Karl Wilhelm Graf v., Kabinettsminister 364. 372.
Finckenstein-Schönberg, Graf v., Gutsbesitzer 428.
Fischer, Hannibal 556.
Fleury, Kardinal 316. 326. 327. 330. 331. 333.
Flottwell, Eduard Heinrich, Oberpräsident 503. 520. 564. Minister 671.
Follen, Brüder 498.
Forckenbeck, Max v. 573. 618. 658. Reichstagspräsident 667.
Fouqué, de la Motte de, General 373.
Fox, englischer Minister 416.
Francke, August Hermann, der Ältere 268. 269. 304. 510.
Francke, A. G., der Jüngere 304. 310.
François, preußischer General 637.
Fransecky, v., General 610. 611. 638.
Franz von Toskana, Großherzog, später als Franz I. Deutscher Kaiser, Gemahl Maria Theresias 325. 335. S. Franz I.
Franz I., Römischer Kaiser 337.
Franz II., Deutscher Kaiser (1792—1806); seit 1804 bis 1835 als Franz I. Erbkaiser von Österreich 417 bis 419. 421. 422. 450. 477. 481. 483. 489.
Franz Joseph, Kaiser von Österreich 554. 566. 577. 604. 612. 613. 615. 627.
Franz I., König von Frankreich 119—121.
Fredersdorf, Kämmerer Friedrich d. Gr. 338.
Freiligrath, Ferdinand 522.
Freitag, Anton, Kammerdiener des Kurfürsten Johann Sigismund 164.
Frey, Polizeidirektor in Königsberg 456.
Freydorf, v., badischer Minister 647.
Freytag, Gustav 648.
Fridag, Baron v. 249.
Friederike, Königin von Hannover, Gemahlin Ernst Augusts 510.
Friederike, Prinzessin von Hessen, zweite Gemahlin Friedrich Wilhelms II. von Preußen 405.
Friedrich I. Barbarossa, Römischer Kaiser 18. 38. 39. 42.
Friedrich II., Römischer Kaiser 21. 38.
Friedrich III., Römischer Kaiser 82. 91. 93. 96. 97. 99. 100.
Friedrich III., Deutscher Kaiser und König von Preußen 14. Als Kronprinz (Friedrich Wilhelm) 582. 584. 586. 590. 596. 598. 601. 608 bis 610. 614. 617. 627. 628. 634. 636. 637. 639. 641. 643. Feldmarschall 647. 648. Als Kaiser 564. 674. 676. 677.
Friedrich I., König von Dänemark 13. 15. 122.
Friedrich II., König von Dänemark 15. 132.
Friedrich III., König von Dänemark 15. 196—200. 222.
Friedrich IV., König von Dänemark 278.
Friedrich VII., König von Dänemark 536. 553. 581. 582.
Friedrich I., König von Preußen (s. Friedrich III., Kurfürst von Brandenburg) 263 bis 275. — 264. 271. 272. 273. 275. 276. 279. 282. 420.
Friedrich Wilhelm I., König von Preußen 275—320. — 12. 14. 17. 216. 217. 247. 254. 259. 267. 273. 275. 276. 297. 320. 321. 323. 324. 331. 344—346. 349. 351 352. 354. 373. 390. 392. 398. 408. 413. 426. 510.
Friedrich II., der Große, König von Preußen 321—401. — 3. 98. 192. 201. 255. 256. 260. 273. 274. 279. 309 bis 314. 319. 401. 402. 405—409. 413. 418. 424. 425. 430. 443 444. 461. 489. 493. 506. 510. 512. 546. 561. 565. 671. 676. 679. 685.
Friedrich Wilhelm II., König von Preußen 405—423. — 13. 396.
Friedrich Wilhelm III., König von Preußen 423—515. — 408. 412. 483. 514—516. 525. 556. 674.
Friedrich Wilhelm IV., König von Preußen 516—564. — 3. 14. 501. Kronprinz 505. 513. 515. 516. 523. 556. 563. 564. 565. 649. 674.
Friedrich August I., König von Sachsen 475. 480. 481. 485.
Friedrich I. (Prinz von Hessen-Kassel) König von Schweden, (Gemahl der Ulrike Eleonore, Schwester Karls XII.) 279.
Friedrich I., Kurfürst von Brandenburg 26. 27—30. 49. 50. 72—83.
Friedrich II., Kurfürst von Brandenburg 3. 78. 83—92. 98—101. 116.
Friedrich III., Kurfürst von Brandenburg 256—263. — 201. 216. 221. 234. 237. 247. 249. 251. 252. 255. 258. 260. 269. 272. 281. 334. Als Friedrich I. König in Preußen s. d.
Friedrich Wilhelm, der „Große Kurfürst" (von Brandenburg) 202—252. — 31 bis 35. 134. 149. 150. 177. 179—203. 221. 223. 234. 250—254. 256—258. 260. 261. 269. 270. 272. 273. 275. 280. 282. 287. 293. 295. 304. 318. 319. 324. 354. 400. 402. 676. 679.
Friedrich Wilhelm I., Kurfürst von Hessen 553. 619.
Friedrich Karl Josef, Kurfürst von Mainz 395.
Friedrich I., der Siegreiche, Kurfürst von der Pfalz 95.
Friedrich III., Kurfürst von der Pfalz 137.
Friedrich IV., Kurfürst von der Pfalz 17. 153. 155. 157.
Friedrich V., Kurfürst von der Pfalz, der „Winterkönig" 16. 17. 161. 167.
Friedrich III., der Weise, Kurfürst von Sachsen 117. 118. 120.
Friedrich August I., Kurfürst von Sachsen (und als August II. König von Polen, 1694—1733) 279. 337.
Friedrich August III., Kurfürst von Sachsen (1763—1827), seit 1806 als Friedrich August I. König 438, s. Friedrich August I.
Friedrich, Großherzog von Baden 546. 571. 618. 648. 649.
Friedrich Franz, Großherzog von Mecklenburg 645.

Friedrich Franz II., Großherzog von Mecklenburg-Schwerin 611.
Friedrich, Erzherzog von Tirol 74. 75.
Friedrich, Herzog von Bayern-Landshut 26. 27.
Friedrich Wilhelm, Herzog von Braunschweig 459. 478.
Friedrich der Streitbare (aus dem Hause Babenberg), Herzog von Österreich 21.
Friedrich (der Schöne), Herzog von Österreich, Gegenkönig Ludwigs des Bayern 22.
Friedrich, Herzog von Schleswig-Holstein-Gottorp, s. Friedrich I. von Dänemark.
Friedrich IV. (der Ältere), Markgraf von Ansbach, seit 1495 auch von Kulmbach-Bayreuth (Sohn Albrechts Achilles) 11. 13. 14. 102. 115. 117.
Friedrich, Markgraf von Bayreuth, Gemahl der Prinzessin Wilhelmine von Preußen 313.
Friedrich Christian, letzter Markgraf von Bayreuth († 1769) 11.
Friedrich der Fette, Mitregent Friedrichs II., Markgraf in der Altmark und der Priegnitz 84.
Friedrich, Markgraf von Brandenburg (Sohn Joachims II.) 123. 127. 129. 130.
Friedrich Heinrich, letzter Markgraf von Brandenburg-Schwedt († 1788) 11.
Friedrich Wilhelm, Markgraf von Brandenburg-Schwedt († 1771) 11. 17.
Friedrich, Markgraf von Brandenburg-Sonnenburg 11.
Friedrich Wilhelm, Markgraf von Brandenburg-Sonnenburg 11.
Friedrich der Freidige, Markgraf von Meißen 44.
Friedrich der Streitbare, Markgraf von Meißen, seit 1423 auch Kurfürst von Sachsen 78—80.
Friedrich II., Landgraf von Hessen-Homburg 233. 234.
Friedrich I., seit 1192 Burggraf von Nürnberg, als Graf von Zollern Friedrich III. 5. 6. 7. 20.
Friedrich II., Burggraf von Nürnberg (jüngerer Sohn Friedrichs I.), als Graf von Zollern Friedrich IV. 7. 8. 10. 15. 20. 21.
Friedrich III., Burggraf von Nürnberg (Sohn Konrads I.) 5. 6. 21. 22.
Friedrich IV., Burggraf von Nürnberg 22. 26.
Friedrich V., Burggraf von Nürnberg 24—26.
Friedrich VI., Burggraf von Nürnberg, s. Friedrich I., Kurfürst von Brandenburg.
Friedrich Wilhelm, Fürst von Hohenzollern-Hechingen, des Reichs General-Feldmarschall 10.
Friedrich Wilhelm Konstantin, letzter Fürst von Hohenzollern-Hechingen 10.
Friedrich Magnus, Graf zu Solms-Laubach 14.
Friedrich I. (Maute), Graf v. Zollern 7.
Friedrich II., Graf von Zollern 7.
Friedrich III., Graf von Zollern, s. Friedrich I., Burggraf von Nürnberg.
Friedrich IV., Graf von Zollern, s. Friedrich II., Burggraf von Nürnberg.
Friedrich Karl, Prinz von Preußen 587. 593. 608 bis 610. 636. 637. 639. 643. Feldmarschall 644. 645. 675.
Friedrich Karl, Prinz der Niederlande 514.
Friedrich Wilhelm, Kronprinz von Württemberg 482.
Friedrich, Erbprinz von Augustenburg (Friedrich VIII.) 556. 581—583. 587. 589 bis 593. 595. 596. 598.
Friedrich Heinrich, Prinz von Oranien 16. 17. 178. 184. 273.
Friedrich Ludwig, Prinz von Wales 311.
Friedrich von Zollern, Großkomtur im Deutschen Orden 73.
Frisch, Rektor in Berlin 268.
Fritsch, v., sächsischer Geheimrat 379.
Froben, v., Stallmeister 233. 234.
Fromhold, Geheimer Rat 184.
Fuchs, Paul v., Geheimer Rat 250. 261. 275.
Fürst, Frhr. v., Großkanzler 396.
Fürstenberg, Wilhelm v. 224.
Fürstenberg, Geschlecht 11. Vgl. Udilhild.
Fugger 118.

G.

Gablenz, v. d., österreichischer Feldmarschalleutnant 587. 598. 609.
Gablenz, v. d., Bruder des vorigen, Privatmann 605.
Gabriel Bethlen, s. Bethlen Gabor.
Gagern, Heinrich v. 529. 535. 543. 544. 550.
Galen, Bernhard v., Bischof von Münster 217.
Gallas, Graf v. Clam-, kaiserlicher General 176. 184.
Gambetta 640. 642. 643. 651.
Gans zu Putlitz, Adam 158. 161. 162.
Gans zu Putlitz, Kaspar 48. 49. Vgl. 69. 72—74. 76.
Gans zu Putlitz, Wedigo 103.
Gans zu Putlitz, Familie 59.
Garibaldi 616
Gebhard (von Truchseß), Kurfürst von Köln 138.
Geffcken, Professor 648.
Geibel, Emanuel 523.
Gentz, Friedrich, Publizist 432.
Georg I., König von England 14. 15.
Georg II., König von England 15. 16. 306. 309. 326. 328. 331. 332. 337. 359. 368. 369. 375.
Georg III., König von England 15. 16.
Georg V., König von Hannover 608. 619.
Georg Podiebrad, König von Böhmen 71. 85. 90. 91. 95. 96.
Georg I., Kurfürst von Hannover, König von England 277. 279. 280.
Georg Wilhelm, Kurfürst von Brandenburg 150. 155. 162—164. 166. 177—180. 183.
Georg Wilhelm, Herzog von Liegnitz, Brieg und Wohlau 238.
Georg, Herzog von Meiningen 619.
Georg I., Herzog von Pommern 14.
Georg der Bärtige, Herzog von Sachsen (Albertiner) 121.
Georg Friedrich, Markgraf von Ansbach und Bayreuth, Kurator in Ostpreußen und Herzog von Jägerndorf 11. 130. 133. 139—141. 151. 152—155.

Georg der Fromme, Markgraf zu Ansbach, Herzog von Jägerndorf 119. 121. 130.
Georg Rakoczy, Fürst von Siebenbürgen 195.
Georg Friedrich, Graf, seit 1682 Fürst von Waldeck 190—193. 195. 198. 200. 240. 250.
Georg Ludwig, Fürstbischof von Lüttich 323.
Gerlach, Leopold v. 518. General-Adjutant 558.
Gerlach, Ludwig, v., Gerichtspräsident 518. 538. 539. 562—564.
Gerlach, Brüder 505.
Gero, Markgraf 31.
Gervinus 524. 529.
Geselschap, Maler 674.
Geßler, Graf 337.
Giskra, Bürgermeister von Brünn 612.
Gladebeck, Bodo v., Geheimer Rat 219.
Gleim, Ludwig 400.
Gneisenau, Neidhardt v. 439. 443. 445. 447. 459. 466. 467. 468. 475. 476. 478. 479. 480. 482. 483. 484. 485 487. 488. 510. 515.
Gneist, Rudolf 618. 659.
Goeben, v., General 645.
Görne, Friedrich v., Minister 290.
Görres, Joseph, Publizist 498. 513.
Görtz, Graf, schwedischer Minister 280.
Görtzke, v., General 215. 236.
Göthe, Eosander v. 271.
Goethe, Wolfgang v. 400. 403. 410. 413. 423. 460. 462. 505. 510.
Götzen, v., Kanzler 171. 175 bis 177. 179. 182. 190. 205.
Götzen, Graf 447.
Goldacker, v., Oberst 181.
Goltz, August Friedrich Ferdinand Graf v. d., Gesandter in Rußland, später Minister des Auswärtigen 377. 441. 443. 458. 459.
Goltz, Robert Heinrich Ludwig v. d., Botschafter 612. 615.
Gonsiewski 195.
Gontaut-Biron, franz. Botschafter in Berlin 653.
Gortschakoff, Fürst, russischer Minister 580. 581. 624. 635. 652. 653. 655.
Gotzkowsky, Berliner Großkaufmann 381.
Govone, italien. General 601.
Gramont, Herzog v., franz. Minister 629. 630. 631. 633.
Grant, englischer Major 367.
Graun, Musiker 410.
Gravert, v., General 468.
Gregor XII., Papst 28. 29.
Grimm, Brüder 519.
Grimm, Jakob 561.
Gröben, Otto Friedrich v. d. 246.
Grolman 447. 479. Generalstabschef 483. 485. 500. 520. 671.
Grumbkow, Friedrich Wilhelm v., Generalfeldmarschall und Minister 288. 290. 307. 311. 312. 322.
Günther (Graf von Schwarzburg) Gegenkönig Karls IV. 23.
Günther, Erzbischof von Magdeburg 73.
Guericke, Otto v., Bürgermeister von Magdeburg 218.
Guiche, franz Gesandter 224.
Gundling, Paul von, Historiker 318.
Guntram, König der Franken, angeblicher Stammvater der Hohenzollern 3.
Gustav I., König von Schweden 15.
Gustav II., Adolf, König von Schweden 13. 163. 164. 166—174. 177. 188. 191.
Gutzkow, Karl 505.
Gysels van Lier, Arnold 245.
Gyulai, österreichischer General 480.

H.

Händel, Musiker 318.
Hake, v., Kriegsminister 495.
Haller, Karl Ludwig v. 505. 517.
Hans, König von Dänemark 132.
Hans, Fürst von Sagan 97.
Hans, Graf von Holstein 45.
Hansemann, David, Staatsminister 526. 534. 538. 539.
Hardenberg, Karl August, Fürst v. 421. 422. 424. 427. 430. 433. 436. 437. 439. 440. Minister der auswärtigen Angelegenheiten 441—443. 446. 447. 453. 461. Staatskanzler 462 bis 465. 468. 470. 471. 485. 486. 488. 492. 493. 496 bis 501. 510. 518. 527. 671.
Harrach, Graf 263.
Harrach, Gräfin Auguste, Fürstin von Liegnitz 514.
Hasenclever, Sozialist 665.
Hasselmann, Sozialist 665.
Hassenpflug 519. 551. 553.
Haugwitz, Graf, Kabinettsminister 418. 421. 424. 431. 433. 435. 436.
Hecker, Konsistorialrat 390.
Hecker, Friedrich 534.
Hedwig, Kurfürstin von Brandenburg, zweite Gemahlin Joachims II., geb. Prinzessin von Polen 13. 123. 125.
Hedwig von Polen, Braut des späteren Kurfürsten Friedrich II. von Brandenburg 3. 78. 84. 85.
Hegel 512. 519.
Heine, Heinrich 505. 523.
Heinrich III., Römischer Kaiser 18.
Heinrich IV., Römischer Kaiser 18. 32.
Heinrich V., Römischer Kaiser, 32.
Heinrich (VII.), Römischer König, Sohn Friedrichs II. 21.
Heinrich Raspe, Römischer König 21.
Heinrich II., König von England 18.
Heinrich V., König von England 16.
Heinrich VII., König von England 16.
Heinrich VIII., König von England 16.
Heinrich IV. König von Frankreich 159.,
Heinrich der Jüngere, Herzog von Braunschweig-Wolfenbüttel 121. 128.
Heinrich Julius, Herzog von Braunschweig, vorher Administrator in Halberstadt 131. 139.
Heinrich, Herzog von Glogau und Krossen 97.
Heinrich, Herzog von Mecklenburg (1465) 86.
Heinrich der Löwe, Herzog von Sachsen 33. 35—38.
Heinrich der Stolze, Herzog von Sachsen 35.
Heinrich, Markgraf von Brandenburg († 1192) zu Gardelegen 41.
Heinrich, Markgraf von Brandenburg, Inhaber der Mark Landsberg, und sein 1320 minderjährig gestorbener Sohn 45.
Heinrich, Fürst von Mecklenburg 44. 45.

Heinrich VII. (Graf von Luxemburg), Römischer Kaiser 22. 44.
Heinrich III., Graf von Schwerin 44.
Heinrich, Prinz von Preußen, Bruder Friedrichs des Großen 367. 370. 372. 375. 378. 380. 389. 401.
Heinrich von Bourbon (Navarra) 138. 140. s. Heinrich IV. von Frankreich.
Helmholtz 674.
Helvetius, Philosoph 383.
Hengstenberg, Professor 512. 560.
Henneberg, Gräfin v. 24.
Henriette Katharina, Fürstin von Anhalt-Dessau 17.
Herder 423.
Hermann der Gelehrte, Landgraf von Hessen 25.
Hermes, Berliner Theologe 412.
Hermes, Georg, katholischer Theologieprofessor 513.
Hertzberg, Ewald Friedrich Graf v., Geheimer Legationsrat 380. 392. Minister 410. 413—416.
Herwarth v. Bittenfeld, General 608. 609. 610.
Herwegh, Georg 522.
Heydt, August Frhr. v. d., Finanzminister 575. 607. 617.
Heynitz, v., Minister 392. 443.
Hiller v. Gärtringen, General 610.
Hillmer, Berliner Theologe 412.
Hinckeldey, v., Berliner Polizeipräsident 559.
Hippel, v., Staatsrat 471.
Hocher, v., österreichischer Hofkanzler 236.
Hoefeyser (Hoefijser), holländ. Finanzmann 183. 224.
Hölderlin 445.
Hofenfels, v., zweibrückenscher Minister 393.
Hoffmann, E. T. A., Kammergerichtsrat, Dichter, Musiker 502.
Hoffmann (Hoffmannscher Bund) 486.
Hoffmann v. Fallersleben 522.
Hofmann, v., hessischer Minister 647.
Hofmann, v., Chemiker 674.
Hohenlohe-Ingelfingen, Fürst zu, General 433. 434.
Hohenlohe-Schillingsfürst, Chlodwig Fürst zu 575. bayerischer Minister 624. Reichskanzler.
Hohenlohe, Hans v. 72.
Hohenlohe, Kardinal 663.
Hohenlohe, Geschlecht 12. 15. 19.
Holnstein, Graf 648.
Holtzendorff, Werner v. 74.
Horn, schwedischer General 236. 237.
Hotham, Sir Charles, englischer Gesandter 311. 312.
Hoverbeck, v. 573.
Hoym, Graf v., Minister 411. 420.
Hugo Capet 16—18.
Humann 674.
Humboldt, Alexander v. 511. 519. 560.
Humboldt, Wilhelm v. 460. 488. 496. 499.
Hunyadi Janos 71. 97.
Huß, Johann 75. 76.
Hutten, Ulrich v. 107. 118. 443.
Hyndford, Lord, englischer Gesandter 329.

J.

Ibell, v., nassauischer Präsident 498.
Iffland 410.
Ileburg s. Eulenburg.
Ilgen, Rüdiger v., Geheimer Rat 261. 294. 306. 307. 316.
Ingenheim, Gräfin 407 (siehe Julie v. Voß).
Inn- und Knyphausen, Dodo, Frhr. v. 219.
Innocenz XII., Papst 262.
Isabella, Erzherzogin von Österreich (Gemahlin des Statthalters der Niederlande Albrecht), Tochter Philipps II. von Spanien 148.
Isabella von Kastilien 17. 18.
Itzenplitz, Graf v., Handelsminister 594.
Itzig, Daniel, Münzentrepreneur in Berlin 377.
Iwan VI., Zar von Rußland 326.

J [ot].

Jablonowsky, Schulmann 268.
Jacoby, Johann 521. 573.
Jaczo v. Köpenick 36.
Jago, Matthias v., Bischof von Brandenburg 125.
Jahn, Ludwig 498. 501. 502. 519.
Jakob I., König von England 16.
Jakob II., König von England 248. Vergl. 258.
Jakob V., König von Schottland 16.
Jarcke, Professor 505.
Jariges, v., Großkanzler 351.
Jerôme, König von Westfalen 441.
Joachim I., Kurfürst von Brandenburg 3. 13. 106. 107. 111. 115—122. 132.
Joachim II., Kurfürst von Brandenburg 106. 107. 119. 121—135.
Joachim Friedrich, Kurfürst von Brandenburg 130. 131. 138—141. 150—157. 162. 257.
Joachim Ernst, Markgraf von Ansbach, Stifter der jüngeren Ansbacher Linie 151 bis 154. 157.
Joachim Ernst, Graf von Anhalt 14.
Jobst (Graf von Luxemburg), Markgraf von Mähren, Pfandinhaber der Mark Brandenburg 28 f. 48 f. 72.
Johann, König von Böhmen 608.
Johann II., König von Frankreich 86.
Johann Kasimir, König von Polen 189. 192—197. 199. 200. 211—213. 223.
Johann III. Sobieski, König von Polen 231. 236. 237. 243. 262. Dessen Sohn Jakob 239.
Johann, König von Sachsen, 578.
Johann, Kurfürst von Brandenburg 83. 97. 98. 100. 102—106.
Johann Georg, Kurfürst von Brandenburg 12. 14. 90. 107. 127. 128. 133—141. 143. 151—153.
Johann Sigismund von Brandenburg 134. 139. 140. 150. 155—165.
Johann der Beständige, Kurfürst von Sachsen (Ernestiner) 122.
Johann Friedrich, Kurfürst von Sachsen (Ernestiner) 127. Ein geistlicher Sohn desselben 127.
Johann Georg I. Kurfürst von Sachsen 160. 161. 167. 171—176. 185.
Johann Philipp (Graf von Schönborn), Kurfürst von Mainz 197.
Johann, Erzherzog von Österreich, Reichsverweser 535.
Johann Friedrich, Herzog von Pommern-Stettin (jüngere Linie) 136.

Johann Wilhelm, Herzog von Jülich 140. 158.
Johann Georg (Sohn des Kurfürsten Joachim Friedrich), Herzog von Jägerndorf, Generalfeldoberst 140. 152. 153. 161—163. 167. Sein Sohn s. Ernst.
Johann I., Markgraf von Brandenburg regiert erst allein 41. Seit 1233 mit seinem Bruder Otto (s. d. folg. Art.) 42.
Johann I. und Otto III., Markgrafen von Brandenburg; regieren von 1233 bis 1266 gemeinsam 38. 39. 41—43.
Johann II., Markgraf von Brandenburg zu Stendal 42.
Johann V., Markgraf von Brandenburg 45.
Johann der Alchymist, Markgraf von Brandenburg, Sohn Friedrichs I. 30. 73. 77. 79. 80. 83—86.
Johann (Hans von Küstrin), Markgraf in der Neumark 122—125. 128—130. 132 bis 134.
Johann I., Burggraf von Nürnberg 22.
Johann II., Burggraf von Nürnberg 23. 46.
Johann III., Burggraf von Nürnberg 25—27. 29. 77.
Johann Kasimir, Pfalzgraf 138. 139. 158.
Johann Georg II., Fürst von Anhalt-Dessau 17. 225. 242. 243. 249.
Johann Zapolya, Fürst von Siebenbürgen 117.
Johann IV., Graf von Anhalt 14.
Johann Moritz, Graf von Nassau-Siegen 210.
Johann von Görlitz, jüngster Sohn Kaiser Karls IV. 47. 48.
Johann von Lancaster, Sohn Eduards III. von England 17.
Johann Georg von Hohenzollern-Hechingen, Reichsfürst, Präsident des Reichs-Kammergerichts und des Reichs-Hofrats 10. 158.
Johann XXIII., Papst 28. 29. 74. 75.
Johann Albrecht (Sohn des Markgrafen Friedrich IV. von Ansbach), Erzbischof von Magdeburg 119. 127. 129.
Jolly, badischer Minister 647.
Jordan, Wilhelm 344.
Joseph I., Römischer Kaiser 243. 250. 275.
Joseph II., Römischer Kaiser 392. 394. 395. 405. 415. 427. 443.
Joseph, Erzherzog von Österreich (seit 1765 Kaiser) 342. 380. S. Joseph II.
Judith, Königin von Wessex, Tochter Karls des Kahlen, Mutter Alfreds des Großen 18.
Juel, Nils, dänischer Admiral 235. 236.
Juliane, Gräfin von Nassau (Gemahlin Wilhelms des Reichen) geb. Gräfin von Stolberg 15.

K.

Kalckreuth, Friedrich Adolf Graf v., General 439. 441. 442. 470.
Kalckstein, Christian Ludwig v. 214. 215.
Kameke, Bogislaw v., Geheimer Rath 266. 267. 287.
Kamptz, v., Justizminister 501. 518.
Kant 400. 401. 403. 411. 412. 446. 510.
Karl der Große, Römischer Kaiser 3. 8. 18. 31.
Karl II., der Kahle, Römischer Kaiser 18.
Karl IV. (Graf von Luxemburg), Römischer Kaiser 23 bis 25. 46. 47.
Karl V., Römischer Kaiser und König von Spanien 112. 119—123. 125—128. 394. 630.
Karl VI., Römischer Kaiser 279. 280. 306. 307. 308. 311. 314—316. 323—325.
Karl VII., Römischer Kaiser 330. 331—333. 335.
Karl II., König von England 217. 222—226. 228. 230. 239. 248.
Karl VI., König von Frankreich a. d. H. Valois 16.
Karl IX., König von Frankreich 137.
Karl, Prinz von Hohenzollern-Sigmaringen. König von Rumänien 10. 11. 628.
Karl Emanuel III., König von Sardinien 332.
Karl IX., König von Schweden 15.
Karl X., Gustav, König von Schweden (a. d. H. Pfalz-Zweibrücken) 15. 192—201. 245.
Karl XI., König von Schweden 15. 229. 231—238. 240 bis 242. 244. 245. 250.
Karl XII., König von Schweden 274. 275. 277—279.
Karl XIV., Johann, König von Schweden (Bernadotte) 478 (Kronprinz).
Karl II., König von Spanien 263.
Karl Albrecht, Kurfürst von Bayern 327—330; dann Römischer Kaiser als Karl VII. S. d.
Karl Theodor, Pfalzgraf von Sulzbach, später Kurfürst von der Pfalz und von Bayern 315. 364. 393. 394.
Karl Ludwig, Kurfürst von der Pfalz 197.
Karl III., Kurfürst von der Pfalz (†1742) 323.
Karl Philipp, Kurfürst von der Pfalz aus dem Hause Neuburg 307.
Karl Alexander, Großherzog von Weimar 571.
Karl August, Großherzog von Sachsen-Weimar 17. 395. 413. 565.
Karl, Erzherzog von Österreich 422. 459. 478.
Karl, Herzog von Pfalz-Zweibrücken aus der Linie Birkenfeld 394. 395.
Karl I., Herzog von Braunschweig-Wolfenbüttel 17.
Karl II., Wilhelm Ferdinand, Herzog von Braunschweig, General-Feldmarschall 409. 414. 418—420. 434. 446.
Karl der Kühne, Herzog von Burgund 17. 96. 97.
Karl Friedrich, Herzog von Holstein-Gottorp 276. 277.
Karl Eugen, Herzog von Württemberg, 364.
Karl Anton, Fürst von Hohenzollern-Sigmaringen, Ministerpräsident 8. 10. 566. 576. 628. 631. 632.
Karl Edzard, Fürst von Ostfriesland 334.
Karl I., Graf von Hohenzollern 3. 10.
Karl II., Graf von Hohenzollern stiftet 1575 die Linie H.-Sigmaringen 10.
Karl Emil, Kurprinz von Brandenburg (Sohn des Großen Kurfürsten) 201. 230.
Karl, Prinz von Bayern 611.

Karl, Prinz von Hessen 406.
Karl, Prinz von Lothringen-Guise, Bischof von Metz und Straßburg, Kardinal von Lothringen 140. 153.
Karl, Prinz von Lothringen, österreichischer Heerführer 330. 335. 336. 338. 342. 365. 368.
Karl, Prinz von Mecklenburg 494.
Karl von Valois, Stifter des Hauses Valois 16.
Karoline von Reuß, ältere Linie, Regentin 619.
Karolyi, Graf, österr. Botschafter 577. 652.
Kasimir I., der Große, König von Polen 33.
Kasimir II., König von Polen 13. 14. 15. 71. 103. 117.
Kasimir VI., Herzog von Pommern-Stettin 72. 75. 76.
Kasimir, Markgraf von Kulmbach-Bayreuth 121.
Katharina I., Kaiserin von Rußland 306.
Katharina II., Kaiserin von Rußland 378. 379. 387 bis 389. 394. 416—419. 422.
Katharina, Königin von England (Gemahlin des Königs Heinrich V., dann des Owen Tudor) Tochter Karls VI. von Frankreich 16.
Katharina, Kurfürstin von Brandenburg (Gemahlin Friedrichs II.) geb. Herzogin von Sachsen 92.
Katharina, Markgräfin von Brandenburg (Gemahlin Ottos V. des Faulen, Tochter Kaiser Karls IV.) 46.
Katharina, Markgräfin von Brandenburg, Tochter Joachim Friedrichs, heiratet König Christian IV. von Dänemark 13. 157.
Katharina, Markgräfin von Brandenburg, Tochter Johann Sigismunds, heiratet den Fürsten Bethlen Gabor von Siebenbürgen 13. 168.
Katharina, Pfalzgräfin (Tochter des Kurfürsten Friedrich IV.) 169.
Katharina (Tochter des Burggrafen Friedrich V. von Nürnberg 25.
Katharina, Prinzessin von Spanien und Burgund, (Schwester Karls V.) 119. 121.
Katte, v., Leutnant 312. 313.
Kaunitz, Wenzel Anton Fürst von, österr. Staatskanzler 263. 341. 359. 360. 363. 364. 415. 418.
Keith, George, Earl, schottischer Feldherr (genannt Lord Marschall) 344.
Keith, Jakob, Bruder des vorigen, Feldmarschall 344. 366 370.
Kellermann, französischer General 418.
Keyserlingk, Dietrich Freiherr v., Oberst 344.
Klapka, ungarischer General 615.
Kleement, ungarischer Abenteurer 279.
Klein, Jurist 410.
Kleist, „der grüne“ 378.
Kleist von Nollendorf, General 478. 479. 484.
Kleist, Ewald v. 400
Kleist, Heinrich v. 459. 462. 466.
Kleist-Retzow, v. 539.
Klesl, Kardinal 148. 170.
Klewiz, v., Finanzminister 446. 496. 497.
Klinggräffen, v., Gesandter in Wien 361.
Klitzing, v., sächsischer, dann brandenburgischer General 176.
Kloeden, v., märkischer Historiker 561.
Knesebeck, Levin Frhr. v. d., Geheimer Rat 171.
Knesebeck, Karl Friedrich Frhr. v. d., Generaladjutant 466. 470. 471. 482.
Knobelsdorff, v., Baumeister 322. 562.
Knut, König von Dänemark 38.
Knyphausen, Dodo Freiherr v., Hofkammerpräsident 257. 308.
Knyphausen, Frhr v., preußischer Gesandter 377.
Knyphausen, s. auch Inn- und Knyphausen.
Koburg, Prinz von, österreichischer Feldherr 419.
Köckritz, v., Generaladjutant 424. 470.
Koenen, v., General-Auditeur 454.
Königsmark, Graf, schwedischer General 236.
Köppen, Johann, der Ältere, Kammerrat 143.
Körner, Theodor 462. 472. 474.
Kolbe von Wartenberg, siehe Wartenberg.
Konrad III., Römischer König 35.
Konrad IV., Römischer König 21.
Konrad der Rote, Herzog von Lothringen 18.
Konrad, Markgraf von Brandenburg (Mitregent Ottos IV.) 44.
Konrad I., Burggraf von Nürnberg (Graf von Zollern) 5—7. 10. 15. 20. 21.
Konrad II., Burggraf von Nürnberg 7. 20.
Konrad II., neben s. Bruder Johann II., Burggraf von Nürnberg 23.
Konradin 21.
Konstantin, König von Griechenland 13.
Kosciuszko, Thaddäus 420.
Kotzebue 498.
Kracht, Heinz v., Kanzler 89.
Kracht, v., Oberst 187.
Kraut, v., Wirklicher Geheimer Rat 290.
Krell, Nikolaus, Kursächsischer Kanzler 139.
Krismanič, v., Chef der österreichischen Operationskanzlei 1866 609.
Krockow, v., Gesandter des Großen Kurfürsten 224.
Krüdener, Frau v. 489.
Krüger, Franz, Maler 511
Krusemark, v., preußischer Gesandter 466.
Kunersdorf, Paul v., Hofrichter 89.
Kunigunde, Gräfin von Orlamünde, „die weiße Frau“ 23. 24.
Kutusow, Fürst, russischer Feldmarschall 475.

L.

Labourdonnais, franz. Admiral 356.
Lacroze, franz. Gelehrter in Berlin 268.
Ladislaus Postumus, König von Böhmen und Ungarn 71. 96
Lamormain, Jesuitenpater, Beichtvater Kaiser Ferdinands II. 170.
Langeron, Graf von, russischer General 478.
Langhans, Karl Gotthard, Baumeister 409.
Langhans, Karl Ferdinand, Baumeister 562.

Lascy, Graf v., österr. Feldmarschall 373.
Lasker, Eduard 618.
Lassalle, Ferdinand, 602. 664.
Laube, Heinrich 505.
Laudon, Frhr. v., österr. Feldmarschall 369. 371. 373. 375.
de Launay, Geheimer Finanzrat 383. 384. 408.
Lavisse, Erneste 311.
Leboeuf, franz. Kriegsminister 635.
Lebrun, franz. General 626.
Lehwaldt, v., Feldmarschall 368.
Leibniz 262. 268. 271. 303. 512.
Leiningen, Geschlecht 12.
Lenfant, franz. Gelehrter in Berlin 268.
Lenz, Daniel, Kammerpräsident in Aurich 348. 349.
Leo X., Papst 118. 120.
Leo XIII., Papst 668.
Leo, Heinrich, Historiker in Halle 505.
Leopold I., Römisch-Deutscher Kaiser 196—251. 258. 262. 263.
Leopold II., Römisch-Deutscher Kaiser 415—417.
Leopold II., König der Belgier 630.
Leopold, Erzherzog von Österreich, Bischof von Passau usw. 159.
Leopold IV., Herzog von Österreich 20.
Leopold, Fürst von Hohenzollern 8. 10.
Leopold, Prinz von Hohenzollern-Sigmaringen, Sohn Karl Antons, spanischer Thronkandidat 628. 630. 631. 632. 633.
Leopold I., Fürst von Anhalt-Dessau („der alte Dessauer") 273. 278. 286. 289. 295. 335. 336. 338. 409.
Leopold, Prinz von Anhalt, Sohn des „alten Dessauers" 330.
Lepsius, Ägyptologe 561.
Lessing, Gotthold Ephraim 400. 401.
L'Estocq, v., General 439.
Lichnowsky, Fürst, Mitglied der deutschen Nationalversammlung 1849 537.
Lichtenau, Gräfin v. 406. 423. 424. s. auch Wilhelmine Enke
Liebknecht, Wilhelm, Sozialist 665.
Liegnitz, Fürstin, v. (s. Harrach) 514. 515.
Lieuwe van Aitzema, holländischer Publizist 211.
Limpurg, Haus 15.
Lippold, Münzmeister Joachims II. 124. 133. 134.
Lisola, Franz, Marquis von 196. 197. 223. 226.
List, Friedrich 507.
Liutgarde, Herzogin von Lothringen (Gemahlin Konrads des Roten), Tochter des Kaisers Otto I. des Großen 18.
Lobkowitz, Fürst 227. 229.
Locke, John 343.
Löben, Johann v., Kanzler 151. 153. 154. 156—158.
Löben, v. (brandenburgischer Bevollmächtigter in Osnabrück) 184.
Loitz, Handelshaus in Stettin 132. 136.
Lombard, Kabinettsrat 424. 436.
Lothar I., Römischer Kaiser 18.
Lothar (von Sachsen), Römischer Kaiser 34. 35.
Lothar II., Fränkischer König 18.
Lottum, Graf, General-Adjutant 452.
Louis Ferdinand s. Ludwig.
Louis Philipp, König der Franzosen 520.
Luben v. Wulffen, Kammerrat 266. 267.
Lubomirski, Fürst, polnischer Krongroßfeldherr 212.
Lucchesini, Marchese, preußischer Diplomat 421. 432. 435.
Ludwig I., der Fromme, Römischer Kaiser 18.
Ludwig V., Römischer Kaiser (Herzog von Bayern) 22. 23. 45. 46.
Ludwig I., König von Bayern 510.
Ludwig II., König von Bayern 634. 646. 648.
Ludwig IX., der Heilige, König von Frankreich 16.
Ludwig XI., König von Frankreich 86. 97.
Ludwig XII., König von Frankreich 119.
Ludwig XIV., König von Frankreich 201—255. 257. 258. 270. 272. 275. 278. 283. 344. 400. 403. 642.
Ludwig XV., König von Frankreich 314. 333. 334. 363.
Ludwig XVI., König von Frankreich 418.
Ludwig XVIII., König von Frankreich 489.
Ludwig der Große, König von Ungarn und Polen 47.
Ludwig III., Kurfürst von der Pfalz 28. 29.
Ludwig V., Kurfürst von der Pfalz 120.
Ludwig VI., Kurfürst von der Pfalz 138.
Ludwig der Bärtige, Herzog von Bayern-Ingolstadt 77. 78. 80.
Ludwig, Herzog von Bayern-Landshut 93. 95.
Ludwig, erster Herzog von Montpensier 16.
Ludwig I., der Ältere, Markgraf von Brandenburg, dann Herzog von Bayern 23. 45. 46. 77.
Ludwig II., der Römer, Markgraf von Brandenburg 46.
Ludwig, Markgraf von Brandenburg (Sohn des Großen Kurfürsten) 252.
Ludwig, Landgraf von Hessen 82.
Ludwig, Prinz von Preußen, Sohn des Prinzen Ferdinand von Preußen (Louis Ferdinand) 433. 442.
Lüdinghausen s. Wolf.
Lüttichau, v., dänischer General 588.
Lützendorf, Familie 59.
Lützow, v., Major 474.
Luise Marie, Königin von Polen (Gemahlin Johann Kasimirs), geb. Prinzessin von Nevers-Gonzaga 196.
Luise, Prinzessin von Mecklenburg-Strelitz, Gemahlin Friedrich Wilhelms III., Königin von Preußen 423. 430. 433. 435. 436. 441. 443. 449. 459. 461. 474. 509. 510. 514. 634.
Luise Henriette, Kurfürstin von Brandenburg (erste Gemahlin des Großen Kurfürsten), geb. Prinzessin von Oranien 16. 178. 184. 190. 196. 198.
Luise Juliane, Kurfürstin von der Pfalz (Gemahlin Friedrichs IV.), Tochter Wilhelms I. von Oranien 16. 17. 169.
Luise, Kronprinzessin von Preußen 410 (s. Luise, Königin von Preußen).

Luise, preußische Prinzessin (Gemahlin des Prinzen der Niederlande Friedrich Karl), Tochter Friedrich Wilhelms III. 514.
Luise Ulrike, Prinzessin von Preußen, Tochter Friedrich Wilhelms I., heiratet den König Adolf Friedrich von Schweden 13. 333. 341. 364.
Luise, Fürstin von Oranien (vierte Gemahlin Wilhelms I., des Schweigsamen), Tochter des Admirals von Coligny 16. 17.
Luitpold, Prinz von Bayern 648.
Lumbres, Marquis de 194.
Luther 108. 118. 120. 121. 123. 126.
Lutz, bayerischer Minister 647.
Lynar, Graf v., sächsischer Gesandter 326.
Lysius, Prediger in Königsberg 305.

M.

Maaßen, Finanzminister 507.
Macdonald, franz. Marschall 468. 479.
Machiavelli 111.
Mack, österreichischer General 430.
Mac Mahon, franz. Marschall 636. 637. 639. 640.
Magdalena, Kurprinzeß von Brandenburg (erste Gemahlin des späteren Kurfürsten Joachim II.), geb. Herzogin zu Sachsen (Albertinerin) 121. 123.
Mallinckrodt, Hermann v., Politiker 620.
Malmesbury, Lord 420.
Maltitz auf Trebbin, die Herren von 73.
Mansfeld, Ernst Graf v. 168.
Mansfeld, Haus 15.
Manstein, v., preußischer General 365. 366.
Manteuffel, Edwin Frhr. v., General 588. 589. 598. 604. 606. 611. 645. 654. General-Adjutant 675. Feldmarschall.
Manteuffel, Otto Frhr. v., Ministerpräsident 526. 541. 548. 549. 555. 558. 559. 562. 566.
Margarete, Königin von Schottland (Gemahlin Jakobs IV.), Tochter Heinrichs VII. Tudor, Königs von England 16.
Margarete, Kurfürstin von Brandenburg (erste Gemahlin Albrechts Achilles), geb. Prinzessin von Baden 101.
Margarete, Kurfürstin von Brandenburg (Gemahlin Johanns), geb. Herzogin von Sachsen 102.
Margarete, Markgräfin von Brandenburg, vermählt mit Georg I., Herzog von Pommern, dann mit Johann IV., Grafen von Anhalt 14.
Margarete, Burggräfin von Nürnberg (Gemahlin Johanns III.), Tochter Kaiser Karls IV. 25.
Maria, Römische Kaiserin (Gemahlin Sigmunds) 47.
Maria Theresia (vermählt mit Franz von Toscana, späterem Kaiser Franz I.), Tochter Kaiser Karls VI. 307. 324 325. 329. 330. 332. 335. 337. 338. 341. 360. 363. 366. 368. 369. 373. 379. 393.
Maria Stuart, Königin von Schottland 16.
Maria Pawlowna, Großherzogin von Sachsen, Tochter des Kaisers Paul I. von Rußland 15.
Maria, Erzherzogin von Österreich (Gemahlin des späteren Kaisers Maximilian I.), Tochter Karls des Kühnen von Burgund 17.
Marie Antonie, Kurfürstin von Sachsen 391.
Marie, Herzogin von Jülich-Cleve-Berg († 1583, Gemahlin Wilhelms), geb. Erzherzogin von Österreich 15.
Marie Eleonore, Herzogin in Preußen (Gemahlin Albrecht Friedrichs) geb. Herzogin von Jülich-Cleve-Berg 15. 139. 140. 154.
Marie Eleonore, Markgräfin von Brandenburg (Tochter Johann Sigismunds) Königin von Schweden 13. 163. 171. 177.
Mark, Graf v. d., Sohn der Gräfin v. Lichtenau 406.
Marlborough, Herzog von 273. 274.
Marmont, franz. Marschall 480. 484.
Marschall, Samuel v., Minister 354.
Martin V., Papst 2. 3. 76. 81.
Marwitz, Friedrich August Ludwig v. d., General 401. Major 439. 464. 486.
Marx, Karl, Sozialist 664. 665.
Massenbach, v., Generalquartiermeister 434.
Massow, v., Oberpräsident 458.
Matthias, Römischer Kaiser 148. 161.
Matthias Corvinus 71. 97. 98. 100. 102—104.
Matthias, Thomas, Kammerrat 124. 133. 143.
Maupertuis, Präsident der Berliner Akademie 321. 344.
Max II., König von Bayern 571.
Maximilian I., Römischer Kaiser 96. 100. 103. 116—119.
Maximilian II., Römischer Kaiser 129. 131. 134.
Maximilian I., Josef, Kurfürst (später König) von Bayern, Sohn Karls VII. 335. 364. 393. 431. 481. 510.
Maximilian Heinrich, Kurfürst von Köln (a. d. H. Bayern) 192.
Maximilian I., Herzog von Bayern 160. 167. 169. 185.
Maybach, Minister 670.
Mazarin, Kardinal 184. 185. 188. 192. 193. 197. 199 bis 201.
Meckbach, magdeburgischer Kanzler 138. 140.
Medici, Kardinal, siehe Clemens VII.
Meinders, Franz v., Geheimer Rat 238. 239. 250.
Meinrad I., Fürst von Hohenzollern-Sigmaringen 12.
Melanchthon 106. 115. 131. 135. 407.
Mencken, Kabinettsrat 412. 424.
Mendelssohn-Bartholdy, Felix, Musiker 511.
Mendelssohn, Moses 401.
Menschikoff, Fürst Alexander Danilowitsch, russischer Staatsmann und Feldmarschall 277.
Mensdorff-Pouilly, Graf, österreichischer Minister 595. 598. 600. 601. 603.
Menzel, Adolf v. 561.
Menzel, Wolfgang 505.
Meran, Herzöge von 21.
Mestwin, polnischer Fürst in Pommerellen 43.
Metternich, Klemens, Fürst von, österreichischer Staatskanzler 466. 477. 489. 490.

491. 498. 499. 500. 504. 505. 507. 514. 529. 582. 651.
Meyerfeld, schwedischer General 277.
Meza, de, dänischer General 587. 588.
Michael Wiesnowiecki, König von Polen 214. 215. 223. 231.
Michell, preußischer Gesandter 377.
Mieroslawski 528. 533. 535.
Milchling, Konrad, v. 129.
Minckwitz, Nikolaus v. 116.
Miquel, v., Finanzminister 55. 567. 618. 634. 673.
Mirabeau 407.
Mitscherlich, Chemiker 674.
Mittnacht, v., württemberg. Minister 646. 647.
Möllendorff, Frhr. v., Generalfeldmarschall 409. 420. 421.
Moltke, Helmut v. 588. 589. 593. 596. 600. 607. 608. 609. 632—634. 636—641. 643 (Graf). 645. 650 (Feldmarschall).
Mommsen, Theodor 573. 595. 674.
Montecuccoli, Graf v., österr. Feldherr 197. 227.
Montmorency, Geschlecht 16. 17.
Montpensier, Herzogshaus 16.
Moritz, Herzog, dann Kurfürst von Sachsen (Albertiner) 127 bis 130.
Moritz, Landgraf von Hessen 158—160. 163.
Moritz, Fürst von Oranien 161.
Moritz, Prinz von Anhalt 366. 367. 370.
Mortier, franz. Marschall 429. 484.
Motz, v. Finanzminister 507. 508.
Müffling, Frhr. v., Feldmarschall 494.
Mühler, v., Kultusminister 662.
Müller, Johannes, Historiker 433.
Münchhausen, Frhr. v., Präsident in Hannover 363.
Münchow, Graf, schlesischer Provinzialminister 347.
Münnich, v., russischer Feldmarschall 326.
Mundt, Theodor 505.
Musculus, Theologieprofessor in Frankfurt a. O. 132. 135.
Mustapha III., Sultan 376.

N.

Napoleon I., Bonaparte, Kaiser der Franzosen 402—405. 428—442. 444. 447—449. 459. 460—462. 466—471. 475—484. 487. 488. 491. 492. 496. 506.
Napoleon II., Herzog von Reichstadt 484.
Napoleon Bonaparte, Louis 552 (Präsident der französischen Republik), als Kaiser Napoleon III.
Napoleon III., Kaiser 566. 571. 575. 576. 582. 583. 586. 588. 590. 596—598. 601. 602. 604—606. 609. 612. 613. 615. 616. 618. 620. 621. 624. 626. 627. 629—631. 633—635. 639 bis 641.
Nassau-Diez, Grafen v. 273.
Naunyn, Bürgermeister von Berlin 531.
Nauwerk, Privatdozent 522.
Neander, Johann August Wilhelm, Kirchenhistoriker 512. 530.
Nebenius, badischer Finanzmann 507.
Neipperg, Graf, österreichischer Feldmarschall 327—329.
Nellenburg, Grafen v. 8. 9.
Nelson, engl. Admiral 429.
Nering, Baumeister 270.
Nettelbeck, Bürger von Kolberg 439.
Ney, franz. Marschall 476. 479.
Nicolai, Friedrich 401. 410. 460.
Nicolaus Cusanus 81.
Niebuhr, Barthold 446. 455. 463. 474. 511. 512.
Nigra, de, italien. Botschafter in Paris 598.
Nikolaus I., Kaiser von Rußland 13. 491. 502. 514. 552. 554. 561.
Nikolaus V., Papst 88. 89.
Norbert, Erzbischof von Magdeburg 33.
Norprath, v. (General und Statthalter von Cleve, Mark und Ravensberg) 182. 183. 209.

O.

Oetker, hessischer Politiker 618.
Öttingen, Geschlecht 12. 19.
Olga, Königin von Württemberg 647.
Ollivier, franz. Minister 633. 634.
Ompteda, Freiherr v., engl. Diplomat 471.
Oranier 13. 178. 184. 225.
Orlamünde, Grafen v. 21. 23.
Ormesus 407.
Ortenburg, Geschlecht 12.
Osten-Sacken, Fabian Gottlieb Fürst von der, russischer Feldmarschall 478.
Ostermann, Graf, russischer Diplomat 326.
Otto I., der Große, Römischer Kaiser 18. 31.
Otto IV., Römischer Kaiser 38.
Otto Wilhelm, Herzog von Burgund und Nevers 18.
Otto II., letzter Herzog von Meran 21.
Otto II., Herzog von Pommern-Stettin 72. 75. 76.
Otto III., Herzog von Pommern-Stettin 91.
Otto I., Markgraf von Brandenburg 36—39. 42.
Otto II., Markgraf von Brandenburg 38. 41. 42.
Otto III., Markgraf von Brandenburg (s. Johann I.) 42.
Otto IV. mit dem Pfeil, Markgraf von Brandenburg 42—44. 66.
Otto V., der Faule, Markgraf von Brandenburg 46. 47.
Otto, letzter Graf von Orlamünde 21. 23.
Otto, Bischof von Bamberg 33. 35.
Ottokar, König von Böhmen. 22. 42.
Ottokar v. Horneck, Chronist 22.
Oudinot, franz. Marschall 479. 483.
Owen Tudor 16.
Oxenstierna, Axel, Graf 166. 174—189. 191. 192.
Oxenstierna, Johann, Graf 185.

P.

Palmerston, Lord, englischer Minister 520.
Panin, v., russischer Minister 388.
Pappenheim, Wilhelm v. 103.
Patow, v., Finanzminister 574.
Paul I., Petrowitsch, Kaiser von Rußland 15. 17. 428. 429.
Paul Friedrich, Erbgroßherzog von Mecklenburg-Schwerin 514.
Paul V., Papst 159.
Pelargus, Generalsuperintendent 165.

Peter I., der Große, Kaiser von Rußland 15. 276. 305. 306.
Peter III. (Herzog von Holstein-Gottorp), Kaiser von Rußland 15. 376. 378.
Petrussa, Gemahlin des Fürsten Pribislaw 36.
Pfizer, Paul, schwäbischer Publizist 506.
Pfuel, Kurt Bertram v. 183.
Pfuel, General v., Kriegsminister, Ministerpräsident 530. 535. 539. 540.
Philipp (von Schwaben), Römischer König 18. 38.
Philipp III., König von Frankreich 16.
Philipp II., König von Spanien 129. 134. 149.
Philipp der Gute, Herzog von Burgund 86.
Philipp, Herzog von Parma (Schwiegersohn Ludwigs XV.) 363.
Philipp Wilhelm, erster Markgraf von Brandenburg-Schwedt 11. 256. 257.
Philipp I., der Großmütige, Landgraf von Hessen 14. 128. 407.
Philipp Wilhelm, Pfalzgraf zu Neuburg, seit 1685 auch Kurfürst von der Pfalz 228 307.
Philippine Charlotte, Prinzessin von Preußen (Tochter des Königs Friedrich Wilhelm I.), vermählt mit Karl I., Herzog von Braunschweig-Wolfenbüttel 17.
Piccolomini, Enea Silvio 93.
Pitt, William (Lord Chatham) engl. Minister 363. 372. 373. 375. 376. 379.
Pitt, William d. J. englischer Minister 416
Pius II., Papst 93.
Pius IX., Papst 661—664. 668.
Platen, v., Kammerpräsident in Magdeburg 346.
Platen-Hallermund, August Graf v., 523.
Plauen, Fürsten Reuß v., s. Weida.
Plotho, Ludwig Edler v., Justizminister 303.
Podewils, Heinrich Graf v., Minister des auswärtigen Departements 322—324. 336. 423.
Polenz, Geschlecht 90.
Pompadour, Marquise von 360.
Pranckh, Freiherr v., bayer. General 647.
Pribislaw, wendischer Gaufürst von Brandenburg 35. 36.
Prim, span. Marschall 628. 629.
Printzen, Marquard Ludwig, Frhr. v., Minister 294.
„Prinz von Preußen" siehe Wilhelm I., Deutscher Kaiser.
Prittwitz, Joachim Bernhard v., Rittmeister 371.
Prittwitz, Karl Ernst v, General 530—532.
Prokop (Graf von Luxemburg), Markgraf von Mähren 48.
Prokop, Hussitenführer 81.
Bruckmann, Kanzler 156—158. 162. 169. 171.
Prutz, Robert 522. 523.
Przemysl, polnischer König 43.
Pufendorf, Esaias Freiherr v. schwed. Diplomat 227.
Pufendorf, Samuel Frhr. v., Historiker und Naturrechtslehrer 269.
Putlitz, s. Gans.
Puttkamer, v., Minister des Innern 669. 677.
Puttkamer-Reinfeld, v. 539.

Q.

Quaade, dänischer Minister 593.
Quanz, Musiker 310.
Quitzow, Geschlecht 48. 49. 72. 73. 76. 103.
Quitzow, Dietrich v. 48. 73—75.
Quitzow, Johann v. 48. 49. 73.

R.

Raabs, s. Konrad II. und Sophie (Nürnberg) 7. 20.
Raczynski, Graf 520.
Radetzky, Graf, österr. Feldmarschall 478. 546.
Radowitz, Joseph Maria v., General und Staatsmann 505. 518. 520. 528—530. 538. 544. 545. 549. 552—555. 558.
Radziwill, Bogislaw Fürst 213.
Radziwill, Anton Fürst, 631.
Radziwill, Anton Heinrich Fürst 503.
Radziwill, Luise, preußische Prinzessin, Gemahlin des Fürsten Anton Heinrich 442.
Rainald von Aquitanien 18.
Rakoczy, s. Georg.
Ranke, Leopold v. 505. 512. 561. 674.
Rauch, Christian, Bildhauer 509. 510. 561.
Raule, Benjamin 232. 245 bis 247.
Raumer, Friedrich v., Historiker 464.
Raumer, Karl Otto v., Kultusminister 560.
Rebenac, Graf v., franz. Gesandter 241. 242. 244. 248.
Rechberg, Frhr. v., österreichischer Minister 571. 579. 591. 594. 595.
Regensberg, Leutold v. 26.
Reichensperger, Peter 538.
Reille, franz. General 639.
Reimer, Buchhändler 502.
Renate, Prinzessin von Frankreich (Tochter Ludwigs XII.) 119. 121.
Repnin, Fürst, russischer Gouverneur in Sachsen 481.
Rethel, Alfred, Maler 511.
Reuchlin, Humanist 119.
Reuter, Fritz 504. 519.
Rexin, v., diplomatischer Agent 376.
Richard (v. Greiffenklau), Kurfürst von Trier 120. 121.
Richelieu, Herzog v. 368.
Ritter, Karl, Geograph 560.
Rietz, Kammerdiener 406.
Rochow, Gustav Adolf v., Minister des Innern 505. 518. 521. 525.
Rochow v. (Oberst) 181.
Rochow, Hans v. 73. 76.
Rodbertus, Sozialist 538. 540.
Rösner, Bürgermeister in Thorn 305.
Rohr, Bernd v. 105.
Rollo, Wikinger 18.
Roon, Albrecht Theodor, Graf v., Kriegsminister 437. 569. 574. 575. 584. 585. 595. 596 604. 609. 632. 634. 636. 641 647. 650. Feldmarschall 659. 660. 675.
Roth, Hieronymus, Schöppenmeister in Königsberg-Kneiphof 213. 214.
Rothenburg (Rottenbourg), Graf v., preuß. General 333. 344.
Rottenbourg, Graf v., französischer Gesandter 311.
Rudolf I. (von Habsburg), Römischer König 6. 15. 21. 22 42. 43.
Rudolf II., Römischer Kaiser 137. 141. 149. 152. 153. 158. 159.
Rudolf, Graf von Habsburg, des Königs Rudolf Sohn 22.

Rudolf, Herzog von Sachsen a. d. H. Anhalt 28. 30. 73.
Rüchel, v., General 426. 433. 437.
Rümelin, Gustav, Mitglied der deutschen Nationalversammlung 543.
Ruge, Arnold 512.
Ruprecht, Römischer König (Pfalzgraf) 25—27.
Rutowski, Graf 338.
Ryke, Bernd, Bürgermeister von Berlin 87.

S.

Sabine, Kurfürstin von Brandenburg (zweite Gemahlin Johann Georgs) geb. Markgräfin von Ansbach 14. 15. 134.
Sabinus, Georg 131.
Sack, v., Oberpräsident 458.
Sacken, s. Osten-Sacken.
Salazar, span. Abgesandter 628.
Salm, Geschlecht 12. 15.
Salvius, s. Adler-Salvius.
Sand, Student 498. 501. Dessen Mutter 502.
Sanden, Bernhard v., Bischof 263.
Savigny, Friedrich Karl v., Rechtslehrer später Justizminister 512. 518.
Savigny, Karl Friedrich v., Diplomat 604. 621.
Sayn, Geschlecht 12.
Sayn-Wittgenstein, Reichsgraf v., Gesandter in Münster 184.
Sayn-Wittgenstein, Reichsgraf v., Hofmarschall 265—267.
Schadow, Albert, Baumeister 561.
Schadow, Gottfried, Bildhauer 406. 409. 509—511.
Schadow, Wilhelm, Maler 511.
Schaffgotsch, Graf, Domkapitular in Breslau 348. 368 Fürstbischof
Schaper, Bildhauer 674.
Scharnhorst, Gerhard v., General 285. 439. 443. 445—447. 452. Generaladjutant 453—455. 458. 459. 466—468. 470. 475. 476. Generalstabschef 510.
Schelling, v., Philosoph 519.
Schenkendorff, Max v. 472.
Schill v., Major 459.
Schiller, Friedrich v. 400. 403. 410. 423. 432. 460.
Schinkel, Karl Friedrich 510. 511.
Schlabrendorff, Ernst, Wilh. v., Kammerpräsident in Magdeburg, dann Provinzialminister für Schlesien 346. 355.
Schlabrendorff, Johann v., 105.
Schleiermacher, Friedrich 445. 450. 460. 502. 512.
Schlick, Hieronymus, Graf v., Oberkämmerer unt. Joachim Friedrich 151. 154. 157. 158.
Schlieben, Adam v. 165.
Schlieben, Eustachius v. 124.
Schlieben, Liborius v. 105.
Schliemann 674.
Schlüter, Andreas 270. 271.
Schmalz, v., Jurist 460.
Schmedding, Geheimrat 513.
Schmerling, Anton Ritter v., österr. Politiker 529. 537. 543. 591. 594. 595.
Schmettau, Karl Christoph, Reichsgraf v., preuß. General 370. 372.
Schmoller, Gustav v. 665.
Schneckenburger, Max 520.
Schön, Heinrich Theodor v., Oberpräsident der Provinz Preußen 295. 446. 451. 463. 496. 518. 521.
Schöning, Hans Adam v., Feldmarschall 237. 249. 258.
Schomberg, Friedrich v., brandenburgischer Generalissimus, franz. Marschall 258.
Schrötter, Friedrich Leopold, Reichsfreiherr v., Minister 428. 451.
Schütz, Geh. Finanzrat 385.
Schulenburg-Kehnert, Friedrich Wilhelm, Graf v. d., Minister, Generalkontrolleur der Finanzen 425. 429. 435. (Gouverneur von Berlin).
Schulenburg, Familie 59. 77.
Schultz, Abgeordn. der preuß. Nationalversammlung 539.
Schulze-Delitzsch 573.
Schulze von Gilsdorf, Pastor 410.
Schwartzenberg, Adam Graf v. brandenb. Minister, Meister des Johanniterordens 162. 166—172. 175—182. 190.
Schwarzenberg, Johann Adolf Graf (seit 1670 Fürst) v. 181.
Schwarzenberg, Karl Philipp Fürst v., Feldmarschall 478. 480. 482. 484.
Schwarzenberg, Felix Fürst v., österr. Minister 543. 544. 550. 552—555. 557.
Schwerin, Kurt Christoph, Graf v., Feldmarschall 324. 327. 365. 366.
Schwerin, Otto Frhr. v., Oberpräsident 196. 198. 200. 201. 213. 225. 229.
Schwerin-Putzar, Maximilian Graf v., Minister 526. 534.
Schwicheldt, hannöverscher Minister 326.
Seckendorff, Ehrenfried v. 27.
Seckendorff, Graf, Kaiserlicher Gesandter 307. 308. 311. 312. 315.
Sesselmann, Friedrich, Bischof von Lebus, Kanzler 97—100. 105.
Seydlitz, v., General 357. 368. 369. 371.
Sickingen, Franz v. 121. 443.
Siemens und Halske 562.
Sièyes, Emanuel Josèphe, französischer Gesandter in Berlin 428.
Sigismund, Markgraf von Brandenburg (Sohn Johann Georgs) 169.
Sigmund, Römischer Kaiser 25. 27—30. 47—50. 74—82. 90. 92.
Sigmund I., König von Polen (†1548) 13. 117. 121. 123. 131.
Sigmund II., König von Polen 128. 131.
Sigmund III., König von Polen (a. d. H. Wasa) 156. 163. 164. 166—170.
Sigmund, Markgraf in Bayreuth 11.
Sigmund, Markgraf von Brandenburg (Sohn Joachims II). 123. 130. 131.
Sigmund, Bischof von Würzburg (a. d. H. Wettin) 93. 94.
Simon, Heinrich, Stadtrichter in Breslau 524.
Simson, Martin Eduard v. 545. 620. 625. 649.
Sinzendorf, Graf, Fürstbischof 348.
Smith, Adam 446.
Sobieski, s. Johann.
Solms, Geschlecht 12. 15.
Somnitz, v., Geheimer Rat des Großen Kurfürsten 196.
Sophie Charlotte, Gemahlin des Kurfürsten Friedrichs III. späteren Königs Friedrichs I., geb. Prinzessin von Braunschweig-Lüneburg 16. 17. 252. 258. 259. 262. 263. 271.
Sophie Dorothea (Gemahlin Friedrich Wilhelms I. von Preußen), Tochter Georgs I.

von England 12. 14—17. 309. 310. 371.
Sophie, Königin von Polen (Gemahlin Wladislaws II.), geb. Prinzessin von Kiew 80. 85.
Sophie, Kurfürstin von Brandenburg (erste Gemahlin Johann Georgs), geb. Herzogin von Liegnitz 14. 134.
Sophie, Markgräfin von Ansbach usw. (Gemahlin Friedrichs IV.), geb. Prinzessin von Polen 13. 14. 117.
Sophie, Burggräfin von Nürnberg (Gemahlin Friedrichs I.), Erbtochter des Burggrafen Konrad II., Grafen von Raabs 7. 20.
Sophie, Pfalzgräfin, Tochter des Winterkönigs Friedrich V. 16. 17.
Sophie, Prinzessin von Preußen (Tochter Kaiser Friedrichs), Gemahlin des Königs Konstantin von Griechenland 13.
Sophie, Prinzessin von Preußen (Tochter des Königs Friedrich Wilhelm I.), vermählt mit dem Markgrafen Friedrich Wilhelm von Brandenburg-Schwedt 17.
Soubise, Prinz, französischer Heerführer 368.
Sparr, Frhr. v., General-Feldzeugmeister 194. 225. 238.
Spener, Philipp Jakob 268.
Spiegel, Graf, Erzbischof von Köln 513.
Ssaltykow, russischer General 372.
Stadion, Graf v., österr. Minister 438. 459.
Stägemann, v., Geheimer Rat 446.
Stahl, Fr. J., Rechtslehrer 519.
Stanislaus I. Lesczinski, König von Polen 314. 315.
Stanislaw II., August (Poniatowski), König von Polen 387. 388. 417.
Starhemberg, Graf, österreichischer Botschafter in Paris 360.
Stauffenberg, v., Parlamentarier 667.
Stavenhagen, v., General a. D., 575.
Stein, Abgeordneter der preußischen Nationalversammlung 539.
Stein, Eitelwolf v. 118.
Stein, Friedrich Karl, Freiherr von und zum 395. 424. 426. 427. 429. 433. 435—440. 442—449. 451. 452. 455 bis 458. 462. 463. 465 bis 467. 469—472. 482. 485. 488. 515. 558.
Steinmetz, v., General 609. 636. 639.
Stockhausen, v., Kriegsminister 554.
Stosch, v., Marineminister 619. 666.
Strack, Architekt 674.
Stratmann, pfalz-neuburgischer Gesandter 228.
Strauß, David Friedrich 512. 523.
Strauß, Hofprediger 530.
Stromer, Nürnberger Patrizierfamilie 20.
Struensee, Karl August v., preußischer Minister 427. 428.
Struve, Gustav v., republikanischer Agitator 534.
Stüler, August, Baumeister 561. 562. 674.
Suarez, Karl Gottlieb, Geheimer Justizrat 397. 410. 423. 424.
Suckow, v., württembergischer Minister 646. 647.
Süvern, Professor 446.
Suworow, russischer General 420.
Swantibor, Herzog von Pommern-Stettin 72.
Sybel, Heinrich v. 575. 614.
Sydow, Anna 123. 133.

T.

Talleyrand-Périgord, Herzog v. 441. 485.
Tann, v. d., bayerischer General 642.
Tassaert, Hofbildhauer 409.
Tauentzien v. Wittenberg, Graf, General 478. 479.
Tegethoff, v., österr. Admiral 590. 616.
Tetzel 118.
Thaer, Albrecht 510. 511.
Thassilo, Graf von Zollern, erfunden 3.
Theyß, Caspar, Baumeister 124.
Thiers, Adolphe de 641. 643. 650.
Thile, v., General und Kabinettsminister 518.
Thomasius, Christian 269.
Thugut, Baron, österr. Minister 419.
Thulemeier, Geheimer Secretarius, später Minister 290.
Tilly, Joh. Tserclaes, Graf v., Feldherr der Liga 167. 169. 172. 173.
Törring-Seefeld, Gräfin v., Gemahlin des Fürsten Meinrad I. von Hohenzollern-Sigmaringen 12.
Toland, englischer Freidenker 271.
Toll, Graf v., russ. General 478.
Torstenson, Lennart, Graf, schwed. Feldherr 182.
Totleben, Graf, russ. General 373.
Traun, Graf, österr. Feldmarschall 335.
Treitschke, Heinrich v. 467. 586.
Tritheim, Abt von Sponheim, 3. 106.
Trochu, Kommandant von Paris 640.
Tromp, Cornelius, holländ. Admiral 236.
Truchseß von Waldburg, Graf, Kommissariats- u. Kammerpräsident in Ostpreußen 296.
Tschernyschew, russischer General 378.
Turenne, Vicomte de, franz. Feldherr 227. 231.
Twesten, Karl, Stadtgerichtsrat in Berlin, Parlamentarier 575. 618.
Tzschoppe, v., Geheimrat 501.

U.

Uchtenhagen, 1420 zum Ritter geschlagen 77.
Udilhild v. Urach-Fürstenberg 7.
Uhland, Ludwig 529. 543.
Ule (Reitknecht) 234.
Ulrike Eleonore, Königin von Schweden 279.
Unruh, v., Parlamentarier 573.
Ursinus, Geh. Finanzrat 382.

V.

Valory, Marquis, französischer Gesandter 335.
Vandamme, franz. Marschall 479.
Varnbüler, Frhr. v., württemberg. Minister 618.
Varnhagen, Rahel 511.
Vaubrun, Gesandter Ludwigs XIV. 223.
Veitel Ephraim Söhne, Münzentrepreneurs 377.
Verjus, Louis Comte de Crécy, Gesandter Ludwigs XIV. 224. 228—230.

Versen, v., Major 628.
Victor Emanuel II., König von Italien 598. 612. 627. 652.
Victor Amadeus II., Herzog von Savoyen 258.
Victor Moritz Karl, Fürst von Corvey, Prinz von Hohenlohe-Waldenburg-Schillingsfürst, Herzog von Ratibor 620.
Victoria, Deutsche Kaiserin (Gemahlin Friedrichs III.), geborene Princess royal von Großbritannien 14. 15. 17. 582. 584. 598 599. 601. 641. 677.
Victoria, Königin von England 15. 16. 584 601.
Vignoles, franz. Gelehrter in Berlin 268.
Vincke, Georg v., Parlamentarier 455. 526. 530. 543. 570. 585.
Virchow, Rudolf 573. 585. 587.
Vischer, Peter 116. 118.
Vogel v. Falckenstein, General 589. 607. 611.
Voigts-Rhetz, v., General 608.
Voltaire 300. 321. 344. 400.
Voß, v., Minister 419.
Voß, Julie v., Gräfin Ingenheim 407.
Vota, Jesuitenpater 262. 271.

W.

Wagner, Adolf, Nationalökonom 665.
Waldeck, s. Georg Friedrich.
Waldeck, Obertribunalsrat 537. 538. 540. 570.
Waldemar der Sieger, König von Dänemark 38.
Waldemar der Große, Markgraf von Brandenburg 43 bis 45. 59.
Waldemar, der falsche 46.
Waldenfels, Christoph v., Geheimer Rat 154—156.
Waldenfels, Georg v., Kammerrichter 105.
Waldow, Johann v., Propst von Berlin, dann Bischof von Brandenburg 49. 74.
Waldstromer, s. Stromer.
Wallenstein 168—170. 173. 174. 220.
Wartenberg, Joh. Kasimir v. Kolbe, Reichsgraf v. 257. 265. 266. 267. Dessen Frau 265.
Wartensleben, Graf v., Feldmarschall 266.
Wedel, Karl Heinrich v., General 370. 371.
Wedel, Familie, in der Neumark. 40.
Weida, Reichsvögte von 21.
Weimann, Kanzler des Herzogtums Cleve 210.
Welcker, Friedrich Gottlieb, Altertumsforscher in Bonn 502.
Welcker, Karl Theodor, Staatsrechtslehrer in Heidelberg 544.
Wellington, Herzog v. 487. 488.
Wenzel, Römischer Kaiser 25 bis 30. 46. 47. 75. 76.
Wenzel I., König von Böhmen 42.
Werder, v., General 637. 642. 645.
Werner, Anton v. 674.
Werner, General 374.
Werther, v., Botschafter 631.
Wesenbeck, brandenburgischer Gesandter in Osnabrück 184.
Westphalen, v., Minister des Innern 558. 564.
Wette, de, Theologieprofessor 502.
Wezil, Graf von Zollern 7.
Wichmann, Erzbischof von Magdeburg 33. 39.
Widukind, Herzog von Sachsen 18.
Wigger, Bischof von Brandenburg 35.
Wilhelm I., Deutscher Kaiser und König von Preußen. I. „Prinz von Preußen" 448. 483. 523. 530—532. 535. 537. 546. 552. 555. 556. 562. 563. II. Seit 1858 Prinzregent 564—568. 570. 571. III. Seit 1861 König 569. 573. 678. IV. Seit 1871 Deutscher Kaiser 649. 658. 662. 668. 673—676.
Wilhelm II., Deutscher Kaiser und König von Preußen 14 bis 18. 85. 564. 619. 675 bis 685.
Wilhelm der Eroberer, König von England 17. 18.
Wilhelm III., Fürst von Oranien seit 1689 König von England 226. 227. 232. 240. 247. 250. 255. 258. 272. 273. 274.
Wilhelm (von Holland), Römischer König 21. 42. 43.
Wilhelm I., König der Niederlande 13.
Wilhelm III., König der Niederlande 620. 621.
Wilhelm I., König von Württemberg 507.
Wilhelm I., Kurfürst von Hessen 448.
Wilhelm, Herzog von Bayern 122.
Wilhelm, Herzog von Jülich-Cleve-Berg 15.
Wilhelm, Markgraf von Meißen 48.
Wilhelm I., der Schweigsame, Fürst von Oranien a. d. H. Nassau 16. 17. 137. 149. 150. 184.
Wilhelm II., Fürst von Oranien a. d. H. Nassau 184. 190.
Wilhelm V. von Nassau-Oranien, Erbstatthalter der Niederlande 13. 414.
Wilhelm, Fürst von Hohenzollern 10.
Wilhelm, Graf zur Lippe 446.
Wilhelm, der Reiche, Graf von Nassau 15.
Wilhelm Friedrich, Erbprinz von Nassau-Oranien s. Wilhelm I., König der Niederlande.
Wilhelm (Sohn des Markgrafen Friedrich IV. von Ansbach), Erzbischof von Riga 119.
Wilhelmine, Prinzessin von Preußen, Tochter des Königs Friedrich Wilhelm II. von Preußen, Gemahlin des Königs der Niederlande Wilhelm I. 13.
Wilhelmine, Prinzessin von Preußen, Tochter des Prinzen August Wilhelm, Gemahlin des Erbstatthalt. Wilhelms V. von Oranien 13. 414.
Wilhelmine, Prinzessin von Preußen (Gemahlin des Markgrafen Friedrich von Bayreuth), Tochter Friedrich Wilhelms I. 310 bis 313. 319. 371.
Wilich von Winnenthal 191. 210.
Willibald Alexis (Wilhelm Häring) 561.
Wimpffen, v., französischer General 640.
Windischgrätz, Fürst 540.
Windthorst, Ludwig 619. 620. 661.
Winnenthal, s. Wilich.
Winterfeldt, Samuel von, Geheimer Rat 177. 179—181.
Winterfeldt, Hans Karl von, General 362. 365. 368.
Wintzingerode, Ferd. Frhr. v., russ. General 483.
Witt, de, Brüder, Jan und Cornelius 226.

Wittgenstein, Fürst v., Diplomat, später Polizeiminister 448. 492. 494. 501.
Wittgenstein, Fürst, russischer Oberfeldherr 475.
Wittgenstein, s. Sayn-Wittgenstein.
Witzleben, Job v., Generaladjutant 495.
Wladislaw, König von Böhmen und Ungarn (aus dem Jagellonenhause) 71. 97. 102. 103.
Wladislaw Postumus, König von Böhmen und Ungarn (a. d. H. Habsburg) siehe Ladislaus.
Wladislaw I., Lokietek, König von Polen 43.
Wladislaw II., Jagello, König von Polen und Litauen 3. 70. 71. 78—80. 84. 85.
Wladislaw IV., König von Polen 175. 179.
Wöllner, Johann Christoph 406. 407. 409. 411. 412. 424.
Wolf, Christian, Freiherr v., Philosoph in Halle 318. 321. 343.
Wolf, F. A., Philolog 460.
Wolf, Freiherr von Lüdinghausen, Jesuitenpater 262.
Wolfgang, Wilhelm, Pfalzgraf zu Neuburg 158—162. 167. 183. 189. 192. 197. 209. 211. 222.
Woronzow, Graf Michail Illarionowitsch, russischer Reichskanzler 377.
Wrangel, Friedrich Heinrich Ernst, Graf v., preuß. General-Feldmarschall 536. 539. 584. 587. 588. 589. 593.
Wrangel, Karl Gustav, Graf v., schwed. Feldmarschall 231.
Wrangel, Waldemar v., schwed. General 233. 234.
Wratislaw, Herzog von Pommern-Demmin 39.
Wrede, Fürst, bayerischer Feldmarschall 481.
Wulffen, v., schwed. General 235.

Y.

Yorck von Wartenburg, Graf, General-Feldmarschall 468. 469. 475. 478. 480. 484. 510.

Z.

Zaluski, Andreas Chrysostomus, Bischof von Ermland 262.
Zapolya, s. Johann.
Zastrow, v., Generaladjutant 435. 437. 439. 440.
Zedlitz, Karl Abraham, Frhr. v., Minister 391. 411.
Zeller, Eduard, Professor in Berlin 674.
Zelter, Karl Friedr., Komponist 410.
Zerboni di Sposetti 410. 503.
Zerer, Sigmund, Kanzler 105.
Zieten, Hans Joachim v., General 357. 366. 374. 409.
Zimmern, Grafen von 12.
Ziska, Hussitenführer 81.
Zöllner, Hofprediger 407.

Berichtigungen.

Seite	15	Zeile	7	von	unten	lies: Großfürstin Anna statt Kaiserin Anna.
„	85	„	2	„	unten	„ : Doppelziel statt Doppelspiel.
„	97	„	15	„	oben	„ : Böhmen statt Polen.
„	102	„	8	„	unten	„ : drei statt vier.
„	123	„	14	„	unten	„ : Sigismund I. statt Sigismund II.
„	125	„	18	„	oben	„ : 1539 statt 1439.

ACTA BORUSSICA

Denkmäler der Preußischen Staatsverwaltung im 18. Jahrhundert

Die Behördenorganisation und die allgemeine Staatsverwaltung Preußens im 18. Jahrhundert. 16. Band, 1. Teil: Akten vom September 1772 bis zum Dezember 1777. Bearbeitet von Prof. Dr. Ernst Posner, Prof. Dr. Stephan Skalweit, Prof. Dr. Peter Baumgart und Prof. Dr. Gerd Heinrich. Einzelveröffentlichungen der Historischen Kommission zu Berlin, Band 5, Quellenwerke 5. 1970. X und 454 Seiten. Leinen 132,–DM

»Die straffe Auswahl der Akten führt dazu, daß nun in 2 Halbbänden die letzten Jahre der Staatsverwaltung Friedrichs des Großen (von 1772 bis 1786) dokumentiert werden. Es hieße Eulen nach Athen tragen, im einzelnen die Bedeutung dieser Edition zu begründen. Die Vielfalt der Verwaltungsakte aus den verschiedenen Gebieten des Königreiches fasziniert den Leser auch an diesem Bande – nicht zuletzt durch die hochinteressanten Einblicke in die sorgfältige und umsichtige Personalpolitik der preußischen Verwaltung in jener Zeit!

Die Richtschnur der königlichen Verwaltung (mit ihren oft unverblümten, knappen Anordnungen) ist nach wie vor, das Interesse an der Entwicklung der Leistungsfähigkeit des Großstaates gegenüber territorialer Opposition oder der Wahrung landschaftlicher Besonderheiten zur Geltung zu bringen durch die Förderung der allgemeinen Wohlfahrt, zu der die Rechtssicherheit gehört, in der Verbindung der Fürsorge für die Untertanen mit den fiskalischen Bedürfnissen. In die Folge seiner Vorgänger reiht sich der vorliegende Band würdig ein.«

Blätter für deutsche Landesgeschichte

ACTA BORUSSICA

Denkmäler der Preußischen Staatsverwaltung im 18. Jahrhundert

Die Behördenorganisation und die allgemeine Staatsverwaltung Preußens im 18. Jahrhundert. 16. Band, 2. Teil: Akten vom Januar 1778 bis zum August 1786. Bearbeitet von Prof. Dr. Peter Baumgart und Prof. Dr. Gerd Heinrich. Einzelveröffentlichungen der Historischen Kommission zu Berlin, Band 5, Quellenwerke 5. 1982. XXXIX und Seiten 455–1081. Mit Register zu Band 16/1. und 2. Teil sowie je einer Übersicht: Generaldirektorium im Jahre 1786, Provinzial-Kameralbehörden und deren Präsidenten 1740 bis 17. August 1786. Leinen 298,– DM

»Mit diesem voluminösen Quellenband – ein späterer Glanz- und Höhepunkt der Preußen-Forschung des 18. Jahrhunderts – legen die Herausgeber den vorerst letzten Band der Hauptreihe Behördenorganisation der *Acta Borussica*, der wichtigsten Quellenedition zur Geschichte Preußens im 18. Jahrhundert vor...

... Der Widerstreit zwischen Tradition und Modernisierung legt sich fast wie ein roter Faden durch die dickleibige Dokumentation, wiederum ein Denkmal preußischer Staatskunst und preußischen Unvermögens, ein facettenreiches Bild von Licht und Schatten, eingeleitet mit einem sachkundigen Rückblick auf die lange Geschichte der Acta Borussica, verbunden mit quelleneditorischer Vorausschau von Gerd Heinrich und einer sachthematischen Einführung von Peter Baumgart und beschlossen durch ein 124 Seiten umfassendes, informationsreiches Register, nicht minder ein Produkt entsagungsvollen Fleißes. Der erfolgreiche Abschluß der *Acta Borussica* erinnert jedoch auch schmerzlich daran, daß Preußen für das *Ancien Régime* eine beispielhafte Quellenserie besitzt, von der die Landesgeschichte anderer deutscher Territorien nicht einmal zu träumen wagt.«

Jahrbuch für die Geschichte Mittel- und Ostdeutschlands